海上絲綢之路文獻集成

總主編 陳支平 陳春聲

民間譜牒編 15

主編 林楓

海峽出版發行集團
THE STRAITS PUBLISHING & DISTRIBUTING GROUP
福建人民出版社

国家出版基金项目
NATIONAL PUBLICATION FOUNDATION

本册目次

〔福建晋江〕東石蔡氏二房長尚愛公派下家乘不分卷　〔清〕黄恩伯纂修……一
〔福建晋江〕潯海粘氏續修秉珂公派下私譜不分卷　〔清〕粘瓊林纂修……二九五

〔福建晋江〕東石蔡氏二房長尚愛公派下家乘不分卷

〔清〕黄恩伯纂修

［福建晉江］《東石蔡氏二房長尚愛公派下家乘》不分卷，清黄恩伯纂修。東石蔡氏居今福建晉江東石鎮。始祖十郎公本居泉州府蔡巷，明洪武間爲避禍，入贅泉郡十都仙跡鄉黄氏，後世復姓蔡。該譜載序言、宗支圖、世系，附有簡略傳記。工楷謄抄，整飭有法，記至民國間止。其族人明萬曆間已分派遷居臺灣，清代繁衍甚衆，光緒二十八年（一九〇二）黄恩伯撰譜序云：「住臺之苗裔，因外夷入境，未得東渡以併彙修。」故是譜於遷臺族人多據舊譜謄録。族人亦多往南洋，如十六世昭輦，「在夷邦日哩身故」；十七世大源，光緒間「在南洋檳城營業，不遂，逃匿無蹤」；十七世大戥，「在南洋小吔叻身故」等。據民國間抄本影印。

東石玉井蔡氏二房長尚愛公派下重修家乘小引

庚子之秋玉井房議修通族譜系命余秉筆余為之竭力考稽細心訪問採而輯之閱三載而其譜乃成既成之後二房長　尚愛公裔孫懋叠膺玉及諸老成人復囑余　即其本支另抄一本余嘉其有尊祖敬宗之意有木本水源之思爰即　尚愛公所傳之支派畫其圖紀其牒編輯無遺有條不紊俾覽斯譜者得知本源之所自出支派之所由分一經過眼瞭然於心惟是分派住臺之苗裔因外寇入境未得東渡以併彙修故姑就舊譜所載一一抄謄其各派之流傳後嗣之昌熾俟異日稽查補入是亦行權之一道而無甚害於義者也於是乎序

光緒廿八年歲次壬寅仲冬之月聚星舍黃恩伯拜書

大宗通族昭穆排行

詒書芳自遠。樹德世尤長。崇尚期承志。功勳冀克昌。
簪纓遺燕翼。繼述紹儀容。萬派朝宗委。千支垂裕祥。

大宗通族冠日字行

卿仲子孫。永膺多福。緯武經文。安邦定國。
名重士林。功高紫閣。鳳起蛟騰。蘭芬桂馥。

卿字起芳字。仲字起自字。子字起遠字。餘倣此。

本房昭穆排行

惟爾延逢○繼世文章○懋昭大業○以承吉昌○

本房九世起延字○與大宗中詒字平○十世起逢字與大宗中書字平○餘倣此○

本房再續排行

肇脩人紀○率由典常○遹追來孝○允廸前光○

東石玉井二房長顯白公孫尚愛公派下宗支圖

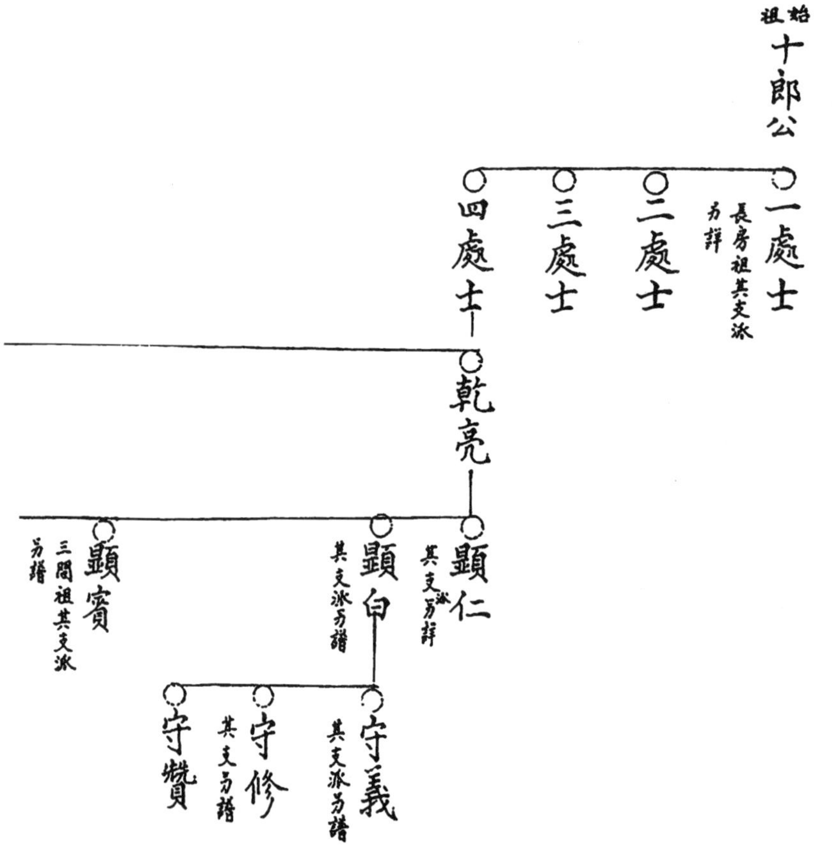

五世　六世　七世　八世　九世

乾寬 其支派另譜

顯聚 其支派另譜

守贊 顯白公三男

尚愛

惟憲

爾豫　爾宣

延柏　延仲　延文　延殿　延許

尚與　石埕祖其支派另譜

爾龍 — 延儕

延熙

延月

九世　十世　十一世　十二世　十三世

爾豫公派下

延栢（爾豫公長男） — 逢錫

延文（爾豫公三男） — 逢悏 — 繼耀 — 世迎 — 文慈

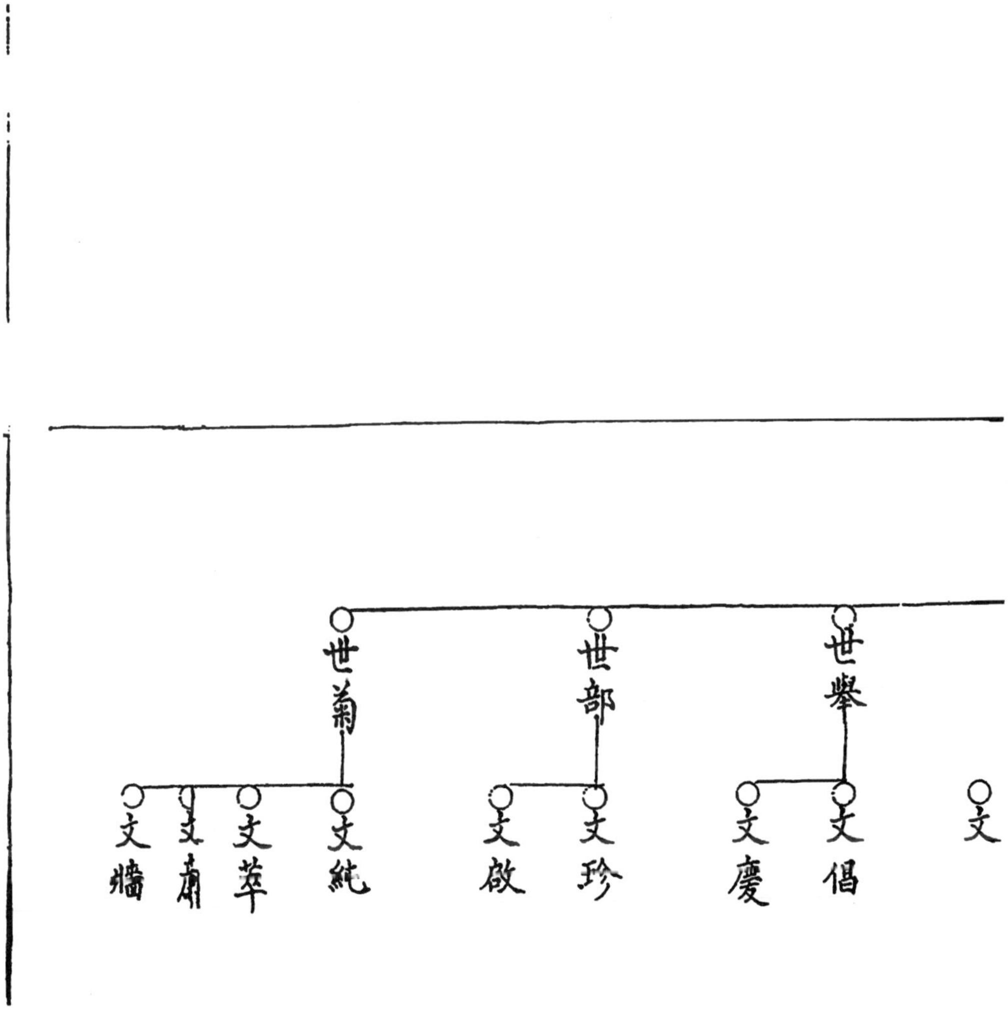
世菊
世部
世舉
文牆
文肅
文萃
文純
文啟
文珍
文慶
文倡
文

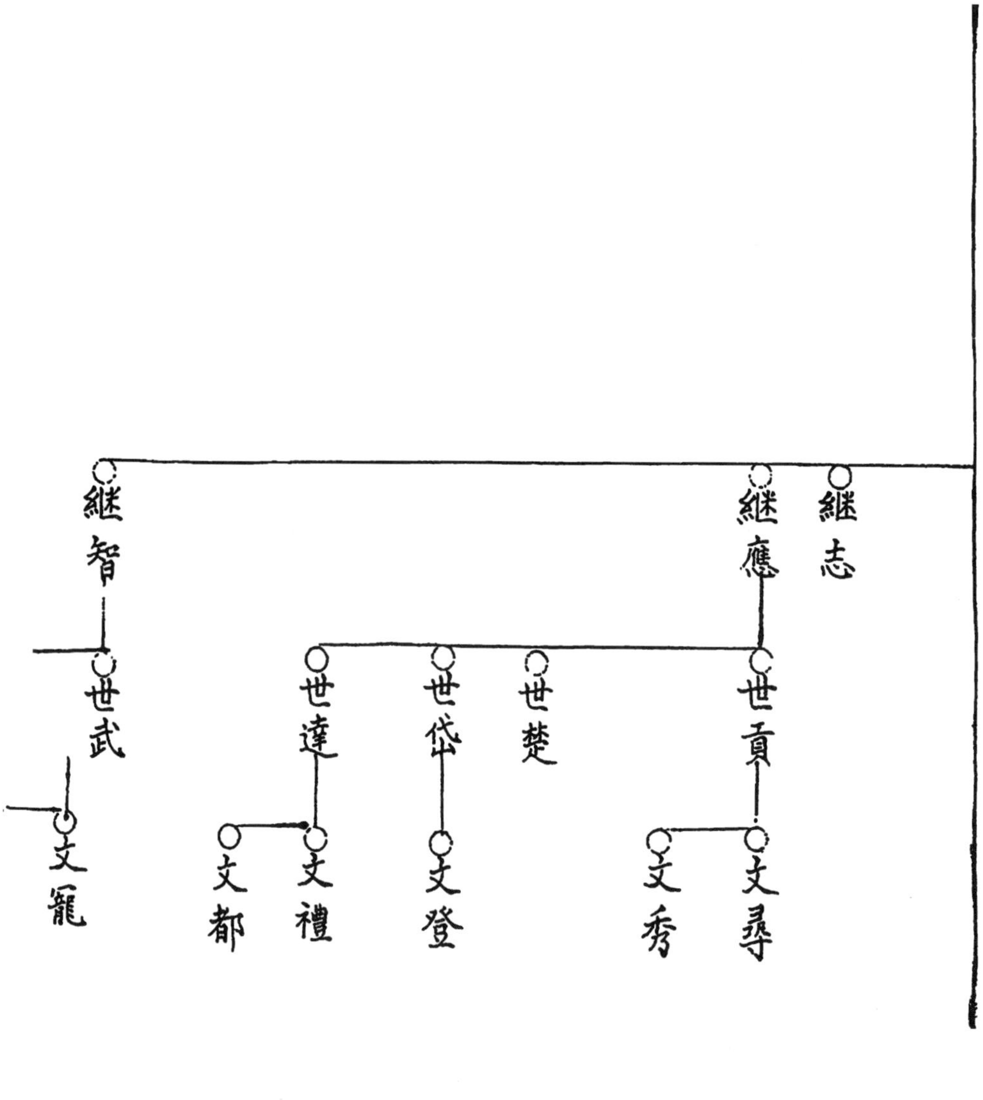
繼志
繼應
繼智
世貢
世楚
世岱
世達
世武
文尋
文秀
文登
文禮
文都
文寵

文恩
文顯

世漢
- 文香
- 文寧
- 文堯

世博
- 文景
- 文垂
- 文任 出承
- 文真
- 文桃
- 文趣

世崇
文葵　文在　文賁

爾宣公派下

廷展
逢源　逢南　逢鼎
繼　繼震　繼協　繼馨
世萬

○世紫

○世千

○文政

○文富

○文艷

○世紅

○世總

爾龍公派下

爾龍公之男

延齊

○逢旺

○繼發

○世俟

十三世 十四世 十五世 十六世 十七世

爾豫公長下

世迎公次男

十三世　十四世　十五世　十六世　十七世

爾豫公派下

- 文錐（世迎公次男）
  - 章君
    - 懋妍
      - 昭胆
        - 大宜
      - 昭溜（出繼）
      - 昭丙
        - 大杰（從承）
    - 懋靳（出繼）
  - 章贈
    - 懋靳（入承）
      - 昭溜（入承）
        - 大杰（從承）
  - 章儒
    - 懋榔
      - 昭南（出繼）
      - 昭乖（入承）
        - 大猷

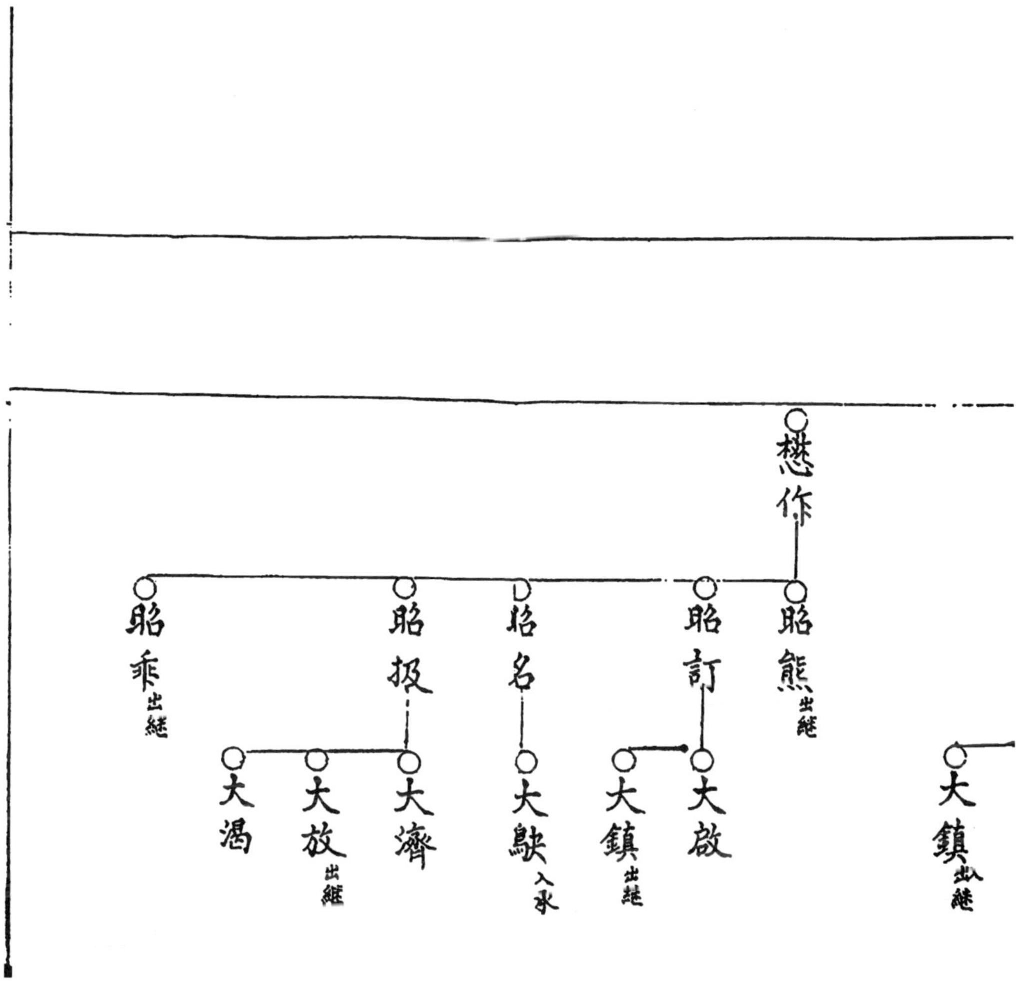
懋作
昭熊 出繼
昭訂
昭名
昭扱
昭乖 出繼
大啟
大鎮 出繼
大駃 入承
大濟
大放 出繼
大渴
大鎮 出繼

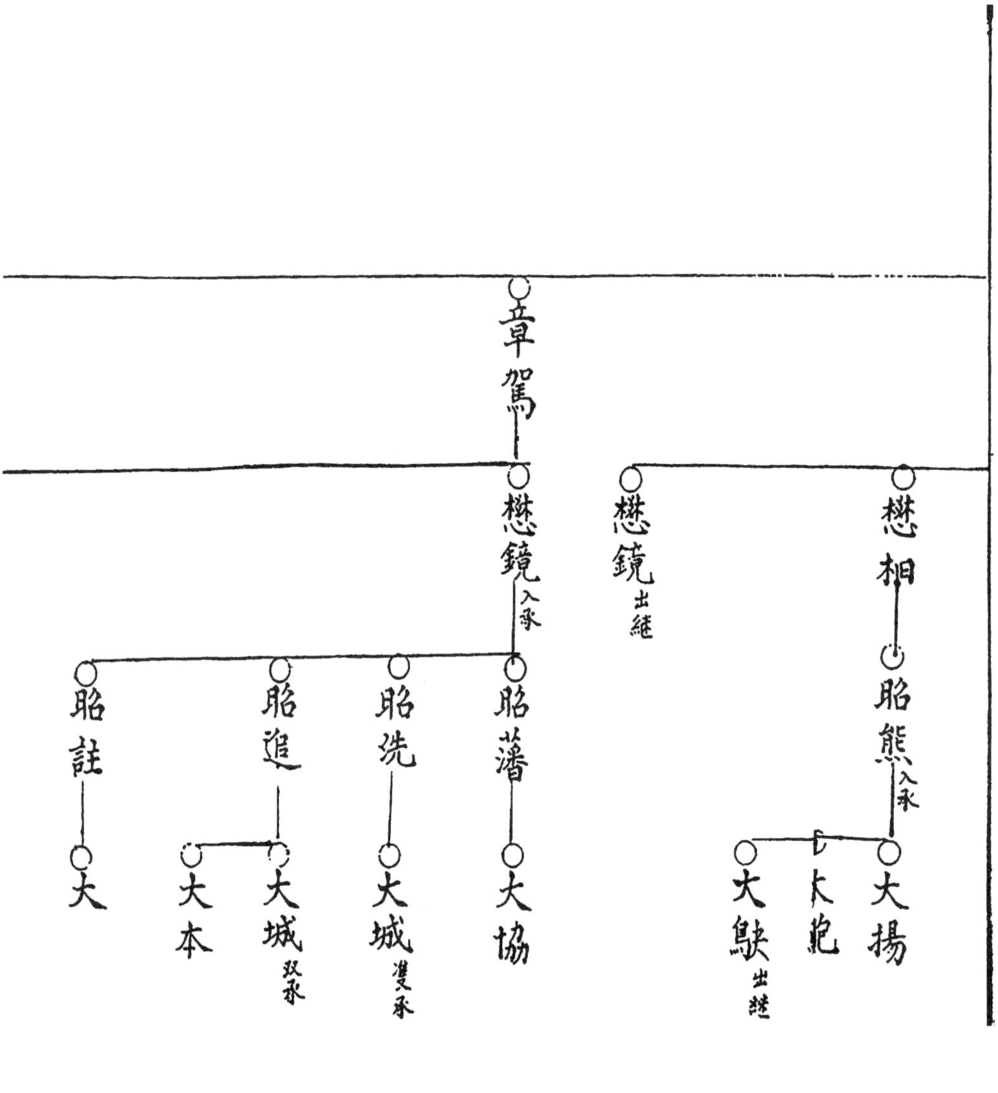

章駕
懋鏡 入承
懋鏡 出繼
懋相
昭註
昭追
昭洸
昭藩
昭熊 入承
大
大本
大城 双承
大城 雙承
大協
大駃 出繼
大鮑
大揚

- 文倡 世擧公長男
  - 章亥
    - 懋淵
      - 胎防
      - 胎戇
      - 胎丁
      - 胎瓦
        - 大助
        - 大再
    - 懋買
    - 懋揖
      - 胎柳
        - 大淇澳
        - 大欽
      - 胎樹
        - 大
    - 懋帥

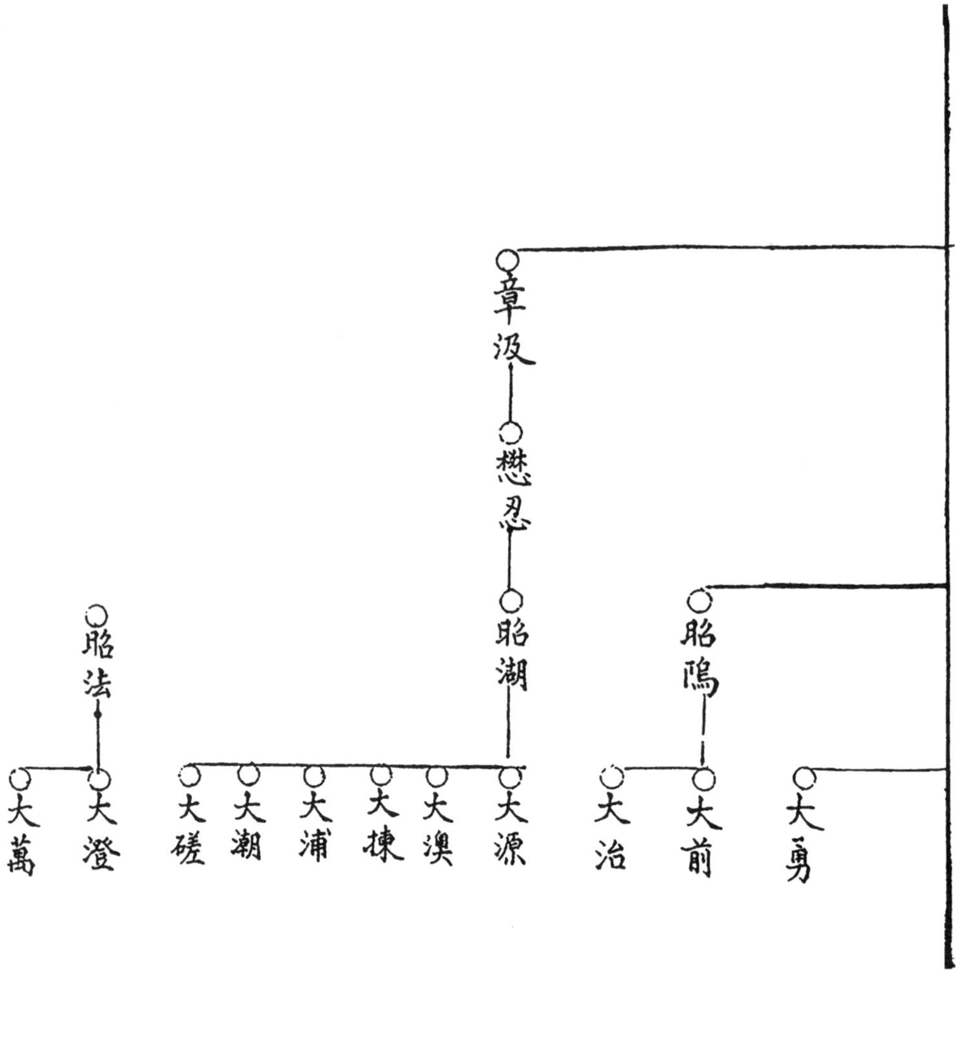
章汲
懋忍
貽湖
貽鳴
貽法
大萬
大澄
大磋
大潮
大浦
大揀
大澳
大源
大治
大前
大勇

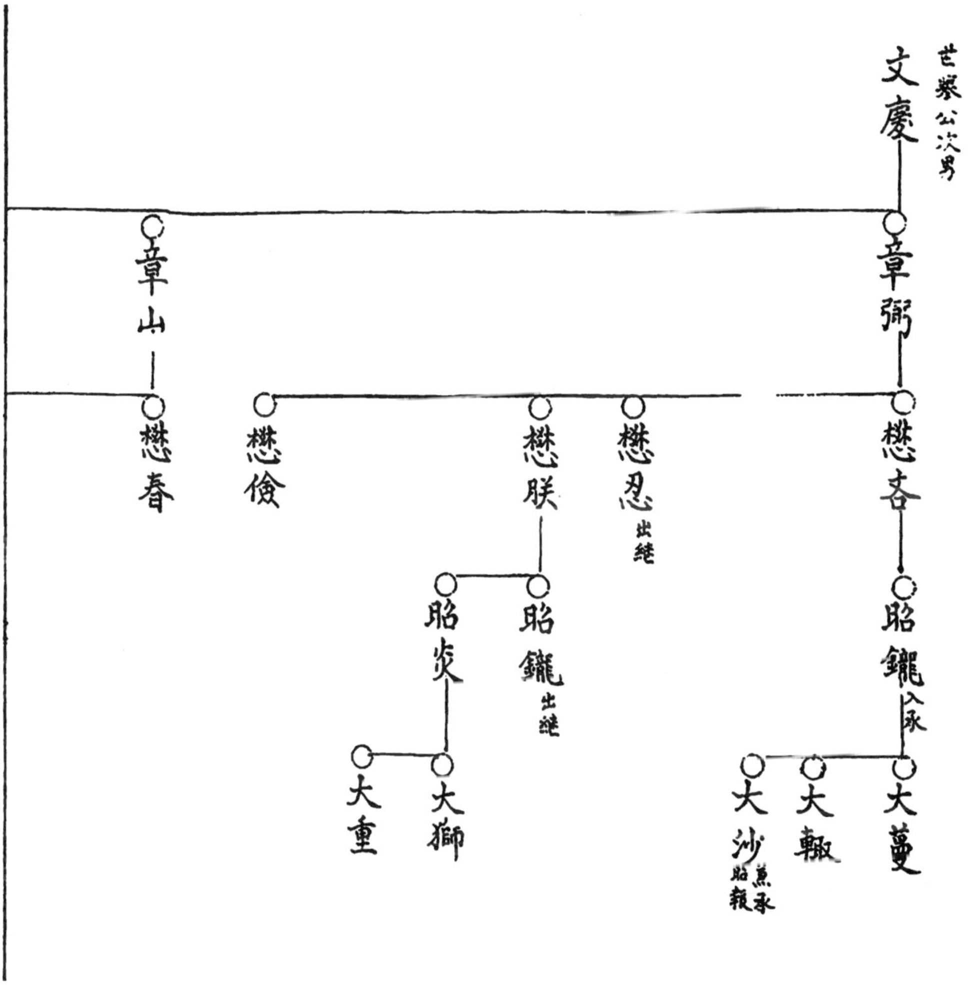
文慶
芒寮公次男
章弼
章山
懋杏
懋忍
出繼
懋朕
懋儉
懋春
昭鑨
入承
昭鑨
出繼
昭炎
大蔓
大輙
大沙
兼承
昭報
大獅
大重

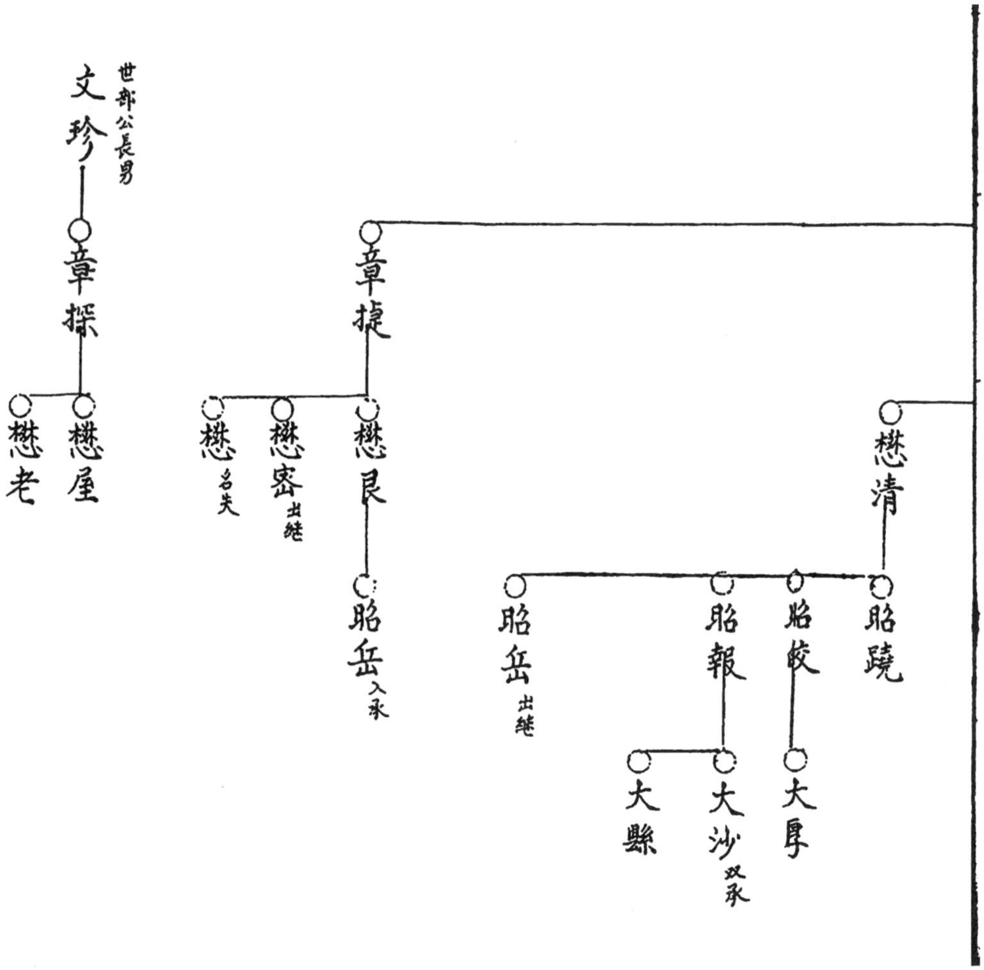
文珍 世郜公長男
章採
懋屋
懋老
章捷
懋良
昭岳 入承
懋密 出継
懋 名失
懋清
昭驍
昭皎
大享
昭報
大沙 双承
大縣
昭岳 出継

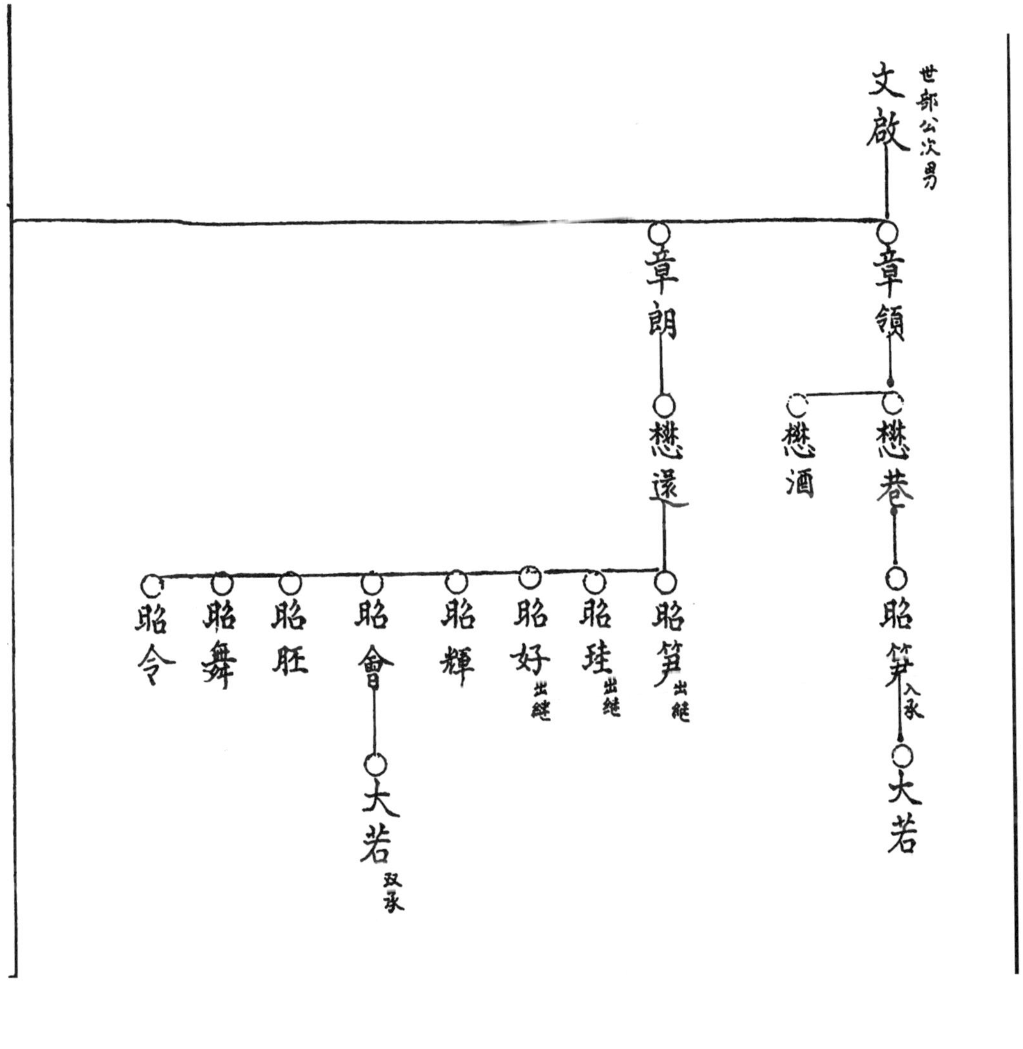
文啟
世郎公次男
章領
章朗
懋巷
懋酒
懋還
昭筭
入承
大若
昭筭
出繼
昭珪
出繼
昭好
出繼
昭輝
昭會
昭旺
昭舞
昭令
大若
双承

章採 出繼

章依
- 懋天
- 懋寶

文紀 世菊公長男
- 章袋
  - 懋要
  - 懋旺
- 章辦
  - 懋程
    - 昭每
    - 昭海 出贅
  - 懋親
  - 懋齡

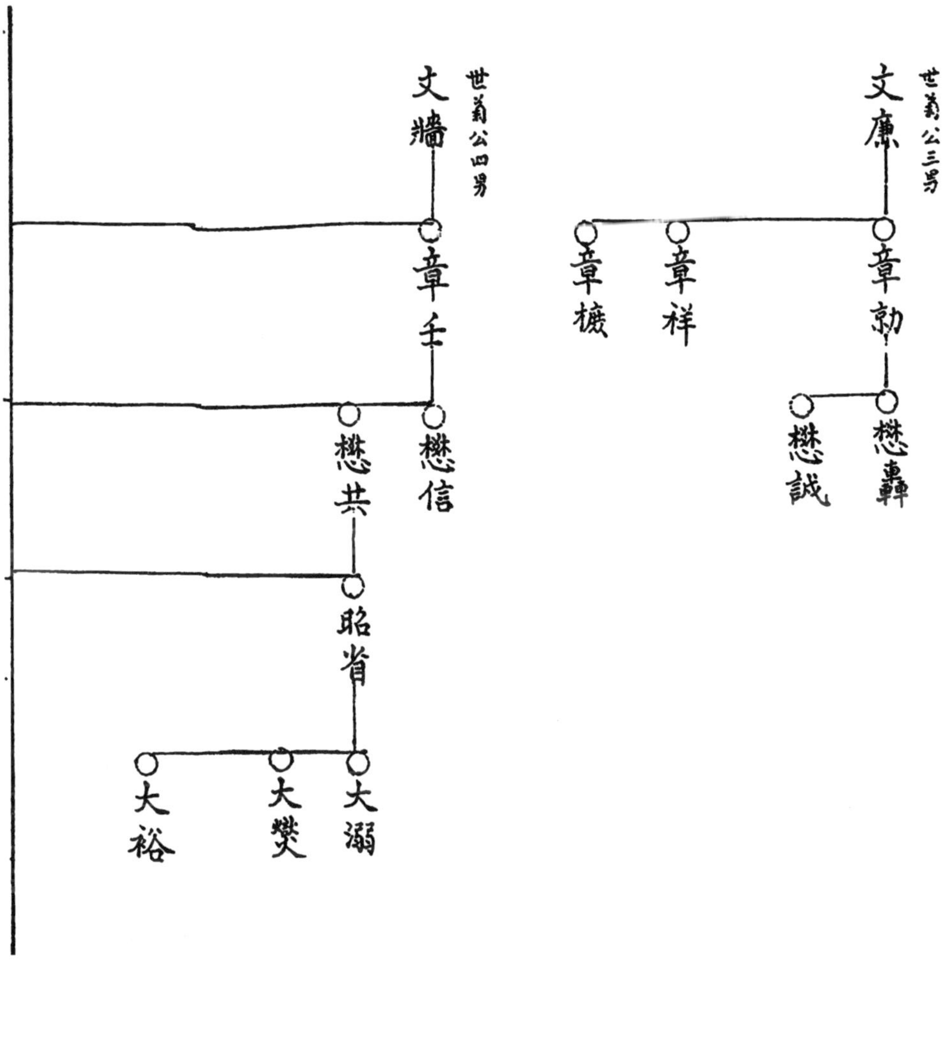
世菊公三男
文廉
章勍
章祥
章檨
懋轟
懋誠
世菊公四男
文牆
章壬
懋信
懋共
昭省
大溺
大燮
大裕

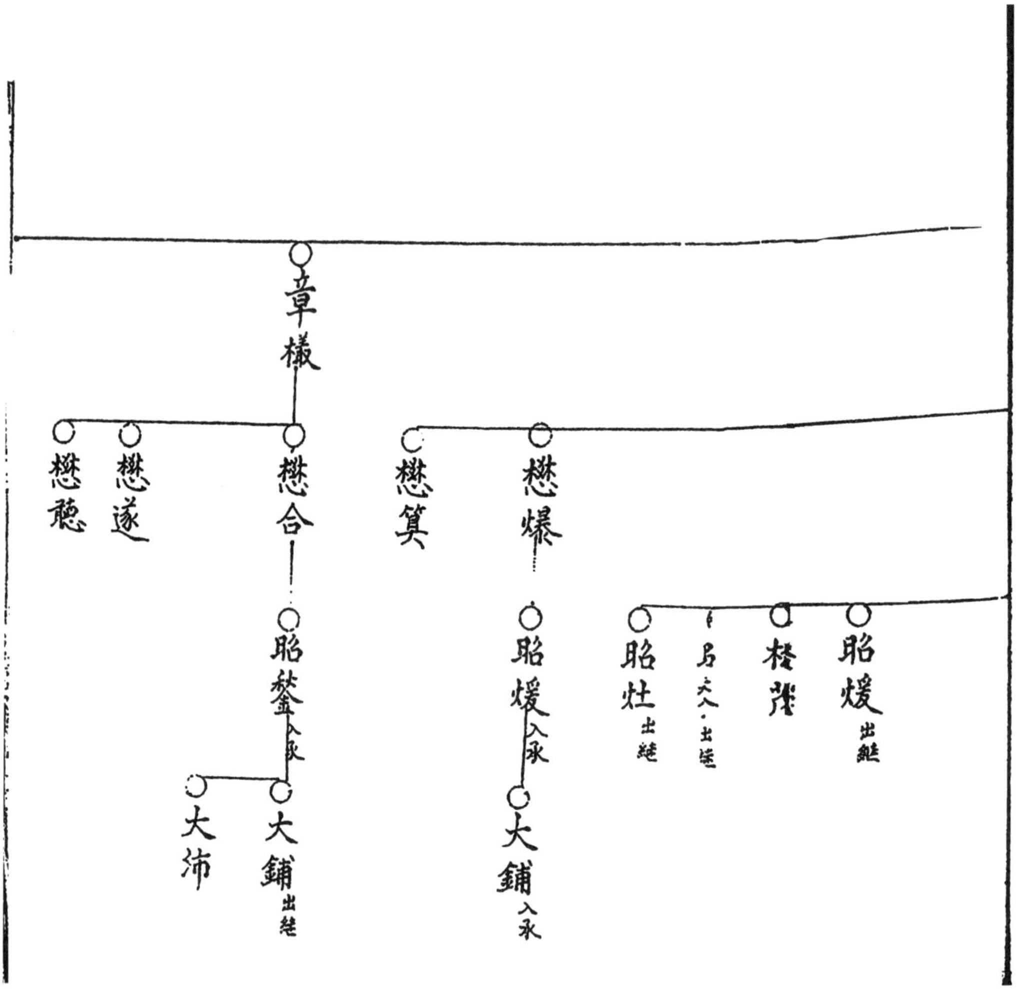
章檥
懋合
懋遂
懋聰
懋爆
懋箕
胎鋈 入承
大鋪 出繼
大沛
胎煖 入承
大鋪 入承
胎煖 出繼
胎灶 出繼

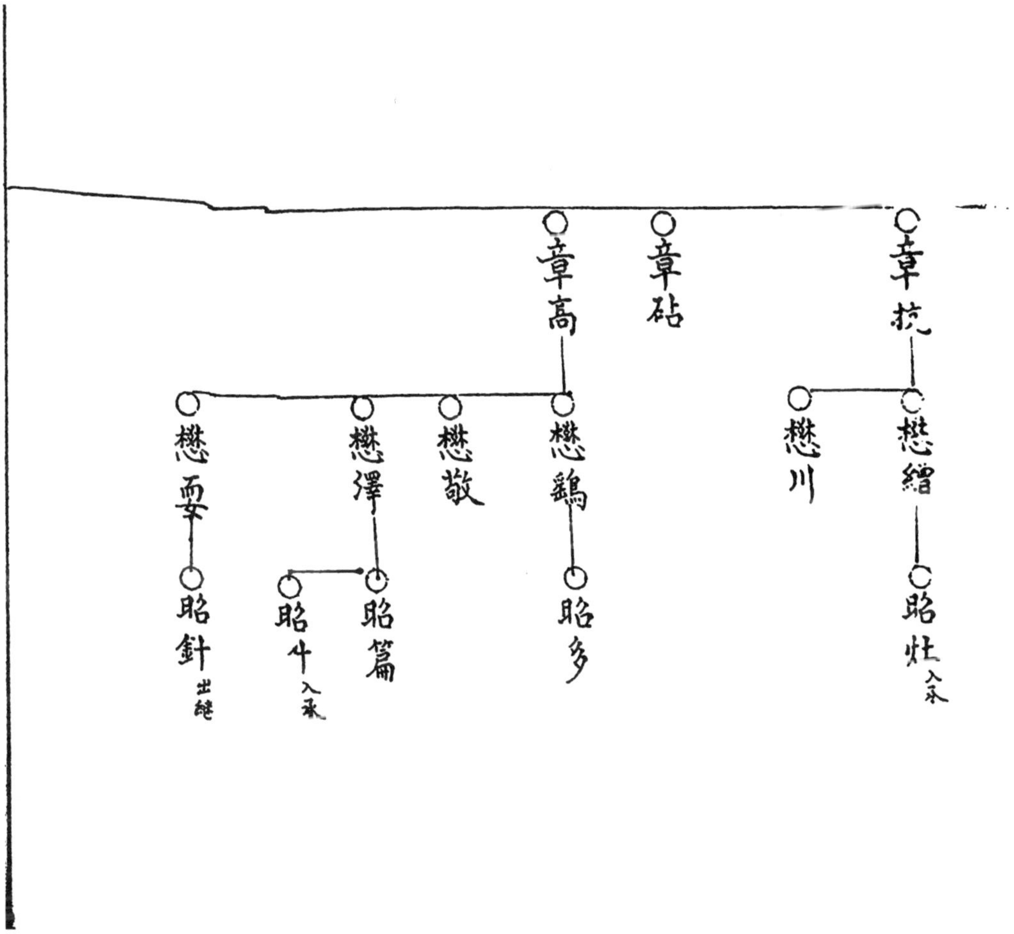
章抗
章砧
章高
懋縉
懋川
懋鶉
懋敬
懋澤
懋妟
昭灶 入承
昭多
昭篇
昭牛 入承
昭釺 出繼

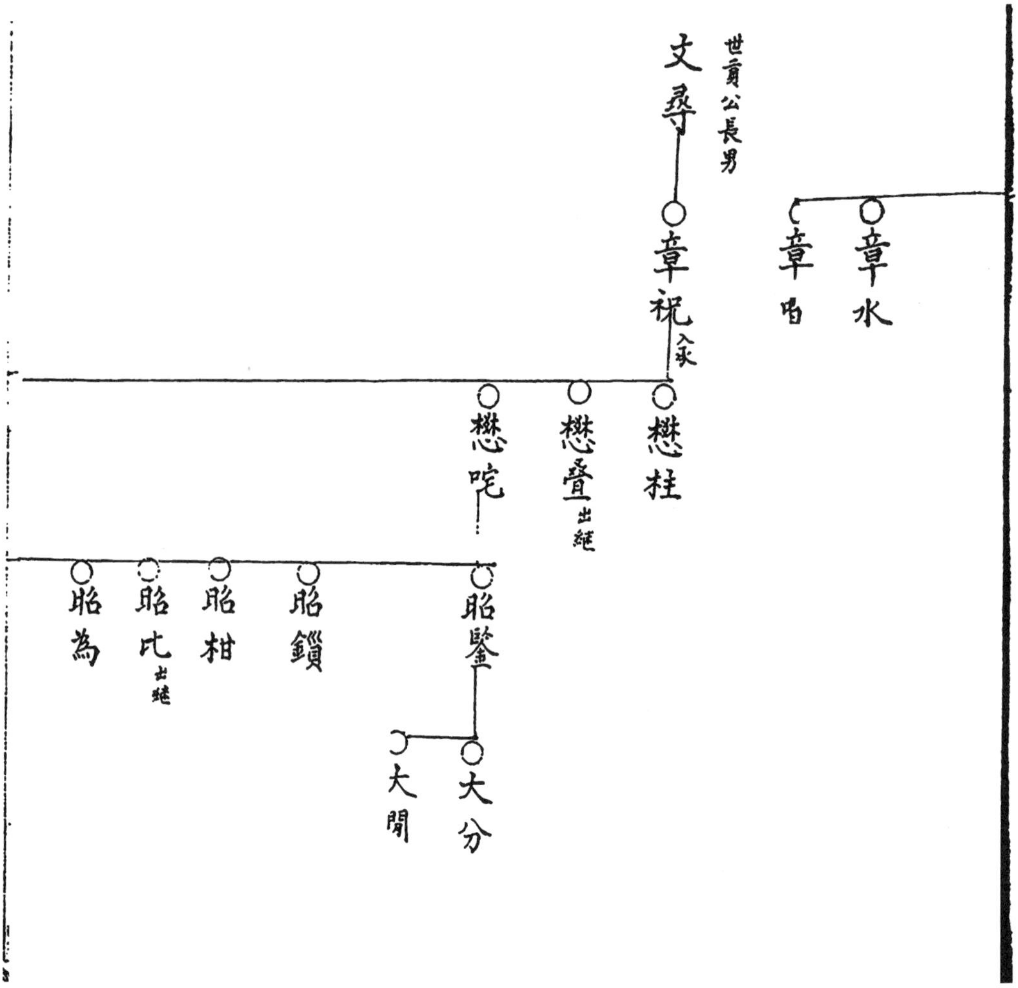
章水
章唱
文尋
世貢公長男
章祝
入承
懋柱
懋疊
出継
懋咤
貽鑒
貽鎖
貽柑
貽弋
出継
貽為
大分
大閒

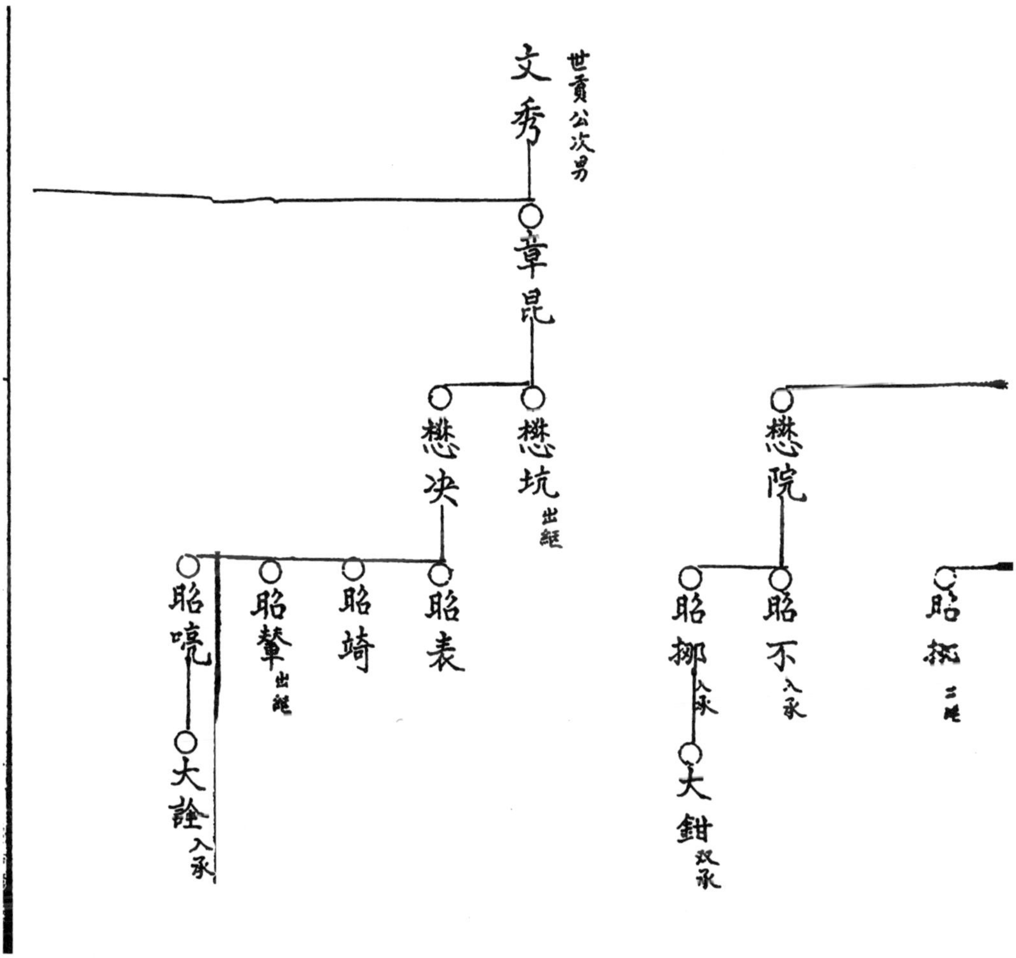

文秀
世貢公次男
章昆
懋坑
出繼
懋決
懋院
昭表
昭埼
昭輦
出繼
昭喨
大詮
入承
昭不
入承
昭挪
入承
大鉗
双承

- 懋豆　出繼
- 懋盆
- 懋岸

- 昭趁
  - 大罔
  - 大轉
- 昭來　出繼
- 昭合

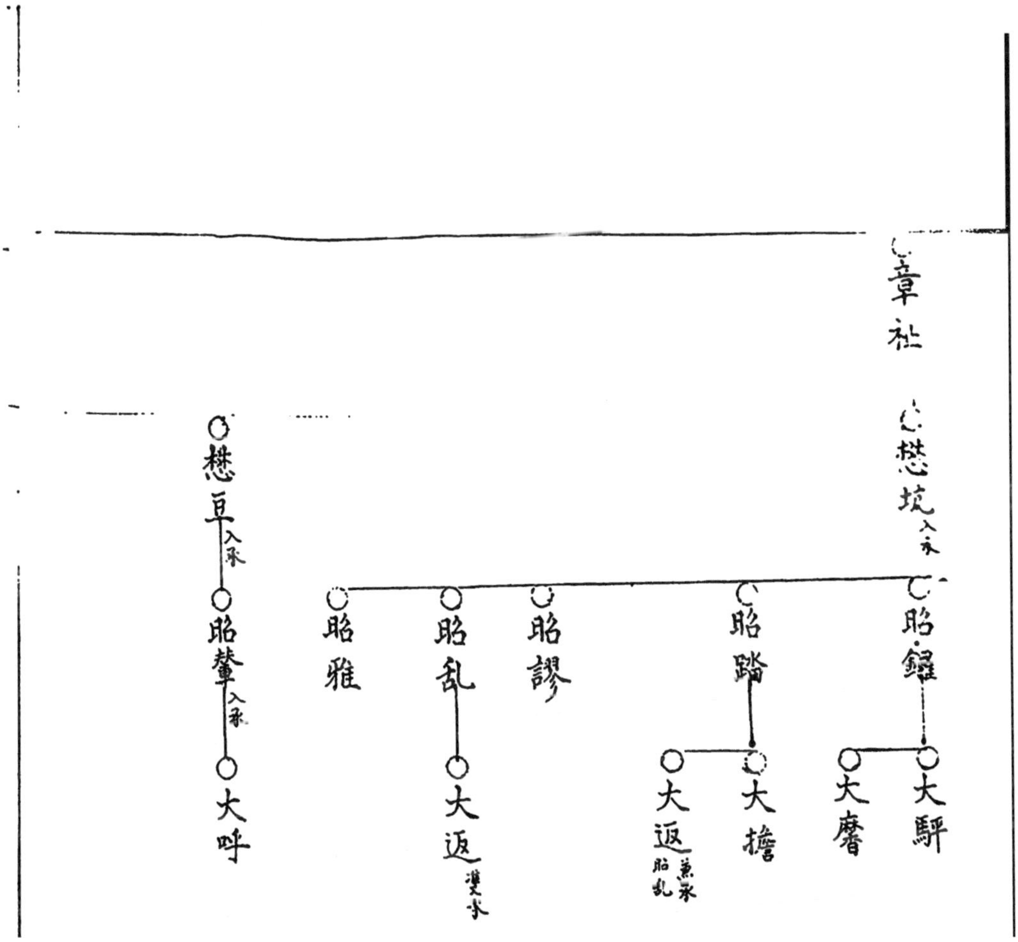
章社
懋坑 入承
昭鏈
昭踏
昭謬
昭乱
昭雅
懋亘 入承
昭輦 入承
大駍
大磨
大擔
大返 兼承昭乱
大返
大呼

○章祝（出繼）

○懋賫（入承）
○懋飽

○昭歎
○昭吉
○昭不（出繼）
○昭鈀
○昭來（入承）

○大鐙
○大[illegible]
○大橹
○大鋭（入承）
○連重（楚承）

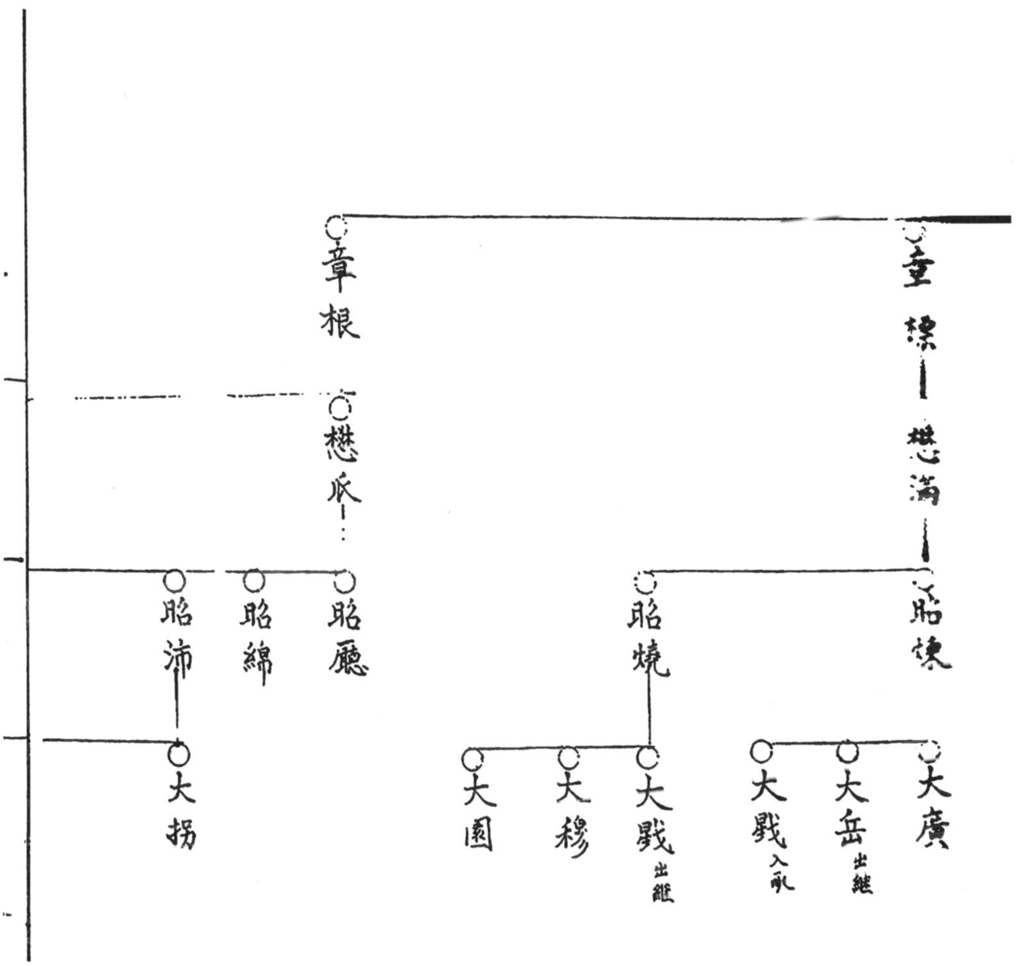
章根
懋𠂢
昭應
昭綿
昭沛
大扬
章標
懋滿
昭練
昭燒
大廣
大岳 出繼
大戩 入承
大戩 出繼
大穆
大圜

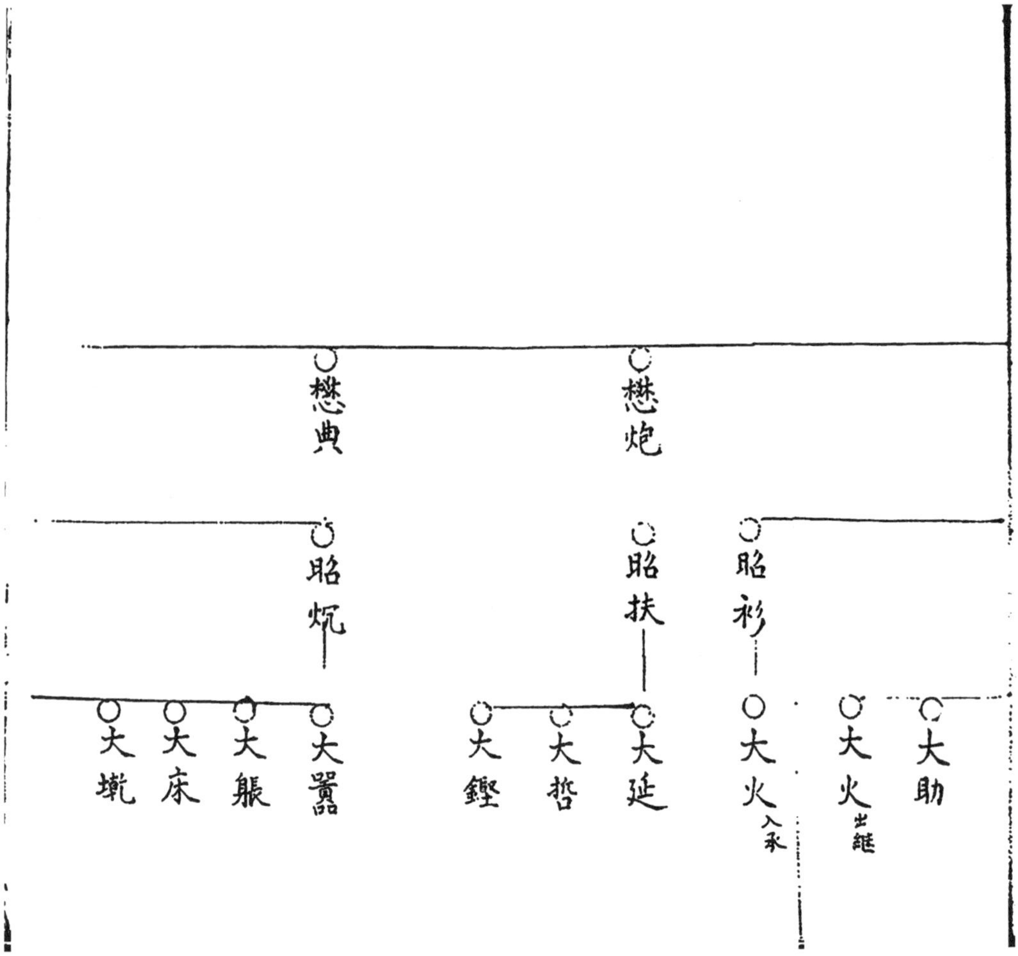
懋炮
懋典
昭衫
昭扶
昭炕
大助
大火出繼
大火入承
大延
大哲
大鏗
大囂
大脹
大床
大墘

大錐

貽叱 入承

大侃

大東 出繼

大櫓 浸承

大閒 出繼

懋飽

文登 世岱公之男

章伴

懋庚 入承

貽巧

大訓

大柏

大詮 出繼

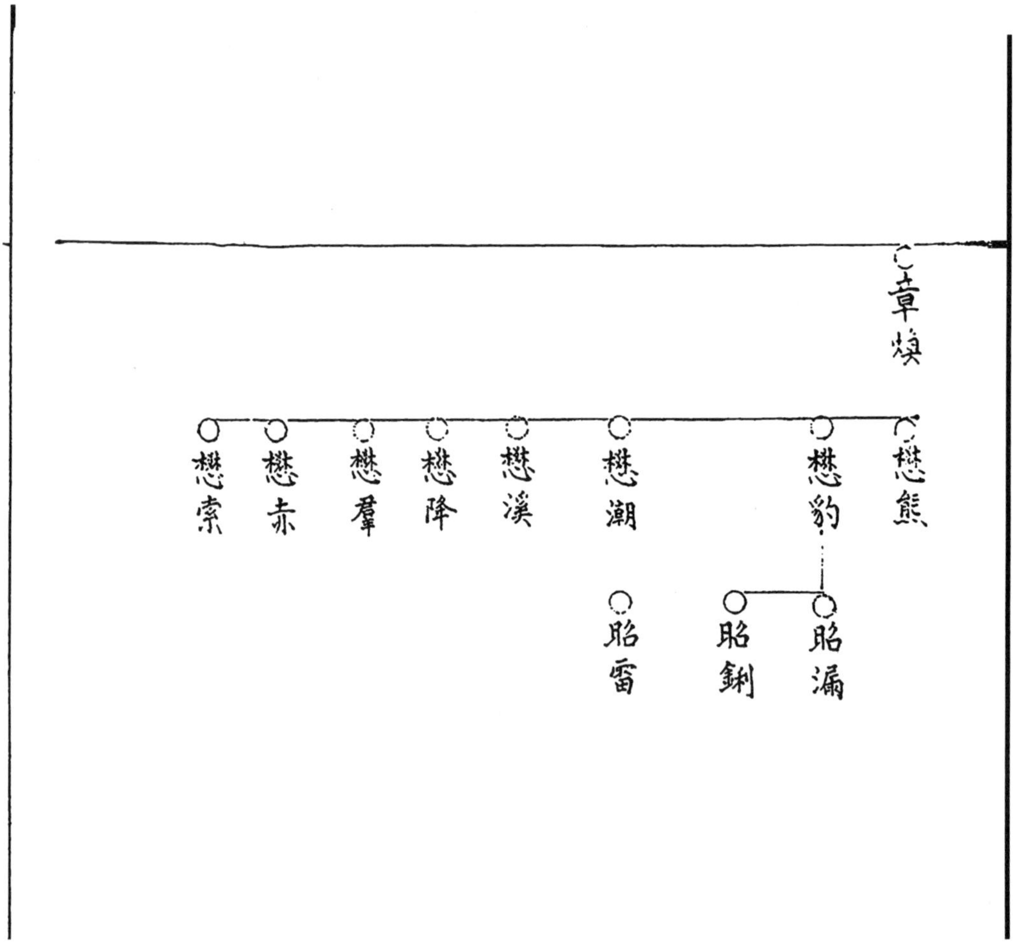
章煥
懋熊
懋豹
懋潮
懋溪
懋降
懋羣
懋赤
懋索
昭漏
昭鉚
昭雷

章河
- 懋隆 入承
- 懋愿
- 懋錠

章怡
- 懋岸
- 懋挠
- 懋娠
- 懋浸

文恩 世攀公次男
- 章兜
  - 懋料 入承
    - 昭墩 入承
      - 大禜 雙承
- 章坤
  - 懋料 出繼

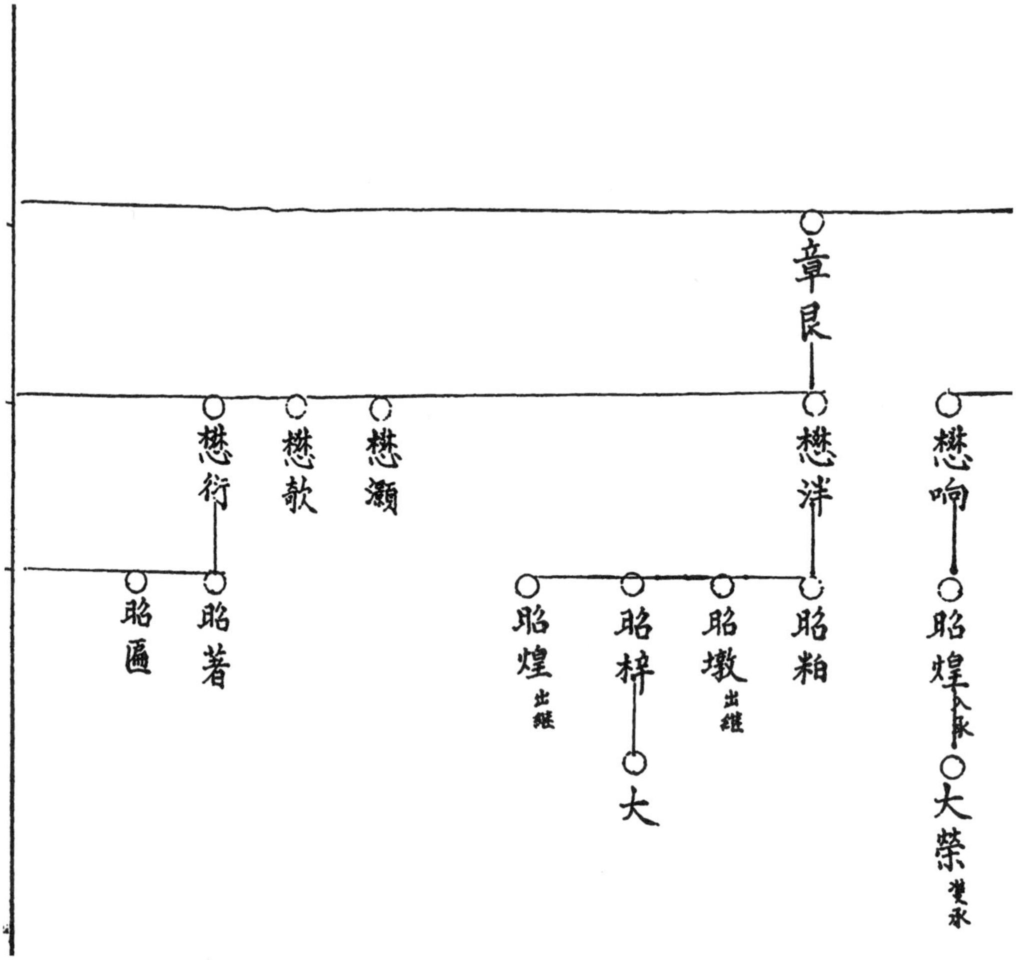
章艮
懋响
懋洋
懋灝
懋款
懋衍
昭煌 入承
昭粕
昭墩 出繼
昭梓
昭煌 出繼
昭著
昭匾
大榮 雙承
大

章德 出繼

文顗 世攀公三男

章潤

懋厲

懋董

懋姜

懋星

懋瑛

貽同 入承

大麃

大培 出繼

大

章德 入承

懋芋

懋堅

懋柿

昭桃

昭樞機

昭雩

大宏 入承

大壘 入承

大磺 入承

大宏 出繼

大壘 出繼

大成

大磺 出繼

大育 雙承

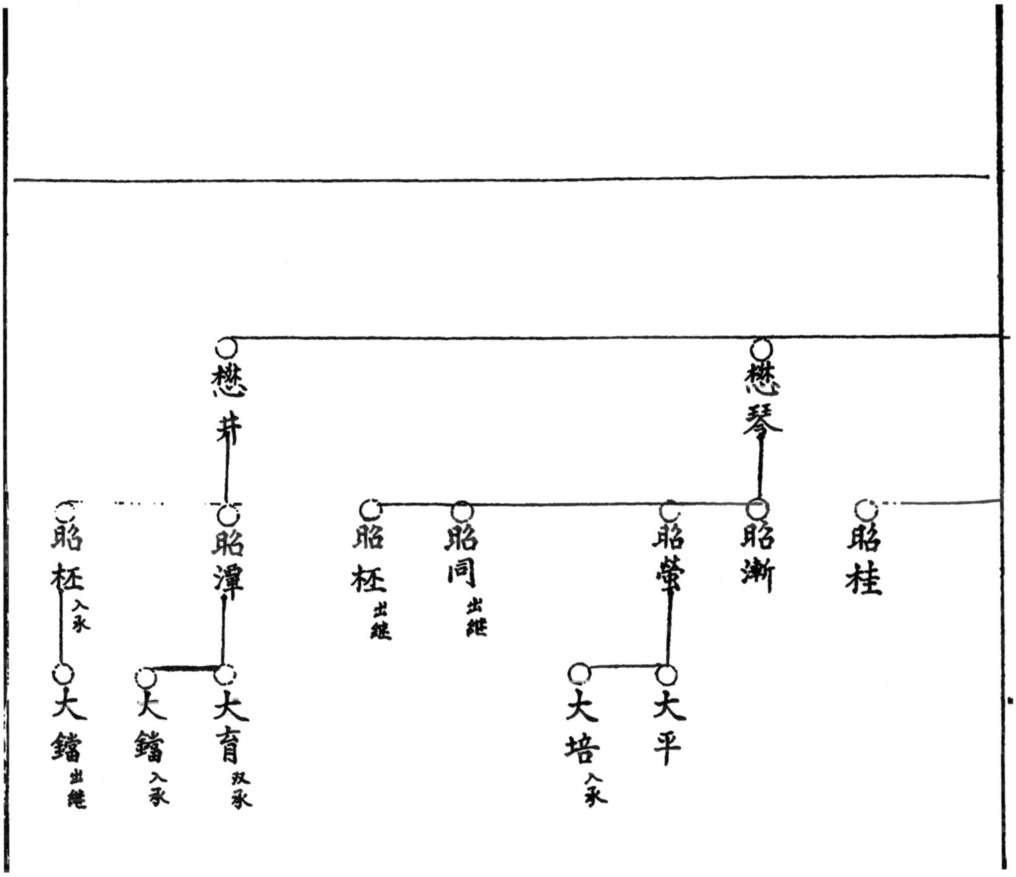
懋井
懋琴
昭柸 入承
昭潭
昭柸 出継
昭冋 出継
昭榮
昭漸
昭桂
大鐳 出継
大鐳 入承
大育 双承
大培 入承
大平

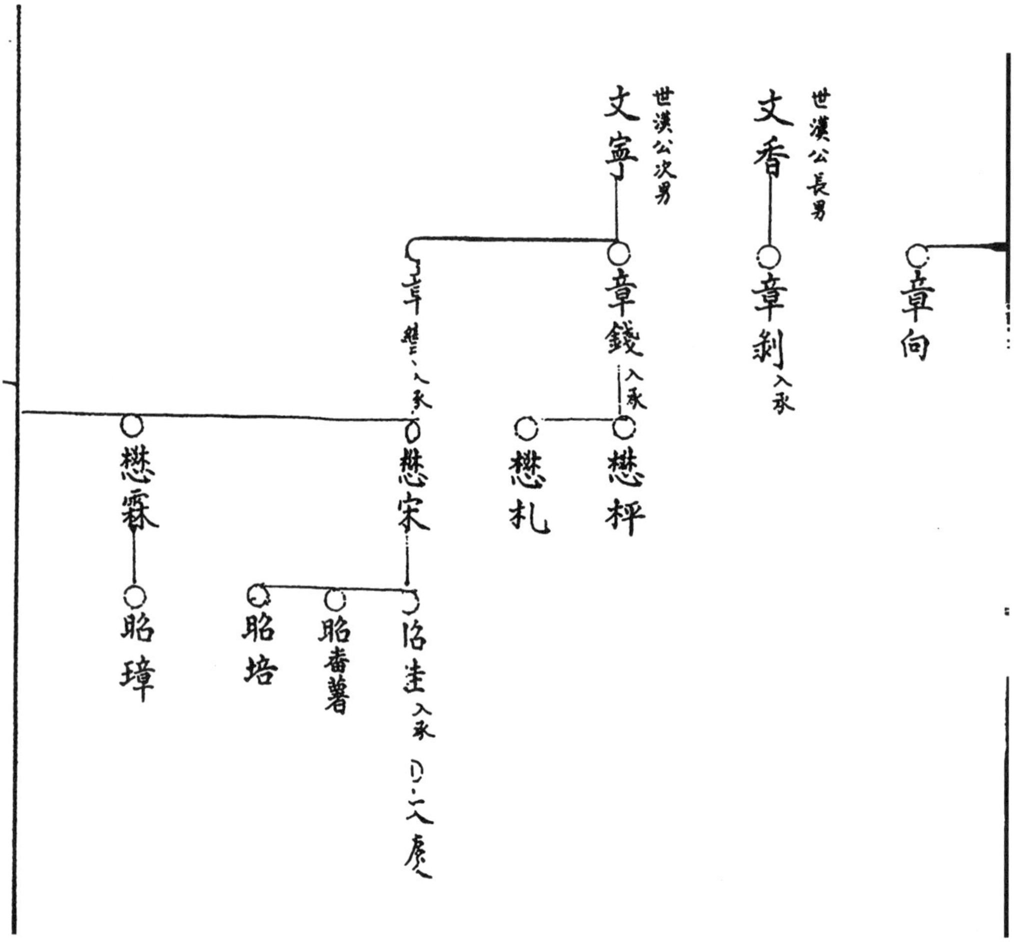
章向
文香
世漢公長男
章剎
入承
文寧
世漢公次男
章錢
入承
懋枰
懋札
入承
懋宋
懋霖
昭璋
昭培
昭圭
入承

懋榜
- 眙琦
- 眙瑛
- 眙琨

文堯 世漢公三男
- 章錢 出繼
- 章銀
- 章就
- 章剎 出繼
- 章樟

文景 世博公長男
- 章造
  - 懋簡

章鎗
- 懋興
- 懋察 入承
- 懋怪

章甌 出繼

章棖

文垂 世博公次男

章杯
- 懋巉
- 懋察 出繼

章豫 入承

文真 世博公四男

- 章存
- 章按
- 章掾
- 章八

文林 世博公五男

- 章樂

文趚 世博公六男

- 章傳
- 章脾 入承

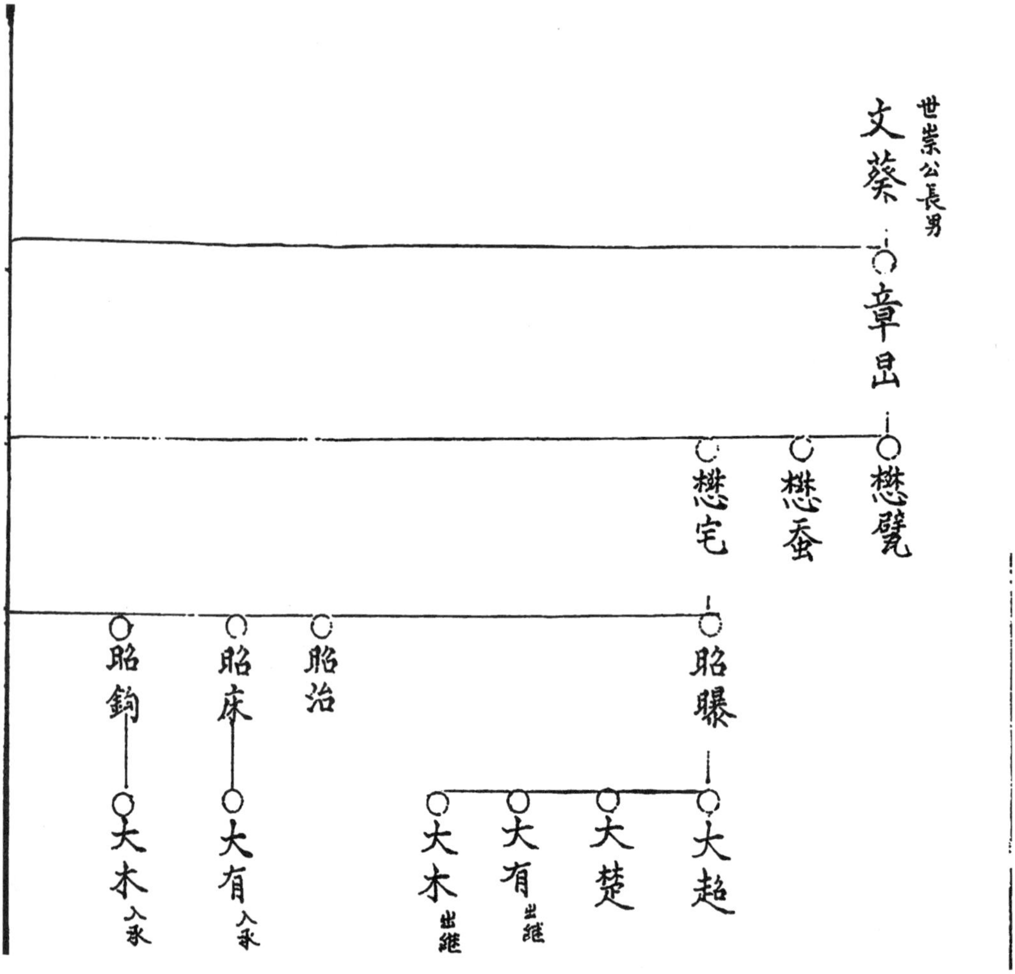
文棨 世崇公長男
章旵
懋覺
懋蚕
懋宅
昭睩
昭治
昭床
昭鈎
大赳
大楚
大有 出継
大木 出継
大有 入承
大木 入承

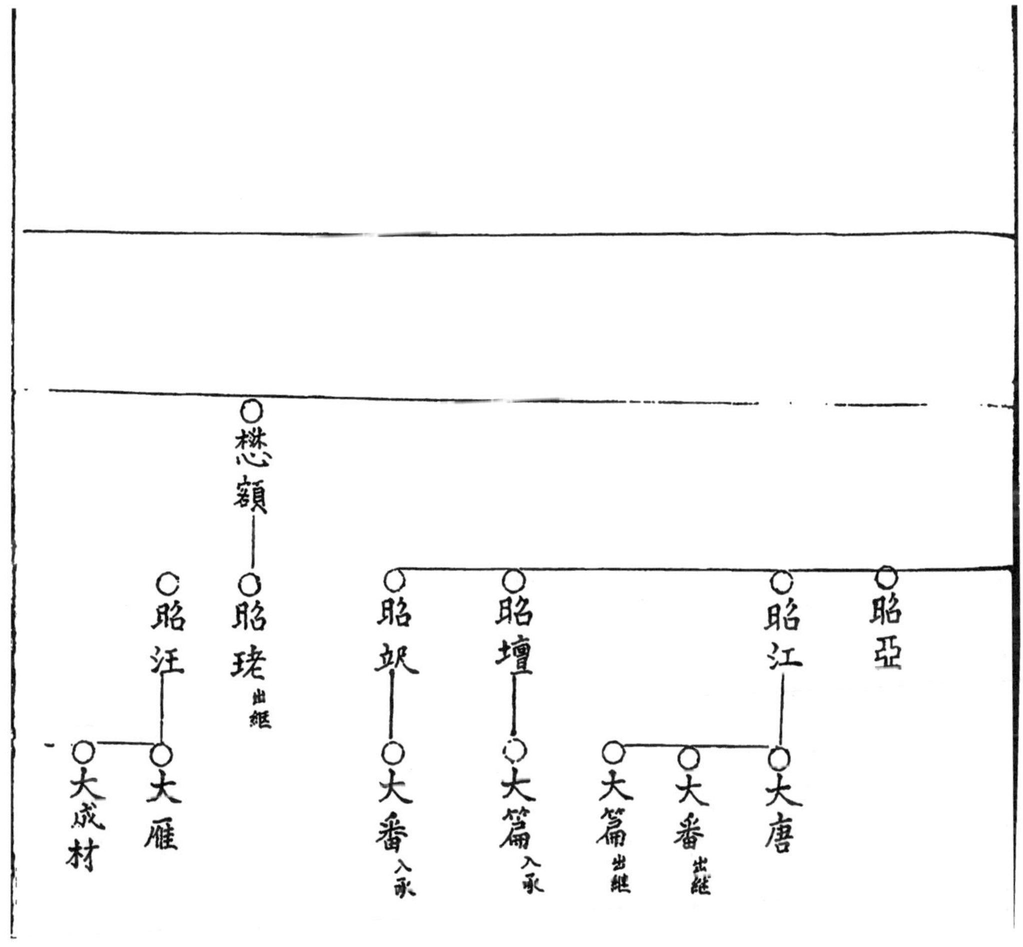
懋頴
昭汪
大雁
大成村
昭
出繼
昭
大番
入承
昭壇
大篇
入承
昭江
大唐
大番
出繼
大篇
出繼
昭亞

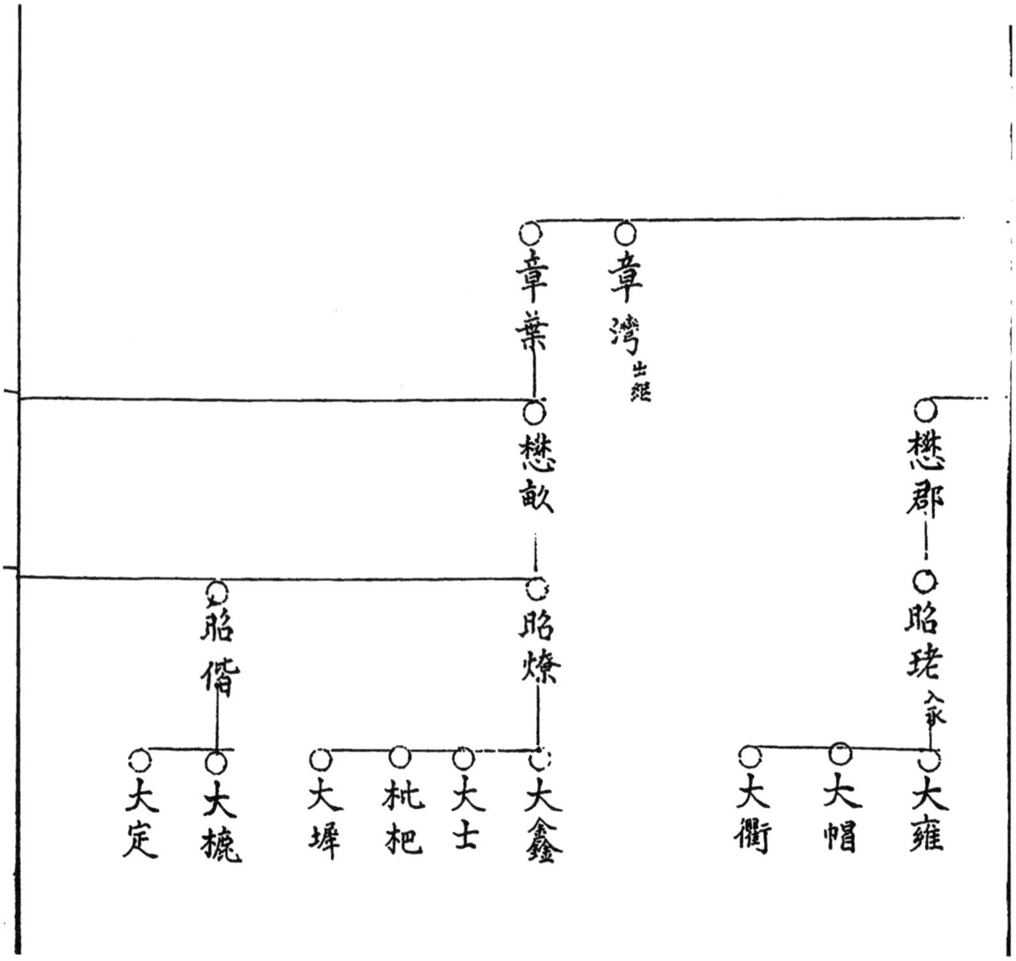
章棄
章灣
出繼
懋畝
懋郡
昭偺
昭燎
昭[illegible]
入承
大定
大橈
大墀
枕杷
大士
大鑫
大衢
大帽
大雍

○昭謙
- ○大送
- ○大全

○懋泚

○昭波
- ○大賢
- ○大鈿
- ○大川

○昭芬
- ○大柱

○昭翰
- ○大然
- ○大樹
- ○大俤

昭馭

大英

昭看

大標

大炬

大汀

懋堂

文在 世宗公次男

章甌

章掌

章睥 出繼

章豫 出繼

世崇公三男
文賞 〇章俗
〇章拎

爾宣公派下

世千公長男
文政 〇章外

世千公次男
文富 〇章飆
〇章永 〇懋仙
〇貽蝶

○聏熊出繼

○聏來出繼

○聏立

○懋庭

○聏熊入承

○聏作入承

○懋笨

○聏來入承

○懋滿

○聏作出繼

文艷世千公三男

○章秋

○懋舵

○懋瓦

○聏崎

○昭扱 ○昭鵃

○昭罩

○昭勸

○章冬、

○懋草

○昭賜

○昭石 出繼

○懋躶

○昭復

○懋迸

○昭信

○懋鞭

○昭石入承

○昭求

○章外出繼

○懋闇

○章庇

○懋炭

○章位

○懋掽

○懋猪

○懋豹

十七世　十八世　十九世　二十世　廿一世

爾豫公派下

大宜 昭胆之男
- 業加
  - 以籍
    - 承賢
    - 承壁
  - 以秋
    - 承義
    - 承和

大杰 昭丙之男
- 業初 出継
- 業碗 没承
  - 以源 没承
    - 承治

大杰 以治長子男

○葉初 出繼

○葉硫 叔承

○以源 叔承

○承治

大猷 昭赤長男

○葉隆 入承

大鎮 昭赤次男

○葉塔

○葉銅 出繼

○葉紅

○葉青 兼承大猷

○業低

○業隆 出繼

大啟 彤訂長男

○業森 出繼

○業檀

○以朋 從承

○業樹 兼承大潟

大駃 彤名之男

○業紅 入承

大濟 肸极之男
葉生

大揚 肸熊長男
葉樹 葉承裕 注記謀

大鮑 肸熊次男
葉銅 入承

大城 肸洸繼承男
葉森 入承
以明 繼承
以
東海

大城 船道雙承男
○業森 雙承
○以明 雙承
○以
○東海

大 路注之男
○業樹 兼承船注杞孫

大前 船鴻長男
○業相 雙承
○以

大源 船湖長男
○業昂

〇業穀

〇以鈿

〇以喜

大浦 始遷四男

〇業知

〇以貽

〇以恩

〇以亨

〇福星——〇鳳燕

大潮 貽湖五男
- ○洛書
- ○以亭

○葉定 出繼

○葉波

大磋 貽湖六男
- ○葉相 繼承

大萬 貽法次男
- ○葉定 入承

大沙 路續三男
○葉林 出繼
○葉彬 遷承

大厚 路皎之男
○葉林 入承

大沙 路絲遷承長男
○葉林 出繼
○葉彬 遷承

大若 路笋遷承男
○葉鉦 遷承
○以成 遷承

〇業攀 出繼

大若 朌會進承男

〇業鉅 進承

〇以成 進承

〇業攀 出繼

大分 朌鑒長男

〇業河 入承

大閒 朌鑒次男

〇業登 入承

大鉗 彤瑯燮承男

業魁

業饌 出繼

大囦 彤遴長男

業本 入承

大轉 彤遴次男

業本 出繼

大騂 彤鏞長男

業泉

以耑

以鐘

以鼓

大呼 昭肇之男

〇業炭 遷永

〇業張 遷永

大鐙 昭歎長男

〇業管 遷永

大櫓 昭歎三男

〇業登 出姓

〇業 遷永

大戩 昭綠承三男

〇業戰 入承

大園 船燒三男

〇葉戰 出繼

〇葉腫

大拐 船沛長男

〇葉燕 出繼

〇葉概 出繼

〇葉色

〇葉正 出繼

大火 朌彩長男

○業概 入承

大晳 朌扶次男

○業燕 入承

○業正 入承

大鏗 朌扶三男

○業筆

大錐 朌忼五男

○業管 双承

大佩 貽化長男　○葉河 出繼

大櫓 貽化三男　○葉登 出繼

○葉 遷家

大訓 貽巧長男　○葉左

大剡 貽勞次男　○葉張 遷家

大榮 昭、變、受男
○業天
○業洋
○業蒼 出繼
○業基
○業

大榮 昭、煌、漫、受男
○業天
○業洋
○業蒼 出繼

○葉基

○葉

大（昭梓之男）

○葉蒼（入承）

大楚（昭騄次男）

○葉民（入承）

○葉榆

大有 朌庥承男

○業

○業建

○業民 出继

○業時

大唐 朌江長男

○業忠

大雁 朌汪長男

○業倫

成材 詒江次男　○葉岩 入承

大雍 貽琥長男　○葉山 入承

大㥠 貽琥次男　○葉玉

○葉紅

○葉禮 出繼

○葉山 出繼

○葉岳

○葉岩 出繼

大衛 路珖三男

○葉禮 入承

大鑫 舶燎長男

○葉烜

○以祥

○以經

○以介 夭

○葉慶

○葉㳘

○葉燿

○葉藩

○葉彩

大杜杷 船燎三男

○葉華

○葉源

○葉瑋

○葉釗

○葉原

○葉溪

大墀 貽壕四男

○業鋧

○業竹

大梚 貽愔長男

○業軒

○以宗

○以珍

○以深

○以

○以

大定 昭倍次男
○業寅
○業錦

大送 昭謙長男
○棟樑
○以派
○業堵
○以瑶
○以淋 出繼
○以淋 入承
○業厘 出繼

大全 昭謙次男
○業厘 入承

紹波長男
大賢　○業百全入承

紹波次男
大鈿　○業百全出繼

○業本

○業福出繼

紹波三男
大川　○業福入承

大柱 貽芬之男

○葉浚

○以麟

○葉明

○葉敏

大然 貽翰長男

○葉秩

○以振中

○以振義

大樹 貽翰次男

○葉龍

聪馭之男 大英

○葉淮

○葉增

聪看長男 大標

○葉

東石玉井蔡氏二房長顯白公孫尚愛公派下譜牒

一世

始祖十郎公

諱必麒，號十郎，公本居泉郡蔡巷，因十郎富從蔡本經在城任二甲道學之役，主其家。洪武癸酉年，公年十二歲，被人誣累，父母兄弟俱遠遊之，公遂來本鄉，家託身適鄉舍黃樂野公，無男子，有二女，見其公不凡，言于本鄉，以次女妻公，始入籍仙跡鄉。公生大明洪武十五年壬戌八月廿七日寅時，卒正統十二年丁卯九月廿七日午時，壽六十六。黃氏生洪武廿一年戊辰四月初四日巳

二世

一處士

字文一，號柔軒，十郎公長男，長房祖，其支派詳載公譜

二處士

十郎公次男

三處士

十郎公三男

四處士

字文四，號弱軒，十郎公四男，墓葬本山圳從橋仔頭，生男二

乾亮　乾寬

三世

乾亮

號安泰，弱軒長男，墓葬鯊崗塚，坐西北向東南，生男四

顯仁　顯白

四世

顯仁

乾亮公長男，其支派詳公譜

顯白

乾亮公次男，生卒及妣姓氏舊譜本未詳，生男

守義

五世

守義

顯白長男，其支派詳載在公譜

一世　二世　三世　四世　五世

一世

時辛丑紀九年甲子七月十四日壽年五十七葬合葬本山後門三層岑坐西北向東南生男四

一處士
二處士
三處士
四處士

三世

顯賓　三
顯聚

四世

守義
守修
守贊

五世

守修

顯白公次男其支派葬戴公譜

守贊

號方興顯白公三男生正德壬申年九月十八日戌時卒萬曆戊子年二月十二日寅時高壽七十七妣謝氏號勤齋生正德乙亥年正月廿八日卯時卒萬曆壬寅年二月十六日午時高壽八十八萬曆四十七年己未三月廿六日巳時墓合葬南安縣廿九都湯井山又名法雲庵壠山穴號龍螺出海坐坤向艮兼未丑生男二

尚愛

尚與

顯賓

乾亮三男其支派詳載公譜係三間之祖

顯聚

乾亮四男其支派詳載公譜

乾寬

弱軒公次男二房二祖其支派詳載公譜

六世 七世 八世 九世 十世

尚愛

諱應生，號季石，守贊公長男，生嘉靖十八年己亥五月十四日巳時，卒萬曆卅年壬寅七月初六日戌時，高壽六十四。妣吳氏，號淑慎，生嘉靖十九年庚子正月廿五日辰時，卒萬曆四十五年丁巳七月二十日未時，高壽七十八。墓合葬三都盤柴山坐辛向乙，生男一

惟憲

惟憲

諱紹宗，號淵石，尚愛公之男，生嘉靖四十四年乙丑五月初三日申時，卒萬曆四十一年癸丑七月初九日戌時，高年四十九。妣黃氏，號柔懷，生隆慶元年丁卯正月十九日卯時，卒萬曆二十年壬辰二月廿一日辰時，墓合葬孫壯白象山坐丁向癸。繼妣鄭氏，號慈婉，生十一月初六日，卒六月初八日，葬與婚厝石。妣周氏仝葬九都錢湖山禾丑，生男三

爾豫

爾宣

爾龍

爾豫

諱尺藥，號寧衛，惟憲長男，國學生，生萬曆十四年丙戌八月初四日未時，卒隆武乙酉即順治二年九月廿八日午時，高壽六十。先妣黃氏，號柔正，生萬曆十五年丁亥八月十三日丑時，卒萬曆四十三年乙卯四月十二日午時，高年廿九。繼妣王氏，號詠儀，生萬曆廿七年己亥九月初四日亥時，卒崇禎十三年庚辰九月十七日酉時，高年四十二。墓合葬錢湖山由寅，生男三

延柏

延仲

延文

延柏

乳名喬柏，字欽蘋，諱胤文，邑庠生，爾豫長男，生萬曆四十五（六）年戊午六月二十日未時，卒崇禎十七年甲申七月初一日巳時，高年廿七。墓葬菴中坐北向南。妣南安黃溪鄉吳進士之女，名私舍，生六月初一日，卒九月廿三日，生男一

逢錫

延柏公殁，孺人吳氏寡守無兒，家中祇存夫胞姪逢恢，甫歲而父母俱殁，吳氏身肩其任撫養，姪兒如自己出，後遂借逢恢公往石街頭宗祿

逢錫

名欽，延柏之男，早殁

寺出家將逢恢
公寄乳人間而
先置厝一座并
厝地幾所買田
五百兩于家以
待逢恢公長成
回祖婚娶繇子
以接宗支厥後
孫子昌熾蕃衍
而享衛公血食
得以不爽者夫
誰之力也吳氏
之功不綦大乎
舊譜所載未甚
分明因改世傳
閱倫總譜中以
垂不朽云爾
宗裔景璋敬誌

延仲

號毓仲爾孫公
次男早殁

延文

諱嚴文爾孫公
三男生崇禎五
年壬申五月十
八日辰時卒康
熙八年己酉十

逢恢

號南復延文男
生康熙七年戊
申六月廿一日
巳時卒乾隆四
年己未三月初

六世　七世　八世　九世　十世

二月初二日酉時享年三十八妣蕭氏生崇禎十一年戊寅五月初一日亥時卒康熙八年己酉五月初六日戌時享年三十二墓合葬□□生男一

逢惐

五日辰時享壽七十二妣張氏名勉娘諡慈勤生康熙十八年己未七月十九日辰時卒乾隆廿三年戊寅三月初九日未時享壽八十墓合葬鏽中央圳院坐巽向乾生男四

繼耀

繼志

繼應

繼智

爾宣

諱樹馨號肇石惟恩公次男克本祖忠惠公祠大宗中祀生主進大宗配御祭生萬曆十八年庚寅七月廿二日寅時卒崇禎十

延殿

即符殿乳名酉號望生爾宣公長男邑庠生生萬曆三十五年丁未十月初二日酉時卒崇禎八年乙亥七月十三日未時享

逢源

延殿公長男妣未詳生男一

繼長

逢南

延殿公次男妣未詳生男二

七年甲申五月初八日戌時壽年五十五墓與繼妣侯氏合葬本山半坑坐坤向艮妣周氏生萬曆十八年庚寅九月廿七日亥時卒萬曆三十八年庚戌六月初五日未時壽年二十一墓葬九都錢湖鄉坐丑向未繼妣侯氏生萬曆廿三年乙未三月初四日子時卒崇禎十七年甲申九月十五日丑時壽年四十墓與公合葬生男四

年二十九墓葬南安四十一都南濱土名紅山仔坐乾向巽妣黃氏生萬曆三十七年己酉九月初一日午時卒壬申年九月十二日酉時葬墓生男四

逢源

逢南

逢鼎

逢聚

延殿

延許

延熙

延月

吾宗曆石公蓋識人中之豪傑

繼宸

繼協

逢鼎

延殿公三男

逢聚

字德升延殿四男生崇禎七年甲戌十月十四日子時卒康熙五十年辛卯二月十四日子時壽七十八妣陳氏生崇禎丁未崇禎無丁未十一月初一日申時卒十一年壬子十二月初六日申時葬墓南安廿一都後田山結穴生男一

繼馨

六世　七世　八世　九世　十世

出一時者也當日恕建勳業探古綜今其功足以庇及八閩洪澤足以延及百世雖手訂規模史俊難数即如姑蘇所訂棉花首運一端誠其大乎功德也益歷七八月當棉花熟時各省舟車輳集蘇滬採辦棉花而必先讓我福省首裝配運武帖然而莫敢爭且立碑永為定例者夫是誰之力也故爾時名譽著聞半周天下即至今二百餘年猶且嘖嘖人口稱道弗衰舊譜續以為福建第一傑人誠哉斯言良不誣也

全璋房裔姪景璋識

延許

號綖范爾宣公次男生二月初二日妣史氏子孫現住在臺

延熙

號綖韓爾宣公三男生六月初六日卒八月十七日子孫在臺

延月

號綖蟒爾宣公四男生萬曆癸亥年改萬曆無癸亥十月十五日申時卒崇禎十五年壬午十月十二日卯時墓葬本山走馬路坐南向北子孫住在臺

爾龍

乳名七諱國繪號石城惟愿公三男中式壬午科本省舉人生萬曆間二月廿二日卒崇禎間十一月廿八日葬莖菴下地內妣吳氏礤灶吳礼科女孫生二月十八日卒乂月廿八日葬莖礤灶白象山生男一

延儕

號鰤夏爾龍公之男生辰未詳卒六月初一日妣未詳生男一

逢旺

諱士亨延儕公之男八月初一日正忌忯未詳生男一

繼發

逢旺

延儕

尚興

守贊公次男石堤祖其支派詳公譜

十一世 十二世 十三世 十四世 十五世

爾豫公派下

繼耀

號虔賀逢源公長男生康熙三十九年庚辰二月廿五日酉時卒乾隆卅一年丙戌十二月廿一日申時高壽六十七妣本鄉東蘇戶蘇使叔女名鳳娘號儉順生康熙四十年辛巳三月初六日辰時卒乾隆十五年庚午正月十一日未時高壽六十落合塋菴鄉境坐北向南生男四

世迎
世擧
世部
世蒻

世迎

名迎宗號世光繼耀公長男生雍正二年甲辰十月三十日未時卒乾隆三十年乙酉七月十五日未時高年四十二墓葬菴郊邨坐北向南先妣蔡谷鄉黃氏女名銀娘生雍正四年丙午九月初三日巳時卒乾隆十年乙丑九月初七日酉時二十歲而殁墓葬菴頂繼靈水鄉吳氏女名罕娘生雍正六年戊申八月十七日巳時卒乾隆十六年辛未四月十一日未時高年二

文慈

世迎公長男早殁

文錐

號文圖世迎公次男生乾隆十九年甲戌九月初六日辰時卒道光十一年辛卯十二月二十日辰時高壽七十八妣潘徑鄉張氏女名梅娘號儉慈生乾隆廿二年丁丑六月廿四日戌時卒道光三十年癸巳三月初一日戌時喜壽七十七墓合葬沙嶺塚生男四

章君

章君

號樹成文錐公長男生乾隆四十二年丁酉十月十二日酉時卒咸豐元年辛亥十一月廿八日巳時高壽七十五墓葬沙嶺塚坐北向南妣松柏山鄉張明官長女名裕娘號節儉生乾隆四十七年壬寅三月初六日酉時卒道光三十年庚戌五月初十日亥時高壽六十九墓葬沙嶺塚生男二

懋妍

號華妍章君公長男生嘉慶十年乙丑七月廿二日卯時卒道光廿四年甲辰四月初九日戌時高年四十在台身故葬拾回與叔章儒合塋塗田內地擧谷鄉黃廷官次女名緞娘號慈順生嘉慶十七年壬申六月初六日戌時卒光緒十三年丁亥四月初五日卯時高壽七十六墓葬每丙子午生

十四墓葬沙崗塚三灶五堡鄉謝氏女名弗娘生雍正五年丁未三月十八日巳時卒乾隆三十八年癸巳九月初九日辰時享年四十七葬葬巷卯邉生男二

文慈

文錐

章贈

章儒

章篤

懋妍

懋靳

男三

貽胆

貽溜

貽丙

懋靳

章君公次男出承章贈

章贈

號竹文錐公次男生乾隆四十九年甲辰正月十六日亥時卒嘉慶十二年丁卯七月初八日戌時享年二十四在台身故墓葬布袋嘴塭尾承男一

懋靳

懋靳

章贈承男係章君次男入承生嘉慶十三年戊辰九月十三日卯時卒道光十五年乙未五月廿九日未時享年二十八葬菴頂承男一

貽溜

章儒

號章士文雞公三男生乾隆五十二年丁未九

懋榔

號德朱章儒公長男生嘉慶十八年癸酉十二

十一世 十二世 十三世 十四世 十五世

月十八日巳時 月初三日丑時
卒道光三年癸 卒同治元年壬
未九月初二日 戌二月初六日
巳時高年三十 辰時高年五十
七在臺身故祔 葬塋沙崗妣凉
四葬本山塗田 下鄉洪翠官長
內坐北向南妣 女名辛娘號節
蔡谷鄉黃家宮 愛生道光五年
長女名齊娘生 乙酉七月初二
乾隆三十四年 日寅時卒同治
己酉八月十五 三年甲子五月
日卯時卒同治 十三日午時高
元年壬戌六月 年四十葬塋沙
十四日戌時高 崗養男一承男
壽七十四葬塋 一
小巷生男四

昭南
昭乖

懋榔
懋作
懋相
懋鏡

懋作
號懋[illegible]章儒公
次男生嘉慶二
十年乙亥九月
廿六日寅時卒
咸豐十一年辛
酉七月廿六日
高年四十七在
福清洋面身故

先妣西尾鄉葉氏女名若娘號從愛生道光七年丁亥十月廿八日子時卒道光三十年庚戌六月十八日午時享年二十四墓葬沙崗縱坑

湖鄉黃氏言長女名只娘號慈勤生道光六年丙戌七月廿八日未時卒光緒十八年壬辰十二月初二日亥時享壽六十七墓葬沙崗 生男五

昭熊

昭訂

昭名

昭扱

昭乖

懋柏

章儒公三男前譜作懋杏生嘉

十一世 十二世 十三世 十四世 十五世

慶廿三年戊寅三月十八日午時卒道光六年丙戌三月十八日巳時九歲而歿承男一

聘熊

懋鏡
章儒公四男出承章駕

章駕
號樹眼，改號樹騷文雖公四男生嘉慶五年庚申正月十四日辰時卒道光三十年庚戌正月十九日戌時壽年五十一墓葬沙崗塚坐西向東妣黃荊宅戶黃心官三女名燈娘號恭懿生

懋鏡
號德鑒章駕承長男係章儒四男撥承生嘉慶廿五年庚辰十一月十五日卯時卒同治乂年戊辰九月十四日酉時享年四十九墓葬小菴內妣白沙鄉樹嚴官次女名音娘號柔慎生道

嘉慶十九年甲戌
四月初四日申時
卒同治八年己
巳八月二十日
酉時享年五十
六葬墓小番內
坐北向南側室
李氏名飲嫁氏
節生男一承男
一養男二

光七年丁亥九
月十三日巳時
卒光緒廿五年
己亥十二月初
十日午時壽壽
六十三墓葬巷
下地生男四

懋鏡　懋買　懋搢　懋帥

昭藩　昭洗　昭追　昭注

懋買
號華買章駕養
次男生道光十
一年辛卯八月
廿七日亥時卒
道廿四年甲辰
五月廿一日戌
時十四歲而殁
墓葬沙崗塚坐
東向西

懋搢
號德文章駕養
三男生道光二
十年庚子十二

十一世　十二世　十三世　十四世　十五世

世舉
號世美燦輝次

文倡
號遂平世舉長

章亥
號章建文倡長

一
月廿二日酉時
卒同治十三年
甲戌九月廿二
日未時壽年三
十五墓葬沙崗
三世祖墓面前
娶樂谷鄉黃氏
女名精娘生道
光廿三年癸卯
生男二

貽柳

貽樹

懋帥
章駕四男庶出
生道光廿八年
戊申三月十一
日申時四歲而
殁

懋淵
號懋修章亥長

男生雍正八年庚戌十一月十三日子時卒嘉慶十五年庚午二月廿一日申時享壽八十一妣涼下鄉吳氏女名徳娘號慈順生雍正十一年癸丑八月廿四日申時卒道光二年壬午正月廿六日未時享壽九十合葬在鎗中央生男二

文偈　文慶

男生乾隆廿二年丁丑正月初九日亥時卒乾隆五十六年辛亥十一月廿七日午時享年三十五墓葬菴郊墘妣涼下鄉高氏女名臺娘號節儉生乾隆廿六年辛巳二月初七日辰時卒嘉慶十一年丙寅八月初九日丑享年四十六墓葬　生男一　養男一

章亥　章汲

男生乾隆四十六年辛丑七月廿七日巳時卒嘉慶十八年癸酉五月廿六日辰享年三十三墓與妣合葬妣大白山楊粗叔長女名量娘號慈德生乾隆五十年乙巳十月廿四日戌時卒嘉慶十一年丙寅七月十七日午時享年二十二墓與公合葬大菴郊墘坐西向東繼娶安平高汾叔次女名興娘號節生男一

懋淵

章汲

號章引文偈養次男生乾隆五十七年壬子正月廿六日午時

男生嘉慶八年癸亥十二月初三日亥時卒咸豐十年庚申六月十二日酉時享年五十八妣臺灣嘉義縣大坵田保新港庄蘇未叔次女名尾娘號靜美生嘉慶十六年辛未十一月廿七日巳時卒咸豐四年甲寅三月初十日戌時享年四十四墓與公合葬小菴郊邊生男五

貽防　貽顗　貽丁　貽尼　貽鴎

懋忍

號懋和章汲承男係章銜次男撫入生嘉慶廿四年己卯十二

十一世　十二世　十三世　十四世　十五世

卒咸豐五年乙卯六月十二日寅時高壽六十四葬塗菴棚妣前頭埈周剖官長女名畏娘號淑靜生嘉慶六年辛酉四月廿八日未時卒同治六年丁卯四月初九日酉時高壽六十七葬塗小菴承男一

月廿五日午時卒同治八年己巳三月廿四日申時高年五十一葬塗小菴妣梁谷鄉黃省官次女名萖娘號儉德生道光三年癸未三月廿六日巳時卒光緒廿一年乙未十二月二十日酉時高壽七十三葬塗本山小周邊坐乙向辛兼辰戌生男二

懋忍

貽湖

貽法

文慶

號成善世華公次男生乾隆三十二年丁亥二月初四日戌時卒道光三年癸未五月初六日酉時高年五十

章衍

號樹猶文慶公長男生乾隆五十八年癸丑十月二十日丑時卒道光十九年己亥四月十三日酉時葬拾墜小

懋吝

號華吝章衍公長男生嘉慶廿二年丁丑三月廿五日戌時卒道光十二年壬辰九月十四日未時十九歲往

七墓葬䓣郊坑華坐西向東妣
坐北向南妣𡡉東洋李氏女名
往鄉李裕叔次𡡉娘號慈勤生
女名腇娘號賢嘉慶二年丁巳
慈生乾隆三十六月十八日巳
六年辛卯正月時卒同治二年
廿一日午時卒癸亥十月十七
嘉慶八年癸亥日巳時墓葬小
七月初六日寅　卷生男四
時高年三十三
墓葬䓣郊涉生
男三

章衙　懋春

章山　懋忍

章捷　懋朕

懋儉

臺身故承男一

貽鑨

懋忍

章衙公次男出

承章汲

懋朕

號懋棠章衙公
三男生道光六
年丙戌二月初
四日午時卒咸
豐十一年辛酉
七月廿六日吉
時高年三十六
庄福清洋頭澳
海身故妣西尾
鄉葉密官長女
名目娘號慎明
生道光十四年
甲午正月初八
日申時卒光緒
廿四年戊戌七
月初七日巳時
高壽六十五墓
葬小葉生男二

貽鑨

貽炎

十一世

十二世

十三世

十四世

章山
號章有文安公次男生乾隆六十年乙卯十二月廿六日子時卒同治二年癸亥

十五世

懋儉
號　章獅公
口男生道光八年戊子十月廿一日丑時卒咸豐五年乙卯正月初七日壽年二十八葬埜埔
娶妣東洋鄉李氏女名黃順號惠懿生道十八年戊戌十一月廿六日戌時卒咸豐九年己未三月二十日午時壽年二十二葬公墓無出
娶聲玉以三男大湖承爲嗣孫

懋春
章山長男早歿

懋清
號懋淨章山公

九月十一日酉
時壽終六十九
葬塟小巷坑仔
洲上房戶黃贊
官女名國桃號
治和生嘉慶八
年癸亥二月二
十日亥時卒光
緒十六年庚寅
六月廿八日寅
時壽終八十八
葬溪西坑濱
二

懋春

懋清

次男生道十二
年壬辰六月十
四日卯時卒民
國元年壬子五
月十二日巳時
壽終八十一葬
葬本山小庵先
娶宗紫湖郭純
官長女名對娘
號愛桂生道光
十七年丁酉六
月初六日巳時
卒咸豐六年丙
辰六月初三日
亥時二十歲而
終繼娶石蓮鄉
黃錫官女名莉
娘號愛素生道
光廿二年壬寅
六月十七日午
時卒光緒二十
年甲午四月初
五日亥時壽年
五十三葬長沙
嶺生男四

裕蹊

船絞

船穀

船岳

十一世　十二世　十三世　十四世　十五世

世部

號世裕繼耀公三男，生雍正十二年甲寅六月

文珍

號文珍，世部公長男，黃氏出，生乾隆三十二年

章探

文珍公承男，係文敏三男入承，往臺往淅（浙）發喘

懋屋

章探長男，在臺生道光廿七年丁未四月廿六

章捷

號章稱，文慶公三男，生乾隆五年庚申八月十四日未時，卒道光廿二年壬寅三月十四日卯時，壽年四十二，在臺身故，葬在臺北港墘在臺，娶林氏，女，葬……，生男三

懋良　懋容　懋其

懋良

章捷長男，生道光十三年癸巳九月十三日，卒年十一月十二，在臺身故，承男一，又以貽岳以長男大懋奉其禮祀

貽岳

懋容

章捷次男，嶽承章壽爲嗣，往在臺北港

懋其

章捷三男，出不知

十二日子時卒
嘉慶十一年丙
寅正月初五日
戌時壽七十
三先妣潘社鄉
柯彩叔長女名
同娘號孝謹生
雍正十二年甲
寅四月十二日
子時卒乾隆廿
四年己卯七月
廿六日亥時壽
年二十六墓葬
菴西畔坐北向
南繼妣縣谷鄉
黃升叔次女名
靜娘號勤肅生
乾隆五年庚申
八月廿二日卒
嘉慶十八年癸
酉九月十二日
寅時壽七十
四合葬本山走
馬路生男二

文珍
文啟

丁亥二月初三
日卒乾隆五十
三年戊申十二
月廿九日壽年
二十二墓葬沙
崗塚坐東向西
妣柯氏啟郎生
男一

章振

庶生嘉慶八年
癸亥九月廿六
日辰時
妣岑兜蕭氏女
名奏娘　生
嘉慶十九年甲
戌七月廿七日
生男二

懋屋
懋老

日酉時

懋老

章振次男住基
生咸豐元年辛
亥七月廿九日
寅時

十一世　十二世　十三世　十四世　十五世

文啟

號文開又號文方世部次男黃氏出生乾隆卅六年辛卯二月廿三日卯時卒道廿五年乙巳六月十七日午時高壽七十五在台身故葬董東港埔坐東向西先妣大白山楊[illegible]叔長女名詩娘生乾隆四十年乙未二月十二日酉時卒嘉慶四年己未八月初七日辰時高年二十五墓葬眷部地點子午繼妣山前鄉王河叔長女名三娘生乾隆卅九年甲午九月十七日丑時卒咸豐二年壬子七月廿七日亥時高壽七十九墓葬沙崗生男

章領

號樹雲文啟公長男楊氏出生乾隆五十八年癸丑十二月初四日未時卒咸豐四年甲寅十一月廿八日巳時高壽六十二妣石蕃鄉張硯官長女名香娘號愈順生嘉慶五年庚申十二月十四日寅時卒咸豐五年乙卯二月初二日高年五十六墓考妣合葬沙崗坐東向西生男二

懋巷

懋酒

懋巷

章領長男生道光二年壬午十一月廿一日卯時卒道十七年丁酉正月廿七日午時十六歲而歿葬墓沙崗缘坐東向西承男一

昭笋

懋酒

章領次男生道光十八年戊戌五月初七日卯時幼歿

章朗

文啟次男楊氏出生嘉慶二年丁巳十月三十日

懋還

章朗養男生道光廿二年壬寅七月初四日亥

四

章領

章朗

章探

章低

未時卒嘉慶十九年甲戌二月廿二日午時十八歲而沒養男一

府〔小字旁注〕五月十五日

懋還

先妣貢德鄉陳深官長女名怡娘生道光廿五年乙巳八月初九日寅時卒未詳

繼妣潘徑鄉挑乞許再培長女名量娘生道光廿七年丁未五月十四日未時

生男八

昭笋

昭珪

昭好

昭輝

昭會

昭脏

昭舜

昭令

十一世　十二世　十三世　十四世　十五世

章採
文欽三男，出承文玠為嗣，王氏出。

章低
文欽四男，王氏出，住臺南茂嶺庄，生嘉慶廿一年丙子三月十三日卯時。

生男二：懋天、懋寶。

懋天
章低長男，生道光壬寅年，早殁。

懋寶
章低長次男，住臺，生道光廿六年丙午七月十七日巳時。娶龍文滓西黃氏女，名趙娘，生道光二年壬午二月廿二日午時。

世菊

號世國又號世萃繼淄四男生乾隆四年己未二月十七日未時卒嘉慶八年癸亥四月十三日高壽六十四在台身故墓原塋布袋嘴墳邑今拾回與先妣黃氏合塋沙崗頭北畔坐庚向甲兼申寅先妣海號蒼叔長女名李換生乾隆甲子正月初八日卯時卒乾隆四十四年己亥六月廿四日丑時高年三十六繼妣后埯鄉王氏女名歲娘號恭慎生乾隆十八年癸酉二月廿一日亥時卒嘉慶十九年甲戌十二月廿

文純

號文和又號遠陽世菊長男黃氏出生乾隆卅七年壬辰三月十二日辰時卒嘉慶己巳十四年九月十九日子時高年三十八在台身故墓塋內田庄西畔壬丙子午妣百菌鄉黃氏女名省娘號淑慈又號節儉生乾隆四十年乙未十一月十五日寅時卒嘉慶廿一年丙子七月十八日丑時高年四十二墓塋沙崗塚生男二

章袋

章辨

章袋

號正直文紕長男住台新堪庄生嘉慶四年己未十一月廿四日辰時卒道光廿三年癸卯七月十三日午時高年四十五娶本庄蘇氏名坤娘生辰未詳

生男二

懋要

懋旺

懋要

章袋長男住台生道光八年戊子九月初八日

懋旺

章袋次男住台

十一世　十二世　十三世　十四世　十五世

六日戌時壽年六十二墓葬本山走馬路生男四

文純

文萃

文廉

文牆

章辦

號章倫文紀公次男生嘉慶乂年壬戌六月十三十日戌時卒在台年月日未詳妣臺灣長國黃富官長女名京娘號懿莊生嘉慶二十年乙亥八月十五日午時卒光緒十乂年辛卯四月廿八日午時壽乂十七墓葬本山近小菴公塚養男一生男二

懋程

號懋將章辦養長男生道光九年己丑十二月十三日辰時卒光緒廿三年丁酉六月廿一日酉時壽六十九墓葬小菴頂迎濮皖娶南邑新營鄉李本官長女名提娘生道光十六年丙申九月十一日巳時生男二

懋程　昭每

懋親　昭海

懋齡

懋親

章辦

次男佳台生道光十二年壬辰七月十三日丑時

懋虧

章辦

三男生道光十五年乙未七月初二日未時早歿

文萃

世翁次男早歿

十一世　十二世　十三世　十四世　十五世

文廉
號明珍世翁三男住台布袋嘴庄生乾隆五十年丙午二月初六日辰時卒道光廿六年丙午八月廿二日亥時壽六十一墓葬東港埔乙辛辰戌妣西后蔡庄陳氏女名素娘生嘉慶二年丁巳六月初八日未時
娶二竹圍庄翁氏女名春娘生嘉慶廿一年丙子正月廿九日午時
生男三
章勍
章祥
章樵

章勍
文廉長男生嘉慶廿一年丙子九月十二日申時
生男二
懋韓
懋誠

懋韓
章勍長男住台生道光廿五年乙巳四月初二日寅時

懋誠
章勍次男住臺生咸豐二年壬子九月初十日午時

章祥

文康

次男住台生道光九年己丑七月十七日酉時

妣白沙周氏女名牽娘生道光十七年丁酉八月十七日丑時

章樵

文康

三男生道光十五年乙未七月初三日巳時

十一世 十二世 十三世 十四世 十五世

十三世

文牆

號文璧世系四男王氏出生乾隆三十七年壬子二月廿七日辰時卒同治元年壬戌閏八月初五日未時高壽七十一墓葬沙崗妣槃谷鄉黃燮官次女名葉娘號壽螢生嘉慶八年癸亥六月初四日未時卒光緒八年壬午十一月初七日戌時高壽八十墓葬小崗尖癸向丁兼子午生男七

章壬
章棧
章抗
章砧
章高
章水
章唱

十四世

章壬

號章鳳文牆長男生道光元年壬午十月廿八日辰時卒光緒十一年乙酉五月十八日申時高壽六十五葬葬沙崗銘樓腳妣洛陽張氏名甘娘號慈心生道光九年己丑八月初九日酉卒光緒十一年乙酉正月廿一日卯時高年五十七葬本山走馬路坐午向子兼丁癸生男四

懋信
懋共
懋隰
懋質

十五世

懋信

章壬長男生咸豐二年壬子六月十八日酉時早殤

懋共

乳名懋給字永寬號懋容章壬次男業儒生咸豐六年丙辰正月十三日寅時卒民國五年丙辰十月初五日辰時高壽六十一墓葬娶西尾鄉葉針言次女名片娘號儉信生同治七年戊辰四月初九日巳時卒民國乙酉年七月初四日戌時生男五

聰省
聰媛

昭松茂

昭鎣

昭灶

懋曝

號懋竹章壬三男生咸豐十年庚申七月十六日酉時卒光緒十四年戊子二月十二日亥時葬埜沙嵐高年二十九承男一

昭煖

懋箕

號懋笪章壬四男生同治二年癸亥十月十八日午時卒光緒廿七年辛丑正月廿八日巳時壽年三十九娶白沙鄉周氏女名蟹娘諡淑惠

十一世　十二世　十三世　十四世　十五世

嘗思有善必錄我祖父文照公誠一世之善也少而老成可取長而志存可感願生平為人善於持己而后宗族鄉黨咸稱其誠實焉追年孫五旬皆謀猶高義瑾方迄則亡我鄉郷賓事無不出為施曲幹從從然穀然息事丙戌其美一時鄉閭讚之交贊稱道弗衰皆謂我祖父盡力為善也所以一旦壽過古稀曰壽終命吾鄉彩文衆頌曰為善風世可知我祖一生為善有賜徵也吾於分修譜時不禁並錄之以告於於後世示可為後人之則傚矣

孫永實識

生光緒三年丁丑三月十四日辰時卒光緒廿一年乙未四月廿三日辰時十九歲而歿葬塋沙崗尾

章樸
號章林文瑞次男生道光三年癸未十月十五日未時卒光緒元年乙亥五月初十日酉時葛年五十三墓塋小巷南北洑涼下娶鄉陳廻官長女名蕙娘號純直生道光十二年壬辰正月十七日辰時卒光緒三十年甲辰十一月廿八日寅時壽七十三墓塟巷下路內坐寅向申兼艮坤生男三

懋合
懋遂
懋聽

懋合
章樸長男生咸豐二年壬子十一月廿八日子時幼殁承男一

貽鎣

懋遂
章樸次男早殁

懋聽
章樸三男住福省州尾生同治元年壬戌八月二十日戌時

十一世

十二世

十三世

十四世

章抗

號龍文三男生道光六年丙戌七月廿一日巳時卒同治六年丁卯十月廿三日巳時高年四十二墓埜沙崗妣西尾鄉蔡概官長女名峦娘號節儉生道光十五年乙未二月廿七日辰時卒光緒廿四年戊戌四月廿三日巳時高壽六十四墓埜沙崗生男二

懋縉

懋川

十五世

懋縉

號懋南章抗長男生咸豐六年丙辰六月初九日午時卒光緒十年甲申三月初三日戌時高年二十九墓埜小菴承男一

貽灶

懋川

號懋宣章抗次男生咸豐十一年辛酉十二月十一日丑時卒光緒廿九年癸卯三月廿五日高年四十三妣石頭街林邊鄉楊氏名荘娘生同治十年辛未五月廿六日巳時卒光緒廿六年庚子五月十四日辰時高年

三十墓埜沙崗

章砧

文牆四男生道光十年庚寅十月廿九日早歿

章高

號章厚文牆五男生道光十五年乙未四月廿六日巳時卒光緒十七年辛卯四月十八日丑時壽年五十七葬埜本山近小蕃公冢妣蔡谷鄉黄欽官長女名詮諡淑德生道光十八年戊戌十一月廿三日酉時卒光緒三十二年丙午八月廿三日戌時壽六十九葬埜沙崗志馬生男三養男一

懋鷄

章高長男生同治元年壬戌五月初一日寅時卒同治十三年甲戌八月十五日戌時十三歲而歿墓埜沙崗養男一

船多

懋敬

章高次男早歿

十一世

十二世

十三世

十四世

懋鷄

懋敬

懋澤

懋要

十五世

懋澤

乳名意章高三男生光緒二年丁丑四月初九日巳時卒光緒三十二年丁未三月初七日戌時高年三十一

妣白沙鄉周氏女名允娘生光緒六年庚辰十月十六日辰時卒民國三十年辛巳八月十六日高壽六十二

生男一

承男一

聡篇

聡針

懋要

章高養四男係西郊户入承生庚未詳娶莊氏

昭針

生男一

章水

文牆六男生道光廿一年辛丑八月初一日戌時早歿

章喝

文牆七男生道光廿四年甲辰十月廿七日亥時早歿

繼志

逢低次男生康熙四十六年丁亥二月十七日卯時卒雍十三年乙卯八月初六日亥時壽年二十九無傳

十一世

繼應

號曼篤逸恢三男生康熙五十年辛卯九月十一日卯時卒乾隆五十二年丁未七月初七日戌時高壽七十七墓埜蓭頂癸丁丑未妣大白山鄉楊氏女名視娘號儉德生康熙五十一年壬辰五月初二日寅時卒乾隆四十八年癸卯四月十一日巳時高壽七十二墓埜蓭鄉頂亥巳生男四

世貢
世楚
世岱
世達

十二世

世貢

號東直繼應長男生雍正十一年癸丑三月二十日辰時卒乾隆四十七年壬寅三月初二日戌時高年五十墓埜蓭鄉坐壬丙先妣前頭鄉黃拾叔女名器娘生乾隆三年戊午十月廿四日未時卒乾隆廿四年己卯五月廿七日戌時高年二十二墓埜蓭墳近塚坐北向南繼妣小白山鄉陳氏女名玉娘號柔懿生雍正十三年乙卯四月初五日午時卒乾隆五十三年戊申二月廿九日未高年五十四墓埜蓭鄉邊西東生男二

十三世

文尋

字文芳號明順世貢長男黃氏出生乾隆廿一年丙子二月十九日戌時卒乾隆四十九年甲辰七月廿九日巳時高年廿九墓埜蓭鄉邊坐北向南枕蕭下鄉蕭氏女名帖娘號節生三月初一卒五月初二承男一

章祝

十四世

章祝

號樹祿文尋承男係文秀三男繼入生嘉慶九年甲子十一月初二日卒同治四年乙丑正月初八日卯時高壽六十二妣后湖葉氏俗長女名鐵娘號慈信生嘉慶十七年壬申七月廿九日午時卒同治七年戊辰正月廿二日未時高年五十六墓埜蓭妣合埜小蓭生男四

懋柱
懋疊
懋咤
懋院

十五世

懋柱

章祝長男生道光甲午年八月早殀

懋疊

章祝次男出承章祉爲嗣

懋咤

號德求章祝三男生道光廿三年癸卯十二月十三日酉時卒光緒廿三年丁未三月廿二日午時高壽六十五墓葬本山三層岑妣蕭下鄉蕭塞官長女名便娘號勤儉生道廿六年乙巳六月初九日辰時卒光緒卅一年乙巳三月廿二日亥時高壽六十一生男六

文尋
文秀

貽鑒
貽鎖
貽柑
貽比
貽爲
貽挪

懋院
章祝四男生咸
豐五年乙卯二
月十八日寅時
外出存亡未知
妣蕭鄉蕭坤官
長女名定娘孺
儉德生咸豐五
年乙卯二月十
三日卒光緒五
年己卯閏三月
十二日辰時廿
五歲而死
承男二

貽不
貽挪

十一世　十二世　十三世　十四世　十五世

十三世：

文秀

號文成世貢次男陳氏出生乾隆廿八年癸巳九月初四日辰時卒道光廿四年甲辰六月廿七日戌時高壽七十二葬蔡春伯洲內壬丙子午状本鄉溪淡配次女名濟娘號淑儉生乾隆卅九年甲午二月十一日卒道光廿三年癸卯又七月初二日子時高壽七十葬蔡春伯洲內坐丙子午生男五

章昆　章祉　章祝　章標　章根

十四世：

章昆

號樹勤文秀長男生乾隆五十八年癸丑九月初五日子時卒道光三十年庚戌十一月十五日午時高年五十八葬蔡塋沙崙炭北南坑大白山鄉構次叔三女名錦號恬靜生嘉慶六年辛酉十一月廿八日寅時卒咸豐十一年辛酉七月初八日辰時高壽六十一生男七

懋坑　懋決　懋彰　懋豆　懋畲　懋庚　懋岸

十五世：

懋坑

懋決

號懋決章昆次男生道光四年甲申正月廿三日丑時卒光緒廿三年丁酉五月初七日巳時高壽七十四葬塋小眷下坑海配黃氏名緞娘號儉慈生道光十一年辛卯四月廿二日巳時卒光緒元年乙亥六月廿七日寅時高年四十五葬塋小眷生男四

貽表　貽琦　貽輦　貽嘵

懋衢 琥德忠卓昆三男生道光六年丙戌二月初五日丑時卒光緒廿七年辛丑八月初四日戌時高壽七十六妣郭芩鄉郭文宣長女名嵗娘號慈德生道光十三年癸巳八月初六日酉時卒光緒廿四年戊戌十二月初五日巳時高壽六十六墓葬下生男四

貽意

貽趨

貽來

貽合

懋豆 章昆四男出承章社為嗣

十一世　十二世　十三世　十四世　十五世

懋盆
章昆五男早沒

懋庚
章昆六男出承章伴爲嗣

懋岸
章昆七男往臺生道光廿三年癸卯十月初二日戌時

章祉
文秀次男生嘉慶丁巳二月十四日丑時卒嘉慶廿一年丙子六月初二日亥時二十歲而歿墓葬洲尚塚坐北向南承男四

懋坑
章祉承長男係一章昆長男撥入號懋存生道光二年壬午四月十一日申時卒光緒九年癸未十一月初五日巳時壽六十二在臺鎮北港

懋抗
懋豆
懋叠
懋飽

身故妣郭麥娘
郭唱官長女名
桃娘諡恬慈生
道十四年甲午
九月十一日辰
時卒光緒廿四
年戊戌十一月
十八日午時葛
壽六十五葬埜
沙崗溪生男五

昭鑼
昭踏
昭謬
昭乱
昭雅

懋豆

號懋瑾章諡承
四房孫章昆四
男入承生道光
十年庚寅八月
廿七日卯時卒
咸豐十一年辛
酉七月廿六日
仝德泰船往福
州至烏求大洋
溺海身故娶前
頭吳氏名赶娘

十一世	十二世	十三世	十四世	十五世
				改節承男二 昭輦 昭來

懋疊

章社承三男德
章祝次男入承
生道光十六年
丙申二月初一
日辰時卒民國
十年辛酉四月
十三日巳時壽
壽八十四先妣
前頭周津官長
女名葉娘號儉
愛生道光十九
年己亥十二月
廿一日卒光緒
五年己卯二月
廿六日戌時壽
年四十一葬墓
沙崗塚繼妣潘
徑鄉張氏女名
尾娘號勤慎生
道光十六年丙申
十月十五日午
時卒光緒廿三

丁酉二月初八日戌時壽六十二葬墓小埜生男四

聡歎

聡吉

聡不

聡鉅

懋飽

章社承四男保章根四男入承生道光廿八年戊申正月二十日戌時卒咸豐二年壬子五月初五日酉時五歲而殁葬墓小菴坐壬向丙兼子午

章祝

文秀三男出承文尋為嗣

十一世　十二世　十三世　十四世　十五世

章標
號樹明文次子
号生嘉慶二年
丁卯十一月初
八日子時卒道
光二十年庚子
六月廿七日亥
時壽年三十四
墓葬塔石北南
洪前頭境周宅
氏女名象娘號
勤慈生嘉慶十
九年甲戌四月
十九日午時卒
光緒六年丁卯
八月初九日壽
壽六十七墓葬
於下義塚生男
一

懋滿
號懋堂章標長
子生道光十七
年丁酉十二月
十九日巳時卒
光緒廿一年乙
未六月十六日
巳時墓葬福州
妣前頭境周千
宣女名綿娘號
慈順生道光廿
一年辛丑八月
廿四日辛光緒
廿一年乙未十
二月初十壬子
時壽年五十五
墓葬小崙虎坑
福州王氏女名
海燕生咸豐五
年乙卯三月廿
三日辛光緒六
年己卯十一月
初二日辰時壽
年二十六墓葬
福州生男二

懋滿

聡煉

聡燒

章根

諱錫森文秀公
子生嘉慶十七
年壬申九月廿
七日丑時卒道
光三十年庚戌
二月二十二日午
時高年三十九
墓葬在前溪
鄉下三都西竹
坐戌向辰兼辛
乙坑松柏山脚
張共叔女名蒐
娘生嘉慶廿二
年丁丑正月二
十日巳時卒光
緒二十戊戌年
四月十八日亥
時高壽七十四
墓葬小蕃生男
四

懋辰

號承田章根長
男生道光十八
年戊戌五月廿
七日戌時卒光
緒五年己卯十
二月十三日辰
時高年四十二
墓葬沙崗坑南
安湖尾際黃餅
官長女名燦英
號懿勤生道光
二十年庚子四
月初七日寅時
卒民國元年壬
子九月廿二日
子時高壽七十
三墓葬松嶺鄉
邊坐東向西公
墓形葬本山小
葬東坐北向南
生男四

懋辰　懋炮　懋典　懋模

貽廳　貽綿　貽沛　貽衫

十一世　十二世　十三世　十四世　十五世

懋炮
號德馨章根次
男生道光一十
年庚子二月廿
一日戌時卒同
治十年癸酉六
月十四日亥時
壽年卅四葬䓁
妣潘征郎新典
宮長女名康娘
號慈慎生道光
廿三年癸卯十
二月廿三日寅
時卒同治十三
年甲戌九月廿
七日亥時
生男二

眙扶
眙傳

懋典
字永恢官章懋
猷號宏模以從
游入太學配常
蔡氏章根三男
生道光廿三年

癸卯十月廿六
日戌時卒同治
十一年壬申四
月十八日寅時
高年三十葬揺
墓在沙崗妣海
坑黃晉宦次女
名粟娘號德鄰
生道光廿七年
丁未十一月十
四日卒光緒二
十年甲午四月
初八日申時壽
年四十八葬墓
小巷承男二

聡烺

聡比

懋飽

章振四男出承
章祀為嗣早殁

十一世　十二世　十三世　十四世　十五世

世楚

継應次男生乾隆廿四年己卯乙月廿一日平乾隆四十一年丙申四月廿二日十八歲而沒墓茔失記無傳

世岱

號世德継應三男生乾隆七年壬戌五月十四日卒嘉慶六年辛酉八月初八日酉時高年六十在墓東故墓拾田茔項北南妣和園燕洪寬官女名勤娘號慈素生乾隆十一年丙寅十二月廿四日辛嘉慶十六年壬申八月廿八日辰時高壽六十七墓茔苍濟港埕

文登

號文誇世岱男生乾隆三十九年甲午正月初八日戌時卒嘉慶十八年癸酉正月初一日巳時高年四十墓茔苗溪邊泉西妣大白山郑楊秋叔吳女名皆娘號慈寿生乾隆四十三年戊戌七月初八日卒咸豐四年甲寅五月廿二日巳時高壽七十七墓茔杉樹鄉

章伴

號章同文登男生嘉慶十一年丙寅九月初五日戌時卒光緒二十年甲午六月十九日酉時高壽八十九墓茔小奄炕前頭中央晉黃綸官長女名鱼娘號勤慎生嘉慶十九年甲戌七月初七日卯時卒光緒八年壬午九月廿九日子時高壽六十九墓茔小奄承男

懋庚

號懋申章伴次長男保章兆六男撥入生道光十五年乙未三月初四日戌時卒同治四年乙丑十月十一日巳時高年三十一墓茔在刺史墓妣蔣頭黃前官長女名良娘號節義生道光十八年戊戌四月廿三日寅時卒光緒十一年乙酉六月廿七日戌時高年四

東向西生男一

文登

一

東畔剝皮墓後
艮坤寅申生男

章伴

一生男一

慦庚

慦農

十八墓莶沙崙
生男三

胎巧

胎海

胎勞

慦農

章洋次男生道
光十七年丁酉
十一月十三日
卒道光二十年
庚子三月廿三
日亥時四歲而
歿

世達

號東通總應四
男生乾隆十六
年辛未六月廿
一日巳時卒乾
隆五十三年戊
申四月初五日
酉時壽年卅八
墓與父合葬奄
頂圳可慕鄉許
家長女名便娘
號安淑生乾隆

文禮

世達長男十三
歲而歿

文都

號文員世達次
男

十一世 十二世 十三世 十四世 十五世

廿五年庚辰十月初三日卒，道光六年丙戌十一月二十日辰時，壽六十七。葬[illegible]洲肯塚坐東向西。生男二：

文禮

文鄰

繼智

號克信，逢次口男。生康熙五十三年甲午十月廿八日辰時，卒乾隆五十九年甲寅正月廿六日子時，壽八十一。墓葬基崁宮坑號北南光社。太郎海號貢氏，女名荐號勤，慈生康熙五十五年丙申六月十五日酉時，卒乾隆廿四年己卯

世武

繼智長男，副貢氏出生。乾隆三年乙午五月二十日辰時，十四歲而殁。

世攀

號自雲，繼智次男，副貢氏出生。乾隆辛酉十三月初十日寅時卒，嘉慶十二年丁卯五月廿四日

文寵

號達孟，世攀長男，往台往府滾。崇正生乾隆廿九年甲申三月初九日戌時卒，道十一年辛卯

章標

文寵長男，往台生乾隆五十己酉閏五月

懋隆

章標長男，在臺出來，卒河尚敝

懋牛

章標次男，早殁

閏六月十三日
酉時壽年四十
四繼妣石崗鄉
黃氏女名涘娘
號勤柔生康熙
六十一年壬寅
五月廿三日辛
嘉慶元年丙辰
十二月廿九日
寅時高壽七十
五生男五

世武
世攀
世漢
世慱
世崇

未時高壽六十
七在台身故墓
塔回與妣合葬
呂厝山妣蕭下
鄉蕭孫伯次女
名蒸娘號順淑
生乾隆八年癸
亥二月初九日
辰時卒嘉慶十
四年己巳正月
初五日午時高
壽六十七生男
三

文寵
文恩
文顯

六月二十日丑
時高壽六十八
墓葬東港埔申
寅庚甲娶石崗
鄉黃孫叔次女
名店娘
生男四

章操
章煥
章河
章怡

娶東港庄陳氏
名睦娘生嘉慶
元年丙辰十一
月十四日辰時
卒道光十八年
戊戌九月初九
日寅時高年四
十三墓葬東港
埔乙辛生男三

懋隆
懋牛
懋從

懋從
章操三男住台
生道光十一年
辛卯三月初一
日戌時

章煥
文龍次男住臺
生乾隆五十八
年癸丑七月廿
九日辰時
娶東港庄李氏
女名花娘生嘉
慶六年辛酉十
二月十二日丑
時

懋熊
章煥長男早逝

懋豹
章煥次男住臺
生道光元年辛
巳正月廿九日
巳時

十一世　十二世　十三世　十四世　十五世

生男八

懋熊

娶坪仔頭鄭氏
女名好娘生道
光八年戊子八
月十五日寅時

生男二

聡漏

聡鍘

懋豹
懋瀾
懋溪
懋除
懋群
懋赤
懋索

懋瀲

章號三步住塋
生道光六年丙
戌九月初十日
子時

娶東后蕭陳氏
女名干娘生道
光十二年壬辰

生男一

聡雷

懋溪

章煥四男住臺

生道光九年己

丑三月初八日

辰時

娶東石蔡趙氏

女名綢娘生道

光十四年甲午

二月十六日巳

時

懋降

章煥五男早歿

懋群

章煥六男住臺

生道光十三年

癸巳六月廿四

日

娶下淡洲黄氏

女名　　生道

光十六年丙申

十一世 十二世 十三世 十四世 十五世

月日未詳

懋赤
章燦七男住台生道光十五年乙未五月十二日巳時

懋索
章燦八男住臺生道光十七年丁酉十一月廿二日丑時

章河
文飛三男住臺生嘉慶二年丁巳七月十五日

懋隆
章河承長男係章燦長男撥入住臺生道光六年丙戌十一月三十日辰時

先妣前東巷王
氏女名令娘生
嘉慶九年甲子
二月廿九日未
時卒道光六年
丙戌十一月十
九日未時壽年
廿三再娶内田
庄曾氏女名壹
娘生嘉慶六年
辛酉十二月初
三日卯時卒道
光三十年庚戌
三月十五日未
時壽年五十三
娶吳氏女生嘉
慶十八年癸酉
十月十五日
承男一生男二
懋隆
懋愿
懋錠

娶埔仔厝庄許
氏女名信娘生
道光十七年丁
酉八月初二日
酉時

懋愿
章河次男往臺
生道光十一年
辛卯四月初六
日卯時
娶油車庄王氏
女名忘娘生道
光十九年己亥
月日未詳

十一世　十二世　十三世　十四世　十五世

樾錠
章河三男住臺
生道光十三年
癸巳十一月十
二日丑時

章怡
文龍四男往臺
生嘉慶六年辛
酉二月初六日
戌時

樾岸
章怡長男早歿

樾撓
章怡四次男住臺
生道光十七年
丁酉十一月初
六日亥時

娶縱榮蔡氏女
名查娘生嘉慶
十三年戊辰八
月初一日亥時

生男四

懋岸

懋挠

懋[illegible]

懋浸

懋[illegible]

章怡三男住臺

生道光廿二年

壬寅六月初四

日巳時

懋浸

章怡四男住臺

生道光廿七年

丁未五月初三

日酉時

十一世　十二世　十三世　十四世　十五世

文恩
名天恩號文義世拔次男生乾隆四十六年辛丑九月三十日酉時卒道光十四年甲午正月初五日戌時壽年五十四訛前頭吳篤叔次女乜寅娘號泉順生乾隆五十六年辛亥十月初二日辰時卒道光十三年癸巳三月初六日丑時壽年四十三墓合塋下井塘北南生男四

章兒
號章養文恩長男生嘉慶十四年己巳九月初五日卒道光十四年甲午正月廿一日酉時壽年廿六墓葬沙崎塚北南妣浒西坑許氏女名痛娘號渝恩生嘉慶十五年庚午五月十四日巳時卒光緒元年乙亥十一月廿二日子時壽壽六十六墓葬莽頂承男一

懋料
章兒承男係章坤長男撥入生道光十五年乙未十一月十九日戌時卒光緒廿三年丁酉三月十一日卯時高壽六十三墓葬沙崗承男一

聕墩

章兒　章坤　章艮　章德

懋料

章坤
號章入文恩次男生嘉慶十八年癸酉正月十二日辰時卒道光二十年庚子五月廿三日壽

懋料
章坤長男出承章兒為嗣

年廿八墓葬沙
崗塚北面娶某
氏生男二

懋料

懋响

懋响

章坤次男生道
光十九年己亥
七月十二日巳
時卒光緒廿四
年戊戌五月十
五日酉時壽
六十墓葬巷下
乑男一

貽煌

章良

號樹良文恩三
男生嘉慶廿五
年庚辰六月廿
六日卯時卒同
治十三年甲戌
六月初五日卯
時壽年五十五
墓葬小菴先妣
前頭周壯君次
女名滿娘號慈
愛生道光元年
辛巳十一月廿
一日丑時卒咸
豐三年癸丑五

懋洋

號德水章良長
男周氏出生道
光二十年庚子
五月十一日寅
時卒光緒十一
年乙酉十一月
十一日丑時壽
年四十六墓葬
小菴妣槃谷鄉
黄佛官長女名
梗娘號勤慎生
道光廿九年己
酉七月初五日
卯時卒民國八

十一世 十二世 十三世 十四世 十五世

年己未正月初五日辰時高壽七十一墓茔前頭山坐男四

貽粕

貽墩

貽梓

貽煌

月十八日丑時高年三十三墓茔壠西坐東向西繼妣岑兜鄉蔡爾叔長女名定娘號慈懿生道十年庚寅四月廿七日午時卒宣統二年庚戌八月初六日寅時高壽八十一逕茔走馬路生男六

懋洋

懋瀨

懋敧

懋衍

懋㦯

懋蓳

懋瀨

章艮次男周出生道光廿年甲辰五月九日卯時卒

懋敧

章艮三男周出生道光廿年丙午三月七日戌時卒

懋衍

號文演章良四男蕭氏出生咸豐五年乙卯正月廿八日巳時卒民國五年丙辰十二月廿六日丑時壽六十二墓坑西尾鄉崇濟宫次女名宿娘生同治四年乙丑五月十四日酉時卒民國八年己未十一月十九日亥時生男二承男一

昭著

昭匾

昭同

懋厲

章良五男蕭氏出幼殁

十一世　十二世　十三世　十四世　十五世

懋董

章艮六男蔣氏出生同治十一年壬申九月初七日酉時卒民國四年乙卯二月廿六日寅時壽年四十四

章德

文恩四男出承文顯為嗣

文顯

號港宗世秡三男生乾隆五十年乙巳十二月十三日卯時卒道光廿三年癸卯十月廿三日亥時壽年五十九墓葬春頂北南埔郭岑鄉楊氏女名近娘號

章潤

號章海文顯養長男生嘉慶廿二年丁丑四月廿八日巳時卒同治八年己巳三月初七日辰時壽年五十三墓葬小春頂坐北向南妣大房鄉許淄官次女

懋姜

章潤長男生道光廿四年甲辰五月廿六日午時早殁

懋星

名金星章潤次男生咸豐三年癸丑十一月十

恭勤生嘉慶二
年丁巳十二月
初四日巳時卒
同治十年辛未
十二月初一日
戌時壽七十
五葬茔大埜叢
男一承男一生
男一

名唱娘號孝節
生道光四年甲
申二月十七日
丑時卒光緒十
一年乙酉六月
十一日辰時壽
壽六十二墓茔
沙崗坐北向南
生男五

三日丑時在台
身故年月日未
詳

章潤
章德
章向

懋姜
懋星
懋瑍
懋芋
懋堅

懋瑍
章潤三男早歿

懋芋
章潤四男在台
歿生卒未詳

懋堅
章潤五男往台
歿生卒未詳以
十二月初廿為
忌辰

章德
號樹仁文顯承
次男係文愚四
男繼入生道光
十一年辛卯十
月十四日戌時
卒同治十一年

懋柿
號懋菓章德長
男生同治二年
癸亥十二月初
五日辰時卒光
緒卅四年戊申
四月廿四日卯

十一世　十二世　十三世　十四世　十五世

壬申十二月初七日寅時壽年四十二墓在沙崗塚先妣郭岑鄉新塚宮次女名認娘號惠懷生道光十五年乙未七月初六日巳時卒於光八年戊午二月廿一日未時壽年廿四墓在沙崗塚繼妣謝顏鄉黃錦官長女名忘娘號勤儉生道光十九年己亥七月初七日辰時卒同治十三年甲戌九月十八日寅時壽年三十六墓在番頂西畔公孫邊生男三

懋柿

懋琴

懋井

時壽年四十六墓在半坑妣縣谷鄉黃馬參長女名蔡娘號柔謹生同治四年乙丑九月廿八日亥時卒民國六年丁巳二月初十日辰時壽年五十三生男四

貽桃

貽樞

貽雩

貽桂

懋琴

號懋趖章悳次男生同治五年丙寅二月十四日卯時卒民國二年癸丑八月初二日卯時壽年四十八妣白沙鄉周粘宮長女名玉娘號純

深生同治十二年癸酉九月初四日卯時卒民國二十年辛未八月十一申時壽年五十九生男三養男一

貽漸

貽瑩

貽柽

貽同

懋井

號懋泉章德三男生同治十年辛未九月廿八日寅時卒光緒卅二年丙午正月初四日午時壽年卅六葬塋小安下娶新岑鄉鄭氏女名鑲誤夫殁氏節生男一承男一

貽潭

貽柽

十一世

十二世

十三世

十四世

十五世

章向
文題三男生道
光十三年癸巳
十一月潤早歿

世漢
諱克順號智三
男氣黃氏出江
墓往布袋嘴邑
生乾隆十三年
戊辰五月十四
日辰時卒道光
二年壬午七月
初三日午時壽
壽七十五墓葬
淡尾東邊卯辛
乙挑石園灣黃
意叔長女名意
娘號純安生乾
隆廿四年己卯
六月十二日辛
道光廿四年甲
辰十三廿六日
未時壽八十
六墓葬東澳埔
北乙辛卯酉兼

文香
諱逑栟世漢長
長男往台生乾
隆四十九年甲
辰三月初八日
卯時卒道光十
六年丙申五月
廿八日辰時壽
年五十三墓葬
淡尾妣莊氏女
名滄娘號勤慈
生乾隆五十四
年己酉正月初
五日寅時卒道
光九年己丑八
月廿八日戌時
壽年四十一墓
葬菜頭廓鄉癸
丁系男一

章剎
文香承男深文
堯三男發入住
臺生道光九年
己丑二月初一
日辰時

章剎

男一
生男二
文香
文寧
文堯

文寧
號文康世漢次男生乾隆五十年乙巳十二月三十日丑時卒嘉慶十五年庚午五月十一日未時壽年廿六墓葬沙崙塚西東承男二
章錢
章灣

章錢
文寧承長男係文堯長男撥入住臺生嘉慶廿二年丁丑五月二十日辰時娶山仔腳蘇氏女名來粮生道光二年壬午月日未詳
生男二
樾枰
樾扎

樾枰
章錢長男早歿

樾扎
章錢次男住臺生道光廿五年乙巳正月初九日辰時

章灣
諱樹㴬號渙菴敕授宣德郎誥封奉政大夫文寧承次男係文癸次男撥入生道光二年壬午十一月廿六日子時卒光緒

樾宋
號德風貤封奉政大夫章灣養長男生咸豐元年辛亥六月初七日酉時卒光緒十四年戊子七月廿一日亥時壽年三十八

十一世　十二世　十三世　十四世　十五世

十七年辛卯正
月十四日未時
高壽七十墓塋
福省湖邊山妣
蔡谷鄉黄諱官
長女名標號
柔娛生道光八
年戊子八月初
四日申時卒宣
統元年己酉十
二月十八日戌
時高壽八十二
側妣興化謝氏
女名崇誠生道
光廿一年辛丑
七月初七日子
時卒咸豐十一
年辛酉[illegible]
同治十年辛未
八月廿六日戌
時葬於福省湖
邊山又側室江
氏女名　生道
光十四年甲午
五月二十日養
男一生男二

墓塋福省湖邊
山妣蔡谷鄉黄
翔官長女名嚴
娘號純季生咸
豐元年辛亥七
月初七日卒光
緒廿四年戊戌
五月初三日子
時高年四十八
墓塋
承男一生男一
養男一

貽珪

貽慈

貽培

德霖

奉懇蒼閩學生
欽加同知銜章
僖次男　氏出
生咸豐九年己
未七月十八日
住居福省先妣
福州張賜官四
女名喜娘生咸
豐庚申前擬作
同治二年癸亥

懋宋

懋霖

懋榜

正月廿一日申時卒，光緒九年癸未二月初九日戌時葬墓壟。繼娶宋氏，女，生同治五年丙寅五月初七日。養男一：

貽璋

德榜

京寺丞銜加同知銜，臺灣三男，江氏出，住居福省。生同治二年癸亥九月初七日子時。娶福省陳關姐六女，名留娘，生同治元年壬戌八月初四日。繼室唐氏女，名　，生光緒三年丁丑正月初六日。生男三：

貽琦

貽瑛

貽琨

十一世 十二世 十三世 十四世 十五世

文堯
世漢三男住臺
生乾隆五十四
年己酉八月十
九日亥時
娶大蔡王氏
女名金娘生嘉
慶二年丁巳月
日未詳
生男五
章錢 章銀 章就 章剎 章棒

章錢
文堯長男出承
文寧為嗣

章銀
文堯次男早殁

章就
文堯三男住臺
生嘉慶廿五年
庚辰十二月初
八日亥時
娶內田王蔡氏
女名霞娘生道
光十三年癸巳
正月

章剎
文堯四男出承
文番為嗣

章樟

之虎五男往臺生道光十三年癸巳十一月初四日亥時

世博

號自厚諡智四男前黃氏出往台住而後嗜至生乾隆十六年辛未五月初十日寅時卒嘉慶廿一年丙子四月十九日午時壽六十六墓葬溪邊辛乙原配先妣滿住鄉李氏女名行娘諡慎勤生乾隆廿七年壬午九月二十日辰時

文景

世博長男往台生乾隆五十二年丁未十月二十日

娶海東西鄉氏女名初娘諡慈慧生乾隆五十四年己酉七月十一日寅時卒道光三十年庚戌八月初一日亥時壽六十二墓葬溪邊山

章造

文景長男往臺生嘉慶十八年癸酉九月廿二日亥時

娶馬樓後何氏女名送娘生嘉慶十九年甲戌月日未詳

生男一

懋簡

懋簡

名文簡章造長男往臺生道光十八年戊戌四月初六日巳時

十一世　十二世　十三世　十四世　十五世

卒乾隆五十三年戊申十一月
十二日寅時壽
年廿七繼妣王
氏女名章㧱生
乾隆廿五年庚
辰五月十五日
卒道光廿四年
甲辰三月初四
日巳時壽八
十五
生男六

四

辛巳原卯生男

文景
文壶
文在
文真
文桃
文趂

章造
章鎗
章甌
章桭

章鎗

文景次男住臺
生嘉慶廿二年
丁丑五月初四
日寅時

先聘墘仔唇薛
氏女名蒲娘
慭願生道光二
年壬午正月十
七日未時卒道
光十三年癸巳
正月十九日未
時十二歲而殁
繼娶埔仔唇黃
氏名番娶生道
光二年壬午九
月初六日亥時

聘岑兜鄉蕭氏
女名瑞娘

生男二承男一

慭興
慭察
慭怪

慭興

章鎗長男住台
生道光廿一年
辛丑七月十八
日未時

慭察

章鎗承次男傒
章杯次男從入
在臺生道光廿
八年戊申九月
廿八日

慭怪

章鎗三男住台
生咸豐二年壬
子十一月初三
日巳時

章甌
文景三男出承
文狂爲嗣

章棖
文景四男往臺
生道光六年丙
戌十月廿四日
戌時
娶西后蔡陳氏
女名痛娘生道
光十五年乙未
十一月初一日
卯時

文垂
[illegible]從世博次
男生乾隆五十
五年庚戌六月
十九日未時卒

章杯
文垂長男往台
生道光四年甲
申三月廿四日
辰時

懋巉
章杯長男在臺
生道光廿六年
丙午五月初八
日酉時

十一世　十二世　十三世　十四世　十五世

道光九年己丑三月廿三日亥時高年四十塟塟溪尾山酉卯辛乙妣埔仔厝韓氏女名使娘生乾隆六十年乙卯三月十七日酉時

生男一承男一

章杯

章豫

先娶后蔡高氏女名寬娘號淑慎生道光三年癸未十月初三日酉時卒道光三十年庚戌九月初七日申時高年廿七塟塟溪尾園內辛乙戌辰繼娶桂樹宗甘氏名甜娘生道光五年乙酉　月初十日

生男二

懋巘

懋簝

懋簝

章杯次男出承章豫為嗣

章豫

文孟承次男係文在四男撥入住郭岑寮生道光二十年庚子八月初四日寅時

文在
世博三男出承
世崇為嗣

文真
世博四男住埕
生嘉慶元年丙
辰九月十三日
戌時
先娶李氏女名
由娘諡端淑生
嘉慶元年丙辰
二月廿三日戌
時卒嘉慶廿十
年乙亥十月廿
三日葬高年二
十墓埕內田庄
西畔坤丑未兼
娶王耀厝孫氏
女名又娘生嘉
慶十一年丙寅
十二月十九日
寅時

章存
名存心文真長
男生道光十年
庚寅十二月初
六日亥時
娶新塩庄蘇氏
女名陽娘生道
光十二年壬辰
二月初六日卯
時

章按
文真次男住台
生道光十五年
乙未二月初二
日丑時

十一世　十二世　十三世　十四世　十五世

生男口

章存

章按

章擿

章八

章擿 文真三男住臺 生道光廿二年壬寅三月廿六日申時

章八 文真四男住臺 生道光廿九年己酉八月十七日

文桃 號遠直 世博五男住台 生嘉慶四年己未十一月廿九日子時

章樂 文桃男住於臺 生道光十年庚寅六月初十日午時

卒道光十二年壬辰十月十九日戌時壽年三十四墓葬漢尾山庚甲酉卯娶坪仔頭陳氏女名未娘氏節生男一

娶內田庄林氏女

章樂

文趂

名鼎趂世傳六男生嘉慶八年癸亥七月十九日寅時卒道光十六年丙申二月初五日巳時壽年三十四娶內田庄卯氏女名金娘氏節生男一承男一

章傳

文趂長男往臺生道光十六年丙申十月十五日卯時

章脾

文趂承次男係文在三男撥入往臺生道光十一年辛卯十一月初六日寅時

娶東港庄　氏

章傳

章脾

十一世　十二世　十三世　十四世　十五世

世崇

號志高繼智五男前黃氏出生乾隆二十年乙亥六月十六日戌時卒嘉慶廿五年庚辰四月廿三日申時高壽六十六住台卽故墓塋深滄尾山東辛乙戌辰材前頭黃道叔長女名五妹號淑精生乾隆廿九年甲申九月初三日辰時卒道光廿三年癸卯九月廿七日戌時高壽八十墓塋本山坐北北南生男二承男一

文葵

號遠揚世崇長男生乾隆四十九年甲辰七月廿四日巳時卒道光七年丁亥九月初十日寅時高年四十四墓塋沙崗溪南北妣白沙鄉謝豐官女名等妹號螢暗生乾隆三十七年壬子四月十二日辰時卒咸豐九年己未十月初五日未時高壽六十八生男三

章旦

號學斋文葵長男生嘉慶廿二年丁丑二月十三日亥時卒光緒廿三年丁酉五月廿五日亥時高壽八十一墓塋

先妣白沙鄉蔡水官長女名變娘號儉肅生嘉慶廿五年庚辰五月初七日寅時卒咸豐二年壬子八月十三日巳時高年卅三墓塋沙崗塚

繼妣中合鄉王禧官次女名捉娘號儉靜生道光四年甲申十月初三日申時卒同治十年辛未四月十三日巳時高年四十八墓塋

懋璧

章旦長男張氏出生道光十九年己亥十月廿八日丑時子殁

懋蚕

章旦次男張氏出生道光廿二年壬寅四月十五日早殁

懋宅

字章德安號直齋國學生章旦三男張氏出生道光廿五年乙巳五月廿六日午時卒民國八年己未七月初十日申時高壽七十五墓

章灣

章葉

文葵

文在

文賁

三妣南邑下湖鄉林氏女名賽娘號懿憲生道光十五年乙未十月十五日卒光緒廿二年丙申正月初四日壽六十二墓葬

生男五

懋覽　懋蚕　懋宅　懋頌　懋郡

松樹坑先妣湖頭鄉黄隊宫次女名送娘號純淑生道光廿六年丙午正月初七日卯時卒光緒十九年癸巳正月初九日卯時高年四十八墓葬前頭山坐南向北繼妣黄陵嚴塘鄉吳經京長女名娶娘號純淑生咸豐八年戊午十二月廿七日卒光緒廿三年丁酉六月初九日戌時高年四十墓葬黄下之斷坑興化府莆田縣楊氏女名升娘號純善生同治十三年甲戌二月十九日巳時卒民國三十年辛巳八月十一日戌時高壽六十八墓葬

生男六養男二

貽膝

十一世

十二世

十三世

十四世

十五世

貽治

貽床

貽鈎

貽亞

貽江

貽壇

貽蛸

懋額

號懋添章呂口灣壬戌出生咸豐二年壬子七月十三日亥光緒五年己卯六月初七日高年廿八墓基本山小黃妣大白山楊法官次女名的娘號舂儉生咸豐三年癸丑十一月十五日卯時高年五十四墓基本山巷下生男二

貽珯
貽汪

懋郡

號德才章旦五男林氏養生咸豐七年丁巳九月十六日辛亥緒元年乙亥正月二十日酉時十九歲而殁墓葬小巷妣山前鄉王俗官長女名並娘號紀閨生咸豐九年己未六月廿一日申時卒同治十一年壬申八月十四日申時葬年十口墓葬小巷承男一

貽珯

十一世　十二世　十三世　十四世　十五世

章灣
文燮次男出承
文宰為嗣

章葉
諱樹枝字孫榮
號篤菴國學生
文燮三男生道
光五年乙酉九
月廿四日子時
卒光緒十七年
辛卯八月廿三
日巳時高年六
十七墓葬蔡谷
洲邊宮癸丁千
午先妣葉谷鄉
黃題官長女名
墻娘號蕙慈生
道光十二年壬
辰三月十二日
寅時卒同治九
年庚午五月廿
八日高年三十
[illegible]
墓內向巽乾巳
亥外向巽乾癸

懋畝
字永東章德言
號德長國學生
章葉長男生道
光廿九年己酉
十一月二十日
寅時卒光緒元
年乙亥九月三
十日子時高年
廿七墓葬蔡谷
坡尾與父合塋
妣坑園鄉吳命
官長女名尊娘
號慈靜生光緒
十四年戊子陳
學院章學泰木
奏請　旌
節孝坊建坊一三
十年庚午七月
十八日巳時卒
光緒十三年丁
亥六月廿五日

戊繼妣張氏女
名選根孺謚惠
生道光十六年
丙申十二月廿
七日亥時卒光
緒廿九年癸卯
四月三十日酉
時爲壽六十八
墓塋沙崙溪
生男三

懋欽
懋洲
懋堂

篤嵩公像讚
君不見以燭代
薪之子富而汰
侈又不見以船
漢金之家富而
奢貴惟此公節
完彼美樂善好
施而無己致歟
如武城樂然忍
也焚膏繼晷居
勵儒志也書齋
並茶香酹嘯無
俗塵也山遠遙
錢嚴瞻秋無遺
韻也無父並於
無夫餘　仁泉真

卯時高年三十
八墓塋
生男三
貽燦
貽偕
貽謙

懋欽元配　天
旌節孝慈靜
吳安人傳記
修德獲報古云
然此道於今為
烈為君不見節
孝吳安人氣寸
六喪所天撫諸
孤泣涕建樹心
誓守共姜志一
日直緊可百年
溫深乎霜之
深見千松柏
之堅苦節自然
天東裕齊邱典
光黃泉高厥後
採泉賢中子更
如此漢英詩書
幾致艷章福文
壞樹懷筆燦青
史妙齡細秀補
弟子貢異日肯
玉堂列衆仙龍

十一世　十二世　十三世　十四世　十五世

竹布以爲衣也
苦湯甚於苦飲
設義漿如湮體
以相懸也儼豹
掛於原壤程首
歎而心號也歎
鳩工於王鳳雁
畝平而社蓋也
悲道殺之異燄
營高塚而總首
花痴也淵溺女
之淹氣讀歌井
而婁重基空也
德既照彰天降
休祥于則一堂
泱吟實孫則一
拜丙選庠加以
爾室和穆後賜
嫩高人謀公受
茲介福吾謂公
積善之家有餘
慶既贊數語又
歌短章其詞曰
雲山蒼蒼江水
泱泱蔡公之風
山高水長
愚甥生愚弟
黄炎玉拜題

章叠貴比麗岡
仟茲毛無人修
德蔭猷可為天
下法可以從世
淨
夫世弟曾廷芳
頓首拜題

懋紕

字永河貴蕊清
號浩春辦進士
州授修職郎章
葉次男生咸豐
二年壬子七月
廿四日巳時卒
光緒卅一年乙
巳十二月十四
日亥時壽年五
十四
妣前頭周迎官
長女名執娘號
純靜生咸豐二
年壬子三月初
三日卯時卒民
國七年戊午二
月十七日亥時
壽六十七

篤菴公元配黃
慈貴孺人淡璞
圖風美貞靜幽
閑爲本支於百
世女範配婉嫕
淑慎傳佳話於
千秋允賢而有
德列女傳博採
兼收茂才齊并
令祖世召遂也
命余作贊余恨
無長康之墨妙
荷戴之筆遂不
揣固陋聊為表
德以揚休其素
守深閨也廟齋
不讓其善事舅
姑也中饋能修
其摯琴瑟似葉
婦也如賓對於
其待妯娌似鍾
郝也能和且柔
其克儉兼克勤
也劍織布機以
自奉其恤孤從
恤寡也寒衣飢
食有必周不必
四百餘篇兮學
博何須二十八
字兮詩詞豐宏
者天與以多福
德淑者人慶其

倒於福州府連
江縣貿國瑞長
女名　[illegible]秋
齊生同治九年
庚午六月廿四
日戌時卒民國
廿二年癸酉二
月初五日辰時
高壽六十四墓
塋謙中實圳坑
生男四養男一

昭波　昭芬　昭翰　昭馭　昭香

懋堂
卓宗三男早歿

十一世

十二世

十三世

文在

號送煶世宗承次男世博三男發入住郭岑蔡生乾隆五十八年癸丑十月初一日辰時卒道光廿一年辛丑五月初二日午時壽年四十九墓葬溪尾山乾巽亥巳娶大蔡庄吳氏女名甜

十四世

凝綠娘是益生長名振坤教風優四德久諳於待字三美爾戲夫箴約故能彩當派徽而不替門楣耀彩以長留噫斯人也齊眉舉案之型懿閑心德慮之流懿思貢生夫為弟貴玄玉拜題

章頤

號紀朴文在承長男係文棠三男紫入住臺生道光二年壬午九月初九日亥時卒咸豐二年壬子五月廿一日午時壽年三十一墓葬頭割山仔申寅庚甲

十五世

娘生嘉慶二年丁巳八月廿二日酉時

承男一　生男三

章甌

章掌

章牌

章豫

章掌

文在次男往臺生道光五年乙酉十一月廿四日子時

娶本庄索氏女名故娘生道光十年庚寅十月廿又日

章牌

文在三男出承文趣為嗣

章豫

文在四男出承文韭為嗣

十一世　十二世　十三世　十四世　十五世

文賞

毅遠魏世崇三男住新塘茶生嘉慶五年庚申八月十四日辰時卒道光五年乙酉三月十一日亥時壽年二十六葬在塗嶺山西坐東向西娶郭氏女名店娘生嘉慶十年乙丑六月十三日戌時

生男二

章俗

章柃

章俗

文賞長男住台生道光元年辛巳十月初二日午時娶牛稠京林氏女名頭娘生道光四年甲申七月初二日亥時

章柃

文賞次男住臺生道光三年癸未九月廿八日午時卒咸豐三年癸丑七月二十三日壽年三十一娶龍交潭林氏女名修娘生道光十一年辛

卯八月　日

彌宣公派下

繼長　逢源男其詳舊譜不載

繼震　逢南長男其詳舊譜不載

繼協　逢南次男其詳舊譜不載

十一世　十二世　十三世　十四世　十五世

繼馨　字玉成逢聚男生順治十七年庚子四月十四日卒康熙五十一年壬辰四月廿六日辰時壽年五十三墓葬興妣合葬安海石城中路子午壬丙妣黃氏生康熙三年甲辰五月廿二日卒康熙五十一年壬辰五月十一日壽年四十九生男五

世萬
世紫
世千
世紅
世總

世萬　繼馨長男早歿

世紫　繼馨次男早歿

世千　繼馨三男生康熙戊申十一月初五日卒乾隆四年己未八月十九日往壽卅二故妣吳氏文名　生康熙四十二年癸未十月十三日卒乾隆廿三年戊寅六月初三日壽五十六墓葬本山岸坑因流再娶陳氏生卒未詳生男三

文政　號文直世千長男生雍正元年癸卯十月三十日卒乾隆五十年乙巳八月初二日在台身故墓葬內田庄前　娶陳氏　承男一

章外

章外　號讀朴文政承男派文乾三男撥入住布袋嘴庄生乾隆四十八年癸卯二月十九日寅時卒道光廿八年戊申正月十四日午時壽六十六妣黃氏名于妹號緞成生乾隆六十年乙卯月日未詳卒道光三年癸未十二月十五日巳時壽年二十九

懋爵　章外男外出未知其詳

文政
文富
文艷

生男一
懋爵

文富
號純璞世千次
男生雍正十一
年癸丑正月廿
九日辛乾隆五
十年乙巳五月
初一日寅時五
十三在台身故
墓葬內田山仔
尾妣安海黎頭
境陳氏女生男
二
章飄
章永

章飄
文富長男早歿

章永
號樹錫文富次
男住柄浦濟店
生乾隆卅四年
己丑二月廿八
日寅時卒道光
元年辛巳六月
初一日子時壽
年五十三墓葬
埔仔厝反埕仔
丁癸未丑妣內
田店黃氏女名
曲娘號慈良生
乾隆四十四年
己亥二月初二
日卯時卒道光
廿七年丁未二
月初二日巳時
壽壽六十九生
男四

懋仙
章永長男生嘉
慶七年壬戌六
月廿九日
妣西後蔡黃氏
女名甘娘生嘉
慶十八年癸酉
月　日

生男四
貽熊
貽螺
貽來
貽立

十一世　十二世　十三世　十四世　十五世

懋仙

懋庭

懋笨

懋滿

懋庭
號德良章永次男住台生嘉慶十一年丙寅八月廿四日卒道光十六年丙申五月廿八日卯時壽年三十一妣陂節承男二

昭熊

昭作

懋笨
號德恭章永三男生嘉慶十七年壬申十月十八日辰時卒道光二十年庚子五月初一日午時壽年二十九在唐本家身故承男一

昭來

懋滿

章永四男住臺
生嘉慶廿二年
丁丑六月十五
日寅時
娶安溪蔡陳氏
女名浴娘號
生道光三年
冬夫之月　日

生男一

昭作

文艷　章秋　懋舵

號遠甫世十三
男住布袋嘴庄
生乾隆二年丁
巳六月廿九日
亥時卒嘉慶十
四年己巳二月
初二日巳時葬
壽七十三葬在
內田庄前港仔
塽壬丙亥巳妣
林氏名瑞娘號
淑惠生乾隆二

號樹靖文艷長
男住臺生乾隆
廿九年甲午六
月十五日巳時
卒道光十七年
丁酉六月初二
日辰時高壽六
十四妣丁氏女
名論娘號樹淑
生乾隆五十一
年丙午十一月
初九日卯時卒

章秋長男生嘉
慶十年乙丑九
月廿四日辰時
卒嘉慶廿二年
丁丑正月二十
日酉時十三歲
而歿

十一世

十二世

十三世

十年乙亥十二月廿六日未時卒嘉慶十五年庚午十一月初九日酉時壽年五十六葬塋內曰忠翁生男五

章秋
章冬
章外
章庇
章位

十四世

道光五年乙酉五月廿八日戌時卒年四十葬慈公祊埔艮坤丑未生男二

懋舵
懋瓦

十五世

懋瓦

章秋次男住台生嘉慶十六年辛未九月十四日丑時

妣東石蘭吳氏女名箴娘生嘉慶十七年壬申十二月十二日寅時

生男五

昭崎
昭扱
昭鵠
昭軍
昭勸

章冬

號樹學之魁次男住臺生乾隆四十二年丁酉正月初八日卒道光廿六年丙午九月初七日戌時高壽七十妣岑兜鄉龔氏女名榆娘號淑慎生乾隆五十四年己酉正月初八日卒道光廿六年丙午十二月初九日高年五十八生男四

懋草
懋縣
懋進
懋穀

懋草

章冬長男住臺生嘉慶十五年庚午五月廿五日亥時娶東后蔡吳氏女名紡娘生嘉慶廿二年丁丑二月初二日未時生男二

昭賜
昭石

懋縣

章冬次男住臺生嘉慶十八年癸酉九月十七日寅時娶埔仔厝韓氏女名東娘號

十一世　十二世　十三世　十四世　十五世

生嘉慶廿五年庚辰六月廿四日巳時

生男一

貽復

懋逰

章〻三男佳壹

生嘉慶廿四年己卯八月初四日未時

娶　氏

生男一

貽信

懋韃

章〻四男注台

生道光四年甲申正月廿二日寅時

伉娶龍文潭黃

氏女名䏻娘生
道光十二年壬
辰九月廿六日
寅時卒道光廿
八年戊申五月
廿四日未時十
七歲而歿繼娶
岑兜鄉龔氏女
名香娘生道光
十年庚寅十一
月廿五日丑時

承男一　生男一

昭石

昭家

章外

文彭三男出承
大叔為嗣

十一世　十二世　十三世　十四世　十五世

章庇
號樹献文韶四男住台生乾隆四十九年甲辰十二月十三日亥時卒道光廿九年己酉二月初三日酉時高壽六十六娶埔仔厝王氏女名留娘　生嘉慶四年己未九月十七日酉時

生男二
懋閣
懋炭

懋閣
章庇長男住台生道光四年甲申二月初二日巳時。娶樹林頭莊氏女名洪娘　生道光十六年丙申某　日

懋炭
章庇次男住臺生道光七年丁亥十月初七日未時。

章位

文龍五男，住臺。生乾隆五十五年庚戌十月十八日。娶內田莊黃氏，女名滿抗號，生嘉慶十一年丙寅四月十六日午時。生男三：

懋掽

懋猪

懋豹

懋掽

章位長男，住臺。生道光十年庚寅四月廿六日巳時。

懋猪

章位次男，住臺。生道光廿二年壬寅五月初七日酉時。

懋豹

章位三男，住臺。生咸豐二年壬子四月廿六日午時。

十一世 十二世 十三世 十四世 十五世

世紅
繼馨四男生康熙卅七年戊寅三月十五日卒乾隆八年癸亥高年四十六墓葬安海

世總
繼馨五男早歿

繼發
逢旺男妣某氏生男一
世侯

世侯
繼發男

十六世　十七世　十八世　十九世　二十世

爾豫公派下

昭胆
懋妍長男生道光十二年壬辰九月廿七日午時卒咸豐六年丙辰七月二十日酉時壽年廿五葬埜沙崗妣白沙鄉張才宣長女名哖娘號慈惠生道光十四年甲午十二月三十日卯時卒光緒三十三年丁未三月廿七日戌時壽年七十四生男一
大宜

大宜
號尤承昭胆男生咸豐四年甲寅閏七月十六日辰時卒光緒廿三年丁酉九月十九日午時壽年四十四葬埜沙崗坐東向西妣興谷鄉黃賢官長女名鶴娘號素勤又號慈白生咸豐九年己未四月十二日寅時卒光緒卅一年乙巳四月初九日寅時壽年四十七葬埜沙崗生男一
葉加

葉加
大宜男生光緒五年己卯閏三月廿二日卯時卒光緒廿九年癸卯三月廿九日酉時壽年廿五娶松柏山鄉張叢官長女名隨娘生光緒八年壬午四月廿四日午時
生男二
以籍
以秋

以籍
葉加長男生光緒廿六年庚子正月二十日卯時卒民國三十六年丁亥三月廿八日丑時配永春溪尾烏西鄉周宗滄官長女名紗娘生光緒卅三年丁未月日未詳
生男二
承賢
承璧

以秋
葉加次男生光緒廿九年癸卯

承賢
以籍長男生民國二十年辛未三月初八日亥時卒民國廿七年戊寅九月初五日申時八歲而歿

承璧
以籍次男生民國廿六年丁丑十二月十二日巳時

承義
以秋養長男生民國十八年己巳

三月初四日

娶浯徑鄉什姓吳
猪官次女名甍
娘生宣統庚戌
二年五月廿三
日酉時
養男一生男一

承義

承和

巳九月廿五日
巳時娶郭岑娘
文發長女名 婉安
民國二三年八月
十二日申時

承和

以秋次男生民
國十九年庚午
六月廿九日辰
時卒于民國廿八
年己卯五月十
九日十歲而歿

昭溜

懋妍次男出承
懋薪為嗣

昭丙

懋妍三男生道
光廿一年辛丑
七月廿七日未
時卒咸豐七年
丁巳十月廿五

大杰

昭丙收承男懋
昭溜男發入熙
承生卒葬娶歛
仝下生男二

業初

大杰長男出承
長房三宮東份
大吹為嗣

十六世　十七世　十八世　十九世　二十世

日申時十七歲
而殁墓葬沙崗
娶黄氏女名笑
娘氏鄭双承男
一

大杰

業初
業碗

業碗

大杰次男承貽
丙之淑兼承貽
溜淑生卒載在
下承男一

以源

業碗承男保業
初養男撥入生
貞配育詳在下

以源

貽溜

懋勤承男保懋
妍次男撥入生
道光十七年丁
酉三月廿六日
巳時卒同治五
年丙寅七月初
二日未時壽年
三十在天津身
故妣郭岑鄉楊
積官長女名閃
娘號孝卯生道
光十八年戊戌
二月十一日卒

大杰

貽溜男兼承貽
丙生咸豐十一
年辛酉九月十
六日卯時卒光
緒廿三年丁酉
二月廿三日未
時壽年三十七
墓葬沙崗妣前
頭周三板官長
女名辣猿號倹
愛生同治三年
甲子五月初十
日酉時卒光緒

業初

大杰長男出承
長房三宮東份
大吃為嗣

業碗

號明德大杰次
男承貽溜之淑
兼貽丙之淑生
光緒十四年戊
子十月廿七日
卯時卒民國十
五年丙寅十一

以源

業碗承男保業
初養長男撥入
生宣統三年辛
亥十月十一日
酉時

承治

以源長男出承
以播為嗣

光緒廿三年丁酉四月十七日巳時壽六十一墓葬黃墳岑男一

大杰

廿一年乙未六月廿四日巳時壽年三十二墓葬沙崗塚坐北向南生男二

葉初

葉碗

月初十日辰時壽年三十九承男一

以源

配西尾鄉葉穗官女名儐娘生民國三年甲寅十月十四日亥時

生男

承治

昭南

懋鄉養長男出承西郊本宗

昭乘

號世乘懋鄉承次男保懋作四男發入生咸豐十年庚申八月初五日巳時卒光緒廿一年乙未十月十八日卯時壽年卅六葬在沙崗長元

大猷

昭乘承長男保昭南出贅西郊所出之長男發入外出生卒莫詳改承男一

葉隆

葉隆

大猷承男保大鎮六男發入生民國三十年辛巳三月初六日戌時

十六世　十七世　十八世　十九世　二十世

胎熊以次男大鯇四兄胎扱三男大渴奉祀又承男二

大猷

大鎮

大鎮

胎衣承次男係胎訂次男撥入生光緒十九年癸巳正月十九巳時卒民國卅三年甲申三月廿四日午時妣蕭下鄉蕭篤官長女名累娘生光緒三十年甲辰三月十六日辰時卒民國卅七年戊子七月十五日未時生男六

葉塔　葉銅　葉紅　葉青　葉紙　葉隆

葉塔

大鎮長男生民國十一年壬戌十一月十三日巳時配本鄉黄前宅黄塔浸官次女名契娘生民國十五年丙寅六月十九日寅時

葉銅

大鎮次男出承大鮑爲嗣

葉紅

大鎮三男出承大鴻爲嗣

葉青

大鎮四男兼承大敍生民國二

二十年辛未十月初一日辰時

業坻

名狐頭，大鎮五男，生民国廿六年丁丑五月廿二日酉時，卒民国

業隆

大鎮六男，出承大猷為嗣

昭熊

懋作長男，出承懋桐為嗣

昭訂

號昭登，懋作次男，生咸豐二年壬子正月十二日巳時，卒光緒

大啟

又名客，號大作，一號大賓，昭訂長男，兼奉昭進祀，生光緒十

業森

乳名意，大啟長男，出承大城

十六世　十七世　十八世　十九世　二十世

廿九年癸卯四月初十日酉時高年五十二妣葉谷鄉黄虎宮長女名吉娘號滄祥生同治五年丙寅五月廿三日辛光緒廿四年戊戌四月廿九日巳時高年三十三墓莚沙崗生男二

大啟

大鎮

二年丙戌十二月十四日巳時卒民國十四年乙丑四月廿二日巳時高年四十歲前塘鄉李攜宮長女名桂花號丹香生光緒十三年丁亥九月初一日巳時

生男三蕉承男一

葉森

葉檀

葉樹

葉青

葉檀

大啟次男卒殁双承男一

以朋

葉樹

名獅樹大啟三男蕉承大揚生民國十年辛酉十月十一日寅時

配山前鄉王奕睞次女名花壺生民國十七年戊辰十一月十六日卯時

葉青

大啟蕉承四男生庚辉在前

以明

葉檀双承男係葉森長男撥入

昭名

懋作三男生咸豐六年丙辰之月廿三日巳時卒同治六年丁卯六月十四日巳時十二歲而殁葬塗沙崙承男一

大鎮

昭訓次男出承昭名為嗣

大駃

昭名承男係昭熊三男撥入生光緒八年壬午四月十九日酉時卒光緒廿三年丁酉三月十九日卯時十六歲而殁葬塗沙崙承男一

業紅

大駃承男係大鎮三男撥入生民國十八年己巳六月廿八日巳時卒民國卅二年癸未八月十六日子時

大鵠

業紅

昭扱

號世義懋作四男生咸豐八年戊午十一月十一日丑時卒光緒廿一年乙未九月廿三日辰時壽年三十八

大濟

名老九昭扱長男生光緒十六年庚寅九月初九日戌時卒民國三十年辛巳八月十二日午時壽年五十二

業生

大濟長男生民國十八年己巳十二月初四日

十六世　十七世　十八世　十九世　二十世

墓葬沙崗塚坐艮向坤妣蔡谷鄉黃趾官長女名織娘懿順漁生同治七年戊辰四月十四日巳時卒光緒廿六年庚子三月十九日辰時高年三十三墓葬沙崗生男三

先聘郭厝浦楊氏女名秋娘懿貞賢生光緒二十年甲午四月廿九日巳時卒宣統元年己酉八月初一日辰時十六歲未成婚而從繼娶涼下鄉陳堃長女名荞娘懿淑潛

大濟

大放

大渴　生男一

業生

大放

貽拔次男出承大厝貽鏜為嗣

大渴

貽拔三男蒸祀貽非生光緒廿年乙未九月十六日酉時早歿

年月日失詳

昭乖

懋作五男出承懋椰為嗣

昭熊

懋相承男係懋作長男發入生道光廿七年丁未十二月十三日酉時卒光緒廿九年癸卯四月廿三日子時壽年五十七妣蔡谷鄉黃爾宣長女名蘭娘號貞慈生道光廿九年己酉二月十九日辰時卒光卅三年丁未四月十七日辰時壽年五十九生男三

大揚

大鮑

大揚

昭熊長男生同治十三年甲戌十月廿六日酉時卒光緒卅三年丁未四月十六日戌時壽年卅四洗聘西尾葉氏女名叔淑生光緒二年丙子月日未詳卒光緒十五年己丑月日失詳十四歲未婚而殁繼聘本鄉林先宣長女名彩娘生光緒十三年丁亥十月十二日卯時卒光緒廿四年戊戌三月初十日十二歲未婚而殁

葉樹

名羽樹大揚兼承男乙兼承昭注為嗣孫大歲三男發入生寅詳莊前

十六世

大駚

承男一

葉樹

十七世

大鲍

號尤鲍 昭熊次

男薰杞 昭赤出

光緒六年庚辰

九月十五日午

時卒光緒廿八

年壬寅十二月

廿八日葛年二

十三承男一

葉銅

大駚

昭熊三男出承

昭名蔦鵰

十八世

葉銅

大鲍承男係大

鎮二男鍨入生

民國十三年甲

子凡月十八日

亥時

昭藩

號世安懋銹長

男生咸豐元年

辛亥四月初十

日酉時卒同治

大協

昭藩長男十歲

歲交生同十一

年壬申月日未

辛年月日去葬

十九世

二十世

十三年甲戌八月十七日辰時壽年廿四墓葬庵下枕清頭鄉張玲官長女名串娘號順慈生咸豐二年壬子二月廿一日巳時卒同治十三年甲戌十一月廿四日寅時廿三歲而歿從姪大彪奉祀生男一

大協

昭洗

懋鏡次男生咸豐八年戊午四月初六日酉時卒光緒七年辛巳七月初九日巳時壽年廿四墓葬沙岗腳鄉岑鄉楊氏女名梅娘生咸豐九年己未五月廿八日辰時卒光緒元年乙亥九月十三日申時

大城

昭洗娶承男係昭進長男撥入兼承生平無嗣詳在下承男一

業森

業森

大城承男係大啟長男撥入承昭進支派承昭洗支派生辰及妻載在下

以明

業森長男生庚詳載在下

以

業森次男未名殤

以東海

業森三男生庚詳載在下

十六世　十七世　十八世　十九世　二十世

十七歲未婚而歿以承男一
大城

昭追
綽世俺懋德三男生咸豐十年庚申九月三十日酉時卒光緒廿五年己亥六月初五日未時髙年四十墓葬奄下社前埔鄉李標官次女名窈娘號桑葉生同治四年乙丑十月十五日未時髙壽七十有二卒民國廿五年丙子十二月初四日未時墓葬大奄後生男二
大城
大本

大城
昭追長男生光緒九年癸未十月十三日辰時卒光緒廿七年辛丑十一月廿三日亥時十九歲而歿墓葬沙崗腳前埔鄉李檜官名桂花男配蕭承昭洸支沭承男一
葉森

葉森
大城承男係大紀長男燚入承昭追支派蕭承昭洸支派生宣統二年庚戌五月初六日卯時配演前宅黃邑官長女名鸞娘生民國五年丙辰十月初四日亥時生男
以明
以
東海

以明
葉森長男兼承葉樓為嗣生民國廿五年丙子閏三月初七日子時

以
葉森次男未名而歿

以東海
葉森三男生民國卅五年丙戌七月廿九日寅時

大本
貽追次男幼歿

貽注
號貽寶懋鏡四男生同治三年甲子六月初九日卯時卒光緒廿九年癸卯三月初十日辰時壽年四十葬蔡谷鄉黃澳宮穴女名賀娘改鄭熏改承嗣孫一

業樹
貽注漢承嗣孫一
棠大款三男燦入熏承以奉祀亦熏承大埸萬解生康戴六
上

業樹

貽柳
懋櫂長男生同治五年丙寅六月初二日戌時現住南洋先室石菌鄉黃懋宣長女名銀談生

大漠
名淇澳貽柳長男住南洋生光緒十七年辛卯九月初八日子時

十六世　十七世　十八世　十九世　二十世

同治五年丙寅正月初十日巳時卒光緒廿五年己亥五月廿七日未時葬平卅三墓埜沙崗生男二

大欽

昭𣓨次男往南洋生光緒廿一年乙未七月初七日未時

大澳

大欽

昭樹

懋𣓨次男往南洋居住生同治九年庚午四月初六日卯時在義地葬廖厝李氏名鶯娘生庚未詳生男

大

昭樹長男往南洋吉未知

昭防

懋瀾長男幼殁

聡聽
懋淵次男幼歿

聡丁
懋淵三男幼歿

聡瓦
懋淵四男生道光廿一年辛丑九月廿二日申時卒光緒十一年乙酉五月十九日未時高年四十五葬菱沙崗內妣坑園鄉吳探官長女名員娘號瑩惠生咸豐四年甲寅七月十一日子時卒光緒廿三年丁酉四月廿六日辰時高年四十四葬菱天

大賜
聡瓦長男生同治十二年癸酉又六月十六日酉時在外身故年月日失詳妣埔頭鄉蔡氏女名汗娘生光緒十一年乙酉五月初三日子時莫攷

十六世　十七世　十八世　十九世　二十世

奣西生男三
大賜
大再
大勇

大再
貽西次男生光緒元年乙亥十一月初七日卯時卒光緒三十年甲辰五月初九日戌時壽年三十葬在土沙崙

大勇
貽西三男出承西宅離官

貽隝
號貽左懋瀏五男生道光廿七年丁未十一月十一日卒光緒廿五年己亥五月十八日壽年五十三葬塋庵

大前
號善從貽隝長男生光緒十一年乙酉八月十二日酉時卒於南洋大吡叻年月日失詳於十二月初五日卒

業相
大前叔承男係大陞養男繼入蔥系以奉祀生寅、更娶薛在下

下路東妣陳氏
女名穗娘號溫
厚生咸豐元年
辛亥九月廿八
日酉時卒光緒
廿四年戊戌五
月十八日申時
壽年四十八葬
埜沙崙生男二

引因以是日為
忌辰代承男一

業相

大前

大治

大治
昭鴻次男幼殁

昭湖
字磨玉號冰堂
章世清庭進士
燃忌長男生道
光廿六年丙午
二月初三日亥
時卒民國十七
年戊辰十一月
初五日未時壽
壽八十三葬蔡
厝壇郊妣潘氏
鄉張普官長女
名求娘號淑恭
生道光廿六年
丙午四月十九
日辰時卒民國

大源
號文潮昭湖長
男兼祀祖啟燃
公生同治五年
丙寅十一月十
四日巳時卒光
緒卅四年戊申
四月十六日壽
年四十三因在
南洋檳城營業
不從之懸匾無踪
乃以是日為忌
辰妣本鄉海燈
並生黄氏繼娶光
長女名玉換繼
意一生同治六

業昂
大源長男幼殁

業穀
號名庭大源次
男生光緒十六
年庚寅四月十
七日酉時卒民
國七年戊午十
二月初九日辰
時壽年廿九在
南洋檳城身故
娶安海后庠蔡
符官長女名大
麵號淑清生光

以鈿
業穀長男生民
國四年乙卯十
月十日巳時

十六世　十七世　十八世　十九世　二十世

三年甲寅六月
十三日未時高
壽六十九葬墓
大宗下生男六

年丁卯二月十
九日午時辛民
國十六年丁卯
五月初六日未
時高壽六十一
墓葬於蔴溪崇
生男三

緒十八年壬辰
十二月初二日
午時

大源　大漠　大梀　大浦　大瀨　大磋

生男二

業昂　業穀　業要

以鈿　以喜

以喜
業穀次男生民
國八年己未四
月二十日辰時
辛民國十八年
己巳五月十一
日未時十一歲
而歿

大漠
聰淵次男幼殁

大梀
聰淵三男幼殁

業要
大源三男幼殁

大浦
號尤眾盼溪口男生光緒三年丁丑十一月十七日未時卒光緒廿五年己亥五月十四日酉時墓塋
娶西尾葉桑官長女名衛娘號靜一生光緒四年戊寅九月廿六日辰時
養男一生男二

葉知
號學禮大浦養長男生光緒十九年癸巳二月十四日辰時
娶西尾葉添官長女名葉娘號玉枝生光緒廿六年庚子九月廿一日卯時
養男一生男二

葉知　以貽
福星　以恩
鳳燕　以亨

以貽
名欽貽葉知養長男住南洋主

以恩
名天恩葉知次男住南洋生民國

以亨
名嘉亨葉知三男住南洋生民國

十六世　十七世　十八世　十九世　二十世

福星
大浦次男幼殁

鳳燕
大浦三男幼殁

大潮
號大洲，[illegible]淵五
男，萬紀祖叔悲
滄生，光緒七年
辛巳八月廿四
日未時
先室潘庄鄉張
錫言長女名妥
娘，洗浣一生，光
緒八年壬午五
月初六日戌時
卒光緒卅一年
乙巳十二月廿
五日申時，享年

洛書
字福龍，章貞國
號東璧，廈門大
學商學士，大潮
長男，張氏出生
光緒三十年甲
辰四月十七日
寅時。卒民國廿
八年己卯四月
十八日酉時，壽
年卅六，在永安
全省衛生處醫
院身故，葬永
安公路邊松樹
腳。娶石蘭鄉黃
洋水宜長女名

以亭
名雨亭，洛書養
男，生民國廿一
年壬申二月初
六日丑時

廿四繼娶霞厝鄉黃陸官長女名丙靈號善一生光緒八年壬午五月初五日辛光緒卅四年戊申七月初六日壽年廿七三娶白沙鄉周氏女名若娘號從一生光緒十四年戊子三月廿八日卯時

紅菜號勤氏生光緒卅一年乙巳正月初一日卯時養男一

以亭

生男一養男二
洛書
葉定
葉波

葉定

名天定大潮叁次男出承大然爲嗣

葉波

名天波大潮叁三男生民國十年甲子 月 日卒民國廿九年庚辰二月 日十七歲而歿

十六世 十七世 十八世 十九世 二十世

大磋

又名槎字硯溺號靜川一號大濱貽湖六男生光十一年乙酉正月初六日酉時卒民國十八年己巳五月初七日子時髙年四十五墓茲鋪仔山洗馬潭猴先妣安海庄庫陳甘宮女名柿娘號慈一生光緒十三年丁亥八月廿九日酉時卒光緒三十年甲辰五月初十日辰時十八歲未成婚而殁繼娶前頭楊文才官長女名予娘生光緒十五年己丑正月廿四日午時

養男一

業相

業相

名天相字長卿號寺園大磋養男生民國元年壬子十月初十日巳時

娶庄頭鄉李核官三女名細花號心賢生民國三年甲寅十二月初六日巳時

蒸承大前以奉禋祀

昭法

號世法，懋忌次
男，生道光三十
年庚戌十一月
十五日，卒光緒
二十年甲午三
月初十日寅時，
壽年四十五，墓
葬沙崗。先聘黃
前宅黃坊春官
長女，名來娘，號
慈巧，生咸豐九
年己未十二月
十四日，卒同治
十三年甲戌正
月十六日，十六
歲未婚而歿，墓
葬小巷。繼娶本縣
谷鄉黃宋官長
女，名紡娘，號慈
星，生咸豐十年
庚申，月日未詳，
卒光緒廿四年
戊戌六月廿八
日卯時，壽年卅
九，墓葬沙崗。生
男二：
大澄
大萬

大澄

昭法長男，幼歿。

大萬

昭法次男，生光
緒辛卯七月廿
六日午時，卒光
緒卅三年丁未
八月廿八日，十
七歲而歿[illegible]為
一

葉定

呂天足號瑞國
系大嶼養次男，
撫入，生民國四
年乙卯三月初
六日卯時。

葉定

先娶平原郡梁
娘官四女，名常
娛，號淑慎，生民
國四年乙卯九
月初九日丑時，
卒民國二十年
辛未七月初五
日，百燕十七歲
而歿。繼娶頴
鄉翰宴官長女，
名金錄，號淑放，
生民國二年癸
丑三月初二日
寅時。

十六世　十七世　十八世　十九世　二十世

昭鑨

號世龍懋孫丞男保懋朕長男撫入生咸豐五年乙卯八月廿六日丑時卒光緒十九年癸巳十一月初二日酉時壽年卅九葬埜沙崗妣蕭下鄉黃乞官長女名早娘號寬惠生咸豐六年丙辰九月廿二日巳時卒光緒二十年甲午九月廿六日巳時壽年卅九葬埜沙崗生男三

大蔓
大輙
大沙

大蔓

昭鑨長男幼殁

大輙

號尤敉昭鑨次男生光緒八年壬午八月十六日午時卒光緒二十年甲午八月初七日申時十三歲而殁葬埜沙崗配黃氏名頗娘生七月十七日辛六月十九五歲而殁

大沙

昭鑨三男薰承昭輙爲嗣生光緒十年甲申十月十六日卒民國卅六年丁亥十一月廿五日

葉林

大沙長男幼殁出承大蔡薰祀大蔡

卯時先室蔡氏官女名葱娘號宜沖生光緒十九年癸巳八月十九日辰時卒民國六年丁巳正月十三日酉時繼娶蘇氏名
娘生光緒廿六年庚子十月初十日

生男二

業林

業彬

業彬

名丈彬大沙次男蕙承胎報芝派生民國十九年庚午三月初一日酉時

昭鏞

懋朕長男出承懋客為嗣

昭炎

號世烈懋朕次男生咸豐十年庚申八月十八日辰時卒宣統元年己酉十一

大獅

昭炎長男蕙祀懋良生光緒十六年庚寅七月廿三日酉時卒夫居住蕙祀配

十六世　十七世　十八世　十九世　二十世

月初六日辰時
岳
壽年五十墓壁
本山庵下妣承
坑鄉黃壹官長
女名蔦娘與子
大猶注秀邦生
同治八年己巳
十月初一日巳
時卒葬致生男
二

大鄉
大重

大重
聪炎次男生光
緒癸巳七月廿
二日亥時卒光
緒廿六年庚子
三月廿六日未
時八歲而歿葬
一沙岗

聪蹺
懋清長男初歿

聪皎
懋清次男生同
治三年甲子十
月十三日丑時
卒光緒十八年
壬辰閏六月十
八日巳時壽年

大厚
聪皎男生光緒
十三年丁亥六
月廿一日辰時
卒光緒三十年
甲辰四月廿六
日十八歲而歿

業林
大厚承男係大
沙長男入承
兼承大懸初歿

廿九在袁邦小
吡叻身故妣蔡
谷鄉黄厝宫三
女名富娘生同
治八年己巳四
月十六日卒光
緒廿七年辛丑
三月十一日葬
生男一

繼男一
葉林

大厚

昭報
懋清三男生同
治六年丁卯四
月廿六日寅時
卒光緒卅四年
戊申五月初九
日戌時壽年四
十二墓葬小菴
下妣西尾葉氏
伯次女名志娘
號慈心生同治
八年己巳正月
十九日卒民國
十二年癸亥十
二月初二日巳
時壽年五十五
遺承男一生男

大沙
昭報次承長男
係照鏡三男猷
入兼承生庚及
娶詳在上生男
二

葉林
葉彬

葉林
大沙長男幼殁
出承大厚兼祀
六猷

葉彬
名文彬大沙次
男承貽飛支派
兼承貽毅支派
生庚載在上

大沙

十六世　十七世　十八世　十九世　二十世

大縣

大縣

貽報次男生光緒廿三年丁酉五月廿六日辰時卒光緒廿四年戊戌六月初五日辰時十二歲而殁出承貽岳爲嗣

貽岳

懋清四男出承懋良爲嗣

貽岳

懋良承男係懋清四男蔡入生光緒三年丁丑五月初八日卯時卒光緒十九年癸巳三月廿九日未時十七歲而殁葬紫沙崗貽岳以長男

大縣

貽岳承男係貽報次男入承十二歲而殁大沙以長男叢珠承禋祀

大鄉奉禋祀又承男一

大縣

貽笋

號世笋懋卷承男係懋還長男撥入生同治□年乙丑九月廿四日子時卒宣統二年庚戌五月初十日壽年四十六承男一

大若

大若

名玉琥尤玉貽笋承男係石恒份貽笋長男撥入蔥承貽會支派生光緒廿三年丁酉四月十一日酉時卒民國九年庚午八月初二日卯時娶本鄉上層黃高年廿口葬塋空三女名后湖蔡甫妣氏閩鄉吳氏女名山樓生光緒卅一年乙巳二月日未詳卒民國廿九年庚辰十一月初四日酉時壽年卅六生男二

葉鏂
葉攀

葉鏂

大若長男承貽笋支派蔥承貽會支派生民國十三年甲子正月十八日

生民國十五年丙寅七月初八日

生男

以成

葉攀

原名鎓大若次男出承石恒份大伶為嗣

以成

葉鏂長男生民國卅一年壬午十二月初八日戊時

十六世　十七世　十八世　十九世　二十世

昭笋
懋遂長男出承
懋叁為嗣

昭珪
懋遂次男出承
懋宋為嗣

昭好
懋遂三男出承
蔡谷

昭輝
號昭煌懋遂四
男生同治十二
年癸酉五月初
七日午時卒光
緒卅一年乙巳
五月廿五日辰
時壽年三十三
墓葬深路爾
地

昭會
懋選五男生光年乙亥十二月初七日寅時卒民國卅二年癸未正月初二日申時高壽六十九墓葬本山之馬路配濟頭鄉張氏女名綠娘生卒忘記五歲未成婚而歿代承男一
大若

大若
號尤玉昭會繼承男保昭芽承男發入蕭承生卒葬墓詳載在上生男二
葉錠
葉攀

葉錠
大若長男承昭芽支派承昭會支派生卒葬墓詳在上生男
以成

以成
葉錠長男生庚詳在上

葉攀
原名鄉大若次男出承石埕汾大岭為嗣

昭胵
懋選六男幼歿

昭彝
懋選七男幼歿

十六世

胎令

懋逵八男生光緒十一年乙酉十二月初一日寅時卒光緒廿三年丁酉四月初八日寅時十三歲而殁

胎每

號胎月懋程長男生咸豐五年乙卯十月初一日寅時卒同治十二年癸酉十月初二日未時十九歲而殁葬沙崗

胎海

懋程次男生咸豐九年己未四月十四日午時出贅西郊河園仍本宗

十七世

十八世

十九世

二十世

貽省

懋共長男生光緒十四年戊子十一月初一日辰時

先室永坑鄉黃進官長女名悄娛號端莊生光緒廿三年丁酉八月廿三日巳時卒民國七年戊午五月廿六日申時壽年廿二

繼娶金門頴東堡社陳氏女名來喜生光緒卅二年丙午十月廿八日未時

生男四

大溺 大燮 大溫 大裕

大溺

貽省長男幼殁

大燮

貽省次男幼殁

大溫

貽省三男幼殁

大裕

貽省四男生民國三十年辛巳三月初一日巳時

十六世　十七世　十八世　十九世　二十世

昭煖
懋共次男出承懋樑爲嗣

昭茂
名松茂懋共三男生光緒廿八年壬寅十一月初八日未時卒光緒廿九年癸卯六月十四日巳時二歲而殀

昭鍌
懋共四男出承懋合爲嗣

昭灶
名土灶懋共五男出承懋繒爲嗣

昭煖

琥昭春懋懔承男係懋共次男發入生光緒十八年壬辰八月十三日酉時卒光緒三十年甲辰三月十九日巳時十三歲而殁葬埜松樹坑前承男一

大鋪

大鋪

昭煖承男係昭鍫長男發入生民廿四年乙亥十月十四日申時

昭鍫

懋合承男係懋共四男發入生光緒三十年甲辰八月十七日寅時卒民國廿九年庚辰六月十六日戌時壽年卅七在南洋身故娶吳氏素善官三女生民國三年甲寅八月十六日寅時

大鋪

昭鍫長男出承昭煖爲嗣

大沛

昭鍫次男生民國廿六年丁丑九月十六日午時

十六世　十七世　十八世　十九世　二十世

生男二
大鋪
大沛

貽灶
名土灶懋熷承男係懋共五男發入生宣統三年辛亥十二月初七日戌時

貽多
懋鶚養男係外甥入承幼殁

昭篇

懋澤長男生光緒廿五年己亥七月初七日丑時

配　氏女名楷娘生民國元年壬子月日失詳

昭針

懋澤承次男係懋要男撥入生光緒廿七年辛丑二月廿二日寅時卒民國廿八年己卯五月十二日申時壽年卅九虬山前鄉王氏女名滇娘生民國二年癸丑十二月十六日寅時卒民國廿四年乙亥六月廿二日酉

十六世　十七世　十八世　十九世　二十世

時高年二十三

昭針

懋要男出承懋澤爲嗣

昭鑒

懋咤長男生同治二年癸亥五月廿五日午時卒民國八年己未六月初三日午時高年五十七先妣白沙鄉許楠官次女名來嫁生光緒六年庚辰七月十五日未時卒光緒廿四年戊戌七月初五日十九歲而殁墓葬庵下繼妣福州吳氏女名梅花生光緒九年癸未五月初三日戌時卒光緒三

大分

昭鑒養男係外甥入承生光緒廿二年丙申八月廿五日未時卒光緒卅三年丁未四月十七日子時十二歲而殁承男一

葉河

葉河

大分承男係大衍長男懋入生民國十六年丁卯五月初三日未時

先聘山前溪王氏女生辛未年八月十三日卒民國三十年辛巳十月十六日辰時十一歲夭殇而殁

十年甲辰二月廿七日寅時壽年廿二葬埜小巷下養男一生男一

大分

大閥

大閥

貽發三房次男係貽忱四男入承生民國七年戊午十二月十六日丑時卒民國廿一年壬申十一月十七日辰時十五歲而逝承男一

業登

業登

大閥承男係大樽長男捻入生民國廿六年丁丑二月廿四日辰時

貽鎖

懋澶次男生同治五年丙寅五月十二日未時卒光緒廿四年戊戌六月十二日壽年卅三因往廣邦溺水身故貽忱以四男大樽奉祀

貽柑

懋喤三男生同治八年己巳二月初九日戌時

十六世　十七世　十八世　十九世　二十世

卒光緒廿六年庚子三月初五日戌時壽年卅二墓葬寮下氹沱以四男大禮奉禮祀

昭比
懋吃四男出承懋典為嗣

昭為
懋吃五男幼殁

昭揶
懋吃六男出承懋院為嗣

昭不
懋院承長男承懋登三男撥入生光緒二年丙子十二月廿四

日巳時在臺灣
歿月日未詳

貽挪
號世欉，懋院承次男，係懋吃六男撥入。生光緒四年戊寅四月廿四日未時，卒民國六年丁巳五月廿四日子時，壽年四十，在南洋小呂宋身故。娶姚氏，姚代女，名梅，生光緒十四年戊子月日未詳，卒民國九年庚申九月初八日，壽年卅三。生男一：

大鉗

大鉗
貽挪男，出承長房三宮西下踐門衍貽札為嗣，衍承本支支派。生庚戌安葬在上。生男：

葉魁
葉鏌

葉魁
名清溪，大鉗長男，入承貽挪公支派。生民國廿五年丙子八月十五日三時。

葉鏌
大鉗次男，承貽札公支派，幼歿。

貽表
懋決長男，幼歿。

十六世　十七世　十八世　十九世　二十世

昭崎

懋洪次男八歲而殁生七月初二日卒七月廿二日

昭輦

懋洪三男士永懋丘為嗣

昭嘵

懋洪四男生同治癸亥十一月二十日卒光緒閏五月初六日在裊邦呂宋身故承男一

大詮

大詮

昭嘵承男係昭巧三男繼入生光緒十四年戊子六月廿六日未時卒未杆大剖子業疑奉經紀查大詮卒於光緒卅三年丁未三月初八日申時二十歲而歿葬小學西

昭意

懋彰長男生咸豐元年辛亥十一月初七日巳時卒光緒十五年己丑六月十五日壽年卅九在南洋大吠坳身故妣蔡鄉黄琛官次女名粧娘號荅勤生咸豐元年辛亥十月十三日酉時卒光緒廿四年戊戌十一月十三日寅時壽年四十八葬蓮沙尚養男一

連重

大連重

昭意養男生同治十二年癸酉五月初五日丑時卒光緒廿八年壬寅三月廿二日壽年三十聘岑兜鄉蕭悠官長女名生光緒十一年乙酉三月十四日丑時歸適連重無承移參以承接祀

昭趨

號昭聰懋彰次男生咸豐九年己未正月廿四日子時卒光緒廿七年辛丑正

大周

號光裕昭趨長男生光緒十七年辛卯九月廿八日丑時卒民國二年癸丑十

業本

大周承男係大男入生民國十四年乙丑三月廿八日酉時

十六世

月廿四日戌時壽年四十三先聘本鄉丁淡言次女名裘淑號節儉生同治六年丁卯三月十五日卯時卒光緒五年己卯六月廿八日巳時十三歲未婚而歿墓葬沙崗塗妣松柏山鄉許既官長女名燕娘號勤儉生同治八年己巳八月初八日辰時卒光緒廿四年戊戌十一月十八日巳時壽年三十墓葬沙崗生男一養男一

大同

大轉

十七世

一月初二日巳時壽年二十三娶茶山鄉黃氏文名裕號生光緒二十年甲午七月廿五日寅時

承男一

業本

大轉

名魁號發次男生辰未詳娶某氏

生男

業本

十八世

業本

大轉男出承大同為嗣

十九世

二十世

昭來
懋衢三男出承懋亘為嗣

昭合
懋衢四男六歲而殁

昭鑼
號昭羅懋坑長男生道光廿四年甲辰十月初六日未時卒同治十三年甲戌三月初七日申時壽年卅一在臺身故墓裕回茔在沙崗就潘任鄉張陳宜長女名慈娘號儉節生道光廿六年丙午六月初三日寅時卒光緒廿七年辛丑十二月初一日壽年五十六生男二

大騂

大騂
號大碼昭鑼長男生同治五年丙寅十月廿四日亥時卒未詳在台蓝水港身於己巳年九月廿八日招魂回以是日為忌辰妣白沙鄉周婁宫女名珪娘生同十二年癸酉正月十五日卒光緒廿七年辛丑十二月十八日酉時壽年二十九承男一

業泉

業泉
大騂承男係大喬出承丁家府出之第三男入承生民國四年乙卯十一月十四日巳時娶涼下鄉陳鑾宫次女名蓮花生民國七年戊午四月初一日寅時生男三

以崙
以鐘

以崙
業泉長男生民國廿六年丁丑十月初四日申時

以鐘
名金鐘業泉次男與弟以鼓同胎生民國卅一年壬午九月十六日辰時卒民國卅四年乙酉十一月廿七日卯時

十六世　十七世　十八世　十九世　二十世

大馨

大磿

昭躐次男出承本鄉丁宋官

以鼓

以鼓

名金鼓業泉三男與兄以鐘同豎生民國卅一年壬午九月十六日辰時卒民國卅二年癸未十月廿五日辰

昭踏

懋坑次男生咸豐元年辛亥二月初六日午時卒在台月日失詳在台娶陳氏名番娘生卒未詳生男二

大擔

大返

大擔

昭踏長男生卒未詳

大返

昭踏次男生光緒十年甲申月日娶石蓝鄉王氏女名妹娘生光緒廿二年丙

申月日不知大
返兼知記

昭謬

懋坑三男生咸豐三年癸丑十月十九日寅時卒於臺地年月日失詳

昭亂

懋坑四男生同治元年壬戌九月初五日酉時卒光緒廿一年乙未閏五月初七日戌時壽年三十四遷承男一墓葬沙崗

大返

昭亂遷承男係昭端次男繼入兼承生庚叉癸詳在上

大返

昭雅

懋坑五男早歿

十六世　十七世　十八世　十九世　二十世

昭肇

懋豆承長男係懋汱三男入承生咸豐七年丁巳正月初五日未時卒光緒十六年庚寅六月初二日高年卅回在急邦日哩身故妣槳谷鄉黃元宫長女名利娘生咸豐九年已未四月二十日亥時卒民國三十年辛巳五月十七日寅時高壽八十三生男一

大呼

大呼

號尤呼昭肇男生光緒四年戊寅十二月十五日卯時卒光緒廿三年丁酉五月十五日子時二十歲而歿墓葬沙嶺漢人承男二

葉炭

葉張

葉炭

大呼双承長男係三椚份大叔承男發入萬承大刹以奉從祀生民國二年癸丑九月廿七日

娶黃前宅黃豆發官次女名好娘生民國十六年丁卯

葉張

大呼双承次男係大刹出發龥下鄉所出之子撥入生庚詳在下

昭來

懋豆承次男係懋翁三男繼入生咸豐十一年辛酉十一月十二日卒光緒十三年丁亥五月三十日午時享年廿七往臺鹽水港身故遺承男一

連重

連重

昭來遺承男係昭意男繼入兼承生卒及配葬載在上

昭欵

號貽曲懋疊長男周氏出生咸豐七年丁巳十月初一日午時卒光廿六年庚子八月廿七日戌時享年四十四妣蔡谷鄉黃趁官長女名有娘號貞孝生咸豐八年戊午九月廿八日酉時卒民國七年戊午十二月十五日酉時享壽六

大鐙

昭欵長男生光緒十一年乙酉二月十四日子時卒光緒三十年甲辰十二月廿四日巳時享年二十遺承男一

葉管

大銳

昭欵次男出承昭吉為嗣

葉管

大鐙遺承男係大鉦長男繼入兼承生庚葬載在下

十六世　十七世　十八世　十九世　二十世

十一墓
生男二　承男一
大鐙
大鋭
大檜

大檜
船歎遺承　三男
孫船花　三男燉
入漁承生寅足
娶洋戴在下生
男
業登
業

業登
大檜長男出承
大附爲嗣

業
大檜次男住南洋

船吉
號世吉懋盈次
男閩汽出生同
治七年戊辰十
一月十一日丑
時卒光緒十七
年辛卯十月十
二日丑時壽年
二十四墓葬小
巷承男一
大鋭

大鋭
號允兑船吉承
男孫船歎次男
入承生光緒十
四年戊子二月
廿五日卯時卒
光緒三十年甲
辰三月十二日
辰時十七歲而
殁

昭不
懋叠三男出承懋院爲嗣

昭鉋
懋叠四男幼殁

昭煉
懋滿長男生咸豐八年戊午九月十一日午時卒光緒八年壬午二月初九日酉時壽年廿五葬蓝沙崙妣前頭黄橋留長女名愛娘號慈惰生同治二年癸亥四月初二日卯時卒光緒十六年庚寅四月十一日戌時壽年二十八葬蓝沙崙生男二承男一

大廣
昭煉長男生光緒六年庚辰三月初九日巳時卒光緒廿八年壬寅六月十六日卯時廿三歲而殁

大岳
昭煉次男承外

大戰
昭煉承三男昭光戰系昭煉長男發入生光緒廿二年丙申十二月廿八日亥

業戰
大戰承男孫大國長男發入生民國十八年己巳十二月十四日子時

大廣

十六世　十七世　十八世　十九世　二十世

大岳

大戩

時辛民國十年
辛酉三月十七
日亥時壽年廿
六在南洋小呂
宋身故承男一

業戰

昭燒

懋滿次男興兄
昭楼係嫡出生
咸豐十一年辛
酉二月初八日
丑時卒宣統二
年庚戌四月初
四日壽年五十
娶郭秀郡孫謝
官長女名老娘
生同治八年己
巳十一月初五
日亥時卒民國
廿一年壬申七
月十二日壽年
六十四生男三

大戩

大穆

外

大戩

昭燒長男出承
昭楼為嗣

大穆

昭燒次男生光
緒廿六年庚子
九月十八日卯
時[illegible]承

大園

原名大囝松桂三
男生光緒三十年
甲辰九月十八日
寅時娶潮吉鄉
許氏女名甘娘

業戰

大園長男出承
大戩為嗣

大園

生光緒卅一年乙巳正月

生男二

業戩

業𦝫

業𦝫

名清𦝫大園次男生民國廿九年庚辰四月初十日亥時

昭廳

懋承長男幼殁

昭綿

懋承次男幼殁

十六世　十七世　十八世　十九世　二十世

昭沛
號沛然懋承三男生同治四年乙丑六月十三日亥時卒光緒廿六年庚子三月十七日高年卅六葬南洋振擲薇角記號前頭爾旗堂女名快娘號慈儉生同治四年乙丑九月十九日寅時卒民國二十年辛未九月初六日巳時高壽六十七生男三
大拐
大朐
大火

大拐
名九先號祀尼昭沛長男生光緒九年癸未十二月十二日辰時卒民國十六年丁卯八月廿二日酉時高年四十五先妣陳氏女名鑫娘生光緒二十年甲寅卒民國元年壬子三月十九日丑時十九歲而殁葬塋小埕南洵北繼妣許氏女名桂娘生光緒廿一年乙未十日未詳卒民國廿六年丁丑二月初二日高年四十三生男四
葉燕
葉概
葉色
葉正

葉燕
大拐長男出承大哲為嗣

葉概
大拐次男早殁出承大火為嗣陳氏出

葉色
大拐三男許氏出生民國二年癸丑十一月初十日辰時
配郭岑鄉郭涌官三女名水娘生民國六年丁巳十二月

葉正
大拐四男出承大符為嗣

大助

昭沛次男生光緒廿二年丙申十月十九日戌時莫致慇諒卒歿

大火

昭沛四男出承熙彩爲嗣

昭彩

懋爪四男生同治十一年壬申六月初六日酉時卒光緒廿九年癸卯九月廿五日丑時葛年卅二妣面尾業溜官次女名墜娘生同治十二年癸酉八月廿

大火

昭彩承男係昭沛三男撥入生光緒廿五年己亥十弍月十一日未時早歿承男一

業概

業概

大火承男係大揚次男撥入幼歿

十六世　十七世　十八世　十九世　二十世

二日申時卒光緒廿七年辛丑十二月初十日壽年廿九承男一

大火

昭扶

號譽揚繼炮長男生咸豐十年庚申十月廿六日未時卒光緒十八年壬辰五月十六日戌時壽年卅三在南洋探柳冀身故妣郭岑鄉郭氏女名變娘號儉節生咸豐十一年辛酉九月十六日辛光緒廿[illegible]二十日丑時壽年卅八墓葬庵下自己地內養男二承男一

大延

昭扶養長男延去

大哲

號尤哲昭扶養次男生光緒十一年乙酉八月初四日辛光緒三十年甲辰三月初二日戌時壽年二十歲許氏女名益娘生[illegible]巳五月十七日巳時十一歲而歿未成婚承男一

葉正

大哲承男係大揚四男撥入生民國十五年丙寅十二月二十日辛民國二十年辛未六月初六日六歲而歿

大延

葉正

大哲
大鏗

大鏗
名經趣字懇希聆狀養三男原許西坑外坊入承業備生光緒廿九年癸卯八月廿四日
娶蕭下鄉蕭揪宮長女名香娘生民國二年癸丑九月初五日午時
生男
葉筆

葉筆
大鏗男生民國廿一年壬申十月廿五日午時

昭再傳
懋佗次男幼殁

十六世　十七世　十八世　十九世　二十世

昭炕
號賡通懋典承長男保東桂鄉本宗入承生同治四年乙丑十一月廿九日卯時卒民國元年壬子四月初八日巳時壽年四十八墓埜松樹鄉邊坐北向南娶桃槳谷鄉黃倫官長女名賓娘號淑德生同治七年戊辰七月時十五日午時卒民國元年壬子四月初九日丑時壽年四十五墓埜松樹鄉邊坐北向南生男五

大囂
大䑋
大床
大墘
大錐

大囂
昭炕長男幼殁

大䑋
昭炕次男幼殁

大床
昭炕三男生光緒廿六年庚子八月初九日戌時

大墘
昭炕四男莫考

大錐
號尤錐昭炕五男熏奉懋叠公禋祀生光緒廿年丁亥十月廿

業管
大錐男熏承大鑑為嗣以承懋叠公支派生民國十八年己巳

二日寅時卒民國廿二年癸酉三月十九日丑時壽年二十七配郭岑厝楊下宮長女名草婷生宣統二年庚戌十二月初六日

四月十九日巳時

生男一

葉管

昭比

號昭德懋典承次男係懋唆四男撥入生同治十二年癸酉九月廿六日丑時卒民國十六年丁卯二月十四日卯時壽年五十五先妣西尾葉孟宦長女名線娘號恬淑生光緒三年丁丑二月廿四日辰時卒光緒卅二年丙午九月廿

大侃

號大凱昭比長男葉氏出生光緒三十年甲辰五月十七日巳時卒民國十八年己巳六月初九日卯時壽年廿六娶蕭下鄉蕭拄宮長安名蚕娘生光緒卅三年丁未十二月初四日酉時生男一

葉河

葉河

大侃長男出承大分為嗣

十六世　十七世　十八世　十九世　二十世

五日寅時壽年三十娶沈某氏生男四

大佩

大東

大槽

大間

大東

船比次男發出發承石埕衍卯淌為嗣

大槽

船比三男兼承船歉支派兼祀船纘及船柑注南洋生民國五年丙辰六月十三日午時娶白沙鄉周意官長女名鳳娘生民國五年丙辰五月初五日巳時

業登

大槽長男出承大歉為嗣

業

大槽次男往南洋兼承船歉之冰生民國

生男二

業登

業

大間

船比四男出承船鑒為嗣

昭巧

號昭能懋庚長
男生咸豐五年
乙卯七月初七
日卯時卒光緒
廿三年丁酉十
月二十日辰時
壽年四十三葬
埜小垵下先娶
蔡鄉黃深官長
女名長娘號勤
娥生咸豐五年
乙卯正月廿三
日寅時卒光緒
十七年辛卯五
月廿八日辰時
壽年卅七葬埜
小塋義塚繼娶
大房鄉許氏女
名遠娘號勤意
生同治六年丁
卯十月廿六日
酉時卒光緒廿
三年丁酉五月
十九日未時壽
年卅一葬蔡小
庵下生男三

大訓

照巧長男黃氏
出生光緒四年
戊寅八月十八
日戌時
先聘前宅黃氏
女名椒娘生光
緒七年辛巳六
月十八日卯時
卒光緒廿二年
丙申十月初八
日寅時十六歲
未婚而歿繼娶
蔡谷鄉黃松官
女名由娘生光
緒十九年癸巳
月日未詳卒民
國十年辛酉四
月初八日壽年
廿九記男一業
孫又生男又杞男
一業崇

業左

又名杜大訓長
男幼殁

業左

十六世　十七世　十八世　十九世　二十世

大訓
大柏
大銓

大柏

[illegible]

大銓

[illegible]

聦海

[illegible]

昭勞

[illegible]

大乾

一年乙未四月
廿三日三時壽
年卅六墓葬小
嶝抗山前鄉王
樸官長女名超
娘號素慈生同
治元年壬戌二
月廿七日卒光
緒廿六年庚子
四月十八日申
時壽年卅九墓
葬小嶝山生男
三

申時十六歲而
殁墓葬小嶝

大乾
大烈
大楷

大烈

彤號次男專卒
後出贅本鄉翁
下鄉生光緒十
三年己丑八月
十一日酉時卒
未詳在翁下鄉
殁妣白沙鄉吳
氏女名叙娘生
光緒廿二年丙
申六月十七日
由許氏卒至此二
年癸亥二月十
一日酉時十五
歲而殁墓葬林
厝墓后自己地
內生男一

葉張

大烈另諒周氏
卒後大烈出贅
於翁下鄉吳出
之子發入為家
大呼為嗣並記
大烈及大銓生
民國九年庚申
七月十五日申
時

葉張

大楷

彤號三男生光
緒二十年甲午
四月初二日巳

十六世　十七世　十八世　十九世　二十世

時卒光緒廿一年乙未四月廿六日三時二歲而殁

昭漏 生臺

懋豹長男生道光三十年庚戌三月廿八日卯時

昭銂

懋豹次男住臺生咸豐二年壬子八月二十日卯時卒咸豐三年癸丑七月廿七日寅時二歲而殁

昭雷

懋澍長男住台生咸豐二年癸丑四月十四日申時

昭墩
懋科承男係懋泮次男撥入生同治十三年甲戌五月二十日酉時卒光緒卅四年戊申三月初八日未時葛年卅五墓塋半坑頭石發爐黃瑩官長女名玲娘與子大榮住南洋吉寧兵營恒生光緒七年辛巳七月十六日生男一
大榮

大榮
昭墩長子承昭望爲嗣仍承本支之派生庚戌娶辟氏在下墓男一生男四
葉天
葉洋
葉蒼
葉基
葉川

葉天
大榮養長男承昭墩支派生庚辰在下

葉洋
大榮次男承昭墩支派生民國十八年己巳正月廿五日巳時

葉蒼
大榮三男出承昭梓爲孫

葉基
大榮四男出承昭埕支派生庚辰在下

十六世

貽煌
號貽炳，樾忠吶承男，係樾萍四男撥入，生光緒年間，卒未詳，早歿。承男一
大榮

十七世

大榮
貽煌承男，係貽楸長男撥衍承貽埈支派，生光緒廿七年辛丑六月廿九日戌時。娶永甦鄉黃德先長女名心娘，號活靜，生光緒三十年甲辰四月廿四日未時。養男一，生男四
葉天
葉洋
葉蒼

十八世

葉川
大榮五男，出承貽煌支派，生庚詳在下

葉天
大榮養長男，住南洋，承貽煌支派，生民國十七年戊辰五月十三日巳時

葉洋
名天賞，大榮次男，住南洋，承貽埈之派，生庚詳在上

葉蒼
大榮三男，出承貽梓為孫

十九世

二十世

昭粕
懋洋長男幼殁

昭墩
懋洋次男出承懋料為嗣

業基
業川

業基
大榮四男承貽煌支派住南洋
生民國廿三年甲戌正月十九日未時

業川
大榮五男承貽煌支派住南洋
生民國廿六年丁丑十一月初二日時

十六世

昭梓

號裕子懋洋三男生光緒四年戊寅三月廿三日寅時卒光緒卅二年丙午六月廿一日辰時享年廿九歲孫一

葉蒼

昭煌

懋洋四男出承懋炯為嗣

昭著

懋衍長男生光緒十年甲申六月初四日午時卒光緒十七年辛卯六月十七日戌時十歲而沒葬塋以宗

十七世

十八世

葉蒼

昭梓承長孫係大宗三男啟入生民國十九年庚午六月廿九日辰時

十九世

二十世

昭區
懋衍次男，生光緒十五年己丑三月廿三日子時，卒光緒廿四年戊戌五月初三日戌時，十歲而殁，葬埜沙崗

昭同
懋衍承三男，係懋琴養男，懋入，生光緒卅一年乙巳五月十九日
娶某氏
生三男
大麗
大培
大

大麗
昭同長男，住南洋，生民國十八年己巳九月十五日亥時

大培
昭同次男，出承昭螢爲嗣，住南洋

大
昭同三男，住南洋

十六世

昭桃

懋柿長男生光緒十五年己丑四月初一日辰時卒民國三甲寅三月廿三日巳時壽年廿五葬茲走馬路承

男三

大宏

大壘

大磺

十七世

大宏

名振宏昭桃承長男保昭樞長男撥入生民國八年己未二月十四日丑時卒民國九年庚申四月十五日辰時二歲而歿

大壘

昭桃承次男係昭樞次男撥入生民國十二年癸亥十一月廿四日丑時卒民國十六年丁卯正月初七日辰時五歲而歿

大磺

原名景煌昭桃承三男保昭雩養長男撥入生民國十八年己

十八世

十九世

二十世

巳四月初八日辛民國廿一年壬午十月十三日午時十四歲而殁

昭樞

名樞機樾忠柿次男生光緒十八年壬辰十月十九日辰時卒民國廿五年丙子十一月十四日亥時壽年四十五娶郭岑鄉楊泰官長女名閑娘生光緒廿六年庚子十月十六日亥時

生男二養男一

大宏
大壘
大成

大宏

名忲宏昭樞長男出承昭枕高嗣

大壘

昭樞次男出承昭枕高嗣

大成

名宗成昭樞養三男生民國十九年庚午八月十六日未時

十六世

昭雩　懋柿三男生光緒二十年甲午十一月廿四日申時卒民國三十年辛巳四月初四日亥時壽年四十八娶西尾葉氏女名春娘生光緒卅一年乙巳十二月廿八日吉時

養男一生男一

大磺

大育

昭桂　懋柿四男幼殁

十七世

大磺　昭雩養長男出承昭枇為嗣

大育　昭雩次男出承昭潭為嗣仍承本支支派生庚詳在下

十八世

十九世

二十世

昭漸

懋琴長男生光緒廿一年乙未正月初一日巳時卒莫考

昭瑩

號世營懋琴次男生光緒廿乙年辛丑十月初七日酉時卒民國十五年丙寅正月初三日丑時高年二十六娶平康陳分官次女名益娘生光緒卅二年丙午六月十一日辰時生男一承男一

大平
大培

大平

昭瑩長男生民國十四年乙丑三月十一日卒民國卅一年壬午十一月二十日戌時十八歲而歿

大培

昭瑩承次男係昭同次男撥入住南洋生民國二十年辛未六月初二日子時

十六世

昭同
懋琴養三男出承懋行為嗣

昭胚（卽枉）
懋琴四男出承懋井為嗣

昭潭
號世潭懋井長男生光緒廿二年丙申五月十八日酉時卒於南洋年月日時未詳子二
大育
大鐺

十七世

大育
昭潭承長男係昭雩次男發入仍承昭雩支派生民國二十年辛未十二月初五日巳時

大鐺
名金鐺昭潭承次男係昭枉養長男撥入生民國廿六年丁丑正月廿六日寅時

十八世

十九世

二十世

聏枉

名緒胚，懋并承次男，係懋琴四男，撥入。生宣統三年辛亥八月廿七日。娶永坑鄉黃意官三女，名束娘。生民國九年庚申四月初四日申時。養男一：大鐺。

大鐺

名金鐺，聏枉養長男，出承聏淳爲嗣。

聏珪

懋宋承長男，係懋遂次男，撥入。住福省授翰林院待詔。生同治七年戊辰九月廿一日。娶福省陳氏女，名□。生同治十年辛未四月廿三日。

大慶

聏珪長男，幼殁。

十六世

生男一　大慶

昭番薯　懋宋次男幼殁

昭培　懋宋養三男往福省生光緒十一年乙酉四月初四日

昭璋　懋霖養長男往福省生光緒十四年戊子六月廿四日

十七世

十八世

十九世

二十世

聦琦

懋榜長男，住福省。生光緒十一年乙酉十月十八日。娶福州林寶琰長女，名妹娘，生光緒九年癸未九月廿二日。

聦瑛

懋榜次男，住福省。生光緒廿五年己亥九月廿七日。

聦琨

懋榜三男，住福省。生光緒廿七年辛丑正月廿四日。

十六世

昭縣

號世獻章國瑞懋宅養長男蓮進士生同治八年己巳七月十四日午時卒民國廿二年癸酉七月初八日酉時壽六十五墓埜

娶郭參鄉楊好官長女名次娘生同治十一年壬申正月十四日巳時卒共和辛卯年九月十五日未時享壽八十養男一生男三

大趙

大楚

大有

大木

十七世

大趙

聄縣養長男生光緒十六年庚寅六月初八日卒光緒廿六年庚子二月二十日十一歲而歿

大楚

名春楚之字[illegible]號如意聄縣次男業揚生光緒廿七年辛丑十二月十二日申時

先室西尾葉礼烟官長女名燕娘號既情生光緒卅三年丁未十月十七日卯時卒民國十六年丁卯九月廿二日亥時壽廿一墓埜廓下

十八世

業民

名良民大楚之長男深大有三男嶔入生民國廿六年丁丑十二月初四日丑時

業榆

名福榆大楚次男生民國卅四年乙酉三月十三日寅時

十九世

二十世

昭治

懋宅次男吳氏出幼殁

義塚繼娶南邑康店鄉吳氏女名貴香生民國五年丙辰四月初七日卯時

葉氏

承男一

大有

名有土貽騄三男出承貽床為嗣

大木

名春木貽騄四男出承貽鈎為嗣

十六世

昭床

號世琴懋宅三男黄氏養生光緒九年癸未八月初十日卒光緒廿三年丁酉六月初六日未時十五歲而殁承男一

大有

十七世

大有

名有土昭床承男係聪張三男撥入生光緒卅三年丁未十二月十一日酉時娶南安康店鄉吳氏女絹娘生宣統元年己酉九月廿三日辰時

生男

葉

葉建

葉民

葉時

十八世

葉

大有長男幼殁

葉建

大有次男生民國廿三年甲戌七月十八日子時卒民國廿五年丙子五月十二日戌時三歲而殁

葉民

名良民大有三男出承大楚為嗣

葉時

名戰時大有四男生民國卅一年壬午四月廿六日子時

十九世

二十世

昭鈞

號世賢懋宅四男吳氏出生光緒十五年己丑二月十八日戌時卒民國十四年乙丑閏四月初四日寅時壽年卅七妣白沙鄉生員周起莘老長女名朗娘號紀性勤儉和睦生光緒十六年庚寅八月初一日午時卒民國九年庚申三月初八日申時壽年卅一墓葢本山庵下承男一 大木

大木

名春木昭鈞承男係昭縣四男撥入生宣統三年辛亥十二月十四日辰時

昭亞

懋宅五男楊氏出未過歲而歿

十六世

昭江

名江水戀宅六男楊氏出生光緒廿三年丁酉九月十九日酉時卒民國廿一年壬申十二月十七日巳時葬年卅六先聘南邑內厝鄉林嶼宮次女名鑾娘號貞節生光緒廿三年丁酉九月初八日前譜作十六日寅時卒光緒廿七年辛丑七月初三日五歲未婚而歿繼娶中舍鄉王氏女名菜娘生光緒廿六年庚子九月十六日巳時

生男三

大唐

十七世

大唐

諱家昭江長男生民國九年庚申十一月廿五日未時

配竜湖李治宮次女名漬紅生民國十六年丁卯八月十五日子時

大番

昭江次男出承昭植為嗣

大篇

昭江三男出承昭墿為嗣兼祀昭丕

十八世

葉忠

名志忠大唐長男生民國卅六年丁亥十二月初十日酉時

十九世

二十世

大番
大篇

昭壇
懋宅七男楊氏出生光緒廿六年庚子八月初七日辰時卒莫攷承男一
大篇

昭坁
懋宅八男楊氏出生光緒廿八年壬寅十月初九日巳時承男一
大番

昭珯
懋頷長男出承懋郎爲嗣

大篇
昭壇承男保昭江三男燐入惠祀昭亞生民國十五年丙寅三月廿四日戌時

大番
昭坁承男保昭江次男擬入生民國十二年癸亥二月初六日卯時

十六世	十七世	十八世	十九世	二十世
聪汪 章國琰號賡洋懋穎次男國學生生光緒三年丁丑五月廿乂日戌時卒光緒廿六年庚子十一月廿六日午時壽年廿四葬藍前頭山坐艮向坤兼寅申先妣安海洪僑官長女名蘇娘號坤柔生光緒三年丁丑十一月十六日巳時卒光緒廿三年丁酉六月初四日亥時壽年廿一繼妣坑園鄉吳廣官名宿妹號坤順生光緒七年辛巳十一月廿六日前指作十月初五日卒光三十年甲辰十二月廿八日	**大雁** 聪汪養長男生光緒廿六年庚子六月十八日申時妣郭岑鄉楊氏女名銅娘生光緒卅四年戊申十月初十日申時卒民國卅一年壬午十月十六日子時壽年卅五生男一 葉倫	**葉倫** 大雁長男生民國十九年庚午九月十五日酉時兼祀大衛		
	成材 聪汪養次男生光緒廿七年辛丑八月初八日丑時查成材卒于民國六年丁巳四月廿九日戌時十乂歲在	**葉岩** 成材承男大哨六男撥入生民國十五年丙寅正月初三日申時		

已時葛年廿四
養男二
大雁
成材

昭琽
號世朋悠郡永男係悠顏長男撥入生同治十一年壬申十一月十九日子時卒光緒廿三年丁酉六月初七日卯時廿六歲而歿妣郭岑鄉楊雅官長女名芸娘號淑慎生同治十一年壬申九月廿三日卯時卒光緒廿七年辛丑七月廿四日申時葛年三十生男三
大雍
大幘
大衢

夷弁身故承男一
葉岩

大雍
名赤狗昭琽長男生光緒十六年庚寅四月十六日卯時卒光緒廿二年丙申十月十八日午時七歲而歿承男一
葉山

大幘
名和獅號紫幘昭琽次男生光緒十八年壬辰十二月十五日戌時卒民國廿八年己卯七月十一日申時葛

葉山
大雍承男係大幘四男撥入生民國十一年壬戌九月三十日申時

葉玉
名玉杯大幘長男往南洋生光緒卅四年戊申五月廿二日寅時

十六世

十七世

年四十八妣郭岑鄉楊氏女名寶娘生光十七年辛卯三月十三日辰時卒民國三十年辛巳三月初一日寅時壽年五十一生男六

葉玉
葉紅
葉禮
葉山
葉岳
葉岩

十八世

葉紅
乳紅蕃著大幍次男早殁

葉禮
大幍三男出承大衢為嗣

葉山
大幍四男與弟葉岳同胎出承大雍為嗣

葉岳
大幍五男與兄葉山同胎生民國十一年壬戌七月三十日申時幼殁

葉岩
大幍六男出承成材為嗣

十九世

二十世

大衛

號尤通韵琇三男生光緒廿二年丙申七月廿一日子時卒民國四年乙卯八月二十日酉時高年二十葬塋庵下地姓永坑鄉生員黃莫邑次女名緞娘號勤貞生光緒廿一年乙未閏五月廿二日卒民國三年甲寅閏五月廿八日寅時二十歲而歿葬塋庵下地內姪東坂福山業倫奉祀又承男一

業禮

業禮

大衛承男係大帽三男撥入生民國八年己未五月十二日娶劉氏女名食品生民國十一年壬戌　月　日

十六世

昭燎

字世輝號賓庭懋猷長男例授奉直大夫生同治七年戊辰正月十四日酉時卒民國十三年甲子正月初一日戌時壽年五十七葬基茲槳谷湖邊宮與篤庵公仝穴坐癸向丁兼子午妣永坑鄉黃觀官三女名芽娘生同治七年戊辰十一月十一日亥時卒民國卅四年乙酉八月初二日酉時高壽七十八

生男四

大鑫　大士　枕把　大墀

十七世

大鑫

字多崇號賞文貽滌長男生光緒十三年丁亥六月十七日辰時

先室安海黃九宮長女名笑娘號端靜生光緒十四年戊子十月廿八日未時卒民國四年乙卯三月廿二日卯時壽年廿八

繼室安海庫陳氏女名賞娘號肅靜生光緒二十年甲午五月廿九日辰時卒民國十五年丙寅六月初一日申時壽年卅三

三娶福州陳氏女名香珠生宣統元年己酉二月十九日生

男六

十八世

業烜

乳名烏諱蜥烜號福煌大鑫長男黃氏出生宣統三年辛亥十二月十八日子時

娶黃前宅黃巨檢宮長女名撒娘號覺清生民國四年乙卯三月廿三日

生男二養男一

以祥　以經　以介

業慶

大鑫次男幼殁

十九世

以祥

業烜長男幼殁

以經

業烜次男幼殁

以介

業烜養三男係西郊本宗入承生民國卅一年壬午正月廿三日巳時

二十世

寶庭公像讚

乃翁族聚玉井房鼻祖大明之十郎三樹宗祧更繼芳槐花得繞晉公王景仰昆季君元方棣萼增輝進宮黌君學計然立商場華生勤苦寔異常湖菁金玉未成童嚴君奉養素瑞堂慈幃貞節守孤矯羽勞翔育追仕孩丕振家聲達膝軀富有甲鄉梓乃崇君乃儉樸古人風徂食溢欲布衣裳心志迴趨祿庸庸方喜三鳳弍河東滿眼兒孫似令公壽踰七載杖于鄉莫徒大造真茫茫令嗣鳴棣棠枯腸安哉有美而弗彰瑩頭有髫翔校庠施捨官材卯四窮羨書一二以

葉烜
葉慶
葉流
葉燿
葉潘
葉彩

葉流
大鑫養三男三歲而殁

葉燿
名炳燿大鑫四男陳氏出七歲而殁

葉潘
大鑫五男陳氏出生民國二十年辛未八月初九日寅時

葉彩
名炳彩大鑫六男生民國廿一年壬申七月廿六日辰時

十六世

表揚足稱千載為独隆欽數善生俶善舉欽濮應貴于洛陽笑裘克紹有冥香継起代有卜兵昌肖像萬代識真容將並日月以争光

世宗弟

宜模拜撰

十七世

大士

貽燎次男，生光緒廿一年乙未八月廿九日戌時，卒光緒廿三年丁酉五月初八日辰時，三歲而殁。

杶杷

號茂椿，貽燎三男，生光緒廿四年戊戌閏三月廿八日丑時。先室凉下鄉陳家梨官四女，名瓜子，號衍經，生光緒廿七年辛丑十月十一日寅時，卒民國十八年己巳八月廿五日亥時，葛年廿九。継娶顏氏女，名踪，號旅熙。

十八世

業華

名景華，杶杷長男，陳氏出，生民國十年辛酉二月廿三日酉時。娶南安撲兜鄉名詩官渙之六女，名緣竹，生民國戊辰年三月十二日午時。

業源

名湟源，杶杷次男，陳氏出，幼殁。

十九世

二十世

裁詩生民國元年壬子正月十八日酉時

生男五養男一
葉華
葉源
葉瑋
葉釗
葉康
葉溪

葉瑋
名景瑋枕杞養三男生民國十八年己巳二月廿二日酉時

葉釗
名景釗枕杞四男顏氏出生民國廿三年甲戌八月十一日巳時

葉康
名景康枕杞五男顏氏出生民國廿六年丁丑

十六世

十七世

大墀

名丹墀號瓊瑤，炤燦四男，生光緒廿八年壬寅十一月三十日寅時

先聘西尾黃氏女名愛娥號貞一，生光緒三十

十八世

三月初三日丑時

業溪

名景溪，枕杞六男，顏氏出，生民國廿八年己卯二月廿三日卯時

業錕

名福錕，大墀養長男，生民國十四年乙丑十一月初三日酉時

十九世

二十世

年甲辰十一月
十一日酉時卒
民國三年甲寅
四月廿六日辰
時十一歲未婚
而歿繼室西尾
葉出官女名名
理娘號順一又
號勇粱生光緒
三十年甲辰八
月十六日卯時
卒民國廿九年
庚辰二月十七
日戌時壽年卅
七墓茲前芾溝
墘三娶前頭周
氏女名　生
民國十一年壬
戌六月十八日
辛民國卅五年
丙戌四月廿四
養男二

葉錕
葉竹

葉竹
名福竹大房養
次男生民國十
八年己巳五月
初十日寅時

十六世

昭偕

字賡升章園孫號賚玬懋猷次男邑庠生生同治八年己巳十月十二日辰時卒光緒廿七年辛丑十二月初一日子時壽年卅三娶七都曾坑鄉監生黃光躍老次女生員黃吳椎胞妹名香娘號純孝生同治七年戊辰八月二十日寅時卒民國廿二年癸酉八月廿九日戌時壽六十六墓壅三層岺生男二

大榶
大定

十七世

大榶

名懿文號華亭行瑢長男生光緒十四年戊子九月廿七日未時卒宣統二年庚戌二月十九日午時壽年廿三娶安溪湊疆官長女名賽娘號貞順生光緒十四年戊子二月廿一日辰時卒民國七年戊午十一月初五日巳時壽年卅一養男一

業軒

十八世

業軒

名爽軒大榶養男往南洋居住號芸齋生光緒卅四年戊申十月廿七日申時娶境園鄉吳克銘官長女名菊卿號清音生宣統三年辛亥六月初八日卯時生男三

以宗
以珍
以深

十九世

以宗

名崇宗業軒長男往南洋生民國十九年庚午六月初一日酉時

以珍

名繼珍業軒次男往南洋生民國廿三年甲戌十月廿二日寅時

以深

名源深業軒三男往南洋生民國廿六年丁丑

二十世

大定

字多麟，號安邦，貽簹次男，生光緒十七年辛卯五月初八日丑時，卒民國十八年己巳四月廿一日未時，壽年卅九，墓葬廣榴。妣本鄉海街吳女名溪娘，號儉順，生光緒十八年壬辰三月十一日辰時，卒民國九年庚申九月初七日未時，壽年廿九。繼娶涼下鄉陳職官長女名雪娘，生光緒廿五年己亥五月十四日丑時，卒民國丙戌年七月初五日戌時。生男二：

業寅
業錦

業寅

名丙寅，大定長男，幼殁。

業錦

大定次男，陳氏出，生民國十三年甲子八月十三日辰時。

十六世

昭謙
號貽穰懋畝三男生同治十一年壬申九月十七日丑時卒光緒十四年戊子八月初三日辰時十七歲而殁在福省身故墓捨回並本山庵畔妣本鄉上厝黄判官長女名佑娘號慈慈生同治十一年壬申八月初八日卯時卒民國十五年丙寅六月初二日寅時壽年五十五養男二
大送
大全

十七世

大送
字多貽號迎恪昭謙養長男出光緒十四年戊子十二月十五日子時卒民國二年癸丑十月十一日巳時壽年廿六娶童氏添吳肩官長女名含笑號惠淑生光緒十四年戊子七月十三日巳時
生男二承男一
棟樑
業堵
業厘

十八世

棟樑
名芋穰號福宇大送長男生光緒卅三年丁未十一月初五日亥時
娶中舍鄉王外官次女名願意生光緒卅三年丁未七月廿四日未時
生男
以派
以瑶
以淋

業堵
名金堵大送次男生民國元年壬子九月初六日巳時卒民國月十五日午時

十九世

以派
棟樑長男生民國二十年辛未八月十一日酉時

以瑶
棟樑次男幼殁

以淋
棟樑養三男出承業堵

以淋
業堵承男孫棟樑養三男入承生民國卅五年丙戌九月廿二

二十世

昭波

字賚淑學名藻香號月潭懋洪長男娶出漳州龍溪邑庠生生

大全

昭㮾養次男生光緒廿一年乙未正月初一日辰時卒光緒廿八年壬寅二月初七日丑時八歲而歿承男一

葉厘

大賢

乳名扁昭波長男生光緒十七年辛卯八月二十日辰時卒于光

十五歲而歿焉祀大賢

葉厘

大廷承三男出承大全為嗣

以深淵

葉厘

大全承男係大廷承三男發入生民國十七年戊辰五月十七日寅時

深淵

葉百全

大賢承男係大鈿養長男發入生宣統三年辛亥三月十一日

十六世

同治九年庚午
四月初九日寅
時卒光緒廿四
年戊戌五月二
十日酉時壽年
廿九
娶安海府貢生
龔英玉清長女名
桂娘生同治十
一年壬申五月
初六日卯時
生男二 養男一
大賢
大鈿
大川

十七世

緒廿七年辛丑
五月十二日巳
時十一歲而殁
祀男業增之承
男一
百全

大鈿
名紅圓字多馨
號愷賓貽波次
男生光緒二十
年甲午二月初
八日午時卒民
國十二年癸亥
八月廿二日卯
時壽年三十娶
安海陳文溪官
次女名栽娘生
光緒廿一年乙
未十一月初七
日

十八世

亥時
娶安海楊歲官
長女名瓚娘號
雲石生民國四
年乙卯十月廿
七日酉時

百全
大鈿養長男出
承大賛為嗣

業本
名成本大鈿養
次男生民國八
年己未十一月
初二日辰時在
夷娶廣東吳福
官長女名
生民國十三年
甲子十二月廿

十九世

二十世

養男三
百全
葉本
葉福

大川
名銜川貽波養三男係南邑卅四都塘上厝外甥入承生光緒廿一年乙未正月十四日戌時卒未詳承男一

二日子時

葉福
名炳福大鈿養三男出承大川

葉福
名炳福大川承男係大鈿養三男發入生民國十七年戊辰四月廿七日

十六世

昭芬

號世芳懋洪養次男生同治十三年甲戌十二月十二日卯時卒光緒廿四年戊戌正月十三日午時妣平坑鄉陳喝官長女名科換號恭順生光緒元年乙亥十一月初七日寅時卒光緒廿八年壬寅五月廿五日卯時考壽年廿五妣壽年廿八養男一

大柱

十七世

大柱

號忠傑昭芬養男生光緒廿二年丙申十月十一日亥時卒民國十四年乙丑四月初五日寅時壽年三十娶前頭周鈎宮長女名勤娘號莊善生光緒廿五年己亥五月廿四日卯時養男一生男二

葉浚

葉明

葉敏

十八世

葉浚

號福海大柱養長男生民國五年丙辰二月廿九日寅時娶西尾葉賽宮宮長女名忍娘號儀舒生民國八年己未七月初四日戌時生男

以麟

葉明

名聰明大柱次男生民國十年辛酉六月十九日未時

十九世

以麟

名玉麟葉浚長男生民國廿九年庚辰六月初一日午時

二十世

十六世　十七世　十八世　十九世　二十世

生男一養男二
大淤
大樹
大俤

葉秩

大樹
字澤森號大懋爲翰養次男生宣統元年己酉二月廿八日丑時卒民國廿三年甲戌六月初三日酉時壽年廿六娶安海鵬義境林金鈎言次女名雞娘號醫花生宣統三年辛亥十月
養男一
葉龍

葉龍
名應龍大樹養男生民國十七年戊辰十月十六日申時

大俤
名依俤爲翰養三男幼殁

聰馭

字賚猷號聰篤懋沘四男庶出生光緒十六年庚寅五月初二日丑時卒民國五年丙辰四月十一日申時高年廿七墓葢前頭山中心崙妣安海皇恩境陳乞官長女名熾娘號坤秀生光緒十五年己丑三月初二日卒民國四年乙卯二月廿七日未時高年廿七養男一

大英

大英

名金英號晶盤聰馭養男生民國元年壬子十月十二日寅時娶岑兜鄉蕭奎官次女名紅桂號純甘生民國四年乙卯五月廿一日辰時生男

業淮

業殷

業淮

名達淮大英長男生民國廿六年丁丑四月廿八日亥時卒民國三十年辛巳正月初三日子時五歲而歿

業殷

名天毅大英次男生民國廿九年庚辰五月廿九日巳時卒民國卅二年癸未五月廿二日午時又名天增四歲而歿

十六世

昭看

諱金磐字齊鐘號玉堅懋洪五男庶出生光緒廿三年丁酉二月三十日寅時

娶安海西宮吳勅官次女名晒娘號純柔生光緒廿四年戊戌十月十八日巳時

養男一生男二

大標

大炬

大汀

十七世

大標

名成標昭看養長男生民國九年庚申九月廿八日申時

大炬

名齊炬昭看次男生民國十二年癸亥十一月初五日辰時

十八世

十九世

二十世

大汀

名汀洲胎育三男生民國廿三年甲戌二月初六日未時

十六世　十七世　十八世　十九世　二十世

爾宣公派下

昭螺
懋仙長男住埜
生道光十一年
辛卯十二月初
八日辰時

昭熊
懋仙次男出承
懋庭為嗣

昭來
懋仙三男出承
懋絮為嗣

昭立
懋仙四男住埜
生咸豐元年辛
亥八月十九日
寅時

昭熊
懋庭承長男，係懋仙次男，撥入住臺，生道光十五年乙未　月　日，未詳。聘內田庄黃氏女，名哖娘。

昭作
懋庭承次男，係懋蒲之子，撥入住臺，生道光廿七年丁未九月初九日辰時。

昭來
懋萊承男，係懋仙三男，撥入住臺，生道光二十年庚子八月十四日。

十六世

昭作
懋蒲男出繼懋
達爲嗣

昭崎
懋允長男早歿

昭扱
懋允次男住臺
生道光十三年
癸巳正月廿七
日丑時

昭鵵
懋允三男住臺
生道光十八年
戊戌五月廿七
日巳時聘東港
庄卯氏女

十七世

十八世

十九世

二十世

昭罩

懋友四男早歿

昭勸

懋克五男，住臺，生道光三十年庚戌正月初四日卯時。

貽賜

懋華長男，住臺，生道光十一年辛卯十二月初六日巳時。娶后鎮仔庄吳氏女，名諧娘，生道光十四年甲午

十六世

昭石
懋革次男出承
懋鞭為嗣

昭復
懋縣男住臺生
道光七年丁亥
十月二十日戌
時

昭信
懋進男住臺生
咸豐二年壬子
十一月十二日
辰時

昭石
懋鞭承長男係
懋革次男發入
住臺生道光廿
十九日巳時

十七世

十八世

十九世

二十世

昭来

懋韡次男佳臺
生道光廿八年
戊申九月十九
日丑時

〔福建晉江〕潯海粘氏續修秉珂公派下私譜不分卷

〔清〕粘瓊林纂修

［福建晉江］《潯海粘氏續修秉珂公派下私譜》不分卷，清粘瓊林纂修。粘氏係女真貴族之後，始祖宗翰（漢名訛爲粘罕）爲金太祖大將，以勛封爵。八世博温知河中府，以世亂流寓江南，浮海抵泉州，居晉江永寧楊丹。粘氏遂以八世爲分支，博温察兒即爲潯海粘氏分居啓祖。十八世秉珂，即該支所出。是譜記泉州晉江縣衙口粘厝埔粘氏秉珂派下分支，載譜敘、譜記、先世誠齋行狀並宗支圖序、宗支圖、世系並行述、葬所等，而於譜牒源流及人物事跡敘述尤詳。粘氏自清中葉即有族人赴臺及南洋謀生。二十三世奕蒴，「志在四方，見世業零落，思欲振起宏規，乃久遊臺地，百計營謀，然困於時命，終無所獲」，遂於臺邸娶妻生子，厥後其子相繼歿於臺。二十四世世纏經營祖業，歷試諸艱，「及遊坭邦，多方謀望，心力憔悴，而手足胼胝，頻年錙積，悉贍弟婦子侄衣食之用」，弟世瑶「志在遠方，遂往坭邦，依炙胞兄世纏」，終歿其地。「坭邦」即今菲律賓馬尼拉。二十五世傳庫，世纏長子，甫成童即往坭省父，並營財利。是譜修成於清光緒二十九年（一九〇三），民國間族人有所增益。據抄本影印。

潯江粘氏家譜

續修秉珂公派下私譜自敘

先代譜序謂三十年不再修譜則世系必多失紀故願子孫世掌其事斯言也具有深意焉然我族世牒自　誠齋公諱嘉樂字儀伯一修至此凡百五十餘年矣其失紀必爲尤多乎苟不念及增修之事何以承先而貽後哉庠等兄弟三人天各一方奔走衣食雖承　先君繼述之囑亦何暇遽及族系乎但近來　先世羣然代謝家道

日替莫能興起嗣續淒寂是用隱憂溯自秉珂公分支以來於茲八世矣前代亦頗蕃衍今則寥寥焉數輩而已耳興思及此寤寐難安且　先君嘗以世牒未續房屋未修為念有志未逮遽然以歿余小子蓋嘗競競焉恐恐焉竊念時移事更而世系失詳不無愧憾也然而闔族增修實費周章矧予才學不足自難執筆因就本支倡自續修冀諸別派隨而各自續成私

牒異日珠串璧連庶幾或得因之以集成完册者予爰命族姪瓊林據本廳神主查原譜世系續而修之另成一册藏之私家如是而獲稍寬不孝之罪以謝　先人聊盡身事以貽孫子者乎作私譜序

光緒二十九年歲次癸卯夏五月良辰

二十五世孫傳庫識

填牌收神主並續修私譜記

溯自　秉珂公分支以來八世於兹矣先世亦頗蕃盛出入相見者五十餘人而今寥寥焉作者七人而已是存者不足以當死者十之一二耳其何以承世系而聯孫支耶縈竊念之而魂夢難安者也且上下二廳

祖先神主計六十餘座填離龕外每祭祀不亦愈增風木之凄乎兹承　兄命且念　先君之

囑遂偕弟鑼與羣季敬豎一牌將

列代先祖考妣尊號繕寫其上安奉原龕其神主

則除考妣偏存外盡行收起以俟安置亦聊以

盡吾心之事而已至其有合於禮與否不自知

也然　祖先神位既設子孫奉祀已便而世

牒猶未續修於　先君不無遺憾於身事未免

有缺乃更命族侄瓊林就本支世系纂補增修

另鈔成本藏於巾箱置奉龕内以俟將來續修

族譜者。事完。爰記之簡端云。

光緒二十九年歲次癸夘潯暑望後

二十五世孫傳榮謹識

續修秉珂公派下私譜記

粘氏舊未有譜故一世以上遠不可知八世以上雖載於史册亦袛詳其功績而不及詳其世系郎有分支别派亦茫然莫知其所自焉文獻不足用慨然也然八世以上得以溯源而正本倘有譜也八世以下足以承系而聯支續修族譜之功也原夫譜之所由作則肇修者 滌樓公也公諱燦字懋昭又字中美十二世祖素齋公之三子也爲南京山西道監察御史奏塩政崇祀報德祠生於明成化八年壬辰十一月十四日辰時卒於嘉靖三十四年乙巳

五月十八日吉時壽七十四歲肇修族譜方成而未傳布洪潦泛濫書齋遭淊譜稿亦被溺因有一二遺失踵而成之者鳳台公也公諱鍾德十四世祖肅軒公之子也明隆慶二年戊辰承叔父見真公命遂與六宗山衡南鍾婁鍾星鍾斗并洪楠洪舉洪勳諸公取滌樓散失世牒緝修成之由是而吾族始有譜紹修而增補之者則北台公並以棟公也北台公諱鍾星十四世祖叔洙橋公之次子也以棟公諱洪楠十五世祖伯淡泉公之長子也萬曆二十六年二公先後各取前助鳳台公所修之譜重加增修校訂而潯江君氏族譜乃至此而愈加詳備功何遠哉窮搜博採廣詢而增遠派者卿垣公偕男士麟也卿垣公諱本盛字道恒號質公十六世祖伯郁菴公之長子也順治辛卯公宦遊北直訪得武邑邢臺臨洺洪洞諸派宗支康熙四年乙巳乃命長男士麟輯修武邑世系合全册重加考訂增修而鐫於版者

定侯公也公諱敢祥十八世祖伯袁齋公之長子也因叔父道羽公所修世牒燬於兵燹乃奉叔父元方公命與慎齋元直元瑋元璧諸叔孫長孫翼孫偕孫載孫聚孫湛諸兄弟及姪志昂共相成譜或任各房增修或有文獻之責或任鈔錄或任校訂事竣付之梓人鐫於版承父兄之命夙夜纂修寢食俱忘凡數閱月而付剞劂留貽孫子並倡建　宗祠以安祖宗者則咸頌　誠齋公之功德也誠齋公諱嘉樂字儀伯十九世祖鏡園公之第七子也承父兄之志與命大修族譜倡建大小宗祠其功更倍於先世也現今吾宗世牒郎　公所修鐫者孫子咸頌其德派因衍而孫長譜屢修而愈備吾宗世牒之成既詳而精原有序記刊刻昭示不敢妄譽然而

誠齋公之譜雖增修最後迄今經百五十三稔矣乾隆十五年庚午誠齋公譜成迄今光緒二十九年癸卯凡閲一百五十三年矣其間族黨聚散興替存亡幾滄桑矣倘增修再緩則先世之行踪爵里子姓之派別支分恐未必無湮没失紀之虞也然林生晚近學疎才拙又艱於時命雖於先代不無器重之慕世牒不無失修之憾但塵勞半生亦何暇計及宗邦族系乎然區區之心鰓鰓之念竊冀有肩其任者因而稍效葭片棉薄之微或者得以

俾寬不肖之愆實所欣願焉茲得有族叔係
鳳奴公遠孫　秉珂公派下傳庫傳棠偕弟傳鑼
者亦志乎此而慮艱於搦管然通族世系未便遽
以續修也因命林姑先就其　秉珂公派下現
今凡八世矣細詳增修鈔而錄之存於私家至若
誠齋公所修宗譜依然完璧珍藏原未敢以
私派世系妄以續貂也事竣因而記之光緒二十
九年歲次癸卯秋令旦　二十六世孫瓊林識

附記二十六世孫瓊林者泉城　白卿公三房派爲　遜齋公之二房遠孫郎　志參公五世孫也其本支派亦自增修一譜記載甚悉藏之行篋中云

敬錄

誠齋公行狀 並序

聞 先君莆庄公嘗頌 誠齋公功德且云
凡有義舉無論本宗外姓莫不銳身肩任未行
而恐有聞而粗知 誠齋公固孝悌忠信無
不臻至也至其輕財施濟約己待人如修學宮
賑貧乏恤孤寡助喪婚又其小者厥後修建
大小宗祠修鐫通族譜系其有功於宗族不誠大

哉但吾族世牒凡有功德者皆有傳記而
誠齋公親修族譜實未便自紀德功當時司文
獻者亦不為紀錄故　列代祖宗皆恃以
詳而　誠齋公獨自略也然大功何堪不揚
懿行當昭家乘也林恐世遠年湮而盛事略於
将來因求得其行狀一本全册十頁乃節錄其
概附之　秉珂公派私譜中以俟續修世牒
者詳而登於文獻俾後人知企頌焉

行狀畧曰

清例贈文林郎國學生五十八翁先嚴誠齋粘府君

行狀不孝孤 憲黎 憲修 憲英 憲祖 憲策 等先府君於

五月初一日午時以疾終於正寢大斂畢

家慈率不孝等奉命於 生祖母爱枚淚而

述其概 先府君諱嘉樂字儀伯號誠齋

鏡園公之季子也 鏡園公舉男子七自行一

至行五為 嫡祖母林安人所出行六行七生

祖母葉孺人所出也　府君在日盡子弟職修
求事自愧未能嘗繼　王父未竟之志修譜
系建祀祖葺上世墳塋創置小宗祠吾宗世牒
存者僅一二鈔本　府君殫心竭力而修之且
鐫於板以俾久遠潛美幽光賴其闡發者甚多
聿修潯渼　大宗見春祭缺費　府君置業以
充之　祖墳多隸舊里　侍御贈公亦反塟焉
崩圮者　府君獨力修葺不惜貲費惟謀久遠

甲第巷小宗已成而後寢未建　先府君獨力搆成復以負郭良田充作　素齋逸軒二公蒸嘗費潯江大宗將頹亦與　四伯父並兄子有光鴻書共修之　滌樓公祠荒廢闔族鳩資奠祭　府君慮其將替乃置店屋收息以供祭費而永之族黨失祀者設牌於　大宗祠旁置祭地數項使族人輪值春祀清明秋祀中元甲第小宗左翼設祀支屬之無主後者戚屬不能具

婚嫁者傾囊助之喪葬則賻焉於節婦尤加惠焉故續纊之日造門而哭者甚众初奉 先王父命與 六伯父同居爨分產僅當 諸伯父之一且無私蓄故經營倍勞 先府君與 六伯父深相友愛寢食必偕 六伯父將西歸曰吾有弟若此死可慰矣敎姪若子共財十六年毫不忍私諸姪婚娶後先奉白金五百以為嫂壽然後一一均分人以為難事郡學宮将頹

尊經閣燬百餘年議修不果　府君任之殫精極神而創置焉且必精其工必良其材而不辭難為也工未竟旋為颶風折壞又終成之延師教不孝到齋外聞咿唔則喜而返　石谿師一見稱為誠樸君子也自奉儉約家無冗口禮尚簡實尤其少時事也距生於康熙丙午年十一月十八日申時卒於乾隆癸巳年五月初一日午時壽五十八元配嫡毋吳孺人生不孝五

人憲務　憲英　憲修　憲聖　憲業　憲聖殤　府君命不孝等

各以一子承之女二　庶母金氏生憲祖女一祖

八歲金卒復置卜氏生女二命祖母事卜氏孫

男九人自憲務出者德彬　德極　德材　德樓　德杰自憲英

出者德舉　德体自憲修出者德積　德楳繼聖者一材　体　楳

曾孫二奕熾　奕巇皆德彬所出者也

賜進士出身奉直大夫詹事府司經局洗馬兼翰林

院修撰紀錄二次前提督陝西甘肅廣西學政

年姻家弟官獻瑶頓首拜填諱

二十六世孫瓊林敬錄

[illegible]譜　毅齋公行狀五　十三

宗支圖敘

流雖衆同其源芭雖茂同其荄世雖遠同其祖宗也溯自啟祖以來將三十世矣子孫亦綿漫蕃衍矣然支之所由分派之所由別一脈相承而聯絡綿亘於兹有宗有支未始一覽瞭然

也。因本　先賢五世圖式。凡同支比而合之。別派者理而分之。而不與通族譜圖相混矣。是為序

二十六世孫攬林謹識

潯江粘氏族譜

宗支圖

世	名	註
一世	宗翰	粘氏始祖 謚桓忠
二世	真珠	桓忠長子 子二人
三世	秉德	真珠長子
三世	斜哥	真珠次子 子三人
四世	盆買	斜哥長子 子一人
四世	割幹	
五世	合打	盆買之子 子三人

宗支一

十四

劉韓奴
桓忠次子
生子二人

詳古
劉韓奴長子

惠室
劉韓奴次子

斜哥次子

劉貞
斜哥三子

第五世派下宗支

五世

合打
盆買公之子
生子三人

六世

重山
合打公長子
生子一人

七世

南合
重山公之子
生子一人

八世

博温察兒
南合公之子
生子三人居
晉江為潯江
粘氏啟祖

九世

子壽
博温察兒公長
子生子二人

子祿
博温察兒公次
子生子一人

子正
博温察兒公三

葛奴甲
合行公次子

剃山
合行公三子

第九世派下宗支

分支别派者就名下注明授住但於秉珂公派下详叙到底

九世

子寿

博温察兜公之长子也为陈坑浔渼诸派及玉坂许波安庄吴坑竿柄之祖

妣　氏

生子二人

十世

义奴

子寿公长子分居陈坑派

妣　氏

生子二人

凤奴

子寿公次子为浔渼诸派

十一世

派下详族谱此为秉珂公私派世牒故未能遍及

克定

有道公之子号晴江

十二世

赫

晴江公长子字邦允号逸斋

十三世

瑶

逸斋公长子字宜温号刚毅

之祖字有道

妣　氏

生子一人

子祿

子正

分居山柄村並泉城諸派詳在族譜

妣　氏

生子二人

妣　氏

生子四人

鍾

晴江公次子

珍

逸齋公次子

璹

逸齋公三子

尾奴

逸齋公四子

第十三世琚居公號剛毅派下宗支

但叙尔五公派下餘概注明分支

十三世

琚
逸齋公長子
字宜溫號剛毅

妣 氏
生子六人

十四世

尔光
剛毅公長子
號坦齋

尔明
剛毅次子也
號耄齋

尔五
剛毅公三子
號潰江

十五世

居潯溪房祖也

居潯溪房祖也

昆
潰江公長子也
字國瑛號肖江

十六世

居潯渼房祖也

十七世

宗支四

妣　氏
生子五人

昱立
濱江公次子
字國威號肖
濱

妣　氏
生子一人

昂

仕謨
肖江公之子
字彥猷號
我預

妣　氏
生子四人

居潯溪　房之
祖也

杰
我預公長子

椂
我預公次子

臬
我預公三子

梃
我預公四子

粘氏宗譜　宗支五世圖

宗八

剛毅公四子

號賢叟

濱江公三子

字國雄號我

園

復龍

濱江公四子

再傳而絕

復陽

濱江公五子

絕

居潯渼　房之

祖也

第十八帙

宗支五

珍　逸齋公次子　號剛齋
居許婆庄

璹　逸齋公三子　號剛齋
居潯溪　房之祖也

尾奴　逸齋公四子絕

尔九　剛毅公五子也　號樸齋
居潯溪　房之祖也

尔十　剛毅公六子　號濱海

晏　濱海長子號

昇　濱海次子號濱泉　生子二

仕階　濱泉之子絕

此支神主現在秉珂公龕內

十六

第十七世梃公號我梃派下宗支

十七世

杰 我預公長子 字重秀 分支

栐 我預公次子 字重茂號我秀 分支

㮚 我預公三子

十八世

十九世

二十世

二十一世

梃
我瑱公四子
字重禮號
我梃
妣　氏
生子三人

秉珂
我梃公長子
字敦煌號
興我
妣　氏
生子三人

纘福
興我公長子
失傳

纘居
興我公次子
字肇安號
保定
妣　氏
生子四人

廷乾
保定公長子也
字志健號忠
莊
妣　氏
生子一人

廷舉

德彩
保忠莊公之子
字惟文
妣　氏

德膺

宗支下裒圖

保定公次子
字志稹
妣　氏
生子五人

第二十世

志稹公長子

德樹
志稹公次子

德楷
志稹公三子

德書
志稹公四子

德賜
志稹公五子

廷標
保定公三子也
字志順號忠惠

妣　氏
生子四人

德元
忠惠公長子

德義
忠惠公次子
字惟夢

德交
忠惠公之三子
字惟友

德龍
忠惠公四子
字惟雲

宗支永傳圖

纘文
興我公三子也
字肇學號保安

廷璋
保安公長子也
字志銳

廷樞
保定公之四子
字志禮號忠信

妣 氏
生子三人

德政
志銳公長子也
字惟發

德合
忠信公三子
字惟保

德群
忠信公次子
字惟收

德貴
忠信公長子
字惟重

第二十一帙

妣　氏

生子三人

妣　氏

生子四人

廷聰

保安公次子也

字志聞號

德清

志鋭公次子

字惟慎

德輝

志鋭公三子

字惟映

德碩

志鋭公四子

字惟夕

德遜

志聞公長子

字惟謙號

宗支圖

廷寶
字志寶號保安公三子

妣　氏
生子四人

德慶
字惟賀號志開公次子

德萬
志開公三子

德統
字惟垂志寶公長子

德亢
志寶公次子

秉敷
我拯公子字
敦藝號我
居潯溪房之
祖也

秉籌
我拯公三子字
號我標
居潯溪房之
祖也

德抛
志賓公三子

德評
志賓公四子

廿二

秉珂公號與我派下宗支

二十一世

德彩 即相彩
忠莊公之子
字惟文

妣　氏

生子三人

二十二世

世嫡 即德嫡
惟文公長子

妣　氏

世聖
惟文公次子

世傳
惟文公三子

二十三世

國漆 即奕漆
世嫡公之子

二十四世

二十五世

[illegible]

宗支圖

第二十三帙

德膺　志禎公長子

德樹　志禎公次子

德楷　志禎公三子

德書　志禎公四子

德賜　志禎公五子

德元
忠惠公長子

德義 即相義
忠惠公次子
字惟蓼

妣氏
生子二人

德交
忠惠公三子
字惟友

德龍
忠惠公四子
字惟雲

世禮 即德礼
惟蓼公長子

世義
惟蓼公次子

宗支圖

第二十四帙

德貴　忠信公長子　字惟重

妣　氏　生子四人

德羣　忠信公次子　字惟牧

世澤　惟重公長子

世褒　惟重公次子

世雪　惟重公三子

世勳　惟重公四子

德合 忠信公三子 字惟保

德政 志鋭公長子 字惟發

妣施氏 生子四人

世朗 惟發公長子 字汝誦號耀光

妣　氏 生子一人

世約 惟發公次子 字汝衡號德略

奕潮 耀光公之子 絶

德清
志鋭公次子

德輝
志鋭公三子

世位
惟發公三子字汶識號德晉兼承德清

妣黃氏
生子天

世庠
惟發公四子號德綿兼承德清

世位
德清之子

世庠
德清之子

要甘
德晉公之子
絕

晉江潯海粘氏族譜 宗支圖 第二十六帙

德碩 即祖碩
志銳公四子，字惟光，號祖笑。
妣陳氏
生子二人

世斗 即德斗
祖笑公長子，字澄晨，號拱辰。
妣蕭氏
子二人

世造 即德造
祖笑公次子，字淡道，號制庵。

奕炮
拱辰公長子

奕漢
拱辰公次子，字德河，號泳思。
妣蘇氏
嗣子一

奕煥
制庵公之子，字號秀輝。

世烏 即世荷
泳思公嗣子，乃奕苑公次子，字世章，號靜川。
妣施
子二人

世孝
秀輝公之子，號義庵。

傳棋
靜川公長子，乃平川公生長子。

傳賦
靜川公次子

傳衍
義庵公之子，字

德遜　即祖遜
志閑公長子字惟謙號以禮
妣施氏
生子六人

妣　氏
子　人

世接　即德接
以禮公長子字
没恭

世豹　即德豹
以禮公次子字
汝文號蔚堂
妣許氏
生子二人

妣黃氏
子　人

奕莿
蔚堂公長子字
秀生號質源
妣　氏
生子　人

世虎
質源公長子
歿於臺郡

世瑶　即世遙
質源公嗣次子
乃質錦公之
三子承入也

傳棋　世瑶長子
出承世烏

傳財◎
平川公之次子
字

奕花
莆堂公次子
字秀仁號質錦
妣莊氏
生子三人

字世遠號平川別號慎斋
妣吳氏
生子二人

世纏
質錦公長子
字世綿號澹川
妣施氏
林氏
生子三人

傳庫
澹川公長子

傳榮
澹川公次子

傳鑼
澹川公三子

世象 即德象
以禮公次三子
字汝成號
壽堂
妣許氏
生子一

奕昀
壽堂公之子
號忠厚
妣施陳氏
生子一

世烏
賀錦公次子
出承奕漢公

世瑶
賀錦公三子
出承奕蕳公

世故
奕昀公之子
絶

宗支圖　第二十八帙

德路
以禮公四子
即世路

德有
以禮公五子字汝星號篤禮
即世店

妣蔡氏
生子三人

奕燉
篤禮公之長子
字秀燃號忠愛

妣施氏
子一人

奕針
篤禮公次子

奕山
篤禮三子
出承德江

世闈
忠愛公之子也
號陆村
即世串

妣施氏
子一人

傳石
陆村公之子
字介山

祖慶（前德慶）
志開公次子　字祖善　號惟賀

妣施氏
生子二人

德江
以禮公六子也　號篤河

妣　氏
嗣子一人

德薰
惟賀公長子　號篤芳

妣余氏
生子一人

奕山
篤河公嗣子　乃篤禮公三子

奕力
篤芳公之子

祖葛 即德葛
志開公三子

祖統 即德統
志賓公長子字成業號惟垂
妣施氏
生子夭

德陣
惟賀公次子號篤武

德等 即世等
惟垂公之子

華支圖

第二十九帙

祖亢 即德亢
志寶公次子

祖拋 即德拋
志寶公三子

祖評 即德評
志寶公四子字
羽祥

妣 氏
生子二人

德欣 即世欣
羽祥公長子

德佇 即世佇
羽祥公次子

秉珂公三子纘文公號保安派下宗支

二十五世

傳棋 世鳥嗣長子乃世瑤之生長子

傳融 世鳥公次子 字 氏 生子

二十六世

芳

二十七世

世系

第三十帙

傳衍　世孝公之子字

氏

生学

傳棋　世務長子　出承世篤

傳財　世瑶公次子字

芳

妣

氏

生学

傳庫 潛川公長子 字疏裕號 芳

娶施氏 生子 人

傳榮 潛川公次子 字疏森號 芳

娶 氏 生子

傳鑼
涪川公三子字毓鏘號

娶

傳石
睦村公之子字介山號

娶　　氏

宗支總圖小引

譜者之宗之支圖也然流之五世之圖矣而別為總圖者不獨於數字曰不然五世之圖每一支一派連篇累牘未得貫完竟難於翻閱總圖以自某世某派某派與某派聯

支某支與某支同祖世系了然親疏易別尺幅之間經綸畢具然亦聊以快閱者心目實非敢故為創奇也云爾

第六世孫瓊林識

上世宗支

吾家世牒原以　宗翰公為一世始祖熙林讀遼史而知自　宗翰公而上尚有四代名字昭著當時詳於金史似不可失紀於家乘但原譜係　上世游樓公所創始鍾修於　鳳台公　北台公　以棟公　卿垣公　定侯公誠齋公也自明以來　列代諸公莫不殫心於此林生晚近何敢妄用增減考始即所出於另頁圖之以冠於首聊自示不忘耳　三十六世孫瓊林識

第三十六帙

潯江粘氏家譜　上世祖　一　廿六

潯粘上世支圖

景祖

旻　劾者

撒改

阿懶　札保迪　黏沒喝

潯江粘氏家譜

宗支圖

五世木源圖另詳於後恐混觀閱故先以木本總圖先之

世	名
一世	宗翰
二世	真珠　割韃奴
三世	秉德　斜哥　詳古　[illegible]室
四世	盆買　割斡　割貞
五世	合打
六世	重山　葛[illegible]　荊山
七世	南合
八世	博溫[illegible]兒

潯江粘氏家譜　宗支木本總圖　第三十七帙

潯江粘氏啟祖

八世　樗溫察兒

九世　子壽

十世　義奴 字逢道 陳坑之祖　鳳奴 字有道 潯渼之祖

十一世　邵保 字孟長 號[illegible]　靜事 字[illegible]端 號從江　克定 號晴江

十二世　然 字斯光　坦 字徽循　璟 字琨循　器 字序香　赫 字邦允 號逸齋

十三世　緝熙 字敬叔 號恪齋　亞奴 號省齋　歎 絕　浩　委　賜　琚 字宜溫 號明毅

十四世　藤琨　堅　鋌　治　烏乙 絕　儉　居　翁弟 絕　侯舟　尔光　尔明　尔五　尔八　尔九　尔十

並居陳坑　並居陳坑　並居陳坑　居陳坑　並居陳坑　居潯渼　居潯渼　居潯渼　居潯渼　居潯渼並埔仔　居潯渼

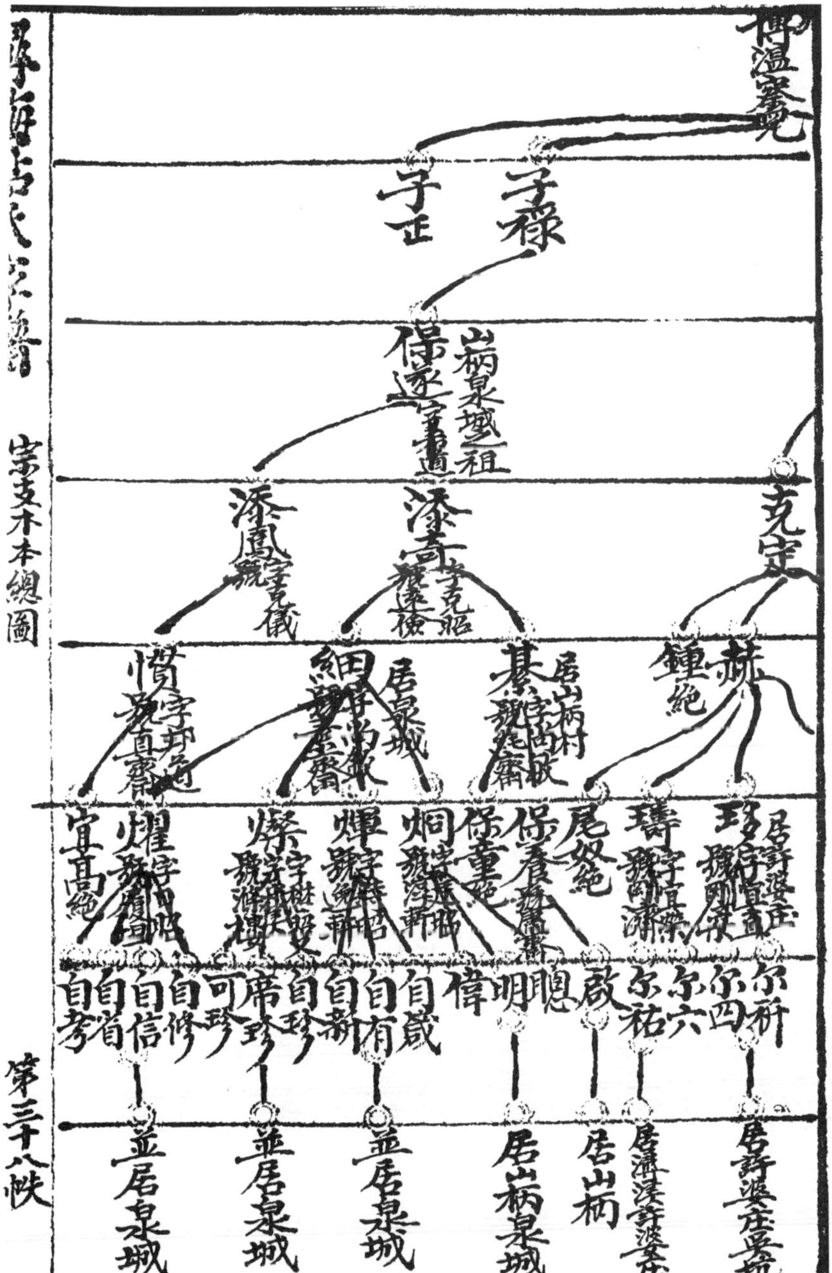
宗支木本總圖
第三十八帙
子正
子祿
居山柄泉城之祖
添鳳
添奇
克定
鍾 絕
赫
尾 絕
宜高 絕
自孝
自省
自信
自修
可珍
帝珍
自珍
自新
自有
自箴
偉
明
熄
啟
爾祐
爾六
爾四
爾忻
並居泉城
並居泉城
並居泉城
居山柄泉城
居山柄

鳳奴公長房孫瑤三子尔五派下支圖

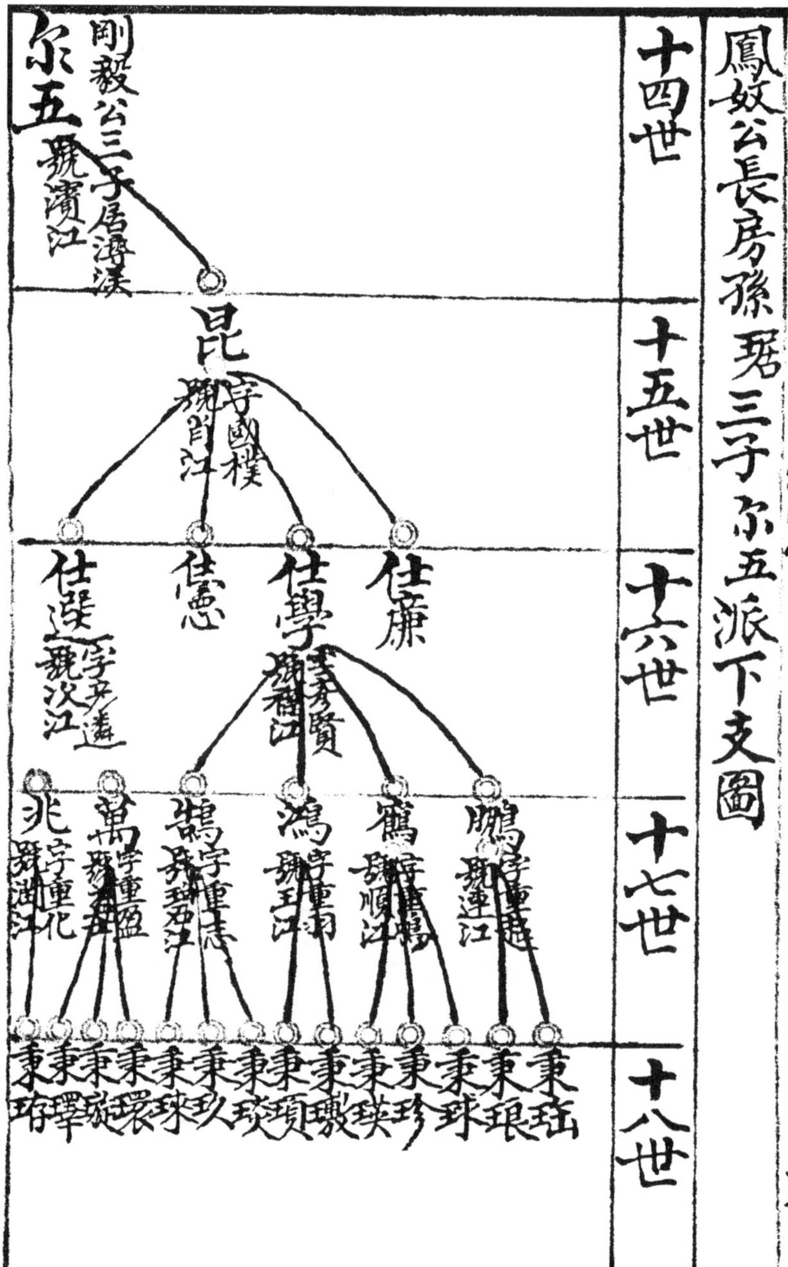

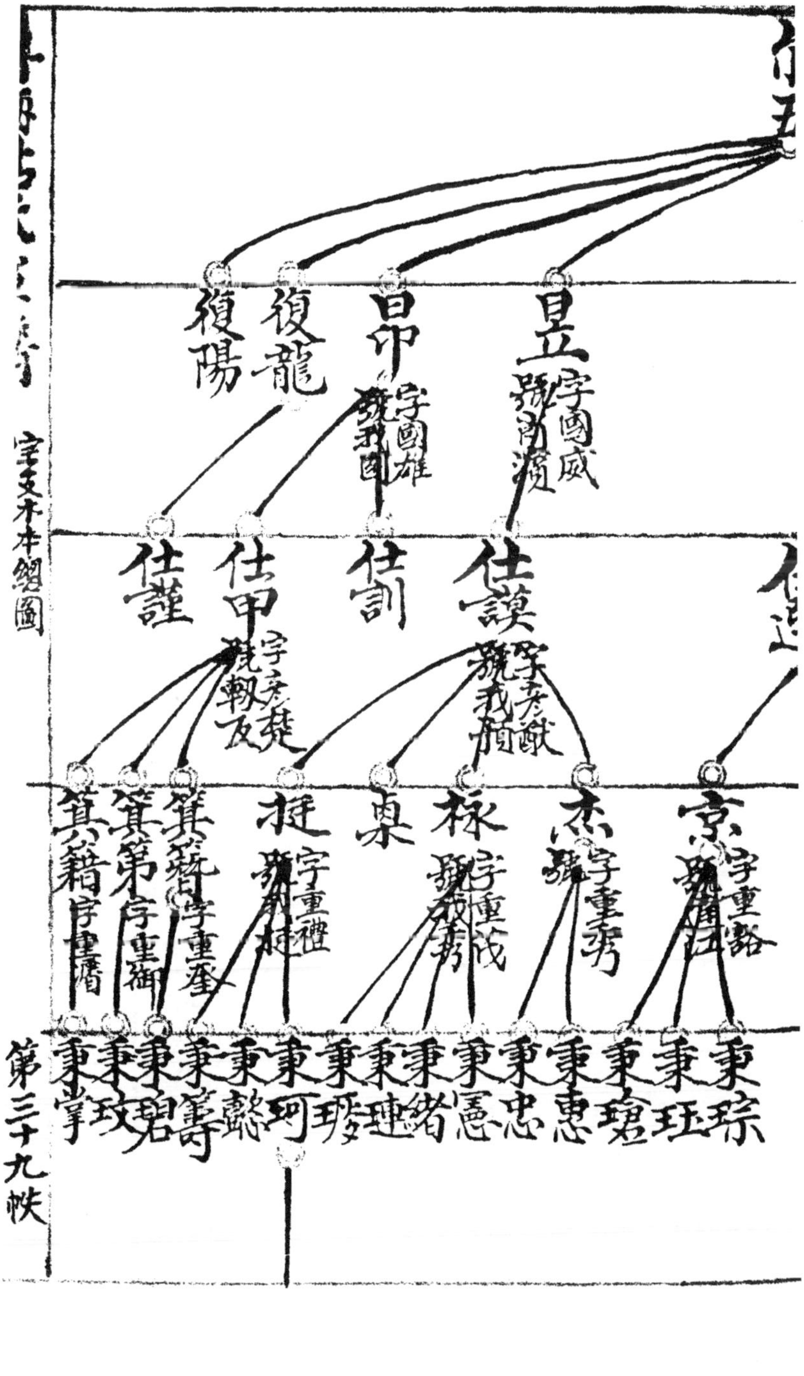
復陽
復龍
昂
字國雄
昱
字國威
仕謹
仕甲
仕訓
仕謨
箕籍
字重曆
箕第
字重御
挺
字重禮
桌
杰
字重秀
京
字重路
秉掌
秉玫
秉籌
秉珂
秉緒
秉憲
秉忠
秉惠
秉琮
第三十九帙

尔五公二房孫秉珂派下支圖

十八世　十九世　二十世　二十一世　二十二世　二十三世　二十四世　二十五世

秉珂　我挺公，字居海，號浪

十八世：纘福（絕）　纘居（字肇安，號保定）

十九世：廷乾（字志健，號中莊）　廷舉（字志禎）　廷標（字志順，號世憲）　廷樞（字志禮，號忠信）

二十世：祖德彩（字維爻）　祖德膺　祖德樹　祖德榕　祖德書　祖德賜　祖德元　祖德義（字維聚）　祖德交（字維友）　祖德龍（字維[illegible]）　祖德貴（字維堂）　祖德君（字維教）　祖德合（字維保）

二十一世：世嫡　德世聖　德世傳　德世禮　德世義　德世降　德世襄　德世雪　德世勳

二十二世：國添

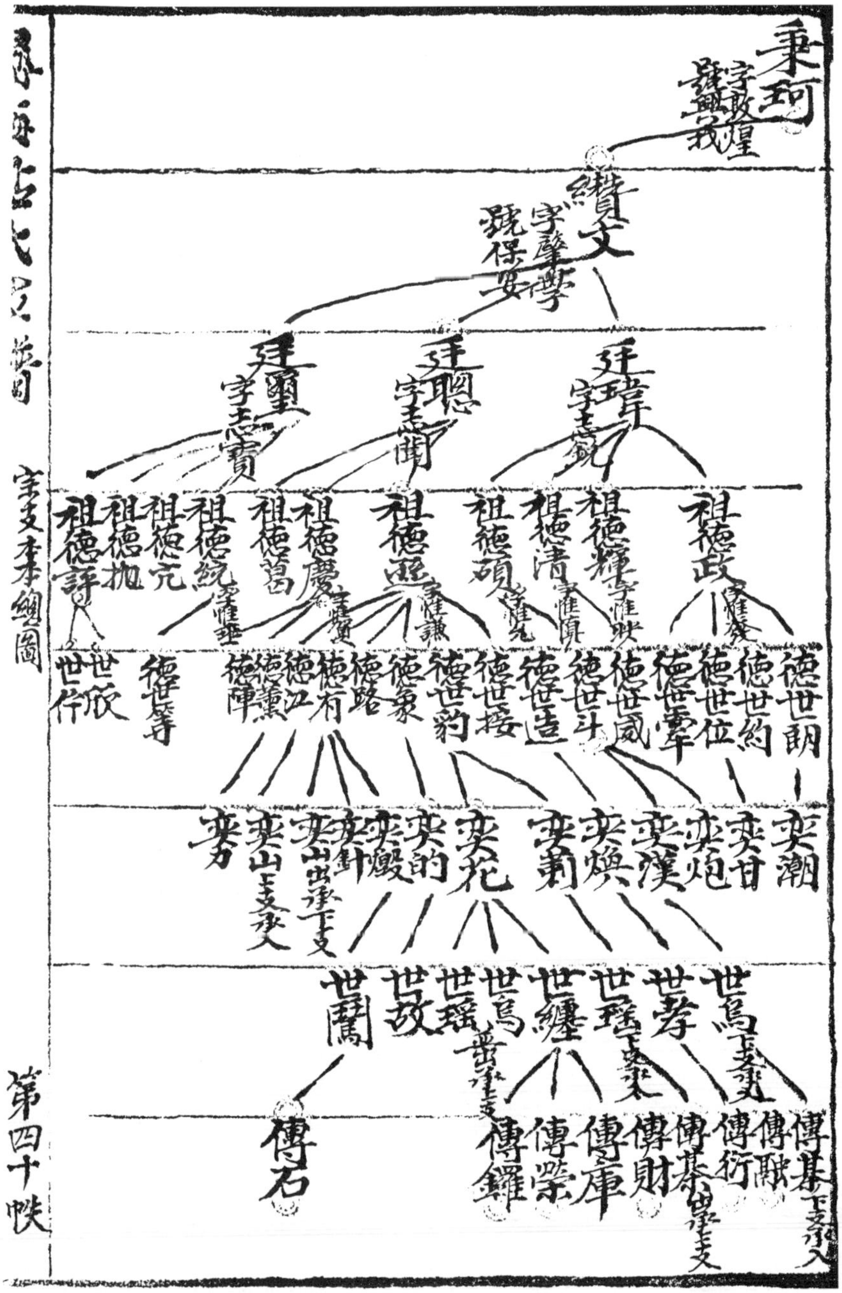
秉珂
纘文
字肇學
號保安
建璽
建聰
祖德政
祖德輝
祖德清
祖德碩
祖德慶
祖德銳
祖德元
祖德評
德世朗
德世約
德世位
德世威
德世斗
德世造
德世援
德世豹
德象
德路
德有
德江
世欣
奕潮
奕甘
奕漢
奕煥
奕花
奕的
奕針
奕山
世孝
世纏
世瑤
世啟
傳衍
傳財
傳庫
傳榮
傳鑼
傳石
第四十帙

秉珂公次子纘文派下支圖

二十五世

世鳥之子
傳融

世孝之子
傳衍

世强之子
傳財

二十六世

二十七世

世纏長子
傳庠

世纏次子
傳棨

世纏三子
傳鏵

世闓之子
傳石

總圖六

四十二

紀畧小引

既已宗支矣而復已紀畧何也曰宗支所以序世聯支也紀畧則詳其婚娶紀其生卒載其塋域也然宗支所以見世系之脈絡然紀畧所詳實行之始末故依宗支序次紀其畧而自二十一世以上文仍其舊二十二世以下而詳其實

紀畧序一

自秉珂公以上則載是本　秉珂公而下

公詳見支云已孝悌忠信而能克家睦族

茲亦畧紀之概以俟續修族譜者

二十六世孫瓊林識

四十三

潯江粘氏家乘

紀略世系

上世

景祖生子劾者與旻旻未詳其系劾者生撒改撒改爲人敦厚多智長於用人家居純儉好稼穡爲相國每贊成大計天會十五年追封燕國王大定三年改贈金源郡王配享　太祖廟廷謚忠毅十五年詔圖像於衍慶宮子三人宗翰札保迪宗憲

一世

宗翰公名粘没喝漢語訛為粘罕姓完顏後因宗室浩大子孫卽以祖所名為氏公為撒改公長子也性剛直膽略過人佐金太祖歷建奇勳太祖嘗謂之曰汝計議多合朕意宗室中雖有長於汝者若謀元帥無以易汝親酌酒飲之解御衣衣之太宗卽位又見親任歷經戰伐俱獲全勝賜鐵券賞賚甚厚史稱宗翰内能謀國外能謀

敵有古名將之風焉天會十四年薨年五十八
封周宋國王正隆二年例封金源郡王大定間
改贈秦國王謚桓忠配享　太祖廟廷子二人
　真珠割韓奴
札保迪撒改公次子宗翰公弟没於軍官特進
宗憲本名阿懶撒改公三子宗翰公季弟須行女真
書字年十六選入學進止恂雅語言清亮每有
奇勳封鉅鹿郡王世宗即位拜右丞相大定六

年薨金主輟朝悼惜賵賻甚厚

二世

真珠宗翰公長子太宗天會五年命為直使官出使於宋高宗厚侍盡禮而還子二人秉德斜哥

割韓奴宗翰公次子以護衛從宗弼征伐賜弓矢鎧甲戰馬皇統四年詔遣公覲遼林國俗加武毅將軍入其境不屈為大石所害世宗嘉其忠追贈昭毅大將軍召其子詳古為右輦局直長遷

武毅将軍婁室為武器署直長史列忠義傳

三世

秉德本名一辛真珠公長子詳在族譜

斜哥真珠公次子累官同知曷蘇館節度使世宗大定初除刑部侍郎遷都統犯罪當就法世宗曰斜哥祖父秦王宗翰有大功特免死久之復起為勸農副使子三人盆買割幹割貞

詳古割韓奴公長子為右輦局直長遷武毅将軍

三廿一紀見合

第四十六帙

娶室劉韓奴公次子為武器署直長　二公並詳族譜

四世

益買斜哥公長子史稱為撒改公曾孫襲猛安謀克始末政績未詳子一人合合打 海陵之後世宗令襲其爵也

劉幹斜哥公次子也貞元初為尚書省令 事系詳族譜

劉貞斜哥公三子也本名抄合大定二十八年進士累官節度副使興定三年元兵至城破死之史列忠義傳 事系詳族譜

五世

合合打盆買公之子也章宗泰和中官北路招討使
衛紹王太安三年使元行成不合而棣未幾而
卒子三人重山剌奴申荊山

六世

重山即粘合重山合合打公長子哀宗正大中為質
於元金亡遍使仕焉元太宗二年辛卯春二月
為左丞相時耶律楚材為右丞相凡建官立法

多出於楚材而公實佐成之其行軍尤以不殺見稱太宗七年從征伐詔軍前行中書省事假以便宜所過都邑望風款附取長城天長二邑不戮一人復入中書省視事賜中廐馬疋及串珠九龍袍卒贈太尉封魏國公謚忠武子一人南合 詳元史本傳及族譜

割奴申合合打公次子由任子入官 政績事系詳元史金史本傳譜牒

荊山即粘合荊山合合打公三子 政績事系詳元史金史本傳並族譜

七世

南合重山公之子也為江淮安撫使詔軍前行中書省事時大將察罕圍壽春七日始下欲屠其城公曰不降者守將民何罪因得免初元世祖南征軍於沛公曰李璮承國恩坐制一方然其人多詐叛無日矣後果反帝使諭公曰言猶在耳李璮果反今宜謹守西鄙對曰臣受詔不敢以西鄙為陛下憂明年為中書平章政事四年病

壽四十八歿

辛封魏國公謚宣昭子一人博温察兒事詳元史

某某公失諱仕元為御史中丞子一人春童

誠齋公修譜至此謂　鄉垣公以南合為重山子元史亦諱之其生春童何云失諱也而官職不對豈重山或有二子孚在晉江載博温察兒為南合子時遺像猶存乃元朝衣冠也由是觀之則粘氏祖當以重山為斷而晉江之博温察兒武邑之春童邢臺之木達木可

三派以三公為分居啟祖可也

瓊林謹識

晉江潯渼粘氏分居祖孔子删書斷自唐虞粘氏以八世為分支啟祖　誠齋公修譜具有深意焉　瓊林識

八世

博温察兒南合公之子也知河中府舊譜遭倭亂散失政績事跡莫考聞之故老謂公因世亂流寓江南遂浮海抵泉居晉江永寧楊册公歿遂塟於本山穴坐卯向酉兼甲庚妣　氏葬南坑垵山穴坐辛向乙兼戌辰子三人子禄子壽子正

第四十乙失

九世

子壽博温察兜公長子也妣氏並生卒行實皆失紀

子二人義奴鳳奴是為潯渼陳坑吴坑許婆庒

竿柄諸派啟祖

子稼博温察兜公次子也官評事郎誠齋公謂匾額

猶存足可徵信妣氏並行實生卒皆失紀是為

山柄泉城諸派之祖生子一人保遂事繫詳大譜

子正博温察兜公三子或謂絕或謂外出未詳

十世

義奴字達道子壽公長子妣氏生子二人邦保靜事公承先業甚厚永寧潯渼皆有大廈及二子先後贅徙陳坑而事實因莫所考焉是為陳坑諸派之祖 事系詳族譜

鳳奴字有道子壽公次子昔為令史經歷積租一千在燒灰即蕭妃鄉也許垻橋人呼為粘厝坑令史經歷未知元屬何官祖居永寧大廈以為不及潯渼

好敬兄弟輩宿居場地妣　氏謚淑靜生卒失紀公生於元至正己亥三月二十二日卒於明洪武甲戌四月十三日年三十六考妣偕葬古庚山陽穴坐坤向艮兼申寅生子一人克定

十一世

克定號晴江鳳奴公之子也公為人豁達譜頌其能幹通曉生卒失紀僅傳六月初三忌辰妣林氏號德春生於洪武甲子年十二月十九日卒於

永樂丁酉年二月廿一日年三十四公葬田頭鄉坐甲庚向卯酉妣葬巖山坐寅向申兼甲庚距祖家里許生子二人長赫次鍾 鍾絶

十二世

赫字邦允號逸齋克定公之子也譜頌其賦性瀟洒善守世業元配施氏性亦寬容有樛木之風早未孕育為公强置側室生子四一絶而三子分居潯渼竿柄許婆庄迄今蕃衍皆公支派而妣

所成也公生於成（永樂）化甲申年二月十七日卒於成化壬辰年正月三十日壽六十九妣施氏謚懿德生於永樂庚寅年八月初四日卒於成化戊戌年五月初五日壽六十九繼妣施氏號從德生於永樂辛丑年正月初九日卒於成化戊戌年三月廿一日壽五十八公與妣暨　偕葬石下陳厝山頭營坐甲向庚兼寅申生子四人長琚次珍三璹四尾奴並繼妣所出尾奴失傳　女失紀

十三世

琚字宜溫號剛毅赫公之長子也娶王氏三娘繼娶王氏六娘譜稱公賦質近純父殁雖多遺業而母有嫡庶因不能守又重遭內難故無所創建公生於正統戊辰年六月初三日卒於正德甲戌年二月初八日年六十八妣王氏號端閨同庚四月初六日卒成化戊戌年四月廿一日年三十一繼妣王氏號慈懿生於天順戊寅年四

家乘卷十二葉

月廿五日卒於嘉靖己丑年十月十五日年七十二偕葬本都蔣橋菴西田頭村坐甲向庚兼卯酉生子六人女二人子六 長尔光 次尔明 三尔五 四尔八 五尔九 六尔十 長次二子前王所出三四五六子並二女並後王所生也

二女 長適峯坑顏 次適塘西許

珍號剛柔赫公次子妣陳氏生子三人譜稱公洒脱嘗以音樂為娛不留心家計竟以妾故出居許婆庄故今有許婆庄派 事系許族譜

璹號剛濟赫公三子妣佘氏生子一人譜稱公性剛少讓佐兄理户役而不得先人遺業所供家用所置產業皆妣氏內助自勤之力也事系詳族譜

尾奴赫公四子也早世孜絶

十四世

尔光號坦齋琚公長子妣王氏生子二人事系詳族譜

尔明號耋齋琚公次子妣翁氏生子四人譜謂四子諸孫没於兵荒無嗣世矣詳在族譜

第五十三帙

叔五諱連號濱江璣公三子生於成化甲辰年十月十
八日卒於嘉靖壬戌年七月廿三日壽七十九
譜稱公性純有才而尊敬神明妣施氏生於弘
治己酉年十一月初十日卒於嘉靖乙卯年閏
十一月十三日謚素慎年六十七偕葬田頭祖
墓旁坐甲向庚兼卯酉生子五人女四人五子
長昆　次昱　三昂　四復龍　五復陽　陽絕　四女　長適顏
次適蔡　三適吳　四適顏

孫八諱援號質叟琚公四子生弘治壬子年十二月廿八日卒嘉靖丙辰年七月三十日妣蔡氏生子三人女二人 事系詳族譜

孫九諱權號樸齋琚公五子也妣林氏生子一人曰成 事系詳族譜

孫十諱略號濱海琚公六子生弘治癸亥月日失紀卒嘉靖辛酉九月十六日壽五十九妣蔡氏生諡並失紀卒嘉靖甲辰年十一月二十日又娶

黃氏謚生失紀卒嘉靖癸亥年二月十三日公並蔡氏死葬岩口坐寅向申兼艮坤黃失紀子二人長晏蔡氏所出絕次昇黃氏所出女四人三適蔡餘皆適顏

十五世

昆字國璞號肖江尔五公長子也妣顏氏生子四人仕廉仕學仕憲仕選廉因兵荒絕憲出走亦被殺傷事系並詳族譜

昱字國威號肖濱爾五公次子也生於嘉靖壬午年六月初八日卒失紀兵荒擄去下邦而死妣張氏擄去興化而死葬處生卒莫考亦有些遺業生子一人名仕謨

昴字國雄號我園爾五公三子也妣施氏又妣施氏又妣蕭氏子仕訓仕甲 事系詳族譜

復龍字國騰爾五公四子妣李氏生子仕謹 生卒事系並詳在族譜

復陽爾五公之五子也絕 族譜不敘

卜五廿一

第五十五帙

昇字國漸號濱泉尔十公次子也生於嘉靖丙辰年十一月　日卒　年六月廿九日妣林氏生於嘉靖乙丑年正月二十日卒於　年十一月廿八日公塟在坑尾坐　向　妣葬在蘸坑山坐北向南生子一人仕階女三

按公再傳而絕其神主在秉珂公龕中耆意十四世諸昆仲各自分居尔十最少與尔五同居耳但神主同龕雖異派不得不敘也

十六世

仕謨字彥猷號我預昱公之子也生嘉靖丁未年十月十一日卒萬曆辛酉年二月十七日酉時妣許氏生萬曆丙辰年正月初一日卒萬曆丁巳年五月二十日瓦棺與三子梟合葬在蔣橋菴坐乾向巽兼亥巳生子四人女二人四子長杰次梂三梟四梃 杰絶梟殤 二女長適石下施门次適施

卜五廿一 十六世

第五十六帙

杰字重秀號近江仕讃公長子也妣林氏生二子秉忠秉惠二子俱絶生卒墓域詳族譜

棶字重茂號我秀仕讃公次子也妣周氏生子四人秉憲秉緒秉璉秉璦璦絶生卒事系詳族譜

梴字重禮號我梴仕讃公四子也三子梟殤譜亦不敘生於萬歷甲午年十月初二日未時卒於康熙壬寅年二月廿二日戌時妣蔡氏生於萬歷乙未年十一月十二日寅時卒於順治丙申年閏五月十一

日戌時瓦棺合葬在東沙頭穴坐北向南生子
三人長秉珂次秉懿三秉籌女二長適林次
適黄

十八世

十八世以上皆本族譜十八世以下皆據神主不和者互參之

秉珂字敦煌號興我梃公長子也生於萬歷五十三
年丁巳正月十六日申時卒於康熙十六年壬
戌譜作辛酉十二月初五日辰時壽五十六妣施氏生
於天啟譜作崇禎有誤甲子年二月十八日亥時卒於康

第五十七帙

熙戊子年（譜作庚寅候）六月初三日辰時壽八十五合塋在十七八都本埔內北坂向天獅石內穴坐乙向辛兼卯酉子三人長纘福次纘居三纘文二女長適蕭次適曾

秉懿字敦彝號根我梃公次子妣施氏生子二人長纘秉會次纘秉寅生卒事系並詳族譜

秉籌字敦策號戒標梃公之三子妣張氏生子二人纘珪纘璣女一適郭生卒事系詳族譜

十九世

纘福字肇禧秉珂公長子生五月廿五日卒十二月初二日娶楊氏生十二月初三日卒十二月三十日考與父合塋

纘居字肇安號保定秉珂次子生於順治十一年甲午四月初四日戌時卒於康熙三十年辛未十一月十一日酉時年三十七瓦棺改葬於南安卅二都獺口山土名大岸崙坐卯向酉兼乙辛

妣楊氏生順治十二年乙未十二月初十日酉時卒雍正七年戊申六月初二日亥時（譜作初三子時）壽七十四與次婦楊氏灰棺合塟十七八都道正埔艸揾石北坐乙向辛兼卯酉子四人女一人

四子　長廷乾　次廷舉　三廷標　四廷樞　女適黃

桉公分居別岀故派下惟廷舉並二子神主二座在秉珂公龕下階之左其餘亦頗衍盛未詳現居何處也

二十五世孫傳榮識

纘文字肇斯號保安秉珂公三子生於康熙四年乙巳五月十一日丑時卒於雍正十年壬子八月廿八日午時聞公豪傑好義豁達多讓譜稱公凡遇正事每詔六柱分辦時鼎新　大宗祠賴公集派成裘勸捐樂輸無不殫力勇往始終玉成云壽六十八葬本埔北坂路下坐乙向辛兼卯酉妣黃氏號勤儉生於康熙八年己酉七月初二日辰時卒於乾隆十八年癸酉二月三十

日辰時壽八十五葬本山看山蓉口次子廷聰
祔焉穴坐癸向丁兼子午生子三人女三人
三子長廷瑋次廷璁三廷玺　女三　長適施門
次適黃三適洪

二十世

廷乾字志健號忠莊纘居公長子妣陳氏生子一人
名德彩女三人長適蔡次適施三適李生卒事系詳族譜
按公分居別出故神主不祀本廳

廷舉字志禎纘居公次子生於康熙十六年丁巳十
二月初七日巳時（譜作酉時）卒於乾隆十六年壬申
十一月十四日子時壽七十六葬未詳妣楊氏
生於康熙丙寅（神主作乙丑年）年正月初六日酉時卒於雍正
戊申年六月初八日卯時與姑合葬道正埔繼
妣王氏生康熙辛巳年六月十六日（譜作十九日）戌時卒
乾隆甲辰七月廿日未時葬未詳子五德膺德
樹（楊出並殤）德楷德書德賜丕　女一適蔡

廷標字志順號忠惠纘居公三子妣王氏生子四人

長德元　次德義　三德交　四德龍　女二　長適邵

次適顏　生卒事蹟並詳族譜

廷樞字志禮號忠信纘居公四子妣施氏生子三人

長德貴　次德群　三德合　女二　長適施　次適施

桉二公均係分居遷徙別去故神主並不祀

於本廳俟容查訪踪跡謹當補修

二十五世孫傳榮識

建瑋字志銳號正直纘文公長子也生於康熙三十二年癸酉四月十五日辰時卒於乾隆二十二年丁丑正月初八日辰時壽六十五妣楊氏生康熙丁丑年八月二十日丑時卒乾隆甲戌三月十五日申時生子四人長德政次德清三德輝四德碩 女二人長適洪次適蔡

按考妣葬處神主族譜並不詳載諒派下尚在潯渼細查可得也公神主作廷概即承瑋

廷聰即廷養字志開號茹善纘文公次子也生於康熙三十四年乙亥十月初三日寅時卒於乾隆二十四年己卯二月初七日未時墓與母同穴妣曾氏謚純淑生於康熙己卯年十二月初二日卯時卒於乾隆戊戌年十二月初一日辰時葬在北坂埔坐乙向辛兼辰戌公壽六十五妣壽五十生子三人長德[redacted]次德慶三德萬女一適黃

廷璽郎廷心字志寶號珍瑕纘文公三子生康熙三十七年戊寅正月廿四日（譜作廿二日）寅時卒於乾隆二十七年壬辰閏五月初七日巳時壽七十五

妣黃氏生康熙壬午年閏六月初一日辰時卒雍正甲辰年正月廿八日卯時繼妣吳氏生康熙癸未年六月二十日（譜作三十日）寅時卒乾隆丁酉年正月廿三日卯時黃妣塟在沙頭考並吳氏未詳子四德統德亢德拋德評　女一適吳

二十世

二十一世

德彩字惟文廷乾公子娶曾氏子三世嫡世聖世傳　出祖生卒事蹟詳族譜

女三長適蔡次適黃三適

德睿廷舉公長子　生卒葬處詳族譜

德樹廷舉公次子　殁於臺生卒詳族譜

德楷廷舉公三子字惟模號存心生雍正十一年癸丑十一月十四日辰時卒於乾隆二年丁巳九月十六日子時娉施氏改節塋沙頭坐南向北

德書廷舉公四子

德賜廷舉公五子生乾隆五年庚申十一月廿四日戌時卒乾隆卅八年癸巳五月十六日辰時葬在青艸尾坐北向南 考與三兄德楷神主同座在本廳

德元廷標公長子

德義字惟蓼廷標公次子娶黃氏二子世禮世義

德交字惟友廷標公三子娶王氏一女

德龍字惟雲廷標公四子

德貴字惟重廷樞公長子娶施氏四子世澤世褒世雪世勳　女一生卒事系詳族譜

德群字惟牧廷樞公次子娶郭氏女一生卒詳族譜

德合字惟保廷樞公三子娶黃氏

德政字惟發號應生廷瑋公長子生康熙五十七年戊戌閏八月廿五日酉時卒乾隆五十三年戊申五月十二日丑時壽七十一葬在石窟本地

內妣施氏生康熙辛丑年正月十三日酉時卒

乾隆戊申年三月廿六日亥時子四世朗世約
世位世牽約位出承德清

德清字惟映號兼慎廷瑋公次子生雍正三年乙巳
七月初未日亥時卒乾隆四十四年己亥七月
初六日午時年五十五妣許氏改節嗣子二人
世字世約世威即世位約位並德政子繼入

德𤏡郎祖蜚字惟映廷瑋公三子生雍正六年戊申
十一月廿日亥時卒乾隆十八年癸酉三月十

二十一世

第六十四帙

八日卯時塟在許厝崎坐北向南聘施氏改節

德碩郎祖笑字惟允號碩生廷瑋公四子生雍正十

年壬子正月十六日亥時卒乾隆三十二年戊

子十一月初二日未時年三十七妣陳氏生乾

隆丁巳年主作雍正悮八月廿八日戌時卒嘉慶丙寅

年二月廿八日子時己酉年仝子[illegible]遣及孫曾孫合葬在東沙頭

子二　世斗　世造　女一

己酉

德遜
郎祖讓字惟謙號以禮廷聰公長子生於雍正
二年甲辰十月廿六日酉時卒於乾隆四十九
年甲辰正月十九日午時壽六十一考妣合葬
本山土名小擺水坐丑向未兼艮坤妣施氏諱
大娘號莊恪生雍正戊申年九月十九日巳時
卒嘉慶丁巳年正月初六日午時墓與公同穴
子六長世接次世豹三世象四世路五世有居
六世江

德慶即祖善字惟賀號以義廷聰公次子生雍正六
年戊申六月初四日丑時卒乾隆五十三年己
酉二月廿七日卯時年六十二妣施氏諱綢娘
號懿恒生乾隆丁巳七月二十日寅時卒道光
癸未九月廿八日巳時壽八十七生子二人
長世薰次世陣
德葛廷聰公三子生乾隆丁巳年十一月廿五日子
時卒葬未詳

德統字惟垂號成業廷玺公長子生雍正七年己酉十二月十六日亥時（譜作雍正丙午年五月廿四日未時未詳）卒乾隆五十一年丙午閏七月廿八日未時妣施氏生雍正己酉年十二月十六日亥時卒乾隆乙卯年五月初六日寅時考年伍十八妣年六十七子一世等　女一適施

德亢（譜悞作德元）廷玺公次子生於雍正壬子年七月廿九日寅時卒未詳

德拋廷璽公三子生雍正十三年乙卯（譜作甲寅）正月初四日寅時卒乾隆二十三年戊寅十月廿五日辰時

德評字惟論號品生廷璽公四子也生於乾隆七年壬戌三月十九日未時卒乾隆五十一年丙午七月廿九日午時妣　氏生卒娃號並失詳子二人長世欣次世佇

二十二世

世嫡字汝錫德彩公長子娶蔡氏生子一人濟添神主不祀本廳濟添又作國添生卒世系譜本失詳

世聖字汝智德彩公次子事系行蹤譜亦未詳

世傳字汝授德彩公三子

世禮字汝殖德義公長子

世義字汝制德義公次子

世澤字汝雲德貴公長子

世褒字汝益德貴公次子
世雪字汝白德貴公三子
世勳字汝猷德貴公四子
以上叔祖九位神主皆不祀本廳踪跡世系生
卒墓域悉無所考即族譜亦僅敘其生庚月日
而已蓋時當修譜　諸公尚幼及長則各分居
別去數俟容詳查補敘
二十五世孫傅榮識

世朗（神主作德寵）字汝誦號耀光德政公長子也生於乾隆十年乙丑十一月初十日亥時卒乾隆五十三年戊申四月十四日亥時年四十四娶　氏諱娍娘號儉順生乾隆甲戌正月廿六日卒道光庚寅年閏四月初七日寅時年七十七子一人

奕潮（譜作濟肇）

世約字汝衡號君略德政公次子郎德清公嗣長子也生乾隆十三年戊辰十二月初九日午時卒

乾隆五十二年丁未十二月初三日酉時年四十葬在本山石窟下本地內坐西向東

世位郎德威字汝識號晉賢德政公三子郎德清公嗣次子也生乾隆十七年壬申六月廿八日卯時卒嘉慶九年甲子八月十一日巳時年五十三娶黃氏諱巧娘號柔直生乾隆乙酉十月廿一日申時卒道光丁酉年六月二十日戌時年七十三子一人奕廿

世牵字汝连號舜綿德政公四子也生乾隆二十三年戊寅正月廿六日申時卒嘉慶元年丙辰十一月初九日子時年三十九殁於臺之竹塹遂堇焉

按公與兄世約往臺經紀不幸而卒外地墳主失詳謂世牵生乾隆戊申年八月廿三日吉時未可為信故從族譜修錄而並存神主所填者

傳榮謹識

世斗（即北斗）字汝晨號拱辰德碩公長子生乾隆二十五年丙（庚）辰六月初九日申時卒嘉慶十五年庚午八月二十日亥時年五十一妣蕭氏諱壽娘號恬慈生乾隆己丑年六月廿七日午時卒嘉慶丁丑年二月十二日卯時年四十九生子二人

長奕炮　次奕漢

世造字汝道號制菴德碩公次子生乾隆三十二年丁亥九月廿二日申時卒嘉慶九年甲子十一

月初九日巳時年三十八塟在東沙頭坐甲向
庚兼寅申娶　氏失詳子一人奕煥（己酉年孫及曾孫添葬在内）

世接字汝禮號伯恭德遜公長子也生乾隆庚午年
七月初七日巳時卒葬並未詳

德豹字汝文號蔚堂祖遜（即德遜號以禮）公次子也承先人產
業最薄家事清淡耕商食力為人樸而愿治家
勤而儉惜乎壽元不永故但守成而無所創業
也歿後家無豐積兒僅髫齡賴妣氏許孺人戰

手維持慇懃撫育家事免子幸得有成焉許孺人諱腰娘號懿慇笄適公門內助甚力凡事十分周到未嘗有約畧而過於儉吝也由是公免內顧之憂得專力於生業焉族中皆称其賢公殁家徒四壁年甫三旬長男奕莿纔九歲次男奕花甫五歲尚依、母膝萬難寄託者莫此為甚孺人甘自食貧辛苦萬狀不忍備述也教養二子至於成立幸而天假遐齡得受子婦孝養

含飴弄孫以終餘年人欽貞節天福善人深足
徵信也曾孫傳榮每為 瓊林述之最詳因略紀
一二以彰其德與節未敢妄加鋪張以失其實
也公生於乾隆二十一年丙子四月十九日未
時卒於嘉慶六年辛酉正月廿二日午時年四
十六葬本山土名古雷山脚距山百餘步石穴
內坐乙向辛兼辰戌妣生於乾隆庚寅年三月
廿二日卯時卒於道光甲辰年四月廿五日未

時壽七十五塟在

子二 長奕莉 次奕花

德象字汝成號壽堂祖遜公三子也生乾隆二十三年戊寅七月初七日未時卒嘉慶二十三年戊寅二月初二日巳時年六十一塟在小擺水改塟東沙頭妣許氏諱嬿娘號順儉生乾隆壬辰年四月初八日申時卒嘉慶戊辰年四月初四日巳時年三十七塟東沙頭生子一人奕的

德路字汝陸號平往祖遜公四子生乾隆二十八年癸未十月十八日卒乾隆五十三年戊申四月十五日年二十六歿於臺遂塟焉

德有即德居字汝星號篤實祖遜公五子也生乾隆三十二年丁亥六月初四日卯時卒道光十六年丙申五月初六日丑時年七十與祖父廷聰公同穴妣蔡氏諱緣娘號勤順生乾隆戊戌四月二十日未時卒道光乙酉七月初八日丑時年

四十八生子三人長奕㸑次奕針三奕山出嗣德江
德江字汝山號篤河祖遜公六子也生乾隆三十五
年庚寅五月初一日辰時卒嘉慶二十年乙亥
六月廿五日未時年四十六葬在小擺水坐乙
向辛兼辰戌妣　氏諱抹娘號順懿生乾隆壬
寅月日失紀卒嘉慶丁丑五月初九日酉時年
三十六歿於臺鹿仔港遂葬焉土名坐向未詳
嗣男一奕山五兄德有三子繼入也

德薰字汝香號篤芳祖慶公即德慶長子也生乾隆二十九年甲申十二月初三日亥時卒道光二十年庚子六月十五日未時年七十七妣佘氏生乾隆壬寅甲年正月十二日酉時卒咸豐壬子年六月十九日巳時年七十一考妣合葬在粘厝埔厝後坐東向西子一人奕力

德陣字汝文號篤武祖慶公次子生乾隆三十三年戊子二月十九日丑時卒嘉慶十八年癸酉九

月十一日酉時

德等祖統即德統公之子也

世欣德諱即祖諱公長子

世佇即德佇祖諱即德諱公次子也

按以上三位俱係因父知子而見於神主上

墳奉祀者而其蹤跡世系並無所從考闕之

以俟查補

二十五世孫傳榮偕姪瓊林識

二十三世

奕潮 即濟峰 德朗公之子也生乾隆四十九年甲辰十一月日時失紀卒道光三年癸未四月十一日巳時年四十塟未詳

奕甘 德位公之子也生乾隆五十四年己酉九月初六日子時卒道光十七年丁酉六月初二日巳時

奕炮 德斗公長子也生乾隆五十六年辛亥十一月

廿七日巳時卒嘉慶十九年甲戌十月廿六日
未時

奕漢字淮仲號泳思德斗公次子生嘉慶二年丁巳
十月十一日未時卒道光十七年丁酉六月十
七日午時年四十一娶蘇氏諱格娘號葱愛生
卒失紀承男一世烏（即世荷奕花次子繼入）

奕煥字秀煇號有章德造公之子也生乾隆五十八
年癸丑七月十八日午時卒道光十三年癸巳

十一月初四日戌時年四十一　妣黃氏諱隔娘
號靜範生嘉慶丙辰七月廿五日卒道光己亥
八月廿四日未時年四十四子一人世孝

奕莿字秀生號質源德豹公之長[redacted]也少有膽略多
俠氣而志在四方見世業零落思欲振起宏規
乃久遊臺地百計營謀然困於時命終無所獲
乃知榮枯得失有數存乎其間非可以人力強
致也遂於邱處娶　氏生子名虎厥後妻子相

繼而殁於臺遂塟焉由是隻身落拓旅況凄凉倍於昔日矣妻子生卒姓名墓域亦因失錄矣迨乎晚年肋力就衰奔逐不易則晨昏顛倒不無蓴羹鱸膾之思矣但念當年逮整就道而攘臂登舟志氣昂烘直冲霄漢不減相如題橋也到如今故俄依然而攬着忽變春蠶不死絲縷猶存無如馮唐易老也鄆筒頻寄羣季之相憐也弥殷行篋蕭條季子恐之睽家也無色然而兕

童之笑問則曰客自東来弟婦之為炊則曰伯
幸無恙舉凡胞乳之親期功之戚肫然其新孔
嘉而公宅好種柳矣乃無何朝露溘然矣竟西
餗矣武侯六出岐同祁山文士十年燈火觧不為
有命者胡盧也公生於乾隆五十八年癸丑十
一月廿九日酉時卒於同治七年戊辰九月初
六日壽七十六葬本山看山蓉口與功弟奕山
同壙穴坐癸向丁無子午嗣子世瑶奕花三子承入

奕花字秀仁號質錦德豹公之次子也畢生恪守本份克勤克儉多所創置繩祖武貽孫謀兢兢為念治家教子處內有方應世睦宗處外無失於昆季又極友愛見胞兄奕莉創業未成且無嗣續哀之遂以三子世瑶繼之見功兄奕漢失傳又將次子世烏承之人稱厚讓良有以也妣莊氏諱緬娘號柔順內助甚力惜乎萱花早萎公固不能無內顧之憂良可悲矣旋調琴韵旋鼓

益歌井臼之操奚賴適挽鹿車適登鳳馭機杼之聲無聞衾枕燦爛之子無裳鞠育殷勤無毋何恃哉當妣之歿公年五十一長子世經一十六次子世烏一十四三子世瑶甫六歲耳父頑其子兄頑其弟相與倚賴以圖成立也公生於嘉慶二年丁巳十月十五日午時卒於咸豐元年辛亥六月廿六日巳時五十五歲妣生於嘉慶二十年乙亥二月初七日卒道光廿七年丁

未七月廿七日未時年三十三考妣合葬本山
石窟下坐戌向辰無辛乙生子三人　長世纓　次
世烏出繼奕漢　三世瑤出繼奕莿
奕昀字尔科號忠厚德象公之子也生乾隆五十九
年甲寅九月廿三日寅時卒道光廿九年己酉
閏四月十九日子時年五十六妣施氏諱盞娘
號惠柔生嘉慶己未年七月廿六日申時卒道
光甲申年六月初三日寅時又妣陳氏諱罕娘

號惠順生嘉慶丁巳年十二月初十日卯時卒道光丙午年七月初七日巳時子一人世故

奕爔字秀燃號昌炎德有公長子也生於嘉慶四年己未十一月十五日寅時卒道光廿一年辛丑九月初九日巳時年四十三妣施氏諱雪娘號勤順生嘉慶庚辰年二月廿二日巳時卒道光己酉年九月初一日巳時年三十考妣合葬在東沙頭尾滙脚坐甲向庚兼寅申子一人世屬

奕針字秀鍼德有公次子也生嘉慶十一年丙寅五
月十五日寅時卒道光廿九年己酉四月廿八
日酉時年四十四
奕山字景仰德有公三子即德江公嗣子也
奕力字尚德德薰公之子也生於嘉慶七年壬戌三
月廿二日卒咸豐十一年辛酉九月初五日辰
時年五十九葬在本埔南坂尾安海路墘穴坐
向　兼

二十四世

世孝字慈候號義軒奕煥公之子也一生清介絲毫
不妄取與和鄉鄰睦宗族善與人同處昆季又
臻友于殫心竭力資養諸姪如己子無稍異視
且久而弥殷焉人以為難乎其人也然既為
祖宗絖子反作　昇平曠夫殆亦時數使然也
而公則晏然不為意焉於此足以知公之清介
迴人矣生於道光十三年癸巳七月初四日午

時辛光緒二十六年庚子三月初四日戌時年六十八厝在小擺水西畔墘已酉改葬全祖父及子合葬本鄉東沙頭向坐申庚寅申

世纏字綿侯號澹川奕花公之長子也性剛直嚴毅品清介端方胸懷大志事惟小心少失怙恃世業亦淡二弟幼弱出入必偕一身支持內外周至凡百經營無不努力勇往歷試諸艱稍立規模櫛風沐雨人所不為者躊躍為之忍辱負重人所難任者勉强任之手欲回天而足無立地

宗懿之風意其可乘夸父之日諒亦易追奮志
干霄與思破浪庶幾人叢中拔其萃宗族中出
其類也而無如不遂其心不償其願焉及遊坻
邦多方謀望心力憔悴而手足胼胝頻年錙積
悉贍弟婦子姪衣食之用恩養無不臻至晚年
家居課子姪輩守份安貧毋得別生妄想蓋自
幾經閱歷中來而得此寶訓也囑諸子聿修祖
廳房屋並續修世牒尤為光前裕後之至意也

夫坻境亦創有基業俾長子傳庫得藉營生此又其深謀遠慮者所為也前者之果敢有為亦達人不為命限故也其志可嘉矣公生於道光十五年乙未六月廿九日午時卒光緒二十八年壬寅五月廿七日丑時壽六十八先娶施氏諱籐娘號寬慈生道光丁未年五月二十日未時卒同治甲戌年三月廿八日酉時年二十八繼妣林氏諱惜娘號淑治相夫教子咸稱內助

之賢生咸豐癸丑年五月初八日寅時卒光緒
庚子年十一月廿一日未時子三人
長傳庫施所出 次傳榮 三傳鑼並林所出
公塋在
妣施塋在本山攞水口本園內東有堆坟坐乙向辛兼辰戌
妣林塋在本山土名長寮岸脚天生土圍穴自然
坐寅向申兼甲庚

族姪孫瓊林謹識

世烏郎世荷字章侯號靜川奕花公次子郎奕漢公
之嗣子也怙恃之失尤早與胞兄世纏弟世瑶
備極單寒維持家務甚力焉娶施氏諱質娘號
懿美理家尤勤謹相夫育子不辭皸手之勞惜
予考妣皆不永年家貧子幼幸得胞伯世纏恩
養焉父生於道光十八年戊戌十二月廿六日
申時卒於光緒六年庚辰三月十七日辰時年
四十三妣生咸豐戊午年六月初八日午時卒

光緒庚子年四月十一日辰時公塋在本山石窟下坐戌向辰兼辛乙妣塋同其處子三人

傳棋（世瑤長子承入）傳榮（世纏次子兼承）傳融

世瑤郎世遙字遠侯號平川又號慎齋奕花公之三子郎奕莿公嗣子也甫週歲而失恃六歲失怙出入惟二胞兄是依其孤苦為尤甚十歲便曉經營然志在遠方遂往岷邦依父胞兄世纏將

展驥足凡事努力向前冀幸大振家聲錙銖苦
積因亦規模小就奈所願未酬而天促其壽竟
歿於垠考生於道光廿六年乙巳正月十二日
午時卒於光緒十三年丁亥三月二十日酉時
年四十三娶吳氏諱亞娘號勸慈生於同治四
年乙丑五月十六日丑時卒於光緒甲辰
年六月檢貳日未時公歿子幼尤賴妣氏茹苦
含辛教育兒子以至成立然亦胞伯世纏並姪

傳庫傳榮所玉成也生子二人長傳棋出承世焉次傳財

世故字鼎侯奕的公之子也生於道光二年壬午六月初三日巳時卒於道光甲辰四月初四日戌時年二十三塋在小擺水坐東向西

世闓即世聿字宜侯號睦村奕燉公之子也生道光
十七年丁酉九月十八日未時卒於光緒三年
丁丑六月初二日午時年四十一妣施氏諱躍
娘號慈德生道光庚戌年八月廿二日戌時卒
光緒壬辰年十一月廿四日戌時年四十三考
妣皆塟在小擺水作（改葬一）二穴坐甲向庚兼寅申
子一人傳石

二十五世

傳衍字澄波號澤長世孝公之子也生於光緒十四年戊子十月初六日未時卒光緒二十九年癸卯七月初六日未時合父及曾祖父九棺合葬在東沙頭穴坐甲庚兼寅申

傳賡字毓裕號府仁　世纓公之長子也有兼人之才懷遠大之志甫成童見家計無聊老父幼弟不勝其任乃往岷省父並營財利遂就父所建之業紹其箕裘俾父得家居養老焉所積餘資盡寄奉父弟以為伯仲叔母之用無敢私積念群季壯未有室愈加經營冀幸遂其志焉

大宗祠積久傾頹招募聿修自亦罄囊輸捐世牒失修　祖廳房屋朽敗囑弟傳榮次第舉辦至

二十五世

其睦宗族和鄉鄰信友朋又為知者所共稱也
生於同治庚午年　閏五月廿二日午時卒
於光緒三十三年九月初五日
娶施氏諱留娘號樸端生於光緒七年辛巳四
月初一日巳時
生子　長芳恩過嵗殤　次芳圃繼入族弟傳淡子　三芳富繼入胞弟傳羅子

傳榮字毓森號敦仁世纏公次子即世烏公承子也少穎敏有大志凡諸事物一見而會於心一聞而喻其意及其長也孜孜經營一切虛花妄費毫不染及若老成人然而無少年烟火氣為鄉中富饒者所器重故家無錙積而一預商賈貨物皆稛載往還時或困乏則一轉換而殷實如故矣又長於會計善意料尤為朋儕所推許承父囑奉兄命聿修　祖廳增續世牒豎新牌而

安　祖宗神位收置神主而俾神龕奐墉此
又其當務之急者也但艱於時命旋得旋失凡
百謀望筭能遂心即筭得十分穩妥亦每多更
變是誠福德未照命花卉不逢時而非人之拙
於謀為也不道營為在人力本也得失關時命
末也為所當為雖失何恨為不當為雖得何加
見有偶得者則共指之曰此人賢有偶失者則
共指之曰此人拙以得失論賢拙此有才無命

者所以困守蓬蒿也時命重於世而才能反退處於無權亦足悲矣吾特為有才而無時命者計亦惟盡吾才以營為而勿墜厥志任吾命之得失而不失初心時命雖乖或亦不終負其才者也古之人有言曰有心者勤毋怠有志者事竟成也　瓊林嘗與族叔傳榮論才命如此相與歎息者累日因錄於世牒之末以博有命者一笑而俟有才者一哭焉而有之者無論已

生於光緒五年己卯四月初一日辰時
娶蕭氏名雪娘號樸儉生清光緒癸未年　月　日
時卒民國三十五年丙戌五月初七日晨時
生子　人長芳祥廿三歲亡次芳鎮

二十五廿一

第八十七失

傳鑼字毓鍇號　世纏公之三子也生於光緒二十一年乙未十一月十七日辰時

娶何氏　名秀娘號樸瑞生於光緒己亥年二月十九日卯時卒民国弍拾捌年己卯年五月拾柒日未時葬康泰堍羨塆第弍廿芸壽歸拾壹歲而忘

生子三人　長　芳華　次　芳富　三　芳擭　紉不成

女四人　第四不成

傳聯字合修號　世烏之子也生於光緒九年癸

未八月十四日寅時

娶高氏

傅棋字勝初世瑶公之長子即世烏公之承子也生於同治十二年癸酉正月十三日午時卒於光緒十五年己丑正月十二日酉時

塟在

嗣子

傳財字裕修號世瑶公之次子也生於光緒十三年丁亥三月廿二日戍時卒民國卅六年丁亥正月初八日未時生子二人長芳卅次芳朝
娶施氏

国家出版基金项目
NATIONAL PUBLICATION FOUNDATION

海上絲綢之路文獻集成

總主編 陳支平 陳春聲

民間譜牒編 16

主編 林楓

海峽出版發行集團
THE STRAITS PUBLISHING & DISTRIBUTING GROUP
福建人民出版社

本册目次

〔浙江慈溪〕慈東費氏四修宗譜四十四卷（卷首至卷六）　〔清〕費承甫纂修……………一

〔浙江慈溪〕慈東費氏四修宗譜四十四卷

（卷首至卷六）

〔清〕費承甫纂修

［浙江慈溪］《慈東費氏四修宗譜》四十四卷，清費承甫纂修。費氏光緒二十四年（一八九八）倡議重修族譜未果，光緒二十八年重啓，三十年修成，凡十八册。因明弘治、萬曆及清咸豐間皆有修譜之舉，故此譜名曰「四修」。卷首一卷，録歷次修譜序跋、例言、行稱，正文爲各房世系、世次傳、遷徙譜，後單列蓀湖世系、世次傳、《靈陽集》。其中《靈陽集》三編，録費氏族人壽序、家傳、墓誌、家禮家訓、像讚、德行録、貞節録、誥命録、祀産、案卷等。浙江慈溪、定海之費氏晚清以來多有往滬、甬等通商口岸投身實業者，且規模不斷擴大，尤爲航運界之翹楚，影響甚巨。亦有族人前往外洋發展，定居他鄉。據清活字本影印。

費氏纂修族譜序

古有宗子法爲諸侯之庶子設何者慮其久而散亂也故子原頭則統之以大宗於分派則别之以小宗美哉尚矣惜其與聖俱往是故散者亂者環天下也君子憂之而創諸譜庶曰可以繫宗矣乎凡賢士大夫家若范氏若盧氏若歐陽氏若京兆韓氏眉山蘇氏罔不相繼而爲之此豈好爲是彊文哉爲親睦計也故雖不及見古宗子法而此足以聯親睦族是亦宗法之遺矣第譜之者不可以不正不正云者僞與雜耳予宗自仕悦公譜後亦有此弊彼界在湖田者世習未技非我族類而嗜利之徒欲延納而苟容無迺汙雜之甚乎江西鵝湖公輔相王朝拜非不榮顯也且深有通譜意然亦何所據哉譜以防僞也亂焉雜焉不可也弘治十八年予以峯山祖祠事抱奏帝廷值存仁姪轉烏臺而官大理館穀閒爲予言曰自予伯昂府君以富戶實京將十餘紀于此兒輩尚未

會譜也族屬幾於疏失叔父旋當續之若峯山祠自來先人血食之地矧天語爲烈誰敢復貪賄而取辟可無介矣維譜也其繫諸心乎因此領旨歸浰既完復祠事遂于翌春取仕悅公之所垂者而纂之始於世廿四府君以次而遞及毋敢紊也爲直敘五代圖倣宗子法必先嫡長而後支庶弗敢混也齒錄一圖則通族之大小而次其先後所以便會序施揖讓也其嫁娶始終等類罔不悉及核眞據實所以爲久遠計也南北遠邇凡係的派者皆集而一之所以遡流窮源不使久而有失也以□垂後可以知來歷之眞矣可以知□□之差矣可以知南北之一家矣可以敦愛敬之道矣當世以此爲準哉愼勿俾有雜焉可也愼勿俾有僞焉可也何也天親不可以人爲也抑司馬公題諫院而曰後之人將指其名而議之者可畏也今之譜子姓具在矣亦豈無指而議之者哉某也孝某也不孝某也弟某也不弟某也賢良某也凶惡某也

也爲祖宗增光采也是門風取辱抑其名而醜之議其行而
罪之蓋有所必至者豈不尤可畏哉有志亢宗者尚奮焉
昔在
皇明弘治廿一年仲冬上澣之吉　十八
十二世孫璉謹敘

費氏宗譜序

詩稱大宗維翰見宗之關天下不小人盡思所以自重予始祖世廿四府君開基慈之靈陽十又一傳而逮我烈祖伯昂府君時維成祖文皇帝定鼎燕臺詔徙天下右閭實畿有司遂以我伯昂府君應是以大典有費氏籍蓋三葉矣幸而科甲世承皆我祖累德所致靡日不欲歸謁適奉勑南巡得便道一省以少伸孝饗之意且與諸父昆弟聚首接膝以盡歡洽其爲喜慰當何如邪第復命匆匆旋即西行每不以遑譜事爲恨今又處棘院中庶慎庶獄是恤益無餘力矣次春適我遯菴叔父以奏復峯山祖祠至京舉朝皆爲義奮然遂嘗旨允旋浙因囑以譜事且告云內閣鵝湖公欲通吾譜庸有據否公毅然曰甯效狄樞密辭梁公後毋甯效崇韜之拜汾陽也壯哉公語真足以主吾宗盟矣踰朞果纂成諸系而屬存威弟携至予乃拜而受之一展閱間舉族長幼悉在目中

愛敬之心不覺油然生也譜之力哉存威弟曰願一言以敘之噫予復何言哉予嘗觀老泉蘇公舉六行之不善者顧族人而嘆曰自寻少時見有爲不義者則衆相與疾之如見怪物焉凜焉而不甯其後少衰猶相笑之今也則相與安之矣噫豈其安之也哉據兹所見羣然相與趨而和之者衆矣風之益偷也若此蘇公爲蘇族慮吾甯不爲吾族慮哉一念懸懸維冀吾宗長者倡以公正少者勉以孝弟習以禮義尚以廉恥若貪污黨邪趨下流者通族會而攻之毋貽祖宗羞俾南北聲望益增大而光烈焉歸然皇明寓内樹一翰㦲貿所望也幸相與勉之

龍飛正德元年三月上澣之吉賜進士出身奉政大夫大理寺右丞前知廬陵縣事歷奉勅巡按湖廣山東道監察御史十三世孫鐘頓首謹撰

費氏續修譜序

譜何爲哉非直記名姓已也宗法墜地人道不親譜者所以繼宗法而維親義者也豈其微哉我國家世及之禮宗法存焉其餘自卿士以及庶人一切廢格幸而僅存者惟譜耳皮之不存毛將安傅而世系之有徵則以文獻之足故也費之命氏自有夏元相昌公始其後分族宇壤者非一我元祖世廿四府君則肇基慈之靈陽實由姑蘇楊柳巷來者而柳巷之支派又出彼江夏爲其源委端有自矣唐太和間我峯山曰章公有高世之行不樂仕進隱于東山立一書室以自娛後因闢爲定林寺其於世廿四府君則爲四世孫矣貲鉅而能施其所捐贍寺甚阜若山若地若田俱以百計於昭碣刻悉於譜中載之而譜之作則昉于唐繼者代有人在宣德若仕悅公至于正德又得遯菴公會而成之時竹窗公居棘院不暇合譜特假手于我遯菴公以成南北一家之書越茲又

慈東董氏四修宗譜　卷首

有志堂藏

將六紀生息益以繁而散處者靡常不可以無集也故予與東泉弟仲賓茂卿和甫姪輩仍舊載而增之間有未妥處必修飾之無諱焉求其當而已矣嗟夫宗法亡而譜存存者多賴耳神而明之則存乎其人焉彼或過里門不下車在期功不廢絲竹謬妄日甚故文稱情則禮存文滅情則禮亡禮之亡焉用譜爲昔仕悅公遜菴公竹窗公皆以孝友爲尙本之躬行約之以典禮此親親之上務也我後人當則而傚之以求無負于作譜之意則美之章者盛而傳矣不肖躬行之未得其何以繫吾宗姑述先志而爲之續焉俾弗墜耳勿吾殄可也萬歷十四年歲在丙戌季冬之吉

十四世孫庠生滴頓首書

重修宗譜後序

自夫小史之職亡宗子之法廢後之譜其世者多矣然而知道者惑焉夫譜所以核眞而防僞也顧有本其受姓之祖以及乃百代之遠不論其族之是與否一一書其名號行次者則務博而雜僞焉有自掩其先世竊附於德門華閥而終不能塗天下之耳目者則慕高而矯誣矣雜僞則不信矯誣則可恥何也百口之家更十餘稔尚多遺忘而不能悉其眞況綱羅四方百代之遠非得之傳聞臆見則決之壞書刓刻安足信耶自古高明之家或起氓庶侯王貴族其先多落莫者門閥本不足貴也况非其祖而祖之乎故歐黃之譜皆斷自可見之世而狄武襄之不敢自附於梁公君子韙之良足嘉也斯譜之修不誇博洽不衒華胄如曰江夏如曰姑蘇者惟本吾費氏之所由來也曰蛟川曰金臺與金陵者惟述吾費氏之所分派也世系事跡記載詳明誠可謂實錄矣觀斯譜

者知祖宗爲吾身之自出能無敬心之生乎知宗族爲吾祖之一氣能無愛心之生乎又論其世而象其賢能無勸戒之心乎敬心生則思尊祖愛心生則思睦族勸戒之心生則思淑其身以延其後使族尚敦睦人履德善蔚然爲浙東甲族不亦美乎譜之力多矣

萬歷龍集歲在丁亥仲春之吉十五世孫庠生松謹跋

費氏宗譜後跋

予嘗感世之驟得富貴者止傳數十年計未幾子孫分裂家遂不存若此者何哉正以聯屬之無其道耳尚使有譜在焉則雖千百世猶可[illegible]矣今之譜歐文忠公之例也世必以五自高曾祖禰而遞之已也五世復提自己而達子之孫曾玄也序於先嫡裔而後旁及于庶于五世之序既盡則復自嫡裔始本支之義也是雖不立宗法而宗法固已寓于其中矣昔人謂宗子不能立而服制自當從古是亦愛禮存羊之意如漢時宗子法已廢然其詔令猶云賜民當為父后者爵一級則此禮意猶在也斯譜之作可謂於宗法漫無意乎第譜之所能藉者迹也所不能藉者心也因迹以用心則在人矣是故祖其行者我其祖之父其行者我其父之兄其行者我其兄之列于弟者我其弟之登名科第者我其賢之守道林壑者我其重之失所而無告者我其賙䘏之保愛之則于譜之

遠稽矣然則譜也者真親睦之大典哉若夫服之輕重因情之親疏而爲之則有時王之制與夫考亭先生之家禮在固不能全宗法而別有所擬也

皇明萬歷十五年歲在丁亥仲春之吉

十四世孫邑庠滴謹跋

二修宗譜跋

夫宗之有譜所以溯原始敘尊卑考嗣續而識德業也溯原始不忘本也敘尊卑崇天秩也考嗣續知支派也識德業別賢否也譜固難言哉昔我先君深以爲懼每欲修之而不逮著家規三十四章以誡後人茲賴祖宗之靈佑啓我南江叔氏爲費宗盟首纂譜議殫精竭神追倣歐蘇二家爲之遞世次列嫡庶敘班行綜分散鋭志纂輯老而彌篤自萬歷癸未迄於壬辰幾十餘禩始克有成噫亦艱矣此誠宗祊之厚幸而我先君夙志亦因以少慰焉棐也不學靡所短長勉效筆楮之役既旦不遑闕敢言勞書成出以示之子姓蓋一展卷閲而十七世之本末具見之矣覽之者可以識淵源之自焉可以興孝弟之心焉可以成仁厚之俗焉獨譜也歟哉因感而志數語于簡末

萬歷二十年歲在壬辰秋七月朔十五世孫廷棐秉忠甫識

袁夏蔡氏四修宗譜　卷首

存志堂藏

三修宗譜後序

聞之莫爲之前雖盛勿傳莫爲之後雖美勿彰甚矣繼往開來之不可無人也本族譜系自前明十二世祖遁菴公以奏復峯山祖祠至京京中中房十三世大理寺右丞竹窗公即囑以譜事旋浙後取右房尚四仕悅公所編而續之閱寒暑而譜乃纂成時弘治十八年仲冬月也萬歷十四年間十四世庠生南江公諱滿在三三九公子禮十三公孫十五世庠生翠亭公諱松字茂卿及東泉仲賓和甫諸公仍舊章而修飾之去遁菴公修譜時已年八十有二矣及我

朝順治康熙間十七世祖英行祥芝公嘗舉是譜爲之續修其語載在祀簿惜乎今已失其傳稿矣乾隆三十二年間廿二世經行鶴堂公有志修譜爰搜羅合族之祀簿宗祏而考核之其積精耗神亦既匪朝伊夕奈草創甫就有事中止未竟厥功今存稿所見者惟東房具在而中房則泯滅殆盡西

右二房有存有不存覩此斷簡殘編良可慨也尤可憾者每年元旦上座草簿記歷載子孫之盛溯三代履歷之詳是亦可爲修譜張本乃自前明迄本

朝順治康熙雍正三朝盡行失傳及乾隆年間雖有存者亦荒落不足據以爲徵也假令祥芝公之譜不失鶴堂公之譜盡存踵而增之豈不易易而乃失則盡失存不盡存此後人之不幸而纂修之不容稍緩也咸豐六年丙辰春廿一世與行漁陽公之孫及曾孫輩承先人遺命願成續譜屬予共襄厥事予思是譜自遁菴公纂成以後迄今已三百五十餘年矣其待修誠亟而欲知支派之眞僞倫脈之等差一一核實亦若有甚難者然此事愈久愈難與其久而愈難何如及今早圖之尚爲易也因檢歷代之栗主而詳攷之集一時之老成而咨詢之收各家之祀簿而細繹之極三載之心力務求其至當而其間子孫忘祖不知本支者仍復不少亦祇闕疑

焉耳今譜將告成特溯譜之原委如是至譜之有關於人心
風俗足以睦族聯親前人已詳論之余可無容復贅也已
咸豐九年冬月二十三世孫綸行之鎔謹撰

武功劉氏四修宗譜 卷首

[illegible]光堂藏

宗譜之設所以著尊祖敬宗收族之道昔之人蓋言之詳矣吾谿東費氏自唐歷明世系遙遙代有纂録惜其人之名未傳傳之者自仕悦公始逮宏治正德間遯菴公以峯山祠堂之事控奏入京蹟而纂成譜系其所自敘與大理右丞竹窻公之敘尚留傳可按也今之遺譜則萬歷初南江公所修附有豐山公家規十餘則悉紙墨精好吾宗珍藏之

國朝以來十七世祖祥芝公間嘗續纂而其稿失傳其後族伯元堂公又續纂之以歲久齒繁艱於搜羅而中止昔余大父漁陽公服賈歸老亦嘗有志於建祠修譜道光乙巳歲啓華偕從弟品南汝霖敬承先志祠宇落成而宗譜之修尚遲遲有待咸豐乙卯歲余弟烈傳念之慨然謂及今不修後益荒墜難稽矣願畢力以董成其事會從弟品南與其猶子芳水亦願合貲修輯遂屬族兄錦榮重纂之閱五載乃得登之梨棗裒然成帙名之曰三修宗譜夫人生斯世惟宗祖族屬爲本

慈東費氏四修宗譜　卷首

根之所在氣脈之所流貫固無時無刻可以膜外置之也豈
獨譜也歟哉然而譜其尤要者矣余喜余弟之克竟先志也
又喜品南芳水之襄成斯舉也爰週數語於譜之簡端
咸豐十年夏月　　　　廿三世孫啓華謹識

三修宗譜跋

余久矣廢讀而習賈業矣何敢與知宗譜纂修之事然展閱舊譜見前明遜菴公南江公嘗瘁心力於是余祖漁陽公遺命亦嘗惓惓有志於是歲乙卯余與三弟竹君言及之謂是不可緩乃告之余兄木君從兄品南相與出貲纂輯而余以身董督其間夫是役也載筆而任記載者族兄錦榮也奔走而職搜羅開雕而預校對者族亦不一人也其自舊譜十七世以下續修未竟而尚存底稿者則族伯元堂公也是皆有成勞者也而豈余之所得尸厥功哉今者三修譜成竹君與品南錦榮兄已不及見余心滋戚矣特諸人之勞例得著名簡末於是乎書

咸豐十年夏日　　廿三世孫綸鋕識後

鰲東董氏四修宗譜卷首

天宗堂藏

慈東費氏四修宗譜叙

光緒二十四年歲在戊戌族人彙議脩譜其昔主宗政者吾兄德利兄允其議而苦於經費無出非捐不足以集事于是命族姪緯錫族孫杏蓀芾庵升杲等先行籌捐兼司採訪命秋舫萊軒欽何等專司鈔錄以便披覽命承甫總主纂脩兼理一切分派既定諏吉開局先時蓀湖族孫可遵秉鐸東嘉至是聞之以爲前譜垂四十載矣幸有昔年採輯纂脩尚易唯卷葉既多辭復緐瑣迺條陳脩譜章程變通體例卽今所定凡例也郵寄來局或謂舊譜行次相稱既久一旦更易反啓後人之疑不如仍舊意不相協議不果行歲月蹉跎徒傷浮費兄亦已歸道山事遂中輟余承其乏深知其故忽忽五稔再難延滯爰于今春重議開局仍令承甫主之并令可遵升杲襄理之雪鈔露纂魚豕校讎越十月而譜成於虖成事有如此難乎諸族人邀余一言弁首余思族譜刱于明三公

繼于仕悅公修于遯庵公今皆不傳卽乾隆卅譜散佚殆盡所存者萬歷咸豐二譜敘已詳言之矣予復何爲雖然有不得不言者昔遯庵公敘云譜爲聯宗睦族計不可不正不正者僞與襍耳彼界在湖田者世習末技非我族類而嗜利之徒欲延納而苟容無迺汚襍之甚乎江西鵝湖公輔相王朝非不榮顯且深有通譜意然亦何所據哉譜以防僞亂焉襍焉不可也此言是也今年四修宗譜其遷徙之派如杭州衢州曩所未經另編者玆已次第排比無遺憾焉異日者重加修輯廿一世以下照例遵改廿一世以上不過點竄詞句校刊精審足矣而所用經費另懸木榜亦使後人有可稽攷備矣蔑以加矣嗟乎修譜者倡宗睦族之道也知此則知堯舜之道孝弟而已矣余復何言哉

光緒三十年歲次甲辰十有一月

二十一世孫德金謹敘旹年八十有三

費氏四修宗譜書後

族之有譜猶國之有史也國之盛衰視乎政治之得失族之盛衰視乎子孫之賢否然一代之史一代之史臣筆之一族之譜則責成一族之文人吾族自唐迄今閱二十八傳上溯萬歷下遞咸豐譜凡三修其間盛衰不一蓋一族之氣運使然而子孫之賢否可知也至於今而吾族之氣象又逈不如前矣歲戊戌宗長德利公慨然興感有觸於斯爰刱議圖修宗譜向族人捐資命族兄承甫爲總纂而囑庚襄理之捐資甫集時庚適有天津之行未遑兼顧德利公於己亥亦即世因而中止迨前年告歸譜仍未就聞其易簀之時名弟德金公謂之曰吾無他囑惟修譜未竟每飯不忘吾死汝爲宗長傳語承甫升杲好事修輯速爲竣事吾死亦瞑目矣庚耳斯言不勝悚惶於是稟請族之諸長仍聘承甫兄爲總纂而族叔可遵同庚襄理之今譜甫就緒而德利公歿已有年不克

觀斯譜之成良可慨也排纂既竣德金公屬書數語以誌原委願後之閱斯譜者各自奮勉體德利公重修之志守其正勿卽於邪象其賢勿蹈其非庶幾增光奕禩佑啓後人至譜之所以著爲尊祖敬宗睦族聯親之大義前人已詳言之庚固無庸復贅已

光緒甲辰孟冬二十六世嗣孫聲行庚年敬識

慈東費氏四修宗譜卷首

目錄

第一本

卷首　序跋　例言　行稱字樣

卷一　世系一　一世至十三世

卷二　世系二　西房　十四世至十三至

世系三　西房　十三世至十七世

卷三上　世系四　西房玖二公派　十七世至廿一世

卷三下　世系四　西房玖四公派　十七世至廿一世

第二本

卷四　世系五　西房玖三公派　廿一世至廿五世

卷五　世系六　西房玖四公派　廿一世至廿五世

卷六　世系七　西房　廿五世至廿九世

第三本

卷七上　世系八東房　九世至十三世
卷七下　世系九東房　十三世至十七世
卷八上　世系十東房　十七世至廿一世
卷八中　世系十一東房　廿一世至廿五世
卷八下　世系十二東房　廿五世至廿九世
卷九上　世系十三中房　九世至十三世
卷九下　世系十四中房　十三至十七世
卷十上　世系十五中房　十七世至廿一世
卷十下　世系十六中房　廿一世至廿五世
世系十七中房補遺
卷十一　世系十八右房　[illegible]世至廿一世
卷十二　世系十[illegible]房　廿一世至[illegible]
第四本
卷十三　[illegible]

世次傳一　一世至九世
卷十四　世次傳二　西房　十七世至十八世
卷十五　世次傳三　西房　十九世
卷十六　世次傳四　西房　二十世
卷十七上　世次傳五　西房玖三公派　廿一世
卷十七下　世次傳六　西房玖四公派　廿一世

第五本

卷十八上　世次傳七　西房玖三公派　廿二世
卷十八下　世次傳八　西房玖四公派　廿二世
卷十九上　世次傳九　西房玖三公派　廿三世
卷十九下　世次傳十　西房玖四公派　廿三世
卷二十上　世次傳十一　西房玖三公派　廿四世
卷二十下　世次傳十二　西房玖四公派　廿四世
卷廿一上　世次傳十三　西房玖三公派　廿五世

卷廿一下　世次傳十四　西房玖四公派　廿五世

卷廿二上　世次傳十五　西房玖三公派　廿六世

卷廿二下　世次傳十六　西房玖四公派　廿六世

卷廿三　世次傳十七　西房　廿七世

世次傳十八　西房　廿八世

補遺　存疑

第六本

卷廿四　世次傳十九　東房　十七世至廿一世

卷廿五　世次傳二十　東房　廿二世至廿七世

卷廿六　世次傳廿一　中房　十七世至廿一世

卷廿七　世次傳廿二　中房　廿二世至廿五世

卷廿八　世次傳廿三　右房　十七世至廿一世

卷廿九　世次傳廿四　右房　廿二世至廿八世

存疑　右房　十七世至廿二世

第七本
卷三十　西房遷徙譜杭州
卷三十一　西房遷徙譜岱山高亭
卷三十二　西房遷徙譜定邑岑港 鹽倉前　舟山城內
卷三十三　西房遷徙譜洞嶴莊 白泉嶴
卷三十四　西房遷徙譜衢州 象山
卷三十五　西房遷徙譜岱山念母嶴
卷三十六　西房遷徙譜小童嶴
卷三十七　東房遷徙譜沈孔橋
卷三十八　中房遷徙譜鎮邑澥浦
第八本
卷三十九上　蓀湖世系一　九世至廿一世
卷三十九下　蓀湖世系二　廿一世至廿九世
卷四十上　蓀湖世次傳一　十世至廿一世

卷四十下　菰湖世次傳二 廿二世至廿七世

卷四十一　右房菰湖遷徙譜 定邑濃堂衕 雙頭 瀼浦

第九本

卷四十二　靈陽集內編 壽序 墓志 家傳 行述

第十本

卷四十三　靈陽集外編 家禮 懿行錄 家訓 貞節錄 碑記 誥命錄 像贊

卷四十四　靈陽集別編 前譜凡例 墓圖 禊文 宗卷

例言

一世系萬歴譜用華蓋式咸豐譜用直下五世式今亦直下五世而删圖字蓋世系實即表也又九世行次相稱已久故悉仍其舊九世以下另編新行使世系世次相合不致閱者混淆舊譜有行無諱及行諱俱無者但注諱闕以省繁文

一世次本乎齒錄齒錄本乎上座簿萬歴譜兄先弟後咸豐譜因生齒日繁殊難稽考故爲挨房編次唯卷軼浩繁故又改爲夾注以期簡便凡生卒年月娶葬子女之類靡不備載

一遷徙譜仍照舊式唯杭州衢州二派老譜未曾別爲遷徙今亦添入其遷徙諸譜始祖以下另增世系一葉以免數典忘祖之誚諸派各領支譜一本

一無後者舊譜或註止字或不注止字惟第五世末行例注止字不復提頭今遵其例

一爲人後者概注出繼入繼貞兼祧者俟生有二孫則注某

某承繼某某爲孫而本生下無庸注也此定例也

一無妻者舊譜或注不娶或注未娶或竟無注此亦無關典要惟注殤字者俱係幼年今一律删刦以省卷帙

一再醮婦無夫者例注改適有夫者例注出有子者例注絕

一職銜隨附世系前明有注省祭典膳義宰獄宰府椽戎椽邑椽郡賓諸目今俱仍其舊

一凡出家充軍及爲螟蛉子但于世系一見而不入世次傳絕之也凡類此者俱倣此

一定海改鎮海在康熙朝凡舊譜遷徙娶氏墳墓等定海皆指鎮海而言今不復改閱者自審

一藝文舊譜隨意散列今彙爲靈陽集內編另標子目以便檢閱

一家禮家訓碑記德行貞節誥命諸錄彙爲靈陽彙外編

一前譜凡例及襍文案卷彙爲靈陽集別編凡無類可歸之

文俱入于此

一饗祀田數萬歷譜有錄無册今將宗祠賁公輪戶新公輪戶各田按則登記使後有可稽考

一墳墓圖舊譜僅為九世列表不得謂圖今乃援例編入

一日後重脩凡有犯上祖諱者例宜讖改其他伯叔兄弟同名者雖在各房可避亦宜避之叙所謂黙竄詞句者此類是也

一已立之繼子娶妻無子而殁則當為繼子立後不得再為其父立繼此所謂繼不再繼也如一人生有二子長房甲無子以次房亡之子入繼其後亡之別子皆無所出而甲之繼子生有多孫則以長房之孫還繼次房於亡是親孫於亡之父是親曾孫實天理人情之至公古禮今律之悉合而世俗乃誤為繼不再繼之說殊可涇矣

光緒甲辰十一月四修宗譜告成卷凡四十四印十六
部謹將存貯之處開列於后

峯山老祠堂　鈐字一部
新祠堂　祖字敬字二部
新老宗祠管賬輪流　宗字一部
新老宗祠掌譜輪流　[illegible]字一部
西梯房小序拜　孫字一部
留公田小序拜　翼字一部
蒸湖祖堂　子字一部
經行臞生公祀　左字一部
經行哦松公祀　昭字一部
經行正昌公祀　右字一部
綸行亦愚公祀　穆字一部
相行相福　春字一部

聲行承祖　　裕字一部

相行相珪　　秋字一部

相行錫泉住上海　　嘗字一部

行稱字樣

西房排行

世千萬添再明益 莊玖西啓禮在敬

文武英才俊傑興 經綸輔相聲名振

東房排行

世千萬添再明益 莊玖東厚端愷阜

安靜甯裕樂昇平 綱常忠恕元貞壽

中房排行

世千萬添再明益 莊玖中岳仍涓順

富貴恆能清愼勤 榮華亨泰緣嘉慶

右房排行

世千萬添再明益 莊惠右倘和本德

淳龐福祿廣完全 昌盛昭宣定廸吉

新編合族排行

祥源鍾毓光蕃滋　佑生楨幹長輝映
遠大貽謀澤孔延　纘承繼述家道正

吾族系本吳門自唐天寶間　東靈公筮仕慈湖致政後始卜居於邑東靈陽山之麓子姓由是繁衍緜延以至十世乃分爲西東中右四房撰二十八字按房分列世次雖多列年所而尊卑之分秩如也今所定二十八字以次遞及僅餘一二字允宜再卜嘉名昭垂久遠族人咸以命章續撰四語自問年齒未尊而輩行又居於後未敢漫爲僭擬第念昭穆之序宗法所繫且足彰祖宗之厚蔭誦先德之清芬因謹擬二十八字昭茲來許并邀族人公議不必分別各房概以一字爲一世庶次序更瞭如指掌遂不避謬妄之愆謹誌數語於後時

道光八年歲次戊子四月穀旦

遷居仁和二十二世孫丙章謹誌

咸豐譜云按吾族習傳謂始祖東靈公來宰慈谿因卜居於靈陽村東考之縣誌唐代慈谿令未嘗列東靈公姓名吾宗舊譜亦未載有此事夫以始祖仕宦發祥之迹前人修譜不宜慢失至此若無其事而鑿空立說豈不誣其祖乎今丙章公所識亦云筮仕慈湖殆循世俗傳聞已耳此事有無似難臆斷實吾族之所當存疑者也

慈東費氏宗譜

斗 捻册拾弍卌

慈東費氏四修宗譜卷一

世系一

萬曆譜云直下五世圖遵蘇氏華蓋式但蘇氏三世一提頭而此則增爲五世者以五服相生之源易見也其提頭次敘必先嫡而後庶者以宗法之所重在此故不敢紊

咸豐譜云舊譜五世直下圖用蘇氏華蓋式今五世直下仍用蘇式而改華蓋爲旁行以遵歐陽氏式庶於檢閱較爲簡明

案舊譜體例世系各據一式今遵用咸豐譜而酌改之亦不外欲使閱者較爲明便

慈東費氏四修宗譜世系圖

一世

世廿四始祖
諱士賢字華國號東靈原籍江南道蘇州吳縣楊柳巷今首傳鄉巷任蘇州府治後

二世

千二
諱闕

千四
諱彥京字子顯號拡東

三世

萬二
諱闕

萬三
諱元芳字德榮號桂林

四世

添十一
諱艮佐字顯道號海嶠茂才

五世

再六
出繼添十四

再七
諱日章字顯之號峯山

再九
諱日佐字杰之號鳳山教

諭

添十三
諱闕

添十四
諱艮臣字克忠號海望添十一子入繼

再六
諱日高字衎之號官山

千八
諱

五世　再七　再九

六世
明二
諱游龍字行慈號縣州
明六

七世
益六
諱體濱字前川號順軒益三子入繼
益三

八世
莊二
諱懷忠字思誠號守心
莊一

九世
玖三　西房
諱經字文禮號德恆
玖四　西房
諱時字文簡號德化
玖一　東房

溪東劉氏四修宗譜卷一　一世至九世總圖　有志堂藏

諱翔龍字景南號竹墅經論

諱體源字巨川號潛軒

諱子達字永思號存心

諱廉字文舉號德鄰

玖五 東房

諱言字文訓號德教

玖六 東房

諱贊字文育充軍出外

莊二

出繼益六

莊三

諱懷艮字思賢號德心

玖二 中房

諱謙字文巽

再六

朗三

諱庚龍

明十

益五

莊五

惠二 右房

諱[illegible]龍

明十
諱濟龍字賁
晦號[illegible]齋

銓三
諱[illegible][illegible]字大
川號誠軒

兆五
諱子[illegible]字思
禮號潤心

惠二　右房
諱[illegible]字文
震惠五子入
繼

兆六
諱子厚字思
頤號蒼心

惠一五　右房
諱權字文
顯號德立

舊譜云自世行至玖惠行九世自此以前共爲一宗自此以後分爲四房觀乎前可以知本源觀乎後可以知支派知本源則當思尊祖知支派則當思睦族尊祖睦族輯譜之意乎

玖三玖四分爲西房玖一玖五玖六分爲東房玖二分

爲中房惠二惠五分爲右房

案舊譜分房以東中西右爲次其實據所居之地而言非昭穆之序也今既四房分編當以西房爲首故易之

又案吾族之譜自前明仕悅公剏修遯菴公續修分列四房條理秩然墑有可據惟上九世難免闕疑咸豐譜已詳言之今載在第十三卷世次傳中茲不復贅第文獻無徵不得不仍其舊耳

攷此條已見蓮峰公乾隆支譜以爲九世以下四房分列確無可疑九世以上自唐迄元亦有舛誤但明人著述不尚攷據往往自以爲是今更無從推究所以疊次修譜亦仍闕疑云云然則咸豐譜特引伸其說而詳言之不得謂前人未嘗論及也

慈東費氏四修宗譜卷二

世系二 西房

九世
經三 故
字文禮
號德酉

十世
昇亮一 酉
傳行二
字世明

十一世
弼一 路
傳行同

十二世
德甫一 禮
傳行同

十三世
忠一 在
傳行十一
字存誠
號南靈

鈅
出繼禮十一

恕二 在
傳行廿四
字存理
號南陵
庠生

福

慈東費氏四修宗譜　卷二　九世至十三世　一　尊德堂

出繼啓八

怡 禮二
舊行五

錦 在三
舊行二
字文彩

忻 禮三
舊行七

銓 在四
舊行廿一

錯 在五
舊行三五

錢
出繼禮五

輔 啓二
舊行三

禮
舊行同

確 啓三

閏 禮五

錢 在六

舊行六

繹 路 陞 舊行八

舊行八 禮三子入紺

玫 禮 六 舊行十

舊行四五

鏻 在 七 舊行八

銀 在八 ○止 舊行九

鋭 在 九 舊行廿二

鐎 出繼禮九

在四二 出家保國寺爲僧

琬 禮 七

居高 西二
舊行三
字世喬 舉税
戶人才 任徐
州吏目

居邦 西三
舊行五
字世彥

驥 啓五
舊行四

勤 啓六
舊行七

舊行十六

公雋 禮八
舊行二

公杰 禮九
舊行同
禮六子入繼

禮十一 禮十
諱闕

細進 禮十
舊行十四
禮一子入繼

英 在十
舊行四

鑣 在十一
舊行三四

[illegible] 在[illegible]
禮[illegible]子入繼

鈅 在十二
舊行十九
字存威 號東
谿 由承差歷
任湖廣平江
縣大荆驛驛
丞 江西吉安
府大有倉大
使 廣東新會

時　玖四
字文簡
號德化

居謝　西四
舊行一
字世堅

奎　啓八
舊行二
啓一子入繼

勛　啓七
舊行十二

廉　禮十二
舊行廿二
入贅定海沙井頭孫氏

瑚　禮十三
舊行廿三
入贅本縣廿七都袁氏

福　禮十四
舊行三

縣大瓦司巡
徽州府祁門
縣主簿調直
隸清苑縣

銘　在十三
舊行五一

鐘　在十四
舊行六二

在□　在十五
諱闕

在□　在十六
諱闕

鎬　在十七
舊行三
字文京

居常 西五
傳行四
字[illegible]恒

瞭 啓九
舊行五

[illegible] 啓十
舊行同

銓 啓十一
舊行十三

[illegible]四 鏜十五
諱闕

鑨 在十八 ○止
舊行五

在十三 在十九 ○止
諱闕

鈞 在二十 ○止
舊行六

在六 在廿一 ○止
諱闕

居鋑 西六
舊行同
字世美

鎰 啓十二
舊行九
字世資
號東隩

鐘 禮十六
舊行廿七

源 禮十七
舊行十二
字宗洪
號毅庵
公與兄弟于宏治八年十二月廿六日乙亥丑時起廳堂兩夾廂故至今猶呼夾廂云

鎡 在廿二
舊行十五
字存器

鈿 在廿三
舊行同
字存儀
號敬齋

鍈 在廿四
舊行廿八
字存美
號清齋

鐈 在廿五
舊行六十
字存用號驥

有志宮□

由國試選東
會□監蘇州
府長洲縣主
簿

璦
出繼啓十四

槤 禮十八
舊行十七
字宗器號遜
菴義案槤
本从玉避端
懿太子諱諱
改各房同名
者均倣此

鍔 在廿六
舊行三十一
字字德
號克齋
縣學生

鑾 在廿七
舊行四十
字字和

鏊 在廿八
舊行四十三
字存濟
號雨隱

啓十一 啓十三
諱闕

鈞 啓十四
舊行同
啓十二子八
繼

瑗 禮十九
舊行十三
字宗玉
號古庵

鈺 在廿九
舊行四八
字存貴
號寶齋

金 在三十
舊行二十
字存權
郡吏

銀 在三一
舊行三九
字存齊
號義齋
晚號覺金

鈍 在三二

舊行五二
字存賓
號別峰

鐄 啓十五
舊行同

瓊 禮二十
舊行廿六

[illegible] 禮廿一
舊行廿九

銘 在三二
舊行四四

銑 在三四
舊行五九

鉄 在三九
舊行四七

釧 在三六
〇止
舊行五六

作[illegible] 在三七
〇止
[illegible]闕

世系三 西房

十三世　十四世　十五世　十六世　十七世

攻三公派

忠一 在
舊行十一
字存誠
號南靈

洪一 敬
舊行五
字汝允
號正齋
庠生

柏一 文
舊行二
字廷堅

猷一 武
舊行八
字成甫

文奎 英
舊行四

英十四 英二
○止
諱闕

英廿一 英三
○止
諱闕

英廿七 英四
○止
諱闕

英四六 英五
○止

諱闕

文明 二 武
舊行廿四
字與甫
號春宇

望榮 六 英
舊行五

英八一 七 英
諱闕

泮 二 攸
舊行十一
字汝雍
號質齋
庠生

瑜文 二
舊行十二

㭉文 三
舊行四一
字子仁

成勳 三 武
舊行九十

武百三十 四 武
諱闕

武百四十 五 武

杭　文
四
舊行廿八

本　文
五
舊行廿五
字仲□
號見川

成勳　武
六
舊行十六
字功甫
號紹川

諱闕

滌　敬
三
舊行十四
字汝信
肖梨

文陞　英八
○止
舊行三

文陞　英九
○止
舊行七

英十一　英十
○止
諱闕

英四十八　英十一
○止
諱闕

成烈　武
七

英十五　英十
二

舊行四八
字光甫

卓然 武八
舊行六三
字漳甫
庠生

成煦 武九
舊行八十

諱闕

璲 英十三
舊行三三
字廣征

覺桂 英十四
舊行四五

揞壽 英十五
舊行四七

英八一 英十六
〇止
諱闕

英三六 英十七
〇止
諱闕

童 英十八

沛　敬四
舊行十九
字汝酾

浙　敬五
舊行四十
字汝東
號慕南

文　文十三六
諱闕

杲　文七
舊行廿六

㴔　文八
舊行廿七
字仲留
號尼川

成廉　武十
舊行九二

成謙　武十一
舊行廿一
字益甫

成蓋　武十二
舊行三八
字忠甫

成魯　武十三
舊行六一

孟黠　武十四

英　英十八四九
諱闕

英　英二十○　行同止
諱闕

覺龍　英廿一

卷二　西房孜三派

柟 文九
舊行四七

秩 文十
舊行五五
字元艮
號騁南

舊行又七

成麟 武十五
舊行百一

武四四 武十六
諱闕

武亘二十 武十七
諱闕

孟熙 武十八
舊行五八
字炳甫

舊行四七

英三四 英廿二〇止
諱闕

英五六 英廿三〇止
諱闕

贊 英廿四

舊行九十　字連城任廣東惠州府長甯縣典史

挺　英廿五　舊行百廿三　字特顯　小字龍

孟照　武十九　舊行六九

堯佐　武二十　舊行百九

燿　武廿一　舊行七十

柱　文十一　舊行六五

武百三七　武廿二

諱闕

杳 文十二
舊行七三
文廿五子入繼

孟談 武廿三
舊行百十

英□ 英廿六
諱闕

原相 文十三
舊行一百
字元佐
號玉田

孟鳳 武廿四
舊行百十一

覺度 英廿七
字伯盈
號秉崑

楙 文十四
舊行五一
字仲昭
號贅盤
庠生

武五 武廿五
諱闕

英一 英廿八
諱闕

英□ 英廿九
〇廿
諱闕

恕 在二
舊行廿四
字存理
號南陵
庠生入學時
年十三

澹 敬六
舊行十七
字汝沖
號孟臺
典膳

雍 武廿六

服 英三十

舊行百三 字鳳門 英廿八子八 繼

成 英三一 ○止

武百十五 武廿七 諱闕

淋 文十五 舊行百十四 字仲美 號紹臺

文娗 武廿八 舊行百五

武百十四 武廿九 諱闕

武百廿六 武三十 諱闕

余生 英三二

武百二六 武三一

諱闕

武百四七　武三二
諱闕

楚　文十六
舊行廿三
號季臺

武百三一　武三三
諱闕

和尚　英三三三　〇止

武百三六　武三四
諱闕

文　英三四

武百五十　武三五
諱闕

蕙　英三五

庚　英三六

濂 敏七
舊行廿三
字汝价
號仲臺
省祭

棠 文十七
舊行廿四
字仲南

成裕 武三大
舊行廿二
字厚甫
號靈峯

凌霄 英三七
舊行五
字望峯
號振基

凌雲 英三八
舊行十
字巽之

霞 英三九
舊行十七
字丹芝

凌電 英四十
舊行三一

凌霓 英四一
舊行五四

成美
出繼文十九

成鯨　武三七
舊行四九
字躍甫
又字堯朋
號一山

英十六　英四二
○止
諱闕

英七六　英四三
○止
諱闕

宋　文十八
舊行三一
字仲[illegible]
號龍衢
庠生

成鯆　武三八
舊行九一

英九七　英四四
諱闕○英三二
八子入繼

家　文十九
舊行四九
字仲玉

成美　武三九
舊行廿八
字敬陽

英三五　英四[illegible]
諱闕

號龍陽
庠生
文十六子入
繼

湆　敬八
舊行三三
字汝熙
號季臺
徵仕郎

格　文二十
舊行六一
字仲學
號近峯

堯元　武四十
舊行六二
字登甫
號洵若
郡賓
初以武三九
子入繼後生
三子

長茂
出繼武四十

英百十九　英四六止
諱闕

巳　英四七
字禹門

長茂　英四八
舊行四三
字伯成

龍　英四九
字長甲
號大年

興　英五十
字長發
號檧年

穎 英五一
字三立
號橘年

錦 在三
舊行二
字文彩

澤 文九
舊行四

敬 十六 敬十
諱闕

銓 在四
舊行廿一

敬 三一 敬十
諱闕

浚 二 敬十
舊行三五

錯 在五

瀾 三 敬十
舊行五六

文 八十一 文廿
諱闕

錢 在六
舊行四五

浣 敬十四
舊行六六
字汝潔

滌 敬十五
舊行七五

鏻 在七
舊行八

涇 敬十六
傳行九
敬廿九子入
繼

文六二 文廿
諱闕

銳 在九
舊行廿二

敬興 敬十八
諱闕

敬先 敬十七
諱闕

文□三 文廿
諱闕

英 在十

敬十三九 敬十

舊行四

諱闕

敬五一

出繼在十一

鑣在十

舊行三四

在十子入繼

敬五二十　敬二

諱闕

鈅在十
二

舊行十九
字存威號東
谿由承巷歷
任湖廣平江
縣大荊驛驛
丞江西吉安
府大有倉大
使廣東新會
縣大瓦司巡
檢徽州祁門
縣主簿□直
隸清苑縣

淸敬廿
一

舊行三六
字汝登
號豐山
庠生饒有大
書長語一卷
縣志有傳

橋文廿
四

舊行四二
字冲津
號庭槐

梓文廿
五

成煌武四
一

舊行十九
字明甫
號春暘

成燿武四
二

舊行三五
字光甫
號後峯

武三三武四
三

英四四英五二
○止

諱闕

英廿三英五三
○止

舊行五二
字尚□
號雙□
諱闕

諱闕

英五十三 英五四
〇止
諱闕

守仁四 武四
舊行六十

德五 英五

鑑五 武四
舊行九三

元談
出繼文十二

杲六 文廿
舊行八三

桓七 文廿
舊行九三

廷棐八 文廿

武百五十六 武四

舊行百八　諱闕
字秉忠
號少豐
縣志附父傳

銘 在十三 舊行五一

澄 敬廿二

洪 敬廿三

清 敬廿四

洋 敬廿五

汀 敬廿六

鈃 在十四 舊行六二

浩 敬廿七

淶 敬廿八

謹案在十五在十六因其父入贅袁氏俱住廿七都在行以下舊譜未詳今亦無可攷故從闕疑不復提頭

玖四公派

鎬 在十七 舊行三 字文京

清 敬廿九 舊行一

文五 文廿九 諱闕

武二 武四七 諱闕

武三 武四八 諱闕

文六 出繼敬十六

鐖 在廿二
舊行十五
字存器

敬 二一十 敬三
諱闕

滔 一 敬三
舊行十

潮 二 敬三
舊行十六
字汝信

采 十 文三
舊行廿八

文 十八一 文三
諱闕

禶 二 文三
舊行九
字元[illegible]

武 七八九 武四
諱闕

[illegible] 十 武五
舊行廿三

燈 一 武五
舊行廿九

武 [illegible]五 二
諱闕

[illegible] 文三 二 舊行廿九 字元和

秀 文三 四 舊行廿四 字元交

燌 武五 三 舊行七一

武一百 出與定海盧姓爲子

潫 敬三 三 舊行廿二一 字汝英 邑庠

榛 文三 五 舊行五六

燦 武五 四 舊行四六

武百廿七 武五 五 諱闕

塘 英五 六 字振之 小字愛

壇 英五 七 小字魁

景元 英五 八
小字三官

武百四九 武五 六
諱闕

案世衣傳有子武百四十而世系無之故附誌于此

栗 文三 六
舊行六八

堂 英五 九
舊行一
字升之
號玄宮
江西州司獄

文變 武五 七
舊行四
字徂甫
號見甫
馳贈登仕佐郎

臺 英六 十
舊行二
字望之
號古靈
邑庠生

楷 文三 七
舊行十六
字廷式
號仰泉

滂 敏三 四
舊行廿一
字汝霖
號南泉
典史

鈿 在廿 三
舊行同
字存儀
號敬齋

堯聘八 武五
舊行三十
字弈甫
號見凡

基一 英六
舊行八
字啟之

英三十二 英六
諱闕

折三 英六
舊行十九
邑庠生

英三四 英六
諱闕

阜五 英六
舊行六一
字因阜

填六 英六
舊行百七
字還初

文熺 武五九
舊行四七
字[illegible]
號九庵

文煥 武六十
舊行十八
字[illegible]甫
號慕唐
敕贈文林郎

梁 文三八
舊行廿二
字近峰
號少泉

庠生

酉 英六七
舊行四九
庠生
誥贈奉直大夫

英六三 英六八
諱闕

英四二 英六九
諱闕

龍 英七十
庠生
舊行同
庠生

坡 英七一
舊行九四
字赤城

順治丙戌舉
人任山陰縣
教諭

士烈 武六一
舊行四二
字[illegible]甫
號[illegible][illegible]

塤 英七二
舊行十八

英三六 英七三
諱闕
勅授文林郎

英五十 英七四
諱闕

英百三 英七五 ○止
諱闕

雙 英七六
英七三子入
繼

文[火節] 二 武六
舊行五六
字貞用
號樂山

文烱 三 武六
舊行三四
字顯甫
號把眞
勅封文林郎

栮 九 文三
舊行三二
字□濟
號[illegible]泉
戍樸

英四一 七 英七
諱[illegible]

英五五 八 英七
諱關○英七
七子入繼

墉 九 英七
舊行十三
本名元坊字克政號鄧林萬曆己酉舉人授長葛縣教諭陞廣東雷州府推官長葛縣志及本縣志均有傳○按惟正志作鏞誤

英廿六 ○止 英八十

文耿　武六四
舊行五十
字翼甫
號抱元

諱闕
庠生

英三七　英八一
諱闕

坽　英八二
舊行七一
字賡明
庠生

英三五　英八三
諱闕
邑庠生

英五九　英八四
諱闕

英八七　英八五
諱闕

森
出繼敬三五

森 文四十
舊行五七
字廷茂
號繞溪

溶 敬三五
舊行三八
字汝盤
號南溪
省祭
敬三四子八
[illegible]

弘謨 武六五
舊行五七
字東星

嘉謨 武六六
舊行百二
字獻可
庠生

嘉猷 武六七
舊行百廿三
字允可
號[illegible]溪

埴 英八六
舊行百五十
字[illegible]之
邑庠生

埏 英八七
舊行百廿七
字爾遠

墇 英八八
舊行百五五
字爾範

埨 英八九

舊行百七四
字德昱
號道先

湨 文三 六
舊行六一
字汝望
號南川

榜 文四 一
舊行六四
字廷
號少川

佺川 武六 八
舊行百廿九

棋 文四 二
舊行百十八

楠 文四 三
舊行百三八

武百五四九 武六
譜闕

壽 英九十
○止

柒 英九一
○止

壆 英九 二

武百七十 武七十
諱闕

寅 英九三 ○止
字維興

武二百一 武七
諱闕

武二百六十二 武七
諱闕

士廉 武七三
舊行百廿八

麟 英九四 ○止

鍈 在廿四
舊行廿八
字存美
號清齋

浚 敬三七
舊行八四
字汝則
號永川

[illegible] 文四二
舊行八二

球 英九五 ○止

傑 英九六 ○止

鐈
在廿五

淮
敬三八

樸
文四六

武百廿五
武七六

檟
文四五
僖行百廿五

僧
武七五

相
英百一
字爾強
號茂英

雷
英一百

元
英九九
〇止

武百三
武七四
諱闕

和尙
英九八
〇止

備
英九七
〇止

舊行六十
字存用號驥
山初試遼東
倉寧陞蘇州
府長洲縣主
簿

舊行七六
字汝廷
[illegible]寧

舊行六九
諱闕

楨 文四七
舊行七九
字仲翰

武九六 武七七
諱闕〇武七
八子入繼

檟 文四八
舊行八九

孟[illegible] 武七八
舊行百七七

槃 文四七
舊行百三四

櫝 文五十

台 英百二〇[illegible]

台
出繼武七七

武 英百三

昂 英百四
字雲祥
號錫凡

鍔　在廿六
舊行二二一
字存德
號竟齋
縣學生

舊行百卅九

瀲　三二九　諱雖
　　懋三

𣿬　懋四十
舊行三三四
字有孔
號南疇

梧　文五一
舊行一十
字仲陽
號龍川

燦
舊行十二
出家○傳譜
云卅年會嗣
者誦釋氏

燈　武七九
舊行二十

姪
舊行廿六
出與別姓爲
子侄大嵩傳
至才行絶

槱　文五二

武　六武八十

伍　五莫百

[illegible]卷二

西房玖四房派

舊行七十六
與子孫四世
俱任京中

譜圖

定　英百六
〇廿

瑛　英白七
〇廿
舊行百三九
字芝玉

瑞　英百
七
舊行百六九
字[illegible]
號佛保
[illegible]賓

潚　敬四
一
舊行同
字汝宗
號北山
茂才

[illegible]　文五
三
舊行七四
字[illegible]
號[illegible]川

榮　武八
一
舊行八二
字文華
號龍泉

[illegible]　文五
四
舊行八七

[illegible]　武八
二
舊行百十六

[illegible]堂[illegible]

鎣　在廿七
舊行四十
字存和

渙　敬四二
舊行四三
字汝文
號[illegible]川

湘　敬四三
舊行六七
字汝進
號明川

淪　文四四
舊行七八
字汝通號百川〇敬四三子入繼

相　文五[illegible]
舊行五八
字[illegible]泉

檀　文五六
舊行六六

操
出繼敬四四

澡　文五七
舊行百十二

武[illegible]　武八三
諱闕

武[illegible]　武八四
諱闕

闓　英百九〇止

鋻 在廿八
舊行四三
字存濟
號東隱

渼 敬四九
舊行八二
字汝澄
號靜川

洚 敬四六
舊行六四
字女資
號禹川

櫳 文五八
舊行百二五

文六四 文五九
諱闕

檠 文六十
舊行七五
字仲[illegible]
號古峯

武八六 武八五
諱闕

武百六 武八六
諱闕

之英 英百十〇止

之芳 英百十一〇止

堡 英百十二
舊行百廿七

英百七一 英百十三
諱闕
贅居[illegible]興

葉 文六 一
舊行九五

武九十七 武八
諱闕

璧 英百 十四
舊行百三三

琛 文六 二
舊行百九

文昌 六
出家府城崇教寺爲僧

權 文六 三
舊行百六一

武二百四二八 武八
諱闕

和尚 英百十 五〇 止

鈺 在廿 九
舊行四八
字孫貴
號寶齋

瀞 敬四 七
舊行七三
字汝東
號安山
府椽

瀧 敬四 七
舊行九三
字汝魁
號龍泉
獄宰

新 文六 四
舊行九六
字一才
號見龍
又號仰泉

士俊 武八 九
舊行百廿二
字文叔
號五磊
庠生

壤 英百 十六
舊行九九
字甫之
號太邱
天啓戊辰副

武百四六十　武九
諱闕
敕封修職郎
貤贈大同府經歷

金　在三十
舊行二十
字[illegible]權
郡吏

淦　敬四九
舊行三十
字文清
號貝山

桴　文六五
舊行八七

桉　文六六
舊行九九

棣　文六七
舊行百四

[illegible]三十七　敬五十
諱闕

銀　在三一

湳　敬五一

梅　文六八

盂[illegible]　武九一

英百五六　英百十七○止

舊行三九
字存濤
號義齋
晚號覺金
庠生

舊行三九
字南江
庠生

舊行五九
字□□
號韶巖

舊行六五
字洪甫
號耕宇

諱闕

英六四　英百十
八〇　廿

諱闕

埈　英百
十九

舊行八十
字□樓

墧　英百
二十

舊行九三

英六三　英百廿
一〇　止

諱闕

孟□　武九
二

舊行八三
字望甫
庠生

溥　啟五
二

舊行四七
字汝德

倚槐　文六
九

舊行百一
字仲美

武百五　武九
三

諱闕

號龍山

號鳳山

浩 敬五 三
舊行五八
字汝充
號養吾

機 文七 十
舊行百十七
字仲愼
號[illegible]

孟羔 武九 四
舊行百十八

洵 汝五 四
舊行六九
字汝中
號信川

[illegible] 敬五 五
舊行七二
字汝洋
號治川

文[illegible] 文七 一
諱闕
號日豐

達 武九 五
舊行百廿四
字龍泉

楊 英百 廿二
字達生
號羊公

趄 英百 廿三
字燕山
號虎公

錦 廷三 一
舊行五二
字存質
號別峯

武[illegible] 武九 六

珊 英百 廿四

諱闕　字[illegible]字

檪 文七二
舊行百二十

樓 文七三
舊行百二十

鶴壽 武九七

景鶴 英百廿五

武百五 武九八
諱闕

英亮 英百廿六
諱闕

武百二 武九九
諱闕

元 英百廿七

順 英百廿八

武冒九三武一百

諱閥

楊文七四

舊行百五八

成然武百一

舊行二百二

字[illegible]嚴

和尚英百廿九

科英百三十〇止

泰英百三一〇止

增英百三二〇止

光斗英百三三

字文如

光岳英百三四〇止

字翔集

熼 武百二一 舊行二百十三〇 字斗章

琳 武百三 舊行二百十六 字玉休

光狀 英百三五

光顯 英百三六

光全 英百三七

光冉 英百三八 字瑞之

光彭 英百三九 字偉生

光際 英百四十 字繇生

光學 英百四一
字猶生

武二百廿一 武百四
諱闕

光達 英百四二
字進生

光壽 英百四三
字順之

瀓 敎五六
舊行八五
字汝謙
號[illegible]峯

[illegible] 文七五
舊行百四十
字九[illegible]

河 敎五七
舊行八八

法 敎五八

[illegible]百六十六 文七六

武[illegible]百 武百七

舊行九十　字汝立　號松峯　諱問

銘　作三　三　舊行四四

濟　敬五　九　舊行六五　字汝立

海　敬六　十

程　文七　七　舊行九四

稞　文七　八　舊行百廿二　字西槐

文百三十九　文七　九

武百十九　武百　六　諱閭

武百三十四　武百　七　諱淵　六子入繼

武百廿一　武百　八　諱颺

日千　英百　四四　字張生

進千　出繼武百七

進千　英百　四五　舊行四十

舊行七七

浦 敬六一

舊行八三

濾 文六二

舊行八九

諱闕

栓 文八十

舊行百五六

文真 六十一 文八

諱闕

文頁 六十二 文八

諱闕

文 六十三 文八

諱闕

柄 文八

舊行百五四

文燦 貳百九

有山 英百四大

字之英

成山 英百四七

字之芳

文焯 武百十
字景陽

士元 英百四八
字明山

士魁 英百四九
字明卿

文炤 武百十一
字烱陽
字濟山

士進 英百五十
字耀山

士達 英百五一
字岐山
號鳴亭
贈修職郎

榴 [illegible]八五
舊行百六二

文西六五文六六
諱闕

銑在三四
舊行五九

檄六六敬六三
諱闕

鉄在三五
舊行四七

滲文六四
舊行五一
字滄勇

嚶文八七
舊行八六

敷武百十二

士章英百五二
小字道士

馬英百五三

文武百十三

士英百五四
字鳳林

檝文八八
舊行五九七

淶 敬六五

舊行八一

字百泉

文[illegible] 文八 九

諱闕

文[illegible] 文九 八十

諱闕

洪 敬六六

舊行八七

字汝儀

號近泉

氏四修宗譜卷二　西房玖四公派

世系西房玖三公派

十七世　十八世　十九世　二十世　廿一世

文奎一英　舊行四
松一才
槎一俊
兆榮一傑　字石瑞
文玉一與　又諱惶
文秀二與　字松齡
文才三與　字霞齡　〇止
鳴玉二俊　字君顯
兆華二傑　小字宏
文明四與　字覺行
兆美三傑
文賢五與　〇止

兆善 四 傑 字國棨

德兼 六 興 ○止

德齡 七 興 ○止 字文理

德修 八 興 ○止

望峰 六 英 舊行五

鼎生 二 才 邑庠生

清 三 俊 字祖詩 號子涵

如 五 傑 字其祥

聖 六 傑

文行 九 興 字福壽 興十子入繼

文元 十 興 字天錫

文光 一 興十

子位 俊 日

朝七 傑
字世昌
號光昌

登八 傑
字兆進

字天生

文興二 興十
小字康

文選三 興十
字廷顯
小字慶

文顯四 興十
小字龍

文耀○止 興十五
字禹瑞

文貴○止 興十六
字禹孟

文瑞○止 興十七

字禹主

發　傑九
字[illegible]仁
號光禎

林　傑十
字世元
號兆祥

元　俊五
字子明

文虎　興十八

文彪　興十九
字文三

文煥　興二十
字允章
號孝忠

文灼　興廿一　○止
字允相
號思仁

英二七 英
諱斷

順二 才
字炫愷

子仁六 俊

兆隆一 傑十
字兆貴
號長福

兆瑞二 傑十

文德二 興廿
字耀祖

和尚四 才

[illegible]五 才

子用七 俊
排行五十

兆瓏三 傑十
字季璘

大〇 興廿三
止
小字耆官

科六 才

祖靜八 俊

兆欽四 傑十
字季發
號殿文

兆斌五 傑十
字立宗
號郁如

文忠四 興廿
字善慶
住花嶼湖在

[illegible]東董氏四修宗譜卷三　西房玖三公派　[illegible]堂藏

京生理

長才　五　興廿
仕京都

兆魁　六　傑十

兆璘　七　傑十
小字耀
住發渡

兆煌　八　傑十
小字孝
住發渡

覺雲　興廿
字文明
住發渡

經才　七　興廿

通[illegible]　八　興廿

鬼　七　才

英十五 英十二
諱闕

璲 英十三
舊行三三
字廣仁

國藩 才八

國賢 才九

才四七 才十
諱闕

興源 才十一
字龍九

贊公 俊九

贊侯 俊十

廷賢 俊十一
字賓臣

兆英 傑十九
字漢傑
號海德

文達 興廿九
字善彙
號思元

文聖 興三十

字克齊 號思學

覺桂 英十四 舊行四五

國均 才十二 小字陳生

廷茂 俊十二 字爾城

開先坛 俊十

兆璋 傑二十 字元錫 小字章

兆基 傑廿一 字其玉 號海法

文尚 興三一 字成義號曉峯從九品銜

文高 興三二 字德才

文照 興三三 字進才 號卜文

文榮 興三四 字選才 〇止

文豐 興三五 字宰運

國安　才十三

增壽　英十五　舊行四七

寵　才十四

延顯　俊十四

宗　出與更樓錢姓爲子

四官　傑廿二　住岱山

延佑　俊十五

海福　傑廿三　字士桂

童　英十八

明　才十五

延臣　俊十六　字擢玉　號佛僧

英八四　英十九

賓　才十六

延輔　俊十七

聖宗　傑廿四

諱闕

覺龍　英二廿七一

甯　才十七

景良　才十八　字良生

字海籌

方生　俊十八　字廷富

來生　俊十九

子奇　俊二十　字祥千　號其昌

字君榮

兆成　傑廿五　字周元

兆熤　傑廿六　字大寶

兆䎘　傑廿七　字小寶

兆勇　傑廿八　字汝剛　小字招喜

文錦　興三六　字國顯

文運　興三七　字□臣　號聖愷

興三八子入繼

文華 興三 八
字國華
號聖章

兆勳 傑廿 九
小字阿福

文周 興三 九〇止
字國輔

文魁 興四 十〇止
字國安

文林 興四 二〇止

文宰 興四 二
字國全

文彩 興四 三
字國禎

兆燡 傑三 十
字學如
小字南

子榮 俊廿 一
字安慶

景才 才十 九
字則才

覃恩上壽

兆燮 一 傑三
字廣忠
號學忠

兆炳 二 傑三

文斌 四 興四
字國名
（興四五子入繼）

文相 五 興四
字國順

文道 六 興四（〇七）
字時有

文郁 七 興四
字分有

文球 八 興四
字國常

兆烈 傑三 三
字七發
號學禮

兆烱 傑三 四

玉麟 傑三 五

兆寵 傑三 六
小字英

子貴 俊廿 二
字安甯

文科 興四 九
字國泰

文甲 興五 十
字國珠○貤
贈奉直大夫

文揚 興五 一
字遺貴

文成 興五 二
字國雲

文盛 興五 三
字際雲

文北 興五 四
字國裘

國擎 興五 五

文吉 興五六 〇止
字國有

文儒 興五 七
字連雲

兆清 傑三 七
又諱兆琛
字學山
小字千

文金 興五八 〇止
字金堂

文傑 興五 九

文瀾 興十六
住蘇州

贊 英廿四
傳行九十
字連城
任廣東惠州
府興甯縣典
史

國棟 才二十
字隆吉

國柱 才廿一

子芳 俊廿三
字美輝

子進 俊廿四

兆仁 傑三八
字普壽

兆信 傑三九
字五培
小字小普有
螟蛉子名時
運孫名正位
不列世次傳

[illegible]黃氏四修宗譜　卷三上　西房玖三公派　承志堂藏

挺 英廿五
舊行占廿三
字辟顯
小字龍

鳳 才廿二

麒 才廿三
字子才
號有位

興 俊廿五
字夢蟜
號超雲

兆義 傑四十
字次仁
號源道

兆禮 傑四一
字友文

兆智 傑四二
字舜質
號火耀

文珩 興六一
字瑲玉
號祖乾

文璠 興六二 ○止
字璿玉
號祖坤

文琰 興六三
字良玉
號祖臺

文琳 興四四 ○止
字林玉

文璜 興六五 ○止
字祖德

振 俊廿六 字夢蛟 號超階

益 才廿四 字子進 號有山

英□ 英廿六 諱闕

和尚 才廿五

君華 俊廿七

招賢 傑四三 字世照

文珏 興六六 ○止 字祖顯

文茂 興六七 ○止 字月鳳

鳳裘 興六八 ○止

覺度 英廿七 字伯盈 號乘周

景行 才廿六 字君甫

子綱 俊廿八 字倫三小 字長生

魁占 傑四四 隨母至白龍王堂施家濟

英一 英廿八 諱闕

服 英三十 英廿八子入繼

余生 英三二

景升 才廿七 字子藺

才大 出繼英三十

才助 才廿九 住邱家洋

才大 才廿九

永 才三十

子秀 俊廿九 字全得

元隆 俊三十 住蘇州

志一 俊三一

特 俊三二

章姓

兆顯 傑四五

天賜 傑四六

思威 傑四七

文邦 興六九 〇止 覃恩上詩

字偉烱

意 俊三三 出嗣趙

朝貴 傑四八

超 俊三四

𢱉 俊三五

朋 俊三六

如法 傑四九

成法 傑五十

大法 傑五一

[illegible]修宗譜　卷三　西房玖三公派　[illegible]

貴一　才三　字傑仁

占七　俊三

如江二　傑五　字思綱

萬裕○止　興七十

萬金○止　興七一

如川三　傑五　字思明　號永興

[illegible]四　傑五　字成[illegible]　號思[illegible]

[illegible]五　傑五　字世昌

萬盛○止　興七二

大順三　興七

大年四　興七　興七八子入繼

大榮五　興七

新　俊三　八

元　俊三　九　字在新

如德　傑五　六　字思近

際遐　傑五　七

思章　傑五　八　字如山

思桂　傑五　九　貤贈奉政大夫

華山　興七六　○止

雲飛　興七七　○止

六鵬　興七　八

大宏　興七　九　字森奎

大賢　繼興八　十

文 英三 四

天正 二 才三

俊鳳 十 俊四

俊朝 一 俊四
字子雲

茂章 十 傑六
字思本

日章 一 傑大

大元生二男

大元
字和穆
號次屏
誥贈奉政大夫

大純 興八 一
字敬穆
號恩上壽

大經 興八 二
字連順

大綸 興八三 ○止
字嘉祥
號連柱

萬疇 興八四 ○止

萬清 五 興八

萬佑 六 興八

汝章 二 傑六 字思明

思行 三 傑六

俊揆 二 俊四

思舟 四 傑六

大基 七 興八

天運 三 才三

俊王 三 俊四

日升 五 傑六

俊龍 俊四 四

聚財 傑六 六

天宇 才三 四

俊靜 俊四 五

俊甯 俊四 六

福 才三 五

蕙 英三 五

壽 才三 六 仕花[illegible]湖

元瑞 俊四 七

元[illegible] 俊四 八

安 才三 七

全 才三 八

鯨 才三 九

元佾 俊四 九

元陽 俊五 十 住花嶼閘

德昌 俊五 一

廷奎 傑六 七

廷豐 傑六 八

廷國 傑六 九

大和 興八八 ○止

侮、英三
六

長 才四
十

來 才四
一

進 才四
二

滿 才四
三

成 俊五
二
住甯縣

凌霄 英三
七
譜行五
字望峯
號振基

鳴雷 才四
四
譜行十九
字雨宜

澤仁 俊五
三
譜行十一
字[illegible]
號沛[illegible]

光裕 傑七
十
字[illegible]所
號藝生

和祥 興八
九
字仁賜

和瑞 興九
十
一諱獎
字仁英

和鼎 興九 一 字大勳 號開元

和貴 興九 二 字恆則

光禧 傑七 一 字慎所

有生 傑七 二 小字三慶 出外無查

淸仁 俊五 四 舊行十七 字天如

洪仁 出繼才五三

俊長 俊五 五

傑□ 傑七 三

凌雲 英三 八 舊行十 字翼之

才大 才四 五

業泗 出繼英四四

惠東費日四世宗譜 卷三上 西房玖三公派

凌霞 英三 九
舊行十七
字丹芝

才八 才四 六
諱闕

和尚 俊五 六

有福 傑七 四

朱壽 傑七 五

官保 傑七 六

門德 傑七 七

大考 興九 [illegible]
出外無查

大閏 興九四 〇止

[illegible] 興九五 六〇止

長瑞 興九 六
字敬一

有志堂[illegible]

啓鳳 才四 七
字徐南

俊茂 俊五 七

聖諭 傑七 八

六觀 興九 十
住杭州

天錫
出繼才四八

淩電 英四 十
舊行三一

升 才四 八
才丙七子入繼

天錫 俊五 八
字公純
邑庠生
誥贈奉直大
夫累贈通奉
大夫住杭州
另詳遷徙譜

淩寬 英四 一
舊行五四

才生 才四 九

延齡 俊五 九
入贅小溪朱
姓生二子俱
殁

才顯 才五 十

英九七四　英四
諱斷
英三八子入
繼

業泗一　才五
舊行三二
字聖俊

俊□十　儉六

俊發一　俊六

俊森二　俊六

俊充三　俊六
字廿宗

傑喜一　傑八

成(?)壽二　傑八
字艮玉

十貓〇　興百二
北

英三五　英四

金海二　才五

卒於山海關

巳七　英四
字西門

啓明三　才五
字東垣
才四四子入繼

洪仁四　傑六
字壽生
號保定

章候三　傑八
字五福

章百四　傑八
字光四
小字康甯

煌三　興百
字和興仁和
縣邑庠生

休四　興百
字明德

鎧五　興百
字唐貴
號揚㽘

鐘六　興百
字仲貴

銘七　興百
字日貴
號日新

鑑八　興百

長茂 英四 八
舊行四三
字佐成

邁 才五 四
字鴻軒
庠生
才五五子八
繼

遵 才五 五

緗 俊六 五

細
出繼才五四

純 俊六 六

華星 俊八 五

石炭 俊八 六

字時省

永春 興百 九
字君臣

永齡 興百十 〇止

永年 興百十 一〇止

永昌 興百十 二〇止

岡齡 興百 十三

俊六七子入繼

字聖賢

九齡 興百十四
字君賢

百齡 興百十五

松齡 興百十六

興百十三子入繼

鶴齡 興百十七〇止

經 俊六七

石其 出繼俊六六

榮貴

出嗣洪塘鎮
爲子

榮壽 傑八 七
出外無查

天植 傑八 八
字忠聰
號長[illegible]
住[illegible]山高亭
另詳遷徙譜

天相 傑八 九
字恩明
號德順

龍 英四 九
字長甲
號大年

堅 才五 大
字鴻烈
號子威

集成 俊六 八
字象賢

杰 興百 廿一
字君佐
號宏茂

烈 興百 廿二
字君明
號宏基

煦 興百廿 三〇止
字正陽
號宏業

炳 興百廿四 字君友 號宍、亮

天祥 傑九十 字和傾

振 俊六九

潤 俊七十 出與鄭邑王姓爲子

佳 才五七

蘭 才五八 字六吉

興 英五十
字長發
號松年

纘 英五一
字三立
號橋年

登 才五九
字墀圭

才提 才六十
字禹伯

徵 俊七
字顯禎

子文 俊七二
字三烈

俊賞 俊七三

俊海 俊七四

俊麟 俊七五

强 傑九一
字邦道

傑□ 傑九二
諱闕

傑□ 傑九三
諱闕

福觀 興百廿五○比
字祖福

德 五 英五

才挺 一 才六

約學 二 才六

俊元 六 俊七

俊榮 七 俊七 字榮三

偉才 四 傑九 小字連中

景才 五 傑九 字景泰

興貴 廿六 興百

興茂 廿七 興百

興雲 八〇止 興百廿

興儀 廿九 興百

興元 興百三十〇 止

興忠 興百三一〇 止

成才 傑九六 字士傑

興朝 興百三二

彩三 俊七八 字長發

友才 傑九七 字文光

興本 興百三三

興詩 興百三四

興隆 興百三五〇 止

俊富　俊七九
字其祥
號彩臣

國興　俊八十

文明　傑九八
字玉書
號雯賓

安明　傑九九
字世足

傑□　傑一百
諱闕

興恒　興百三六

興仁　興百三七
字馨潤
號傳基

興隆　興百三八
字青山
號襄珊

興國　興百三九
字傳東

興悌　興百四十
字立興號傳貴又號鵬鈞

傑□　一　傑百
諱闕

尚秀　一　俊八
字財源

慈東費氏四修宗譜卷三下

世系四　西房玖四公派

十七世	十八世	十九世	二十世	廿一世
塽五 英五 字振之	一綠三 才六 字[illegible]卿 才六四子入繼	之槤二 俊八 字式[illegible] 原从玉避改从木	士鳳二 傑百 小字應生	
		之槤 出繼才六三		
	一繡四 才六 字國卿 住杭城開富三橋東首	之璋三 俊八 字式璜	廷佐三 傑百	
		玉龍四 俊八	傑□四 傑百	

諱闕

一銘 才六 五 字君明

志信 俊八 五 字式甫

梓 傑百 五 字尚貴 號宏基

鎮有 興百 四一 無查

天祚 傑百 六

壇 英五 七 小字魁

一鏞 才六 六

一臨 才六 七

之溥 俊八 六 字如乾

一鎮 才六 八 字瑞生

景元 英五 八

一鉷 十六 九

英五　堂九
舊行一
字升之號玄
宮江西州司
獄

英六　臺十
舊行二
字望之
號古鹽
邑庠生

才七　大十
才七三子八
繼

才七　才三一
諱闕

俊八　偉七
俊九八子八
繼

俊八　元八
邑庠生

俊八　俊八八
諱闕

傑百　振三七
字靜公

傑百　千八

傑百　擎九

傑百　安十

傑百　康十一

興百四　則安二〇八

俊十四　俊九十　諱闕

慶　出家

巳　出繼才七四

俊十五　俊九　諱闕

科二　俊九

挺十二　傑百

卯三　俊九

存十三　傑百

榮三〇止　興百四　字則榮

才七二　才七　諱闕

俊五四　俊九　諱闕　邑庠生

儀十四　傑百

相 保百十五

俊十五 俊九五 諱闕

福 俊九六

曉 俊九七

志清 俊九八 諱闕

振三 出繼俊八七

基 英六一 舊行八 字敬之

申 才七三

振南 保百十六 字繩武 小字平

誠 興百四四 字則明 號起祥

英三十二　英六
諱闕

圻三　英大
舊行十九
邑庠生

進四　才七
才七一子入[illegible]

聖元五　才七

聖魁六　才七

偉
出繼才七十

巳九　俊九

典百　俊一

武一　俊百
住河南

文相二　俊百

昂十七　傑百
字宗文住定
邑[illegible]另詳
[illegible]從譜

英十八　傑百

燕十九　傑百

廷貴二十　傑百

尚寶七〇北　興百四

聖鼎 才七七

墳 俊百三

本 出繼才八十

貫 俊百四

廷臣 傑百廿一

文顯 傑百廿二 小字雲

文德 傑百廿三

尙忠 興百四八 小字進發

君揚 興百四九

桂林 興百五十 字成美

大福 興百五一 字漢甫 住留車橋

增福

接　俊百五
出與東邵爲子

代　俊百六

聖甲　才七八

輔　俊百七

文瑞　傑百廿四

[illegible]　興百五二
字顯心

文美　傑百廿五

[illegible]　興百五三〇　止

濟　俊百八

文徐　傑百廿六

宗賢　興百五四〇　止

聖服 才七 九

子恆 俊百 十

豪 俊百 九

梅 傑百 三十

文裕 傑百 廿九 字丹植傑百廿八子入繼

文龍 傑百 廿八 字聖元 住杭州

文炯 傑百 廿七

觀光 興百 五八

耀宗 興百 五七 住杭州

耀宗 出繼傑百廿九住杭州

耀榮 興百 五六 住杭州

烈孝 興百五 五〇止 住後余

字士榮

達 傑百三一
字士成
號廷揚

子英 俊百十一

方 傑百三二

字德章

觀型 興百五九
字德三

觀化 興百六十
字雲龍

觀德 興百六一
字聖功

觀國 興百六二〇止
字綸章
號而耀

興閏 興百六三〇止

興雙 興百六四〇止

子倫 俊百十二

霞 傑百三三

賓 傑百三四
字殿臣
住杭州

字皴山

天培 興百六五〇止

聖高 興百六六〇止

長卜 興百六七〇止

國禎 興百六八
字瑞輔
住杭州

日新 興百六九
字湯銘
住杭州

維余 興百七十

恩 傑百三五

出外

子侶 俊百十三

字呂淮

槎 傑百三六

字霞舟

典史傑百三七子入繼

世昌 與百七一

住杭州

典 傑百三七

小字小賞

住杭州湖墅

世昌

出繼傑百三六

典□ 與百七二

諱闕

住杭州

典□ 與百七三

諱闕

住杭州

亦松　傑百三八　典史　住杭州湖墅

興□　興百五七　諱闕　住杭州

興□　興百七五　諱闕　住杭州

錦三　傑百三九　字耀武

觀英　興百七六　字秀山

本　俊百十四　字葉廣

驥昇　才八十　才七七子入繼

觀榮　興百七七　字士元

觀成　興百七八〇止　字兆音

祖祥　傑百四十

顯　俊百十五　字子美

澄清　才八一　嗣行六

英六　英六四　諱闕

亦松　傑百四一
字光甫
號仲興

亦臨　傑百四二
字若鑒
號觀生

積善　興百七九〇
止

潮　俊百十六
字汝洲

亦保
出繼俊百十七

玉　俊百十七
俊百十六子
入繼

亦保　傑百四三
字德修

贊善　興百八十
字松望

表　俊百十六

慈　才八二

賓　俊百十九

光　傑百四四

香 俊百二十

裕 俊百廿一 住鎮海

廷美 傑百四五 字子占

振錫 傑百四六

招錫 傑百四七

兆麟 興百八一 字挺生

兆榮 興百八二〇止 字挺臣

兆鰲 興百八三〇止 字載厚 號汝山

枝　才八三

挺　俊百廿二

海福　傑百四八

元文　興百八四〇止

阜　英六五　舊行六一　字因阜

嶠　才八四　舊行百七　字碩[illegible]　郡庠生

順　俊百廿三　字禹功

袁錫　傑百四九　字惠菴

燒　興百八五〇止　字旭明

惀　興百八六　字煥章

游　出繼才八六

陳錫　傑百五十　字炳周

熀　興百八七　字旭初

忠　俊百廿四　字宗休　號存濟

貞錫　傑百五一　字日木　號景　增郡賓

烈　興百八八　字功敷　監生

寶 才八 五

憲 俊百 廿五

常 俊百 廿六 字爾澄

郡賓

龍錫 傑百 五二 字廷範 號景範

世德 興百 八九 字功才 興百八八子入繼

炌 興百 九十 字功備

啓烜 傑百 五二 字君球 號文通

啓昆 傑百 五四

啓坊 傑百 五五

啓昌 傑百 五六 字君愷 號德修

炣 興百 九一 字允武

全　俊百廿七　字金城

日新　俊百廿八　住福建

游　俊百廿九　字克[illegible]　小字英

岳　才八六　才八四子入繼

啓龍　傑百五七

啓賢　傑百五八

啓賀　傑百五九

劉錫　傑百六十　字景傑　號漢三

槐錫　傑百六一　字景槐　號庭三

竹　興百九二　字允茂

昇　興百九三〇止　字旭旦　號照園

煦　興百九四〇止　字際和

塡 英六 六
舊行百七 字還初 庠生

鈛 才八 七
舊行一 字百奮 號允吉

才二 才八 八
諱闕 庠生

才三 才八 九
諱闕

之湘 俊百 十
字德泉 登仕郎

廷槐 傑百 六二
字植三 監生

廷桂 傑百 六三
字殿芳 登仕郎

燕 與百 九五
字貽豐

日照 與百 九六
字萬瞻 號桃園 監生

日焜 與百 九七
字元亮 號雲遮 郡庠生

日烜 與百 九八
字爆文 號澹菴 監生

興　才九十

惠　才九一　庠生

午　才九二

志　才九三

秉之　俊百三一

繩祖　俊百三二　住岱山

繩武　俊百三三　住岱山

沈生　俊百三四

漢木　傑百六四　字方德　郵吏

顯廷　傑百六五　住倚姚海頭

瀾生 俊百三五

之文 俊百三六 字顯詞任北京天津衛

倫九 俊百三七 諱闕

之管 俊百三八

愷 才九四

才三 才九五 諱闕 知州 特授 奉直大夫

元 俊百三九 庠生

鳳占 傑百六六 小字[illegible]

酉 英六七 舊行四九 庠生

福 俊百四十

才四六
六　才九
諱國
庠生
陞七　才九
菊八　才九

嘉
出家
靜四一　俊百
泰安四二　俊百
長安四三　俊百
三安四四　俊百

英六三 英六八
諱闕

章 才九九

辰 俊百四五

宇文 傑百六七
字余增

金芳 興百九九〇止
字蘭若

英四三 英六九
諱闕
庠生

盛 才一百
才百三子入繼

洪相 俊百四六
字賓三

梧 傑百六八
字桂芳號鳳翔小字麟德

承熙 興二百〇止
小字大彤

延喈
出繼俊百四九

偉 才百一
才百三子入繼

洪佐 俊百四七
字庶一

廣濟 傑百六九
小字斗

日章 興二百一〇止
字童山

彤章 興二百二
字尚達

元章 興二百三〇止
字三元

才茝　才百二

贊　俊百四八

仲　俊百四九　俊百四六子入繼

延嗜　傑百七十　字槐芳　號植三

承烈　興二百四〇　止

承照　興二百五〇　止

二

益　才百三　字天石　庠生

洪相　出繼才一百

洪佐　出繼才百一

洪治　俊百五十　字臣五

梧　傑百七一　字起鳳

標 傑百七二

字文彪

小字起玉

梅 傑百七三

字文元

小字大蘭

德裕 興二百六

字光祖

德春 興百二七○止

紹南 傑百七四

字文彬

才十七 才百四

諱蘭

振 才百五

龍 英七十

譽行同

庠生

字赤城

[illegible]

太太 才百

愷 俊百五一

升 才百七

通喜 俊百五二
字焉坳

榛 傑百七五
字鳳儀
號翊德

通美 俊百五二

坡 英七一
舊行九四字
赫岍 恰丙戌舉
人任山陰縣
教諭

天錫 才百八
舊行六四
才百十子入
纘

俊丙 俊百五四
字之波
號儋南

廷桓 傑百七六
字□卿
直恩上壽

韶 興二百八
字可煌
號明遠

畧 興二百九
字可炳
號耀文

雍昌 興二百十
字炯宗

君錫　才百九九　譜行七九　庠生

俊孝　俊百五五

廷植　傑百七七　字尚卿

燧　興百二十一　字國章

廷方　傑百七八　字瑞林

煋　興二百十二〇止　字明章

炤　興二百十三〇止

申　興二百十四　字元章　號子芳

廷傳　傑百七九

廷世　傑百八十

純錫 才百十
譜行九五
字旭初
庠生

俊簡 俊百五六
字漢溪
號登之

俊衍
出繼育百八

俊冊 俊百五七
字之淇
號淇水

廷濟 傑百八一

廷柱 傑百八二
小字捷

廷禮 傑百八三
字植三

廷椿 傑百八四
字大年號齊
璘作杭州

廷模 傑百八五
字子正
號傑飛

石 典二百十五
字顯忠

萊 典二百十六
字爾臣

鏞 典二百十七
字虎臣號夔
熊小字唐德

廷枚 傑百八六
字子彝
號中玉

廷楷 傑百八七
字子端號靜
安小字瑞璘
乾隆丁亥戊
子續修宗譜
二載

俊跨
出繼才百十
三

公錫 才百十一
舊行百四一
庠生

俊立 俊百五八
字心水

國杏 傑百八八
字宗林
小字裘

國本 傑百八九
字宗元
小字彥

允紛 興二百
怜沁 止
字廷英

俊權 俊百五九
字永昌
號涵水
庠生

世禎 耀百九十

世英 傑百九一
字國才
住湖州長興
竹橋港鎮

贈舖 興二百十九

贈晉 興二百二十

贈[illegible] 興二百廿一

世華 傑百九二
字同文小字
貝與兄同住
長興

三[illegible] 才百十二

俊漢 俊百六十

世吉 傑百九三

廷[illegible] 興二百廿二

又諱景　字克勤　字有章　隨母至林姓

俊快　字映水　出家為

新錫　才百十三　字拜年　才百十子八　繼

俊跨　俊百六一　字之泮　號汶水

廷莞　傑百九四　字臨洲　庠生

承熉　興二百廿三止　字國臣　小字百壽

廷留　傑百九五　字瀛洲

都錫　才百十四　字湄安

塤　英七二　譜行十八

奇　才百十五

宗　俊百六二　字茂公

廷容　傑百九六

興元　興二百廿四止　字子相

興魁　興二百廿五止

字子煌

永煌　興二百廿六
出家

廷才　傑百九七
小字昌　傑百九八子入繼

永煌　出繼傑百九七

廷飛　傑百九八
小字迪

永燿　興二百廿七止
字子暘

才英　才百十六
諱闕

遴　遴百六三

才酉　才百十七
諱湖　任太倉州州判□者　出仕
浙□縣知縣
勅授文林郎

俊□　俊百六四
諱闕

俊□　俊百六五

英七　英七六三
諱闕
勅贈文林郎

譜闕出外或云兄弟俱往甯波

才賢 才百十八

俊三 出繼才百廿一

俊發 俊百六六

光通 傑百九九 字時亮

塋 與二百廿八 字維榮 小字三傑

光如 傑二百 字丕英

才狀 才百十九

才能 出繼英七六

[illegible]卷三　西房玖四叅叔　[illegible]

英五十四（英七）諱[illegible]　完二十（才百）　循六七（俊百）

雙六（英七）英七三子入[illegible]　才能廿一（才百）才百十八子入[illegible]　俊三十六八（俊百）　大乙百一（傑二）　體元廿九（與二百）字瑞玉

經元三十（與二百）字永觀 號天玉

小乙百二（傑二）

英四十七（英七）諱[illegible]　才德廿二（才百）與史　子六九（俊百）

卯七十（俊百）　魁先百三（傑二）

辰 俊百七一

酉 俊百七二

倫 傑二百四

松 傑二百五

喬 傑二百六

才管 出繼英七八

才宗 才百廿三

文在 俊百七三 字在兹 俊百七五子

友直 傑二百七 字進公 號秀木

學詩 興二百三一 字可興

入繼

之涴 出繼才百廿四

之晳 俊百七四 字亓水

之沆 俊百七五 字月三

雲從 才百廿四 字约舒 才百廿三子入繼

友直 出繼俊百七三

友艮 傑二百八 字禹臣 號艮木

士宜 興二百三二 字景山

學成 興二百三三止 字經詩 號聖元

和成 興二百三四止

紹禎 傑二百九

才望 才百廿五
字兹藩號章
候庠生

才壽 才百廿六

英五 英七八
諱闕
英七七子入繼

安 俊百七六

甯 俊百七七
字亦松

廷梓 傑二百十
字楚材

再福 興二百三五止

鼎 俊百七八
字吉甫

廷揚 傑二百十一
字汝霖

承恩 興二百三六
字殿華
號智慧

墉 英七九
舊行十三
本名元坊

一銓 才百廿七
舊行十五
字聖符

義 俊百七九

賓 傑二百十二

字克峻號鄧林萬曆己酉舉人授長葛縣教諭歷任廣東雷州府推官長葛縣志及本縣志均有傳○按雍正志作鏞誤　庠生

霄 俊百八十

甯 俊百八一　字道炯　號[illegible]

奇 傑二百十三　字仲玉

茂曾 傑二百十四

[illegible]林 傑二百十五　字克振　號英人

日通 興二百三七　字道才

之[illegible] 興二百三八止　字耀宗

之熙 興二百三九止　字榮昌

之勳 興二百四十

百廿一

振　俊百八二　小字泰

汝春　傑二百十六

汝酉　傑二百十七　出外

汝福　傑二百十八　住甯城七塔寺前

覺顯　興二百四一

志　俊百八三

汝貴　傑二百十九

貞　俊百八四

雲　俊百八五

一麟　才百廿八　譜行五四　字長公　庠生

夢泰　俊百八六　譜行六八　字眞山　監生

汝枚　傑二百二十　字卜臣小字大有　監生

之幹　興二百四二　字世滋　號勤永

汝植　傑二百廿一　字毓周　庠生　傑二百十五子入繼

之勳　字南來　號岳宗

一臣　才百廿九　庠生

才廿一　才百三十　諱闕

英三才　英八一　諱闕

聰　俊百八七

有秋　傑二百廿二

門　俊百八八

崈 俊百八九

智 俊百九十

臨 俊百九一

有福 傑二百廿三

有靜 傑二百廿四

海星 傑二百廿五

科 俊百九二

有慶 傑二百廿六 字月生

寶 才百三[illegible] 舊行五五

安德 興二百四三 止 字欽明

新　後百九二　仕杭州

廷揚　傑二百廿七　小字祥　住杭州

廷蘭　傑二百廿八　住杭州

佀才　興二百四四　監生　住杭州

德超　興二百四五　住杭州

廷王　傑二百廿九　晚年出家

才益　才百三二　諱鼎

才銓　才百三三　舊行八二

學二　英八　舊行七一　字虞明　庠生

穎寶　後百十四　舊行□八　字亦素

汝霖　傑百三十　字□宇　號孝模

日新　興二百三十　字聞縣

汝植 傑二百三一 字三甫 號鼎洪

汝陶 傑二百三二

令聞 俊百九五

鼎銓 才百三四

堯章 興二百四七 字煥然

錦章 興二百四八 字燦然

合章 興二百四九 字爛然

美章 興二百五十

煥章 興二百五一 小字普成 興二百四八子入繼

長春 興二百五二

字大伏

字廷顯
贅居泮墅

住泮墅

綱 俊百九六

常 俊百九七

宸銓 才百三五
舊行百七九
字簡臣

綴志 俊百九八
字配綸
庠生

楠 傑二百三三
字右十

元良 興二百五三
字□□
號耘高

大鵬 傑二百三六
出繼

大振 興二百五四
字家峰
號九齡

進忠 傑二百三四

大鯤 興二百五五
止

字盡忠 號[illegible]昌

字宏飛

大鴻 興二百五六止 字延齡

退思 出繼俊百九九

康衢 傑二百三五 字天衢

祥元 興二百五七 字夢齡

升高 興二百五八止

德照 興二百五九止

槤 俊百九九

退思 傑二百三六

大鵬 興二百六十

字文彬原夢　字光烈　又諱舉字翼
避諱改從　傑二百三三　雲號蓉江
子入俊百九八　子入繼　邑庠生

英三五 英八 三
諱闕
庠生

才廿三 才百 三六
諱闕

葵 才百 三七

才高 才百 三八
諱闕

俊十八 俊二 百
諱闕

俊廿六 俊二 百
諱闕

俊强 俊二 百二
字子英

汝倫 傑二百 三七
小字招富

廷龍 興二百 六一
字金福
住餘姚

英五九 英八四
諱闕

鼎輔 才百三九
舊行十八

長源 俊二百三
小字祖保

汝翀 傑二百三八
字熙臣

汝協 傑二百三九
字庶若

焯 興二百六一
字立山
號明德

維山 興二百六三
字秀峯號崑
山興二百六
五子兼祧

維麟 興二百六四
字錦峯
號雨山

覺賓 興二百六五
字日章

祖彪 興二百六六止

英七五 英八
諱闕

才十六 才百四十
諱闕

閶 俊二百四

官壽 傑二百四十

才三四 才百四一

諱闕

伏 才百四二

踈錫 才百四三
字文琛
邑庠生

埴 英八六
舊行百五十
字[illegible]之
邑庠生

之瀟 俊二百五
字汶甫

之澄 俊二百六
字[illegible]源

檪 傑二百四一
字彩章
仕河南陝州

燦 興二百六七
仕河南

炤 興二百六八
字賜谷

煐 興二百六九
字丹[illegible]

杞

之鮮 俊二百七
字思泉
俊二百六子
入繼

杞 傑二百四二
出繼俊二百五七
字彩芳
號竹園

興龍 興二百七十
字雲路
號沛亭
覃恩上壽

仁龍 興二百七一
字廣德

攀龍 興二百七二 正

增福 俊二百八

一鉞 才百四四
字文益

一錩 才百四五
字文生

蜒　英八七
舊行百廿七
字□遠

一鋊　才百四六
舊行百六十
字調元
邑庠生

觀泗　俊二百九
字聖水

殿英　傑二百四三
字君卿

祖佑　興二百七三止
字士儀

如意　興二百七四止

文英　傑二百四四
字君□
外洋□

興榮　興二百七五
住洋墅

亓興　興二百七六
住洋墅

三官　興二百七八
住洋墅

仲浩　俊二百十
字前水

和 才百 四七

在 才百 四八
舊行百八十
字在覺

一錡 才百 四九
舊行百八六
字鼎元

敏 俊二百 十一

金星 俊二百 十二

文龍 傑二百 四五
任杭州城隍山丁仙閣

成法 傑二百 四六

煥文 興二百 七八

國才 傑二百 四七

登 才百 五十
舊行二百五

一鏞 才百 五一
舊行百四七
字聲公

之涓 俊二百 十三
字吉水

天壽 傑二百 四八

[illegible]英 八 [illegible]八
舊行百五五
字爾範

言順 傑二百四九

言富 傑二百五十

一戩 才百五二

一鐙 才百五三
字亦之

之潤 俊二百十四
字水
號七章

錨二 傑二百五一

之□ 俊二百十五
字達□
號天德

□霄 傑二百五二

之淵 俊二百十六
字□水

□□ 傑二百五三
字□生

戍美 興二百七九
字仁才 住縣
□嶺上與

成裕 興二百八十七

新有 傑二百八一七

誥 傑二百五四
字佳生

一達 才百五四

相 才百九五
舊行二百廿四
字鼎附
號翼公

掄 英八九
舊行百七四
字德昱
號道先

芸櫝 俊二百十七
字文玉
號孟裘

楷 傑二百五五
字賢太號贊
德住定海城
內另詳遷徙
譜

本 傑二百五六

字子芳傑二百五五子入繼住定海城內

格　傑二百五七
字子信
號贊發

蒼龍　興二百八七
興二百八八子入繼

吟龍　興二百八八
字巽天

先　傑二百五八
字宗偉監生
住定海今藏
嶴鹽倉前另
詳遷徙譜

志歐　傑二百五八
字彩宗
小字喜臨

廷元　俊二百十八
字天一
號雨蒼
考授吏部候
選生

飛龍　興二百九一
字有恩

德龍　興二百九二

字有圖

廷璋
出家

廷喈 後二百十九
字天錫
號小雅

永祥 傑二百六十
字步雲
監生

御龍 興二百九三止
字樨亭

玉龍 傑二百九四止
字殿華

永吉 傑二百六一
字步青
住上海

秉風 興二百九五
字日明

秉龍 興二百九六
字月明

秉桴 興二百九七

泉東費氏四修宗譜　卷三　西房玖四公派　六[illegible]頁

字聯明
住上海

秉時　舆二百九八
住上海

一鉽　才百五六
舊行二百四一
字式金

鳳岐　俊二百二十

鳳儀　俊二百廿一

廷玲　俊二百廿二
字文彬
小字三[illegible]

塈　英九二
字維輿

一鎔　才百五七
字明星

一錦　才百五八

字明遠

一鈳　才百五九
字明催

雷　英一百

欽　才百六十
字文生

佛生　才百六一

相　英百一
字雨强
號茂英

福　才百六二

壽　才百六三

康　才百六四

甯 才百 六五

祿 才百 六六

大寶 才百 六七

式三 英百

式富 俊二百 廿三

洪季 傑二百 六二

名山 興二百 九九

式其 俊二百 廿四

英蕊 傑二百 六三
字士鳳

興邦 興三百

昂四 英百
字雲祥
號錫凡

何生 才百 六八

任五 英百

和尚 才百 六九

仕京中

張生　上百七十

瑨　英百八
舊行百六九
字萜芝
號佛保
郡賓

鑰　才百七一
字予開
號梧岡
邑武生

志浩　俊二百□五
又諱□
字𢎥書

褫　傑二百六四
字兆三

校　傑二百六五
字育英

文燮　興三百一
字紹賓
號簡公

文□　興三百二

文烺　興三百三

文焗　興三百四
覃恩上壽

〔…淞〕

出繼才百七三

志洪　俊二百廿六
字滄石

宗樹　傑二百六六
字濟川
承德郎

譿木　傑二百六七

炳元　興三百五
住舟山

文郁　興三百六
字炳如
郡庠生

炳煇　興三百七

文然　興三百八
字炳章

文瑩　興三百九○止
字巨輝
小字孫謀

文爌　興三百十

鎮　百七二
字豐城
貤贈儒林郎
州同銜

志洽　俊二百廿七
字子和
號聖文
邑貢

宗楷　傑二百六八
字宮芳
號殿榮
監生
貤贈儒林郎

文煥　興三百十一
字清元
字炯如
號素庵
敕贈儒林郎

文炎　興三百十二
字煥如號紹
庭監生
敕贈儒林郎

志湑　俊二百廿八
又諱植
字子厚
號聖武
邑庠生

吹壎　傑二百六九
又諱材
字因培
邑庠生

文炳　興三百十三
字雄彪號愚
山又號兆麒
監生

文燦　興三百十四
字耀宿號禄
齋監生

志渭　傻二百廿九
字平源
小字兼

宗梧　傑二百七十
字鳳岡號岐
峯又號象貞
傑二百七一
子入繼

宗樞　傑二百七一
又諱宗文字
拱辰號靜所
邑庠生

宗朱　傑二百七二
字希文
號象德

文煒　興三百十五
字南輝號豐
民郡武生

文蕢　興三百十六
字上占
號步青

文貴
出繼傑二百七十

文華　興三百十七
字上彩
號步雲

文允　興三百十八止
字炳彰
號紹貽

文壎　興三百十九

字炳賜
號紹謀

宗樑　傑二百七三
字廷榭
號象行

宗榭　傑二百七四
字雷芳
號霞峯
又號象九

宗楨　傑二百七五

志潢　俊二百三十

文煦　興三百二十
字炳剛
號士□

文煬　興三百廿一
字南烈
號景陶

文烺　興三百廿二
字炳然
號茂山

文炬　俊三百廿三
字炳直
號南山

文炡　興三百廿四
字炳裕
號東山

文熾　興三百廿五

字積俟
登仕郎
勅贈儒林郎
州同銜

字甫文
號提魁
捐授州同銜
勅授儒林郎

字紹會
號熖千

文烒　興三百　廿六
字克諧
號烒千

文㶿　興三百　廿七止
字行千

禮言　傑二百　七六
字繼昌附炙
祀

宗椒　傑二百　七七
字剢蕃
號迺雝
監生

文熯　興三百　廿八
字南極
號亦仙

文烶　興三百　廿九
字大成號赤
光邑武生

文焴　興三百　三十

志涵 俊二百三一 字平侯監生

宗相 傑二百七八 字元臣號宰夫監生

宗李 傑二百七九 字季白小字仲芳監生貤贈資政大夫江蘇候補同知加六級

字[illegible]哉號雲溪監生

文炵 興三百三一 字威廷號清義監生

文焯 興三百三二 字挨廷號雲輝邑庠生

文燀 興三百三三 字庭光

文煌 俊三百三四 字萬成號清吟監生

文煜 興三百三五 字天照號[illegible]焦監生

文熤 興三百三六

宗松 傑二百八十
字夏木
小字季芳

宗柏 傑二百八一
字殷尙

字陽照號漁陽監生候選州同　誥贈資政大夫江蘇候補同知加六級

文煥 興三百三七
字燦若
貤贈奉政大夫候選同知

文桃 興三百三八
字扶光

宏耀 興三百三九
字鶴林

文韶 興三百四十
字宏光

[?]十百七三
字長裕
才百七一入繼

志澄 後二百三二
字孟清

宗桓 傑二百八二
又諱桓
字公玉
號雍菴
郡庠生

宗檁 傑二百八三
字揆之

宗櫟 傑二百八四

文江 興三百四一 止

文經 興三百四二
字光初
號常軒

文綸 興三百四三
字新初 號言
如 監生

文烈 興三百四四
字武揚
興三百四五
子入繼

文爛 興三百四五
字曜如
監生

文熺 興三百四六

字石虹　邑庠生

杏輝　傑二一百　八五

字允吉

文焠　與三廿　四七　字靜思

文照　與三百　四八　字兼明　號鑒銘　覃思上壽

文昀　與三百　四九　字星如什舟山洞嶼莊白泉嶼另詳遷徙譜

文燕　與三百　五十　又諱臨池字[illegible]堂號雪庵　郡庠生

宗森　傑二百八六
字元芳

宗柱　傑二百八七
字載六
號砥堂
邑庠生

文燈　興三百五一
字耿華
興三百四八子入繼

文燿　興三百五二
字羽明
邑庠生

文勳　興三百五三
字國恒

文燽　興三百五四
字魯星
邑庠生

文煋　興三百五五
字彬彬

文煌　興三百五六止

鍾 才百七四
字有聲
號蓮午

學游 俊二百三三

裔藝 傑二百八八

文美 興三百九七
字在奇
興三百五五子入繼

秉仁 興三百五八

秉吉 興三百五九止

裔功 傑二百八九

松茂 興三百六十

昔遠 傑二百九十

文炡 興三百六一
字光永

文淡　興三百六二
子入繼　興三百六一

文烱　興三百六三

堡　英百十二
舊行百廿七

逢年　才百七五
舊行百十四
字丙寶

志俊　俊二百三四
字人千
號海帆

志英　俊二百三五
字子才
號為識

祖德　傑二百九一
字一擎

宗恩　傑二百九二

楷　傑二百九三
字秉陽
號芭生

模　傑二百九四
字秉賢
號芸生

兆義　興三百六四止
字汝升
小字紹足

廷楊　傑一百九五
字秉國
號華生

璧　英白十四
舊行百三三

才印　才百七六
充兵出外

才登
出家

壤　英白十六
舊行九九
字甯之
號大邱
天啓戊辰副
貢大同府經
歷

一錡　才百七七
字伯相
才百七八子
入繼

永麗　俊二百三六

[illegible]壽　傑二百九六

一[illegible]　才百七八
字子[illegible]
小字偉

永慶　俊二百三[illegible]
出繼[illegible]百七七

[illegible]　傑二百九七

汝[illegible]　俊二百三七
字舍[illegible]
號戩錫

校[illegible]　傑二百九八
字爾榮
傑二百九九
子入繼

亦南　興三百六五

[illegible]喬　傑二百九九
字挺生
號振三

亦南　出繼傑二百九八

光耀　興三百六六止

祖述　俊二百三八
字元章

啓榮　出家爲僧

千　傑三百

木森　傑三百一

埈 英百十九
舊行百八十
字鎣樓

環 才百七九
舊行百七

兆斿 俊二百三九
舊行百六
字□九
邑庠生

永言 傑三百二
字維則

廷珍 興三百六七
字待聘

廷標 興三百六八
字殿揚
興三百大九
子入繼

廷樑 興三百六九
字作卅

墧 英百二十
舊行九三

錫爵 才百八十

俊培 俊二百四十

之英 傑三百三

克明 興三百七十
字士寓在嶼
蛤子行鼎茂
不列世次傳

楊 英百廿二

一登 才百八一

元壽 俊二百四一

字蓮生
號羊公

一芳 才百八二
字捋科

志根 俊二百四二

全福 傑三百四

一銳 才百八三
才百八五子入繼

祥恩 俊二百四三
字上伍
俊二百四六子入繼

宗孝 傑三百五

殿英 興三百七一

殿貴 興三百七二止

殿榮 興三百七三

殿陞 興三百七四

殿詔 興三百七五

起　英百廿三　字燕山　號虎公

一科　才百八四　又諱簡

一[illegible]　才百八五　又諱[illegible]　字茂生

增達　俊二百[illegible]　字升小字聚壽　出黃巖

增[illegible]　俊二百四五　小字聚[illegible]

祥[illegible]　才百八三　出[illegible]

元隆　傑三百六

祥[illegible]　俊二百四六　字上德

[illegible]孝　俊二百四三　出[illegible]

宗元　傑三百七　又諱宗義

時來　興三百七六　止

殿[illegible]　興三百七七　止

宗仁
傑三百八

宗悌
傑三百九

殿木
興三百七八

殿陞
興三百七九止

殿文
興三百八十止

殿奎
興三百八一止

殿艮
興三百八二止

殿玉
興三百八三

一甲 才百八六 字得勝

申甫 俊二百四七

宗炳 傑三百十 字大維

宗植 出繼俊二百四九

武雲 俊二百四八

文甫 俊二百四九 字雲生 俊二百四七子入繼

宗植 傑三百十一

殿揚 興三百八四

殿倫 興三百八五止

宏甫 俊二百五十

宗椅 傑三百十二

宗祖 傑三百 十三 字雲[illegible]

一開 [illegible]百 八七 字詩[illegible]

[illegible] 俊二百 五一 字耀宗

祥[illegible] 一百 五二 字周

一節 才百 八八

長興 二百 五三 出繼國

宗周 傑三百 十四

宗乾 杰三百 十五

珊 英百 廿四

鳳 才百 八九

濟榮 俊二百 五四

正陞 傑三百 十六

若虞 與三百 八六

[illegible]東劉氏四修宗譜　卷三　西房玖四公派　有[illegible]堂藏

字明宇

字承選

字廷輔
號[illegible]庵
小字[illegible]

劉[illegible]諱文虎字[illegible]號夢旭
由吏[illegible]
補授陜西[illegible]
[illegible]府[illegible]水縣
[illegible]廳

若霞　三百八七
字鳴雷
號玉麟
興三百八八
子入[illegible]

若霖　三百八八
字[illegible]雨

若[illegible]　興三百
字[illegible]雷

[illegible]　三百七
[illegible]雁[illegible]

文[illegible]　三百十八

[illegible]　三百

增[illegible]　二百五六

字廷顯

光斗　英百三三　字文如

光狀　英百三五

才仁　才百九十

才奇　才百九一

才酉　才百九二　字上英　號其[illegible]

增[illegible]　俊二百五七　字[illegible]毅

明倫　俊二百五八　字長卿

維聖　傑三百十九　住[illegible]塘港

枏　俊二百五九

子良　俊二百六十

光顯 英百三六

光全 英百三七

才俊 才百九三
字[illegible]輔

允文 才百九四

士興 才百九五
字德公
號允武

士鳳 才百九六
字茂公
號周彬

廷[illegible] 俊二百六一
字子仁
號與[illegible]

廷訓 俊二百六二
字子[illegible]
號頂貢

廷謨 俊二百六三
字子[illegible]
號壽賢

廷烈 俊二百六四

光耐 英百三八
字惟之

士麟 才百九七
字瑞公
號三貴

士鐘 才百九八
字肩公
號叙祚

永翔 才百九九
字鹿生

子良 俊二百□五
字子永
號□□

孝則 俊二百六六
字配清

廷岸 俊二百六七
字孔生

宗鎬 傑三百二十

宗錫 傑三百廿一

兆鯤 興三百九十
字啓銘

兆珠
出繼傑三百廿一

兆龍 興三百九一
字雲飛
住溫州

兆珠 興三百九二 止

震英 傑三百二十 子入繼 宇龍山
傑三百廿二

廷乾 俊二百六六 仕官海衛西門

紹南 傑三百廿三

廷德 俊二百六九

萬華 俊二百七十

良才 俊二百七一

宗儒 傑三百廿四

祁山 興三百九三 無出

永開 才二百 宇顯卿

永盛 才二百一

字光卿

光彭 英百三九
字偕生

亦悅 才二百二
字喜欽
勅贈文林郎
誥贈光祿大夫

士佳 俊二百七二
一諱晉字宮栽號丹林康熙癸巳副車雍正壬子舉人乾隆丁巳進士授衢州府教授　勅授文林郎誥贈光祿大夫著有丹林詩文鈔縣志有傳
仕衢州另詳遷徙譜

士齡 俊二百七三
小字三官

九齡 俊二百七四
處州衛守備

例贈文林郎

先世未詳

辰　傑三百廿六

嘉慶甲子欽賜舉人欽賜翰林院檢討

先世未詳

紹忠　傑三百廿七

乾隆庚子舉人覺羅官學教習山西定襄縣知縣

永立　才二百三　字禮公

俊聰　俊二百七五

俊耐　俊二百七六

俊嘉　俊二百七七

永範　才二百四
先世未詳

殿占　俊二百七八
遷象山胡陳　另詳遷徙譜

永植　才二百五

光際　英百四十
字盛生

永壽　才二百六

祖德　俊二百七九

姚生　才二百七

祖恩　俊二百八十

學維　傑三百廿八

介維　傑三百廿九
遷居舟山洞岙娶周氏生三子興兆坤兆榮兆翰兆棠兆翔遷洞岙後所出故不脩譜未脩進

兆坤　興三百九十六
娶汪氏無出以兆榮次子大晨入繼

光學 英百四一 字道生

足官 才二百八

才余 才二百九

光達 英百四二 字進生

陳生 才二百十

才福 才二百十一

光茂 英百四三 字順之

永瑞 才二百十二 字五玉

兆昌 俊二百八一 字君恩 小字大德

兆祥 俊二百八二 字公仁

鼎立 傑三百三十

天爵 與三百九七

兆祖 安二百九[illegible]
小字爽德

兆方 俊二百八四

[illegible]千 英百四四
字張生

[illegible]瓚 十二百十三

惠能 俊二百八五
字[illegible]龍

凌[illegible] 保三百二一
字金斗

芳卿 興三百九八

進 英百四五
[illegible]四十

[illegible]慶 十二百十四

大[illegible] 友一百八六
小字興[illegible]住
繼興[illegible]

[illegible] 俊二百八七

南福 俊三百三二

南壽 保三百三三

袁夏劉氏四修宗譜卷三　西房玖四公派

有山　英百四六　字之英

昌明　才二百十五　字日生

光輝　俊二百八八

克恭　傑三百三四　傑三百三五子入繼

克繼　傑三百三五

興　興三百九九　興四百子入繼　繼

興貴　出繼傑三百三[illegible]

興壽　興四百

克儉　表三百三六

光縣　才二百十六　字日進

光耀　俊二百八九　住[illegible]山[illegible]母[illegible]徂[illegible]

光顯　俊二百九四

壽元堂

光遠　俊二百九一

萬萬　傑三百四十

亞七　興四百一　出偕出無查

成山　英百四七　字之芳

開先　才二百十七　字日明

光學　俊二百九二

漢臣　傑三百四一

日先　才二百十八　字日星

光賢　俊二百九三

克配　傑三百四二

乾坤　興四百二止

日貴　才二百十九

光崇　俊二百九四

士元　英百四八　字明山

智日　才二百二十　字慶雲

廷棟　俊二百九五

啓揚　傑三百四三

占元　興三百三止

占魁　興四百四

廷顯 俊二百九六 字成龍

啓芳 傑三百四四

啓祥 傑三百四五

德世 傑三百四六

啓承 傑三百四七

邦榮 興四百五十

朝元 興四百六 字芳官

國興 興四百七

國寧 興四百八

國宰 興四百九

國生 興四百十

興四百十五子兼祧

國甫 興四百十一止

茹增 俊二百九七

濮三 傑三百四八

國林 傑四百十二

國先 興四百十三止

國定 興四百十四

啓東 傑三百四九

國球 興四百十五止

知道 才二百廿一

茹發 俊二百九八

啓賢 傑三百五十

孝禮 興四百十六

燕東吳氏四修宗譜卷三　西房玖四公派　孝元堂藏

正科 興四百 十七止 小字三官

正春 興四百 十八 興四百廿六子入繼

正位 興四百 十九止

正大 興四百 二十 任杭州

啓元 傑三百 五一

延棠 俊二百 九九 住小洞梟另 詳選徙譜

英雄 俊三百

志仁 才二百 廿二 字仁之

士魁 英百 四九 字跡烜

志儀 才二百廿三 字行才

廷柱 俊三百一 字安山

啓明 傑三百五三

配恭 興四百廿四 興四百三二 子入繼

配金 傑四百廿五 止

配祥 興四百廿六 字裕範

啓英 傑三百五四

日新 興四百廿七 興四百三四 子兼祧

日昌 興四百廿八 小字來有

啓鳳 傑三百五五

萬春 興四百廿九

京東董氏四修宗譜卷三　西房玖四公派　天一堂

任藕山

啓玉 傑三百 五六
配華 興四百 三十

啓朝 傑三百 五七
配甯 興四百 三一

配全 興四百 三二止

全聖 興四百 三三

廷行 俊三 百二 字鍈祥

啓發 傑三百 五八
配强 興四百 三四

配義 興四百 三五

啓辰 傑三百 五九

配璋 興四百 三六止

益山 興四百 三七 字日恆

益利 興四百 三八

啓裕 傑三百 六十

昌高 興四百 三九止

世龍 傑三百 六一

配乾 興四百 四十 又諱沛祥

廷洽　俊三百三

廷六　俊三百四

廷貞　俊三百五

啓堂　傑三百六二

啓疆　傑三百六三

啓賓　傑三百六四

啓蓮　傑三百六五

啓江　傑三百六六

啓[illegible]　傑三百六七

文高　興四百四一

配成　興四百四二　止

配順　興四百四三　住杭州

又諱如□　字古　非悔□□

志禮　才二百廿四

志信　才二百廿五

廷元　俊三百六

□華　俊三百七

廷棟　俊三百八

啓霖　傑三百六八

啓秀　傑三百六九　字常順　覃恩上壽

白煌　興四百四四

興四百五六　子入繼

德利　興四百四五　字與壽

德金　興四百四六　字覲福

德才

出繼傑三百七十

啓範 傑三百七十

傑三百六十九子入繼

德才 興四百四七

興四百五一子入繼

啓德 傑三百七一

德彪 出繼傑三百七二

德清 興四百四八 字觀培

德揚 興四百四九 字觀有

廷宗 俊三百九

啓占 傑三百七二

傑三百七一子入繼

德彪 興四百五十

字觀寶

士進 英百五十

成宗 才二百廿六

延義 俊三百十

永祥 傑三百七三

聖文 興四百五一

字耀山

字九顯

字君甫

傑三百七四
子入繼

興四百五二
子入繼

廷佐 俊三百十一

廷玉 俊三百十二

維新 傑三百七四

聖文
出繼傑三百七三

聖忠 興四百五二

興四百五一
子兼祧

成美 仁二百廿七
字九昌

天義 俊三百十三
小字照林

新立 傑三百七五
出外

天榮 俊三百十四
小字雙林

永康 傑三百七六

興□ 興四百五三
諱闕
住蘇州

永春 傑三百七七

聖傳 興四百五四

成德　才二百廿八　字德章

廷興　俊三百十五

廷英　俊三百十六

仁甫　俊三百十七

永堂　傑三百七八

國忠　傑三百七九

國富　傑三百八十

同治　出繼俊三百十七

國治　傑百三八一

住蘇州

聖昌　興四百五五

邦位　興四百五六　小字大貓

年位　出繼傑三百八二

邦雲　興四百五七

字丹鳳

仁紀　俊三百十八

天成　傑三百八二
字光運
傑三百八十子入繼

年位　興四百五八
小字小貓
興四百五六子入繼

士蓮　英百五一
字岐山
號鳴亭
貤贈修職郎

成文　才二百廿九
字斐章
號懷素
監生加捐主
簿銜　例授
修職郎

雲錦　俊三百十九
字天霞號登
峯乾隆十二
年丁卯府學
歲貢生　例
授修職郎

永源　傑三百八三
字東泉
號雪亭

永瀾　傑三百八四
字東安
號省齋

蛟　興四百五九
字華祝
號海如

蟾　興四百六十
字華玉
號宮輝

華岳　興四百六一
字渭功
號蟠溪

華恩　興四百六二
字式賓
號驎樓

永清 傑三百 八五
號東臨
[illegible]蟾宮
邑庠生

南陽 興四百 六三止

華瑛 興四百 六四止
字新之號銘
軒小字壽

華定 興四百 六五
字聲一
號賡庵

華南 興四百 六六
字光一
號醒庵

華甯 興四百 六七
字問一號鷺
庵又號亦仙

華賓 興四百 六八
又諱霖
字沛生

永濟 棨三百 八六
字東周
號□渡
例貢□仕郎

榛 興四百 六九
字華剛號梃
生　覃恩上
壽 興四百七
七子八繼

標 興四百七 十〇止
字華□
號輔廷

模 興四百 七
字省三號警
石監生加捐
布政司都事
銜

桂 興四百 七二
字華新
號丹香

學初 興四百 七三

克信 傑三百 八七
字永林

光華 俊三百 二十
字隆發

承禮 才二百 三十

士章 英百 五二
小字道士

克勤　傑三百八八

學聖　興四百卄四止

犬官　傑三百八九

學乾　興四百七五止

光義　俊三百廿一
字長發

正倹　俊三百廿二

永定　傑三百九十

學詩　興四百七六
字士興
號玉泉

傑三百九十一
子入繼

永水　傑三百九一

學詩
出繼傑三百九十

學禮　興四百七七
字士運
興四百八二
子入繼

馬　英百五三

承先　才二百三一

桊祥　俊三百廿三

國棟　傑三百九二

繼孝　興四百七八

字松盛

繼安　興四百七九

繼林　興四百八十

繼盛　興四百八一　止　又諱繼鳳

承元　才二百三二

士剛　英百五四　字鳳林

成雲　才二百三三

光昌　俊三百廿四　俊三百廿七子兼祧

永芳　傑三百九三　字登高號攔芬監生

興佐　興四百八二　字偉臣號蔭槐

成霖　才二百三四

光皓　俊三百廿五

住湖州

光邦 後三百 廿六
住湖州

光[illegible] 後三百 廿七
字世宗
號[illegible]

永芳 兼祧後三百 廿四

興佐
承繼派

興佑 興四百 八三
字汝翼號梅
溪又號槃友
六品軍功

興位 興四百 八四止

世系五　西房玖三公派

廿一世　廿二世　廿三世　廿四世　廿五世

文玉　興一　又諱愷

在中　經一　又諱昌

在進　經二

在新　經三

在明　經四　字了益

綸豐　綸一

寶和　輔一

寶成　輔二

文秀 興二
字松齡

正揚 經五
字永興

綸裕 綸二

綸音 綸三
字鶴[illegible]

綸義 綸四
字維照
附父祀

綸美 綸五
字維甯
綸六子入繼

綸賓 綸六

輔均 輔三
字寶林

長壽 輔四

輔榮 輔五
字秉叔
號[illegible]大

輔榮

相仁 相一
○止

順生 相二

文明 興四 字覺行

正意 經六 字秉顧

字維揩 出繼綸五

綸三 綸七

綸照 綸八 綸七子入繼

綸禮 綸九

輔英 輔六 字大全

輔康 輔七 字慶餘

輔林 出繼綸八

輔咸 輔八 字慶安

輔林 輔九 字慶元

相壽 相三

相衡 相六 字椿耆

正烈　經七
字聖功
號永茂

綸一　綸十
字遜鶴

輔安　輔十
字玉樹

輔朝　輔十一
字玉水

輔廷　輔十二

相堯　相五
監生

相富　相六

相瑞　相七
又諱鈺

相琪　相八
字長成

相禮　相九
字長貴

字[illegible]廷

輔十一 綸[illegible]
字靜[illegible]
號[illegible][illegible]

輔十三 輔勳
字安福

輔十四 輔莧

輔十五 輔桼
字慶桼

輔十六 輔濤

相十 相楨

相十一 相根

相十二 相遜
任上海

相十三 相濟

住上海

相[illegible] 相十四 住上海

相淨 相十五 住上海

相南 相十六 住上海

相炳 相十七 住蘇州

相道 相十八

相[illegible] 相十九

輔銓 輔十七 字春金

輔才 輔十八

字企在

綸光 綸十二
字靜蓀

兆源 輔十九

輔瑞 輔二十

相來 相二十
隨母在上海

輔春 輔廿一

綸魁 綸十三
字始光

輔增 輔廿二
字春和
號懷增
從九品銜

相三 相廿一
字志鼎

相武 相廿二
字耀清

相桓 相廿三

[illegible]卷四　西房玖三公派　[illegible]堂

文行　興九
字福壽
興十子入繼

正恒　經八
字永錫

正心　經九
字良佐

字蘭生

綸達　綸十四
字震卡
號[illegible]

輔沅　輔廿三
字泰芳
號[illegible]欽

相志　相廿四
字淑根

綸金　綸十五
字聲高
號[illegible]

輔勇　輔廿四
又諱輔宗

綸[illegible]　綸十六

輔[illegible]　輔廿五

輔[illegible]　輔廿六
字水

綸江　綸十七

輔金　輔廿七

相[illegible]　相廿五

字盛京

字全生

相盈 六 相廿
字門生

綸裕 八 綸十

輔任 八 輔廿
字寶福

輔成 九 輔廿
字寶順
號新裁

輔英 十 輔三
字福仁
小字阿才

相舜 七 相廿
字巳堯

文元 十 興
字天壽

正心
出繼興九

正典 十 經

綸宏 九 綸十

字良方

字高富

綸忠 綸二十

輔椿 輔三一
字長春

相鑫 相廿八
隨母在杭州

輔遠 輔三二
字長遠

綸[illegible] 綸廿一

輔森 輔三三
字長生

輔仁 輔三四
字長齡

相𣲙 相廿九

輔榮 輔三五
字中齡

輔成 輔三六

運福 相三十

字[illegible]生 小字阿四

運庚 相三一

正崙 經十一 字可[illegible]

綸洪 綸廿二

綸[illegible] 綸廿三

輔朋 輔三七 字玉兎

相森 相三二 字春生

玉麟 出繼綸廿五

逢生 相三三

綸[illegible] 綸廿四

綸衙　綸廿五
小字阿毛
綸廿三子入繼

綸[illegible]　綸廿[illegible]
字[illegible]

正熙　絕十二
字良賢

正[illegible]　經十三
字良勇

[illegible]梁　經十四

文兆　興十一
字天生

玉麟　輔三八
字聚興

輔[illegible]　輔三九

相瀚　相三四
字壬生

相榮　相三五

相華　相三六

相全　相三七

輔慶 輔四 十

文[illegible] 興十 二 小字康

經[illegible] 經十 五 字長德

文選 興十 三 字研題 小字慶

顯達 經十 六

景永 經十 七 字東顯

景才 經十 八

文顯 興十 四

正國 經十 九

小字龍

小義 [illegible]二十 字大義 號廷瑞

德慈 經廿一

經林 經廿二 字虎林

成[illegible] 經廿三 字大忠

小[illegible] 經廿四 號江北

[illegible]

正[illegible] 經廿五

文虎 興十八

文彪 興十九

字文三

文煥　興二十一　字允章　號學忠　住□橋

字□寶

正治　經廿六　字□泰

綸竹　綸廿八　字栽之

輔棟　輔四一　字昇吉

輔光　輔四二　字□華

輔椿　輔四三

輔臣　輔四四

相剛　出繼輔四

相偉　相三八　字慶安

安靜　出家保國寺

相康　相三九

相賓　相四十　字世丙　住江北

相剛　相四一

熬東麥氏四修宗譜　卷四　西房玖三房派　有光堂

輔[illegible]　輔四五
字定庭○輔四一子入繼

輔森　輔四六

輔思　輔四七
輔四六子入繼

輔全　輔四八
字巨艮

綸城　綸廿九
字錦城
號[illegible]堂
[illegible]號[illegible]堂
[illegible]子[illegible]

字慶和
相權　相四二
字招卿

相恒　相四三

相標
出繼輔四七

相標　相四四

相照　相四五

相臨　相四六

輔翼 九 輔四
字振羽

相樂 七 相四

輔玉 十 輔五
輔五一子入繼

相恆 八 相四

輔君 一 輔五

相恆
出繼輔五十

相容 九 相四

輔立 二 輔五

西房玖王基派

文□ 興二廿 字耀祖

承富 經廿七

綸行 綸三十 字衍發

綸光 綸三一 字□發

輔魁 輔五三 字祥佑 小字大毛

相源 相五十 字養順

輔榮 輔五四 字寶佑 小字夏貓

綸□ 綸三二 字宏發

輔學 輔五五 字邦佑 小字小毛

永□ 經廿八

永□ 經廿九

綸奎 綸三三

字永年

字雲飛

正洪　經二十

文達　興廿九
字□□
號思元

沛□　經三一
字麟翔

綸手　綸三四
字□基
號鳳輝

輔周　輔五六
任□州貢嚴縣

綸序
出繼經三三

綸□　綸三五
字紹年

綸泰　綸三六
字紹泰

輔坤　輔五七
字來松

沛昌　經三二

綸五　綸三七

如松　輔五八

字瑩輝
號嶙甫
覃恩上壽

綸□
字鑫馨〇綸
三八子太繼

綸□ 綸三
八
字恒貴

如松
出繼綸三七

輔瑞 輔五
九
字瑞松

輔仁 輔六
十
字天松

綸本
出繼經二三

綸□ 綸三
九
字震興

綸鎔 綸四
十

輔宸 輔六
一
字意生

輔□ 輔六
二

字盧倫

沛圻　經三 三
字殿芳
號麟佑
經三一經三
二子入繼

文望　輿三 十
字克齊
號思學

沛乾　經三 四
字秉爾
號金祥

字恆茂捷永
成○監生

綸序　綸四 一
字紹川
號品階

綸本　綸四 二
又諱綸贊

綸紀　綸四 三
字森來

綸照　綸四 四

輔壯　輔六 三
字啓增
號大增

輔君　輔六 四
字啓順

輔學　輔六 五
字大林

輔贊　輔六 六
字成林

輔儔　輔六 七
字康南

輔康　輔六 八

字桂生

綸正 綸四五
字㚇修

沛然 經三五
字巨膏
號壹齋

字康三

輔仁 輔六九
字德元、

輔義 輔七十
字康友
號履和
監生

輔[illegible] 輔七一
字康全
號秉周
監生

相君 相五一
字慶賚
號養三

相親 相五二
字慶爾

相朝 相五三
字慶祿

相賢 相五四
字向壬
號瀛洲

相才 相五五
字向連
號誠美

相承 相五六

字向順

綸聲 六 綸四
字桂山
國子監生

綸[illegible] 七 綸四
字丹忱
號子來
誥贈奉政大夫　貤贈朝議大夫

沛生 六 經三
字雨亭
號金芳
又號松筠
貤贈奉政大夫

輔孟 二 輔七
字康寶
號小山

輔仲 三 輔七
字康宰
號允中
監生

輔季 四 輔七
字康申
號心田

輔壽 五 輔七
字康增
號岳南
國子監生候選州同加二級　誥授奉政大夫晉

相國 七 相五
字榮卿
號鼎臣

相顏 八 相五
字慶生
號磐琛
從九品銜

相時 九 相五
字壬生

相卿 十 相六
字緩雲
號協卿
監生捐授布政使理問銜
海運　欽加五品銜加二

贈朝議大夫
綬　誥授奉
政大夫　晉
授朝議大夫

相瑋 相六 一
一名紹冠
字達璋
號霓卿
附貢生江蘇
候補縣丞得
缺後以知縣
用五品頂戴

沛忠 經三 七
字源發
號瀛珍
監生　例贈
承德郎

綸章 鈐四
字廷錫
號醒石
又號月來
監生　敕贈
承德郎　貤
贈奉政大夫

昭焉 輔七 六
一名蘭
字德音
號秋濤
又號松亭
監生捐授布
政使理問銜
敕授承德
郎　誥封奉

相迎 相六 二
字慶寶
號又三
監生捐授同
知銜　例授
奉政大夫

相迪

政大夫

出繼輔七九
兼祧輔七七

相逵
出繼輔七八

相達三　相六
字慶瑞

承哉七　輔七
字光烈
號鶴壽
輔七九子兼承祧

相迪

煥乎八　輔七
字從周
號三壽
輔七六子入繼

相逵四　相六
字慶祥

端也九　輔七

相迪五　相六
一名紹緯
字慶和

一名端
字智之
號履甫
小字祿
監生捐授州
同銜　敕授
承德郎修訂
留公田支譜
輔七六子入
繼

號欽何
邑庠生
兼祧輔七七

輔溢十　輔入
字楚良號蝉
甫○監生

輔才一　輔入
字康壽
號育英
監生○輔入
二子入繼

相松六　相六
字松齡
號忐禎
監生

綸益九　綸四
字際唐
號澤塘
監生捐授布
政使理問銜
誥封奉政
大夫

輔嗣二　輔入
字仁
號靜山

相松
出繼輔入一

晉生 貤封
奉政大夫

相楠 七 相六
字椿齡
號謹範

輔功 三 輔八
字眉壽
號佐勤
又號佐庭
監生捐授同知銜
誥授奉政大夫

相祚 八 相六
字□昆
捐授州同銜
勅授承德郎

輔能 四 輔八
字延壽號哲卿
監生

相槐 九 相六
字永齡
號植三

文崗 一 與三
字□義
號晚峰
從八品銜

洪祥 八 經三

沛清 九 經三
字永源
號靜涵

綸煒 十 綸五
字福祿
號樾齋

輔良 五 輔八
字佐臣
號松日

相坤 十 相七

監生

監生

監生

相均 一 相七
字震基
號耕平
又號竹安
監生

相墀 二 相七
字寶璜

相遇 三 相七
字襄虞

綸絜 一 綸五
字爾臨
號復曾
監生

輔德 六 輔八
字孔昭
號迪日

輔道 七 輔八
字復堂
號招日

輔信 八 輔八
字行之
號字日

文高 二 與三

冬狗 十 經四

夏猎 經四 一

東山 經四 二

助教 出家保国寺 爲僧

正仁 經四 三 字神佑

正範 經四 四 字東和

文照 與三 三 字進才 號卜文

正忠 經四 五

文錦 與三 六

綸茂 綸五 二

輔槐 輔八 九

相棟 相七 四

卷四　西房玖三公派

字國顯
覃恩上壽

字錫基

字雙福
號鑑賢
監生○輔九
二子入繼

輔榛
出繼綸五三

輔暘 輔九十
字安福○輔九二子入繼

相樑 相七五

輔椿 輔九
字惜福

相椽 相七六
一名相全

綸源
出繼經四五

綸和 經五三
綸五二子入繼
繼

輔榛 輔九二
字啟福
號維欽

相棟
出繼輔八九

輔財 輔九 三
字安寶
國子監生

綸[illegible] 綸五 四
字熹吉
號[illegible]
從九品銜

正明 經四 六
字錫三
經四五子入
繼

相[illegible]
出繼輔九十

相柱 相七 七

相桂 相七 八

相林 相七 九
字裕生

相森 相八 十
字裕坤

相彬 相八 一
字裕發

文運 與三七
字國臣
號聖愷
與三八子入繼

文華 與三八
字華
號[illegible]章

正棟 經四七
字美材

正棟
出繼與三七

正樑 經四八
字錫助

綸表 綸五五
字洒一

炳仁 綸五六
一[illegible]樊

輔標 輔九四

佺仁
出繼[illegible]四九

生仁 綸五七

福仁

出繼緒五一

文[illegible]二　璵四　字門全

正柱九　經四　經四八子入繼

錫朋十　經九五

餘仁八　綸五

輔明五　輔九

正坤一　經五　字錫貴〇經四八子入繼

福仁九　綸五

正豐二　經五　字鈺芳

綸[illegible]一　綸六　字繼仁

綸才一　綸六　字緒善

祖英六　輔九

正春三　經五

綸壽二　綸六

蒲[illegible]氏族[illegible]譜　卷四　西房玖三公派

文斌　興四　四
字國名○興四五子入繼

文祖　興四　五
字國順

文深　興四　七
字分有

文求　興四　八
字國常

正佐　經五　四
號惜泉
字錫金
字元吉

正位
出繼興四四

正倚　經五　五

正芳　經五　六
字飛龍

正元　經五　七
字德春
小字門虎

正德　經五　八

字垍壽

維銓　會六　二

有志堂藏

字成春

正林　經五九
字鳳春

正章　經六十
字[illegible]春
住溫州

綸剛　綸六四
字成勳
有螟蛉子住
溫州不列世
次傳

文科　典四九
字國泰

正高　經六一
字彭年

綸秀　綸六五
字雙齡

輔榮　輔九七
字永壽

綸乇　綸六六
字雙慶

文甲　典五十
字國珠
貤贈奉直大

正培　經六二
字建三
號鵬飛

綸清　綸六七
字懋懷
小字九

輔根　輔九八
字春榮

相棠　相八二
字襄唐

夫

經大三子入繼

勅贈承德郎

輔元 輔九九

字春元

國子監生捐

授州同銜

勅[illegible]承德郎

輔定 輔一百

正昌 經六三

綸清

出繼經六一

綸雲 綸六八

字景祥

號鄉亭

監生　欽加

五品[illegible]銜

授奉直大夫

綸勤 綸六九

輔[illegible] 輔百

字[illegible]卿

[illegible]生

輔[illegible] 輔百二

相松 相八三

字[illegible]洲

相[illegible] 相八四

字瀛泉

相[illegible] 相八五

文揚 一 輿五
字遺貴

文戌 二 輿五

正孝 四 經六
有螟蛉子綸
□不列世次
傳

正訓 五 經六

綸宏 一 綸七

一名鑒
字燈[illegible]
號汝賢
從九品銜
例授登仕佐
郎　誥贈奉
直大夫

字楚珍
國子監生捐
授五品銜
例授奉直大
夫

字志廷
號萊仙
監生

綸彧 十 綸七
一名源
字東川
號信之
監生捐授州
同銜五品銜
頂

輔仁 三 輔百
一名錦葵
字杏孫
號醴泉
附貢生江蘇
候補縣丞

相燮 六 相八
一名本晟
小字普齡
號巽庵

字國雲

四海 經六 六 字東海

住蘇州

知其 綸七 二 住蘇州

文盛 興五 三 字際雲

正高 經六 七 字東年

更壽 綸七 三 住岱山

正升 經六 八 字東升 住平城縣

蘇倫 綸七 四

正和 經六 九 字東高

綸順 綸七 五 字觀仁

正標 經七 十 字東雲 住新城縣

觀燕 綸七 六 住岱山

觀榮 綸七 七

文北 輿五 四 字厂裘

文儒 輿五 七 字連雲

正基 經七 一 字廉春

正浩 經七 二 字廉圃 覃恩上壽

正泰 經七 三 字曾安

正賢 經七 四 字甯安號景彝 例監生

正茂 經七 五 字永安

正富 經七 六

任新[illegible]縣

綸福 綸七 八 字小福 監生

輔泉 輔百 四 字鶴齡

綸傳 綸七 九 字立傳號子卿 ○監生

□房□氏四修宗譜卷四　西房玖三公派

字昌安

文傑 興五九

文瀾 興六十

文珩 興六一
字楚玉
號□乾

文琰 興六三
字艮玉
號祁豐

正發 經七七

經□ 經七八
諱闕
住蘇州

正則 經七九
字介尊
號通倫

春壽 經八十

□泰 經八一
住杭州

綸銳 綸八十
字□依

綸海 綸八一
字秀倫

輔□ 輔百五
字寶谷
監□
住杭州

相榮 相八七
字桂榮

相鋆 相八八

大順 三 輿七

時芳 二 經八
字裕堂

福生 二 綸八

大年 四 輿七

慶裕 三 經八

連生 三 綸八

連生 出繼經八三

輔樑 六 輔百
字寶森

相朝 九 相八

輔林 七 輔百
字寶林號名寶○任杭州

瑞章 十 相九

瑞慶 一 相九

郭氏四修宗譜卷四　西房玖至癸孫　壽元堂藏

興七八子八
繼

大鵬　興七　八

經八二子八
繼

慶泰　經八　四
字光耀

慶歲　經八　五

慶裕
出繼興七四

大宏　興七　九
字森奎

大綖　興八　十
字和穆
號奕屏
誥贈奉政大夫

裕泰　經八　六

裕秀　經八　六
一名毓
字豫秀
號庭栻
監生　欽加同銜

綸龍　綸八　四
小字炯毛
住上海

綸玉　綸八　五
字霽簫
號松年
監生捐授州同
欽加

榮奕　輔百　八

□□　輔百　九

同知銜 誥
授奉政大夫
累贈中憲
大夫

同知銜 賞
戴花翎 誥
授奉政大夫
貤封中憲
大夫

綸璐 綸八六
一名燮
字仲齡
號丹霞
邑庠生五品
頂戴

輔宸 輔百十
字芹仙

輔定 輔百十一
字梅仙

輔宰 輔百十二
字龍仙

輔寶 輔百十三

綸瓊 綸八七

輔宮 輔百十四

一名士駿　字詠仙
字心遵遵
號文玉
又號染青
附貢生五品
頂戴例授奉
直大夫　貤
封中憲大夫

綸瓚　綸八八
字家耕
監生　欽加
同知銜加一
級　例授奉
政大夫

綸瑛　綸八九
字思滌
號[illegible]群
監生

輔寅　輔百十五
字鼎仙

輔官　輔百十六
字熊仙

輔宋 輔百十七
字鴻仙

大純 興八一
字[illegible]穆
[illegible]上壽

大經 興八二
字[illegible]順

萬清 興八五

裕安 經八七

時朋 經八八
字[illegible]英[illegible]
九十子入繼

時豐 經九十

其南 經九一

綸琮 綸九十
字慶[illegible]
小字小黃狗

綸榮 綸九一
小字[illegible]壽

綸榮
出繼經八九

綸浩 綸九二
字福貴

綸壽 綸九三
字寄生

輔慶 輔百十九
字五福

綸佾　綸九四　字生有

輔堂　輔百二十

大基　興八七

彩[illegible]　經九二

時玉　經九三　字玉堂

綸福　綸九五　字一芳　小字阿狗

輔全　輔百廿一　字駿發

和祥　興八[illegible]　字仁則

均　經九四　字[illegible][illegible]

嘉[illegible]　綸九六　字廷才

域　經九五　字兆[illegible]

[illegible]　經九六

和瑞 真九 十一
諱爻
字仁英

壇 經九 七
字學莅

城 經九 八
字□夫
號耀宗
經九九子八
繼

坦 經九 九
字履中
號洪宗

錕 綸九 七
字公望
號飛山
綸九ア子八
繼

錕
出繼經九八

鎢 綸九 八
字□雲

鶴林 輔百 廿二
輔百廿三子
入繼
住温州

鶴林
出繼綸九七

殿林 輔百 廿三
住温州

長慶 相九 二
住温州

長慶
出繼輔百廿二

長甯 相九 三

佳溫州

長根　相九四

相楨　相九五　○止

字穊九

輔淮　輔百廿四

字自桐

監生

輔百廿五子

入繼

相桂　相九六

字紹芳

輔[illegible]　輔百廿五

字論清

號[illegible]亭

相楨

四

出[illegible]輔百廿

輔淇　輔百廿六

字[illegible]水

相[illegible]　相九七　○止

[illegible]侖九

[illegible]九

字余如

號[illegible]

擇　經一百一　字浚文　號春宗

坤　經一百一　字成立　號靜宗

鋒　綸一百一　字穎開

鉅　綸一百一

輔潛　輔百廿七

輔瀚　輔百廿八　字嵩山

輔洪　輔百廿九　字名賢

輔洋　輔百三十　字安全　號在艮

輔滄　輔百三一　字丹楊　小字阿毛

相梓　相九八

相卿　相九九　○止　字寶元

和鼎 與九一
字大勳
號開元

圻 經百二
字汝豐
號五宗

介眉 經百三
字承高

介仁 經百四
字殿安
諱百六子入繼

鎬 綸百二
字醞泉
號凌雲

鐘 綸百三
字[illegible]遠
號祥雲

輔瀾 輔百三二
字觀水

輔濤 輔百三三
字文瀾
號昌年

輔漢 輔百三四
號松年

輔洲 輔百三五
字朝宗
號傑年

輔沅 輔百三六
字湘浦
號澱年

相楠 相一百〇止

相校 相百一〇止
字織瀾

介藩 經百五
字屐豆

介靜 經百六
字□豐

鏜
出繼經百四

銓 綸百四
字翰□

鈁 綸百五

鑴 綸百六
字錦雲

清淵 綸百七

輔漢 輔百三七
小字阿攀

桂年 輔百三八

相椿 相百二
字永來

址 經百七
字元基〇經百九子入繼

和貴 興九二
字恆明

墻 經百八　字元與

[illegible] 綸百八　字清泉

[illegible] 綸百九　字師正

輔[illegible] 輔百三九

輔[illegible] 輔百四十

壇 經百九　字[illegible]貴

[illegible] [illegible]繼[illegible]百七

[illegible] [illegible]百十

輔溴 輔百四一　字朝宗二子　輔百四二　入繼

國棟 相百三　字名卿　號六一

輔溥 輔百四二

國[illegible]

字渭川
例授登仕郎
出繼輔百四
一

國傑 相百四
字亞卿
號六二

綸[illegible] 綸百十一

綸[illegible] 綸百十二

輔瀚 輔百四三

綸文 綸百十三

綸佐 綸百十四
字[illegible]芳

輔清 輔百四四

配模 相百五〇 止
字宮槐

煌 興百三
字和興
仁和邑庠生

經魁 經百十
字文元

配仁 相百六〇 止

東房劉氏四修宗譜卷四　西房玖三公派　承六堂刊

延標 延百十五

延乾 延百十六

輔勳 輔百四五
一諱輔仁
字如川

輔孝 輔百四六
輔百四七子
入繼

輔功 輔百四七

配岳 相百七

相濱 相百八
字□瀾
住上海

相濱
出繼輔百四六

相京 相百九
住江北

然 興百四 字明德

元富 經百十二

□龍 經百十一 字□乾

廷秀 綸百十七

□貴 綸百十八 綸百十七子 入繼

輔行 輔百四八 字德揚 輔百四九子 入繼

輔信

輔信 輔百四九 字舜揚 出繼綸百十八

相樸 相百十

相樸 出繼輔百四

相楨 相百十一〇 止 字如根

鐘 湛百五 字唐貴 號聲揚

音高 經百十三

[illegible]法 經百十四

音[illegible] 經百十五

允[illegible] 經百十六 字[illegible]玉

允[illegible] 經百十七

允治 經百十八

廷彩 經百十九 字春江

[illegible]顯 經百二十

倫[illegible] 經百廿一

丙陽 輔百五十

輔治 輔百五一 字[illegible]三 小字六三

[illegible]昌 輔百五二 小字[illegible][illegible]

鏡　興百六　字仲貴

銘　興百七　字日貴　號日新

鑑　興百八　字時省

允澄　經百十九

允濟　經百二十　經百十九經百廿一子入繼

允法　經百廿一

綸與　綸百廿二

綸襄　出繼經百□

綸襄　綸百廿三

孝立　綸百廿四　綸百廿七子　兼祧

孝立　出繼經百二十

明□　綸百廿五　小字小孝

輔濂　輔百五三　小字和尚

輔洼　輔百五四　字炳榮

輔洼　兼祧綸百廿四

貴財　相百十二

貴財

允灃 經百廿二 字成忠

協乾 經百廿三

永□ 與百九 字君臣

芳秀 經百廿四

岡齡 與百十三 字聖賢

芳城 出繼與百十六

雙□ 經百廿五

九齡 與百十四 字君賢

公爽 經百廿六

百齡 與百十五

松齡　興百十六
興百十三子入繼

杰　韜百廿一
字君佐
號宏茂

芳城　經百廿七

塏　經百廿八
字應男
號棠豐

[illegible]　經百廿九
字昕男
號齊豐

封　經百三十
字祭男
號稌豐

鶴山　綸百廿六

偉生　綸百廿七

奎[illegible]　綸百廿八

偉川　綸百廿九

偉康 綸百三十
字偕甯

輔漢 輔百五五
字元茂

相佑 相百十三〇
相國 相百十四
字邦佑

積豐 經百三一
字玉男

儒豐 經百三二
字寶男

新和 經百三三

鳳來 經百三四
作岱山

烈 與百廿二
字君勇
號安基

炳 與百廿四
字君友
號宏亮

興[illegible]　廿六　興百

興茂　廿七　興百

興儀　廿九　興百

經照　三五　經百

經魁　三六　經百

經華　三七　經百

經和　三八　經百

綸耀　三一　綸百

綸苗　三二　綸百

綸[illegible]　三三　綸百

綸福　三四　綸百

輔洪　五六　輔百

福順　五七　輔百

輔泉　五八　輔百

興朝 興百三二

經章 經百三九

慶祥 綸百三五

仁虎 輔百五九

慶利 綸百三六 小字夏胖

生祥 [illegible]百三七

經大 經百四十

經岳 經百四一

瑞倫 經百四二 字瑞作

萬倫　經百四三　一作經洲

興本　興百三三

經倫　經百四四

綸惠　綸百三八

綸百三九子入繼

綸恕　綸百三九　字儁源

輔佐　輔百六十　字佀康

輔注　出繼綸百三二

八

錫源　輔百六一

興詩　興百三四

經芳　經百四五

綸英　綸百四十

綸園　綸百四一

綸全 綸百四二

輔榮 輔百六二 小字錫慶

輔慶 輔百六三

經元 經百四六

綸成 綸百四三

輔壎 輔百六四 錫章

經彥 經百四七

綸順 綸百四四

生順 綸百四五

輿桁 與百三六

田宣 經百四八

綸餘 綸百四六

輔盈 輔百六五

錫[illegible]　輔百六六　出繼綸百四三

田春　出贅右房本十八孫經下全七

經德　經百四九

經道　經百五十

興仁　興百三七　字[illegible]潤　號仁基

綸元　綸百四七

綸魁　綸百四八

輔林　輔百六七

綸標　綸百四九

綸利　綸百五十

綸英　綸百五一

綸錫　綸百五二

經裕　經百五一　字善[illegible]

綸[illegible]　綸百五三

綸生　綸百五四

輔[illegible]　輔百六八　字順林

輔祥　輔百六九　字魁[illegible]

輔[illegible]　輔百七十

小字阿毛
[illegible]輔吉

經[illegible]　經百五二
字[illegible]

綸三　綸百五五
小字[illegible]三

輔與　輔百七一

綸慶　綸百五六
字[illegible]慶

綸鉅　綸百[illegible]七
[illegible]巨

興隆　興百三八
字青山
號毅珊

經瑞　經百五三
字五佩
號詩章

綸殷　綸百五八
字[illegible]浩
號安甫

輔勤　輔百七二
字[illegible]梁

輔韡　輔百七三

字[illegible]耀

經常 經百五四 字[illegible]瑤

經能 經百五五 字[illegible]參 號[illegible]熊

綸利 綸百五九

綸[illegible] 綸百六十

綸[illegible] 綸百六一 字[illegible]

綸銓 綸百六二 字盤[illegible]

綸鋕 綸百六三

綸[illegible] 綸百六四

輔[illegible] 輔百七四

輔坤 輔百七五 字[illegible]森

輔章 輔百七六 小字滋上

[illegible] 輔百七七 字[illegible]生

興國 興百三九 字偉東

經尊 經百五六 小字[illegible]來

綸玉 綸百六五

綸坤 綸百六六

綸春 綸百六七

興常 興百四十 字立興 號[illegible]貴 又號[illegible]筠

經高 經百五五 小字銀來

綸偉 綸百六八 字雲龍

輔昌 輔百七八

綸泉 綸百六九 字雲彪

輔燧 輔百七九 字[illegible]輝

經成 經百五八

綸振 綸百七十

字丙南
號遠橋

綸
初
綸百
七一

世系六　西房玖四公派

廿一世	廿二世	廿三世	廿四世	廿五世
誠　興百四五　字則明　號起祥	文經　經一　字肯堂			
	文居　經二　字捧堂			
尚忠　興百卅八　小字進發	招榮　經三			
	榮三　經四			
	成金　經五	景春　綸一		

浔東黄氏四修宗譜卷三　五房玖四公派　永六堂

字帥三

景高 綸二

景元 綸三
住嵊縣

戌龍 經六
小字四福

景泰 綸四

景華 綸五
字慶□

君揚 與百四九

紀學 經七
字德成

勤學 經八

聖恩 綸六

甯芳 輔一

字信孝

聖思 七 綸
字恆介

輔恭 二 輔
小字云狗

輔寬 三 輔
字允生
小字大阿生

輔信 四 輔
字冬生

輔敏 五 輔
字東生

輔惠 六 輔
字惠生

[illegible] 綸

勤德 九 經

聖道 八 綸

字德友

聖榮 綸九
字恆茂

桂林 興百五十
字成美

經學 經十
住李溪渡

嵩學 經十一
住李溪渡

廷魁 興百五二
字顯忠

繼祖 經十二

烈孝 興百五三
住後余

大官 經十三

二官 經十四

觀光 興百五八
字德華

雨英 經十二
字鳳儀
經百八七子入繼

雨炳 綸十

雨華 經十六
字鳳梧
貤贈朝議大夫

雨亭 綸十一
字祿昌

傳承 輔七

雨炳
出繼綸十五

雨祿 綸十二
字祿慶

傳貴 輔八
字鼎錫
號象初

嘉元 相二〇止

雨大 綸十三
字祿保
號徵承

傳樑 輔九

相堃 相三

傳楹 輔十

相福 相四
一名葆桐
字在田
監生五品頂戴

傳瑞 輔十一
一名錦泉
字崑玉
號□水
監生 欽加
四品銜 誥
授朝議大夫
賞戴藍翎

雨游 綸十四
一名廷懷
字祿江
字中之
誥封朝議大
夫

觀聖 興百五九
字德三

南臺 經十七

南奎 經十八

南宏

觀化　興百六十
字雲龍

觀[illegible]　興百六一
字聖功

出[illegible]爲嗣

鳳岡　經十六

南圭　經二十
字鳳璘

南明　經廿一
字鳳玉[illegible]經二十子入繼

南棊　經廿二

協天　綸十五

瑀天
出繼綍廿一

堯天　綸十六

毓戊　綸十七
字裕和

傳[illegible]　輔十二
小字小傳

增耀　輔十三
小字全福
住清水閘

增高　輔十四

小字全炳
住嵊縣

世昌 與百七二
住杭州

彭玉 經廿三

觀英 與百七七
字秀山

[illegible]呈 經廿四

觀榮 與百七八
字士九

[illegible] 經廿五

[illegible] 瀹十八
字海[illegible]

鳴[illegible] 經廿六
字[illegible]奎

滄鎮 瀹十九

滄[illegible] 瀹二十
瀹[illegible]一八

瑞[illegible] 輔十五
字[illegible]五

祥林 昭五[illegible]

滄洲 瀹廿一

瑞[illegible]

字□□

出繼□二十

□□□輔十

□州□佑

□

相振六相

鑫木七相

□木八相

□生九相

□□長百

□十

字□□

光奎廿七經

小字□□

光桂廿八經

小字小冬

[illegible]冬　經廿九

兆　諱與百　號八一　字[illegible]

[illegible]　經二十

[illegible]

出家爲僧

[illegible]典[illegible]　八六　字[illegible]

[illegible]　經[illegible]　一　字十[illegible]

[illegible]　綸[illegible]　二

[illegible]　綸[illegible]

[illegible]　綸廿　四

敏 經三 二

楚 經三 三

亨 經三 四

煌 輿百 八七 字旭初

有林 經三 五 字西園

學[illegible] 綸廿 五 字萬生

輔梧 輔十 七 字爲琴

輔桐 輔十 八 字爲梁

相柱 相十 字書源 號紹品

輔梓 輔十 九

珠林 經三 六
出外無查

紹[illegible] 經三 七
小字掌[illegible]
國子監生

烈 興百 八八
字功敷
國子監生

學明 綸廿 六
字[illegible]

成[illegible] 輔二 十

興[illegible] 綸廿 七
字翰[illegible]
號[illegible]
[illegible]

[illegible] 輔廿 一
字榮[illegible]
號欽之

興[illegible] 綸廿 八
字翰[illegible]
號碧玉

[illegible] 輔廿 二
字榮[illegible]

興成 綸廿 九

[illegible]綱 輔廿 [illegible]

相校 相十一 ○止
字瑛嘉

相[illegible] 相十二 ○止
字[illegible]琪

相棠 相十三 ○止

字攻科
號游[illegible]
贈[illegible]上[illegible]

字晴嵐
號雅白
咸豐三修譜
襄[illegible]立[illegible]

字國材號企
伯小字[illegible]燻

相棣　相十四　○止
字國寶
號聯輝
又號韓生
小字增榮

相權　相十五　○止
字國瑛號立
甫小字金鍔

相樟　相十六　○止
字國棟號香
谷小字金葵

相橋　相十七　○止
字國華號圖
仙小字五全

[illegible]　輔廿[illegible]
字慶南號安
波又號楚香

學[illegible]
字受益
號衛玉

靜淇
出繼綸三一

靜海 輔廿五
字謹宰
號春山

靜湛 輔廿六
字慶水

靜浙 輔三一
字克諧
號鳳林
繼綸三十八

繼[illegible]
出繼[illegible]百八
九

靜[illegible] 輔三八
字[illegible]固
小字乾珠

靜[illegible] 輔三二
字[illegible]
號魁生
繼綸三四十八

靜瀾 輔廿七
字鉅川

繼

學敎 綸三 十一
字亦文
號捷玉

學個 綸三 四
字性山
號金玉

靜湝
出繼綸三二

學鰲 綸三 十
字魁占

繼堂 經三 九
字秀山
字紀珠
監生

世德 興百 八九
字功才
興百八八子
入繼

靜洲 輔廿 八
字渭川

靜波 輔廿 九
字晏海

靜濤 輔三 十
字幾如

相洋 相十 八
字寶臣

相榮 相十 九
字寶玉

寶森 相二 十

靜渭 輔三一
字馥東
號春樹

靜瀰 輔三二
字再清

學魁 論三六
字楚玉

智堂 經四十
小字岐球

升堂 經四一
小字名森

紹門 經四二
字文閣
號玉書

炌 興百九十
字功備

灼 興百九一
字允盛

竹　興百　九三　字允茂

燕　興百　九五　字貽豐

松茂　出繼鎮海郭　霧山廿露庵

金誠　經四　三　字南江〇經　四門子入繼

遠城　經四　四　字北濬

能文　經四　五

能武　經四　六

元魁　佾三　七

元魁　出繼經門三

元會　綸三　八

日照 興百九六
字萬聰
號桃園
監生

可均 經四七
字達夫
號醉仙
監生

鍔 綸三九
字楚鋒
號本雞
監生○[illegible]
十子人繼

鍾 綸四十
字[illegible]遠
號學[illegible]

[illegible] [illegible]四一

肇沅 輔三三
字厚奎

肇沅
出繼綸三九

大[illegible] 輔三四
字[illegible]
號[illegible]

[illegible] 輔三五

相杰 相廿一
字士豪

相榮 相廿二
字長生

相森
出[illegible]輔三六
繼[illegible]輔三七

相卿
出[illegible]輔四十

字敬夫 號□純

鋡 綸二 二

鈖 綸三 三 字秉乾

字□宏

六文 輔三 六 字小耕○輔三四子入繼

聲瀾 輔三 七 又名濠○輔三四子兼祧

潤芝 輔三 八

川芝

相森 相廿二 一名開慶 官名贊林 字詠啓 提標改營千總守備銜藍翎

相棪 相廿四 出外無查

相森

出繼綸四四

玉麟 輔三 九

川芝 輔四 十
字玉晉、輔三四子入繼

相卿 相廿 五
字寶森

鈞 綸四 四
字九徵、綸四三子入繼

瀾 輔四 一
字懷清

[illegible]屏 [illegible]四 五
字美錄

濤 輔四 二
字廣茂

成竹 經四 八
字賢
號蓓堂

波
出繼綸四八

學全 給四 七

鴻 輔四 三

相鎮 相廿 六

日焜 輿百 九七
字天亮
號雲遮
郡庠生

泰浸 經四 九
字升交
號漁舟

字[illegible]長
字裕順

丁金 給四
金有

冲中 給四 八
給兩五子入

波 補四 四
字榮如

繼

鏷 給四 九
字巨鋒
號梅溪
小字雄瑤
監生

清 輔四 五
字涵虛
號琴谷
小字曾修

字瑞林

瑞璒 相廿七 ○止
小字阿狗

瑞寶 相廿八

孟棠 相廿九 ○止
字芾南

孟楷 相三十 ○止
字信模

孟棣 相三一 ○止

[illegible]　西房玖四公派　天[illegible]

字萼樓
號南山

仲梧 甫三
二
字[illegible]崗

潔 輔四
六
字潔泉
號澄亭

瀞 輔四
七
字體玉
號臥崗

鴻圻 綠五
十
字振先

世圻 綠五
一
字[illegible]遍
[illegible]千
[illegible]佳
監生

日煩 與百
几八
字[illegible]
[illegible]
生

鎣 [illegible]五
十
字[illegible]
[illegible]如金
[illegible]

鋐 綠五
一

湖 輔四
字景韓○輔
五十子入繼

[illegible] 輔四
九
字亦[illegible]○輔
五十子[illegible]

灃 輔五
十

相樞 甫三
三
字在水
號星一

相樞

相樞

字鼎綸
號[illegible]皋
小字如麟
邑庠生

字起周
號溪舟
監生

治 輔五
字雙淦

相楠 相三 四
字勺山
出繼輔四入
兼祧輔匹九

相梓 相三 五
字文顯

相李 相三 六
字北山
住江北

相植
出繼輔五二

相榮 相三 七
字立誠

相桓 相三 八

字德棻

渭 輔五 二
字呂川○輔五一子入繼

相植 相三 九
字懷山

淮 輔五 三
字南平

相樺 相四 十
字汝舟

相桱 相四 一
字似山

鍠 綸五 二
字震孚
號梅坡
小字三[illegible]

相棖 相四 一
字載璋

澂 輔五 四
字鏡水
覃恩上壽

瀾 輔五 五
字問江
銜九品銜

昌圻 經五 二

鋼 綸五 三

遵淵 輔五 六

相樸 相四三 ○止

字西安
號酯淮
國子監生

字頡鋒
號[illegible]
小字[illegible]擎
邑増生

字爭溯
號訥軒
[illegible]庠生

鈞 倫五
字秉國
號澍嵐
監生

遵潤 輔五 七
字宗[illegible]

遵濂 輔五 八
字揆周

遵淮 輔五 九
字師言

相材 相四 [illegible]

相棋 相四 五
字誌許

相楣 相四六 〇丑
小字應通

相楨 相四七 〇止
小字應動

遵瀾 輔六 十
字啓雲

相林 相四 八

相慶 相四 九

[illegible]利 輔六 一

金[illegible] 輔六 二

[illegible]茂 輔六 二
字[illegible]林

彤章 興二 百二
字[illegible]達

沐 經五 三
字[illegible]
號[illegible]高

綸官 綸五 [illegible]
字[illegible]榮

元章 興二 百三
字三元

在芳 經五 四

□裕 興二 百大
字光祖

維綸 重五 五

維麟 重五 六

翩 興二 百八
字可□
號日遠

□德 經五 七
字日華

德興 經五 八
字美招

略 興二 百九
字可均
號耀文

元祿 經五 九

雍昌 興二 百十
字朝宗

廷□ 經六 十
字東陽

榮貴 綸五 六
住杭州

燧 與二百十一
字國章

申 與二百十四
字元[illegible]
號子[illegible]

石 與二百十五
字[illegible]忠

延芝 經六一
覃恩上壽

明[illegible] 經六二

[illegible]文 經六三

銓 經六四
字[illegible]庚

挺揚 綸五七

如[illegible] 綸五八

榮[illegible] 綸五九

榮[illegible] 綸六十

[illegible] 綸六一

封[illegible] 輔六四

相□ 相五十
出與別姓爲子

茨 與二百十六
字商臣

吉雲 經六五
字大資

周陽 綸六二

鏞 與二百十七
字虎臣號夢熊小字唐生

翰雲 經六六
字大紳

麟趾 綸六三
住費周門
吳姓

瑩 與二百廿八
字維榮

瓊英 經六七
字翔周

槤閣 經六八
原从玉避諱改作木

體元 與二百廿九
字瑞玉

五德 經六九

經元 與二百三十
字永焜
號天玉

廷貞 經七十
字周興

學詩 興二百三一　字可興
潮源 經七一
綸剛 綸六四
紟釗 綸六五

士宜 興二百三二　字景山
灝榮 經七二

承恩 興二百三六　字殺華　號智慧
[illegible]英 經七三

日通 興二百三七　字道才
百[illegible] 經七四　字祥雲
璋 綸六六　字[illegible]瑞
琰 綸六七　字廷智
[illegible] 輔六五
相[illegible] 相五一

之勳 興二百四十 字南來 號岳宗 兼祧傑二百廿一
堦 經七五 字時雨 生七八子入繼
大剛 繪六八
啓忠 輔六六
啓福 輔六七 字□增
相賡 相五二 小字阿賡
啓順 輔六八 字甯佳

之幹 興二百四二 字□滋 號勳承
文城 經七六 字在豐
坼 承繼派
太鐘 繪六九 字□□ 號馨昌 附子監生
啓鯤 輔六九 字渠元
啓鰲 輔七十 字興元 號載岳
正杲 相五三 相五五子入繼

監生

啓鯨 一 輔七
字[illegible]元
號[illegible]載

啓綸 二 輔七
字連元
號沛霖

啓鰻 三 輔七
字坤元
號厚江

正銓 四 相五
字蓮渠

正模 五 相五
字宗範
號棕帆

正學 ○止 相五六

正懋 七 相五
字甯邦
號九功

正祿 ○止 相五八
字甯紀

正泉 九 相五
字甯治

本釗 綸七 十
字名揚
號筆隆
監生

啓鯉 輔七 [illegible]
字魁元
號乘仙

啓鱗 輔七 五
字三元
號乘雲

啓鰊 輔七 六
字允元
號翔龍

翰元 輔七 七
字乘波

天元 輔七 八

啓鰂 輔七 九
字春元

啓鮫 輔八 十

啓魯 出家爲僧

啓雲 輔八 一 字海東 號履安 從九品銜 例授登仕佐郎 貤贈奉直大夫

正明 相六 十 一諱相賓 又諱棨 字樸齋 監生 誥封奉直大夫

正和 相六 一 字采湖

武城 經七 七 字欽望

本錩 綸七 一 字學行

祖魁 輔八 二

本鎔　儲七　二　字佐才

啓泰　輔八　二

明濟　相六　二　小字嘉益

啓裕　輔八　四　字友榮

明奇　相六　三　字名耀

本鋼　綸七　三　字與才

啓貴　輔八　五　住富陽

明培　相六四　○止

啓周　輔八　六

本鋐　綸七　四

啓恒　輔八　七

齡福　相六五　○止

春盛　輔八　八

之勳　興二百四十
字南來
號岳宗

堦　承繼派

圻　經七八
字時陽
號君佑

大剛　出繼經七五

德明　綸七五

太銓　綸七八

德超　興二百四五
住杭州

延齡　經七九

彥偉　輔八九

秀齡　經八十

[illegible]華 輿二百 四六 字闇然

[illegible] 輿二百 四七 字[illegible]然

之基 經八 一 字聞先 〇 經八三子 [illegible]

之[illegible] 經八 二

之[illegible] 經八 三

一清 鍔七 [illegible] 字[illegible] 號元[illegible]

一[illegible] 經八一 無[illegible]

啓[illegible] 輔九 字榮[illegible]

啓[illegible] 承[illegible]派

啓[illegible] 輔九 一 字[illegible]

啓[illegible] 輔九 二

啓[illegible] 輔九 三

乾[illegible] 相六 六 字天[illegible] 號[illegible]

守麟 相六 七

西房玖四公派

一朋 出繼經八四

一陞 綸七 八

之圭 經八 [illegible] 小字[illegible]福經 八三[illegible]人繼

之垣 五 經八 字[illegible]昌 生[illegible]

之[illegible]

[illegible]宗 綸七 九

鋹[illegible] 興二百 [illegible]八 字煥然

出 興二白 五一

之文 經八 八 字[illegible]交 生[illegible]城

[illegible] 十 [illegible]八 [illegible] 四 [illegible]

天球 七 經八 字文定

邦才 綸八 一

金[illegible] 興二百 四九 字[illegible]然

奚章 興二百五十
天[illegible] 經八八 字[illegible]天 號[illegible]元
胡[illegible] 緝八二 字[illegible]
[illegible]堯 緝八三 字[illegible]清 號[illegible]邦
在梟 輔九五
[illegible]揚 緝八[illegible]

峻[illegible] 興二百五一 小字[illegible]
興二百四八子入繼
之[illegible] 經八九 字[illegible]文
攬[illegible] 緝八五
小牛 綸八六

元良 興二百五三 字宏濟 號[illegible]高
清標 經九十 字[illegible]英 號桂芳
綸銚 綸八七 住上海 兼祧經九二
樹祁 輔九六

春福
承繼派

清 [illegible]經九一
字[illegible]芳
號[illegible]

德華 經九二
字瑞芳
號可琴
經九十子兼

綸銑

春福 輔九七

大振 [illegible]二百五四
字[illegible]
號九齡

祥元 [illegible]二百五七
字夢[illegible]

[illegible] 經九三

大鵬 [illegible]二百六十
又[illegible]華
字翼雲
號[illegible]江
[illegible]庠生

守榮 經[illegible]四
字桓芳
號[illegible]萊

蕙芳 經九五

廷龍 興二百六一
字金龍
住餘姚

焯 興二百六二
字立山
號岡德

鼎耀 經九六
字邦藩

鼎榮 經九七
字恆榮

鼎順 經九八
字炳順

大圭 經九九
字琮圭
號菊隱
小字玉燕
經一百子入繼

元圭 經一百

嘉亨 鈐八八

邦勳 論八九
字東巖
運騎尉

邦勳

允治 輔九八
字鹿山號小巖○監生

允湘 輔九九

成之 相左八
字觀生
監生

[illegible]氏四修宗譜　卷三　西房玖四公派　[illegible]

字守璋
號綸莊
小字玉潤

出繼經九九

傳勳 綸九十
字繼芬

允清 輔一百

[illegible]圭 經百一
字君玉
小字玉振

詩勳 綸九一
字鯉庭

允中 輔百一
字執卿

相槐 相六九
字芝生

允文 輔百二
字若禹

碧圭 經百二
字鵬玉
小字玉瑞

偉勳 綸九二

允任 輔百三

允侑 輔百四

朝圭 經百三

汝勳 綸九三

允吉 輔百五

相誠 相七十

字錫后
字魯甫
監生

字予愨
號晴溪
國子監生
例贈修職郎

一名鴻逵
字藹人
號小疇
同治乙丑補
行咸豐辛酉
壬戌　恩科
舉人

字寶甫
號梅生

允卿　輔百六
字□村

允荼　輔百七
字維熊

允芳　輔百八
字介菴
監生

克勳　綸九四
一名□璉
字笠厂
監生

允升　輔百九
字芥舟
監生

相寶　相七一
字迪生

維山 興二百六三
字秀峯
號崑山
興二百六五子兼祧

紫基 維百四
誥贈通奉大夫

綸忠 奇九六
誥贈通奉大夫

奇勳 綸九五
字鍁藩
號子卿
監生

允臧 輔百十
字承熊

允諧 輔百十一
字順熊
號兆和
從九品銜

允周 輔百十二
字謂熊
號升臣

輔臣 輔百十三
字鴻生
監生　欽加
三品銜隨帶
加一級　賞
戴花翎

相業 相七二
字玉生

相廷 相七三
字琴生

相華 相七四

相譜 相七五
字從珍
號森寶
監生

維麟 興二百六四 字鳴峯 號南山

光基 [illegible]二百六三

綸忠

輔臣

相喜 承繼派

相穆 相七六 字楚琅 號榮寶 國子監生

相潤 相七七 字楚珩 字信寶

興[illegible] 興二百六五 字日章

廷賢 經百五 字祥元

興龍 興二百七十 字雲路 號雨亭 覃恩上書

茂觀 經百六

綸裕 綸九七

輔潤 輔百十四

蔚勳 經百七

茂建 經百八 字嘉修

綸傳 綸九八

綸福 綸九九

茂敬 經百九

仁龍 興二百七一 字廣惠

茂緒 經百十

成美 興二百七九 字仁才 住縣東嶺上 塟

紹庭 經百十一

門[illegible] 綸百一

[illegible]森 綸百一

蒼齡 興二百八七

興二百八八子入繼

吟齡 興二百八八

字翼天

茂春 經百十二

茂春 出繼興二百八七

茂照 經百十三

□榮 經百十四

綸朝 綸百二

綸魁 綸百三

輔森 輔百十五

任杭州

綸英 綸百四

綸□ 綸百五

小字六二

慶德 輔百十六

[illegible]東劉氏四修宗譜卷五　西房玖四公派　永思堂藏

慶豐 輔百十七

慶憎 轄百十八

慶寶 轄百十九

茂[illegible] 經百十五

茂源 經百十六　字懋元

悵龍 興二百九一　字有恩

阿二 經百十七

𢈔龍 興二百九六　字月明

名山 興二百九九
興邦 興三百

阿三 經百十八
阿[illegible] 經百十九
經珠 經百二十
經秀 經百廿一
經文 經百廿二

綸春 綸百六
綸科 綸百七 字陽春
綸華 綸百八 字蒔春
綸[illegible] 綸百九

輔盛 輔百二十
啓棠 輔百廿一

文爕 興三百一 字紹賓 號簡公

魯封 經百廿三

齊封 經百廿四

文□ 興三百二

丹培 經百十五 字徐豐

麟書 綸百十

正書 綸百廿二

相震 相七八

相雲 相七九

文煨 興三百三

丹墀 經百廿六 字德章

綸元 綸百十一

相連 相八十

文燭 興三百四 頂巽上壽

丹增 經百廿七

綸仁 綸百十二

寶暉 輔百廿三 字陸生

綸賓 綸百十二

森揚 輔百廿四

相煜 相八一

丹墀 經百廿八

綸鑑 綸百十四

愛生 輔百廿五

輔涇 輔百廿六 小字愛棠

炳元 興三百五 住舟山

鳴岐 經百廿九

光型 經百三十

文郁 興三百六
字炳如
郡庠生

啓家 絟百三一

燕基 絟百三二
字啓堂

逵玉 綸百十五

連[illegible] 綸百十六

[illegible]金 綸百[illegible]七
字五亭
號[illegible]山

順境 輔百廿七
出外

植[illegible] 輔百廿八
字森梧
從九品

植[illegible] 輔百廿九
字挺[illegible]
從九品

相源 相八二
字紀蘭

相溶 相八三
字茂蘭

相[illegible] 相八四
字雲蘭
號[illegible]

相[illegible] 相八五
字夢蘭

美基 崇百 三三　寶[illegible] 崇百 十八

錫[illegible] 崙百 二十九 [illegible]度[illegible]　植蘭 輔百 三十 小字鶴[illegible] 輔百三二子 八繼　彤蘭 相八 六 字寶仁

錫[illegible] 崙百 二十

錫琮 崙百 廿一 一名[illegible]璋 字[illegible] 號[illegible]山 附生　植桂 輔百 三一 一名覲曜原 名獻廷字儒 南號秋舫 郡附貢生 輔百三二子 入繼　九蘭 相八 七 字寶銓

錫恩 崙百 廿二　植槐 輔百 三二　九蘭

字振玉

字蓮舫

出繼輔百三一

逸蘭　相八八

字寶生

彤蘭

出繼輔百三十

植松　輔百三三

出與樟橋姚姓爲子

植椒　輔百三四

字岳崧

植芳　輔百二五

小字延齡

汝蘭　相八九

亦基　輔百三四

字啓美

錫球　輔百廿二

錫珖

炳煇　興三百七

載𨚫　經百三五

出繼經百三六

錫琛　綸百廿四

門頭　綸百廿五

國珍　綸百廿六　字恒□

文然　興三百八　字炳章

德培　經百三六　字玉□　經百三四子入繼

錫珖　綸百廿七

文熿　興三百十一　字清元

經□　經百三七　諱闕

文煥　興三百十二

元基　經百三八

錫綸　綸百廿八

海嶠　輔百三六

相才　相九十

東□劉氏四修宗譜卷五　西房玖四公派　有志堂梓

字烱如
號槀庵
敕贈儒林郎

字美哉
監生直隸州
州同銜

字金輪
號寶蓮
監生

元墱 綸百二十九
一名璠
字齊封

元標 綸百廿九
字□莊號□亭
讓監生

字亦眞
號月亭
輔百二十七子
入繼

海晏 輔百三十七
字瑤呈
監生

海觀 輔百二十八
字亦表輔百
三十七子入繼

海瀛 輔百三十九
字竹山

字衡三
小字長春

相才
出繼輔百三
六

相宸 相九一
字[illegible]
小字長泰

相豪
出繼輔百三
七

相[illegible] 相九二
〇ll
字[illegible]甫
小字[illegible]桂

號鹿石
附貢生

海涵 輔百四十
字納川

相榮 相九三 ○止

海濤 輔百四一
字巨川

建生 相九四 ○止

海津 輔百四二
字電範

海湄 輔百四三
字水青

海滋
出繼綸百三一

輔仁 輔百四四
又諱鎮字定
圃號靖九

相祿 相九五
字覲天
號行三

鎬樓 綸百三十
字鳳章
監生

相楷 綸百三一
字卞章
監生
綸百廿九子
入繼

錦潤 綸百□二
字潮章
監生 貤封
朝議大夫

元堅 經百四十
字立剛
號來龍
監生

輔海 輔百四五
字汝楷
國子監典籍銜
奎文閣典籍銜

海滋 輔百四六
字聚淮

海鏜 輔百四七
字禹彰
軍功議叙
誥贈朝議大夫

相賡 相九六
字協華奎文
閣典籍銜
相九七子兼祧

相鶴 相九七

相權 相九八
字向志
號月亭

相觀 相九九
字尚德
號月康

相廉 相百一

字月山
咸豐辛酉殉
難省城　詔
入忠義祠詳
縣志忠義錄

相夫 一 相百
字雄生

相英 二 相百
字尙榮
號玉如
監生　欽加
四品銜　誥
授朝議大夫

相舜 三 相百
字佐虞

相品 ○止 相百四

海邦 四八 輔百

字雄藩

海澄 輔百四八
字清輝

□書 □百三三
字□書

元堂 維百四一
字與仁
號鳴堂
監生 特授直隸州州同銜

文炎 典三百十二
字煥如
號緝庭
監生 敕贈儒林郎

字介堂
號春山
咸豐辛酉殉難省城 詔入忠義祠詳縣志忠義錄

相庭 相百五 ○止
字丹墀
號春生

慶相 相百六 ○止
字楚玉

楚用 相百七 ○止
字炳文

相桂 相百八
字慶任

相楓

出繼輔百五十

相棣
出繼輔百五
一兼祧輔百
五二

海鱗 輔百五十
字淩□□
嘉慶□生
輔百四九子
入繼

相渢 相百九
字慶渢
相百八子兼
祧

海寧 輔百五一
字□瀾
輔百四九子
入繼

相棣 相百十
字慶成
相百八子入
繼

海濬 輔百五二
字占熊
輔百四九子

相棣

錦[illegible]　綸百三十四
字[illegible]
監生

[illegible]琛　[illegible]百三十三
字[illegible]
號莞[illegible]
監生

秉秘

瀚東　輔百五十三
字千澔

瀚頤　輔百五十四
字炳[illegible]
號竹潮

瀚槎　輔百五十五

相梧　相百十一
字[illegible]梧
號葉庭
相百九子入繼

相雍　相百十二
字錫九

相[illegible]　相百十[illegible]
字品揚
國學監生
相百十四子入繼

相士　相百十四
字楚圻
監生

相琪　相百十五

錦魁 [illegible]百三十六
字[illegible][illegible]
號遣莊

錦濤 綸百三十七
字灘[illegible]
號雲石

海籌 輔百五十六
字德超
號大川

海[illegible] 輔百五十七
字[illegible]園

海瀾 輔百五十八
字濬川
字三元

海[illegible] 輔百五十九
字[illegible]峯
僧生

字東美

相[illegible] 相百十六
字聯賢

相郎 相百十七
字慶郎
號以高

相政 相百十八
字慶祿
號襄役

相萱 相百十九
字慶南
號讓木

相梅 相百二十

燕貽劉氏四修宗譜　卷三　西房玖四公派

天[illegible]
字竹友

相標 相百廿一
字[illegible]標
號勝如

海[illegible] 輔百六十

海綸 輔百六一

相稟 相百廿二
字慶泰 號禄卿 小字寶豈

海[illegible] 輔百六二
字菊泉

相侑 相百廿三
字慶三

海[illegible] 輔百六三

相育 相百廿四

錦才 錦百三八

字[illegible]本

錦[illegible]　綸百三九
字[illegible]
號霞[illegible]

字滙東

海寬　輔百六四

海門　輔百六五
字德多

海汶　輔百六六
字德隆

字玉山　○上

相榍　相百廿五
字介山
號[illegible]琴

相仁　相百廿六○Ⅱ
字寶山

相貴　相百廿七
入繼
相百三十子

相君　相百廿八
字慶槐
相百三十子
入繼

相賢　相百廿九

相臣　相百三十

相和

相和　相百三一
出繼輔百六七

海樓　輔百六七
字景滿
輔百六六子
入繼

相其　相百三二
字景喬
相百六九子
入繼

輔[illegible]　輔百六八
字采蘋
從九品銜
輔百六九子
入繼

和其
出繼輔百六八

輔潤　輔百六九
字含滋

[illegible]金　[illegible]百六十
字[illegible]上
監生

元封　[illegible]百四二
字舜三
號清如
監生
[illegible]贈奉直大夫

文炳　興三百十三
字維彪
號愚山
又號兆順
監生

鳴金　綸百四一
字遠聞號鶴林監生　誥贈奉直大夫

輔清　輔百七十
字存初號栢橋從九品銜

輔海　輔百七一
字靜波號雲帆

輔澐　輔百七二
又諱浩字臨川號聽水從九品銜　誥贈奉直大夫
輔百七三子以繼

相協　相百三三

相槐　相百三四
字庭三

相賢　相百三五
字庚三

相椿　相百三六
字春木

相楝　相百三七
字宇安號爾菴監生州同銜　欽加五品銜　誥授奉直大夫

慈東夏氏四修宗譜卷五　西房玖四房派　　有志堂

輔泩 輔百 七三
一名泩字水
初號蓉卿監
生布政使理
問銜　欽加
同知銜一請
授奉政大夫

相棟
出繼輔百七
二

相梓 相百 三八
字可琴號樂
庵監生布政
使理問銜
欽加五品銜

相棠 相百 三九
一名棠字芾
亭號憩村附
貢生試用縣
丞　欽加同
知銜

輔洵 輔百 七四
字誠之
號嵩卿

相楣 相百四 十〇止

相家 相百四 一〇止

元城　經百四三　字蓮芳號荊[illegible]　監生

式金　綸百四二　字[illegible][illegible]亦　[illegible]監生

輔漢　輔百七八　字肇沛監生　貤贈奉直大夫

輔[illegible]　輔百七五　字[illegible][illegible][illegible]小

字[illegible][illegible]

相樑　相百四二　字心甸

相[illegible]　相百四三　字仰[illegible]

相機　相百四四　字景陸

相維　相百四五　字克昌監生　例贈奉直大夫

相綜　出繼輔百七七

輔渭 輔百七七 字□清 輔百七大子 入繼

相綜 相百四六 字繄之 號芝卿

輔治 輔百七八 字銘書

相纏 相百四七 字雅三

品□ □倫百□三 字禹言 監生

輔灝 輔百七九 字宋粱

相佐 相百四八〇 止 字日實

奥□ □倫百□四 一名濂□ 陶□雨□□ 摩一

相佑 相百四九〇 止 字□吉

京坤 □百四□ 字□□□ 齋 監生

相倫 相百五十 字九室 從九品銜

相佳 相百五一 □卓人 □生

轉涵 出繼轉百四六

輔濟 輔百八十

輔涖 輔百八一 一名寶字以莊號穎督郡庠生

相俌 相百五二 字芝清監生

相僩 相百五三 字布堂

相仁 相百五四 小字慶仁

盤金 綸百四五 字性皆號蓴洲監生

輔汭 輔百八二 字雝川號香初

相濤 相百五五 字良甫監生

輔淮 輔百八三
字會東號璠
府從九品銜
輔百八四子
兼祧

相佾 相百五六
一名緫生字
六式號藥軒
邑庠生

輔源 輔百八四
一名霖字雲
門號崇巖邑
庠膳生

相佾
兼祧輔百八三

輔涵 輔百八五
字[illegible]岸號再
思

相份 相百五七
字灼三

臣金 [illegible]百四六
字採[illegible]時麗
泉監生[illegible]配
四[illegible]

相仕 相百五八
字[illegible]虎小
[illegible]相百五九
子[illegible]祧

相任 相百五九

文燦 興三百十四 字耀宿號天祿齋監生

元均 燦百四五 一名恩字允齊號翠峯邑庠生

元圻 燦百四六

綸昌 均百□七 字闈□號□莊

綸鋼 出繼綸百四□

綸銓 綸百四八

輔青 輔百八六 字景揚

輔澄 輔百八七 字靜泉

輔洪 輔百八八

字叢園號重遠從九品銜

顯相 相百六十〇止 字廷蔚號配金

相□ 相百六一〇止

振相 相百六二〇止

金相 相百六三 字品三

字申郊　監生

字聖草

字蓉舟

輔潤　輔百八九　字長弼　住上海

[illegible]　輔百十[illegible]　字[illegible]　住[illegible]

綸詩　綸百四九

[illegible]　[illegible]百九一

相桂　相百六四

寶生　相百六五

相明　相百六六

相絢　相百六七

相久　相百六八　小字狗

相華　相百六九

字克振

字錫有小字巧[illegible]住上洲

元𡩋 經百四七
字星九號靜環

綸銘 綸百[illegible]
字渠章

輔潮 輔百九二
字洪瀾

相晉 相百七十
字敏齋

輔潔 輔百九三

輔洲 輔百九四
在富陽

綸鋒 綸百五一
字穎章

輔浩 輔百九五

元擯 經百四八
字[illegible]美經百四五子入繼

綸[illegible] 綸百[illegible]二
字圖章

輔濤 輔百九六
字滄瀾監生
貤贈儒林郎

家相 相百七一
字周勳監生
例贈儒林郎

惠東蔡氏四修宗譜卷三　西房玖四公派

元墉 元百四九
字兆安

綸鉦 綸百五三
字鉀言

輔江 輔百九七
字錫九

輔瀧 輔百九八
字象泉

輔濬 輔百九九
字[illegible]

輔湄
出[illegible]百[illegible]
四

輔[illegible] 輔百二
百

綸鋏 綸百[illegible]
字玉[illegible]
五[illegible]

綸鐙 綸百[illegible]五

元㻇 元百五十
字[illegible]

[illegible]

綸[illegible]　綸百五十　字[illegible]玉[illegible]極齋[illegible]品銜貤[illegible]大夫

輔溪　輔二百一　字萃之從九品銜

輔汀　出繼綸百五七

輔濟　輔二百二　字[illegible]雨[illegible]芹香從九品銜

相安　相百七二　字蔚孫監生

相定　相百七三　字菊生

相容　相百七四　字芸孫監生

相孚　相百七五　字俊卿

相宸　相百七六　字佑卿

文熺 興三百十五
字[illegible]號覺
民邵武生

元[illegible] 經百五一
字書雲監生

綸釗 綸百五[illegible]
字[illegible]誥
封奉直大夫
綸百五六七
入繼

輔汀 輔二百三
一名廷輔字
位南號葦洲
監生游運
欽加五品銜

綸舫 綸百[illegible]
字[illegible]修
室監生

輔濂 輔二百四
字亦周號蘊
[illegible]

相宗 相百七七
字紹卿

相寶 相百七八〇止
字慕卿

相寅 相百七九
字恭甫小字
善慶監生

相宋 相百八十
小字善[illegible]一
名鶴孫

相膺 相百八一〇止
字雪芝

相近 相百八二〇止

相均　相百八三〇止

相遠　相百八四〇止　字履安

輔津　輔二百五　字靜洲

輔漳　輔二百六　字懷清

輔澍　輔二百七　字汝霖號楚堂

相廷　相百八五〇止　字瑞卿號衡三

輔濨　輔二百八　字慈水

綸銑
出繼經百五
三

元坦 經百五二
字選[illegible]號竹
初監生

綸[illegible] 綸百五九
字振鋒號潛
谷 貤贈銜
[illegible]郎

輔瀾 輔二百九
字衍勸號波
平從九品銜
敕封儒林
郎

相彬 相百八六
字[illegible]均號雪
君監生捐授
布政使理問
銜

輔[illegible]
一
出繼綸百六

輔溶 輔二百十
字平[illegible]侶
監生

相森 相百八七
字寶書

元抔 經百五三
一名[illegible]字調
元[illegible]安之邑
庠生[illegible]百
五[illegible]子入繼

綸[illegible] 綸百六十

綸銑 [illegible]百六一

輔[illegible] [illegible]二百十一

相松 相百八八

字雅中號霞　世瑞百五九　子人誥

字士登號仙舟

字松茂號九如

文貴　興三百十六　字上占號步青

孝宏　經百五四　出北京

文華　興三百十七　字上彩號步雲

鴻緒　經百五五　字焕緒住餘杭

文憬　興三百十九　字桐陽號絅謀

元泰　經百五六

元貞　經百五七　字鍾露

祥麟　倫百六二

文煦　興三百三十　字炳剛號士元任湖州府

秀瑩　經百五八

西門外

科堂 經百五九

耿[illegible] 經百六十

淨[illegible] 經百六一

文煬 熙三百廿一　字[illegible]烈號景陶

元裕 煬百六二　字美慶

在[illegible] 綸百[illegible]三

文煨 興三百廿二　字炳然號茂山

咸忠 經百六三　字倍艮號心餘

綸[illegible] [illegible]百六四　字[illegible]

輔[illegible] [illegible]二百[illegible]十二　字[illegible]　十七下　補九七丁八　繼

胡芹 [illegible]百八九

文炬 [illegible]三百廿三

咸[illegible] 經百六四

字炳直號南山

文炷　興三百廿四
字炳灐號東山

元林　經百六五
字倍齡號鼎賢

文熾　興三百廿五
字紹會號[illegible]干

元圭　經百六六

錦玉　綸百六五
字美斯號沭龢
經百六七

輔派　輔二百十三
字㓜康小字福祿

相㝗　相百九十
字巨海

輔湳
承繼派

文烒　興三百廿六
字克諧號烒干

永昌　經百六七
經百六六子
[illegible]嗣

錦玉

輔湳　相二百十四
字錫昌號福壽

相玕　相百九一
字明卿

相珩　相百九二
字玉孫

文熯　興三百廿八

圭璋　經百六八

錦魁　綸百六六

輔汶　輔二百十五

相基　相百九三

[illegible]東劉氏四修宗譜卷之三　西房玖四公派　有志堂

字南極號亦仙監生

字奉璜號晚香 [illegible]百六九 子入繼

文熾 輿三百廿九 字大[illegible]號赤光[illegible]監生

圭璧 紹百六九 字懷國號朝珍

字慶[illegible]

魁 出繼經百六[illegible]

繡 [illegible]百六七 字慶[illegible]

字星輝

輔[illegible] 輔二百十六 字全齡

韜文 誦二百十七 字介[illegible]

[illegible]藻 [illegible]二百十八

字蕭臣

[illegible]槑 相百九四

[illegible] 相百九五

[illegible]琹 相百九六

字介壽

其位　經百七十　字靜園

其中　經百七一　字安園

綸育　綸百六八　字亦[illegible]

綸璋　綸百六九

文煒　炳三百三十　字[illegible]哉號雲溪監生

圭琮　經百七二　字[illegible]方號貫園

錡封　綸百六十　字日升　綸百七二子入繼

輔沂　輔二百十九　字其祥住紹興錢清鎮

錦衡　綸百七二

錡誠　綸百七一　字家隆

輔沂

[illegible]　西房玖四公派　[illegible]

字丙岳仕紹　出繼經百七
興錢清鎮　十

輔渢　輔二百
二十

輔□　輔二百
廿一
諱[illegible]

錦[illegible]　[illegible]百
[illegible]二
字[illegible]
[illegible]

錦[illegible]　百
[illegible]
一[illegible]
天[illegible]
[illegible]
[illegible]
[illegible]三
俏宗[illegible]

封[illegible]　[illegible]百
[illegible]三
字[illegible]覺
[illegible]貽奉
直大夫

[illegible]沖　[illegible]二百
[illegible]二
字采芹[illegible]
[illegible]品[illegible]
海建[illegible]
五[illegible]
[illegible]覺[illegible]
寺[illegible]首[illegible]
[illegible]中間
[illegible]

[illegible]挺　[illegible]百
九[illegible]
字[illegible]從九
[illegible]百九
七[illegible]入[illegible]〇
[illegible]號
[illegible]　[illegible]百
九七
字[illegible]從九
品銜

輔永 輔二百[illegible]三 字伴和號思 上壽

文[illegible] 三一 [illegible]三百 字盛千號宿 議監生

圭璜 七四 經百 字我一號懷 下

列[illegible] 七一 [illegible]百 字楚[illegible]

圭[illegible] 七五 [illegible]百 字[illegible]二[illegible]懷 仁

圭鄉 七六 [illegible]百 字登三[illegible]懷 [illegible]

圭[illegible] 七七 經百 字偕四[illegible]懷 信

圭[illegible] 七八 [illegible]百 字威五號懷 芳

圭璇 [illegible]百 七九
字[illegible]號懷[illegible]

文煥 [illegible]三百 三[illegible]
字[illegible]廷[illegible]雲
[illegible]

文煇 [illegible]二百 二三
字庭光

元[illegible] [illegible]百
字[illegible]堂[illegible]
[illegible]生[illegible]
[illegible]

綸[illegible] [illegible]百
字[illegible]
[illegible]

輔[illegible] 輔二百
字實盈號[illegible]
[illegible]
[illegible]九品銜
[illegible]

相璐 相百 九八
字伯[illegible]小字
[illegible]國子監
生[illegible]理
[illegible]二級

[illegible] 經百
[illegible]
[illegible]大夫

[illegible] [illegible]百
[illegible]

[illegible] 綸百 七[illegible]

輔[illegible] [illegible]百
[illegible]

[illegible] 輔二百 廿九
字[illegible]竹
[illegible]

相琨 相百 九九
[illegible]字
仲玉[illegible]貢
生

布[illegible]

字九儕號佐清

字緋林

達　綸百七九
字寶成

輔汀　輔二百廿七
字楚南

進　綸百八十
字[illegible]齋

輔泉　輔二百廿八
字亦醴

相瑩　相二一百

相琪　相二百一

輔浚　出繼　綸二百

輔淑　輔二百廿九
出家爲僧

通　綸百八一

輔江　輔二百三十

相楙　相二百二

字貫一　例贈奉直大夫

字苞卿監生　海運　欽加五品銜

字亦照

相[illegible]　相二百三
字子蔭

相標　相二百四
字詠三

相業　相二百五
字鴻甫

相榴　相二百六
字梅卿

錫[illegible]　經百八二
字蕙[illegible]號香谷監生

達　綸百八二
字[illegible]號[illegible]河
清[illegible]百[illegible]三
子[illegible]

輔[illegible]　輔二百三
字[illegible]水號小[illegible]監生

灃　綸百八三
字于[illegible]號[illegible]
樵[illegible]子[illegible]生[illegible]二

輔泥　[illegible]綸百八

輔綸　輔二百三二
字在陽號濂舫

輔濬　輔二百三三
字哲人

相杞　相二百七
字祖蔭

輔濟　輔二百三四
字汝舟

輔淇　輔二百三五

輔溱　輔二百三六
字秦川

遜　倫百八四
字[illegible]號瑚珊
例監生

輔沺　輔二百三七
字雨生

相桐　相二百八
兼祧輔二百三八

[illegible]祥 輔二百二八 字溥恩 輔二百三七子 篆[illegible]

相桐 字向篆

錫洪 經百[illegible]三 字鉅[illegible] 小字[illegible]春

文煋 [illegible]三百三四 字萬[illegible] 號清吟野生

元增 [illegible]百八四 字州如 經百八六 [illegible]

綸[illegible] [illegible]百[illegible] 字[illegible]

[illegible]準 輔二百三九 字[illegible]才

元培 經百[illegible]五 字茂芳

元[illegible] [illegible]百[illegible]六 字龍山

綸[illegible] [illegible]經百八四

[illegible]準 [illegible]派

[illegible]梁 [illegible]二百四十

相[illegible] 相二百九

文煜 興三百三五
字天照號眞
蕉監生

文熤 興三百三六
字陽照號漁
陽監生候選
州同　誥封
資政大夫四
品銜江蘇候
補同知加六
級

元塤 經百八七
字作三號靜
庵監生

元域 經百八八
字魁如號臞
生監生候選
州同　誥贈
武功將軍都
司銜加三級

綸鈞 [illegible]百八六
字禹相

綸[illegible] 綸百八七
字宸一號亦
愚監生　貤
贈奉直大夫
鹽課司提舉
銜　貤贈武
功將軍都司
銜加三級
綸百八八子
入繼

綸錫 綸百
字緯九號乃
愚國子監典
籍銜　誥贈
昭武都尉

輔濤 輔二百四一
字仰甫號詠
黻

輔滂 輔二百四二
一名滂字芳
水號蓮橋州
貢生作武使
理問銜加五
品銜　誥贈
朝議大夫
晉贈資政大
夫

輔滂
出繼綸百八
七

輔濱 輔二百四三

相球 相二百十
一名廷相字
和卿號鳴玉
監生五品銜
加二級　例
授朝議大夫
誥贈資政
大夫兵部員
外郎　覃恩
加級

相璥 相二百十一

累贈武功將
軍都司銜加
三級

一名澄字賓
水號杏圃監
生都司銜加
三級　誥授
昭武都尉
例晉武功將
軍

字松卿號秋
巖監生海運
欽加五品
銜相二百十
二子入繼

相璈　相二百十二
字煩卿號子
雲監生布政
使理問銜
欽加五品銜

相璬　相二百十三
字榆卿號子
佩從九品

相瀗　補二百四四
字意水號蘭
洲議敘從九
海運六品銜
欽加五品銜

相璥　相二百十四
字延長號子
明監生

相璨　相二百十五
字柯卿

綸金 綸百 八九
字□甫□也國學生鹽課司提舉銜誥贈奉直大夫主事加一級 □贈朝議大夫五品銜加一級欽旌□□詳□忠義孝悌祠縣志有傳

輔藩 輔二百 四五
一名□翰字屏周原字蕃水號曼書又號蓮溪監生候選主事加一級 欽加五品銜 誥授奉直大夫

相琳 相二百 十六
一名崇高字珊卿號怡青別署梧廬自號曲肱道人附貢生分缺間選用訓導在任後遇缺以州判選署淯安桐鄉縣教諭兼署訓導議敘加一級 欽加五品銜 賞戴藍翎

輔濠 輔二百 四六
字□水號樂莊監生捐授州同銜 欽加五品銜

輔澗 輔二百 四七

字雨水號雲
洲監生海運
欽加五品銜

相琅　相二百十七
字餘慶

輔績　輔二百四八
一諱鴻藻字
孝川號潔甫
輔二百四九
子入繼

綸衍　綸百九十
一名[illegible]綸字
曙[illegible][illegible]號[illegible]
[illegible]九[illegible][illegible]副
貢就[illegible]直隸
州州判

元[illegible]　經百[illegible]九
字介石號聽
泉監生[illegible]進
州同[illegible]二[illegible]
[illegible]受[illegible]直
[illegible]夫[illegible]志[illegible]
[illegible]

相琅
出繼輔二百
四八

輔[illegible]　輔二百四九
一名邦榮字
子安號[illegible]孫
監生捐授布
政使理問銜

綸[illegible]　[illegible]百[illegible]
字[illegible][illegible][illegible]秋
史[illegible]亞愚
監生[illegible][illegible][illegible]
九品[illegible][illegible]
[illegible]材郎布政
使理[illegible]銜

相玕　相二百十八
字[illegible]慶

元[illegible]　[illegible]百九十
字陛[illegible][illegible]哦
[illegible]監生海運

綸[illegible]　綸百九二
一[illegible][illegible][illegible]字
[illegible][illegible]號[illegible][illegible]

輔浚　輔二百五十
字[illegible][illegible]號[illegible]
[illegible][illegible][illegible][illegible]九

相[illegible]　相二百十九
字子[illegible]號善
[illegible]

大品銜　勅　又號古愚附
授文林郎內　貢生封授布
閣中書加一　政使理問銜
級　貤贈奉　加捐鹽課司
直大夫　晉　提舉銜　誥
贈朝議大夫　授奉直大夫
與贈資政　貤贈朝議
大夫江蘇候　大夫
補同知加六
級

貤贈奉直
大夫輔二百
五一　子兼麒

輔滙
出繼綸百九
五

輔沆　輔二百
五一
一名沆字蓀　兼麒輔二百
甫副貢生海　五十
運[illegible]五品銜

相騄

輔沅
出繼綸百九
三

輔藻
出繼綸百九
四

輔津　輔二百
五二

輔浩 輔二百五三
一諱輔鴻字潤卿監生
一名鶴年字貫卿附貢生
捐授六品銜

相騤 相二百二十上
殤

相騂 相二百廿一
字[illegible]生一名善惠

相驤 相二百廿二
一名善元

輔澄 輔二百五四
字適[illegible]國子監生捐授州同銜

相騆 相二百廿三
字善慶

輔沅 輔二百五九
一名[illegible]求字[illegible]莊孫監生海

相駒 相二百廿四
字守眞小字善本監生捐

綸鋕 [illegible]百九三
字[illegible]號[illegible]了君又號莫愚

議敘從九品　運　欽加五　按布政使理
銜海運　出　品銜　問銜
加五品銜貝
護運功奉
旨賞戴花翎
綸百九二子
入繼

相駿 相二百廿五
一名崑淇字
羨梅又字善
樹邑庠生

相駰 相二百廿六
字駰齋字善
材監生

相駕 相二百廿七
小字善東

綸鈙 綸百九四
一名廷袁字
鳴和號竹君
又號予愚別
貢生議敘復設
訓導以護運
功奉

輔誠 輔二百五六

輔藻 輔二百五七
字麗章

相騵 相二百廿八
字善修

旨賞戴藍翎　欽加五品銜綸百九二子入繼

綸□ 綸百九五

一名琥字利之號□君又號守愚邑庠生□□文林郎內閣中書加□□誥贈奉直大夫□□□□議大夫綸百九二子入繼

綸□ 綸百九六

一□伸□字□景□號□君

輔滙 輔二百五八

一名鴻年字□川監生捐授江蘇震澤縣知縣改授河南柘城縣知縣□署河南泌陽□陽縣知縣　欽加□品銜　賞戴花翎

輔□ 輔二百五九

相聰 相二百廿九

小字善貴

相騏 相二百三十

小字善寶監生捐授州同銜

相騮 相二百三一

小字善富監生捐授州同銜

相□ 相二百三二

小字善宇

又號若愚咸豐乙卯舉人內閣中書加一級海運欽加五品銜江蘇候補同知加六級

文煥 興三百三七
字燦若　貤贈奉政大夫候選同知

明徵 繼百九一
監生　誥封奉政大夫候選同知

綸鐈 [illegible]
字巨鼎號鼐鄉監生候選同知　誥授奉政大夫

輔淦 輔二百六十
小字寶壽監生

輔源 輔二百六一
一名榮濤字星海號秋桂監生海選欽加五品銜

輔二百六二子入繼

輔涇 輔二百六二
一名鴻賓字清甫監生海運　欽加五品銜

相廉 相二百三三

相脁 出繼輔二百六一

相燿 相二百二四

□□□氏四修宗譜　卷之□　西房以四公派

文烑 興三百三八 字挾光
元陞 經百九二 字鴻德
綸鎬 綸百九八 字茂利
輔瀚 輔二百六三
□瀚 輔二百六四

宏耀 興三百二九 字鶴林
元逼 經百九三
綸□ 綸二百九九 字鏡□號□慶

文龍 興三百四十 字宏光
元清 經百九四 字玉書小字永昌
綸鈞 綸二百 字克□綸百八十子入繼
輔浚 輔二百六五 字之鼎小字生任

元堦 經百九五 字士堂小字鼎穢

玉縈 經百九六 小字孟□

□六堂□

文經　興三百四二　字光裕號常軒

元倩　經百九七　字典倫

綸文　綸二百一　字辰峯

輔鎮　輔二百六六　字毅東

相杓　相二百三五　小字瓜揚

相銳　相二百三六

相章　相二百三七

相珪　相二百三八

相賢　相二百三九

相贊　相二百四十

文綸　興三百四三　字新初號言如監生

元粹　經百九八　字純亦

綸縡　綸二百二　又諱縡成字在璇

輔綬　輔二百六七　字見臨小字唐陸

相贊 相二百四一

緯川 綸一百三

緯[illegible] 綸二百四 字[illegible]

綸凝 哈二百五 字慶林

輔澄 輔二百六八

元燊 經百九九 字[illegible]號笑山

緯烈 綸一百六 字[illegible] 百[illegible]

輔貴 輔二百六九 字[illegible]生

元樸 經二百 字學珍 覃恩七壽

緯[illegible] 綸二百七 字[illegible]高小字慶[illegible]

福孫 輔二百七十

緯[illegible] 綸二百[illegible]
字[illegible]
三十字[illegible]赤
綸二百九子
入繼

輔慶 輔二百七一
小字冬生

緯有 綸二百[illegible]
字[illegible]小字
慶祥

輔[illegible] 出繼綸二百六

輔華 輔二百七二
小字運生

輔慶 出繼綸二百八

文烈 興三百四四
字武揚
興三百四六
子入繼

搢 經二百一

鋥 綸二百[illegible]
字爵剛號滌夫

輔灝 輔二百七三
字汝舟

輔海

相桂 相二百四二
字松鶴

鈐 綸二百十一 一名鼎 字可風 邑武生

鈁 綸二百十二 字漢章

鏌 綸二百十三 字鼎園 綸二百十八繼

出繼綸二百十三

輔治 輔二百七四 字益和

輔源 輔二百七五 字輝初

輔淋 輔二百七六 字海榕

輔溁 輔二百七七

松齡 柏二百四四

松寶 柏二百四五

松高 出繼輔二百七八

松高 相二百四六

十二[illegible] 輔二百七八 小字[illegible]九 輔二百七七 子之繼

[illegible] 綸二百[illegible] 字可[illegible]

文[illegible] 興三百四五 字曜如庠生

增奎 出繼興三百四四

竟奎 經一百二一 字[illegible]霞

[illegible] 綸二百[illegible]十五 字硯笙 綸二百十六 子之繼

輔淮 輔二百七九 字金繼

觀[illegible] 綸二百十六 輔淮

出繼綸二百十五
字安方

輔泳　輔二百八十
小字小機

文熺　興三百四六
字允吉

連奎　綖二百三
字西經

連波　綖二百四
字懋[illegible]
住[illegible]門

璜陛　綖二百五
字器金

進[illegible]　綖二百六

鼎[illegible]　綸二百十七
字[illegible]陽

世慶　綸二百十
住石門

世祿　綸二百十九
住石門

世友　綸二百二[illegible]

世[illegible]　綸二百廿一

趣漢　輔二百八一

字公安

文焠 觀二百四七 字靜思

連屏 經二百七 字丹陛

鼎亨 綸二百廿二 字[illegible]乾

超[illegible] 輔二百八二

一品 相二百四七

超孚 輔二百八三

超祥 輔二百八四

鼎[illegible] 綸二百[illegible]十三

[illegible]陞 經二百八 字丹[illegible]

連山 經二百九

鼎衡 綸二百廿四

富春 輔二百八四

字艮源號[illegible]　字鳳喈　與上同號

圓

鼎錦　綸二百[illegible]五　字振珍

[illegible]春　輔二百八五　字[illegible]文

回[illegible]　輔二百八六

相愛　廿二百四八　字承榮

門[illegible]　[illegible]百

門錦　[illegible]百[illegible]七

文照　興三百四八　字[illegible]明號金　銘章忠上壽

秉[illegible]　經二三百十　字[illegible]與

鼎[illegible]　綸一百[illegible]八　字[illegible]　[illegible]二百[illegible]九　[illegible]入[illegible]

起[illegible]　輔二百八七　字[illegible]揚

榮梓　[illegible]二百[illegible]九　小[illegible]善

鼎鏞 綸二百廿七 字金[illegible]號[illegible]琴

起淮 出[illegible]綸二百廿八

起瀚 輔二百八八 字載浩

榮棟 相二百五十 小字寶珍

榮樑 相二百五一 小字寶書

錫圭 出繼[illegible]三百五一

介圭 經二百十一 字賓玉

鼎鍼 綸二百二十 字[illegible]威

起源 輔二百八九 字瀛川

相梧 相二百五二 小字長庚

起鵷 輔二百九十 字逵羽

信圭 經二百十二
字□獻號功
顯

鼎金 綸二百三一
字蘧□□牧
齋監生□□
時奉直大夫

起滂 輔二百九一
字箕三

起濂 輔二百九二
字再周

起汝 輔二百九三
字與爲號擷
蕙以□□□的
監生□貽
奉□大夫

起□
出繼綸二百
二一

起□ 輔二百九四
字平谷號漣
叔從九品銜

起消 輔二百九五

榮梁 相二百五三
小字阿得

榮棠 相二百五四
字鄂生號牧
孫小字延齡
監生洲選
欽加五品銜

榮棣 相二百五五
字棠卿小字
阿齡

榮□ 相二百五六

字逌源小字桃生

榮㯿 相二百五七
字廷佐

榮杲 相二百五八
字㭎棟

榮棨 相二百五九
字寶卿小字寶珍

榮集 相二百六十
小字夏珍

鼎□ 綸二百三二
字思安
綸二百三一子入繼

起彩 輔二百九八
字用舟號春洲

鎖圭 輔二百十三 字楚三號湘亭 [illegible]

鼎銑 輪三百三三 字仲金

起澄 輔三百九七

鼎鈺 輔二百二四 字[illegible]

鼎[illegible] 輔二百二五 字[illegible]作 [illegible]

起[illegible] 輔二百九八 小字[illegible]

文旒 輔三百五十 又號臨池字[illegible]庵 邑庠生

式[illegible] 輔二百十三 字[illegible]讀

蕉[illegible] 輔二百三六 [illegible]

[illegible]林 輔二百九九 字[illegible]

[illegible] 輔二百十五 字因則

紹[illegible] 輔二百十六 字[illegible]

兆[illegible] 輔二[illegible] [illegible]

[illegible] 輔三百 [illegible]

芳型 經二百十七 字[illegible]標

應運 肩二百三八 字[illegible]臣

鳴泉 出繼綸二百三七

鳴岐 出[illegible]綸二百三九

鳴犬 軒三百一 字聲洪

胡規 相二百六一 字金水號方寺住石浦鹽倉前

應鋳 綸二百三九 字西[illegible]號庚[illegible]綸二百三三入子入嗣

鳴岐 輔三百二

應鋼 綸二百四十 字中立號古愚

鼇皋 輔三百三

仁生 相二百六二

文麟 相二百六三

瑞麟 相二百六四

文燈 與三百五一
字秋華
細三百四八
子入繼

錫三 經二百十八
字公手號蘭
樣

鼎鈞 綸二百四一
字敦五號養
齋

起濤 輔三百四
字廣陵

起潤 輔三百五
字閬泉

起江 輔三百六
字寶游

鼎鐘 綸二百四二
字律初

起波 輔三百七
字洲沅
宮

榮槐 弼二百六五

森代 弼二百六六

起[illegible] 輔三百八
字[illegible]川

起浩 輔三百九
字瀾號養田

榮桃 相二百六七
字裕生

起溶 輔三百十
字[illegible]翔

起洽 輔三百十一
字[illegible]章

裕[illegible] 相二百六八止

鼎銓 綸二百[illegible]三
字選[illegible]

鼎銘 綸二百四
字紹勳號亦吟

起潛 輔三百十二
字涵春

榮標 相二百六九
字梅卿

輔三百十五

慈東董氏四修宗譜卷三　西房玖四公派

子入繼

起[illegible] 輔三百 十三 字[illegible]東

裕慶 相二百 七十

起[illegible] 輔三百 十四 字樸堂

起[illegible] 輔三百 十五 出[illegible]

榮標 出[illegible] 輔三百 十二

榮柟 出[illegible] 輔三百 十六

菊卿 相二百 七一

起漆 輔三百 十六

榮柟 相二百 七二

本元堂[illegible]

輔三百十五　字濟川　子入繼

文燿　興三百五二　字羽明　邑庠生

日坪　經二百十九　經二百二十子入繼

立山　綸二百四五

履安　輔三百十七　字增艮

文勳　興三百五三　字周恒

日圭　經二百二十　字正度

立山　出繼綸二百十[illegible]

鼎鉉　綸二百四六　字金元

福齡　輔三百十八

日基　經二百廿一　字邦源

鼎玉　綸二百四七

文燽　興三百五四　字魯星　邑庠生

朝增　經二百廿二

惠玉　綸二百四八

輔沼　輔三百十九

輔鴻 輔三百 二十 字益生

廣才 相二百 七三

廣茂 相二百 七四

輔潩 輔三百 廿一

廣有 相二百 七五

廣仁 相二百 七六

文煜 熙三百 九五 字彩彬

朝均 經二百 廿三 字皆平

金 [illegible]綸二百 卌九 住石浦

輔□ 輔三百 廿二

輔□ 輔三百 廿三

朝坰 出繼興三百五七

朝坰 經二百廿四 字慕宗

文美 興三百五七 字在奇 興三百五五子入繼

爾順 綸二百五十 住江北

輔□ 輔三百廿四

與祖 綸二百五一

起賢 輔三百廿五

鼎圳 綸二百五二 字宗昌

永久 綸二百五三

鼎恒 綸二百九四 住湖州歸安縣菱湖鎮

阿寶 輔三百廿六

秉仁　興三百　五八

松茂　興三百　六十

文烜　興三百　六一　字光飛

世惠　經二百　廿五　住東門聽湯　安鎮

陽春　經二百　廿六　字大本

振綱　經二百　廿七　字大基

振鋒　興三百　六三

錫麟　全二百　五五

錫傅　全二百　五六　字渭陽

小寶　輔三百　廿七

輔泰　輔三百　廿八

輔浚　輔三百　廿九　字鼎生號佐　戊

輔浩　輔三百　三十　字鼎寶

鴻元　相二百　七七

文淡 興三百六二
興三百六一子入繼

振峯 經二百廿八
字□基

錫同 綸二百五七

輔澄 輔三百三一
字接三號康侯

接飈 輔三百二二

錫照 綸二百五八
字□□

金□ 輔三百三三
小字小娘

文烱 興三百六三

振泰 經二百廿九

振元 經二百三十

亦南 興三百六五

欽□ 經二百三一

金城 綸二百五九
字泗源

□瑾 輔三百三四
字美中

信仁 相二百七八

倍發 相二百七九 一名相定

情[illegible] 輔三百三五 宇採山

[illegible]琮 輔三百三六

璋 輔三百三七

胡才 [illegible]二百八十 小字阿才

全譜 綸二百六十 宇寬[illegible]

全[illegible] 楫二百[illegible]

銑[illegible] 經二百三二一

廷珍 興三百六七 字秩聘

全孝 經二百三三 字木彩

一峯 綸二百[illegible]二 字[illegible]豐

成 輔三百三八 字啓文

博 輔三百三九 字養源

相杜 相二百八一 字大倫

相禮 相二百八二 字增榮

相虎 相三百八三 字增貴

廷標 興三百六八 字殿揚 興三百六九 子入繼

[illegible]錦 經二百三四 經二百三三 [illegible]

萬春 綸二百六三

萬[illegible] 出[illegible] 經二百三四

廷棟 興三百六九

文衢 經二百三五

桂林 綸二百六四

暄 輔三百四十

祥麟 相二百八四

東里蔡氏四修宗譜卷三　西房玖四公派　[illegible]

字作冊

字全圻

字滄表

字序和
輔三百四一
字大利

桂榮 輔二百
六五
字日旦

晧 輔三百
四一
字旭[illegible]仁
[illegible]

稚麟

字盛 輔三百
[illegible]

天麟 [illegible]二百
八五

[illegible]
出繼[illegible]三百
六七

文鉅 [illegible]二百
三六

殿英 [illegible]三百
七一

國[illegible] [illegible]二百
一七
字士昌

錦[illegible] [illegible]
字西[illegible]
[illegible]亨

[illegible]
振 [illegible]三百
四二

[illegible] [illegible]二百
八六

輔元　輔三百　四三

輔慶　輔三百　四四

相來　相二百　八七

綸均　綸二百　六七　字禮孝

輔才　輔三百　同年　與上同號

殿榮　興三百　七三

開基　經二百　三八　字大茂

殿陞　興三百　七四

開運　經二百　二九　字大乾

開泰　經二百　四十　字大金

綸仁　綸二百　六八　字禮仁

綸虞
出繼經二百　五五

綸元　綸二百　六九

開明　經二百　四一
小字小明

禮篚　綸二百　七十

開來　經二百　四二
字十[illegible]

殿詔　興三百　七五

禮揆　綸二百　七一

十勳　經二百　四三

殿木　興三百　七八

十成　經二百　四四

禮周　綸二百　七二

輔明　輔三百　四五
小字[illegible]寶

坦鈺　相二百　八八

殿玉　興三百八三

殿揚　興三百八四

若震　興三百八六　字[illegible]雷號玉麟

若霞　興三百八七　字仲麟

興三百八八　子入繼

亞毛　經二百四五

大有　經二百四六

天燃　經二百四七

天汰　經二百四八　字[illegible]園

[illegible]慶　綸二百七三　字立仁[illegible]近

方

安泰　綸二百七四　字守仁

輔閏　輔三百四六

相[illegible]　相二百八九

若霖 風三百八八 字沛雨號錦麟

天沐 出繼興三百八七

天源 經二百四九 字寅潮

天淦 經二百五十 字□茂

天鎏 綸二百七五 字則仁

若霑 興三百八九 字澤需號雨田 例授登仕郎

天佑 經二百五一 字培中號植庭 又號雲龍 監生

體仁 材二百七六 字□山 又字題詩

輔搢 輔三百四七 字鶴年號□如 川

相鬥 相二百九十 字潤生監生

兆鯤 興三百九十 字啓□

成常 經二百五二 字嘉常

成□ 經二百五三

字嘉泰

兆龍 興三百九二
字雲飛
仕溫州

咸楓 經二百五四
字嘉椿號康霖

佩鏘 綸二百七七

天爵 興三百九七

嘉豐 經二百五五
經二百四十子入嗣

綸璸 綸二百七八
小字禮高

鴻生 輔三百四八

聯生 輔三百四九

芳卿 興三百九八

徐鈺 經二百五六
小字葆初

綸元 綸二百七九

興貴 興三百九九
興四百子嗣

東來 經二百五七

興春 興四百

東來

占魁 興四百四

繁[illegible]興三百九九

大倫 經二百五八

長[illegible] 綸二百八十

綸[illegible] 倫二百[illegible]一 小字長林

綸壽 倫二百[illegible]二 小字長[illegible]

阿卿 鋪三百五十

綸昌 出繼經二百六十

十剛 經二百五九

綸[illegible] 綸二百[illegible]三 字振生

綸富 綸二百八[illegible]

[illegible] 鋪三百[illegible]一

運來 相二百九一

字振[illegible]小字[illegible]　小字[illegible]金
[illegible]出　[illegible]一百

八三祀

輔唐　輔三百
五二

輔仁　輔三百
五三

順發　輔三百
五四

綸昌　綸二百
[illegible]
字長春

大贊　經二百
八十
經二百五八
子入繼

大綏　經二百
六一

朝元　興四
百六
字方官

國典 興四百七

經珊 經二百六二

乾[illegible] 經二百六三

國脩 興四百八

[illegible]棐 經二百七四

子[illegible] 經二百六六

耀綸 綸二百八六

春林 輔三百五五

雲[illegible] 相二百九二

[illegible] 相二百九三

[illegible]時 經二百[illegible]五

[illegible] 輔三百五

開科　經二百六六

耀綸　出繼經二百六四

綸銑　綸二百八七

春山　輔三百五七

綸鈺　綸二百八八

綸洲　綸二百八九

輔淮　輔三百五八　字春彪

彖寶　相二百九四

金寶　相二百九五

開芳　經二百六七

綸福　綸二百九十　小字才福

國宰興四百九

開泰經二百六八
字天奇蘿麟
興四百十

綸桂綸二百九一
字稚芳

綸忠綸二百九二
字瑞春

綸孝
承繼派

綸標
承繼派

綸[illegible]綸二百九三
字瑞全

綸標綸二百九四
字瑞裕

輔祥輔三百五九

相順相二百九六

國生興四百十
興四百九子
兼祧

開泰

國林 十二 興四百
經坐 六九 經二百

孝禮 十六 興四百
經慎 七十 經二百

正春 十八 興四百
興四百三十
子入繼
經文 七一 經二百

正大 二十 興四百
住杭州
經文
出繼興四百
十八

經武 七二 經二百
住杭州

正恭 廿四 興四百
興四百廿大
子入繼
經福 七三 經二百

醖祥 興四百廿六 字稀範

經福 出繼興四百廿四

經壽 經二百七四

日新 興四百廿七 與四百廿八子兼祧

桂盛 經二百七五

綸垚 綸二百九五

日昌 興四百廿八 小字來有

桂盛 兼祧興四百廿七

綸垚 承繼派

得明 綸二百廿六

萬本 興四百廿九

年坤 經二百七六 仔裘埜

年有 經二百七七
佳裴堅

配甯 輿四百三一
經 經二百七八

全聖 輿四百三三
經照 經二百七九

配強 輿四百三四
經春 經二百八十
字錦春

經融 經二百八一
字錦瑩
綸富 綸二百九七

經魁 經二百八二
字錦奎
綸章 綸二百九八
綸 綸二百九九

配義 興四百 三五

經贇 經二百 八三

益山 興四百 三七 字日恆

彭壽 經二百 八四

益利 興四百 三八

經緯 經二百 八五 小字金狗

配乾 興四百 四十 又諱沛祥

福壽 經二百 八六 住杭州

文高 興四百 四一

經蓬 經二百 八七

配順 興四百 四三 住杭州

桂榮 經二百 八八

日焴 輿四百 四四
輿四百五十
子又繼

德利 輿四百 四五
子凱壽
覃恩上壽

經祥 經二百 八九
字瑞奉

經天 經二百 九十
字瑞棻

經前 出繼輿四百 四七

經安 經二百 九一
字瑞竹

經華 經二百 九二
字瑞茂

綸榮 綸三百

綸標 出繼經二百 九八

永水 綸三百 一

銘甫 輔三百 六十

[illegible]黃氏四修宗譜　卷五　西房玖四承傑　[illegible]堂藏

德金　與四百四六
字觀福
單恩上壽

經向　經二百九三
字瑞康

經渭　經二百九四
字瑞清

經[illegible]　經二百九五
字[illegible]謨
從九品[illegible]

經祥　經二百九六

綸豐　綸三百二

綸祝　綸三百三

綸奎　綸三百四
小字[illegible]揚

綸[illegible]　綸三百五
小字入揚

賡特　綸三百五
[illegible]上同號

祖坤　綸三百六

祖德 綸三百七

祖興 綸三百八

經發 經二百九七

全祖 綸三百九

全興 綸三百十

德才 興四百四七
字觀祿
興四百四五子入繼

經前 經二百九八
經二百九二子入繼

綸標 綸三百十一
一名永康

德清 興四百四八

經芳 經二百九九

綸裕 綸三百十二

字觀增　字瑞章

德揚 興四百四九 字觀有

經源 經三百

綸坤 綸三百十三

綸楚 綸三百十四

綸山 綸三百十五

德彪 興四百五十 字觀寶

經祥 出繼興四百四四

經大 經三百一 字瑞安 經三百三子入繼

經順 經三百二

綸鉅 綸三百十六

綸桂 綸三百十七

綸榕 綸三百六一

輔臣 輔三百六二

綸才 綸三百十八

綸鉅 出繼經三百一

經傳 經三百三 字瑞鵬

綸鋕 綸三百十九

輔明 輔三百六三

經生 經三百四 字瑞昌

經盛 經三百五

[illegible]氏四修宗譜卷三　西房玖四公派　[illegible]

字瑞際

經慶 經三百六

字瑞[illegible]

綸勳 綸三百二十

聖文 興四百五一

經賞 經三百七

興四百五六 字定身 兼祧

子入繼

興四百五二

聖忠 興四百五二

經貴

興四百五一

兼祧

聖昌 興四百五五

長 經三[illegible]

一名經鶴

邦位 興四百五六

經貴

出繼 興四百五一

經綸 經三百九

昭[illegible] 綸三百[illegible]一

經[illegible]　出繼興四百五八

經紳　經三百十[illegible]　字子生

經椿　經三百十一

泰泉　論三百廿一

[illegible]　論三百廿三

炳[illegible]　論三百廿四

[illegible]　論三百廿五

炳海　興三百廿六

玉位 興四百五八　經順 經三百十二　源柎 綸三百十七
小字小苗　字能眷
興四百五六
子入繼
蛟 興四百五九　茂榮
字[illegible]祝
號[illegible]如
興四百一十
子兼祿
蟾 興四百六十　長榮 經三百十三
字[illegible]玉　兼祿興四百
號宮[illegible]　[illegible]
向榮
出守[illegible]
華[illegible] 興四百六一　經坤 經三百十四

字清功
號蟠溪

華恩 興四百 六二
字式賓
號曉樓

華定 興四百 六五
字錫一
號覺菴

華甯 興四百 六七
字聞一 號警
菴又號亦仙

德慶 經三百 十五

德基 經三百 十六
字丙辰

德銓 經三百 十七
字丙鏞
號履中

德梓 經三百 十八
字丙江
號南喬

綸奎 綸三百 廿八

綸 綸三百 廿九
字

綸 綸三百 三十
字綸仁
字仁齡

輔良 輔三百 六四

輔珍 輔三百 六五

綸鬣 綸三百 二一 字榮盤

輔舉 輔三百 六六 字鶴堂

德潮 經三百 十九 字丙潮 號錦濤

德意 經三百 二十

綸才 綸三百 三二

華賓 興四百 六八 又諱霖 字沛生

綸[illegible] 綸三百 二二 一[illegible]

輔[illegible] 輔三百 六七

三陽 經三百 廿一

榛 興四百 六九

經[illegible] 經三百 十二

字惟剛號挺生恩上[illegible]覃　一名灼　字明之

興四百七一子入繼

模 興四百七一　字省三號鷟石監生部捐布政司都事銜

經懷 出繼興四百六九

經賚 經三百廿三　一名煥　字有之

經葵 經三百廿四　一名燿　字象之

經榕 經三百廿五　一名焜　字安之

桂 興四百七二　字華新號丹香

經瑞 經三百廿六　一名烱　字卿之

學聖 與四百七四

乾元 經三百廿七

景山 經三百廿八

學詩 與四百七六
字士與
號士泉

經照 經三百廿九

經章 出繼與四百七七

學禮 與四百七七
字士□
與四百七六
子入繼

經章 經三百三十

繼孝 與四百七八

經纔 經三百三一

綸□ 經三百三四

經三百三二

子入繼

縉安 興四百 七九

經莊 經三百 三二

仕杭州仁和縣

綸博

出繼經三百 三一

綸傳 綸三百 三五

綸通 綸三百 三六

綸虎 綸三百 三七

經富 經三百 三三

綸寶 綸三百 三八

縉林 興四百 八十

經福 經三百 三四

綸富 綸三百 三九

蓮卿 輔三百 六八

字順泰

興佐 興四百八二
字偉臣
號藝槐

經燽 經三百三五
字懷恩

綸堃 綸三百四十

綸圻 綸三百四一

綸墇 綸三百四[illegible]

經燿 經三百三六
字[illegible]恩

綸[illegible] 綸三百四三

綸[illegible] 綸三百四四

經炬 經三百三七

綸城 綸三百四五

字金恩

興佑 興四百八三
字汝翼
號梅溪

經[illegible] 經三百三八
字祖恩

經熠 經三百三九
字蓮[illegible]

經煇 經三百四[illegible]
字燦恩

經爐 經三百四一
字培恩

經煌 經三百四二

綸珪 綸三百四六

綸玷 綸三百四七
字增元小字少增

綸塘 綸三百四八
字如喬

字五恩

經燦 經三百四三

字銘恩

世系七 西房玖三公派

廿五世　廿六世　廿七世　廿八世　廿九世

相遜 相十二 仕士游　聲洲 聲一

相柄 相十七 任蘇州　鴻祥 聲二

相三 相廿一 字志卿　聲根 聲三

聲閂 聲四

相武 相廿二　聲存 聲五

字耀□　小字阿林

相清　相廿五　字全生

聲富　聲六

聲玉　聲七　字祖艮

相盈　相廿六　字闓生

聲榮　聲八

相舜　相廿七　字亡堯

祖安　聲九

相楚　相廿九

祖福　聲十

相森　□三二

聲貴　□十一

相榮 相三五

相華 相三六

聲樹 聲十二

聲[illegible] 聲十三

聲友 聲十四

聲持 聲十五

聲達 聲十六

聲樹 聲十七

相賓 相四 十
字己丙住江北

相剛 相四 一
字慶□

相□ 相五 一
字慶養號□
三

相朝 相五 二

聲□ 聲十 八

聲揚 聲十 九
住杭州

聲億 聲一 十
住杭州

聲榮 聲廿 一
住杭州

聲遠 聲廿 二
字濵生

竹□ □名

聲□ 聲廿 二

字孝祿

聲揚　聲廿四

聲美　聲廿五

聲章　聲廿六

聲翼　聲廿七

聲德　聲廿八

字繩德

相國　相五七

聲和　聲廿九

字榮卿號鼎
臣

一　字永年

聲律　聲三十
字永響

聲振　聲三一
字永振

相顧　相五八
字慶生號磬
孫從九品

潤甫　聲三二

相卿　相六十
字纓雲號裕
卿監生布政
司理問銜
辦海運　欽
加五品銜
誥授奉政大
夫

星奎　聲三三
字□日

相珪 相六一
一名紹冠字達璋號寬齋附貢生五品升銜江蘇候補縣丞俟缺後以知縣用

星煥 聲三四
字璞伯

相迎 相六二
字慶寶號徵三監生捐授同知銜加授援奉政大夫

聲一 聲三五

相逵 相六四
字慶祥

聲有 聲三六

相迪 相六五
字慶和號欽何邑庠生

聲揚 聲三七

相松 相六六

聲烈 聲三八

字松齡號志　字祖德
槙監生
相楠七　相六　聲楚　聲三
字椿齡號謹　字祖恩
範
相槐九　相[illegible]　聲振十　聲四
字永齡號楨　字祖培
三
聲實一　聲四
相棟四　相七　聲堂二　聲四
相櫟五　相七　聲香三　聲四
相森十　相八　聲科四　[illegible][illegible]

相棠 相八二

聲康 聲四五

相桂 相九六 字紹[illegible]

聲[illegible] 聲四六 字文[illegible]

相椿 相百二 字永[illegible]

聲[illegible] 聲四七

聲金 聲四八

國棟 相百四 字名卿號六一

錫麟 聲四九 仕上海[illegible] 大通鎮

酉岳 相百七

聲泰 聲三八

順親 名二

[illegible]氏四修宗譜卷之[illegible]

西房玖三公派

住江北三[illegible]鎮

順貴 三

松齡 四

相樑 十 相百

聲夢 一 聲五
字天恩

相國 四 相百
字邦佐

錫根 二 聲五

[illegible]根 三 聲五

[illegible] 四 聲五

天[illegible]堂

玖四公派

相福 相四 [illegible]莊

聲璿 聲一 字鄰甫 號蓮浦

聲璣 聲二 職 號蓮莊

相杜 相十 字晉源 號涵品 小字白華

聲聯 聲三 字巧生

寶森 相十二

祖庚 聲四

祖發 聲五

祖茂 聲六

祖蔭 七

祖榮 八

相杰 一 相廿
字士[illegible]

聲振 九 聲
字虛谷

聲揚 廿 聲
字龍[illegible]

名悳
字文[illegible]
[illegible]失修

聲掌 一 十聲

相榮 二 相廿

[illegible]宮 二 聲十

字□立

相森 三 明廿
一名寶林又名相唐字謙啓援標後營千總守備衔

聲□ 三 聲十

聲貴 四 聲十

聲□ 五 聲十

相卿 五 相廿
字鈞森

聲源 六 聲十

相樞 三 相三
字在水號星

聲燮 七 聲十
字有□小字安寶

相楠 四 相三
一業儒

聲煊 八 聲十

字勺山

字齊鳳

聲炯 聲十九

小字堅寶

名傳 名五

相梓 相三五

聲才 聲十二

一名廷才

聲學 聲廿一

一名廷學

相榮 相三七

[illegible]琛 聲廿二

[illegible]標 [illegible]廿三

[illegible]寶 [illegible]廿四

相桓　相三八　字德榮
　廷芳　聲廿五　住平湖

相植　相三九　字[illegible]山
　富[illegible]　聲廿六　任江北

相桱　相四一　字似山
　[illegible]元　聲廿七
　阮才　聲廿八

相[illegible]　相四五　字誌評
　聲耀　聲廿九　一名聲生小　字荀生
　　名[illegible]　名六

正杲　相五三
　其炫　聲三十

相五五子入繼

正銓　相五　四
字蓮渠

承祖　聲三　一
字紹[illegible]監生

錫民　名　七

聲震　聲三　二
字生榮[illegible]品銜

正模　相五　五
字宗範號棕帆

其炳　聲三　三
字廷璋

錫珊　名　八
字錫之號[illegible]
賞軍功[illegible]銜
加五品銜

振富　振　一

振[illegible]　振　二

其焌
由繼相五三

其榮　聲三　四

[illegible]卿　名　七

字廷輝

字慎之

長卿 名十

字麟之仕溫州

其煊 聲三五

字廷傑

其炯 聲三六

字照堂

懷音 聲三七

字笙諧

錫章 名十一

正德 相五七

字甯邦號九功

傳音 聲三八

年麟 聲三九

正泉 相五九
字肅治

其茂 聲四十
小字桂生住
江北

錫雲 名十二

正明 相六十
一名棻又名
相賓字樸齋
監生　誥封
奉直大夫

聲金 聲四一
一名銘字振
音小字長生
監生承辦海
運　欽加五
品銜

錫寶 名十三

錫榮 名十四

錫順 名十五

聲水 聲四二
一名承恩字
子淮小字益
生監生

明椿 相六 二

聲遠 聲四 三 小字爾生

聲泉 聲四 四 字鶴軒

聲才 聲四 五

聲惠 聲四 六

聲茂 聲四 七

乾保 相六 六 字天祥號寄鶴

安舟 名十 六

邦德 名十 七

邦富 名十 八

名高 名十九

寄麟 相六七

茂聲 聲四八 字茂吉

裕生 聲四九

成之 相六八 字觀生 監生

聲宏 聲五十 字長庚 號從德

聲振 聲五一 字長順

聲樹 聲五二 字長辰

長慶 三 聲五

相槐 九 相六
字芝生

聲振 四 聲五

相誠 十 相七
字實甫號梅生

聲頌 五 聲五
字清芬號伯雅

名鏞 十 名二
字祖佑

名鎬 一 名廿
字祖佩號仲玉

相才 廿 相九
字銜三小字長春

聲燽 六 聲五
字琴軒小字寶生

聲燿 七 聲五
字芝亭

□東蔡氏四德宗譜　卷之六　西房玖四公派

相宸 相九一

字衡甫小字長泰

聲賢 聲五八

名唐 廿名二

名全 名廿三

名富 名廿四

名永 名廿五

聲鐘 聲五九

相祿 相九五

字覲天號竹二奉文閣典

聲福 聲六十

[illegible]

續修

相賡　相九六
字協華　相九七之子兼祧

相鶴　相九七

相權　相九八
字尚志號月亭

相英　相百二
字尚榮號玉如　監生　欽加四品銜　誥授朝議大夫

聲仁　聲六一

聲仁
兼祧相九六

聲寶　聲六二
字炳南號達廷　璋　監生

聲堂　聲六三
字汝升

聲雲　聲六四

名魯　名廿六

名魯
字恩元承繼派

名發　名廿七
字品元

名德　名廿八
字安榮號松壽

名鶴　名廿九
字志榮

夫

相桂 相百八 字慶桂

聲律 聲大五 小字福齡兼祧相百九

名煊 名三十

聲猷 出繼相百十

相楓 相百九 字慶楓相百八子兼祧

聲律

名煊

聲芳 聲六六 早世

聲雷 出繼相百十一

相棣 相百十

聲猷 聲六七

名祥 名三一

相[illegible]八之子入繼　字春林　字[illegible]作

相梧　相百十一　字慶梧號蓀　應相百九之子入繼

聲雷　聲六八

相[illegible]　相百十三　字品揚監生　相百十四子入繼

聲[illegible]　聲六九　字[illegible]蓀小字桂生監生

名[illegible]　名三二

相玉　相百十四　字楚珩監生

聲[illegible]　聲[illegible]三　出繼相百十

聲泰　聲七十　字安甫小字菊生監生

名貝　名三三

相政　相百十八

聲瑞　聲七一

字慶祿號襄侯　字麗生

相庫　相百廿二
字慶榛號[illegible]
卿小字[illegible]豐

聲[illegible]　聲七二
字祥甫

聲燕　聲七三
字瑞甫

相[illegible]　相百廿[illegible]
字介三號楚琴

聲嶂　聲七四
小字[illegible]棠

名尚　名三[illegible]
小字[illegible]

聲岳　聲七五

相貴　相百廿七
相百三十子
字繼

聲[illegible]　聲七六

相君　相百廿八

聲[illegible]　聲七七

相臣 相百三十
字慶槐相百三十子入繼

聲標
出繼相百廿七

聲田
出繼相百廿八

聲法 聲七八

相其 相百三二
字景僑相百三四子入繼

琅卿 聲七九
字明卿

名基 名三五
字秉厚號培孫

相槐 相百三四
字庭三

珢卿
出繼相百三二

雲卿 聲八十

順卿 聲八一

成卿 聲八二

相賢 相百三五
字庚三

聲言 聲八三
字庭颺

相椿 相百三六
字春木

聲諧 聲八四
字和甫

名詩 名三六
字錫三號芝仙

相棟 相百三七
字宇安號雨庵監生捐授州同銜承辦海運欽加訓導五品頂

聲諧 聲八五
一名庚年字升杲號申甫附貢生候選

名衡 名三七
一名同壽字闓生號肖峇軍功五品

五品銜　誥　敕　部授修
授奉直大夫　職佐郎

名衢 八 名三
一名同富字本白號錦春

名近 九 名三
一名同祖字縣仙號丙春

名衍 十 名四
一名同言字品仙號閣春

聲謙 六 聲八
一名廷爵字吉甫號升昭軍功六品

相梓 三八 相百
字可琴號樂庵監生承辦海運欽加五品銜

聲譽 七 聲八
字賡甫小字聖應

相棠 相百三九
一名棠字芾庵號蕙村附貢生欽加同知銜試用縣丞例授修職郎晉授奉政大夫

相檯 相百四三
字仰喬

聲誠 聲八八
一名康年字沚蓮廩膳生

聲閶 聲八九
一名善贊字箴甫監生試用縣丞軍功六品

聲譓 聲九十
字智甫

聲詠 聲九一

名衢 名四一
一名德仙

名[illegible] 名四二
小字[illegible]仙

名珩 名四三
字玉仙號寶玉

名瑢 名四四
字瑜仙號二寶

字吟甫

相維 相百四五
字竑昌監生
例贈奉直大夫

聲和 聲九二
字謂笙軍功
議敘承辦海
運　欽加五
品銜

名䜩 名四
字望三

聲程 聲九三
字章甫

聲穗 聲九四
字嘉禾

相綜 相百四六
字聚之號芝
卿

聲傳 聲九五
字信甫

聲俊 聲九六

相倫 相百五十 字叙堂 從九品銜

聲琨 聲九七 字[illegible]玉

名森 名四六

名圭 名四七

聲[illegible] 聲九八 字良玉

名章 名四八 小字[illegible]信 字文卿 號[illegible]

聲琮 聲九九 字瑞甫

相佳 相百五一 字卓人 監生

聲祿 聲一百 字吉玉 小字企梅 監生

名旌 名[illegible]九

名慶 名五十

相仁 相百五四
字慶仁號迎生

聲璠 聲百一
字景山號邦琪

聲斑 聲百二

相儔 相百五五
字亘甫監生

聲庚 聲百三
字心耕

聲庾 聲百四
字心畬

相脩 相百五六
一名崧生字六猷號蓁軒邑庠生

聲璋 聲百五
字其章小字家猷

聲珪 聲百六
字鉒和號如圭

相俊 相百五七
字約三

相仕 相百五八
字學顯 相百
五九子兼祧

相任 相百五九
字叢園號重
遠 從九品銜

金相 相百六三
字品三

家相 相百七一
字周勛監生
例贈儒林郎

聲煊 聲百七
字克家

聲煇 聲百八
字實甫

聲煇
兼祧相百五
八

聲發 聲百九

聲耿 聲百一
字介明監生
以授布政使
理問銜加五
品頂戴

聲焜 聲百十一

名鴻 名五一
字鴻卿

名鴻

名臣 名五二

字庭[illegible]號[illegible]
詔

字[illegible]號[illegible]
書

名卿三　名五
字鴻烈

名文[illegible]　名五
字[illegible]號文
[illegible]

璨炯十二　璨百
字汝明監生

名[illegible]　[illegible]五
小字[illegible]壽

名貴[illegible]　名五
小字祖三

名寶七　名五
小字祖德

名賚八　名五

小字龍韜

名贊 名五九
小字怡韬

名賡 名六十
小字馥採

相安 相百七二
字蘭生監生

聲愷 聲百十三
小字永年

聲悌 聲百十四
小字崇年

相容 相百七四
字芸生監生

聲怡 聲百十五

聲愔 聲百十六

相宗 相百七七
字紹卿

聲恂 聲百十七

相彬 相百八六
字適均號雪君監生捐授布政使理問銜

聲烈 聲百十八
一名丕揚原名祖望字承甫號權圃庠貢生正任長興縣訓導歷署諸暨餘姚縣教諭

名達 名六一
字克孝號雪孫小字西伯邑庠生

名遜 名六二
字克讓號敏齋小字鴻叔

聲照 聲百十九
字覲甫號黎青又號小蕉

相森 相百八七
字寶書

聲鑣 聲百二十
字裕慶

相松 相百八八
字九如號松　茂

聲熊 聲百廿一
字渭川

聲肅 聲百廿二
字忠甫

相琅 相百九十
字巨海

聲章 聲百廿三

聲富 補遺
改名聲靖

相基 相百九三
字藎臣

聲震 聲百廿四
小字鄉則

相珽 相百九七
字瑚璉從九品銜相百九九

聲雩 聲百廿五

入子入繼

相璜 相百九七 字渭卿 從九品銜

聲雩 出繼相百九六

聲雲 聲百廿六

聲霆 聲百廿七

相琨 相百九九 一名生岡 字仲玉 廩膳生

乾齡 聲百廿八

相琳 相二百二 字亦照

聲恒 聲百廿九

相標 相二百四

聲哦 聲百三十

字詠三

相杞 相二百七
字祖蔭

聲根 聲百三一

聲源 聲百三二

聲利 聲百三三

相桐 相二百八
字[illegible]

聲珍 聲百三四

聲貴

相桐

聲貴 聲百三五

相球 相二百十
一名廷桐字和卿號鳴玉監生州同銜海運保舉加五品銜加二級　例授朝議大夫　[illegible]大夫

聲宏 聲百三六
字祥綬小字長壽監生兵部員外郎銜賞戴花翎

相𤩽 相二百十一
原名避十七祖諱字松卿號秋巖監生承辦海運欽加五品銜相二百十二子入繼

聲初 聲百三七
字香孫監生

名嘉 名六三
字平甫號雪綬

名揚 名六四
字達甫號雪泥

相璥 相二百十二

聲初

字[illegible]卿號子雲監生水辦海運　欽加五品銜　出繼相二百十一

聲衷 承百三八
字立本號省忠監生

相瑽 相二百十三
字瑜卿號子佩從九品銜衣

聲龔 聲百三九
字受祿號連

相璥 相二百十四
字延長號子明監生

聲裘 聲百四十

相琢 相二百十六
一名學高字琢卿號[illegible]青別署梧[illegible]自號曲肱道人附貢生分缺門選用訓導選缺後在任以州判遇缺

聲大 聲百四一
字[illegible]有號滋年監生

聲太 聲百四二
字丕望號恩年監生

閩選署淸安
桐鄉縣教諭
兼理訓導議
敘加一級
欽加五品銜
賞戴藍翎

相琅 相二百十七
字餘慶

聲玉 聲百四三

相騵 相二百廿八
字晉脩

聲焜 聲百四四

相騏 相二百三十
字晉寶監生
捐授州同銜

聲烜 聲百四五

相桂 相二百四二
字杏鶴

聲錩 聲百四六

松高 相二百四六

聲鏥 聲百四七

榮棠 相二百五四
字彝生號牧孫小字延齡
監生承辦海運
欽加五品銜

聲肅 聲二百四八
小字胥良

聲熊 聲二百四九
小字瑞初

聲燕 聲二百五十
小字瑞年

榮棣 相二百五五
字棠卿

聲元 聲二百五一
字煥章

聲嘉 聲二百五二
字仰山

榮桃 相二百六七

聲求 聲二百五三

字振玉

聲均 聲百五四 字艮衡

聲渭 聲百五五

聲發 聲百五六 小字忠法

祖興 聲百五七 小字順英

榮標 相二百六九 字梅卿

連生 聲百五八

裕慶 相二百七十

鴻芝 聲百五九

榮柟 相二百七二

淵香　聲百六十

鴻來　聲百六一

廣才　相二百七三
相二百七四之子入繼

聲[illegible]　聲百六二
字麟祥

廣茂　相二百七四

聲[illegible]
出繼相二百七三

聲榮　聲百六三
字麟寶

聲華　聲百六四

字應貴

信仁　相二百七八

相定　相二百七九

祥麟　相二百八四

[illegible]貴　聲百六五　字祥和

榮春　聲百六六

聲[illegible]　聲百六七　字采慶

芝慶　聲百六八

元慶　聲百六九

瑞慶　聲百七十

西房玖四公派

国家出版基金项目
NATIONAL PUBLICATION FOUNDATION

海上絲綢之路文獻集成

總主編　陳支平　陳春聲

民間譜牒編 17

主編　林　楓

海峽出版發行集團
THE STRAITS PUBLISHING & DISTRIBUTING GROUP
福建人民出版社

本册目次

〔浙江慈溪〕慈東費氏四修宗譜四十四卷（卷七上至卷十八下）　〔清〕費承甫纂修……

〔浙江慈溪〕慈東費氏四修宗譜四十四卷

（卷七上至卷一八下）

〔清〕費承甫纂修

慈東費氏宗譜

第三本

[illegible]字

慈東費氏四修宗譜卷七上

世系八 東房

九世
廉 一 玖
字文德
號德隅

十世
居德 一 東
舊行二
字子脩

十一世
存善 一 厚
舊行同
字可行

十二世
程 一 端
舊行八
字公玉

端十二 端
諱闕

端十四 端三

十三世
宗興 一 愷
舊行九

隆 二 愷
舊行十

愷三十 愷三
○止
諱闕

諱闕

存志 出繼東四

存道 學二 舊行三 字可大

貞姣 端四 舊行五

宗楷 愷四 舊行一

宗範 愷五 舊行二

宗生 愷六 舊行五

宗彥 愷七 舊行八

宗瑞 愷八

舊行十二、愷四子入繼

居吉 二 東
舊行三
字子善

居易 三 東
舊行五
字子安

存恕 三 厚
舊行四
字可久

子琛 四 厚
舊行五
字叔寶

子瑑 五 厚
舊行六
字叔玉由吏
員任江西饒
州府稅課大
使

子璹 六 厚

康 五 端
舊行四

懷 六 端
舊行十五

靜 七 端
舊行十七
字維安隨父
任居江西

城 八 端

愷廿 愷九 ○止
諱闕

信 十 愷
舊行廿九

愷九 愷十一 ○止

舊行七
字叔珍

舊行十二
南京當軍

諱闕

俊　愷十二
舊行廿一

傑　愷十三
舊行廿二

愷其　愷十四　○止
諱闕兄弟四人俱隨父南京當軍

佐　愷十五　○止
舊行廿七

侒　愷十六　○止
舊行廿八

性　端九
舊行十六
字惟善

玖五 言
字文訓
號德教

東四 居學
舊行同
字子敎
東一子入繼

厚七 存志
舊行二
字可成

端十 [illegible]
舊行二十

端十一 以脩
舊行一

端十二 [illegible]
舊行三
字公定
號鞍南

愷十七 宗僕
舊行四

愷十八 愷十五○止
諱闕

愷十九 譜
舊行七
愷二十子入繼

愷二 宗和十
舊行十八
字中節
號東崖

瓛　端十三　舊行九

宗協　愷廿一　舊行十三

宗祥　愷廿二　舊行十六

慈東費氏四修宗譜卷七下

世系九東房

十三世　十四世　十五世　十六世　十七世

玖一公派

宗典一 愷 舊行九

皐三十一 皐 諱闕

安六一 安 諱闕 居邱家洋

靜六三一 靜 諱闕

甯六五一 甯 〇止 諱闕

皐三二 皐 諱闕

江三 皐 舊行三七

安六六二 安 諱闕

靜七十二 靜 諱闕

靜七三二 靜 諱闕

[illegible]劉氏四修宗譜卷十一　東房玖一公派

汪 四　舊行三八

阜四三 五　諱闕

倫 六　舊行三一

安五六 三　諱闕

隆 二　舊行十

宗楷 四　舊行一

阜一 七　諱闕

禱 四　舊行二

靜一 四　諱闕

靜廿五 五　諱闕

甯廿六 〇止　諱闕

誠 五　舊行八

安三六 安
諱闕

燈六 靜
舊行三七
字文明

文漢七 靜
舊行四八

甯三〇 甯三 止
諱闕

皐三八 皐
諱闕

誠七 安
舊行五

靜三八 靜
諱闕

靜十二九 靜
諱闕

靜三四十 靜
諱闕

埪〇 甯四 止
舊行十七

甯廿五五 甯
諱闕

甯三 甯六 〇止
諱闕

安三 安 [illegible]
諱闕

皐六
出 愷八

宗範 愷五
舊行二

皐二 皐九
諱闕

棋 安九
舊行[illegible]七

靜九 靜十一
諱闕

坦 甯七
舊行十五

安[illegible] 安四十
諱闕

靜十四 靜十二
諱闕

[illegible]圭 甯八
舊行六二
宗[illegible]

安三八
安十
一
諱闕

皋四
皋
十
諱闕

詳
安十
二
舊行十

靜五
靜十
三
諱闕

甯八
甯九
○止
諱闕

靜四三
靜十
四
諱闕

靜四四
靜十
五
諱闕

檢
安十
三
舊行十八

安廿三
安十
四
諱闕

東房玖一公派

靖 阜十一
舊行七

棣 安十五
舊行十六

校 安十六
舊行二十七
（安十五子入）

靜七 靜十六
諱闕

靜十三 靜十七
諱闕

靜二十 靜十八
諱闕

靜卅九
出繼安十六

靜十九 靜十九
諱闕

甯四 甯十 ○止
諱闕

甯十二 甯十一
諱闕

呈 甯十二 ○止
舊行十九

宗生六　愷
舊行五

皐九二　皐十
諱闕

棟七　安广
舊行四一

安十三八　安十
諱闕

安十九　行
諱闕

安廿七十　安二
諱闕

靜五一十　靜二
諱闕

靜五七
出與四都葛
姓爲子

煬一　靜廿
舊行四六

甯三六三　甯十
諱闕
甯八子入繼

甯四一〇　甯十四
止
諱闕

皐十一　皐十三
諱闕

安廿九　安廿一
諱闕

安四十　安廿二
諱闕
居四都潘嶼
歿河口

安四十三　安廿三
諱闕

靜五十五　靜廿二
諱闕

靜五十八　靜廿三
諱闕

靜六十　靜廿四
諱闕

靜六十三　靜廿五
諱闕

宗彥 愷七 舊行八

阜十七 阜十四 諱闕

阜八 阜十五 諱闕

安五一 安廿四 諱闕

乑 安廿五 舊行廿四

靜四 靜廿六 諱闕

靜十六 靜廿七 諱闕

燵 靜廿八 舊行廿四

煬 靜廿九 舊行廿八

堉 甯十五 ○止 舊行十一

甯三四 甯十六 ○止 諱闕

甯廿九 甯十七 ○止 諱闕

甯三 甯十八 ○止 諱闕

甯二十 甯十九 ○止 諱闕

宗瑞 愷入
舊行十二
愷四子入繼

皐六 皐十六
諱闕

安廿七 安廿七
諱闕

埜 安廿六
舊行三二
庠生

甯廿 甯二十○止
諱闕

㥮 靜三十
舊行伺三一

靜廿六 靜三一
諱闕

靜三三 靜三二
諱闕

焚 靜三三
舊行四五

甯廿三 甯廿一○止
諱闕

甯三十 甯廿二
諱闕
出與甬波東

信 愷十 舊行廿九

俊 愷十二 舊行廿一

傑 愷十三

臯四三 臯十七 諱闕

臯四六 臯十八 諱闕

龍 臯十九 舊行三九 字子雲 居南京朱郎橋

淲 臯二十

儀 安廿八 舊行五六 字靜之 號鈞渠

烱 靜三四 舊行三八

階 安廿九 舊行七八 字陞之 號鈞泉

陽 安三十

武門內附姓 爲子

舊行廿二

玖五公派

宗模　愷十七
舊行四

譜　愷十九
舊行七
愷二十子入繼

舊行四十
字德威號守
拙居南京三
山神門

阜五　阜廿一
諱闕

滙　阜廿二
舊行三六
字本源號後
沙阜廿三子
入繼

舊行八十
字東之

陳　安三一
舊行八三

桓　安三二
舊行三十

安四　安三三
諱闕

耒　安三四
舊行五五
字益卿
號尚淵

靜八　靜三五
諱闕

油然　靜三六
舊行六九
字子雲號億
孝靜四十子
入繼

油然　靜三七

志誠　甯廿三
舊行六七
字省吾

英望　甯廿四

舊行七七
字子德
靜四三子八
繼
舊行六八

宗和 愷二十
舊行十八
字中飾
號東崖

鎮 阜廿三
舊行三二一
字巨源
號後山
郡庠生

家 安三五
舊行四八
字亮卿
號聽紀

儼然 靜三八
舊行六六
字子畏
號景山

元周 甯廿五
舊行四五
字二監

耒
出繼阜廿二

東 安三六
舊行七一
字約卿
號愛山

科 安三七
舊行七七
字進卿

固然 靜三九
舊行七八
字伯通號寰

甯聰 甯廿六

號恃山

甯明　甯廿七
甯庠生
居鎮邑青林
廟前今呼沈
孔橋另詳遷
徙譜

滙
出繼愷十九

澣　阜廿四
舊行四一
字浩源
號象岡

杈　安三八
舊行七二
字波渊
號琴亭
庠生

爕　靜四十
舊行七一
字子成
號韶亭

甯尭　甯廿八
諱關士六

志誠
出繼靜三七

秉　安三九
舊行七六
字蔭周
門禮[illegible]
局帶
士

欽　靜四一
舊行七二
字子尤
號助宇

士望　甯廿九
舊行四二
甯二十子入
繼

仁望 甯三丁
舊行四十七

甯五十一 甯三
諱闕

道望 甯三二
舊行七十九

熜 靜四二
舊行八十
字閒泉

奎望 甯三
舊行九一
甯三[illegible]二子兼承

煏 靜四二
舊行八七

國望 甯三四
舊行六三

英望

[illegible][illegible]劉氏四修宗譜　卷十　東房以五公派

天元[illegible][illegible]
出繼　靜三七

名望　甯三五
○止
舊行七十

世望　甯三六
舊行六九

德望　甯三七
○止

煋　靜四四
舊行九一

燨　靜四五
舊行[illegible][illegible]
字[illegible]鶴

愷望　甯三八
舊行八八
字爾登

惱望　甯三九
舊行九十
字有恒

[illegible]　靜四六

[illegible]　甯四十

[illegible]　安四十

舊行八二　字正卿　號守愚　諱闕

舊行五六　字太和　甯六六　甯四一　○止　諱闕

宗協　愷廿一　舊行十三

伏　皋廿五　舊行十九

皋廿四　皋廿大　諱闕

皋廿六　皋廿七

槃　安四　舊行四五

爝　靜四七　舊行六七

安五二　安四　諱闕

安六四　安四三　諱闕

安五四　安四四

慈東婁氏四修宗譜卷十一　東房玖五公派

宗祥 僧廿二
舊行十六

諱闕

涓 卑廿八
舊行三四

渭 卑廿九
舊行廿五
字澄瀨
號稀峰

生世
未詳

諱闕

安尭 安四五
諱闕

概 安四六
舊行四九
字節卿
號東園

棐 安四七
舊行六七

安平 安四八
諱闕

靜[illegible] 靜四八
諱闕

光祖 靜四九
舊行六五
字靜華
號東陽

天元堂

慈東費氏四修宗譜卷八上

世系十 東房

十七世　十八世　十九世　二十世　廿一世

玖一公派

甯芸 甯五 諱闕

裕三 裕一 諱闕

裕八 裕二 諱闕

垣 甯七 傳行十五

裕二三 裕 諱闕

廷圭 甯八 傳行六二 字介卿

之媜 裕四 字維周

樂志 樂一 字元箏

祖官 昇一

甯十二 甯十一
諱闕

甯十三 甯十三
諱闕
甯入子入繼

之欽
出繼甯十三

裕一 裕五
諱闕

之欽 裕六
字翰墨
號萬始

發瑞 昇二
諱治字士奇

鳳棲 昇三
諱梧字明倫

賓典 樂二
字元渭

耀文
出繼樂三

元賓 樂三
樂二子入繼

耀文 昇四
諱[illegible]字廣發

安樂 平一
○止

源發 樂四
字維添

上佐 樂五
字方輔
先世未詳

樂壽 樂六
先世未詳

廷梁 昇五
字廣榮
號聖村

廣良 昇六
字子發
住酉郎

聖惠 昇七

昇寶 昇八

祖金 平二
字成三

子如 平三
字與宗

平郡 平四 ○止
字子信

先世未詳

樂燮 樂七

昇全 昇九 字魁元 號文玉

雙德 平五 字原文

玖五公派

志誠 甯廿三 舊行六七 字尚吾

裕四七 裕七 諱闕

起祥 樂一 舊行三二 字元翰

官陞 樂九 舊行四二

[illegible]卿 樂十 舊行四八

文興 昇十

爾[illegible] 昇十一 字[illegible] 號[illegible]璘

世昌 平六 字文[illegible] ○止

[illegible] 平七 ○止

裕[illegible]　裕八
諱闕

元[illegible]　槃十二
舊行四三

太本　昇十二
舊行十七

太[illegible]　昇十三
舊行四五

字文雍

世宗　平八　○止
字文海

世孝　平九　○止
一名世學
字文山
覃恩上壽

萬學　平十
字文奎

萬壽　平十一
字文盛

萬順　平十二　○止
字文郁
又字谿文

[illegible]東房玖一公派

一鉉 滌九
舊行六五

一元 樂十二
舊行三七
字[illegible]

一慧 [illegible]十三
舊行五一

大倫 昇十四

大英 平十五
字殿英

大[illegible] 昇十六
字君美

士[illegible] 昇十七
字五[illegible]
二十子[illegible]

博 昇十八
字[illegible]宇

萬雲 平十三
○止
字文言
子萬裕

文燦 平十四
○止

登高 平十五
字士學

方傑 十十六
○止

文[illegible] 平十七
字[illegible]
上壽

光耀 平十八
○止
字廣[illegible]

元愷 棨十四 舊行六七

兆龍 昇十九 字勤修 號文德

一鏞 裕十 舊行六八 字[illegible]彪

元試 棨十五 舊行五三

大松 昇二十

光全 平十九 〇止

光大 平二十 〇止 字飛生

朱發 平廿一 隨母在秤鈎邵撫養不知所終

文廣 平廿二 字日升

文錦 平廿三 字汝升

文定 平廿四

小字小武

文華　出繼　昇十七

文配　平廿五　字公彩

文山　平廿六　字明山

文楷　昇廿一

瑞興　平廿七　〇比

文林　昇廿二　字濟雨

文祥　平廿八　字英奎

元佐　樂十六　舊行五八　字天生

文和　平廿九

元秀 榮十一
蓍行二大
字德□

天□ 榮十八
蓍行七六
字元甫
號□魁

邦彥 裕十一
蓍行七八

文煉 昇廿三
字新榮

思文 昇廿四
字智慧

思誠 昇廿五
字韶九○昇廿六子入繼

思章 昇廿六
諱熞字恒慧
邑庠生

字英孝

文炳 平三十
字徐錢

文乾 平三一
字亞本

三畏 平三二○止
字欽安
號敬修

三畏
出繼昇廿五

捧檄 平三三○止

泉東蘇氏宗譜　卷六上　東房玖五公派　有志堂藏

英　甯廿四
舊行六八

邦直　裕十二
舊行八二

[illegible]　裕十三
舊行七九
字[illegible]生

萬壽　樂十九
舊行[illegible]六

[illegible]　樂二[illegible]
舊行五[illegible]
樂廿一[illegible]
[illegible]

承[illegible]　昇廿七
字大正
[illegible]閣

[illegible]宗
[illegible]二十

[illegible]榮　[illegible]
[illegible]
號[illegible]厝

遐齡　平三四　○止
字國安
號興仁

鶴齡　平三五　○止
字國順
號[illegible]謙

招齡　平三六
居金塘

[illegible]齡　平三七

元肅 常廿五
舊行四五
字二監

常□ 常廿八
諱嘿

裕卅六 裕十四
諱闕

裕三十 裕十五
諱闕

裕四八 裕十六
諱闕

裕五七 裕十七
諱闕

邦達 裕十八
舊行五四
字彥卿

皐廿三支下至裕行無傳惟安三五四
出繼皐廿二安三双稚居沈孔橋幸
子孫尚繁衍耳

元會 乘廿二
舊行十七
兼祧裕十九

大仁 昇廿九
舊行三
字禹忍
小字寶

文生 平三八
字之仁

文秀

居金塘

[illegible]氏四修宗譜卷六　東房玖五公派

用志堂[illegible]

出繼昇三十

文甫 平三九
字建仁
號文翰

文學 平四十
字文琳

大[illegible]
承繼派

大惠 昇三十
昇廿九子入繼

文秀 平四一
字光開
號介仁

裕六三 裕十九
諱闕○裕十八子兼承

元會

天生 昇三一
舊行十五
字勝美
號大上
一湖州

彭齡 平四二
字承明

陞奎 裕二十
舊行三九

元英 樂廿三
舊行廿四

延齡 平四三

士望 甯廿九
舊行四二
甯三十子入
繼

如齡 平四 四

天發 昇三 二
舊行廿一

天龍 昇三 三
舊行三十
字松如
居甯城西門

大化 昇三 四
舊行一
字聖馭
小字增福

之蒿 平四 五
以平山子入繼

之華 平四 六
小字榮華

仁望 甯三 十
舊行四七

應元 裕廿 一
舊行廿九

元卿 乘廿 四
舊行十四
字鼎三

承禮 平四 七
小字富壽

大本
出繼欒廿六

承謨 平四 八
小字德壽

六興 昇三 五
舊行五
字兆[illegible]
小字長興

承業 平四 九
小字長壽

承發 平五十 ○止
小字明壽

承宗 平五 一
小字承壽

六[illegible] 昇三
舊行六
字洪範

號道生

六全 昇三七
舊行七
字廣潁
小字五全

大成 昇三八
舊行十
字聖集

五德 昇三九
舊行廿二

昇四 行同
諱闕

元[illegible]五 [illegible]
舊行廿三
住湖州府長
興縣

承耀 平五二
字永年

承恩 平五三
字春潮

承祖 平五四
○止

甯五三 甯三一
諱闕

道望 甯三二

應奎
出繼甯廿九

應彪 裕廿二
舊行六十

應兆 裕廿三
舊行廿八

友鑾 裕廿四

元福 樂廿六
舊行廿五
樂廿四子入繼

元祿 樂廿七
舊行六四

能安 樂廿八
舊行廿一

元挺 樂廿九

大本 昇四一
舊行四
字宏仁

大信 昇四二

承烈 平五五
字士和
小字聖壽

承勳 平五六
字廷增
小字仲壽
以平五五子
綱四入繼祧

起效 平五七

舊行七九

舊行四八　字[illegible]　葬[illegible]三三　[illegible]祀　[illegible]思七[illegible]

舊行七十　字國賢

字行可　號[illegible]

字克建

元鼎　樂三　十　舊行七五

鄭英　昇四　三　字華英　居金塘

大仁　昇四　四　字鄭貴

大奇　[illegible]四　五

東宗　昇四　六

元耀　樂三　一

起瑤　平五　八　字康甯

平榜　平五　九

平章　平六十　〇止

學文　平六　一

字明倫

字大章

字文瑊
居揚州

學秀 平六
二
字文聖

學正 平六
三
字文照

朝[illegible] 昇四
七
字滄[illegible]

國[illegible] 甫三
四
舊行八三

一[illegible] 裕廿
五
舊行五弍
字育與

元仁 樂三
二
舊行四九

[illegible]
出繼[illegible]廿六

元傑 樂三
三

世望　衛三六
舊行六九

愷潔　衛三八
舊行八八
字爾登

元亮　裕廿六
舊行七二
裕廿五子入繼

有堂　裕廿七
舊行八五

光復　裕廿八
舊行八一
字旦明

舊行六八
字滿生

元諱　樂三四
舊行五二
字小生

元仁　樂三五
舊行五六

元義　樂三六
舊行六五

元善　樂三七
舊行七三

應虬 裕廿九
舊行八九
字待雲

應龍 裕三十
舊行八大
字乘雲

悌望 甯三九
舊行九十
字有恆

元忠 樂三八
舊行七四
字忠林

元雍 樂三九
舊行七二

元賢 樂四十
舊行七八
字允達

元占 樂四一
舊行八十
字允發

廷合 昇四八

子光 昇四九
字惠[illegible]
小字應喜

子秀 昇五十
字可就

子[illegible] 昇五一
字景聰

興傑 平六四
字周才

興[illegible] 平六五〇
止

應鳳　裕三　一　譜行八七　字鳴岐

允貴　樂四　二　譜元貴

子華　昇五　二　小字昇

汝南　昇五　三

子典　昇五　四　小字松齡

子隆　昇五　五　字世隆　號松有

興禮　平六六　○止

丞盛　平六七　○止

殿[illegible]　平六　八　出外無查

如堂　平六　九　出外無查

紹堂　平七　十　字文才

瑶　觽四十
舊行五六
字太和

一勝　裕三二
舊行三三
字益選

元[illegible]　樂四十二
舊行十九

子盛　昇五六
字子辰
出外無查

大學　昇五七
字明德

大德　昇五八
字學明
號月德

孝思　平七一
字善鑑
號永思

廷柱
出繼昇五九

廷增　平七二
○止
字天啟

廷謙　平七三
○止

廷祥　平七四
○止

元𠆩 樂四
舊行廿六
字子明

元愷 樂四五
舊行三八
字虞簡

大本 昇五九
字富潤〇昇五七子入繼

大經 昇六十
字功偉
字勝宗

覺所 昇六一
字奇英

浩然 昇六二
字敬承
號志啓

廷桂 平七五
字善述

廷棟 平七六
字丞芳
居蘇州

廷棋 平七七
字殿榮號公望〇居杭州

廷賢 平七八
字思齊
居溫州

廷智 平七九〇止
字思明

廷慧 平八十
字思聰

象宗 昇六三
字文通
號正通

思公 平八一
字月來
居徽州

思忠 平八二
字月輿

元駿 樂四六
舊行同

元圭 樂四七
舊行六十
字式人
庠生

學山 昇六四
號大剛

聿求 昇六五
字南毅

延勳 平八三○止
字淵廷

兆[illegible] 昇六六
小字足

一志 裕三 三
舊行四十

元美 樂四 八
舊行十六

城 昇六 七
字中寓
號二金
邑庠生

元奎 樂四 九
舊行廿七

汝玉 昇六 八
字仲素
號夢機
小字學濂

身 平八 四
字修其
號光裕

恕 平八 五
字近仁
號光昌

輝 平八 六
字有常
號光輝
平八四子入繼

性 平八 七
字養其
號光韜

紹基 平八八 ○止
字維泉

紹周 平八九 ○止

元發　樂五十
舊行三四
字興之

元川　樂五
舊行四一

兆榮　昇六九
字保佐
號夢熊

夢[illegible]　昇七十
字漢昌
號[illegible]耀

夢湛　昇七一
字允章
號[illegible]渠

永瑞　平九十一
字昌瑞

國華　平九一
字玉璘

國鎮　平九二
○止
字添才

國才　平九三
字松齡

國卿　平九四
○止
字[illegible]茂

國[illegible]　平九五
○止

字永茂

夢鵠 昇七 二
字仁義

國治 平九 六
住蘇州

夢雷 昇七 三
字靜遠
號橙樂

國英 平九七 ○止
一諱國賓
字松才

國泰 平九 八
字有才

一宏 裕三 四
舊行四九
字文衡

元弼 樂五 一
舊行三一

允鑑 昇七 四
字天順○昇七六子兼祧

東來

允文 昇七 五
字宗元

元臣 樂五 三

允卿 昇七 六

東來 平九 九

舊行四四　字天壽

字守章　兼龍昇七四

元度 樂五四

舊行五七

昇其 昇七七

諱閬其六公

一能 裕三五

舊行五五

元嘉 樂五五

舊行三九

元翼 樂五六

舊行五十

元麟 樂五七

舊行五五

元道 樂五八

舊行五九　字文詒

元德 樂五九

舊行六三

元相 樂大十 舊行六七

元文 樂六一 舊行七一

大本 昇七八

萬學 平一百 ○止

萬壽 平百一 ○止

富榮 昇七九

萬順 平百二 ○止

萬裕 平百三 ○止

一穀 稱三六

元章 樂六二

大文 昇八十

承美 平百四

舊行七十
字美卿

舊行四五
字斐然

舊行十一
字若位

昇興 昇七
七

諱闕

大全 昇八
一

舊行十四
字君明

大兼 昇八
二

大仲 昇八
三

承熙 平百五
○止

承德 平百
六

承智 平百
七

小字塘
字德祥

芳林 平百八
○止

元榮 樂大三 舊行四七

大才 昇八四 舊行廿七 字君英

維森 平百几 字嘉奎 號茂千

大振 昇八五

雙麟 平百十〇止

元[illegible] 樂六四 舊行六九 字碩[illegible]

大道 昇八六 字君恆

在明 平百十一〇止

大成 昇八七 字君情

四定 平百十二〇止

安明 平百十三〇止

字在星

在璣　壽百十四

慈東費氏四修宗譜卷八中

世系十一　東房

廿一世	廿二世	廿三世	廿四世	廿五世
玖一公派				
祖益二 平 字庠三	仲興一 綱 字紹宗 號宗海	錦標一 常 小字阿烏 常二子兼祧	炳榮一 忠 小字阿順	雙有一 恕
	仲友二 綱 字紹慶	宇華二 常 字繼官	炳榮 兼祧常一	
	仲發三 綱 字紹盛			
子如三 平 字興宗	可順四 綱			

雙德 平 五 字原文

阿毛 綱 五 和性夾邑今已無查

查玖一公支下東二東三東五三房自鶴堂公乾隆丁亥脩譜東三東五後裔已無攷惟存東二一支今考東二一脉惟愷一公支下僅存恕行一人餘皆無查嗚呼何嗣續之衰竟至若是之甚也幸厚二公爲東二次子出繼東四其子姓尚屬蕃衍爲可慰耳二十三世西綸行金鎔誌

按今譜行次東二作東一東三作東二東五作東三愷一作愷四惟恕行僅存一人想即雙有雙有係先世未詳樂壽之後或非愷一公支咸豐譜序云不知何指也現在恕後更無一人矣

玖五公派

萬學 平十 字文奎

啓雲 綱六

奇三 常三

萬壽 平十一 字文盛

亞茂 綱七

亞高 綱八

登高 平十五 字士昌

亞毛 綱九

桂春 綱十 任蘇州

錫金 綱十一

常明 常四 字慶裕

忠輔 忠二 字廷才

忠德 忠三

常榮 常五
字慶治
又字慶惠

小三 綱十二

允芳 綱十三

嘉樂 綱十四

嘉行 綱十五

文華 平十七
字聖經
小字麻金
葬恩上壽

文廣 平廿二
字日升

文錦　平廿　三　字汝升
文定　平廿　四　小字小武
文配　平廿　五

允豐　綱十　六　字姚安
允武　綱十　七
允清　綱十　八

邵元　常　六
邵人　常　七　字元榮　常六子入繼
邵泮　常　八

忠朝　忠　四　字錫鶴
忠相　出繼常七
忠相　忠　五　字錫來

荇楚　恕　二　小字大寶初
葆楚　恕　三　〇止

字公彩

文山 平廿六
字明山

天安 綱十九

常英 常九
小字六元
常十子兼祧

忠祥 忠五六
字耀明

泉聲 泉四

常德 常十
小字六家
仕上海四牌樓

忠祥

文祥 平廿八
字英奎

嘉尙 綱二十

常寶 常十一
小字孫寶

忠良 忠七
字緇福

忠忖 忠八
字緇發

恕麟 恕五

德懷 綱廿一

雙寶 常十二

文和 平廿九
字英孝

維坤 綱廿二

亞煮 常十三
住嵊縣

良仁 忠九
字獻廷

恕□ 恕六

恕□ 恕七
兄弟俱住嵊縣

文炳 平三十
字徐發

成鎬 綱廿三

文乾 平三一
字亞本

孝永 綱廿四
小字阿毛

財寶 常十四

桂生 忠十

文生 平三又
字之仁

國章 綱廿五
小字雙[illegible]

國猷 綱廿六

文甫平三九
字文翰
號建仁

文學平四十
字文琳

文秀平四一
字光蘭
號介仁

國安綱廿七
舊行五十

國柱綱廿八

國英綱廿九
字祖興

奇三常十五

偉二常十六
字倚章

忠孚忠十一
字春源

忠軒忠十二
字麟源
住青林渡

忠基忠十三

恕和恕八
字佳筌

嘉順恕九

之嵩 平四五

之華 平四六
小字榮華

承禮 平四七
小字富壽

福星 綱三十
小字雙全

福祥 綱三一
小字祖發

國才 綱三二
又一諱國安

汝擎 綱三三
未詳何人之子入繼

允文 綱三四
小字發祥

允廷 綱三五

常玉 常十七
字仁三〇常二十子入繼

奎豐 常十八

忠恆 忠十四
字心齋

恕彬 恕十
字寶森

承謨 平四 八
小字德壽

允章 綱三 六
小字解元

允輔 綱三 七
小字三元

承業 平四 九
小字長壽

允高 綱三 八
小字金鳳

雙鳳 綱三 九

承宗 平五 一
小字[illegible]壽

允中 綱四 十
字廣茂
小字茂盛

茂才 綱四 一

承耀 平五 二 字永年

承□ 平五 三 字孝潮

茂雲 綱四 二

茂岳 綱四 三 出與□溪童子□爲孫

允謙 綱四 四 字□□

張□ 常十 九

邦□ 綱四 五

方□ 綱四 六 字允才

方卿 綱四 七 字允盛 出與上都端

若爲子

承烈 平五五
字士和
小字聖壽

允才 綱四八
字發財
乘祿平五六

仁美 常二十

仁元
承烈派

仁貴 常廿

忠恆
出繼常十七

忠禮 忠十五
小字雙壽
住江北

恕昌 恕十一

恕桂 恕十二

恕林 恕十三

承勳 平五六
字[illegible]增
小字仲壽
平五六子綱
四八兼祧

允才

仁元 常廿二

忠惠 忠十六
字全惠

恕興 恕十四 〇止

恕德 恕十五

忠賢 忠十七
字全孝

恕發 恕十六

忠芳 忠十八

起蛟 平五七
字克建

東明 綱四九

東陽 綱五十

海如 常廿三

海晟 常廿四

海甯 常廿五 小字三毛

忠言 忠十九 字心寶

恕震 恕十七

春陽 綱五一

海寶 常廿六

門陽 綱五二

海門 常廿七

思疆 平五六 字康甯

景陽 綱五三

平榜 平五九

綱通 綱五四

綱[illegible] 綱五五

綱富 綱五六

學秀 平六二 字文聖

順昌 綱五七 又諱千

金壽 常廿八

廷陞 綱五八 字清餘

學正 平六三 字文熙

茂堂 綱五九 字崇恩 又字徐靈

常隆 常廿九 小字雙壽

松齡 忠二十

興傑 平六四
字周才

奎奇 綱文十
字宏儒

奎文 綱六一
字大鏞
號[illegible]毅

常[illegible] 常三十

森生 忠廿一

常[illegible] 常三
字履中
號[illegible]祥一

宏[illegible] 綱六二

[illegible]昌 綱六三

紹[illegible] 下七十
字文[illegible]

禹鈞 綱六四
小字[illegible]福

常慶 常三二

孝忠 平七 一
字善繼
號承忠
住沙河頭

世興 綱大 五
字啓秀

經興 綱大 六
字啟龍

源清 常三 三

源水 常三 四
字常周

忠珩 忠廿 二

忠玢 忠廿 三

忠琳 忠廿 四

恕華 恕十 八

恕榮 恕十 九

小娘 恕二 十

恕恩 恕廿 一

隆興　綱六　七

運興　綱六　八　字啓鳳

廷桂　平七　五　字善述

錦璘　常三　五　字源源

錦瑞　常三　六　字源潮

忠衡　忠廿　五　字鴻江

鴻高　忠廿　六

忠達　忠廿　七　字鴻泰

忠渭　忠廿　八　字鴻如　住江北

東海　恕廿　二　住江北于角鎮

恕運　恕廿　三

攢林　恕廿　四

恕恩　恕廿　五

綱六 運財 九 字[illegible]

常三 錦瓌 七 字源泉

常三 錦章 八 字源昌

常三 錦堂 九 字源良

忠廿 鴻佑 九

忠三 忠衔 十 字器之號沈 配○住江北

忠三 忠尉 一 字鴻存

忠三 鴻才 二

恕廿 根興 六

恕廿 阿六 七

恕廿 恕□ 八

恕□ 九 恕廿

源三 十 常四

源利 一 常四 又諱源[illegible]

廷棟 六 平七 字永[illegible] 住蘇州

應有 十 綱七

二寶 一 綱七

三寶 二 綱七

嗷[illegible] 二 常四

忠□ 三 忠三

廷棋 平七 七
字殿榮
號公望
住杭州

廷賢 平七 八
字恩齊
住溫州

四寶 綱七 三

五寶 綱七 四
兄弟五人俱
住蘇州無查

克均 綱七 五

克孝 綱七 六
兄弟二人同
住杭州無查

克勤 綱七 七

克儉 綱七 八
字能文

廷慧 平八 十
字思聰

克甯 綱七 九

思忠 平八 二
字月興

聖照 綱八 十
字尙博
居溫州開文
與首飾店

春黎 常四 三

春華 常四 四

常□ 常四 五
兄弟三人共
住溫州

聖傳 綱八 一
字尙義

聖鰲 綱八 二
字祖傳
居蘇州開成

城蕰 常四 六

忠水 忠三 四
住上海

衰居

城玞　常四　七

城瑚　常四　八　字耕山

忠朝　忠三　五

身　平八　四　字脩其　號光裕

象德　綱八　三　字孝宗　號世發

常洪　常四　九　字士俊

常春　常五　一　士宏字

顯德　出繼平六八

美德　綱八　四　字英宗　號世英

常慶　常五　一　又諱常甯　字士友

忠良　忠三　六　字家龍

聖德 綱八 五
字興甫
號世發

常山 常五 二

忠信 忠三 七
又諱忠龍

忠法 忠三 八
小字雙發

恕 平八 五
字[illegible]

世禎 綱八 六
字可宗

天富 常五 三

世祥 綱八 七
字[illegible]宗

輝 平八 六
字肴常
字光煒
平八四子入繼

顯德 綱八 八
字孝祖號世則

常順 常五 四
字士相

雲龍 忠三 九

忠清 忠四 十
字銀龍

常泰　五　常五

忠標　一　忠四　字茂龍

忠高　二　忠四

忠貞　三　忠四　忠四三子入繼

忠奎　四　忠四

鳳鳴　十　恕三

鶴鳴　一　恕三

鶴鳴　出繼忠四三

鹿鳴　二　恕三　字鳳倫

在鳴　三　恕三　字鳳春

怀小八　七　字養其號光紹

永瑞平九　十　字昌瑞

世華綱八　九　字華宗

世顯綱九　十　字景宗

世貴綱九　一　一名又諱廷貴字啓宗

常玉常五　八　字如法

世美綱九　二　字之楷

世倚綱九　三　字之棠又字偉如

常壽常五　六

常福常五　七

常潤常五　九　字士進

忠賢忠四　五　小字敏屏

忠芳忠四　六

恕□恕三　四　字明福

恕順 五 恕三
字[illegible]福

恕慶 六 恕三
字福慶

忠才 七 忠四
字錦福

常性 十 常六
字仁剛
號璞垒

士春 一 常六

士法 二 常六

世鶴 四 綱九
字之桃

世足 五 綱九
字之達

國華 平九 一 字玉麟

世祿 綱九 六 字振宗

常明 常六 三

忠佑 忠四 八

國才 平九 二 字松齡

增發 綱九 七 小字三和尚 住餘姚

新發 綱九 八 同住餘姚

國治 平九 四 住蘇州

世恩 綱九 九 小字拔來 住蘇州

國泰 平九 五 字言才

莊年 綱一 百

東來 平九 九 字守章兼祧

鴻雲 綱百 一 小字東亞七

寶順 常六 四

月七四

承箕 平百四　常貴 綱百二　亞狗 常大五 隨母去無存

常安 綱百三

承德 平百六　士義 綱百四

士[illegible] 綱百五 字常友

承智 平百七 小字聰 字德祥　啓隆 綱百六 又諱啓龍 以綱百七子入繼　繼盛 常六六 字清芳　忠銘 忠四九 字恩錫 任江北　麟趾 綱三七

啓興 綱百七　繼盛　忠銘　麟趾

[illegible]東房玖五公孫

字遠桂
承祿百六

承繼孫
麟德　緣三
八

靜三　常六
七

繼榮　常六
八

維森　平百
九
字嘉奎
號茂千

亞牛　綢百
八
以綢百九子
入嗣

盛功　常六
九
字紀春

丹桂　綢百
九

盛功
出繼綢百七

盛豐

[illegible]

字笑[illegible]

在璣 平百十四

厚發 百百十

慈東費氏[illegible]修宗譜卷六下　東房玖五公派　[illegible]

慈東費氏四修宗譜卷八下

世系十二 東房

廿五世	廿六世	廿七世	廿八世	廿九世
玖五公派				
荇楚 恕二	榮貴 元一			
恕和 恕八 字住坌 住青林渡	有發 元二			
	承林 元三			
東海 恕廿七 住江北于角鎮	雨清 元四			

鳳鳴 恕三十

雨林 元五

寶生 元六 小字安寶

寶源 元七 小字余寶

貞[illegible] 貞一

瑞寶 貞二

貞裕 貞三 小字阿裕

裕章 貞四

裕水 貞五

寶珍 元八 小字來寶

春生 貞六

春水 貞七

鶴鳴 恕三一

來順 元九 小字小狗

富順 元十 小字小龍

春發 貞八

貴順 元十一

恕堂 恕三 圓

元富 元十二

字明福

恕順　恕三五

元榮　字十三

慈東費氏四修宗譜卷九

世系十三 中房玖二公派

九世
謙二 玖
字文巽

十世
居正一 中
舊行同

十一世
伯昂一 居
舊行同
勅贈文林郎
永樂元年詔
選天下殷富
實京師遂占
大興富戶籍
居北京

十二世
璨一 伯
舊行同
字德輝景泰
庚午順天舉
人歷任潛山
縣知縣大同
蘇州二府通
判 勅封文
林郎 誥贈
奉政大夫

十三世
鏜一 消
舊行京一
字存仁號竹
牕成化庚子
舉人甲辰進
士歷任廬陵
縣知縣湖廣
山東道監察
御史大理寺
右寺丞 誥
封奉政大夫

鑌二 消
舊行京二
字存義

欽三 消

慈東費氏四修宗譜　卷九　中房玖二公派

舊行京七

庠生

京十　涓四

○止

諱闕

玨　仍二

舊行同

玭　仍三

舊行四

釴　涓五

○止

舊行京三

鐸　涓六

○止

舊行京四

鉞　涓七

○止

舊行京五

銓　涓八

○止

舊行京八

以上伯昂公

後俱作北京

承志堂藏

勗 岳二 舊行三

昇 岳三 舊行五

斗 仍四 舊行七

[illegible] 巾二 舊行二 [illegible]遠

廷華 仍五 舊行九

鋌 涓九 舊行六

鏐 涓十 舊行七

涓九 出家派明寺為僧

銘 涓十一 舊行十三

鐩 涓十二 舊行十

[illegible]氏四修族譜卷之十 中房玖二公派　[illegible]世系

鏰 淯十
舊行十一

鏜 淯十四
舊行十八

鍯 淯十五
舊行廿六

鎮 淯十六
舊行十四

鍾 淯十七
舊行十六

鍚 淯十八
舊行三六

璋 仍六
舊行十二

晟 居三
舊行八

瑞 仍七
舊行十

鏜 涓十九 ○止
舊行廿八

涓 涓二 三二十
諱闕

居廣 中三
舊行四

昱 居五
舊行二

琳 仍九
舊行三

珂 仍八
舊行廿一

銑 涓廿一
舊行四四

釗 涓廿二
舊行一

鏡 涓廿三
舊行二

錤 涓廿四
舊行五○字
存鳴號東門

鏞 五 渭廿 舊行三十六

鐔 六 渭廿 舊行三十七

金 ○ 渭廿七 止 舊行廿三

渭三 ○ 渭廿八 止 諱闕

瑆 十 仍 舊行大

晃 大 岳 舊行門

昌 七 岳 舊行六

仍十一 行 同 諱闕

仍十二 行同 諱闕

仍四三 仍十 諱闕

山四 仍十 舊行十八

仍二十五 仍十 諱闕

鐲九 涓廿 舊行二十

涓先九〇止 涓三十 諱闕

鉼一 涓三 舊行四一

中五 中四

諱闕

鼎 晉八

舊行七

瑄 仍十六

舊行十三

仍十五 仍十七

諱闕

鐏 渭三二

舊行廿五

慈東費氏四修宗譜卷九下

世系十四　中房玫[illegible]公派

十三世　十四世　十五世　十六世　十七世

鐙　涓一
舊行京一　字存仁號竹牕成化庚子順天舉人甲辰進士歷任廬陵縣知縣湖廣山東道監察御史大理寺右寺丞誥封奉政大夫　邑志有傳　案中房行稱十三世本用涓字十四世本用順字其

淵　順一
舊行望二　字汝進號躍所正德丁卯順天舉人嘉靖己丑進士歷任刑部主事陞員外郎工部郎中太僕寺少卿　邑志附父傳　順二子入繼

泳　順二
舊行望三　字汝新號儆

標　富一
舊行廿二　字元立號準齋嘉靖辛酉順天舉人隆慶辛未進士任山西大原府同知　邑志附祖傳

標
出繼順一

恪然　貴一
舊行廿九　庠生

恂然　貴二
舊行三四

慊然　貴三
舊行五九

居大興者十三世則用京字十四世則用望字今俱改从淯字順字以歸劃一而舊行則仍塞前譜存實也

所正德丙子順天舉人任廣州府通判邑志附父傳按丙子舊譜誤癸酉今據縣志改

桂富二

舊行廿四

字正芳號鷗侶嘉靖乙卯順天舉人任山西平陸縣知縣邑志附祖傳

廓然貴四

舊行三十

泰然貴五

舊行三三

雍然貴六

舊行三六

充然貴七

舊行三九

文然貴八

舊行四七

彥然貴九

舊行五九

廉然 貴十
舊行五七

泗 順三
舊行望四
字汝宗
號魯所
典膳

桐 富二
舊行廿三
字元吉
號峻峰
知印

時然 貴十一
舊行廿八

昭然 貴十二
舊行三一

暀然 貴十三
舊行三二

楨 富四
舊行三五
字元吉

貴興 貴十四
諱闕

鑌 涓二
舊行京二
字存義

澄 順四
舊行望一
字汝清

樸 富五
舊行十八
字元質

煬 貴十五
舊行二十

熬 貴十六
舊行廿一

柯 富六
舊行十九
字元明

烶 貴十七
舊行廿五

相 富七
舊行二十
字元輔

炳 貴十八
舊行廿六

桿 富八
舊行廿一
字元濟

焯 貴十九
舊行四三

格 富九
舊行廿五
字元正

漢 順五
舊行望五

欽 渭三
舊行京七
庠生

樹 富十
先世未詳
舊行二十六

鋌 渭二
舊行六

順三十六 順
諱闓

鏐 渭十
舊行七

順九十七 順
諱闓

樣一 富十
舊行三八
字均材

富三十七 富十一
諱闓

富四十一
出繼順八

富四十五 富十三
諱闓

富四十八 富十四
諱闓

[illegible]東[illegible]氏[illegible]傳宗譜　卷[illegible]　中房玖二公派

鉊　消十一
舊行十三

鐩　消十二
傳行十

鐳　消十二
傳行十一

鏜　消十四
舊行十八

順　順十九八
諱劉順七子　入粘

沼　順九
舊行二十

汸　順十
舊行廿二

濼　順十
舊行廿三

富四　富十五

槐　富十六

富三　富十七
諱[illegible]

富四
出[illegible]順十三

富三　富十八
諱[illegible]

貴四　貴二十
諱[illegible]

貴六　貴廿一
諱[illegible]

[illegible]志堂[illegible]

鏓 渭十五
舊行廿大

鎮 渭十六
舊行十四

順廿六 順十二
諱闕

順三五 順十三
諱闕
順十一子入繼

順十七 順十四
諱闕

富三四 富十九
諱闕

貴五一 貴廿二
諱闕

貴五三 貴廿三
諱闕

貴五七 貴廿四
諱闕

貴六十 貴廿五
諱闕

鍾 涓十七 舊行十六

汾 順十五 舊行十四

檜 富二十 舊行十三

標 富廿一 舊行廿四 字廷準

杞 富廿二

貴三 貴廿六 諱闕

貴四二 貴廿七 諱闕

孟煌 貴廿八 舊行四一

貴五 貴廿九 諱闕

貴卅 貴三十 諱闕

程三　富十　舊行三三三

貴四四一　貴三　諱闕

銀八　涓十　舊行三八

順四三六　順十　諱闕

林四　富廿　舊行四十

順四九七　順十　諱闕

順五一八　順十　諱闕

富四八五　富廿　諱闕

富五三八　富廿　諱闕

富五四七　富廿　諱闕

涓三 涓二十
諱闕

銑 涓廿一
譜行四四

釗 涓廿一
譜行一

順四 順一九
諱闕

順五四 順二十
諱闕

順六 順廿一
諱闕

富五十 富廿八
諱闕

富五五 富廿九
諱闕

梧 富三十
譜行四

樽 富三一
譜行五

貴四 貴三二
諱闕

貴六
出繼富三四

貴十五 貴三三
諱闕

恒六 恒一
諱闕

植二 富三
舊行十四
富三公子入繼

貴六四 貴三
諱闕

笠三 涓廿
舊行二一

麒二 順廿
舊行四

桐 富三
舊行一

文秀 貴二
舊行一

貴三六 貴三
諱闕

恆一二 恆
諱闕

貴五七 貴三
諱闕

貴[illegible]八 貴三
諱闕

煒九 貴三

恆十七三 恆

舊行八　諱闕
恒□　恒四　行諱俱闕
貴十三　貴四十　諱闕
貴十二　貴[illegible]一　諱闕
貴十四　貴[illegible]二　諱闕
貴廿五　貴[illegible]三　諱闕出與長石橋十八一[illegible]爲子
恒五　行同　諱闕住長石橋

[illegible]富[illegible]廿八四
舊行十五

濡 富十二 舊行十一

極 富三五 舊行七

榫 富三六

小一 富二七 先世未詳

熙 貴四四 舊行十

貴卅三 貴四五 諱闕

貴卅二 貴四六 諱闕

恭 貴七 貴四

國相 恆六

國宰 恆七 字艮宰

國佐 恆八

民宗 貴四一

民[illegible] 貴四九

鎮 貴廿四

舊行五

字存瑪

號東門

順 順廿四

諱闕

烋 富三八

舊行十二

字亭秀

長子炎子三

子居蟹浦四

子居潯尾另

詳遷徙譜

燔 貴五十

舊行廿四

字梅甫

號南池

熄 貴五一

舊行廿七

貴三 貴五二

諱闕

兄弟三人同

住蟹浦詳遷

徙

植九　富三
舊行廿六
字仲村
號鳳池

貴四九三　貴五
諱闕
往岱山詳遷徙譜

貴五四　貴五
諱闕

孟英五　貴五

之圭　恒九
○止

之璋　恒十
○止

完一　恒十
字之瑩

之瓚二　恒十

恒十三　恒十

字華甫
號玉麟
諱闕

孟熹 貴五六
舊行四五

貴五十 貴五七
諱闕

貴五九 貴五八
諱闕

深 順廿五
舊行十

櫚 富四十
舊行十一

灼 貴五九
舊行十一

富廿五 富四一
字東猷
諱闕

烇 貴六十
舊行十九

貴三十 貴六一

淞 順廿六 舊行十三

林 富四二 舊行八

桓 富四三 舊行十七

富廿二 富四四

譜 順廿七

諱闕

貴五二 貴六二 諱闕

貴四十八 貴六三 諱闕

貴四八 貴六四 諱闕

貴五六 貴六五 諱闕

□□□氏四修宗譜　卷六　中房玖二公派　有志堂梓

舊行十五
諱闕
居定海馬嶴
術

富廿九　富四五
諱闕

鏞　渭廿五
舊行三六

順三七　順廿八
諱闕

啓　富四六
舊行四三

貴□　貴六六
舊行諱均闕

恒□　恒十四
舊行諱均闕

順四十　順廿九
諱闕

貴□　貴六七
舊行諱均闕

恒□　恒十五
舊行諱均闕

鐔　渭廿六
舊行三七

順三八　順三十
諱闕

銦九　滑廿

舊行二十

文榮一　順二

舊行廿六

鉼一　滑三

舊行四一

順四二　順三

諱闕

富五一　富二

諱闕

順四三　順三

諱闕

鐏二　滑三

舊行廿五

順□四　順三

舊行諱均闕

慈東費氏四修宗譜卷十上

世系十五中房珍二公派

十七世	十八世	十九世	二十世	廿一世
圀相 恒六	能文 能一	清臣 清一	慎義 慎一	勤嘉 勤一 〇止
				高恒 出家
			慎傑 慎二	
		清一 清二	慎禮 慎三	勤豐 勤二 〇止
				勤裕 勤三

小宇小朋住杜郭

慎恩 慎四

清揚 清三

慎贊 慎五

小狗 勤四 〇止

清遠 清四

慎研 慎 字世昌

勤邦 勤五

勤六子入繼

勤學 勤八

能宗 能二

清[illegible] 清五

慎學 慎七

慎顯 慎八

勤[illegible] 勤七

慎乃子入繼
勤乃子入繼

清彪 清
慎紀 慎九
勤訓 勤八

清乃子繼彪

清[illegible] 清七
慎紀
勤訓

繼嗣清六
承繼派

勤詣 勤九

勤盛
出繼慎八

勤意 勤十

國宰 恒七
能武 能三
清望 清八
慎脩 慎十
勤俊 勤十一

尭東蔡氏四修宗譜卷十上　中房玖二公派　有[illegible]堂[illegible]

字良宰

清九子濟十子入繼

住蘇州

勤英　勤十二　小字帆

勤[illegible]　出繼慎十二

勤剛　勤十三

慎本　慎十一

勤中　勤十四

清儒　清

慎脩　出繼清八

能禮　能四

慎[illegible]　慎十

勤[illegible]　勤十五

國佐 恒八

能愷 能五

清聖 清十
清直 清十一

慎十子入繼
慎則 慎十三
慎本 出繼清八
慎初 慎十四
慎定 慎十五
慎政 慎十六

勤天 勤十六 〇止
勤岳 勤十七 〇止
勤瑞 勤十八

字仁政

勤十九子　象祧

勤寶　勤十九

安有　慎十七

亞牛　勤二十　○止

清學　清十二

安心　慎十［illegible］

能埠　［illegible］

清倫　清十二　字殿倫

慎來　慎十九

慎鹽　慎十二

清乾　清十四

紹基　慎廿一

燕巷 慎廿二

能臣 能七

能讓 能八 字艮左

清仁 清十五

慎昌 慎廿三

慎有 慎廿四

慎才 慎廿五

勤慶 勤廿一

慎智 慎廿六

清孝 清十六　字祖仁

慎行 慎廿七

勤炎 勤廿二 ○止　字南山

慎衡 慎廿八

勤安 勤廿三　出杭州

慎瑞 慎廿九　字錦堂

勤彪 勤廿四 ○止

清甯 清十七

慎千 慎三十

勤春 勤廿五

勤茂

出繼慎三一

永 慎三一

勤茂 勤廿六

慎科 慎二二 慎三十子入繼
勤茂 兼祧

能貴 能九
清如 清十八
慎言 慎三三

慎遠 慎三四 字有傳

清寶 清十九 字殿佐
慎芳 慎三五

清和 清二十

完 恒十一
一本 能十十
元龍 清廿一
廷佐 慎三六
士貴 勤廿七

兗東蔡氏四修宗譜卷十上　中房玖二公派　承志堂蔡

字之瑩

字道生佳天　字賢明

德菴殿

士元　勤廿八

士相　勤廿九

士俊　勤三十　居岱山

添　十一

元彪　廿二

允　愼三七

允㳟　愼三八

華　愼三九

德昌　勤三一〇　止

開昌　勤三二　〇止

元敏　清廿　三

元法　清廿　四　字旅法

國才　慎四　十

元佑　清廿　五

新　能十　二

清□　清廿　六　諱闕

慎□　慎四　一

方來　勤三三　〇止

道　能十　三

元富　清廿　七

繼先　慎四　二

大賓　勤三　四

字承宗
號濟能

孝名雲飛字
躍龍號仲見

偉賓 勤三 五
字有恭

紹賓 勤三 六
字建東

尚彬 勤三 七
住蘇州

永裕 眞四 三

元[illegible] 清廿 [illegible]

尚行 勤三 八
住西眞

尚賢 勤三 九
居駱駝橋

永清 眞[illegible] 四

尚[illegible] 勤四 十

子華 九 青廿

永興 五 慎四

茂先 六 慎四

永佩 七 慎四

聚財 八 慎四 字行先

尚賓 一 勤四

佐賓 〇止 勤四二

和貴 〇止 勤四三

尚臣 四 勤四 住蘇州

炳陽 〇止 勤四五

嗽嗽　勤四六
住福建

綿官　勤四七
住福建

文照　勤四八
勤四九子兼祧

文聲　勤四九
字鳴鶴

文光　勤五十
○止

文耀　勤五一

恒□　恒十四
舊行諱均闕

能□　能十四
諱闕

裕瑞　清二十

季卿　慎四九

恒□　恒十五

能□　能十五

爾廷　清三一

爾□　慎五十

舊行諱均闕

諱闕

住湖州

文隆　勤五二　○止

文學　勤五三　字文德

文茂　勤五四

士興　勤五五　先世未詳

潮東蔡氏四修宗譜卷十二　中房玖二公派　[illegible]

慈東費氏四修宗譜卷十下

世系十六 中房玖二公派

廿一世　廿二世　廿三世　廿四世　廿五世

勤裕 勤三
小字小朋住杜郭

榮貴 榮一

山齡 榮二
兄弟俱住杜郭

勤邦 勤五
勤六子入繼

榮潮 榮三

順林 卓一
小字[illegible]財

勤學 勤六

榮洲
出繼勤五

榮壽 榮四

勤感 勤七
勤八子入繼

周來 榮五

運福 華二

勤訓 勤八

周來
出繼勤七

周林 [illegible]

勤俊 勤十一
字茂功
[illegible]

榮佩 榮七

榮穎 榮[illegible]
小名秉榮

榮[illegible] 榮九

勤英　勤十二　小字帆

勤剛　勤十三　字萬興

勤申　勤十四

勤[illegible]　勤十五

榮祚　榮十　小字秉威兄弟俱住上海

榮坤　榮十一　原名榮椿小字仁生

榮元　榮十二

榮紹　榮十三　字康生

華[illegible]　華三　字坤利

[illegible]榮　榮十四　住蘇州

榮□　榮十五

慈東費氏四修宗譜圖/卷十下　廿一世至廿五世　二　敦宗堂藏

住蘇州

勤瑞 勤十八　東生 榮十六

勤十九子兼祧

勤寶 勤十九　東生 兼祧勤十八　齊烈 華四

勤慶 勤廿一　長生 榮十七

勤春 勤廿五　榮屯 榮十八 小字野生　蘇全 華五

勤茂 勤廿六　幾壽 榮十九 小字長生　添勝 華六

士貴 勤廿七　符標 榮廿二　華助

士元 勤廿八

名慎 榮廿一 榮廿四子兼祧

名揚 榮廿二

名世 榮廿三 字銘書

惟性 華七

悅豐 華八

清蓮 華九 字親憐

天寶 亨一

生有 亨二 住上海

福林 泰一

永林 泰二

德林 泰三

鶴林 泰四

延林 泰五

□□ 亨三

清庵 華十 字親□

朝元 華十一

孝思 榮廿四

士明 勤廿九

惟勳 華十二

蘭生 亨四

第□榮二十

蘭枝 亭五 小字裕生

永水 秦六

永發 秦七

名秀 榮廿五

大賓 勤三四 考名雲飛字躍龍號仲見

榮鵬 榮廿六 字通儒

安義 華十三 諱瑞字丹佳號遠香

照南 亭六 小字全忠

智水 秦八○止

榮鴻 榮廿七

榮鶚 榮廿八

榮鸞　榮廿九

榮鵬　榮三十

偉賓　勤三五　字有恭

榮鶉　榮三一　字性和

榮鏡　榮三二　字矛鋒

攀香　華十四

華山　華十五

玉衡　華十六

紹寶 勤三六 字建東
高奎 榮三三 一名馨字芝庭
維林 華十七

尚賢 勤三九 居駱駝橋
邦福 榮三四
長庚 華十八

尚貴 勤四十
邦利 榮三五 一名鶴 居上海

尚賓 勤四一
邦順 榮三六 住蘇州

尚臣 勤四四 住蘇州
全福 榮三七

文照 勤四八
序倫 榮三八
華章 華十九
亨椿 亨七
泰康 泰九

勤四九子豢祧

文聲 勤四九 字鳴鶴

序倫 豢祧勤四八

華章 承繼派

亨壽 亨八 字彭生

祖根 泰十

亨泰 亨九 小字春生

華封 華二十一

亨[illegible] 亨十

寅芳 泰十一

亨[illegible] 亨十一 字瑞玉

亨福 亨十二

字瑞蓮

亨祿 亨十三 字瑞財

泰坤 泰十二 字山源

泰昔 泰十三 字金奎

泰臣 泰十四 字留源

文學 勤五三 字文德

序照 榮三九

家泰 華廿一

嵩齡 亨十四 居石家塘

家清 華廿二

文茂 勤五四

序英 榮四十

成雲 華廿三

瑞訓 亨十五

榮四一子入繼　小字四毛

序能　榮四一

成雲　出繼榮四十

成孝　華廿四

成模　華廿五

成山　華廿六

士興　勤五五　先世未詳

春林　榮四二

朝陽　華廿七

炳南　亨十六

坤元　亨十七

兄弟俱住上海

榮四

曉山　三

世系十七 中房玖二公派補遺

十九世
元焯 清又 一

二十世
大桂 慎又 一
大才 慎又 二

廿一世
益定 勤又 一 宇式堂
耀山 勤又 二
耀傘 勤又 三

廿二世
倫春 榮又 一
倫賢 榮又 二
倫富 榮又 三

廿三世
潤福 華又 一

慈東費氏四修宗譜卷十一

世系十八　右房惠五公派

九世
惠 權五
字文顯
號德立

十世
右 兔一
舊行二
字南山

十一世
尚 士悅一
舊行四

十二世
和 廷玉一
舊行二

和 [illegible]贊二
舊行五

和 [illegible]圭玉

十三世
本 志一
舊行同

本 鋼二
舊行同

本 本廿一 本三
諱闕

本 本三 本四
諱闕

本 鑌五

舊行十三

烘　尙二　舊行七

延啓　和四　舊行十一

和十四　和五　諱闕

環　和六

舊行四十

鉦　本六　舊行四

銖　本七　○止　舊行十三

錠　本八　舊行廿二

鏞　本九　舊行三三

錄　本十　舊行四五

本廿六　本十一　○止

舊行十五

惕
尚三
舊行八

和八
和七
諱闕

璐
和八
舊行十二

諱闕

鉞
本十二
舊行五四
一名鋌

鍊
本十三
舊行十一

鉉
本十四
舊行三二

錀
本十五
舊行六
字存忠
號月川
庠生

鎔
本十六
舊行十八

本炁七 本十七

諱闕

稽

出繼惠二房

詳蔡湖遷住

譜

十三世

志 本

舊行同

十四世

津 德一

舊行同

十五世

淳一 行同

諱闕

淳三 淳二

諱闕

濟五 濟三

諱闕

十六世

麗七 龐一

諱闕

十七世

有閏 福一

○止

鋼 本二 舊行闕

澣 德二 舊行闕

涫十 涫四 諱闕

和 涫五 舊行八

渧十三 渧六 諱闕

麗六 麗二 諱闕

案麗六小字與十世祖諱同世次傳誤今人宜改今世系仍遵舊譜

有朋 福二 ○止

福□ 福三 ○止

行諱均闕

麗十五 麗三 諱闕

麗廿五 麗四

福□ 福四 ○止

諱闕
行諱均闕

墹 龎五
舊行四七
福□ 福五 ○止
行諱均闕

德七 德三
諱闕
滀十五 滀七
諱闕
龎十六 龎六
諱闕
有才 福六 ○止

龎三十 龎七
諱闕
福□ 福七 ○止
行諱均闕

福□ 福八 ○止
行諱俱闕

龎卅六 龎八
諱闕

濈 德四
濱二十六 滀八

本廿一　三　本　諱闕

本三一　四　本　諱闕

舊行十一　諱闕

德四二　五　德　諱闕

德六一　六　德　諱闕

德三五　七　德　諱闕

湻六十　九　湻　諱闕

湻九五　十　湻　諱闕

湻六八　一　湻十　諱闕

湻八二　二　湻十　諱闕

湻七六　三　湻十　諱闕

士和　九　麗

士順　十　麗

有餘　九　福

慶餘 福十〇 止

滄七八 滄十四
諱闕

德四七 德八
諱闕

德七一 德九
諱闕

滄九七 滄十五
諱闕

德六七 德十
諱闕

滄五五 滄十六
諱闕

麗四四 麗十一
諱闕

有順 福十一

價本 五
舊行四十

有福 福十二

麗百六 麗十二 諱闕

有祥 福十三 ○止

有成 福十四

有倫 福十五

麗百九 麗十三 諱闕

有借 福十六 ○止

有侶 福十七

鉦 本六

洲 德十一

渞十二 渞十七

士榮 麗十四

有裕 福十八

舊行四

舊行三

錠 本八
舊行廿二

鏑 本九
舊行三三

諱闕

應科 滔十八
舊行十七
省祭

應奎 滔十九
舊行廿二
字文元
號靈峯

滔 習七滔二十
諱闕

澄 德十二
舊行廿七
字汝河號東
泉由吏員考
取正八品官
除河南沈邱
縣典史

淙 德十三
舊行七二

舊行二

舊行十三
字官明

開餘 福十九
舊行九
字子旋庠生

有榮 福二十

有斐 福廿一

德八二 德十四
諱闕

德五九 德十五
諱闕

錄本 十
舊行四五

濟六 德十
舊行六五

應暘 湻廿一
舊行百三

湻六二 湻廿二
諱闕

湻六一 湻廿三
諱闕

湻七十 湻廿四
諱闕

湻六十 湻廿五
諱闕

湻八一 湻廿六
諱闕

光餘 福廿二
先世未詳

有皆 福廿三
先世未詳

有恆 福廿四
先世未詳

滄八七 滄廿七
諱闕

滄九六 滄卅八
諱闕

濤 德十七
舊行七三

德七六 德十八
諱闕

淂 德十九
舊行六二

鈍 本十二
舊行五四
一名鋌

鍊 本十三
舊行十一

德六 德二十
諱闕○德廿
三子入繼

時用 滄廿一
舊行同
字仲造

仕灼 麗十五
舊行十八

號往亭
庠生
麗廿九 麗十六
諱闕

麗廿四 麗十七
諱闕

鉉 本十四
舊行三二

派 德廿一
舊行廿六

應秀 滔三十
舊行十九

麗十九 麗十八
諱闕

嗷臍 福廿五

麗三八 麗十九
諱闕

樓 滔三一
舊行廿五

仁 滔三二
舊行三七

錀 本十五
舊行六
字存忠
號月川
庠生

沆 德廿二
舊行五

瀾 德廿三
舊行八
字汝觀
號慕川

應華 渻三三
舊行十一
字仲文
號龍峯
一名求
庠生

仕美 麗二十
舊行五
字允甫
號振
庠生

仕煡 麗廿一
舊行九
字繼峰

仕煉 麗廿二
舊行十七
一名仕羔字
贊卿號元洲
庠

象先 福廿大
舊行一

學禮 福廿七
舊行四
字立之
號奇峯

秦餘 福廿八
舊行十五
字存一
號六峯
邑庠生

晉餘 福廿九

舊行廿一
字金谷

留佑 福三 十
舊行同
一名還餘
邑庠生

渻英 渻三
諱賜

應期 渻三 五
舊行二十
一名栻
字仲昌
號少靈
勅贈文林郎

士彦 麗廿 三
舊行廿二
字俊甫
號五圖
勅授文林郎
睢甯縣知縣

有哲 福三一 ○止
舊行六
字元之

有年 福三二 ○止
舊行十七

有慶 福三三 ○止
舊行廿九

定 祖三四 〇止 字正中

麗三 麗廿四 諱闕

時用 出繼德二十

德九 德廿四 諱闕

德四 德廿四五 諱闕

德十二 德廿八 諱闕

鎔本 十六 傳行十八

應秀 德廿七 舊行十九

德五六 德廿八 諱闕

德六四 德廿九 諱闕

涞 德三十 舊行七十

本五八 本十七 諱闕 先世未詳

湒七五 湒三六 諱闕

湒八八 湒三七 諱闕

湒九六 湒三八 諱闕

滄百五 滄三九
諱闕

先世未詳

十七世	十八世	十九世	二十世	廿一世
			明秀 麗廿五 舊行五	應瑞 福三五 舊行廿七
有餘 福九	啓鳳 祿一			
	啓龍 祿二			
有順 福十一	啓鰲 祿三	國英 廣一	章財 完一	
			發[illegible] 完二	齊來 全一

有福　福十三

祿□　祿四　行諱均闕

祿□　祿五　行諱均闕

啓蛟　祿六

克孝　廣二

大本　完三

槐堂　全二　○止

槐卿　全三　○止

有成　福十四

甯侯　祿七

國瑞　廣三

述先　完四

永興　完五

國禎 廣四

明先 完六

承先 完七

秉善 全四 早恩上壽

楚芳 全五 ○止

楚玉 全六 ○止

楚興 全七 西房在十二派下興百三十六子入繼

楚宗 全八 ○止

國鼎 廣五

國顯 廣六

天瑞 廣七

有倫 福十五

有侶 福十七

殿臣 完八

楚珩 全九 字積善

招林 祿八

連昇 祿九

載昇 祿十

德春 廣八 字艮佐 小字滿壽

鳴龍 完九 字谷友

玉林 全十 ○止

有裕 福十八 舊行十三 字官明

允培 祿十一 字天工

德運 貴九

爾元 貴十

雲清 貴十一

文述 完十

文達 完十一

如林 全十一 ○止

松齡 全十二 ○止

繼齡 全十三 ○止

允增 禄十二 字方之崇禎己卯副貢

允埰 禄十三 字天祥

雲俊 賢十二

雲多 賢十三

堅木 廣十四

雲桂 廣十五 字尚聖

子明 完十二

子亮 完十三

子韜 完十四 字文煌入贅杭州潘氏

殿相 完十五

士濂 全十四 字普榮

士恩 全十五

玉京 全十六〇止

學桂 廣十六
字瀛仙

雲標 廣十七

廣二 廣十八
譜聞無考
西龍州山東
曹州府濮州
吏目

文光 完十六

文[illegible] 完十七

文[illegible] 完十八

閏餘 福十九
舊行九
先世未詳

允顯 康十四

克儉 康十九

[illegible]球 完十九

[illegible]有 全十七
○止

字子於 庠生

克傑 廣二十

良琭 完二十

廷仿 全十八 〇止

廷佐 全十九 〇止

有榮 福二十 先世未詳

允禎 祿十五

允望 祿十六

允斗 祿十七

允安 祿十八

慈東黄氏四修宗譜卷十一　右房惠五公派　孝志堂藏

先世未詳
有斐 禴廿一
允彪 祿十九
克明 廣廿一
承武 完廿一
承文 完廿二
銲華 全二十〇 止
承德 完廿三
振宗 廣廿二
秀祥 廣廿三

先世未詳
光餘 禴廿二
允祥 祿二十

允相 祿廿一

允元 祿廿二

天德 廣廿四

龍壽 廣廿五

有皆 福廿三 先世未詳

允文 祿廿三

允武 祿廿四

有恆 福廿四 先世未詳

允道 祿廿五

允吉 祿廿六

允明 祿廿七

先世未詳 允中 祿廿八

克仁 廣廿六

閏宗 完廿四

閏成 完廿五

克臣 廣廿七

先世未詳 允貴 祿廿九

克昌 晉廿八

先世未詳
艮臣 完廿六

艮貴 完廿七

成瑞 完廿八 字鳴鳳

大有 廣廿九 字國才

允文 祿三十

嗽臏 福廿五

大毛 全廿一 ○止

小毛 全廿二 ○止

鶴高 全廿三 ○止

鶴春 全廿四 一名謙全孝

福來 全廿五 ○止 字善運

邦來 出家為[illegible]

成魁 完廿九

成輔 完三十

新來 全廿弍 字靜傳

東來 全廿七 字東傳

大貴 廣三十 住定海

允斌 祿三一

象先 爾廿六 舊行一

允孝 祿三二 舊行一 字永言

元 廣三一

遠 完三一

文惠 全廿八 〇止

亨 二 廣三

利 三 廣三

嘉 二 完三

傑 三 完三

子午 四 完三 字祥發

喜壽 五 完三

文岳 全廿九 ○止

文超 全三十 ○止

文學 一 全三 字學忠

秀三 全三二 ○止

貞 廣三 四
酉 完三 六
殿臣 全三三 ○止

允濟 祿三 三
舊行四
字子經號博
安順治壬辰
拔貢
案順治丙戌
拔貢贊一鑾
亦屬右房今
查世系無此
名想在先世
未詳脫綫中
然無攷矣

咸 廣三 五
玉書 完三 七
小字大慶

玉儒 完三 八
字景翰
郡庠生
培齡 全三四 ○止

月 廣三 六
宰尹 完三 九

允若 祿三 四
崔 廣三 七
杏 完四 十
足 全三五 ○止

允言 祿三 五
純 廣三 八
漢臣 完[illegible] 一
邦義 全三六 ○止

字政侯

亦 廣三 九 舊行廿三

壬 廣四 十 舊行廿八 字尹若 號覺庵

字佐良

沛臣 完四 二 字佑輔

之桂 完四 三 字我斯 邑庠生

之梅 完四 四 字文相 號百合

之機 完四 五 字玉衡

字魁占

瑞三 全三七 ○止

繼貝 全三八 ○止

文元 全三九 ○止

文魁 全四十 ○止

學禮 七 禧廿
舊行四
字立之
號奇峰

允儀 六 禄三
字羽奇
小字勝

允臧 七 祿三
字云吉
小字龍

全 一 廣四
字與常

雲從 二 廣四
小字曾

雲會 三 廣四
小字乳

雲鶩 四 廣四
舊行廿七
字云一

景宏 六 完四

景宸 七 完四
字君宇

景行 八 完四
字行之

文達 一 全四
字介明

文興 二 全四
○止

發祥 三 全四
出外未歸

正發 四 全四

允懋　隸三八
字爾昌
小字強

雲鯤　廣四五
字大千

雲來　廣四六
小字德

景仁　完四九
字仁之

景福　完五十
字爾介

景茂　完五一

出與福建省
爲螟蛉子

文翰　全四五
字申甫

文旭　全四六
〇止
字旭如

文直　全四七
字旭明

文亮　全四八
字善亮

文益　全四九
〇止

[illegible]　字善鎰

景明　完五　二

雲蛟　濱四　七

景文　完五　三　字光倍

雲鯨　濱四　八　字伯麒

汝賢　完五　四　字惠公　住京城

汝方　完五　五

允師　祿三　九　字爾功　小字香

汝正　完五　六　字禹功

文烜　全五　十　字象其

汝本　完五　七

泰餘八 福廿
舊行十五
字存一
號六峰
邑庠生

允位十 祿四
舊行九
字立人

雲芝九 賓四
舊行十九
字庭生
號紫巖
邑庠生

之權八 完五
字與可
號平山

之標九 完五

之柱十 完六
字季擎

之松一 完六

文燦一 全五
字星若

文煥二 全五

文煌三 全五

文燕四 全五
字行健
號霞侶
乾隆戊子歲貢生

文灼五 全五
字紅園

雲蘭　廣五十　舊行廿二

雲蒞　廣五一　舊行廿六　字湘生

之橋　完六二　字德馨　號叔香

之椒　完六三　字景山　號纖庵　國學生

文焞　全五六　字盛炎

文熊　全五七　字昌占

文烽　全五八　○止　字熾占

文顯　全五九　字亦純

文芳　全六十　字孟鄉　號敬齋

文齊　全六一　字廣淵　號齊芳

雲藻 廣五 二
舊行三五
字鎬生
號其愚
邑庠生

之桓 完六 四
字暇武
號沈庵

文德 全六 二
字孟烈
號德善

文訓 全六 三
字聖謨

文祖 全六 四
字虞初
號心齋
邑庠生

文奎 全六 五
字星五

文休 全六 六
字心其

文熙 全六 七

字星培

晉餘 福廿九
舊行廿一
字金谷

允千 祿四一
舊行十八
字松千

雲心 廣五三

雲如 廣五[illegible]
字天久

雲裔 廣五五

文輝 完六五
字郁周

之桐 完六六

之儀 完六七
字之賜
號廷賜

之拱 完六八

在素 全六八 ○止

登雲 全六九 ○止

聖功 全七十 ○止

聖元 全七一

文燦 全七二 ○止

字侖三

雲清 廣五 六
字日光
號望芝

允萬 康四 二
舊行二十
字予□
號江萬

字偉遠
號輔題

之棟 完六 九
字祥琴
號殿真

之彬 完七 十
字君錫

之賢 完七 一
字右臣

之真 完七 二

字一清

兆陞 全七三 ○止

文明 全七四 ○止
字永明

文孝 全七五 ○止
字永孝

文興 全七六 ○止
字永興

文秀 全七七 ○止

燕東黃氏四修宗譜卷十一　右房惠五公派

文魁　全七八
字承德
號仁美

□生　資五七
字長生
號振生

之仁　完七三
字允安
號福瑞

永盛　全七九〇
止

文隆　全八十
住更樓

之□　完七四

之禮　完七五
字允貴
號組德

文恒　全八一

文照　全八二

用式堂

之智 完七 六
字克明

兩佑 禰三 十
讀行周
一名禮緣
邑庠生

允熙 祿四 三

庶□ 憲五 八

士良 庶五 九

德成 完七 七

家棣 全八三 ○止

家佑 全八四 ○止

家彥 全八五 ○止

家宰 全八 六

□成
出繼廣六十

金光 完七
八

金成 完七
九

家盛 全八七
○止

允熙 祿四
四

士□ 廣六
十
廣五九子□
繼

國□ 全八八
○止

允新 祿四
五

士□ 廣六
一

金才 完八
十

擎天 全八
七

□瑞 □三
五

□鶴 祿四
六

□學 廣六
二

□□ 完八
一

一子擎仁全
八六子□繼

有祥 二 完八
全慶 ○止 全九十

完祖 三 完八
全長 一 全九

廣文 三 廣六
完成 四 完八
和尚 ○止 全九二

鶴鳴 ○止 全九三

广宗 四 廣六

廣世 五 廣六
恒順 五 完八
全章 ○止 全九四

字善章

全才 全九 五

全信 全九 六 住富陽

恒泰 完八 六

景鳳 祿四 七

寶大 廣六 六 字世貴

廣裕 廣六 七

恒昌 完八 七

全孝 全八 七

全金 全九八 ○止

恆元　完八　八

全英　全九九　○止

全宗　全一百

全揚　全百一　有螟蛉子小仁不列世次傳

全發　全百二　○止

全貴　全百三　○止

廣佑 廣六八

恆茂 完八九

恆縧 完九十

恆發 完九一

全承 全百四

振鶴 全百五 ○止

全岳 全百六

全培 全百七 ○止

全典 全百八 ○止

恒豐 完九二

景宏 祿四八

汶邑黄氏四修族譜卷十一　右房惠五公派　有志堂藏

慈東費氏四修宗譜卷十二

世系十九 右房惠五公派

廿一世　廿二世　廿三世　廿四世　廿五世

齊家 全一

萬鎰 昌一

東裕 盛一

東生 盛二

東金 盛三

才高 昭一

春生 盛四

萬芳 昌二

兼善 全四

阿四 昌三

煒鍔 昌四

煒鉅 昌五

煒鐃 昌六

元球 盛五 小字樂天

元錩 盛六

元鐙 盛七

盛崇 盛八

楚興 全七
西房在十二派下興百三六子入繼

煒春 昌七
一名用春　住江北十二
匡錄

綸豐 盛九
字洪生

盛才 盛十
小字興發

昭林 昭二

森林 宜一
○止

楚珩 全九
字秬璐

清芝 昌八

東鰲 盛十一

森和 宜二
○止

士濂 全十一
字晉榮

應龍 昌九
字在天

殿中 盛十二
字步端

[illegible]南 昭三

森明 宜三
○止

履祥 盛十三

錫欽 昭四

錫純 昭五

錫堪 昭六

森照 宜四

森陽 宜五

森美 出繼昭八

森彩 宜六

森材 宜七

森魁 宜八

森如 宣九

錫炎 昭七

森美 宣十

錫全 昭八 昭五子入繼

履高 盛十四

鼎豪 昌十

士恩 全十六

林福 昌十一

鶴春 全廿五

新來 全廿七 字靜傑
文學 全三二 字學思

昌順 昌十二
小牛 昌十三
承祚 昌十四

貴順 盛十五
順慶 盛十六
岳東 盛十七 字靜志 覃恩上壽

英鵬 昭九 字廷立
雲鵬 昭十

世福 宣十一
世德 宣十二
世方 宣十三 〇止

慈東費氏四修宗譜　卷十二　廿一世至廿五世　四　承宗堂藏

字雲翔

世桂 宣十四

翼鵬 昭十一

岳泰 宣十八 覃思上時

南鵬 昭十二 字丙道

岳山 宣十九

程鵬 昭十三

飛鵬 昭十四

翔鵬 昭十五

[illegible]氏[illegible]修宗譜卷十二右房惠五公派

承裕 昌十五

承祥 昌十六

藎臣 昌十七

承[illegible] 昌十八

泰昌 盛二十

泰亨 盛廿一

朋[illegible] 盛廿二

元[illegible] 盛廿三

恆昇 詔十六 字成煞

問文 詔十七 住於潛

廣[illegible] 詔十八

福應 宣十五

世[illegible] 宣十六 〇[illegible]

[illegible]元堂[illegible]

小字大挺

世富 宣十七

世才 宣十八

庚榮 宣十九

慶風 昭十九
小字小挺

元[illegible] 盛廿四

文達 全四五一
字介明

昌林 昌十九

昌宰 昌二十

能二 盛廿五

字永和

昌盛　昌廿一　字永俊

守身　盛廿六　小字阿能

昭明　昭二十

高妹　宣二十

高元　宣廿一

高發　宣廿二　宣二十子入繼

昭甯　昭廿一

昭天　昭廿二

文[illegible]　全四五

靜　昌廿二

日升　盛廿七

雙[illegible]　昭三

字中甫

字昊恩

字復亨　仕太倉州吏目　上江橋

昌生　照廿八
字復元　號啓發

雙福　照廿四

炎　照廿五
字含輝〇照廿六子入繼

燮　照廿六
字成浩　號禮備

宣佑　宣廿二
字金林

宣佑
出繼照廿五

宣玲　宣廿四
小字金福

宣琛　宣廿五
小字金仁

宣斑　宣廿六

方來 昌廿三 字祖恩

忠□ 盛廿九 字立本

安慶 照廿七

宜福 宣廿七 小字金祿

安順 照廿八

安興 照廿九

安泰 照三十

安祥 照三一

忠如 盛三十

利禎 照三二

全四 文直 七 字旭明

昌廿 創業 四 字隨紹

盛三 守成 一 字美彰

字立長 住蘇州

全四 文亮 八 字莘亮

昌廿 創基 五 字召梧

盛三 守仁 二 字開豐 住上海

昭三 昭景 三 字行之

昭三 時椿 四 字育榮

昭三 時來 五

昭三 時均 六

昭三 育麒 七

昭三 育麟 八

宣廿 宣才 八

創制 昌廿六
字錫繼

守培 盛三三
小字閏裕
字立堂

守謙 盛三四
字恒吉

守[illegible] 盛三五
字甫林

文烜 全五十
字象其

創榮 昌廿七
字錦堂
號一雷

守經 盛三六
字偉才

創茂 昌廿八

守綸 盛三七
字英才

小字高忠

字飛堂
號一篭

創泰 昌廿九
字朝棠
號一震

文燦 全五一
字星若

體仁 昌三十
字元長

皎 盛三八
字皎民
號月明
貤贈修職郎

洽 昭三九
字盈川
號藹堂

浹 昭四十
字萬和
號濟亭

沾 昭四一

宣威 宣廿九
字孟熊
從九品

宣恩 宣三十 ○止
字錫九

宣金 宣三一 ○止
小字安岳
字召鑑

宣章 宣三二 ○止
字景文

宣揚 宣三三 ○止

慈東劉氏四修宗譜卷十二右房惠五公派

字沛霖○昭
四二子入繼

濡昭四
二
字伯泉
號壘亭
修職郎

洄昭四
三
字傳首
號蘭溪
例贈修職郎
昭四四子入
繼

沐昭四
四

天元宣易
小字安福
字舜祖

宣揚
出繼昭四一

宣詔宣三
四
字耀宗

宣邦宣三五
○止
字莫藩

宣璟宣三
六
字獻夫
號琢泉
例授布政司
理問銜

宣琛

出繼昭四三

字仲宇
號蘭亭
敕封儒林郎

溶 昭四 五
字盈豐

洪 昭四 六
字禹範

皓 盛三 九
字配天
號想庵
覃恩上壽

和義 昌三 一

宣璵 宣三 七
字魯珍號友
琢後九品

宣珪 宣三 八
字瑞玉
後九品

宣桁 宣三 九
字安如

宣林 宣四十 ○止
字松園

宣杲 宣四一 ○止
字春陽
號安年

文煥 全五 二

文煜 全五 三

仲高 昌三 二

學塲 昌三 三

學坤 昌三 四 字作乾

斗章 盛四 十

英 盛四 一 字有耀 住蘇州

才艮 盛四 二 住蘇州

靜鉊 盛四 二 字泰峯

學補 昭四 七

慶元 昭四 八

照□ 昭四 九

涓 昭五 卜 小字瑞隆 字春泉

星貴 宣四 二

阿永 出繼昭五二

小永 宣四 三

生永 宣四四 ○止

潑 昭五一 小字二隆 字永源 號心一 住吳江縣清芝堂

宣□ 宣四五

宣□ 宣四大

湜 昭五一 小字[illegible]隆 字[illegible]初 昭五十子入繼

寶生 宣四七 ○止

阿永 宣四八

滋 昭五三

慶隆 昭五 四
字向榮
小字祥隆

靜錡 堂四 四
住吳江縣

昭□ 昭五 五

昭□ 昭五 六

文燕 全五 四
字行健
號霞侶
乾隆□□子
歲貢生

肯堂 昌三 五
字貞□
□□上壽

千六 盛四 □
字□儒
號□□
□□上壽

步滄 昭五 七

步瀆 昭五 八

芳桂 宜四 九
字□泉

芳樹 宜五 十
字蕙亭

芳楫 宜五一 ○止

字振擧

字禮庭

步灘 九 昭五
字振泰

芳材 ○止 宣五二

芳椿 ○止 宣五三

芳權 四 宣五

步洲 十 昭六
字振茂

芳楠 五 宣五

鳳[illegible] 一 昭六
字益科

芳槐 ○止 宣五六
字植三

士銈 二 宣四
字廿一珍 [illegible]
號春直大赦

鳳清 二 昭六

芳榆 ○止 宣五七

字[illegible]

芳棟 宜五八 ○止

鳳[illegible] 昭[illegible] 三
字益津
號[illegible]
從九品
誥封奉直大夫

芳榕 宜五九
字小卿監生
捐授五品銜

芳[illegible] 宜大十 ○止

鳳[illegible] 昭六 四

步灘 昭六 五

步湜 昭六 六

[illegible] 盛[illegible]
字旦評

肯[illegible] 昌三 六
字寶含
號[illegible]亭
邑庠生

住上洋

士鉢 盛四 八 字登庸

步渠 昭六 七 字永源

芳樑 宣六 一

步濬 昭六 八 字亦昌 住蘇州

芳齡 宣六 二

芳岳 宣六 三

芳榮 宣六 四

芳橋 宣六 五

士鈍 盛四 九

步灝 昭六 九

芳葵 宣六 六

字師曾 號省齋

字鶴齡

文灯 全五 五
字紅國

學時 昌三 七
字克中

士鏡 盛五 十
字日升
號希錫

步滇 照十 七
字慶芳
住上洋

恒山 宜六 七

二恒 宜六 八

三恒 宜六 九

步瀚 照七 一
字慶茂

步泮 照七 二

士鐸 盛五 一
字日生

學增 昌三 八

字克方

學慢 昌三 九
字克裕

京昌 昌四 十

京豐 昌四 一

文焞 全五 六
字虞[illegible]

京脈 昌四 二

京壁 昌四 三

京順 [illegible] 二

文熊 全五 七
字昌占

炳盛 昭七 三
字鳳輝

炳潮 昭七 四

蔡氏重修族譜　卷十二右房惠五公派　用志堂[illegible]

炳相　昭七　五
字炳全
未漢塘寺余
娃

宣明　宣七　十

宣榮　宣七　一

宣賣　宣七　二

填　昌四　四

文[illegible]　全五
字亦純

承裕　昌四　五
字啓昆

[illegible]　盛五　三
字雄[illegible]

十五[illegible]　盛五

士賢　盛五　五　字允進

承祥　昌四　六　字致和

士能　盛五　六　字振鋒

愛金　昭七　六

愛源　昭七　七

宣訓　宣七　三　小字紹興

宣謨　宣七　四　小字振興

承祿　昌四　七　字嘉榮

鋑福　盛五　七　字德照

承祐　昌四　八

士洪　盛五　八

字[illegible]
號省臺

字之江

永芳　[illegible]五
字守基

承祐　昌四
字斐亭
號[illegible]溢木

士朝　[illegible]六　十

士道　[illegible]六　一

承祺　昌五　十
字載[illegible]

士[illegible]　[illegible]六　二
字旭[illegible]

士[illegible]　盛
字[illegible]

承[illegible]　昌五　一

士俊　[illegible]

文芳　全六　十

字孟鄰 號毅齋

文齋 全六 一
字商渭 號穉芳

文韓 全六 二
字流烈 號德齋

字行之 號東齋

承詩 昌五 二
字壽基

承業 昌五 三
字緝基

承[illegible] 昌五 四
字清芳 任廣州

承珠 昌五 五
字玉[illegible]

字書升

士壯 盛六 五
字氣剛

士鎮 盛六 六

士[illegible] 盛六 七

士林 盛六 八

彩星 昭七 八

允[illegible] 昭七 九
字照和

宣濟 宣七 五
小字炳元

炳泉 宣七 六

士秀 [illegible]六九

士森 [illegible]七十
字[illegible]茂

允[illegible] [illegible]八十

士嵩 [illegible]七一
字明[illegible]

承瑞 昌五六
字[illegible]
號[illegible]昌

士鎮 [illegible]七二
字振[illegible]
號[illegible]

爾[illegible] [illegible]八一
[illegible]

宣[illegible] 宣七七

承璋 昌五七
字載清
號元昌

[illegible]

承玠 昌五八
字[illegible]玉

士[illegible] [illegible]七
字[illegible]

文訓 全六 三
字聖謨

承緒 昌五 九
字兆統

士良 盛七 四
字貞甫
號慈疇
又號訥菴

[illegible]璋 昭八 一
字耀南

宣卿 宣七 八

宣才 宣七 九

鼐[illegible] 昭八 三

杏生 宣八 十

昱輝 昭八 四

文祖 全六 四
字虛劭
號小齋
邑庠生

瑤 昌六 十
字西池
號長庚

[illegible]賢 盛七 五

[illegible] 昭八 五
字炳眷
號植亭

德湧 宣八一 ○止
字九源

德[illegible] 宣八二 ○止
字九蕃

德明 宜八 三
字九江

灼仁 昭八 六
字沛然

炳贊 昭八 七
字友雲
號鑑堂

炳榮 昭八 八

生 宜八 四

稽信 五七 六

文銓 全六 五
字星五

璇 昌六 一
字在□
貢恩七壽

琳 昌六 一
字美玉
監生

璨 昌七 □
字□□

沅 昌八 九
字全泉

銀 宜八 五

瓚 昌六 三 字美花

瑗 昌六 四 字伯玉 卒[illegible]上壽

琺 昌六 五 字[illegible]玉

[illegible] 昌六 六 字聘園

文佽 全六 六 字心其

鋗 盛七 八 字沛霖

金 盛七 九 字錦波 任紹[illegible]

銓 盛八 十 字錦福

烱文 盛八 十一 字乘龍

錢寶 昭九 十

雙寶 昭九 一 字雲寶

森森 昭九 二

東泉　出繼昌六九

玠　昌六七　字聘文

安潤　盛八二

璋　昌八十　字聘玉

永泰　盛八三

全生　照九三

擢裕　昌六九　昌六六子入繼

宇泉　盛八四　字長順

瑾　昌七十　字懷玉

鈞　盛八五　字秉政

文熙　全六七　字岸培

鑣　盛八六　字秉

錬 盛八 七
字秉禮

黼寶 昭九 四

玲 昌七 一
字瑞玉

琇 昌七 二
字慶玉

聖 金七 二十二

顯學 昌七 三

顯榮 昌七 四
生道光貫稱
頭

倫炎 盛八 八

倫才 盛八 九

倫章　盛九　十

倫裕　盛九　一

倫[illegible]　盛九　二

泰生　盛九　三

文魁　全七　八

世[illegible]　昌七　五　小字堪

文[illegible]　全八　十　仕更樓

永泰　昌七　六

[illegible]　七

文恒 全八 一

元京 昌七 八

朱金 盛九 四

安福 照九 五

永順 昌七 九

型 昌八 十 字廿宏

宏順 昌八 一 住江北

大 盛九 五

小毛 盛九 六

宏裕 昌八 二

宏[illegible] 昌八 三
一[illegible]
又諱宏位

文照 全八 二

家[illegible] 全八 八
字嘉載

萬榮 昌八 四

綱成 昌八 五

昌照 昌八 六

昌熊 昌八 七

昌勛
出繼全八九

繼泰 盡九 七

生[illegible] 盡九 [illegible]

昌烈 八 昌八

昌晉 大 昌八

擎天 九 全八 一名擎仁全八六子入繼

昌勳 十 昌九

生財 六 盛九

全長 一 全九

德安 一 昌九

全才 五 全九

昌琪 二 昌九

盛發 下 盛一

寶璘 三 昌九 小字小臣

全信 全九六
住富陽

昌富 昌九四

昌海 昌九五

全孝 全九七

昌□ 昌九六

全宗 全一百

阿常 昌九七

全永 全百四

昌齡 昌九八

振[illegible] [illegible]一

昌[illegible] 昌九九
[illegible]

廿五世	廿六世	廿七世	廿八世	廿九世
全抒 全百六	昌森 昌一百			
森陽 宣五	定[illegible] 定一			
	定甫 定二			
森[illegible] 宣八	定[illegible] 定三			
森[illegible] 宣九	定全 定四			
森美 宣十	定察 定五			

世桂 宣十四

定美 定六

祖卿 迪一

定榮 定七

連 定八

定森 定九

高林 宣十二

蓮生

中緒 宣廿二

荷生 定

高元　一　宣廿

高□　二　宣廿

宣二十子人

宣佑　三　宣廿

金生　一　定十

定爾　二　定十

大利　三　定十

□生　四　定十

定華　五　定十

來發　二　迪

來興　三　迪

宣珍 宣廿四 小字金爾　廣源 定十六　德材 適四

武源 定十七

宣琛 宣廿五 小字金仁　廣生 定十八

宣珽 宣廿六 小字金祿　寶有 定十九

宣福 宣廿七　聲泉 定二十

宣才 宣廿八　定炎 定□一

小字高忠

宣威 宣廿九 字孟熊 從九品
宣詔 宣三四 字耀宗
宣琛 宣三六

定乾 定廿二 字定元 號占梅
定坤 定廿三 字定亨
定有 定廿四
定梓 定廿五

迪均 迪五 字寶華
迪勳 迪六 字寶艮
迪宗 迪七

品生 吉一
品奎 吉二

字獻夫
號豚齋
捐授布政司
理問銜

定煊 定廿六

迪麟 迪八
字寶順

迪鏌 迪九

宣璵 宣三七
字魯珍
號友璠
從九品

定銑 定廿七

定沂 定廿八

寶元 迪十

宣珪 宣三八
字瑞玉
從九品

定燔 定廿九

宣珩 宣三九

定煋 定三十

迪忠 迪十一

字安如

定燿 定三一 小字長生

迪生 迪十二

迪年 迪十三

迪想 迪十四

迪義 迪十五 又名迪才

迪林 迪十六

定來 定三二 小字萊生

正發 定二三

星貴 宣四二

阿承 宣四八

芳桂 宣四九 字泗泉

定邦 定三四 字才發

定富 定三五

定勳 定三六

生烱 定三七

承志 迪十七

迪坤 迪十八

迪壯 迪十九

雙喜 吉三

信德 吉四

信發 吉五

星樓 吉六

迪埣 迪二十 小字長水

長壽 迪廿一

生煜 定三八

生炘 定三九

迪本 迪廿二

生炳 定四十

芳樹 宣五十 字蕙亭

迪義 迪廿三

迪寶 迪廿四

生烈 定四一

生勳 定四二

生灯 定四三

芳權 宣五四

生烜 定四四

生菴 定四五

芳[illegible] 宣五五

芳榕 宣五 九
字小舠 監生
捐授五品銜

賡年 定四 六
小字欽善

榮生 廸廿 五

又生 廸廿 六

賡華 定四 七
小字福善

賡培 定四 八
小字富善

安生 廸廿 七

賡揚 定四 九
一名賡忠
小字鉅善

宣榮 宣七 一

榮來 定五 十

宣才 宣七 九

杏生 宣八 十

德明 宣八 三 字九江

定祥 定五 一 字盈周

雲甫 定五 二

雲發 定五 三

定發 定五 四

定才 定五 五

定[illegible] 定五 大

定華
七
定五

…氏四修宗譜卷十二右房惠五公派

慈東費氏宗譜

第四本

壹字

慈東費氏四修宗譜卷十三

紀元錄

譜中生卒有紀元者錄之餘從略　國朝年號人所易知亦不復贅焉

開元 唐元宗年號

廣德 唐代宗年號

大歷 又

建中 唐德宗年號

貞元 又

元和 唐憲宗年號

長慶 唐穆宗年號

會昌 唐武宗年號

大中 唐宣宗年號

咸通 唐懿宗年號

湻祐　宋理宗年號

至元　元世祖年號三十一年止　又順帝年號六年止

大德　元成宗年號

至大　元武宗年號

皇慶　元仁宗年號

至正　元順帝年號

洪武　明太祖年號

建文　明惠帝年號

永樂　明成祖年號

洪熙　明仁宗年號

宣德　明宣宗年號

正統　明英宗年號

景泰　明代宗年號

天順　明英宗年號

成化 明憲宗年號

宏治 明孝宗年號

正德 明武宗年號

嘉靖 明世宗年號

隆慶 明穆宗年號

萬歷 明神宗年號

泰昌 明光宗年號八月以前作萬歷四十八年八月以後作泰昌元年

天啓 明熹宗年號

崇禎 明莊烈帝年號

案舊譜生卒俱係以時代年號似嫌繁瑣故先附此表以便閱者檢對而唐宋元明等字概從删焉

國朝年號

前云　國朝年號人所易知亦不復贅今恐仍有未知故敬錄于左

世祖章皇帝順治
聖祖仁皇帝康熙
世宗憲皇帝雍正
高宗純皇帝乾隆
仁宗睿皇帝嘉慶
宣宗成皇帝道光
文宗顯皇帝咸豐
穆宗毅帝皇同治
今上皇帝光緒

慈東費氏四修宗譜卷十三

世次傳一

一世

始祖　**士賢**　生開元二十年壬申三月卒長慶二年壬寅壽九十一娶四都李氏生開元二十年壬申卒元和十五年庚子壽八十九餘闕葬本里大墓子千二千四千八

二世

千二　**千□**　諱字生卒俱闕

千四　**彥京**　生廣德二年甲辰正月卒大中七年癸酉壽九十娶張氏生大歷元年丙午卒咸通□年餘闕葬三都馬鞍山後峯山子萬二萬三

千八　**千□**　諱字生卒俱闕

三世

萬二　**萬□**　諱字生卒俱闕

萬三　**元芳**　生建中元年庚申五月初三日卒會昌六年丙寅壽六十七娶五都鄒氏生卒闕葬大墓南首子添十一添十三添十四

四世

添十一 **艮佐** 生貞元十一年乙亥卒大中□年娶林氏生卒闕葬保國寺山子再七再九再六再六出繼添十四

添十三 **添□** 諱字生卒俱闕

添十四 **艮臣** 娶陳氏生卒俱闕無嗣添十一子再六入繼

咸豐譜云添十一公生唐德宗貞元十一年明六公生宋理宗淳祐十年相距四百五十餘載其間僅有再行一代再行三公生卒又皆無攷舊譜載有峯山祠堂記其文謂公年九十有三子游龍當公建峯山院在晉天福二載想正耄年耽禪悅時也數其時代添再二世係父子無疑今碑字雖漫漶尚存祠內足爲依據況其文古雅非後人所能摹擬傳會也第自天福二年逮淳祐二年仍遙歷三百餘歲直以明行上承再行此中世系脫漏良多又譜載再七公之子遊龍郎以明行之明二公當之知亦不免牽附若非其名強附碑文則必移明六公生年於前乃可竟以明行生年移之於前則後來遼濶又無以爲繼明代仕悅公遜菴公南江公疊次修譜豈不詳爲考訂然皆踵襲其訛謬者殆以代遠年湮倣史家疑以傳疑之意也已今所纂修亦不能別有考正而特貢其疑實如是庶望後之人如譜系有接昨勤修不致有荒墜難稽斯得焉

五世

再七 **日章** 添十一子娶傅氏生卒俱闕葬峯山院側今呼定林寺子明二一

再九 **日休** 添十一子娶孫氏生卒俱闕葬文溪市後金字山子明六

再六 **日高** 添十四子娶何氏生卒俱闕葬靈山西官山子明三明十

六世

明一 **游龍** 再七子娶童氏生卒俱闕祔葬考塋子益六

明六 **翔龍** 再九子生淳祐十年庚戌正月廿五日卒至正二年壬午十月廿六日壽九十三娶四都馬逕張氏繼娶府城劉氏側室劉氏生卒俱闕葬保國寺山花墳子益三女適未詳

明三 **庚龍** 約橋 再六子娶桂氏生卒俱闕葬一都三畾師姑嶴華表二柱見存今呼饋

明十 **潛龍** 再六子娶李氏生卒俱闕葬大墓東北沿河子益五

七世

益六 **體濱** 明二子娶桂氏生卒俱闕無嗣益三子莊二入繼

益三 **體源** 明六子生至元廿六年己丑十一月十四日卒至正十五年乙未二月初四日壽六十七娶定海鳳浦錢氏生卒闕葬靈山謝家嶴竹篺坪俗

呼蛤蟖山今名新墳子莊一
莊三莊二莊二出繼益大

益五 **體深** 明十子生大德元年丁酉二月初四日卒至正廿二年壬寅正月十九
日壽六十六娶陳氏生卒闕葬大墓子莊五莊六

八世

莊二 **懷忠** 益六子生至大三年庚戌十月十四日卒洪武二十年丁卯正月初四
日壽七十八娶李氏側室單氏生卒俱闕葬蛤蟖山本生父墳右邊子
玖三單氏出
玖四李氏出

莊一 **子遠** 益三子生至大元年戊申正月十四日卒洪武十八年乙丑四月十八
日壽七十八娶方氏繼娶徐氏生卒俱闕葬蛤蟖山父墳左邊子玖一
玖五
玖六

莊三 **懷艮** 益三子生皇慶二年癸丑三月廿九日卒於外娶定海唐氏生卒闕子
玖二

莊五 **子奇** 益五子娶陳氏生卒俱闕葬大墓八角墳左子惠二女長適奉化陳次
適跳頭黃

莊六 **子厚** 益五子娶定海俞氏生卒俱闕葬大墓八角墳右子惠五

九世

玖三 **經** 莊二子壽七十娶五都王氏生卒俱闕葬陶家橋南首子酉一酉二酉三
女長適九都沈次未詳

玖四 時 莊二子生至正七年丁亥八月初二日卒宣德五年庚戌正月十七日壽八十四娶定海曲灘塘戴氏側室鍾氏生卒俱闕葬龍舌圩邊子西四西五西六女長適鷄鳴湖李次適驄馬橋下陳原盱

玖一 廉 莊一子生順帝至元元年乙亥六月廿六日卒洪武廿二年己巳六月初十日年五十五娶定海鳳浦錢氏生卒闕葬馬鞍山南茶園子東一東二東三女適坊隅童

玖五 言 莊一子生至正元年辛巳二月廿四日卒洪武九年丙辰十月廿九日年三十六娶八都陸氏生卒闕葬祖墳邊子東四

玖六 贊 莊一子生至正十一年辛卯十一月十五日充軍出外娶五都鮑氏生卒闕葬祖墳邊

玖二 謙 莊三子生至正元年辛巳二月初一日卒永樂五年丁亥二月廿五日壽六十七娶錢氏生卒闕葬陶家橋南子中一中二中三中四女長適三都徐士麒次適徐士麟

惠二 辰 莊五子生至正四年甲申卒永樂十九年辛丑餘闕壽七十八娶鄞縣江氏生卒闕葬大墓無嗣惠五子右三入繼

惠五 權 莊六子生至正十八年戊戌十月初二日卒洪武廿九年丙子四月初五日年三十九娶王氏生卒闕葬蒜湖應家嶴山子右二右三右三出繼惠二

咸豐譜云吾宗分東中西右四房蓋有年矣舊譜合四房之人詳其生卒娶葬等各隨長幼而次第序之故曰齒錄今四房丁齒日蕃合詳則易致紛淆分詳則較覺明晰爰易齒錄之名爲世次傳其分房以玖惠行爲始蓋卽遵舊譜世系圖之例

玖三玖四分爲西房

玖一玖五玖六分爲東房

玖二分爲中房

惠二惠五分爲右房

慈東費氏四修宗譜卷十四

世次傳二

十世 西房

西一 居亮 玖三子生洪武四年辛亥十月初五日卒正統五年庚申十月十三日壽七十娶定海邱洋王氏生卒闕葬西岸子啓一啓二啓三啓四

西二 居高 玖三子生洪武八年乙卯八月 九日卒永樂十六年戊戌十月廿四日年四十四娶鄞縣江氏繼娶陳氏生卒俱闕葬父墳邊子啓五女長適本里蘇鼎玄適山北王瑄

西三 居邦 玖三子生洪武十二年己未七月十一日卒宣德七年壬子五月十一日年五十四娶張氏生卒闕葬大墓側子啓六啓七女長適邱洋王偍次適曲灌塘陳

西四 居剛 玖四子生洪武四年辛亥月初一日卒永樂十五年丁酉五月初六日年四十七娶十二都赭山楊氏生卒闕葬沿河子啓八啓九

西五 居常 玖四子生洪武八年乙卯十一月十九日卒闕娶四都李溪李氏繼娶孔巷徐氏生卒俱闕葬大墓側子啓十啓十一女適本邑胡舜杏

西六 居然 玖四子生洪武二十年丁卯三月初四日卒正統十年乙丑三月十八日年五十九娶二都沈氏繼娶朱氏生卒俱闕葬沿河高田子啓十二啓十三啓十四啓十五

十一世　西房

啓一　弼　西一子生洪武廿七年甲戌十二月廿二日卒景泰[illegible]年[illegible]子三月廿八日壽六十三娶本邑蔡氏生卒闕葬陶家橋祖墳邊子禮一禮二禮三禮十[illegible]禮十[illegible]出繼啓[illegible]八女適[illegible]葉[illegible]隅

啓二　韓強　西一子生建文元年己卯十一月初七日卒正統九年甲子十二月初八日年四十六娶定海方氏生卒闕葬父墳邊子禮四

啓三　確　西一子生永樂七年己丑四月初一日卒成化十一年乙未八月初二日壽六十七娶在城沈氏生卒闕葬西岸與父墳相連子禮五女長適坊隅周次適廿一都胡

啓四　繹　西一子生永樂十年壬辰十二月十五日卒成化二十年甲辰十二月廿二日壽七十三娶定海蔡氏繼娶定海胡氏生卒俱闕葬丁家西墓子禮六蔡氏出禮七胡氏出

啓五　驥　西二子生建文四年壬午正月初九日卒正統十年乙丑十二月十一日年四十四娶羅江羅氏生卒闕葬祖墳邊子禮八禮九

啓六　勤　西三子生永樂十年壬辰十日初四日卒景泰七年丙子五月廿二日年四十五娶定海胡氏生[illegible]闕子禮十禮十一

啓七　勣　西三子生永樂十九年辛丑十月廿　日卒成化八年壬辰四月十八日年五十二娶本邑章氏生卒闕葬靈山祖墳邊子禮十二贅居定海沙井頭郭氏禮十三贅居廿七都袁氏女贅二十都孔

啓八　**充**　西四子生洪武廿九年丙子九月廿八日卒宣德七年壬子八月十八日娶本都下管邵氏生卒闕葬父墳邊啓一子禮十四入繼

啓九　**賸**　西四子生建文四年壬午正月十一日卒宣德四年己酉正月廿三日年廿八娶紹興東門錢氏生卒闕葬沿河父墳邊

啓十　**鑑**　西五子生永樂十三年乙未十月十九日卒成化十四年戊戌十一月十七日壽六十四娶口氏生卒闕葬龍舌祖墳邊

啓十一　**銓**　西五子生永樂十九年辛丑十二月十一日卒成化三年丁亥九月初七日年四十七娶定海翁氏生卒闕葬祖墳邊子禮十五禮十六

啓十二　**鎰**　西六子生永樂十二年甲午七月廿二日卒成化二十年甲辰十一月初六日壽七十一娶四都胡氏生永樂廿二年甲辰十一月十六日卒正德五年庚午七月初七日壽八十七葬文溪市後山舊譜云是再九㫝論祖墳邊斜地出價與東中西三房公用宏治十五年造冊收戶與各宅無干子禮十七禮十八禮十九禮十九出繼啓十四女適八都應邈

啓十三　**啓十一**　西六子諱字生卒俱闕

啓十四　**鉤**　西六子生永樂二十年壬寅正月廿六日卒成化三年丁亥正月廿四日年四十六娶張氏生卒闕葬龍舌祖墳邊啓十二子禮十九入繼

啓十五　**鐄**　西六子生永樂廿二年甲辰七月廿七日卒正德四年己巳六月十九日壽八十六娶張氏生卒闕葬沿河祖墳邊子禮二十一禮廿一女適定海陳

十二世　西房

東□□氏四修宗譜　卷十四　西房　□□堂

禮一　德脩
啓一子生永樂十九年辛丑正月十九日卒宏治元年戊申四月初六
日壽六十八娶八都王氏繼娶廿七都韓氏側室侯氏生卒俱闕葬䒤
山祖墳邊子在一在二王氏出在十二侯氏出在十
二出繼禮十一女長適五都應次適本都鄭王氏出

禮二　怡
啓一子生宣德六年辛亥七月廿三日卒景泰六年乙亥閏六月初二日
年廿五娶本都鄭氏生卒闕葬靈山祖墳邊子在三

禮三　忻
啓一子生正統三年戊午三月十九日卒宏治十一年戊午三月廿六日
壽六十一娶王氏繼娶唐氏三娶定海沈氏四娶定海林氏生卒俱闕葬
靈山祖墳邊子在四在五在六在六出
繼禮五女適本都歸辛蘇仁俱唐氏出

禮四　禮□
啓二子諱字生卒俱闕

禮五　訓
啓三子生正統四年己未閏二月廿七日卒正德□年娶胡氏生卒闕禮
三子在六入繼

禮六　琰
啓四子生正統九年甲子八月廿三日卒正德□年娶鄞縣楊氏生卒闕
子在七在八在九在十一在十一出繼禮九存四二出家爲僧

禮七　瓛
啓四子生景泰五年甲戌九月三十日卒正德□年娶五都婁氏繼娶定
海羅宕華氏生卒俱闕

禮八　公儁
啓五子生永樂廿一年癸卯十月初九日卒成化十五年己亥三月廿
四日年五十七娶坊鴻童氏生卒闕葬靈山祖墳邊子在十

禮九　公杰
啓五子生正統六年辛酉十月廿二日卒宏治十四年辛酉九月十六
日壽六十一娶施氏生卒闕葬瓶墳邊禮六子在十一入繼

禮十　禮十一
啓六子諱字生卒俱闕

禮十一 細暹 啓六子生景泰二年辛未八月廿五日卒成化十四年戊戌四月十八日年廿八娶八都劉氏生卒闕葬祖墳邊禮一子在十二入繼

禮十二 廉 啓七子生天順五年辛巳二月廿二日卒闕娶定海沙井頭孫氏生卒闕子在十三在十四女適沙井頭范

禮十三 瑚 啓七子娶廿七都袁氏生卒俱闕子在十五在十六舊譜云今住廿七都

禮十四 福 啓八子生永樂廿二年甲辰十月初五日卒宏治十一年戊午九月十一日壽七十五娶定海虞氏生卒闕葬靈山祖墳邊子在十七在十八在十九

禮十五 禮廿四 啓十一子生天順七年癸未十一月廿七日卒嘉靖十八年己亥六月十八日壽七十七娶三都林氏生卒闕子在二十在廿一女適本邑蘇

禮十六 鐘 啓十一子生卒俱闕

禮十七 源 啓十二子生正統十一年丙寅十二月廿七日卒正德十一年丙子七月初五日壽七十一娶本邑蘇氏繼娶五都鮑氏生卒俱闕葬文溪市後金字山父墳前子在廿二在廿三在廿四蘇氏出在廿五長適西街周汀次適竹巷張俱鮑氏出

禮十八 樋 啓十二子生景泰六年乙亥九月初三日卒嘉靖三年甲申二月初日壽七十娶定海四方橋陳氏生天順五年辛巳二月廿七日卒嘉靖六年丁亥十月十七日壽六十七葬文溪後市父邊子在廿六在廿七在廿八在廿九

禮十九 瑗 啓十四子生景泰元年庚午正月廿一日卒嘉靖十八年己亥六月初
三日壽九十娶四都李氏繼娶定海何氏生卒俱闕葬文溪市後山本
生父塋側子在三十在
三一在三二李氏出
禮二十 瓊 啓十五子生成化二年丙戌一月廿七日卒正德四年己巳四月十八
日壽四十四娶魚氏生卒闕葬在沿河東墳邊在三三在三四女適坊
網
傳
禮廿一 瑤 啓十五子生成化四年戊子十一月十九日卒嘉靖五年丙戌八月廿
八日年五十八娶本邑[illegible]氏生卒闕葬[illegible]沿[illegible][illegible]墳邊子在三五在三六
在三七

十三世 [illegible]

在三一 [illegible] 禮一子生成化四年戊子正月十三日卒嘉靖十五年丙申九月十一日
壽六十九娶曲灘[illegible]劉氏繼娶五都[illegible]氏生卒俱闕葬[illegible]路[illegible][illegible]敬一敬
二敬三敬四劉氏出敬五[illegible]氏出女[illegible]適東街省祭[illegible][illegible]女適橫山庠生
沈[illegible]亮
在三二 恕 禮一子生成化十二年丙申八月十五日卒嘉靖十七年戊戌六月十六
日壽六十三娶二都沈氏生成化十二年丙申二月初九日卒嘉靖十六
年丁酉正月十六日壽六十二繼娶定海俞氏生成化廿三年丁未五月
廿二日卒嘉靖三十五年丙辰四月十九日壽七十葬杜郭茱萸山以其
形如美人照鏡至今猶呼美人山子敬六敬七敬八女適五都大理寺丞
王交外孫[illegible]修[illegible]昔[illegible][illegible]明結親[illegible]今往來不絕

在三 **錦** 禮二子生景泰六年乙亥二月廿九日卒闕娶定海劉氏生卒闕子敬九敬十女適龍山所西門仁鄭

在四 **銓** 禮三子生成化十一年乙未三月廿四日卒闕娶定海裘氏生卒闕子敬十一女適坊隅周

在五 **錯** 禮三子生成化十八年壬寅正月初九日卒闕娶老人倉林氏生卒闕子敬十二敬十三

在六 **錢** 禮五子生成化廿三年丁未四月十三日卒闕娶定海葛氏生卒闕葬陶家橋隴子敬十四敬十五女適三都周

在七 **鏻** 禮六子生天順七年癸未十月廿五日卒嘉靖四年乙酉八月廿七日壽六十三娶定海鹽場一都陳氏繼娶定海張氏生卒俱闕子敬十六敬十七陳氏出

在八 **鍈** 禮六子生天順八年甲申卒正德二年丁卯二月年四十四娶定海曹氏生卒闕女適周

在九 **鋭** 禮六子生成化十一年乙未十一月十二日卒闕娶定海徐氏生卒闕子敬十八

在十 **英** 禮八子生景泰六年乙亥十一月廿三日卒闕娶鄞縣蔣氏生卒闕子敬十九敬二十敬二十一出繼在十一女適龍山所趙

在十一 **鐎** 禮九子生成化十七年辛丑九月廿六日卒闕娶舟山張氏生卒闕在十子敬二十一入繼女適十三都裘

在十二 **鈅** 禮十一子生成化九年癸巳七月十三日卒嘉靖廿七年戊申八月十二日壽七十六娶坊隅陳氏生卒闕葬陶家橋祖墳邊子敬廿一女適杜郭

沈

在十　銘　禮十二子生宏治六年癸丑五月初九日卒闕娶實氏生卒闕住沙井
三　　頭子敬廿二敬廿三敬廿四敬廿五敬廿六
在十　鍾　禮十二子生宏治十七年甲子十月廿二日卒闕娶定海廖氏生卒闕住
四　　沙井頭子敬廿七敬廿八
在十　□□　諱字生卒俱闕住廿七都
五
在十　□□　禮十三諱字生卒俱闕住廿七都
六
在十　鎬　禮十四子生景泰六年乙亥八月廿六日卒闕娶王氏生卒闕子敬廿
七　　九敬三十敬三一女適本都沈
在十　鑨　禮十四子生天順二年戊寅十月廿六日卒闕娶定海徐氏生卒闕
八
在十　在十三　禮十四子諱字生卒俱闕
九
在一　鈞　禮十五子生宏治十五年壬戌正月初三日卒闕不娶
十
在廿　在六四　禮十五諱字生卒俱闕
一
在廿　鎡　禮十七生成化六年庚寅九月初六日卒宏治十七年甲子閏四月初
二　　八日年三十五娶文溪潘氏生卒闕葬文溪父墳邊子敬三二敬三三
　　女適五
　　都應瑚
在廿　鈿　禮十七子生成化十一年乙未十二月廿五日卒嘉靖廿八年己酉九
三　　月十六日壽七十五娶定海邱洋王氏生成化十六年庚子正月初二

日卒嘉靖十七年戊戌十二月十二日年五十九繼娶坊隅薛氏生卒闕
葬定林鄉小虎山有四柱華表子敬三四敬三五敬三六女適大力橋庠
生楊東俱
王氏出

在廿四　鍈　禮十七子生成化十五年己亥六月初九日卒嘉靖三十四年乙卯十
月廿三日壽七十七娶定海孫氏繼娶楊氏側室周氏生卒俱闕葬郎
家埭獅螺山子敬三七
女適坊隅庠生錢遂

在廿五　鐍　禮十七子生宏治十七年辛酉六月十三日卒萬歷十一年癸未壽八
十三娶定海金氏生卒闕葬龍舌頭上子敬三八女適十三都裘

在廿六　鍔　禮十八子生成化十六年庚子八月廿四日卒嘉靖十三年甲午八月
初三日年五十五娶白沙夏氏生成化十六年庚子十一月初十日卒嘉
靖三十四年乙卯九月初七日壽七十六葬文溪市後金字山舊譜云始
殯定林寺廿年後改遷棺壞見竹根穿右眼此四一之目所由蔭也子
敬三九敬四十敬四一女
長適坊隅孫次適本都鄔

在廿七　鑾　禮十八子生成化二十年甲辰五月廿一日卒[illegible]年正月初五日娶鄭
[illegible]看橋方氏生卒闕葬金字山韓墳東首子敬四二敬四三敬四四敬
敬四五　女適坊
隅貢士錢烶

在廿八　鏊　禮十八子生成化廿二年丙午十月十一日卒隆慶二年戊辰十月十
五日壽八十三娶[illegible]橋貝氏繼娶定海余氏生卒俱闕葬裘家埠子敬
四六敬四七女長適廿三
都庠生葉友次適坊隅郎

在廿九　鋌　禮十八子生宏治二年己酉十月初一日卒萬曆三年乙亥四月初四日壽八十七娶定海吳氏生宏治八年乙卯四月十七日卒嘉靖廿六年丁未九月十六日年五十三繼娶鄭氏生宏治十四年辛酉九月廿五日卒隆慶二年戊辰五月十七日壽六十八側室馬生卒闕葬五都宅稱田子敬四八女長適毛家橋朱次適坊隅陳

在三十　金　禮十九子生成化十年甲午九月廿五日卒正德十二年丁丑十月廿九日年四十四娶清水浦汪氏生卒闕葬新塡子敬四九敬五十

在三一　銀　禮十九子生成化十九年癸卯□月十八日卒嘉靖廿四年乙巳三月初三日壽六十三娶本都戴氏生成化十七年辛□卒嘉靖廿九年庚戌十一月□七日壽七十葬庄□□□敬五一敬五二敬五三敬五四女適龍山鄭

在三二　鈍　禮十九子生宏治六年癸丑五月十三日卒萬曆元年癸酉九月廿一日壽八十一娶□海夏氏生卒闕繼娶羅氏卒二月廿三日餘闕葬龍舌河□子敬五五敬五六敬五七敬五八女適坊隅陳

在三三　鉿　禮二十子生成化廿二年丙午十一月廿六日卒嘉靖三十三年甲寅正月十□日壽六十九娶□□章氏卒闕葬沿河觀□傍子敬五九敬六十敬六一敬六二

在三四　銚　禮二十子生宏治十二年己未正月初八日卒嘉靖廿三年甲辰六月廿六日年四十六娶本邑蘇氏生卒闕葬新塡子敬六三

在三五　鈌　禮廿一子生宏治二年己酉四月初□日卒嘉靖廿六年丁未五月十一日年五十九娶家橋方氏生卒闕葬西沿河子敬六四敬六五敬六六

六
六

在三六 **鉶** 禮廿一子生宏治八年乙卯十月廿七日卒嘉靖廿二年癸卯六月十三日年四十九娶馮氏生卒闕

在三七 **在五八** 禮廿一子諱字生卒俱闕

十四世 兩房

敬一 **洪** 在一子生成化廿一年乙巳七月廿三日卒正德九年甲戌七月廿九日年三十娶本都下管徐氏生卒闕葬定林寺子文一女適城中花園王

敬二 **泮** 在一子生宏治四年辛亥二月十四日卒嘉靖十九年庚子五月十六日年五十娶王氏繼娶嘉定李氏生卒俱闕葬定林寺子文二文三文四女適本都下管岸生徐

敬三 **濟** 在一子生宏治六年癸丑十二月十九日卒嘉靖十二年癸巳八月廿一日年四十一娶定海李氏生卒闕葬橫路陳父墳邊子文五女長適定海方次適十三都洪

敬四 **汴** 在一子生宏治十一年戊午閏十一月廿八日卒嘉靖十九年庚子十一月初八日年四十三娶四都葛氏生卒闕葬橫路陳父墳邊子文六文七

敬五 **浙** 在一子生正德二年丁卯七月十三日卒嘉靖四十二年癸亥六月十七日年五十七娶本都方氏生卒闕葬里清橋蛤蟆山子文八文九文十文十一文十二文十三

蘇東董氏四修宗譜　卷十四　西房　有志堂藏

敬六　濬　在三子生宏治十一年戊午二月十七日卒嘉靖四十五年丙寅五月十七日壽六十九娶定海大寺堰何氏繼娶方氏側室愼氏生卒俱闕葬杜郭茱臺山父墳傍子文十四何氏出文十五方氏出文十六愼氏出女長適方家洞頭方尚美次適金家嶴金忠樂三適坊隅王有慶

敬七　藩　在二子生宏治十三年庚申九月廿九日卒嘉靖廿八年己酉五十月五日年五十娶鄮西門外陳氏卒五月十五日壽七十餘闕葬杜郭茱臺山父墳白虎首抱子儆子文十七文十八文十九

敬八　湆　在二子生宏治十七年甲子十一月初五日卒嘉靖八年己丑七月廿五日年廿六娶定海唐氏　勅封孺人生宏治十八年乙丑十一月十五日卒嘉靖廿九年庚戌五月初二日年四十六葬杜郭茱臺山父墳青龍首子文二十女適坊隅錢志偉

敬九　澤　在三子生成化二十年甲辰六月初七日卒闕娶盧氏生卒闕

敬十　敬十八　在三子諱字生卒俱闕

敬十一　敬三一　在四子諱字生卒俱闕

敬十二　浚　在五子生宏治十八年乙丑十月初七日卒闕娶朱氏生卒闕女適定海金

敬十三　瀾　在五子生正德八年癸酉七月初一日卒闕娶舟山周氏生卒闕子文廿一

敬十四　浣　在六子生正德十四年己卯卒嘉靖三十五年丙辰八月廿二日年三十八娶吳氏生卒闕葬祖墳山

敬十五 滌 在六子娶蘇氏生卒俱闕

敬十六 涇 在七子生宏治三年庚戌四月初二日卒闕娶定海謝氏生卒闕敬廿九子文廿二入繼女適孫

敬十七 敬廿九 在七子諱闕生宏治十六年癸亥正月初九日卒嘉靖十九年庚子六月初三日年三十八娶陳氏生卒闕葬新墳

敬十八 敬四六 在九子諱闕生正德四年己巳八月十九日卒嘉靖十六年丁酉七月十一日年廿九葬龍舌頭娶劉氏生卒闕子文廿三

敬十九 敬十二 在十子諱字生卒俱闕

敬二十 敬五二 在十一子諱字生卒俱闕

敬廿一 瀛 在十二子生正德元年丙寅三月廿三日卒萬歷七年己卯二月十二日壽七十四娶曲滙塘劉生卒闕葬樟樹下蘇家河西子文廿四文廿五文廿六文廿七文廿八

敬廿二 澄 在十三子諱字生卒俱闕住沙井頭

敬廿三 洪 在十三子諱字生卒俱闕住沙井頭

敬廿四 濤 在十三子娶王氏諱字生卒俱闕住沙井頭

敬廿五 洋 在十三子諱字生卒俱闕住沙井頭

敬廿六 湧 在十三子諱字生卒俱闕任沙井頭

敬廿七 浩 在十四子諱字生卒俱闕任沙井頭

敬廿八 涞 在十四子諱字生卒俱闕任沙井頭

敬廿九 清 在十七子生成化十三年丁酉四月廿三日卒闕娶孫氏生卒闕子文廿九文三十文廿二文廿二出繼敬十六女適本邑蘇

敬三十 敬二 在十七子諱闕生成化十九年癸卯四月初大日卒闕娶張氏生卒闕子文三一

敬三一 滔 在十七子生宏治三年庚戌七月初四日卒闕

敬三二 潮 在廿二子生宏治□年卒嘉靖廿九年庚戌餘闕娶一都周氏生卒闕葬滔河祖墳側子文三二文三三文三四女適六都下管姜

敬三三 溧 在廿二子生宏治十三年庚申九月十四日卒嘉靖廿二年癸卯十二月初九日年四十四娶本都下管邵生卒闕葬文溪市後山祖墳傍子文三五文三六女適坊隅桂

敬三四 滂 在廿三子生宏治十三年庚申六月二十日卒萬歷元年癸酉七月初九日壽七十四娶定海鷲林吳氏生宏治十七年甲子十月十六日卒萬歷二年甲戌十二月十八日壽七十一葬定林寺嶴口小虎山墳傍子文三七文三八文三九文四十文四十出繼敬三五

敬三五 浴 在廿三子生正德元年丙寅五月廿七日卒嘉靖三十年辛亥六月廿八日年四十六娶定海方氏劉家張氏生卒俱闕葬定林寺嶴口小虎

山父塡傍敬三四子文四
十入繼女適坊隅馮

敬三六 澐 在廿三子生正德十一年丙子七月初五日卒萬歷八年庚辰四月初
日壽六十五娶陳氏繼娶沙氏生卒俱闕葬定林寺嶴口顏家地子文
四一文四
二文四三

敬三七 浚 在廿四子娶汪氏生卒俱闕子文四四文四五

敬三八 淮 在廿五子娶楊氏繼娶史氏生卒俱闕子文四六文四七文四八文四
九文五十

敬三九 敬二十 在廿六子諱闕生宏治十三年庚申三月十八日卒嘉靖三年
甲申二月十五日年廿五未娶

敬四十 疇 在廿六子生宏治十八年乙丑三月十三日卒隆慶三年己巳八月十
四日壽六十五娶定海施氏生卒闕葬金字山父墳西弟墳右文五一
文五二女適九
都鬻衛口林

敬四一 潚 在廿六子生正德二年丁卯十一月初九日卒嘉靖三十七年戊午十
月廿七日年五十二娶夏氏生正德七年壬申正月十五日卒嘉靖九
年庚寅九月初五日年十九繼娶定海鷲林吳氏生正德十二年丁丑閏
二月初一日卒萬歷廿四年丙申十二月初十日壽八十葬文溪父墳邊
子文五三文五四女長適十
三都宰生洪次適坊隅馮

敬四二 渙 在廿七子生正德二年丁卯十二月十七日卒嘉靖四十四年乙丑三
月初一日年五十九娶劉氏繼娶徐氏生卒俱闕葬文溪市後山子文

五五劉氏出

敬四三　泂　在廿七子生正德十五年庚辰二月初四日卒萬歷十三年乙酉十二月壽六十六娶文溪夏氏生卒闕葬文溪市後山子文五六文五七文五七出繼

敬四四　滄　在廿七子生嘉靖三年甲申九月十五日卒闕娶洪氏生嘉靖八年己丑十一月廿七日卒萬歷三十一年癸卯餘闕壽七十五敬四三子文五七入繼

敬泂五　漢　在廿七子生嘉靖五年丙戌五月初六日卒闕娶林氏生嘉靖十二年癸巳六月初六日卒嘉靖三十四年乙卯七月廿五日年廿三繼娶曹氏生嘉靖十六年丁酉十月初九日卒嘉靖三十六年丁巳年廿一三娶趙氏生卒闕子文五八文五九曹氏出

敬四六　洛　在廿八子生正德十三年戊寅九月十四日卒隆慶元年丁卯七月初四日年五十娶定海汪氏生卒闕葬見家譜子文六十文六一二女適本邑蘇

敬泂七　沔　在廿八子生正德十六年辛巳正月廿七日卒闕娶定海董氏繼娶錢氏生卒俱闕子文六三錢氏出女長適定海劉文適四都姚三適坊隅俞

敬四八　瀧　在廿九子生嘉靖十三年甲午八月十六日卒萬歷元年癸酉十一月初二日年四十娶沈氏生嘉靖十二年癸巳八月廿一日卒[illegible]廿七

年乙亥十一月初三日壽六十七葬馬鞍山燕窠子文六四

敬四九　滄　在三十子生宏治十六年癸亥九月廿六日卒隆慶六年壬申七月十四日壽七十娶五都周氏生卒闕葬龍舌汫子文六五文六六文六七　女適龍山所鄭

敬五十　敬三七　在三十子諱字生卒俱闕

敬五一　滴　在三一子生正德二年丁卯四月初四日卒萬歷廿六年戊戌十二月廿五日壽九十二娶定海東管三都夏氏生正德十二年丁丑閏十二月十二日卒萬歷十七年己丑六月初五日壽七十三子文六八

敬五二　溥　在三一子生正德五年庚午九月廿六日卒萬歷三年乙亥五月二十日壽六十六娶四都徐氏生正德十五年庚辰六月初五日卒正月廿四日餘闕葬六都四畄龍舌子文六九女適定海郎洋王

敬五三　浩　在三一子生正德九年甲戌十二月初三日卒萬歷四年丙子十一月廿七日壽六十三娶定海朱氏生卒闕葬龍舌頭子文七十

敬五四　洵　在三一子生正德十五年庚辰六月初四日卒闕娶定海曹氏生卒闕葬龍舌山

敬五五　沛　在三二子生正德十五年庚辰十二月十二日卒萬歷十年壬午六月初四日壽六十三娶定海鄔氏卒六月十一日餘闕葬龍舌河圳龍墳東首子文七一文七二文七三文七四

敬五溢　在三二子生嘉靖六年丁亥八月廿九日卒闕娶張氏生卒闕子文七
六　五
敬五河　在三二子生嘉靖十年辛卯三月廿八日卒闕
七
敬五法　在三二子生嘉靖十二年癸巳十二月十六日卒闕娶口氏生卒闕子
八　文七六
敬五滯　在三三子生正德十三年戊寅十月初八日卒隆慶六年壬申十一月
九　初一日年五十五娶杜家橋方氏生卒闕葬新塍郎墓山子文七七文
七八
敬六海　在三三子生嘉靖二年癸未八月廿三日卒嘉靖四十五年丙寅年四
十　十四娶朱氏繼娶姜氏生卒俱闕子七九
敬六浦　在二三子生嘉靖五年□戌九月十八日卒闕娶蘇氏生卒闕子文八
一　十文八一文八二
敬六漶　在三三子生嘉靖十年辛卯六月廿三日卒萬歷三十二年甲辰九月
二　初一日壽七十四娶錢氏生卒闕葬念材橋西南河口子文八三文八
四文八五
文八六
敬六敬九六　在三四子諱字生卒俱闕
三
敬六湷　在三五子生正德十五年庚辰十一月初五日卒闕娶定海張氏生卒
四　闕葬阮家橋子文八七文八八女適四都徐士[illegible]
敬六涞　在三五子生嘉靖三年甲申十二月初一日卒闕娶口氏生卒闕子文
五　八九文九十

敬六六 淇 在三五子生嘉靖九年庚寅十月廿八日卒闕娶盧氏生卒闕

十五世

文一 柏 敬一子生宏治八年乙卯十一月十八日卒萬歷七年己卯二月十三日壽八十五娶本都下管徐氏生卒闕葬龍舌山祖塋傍子武一武二女適三都嚴

文二 榆 敬二子生嘉靖元年壬午六月十四日卒闕娶定海張氏繼娶孔氏生卒俱闕

文三 核 敬二子生嘉靖十一年壬辰五月初四日卒闕娶定海江南唐氏生卒闕子武三武四武五女長適本都二啚邵乾龍次適坊隅馮化龍

文四 杭 敬三子生嘉靖十四年乙未六月十三日卒闕

文五 本 敬三子生嘉靖七年戊子正月初三日卒四月十七日娶四都孔氏卒正月十九日繼娶定海西管四都莊氏卒二月十五日餘闕葬蘇家河西子武六武七武八武九武十女長適五都應次適坊隅羅

文六 文十二 敬四子諱字生卒俱闕

文七 杲 敬四子生嘉靖七年戊子四月初六日卒闕娶五都應氏生卒闕子武十一

文八 楯 敬五子生嘉靖七年戊子閏十月廿七日卒萬歷口年餘闕娶本都三啚鄭氏生卒俱闕子武十二武十三武十四武十五女適十三都四啚劉鎮

明

文九 楠 敬五子生嘉靖十二年癸巳四月廿二日卒闕娶四都四啚姚氏生卒闕
子武十六武十七

文十 秩 敬五子生嘉靖十六年丁酉十一月三十日卒闕娶定海靈緒一都三啚
邱氏繼娶十四都吳氏生卒俱闕子武十八武十九武二十邱氏出

文十一 柱 敬五子生嘉靖十九年庚子十二月初三日卒闕娶本啚蘇氏生卒闕
子武廿一武廿二

文十二 杏 敬五子生嘉靖廿二年癸卯十月初九日卒闕娶五都虞氏生卒闕文
廿六子武廿三入繼

文十三 原相 敬五子生嘉靖三十年辛亥七月初四日卒闕娶定海東管三都桂
氏繼娶莊氏生卒俱闕子武廿四

文十四 橪 敬六子生嘉靖十五年丙申十月廿八日卒萬歷十二年甲申年四十
九娶定海東管三都六啚何氏生卒闕子武廿五武廿六武廿七

文十五 琳 敬六子生嘉靖三十六年丁巳五月廿九日卒闕娶十三都洪氏生卒
闕葬孫家橋近三沜子武廿八武廿九武三十武三一武三二

文十六 楚 敬六子生嘉靖三十八年己未四月初十日卒闕娶八都一啚應氏生
卒闕子武三三武三四武三五女名靜炪字坊隅錢文敏未婚夫亡依
母家守貞五十餘年
縣志有傳詳貞節録

文十七 柴 敬七子生嘉靖六年丁亥十二月初四日卒四月十六日餘闕娶定海
劉氏生卒闕葬菜臺山祖墳邊右首圍墻內子武三六武三九武二九
出繼文
十九

文十八　宋　敬七子生嘉靖八年己丑十月廿六日卒萬歷四十二年甲寅壽八十六娶五都二啚王氏生卒闕葬茱臺山祖墳邊子武三七武三八女適鄞[illegible]生
包埔

文十九　案　敬七子生嘉靖十四年乙未九月初四日卒萬歷十四年丙戌七月十四日年五十二娶十一都二啚沈氏生卒闕葬茱臺山祖墳邊文十七子武三
九八繼

文二十　格　敬八子生嘉靖十八年己亥十二月廿一日卒萬歷十九年辛卯六月初八日年五十三娶定海清水浦汪氏生卒闕葬小童嶴鄭山子武四十女適一都一
啚毛家橋朱

文廿一　文八十　敬十三子諱字生卒俱闕

文廿二　文六　敬十六子諱字生卒俱闕

文廿三　文□　敬十八子諱字生卒俱闕

文廿四　橋　敬廿一子生嘉靖十一年壬辰七月十五日卒嘉靖四十年辛酉三月廿三日年三十娶定海師公山華氏生卒闕葬橫路陳子武四一武四
二

文廿五　梓　敬廿一子生嘉靖十五年丙申十二月三十日卒闕娶定海戴氏生卒闕子武四三武四四女適嚴

文廿六　杲　敬廿一子生嘉靖廿五年丙午十一月廿五日卒萬歷三年乙亥三月廿四日年三十娶定海余氏生卒闕葬橫路頭子武四五武廿三武廿三出繼

文十二

文廿七　極　敬廿一子生嘉靖廿九年庚戌二月廿四日卒闕

文廿八　廷棐　敬廿一子生嘉靖三十五年丙辰十月十七日卒闕娶定海曲灑塘劉氏生卒闕葬樟樹下蘇家河西父墓側子武四六

文廿九　文五　敬廿九子諱字生卒娶氏俱闕子武四七武四八

文三十　采　敬廿九子生嘉靖七年戊子閏十月十二日卒闕娶定海章氏生卒闕子武四九女適三都邵

文三一　文十八　敬三十子諱字生卒俱闕

文三二　模　敬三二子生正德十五年庚辰二月十二日卒闕娶定海方氏生卒闕子武五十武五一武五二

文三三　秦　敬三二子生嘉靖七年戊子十二月廿九日卒于北京娶定海陸氏生卒闕葬大通橋河邊女適五都陳

文三四　秀　敬三二子生嘉靖十二年癸巳正月廿一日卒隆慶六年壬申六月初三日年四十娶定海吳氏生卒闕葬龍舌山子武五三

文三五　榛　敬三三子生嘉靖十七年戊戌正月初三日卒闕娶三都二圖潘氏繼娶王氏生卒俱闕子武五四武五五武五六女適五都應俱王氏出

文三六　栗　敬三三子生嘉靖二十年辛丑十二月廿一日卒闕娶一都三圖沈氏生卒闕子武百四十○案世系中及萬歷譜均無武行相延疑誤

文三七　**楷**　敬三四子生嘉靖元年壬午十二月初七日卒萬歷十五年丁亥四月十六日壽六十六娶定海坊隅一啚謝氏生嘉靖三年甲申十一月十一日卒萬歷四十二年甲寅九月廿六日壽九十一葬二都二啚方家峄方氏屋後山俗呼小桐嶴子武五七武五八武五九

文三八　**梁**　敬三四子生嘉靖四年乙酉閏十二月二十日卒嘉靖四十二年癸亥十一月廿四日年三十九娶四都一啚林氏生卒闕葬本都五啚靈山前化紙閘西北子武六十武六一武六二

文三九　**榫**　敬三四子生嘉靖九年庚寅五月廿二日卒三月初四日娶定海唐氏生闕卒六月廿八日葬小桐嶴與文三七墳相去半里子武六三武六四

文四十　**森**　敬三五子生嘉靖十七年戊戌四月十九日卒萬歷三十四年丙午九月十三日壽六十九娶十三都四啚劉氏卒十二月十一日餘闕繼娶陳氏生嘉靖廿九年庚戌十二月廿四日卒崇禎元年戊辰十一月初十日壽七十九葬馬鞍橋曹家灘[illegible]南子武六五武六六武六七

文四一　**榜**　敬三六子生嘉靖廿五年丙午十二月初一日卒闕娶一都一啚周氏生卒闕子武六八

文四二　**棋**　敬三六子生嘉靖三十七年戊午八月廿一日卒闕娶二都張氏生卒闕

文四三　**楠**　敬三六子生嘉靖四十三年甲子九月三十日卒闕娶□氏生卒闕子武六九武七十武七一武七二

文四四　**榮**　敬三七子生嘉靖廿五年丙午七月十八日卒萬歷三十七年己酉三月十七日壽六十四娶坊隅馮氏生卒闕子武七三武七四

文四五 權 敬三七子生嘉靖三十八年己未十月十二日卒闕娶埭陳馮氏生卒闕子武七五

文四六 樸 敬三八子生嘉靖廿一年壬寅五月廿五日卒萬歷□年娶定海胡氏生卒闕葬文暖市後子武七六

文四七 楨 敬三八子生嘉靖廿四年乙巳八月廿六日卒闕娶鄞縣梅墟錢氏生卒闕子武七七

文四八 櫃 敬三八子生嘉靖廿七年戊申十二月初三日卒闕娶□氏生卒闕子武七八

文四九 檠 敬三八子生嘉靖四十二年癸亥七月初十日卒闕

文五十 欖 敬三八子生隆慶三年己巳四月初三日卒闕

文五一 梧 敬四十子生嘉靖四年乙酉八月十二日卒嘉靖四十年辛酉正月十八日年三十七娶定海劉氏生卒闕葬龍舌頭祖墳邊子武七九武廿[illegible]與別姓氏

子[illegible]

文五二 林 敬四十子生嘉靖廿六年丁未七月十四日卒闕娶京中傅氏生卒闕子武八十舊譜云成衣進京與子孫俱住京中

文五三 欒 敬四一子生嘉靖廿三年甲辰十月十四日卒萬歷廿六年戊戌十二月十五日年五十五娶四都四畝孔氏生嘉靖廿七年戊申八月十九日卒萬歷四十五年丁巳十月初五日壽七十葬里濟橋益三公墳東首向小靈山子武八一武八二女適蘇

文五四 棨 敬四一子生嘉靖廿七年戊申十月廿五日卒萬歷十一年癸未[illegible]十二十六娶張氏收適女宥邸洋王

文五五 杞 敬四二子生嘉靖十七年戊戌七月十二日卒天啓元年辛酉壽八十四娶鄭氏生卒闕

文五六 檀 敬四三子生嘉靖十九年庚子十二月十二日卒闕娶五都應氏生卒闕子武八三武八四

文五七 橾 敬四四子生嘉靖三十六年丁巳二月十七日卒闕

文五八 櫳 敬四五子生嘉靖四十二年癸亥十二月十六日卒闕

文五九 文百六四 敬四五子諱闕生萬曆六年戊寅十月廿四日卒闕娶王氏生卒闕

文六十 檠 敬四六子生嘉靖廿三年甲辰正月十八日卒闕娶定海靈緒一都戴氏生卒闕子武八五武八六

文六一 葉 敬四六子生嘉靖廿九年庚戌九月初三日卒闕娶五都二啚朱氏生卒闕子武八七

文六二 栞 敬四六子生嘉靖三十五年丙辰餘闕娶定海劉氏生卒闕

文六三 權 敬四七子生萬曆三年乙亥九月十三日卒闕娶胡氏生卒闕葬新塡子武八八

文六四 新 敬四八子生嘉靖廿九年庚戌九月十四日卒崇禎元年戊辰正月十五日壽七十九娶六都下西啚鄔氏生嘉靖三十年辛亥六月廿二日卒天啓七年丁卯六月廿六日壽七十七側室張氏生嘉靖三十三年甲寅三月初三日卒天啓五年乙丑八月十九日壽七十二葬燕窠子武八九武九十俱張氏出

文六　桴　敬四九子生嘉靖廿六年丁未九月廿六日卒闕
五
文六　梓　敬四九子生嘉靖三十年辛亥正月初五日卒闕
六
文六　棣　敬四九子生嘉靖三十二年癸丑五月廿八日卒闕
七
文六　梅　敬五一子生嘉靖十八年己亥二月十三日卒闕娶六都上二啚蘇氏
八　生卒闕子武九一武九二女適高路頭王振明
文六　尚棋　敬五二子生嘉靖三十年辛亥七月十九日卒萬歷十九年癸巳餘
廿一
九　闕年四十三娶王氏生卒闕子武九三女適定海裘
文七　機　敬五三子生嘉靖三十六年丁巳十月十三日卒闕娶定海靈緇一都
十　鄭氏繼娶定海韓氏生卒俱闕子武九四女適鄞縣鮑
文七　文百三　敬五五子諱闕生嘉靖三十一年壬子十一月初二日卒闕娶
一　五都一啚周氏繼娶蔡氏生卒俱闕葬父墳東首子武九五武
九六
文七　樽　敬五五子生嘉靖三十七年戊午八月廿四日卒闕娶定海西管三都
二　張氏生卒闕
文七　樓　敬五五子生嘉靖四十一年壬戌二月二十日卒闕娶四都孔氏生卒
三　闕子武九七武九八武一百
文七　楊　敬五五子生萬歷二年甲戌六月十三日卒順治五年戊子七月二十
四　日壽七十五娶唐氏生萬歷六年戊寅三月三十日卒順治五年戊子
九月十一日壽七十一子武
百一武百二武百三武百四

文七五　槐　闕　敬五六子生嘉靖四十四年乙丑正月初五日卒闕娶三都陳氏生卒闕

文七六　文百六七　敬五八子諱字生卒娶氏俱闕子武百五武百六武百七

文七七　桯　敬五九子生嘉靖廿九年庚戌八月十一日卒闕娶三都朱氏生卒闕　子武百八

文七八　𣐊　敬五九子生嘉靖三十七年戊午十一月初二日卒闕

文七九　文百三九　敬六十子諱闕生嘉靖四十三年甲子十二月二十日卒闕

文八十　桧　敬六一子生隆慶六年壬申二月十五日卒闕

文八一　文百六十　敬六一子諱闕生萬歷三年乙亥五月初四日卒闕

文八二　文百六十三　敬六一子諱闕生萬歷六年戊寅卒闕

文八三　文百廿六　敬六二子諱闕生嘉靖三十八年己未十月廿七日卒萬歷□年娶本都二啚余氏生卒闕

文八四　柄　敬六二子生隆慶五年辛未五月十　日卒萬歷四十六年戊午六月初八日年四十八娶周氏生隆慶六年壬申六月廿一日卒順治十二年乙未六月初一日壽八十四葬念母橋河南父墳傍子武百九武百十武百十一

文八五　槐　敬六二子生萬歷三年乙亥十一月初六日卒闕

文八六　文百五六　敬六二子諱闕生萬歷八年庚辰七月廿九日卒闕

文八七　爨　敬六四子生嘉靖廿六年丁未九月初四日卒闕娶定海洪橋朱氏生卒闕子武十二武十三

文八八　檻　敬六四子生萬歷元年癸酉十月廿二日卒闕

文八九　文百四五　敬六五子諱闕生隆慶二年戊辰正月十二日卒闕

文九十　文百五九　敬六五子諱闕生□□巳年徐闕

十六世　西房文三派

武一　□　文一子生嘉靖廿六年丁未十月十三日卒闕娶本縣二一都徐氏生卒闕子英一英二英三英四英五女□闕

武二　文朋　文一子生嘉靖二十三年□□月十二日卒闕娶本縣六都三图鄭氏繼娶方課□□□俱闕子□六英七

武三　成勳　文三子生隆慶四年庚午十月初二日卒闕

武四　武百三五　文三子諱字生卒俱闕

武五　武百四四　文三子諱字生卒俱闕

武六　成勳　文五子生嘉靖三十□□亥三月廿五日卒闕娶定海靈緒戴氏生卒闕子英□英□英十英十一

武七　成烈　文五子生嘉靖三十九年庚申四月廿五日卒萬曆□年二月廿四日娶坊隅馮氏生嘉靖□年十一月廿八日卒八月初六日葬横路陳子
英十二英十
三英十四

武八　卓然　文七子生嘉靖四十二年癸亥二月初十日卒闕娶六都三啚趙氏生卒闕子英十五英十六

武九　皎煦　文五子生隆慶二年戊辰六月十二日卒闕娶四都三啚童氏生卒闕子英十七英十八

武十　成廉　文五子生隆慶五年辛未九月十二日卒闕娶吳氏繼娶王氏生卒俱闕子英十九

武十一　成謙　文七子生嘉靖三十二年癸丑七月十五日卒萬曆十四年丙戌餘闕年三十四娶五都一啚王氏生卒闕子英二十女適更樓方

武十二　成燧　文八子生嘉靖三十七年戊午十一月初一日卒闕娶張氏生卒闕

武十三　成儔　文八子生嘉靖四十一年壬戌十二月初四日卒闕娶顏氏生卒闕葬蘇姓東首子英廿一

武十四　孟韶　文八子生隆慶四年庚午正月二十日卒闕娶□氏生卒闕

武十五　成麟　文八子生萬曆元年癸酉十二月十四日卒闕娶□氏生卒闕

武十六　武百四　文九子生萬曆二年甲戌二月初一日卒闕娶施氏生卒闕

武十七　武百二十　文九子生萬曆五年丁丑十一月初四日卒闕娶□氏生卒闕

文十八　孟熙　文十一子生嘉靖四十一年壬戌六月初二日卒闕娶本都蘇氏生卒闕子英廿二英廿三英廿四英廿五

武十九　孟照　文十子生嘉靖四十五年丙寅正月初十日卒闕娶本縣九都沈氏生卒闕

武二十　堯佐　文十子生萬曆二年甲戌十一月廿一日卒闕娶周氏繼娶鄧氏生卒俱闕

武廿一　爟　文十一子生嘉靖四十五年丙寅二月初五日卒闕娶口氏生卒闕

武廿二　武百三七　文十一子諱字娶氏生卒俱闕

武廿三　孟談　文十二子生萬曆二年甲戌十二月初五日卒闕娶定海山氏生卒闕子英廿六

武廿四　孟鳳　文十三子生萬曆三年乙亥六月初四日卒闕娶口氏生卒闕子英廿七

武廿五　武五三　文十四子生嘉靖三十九年庚申十二月廿七日卒闕娶本都三[illegible]余氏生卒闕子英廿八英廿九

武廿六　雍　文十四子生萬曆二年甲戌正月十一日卒闕娶口氏生卒闕子英三十英三一

武廿七　武百十五　文十四子生萬曆四年丙子九月初三日卒闕

武廿八　文烶　文十五子生萬曆二年甲戌五月廿五日卒闕娶定海曲濮塘劉氏生卒闕

武廿九　武百十四　文十五子生萬曆四年丙子五月廿三日卒闕娶定海張氏生卒闕

武三十　武百廿六　文十五子諱字娶氏生卒俱闕子英三二

武三一　武百三六　文十五子諱字生卒俱闕

武三二　武百四七　文十五子諱字生卒俱闕

武三三　武百三一　文十六子諱字娶氏生卒俱闕子英三三英三四

武三四　武百三八　文十六子諱字生卒俱闕

武三五　武百五十　文十六子諱字娶氏生卒俱闕子英三五英三六

武三六　成裕　文十七子生嘉靖三十二年癸丑七月十六日卒萬歷廿二年甲午正月廿七日年四十二娶五都二啚王氏生嘉靖三十二年癸丑餘闕卒萬歷廿二年甲午二月初一日年四十二葬茱山南陵公墳側子英三七英三八英三九英四十英四一

武三七　成鯨　文十八子生嘉靖三十年辛亥五月廿八日卒闕壽七十餘歲娶海邑曲滙塘劉氏生卒闕子英四二英四三英四四

武三八　成鯆　文十八子生隆慶四年庚午十一月初二日卒萬歷十年餘闕未娶

武三九　成奚　文十九子生嘉靖三十五年丙辰九月十八日卒闕娶一都一啚余氏生卒闕子英四五英四六英四七英四八英四八出繼武四十

武四十　堯元　文二十子生嘉靖四十二年癸亥正月初三日卒崇禎十四年辛巳十月初二日壽七十九娶六都下管徐氏生六月初一日餘闕卒廉

治十三年丙申十月廿六日繼娶北京李氏生十月廿六日俱闕卒二月廿七日餘闕初以武三九子英四入繼後生三子英四九英五十英五一李氏出

武四一　成煌　文廿四子生嘉靖三十年辛亥二月廿三日卒闕娶五都一啚周氏繼娶定海□□□氏生卒俱闕子英五二

武四二　成燿　文廿四子生嘉靖三十六年丁巳十月十九日卒闕娶北京□氏生卒闕

武四三　武□　文廿五子生嘉靖三十六年丁巳九月廿二日卒闕娶六都一啚周氏生卒闕子英五三英五四

武四四　守仁　文廿五子生嘉靖四十一年壬戌九月十七日卒闕娶本縣五都唐氏生卒闕子英五五

武四五　瑩　文廿六子生隆慶五年辛未十一月廿□日卒闕

武四六　武百五一　文廿□子諱字生卒俱闕

十六世　西房玖四公派

武四七　武二　文廿九子諱字生卒俱闕

武四八　武三　文廿九子諱字生卒俱闕

武四九　武七九　文廿三子生□慶元年丁卯□□闕

武五十　燃　文三二子生嘉靖三十三年甲寅八月二十日卒闕娶本縣五都應氏生卒闕

武五一　燈　文三二子生嘉靖三十五年丙辰九月廿九日卒闕

武五二　武五五　文三六二子生嘉靖四十年辛酉十二月初五日卒闕

武五三　熉　文三四子生嘉靖四十五年丙寅四月二十日卒闕

武五四　爀　文三五子生嘉靖三十八年己未八月十一日卒闕

武五五　武百廿七　文三五子諱字娶應氏生卒俱闕子英五六英五七英五八　生卒闕

武五六　武百四九　文三五子諱字生卒俱闕

武五七　文爕　文三七子生嘉靖廿三年甲辰四月初八日卒闕娶本縣徐氏　敕封孺人生卒闕葬鄞縣祖關子英五九英六十英六一英六二

武五八　堯聘　文三七子生嘉靖三十六年丁巳二月廿九日卒崇禎十五年壬午七月廿四日壽八十六娶本縣王氏生闕卒七月廿四日繼娶顏氏生闕卒四月二十日葬小童嶴考墳白虎首大墓子英六三英六四英六五英六六

武五九　文熺　文三七子生嘉靖三十八年己未十一月初三日卒闕娶定海沙河頭陳氏生卒闕子英六七英六八

武六十　文煥　文三八子生嘉靖三十年辛亥十一月廿六日卒闕娶本都王氏敕封孺人繼娶三都徐氏　敕封孺人生卒俱闕子英六九英七十

英七
一

武六一 士烈 文三八子生嘉靖三十八年己未二月十四日卒闕娶坊隅王氏生
卒闕子英七二英七三英七四英七五英七六

武六二 文鄉 文三八子生嘉靖四十一年壬戌三月初十日卒六月廿七日娶定
海張氏生卒闕子英七七英七八

武六三 文爛 文三九子生嘉靖三十六年丁巳十月初五日卒十月廿六日娶本
縣洪氏　敕封孺人生闕卒正月廿一日纏娶鄧氏　敕封孺人生
闕卒九月廿三日葬考墳傍子英
七九英八十英八一英八二

武六四 文耿 文三九子生嘉靖三十九年庚申七月初八日卒十一月廿五日娶
定海東管何氏生闕卒十月廿六日子英八三英八四英八五

武六五 宏模 文四十子生嘉靖四十一年壬戌二月十一日卒萬歷十四年丙戌
七月十三日年二十五娶華氏生闕卒正月十二日葬秤鈎邵南首

武六六 嘉模 文四十子生萬歷二年甲戌正月初六日卒萬歷四十五年丁巳九
月十四日年四十四娶定海張氏生卒闕繼娶楊氏生闕卒順治元
年甲申四月初九日葬馬鞍
橋曹家淮南首子英八六

武六七 嘉猷 文四十子生萬歷六年戊寅四月初六日卒順治二年乙未十一月
廿二日壽七十八娶曹氏生萬歷八年庚辰九月初二日卒萬歷四
十六年戊午十一月廿九日年三十九繼娶王氏生萬歷十九年辛卯八
月初三日卒康熙十七年戊午二月初一日壽八十八葬馬鞍橋曹家[illegible]
南首子英八七
英八八英八九

武六八　佐川　文四一子生萬歷四十三年乙卯正月廿六日卒康熙廿三年甲子五月廿七日壽七十不娶

武六九　武百五四　文四三子諱字生闕卒十二月十五日娶蘇氏生闕卒九月初九日子英九十英九一英九二

武七十　武百七十　文四三子諱字闕生五月廿一日卒闕娶邵氏生卒闕子英九三

武七一　武二百　文四三子諱字生闕卒正月初十日娶口氏生卒闕

武七二　武二百六十　文四三子諱字生闕卒八月廿四日娶口氏生卒闕

武七三　士廉　文四四子生萬歷七年己卯餘闕卒崇禎元年戊辰六月廿九日年五十娶鄒氏生卒闕子英九四英九五英九六英九七

武七四　武百三一　文四四子諱字生卒俱闕娶鮑氏生卒闕子英九八英九九英一百

武七五　僧　文四五子娶口氏生卒俱闕子英百一

武七六　武百廿五　文四六子諱字闕生萬歷六年戊寅十月廿七日卒闕

武七七　武九八　文四七子諱字闕生萬歷元年癸酉九月廿四日卒闕娶口氏生卒闕武七八子英百二入繼

武七八　孟熣　文四八子生萬歷廿二年甲午十一月初六日卒康熙十年辛亥十月廿四日壽七十八娶王氏生萬歷四十七年己未九月十六日卒康熙二十年辛酉九月二十日壽六十三葬酒店河沜子英百二英百三英百四英百二出繼武七七

武七九　燈　文五一子生嘉靖三十一年壬子九月廿七日有瘋疾卒於外

武八十　武六　文五二子諱字生卒闕住北京娶□氏生卒闕子英百五英百六

武八一　榮　文五三子生隆慶二年戊辰八月十九日卒順治三年丙戌十月廿七日壽七十九娶鎮邑顧氏生萬曆十八年庚寅十月十五日卒崇禎九年丙子六月廿九日年四十七葬小龍灣陳家湖子英百七英百八

武八二　煌　文五三子生萬曆五年丁丑五月初二日卒萬曆三十八年庚戌八月廿二日年三十四葬父墳右向小湖山

武八三　武七九　文五六子生　慶二年戊辰二月十九日卒闕娶□氏生卒闕子英百九

武八四　武百廿九　文五六子諱字生卒俱闕

武八五　武八八　文六十子生隆慶四年庚午五月十一日卒闕娶湯氏生卒闕子英百十英百十一

武八六　武百六　文六十子生萬曆二年甲戌七月廿六日卒闕娶□氏生卒闕子英百十二英百十三

武八七　武九七　文六一子生隆慶六年壬申十一月二十日卒闕娶□氏生卒闕子英百十四

武八八　武二四二　文六三子娶俞氏生卒俱闕葬甲清塘茶園子英百十五

武八九　士俊　文六四子生萬曆六年戊寅[illegible]月初四日卒萬曆四十二年甲寅十一月十五日年三十七娶□氏　乾寸灣人生萬曆五年丁丑正月

廿五日卒順治八年辛卯正月廿二日壽七十五葬河滙祖墳邊宅衕田子英百十六

武九十　武百四六　文六四子諱字生卒俱闕

武九十一　孟縣　文六八子生嘉靖四十三年甲子十月十五日卒崇禎十五年壬午九月初一日壽七十九娶本縣坊隅羅氏生卒闕子英百十七英百十八英百十九英百二十

武九十二　孟[illegible]　文六八子生隆慶二年戊辰八月十九日卒天啓元年辛酉八月十六日年五十四娶傅氏生卒闕子英百廿一

武九十三　武百五五　文六九子諱字生卒俱闕

武九十四　孟羔　文七十子生萬歷五年丁丑十月十四日卒闕

武九十五　達　文七一子生萬歷六年戊寅九月初五日卒天啓七年丁卯九月廿七日年五十娶徐氏生萬歷九年辛巳十一月十七日卒崇禎□年二月廿六日葬陸姓河東地田坐北朝南子英百廿二英百廿三

武九十六　武百八八　文七一子生闕卒四月初三日娶貝氏生闕卒十二月廿一日繼娶祁氏生闕卒九月初六日葬井衕大墳灘子英百廿四

武九十七　龍壽　文七三子娶□氏生卒俱闕子英百廿五

武九八　**武百四五**　文七三子娶□氏生卒俱闕子英百廿六

武九九　**武百六一**　文七三子娶□氏生卒俱闕子英百廿七英廿八英百廿九

武一百　**武百九三**二　文七三子娶□氏生卒俱闕子英百三十英百三一　英百三

武百一　**本然**　文七四子生萬歷廿九年辛丑六月二十日卒康熙十八年己未九月十四日壽七十九娶王氏生萬歷三十二年甲辰十二月初二日卒康熙四年乙巳四月廿七日壽六十二葬鮑家橋子英百三三英百三四英百三五英百三六英百三七

武百二　**煜**　文七四子生萬歷三十三年乙巳餘闕卒崇禎十七年甲申正月初五日年三十娶王氏生萬歷三十五年丁未九月廿五日卒康熙十五年丙辰五月廿五日壽七十子英百三八

武百三　**琳**　文七四子生萬歷三十七年己酉正月十一日卒康熙二十年辛酉九月初四日壽七十三娶鄭氏生萬歷四十二年甲寅八月卒康熙廿三年甲子餘闕壽七十一葬鮑家橋子英百三九英百四十英百四一

武百四　**武二百廿一**　文七四子生萬歷三十九年辛亥五月初三日卒康熙廿三年甲子五月初十日壽七十四娶杜氏生萬歷□年□月十九日卒康熙九年庚戌八月廿一日繼娶李氏生萬歷三十九年辛亥五月廿五日卒康熙廿三年甲子十月廿六日壽七十四葬鮑家橋子英百四二英百四

三杜氏

武百五　武二百　文七六子諱字生卒俱闕

武百六　武二百十九　文七六子娶□氏生卒俱闕子英百四四英百四五英百四五出繼武百七

武百七　武二百三四　文七六子娶□氏生卒俱闕武百六子英百四五入繼

武百八　武百廿一　文七七子生萬歷五年丁丑十一月十二日卒闕

武百九　文燈　文八四子生卒闕娶居氏生萬歷四十二年甲寅十二月十七日卒康熙三十二年癸酉正月壽八十子英百四六英百四七

武百十　文煌　文八四子生萬歷三十九年辛亥七月廿五日卒順治十五年戊戌八月初十日年四十八娶徐氏生天啓元年辛酉正月廿七日卒康熙四十八年己丑二月初十日壽八十九葬倒橋西首子英百四八英百四九

武百十一　文炤　文八四子生萬歷四十五年丁巳十月廿六日卒康熙十四年乙卯閏五月廿一日年五十九娶唐氏生崇禎元年戊辰六月十二日卒康熙廿九年庚午八月三十日壽六十三葬阮家橋西首南向子英百五十英百五一

武百十二　嗷嚌　文八七子娶□氏生卒俱闕子英百五二英百五三

武百十三　文甫　文八七子生萬歷四十三年乙卯八月十六日卒康熙三十二年癸酉四月初一日壽七十九娶周氏生八月初八日卒五月十八日葬阮家橋子英百五四

十七世 西房玖三公派

英一 文全 武一子生隆慶三年己巳十一月十六日卒闕娶口氏生卒闕子才一

英二 英十四 武一子生萬歷四年丙子四月十三日卒闕

英三 英廿一 武一子諱字生卒 俱闕

英四 英廿七 武一子諱字生卒俱闕

英五 英卅六 武一子諱字生卒俱闕

英六 英五 武二子諱字娶[redacted]氏生卒俱闕子才二一

英七 英八一 武二子諱字娶[redacted]氏生卒俱闕子才三才四才五才六才七

英八 文陞 武六子生隆慶二年戊辰十二月十一日卒闕娶本縣□都二□姚氏生卒闕

英九 文陞 武六子生隆慶五年辛未十□月□十日卒闕娶二都邵氏生卒闕

英十 英十一 武六子生萬歷二年甲戌九月十六日卒闕

英十一 英四八 武六子諱字生卒俱闕

英十二　英十五　武七子生萬歷五年十二月廿二日卒闕娶邱氏生卒闕子十八才九

英十三　璲　武七子生四月廿四日卒正月廿九日娶朱氏生十月初十日卒二月十一日葬橫路陳地方父墳南首子才十才十一

英十四　覺桂　武七子生二月廿四日卒十二月廿九日娶陳氏繼娶方氏生卒俱闕子才十二才十三

英十五　增壽　武八子娶氏生卒俱闕子才十才十四

英十六　英八一　武八子生卒闕

英十七　英三六　武九子生卒闕

英十八　童　武九子娶氏生卒俱闕子才十七

英十九　英八四　武十子娶蔡氏生卒俱闕子才十六才十七

英二十　舊行開　武十一子諱字生卒俱闕

英廿一　覺龍　武十三子娶何氏生卒俱闕葬施河墳前子才十八才十九

英廿二　英三四　武十六子娶氏生卒俱闕

英廿三　英五六　武十八子生卒闕

英廿四 贊 武十八子娶張氏繼娶韓氏生卒俱闕才二十才廿一

英廿五 挺 武十八子生萬歷三十二年甲辰八月初五日卒闕娶田洋沈氏生七月十六日卒八月廿八日子才廿二十廿三才廿四

英廿六 英□ 武廿三子娶氏生卒俱闕子才廿五

英廿七 覺度 武廿四子生崇禎十四年辛巳十一月廿七日卒康熙五十八年己亥十月十七日壽七十九娶鄔氏生順治五年戊子十一月初五日卒乾隆元年丙辰正月十五日壽八十九葬龍舌新塆山祖墓東首子才廿五才廿六

英廿八 英一 武廿五子娶氏生卒俱闕子才廿七才廿八才廿八出繼英三十

英廿九 英□ 武廿五子生卒闕

英三十 脤 武廿六子娶氏生卒俱闕英廿八子才廿八入繼

英三一 成 武廿六子生卒闕

英三二 余生 武三十子娶裘氏生卒俱闕葬和尚嶴山腳子才廿九才三十

英三三 和尚 武三三子生卒闕

英三四 文 武三三子娶余氏生卒俱闕葬新塆 子才三一才三二才三三

英三五　蕙　武三五子娶曹氏生卒俱闕子才三四才三五才三六才三七才三八

英三六　庚　武三五子娶氏生卒俱闕子才三九才四十才四一才四二

英三七　淩霄　武三六子生隆慶三年己巳十二月十二日卒順治七年庚寅正月廿八日壽八十二娶邱氏生隆慶四年庚午十月廿一日卒崇禎十五年壬午九月三十日壽七十三葬杜郭萊臺山青龍首子才四三

英三八　淩雲　武三六子生萬歷二年甲戌九月十二日卒闕娶沈氏生卒闕子才四四才五十才五十出繼英四四

英三九　淩霞　武三六子生萬歷五年丁丑十二月初五日卒闕娶范氏生卒闕葬杜郭萊臺山在廿四公面墻外白虎首子才四五才四六

英四十　淩電　武三六子生卒闕壽八十二娶林氏生卒闕子才四七

英四一　淩霓　武三六子生卒闕壽八十四娶劉氏生卒闕子才四八才四九

英四二　英十六　武三七子諱字生卒俱闕

英四三　英七六　武三七子諱字生卒俱闕

英四四　英九七　武三七子諱字娶氏生卒俱闕英三八子才五十入繼

英四五　英三二　武三九子諱字生卒闕娶薛氏繼娶柯氏生卒俱闕子才五一

英四
英百十九　武三九子諱字生卒俱闕
六
英四
巳　武三九子娶□氏生卒俱闕子才五二
七
英四
長茂　武四十子娶李氏生卒俱闕葬杜郭山白虎首子才五三才五四
八
英四
龍　武四十子娶王氏生卒俱闕葬文溪梅園小童髻父墳左首子才五五
才五六才五七
九
英五
興　武四十子娶王氏生卒俱闕葬杜郭山白虎首子才五八
十
英五
潁　武四十子娶張氏生卒俱闕子才五九才六十
一
英五
英四四　武四一子諱字生卒俱闕
二
英五
英廿一　武四三子諱字生卒俱闕
三
英五
英五三　武四三子諱字生卒俱闕
四
英五
德　武四四子娶□氏生卒俱闕子才六一
五

十七世　西房玖四公派

英五
塘　武五五子生萬歷四十年甲寅十月廿三日卒康熙十一年壬子七
月十一日年五十九娶李氏生□□卒□□年乙丑正月初九日卒康熙三
六

十九年庚辰八月初五日壽七
十六子才六二才六三才六四

英五七 壇 武五五子生萬歷四十六年戊午十二月初二日卒康熙三十年辛未四月十九日壽七十四娶鄭氏生崇禎七年甲戌九月初四日卒康熙四十五年丙戌正月初一日壽七十三子才六五才六六才六七

英五八 景元 武五五子生崇禎三年庚午七月三十日卒康熙三十四年乙亥十二月廿八日壽六十六娶□氏生卒闕子才六八二女俱適洋墅徐

英五九 堂 武五七子生嘉靖四十五年丙寅六月廿六日卒闕娶定海西晉六都五圖華氏 敕封孺人 生卒闕子才六九

英六十 臺 武五七子生萬歷二年戊辰二月廿六日卒闕娶三都五圖嚴氏生卒闕子才七十才七一

英六一 基 武五七子生萬歷元年癸酉六月十一日卒闕娶定海徐氏生卒闕子才七二

英六二 英三十 武五七子諱字娶□氏生卒俱闕子才七三

英六三 圻 武五八子生萬歷六年戊寅八月廿二日卒闕娶劉氏生卒闕葬文溪市後甘家山子才七四才七五才七六才七七才七八才七九

英六四 英三八 武五八子諱字娶□氏生卒俱闕子才八十才八一才八二

英六五 阜 武五八子生六月初六日卒四月十五日娶毛氏生十月初十日卒十二月廿四日葬朱家□西南首田子才八三才八四才八五

英六六 埴 武五八子生萬歷廿五年丁酉正月初八日卒康熙十三年甲寅七月十三日壽七十八娶學士第姚氏生萬歷廿八年庚子七月初一日卒

康熙十五年丙辰十一月廿五日壽七十七葬柈壟低觜頭田朝東向子
才八六才八七才八八才八九才九十才九一才九二才九三
英六七　酉　武五九子娶王氏　誥贈宜人生卒俱闕子才九四才九五才九六才
九七
英六八　英六三　武五九子諱字娶裘氏生卒俱闕子才九八
英六九　英四一　武六十子生闕卒四月廿一日娶王氏繼娶盛氏繼娶陳氏生三
卒俱闕子才九九才一百才百一才百二
英七十　龍　武六十子生闕卒四月十一日娶周氏生闕卒十月十七日繼娶洪氏
生闕卒六月十六日葬李將軍嶺灣四子坩葬子才百三才百四才百
五才
百六
英七一　坡　武六十子生萬歷廿二年甲午十月十一日卒康熙十四年乙卯六月
廿九日壽八十　娶徐氏　敕封孺人生八月廿二日卒五月初一
日側室俞氏生卒闕葬□灣張家屋　子才百七才百八才百九才百十
才百十一　俱徐氏出才百十二才百十三　俞氏出
英七二　塡　武六一子生萬歷六年戊戌七月　日卒闕娶本縣二十七都華氏
生卒闕子才百十四才百十五
英七三　英三六　武六一子諱字生卒闕娶□氏　敕封孺人生卒俱闕子才百
十六才百十七才百十八才百十九才百十九出繼英七六
英七四　英五十　武六一子諱字娶王氏　生卒俱闕子才百二十
英七五　英□三　武六一子諱字娶□氏生卒俱闕

英七六　傳　武六一子娶氏生卒俱闕英七三子才百十九入繼

英七七　英四一　武六二子諱字生卒闕娶朱氏繼娶宗氏三娶宗氏生卒俱闕子才百廿一　才百廿二才百廿三才百廿四才百廿五才百廿　五出繼英七八

英七八　英五五　武六二子諱字生卒闕娶□氏生卒俱闕　英七七子才百廿五入繼

英七九　元坊　武六三子生萬歷三年乙亥十一月初一日卒崇禎五年壬申十二月廿四日年五十八娶磐駝嶠翁氏　敕封孺人生萬歷元年癸酉七月初九日卒十月十五日葬蟹浦陳姓屋前側室李氏生卒闕葬於官田畈子才百廿八附子才百廿六才百廿七才百廿八翁氏出

英八十　英廿六　武六三子諱字闕生萬歷八年庚辰十月廿四日卒闕

英八一　英三七　武六三子諱字娶郭氏生卒俱闕子才百廿九才百三十才百三一

英八二　峙　武六三子生萬歷十九年辛卯正月初一日卒順治十四年丁酉七月廿八日壽六十七娶邵氏生萬歷廿三年乙未九月十八日卒康熙廿四年乙丑十二月初十日壽九十一葬新橋滙底子才百三二才百三三才百三四

英八三　英三五　武六四子諱字生卒闕娶□氏生卒俱闕子才百三五才百三六才百三七

英八四　英五九　武六四子諱字生闕卒正月廿六日娶張氏生闕卒二月初六日葬文溪南山之麓土名王沙閘子才百三八

英八五 英八七 武六四子娶氏生卒俱闕子才百三九才百四十才百四一

英八六 壇 武六六子生萬歷三十九年辛亥四月十五日卒康熙九年庚戌閏二月廿七日壽六十娶鄭氏生萬歷三十六年戊申九月十四日卒康熙十年辛亥九月初八日壽六十四側室沈氏生天啓三年癸亥四月初八日卒順治十三年丙申十月廿五日年三十四葬四都荷葛崗出子才百四二才百四三才百四四

英八七 埏 武六七子生萬歷三十五年丁未閏六月廿七日卒順治十四年丁酉十一月廿八日年五十一娶徐氏生萬歷三十七年己酉十月廿六日卒康熙十六年丁巳六月廿二日壽六十九葬蔴[illegible]六背山子才百四五才百四六才百四七才百四八才百四九

英八八 瑋 武六七子生萬歷三十九年辛亥十二月十二日卒順治七年庚寅三月廿五日年四十娶朱氏生萬歷三十九年辛亥正月初四日卒康熙廿三年甲子六月十七日壽七十四葬岸清橋大水潭子才百五十才百五一才百五二才百五三

英八九 綸 武六七子生崇禎元年戊辰十月十三日卒康熙三十九年庚辰十月二十日年五十三娶高氏生[illegible]八月廿九日卒康熙八年己酉五月廿七日壽八十四葬[illegible]子才百五四才百五五才百五六長適楊奇玉次適本處熊門[illegible]不[illegible]

英九十 壽 武六九子生闕卒六月[illegible]二日娶[illegible]氏生卒闕

英九一 [illegible] 武六九子生闕卒六月十七日

英九二 壆 武六九子生崇禎六年癸酉十二月二十五日卒康熙四十九年庚寅十一月初四日壽七十八娶□氏生順治十年癸巳六月廿一日卒闕子才百五六才百五七才百五八

英九三 寅 武七十子生天啓二年壬戌正月二十日卒正月廿三日娶□氏生卒闕

英九四 麟 武七二子生卒闕

英九五 球 武七三子生卒闕

英九六 森 武七三子生萬曆四十三年乙卯十月十三日卒康熙三十九年庚辰八月廿七日壽八十六不娶

英九七 備 武七三子生卒闕

英九八 和尚 武七四子生卒闕

英九九 元 武七四子生卒闕

英一百 雷 武七四子生崇禎七年甲戌餘同卒康熙四十四年乙酉十一月三十日壽七十二娶裘氏生崇禎九年丙子十二月廿九日卒康熙廿三年甲子九月初三日年四十九子才百五九才百六十

英百一 相 武七五子生崇禎九年丙子四月初六日卒康熙五十一年壬辰六月十四日壽七十七娶□氏生卒闕子才百六一才百六二才百六三才

百六四才
百六五
英百二　台　武七七子娶氏生卒俱闕
英百三　武　武七八子生順治二年[illegible]酉十月廿四日卒康熙五十四年乙未八月
廿二日壽七十一娶穆氏生卒闕子才百六六
英百四　昂　武七八子生順治二年乙酉十月廿四日卒康熙五十二年癸巳正月
廿八日壽六十九娶何氏生卒闕子才百六七
英百五　伍　武八十子住京中娶張氏生卒俱闕子才百六八才百六九
英百六　定　武八十子生卒闕
英百七　瑛　武八一子生萬曆二十五年丁[illegible]五月十一日卒順治十一年甲午年
四十八卒燕都易州郎階子平安山娶陳氏生萬曆四十年[illegible]子七月
十九日卒崇禎六年　酉九月初九日年二十二葬蘆頭河西高田繼娶
楊氏生萬曆四十一年癸丑十一月十二日卒康熙元年　寅十一月十
一日年五十
葬於鎮江
英百八　瑞　武八一子生萬曆四十一年癸丑五月廿三日卒康熙四十四年乙酉
正月初七日壽九十三娶盛氏生萬曆四十五年丁巳正月廿一日卒
順治十一年甲午四月廿八日年三十八繼娶王氏生萬曆四十四年丙
辰十月十四日卒康熙三十年辛未七月十七日壽七十六公與蘆頭俞
家[illegible]東鎮呂田墳三穴坐北朝南[illegible]葬中穴左右空二氏葬蘆頭俞家
橋西巷邑田墳三穴坐西朝東葬左右穴　空子才百七十才百七一才

才百七二
才百七三

費百九　閏　武八三子娶氏生卒俱闕

英百十　之英　武八五子生卒闕

英百十一　之芳　武八五子生卒闕

英百十二　堡　武八六子娶蘇氏生卒俱闕子才百七四

英百十三　英□　武八六子贅居紹興生卒闕

英百十四　璧　武八七子娶王氏生卒俱闕子才百七五才登出家

英百十五　和尚　武八八子生順治八年辛酉正月初十日卒闕娶李氏生卒闕

大七　英百十六　壞（懷）　武八九子生萬曆廿三年乙未十月初四日卒崇禎七年甲戌二月初五日年四十娶姜氏　敕封孺人生萬曆廿三年乙未十一月三十日卒順治十二年乙未八月初十日壽六十一　葬方家橋西蘆頭後子才百七六才百七七

英百十七　英五八　武九一子生卒闕

英百十八　英六四　武九一子生卒闕

英百十九　垓　武九一子生萬歷二十年壬辰八月初七日卒順治十七年庚子二月二十日壽六十九娶方氏生卒闕子才百七八

英百二十　墻　武九一子生萬歷三十三年乙巳七月廿五日卒順治十三年丙申八月十二日年五十二娶姜氏生萬歷四十五年丁巳五月廿一日卒康熙□年十二月初八日子才百七九

英百廿一　英□　武九二子生卒闕

英百廿二　楊　武九五子娶氏生卒俱闕子才百八十才百八一才百八二

英百廿三　起趣　武九五子娶氏生卒俱闕子才百八三才百八四才百八五才百八六才百八七

英百廿四　珊　武九六子生天啓五年乙丑七月廿五日卒康熙廿八年己巳四月廿六日壽六十五娶羅氏生崇禎六年癸酉四月廿七日卒康熙四十二年癸未十一月二十日壽七十一葬過橋子才百八八

英百廿五　景鶴　武九七子娶氏生卒俱闕

英百廿六　英四九　武九八子娶氏生卒俱闕

英百廿七　元　武九九子生卒闕

英百廿八　順　武九九子娶氏生卒俱闕

英百廿九　相儕　武九十□子娶□氏生卒俱闕

英百三十　科　武一百子生卒闕

英百三一　泰　武一百子生卒闕

英百三二　增　武一百子生卒闕

英百三三　光斗　武百一子生天啓四年甲子六月廿七日卒康熙三十□年辛未十月廿八日壽六十八娶方氏生天啓七年丁卯十二月廿五日卒順治十二年乙未七月廿七日年二十九
葬倒儲瀝浅子才百八九才百九十

英百三四　光晉　武百一子生天啓七年丁卯八月十三日卒康熙四十五年丙戌餘闕壽八十娶翁氏繼娶范氏生卒俱闕

英百三五　光狀　武百一子生崇禎四年辛未六月廿三日卒康熙五十年辛卯□月二十日壽八十一娶陸氏生崇禎六年癸酉餘闕卒康熙四十一年壬午十□月十七日壽七十□
陸氏□嶠子才百九一才百九二

英百三六　光顯　武百一子生崇禎八年乙亥六月十六日卒康熙廿七年戊辰六月廿六日年五十四娶錢氏生卒闕子才百九三

英百三七　光全　武百一子生順治元年甲申九月廿六日卒闕娶沈氏生康熙四年乙巳十月初四日卒康熙四十七年戊子二月廿八日年四十四子
才百九四才百九五
才百九六才百九七

英百三八　光舟　武百二子生崇禎十一年戊寅七月初五日卒康熙五十二年癸巳正月初一日壽七十六娶張氏生崇禎十一年戊寅二月初二日卒闕子才百九八才百九九才二百

英百三九　光彰　武百三子生崇禎五年壬申十二月初六日卒康熙廿四年乙丑正月十六日年五十四娶林氏生卒闕繼娶夏氏生崇禎十三年庚辰四月初八日卒康熙九十四年乙未一月廿一日壽七十六葬河滙子才二百一林氏出才二百二才二百三才二百四夏氏出

英百四十　光際　武百三子生崇禎十三年庚辰七月廿八日卒闕娶張氏生順治十年癸巳四月廿二日卒康熙十五年丙辰十二月十三日年二十四繼娶姚氏生卒闕子才二百五才二百六姚氏出

英百四一　光學　武百三子生順治五年戊子三月十八日卒康熙四十七年戊子九月廿九日壽六十一娶余氏生順治十年癸巳正月廿四日卒康熙二十年辛酉三月廿一日年二十九繼娶王氏三娶胡氏生卒俱闕子才二百七余氏出才二百八王氏出二女王氏出未詳所適

英百四二　光達　武百四子生崇禎八年乙亥九月三十日卒康熙四十九年庚寅正月廿五日壽七十六娶陳氏生順治十年丁丑九月廿四日卒康熙四十二年癸未四月十六日年六十七葬花園子才二百九才二百十

英百四三　光茂　武百四子生崇禎十二年己卯四月十七日卒康熙三十四年乙亥九月廿五日年五十七娶薛氏生崇禎十五年壬午十月十一日卒康熙四十六年丁亥十一月十八日壽六十八葬花園子才二百十一

英百四四 呂千 武百六子娶□氏生卒俱闕葬徐□□□□□東才二百十一

英百四五 進千 武百七子娶□氏生卒俱闕子才二百十三

英百四六 有山 武百九子生崇禎七年甲戌八月十六日卒康熙五十二年癸巳九月三十日壽八十娶蘇氏生崇禎七年甲戌八月十三日卒康熙五十年辛卯三月初七日壽七十八子才二百十四才二百十五

英百四七 成山 武百九子生崇禎十年丁丑二月十七日卒康熙三十年辛未閏七月初六日年五十五娶盛氏生卒闕子才二百十六才二百十七才二百十八

英百四八 士元 武百十子娶張氏生卒俱闕葬江頭園子才二百十九才二百二十

英百四九 士魁 武百十子生崇禎十六年癸未十一月十二日卒雍正六年戊申十月十八日壽八十六娶姚氏生順治十四年丁酉二月初六日卒康熙五十年辛卯三月廿三日年五十五葬徐家河斗北首子才二百廿一才二百廿二才二百廿三才二百廿四

英百五十 士進 武百十一子生卒闕娶裘氏生順治四年丁亥五月十三日卒康熙廿七年戊辰正月廿八日年四十一繼娶洪氏生順治十五年戊戌五月初六日卒雍正十年壬子十二月十八日壽七十五子才二百廿五才二百廿六才二百廿七

英百五一 士達 武百十一子生順治十五年戊戌十一月廿八日卒康熙五十一年壬辰四月二十日年五十五娶裘氏　敕封孺人生康熙三年甲辰四月

初二日卒乾隆十四年己巳三月二十日壽八十六葬黃楊橋西南大□
子才二百廿八
英百五二 士章 武百十二子生順治元年甲申五月初五日卒雍正七年己酉十一
月二十日壽八十六娶嚴氏生康熙九年庚戌七月十九日卒雍正
七年己酉八月廿二日壽七
十葬阮家橋子才二百廿九
英百五三 馬 武百十二子娶氏生卒俱闕子才二百三十才二百三一
英百五四 士剛 武百十三子生順治十年癸巳十月初十日卒乾隆十五年庚午五
月初五日壽八十五娶嚴氏生□□月廿七日卒正月初四日葬油眼
□子才二百三
二才二百三三
十八、□□□三□□
才一 松 英一子娶氏生卒俱闕子俊一俊二
才二 勝生 英六子娶氏生卒俱闕□□□□□□□俊三俊四俊五
才三 順 英七子生十月初二日卒□□□十日□□氏生卒闕□娶張氏生十□
月初二日卒六月初三日壽□十一子俊六
才四 和尚 英七子生卒闕
才五 □ 英七子娶何氏生卒俱闕□俊七

才六　[illegible]　英七子娶氏生卒俱闕子俊八

才七　覔　英七子生卒闕

才八　國藩　英十二子娶馮氏生卒俱闕

才九　國賢　英十二子生卒闕

才十　才四七　英十三子娶余氏生卒俱闕子俊九俊十

才十一　興源　英十三子生天啓四年甲子七月十四日卒康熙三十七年戊寅十月廿二日壽七十五娶胡家河塘周氏生天啓□年正月初四日卒康熙□年八月廿五日葬渡壇北首塲樹河圩子俊十一

才十二　國均　英十四子生五月十八日卒六月十一日娶氏生卒闕子俊十二俊十三

才十三　國安　英十四子娶徐氏繼娶方氏生卒俱闕

才十四　韻　英十五子娶氏生卒俱闕子俊十四俊十五

才十五　朋　英十八子娶陳氏生卒俱闕子俊十六

才十六　賓　英十九子娶周氏生卒俱闕子俊十七

才十七 甯 英十九子娶方氏生卒俱闕子俊十八俊十九

才十八 景艮 英廿一子生崇禎十六年癸未十月三十日卒康熙三十二年癸酉二月廿三日年五十一娶包氏生順治十年癸巳九月廿七日卒雍正五年丁未二月二十日壽七十五葬園三畝中穴子俊二十

才十九 景才 英廿一子生順治七年庚寅十月初五日卒康熙三十五年丙子十月初五日年四十七娶鄭氏生順治十八年辛丑八月廿九日卒四月廿六日葬園三畝西首子俊廿一俊廿二

才二十 國棟 英廿四子娶董氏生卒俱闕子俊廿三俊廿四

才廿一 國柱 英廿四子生卒闕未娶

才廿二 鳳 英廿五子生闕卒四月初六日娶周氏生卒闕葬沿河北首

才廿三 麒 英廿五子生崇禎四年辛未九月十六日卒康熙三十四年乙亥二月初九日壽六十五娶余氏生卒闕葬丁家十畝居中東首子俊廿五俊廿六

才廿四 益 英廿五子生闕卒四月廿二日娶劉氏生十一月廿六日卒三月廿四日

才廿五 和尚 英廿六子娶氏生卒俱闕子俊廿七

才十六 景行 英廿七子生康熙廿一年壬戌正月十五日卒闕娶徐氏生卒闕繼娶朱氏生康熙三十五年丙子正月初四日卒闕子俊廿八俊廿九

才廿七 景升 英廿七子生康熙三十五年丙子正月廿九日卒闕娶馮氏生卒闕子俊三十

才廿八 才助 英廿八子住邱家洋無查

才廿九 才允 英三十子生卒闕娶戚氏生順治十四年丁酉正月廿二日卒乾隆三年戊午九月初四日壽八十二繼[illegible]氏生卒闕子俊三一

才三十 永 英三二子娶戚氏生卒俱闕葬金家滙子俊三二俊三三俊三四俊三五俊三六

才三一 貴 英三二子娶徐氏生卒俱闕葬[illegible]侖橋子俊三七俊三八俊三九

才三二 天正 英三四子娶氏生卒俱闕葬新屋後子俊四十俊四一俊四二

才三三 天運 英三四子娶氏生卒俱闕子俊四三俊四四

才三四 天宇 英三四子娶氏生卒俱闕子俊四五俊四六

才三五 福 英三五子生卒闕

才三六 壽 英三五子住茂鎮[illegible]娶氏生卒俱闕子俊四七俊四八俊四九

才三七 安 英三五子生卒闕

[illegible]氏四修宗譜　卷十四　西房玖三公派　承志堂[illegible]

才三八　全　英三五子娶氏生卒俱闕子俊五十

才三九　鯨　英三五子娶氏生卒俱闕葬[illegible]壙田子俊五[illegible]

才四十　長　英三[illegible]子生卒闕

才四一　爽　英三六子生卒闕

才四二　進　英三六子娶氏生卒俱闕子俊[illegible]二

才四三　滿　英三[illegible]子生卒闕

才四四　鳴雷　英三七子生萬曆卅八年[illegible]九月[illegible]九日卒康熙九年庚戌正月廿九日壽七十一娶洪氏生[illegible]三十二年甲辰十月十九日卒[illegible]治十年癸巳[illegible]月十三日年五十[illegible]葬[illegible]西首子俊五三俊五四俊六[illegible]四俊六四[illegible]才五三

才四五　才大　英三八子娶[illegible]氏生卒俱闕子俊五五

才四六　才八　英三九子娶范氏[illegible]氏[illegible]生卒俱闕子俊五六

才四七　啓鳳　英三九子娶杜氏生卒俱闕[illegible]瓦沙濱向[illegible]甲[illegible]卯酉子俊五七俊五八俊五八[illegible]四[illegible]

才四八　科　[illegible]繼　英四十子生卒闕壽六十一[illegible]卒闕壽九十二才四七子俊五

才四九　才生　英四一子娶陳氏繼娶夏氏生卒俱闕子俊五九

才五十　才綱　英四一子生卒闕

才五十一　業泗　英四四子生卒闕壽七十四娶沈氏生卒闕子俊六十俊六一俊六二俊六三

才五十二　金海　英四五子卒於山海關

才五十三　啓明　英四七子生萬曆三十六年戊申十一月十七日卒康熙廿一年壬戌六月初十日壽七十五娶蘇氏生卒闕才四四子俊六四入繼

才五十四　邁　英四八子娶周氏生卒俱闕才五五子俊六五入繼

才五十五　遵　英四八子娶邵氏生卒俱闕子俊六五俊六六俊六七俊六八出繼才五四

才五十六　堅　英四九子生八月廿七日卒四月十九日娶王氏生十月初五日卒五月廿九日壽六十六葬小洞嶴附父墓子俊六八俊六九俊七十出繼於鄞邑王姓爲子

才五十七　佳　英四九子生卒闕

才五十八　蘭　英四九子生五月十五日卒二月初六日壽六十一葬小黄嶴過龍邊

才五十九　登　英五十子娶徐氏生卒俱闕子俊七一俊七二

才六十　才㨗　英五一子娶謝氏生卒俱闕子俊七三俊七四俊七五俊七六

才六一　才挺　英五一子生卒闕

才六二　幼學　英五五子娶周氏生卒俱闕子俊七七俊七八俊七九俊八十俊八

十八世[illegible]

才六三　一錄　英五六子生順治二年乙酉七月廿五日卒康熙五十年辛卯五月廿三日壽六十七娶王氏生卒闕才六四子俊八二入繼

才六四　一鐍　英五六子作杭[illegible]闕[illegible]三[illegible]順治十年癸巳五月十八日卒闕娶何氏河頭[illegible]氏生二月十[illegible]日卒六月廿[illegible]日子俊八二俊八三俊八四[illegible]二[illegible]繼才六三

才六五　一鐩　英五六子生順治十六年己亥十一月初一日卒闕娶徐氏生康熙十四年乙卯五月十二日卒闕[illegible]五

才六六　一鏞　英五七子生順治十年癸巳二月廿[illegible]日[illegible]十四年乙卯六月初五日年二十二未娶

才六七　一臨　英五七子生順治十二年[illegible]三月廿九日卒闕娶汪氏生卒闕子俊八六女長次俱有[illegible]季[illegible]口

才六八　一鎮　英五七子生順治十七年庚子十一月十二日卒康熙五十三年甲午五月初六日年五十五娶[illegible]氏生卒闕

才六九　一錤　英五八子生康熙十四年[illegible]月[illegible]一日卒闕娶[illegible]氏生卒闕

才七十　大　英五九子娶氏生卒俱闕才七三子俊六七八繼

才七十一　才　英六十子娶鄔氏生卒俱闕子俊八八俊八九俊九十俊九一俊九二俊九二俊九九俊九七出繼才七四

才七十二　才匕　英六十子娶氏生卒俱闕子俊九三俊九四俊九五俊九六俊九七

才七十三　申　英六一子娶裘氏生卒俱闕子俊九八俊八七俊八七出繼才七十

才七十四　進　英六二子娶周氏生卒俱闕才七一子俊九九入繼

才七十五　聖元　英六三子娶氏生卒俱闕子俊一百俊百一

才七十六　聖魁　英六三子娶方氏生卒俱闕子俊百二俊百三

才七十七　聖鼎　英六三子娶氏生卒俱闕子俊百四俊百五俊百六[illegible]百十四俊百十四出繼才八十

才七十八　聖甲　英六三子娶徐氏繼娶姚氏生卒俱闕子俊百七俊百八俊百九

才七十九　聖服　英六三子生五月二十日卒二月廿六日娶余氏生九月十九日卒十二月二十日子俊百十俊百十一俊百十二俊百十三

才八十　聖昇　英六三子娶周氏生卒俱闕才七七子俊百十四入繼

才八十一　潛清　英六四子娶氏生卒俱闕子俊百十五俊百十六俊百十七俊百十八

才八二　慈　英六四子娶氏生卒俱闕子俊百十九俊百二十俊百廿一

才八三　枝　英六四子娶氏生卒俱闕子俊百廿二

才八四　嶠　英六五子生萬歷四十四年丙辰七月初一日卒康熙十七年戊午八月廿一日壽六十三娶杜郭沈氏生萬歷四十三年乙卯四月廿一日卒康熙二年癸卯七月初十日年四十九葬孫□頭南首高田子俊百廿三俊百廿四俊百廿五俊百廿九俊百□十九出繼才八六

才八五　寶　英六五子生二月初三日卒二月十一日娶馮氏生二月初三日卒六月十一日子俊百廿五俊百廿六俊百廿七俊百廿八

才八六　岳　英六五子娶周氏繼娶戴氏生卒俱闕才八四子俊百廿九入繼

才八七　鈫　英六六子生泰昌元年庚申正月十九日卒順治十八年辛丑正月十二日年四十二娶夏家弄部氏生崇禎元年戊辰十二月初六日卒康熙五十二年癸巳十二月初八日壽八十六葬徐家河沙田子俊百三十

才八八　才二　英六六子娶裘氏生卒俱闕

才八九　才三　英六六子娶徐氏生卒俱闕

才九十　典　英六六子娶楊氏生卒俱闕

才九一　惠　英六六子娶姚氏生卒俱闕葬小□山頭家地敵六一公墓傍子俊百三一俊百三二俊百三三

才九二　午　英六六子娶氏生卒俱闕

才九三　志　英六六子娶沈氏生卒俱闕子俊百三四俊百三五

才九四　愷　英六六子娶氏生卒俱闕子俊百三六俊百三七俊百三八

才九五　才三一　英六七子娶王氏　誥封宜人生卒俱闕子俊百三九俊百四十

才九六　才四一　英六七子娶氏生卒俱闕

才九七　陸　英六七子娶氏生卒俱闕子俊嘉出家爲僧俊百四一

才九八　菊　英六七子娶氏生卒俱闕子俊百四二俊百四三俊百四四

才九九　章　英六八子娶陳氏生卒俱闕子俊百四五

才一百　盛　英六九子娶氏生卒俱闕才百三子俊百四六入繼

才百一　偉　英六九子娶氏生卒俱闕才百三子俊百四七入繼

才百二　才廿四　英六九子娶氏生卒俱闕子俊百四八俊百四九

才百三　益　英六九子娶應氏繼娶姚氏生卒俱闕子俊百四六俊百四七俊百五十俊百四六出繼才一百俊百四七出繼才百一

才百四　才十七　英七十子生卒闕

才百五　振　英七十子生卒闕

才百六　太　英七十子娶氏生卒俱闕子俊百五一

才百七　升　英七十子生崇禎八年乙亥二月十一日卒二月廿二日娶周氏生康熙十一年壬子正月初一日卒乾隆十六年辛未二月初六日壽八十

葬李將軍廟灣考墳邊

子俊百五二俊百五三

才百八　天錫　英七十子娶氏生卒俱闕才百十子俊百五四入繼

才百九　君錫　英七一子娶薛氏繼娶袁氏生卒俱闕子俊百五五

才百十　純錫　英七一子生闕卒七月廿一日娶[illegible]氏繼娶朱氏三娶陳氏四娶顧氏生卒俱闕葬黃[illegible]墓子俊百五六俊百五七俊百五四俊百六一

俊百五四出繼才百八後

百六一出繼才百十三

才百十一　公錫　英七一子生崇禎元年戊辰七月廿五日卒四月初六日娶張氏生闕卒六月廿五日繼娶王氏生十月廿[illegible]日卒九月初三日子俊百五八俊百五九王氏生女最

適龍頭壞陳方適障家庄條

才百十二　三錫　英七一子娶倪氏生卒俱闕子俊百六十俊快出家

才百十二 新銀 英七一子生□卒七月廿□日娶嚴氏生十二月廿三日卒闕葬官田版才百十子俊百六一入繼

才百十四 都錫 英七一子娶王氏生卒俱闕

才百十五 奇 英七二子娶劉氏生卒俱闕葬□字山子俊百六二

才百十六 才廿六 英七二子娶何氏生卒俱闕子俊百六三

才百十七 才百四 英七三子娶□氏　敕封孺人生卒俱闕子俊百六四俊百六五

才百十八 才賢 才百廿一 英七三子娶陳氏生卒俱闕子俊百六六俊百六八俊百六八出繼

才百十九 才狀 英七三子娶氏生卒俱闕

才百二十 完 英七四子娶氏生卒俱闕子俊百六七

才百廿一 才能 英七六子娶氏生卒俱闕才百十八子俊百六八入繼

才百廿二 才德二 英七七子娶氏生卒俱闕子俊百六九俊百七十俊百七一俊百七二

才百廿三 才宗 英七七子娶孔氏生卒俱闕子俊百七三俊百七四俊百七五俊百七五出繼才百廿四

才百廿四 雲從 英七七子娶氏生卒俱闕才百廿三俊百七五入繼

才百廿五　才望　英七七子娶徐氏生卒俱闕葬洪塾菴後

才百廿六　才喜　英七八子生卒闕娶朱氏生十一月廿四日卒七月廿八日葬曹家悉善菴前子俊百七六俊百七七俊百七八

才百廿七　一銓　英七九子生萬歷廿六年戊戌十一月十三日卒順治十一年甲午八月初一日年五十七娶本縣李氏生萬歷廿八年庚子八月初八日卒順治八年辛卯六月廿六日年五十二側室李氏生卒闕葬壽字號鑰匙下側東向至河子俊百七九俊百八十俊百八一俊百八二俊百八三俊百八四俊百八五

才百廿八　一麟　英七九子生萬歷三十九年辛亥六月初二日卒康熙十九年庚申三月廿六日壽七十娶上沈沈氏生萬歷四十年壬子六月初十日卒康熙廿三年甲子五月初七日壽七十三葬黃墓嶼方子俊百八六

才百廿九　一匡　英七九子娶沈[illegible]頭氏生卒俱闕葬官田畈

才百三十　才廿一　英八一子娶氏生卒俱闕子俊百八七俊百八八俊百八九俊百九十俊百九一

才百三一　賢　英八一子娶李氏生卒俱闕子俊百九二俊百九三

才百三二　才八五　英八一子娶氏生卒俱闕

才百三三　才銓　英八二子生萬歷四十五年丁巳八月廿六日卒崇禎十二年己卯正月十五日年二十三娶[illegible]氏　欽旌節孝詳貞節[illegible]萬歷四十

四年丙辰正月十二日卒三月廿三日葬杜家橋北首南向子俊百九四

才百三四　鼎銓　英八二子娶氏生卒俱闕子俊百九五俊百九六俊百九七

才百三五　宸銓　英八二子生崇禎十七年甲申二月廿六日卒康熙□年八月廿二日壽八十餘娶戴氏生八月廿七日卒正月十八日繼娶王氏生八月初十日卒十月十九日三娶馮氏生三月初七日卒九月初一日葬陶家墅猪畈子俊百九八俊百九九女長適陳次適邵

才百三六　才廿三　英八三子娶沈氏生卒俱闕子俊二百俊二百一俊二百二

才百三七　髸　英八三子娶氏生卒俱闕

才百三八　才百四　英八三子娶氏生卒俱闕

才百三九　鼎輔　英八四子生闕卒十一月十五日娶張氏生闕卒四月十六日葬文溪南山之麓附父墓子俊二百三

才百四十　才十六　英八五子娶桂氏生卒俱闕子俊二百四

才百四一　才三四　英八五子娶氏生卒俱闕

才百四二　伏　英八五子娶氏生卒俱闕

才百四三　陳錫　英八六子生崇禎十年丁丑五月十九日卒康熙十一年壬子十月初一日年三十六娶邱氏　欽旌節孝詳貞節錄生順治元年甲申

餘闕卒雍正二年甲辰十一月初三日壽八十一葬四都高田子俊二百
五俊二百六俊二百七

才百四四　一欽　英八六子娶應氏繼娶馬氏生卒俱闕子俊二百八

才百四五　一錩　英八六子娶氏生卒俱闕

才百四六　一錮　英八七子生崇禎六年癸酉十二月初五日卒康熙十八年己未十
二月初七日年四十七娶邢氏生崇禎六年癸酉十月廿六日卒順
治十八年辛丑八月初一日年二十九葬百丈漕頭子俊二百九俊二百
十

才百四七　和　英八七子娶氏生卒俱闕

才百四八　在　英八七子生崇禎十一年戊寅十月廿七日卒康熙八年己酉九月三
十日年三十二娶氏生卒闕子俊二百十一

才百四九　一鏑　英八七子生順治□年十二月初五日卒康熙□年三月十一日壽
七十五娶陸氏生卒闕葬牛尾河沜子俊二百十二

才百五十　登　英八七子生卒闕

才百五一　一鑣　英八八子生崇禎三年庚午十二月初十日卒順治十四年丁酉二
月三十日年二十八娶朱氏生崇禎四年辛未三月初一日卒順治
十七年庚子四月初六日年三十葬里清橋大水潭考墳邊子俊二百十
三女適邵上玉

才百五二　一輒　英八八子娶氏生卒俱闕

才百五三　一鐙　英八八子生崇禎十五年壬午十一月初四日卒康熙廿一年壬戌九月初七日年四十一娶葛氏生崇禎十三年庚辰五月廿四日卒康熙五年丙午三月初七日年二十七葬曹家惠善庵前子俊二百十四俊二百十五俊二百十六

才百五四　一達　英八八子娶□氏生卒俱闕

才百五五　一相　英八九子生順治六年己丑二月廿六日卒康熙四十年辛巳九月初九日年五十三娶裘氏生順治八年辛卯二月初九日卒雍正九年辛亥九月初二日壽八十一葬念肘橋高山考墳側子俊二百十七俊二百十八俊□出家俊二百十九女長適葛次適顧季適葛

才百五六　一鉽　英八九子生順治十一年甲午正月十三日卒闕娶四都姚氏生順治十四年丁酉七月十七日卒七月十四日繼娶五都應氏生闕卒九月初七日三娶四都洪氏生順治九年壬辰餘闕卒康熙五十年辛卯三月廿七日壽六十子俊二百二十俊二百廿一洪氏出俊二百廿二女適出
心曹

才百五七　一鎔　英九二子生康熙十四年乙卯十月初八日卒康熙四十四年乙酉八月廿二日年三十一未娶

才百五八　一錦　英九二子生康熙二十年辛酉八月十八日卒康熙四十八年己丑九月三十日年二十九未娶

才百五九　一銅　英九二子生康熙廿七年戊辰五月十九日卒闕娶□氏生卒闕

才百六十　一欽　英一百子生順治十七年庚子九月廿五日卒闕娶□氏生卒闕

才百佛生英一百子生康熙十二年癸丑十月十九日卒康熙三十二年癸酉
六一　七月廿九日年二十一未娶
才百福英百一子生卒闕
六二
才百壽英百一子生卒闕
六三
才百康英百一子生卒闕
六四
才百甯英百一子生卒闕
六五
才百祿英百一子生卒闕
六六
才百大寶英百三子生康熙廿六年丁卯十月初四日卒闕娶口氏生卒闕子
六七　後二百廿三後二百廿四
才百何生英百四子生康熙廿七年戊辰二月十五日卒闕娶嚴氏生卒闕
六八
才百和尚英百五子住京中
六九
才百張生英百五子住京中
七十
才百鑰英百八子生崇禎十一年戊寅三月十八日卒康熙四十四年乙酉七
七一　月十五日壽六十八娶劉氏生崇禎十年丁丑六月初五日卒康熙六
十一年壬寅十二月廿三日壽八十六葬馬家橋東大悲庵前土名河突
坐北朝南子後二百廿五後二百廿六後二百三二後二百三一出　才

百七
三

才百七二　鎮　英百八子生順治二年乙酉四月初一日卒康熙三十九年庚辰十一月廿八日年五十六娶本邑盛氏生順治元年甲申八月廿一日卒雍正六年戊申十月十六日壽八十九葬夏家𡵓山干姓屋側土名金鐘山坐癸向丁兼子午三分子俊二百廿七俊二百廿八俊二百廿九俊二百三十俊二百三一

才百七三　鐸　英百八子生順治五年戊子二月廿五日卒康熙四十八年己丑九月廿一日壽六十二娶劉氏生順治五年戊子八月廿一日卒康熙四十三年甲申三月初十日年五十七繼娶[illegible]氏生康熙十五年丙辰十一月十七日卒乾隆三年戊午十月初四日壽六十三葬夾庵對河坐北朝南才百七一子俊二百三二入繼

才百七四　鍾　英百八子生闕卒十月初一日娶陳氏生闕卒十月廿三日葬映山子俊二百三三

才百七五　逢午　英百十二子娶孔氏生卒俱闕葬里清橋東南首子俊二百三四俊二百三五

才百七六　才邸　英百十四子充兵出[illegible]生卒闕

才百七七　一錡　英百十六子生萬歷四十七年己未十一月十五日卒康熙十二年癸丑十一月十四日年五十五娶周氏生萬歷四十五年丁巳正月廿四日卒崇禎九年丙子十二月初五日年二十繼娶施氏生天啓二年壬戌正月三十日卒康熙十年辛亥三月初九日年五十葬燕窠才百七

八子後二百
三七八入繼

才百七八　一鑒　英百十六子生天啓三年癸亥八月十八日卒康熙四十二年癸未九月十三日壽八十一娶王氏生天啓三年癸亥九月十七日卒康熙三十一年壬申五月十一日壽七十[illegible]緯燕窠子後二百三六後二百三七後二百三八後二百三六出繼才百七七

才百七九　環　英百十九子生天啓四年甲子八月初八日卒康熙十四年乙卯三月初五日年五十二娶陳氏生天啓二年壬戌十二月廿五日卒康熙四十三年甲申七月十七日壽八十三子後二百三九

才百八十　錫爵　英百二十子生卒闕娶鄒氏生崇禎八年乙亥九月廿四日卒康熙十二年癸丑九月廿五日年三十九子後二百四十

才百八一　一登　英百廿二子娶氏生卒俱闕子後二百四一

才百八二　一淓　英百廿二子娶氏生卒俱闕子後二百四二

才百八三　一銳　英百廿二子娶氏生卒俱闕才百八五子後二百四三入繼

才百八四　一科　英百廿三子生順治二年乙酉正月廿七日卒康熙四十一年壬午十二月十一日年五十八娶施氏生順治元年甲申餘闕子後二百四四後二百四五

才百八五　一魁　英百廿三子生順治五年戊子三月初五日卒闕娶余氏生卒闕子後二百四三後二百四六後二百四三出繼才百八三

才百八六　一甲　英百廿三子生順治七年庚寅八月十五日卒康熙四十九年庚寅十二月十三日壽六十一娶周氏生卒闕子俊二百四七俊二百四八俊二百四九俊二百五十

才百八七　一琍　英百廿三子生順治九年壬辰十一月廿八日卒乾隆□年十月十八日娶董氏生康熙十二年癸丑十一月廿六日卒十月十八日子俊二百五一俊二百五二

才百八八　一節　英百廿三子生順治十一年甲午九月初九日卒康熙　餘闕娶□氏生卒闕子俊二百五三

才百八九　鳳　英百廿四子生順治十一年甲午十一月初四日卒康熙四十九年庚寅閏七月初四日年五十七娶洪莊廟西方氏生康熙九年庚戌十一月十八日卒五月廿六日葬□橋考墳邊有欄土子俊二百五四俊二百五五俊二百五六俊二百五七女長適駱駝橋盛雨圭次適貴駟橋劉從周三適洪莊廟朱美癖

才百九十　才仁　英百三三子生卒闕

才百九一　才奇　英百三三子生卒闕

才百九二　才酉　英百三五子生順治十四年丁酉六月初二日卒康熙五十三年甲午六月初五日年五十八娶張氏生卒闕子俊二百五八俊二百五九俊二百六十

才百九三 才俊 英百三五子生康熙元年壬寅九月廿三日卒闕
才百九四 允文 英百三六子生卒闕
才百九五 士選 英百三七子生康熙廿二年癸亥十二月廿九日卒闕娶口氏生卒闕子後二百六一
才百九六 士鳳 英百三七子生康熙廿九年庚午十一月廿二日卒闕娶口氏生卒闕子後二百六二後二百六三後二百六四
才百九七 士麟 英百三七子生康熙三十□年□卯正月初十日卒闕娶山氏生卒闕子後二百六五
才百九八 士鎧 英百三七子生康熙四十一年□午四月十一日卒闕娶口氏生卒闕子後二百六六
才百九九 永詡 英百三八子生順治十七年庚子正月初一日卒闕娶孔氏生卒闕子後二百六七後二百六□後二百六九
才二百 永明 英百三八子生康熙二年癸卯十月廿六日卒闕娶成氏生卒闕子後二百七十後二百七一
才二百一 永盛 英百三八子生康熙六年丁未七月十一日卒闕娶邵氏生康熙十六年丁巳五月三十日卒闕
才二百二 永悅 英百三九子生順治十五年戊戌十二月十四日卒闕娶邵氏　勅贈孺人　誥贈一品太夫人生卒闕子後二百七二後二百七三後二百七四
才二百三 永立 英百三九子生康熙七年戊申二月初二日卒康熙四十九年庚寅十月廿九日年四十三娶汪氏生卒闕子後二百七五後二百七六後

俊二百七七

才二百四　永範　英百三九子生康熙九年庚戌九月二十三日卒康熙三十七年戊寅正月十一日年廿九

才二百五　永楨　英百三九子生康熙十三年甲寅八月廿三日卒闕

才二百六　永壽　英百四十子生康熙廿一年壬戌六月十七日卒乾隆十三年戊辰二月初十日壽六十七娶陸氏生康熙廿五年丙寅餘闕卒乾隆十七年壬申四月廿六日壽六十七子俊二百七九

才二百七　姚生　英百四十子生康熙廿六年丁卯十二月十九日卒闕娶鄒氏生卒闕子俊二百八十

才二百八　足官　英百四一子生卒闕

才二百九　才余　英百四一子生卒闕

才二百十　陳生　英百四二子生康熙十年辛亥[illegible]月廿三日卒闕娶□氏[illegible]十年辛亥十月廿三日卒闕

才二百十一　才福　英百四二子生康熙十四年乙卯四月十七日卒康熙四十四年乙酉十月廿四日年三十一娶馮氏繼娶陳氏生卒俱闕

才二百十二　永端　英百四三子生順治十八年辛丑十一月初三日卒闕娶陶氏生卒闕子俊二百八一俊二百八二俊二百八三俊二百八四

才二百十三　有增　英百四四子娶徐氏繼娶鄭氏生卒俱闕葬天德庵後子俊二百八五徐氏出俊二百八六鄭氏出

才二百十四　永慶　英百四五子妻氏生卒俱闕子後二百八七

才二百十五　昌明　英百六四子生康熙二年癸卯十月初三日卒雍正六年庚申九月初七日壽六十六娶阮氏生卒闕繼娶陶氏生康熙元年壬寅十二月初五日卒乾隆四年己未九月初六日壽七十八子後二百八八

才二百十六　九忠　英百四六子生康熙十六年丁巳五月初四日卒雍正十二年甲寅四月廿三日年五十八娶鄭氏生康熙廿四年乙丑八月初[illegible]日卒乾隆廿一年丙子五月廿五日壽七十二子後二百八九後二百九十後二百九一

才二百十七　開先　英百四七子生康熙四年乙巳十月廿二日卒雍正十一年癸丑八月十二日壽六十九娶□氏生卒闕子後二百九二

才二百十八　日先　英百四七子生康熙十二年癸丑十二月十五日卒乾隆十二年丁卯九月二十日壽七十五娶徐氏生卒闕子後二百九三

才二百十九　日貴　英百四七子娶氏生卒俱闕子後二百九四

才二百二十　智日　英百四八子生順治十八年辛丑十月十七日卒雍正四年丙午七月三十日壽六十六娶張氏生卒闕葬阮家欄子後二百九五後二百九六後二百九七

才二百廿一　智道　英百四八子娶氏生卒俱闕子後二百九八

才二百廿二　志仁　英百四九子生康熙廿四年乙丑三月廿六日卒乾隆十七年壬申十[illegible]月[illegible]日壽六十八[illegible]氏生康熙三十二年癸酉三月十

五日卒乾隆七年壬戌九月廿□日年五十葬徐家河浒子俊二百九九
俊三百

才二百廿三　志義　英百四九子生康熙廿九年庚午十月初九日卒乾隆五年庚申
正月初五日年五十一娶蘇氏生康熙三十三年甲戌二月廿四
日卒乾隆四十年乙未正月初六日壽八十二葬官田畈子俊三百一俊
三百二俊三百三俊三百四俊三百五

才二百廿四　志禮　英百四九子生六月廿八日卒十月初十日葬倒橋附祖塋未
下殤　娶

才二百廿五　志信　英百四九子生六月十一日卒七月廿六日娶周氏生十月初二
日卒十月初十日繼娶翁氏生康熙四十七年戊子二月廿二日
卒乾隆三十年乙酉十一月初二日年五十八葬徐家河浒子俊三百六
俊三百七俊三百八俊三百九

才二百廿六　成宗　英百五十子生康熙十五年丙辰十月初三日卒乾隆十五年庚
午六月十六日壽七十五娶□氏生康熙廿八年己巳十一月十
一日卒乾隆十三年戊辰六月廿八日年六十葬東河浒子俊三百十俊
三百十一俊三百十二

才二百廿七　成美　英百五十子生康熙二十年辛酉十月初三日卒雍正九年辛亥
四月廿六日年五十一娶徐氏生康熙四十年辛巳九月廿八日
卒乾隆三十一年丙戌十一月十二日壽六十六葬東橋頭庵前子俊三
百十三俊三百十四

才二百廿八　成德　英百五十子生康熙三十五年丙子六月廿四日卒乾隆十八年
癸酉二月十五日年五十八娶洪氏生康熙四十三年甲申七月
廿四日卒乾隆三十三年戊子二月十五日壽六十五葬阮家橋子俊三
百十五俊三百十六俊三百十七俊三百十八

才二百□文　英百五一子生康熙二十七年戊寅十一月初六日卒乾隆三十
廿九　二年丁亥八月廿四日壽七十娶余氏　敕封孺人生康熙二十
七年戊寅廿月廿六日卒乾隆五十二年丁未五月初七日壽九十葬黄
楊壩附考墳旁子俊三百十九

才二百承禮　英百五二子生康熙廿六年丁卯四月初七日卒雍正四年丙午
三十　五月初九日年三十八娶洪氏生康熙三十三年甲戌八月初八
日卒乾隆三十八年癸巳十月初八日壽八十葬阮家樟子俊三百二十
俊三百廿一　俊三百廿二

才二百承先　英百五三子娶氏生卒俱闕子俊三百廿三
三一

才二百承元　英百五三子生卒闕
三二

才二百瑞雲　英百五四子生康熙三十年辛未四月初一日卒乾隆三十八年
三三　癸巳二月廿七日壽八十三娶廖氏生康熙四十年辛巳八月初
五日卒乾隆十八年癸酉三月廿
五日年五十三子俊三百廿四

才二百瑞□　英百五四子生康熙□年七月廿六日卒□□廿六日娶□氏生
三四　康熙□年四月初五日卒六□初□日葬□眼□子俊三百廿
□□□□□
三百廿七

慈東費氏四修宗譜卷十五

世次傳三

十九世 西房玖三公派

俊一 槎 才一子娶嚴氏生卒俱闕子傑一

俊二 鳴玉 才一子生七月十五日卒十一月廿四日娶徐氏生闕卒十一月初二日繼娶闕氏生十一月十六日卒九月初九日子傑二傑三傑四徐氏出

俊三 清 才二子娶金氏生卒俱闕子傑五傑六

俊四 子位 才二子娶沈氏生卒俱闕葬定林寺後子傑七傑八傑九傑十

俊五 元 才二子娶何氏生卒俱闕

俊六 子仁 才三子生康熙八年己酉正月十七日卒乾隆四年己未月十一廿六日壽七十一娶方氏生康熙十四年乙卯六月廿四日卒乾隆四年己未八月廿六日壽六十五子傑十一傑十二

俊七 子相 才四子生康熙廿一年壬戌十二月廿九日卒乾隆十一年丙寅十一月廿一日壽六十五娶呂氏生卒闕子傑十三傑十四

俊八　麒壽　才恭子娶闕氏生卒俱闕子傑十五傑十六傑十七傑十八

俊九　贊公　才十子生卒闕

俊十　贊侯　才十子生卒闕

俊十一　廷賢　才十一子生康熙三年甲辰十一月十八日卒雍正十年壬子閏五
月初三日壽六十九娶應氏生康熙十三年甲寅七月初三日卒乾
隆十五年庚午六月十八日壽七十七葬陶家滙孤墳頭北首楊樹祠爲
父墳側子傑十九

俊十二　廷茂　才十二子生康熙元年壬寅正月初二日卒闕娶林氏生康熙八年
己酉五月初九日卒康熙三十四年乙亥十一月廿四日年二十七
繼娶余氏生康熙廿三年甲子十二月十九日卒乾隆三十八年癸巳十
一月初九日壽九十子傑二十傑廿一　余氏出

俊十三　開先　才十二子娶孫氏生卒俱闕

俊十四　廷顯　才十四子娶蔡氏生卒俱闕子傑廿二傑口出與更樓錢姓爲子

俊十五　廷佑　才十四子生康熙十七年戊午二月十五日卒乾隆二年丁巳閏九
月十三日壽六十娶鄭氏生康熙三十六年丁丑十二月廿七日卒
乾隆三十八年癸巳九月廿
二日壽七十七子傑廿三

俊十六　廷臣　才十五子生康熙三十四年乙亥餘闕娶顧氏生卒闕女長適木城
次適羅家江[illegible]羅

俊十七 廷輔 才十六子生康熙三十年辛未餘闕娶王氏生康熙四十二年癸未餘闕子傑廿四

俊十八 方生 才十七子娶周氏生卒俱闕子傑廿五

俊十九 來生 才十七子娶嚴氏繼娶陳氏生卒俱闕

俊二十 子奇 才十八子生康熙三十一年壬子十一月十二日卒乾隆十一年丙寅十二月十八日壽七十五娶[illegible]氏生卒闕繼娶陳氏生闕卒二月廿六日葬西河隔三畝子傑廿六傑廿七傑廿八傑廿九女適石堪頭周陳氏出

俊廿一 子榮 才十九子生康熙三十年辛未正月十五日卒乾隆廿九年甲申十月廿六日壽七十四娶呂氏生康熙三十三年甲戌八月十一日卒乾隆十九年甲戌三月初九日壽六十　葬樟樹下蘇家西北沿河乾郎田坐西向東子傑三十傑三一傑三二傑三三傑三四

俊廿二 子貴 才十九子生康熙三十四年乙亥七月廿五日卒乾隆三十四年己丑九月十八日壽七十五娶呂氏生康熙四十四年乙酉十月十二日卒乾隆十二年丁卯九月十九日年四十三葬樟樹下蘇家潰頭子傑三五傑三六傑三七

俊廿三 子芳 才二十子生康熙四年乙巳十一月十八日卒雍正二年甲辰十一月初八日壽六十娶徐氏生康熙四年乙巳十月十七日卒雍正三年乙巳五月初五日壽六十一葬樟樹下沿河朝西子傑三八傑三九

俊廿四 子進 才二十子娶氏生卒俱闕

傍廿五 **興** 才廿三子生康熙四年乙巳二月廿六日卒乾隆八年癸亥十月十二
日壽七十九娶鄒氏生康熙六年丁未六月廿八日卒康熙五十五年
丙申九月十一日年五十葬丁家十畝父墳西首子傑四十傑四一傑四
二女長適五部嚴次適童姚童三過里清橋呂四適五都嚴

傍廿六 **振** 才廿三子生康熙四年乙巳二月廿六日卒雍正十一年癸丑十月初
七日壽六十九娶呂氏生康熙二年癸卯二月初六日卒雍正十一年
癸丑二月二十日壽七十
一葬丁家十畝父墳東首

傍廿七 **君華** 才廿五子娶姜氏生卒俱闕子傑四三

傍廿八 **子綱** 才廿六子生卒闕娶應氏傑四四絕隨母至白龍王堂施家渭章姓

傍廿九 **子秀** 才廿六子娶氏生卒俱闕繼娶洪氏生康熙三十三年甲戌二月廿
六日卒乾隆四十二年丁酉七月廿一日壽八十四子傑四五

傍三十 **元隆** 才廿七子住蘇州生乾隆元年丙辰卒闕娶孔氏生卒闕

傍三一 **志一** 才廿九子娶周氏生卒俱闕子傑四六

傍三二 **特** 才三十子生卒闕娶陳氏生康熙四十一年壬午三月十四日卒乾隆
三十五年庚寅八月廿七日壽六十九葬和尚橋子傑四七

傍三三 **意** 才三十出福建娶氏生卒俱闕子傑四八

傍三四 **超** 才三十子娶氏生卒俱闕女長適洪次適蘇三適余

俊三五　增　才三十子生卒闕

俊三六　朋　才三十子生卒闕娶姚氏絕子傑四九傑五十傑五一

俊三七　占　才二一子生康熙三十三年甲戌十一月十六日卒乾隆三十二年丁亥四月廿三日壽七十四娶郜氏生康熙五十年辛卯六月廿三日卒乾隆廿四年己卯九月廿一日年四十九葬和尚橋子傑五二傑五三傑五四傑五五傑五六

俊三八　新　才三一子娶龔氏繼娶鄞邑戎厳衕室口氏生卒俱闕葬和尚橋小山子傑五七

俊三九　元　才三一子生康熙四十四年乙酉四月廿六日卒乾隆四十四年己亥七月初八日壽七十五娶沈氏生康熙六十一年壬寅十二月十八日卒乾隆廿五年庚辰十月廿五日年三十九葬和尚橋子傑五八傑五九

俊四十　俊鳳　才三二子娶氏生卒俱闕

俊四一　俊朝　才三二子生康熙廿八年己巳餘闕卒乾隆廿六年辛巳三月十二日壽七十二娶郭氏生闕卒九月二十日繼娶鄭氏生康熙四十年辛巳十月三十日卒乾隆廿三年戊寅八月初三日年五十八葬和尚橋小山子傑六十傑六一傑六二

俊四二　俊揆　才三二子娶氏生卒俱闕葬墳田子傑六三傑六四

俊四三　俊王　才三三子娶氏生卒俱闕子傑六五

俊四　俊龍　才三三子娶氏生卒俱闕子係大六

四

俊四　俊靜　才三四子生卒闕

五

俊四　俊甯　才三四子生卒闕

六

俊四　元瑞　才三六子生卒闕

七

俊四　元佐　才三六子生卒闕

八

俊四　元佑　才三六子生卒闕

九

俊五　元陽　才三六子生卒闕

十

俊五　德昌　才三九子生雍正七年己酉十一月十五日卒乾隆五十四年己酉

一　六月三十日壽六十一娶張氏生乾隆七年壬戌三月十五日卒嘉

慶六年辛酉九月初四日壽六十

葬墳田子係六七墍六八係六九

俊五　成　才四七子仕衛妣生卒闕

二

俊五　瑋仁　才四四子生天啓四年甲子四月初三日卒康熙五十二年癸巳三

三　月十五日壽九十娶袁氏生崇禎四年辛未十月初三日卒順治十

三年丙申八月十二日年二十六繼娶鄧氏生崇禎七年甲戌八月十六

日卒康熙八年己酉九月廿八日年三十六三娶鄧氏生九月廿八日卒

三月初一日葬橫河
子傑七十傑七一

俊五四　浩仁　才四四子生崇禎元年戊辰六月十三日卒康熙四十年辛巳餘闕壽七十四娶鄒氏生卒闕葬阮家橋西首才四四公墳白虎首子傑七二

俊五五　俊長　才四五子娶氏生卒俱闕子傑七二

俊五六　和尚　才四六子娶朱氏生卒俱闕子傑七四傑七五傑七六傑七七

俊五七　俊茂　才四七子娶金氏繼娶沈氏生卒俱闕子傑七八

俊五八　[illegible]錫　才四八子住杭城另詳遷徙譜

俊五九　延齡　才四九子入贅小溪朱姓生卒闕

俊六十　俊寧　才五一子生卒闕

俊六一　俊發　才五一子生卒闕

俊六二　俊森　才五一子生卒闕

俊六三　俊充　才五一子生卒闕壽七十四娶余氏繼娶王氏生卒俱闕子傑八一余氏出傑八二王氏出

俊六四　洪仁　才五三子生崇禎十五年壬午五月三十日卒康熙五十二年癸巳五月初五日壽七十二娶胡氏生順治十三年丙申十一月初四日卒雍正元年癸卯二月初五日壽六十八葬小靈山里濟橋之原子傑八三傑八四

俊六五　緗　才五四子娶沈氏生卒俱闕子傑八五

俊六六　純　才五五子生卒闕娶鄒氏生卒俱闕俊六七子傑八六入繼

俊六七　經　才五五子娶張氏生卒俱闕子傑八六傑八六出繼俊六六傑口出與洪塘鎮為螟蛉子傑七八[illegible]外

俊六八　集成　才五六子生六月二十日卒七月廿七日壽六十一娶城中姜氏生康熙六年丁未二月十四日卒乾隆四十年乙未十二月十八日年四十九葬小洞縣山過龍邊墳前有石板子傑八八傑八九傑九十

俊六九　振　才五六子生二月初八日卒七月廿四日娶口氏生卒闕葬小洞縣墳前有石板

俊七十　潤　才五六子出與鄮邑王姓為子

俊七一　徵　才五九子生康熙廿三年甲子九月初五日卒乾隆三十七年壬辰四月初一日壽八十九娶唐氏生康熙二十五年丙子八月十二日卒五月十九日繼娶顧氏生康熙三十三年甲戌八月初四日卒乾隆廿五年庚辰九月初六日壽六十七子傑九一

俊七二　子文　才五九子生康熙三十三年甲戌八月廿六日卒乾隆廿二年丁丑十一月十四日壽六十四娶[illegible]氏生康熙四十九年庚寅七月初二日

日卒乾隆四十五年庚子九月廿
七日壽七十一子傑九二傑九三
俊七三　俊寶　才六十子生卒闕
俊七四　俊海　才六十子生卒闕
俊七五　俊雖　才六十子娶顏氏生卒俱闕
俊七六　俊元　才六十子娶錢氏生卒俱闕
俊七七　俊榮　才六二子生康熙三十八年己卯七月十二日卒闕娶葉氏生康熙
四十九年庚寅八月十八日卒闕子傑九四傑九五傑九六
俊七八　彩三　才六二子生康熙四十二年癸未五月初五日卒乾隆廿八年癸未
七月廿六日壽六十一娶鄭氏生康熙五十一年壬辰九月初三日
卒八月十一
日子傑九七
俊七九　俊富　才六二子生康熙四十六年丁亥十一月二十日卒乾隆六十年乙
卯十月十二日壽八十九娶馮氏生康熙五十年辛卯十月初三日
卒乾隆廿二年丁丑九月廿五日年四十七繼娶劉氏生卒闕葬酒店河
斗方墳踝[illegible]柱墳子傑九八傑九九馮氏出
俊八十　國興　才六二子娶戴氏生卒俱闕子傑一百傑百一
俊八一　尚秀　才六二子生康熙五十一年壬辰餘闕娶西經塘邵氏生卒闕

十九世　玖四公派

俊八二　之璉　才六三子生康熙三十七年戊寅九月初九日卒六月初一日娶康氏生康熙四十三年甲申十月初八日卒六月十四日子傑百二女長適新湖虞　次適邱洋王

俊八三　之璋　才六四子娶氏生卒俱闕女三未詳所適

俊八四　玉龍　才六四子住[illegible]州闕寄三[illegible]東首生康熙五十三年甲午四月初六日卒闕娶杭州吳氏生卒闕子傑百三傑百四

俊八五　志信　才六五子生康熙四十八年己丑七月初三日卒闕娶李氏生康熙五十六年丁酉五月廿一日卒闕繼娶朱氏生康熙五十七年戊戌十一月二十日卒闕子傑百五李氏出傑百六朱氏出

俊八六　之溥　才六七子生康熙四十三年[illegible]三月餘闕

俊八七　偉　才七十子娶氏生卒俱闕俊九八子傑百七入繼

俊八八　元　才七一子娶金氏生卒俱闕子傑百八傑百九

俊八九　俊八　才七一子娶孔氏生卒俱闕子傑百十傑百十一

俊九十　俊十四　才七一子娶氏生卒俱闕子傑[illegible]出家

俊九一　俊廿五　才七一子生卒闕

俊九二　科　才七一子娶陳氏生卒俱闕子傑百十二

俊九三　卯　才七一子娶洪氏生卒俱闕子傑百十三

俊九四　俊[illegible]　才七二子娶氏生卒俱闕子傑百十四傑百十五

俊九五　俊十五　才七二子生卒闕

俊九六　福　才七二子生卒闕

俊九七　曉　才七二子生卒闕

俊九八　志濤　才七三子娶氏生卒俱闕子傑九八傑百十六傑九八出繼俊八七

俊九九　巳　才七四子生卒闕

俊一百　興　才七五子娶氏生卒俱闕子傑百十七

俊百一　武　才七五子住河南娶氏生卒俱闕子傑百十八傑百十九

俊百二　文相　才七六子娶氏生卒俱闕子傑百二十傑百廿一

俊百三　墳　才七六子娶氏生卒俱闕子傑百廿二

俊百四　貫　才七七子生二月廿五日卒八月十二日娶宋氏生五月廿一日卒十月十七日子傑百廿三

俊百五　接　才七七子娶氏生卒俱闕

俊百六　代　才七七子娶氏生卒俱闕

俊百七　輔　才七八子娶邵氏生卒俱闕子傑百廿四傑百廿五

俊百八　濟　才七八子娶徐氏生卒俱闕子傑百廿六

俊百九　豪　才七八子娶氏生卒俱闕子傑百廿七傑百廿八傑百廿九

俊百十　子恒　才七九子生順治十二年乙未十月十三日卒康熙三十二年癸酉六月初三日年三十九娶邵氏　欽旌節孝詳貞節錄生康熙四年乙巳十月初五日卒乾隆十一年丙寅八月廿一日壽八十二子傑百三十傑百三一

俊百十一　子英　才七九子娶金氏生卒俱闕子傑百三二

俊百十二　子倫　才七九子娶周氏生卒俱闕子傑百三三傑百四三傑百三五

俊百十三　子侶　才七九子娶張氏生卒俱闕子傑百三六傑百三七傑百三八

俊百十四 本 才八十子生二月十七日卒八月十三日娶薛氏生二月廿二日卒乜月十八日繼娶李氏生八月廿三日卒卒正月初十日子傑百三九女適洪

俊百十五 顯 才八一子生順治八年辛卯十月十八日卒雍正十年壬子七月初八日壽八十二娶高氏生康熙六年丁未八月初一日卒闕繼娶張氏生康熙十一年壬子十一月廿九日卒乾隆七年壬戌餘闕壽七十一子傑百四十傑百四一

俊百十六 潮 才八一子娶陳氏生卒俱闕子傑百四二傑百四三傑百四三出繼俊百十七

俊百十七 玉 才八一子娶氏生卒俱闕俊百十六子傑百四三入繼

俊百十八 表 才八一子生卒闕

俊百十九 寅 才八二子生七月初一日卒七月初七日娶胡氏生卒闕子傑百四四傑百四五

俊百二十 香 才八二子娶氏生卒俱闕

俊百廿一 裕 才八二子住鎮海娶氏生卒俱闕子傑百四六傑百四七

俊百廿二 挺 才八三子娶氏生卒俱闕子傑百四八

俊百廿三 禹功 才八四子娶陳氏生卒俱闕葬蒸湖頭南首高田父墳右子傑百四九傑百五十

俊百廿四　忠　才八四子生順治□年九月初四日卒康熙□年三月十九日娶李氏
生康熙二年癸卯六月廿二日卒十一月廿一日葬宗家門前紗帽田
南向子傑百
五一傑五二

俊百廿五　憲　才八五子生十一月廿五日卒康熙五十一年壬辰正月十一日娶杜
氏生三月初八日卒十一月初四日子傑百五三

俊百廿六　常　才八五子生康熙二年癸卯十月初三日卒乾隆七年壬戌七月十四
日壽八十娶馮氏生順治十六年己亥四月初四日卒康熙廿七年戊
辰九月初十日年三十繼娶蘇氏生康熙十三年甲寅十二月初五日卒
康熙四十九年庚寅十一月十七日年三十七三娶應氏生康熙十八年
己未十月三十日卒乾隆三年戊午十一月廿三日壽八十子傑百五四
傑百五五傑百五六

俊百廿七　全　才八五子娶陳氏生卒俱闕葬賽公廟屋前四畝地子傑百五七女適
隔河陳

俊百廿八　日新　才八五子任福建娶福建□氏生卒俱闕子傑百五八傑百五九

俊百廿九　游　才八六子生十月十二日卒闕壽六十七娶劉氏生闕卒十月初八日
葬化紙閘北首田子傑百六十傑百六一

俊百三十　之湘　才八七子生順治四年丁亥十月十九日卒雍正九年辛亥二月初
八日壽八十五娶陶唐涇陶氏生康熙元年壬寅十二月廿一日卒
雍正十三年乙卯正月初四日壽七十四葬郡家坪山子傑百六二傑百
大三

俊百三一　兼之　才九一子娶馮氏生卒俱闕子傑百六四

俊百三二　縄祖　才九一子任岱山娶氏生卒俱闕

俊百三三　縄武　才九一子任岱山生卒闕

俊百三四　沈生　才九三子娶氏生卒俱闕子傑百六五

俊百三五　瀾生　才九三子娶嚴氏生卒俱闕

俊百三六　之文　才九四子住北京天津衛生卒闕

俊百三七　九　才九四子娶李氏生卒俱闕

俊百三八　之甯　才九四子娶氏生卒俱闕

俊百三九　元　才九五子娶氏生卒俱闕子傑百六六

俊百四十　福　才九五子娶氏生卒俱闕

俊百四一　靜　才九五子娶氏生卒俱闕

俊百四二　泰安　才九八子娶氏生卒俱闕

俊百四三　長安　才九八子娶氏生卒俱闕

俊百四四　三安　才九八子娶氏生卒俱闕

俊百四五　辰　才九九子娶余氏生卒俱闕子傑百六七

俊百四六　洪相　才一百子娶劉氏生卒俱闕葬化紙關東北殉子傑百六八傑百七十傑百七十出繼俊百四九女長適胡次適葉

俊百四七　洪佐　才百一子娶劉氏生卒俱闕子傑百六九

俊百四八　贊　才百二子生卒闕未娶

俊百四九　仲　才百二子娶氏生卒俱闕俊百四六子傑百七十入繼

俊百五十　洪治　才百三子生康熙三年甲辰十月初四日卒乾隆□年二月初六日娶盛氏生康熙三十一年壬申九月二十日卒乾隆三十一年丙戌正月初三日壽七十五子傑百七一傑百七二傑百七三傑百七四女長適裏山買次適長石橋王

俊百五一　愷　才百六子娶氏生卒俱闕

俊百五二　通喜　才百七子生康熙廿九年庚午五月十九日卒乾隆十六年辛未四月初三日壽六十二娶洪氏生康熙四十二年癸未七月初九日卒乾隆十七年壬申十月二十日年五十葬李將軍廟灣考墳邊子傑百七五

俊百五三　通美　才百七子殁于杭城生卒闕未娶

俊百五四　俊丙　才百八子生順治□年正月十二日卒闕娶嚴氏繼娶嚴氏生卒俱闕葬花園跟朝南向子傑百七六傑百七七傑百七八

俊百五五　俊孝　才百九子娶朱氏生卒俱闕葬寺嶴毛灣子傑百七九傑百八十傑百八一

俊百五六　俊[illegible]　才百十子娶十三都裘氏生卒俱闕子傑百八二傑百八三女長適本縣學前泰庠生次適上虞沈庠生三適童姚姚庠生

俊百五七　俊貫　才百十子生順治十四年丁酉三月十八日卒康熙五十四年乙未五月廿三日年五十九娶上邵邵氏生康熙十五年丙辰十二月十七日卒乾隆九年甲子正月廿七日壽六十九葬小章嶴山子傑百八四傑百八五傑百八六傑百八七

俊百五八　俊立　才百十一子生康熙七年戊申二月廿九日卒雍正十三年乙卯八月初二日壽六十八娶張氏生康熙六年丁未七月廿八日卒乾隆十五年庚午九月初四日壽八十四葬小闢頭子傑百八八傑百八九

俊百五九　俊權　才百十一子娶邵氏繼娶徐氏生卒俱闕子傑百九十傑百九一傑百九二

俊百六十　俊漢　才百十二子娶徐氏生卒俱闕子傑百九三

俊百六一　俊跨　才百十三子生順治十七年庚子正月十八日卒雍正四年丙午八月十二日壽六十七娶鄭氏生康熙十八年己未七月十七日卒乾隆廿五年庚辰十月廿五日壽八十二葬高橋朝東向子傑百九四傑百九五

俊百六二　定　才百十五子娶張氏生卒俱闕葬官田畈子傑百九六傑百九七傑百九八

俊百六三　遴　才百十六子娶氏生卒俱闕

俊百六四　俊□　才百十七子生卒闕

俊百六五　俊□　才百十七子生卒闕兄弟出外或云俱住甯海七十、百七十出繼俊百四九女長適大適

俊百六六　俊發　才百十八子娶劉氏繼娶李氏生卒俱闕子傑百九九傑二百

俊百六七　循　才百二十子生卒闕

俊百六八　俊三十　才百廿一子娶胡氏生卒俱闕子傑二百一傑二百二

俊百六九　子　才百廿二子娶氏生卒俱闕

俊百七十　卯　才百廿二子娶氏生卒俱闕子傑二百

俊百七一　辰　才百廿二子娶氏生卒俱闕

俊百七二　酉　才百廿二子娶氏生卒俱闕子傑二百四傑二百五傑二百六

俊百七三　文在　才百廿三子娶沈氏生卒俱闕俊百七五子傑二百七入繼

俊百七四　之普　才百廿三子娶氏生卒俱闕

俊百七五　之碗　才百廿四子生康熙八年己酉四月廿六日卒八月初八日娶余氏
繼娶邵氏生卒俱闕子傑二百七傑二百八傑二百九傑二百七出
繼俊百七五

俊百七六　安　才百廿六子娶氏生卒俱闕

俊百七七　甯　才百廿六子娶繆氏生卒俱闕子傑二百十

俊百七八　鼎　才百廿六子生順治十年癸巳七月初六日卒康熙五十七年戊戌十
月廿一日壽六十六娶邵氏生康熙八年己酉四月初六日卒康熙五
十七年戊戌四月十五日年五十
葬阮家橋朝東向子傑二百十一

俊百七九　義　才百廿七子娶袁氏生卒俱闕子傑二百十二傑二百十三

俊百八十　雷　才百廿七子娶氏生卒俱闕

俊百八一　甯　才百廿七子生崇禎三年庚午六月廿四日卒康熙三十一年壬申九
月初五日壽六十三娶李溪渡李氏生崇禎二年己巳八月初十日卒
康熙十三年甲寅九月十八日年四十六葬小洞嶴山曾祖墳西南首子
傑二百十四傑二百十五女適豬山對渡邊

俊百八二　振　才百廿七子娶氏生卒俱闕子傑二百十六傑二百十七傑二百十八

俊百八三　俊□　才百廿七子娶氏生卒俱闕子傑二百十九

俊百八四　貞　才百廿七子生卒闕

俊百八五　雲　才百廿七子生卒闕

俊百八六　夢泰　才百廿八子生崇禎十一年戊寅七月初二日卒康熙四十一年壬午正月廿六日壽六十五娶長石齋王氏生崇禎九年丙子十二月廿五日卒康熙十三年甲寅七月十四日年三十九葬黃考墩邊子傑二百二十傑百廿一女一適八都湛

俊百八七　聰　才百三十子娶氏生卒俱闕子傑二百廿二

俊百八八　明　才百三十子娶氏生卒俱闕

俊百八九　睿　才百三十子娶氏生卒俱闕

俊百九十　智　才百三十子娶氏生卒俱闕

俊百九一　臨　才百三十子娶氏生卒俱闕子傑二百廿三傑二百廿四傑二百廿五

俊百九二　科　才百三一子娶林氏繼娶王氏生卒俱闕子傑二百廿六

俊百九三　新　才百三一子住杭州娶王氏生卒俱闕傑二百廿七傑二百廿八傑二百廿九晚年出家

俊百九四　穎賓　才百三三子生崇禎八年乙亥九月廿一日卒康熙四十三年甲申十月十五日壽七十娶洪氏崇禎九年丙子十月十七日卒康熙

五十五年丙申十二月十二日壽八十一葬小洞嶴子傑二百三十傑二百三一女適跨塘周

俊百九五　令聞　才百三四子生卒闕娶陶氏生康熙廿八年己巳六月廿七日卒乾隆廿四年己卯十二月廿八日壽七十一葬樟樹下蘇家河汫子傑二百三二

俊百九六　綱　才百三四子生卒闕

俊百九七　常　才百三四子生卒闕

俊百九八　繼志　才百三五子生康熙三十七年戊寅十月初十日卒乾隆廿六年辛巳三月廿九日壽六十四娶貴駟橋劉氏生康熙三十六年丁丑六月廿一日卒乾隆十七年壬申十月廿一日年五十六葬野猪畈考墳左子傑二百三三傑二百三四傑二百三五傑二百三六傑二百三六出繼

俊百九九女長適虞次適邵

俊百九九　櫏　才百三五子生康熙三十九年庚辰正月初九日卒乾隆十五年庚午十一月初二日年五十一娶徐氏生康熙四十二年癸未十月廿三日卒乾隆廿五年庚辰九月十四日年五十八葬野猪畈考墳右俊百九八子傑二百三六入繼

俊二百　俊十八　才百三六子娶氏生卒俱闕

俊二百一　俊廿六　才百三六子娶氏生卒俱闕

俊二百二　**俊强**　才百三六子生正月初四日卒七月初七日娶裘氏生九月初十日卒正月初五日葬貓爪灑頭子傑二百三七

俊二百三　**長源**　才百三九子生正月十七日卒九月廿六日娶洪氏生二月初六日卒十月初八日葬汶溪孔家山子傑二百三八傑二百三九女適五都康

俊二百四　**閏**　才百四十子娶畢氏生卒俱闕子傑二百四十

俊二百五　**之濤**　才百四三子生順治十四年丁酉六月廿七日卒康熙六十年辛丑十二月初五日壽六十五娶□氏生卒闕葬靈山西側

俊二百六　**之澄**　才百四三子生順治十六年己亥十二月十七日卒康熙五十九年庚子五月廿七日壽六十二娶劉氏生康熙十八年己未十月廿五日卒乾隆廿一年丙子十一月十四日壽七十七葬靈山西側子傑二百四一傑二百四二傑二百四二出繼俊二百七

俊二百七　**之鮮**　才百四三子生康熙五年丙午十月十三日卒雍正二年甲辰三月廿一日年五十九娶傅氏生康熙□年八月十一日卒乾隆□年五月十三日葬靈山西側俊二百六子傑二百四二入繼女適李

俊二百八　**增福**　才百四四子生卒闕未娶

俊二百九　**觀泗**　才百四六子生順治十二年乙未十二月三十日卒康熙四十九年庚寅八月廿九日年五十六葬陸家地娶嚴氏絕子傑二百四三傑二百

俊二百十　仲浩　才百四六子生順治十五年戊戌十一月初五日卒康熙四十四年己酉四月二十日年四十八娶□氏生卒闕

俊二百十一　敏　才百四八子娶盛氏生卒俱闕子傑二百四五

俊二百十二　金星　才百四九子娶氏生卒俱闕子傑二百四六傑二百四七

俊二百十三　之渭　才百五一子生順治十三年丙申二月初二日卒康熙四十七年戊子三月廿四日年五十三娶王氏生康熙三年甲辰十二月廿六日卒康熙四十九年庚寅五月廿九日年四十七葬靈山西側子傑二百四八傑二百四九傑二百九十女長適舒次適葛三適戴

俊二百十四　之瀾　才百五三子娶邱洋王氏生卒俱闕子傑二百五一

俊二百十五　之漣　才百五三子娶朱氏生卒俱闕子二百五二女長適裘次未許三適甯海王

俊二百十六　之淵　才百五三子娶王氏生卒俱闕子傑二百五三傑二百五四

俊二百十七　廷瓚　才百五五子生康熙十六年丁巳正月十八日卒雍正十年壬子正月十三日年五十六娶葛氏生康熙廿六年丁卯七月初三日卒十月十九日葬錢家橋南首傑二百五五傑二百五六傑二百五七傑二百五八女長適徐次適葛三適洪四適舒

俊二百十八　廷元　才百五五子生康熙二十年辛酉十二月十二日卒雍正二年甲辰五月初二日年四十四娶四都前宅孔氏生康熙三十二年癸酉二月十七日卒乾隆三十二年丁亥餘闕年七十四葬里濟橋地下田子傑二百五九

俊二百十九 **廷嵦** 才百五五子生康熙廿九年庚午六月初三日卒闕娶邵氏生康熙三十三年甲戌七月廿一日卒乾隆廿九年甲申五月初十日壽七十一子傑二百六十傑二百六一

俊二百二十 **鳳岐** 才百五六子生康熙廿二年癸亥九月十六日卒康熙□年八月廿五日葬陸家地

俊二百廿一 **鳳儀** 才百五六子生康熙廿四年乙丑餘闕卒康熙五十二年癸巳四月十三日年二十九未娶

俊二百廿二 **廷振** 才百五六子娶應氏生卒俱闕

俊二百廿三 **式富** 才百六七子娶氏生卒俱闕子傑二百六二

俊二百廿四 **式其** 才百六七子生六月初九日卒六月十四日娶應氏生十一月初八日卒六月初一日子傑二百六三

俊二百廿五 **志浩** 才百七一子生順治十年癸巳三月廿七日卒康熙五十五年丙申二月十六日壽六十四娶徐氏生七月初六日卒七月廿二日繼娶邵氏生八月初八日卒十二月十五日葬蘆頭俞家橋西首子傑二百六四徐氏出傑二百六五邵氏出

俊二百廿六 **志洪** 才百七一子生正月十七日卒十月初六日娶張氏生二月十二日卒五月初三日繼娶張氏生九月廿一日卒十月初三日葬汶溪李將軍廟舊地名徐祖墓子傑二百六六傑二百六七

俊二百廿七 **志洽** 才百七二子生康熙七年戊申二月廿二日卒乾隆十二年丁卯八月十二日壽八十娶大邑城內劉氏生康熙七年戊申九月十

九日卒乾隆十六年辛未正月十五日壽八十四葬樟樹下蘇家屋東首
坐北朝南子傑二百六八

俊二百廿八　志滀　才百七二子生康熙十年辛亥十月初八日卒乾隆二年丁巳三月初四日壽六十七娶本邑盛氏生康熙十七年戊午二月十五日卒乾隆十二年丁卯十一月廿九日壽七十葬樟樹下蘇橋西坐西向東子傑二百六九女適監生盛勝千

俊二百廿九　志渭　才百七二子生康熙十四年乙卯六月十九日卒乾隆四年己未六月十五日壽六十五娶本都石路頭蘇氏生康熙十六年丁巳十一月初八日卒康熙四十一年壬午十月十七日年二十六繼娶蘇氏生康熙三十年辛未正月廿九日卒乾隆十二年丁卯正月初七日年五十七葬顏家橋北坐西朝東子傑二百七十元配出傑二百七一傑二百七二傑二百七三傑二百七四繼娶出女長適樟橋邵友次適慈城馮

俊二百三十　志潢　才百七二子生康熙十七年戊午十一月十二日卒乾隆十六年辛未十二月初二日壽七十四娶本邑傅氏　敕封安人生康熙十九年庚申八月初四日卒乾隆廿七年壬午閏五月初一日壽八十三葬觀莊橋八都石堰山北首坐西朝東子傑二百七五傑二百七六傑二百七七

俊二百三一　志涵　才百七二子生康熙百二年癸亥十一月初七日卒乾隆廿二年丁丑十一月二十日壽七十五娶曹氏生康熙廿七年戊辰十月初二日卒乾隆五年庚申十一月十九日年五十三葬本里馬鞍橋西岸坐西朝東子傑二百七八傑二百七九傑二百八十傑二百八一傑二百八二女適同邑余在豊

俊二百三二 志澄 才百七三子生康熙二年癸卯十二月十九日卒雍正十三年乙卯八月初七日壽七十三娶徐氏生康熙十一年壬子十二月廿六日卒康熙三十九年庚辰五月初九日年二十九繼娶張氏生康熙□年十二月廿□日卒乾隆□年八月初五日壽八十葬杜郭美人山子傑二百八三傑二百八四傑二百八五傑二百八六傑二百八七張氏出

俊二百三三 學海 才百七四子生闕卒十月初二日娶盛氏生闕卒二月初五日葬膓子山子傑二百八八傑二百八九傑二百九十

俊二百三四 志俊 才百七五子娶陳氏側室□氏生卒俱闕葬顏家楯子傑二百九一傑二百九二

俊二百三五 志英 才百七五子娶聶氏生卒俱闕子傑二百九三傑二百九四傑二百九五

俊二百三六 永樂 才百七七子娶沈氏繼娶貝氏生卒俱闕葬燕窠子傑二百九六傑二百九七貝氏出

俊二百三七 汝載 才百七八子生順治七年庚寅九月初二日卒康熙四十九年庚寅八月□日壽六十一娶舒氏生康熙二年癸卯十月廿八日卒乾隆九年甲子六月十一日壽八十二葬燕窠子傑二百九八傑二百九九

俊二百三八 租述 才百七八子娶劉氏生卒俱闕子傑三百傑三百一

俊二百三九 兆㫰 才百七九子生順治十六年己亥九月廿九日卒康熙廿六年丁卯九月廿九日年二十九娶沈氏生順治十七年庚子正月二十日卒康熙四十三年甲申三月廿七日年四十五葬更樓方家河東子傑三百二

俊二百四十　**俊培**　才百八十子生康熙四年乙巳十月十一日卒康熙四十一年壬午餘闕年三十七娶氏生卒闕子傑三百三

俊二百四一　**元壽**　才百八一子生卒闕年五十餘不娶

俊二百四二　**志崧**　才百八二子娶氏生卒俱闕子傑三百四

俊二百四三　**祥惠**　才百八三子生康熙廿二年癸亥八月初一日卒闕娶蘇氏生卒闕俊二百四六子傑三百五入繼

俊二百四四　**增達**　才百八四子生康熙廿一年壬戌九月二十日出住黃巖卒闕娶蘇氏生康熙三十四年乙亥十一月廿六日卒康熙五十二年癸巳九月廿七日年十九

俊二百四五　**增燚**　才百八四子生康熙廿四年乙丑三月初五日卒闕娶米氏生卒闕子傑三百六

俊二百四六　**祥林**　才百八五子娶氏生卒俱闕子傑三百七傑三百八傑三百九傑三百五傑三百五出繼俊二百四三

俊二百四七　**申甫**　才百八六子生康熙廿八年己巳四月二十日卒闕娶氏生卒闕子傑三百十傑三百十一傑三百十一出繼俊二百四九

俊二百四八　**武雲**　才百八六子生康熙三十一年壬申十一月二十日卒康熙四十六年丁亥餘闕年十六未娶

俊二百四九　**文甫**　才百八六子生康熙四十四年乙酉五月廿五日卒闕娶氏生卒闕俊二百四七子傑三百十一入繼

俊二百五十　**宏甫**　才百八六子生康熙四十七年戊子四月餘闕娶氏生卒闕子傑三百十二傑三百十三

俊二百五一　祥洪　才百八七子生卒闕

俊二百五二　祥祿　才百八七子出暹羅國

俊二百五三　長興　才百八八子娶氏生卒俱闕子傑三百十四傑三百十五

俊二百五四　增榮　才百八九子生康熙廿一年壬戌六月廿一日卒乾隆九年甲子九月初二日壽六十三娶貴驅橋劉氏生康熙廿八年己巳十二月十七日卒雍正二年甲辰十一月初六日壽三十六繼娶邵家滙邵氏生康熙三十六年丁丑二月廿五日卒乾隆四十八年癸卯正月十二日壽八十七葬九龍山路西大石磊下土名宣家鼻子傑三百十六劉氏出傑三百十七邵氏出女適城內裴振聲

俊二百五五　增耀　才百八九子生康熙廿四年乙丑十月初二日卒乾隆二十年乙亥餘闕壽七十一娶蘇氏生卒闕葬九龍山子傑三百十八

俊二百五六　增祥　才百八九子生卒闕葬九龍山

俊二百五七　增潛　才百八九子生卒闕葬九龍山

俊二百五八　明倫　才百九二子生康熙三十四年乙亥十月初五日卒乾隆廿四年己卯九月廿六日壽六十五娶張氏生康熙四十七年戊子閏三月十五日卒闕葬蓮家橋河東辛山乙向子傑三百十九

俊二百五九　机　才百九二子生康熙三十七年戊寅十一月十九日卒闕

俊二百六十　子艮　才百九二子生卒闕

俊二百六一　廷球　才百九五子生卒闕

俊二百六二　廷訓　才百九六子生卒闕

俊二百六三　廷謨　才百九六子生卒闕

俊二百六四　廷烈　才百九六子生卒闕

俊二百六五　子艮　才百九七子生卒闕

俊二百六六　孝則　才百九八子生卒闕

俊二百六七　廷祥　才百九九子生康熙四十一年壬午十月廿五日卒乾隆十六年辛未七月十二日年五十娶王氏生康熙四十五年丙戌五月初一日卒乾隆五十四年己酉正月初七日壽八十四子傑三百二十傑三百廿一

俊二百六八　廷乾　才百九九子任官海衛西門娶氏生卒俱闕子傑三百廿二傑三百廿三

俊二百六九　廷德　才百九九子生卒闕

俊二百七十　廷華　才二百子生卒闕

俊二百七一　良才　才百二二百子娶氏生卒俱闕子傑三百廿四

俊二百七二　士桂　才二百二子住衢州

俊二百七三　三官　才二百二子

俊二百七四　九齡　才二百二子俱另詳遷徙譜

俊二百七五　俊聰　闕　才二百三子生康熙廿四年乙丑七月廿九日卒闕娶應氏生卒

俊二百七六　俊耐　才二百三子生卒闕

俊二百七七　俊嘉　才二百三子生卒闕

俊二百七八　毀占　先世未詳遷鄞縣胡陳另詳遷徙譜

俊二百七九　祖德　才二百六子生卒闕

俊二百八十　祖恩　才二百七子娶氏生卒俱闕子傑三百廿八傑三百廿九

俊二百八一　兆昌　才二百十二子娶汪氏生卒俱闕傑三百三十

俊二百八二　兆祥　才二百十二子生卒闕

俊二百八三 **兆相** 才二百十二子生卒闕

俊二百八四 **兆方** 才二百十二子生卒闕

俊二百八五 **惠能** 才二百十三子生乾隆二年丁巳八月初三日卒嘉慶十四年己巳九月廿五日壽七十三娶徐氏生卒闕繼娶葉氏生乾隆十五年庚午十月初二日卒道光十二年壬辰九月廿六日壽八十三葬天德庵後子傑三百三一

俊二百八六 **大經** 才二百十三子住紹興孫端鎮生卒闕

俊二百八七 **成宗** 才二百十四子娶氏生卒俱闕子傑三百三二傑三百三三

俊二百八八 **光輝** 才二百十五子生康熙五十三年甲午十一月十七日卒乾隆四十五年庚子九月十七日年六十七娶王氏生康熙五十四年乙未九月十四日卒乾隆五十二年丁未二月十一日壽七十三側室沈氏生乾隆三年戊午七月廿八日卒乾隆五十六年辛亥十月十二日年五十四子傑三百三四傑三百三五傑三百三六

俊二百八九 **光耀** 才二百十六子遷居岱山另詳遷徙譜

俊二百九十 **光顯** 才二百十六子生卒闕

俊二百九一 **光連** 才二百十六子生康熙五十六年丁酉五月初九日卒乾隆四十年乙未正月廿七日年五十九娶氏生卒闕子傑三百四十

俊二百九二　**光學**　才二百十七子生康熙廿六年丁卯十二月廿三日卒乾隆四年己未七月廿四日年五十三娶氏生卒闕子傑三百四一

俊二百九三　**光贊**　才二百十八子生雍正二年甲辰餘闕卒乾隆六十年乙卯五月初四日壽七十二娶陳氏生卒闕子傑三百四二

俊二百九四　**光宗**　才二百十九子生康熙三十四年乙亥八月二十日卒乾隆元年丙辰八月初六日年四十二娶氏生卒闕

俊二百九五　**廷棟**　才二百二十子生卒闕娶張氏生康熙三十五年丙子十月初八日卒乾隆三十年乙酉三月廿四日壽七十葬高橋跟子傑三百四三傑三百四四傑三百四五

俊二百九六　**廷顯**　才二百二十子生康熙三十七年戊寅五月初九日卒乾隆三十年乙酉八月十九日壽六十八娶張氏生康熙四十二年癸未十月初九日卒乾隆四十五年庚子八月十八日壽七十八葬高橋跟河肚子傑三百四六傑三百四七

俊二百九七　**廷增**　才二百二十子生康熙四十四年乙酉二月十一日卒乾隆三十五年庚寅四月廿四日壽七十六娶氏生卒闕葬高橋河肚子傑三百四八傑三百四九

俊二百九八　**廷發**　才二百廿一子生康熙四十四年乙酉二月廿三日卒乾隆廿六年辛巳九月十八日年五十七娶童氏生康熙五十五年丙申十月十四日卒乾隆五十一年丙午正月初七日壽七十一葬徐家河汁子傑三百五十傑三百五一

俊二百九九　**廷榮**　才二百廿二子任小洞縣另詳遷徙譜

俊三百　廷華　才二百廿二子　生順治十八年辛丑七月初七日　卒康熙五十四年乙未二月初三日　年五十五

俊三百一　廷桂　才二百廿三子　生康熙五十三年甲戌五月初四日　卒乾隆五十年丙午閏七月十五日　壽七十三　娶蘇氏　生康熙五十六年丁酉四月十六日　卒乾隆廿二年丁丑九月廿六日　年四十一　繼娶蘇氏　生康熙五十一年壬辰六月初九日　卒乾隆五十年乙巳十一月十一日　壽七十四　葬官田畈　子傑三百五三　傑三百五四　傑三百五五　傑三百五六　傑三百五七

俊三百二　廷行　才二百廿三子　生康熙五十五年丙申十月十四日　卒乾隆四十一年丙申十二月十二日　壽六十一　娶羅氏　生雍正六年戊申九月十一日　卒乾隆五十六年辛亥十一月廿七日　壽六十四　葬官田畈朝南　子傑三百五八　傑三百五九　傑三百六十　傑三百六一

俊三百三　廷洽　才二百廿三子　生雍正二年甲辰四月初六日　卒乾隆五十九年甲寅六月初一日　壽七十一　娶嚴氏　生雍正十三年乙卯九月廿二日　卒嘉慶十四年己巳十二月廿二日　葬官田畈　子傑三百六二　傑三百六三

俊三百四　廷六　才二百廿三子　生卒闕　娶沈氏　生雍正　卒嘉慶廿一年丙子　徐嶴　子傑三百六四　傑三百六五　傑三百六六

俊三百五　廷貞　才二百廿三子　生雍正十一年癸丑六月初十日　卒嘉慶十年乙丑閏六月廿七日　壽七十三　娶□氏　生卒闕　子傑三百六七

俊三百六　廷元　才二百廿五子　生雍正六年戊申九月廿五日　卒乾隆廿九年甲申十二月十八日　年三十七　娶應氏　生雍正八年庚戌四月初六日　卒乾隆五十七年壬子九月十一日　壽六十三　葬徐家河斗灰墳側　子傑三百六八

俊三百七　廷華　才二百廿五子生四月初十日卒四月廿一日葬小靈山龍舌

俊三百八　廷棟　才二百廿五子生乾隆八年癸亥二月十三日卒道光五年[illegible]月初九日壽八十娶周氏生乾隆九年甲子四月初八日卒嘉慶六年辛酉九月十六日年五十八葬徐家河浒子傑三百六九傑三百七十
傑三百七一

俊三百九　廷寀　才二百廿五子生乾隆十六年辛未五月廿五日卒乾隆三十九年甲午十月初八日年二十四娶張氏生乾隆十八年癸酉十月廿九日卒乾隆四十五年庚子九月十七日年二十八葬徐家河浒父墳側子
傑三百七二

俊三百十　廷義　才二百廿六子生康熙四十一年壬午五月十五日卒乾隆二十年乙亥七月十九日年五十四娶王氏生康熙四十二年癸未餘闕卒乾隆十九年甲戌五月十五日年五十二葬東河沿子傑三百七三

俊三百十一　廷佐　才二百廿六子生康熙四十五年丙戌十月初七日卒乾隆三十年乙酉正月十八日壽六十娶沈氏生康熙五十年辛卯九月廿五日卒乾隆五十年乙巳□月廿二日壽七十五葬東河沿俊三百十子
傑三百七三兼祧

俊三百十二　廷玉　才二百廿六子生康熙五十七年戊戌五月初五日卒乾隆三十六年辛卯九月十五日年五十四娶□氏生卒闕葬小靈山龍舌
子傑三百七四

俊三百十三　大儀　才二百廿七子生康熙五十六年丁酉餘闕卒乾隆五十年乙巳三月廿九日壽六十九娶□氏生卒闕葬東橋頭南首子傑三百

俊三百十四　天榮　才二百廿七子生雍正元年癸卯十二月初九日卒乾隆五十六年辛亥四月初九日壽六十九娶周氏生闕卒嘉慶四年己未九月二十日葬東橋頭南首子傑三百七六傑三百七七傑三百七八

俊三百十五　廷興　才二百廿八子生康熙六十年辛丑八月十七日卒乾隆五十三年戊申正月初十日壽六十八娶朱氏生康熙餘闕卒乾隆五十二年丁未二月廿二日葬阮家橋子傑三百七九

俊三百十六　廷英　才二百廿八子生雍正三年乙巳九月廿七日卒嘉慶二年丁巳十一月廿四日壽七十三娶洪氏生雍正十三年乙卯五月初七日卒嘉慶十五年庚午四月初三日壽七十六葬阮家橋子傑三百八十傑三百八一傑三百八一出繼俊三百十七

俊三百十七　仁甫　才二百廿八子生八月廿五日卒十二月十三日娶洪氏生乾隆七年壬戌十月廿三日卒嘉慶十八年癸酉二月十九日壽七十二葬阮家橋俊三百十六子傑三百八一入繼

俊三百十八　仁紀　才二百廿八子生乾隆九年甲子八月十六日卒嘉慶十年乙丑九月十六日壽六十二娶趙氏生乾隆十八年癸酉十月十二日卒道光七年丁亥十一月廿四日壽七十五葬阮家橋子傑三百八二

俊三百十九　雲錦　才二百廿九子生康熙五十七年戊戌四月初八日卒乾隆四十七年壬寅九月廿五日壽六十五娶余氏生康熙五十七年戊戌六月初九日卒乾隆六十年乙卯十一月初九日壽七十八葬阮家橋東首子傑三百八三傑三百八四傑三百八五傑三百八六

後三百二十　光華　才二百三十子生康熙五十六年丁酉正月初一日卒乾隆四十五年庚子六月初八日壽六十四娶蔡氏生雍正二年甲辰九月初三日卒嘉慶八年癸亥三月初五日壽八十子傑三百八七傑三百八八

後三百廿一　光義　才二百三十子生康熙六十一年壬寅三月廿八日卒乾隆廿四年己卯九月廿五日年三十八娶韓氏生雍正十年壬子正月初三日卒乾隆廿七年壬午十一月初五日年三十一子傑三百八九

後三百廿二　正發　才二百三十子生雍正□年正月初六日卒乾隆□年十一月二十日娶張氏生雍正二年甲辰七月十八日卒乾隆四十一年丙申十月初八日年五十三繼娶鄭氏生乾隆八年癸亥七月十六日卒嘉慶六年辛酉十月初七日年五十九葬孔家橋子傑三百九十傑三百九一

後三百廿三　犇祥　才二百三一子娶氏生卒俱闕子傑三百九二

後三百廿四　光昌　才二百三三子生康熙六十一年壬寅三月十八日卒乾隆五十三年辛亥正月廿一日壽七十娶嚴氏生卒闕後三百廿七子傑三百九三

後三百廿五　光皓　才二百三四子

後三百廿六　光邦　才二百三四子兄弟俱住湖州娶氏生卒俱闕

後三百
廿七　光學　才二百三四子生乾隆二十年乙亥四月十一日卒道光元年辛巳二月初二日壽六十七娶邵氏生乾隆廿九年甲申八月十六日卒道光八年戊子正月初七日壽六十五葬滙底子滐三百九三

慈東費氏四修宗譜卷十六

世系傳四

二十世　西房玖三公派

傑一　**光榮**　俊一子生康熙三十一年壬申十月十九日卒乾隆廿四年己卯七月十五日壽六十八娶嚴氏繼娶夏氏生康熙三十六年丁丑正月十三日卒乾隆三十八年癸巳六月初四日壽七十七子興一嚴氏出興二興三夏氏出

傑二　**光華**　俊二子生康熙三十三年甲戌正月廿五日卒乾隆廿四年己卯八月廿七日壽六十六娶徐氏生康熙四十二年癸未十二月十八日卒乾隆四十一年丙申七月十一日壽七十四葬陶家灣頭子興四

傑三　**光美**　俊二子生康熙四十二年癸未餘闕娶洪氏生康熙四十三年甲申餘闕子興五

傑四　**光善**　俊二子生康熙四十八年己丑十二月廿三日卒乾隆四十四年己亥正月初八日壽七十一娶嚴氏生康熙五十七年戊戌二月初一日卒乾隆四十四年己亥八月三十日壽六十二子興六興七興八

傑五　**如**　俊三子生康熙十二年癸丑二月初六日卒雍正元年癸卯九月廿七日年五十一娶朱氏生康熙廿七年戊辰十月十三日卒乾隆廿一年丙子餘闕壽六十九子興九興十女長適本里金家適洪

傑六 **聖** 俊三子娶王氏生卒俱闕子興十一

傑七 **朝** 俊四子生康熙八年己酉六月十五日卒康熙五十五年丙申九月十四日年四十八娶王氏生康熙廿四年乙丑九月廿三日卒乾隆廿九年甲申正月初七日壽八十子興十二興十三興十四

傑八 **登** 俊四子娶嚴氏生卒俱闕子興十五興十六興十七

傑九 **發** 俊四子生康熙十八年己未六月初七日卒乾隆十六年辛未十二月廿四日壽七十三娶黄氏生康熙三十四年乙亥七月廿三日卒乾隆四十二年丁酉正月十六日壽八十三子興十八興十九

傑十 **林** 俊四子生康熙三十二年癸酉正月廿三日卒乾隆十七年壬申十一月初八日壽六十娶蘇氏生康熙三十六年丁丑七月十七日卒乾隆十九年甲戌十月十六日年五十八葬定林寺後子興二十興廿一

傑十一 **兆隆** 俊六子生康熙四十二年癸未十月十一日卒乾隆三十年乙酉八月十八日壽六十三娶徐氏生康熙四十八年己丑二月十三日卒乾隆五年庚申九月初五日年三十二繼娶方氏生卒闕子興廿二

傑十二 **兆昂** 俊六子生康熙□年四月廿六日卒正月廿四日未娶

傑十三 **兆經** 俊七子生康熙五十七年戊戌三月初九日卒乾隆三十二年丁亥二月初七日年五十娶嚴氏生卒闕

傑十四　兆欽　俊七子生康熙五十九年庚子十月初十日卒乾隆三十四年己丑十月廿二日年五十娶馮氏生雍正十年壬子正月十九日卒乾隆三十二年丁亥二月初三日年三十六子興廿三

傑十五　兆斌　俊八子娶張氏繼娶陳氏三娶朱氏生卒俱闕子興廿四張氏出興廿五陳氏出

傑十六　兆魁　俊八子娶氏生卒俱闕

傑十七　兆璘　俊八子住澄渡娶鎮海清水湖方氏生卒俱闕子興廿六

傑十八　兆煌　俊八子住登渡娶羅氏生卒俱闕子興廿七興廿八

傑十九　兆英　俊十一子生康熙四十九年庚寅八月初六日卒乾隆五十一年丙午九月初四日壽七十七娶嚴氏生康熙四十七年戊子五月十五日卒乾隆五十六年辛亥六月十六日壽八十四葬黃瓦車頭墳前西首子興廿九興三十興三一

傑二十　兆璋　俊十二子生康熙四十三年甲申十二月廿八日卒乾隆四十三年戊戌五月初八日壽七十五娶蘇氏生康熙四十三年甲申三月十八日卒乾隆廿四年己卯七月廿五日年五十六子興三二興三三一女長適錢家橋張奕適居呂陸呂

傑廿一　兆基　俊十二子生康熙五十六年丁酉四月十四日卒闕娶堰塘頭李氏生康熙六十年辛丑二月初五日卒乾隆五十年乙巳八月十九日壽六十五子興三四興三五

傑廿　四官　俊十四子仕岱山生卒闕
二
傑廿　海福　俊十五子娶杜氏生卒俱闕
三
傑廿　聖宗　俊十七子生雍正元年癸卯十一月二十日卒乾隆三十八年癸巳
四　十一月十九日年五十一
傑廿　光成　俊十八子生卒闕
五
傑廿　光煜　~~傑~~俊二十子生闕卒七月十八日娶張氏生卒闕
六
傑廿　光煒　俊二十子生康熙五十七年戊戌十一月初四日卒乾隆四十年乙
七　未十二月初四日年五十八娶張氏生雍正九年辛亥餘闕子興三
六
傑廿　兆勇　俊二十子生康熙六十年辛丑八月廿四日卒乾隆五十八年癸丑
八　九月十七日壽七十三娶沈氏生雍正九年辛亥二月十五日卒闕
子興三七
興三八
傑廿　兆勳　俊二十子生雍正八年庚戌八月初六日卒乾隆四十三年戊戌十
九　一月初六日年四十九娶周氏生乾隆四年己未八月初九日卒乾
隆四十五年庚子七月初六日年四十
五子興三九興四十興四一興四二
傑三　兆熾　俊廿一子生康熙五十三年甲午七月十五日卒乾隆五十八年癸
十　丑八月廿九日壽八十[illegible]生[illegible]六十一年壬寅九月十九日卒乾隆

卒乾隆六十年乙卯二月初九日壽
七十四子與四三與四四與四五
傑三一　兆燮　俊廿一子生康熙五十八年己亥十月廿六日卒乾隆四十七年壬
寅四月十八日壽六十四娶王氏生雍正十年壬子七月初五日卒
嘉慶十年乙丑正月初六日壽七十四葬樟樹下蘇家西北靴脚田子與
四六與四七與四八
傑三二　兆炳　俊廿一子娶姜氏生卒俱闕
傑三三　兆烈　俊廿一子生雍正十一年癸丑二月二十日卒嘉慶六年辛酉五月
十八日壽六十九娶胡氏生乾隆八年癸亥八月初九日卒嘉慶廿
二年丁丑正月十六日壽七十五葬附家匯圓畝坐甲向庚兼寅申子與
四九與五十
傑三四　兆烱　俊廿一子生雍正十三年乙卯　餘闕葬樟樹下蘇家靴脚田父墳側
傑三五　玉麟　俊廿二子娶沈氏生卒俱闕子與五一
傑三六　兆寵　俊廿二子生雍正十一年癸丑十二月廿三日卒乾隆五十九年甲
寅六月初二日壽六十二娶杜氏生乾隆十年乙丑十一月初十日
卒道光十四年甲午五月十五日壽九十側室李氏生乾隆□年九月十
四日卒五月十五日葬西邊屋後子與五二與五三與五四與五五與五
六與
五七
傑三七　兆渲　俊廿二子生乾隆八年癸亥七月廿九日卒嘉慶七年壬戌四月初
七日壽六十娶金氏生乾隆十五年庚午九月初八日卒道光十三

年癸巳十二月初三日壽八十
四子輿五八輿五九輿六十

傑三八 **兆仁** 俊廿三子生康熙四十一年壬午二月初二日卒闕娶應氏生卒闕

傑三九 **兆信** 俊廿三子生康熙五十六年丁酉四月初三日卒乾隆四十九年甲
辰十月廿九日壽六十七娶章氏生康熙四十七年戊子八月廿八
日卒雍正八年庚戌正月廿八日年二十三繼娶蔡氏生康熙五十六年
丁酉十一月廿八日卒乾隆四十八年癸卯二月初六日壽六十七子輿
蛤子名蛤遷孫昌
函值不列其次傳

傑四十 **兆義** 俊廿五子生康熙三十四年乙亥七月十六日卒乾隆五十二年丁
未二月十七日壽九十三娶朱氏生康熙三十五年丙子二月初四
日卒康熙五十七年戊戌四月初一日年二十三繼娶孔氏生康熙四十
一年壬午閏六月十五日卒雍正八年庚戌五月十三日年二十九三娶
周氏生康熙三十六年丁丑六月十三日卒乾隆十六年辛未閏五月初
五日年五十五子輿六一輿六二

傑四一 **兆禮** 俊廿五子生康熙三十六年丁丑十月十五日卒闕娶蘇氏生康熙
四十四年乙酉十月十四日卒乾隆五十年乙巳二月廿五日壽八
十一葬當公田洞圩
父墳邊子輿六三

傑四二 **兆智** 俊廿五子生康熙四十年辛巳十一月廿七日卒乾隆廿四年己卯
五月十五日年五十九娶蔡氏生康熙四十五年丙戌八月十七日
卒乾隆廿六年辛巳九月十一日年
五十六子輿六四輿六五輿六六

傑四三 招賢 俊廿七子生康熙五十三年甲午七月十四日卒闕娶姜氏生雍正九年辛亥二月廿九日卒闕子興四六七興六八

傑四四 魁占 俊廿八子隨母至白龍王堂施家濟韋姓

傑四五 兆顯 俊廿九子生雍正四年丙午正月十六日卒乾隆四十三年戊戌七月三十日年五十三娶氏生卒闕子興六九

傑四六 天賜 俊三一子娶氏生卒俱闕

傑四七 思成 俊三二子生雍正十三年乙卯八月十六日卒乾隆四十九年甲辰七月廿六日年九十不娶

傑四八 朝貴 俊三三子生卒闕

傑四九 如法 俊三六子生卒闕娶王氏生乾隆二年丁巳九月初十日卒乾隆四十九年甲辰十二月廿三日年四十八葬和尚橋小山裏

傑五十 成法 俊三六子生乾隆八年癸亥四月廿二日卒嘉慶十九年甲戌十月廿九日壽七十二娶□氏生卒闕葬和尚橋大山半山傑五四子興七三承嗣

傑五一 大法 俊三六子生乾隆□年四月廿一日卒闕娶徐氏生乾隆十三年戊辰餘闕卒道光二年壬午七月廿一日壽七十五葬夾𡋯

傑五二 如江 俊三七子生卒闕娶沈氏生乾隆五年庚申七月初十日卒乾隆四十五年庚子十月初三日年四十一葬和尚橋子興七十興七一

傑五三 如川 俊三七子生雍正八年庚戌十月初十日卒乾隆四十七年壬寅二月初八日年五十三娶邵氏生乾隆九年甲子九月初四日卒嘉慶

元年丙辰十一月初八日年五
十三葬和尚橋山腳子興七二

傑五四　如遠　俊三七子生雍正十一年癸丑八月初八日卒嘉慶元年丙辰十一月廿一日壽六十四娶陳氏生乾隆十六年辛未十月廿四日卒嘉慶六年辛酉九月廿八日年五十一葬和尚橋山腳東首子興七三

傑五五　如心　俊三七子生乾隆六年辛酉三月廿三日卒嘉慶十九年甲戌三月初九日壽七十四娶邵氏生乾隆十三年戊辰七月廿五日卒嘉慶十七年壬申正月初八日壽六十六
葬和尚橋小山子興七四興七五

傑五六　如德　俊三七子生卒闕

傑五七　際遇　俊三八子娶鄞邑張斌橋柳氏生卒俱闕厝上海會館子興七六興七七

傑五八　思章　俊三九子生乾隆五年庚申七月廿九日卒乾隆四十一年丙申正月二十日年三十七葬和尚橋娶曹氏絕子興七八

傑五九　思桂　俊三九子生乾隆九年甲子三月十九日卒嘉慶十五年庚午四月廿二日壽六十七娶應氏　誥贈宜人生乾隆廿一年丙子十月初五日卒乾隆四十年乙未正月初三日年二十繼娶邵氏　誥贈宜人生乾隆廿四年己卯十月二十日卒道光二十年庚子十二月初二日壽八十二葬江頭園子興
七九興八十興八一

傑六十　茂章　俊四一子生雍正三年乙巳七月初三日卒嘉慶元年丙辰六月十二日壽七十二娶朱氏生乾隆元年丙辰三月十一日卒乾隆四十

九年甲辰九月二十□日卒年四十□娶張氏生雍正十三年乙卯六月廿一日卒嘉慶六年辛酉十月初十日壽六十七葬和尚橋小山子興八二興八三

傑六一 **日章** 俊四一子生雍正八年庚戌八月初六日卒嘉慶十五年庚午二月三十日壽八十一娶鄭氏生乾隆五年庚申十月廿六日卒嘉慶十五年庚午三月三十日壽七十一葬和尚橋大山子興八四興八五興八六

傑六二 **汝章** 俊四一子娶氏生卒俱闕

傑六三 **忠行** 俊四二子生雍正六年戊申七月廿七日卒乾隆四十八年癸卯十月廿一日年五十六娶沈氏生乾隆三年戊午三月廿七日卒嘉慶十五年庚午十月初九日壽八十三葬假山地

傑六四 **思舟** 俊四二子生乾隆七年壬戌二月十四日卒乾隆四十四年己亥二月十七日年三十八娶鄒氏生乾隆九年甲子九月廿二日卒道光三年癸未正月廿三日壽八十葬墳田子興八七

傑六五 **日升** 俊四三子生卒闕

傑六六 **聚財** 俊四四子生卒闕

傑六七 **廷奎** 俊五一子生乾隆□年八月十八日卒道光二年壬午三月廿六日娶貝氏生乾隆五十一年丙午九月初九日卒道光五年乙酉七月

□日年四十葬
杜郭子興八八

傑六八　廷豐　俊五一子生乾隆三十二年丁亥十一月十二日卒乾隆五十一年
丙午十月初一日年二十未娶

傑六九　廷國　俊五一子生卒闕未娶

傑七十　光裕　俊五三子生康熙四年乙巳十二月廿四日卒雍正十一年癸丑十
一月廿三日壽六十九娶張氏生康熙五年丙午六月初九日卒雍
正七年己酉閏七月十六日壽六十四繼娶陳氏生闕卒乾隆九年甲子五
月初八日葬新橋橫河父墳邊子興八九興九十興九一

傑七一　光禧　俊五三子生康熙七年戊申十月初三日卒十二月初一日娶應氏
生康熙□年六月廿九日卒正月初八日葬阮家橋才四四公墳邊
子興
九二

傑七二　有生　俊五四子自十六歲出外無查

傑七三　傑□　俊五五子諱字生卒俱闕

傑七四　有福　俊五六子娶氏生卒俱闕

傑七五　朱壽　俊五六子生卒闕

傑七六　官保　俊五六子娶氏生卒俱闕子興九三興九四興九五

傑七七 四德 俊五六子生康熙三十二年癸酉八月初八日卒乾隆廿三年戊寅七月廿六日壽六十六娶鄭氏生卒闕葬阮家橋上西首子興九六

傑七八 聖論 俊五七子娶毛氏生卒俱闕子興九七

傑七九傑八十俱住杭州仁和縣太平橋王家河頭另詳

遷徙譜

傑八一 傑喜 俊六三子娶邵氏生卒俱闕

傑八二 成德 俊六三子娶沈氏生卒俱闕葬保國寺山子興百二

傑八三 章侯 俊六四子生康熙十二年癸丑十二月初六日卒乾隆十三年戊辰九月十八日壽七十六娶戚氏生康熙□年十一月二十日卒正月初八日繼娶盛氏生康熙□年十月廿六日卒正月十七日葬小靈山子興百三興百四

傑八四 章百 俊六四子生康熙廿六年丁卯五月廿一日卒乾隆廿五年庚辰十月廿八日壽七十四娶蘇氏生卒闕子興百五興百六興百七興百八

傑八五 華星 俊六五子生卒闕娶杜氏生康熙四十四年乙酉六月廿八日卒乾隆十五年庚午十月初二日年四十六子興百九興百十興百十一興百十二

傑八六 石其 俊六六子生卒闕娶傅氏生康熙四十六年丁亥十月廿九日卒嘉慶四年己未九月十七日壽九十三子興百十三興百十四興百十五興百十六興百十七

傑八七 榮壽 俊六七子出外無查

傑八八 天植 俊六八子遷居岱山高亭另葬遷徙譜

傑八九 天相 俊六八子生康熙三十一年壬申十月初三日卒乾隆三十一年丙戌二月廿九日壽七十五娶王氏生康熙四十四年乙酉四月初七日卒乾隆三十六年辛卯九月十五日壽六十七葬杜郭白虎首子興百廿一興百廿二興百廿三興百廿四

傑九十 天祥 俊六八子生卒闕葬杜郭青龍首第一穴娶周氏絕

傑九一 强 俊七一子生康熙五十九年庚子七月廿一日卒乾隆五十八年癸丑四月初七日壽七十四娶邵氏生雍正十年壬子五月二十日卒乾隆五十二年丁未四月初一日年五十六子興百廿五

傑九四 偉才 俊七七子生雍正十二年甲寅十月廿五日卒嘉慶廿一年丙子二月初二日壽八十三娶鄭氏生雍正九年辛亥餘闕子興百廿六

傑九五 景才 俊七七子生雍正九年辛亥三月初二日卒四月十七日娶龔氏生雍正十三年乙卯十二月十二日卒嘉慶廿二年丁丑十一月初三日壽八十三葬牛尾河汁子興百廿七興百廿八興百廿九興百三十興百三一

傑九六　**成才**　俊七七子生乾隆十年乙丑十月初五日卒嘉慶十五年庚午六月初十日壽大十六娶陸氏繼娶陳氏生卒俱闕葬田野馮路傍朝東　子興百三二

傑九七　**友才**　俊七八子生乾隆六年辛酉八月初五日卒乾隆五十八年癸丑四月二十日年五十三娶丁氏生闕卒三月初八日葬百丈河斗繼娶馮氏生乾隆廿一年丙子十月廿二日卒道光十四年甲午七月初一日壽七十九葬前神殿後子興百三三興百三四興百三五興百三六

傑九八　**文明**　俊七九子生乾隆四年己未十月初七日卒嘉慶廿三年戊寅二月廿二日壽八十娶嚴氏生乾隆三年戊午正月初六日卒嘉慶十九年甲戌二月十一日壽七十七葬錢家橋下金家灘內子興百三七興百三八

傑九九　**安明**　俊七九子生乾隆十八年癸酉四月初九日卒嘉慶廿四年己卯六月初九日壽六十七娶蘇氏生乾隆廿一年丙子四月十一日卒嘉慶四年己未四月廿四日年四十四葬牛尾河斗東橋頭陸姓屋前子興百三九興百四十

傑一百　**傑□**　俊八十子諱字生卒俱闕

傑百一　**傑□**　俊八十子諱字生卒俱闕

二十世　欽四公派

傑百二　**士鳳**　俊八二子生乾隆六年辛酉九月二十日卒闕娶蘇潯馮氏生乾隆十一年丙寅正月二十日卒闕

傑百三　廷佐　俊八四子住杭州闘富三橋東首

傑百四　傑□　俊八四子住杭州闘富三橋東首

傑百五　梓　俊八五子生乾隆元年丙辰餘月娶洪氏生乾隆十年乙丑七月十四日卒闕子興百四一

傑百六　天祚　俊八五子生乾隆十七年壬申正月三十日卒闕

傑百七　振三　俊八七子娶應氏生卒俱闕子興百四二

傑百八　千　俊八八子生卒闕

傑百九　擎　俊八八子生卒闕

傑百十　安　俊八九子生卒闕

傑百十一　康　俊八九子生卒闕

傑百十二　挺　俊九二子生卒闕

傑百十三　存　俊九三子娶劉氏生卒俱闕子興百四二

傑百十四　儀　俊九四子生卒闕

傑百十五　相　俊九四子生卒闕

傑百十六　振南　俊九八子生康熙廿四年乙丑四月初四日卒乾隆十七年壬申十月十八日壽六十九娶應氏生康熙三十三年甲戌八月三十日卒

闕子興百四四

傑百廿七　昂　俊一百子遷居定海岑港另詳遷徙譜

傑百廿八　英　俊百一子住河南

傑百十九　燕　俊一百子住河南

傑百二十　廷貴　俊百二子生康熙七年戊申五月廿四日卒闕娶童氏生康熙十七年戊午正月十六日卒闕子興百四七興百四八女長適王次適應

三適周四適

嚴五適葛

傑百廿一　廷臣　俊百二子娶陸氏生卒俱闕子興百四九

傑百廿二　文顯　俊百三子娶應氏生卒俱闕子興百五十女適李溪渡郭

傑百廿三　文德　俊百四子娶氏生卒俱闕子興百五一

傑百廿四　文瑞　俊百七子生卒闕

傑百廿五　文美　俊百七子娶氏生卒俱闕子興百五二興百五三

傑百廿六　文徐　俊百八子娶趙氏生卒俱闕子興百五四興百五五

傑百廿七　文如　俊百九子生卒闕

傑百廿八　文龍　俊百九子住杭州娶氏生卒俱闕子興百五六興百五七興百五七

出繼傑百廿九

傑百廿九　文裕　俊百九子生康熙四十七年戊子正月十八日卒乾隆九年甲子五月十四日年三十七娶葛氏生卒闕葬小洞鼻龜山朝東傑百廿八子興百五七八繼

傑百三十　梅　俊百十子生康熙廿四年乙丑十月二十日卒乾隆十三年戊辰二月廿八日壽六十四娶王氏生康熙三十八年己卯正月初六日卒雍正十一年癸丑正月十九日年三十五葬童王許姓屋側朝北子興百五八興百五九

傑百三一　達　俊百十子生康熙廿七年戊辰十月初五日卒闕娶姚氏生康熙三十九年庚辰十一月廿七日卒闕葬過橋子興百六十興百六一興百六二

傑百三二　方　俊百十一子娶氏生卒俱闕子興百六三興百六四

傑百三三　霞　俊百十二子娶顏氏生卒俱闕子興百六五興百六六興百六七

傑百三四　**賓**　俊百十二子住杭州娶張氏生卒俱闕子興百六八興百六九興百七十

傑百三五　**恩**　俊百十二子生卒闕

傑百三六　**槎**　俊百十三子生康熙三十三年甲戌八月十六日卒乾隆廿五年庚辰十二月初十日壽六十七娶蘇氏生康熙四十九年庚寅正月廿一日卒闕側室韓氏生雍正五年丁未十月十五日葬靈山脚下西南角朝南　傑百三七子興百七一入繼

傑百三七　**典**　俊百十三子住杭州湖墅娶氏生卒俱闕子興百七一興百七二興百七三興百七一出繼傑百三六

傑百三八　**亦松**　俊百十三子住杭州湖墅娶氏生卒俱闕子興百七四興百七五

傑百三九　**錦三**　俊百十四子生康熙廿五年丙寅四月十五日卒乾隆十六年辛未十月十九日壽六十六娶顧氏生康熙廿三年甲子七月十五日卒闕葬宅後大園朝子興百七六興百七七興百七八

傑百四十　**祖祥**　俊百十五子生卒闕未娶

傑百四一　**亦松**　俊百十五子生康熙五十年辛卯十二月十四日卒闕

傑百四二　**亦臨**　俊百十六子生康熙三十二年癸酉九月廿七日卒乾隆十八年癸酉八月十八日壽六十一娶翁氏生康熙三十七年戊寅餘闕繼娶蘇氏生康熙五十三年甲午二月十七日卒闕葬寺舉山山子興百七九　翁氏出女適蟹浦余

傑百四三　亦保　俊百十七子生康熙三十五年丙子餘闕卒乾隆二年丁巳六月十
二日年四十二娶邵氏生康熙四十年辛巳十一月初七日卒闕子
興百
八十

傑百四四　廷元　俊百十九子生卒闕未娶

傑百四五　廷美　俊百十九子生順治十五年戊戌九月初九日卒乾隆三年戊午正
月初六日壽八十一娶朱氏生康熙十五年丙辰正月十六日卒乾
隆廿四年己卯十一月十八日壽八十
四子興百八一　興百八二　興百八三

傑百四六　振錫　俊百廿一子住鎮海生卒闕

傑百四七　招錫　俊百廿一子住鎮海生卒闕

傑百四八　海福　俊百廿二子娶氏生卒俱闕子興百八四

傑百四九　袁錫　俊百廿三子生康熙十年辛亥四月廿一日卒乾隆四年己未八月
二十日壽六十九娶馮氏生卒闕葬大園南首子興百八五　興百八
六

傑百五十　陳錫　俊百廿三子生卒闕娶蘇氏生康熙四十七年戊子十一月十三日
卒乾隆四十四年己亥正月廿二日壽七十二葬茶亭山子興百八
七

傑百五一　貞錫　俊百廿四子生康熙三十二年癸酉十一月十七日卒乾隆四十六年辛丑七月廿八日壽八十九娶貞馴橋劉氏生康熙廿九年庚午八月十一日卒乾隆廿八年癸未十月十七日壽七十四葬鮑家橋北首田子與百八八與百八九女適丁河吳

傑百五二　寵錫　俊百廿四子生康熙三十五年丙子六月初五日卒乾隆四十二年丁酉九月十七日壽八十二娶孔氏生康熙四十年辛巳四月二十日卒乾隆四十一年丙申六月十七日壽七十六葬茶亭山南向子興百九十女適更樓朱

傑百五三　啓煊　俊百廿五子生康熙四十五年丙戌八月十七日卒乾隆三十二年丁亥十一月初一日壽六十二葬靈山鎮倒屋山不娶

傑百五四　啓昆　俊百廿六子生闕卒康熙五十六年丁酉四月二十日葬茶亭山未娶

傑百五五　啓坊　俊百廿六子生闕卒雍正二年甲辰八月餘闕葬茶亭山未娶

傑百五六　啓昌　俊百廿六子生卒闕年五十二出家鎮海縣海雲庵爲僧娶陳氏生康熙四十年辛巳四月十七日卒乾隆十八年癸酉四月十三日年五十三葬鮑家橋南田子興百九一

傑百五七　啓龍　俊百廿七子生卒闕娶應氏絶

傑百五八　啓賢　俊百廿八子住福建娶氏生卒俱闕

傑百五九　啓賀　俊百廿八子住福建娶氏生卒俱闕

傑百六十　劉錫　俊百廿九子生九月二十日卒闕娶劉氏生八月十四日卒八月廿五日葬大圖南子興百九二

傑百六一　槐錫　俊百廿九子生康熙廿四年乙丑八月初五日卒乾隆六年辛酉正月十八日年五十七娶劉氏生康熙廿六年丁卯九月廿八日卒乾隆三十二年丁亥七月初三日壽八十一葬茶亭山子興百九三興百九四興百九五

傑百六二　廷槐　俊百三十子生康熙廿五年丙寅十一月十八日卒乾隆十一年丙寅四月十四日壽六十一娶方氏生康熙三十二年癸酉二月初三日卒康熙五十三年甲午二月廿五日年二十二繼娶□氏生康熙三十五年丙子四月初四日卒乾隆廿六年辛巳八月廿九日壽六十六葬鮑家橋南首田子興百九六　氏出

傑百六三　廷佳　俊百三十子生康熙廿九年庚午十一月初七日卒乾隆廿五年庚辰七月初三日壽七十一娶粟氏生康熙三十二年癸酉二月初六日卒乾隆三十五年庚寅六月初八日壽七十八葬筱溪水閣亭西河□田子興百九七興百九八

傑百六四　漢木　俊百三一子娶盛氏生卒俱闕葬小虎山顔家田

傑百六五　廷顯　俊百三四子住餘姚海頭未詳

傑百六六　鳳占　俊百三九子生康熙十三年甲寅十二月廿九日卒八月十二日娶張氏生康熙廿九年庚午三月廿二日卒闕葬小虎山顔家地

傑百六七　宇交　俊百四五子娶應氏生卒俱闕子興百九九

傑百六八 廷梧 俊百四大子生康熙五十五年丙申八月初三日卒乾隆廿一年丙子七月初四日年四十一娶大坊橋林氏生康熙五十九年庚子六月初二日卒乾隆廿一年丙子七月初四日年三十七子與二百

傑百六九 贖濟 俊百四七子生康熙五十九年庚子餘闕娶文溪童氏生闕卒乾隆元年丙辰三月初十日葬阮家橋子與二百一與二百二與二百三

傑百七十 廷喈 俊百四九子生康熙六十年辛丑五月十九日卒九月廿六日娶洪家坳洪氏生雍正七年己酉九月廿八日卒乾隆十八年癸酉十月廿二日年廿五繼娶大河沿林氏生雍正十三年乙卯二月十八日卒乾隆廿九年甲申六月廿二日年三十子與二百四與二百五林氏出

傑百七一 梧 俊百五十子生卒闕未娶

傑百七二 標 俊百五十子生康熙五十七年戊戌十月初八日卒闕娶周氏生雍正十三年乙卯二月廿七日卒闕

傑百七三 梅 俊百五十子生雍正二年甲辰八月二十日卒闕娶童氏生卒闕子與二百六與二百七

傑百七四 紹南 俊百五十子生雍正十一年癸丑三月廿七日卒闕

傑百七五 榛 俊百五二子生乾隆七年壬戌正月廿一日卒闕

傑百七六 廷桓 俊百五四子生康熙十四年乙卯三月十九日卒闕娶清水湖張氏生康熙二十年辛酉餘闕卒正月初十日子與二百八與二百九與二百十

傑百七七　廷植　俊百五四子生康熙十七年戊午八月廿四日卒乾隆十五年庚午十一月十七日壽七十三娶張氏生康熙三十年辛未九月十四日卒乾隆十九年甲戌九月十九日壽六十四葬下新橋子輿二百十一女適王

傑百七八　廷方　俊百五四子娶杭州朱氏生卒俱闕子輿二百十二輿二百十三輿二百十四

傑百七九　廷傳　俊百五五子娶氏生卒俱闕

傑百八十　廷世　俊百五九子娶氏生卒俱闕

傑百八一　廷濟　俊百九五子娶氏生卒俱闕子輿二百十五

傑百八二　廷柱　俊百五六子娶氏生卒俱闕子輿二百十六

傑百八三　廷槐　俊百五六子生康熙十四年乙卯二月初三日卒乾隆十八年癸酉二月廿五日壽七十九娶沈氏生卒闕葬小澗塢朝東向子輿二百十七

傑百八四　廷春　俊百五七子住杭州生康熙三十六年丁丑二月十七日卒闕娶蕭山顧氏繼娶杭州鄒氏三娶鄭氏生卒俱闕顧鄒鄭三氏俱葬小澗塢翁姑墳右下側四娶金夾塢金氏生康熙四十三年甲申二月廿五日卒闕

傑百八五　廷模　俊百五七子生康熙四十一年壬午九月初七日卒乾隆元年丙辰三月初七日年三十五娶李氏生康熙四十九年庚寅十二月二十

日卒雍正九年辛亥十一月初二日年二十二葬小洞嶴父墳右下側

傑百八六　廷枚　俟百五七子生康熙四十五年丙戌五月初二日卒雍正六年戊申九月十一日年二十三葬小洞嶴考墳右下側未娶

傑百八七　廷楷　俟百五七子生康熙四十七年戊子三月三十日卒闕娶徽籍江氏生康熙五十九年庚子正月十七日卒闕

傑百八八　國杏　俟百五八子生康熙廿八年己巳正月廿二日卒乾隆十四年己巳六月三十日壽六十一娶沈氏生康熙廿四年乙丑五月初二日卒十一月十九日繼娶翁氏生康熙四十年辛巳六月十五日卒三月十三日三娶蘇氏生康熙三十七年戊寅十一月初五日卒乾隆[illegible]三十二年丁亥十月廿九日壽七十

傑百八九　國本　俟百五八子生康熙三十一年壬申十一月廿九日卒乾隆十四年己巳八月初五日年五十八娶應氏生康熙三十六年丁丑三月二十日卒乾隆廿八年癸未四月初八日壽六十七葬賜谷亭沈婆屋後子興二百十八

傑百九十　世禎　俟百五九子生卒闕未娶

傑百九一　世英　俟百五九子住湖州府長興縣竹橋港鎮生康熙五十六年丁酉餘闕娶周氏生卒闕子興二百十九興二百二十興二百廿一

傑百九二　世華　俟百五九子住湖州府長興縣竹橋港鎮生康熙五十九年庚子餘闕娶□氏生卒闕

傑百九二　世南　俟百六十子生卒闕娶葉氏絕子興二百廿二

傑百九四　廷晃　俊百六一子生康熙三十八年庚辰八月廿四日卒乾隆十二年丁
卯十二月十二日年四十八娶鄭西濤頭劉氏生康熙四十四年乙
酉六月廿四日卒闕葬寺嶺口
顏家地朝南向子興二百廿三

傑百九五　娃留　俊百六一子生卒闕未娶

傑百九六　娃容　俊百六二子娶林氏生卒俱闕葬官田畈子興二百廿四興二百廿
五女適蕭楊橋周

傑百九七　廷才　俊百六二子生卒闕娶應氏生康熙□年十一月初二日卒乾隆廿
一年丙子四月初六日傑百九八子興二百廿大入繼後出家女長
適奎文適應三
適章四適朱

傑百九八　廷飛　俊百六二子生康熙六年丁未六月廿九日卒乾隆十年乙丑正月
初九日壽七十九娶陳氏生康熙三十年辛未二月廿五日卒乾隆
十二年丁卯十一月十六日年五十七葬官田畈考墳邊朝東向子興二
百廿六興二百廿七興二百廿六出繼傑百九七

傑百九九　光通　俊百六六子生康熙十九年庚申□月初三日卒闕娶劉氏生康熙
二十年辛酉六月廿二日卒闕子興二百廿八

傑二百　光如　俊百六六子娶氏生卒俱闕女適高路頭王

傑二百一　大乙　俊百六八子生五月初五日卒十□月初二日娶周氏生闕卒十一
月廿一日子興二百廿九興二百三十

杰二百二　小乙　俊百六八子娶氏生卒俱闕

傑二百三　魁先　俊百七十子生卒闕

傑二百四　倫　俊百七二子生卒闕

傑二百五　松　俊百七二子生卒闕

傑二百六　喬　俊百七二子生卒闕

傑二百七　友直　俊百七三子生康熙三十五年丙子十二月初九日卒乾隆四年己未二月初十日年四十四娶洪氏生康熙三十七年戊寅十一月初八日卒乾隆廿二年丁丑三月十一日壽六十葬鮑家橋朝東子興二百三一　興二百三二

傑二百八　友良　俊百七三子生康熙五十年辛卯十一月廿四日卒闕娶夏氏生康熙六十一年壬寅十一月初六日卒闕子興二百三三　興二百三四

傑二百九　紹禎　俊百七五子生卒闕未娶

傑二百十　廷梓　俊百七七子生康熙廿三年甲子八月廿四日卒乾隆□年五月初五日娶朱氏生康熙三十一年壬申卒乾隆十六年辛未餘闕子興二百三五

傑二百十一　廷揚　俊百七八子生康熙二十七年戊寅十月初五日卒闕娶朱氏生康熙四十八年己丑正月初四日卒乾隆廿六年辛巳十二月廿九日年五十三葬桿鈎邵高涧子興二百三六

傑二百十二 **寶** 俊百七九子娶氏生卒俱闕

傑二百十三 **奇** 俊百七九子娶袁氏生卒俱闕子興二百三七

傑二百十四 **茂會** 俊百八一子生卒闕未娶

傑二百十五 **茂林** 俊百八一子生康熙四年乙巳二月初四日卒雍正九年辛亥十二月十二日壽六十七娶鄭氏陳氏生康熙廿七年戊辰閏六月初二日卒闕葬小洞興祠墳西地子興二百三八興二百三九興二百四二興二百四二出繼傑二百廿一

傑二百十六 **汝春** 俊百八二子娶氏生卒俱闕

傑二百十七 **汝酉** 俊百八二子出外生卒闕

傑二百十八 **汝福** 俊百八二子住甯城上塔寺前娶氏生卒俱闕子興二百四十

傑二百十九 **汝貴** 俊百八三子娶氏生卒俱闕

傑二百二十 **汝枚** 俊百八六子生順治十八年辛丑七月十六日卒雍正五年丁未三月初四日壽六十七娶鄭氏生九月十五日卒康熙四十九年庚寅三月十八日葬夏家嶴子興二百四一

傑二百廿一 **汝植** 俊百八六子生康熙七年戊申八月十八日卒雍正四年丙午十月十九日年五十九娶凡氏生康熙九年庚戌四月初六日卒雍

十七年□酉六月廿三日卒六十壽露子號翁邑下傑二百十五子與二百四二八繼

傑二百廿二 有秋 俊百八大子娶杭州口氏生卒俱闕

傑二百廿三 有福 俊百九一子娶氏生卒俱闕

傑二百廿三 有壽 俊百九一子生卒闕

傑二百廿五 海星 俊百九一子生卒闕

傑二百廿六 有慶 俊百九二子生康熙十九年庚申五月廿二日卒乾隆十三年戊辰八月廿九日壽六十九娶林氏生康熙三十一年壬申十月廿八日卒闕 子與二百四 三女適潘

傑二百廿七 廷揚 俊百九三子生卒闕

傑二百廿八 廷蘭 俊百九三子住杭州娶李氏生卒俱闕子與二百四四與二百四五

傑二百廿九 廷王 俊百九三子娶氏生卒俱闕女長適張次適周住杭州晚年出家

傑二百三十 汝霖 俊百九四子生順治十七年庚子十月廿六日卒雍正六年戊申三月十九日壽六十九娶郘氏生順治十八年辛丑五月十三日卒康熙三十八年己卯七月十四日年三十九繼娶孔氏生康熙四年乙巳十二月廿一日卒康熙四十七年戊子正月十九日年四十四三娶朱

氏生康熙八年己酉七月十一日卒乜
月十三日子與二百四六與二百四七
傑二百三一　汝植　後百九四子娶陶氏生卒俱闕葬小洞鼻子與二百四八與二百
四九與二百五十與二百五一
傑二百三二　汝陶　後百九五子住洋墅生康熙五十五年丙申七月十六日卒闕娶
洋墅徐氏生康熙五十九年庚子十二月初四日卒闕子與二百
五二
傑二百三三　楠　後百九八子生康熙五十七年戊戌五月初三日卒乾隆四十四年
己亥六月十三日壽六十二娶鎮邑劉氏生康熙五十六年丁酉六
月初二日卒乾隆廿七年壬午七月廿五日年四十六繼娶張氏生康熙
六十年辛丑五月廿九日卒闕葬祖墳東南首子與二百五三與二百五
四與二百六十與二百
六十出繼傑二百三六
傑二百三四　進忠　後百九八子生雍正五年丁未十二月十七日卒乾隆五十三年
戊申四月十五日壽六十二娶邵氏生乾隆元年丙辰十月廿九
日卒乾隆四十三年戊戌八月初九日年四十三
葬蘇家地子與二百五五與二百五六
傑二百三五　康衢　後百九八子生雍正十二年甲寅十一月初十日卒乾隆四十五
年庚子九月初一日年四十七娶黃氏生乾隆七年壬戌正月十
二日卒闕葬樟樹下欲家子與二
百五七與二百五八與二百五九
傑二百三六　退思　後百九九子生雍正七年己酉十二月初五日卒乾隆廿五年庚
辰八月十二日年三十二娶[illegible]氏生雍正七年己酉七月十

九月卒乾隆廿九年甲申四月廿二日年
三十六傑二百三三子興二百六十八繼

傑二百三七 **汝倫** 後二百二子生康熙四十一年壬午六月十二日卒乾隆十八年
癸酉二月廿七日年五十二娶葛氏生康熙五十年辛卯九月廿
五日卒乾隆五十一年丙午二月十三日
壽七十六葬猫爪漲頭子興二百六

傑二百三八 **汝繼** 後二百三子生康熙三十四年乙亥八月十一日卒雍正五年丁
未六月廿八日年三十三娶應氏生康熙三十三年甲戌九月廿
八日卒康熙六十年辛丑十二月廿五日年二十八繼娶孔氏三十二歲
守節生康熙三十五年丙子三月十八日卒乾隆□年十二月十七日葬
汶溪孔家山考墳側子興二百六
二應氏出女適留車橋趙孔氏出

傑二百三九 **汝協** 後二百三子生康熙四十二年癸未正月十五日卒乾隆六年辛
酉十二月初四日年三十九娶宗氏生康熙三十九年庚辰六月
十五日卒闕子興二
百六三興二百六四

傑二百四十 **官壽** 後二百四子娶盛氏生卒俱闕子興二百六五興二百六六

傑二百四一 **學** 俊二百六子住河南陳州府生康熙四十五年丙戌七月廿五日卒
闕娶楊氏生卒闕子興二百六七興二百八六興二百六九

傑二百四二 **杞** 俊二百七子生康熙五十五年丙申十一月十九日卒乾隆四十七
年壬寅十二月廿八日壽六十七娶應氏生雍正十年壬子二月初
一日卒嘉慶三年戊午九月十二日壽六十七葬馬鞍橋子興二百七十
興二百七一 興二百七二

傑二百四三　煅英　俊二百九子生康熙三十二年癸酉十一月十三日卒闕娶邵氏生康熙三十七年戊寅卒乾隆十九年甲戌六月十二日年五十七子與二百七三與二百七四

傑二百四四　文英　俊二百九子住洋墅娶孫氏生卒俱闕子與二百七五與二百七六與二百七七

傑三百四五　文龍　俊二百十一子住杭州城隍山丁仙閣娶氏生卒俱闕子與二百七八

傑二百四六　成法　俊二百十二子生卒闕

傑二百四七　國才　俊二百十二子生卒闕

傑二百四八　天喜　俊二百十二子生卒闕

傑二百四九　言順　俊二百十三子生卒闕

傑二百五十　言富　俊二百十三子生卒闕

傑二百五一　錙二　俊二百十四子生卒闕

傑二百五二　萬甯　俊二百十五子生卒闕

傑二百五三　謨　俊二百十六子生康熙五十六年丁酉五月十五日卒嘉慶年丙辰七月廿三日壽八十娶徐氏生康熙六十一年壬寅六月十七日卒

卒闕子與二百七九與
二百八十與二百八一

傑二百五四　誥　後二百十六子生卒闕考娶

傑二百五五　楷　後二百十七子遷居舟山城內另詳遷徙譜

傑二百五六　本　後二百十七子遷居舟山城內另詳遷徙譜

傑二百五七　格　後二百十七子生康熙五十三年甲午十[illegible]月初五日卒十一月二十日娶邵氏生康熙五十七年戊戌八月廿[illegible]日葬念母橋子與二百八七與二百八八

傑二百五八　先　後二百十七子遷居舟山金藏嶺鹽倉前另詳遷徙譜

傑二百五九　志歐　後二百十七子生康熙五十九年庚子十一月廿五日卒闕娶邵氏生康熙六十一年壬寅九月廿九日卒乾隆五十六年辛亥十一月十三日壽七十葬念母橋高祖墳北首子與二百九一與二百九二

傑二百六十　永祥　後二百十九子生雍正八年庚戌十一月初六日卒乾隆四十七年壬寅餘闕年五十三娶劉氏生雍正四年丙午八月十大日卒闕子與二百九三與二百九四

傑二百六一　永吉　後二百十九子住上海生雍正十二年甲寅七月十六日卒乾隆五十八年癸丑九月三十日壽六十娶邵氏生雍正八年庚戌六

月二十日卒，闕。側室周氏，生乾隆九年甲子十月初三日，卒闕。子：與二百九五、與二百九六、與二百九七、與二百九八。

傑二百六二 **洪季** 俊二百廿三子。娶氏，生卒俱闕，葬小洞墓石洲廟對面。子：與二百九九。

傑二百六三 **英蓀** 俊二百廿四子。生九月二十日，卒十□月二十日。娶禹氏，生正月二十日，卒正月廿七日，葬小洞墓石洲廟對面。子：與三百。

傑二百六四 **宗槐** 俊二百廿五子。生康熙□年二月廿二日，卒乾隆□年九月十一日，壽七十一。娶童氏，生康熙□年二月廿七日，卒五月廿二日，葬里清橋孟字門顯蓀後山。子：與三百一。

傑二百六五 **宗校** 俊二百廿五子。生康熙五十三年甲午正月十三日，卒乾隆三十四年己丑十月初二日，年五十六。娶成氏，生康熙五十六年丁酉四月十九日，卒嘉慶三年戊午十二月十六日，壽八十二，葬夾廟河西園地。子：與三百二、與三百三、與三百四。

傑二百六六 **宗樳** 俊二百廿六子。生八月廿三日，卒六月十五日。娶盧氏，生正月初七日，卒十二月十二日，葬跨塘菴西首。子：與三百五、與三百六、與三百七、與三百八。

傑二百六七 **讓木** 俊二百廿六子。娶孫氏，生卒俱闕。子：與三百九、與三百十。

傑二百六八 **宗楷** 俊二百廿七子。生康熙三十八年己卯正月初五日，卒乾隆十五年庚午十一月廿二日，年五十二。娶本邑裘氏，敕封安人，生康熙三十六年丁丑正月十八日，卒乾隆三十一年丙戌五月廿三日，壽七十，葬車橋東北白雲菴西首。子：與三百十一、與三百十二。

傑二百六九 吹塤 俊二百廿八子生康熙四十二年癸未十月廿一日卒乾隆廿六年壬午十一月十六日卒乾隆廿六年辛巳九月初一日壽六十葬東㡛山上名裴灣坐戌向辰子與三百十三與三百十四與三百十五女長適本城為次適貴勝菴
年辛巳九月十八日年五十九娶本邑邵氏生康熙四十一年壬
下東盛三適宗

傑二百七十 宗梧 俊二百廿九子生康熙三十七年戊寅正月初二日卒雍正四年丙午三月十九日年二十九娶本邑邵氏生康熙三十六年丁丑五月廿六日卒康熙五十八年己亥六月廿五日年二十三繼娶徐氏欽旌節孝詳貞節録生康熙三十七年戊寅九月廿三日卒乾隆十五年庚午九月廿五日年五十三葬後胡河南河塗坐北朝南傑二百七一子與三百十六入繼女適鎮邑清水湖張邵氏出

傑二百七一 宗樞 俊二百廿九子生康熙四十七年戊子五月廿七日卒乾隆五十二年丁未正月廿九日壽八十娶蘇氏生康熙四十四年乙酉十二月初二日卒雍正十三年乙卯二月廿一日年三十一繼娶王氏生康熙五十五年丙申十一月十九日卒乾隆五十六年辛亥八月初二日壽七十六㑹同室温州永嘉縣陳氏生雍正四年丙午九月廿八日卒嘉慶六年辛酉十二月廿一日壽七十六葬江頭園子與三百十六與三百十七與三百十八出繼傑二百七十俱陳氏出女長適章橋𥓓蘇氏出次適五都𢊍王氏出三適慈城姚四適本寓蘇陳氏出

傑二百七二 宗朱 俊二百廿九子生康熙五十七年戊戌十月廿七日卒乾隆五十年乙巳十月初一日壽六十八娶王氏生康熙五十八年己亥十月十八日卒嘉慶三年戊午九月初六日壽八十葬王家埠財神殿後子與三百十八與三百十九與三百二十女長適章橋徐次適洪塘鎮洪三適

要樓
朱

傑二百七三　宗樑　後二百廿九子生康熙六十一年壬寅三月廿四日卒嘉慶七年壬戌七月二十日壽八十〇一娶鎮邑鄭氏生康熙五十九年庚子三月廿四日卒嘉慶十年乙丑十一月十七日壽八十六葬王家岸財神殿後子與三百廿一女長適邱洋王次適慈城陳三適奉橋錢

傑二百七四　宗梅　後二百廿九子生雍正四年丙午三月初一日卒嘉慶八年癸亥二月廿九日壽七十八娶盧氏生雍正二年甲辰三月廿五日卒嘉慶元年丙辰九月初七日壽七十三側室福建興化府莆田縣翁氏生乾隆十一年丙寅七月初七日卒乾隆四十八年癸卯八月廿五日年三十八葬用湖後胡子與三百廿二與三百廿三盧氏出與三百廿四翁氏出

傑二百七五　宗楨　後二百三十子生康熙四十二年癸未三月廿八日卒乾隆三十八年辛卯六月初四日壽六十九娶十三都雙橋張氏　側封安人生康熙四十一年壬午正月十三日卒乾隆廿一年丙子七月廿二日年五十五側室陶氏生康熙五十二年癸巳八月初一日卒乾隆十六年辛未七月十七日年三十九葬孫家橋金家屋西首土名八角田子與三百廿五與三百廿六與二百廿七陶氏出女長適青林渡姜張氏出次適洋墅徐三適邵陶氏出

傑二百七六　禮言　後二百三十子生康熙年正月十四日卒雍正□年八月初六日年十九葬觀莊橋入都鳳凰山鳳翼未娶附父祀

傑二百七七　宗椒　後二百三十子生康熙五十八年己亥三月十八日卒乾隆五十一年丙午九月廿九日壽六十八娶本邑張氏生康熙五十六年

丁酉十一月十一日卒乾隆三十八年癸巳十二月初五日年五十七繼娶邵氏生雍正十一年癸丑四月十九日卒乾隆五十九年甲寅十一月初二日壽六十二葬十三都一啚朱角屋西坐東朝西兼南三分子與三百廿八與三百廿九與三百三十與三百三一與三百三二女長適邵次適鎮邑莊三適十三都裘張氏出

傑二百七八　宗相　俊二百三一子生康熙四十七年戊子十月初十日卒乾隆七年壬戌九月十三日年三十四娶宗氏生康熙四十五年丙戌五月十四日卒雍正九年辛亥二月廿一日年二十六繼娶宗氏生康熙五十六年丁酉十月十六日卒乾隆廿四年己卯八月十八日年四十三葬阮家橋河北河角子與三百三三女長適鄭邑小西壩王元鑑出次適劉三適童繼娶出

傑二百七九　宗李　俊二百三一子生康熙五十一年壬辰八月廿三日卒乾隆三十年乙酉十一月二十日年五十四娶韓氏　敕贈安人　晉贈夫人生康熙五十三年甲午六月十二日卒乾隆五十一年丙午十二月初四日壽七十三葬茂溪西嶴後山之陽土名老鼠嶺山三子文煜附葬子與三百三四與三百三五與三百三六女適同邑余

傑二百八十　宗松　俊二百三一子生康熙五十一年壬辰八月廿二日卒十月十三日娶徐氏生康熙五十五年丙申三月廿九日卒乾隆五十八年癸丑八月廿八日壽七十八葬天德菴跟後子與三百三七與三百三八與三百三九女適章橋王

傑二百八一　宗柏　俊二百三一子生康熙五十四年乙未十月初三日卒乾隆十九年甲戌八月廿五日年四十娶邵氏生康熙五十四年乙未十二

月初六日卒嘉慶十一年丙寅六月十七日壽九十二葬田墩嶺大路傍
子與三百四十與三百四一　女長適踏塘周亥適入都廉三適十三都姜
四適本
邑蘇

傑二百八二　宗桓　俊二百三一子生康熙五十八年己亥七月十一日卒嘉慶十一
年丙寅十一月初二日壽八十八娶王氏生康熙六十一年壬寅
五月廿一日卒乾隆十二年丁卯十月初四日年二十六繼娶莊氏生雍
正七年己酉五月初七日卒乾隆十年乙丑三月初十日年十七三娶邵
氏生雍正十一年癸丑二月廿九日卒乾隆六十年乙卯五月十六日壽
六十三葬河頭市西山墳題驛齋　子與三百四二與三百四三　女適余邵
氏
出

傑二百八三　宗標　俊二百三二子生康熙四十五年丙戌十月十三日卒乾隆十六
年辛未四月廿一日年三十三娶周氏生康熙四十一年壬午五
月廿七日卒雍正七年己酉四月十六日年二十八繼娶陳氏生康熙四
十八年己丑二月初一日卒乾隆五十三年戊申二月十三日壽八十葬
江頭園子與三百四四
與三百四五陳氏出

傑二百八四　宗榤　俊二百三三子生康熙□年四月廿六日卒十二月廿三日娶蔡
氏生康熙□年二月初五日卒六月廿一日繼娶張氏生康熙□
年四月十三日卒六月十九日三娶陳氏生康熙□年八月二十日卒十
一月廿四日葬長石橋子三百四六與三百四七

傑二百八五　杏輝　俊二百三二子生康熙五十一年壬辰六月十七日卒乾隆十七
年壬申三月三十日年四十一娶盛氏生康熙四十九年庚寅十

二月十一日卒乾隆十七年壬申五月廿九日年四十三葬長橋灣裏沈山上土名長橋頭子與三百四八與三百四九與三百五十與三百五一

傑二百八六　宗森　俊二百三二子生十二月廿二日卒二月十八日娶周氏生乾隆□年正月十二日卒嘉慶□年七月廿二日繼娶應氏生乾隆□年四月初一日卒嘉慶□年十一月廿八日三娶余氏生乾隆□年九月十五日卒闕葬頡家橋子與三百五二與三百五三

傑二百八七　宗杜　俊二百三二子生康熙五十九年庚子三月初三日卒乾隆四十年乙未二月廿一日年五十六娶應氏生康熙五十八年己亥九月廿六日卒嘉慶二年丁巳五月十八日壽七十九葬對河地田子與三百五四與三百五五與三百五六與三百五七

傑二百八八　裔藝　俊二百三三子娶氏生卒俱闕子與三百五八與三百五九

傑二百八九　裔功　俊二百三三子娶氏生卒俱闕葬牛港王子與三百六十

傑二百九十　裔遠　俊二百三三子生二月初七日卒十月廿九日娶鎮邑葛氏生六月初七日卒十月十八日葬四河港口子與三百六一與三百六二與三百六三

傑二百九一　祖德　俊二百三四子娶馮氏生卒俱闕

傑二百九二　宗忠　俊二百三四子生卒闕未娶

傑二百九三　廷楷　俊二百三五子娶應氏生卒俱闕子與三百六四

傑二百九四　廷模　俊二百三五子娶氏生卒俱闕

傑二百九五　廷楊　俊二百三五子生康熙四十九年庚寅正月初十日卒闕娶口氏生卒闕

傑二百九六　延壽　俊二百三六子生卒闕

傑二百九七　啓鳳　俊二百三六子生卒闕

傑二百九八　枝盛　俊二百三七子生康熙廿八年己巳二月初六日卒乾隆廿五年庚辰五月十七日壽七十二娶劉氏生康熙廿九年庚午八月初五日卒乾隆三十二年丁亥十二月廿四日壽七十八葬嚴家灘傑二百九九子興三百六五入繼

傑二百九九　枝喬　俊二百三七子生康熙三十三年甲戌九月廿七日卒乾隆廿八年癸未九月初一日壽七十娶紵氏生康熙三十五年丙子八月三十日卒乾隆廿七年壬午十月廿二日壽六十七葬嚴家灘子興三百六五興三百六六興三百六五出繼傑二百九八

傑三百　千　俊二百三八子生卒闕

八

傑三百一　木森　俊二百三九子生卒闕未娶

傑三百二　永言　俊二百三九子生康熙廿三年甲子九月二十日卒雍正十三年乙卯四月十六日年五十二娶鄧氏生康熙廿一年壬戌八月十一日卒乾隆十五年庚午二月廿三日壽六十九葬鮑約橋子興三百六七興三百六八興三百六九

傑三百三　之英　俊二百四十子生康熙五十八年己亥五月廿八日卒乾隆廿八年癸未九月廿六日年四十五娶劉氏生乾隆三年戊午正月廿七日卒乾隆五十四年己酉十月廿七日年五十二葬阮家橋子興三百七十

傑三百四　全福　俊二百四二子生卒闕

傑三百五　宗孝　俊二百四三子生康熙五十七年戊戌八月初七日卒闕娶陳氏生雍正八年庚戌四月十一日卒闕葬大園子興三百七一興三百七二興三百七三興三百七四興三百七五

傑三百六　元隆　俊二百四五子生卒闕

傑三百七　宗元　俊二百四六子娶邵氏生卒俱闕葬姜王陸家後背子興三百七六興三百七七興三百八七興三百七九

傑三百八　宗仁　俊二百四六子娶周氏生卒俱闕子興三百八十興三百八一興三百八二

傑三百九　宗悌　俊二百四六子娶婁氏生卒俱闕子興三百八三

傑三百十　宗柄　俊二百四七子娶婁氏生卒俱闕葬花園跟

傑三百十一　宗植　俊二百四九子生正月初九日卒三月廿二日娶成氏生十二月十二日卒三月初六日葬鳳嘴後大園南向子興三百八四興三百八五

傑三百十二　宗椅　倓二百五十子生卒闕

傑三百十三　宗相　倓二百五十子生卒闕

傑三百十四　宗周　倓二百五三子生卒闕

傑三百十五　宗範　倓二百五三子生卒闕

傑三百十六　正陞　倓二百五四子生康熙五十二年癸巳十二月初三日卒乾隆廿六年辛巳九月廿四日年四十九娶山頭黄黄氏生康熙五十六年丁酉二月廿六日卒乾隆四十五年庚子十一月初六日壽六十四葬九龍山父墳東首子興三百八六興三百八七興三百八八

傑三百十七　文鹿　倓二百五四子生雍正七年己酉七月廿三日卒乾隆廿四年己卯十一月廿四日年三十一娶本城羅氏生雍正六年戊申五月十一日卒嘉慶元年丙辰六月初十日壽六十九葬九龍山父墳西首子興三百八九女適蘇十招

傑三百十八　文榮　倓二百五五子生卒闕

傑三百十九　維聖　倓二百五八子生卒闕

傑三百二十　宗鎬　倓二百六七子生雍正十一年癸丑五月廿八日卒乾隆五十二年丁未正月初七日年五十五娶陳氏生雍正十一年癸丑正月初八日卒乾隆廿九年甲申六月初七日年三十二繼娶祁氏生雍正十三年乙卯八月廿四日卒嘉慶十四年己巳十月十一日壽七十五子興

三百九十與與三百九一與三百九
二與三百九二出繼傑三百廿一

傑三百廿一　宗錫　俊二百六七子生乾隆元年丙辰九月十八日卒於劉河娶王氏
生乾隆十四年己巳十月初五日卒乾隆四十一年丙申六月初
二日年二十八葬小園傑三
百二十子與三百九二入繼

傑三百廿二　震英　俊二百六八子仕官海衛西門生卒闕

傑三百廿三　紹南　俊二百六八子仕官海衛西門生卒闕

傑三百廿四　宗儒　俊二百七一子娶氏生卒俱闕子與三百九三

傑三百廿五　雄飛　俊二百七二子

傑三百廿六　辰

傑三百廿七　紹忠　先世未詳均詳遷徙譜

傑三百廿八　學維　俊二百八十子娶氏生卒俱闕傑三百廿九子與三百九六兼祧

傑三百廿九　介維　俊二百八十子娶氏生卒俱闕子與三百九六

傑三百三十　鼎立　俊二百八一子娶謝氏生卒俱闕葬鮑家橋子與三百九七

傑三百三一　凌雲　俊二百八五子生乾隆五十二年丁未六月廿六日卒咸豐六年丙辰十一月初一日壽七十娶應氏生嘉慶五年庚申九月廿二日卒道光廿四年甲辰六月廿一日年四十五葬官田畈子興三百九八

傑三百三二　南福　俊二百八七子生卒闕

傑三百三三　南壽　俊二百八七子生卒闕

傑三百三四　克恭　俊二百八八子生乾隆廿一年丙子九月廿五日卒道光六年丙戌六月廿八日壽七十一娶嚴氏生四月十二日卒三月廿三日繼娶王氏生乾隆廿三年戊寅五月廿七日卒嘉慶十五年庚午正月十八日五十三葬江頭圖傑三百三五子興三百九九入繼

傑三百三五　克繼　俊二百八八子生乾隆廿七年壬午九月廿二日卒道光六年丙戌八月十七日壽六十五娶陶氏生乾隆廿六年辛巳二月十三日卒道光十三年癸巳正月初三日壽七十三葬深水都子興三百九九興四百興三百九九出繼傑三百三四

傑三百三六　克儉　俊二百八八子

傑三百三七　克孝

傑三百三八　克忠

傑三百三九　克儀　俱住岱山念母嶴另詳續修譜

傑三百四十　萬嵩　俊二百九一子娶氏生卒俱闕子興四百七

傑三百四一　漢臣　俊二百九二子生卒闕

傑三百四二　克配　俊二百九三子生雍正七年己酉八月二十日卒乾隆三十一年丙戌十月廿八日年三十八娶嚴氏生雍正十一年癸丑三月廿三日卒乾隆六十年乙卯十一月初七日壽六十三子興四百八

傑三百四三　啓揚　俊二百九五子生雍正六年戊申十一月初八日卒嘉慶十五年庚午正月廿四日壽八十三娶邵氏生乾隆二年丁巳二月初五日卒乾隆四十五年庚子十一月十四日年四十四繼娶葉氏生乾隆二年丁巳餘闕卒嘉慶十一年丙寅餘闕壽七十葬高橋嶴子興四百九興四百十

傑三百四四　啓芳　俊二百九五子娶應氏繼娶周氏生卒俱闕葬江頭園興四百十一

傑三百四五　啓祥　俊二百九五子生康熙五十九年庚子七月十五日卒乾隆廿五年庚辰七月十四日年四十一娶王氏生卒闕子興四百十二

傑三百四六　德世　俊二百九六子生雍正三年乙巳七月二十日卒乾隆五十六年辛亥三月初五日壽六十七娶張氏生雍正六年戊申七月初十日卒乾隆五十一年丙午十月十三日年五十九葬江頭園東首子興四百十三興四百十四興四百十五

傑三百四七　啓承　俊二百九六子生雍正六年戊申七月十四日卒嘉慶六年辛酉五月十二日壽七十四娶嚴氏生卒闕繼娶莊氏生雍正七年己

酉十一月初九日卒嘉慶十二年丁卯十二月初五日壽七十九葬剌榴
壙跟子與四百十六與四百十七

傑三百四八　漢三　倹二百九七子生康熙六十一年壬寅十二月初二日卒乾隆五
十二年丁未八月十六日壽六十六娶謝氏生雍正十年壬子九
月初十日卒乾隆五十一年丙午二月十四日年五十五葬剌榴壙跟子
與四百十八與四百十九與四百二十

傑三百四九　啓東　倹二百九七子生雍正元年癸卯七月初七日卒乾隆四十一年
丙申二月十四日娶口氏生卒闕子與四百廿一

傑三百五十　啓賢　倹二百九八子生乾隆九年甲子十二月初六日卒乾隆五十七
年壬子十月初二日年四十九娶呂氏生乾隆二年丁巳八月十
三日卒嘉慶十四年己巳七月廿七日壽七十三葬徐家河汖子與四百
廿二與四百廿三

傑三百五一　啓元　倹二百九八子生乾隆十二年丁卯六月廿三日卒嘉慶十九年
甲戌七月十九日壽六十八娶徐氏生乾隆廿五年庚辰十月十
七日卒嘉慶十二年丁卯十二月三十日年四十八葬徐家河汖子與四
百廿四與四百廿五與四百廿六

傑三百五二　啓成　倹二百九九子住小洞嶨另詳湶徙譜

傑三百五三　啓明　倹三百一子生乾隆二年丁巳十月二十日卒嘉慶十七年壬申
正月二十日壽七十七娶蘇氏生乾隆七年壬戌七月廿九日卒
嘉慶六年辛酉五月初八日壽六十葬官田
敬子與四百三十與四百三一與四百三二

傑三百五四　啓英　倹三百一子生乾隆六年辛酉十一月初四日卒乾隆三十八年
癸巳十月十一日年三十三娶陸氏　欽旌節孝詳貞節湶生乾

隆十三年戊辰正月初五日卒嘉慶十九年甲戌七月十五日壽六十七葬牛尾河泮子與四百三三與四百三四

傑三百五五　**啓鳳**　俊三百一子生闕卒七月二十日年五十八娶嚴氏生闕卒二月廿七日年五十一葬爽包子與四百三五

傑三百五六　**啓玉**　俊三百一子生乾隆十五年庚午七月三十日卒乾隆五十年乙巳八月初三日年三十六娶趙氏絶子與四百三六

傑三百五七　**啓朝**　俊三百一子生乾隆十九年甲戌九月十八日卒道光十四年甲午二月初三日壽八十一娶陳氏生乾隆廿七年壬午三月十一日卒乾隆四十八年癸卯十月十八日年二十二繼娶毛氏生乾隆十八年癸酉十一月十九日卒道光四年甲申十一月十二日壽七十二葬姜房門前子與四百三七與四百三八與四百三九

傑三百五八　**啓發**　俊三百二子生乾隆十六年辛未十月初五日卒嘉慶十七年壬申大月廿六日壽六十二娶顧氏生乾隆十年乙丑正月十二日卒道光十八年戊戌七月初二日壽七十葬官田畈地田子與四百四十與四百四一與四百四二

傑三百五九　**啓辰**　俊三百二子生乾隆十三年戊辰六月十二日卒嘉慶七年壬戌五月十五日年五十五娶湯氏生乾隆廿五年庚辰二月初四日卒道光十五年乙未十二月廿九日壽七十六葬官田畈子與四百四三與四百四四

傑三百六十　**啓裕**　俊三百二子生乾隆十六年辛未五月初五日卒道光六年丙戌八月初一日壽七十六娶張氏生乾隆三十年乙酉七月初三日卒道光十五年乙未六月初五日壽八十一葬海跟坵子與四百四五與四百四六

傑三百　世龍　俊三百二子生卒闕未娶
六一

傑三百　啓堂　俊三百三子生乾隆三十二年丁亥五月初十日卒道光十二年
六二一　壬辰十二月十五日壽六十六娶張氏生乾隆四十年乙未六月
　廿六日卒咸豐二年壬子正月廿
　二日葬矮爸踩子與四百四七

傑三百　啓疆　俊三百三子生乾隆三十四年己丑三月初五日卒道光九年己
六三　丑六月十二日壽六十一娶□氏生卒闕葬牛尾河坍傑三百六
　二子與四百
　四七兼祧

傑三百　啓賓　俊三百四子生卒闕娶童氏生乾隆廿四年己卯六月初二日卒
六四　道光十二年壬辰二月廿三日壽七十四子與四百四八

傑三百　啓運　俊三百四子生卒闕娶戴氏絕子與四百四九
六五

傑三百　啓江　俊三百四子生乾隆四十三年戊戌七月初九日卒道光十七年
六六　丁酉三月初九日壽六十娶許氏生乾隆五十三年戊申正月初
　一日卒道光十五年乙未
　三月初四日年四十八

傑三百　啓鰲　俊三百五子仕杭州生乾隆三十五年庚寅正月初八日卒嘉慶
六七　十八年癸酉正月十四日年四十四娶洪氏生卒闕

傑三百　啓霖　俊三百六子生乾隆十五年庚午五月廿六日卒嘉慶廿四年己
六八　卯二月十四日壽七十娶陳氏生乾隆二十年乙亥正月初八日
　卒道光元年辛巳十月十二日年
　六十七葬夾爸子與四百五十

傑三百六九 啓秀 俊三百八子生乾隆二十九年甲午二月廿二日卒道光廿七年丁未十月初二日壽七十四娶應氏生乾隆五十七年丙午二月初二日卒道光十九年己亥十月初四日年五十四繼娶黃氏生乾隆五十九年甲寅六月十三日卒同治二年癸亥五月廿八日壽七十葬陳家河斗子與四百五一與四百五二黃氏出與四百五三應氏出與四百五三出繼傑三百七十

傑三百七十 啓範 俊三百八子生乾隆四十三年戊戌三月初三日卒嘉慶二十年乙亥十月初一日年三十八娶應氏　欽旌節孝詳貞節錄生乾隆五十五年庚戌七月廿八日卒道光廿二年壬寅十一月初七日年五十三葬天德菴安吉橋東首朝南傑三百六九子與四百五三入繼

傑三百七一 啓德 俊三百八子生乾隆四十八年癸卯三月十九日卒道光十五年乙未四月十一日年五十三娶洪氏生乾隆五十九年甲寅四月十九日卒同治六年丁卯七月二十日壽七十四葬牛尾河斗西首子與四百五四與四百五五與四百五六與四百五六出繼傑三百七二

傑三百七二 啓占 俊三百九子生乾隆三十九年甲午十月初二日卒嘉慶九年甲子五月二十日年三十一娶胡氏　欽旌節孝詳貞節錄生乾隆四十八年癸卯十月初四日卒咸豐五年乙卯九月初一日壽七十三葬牛尾河斗傑三百七一子與四百五六入繼

傑三百七三 永祥 俊三百十子生乾隆十三年戊辰閏七月初五日卒道光七年丁亥四月二十日壽八十娶陳氏生乾隆二十年乙亥十月初四日卒道光十年庚寅七月初七日壽七十六葬姜官嶺南首傑三百七四子與四百五七入繼

傑三百七四 維祥 俊三百十二子娶氏生卒俱闕葬姜官嶺南前首子與四百五七與四百五八與四百五七出繼傑三百七三

傑三百七五　新立　俊三百十三子出外無查

傑三百七六　永康　俊三百十四子生乾隆三十二年丁亥卒於蘇州娶姚氏生卒闕葬瓦爿灘子興四百五九

傑三百七七　永春　俊三百十四子生乾隆三十七年壬辰五月廿九日卒嘉慶二十年乙亥正月十九日年四十四葬瓦爿灘娶舒氏絶子興四百六十

傑三百七八　永堂　俊三百十四子生乾隆四十一年丙申三月廿六日卒道光九年己丑六月十一日年五十四娶周氏生乾隆五十一年丙午九月十一日卒同治十年辛未八月初五日壽八十六葬瓦爿灘子興四百六一

傑三百七九　國忠　俊三百十五子生卒闕葬阮家橋西首娶氏絶

傑三百八十　國富　俊三百十六子生乾隆廿二年丁丑十一月十四日卒道光十一年辛卯七月初十日壽七十五娶嚴氏生乾隆四十五年庚子四月廿四日卒道光七年丁亥七月廿六日年四十八葬阮家橋西首子興四百六二興四百六四興四百六四出繼傑三百八二

傑三百八一　國治　俊三百十七子生乾隆四十三年戊戌十二月十五日卒道光十九年己亥十月廿一日壽六十二娶翁氏生乾隆五十九年甲寅八月初二日卒嘉慶廿一年丙子正月廿九日年二十三繼娶沈氏生乾隆四十三年戊戌八月廿九日卒咸豐四年甲寅五月十七日壽七十七葬阮家橋西首子興四百六三

傑三百八二　天成　俊三百十八子生乾隆三十六年辛卯十月十八日卒道光十八
年戊戌七月十四日壽六十八娶居氏生乾隆四十年乙未十一
月十七日卒嘉慶十五年庚午正月初七日年三十六葬阮家橋西首傑
三百八十子興四百六四入繼

傑三百八三　永源　俊三百十九子生乾隆二年丁巳閏九月十二日卒嘉慶十一年
丙寅十一月十八日壽七十娶李氏生乾隆二年丁巳八月二十
日卒嘉慶七年壬戌十二月初三日壽六十六葬樟樹下[illegible]西後[illegible]灣子
興四百六五興四百六六

傑三百八四　永瀾　俊三百十九子生乾隆十二年丁卯十月廿二日卒嘉慶三年戊
午九月初八日年五十二娶姚氏生乾隆十一年丙寅六月廿一
日卒道光九年己丑六月初五日壽八十四葬東橋頭子興四百六七興
四百六八興四百六九興四百七十

傑三百八五　永清　俊三百十九子生乾隆十四年己巳十一月初二日卒嘉慶十三
年戊辰八月十一日壽六十娶孫氏生乾隆十三年戊辰十一月
廿六日卒乾隆五十三年戊申正月十一日年四十一葬孫家橋西南小
河圍子興四百七一興四百七二興四百七三興四百七四

傑三百八六　永濟　俊三百十九子生乾隆廿四年己卯六月初六日卒道光十一年
辛卯二月初一日壽七十三娶倪氏　例贈孺人生乾隆廿八年
癸未十二月二十日卒道光六年丙戌三月初四日壽六十四葬鎮邑北
山頭方八部[illegible]葬河卯酉向子興四百七五興四百七六興四百七七興四
百七
八

傑三百八七　克信　俊三百二十子生乾隆十三年戊辰七月廿七日卒乾隆五十七
年壬子五月初八日年四十五娶□氏生卒闕子興四百七九

[illegible]氏四修族譜 卷十九 西房玖國丞派 有志堂[illegible]

傑三百八八 克勤 傍三百二十子生乾隆廿三年戊寅六月三十日卒道光二年壬午七月初九日壽六十五娶胡氏生乾隆三十二年丁亥九月初九日卒嘉慶廿四年己卯八月初五日年五十三子與四百八十

傑三百八九 犬官 傍三百廿一子生卒闕娶嚴氏生乾隆三十一年丙戌二月初七日卒嘉慶十五年庚午六月廿三日年四十五葬阮家橋子與四百八一

傑三百九十 永定 傍三百廿二子娶氏生卒俱闕傑三百九一子與四百八二入繼

傑三百九一 永水 傍三百廿二子生乾隆廿六年辛巳四月十一日卒嘉慶七年壬戌九月廿九日年四十二娶顧氏生乾隆三十五年庚寅四月十八日卒嘉慶十五年庚午八月十八日年四十一葬阮家橋子與四百八二與四百八三與四百八二出繼傑三百九十

傑三百九二 國棟 傍三百廿三子生卒闕娶王氏生乾隆元年丙辰四月廿六日卒嘉慶十二年丁卯十一月初八日壽七十二葬百丈河汫子與四百八四與四百八五與四百八六與四百八七

傑三百九三 永芳 傍三百廿四子生乾隆四十六年辛丑十一月廿四日卒道光二年壬午七月十九日年四十二娶洪氏生乾隆四十六年辛丑八月廿八日卒嘉慶九年甲子十一月初八日年二十四繼娶包氏生乾隆五十三年戊申二月廿六日卒咸豐九年己未十一月廿三日壽七十二葬海眼圻子與四百八八承瑶派與四百八九與四百九十包氏出

世次傳五

二十一世　西房敀三公派

與一　**文玉**　傑一子生康熙五十七年戊戌十月初五日卒乾隆四十五年庚子八月廿九日壽六十三娶翁氏生康熙五十七年戊戌十二月廿一日卒乾隆五十六年辛亥十月廿八日七壽十四葬杜家漕子經一經二經三經四

與二　**文秀**　傑一子生雍正六年戊申九月十九日卒乾隆四十一年丙申十月廿六日年四十九娶張氏生乾隆十年乙丑五月十九日卒嘉慶十二年丁卯十一月初三日壽六十三葬杜家漕子經五

與三　**文才**　傑一子生雍正十一年癸丑七月十三日卒闕娶呂氏生卒闕

與四　**文明**　傑二子生乾隆元年丙辰十一月十六日卒乾隆五十八年癸丑十月初五日年五十八娶應氏生乾隆八年癸亥七月十五日卒道光元年辛巳七月廿六日壽七十九葬闕[illegible]滙頭子經六經七經八

與五　**文賢**　傑三子生卒闕

與六　**德兼**　傑四子生卒闕

興七　**德齡**　係四子生乾隆廿二年丁丑十月初八日卒乾隆六十年乙卯六月二十日年三十九

興八　**德修**　係四子生卒闕

興九　**文曾**　係五子生康熙四十九年庚寅十一月廿二日卒乾隆三十三年戊子二月十三日壽六十九娶王氏生康熙六十年辛丑八月廿一日卒二月十三日葬文昌會出繼娶吳氏生卒闕興十子經九入繼

興十　**文元**　係五子生雍正元年癸卯二月廿三日卒乾隆五十六年辛亥十月初十日壽六十九娶邵氏生乾隆二年丁巳二月十三日卒乾隆五十八年癸丑八月廿二日年五十七子經九經十經十一經十二經十三經九出繼興九

興十一　**文光**　係六子生康熙四十八年己丑八月十六日卒乾隆三十八年癸巳五月初十日壽六十五娶趙氏生康熙五十五年丙申五月廿四日卒乾隆廿九年甲申七月初七日年四十九子經十四

興十二　**文典**　係七子生康熙四十三年甲申十月十四日卒乾隆十三年戊辰六月十三日年四十五娶黃氏生康熙四十九年庚寅餘闕子經十五

興十三　**文選**　係七子生康熙四十六年丁亥六月十四日卒乾隆三十一年丙戌五月十二日壽六十娶蔣氏生康熙五十七年戊戌四月初二日卒闕子經十六經十七經十八

興十四　**文顯**　係七子生康熙五十六年丁酉十一月十二日卒乾隆五十二年丁未六月廿六日壽七十一娶呂氏生雍正六年戊申二月廿五日卒

闕子經九經二十經廿一

興十五　文耀　傑八子娶氏生卒俱闕

興十六　文貴　傑八子生卒闕

興十七　文瑞　傑八子生卒闕

興十八　文虎　傑九子生康熙五十三年甲午大月十一日卒乾隆三十九年甲午八月初九日壽六十一娶應氏生雍正元年癸卯二月初六日卒乾隆五十一年丙午八月初大日壽六十四子經廿二經廿三經廿四

興十九　文彪　傑九子生康熙五十七年戊戌正月初九日卒嘉慶四年己未正月十八日壽八十二娶湯氏生卒闕繼娶應氏生乾隆十三年戊辰二月初四日卒乾隆五十二年丁未正月十七日年四十子經廿五

興二十　文煥　傑十子生康熙六十一年壬寅六月廿一日卒乾隆四十一年丙申六月初七日年五十五娶湯氏生康熙六十年辛丑九月初五日卒乾隆廿七年壬午六月初七日年四十二繼娶陳氏生雍正元年癸卯二月十八日卒乾隆四十年乙未三月十八日年五十三葬呂清橋韓家地子經廿六湯氏出

興廿一　文灼　傑十子生雍正十一年癸丑六月初二日卒嘉慶十八年癸酉十一月廿三日壽八十一葬水碁畈胡家田內一穴未娶

興廿二 文德 傑十一子生雍正十年壬子四月初九日卒乾隆五十二年丁未十
一月廿六日年五十六娶應氏生乾隆元年丙辰十一月十八日卒
乾隆廿七年壬午四月初八日年二十七繼娶陳氏生乾隆十四年己巳
八月廿四日卒道光十年庚寅十二月初四日壽八十二子經廿七經廿
八經廿九經
三十陳氏出

興廿三 大 傑十四子生乾隆三十一年丙戌八月初七日卒闕

興廿四 文忠 傑十五子住花墅湖在京生埋生卒闕

興廿五 良才 傑十五子住京都生卒闕

興廿六 覺雲 傑十七子住登渡生卒闕

興廿七 經才 傑十八子住登渡生卒闕

興廿八 通寶 傑十八子住登渡生卒闕

興廿九 文達 傑十九子生雍正七年己酉閏七月十四日卒道光四年甲申二月
初五日壽九十六娶陶氏生雍正七年己酉正月十五日卒嘉慶二
十年乙亥八月廿六日壽八十七葬蘇家門前大河南首華表欄土爲記
子經三一經三二經三三

興三十 文聖 傑十九子生乾隆二年丁巳七月初六日卒乾隆五十四年己酉十
月三十日年五十三娶陳氏生乾隆三年戊午五月十三日卒乾隆

四十一年丙申三月初五日卒年三十九爲娶沈氏生乾隆十年乙丑二月
初一日卒嘉慶廿三年戊寅十一月初五日壽七十四葬慶雲橋南首子
經三四經三五
經三六經三七

興三一　文尚　傑十九子生乾隆十四年己巳正月廿六日卒嘉慶十年乙丑十一
月初七日年五十七娶周氏生乾隆十三年戊辰八月初一日卒道
光十年庚寅十一月十二日壽八十三葬
陶家港東首沿河高田子經三八經九三

興三二　文高　傑二十子生乾隆七年壬戌九月十〇八日卒乾隆五十五年庚戌十
月廿九日年四十九娶□氏生卒闕子經四十經四一經四二經助
來出家
保國寺

興三三　文照　傑二十子生乾隆九年甲子十月廿六日卒乾隆六十年乙卯五月
十八日年五十二娶余氏生乾隆十年乙丑十一月初九日卒道光
四年甲申九月初七日壽
八十子經四三經四四

興三四　文榮　傑廿一子生乾隆七年壬戌十二月三十日卒闕娶周氏生乾隆十
年乙丑十二月十四日卒闕繼娶孫氏生乾隆廿六年辛巳正月初
九日卒道光十八年戊戌
二月初五日壽七十八

興三五　文豐　傑廿一子生乾隆十四年己巳十一月十四日卒闕

興三六　文錦　傑廿七子生乾隆十四年己巳五月初三日卒道光二年壬午十一
月廿六日壽七十四娶周氏生乾隆十五年庚午九月廿八日卒嘉

慶廿四年己卯十月初二日壽七十
葬留公田小河汫子經四五經四大
興三七　文運　傑廿八子生乾隆廿四年己卯四月廿一日卒嘉慶六年辛酉十一
月初三日年四十三娶胡氏生卒闕與三八子經四大七入繼
興三八　文華　傑廿八子生乾隆廿九年甲申二月廿八日卒道光廿八年戊申十
二月初三日壽八十五娶嚴氏生乾隆廿九年甲申二月廿一日卒
道光十六年丙申四月初一日壽七十三側室陳氏生乾隆四十八年癸
卯三月十六日卒同治六年丁卯十一月廿一日壽八十五葬崗家灘關
三祿子經四七嚴氏出經四八經
四九陳氏出經四七出繼與三七
興三九　文周　傑廿九子生乾隆廿五年庚辰五月十三日卒乾隆五十二年丁未
十一月十一日年二十八葬留穴田假山地未娶
興四十　文魁　傑廿九子生乾隆廿九年甲申正月廿二日卒乾隆五十七年壬子
九月初一日年二十九未娶
興四一　文林　傑廿九子生卒闕
興四二　文宰　傑廿九子生乾隆三十二年丁亥三月廿二日卒道光二十年庚子
正月二十日壽七十四娶沈氏生乾隆四十七年壬寅九月廿八日
卒嘉慶十一年丙寅八月初十日年二十五繼娶顧氏生乾隆四十九年
甲辰五月十一日卒道光廿九年己酉閏四月初三日壽六十六葬四港
閘南首小鐵頭周姓之原子經五十沈
氏出經五一經五二經五三顧氏出
興四三　文彩　傑三十子生乾隆十三年戊辰餘闕卒八月十八日餘闕未娶

興四四　**文斌**　傑三十子生乾隆十九年庚午十月初十日卒道光十三年癸巳十月廿大日壽八十四娶陶氏生乾隆廿四年己卯十月初十日卒乾隆四十六年辛丑五月十三日年二十三繼娶袁氏生乾隆廿七年壬午七月廿三日卒道光十一年辛卯十二月初二日壽七十葬樟樹下蘇姓陳家園圩興四五
子經五四入繼

興四五　**文相**　傑三十子生乾隆廿八年癸未十月初六日卒道光十四年甲午十一月廿一日壽七十二娶蘇氏生乾隆三十八年癸巳三月初一日卒道光十五年乙未十二月十八日壽六十三葬墳前西首第四穴子經五四經五五經五四出繼興四五

興四六　**文道**　傑三一子生乾隆廿四年己卯八月初十日卒嘉慶十九年甲戌閏二月廿五日年五十六

興四七　**文郁**　傑三一子生乾隆廿七年壬午九月廿三日卒嘉慶元年丙辰正月廿三日年三十五娶余氏　欽旌節孝詳貞節錄生乾隆三十五年庚寅十一月十二日卒道光元年辛巳十一月廿七日年五十二葬留公田小河泭子經五六

興四八　**文球**　傑三一子生乾隆三十三年戊子十二月廿五日卒道光二年壬午五月初一日年五十五娶張氏生乾隆四十二年丁酉七月廿四日卒道光二十年庚子十一月十六日壽六十四葬留公田小河泭子經五七經五八經五九經六十

興四九　**文科**　傑三三子生乾隆廿八年癸未九月廿三日卒嘉慶廿二年丁丑七月十二日年五十五娶嚴氏生乾隆三十二年丁亥十月十七日卒乾隆五十五年庚戌六月十八日年二十四繼娶余氏生乾隆三十三年戊子四月廿四日卒嘉慶十一年丙寅四月初十日年三十九葬方氏生

乾隆三十九年甲午四月十九日卒嘉慶十三年戊辰九月廿六日年三
十五葬樟樹下蘇家西北乾郎田子經大一余氏出

興五十 **文甲** 傑三三子生乾隆三十年乙酉八月十九日卒道光六年丙戌八月
初八日壽六十二娶塘頭邵邵氏　例贈宜人生乾隆三十三年戊
子十月廿一日卒道光廿一年辛丑三月二十日壽七十四葬陶家濂四
家父墳左首子經六二經六三女長嚴次適蘇三適沈

興五一 **文揚** 傑三五子生乾隆十四年己巳十二月十六日卒道光十四年甲午
三月初九日壽八十六娶王氏生乾隆廿一年丙子七月三十日卒
嘉慶十三年戊辰九月廿三日
年五十三葬丁家墳子經六四

興五二 **文成** 傑三六子生乾隆廿七年壬午十一月十三日卒嘉慶二十年乙亥
六月初九日年五十四娶蘇氏生乾隆三十五年庚寅九月初七日
卒咸豐八年戊午四月廿四日壽八
十九葬呂清橋子經六五經六六

興五三 **文盛** 傑三六子生乾隆三十年乙酉五月廿二日卒道光七年丁亥閏五
月廿五日壽六十三娶嚴氏生乾隆三十九年甲午十月廿七日卒
道光廿一年辛丑五月初三日壽六十八葬
呂清橋子經六七經六八經六九經七十

興五四 **文北** 傑三六子生乾隆三十三年戊子八月初七日卒道光十三年癸巳
三月廿五日壽六十六娶周氏生乾隆四十四年己亥十二月十一
日卒咸豐六年丙辰九月十六日壽七十八葬
西邊屋後子經七一經七二

興五五 **國擎** 傑三六子生乾隆三十五年庚寅餘調娶洪氏生乾隆四十四年己
亥五月初八日卒道光六年丙戌二月廿五日年四十八葬留公田

小河汭
高地墩

興五六 文吉 傑三六子生乾隆三十七年壬辰八月初八日卒嘉慶十七年壬申十月十三日年四十一葬留公出假山地

興五七 文儒 傑三六子生乾隆五十四年己酉十月初八日卒咸豐四年甲寅正月廿三日壽六十六娶何氏生乾隆五十五年庚戌十一月十八日卒道光二十年庚子十二月廿四日年五十一繼娶汗氏生乾隆五十八年癸丑九月廿九日卒同治元年壬戌九月十五日壽七十葬陶家滙子經七三經七四經七五經七六何氏出

興五八 文金 傑三七子生卒闕

興五九 文傑 傑三七子生乾隆四十年乙未八月廿五日卒咸豐六年丙辰正月廿八日壽八十二娶姜氏生乾隆五十二年丁未正月初五日卒同治二年癸亥正月廿五日壽七十七葬陳家園路下子經七七

興六十 文瀾 傑三七子住蘇州娶蘇州□氏生卒俱闕子經七八

興六一 文珩 傑四十子生雍正六年戊申九月初十日卒乾隆五十年乙巳十月十四日年五十八娶張氏生雍正十三年乙卯六月廿六日卒嘉慶七年壬戌十月初二日壽六十八子經七九

興六二 文隊 傑四十子生乾隆元年丙辰十月十七日卒闕

興大三　**文琰**　傑四一子生雍正七年己酉五月廿四日卒乾隆五十年乙巳十二月初九日年五十七娶徐氏生乾隆元年丙辰正月十九日卒乾隆十六年辛未七月十九日年十六繼娶張氏生乾隆六年辛酉十一月初二日卒嘉慶十四年己巳五月十一日壽六十九子經八十經八一

興六四　**文琳**　傑四二子生雍正九年辛亥四月初二日卒闕娶邵氏生乾隆十年乙丑十二月廿八日卒乾隆三十七年壬辰六月初八日年二十八

興六五　**文璜**　傑四二子生雍正十三年乙卯八月廿四日卒乾隆四十四年己亥餘闕年四十五娶邵氏生乾隆元年丙辰餘闕

興六六　**文玨**　傑四二子生乾隆九年甲子餘闕娶邵氏生乾隆十九年甲戌六月十六日卒闕

興六七　**文茂**　傑四三子生乾隆二十年乙亥七月初五日卒闕

興六八　**鳳裘**　傑四三子生乾隆廿四年己卯六月十六日卒闕

興六九　**文邦**　傑四五子生乾隆十八年癸酉六月廿一日卒道光十八年戊戌十一月廿八日壽八十六

興七十　**萬裕**　傑五二子生乾隆廿五年庚辰正月十二日卒闕

興七一　**萬金**　傑五二子生乾隆廿八年癸未六月初六日卒闕

興七二　**萬盛**　傑五三子生乾隆三十二年丁亥四月廿五日卒道光二年壬午十月廿六日年五十六娶洪氏生乾隆五十年乙巳九月十九日卒嘉慶餘闕厝上海會館地

興七三　**大順**　傑五四子生乾隆五十三年戊申十一月二十日卒道光廿二年壬寅二月廿四日年五十五娶居氏生嘉慶元年丙辰八月廿二日卒咸豐四年甲寅五月廿八日年五十九葬和尚橋山須子經八二

興七四　**大年**　傑五五子生乾隆三十七年壬辰十二月廿二日卒道光廿九年己酉八月廿六日壽七十八娶朱氏生乾隆四十二年丁酉十一月十九日卒道光九年己丑八月初四日年五十三繼娶俞氏生乾隆四十四年己亥十二月初十日卒道光十五年乙未正月初六日年五十七葬後園興七八子經八三入繼女長適王懷瑾次適陳成光三適沈子佾四適孔

興七五　**大榮**　傑五五子生乾隆四十一年丙申五月初四日卒道光八年戊子正月十七日年五十三葬和尚橋界址邊娶嚴氏絕

興七六　**華山**　傑五六子生卒闕葬上海會館地娶氏絕

興七七　**雲飛**　傑五七子生卒闕葬上海會館地娶氏絕

興七八　**大鵬**　傑五八子生乾隆三十九年甲午十月十二日卒道光廿四年甲辰十一月廿七日壽七十一娶嚴氏生乾隆四十九年甲辰三月十一日卒咸豐九年己未五月廿四日壽七十六葬後園子經八三經八四經八五經八三出繼興七四

興七九　**大宏**　傑五九子生乾隆四十五年庚子七月廿九日卒道光廿一年辛丑七月初八日壽六十二娶丁氏生乾隆四十八年癸卯正月二十日卒道光十四年甲午七月初九日年五十二葬和尚橋子經八六

興八十 大經 係五九子生乾隆五十五年庚戌正月初一日卒道光十六年丙申十二月初七日年四十七娶邵氏 妻旌節孝 誥封太宜人生嘉慶七年壬戌八月初二日卒光緒六年庚辰十二月廿七日壽七十九葬樟樹下蔡家東首子經八七女長適徐次適鄒邑周

興八一 大純 係五九子生乾隆六十年乙卯三月十九日卒同治二年癸亥八月初一日壽六十九娶陶氏生嘉慶八年癸亥正月廿七日卒咸豐十一年辛酉五月廿六日年五十九葬江□□父墳側子經八八女適孔

興八二 大經 係六十子生乾隆三十年乙酉二月十一日卒道光九年己丑十月初五日壽六十五娶陳氏生乾隆三十七年壬辰二月初三日卒乾隆五十五年庚戌六月初九日年十九繼娶嚴氏生乾隆四十四年己亥七月十八日卒咸豐十一年辛酉二月初八日壽八十三子經八九經九十

興八三 大綸 係六十子生乾隆三十三年戊子七月十四日卒乾隆六十年乙卯九月□日年二十八葬住宅河隔岸娶□氏絶

興八四 萬順 絶 係六一子生乾隆二十年餘闕卒正月廿八日葬墳出娶蘇州□氏

興八五 萬淸 係六一子生乾隆四十年乙未八月廿五日卒嘉慶□年七月十六日葬和尚橋娶沈氏絶子經九一

興八六 萬佑 係六一子生乾隆四十年餘闕卒正月初八日葬墳出未娶

興八七 大基 係六四子生乾隆三十七年壬辰八月廿七日卒道光十三年癸巳六月十七日壽六十二娶俞氏生乾隆五十一年丙午十月初一日

卒道光廿一年辛丑十二月初二日

年五十五葬墳田子經九二經九三

與八八 **大和** 傑六七子生闕卒咸豐九年己未三月初六日葬墳田祖墳邊未娶

與八九 **和祥** 傑七十子生康熙三十二年癸酉十月初四日卒乾隆三十四年己丑十二月十八日壽七十七娶邵氏生康熙三十年辛未十一月初一日卒乾隆十六年辛未三月十七日壽六十一葬阮家橋河圩子經九四經九五經九六經九七

與九十 **和瑞** 傑七十子生康熙三十五年丙子九月初三日卒乾隆十五年庚午十一月初十日年五十五娶趙氏生康熙三十九年庚辰十月初一日卒乾隆四十五年庚子二月廿九日壽八十一葬化紙閘子經九八經九九經一百經百一經百二

與九一 **和鼎** 傑七十子生康熙四十三年甲申九月十七日卒乾隆四十年乙未二月初五日壽七十二娶蘇氏生康熙四十三年甲申十月廿三日卒乾隆四十四年己亥八月廿四日壽七十六葬童王屋後子經百三經百四經百五經百六

與九二 **和貴** 傑七一子生康熙三十五年丙子正月十三日卒乾隆廿四年己卯正月十二日壽六十四娶陳氏生康熙四十六年丁亥八月初三日卒乾隆廿九年甲申八月廿九日年五十八葬西邑外白大路北紗帽田子經百七經百八經百九

與九三 **大考** 傑七六子生卒闕

與九四 **大開** 傑七六子生卒闕

興九五 **連科** 傑七六子生卒闕

興九六 **長瑞** 傑七七子生卒闕年四十餘未娶葬阮家橋西首

興九七 **六觀** 傑七八子住杭州娶沈氏生卒俱闕

興九八 **廣陵** 興九九興一百興百一俱住杭州仁和太平橋王家蕩另詳遷徙譜

興百二 **大猫** 傑八三子生卒闕年五十餘不娶葬保國寺山

興百三 **煌** 傑八三子生九月初六日卒六月初六日娶口氏生十二月初七日卒
六月初十日葬阮家橋東北首子經百十經百十一

興百四 **然** 傑八三子生雍正六年戊申九月十四日卒乾隆五十年乙巳十月廿
五日年五十八娶邵氏生乾隆六年辛酉正月十二日卒乾隆五十三
年戊申正月廿三日年四十八葬百丈河斗
子經百十二經百十三經百十四經百十五

興百五 **鏜** 傑八四子生康熙四十六年丁亥十二月廿二日卒乾隆三十七年壬
辰三月初十日壽六十六娶沈氏生康熙四十六年丁亥十一月初八
日卒乾隆四十九年甲辰十二月廿九日壽七十八葬和尚橋子經百十
六經百十七經百十八

興百六 **鐘** 傑八四子生康熙四十九年庚寅八月初六日卒乾隆三十九年甲午
十二月初一日壽六十五娶朱氏生康熙五十四年乙未十二月十三
日卒乾隆五十三年戊申十二月十二日
壽七十四葬屋後石塔上子經百十九

興百七 銘 傑八四子生雍正元年癸卯六月十五日卒乾隆三十六年辛卯三月初十日年四十九娶邵氏生雍正十二年甲寅二月初四日卒道光元年辛巳正月初七日壽八十八葬阮家橋子經百二十

興百八 鑑 傑八四子生雍正四年丙午三月初三日卒嘉慶十年乙丑七月廿六日壽八十娶鄭氏生乾隆元年丙辰十月十五日卒乾隆五十九年甲寅六月十二日年五十九子經百廿一經百廿二

興百九 永春 傑八五子生雍正十二年甲寅二月廿八日卒乾隆廿九年甲申五月初十日年三十一娶□氏生卒闕子經百廿三

興百十 永齡 傑八五子生卒闕

興百十一 永年 傑八五子生卒闕

興百十二 永昌 傑八五子生卒闕

興百十三 岡齡 傑八六子生乾隆六年辛酉二月十四日卒嘉慶三年戊寅十二月初二日年五十八娶胡氏生乾隆廿一年丙子十一月十三日卒乾隆五十九年甲寅九月初七日年三十九子經百廿四經百廿七經百廿七出繼興百十六

興百十四 九齡 傑八六子生乾隆八年癸亥十月初九日卒乾隆三十六年辛卯六月十五日年二十九娶□氏生卒闕子經百廿五

興百十五 百齡 傑八六子娶氏生卒俱闕子經百廿六

興百十六　松齡　傑八六子生卒闕娶陶氏生乾隆六年辛酉十一月廿四日卒嘉慶十五年庚午七月廿四日壽七十興百十三子經百廿七入繼

興百十七　鶴齡　傑八六子生卒闕娶王氏生乾隆六年辛酉九月廿三日卒道光七年丁亥八月廿二日壽八十七

興百十八　效　興百廿九興百二十俱往岱山高亭另詳遷徙譜

興百廿一　烝　傑八九子生雍正六年戊申三月廿五日卒乾隆六十年乙卯九月廿五日壽六十八娶應氏生乾隆元年丙辰四月初八日卒嘉慶十四年己巳八月廿二日壽七十四葬假山前田子經百廿八經百廿九經百三十經百三一經百三二

興百廿二　烈　傑八九子生雍正七年己酉八月初七日卒乾隆廿三年戊寅十一月初五日年三十娶潘氏生乾隆十年乙丑六月廿五日卒嘉慶十四年己巳八月十一日壽六十五葬假山田子經百三三

興百廿三　煦　傑八九子生雍正十三年乙卯二月十六日卒乾隆四十六年辛丑五月十三日年四十七娶南通州大興縣黃氏生二月十六日卒三月十九日葬假山田

興百廿四　炳　傑八九子生十二月廿二日卒闕葬假山地娶余氏生乾隆廿一年丙子七月廿九日卒乾隆四十七年壬寅二月初七日年二十七葬岱山子經百三四

興百廿五　福觀　傑九一子生卒闕

興百廿六　興貴　傑九四子生乾隆三十四年己丑七月十九日卒道光二年壬午八月初四日年五十四娶陳氏生乾隆四十三年丁酉七月十六日卒道光四年甲申十一月初六日年四十八子經百三五經百三大

興百廿七　興茂　傑九五子生乾隆四十年乙未四月十一日卒道光三十年庚戌十月十九日壽七十六娶蘇氏生乾隆四十七年壬寅十月初一日卒嘉慶十四年己巳十一月廿五日年廿八乙葬牛尾河沜十八子經百三七

興百廿八　興雲　傑九五子生乾隆四十二年丁酉餘闕娶邵氏生卒闕

興百廿九　興儀　傑九五子生乾隆四十四年己亥正月十三日卒道光廿三年癸卯閏七月廿一日壽六十五娶黃氏生乾隆五十一年丙午七月初七日卒嘉慶十四年己巳五月十五日年二十四葬牛尾河沜子經百三八

興百三十　興元　傑九五子生乾隆四十五年庚子三月初三日卒道光廿二年壬寅十二月廿七日壽六十三

興百三一　興忠　傑九五子生乾隆四十九年甲辰九月初八日卒道光二年壬午九月十二日年三十九

興百三二　興朝　傑九六子生乾隆四十六年辛丑九月十二日卒道光三十年庚戌九月十二日壽七十娶余氏生乾隆五十四年己酉二月初九日卒道光十四年甲午六月十二日年四十六葬蟹頸子經百三九經百四十經百四一經百四二經百四三

興百三三　興本　傑九七子生乾隆三十一年丙戌十二月十七日卒嘉慶廿五年庚辰七月廿二日年五十五娶徐氏生乾隆四十五年庚子十二月二

十日卒咸豐三年癸丑十月十二日壽
七十四葬牛尾河汼牛港子經百四四

興百三四　興詩　傑九七子生乾隆四十一年丙申十月初十日卒道光廿六年丙午
十二月初一日壽七十一娶嚴氏生乾隆五十四年己酉十一月廿
八日卒同治九年庚午二月十二日壽八十二葬饅頭嶺河東子經百四
五經百四六經百四七

興百三五　嘉隆　傑九七子生乾隆四十七年壬寅三月十三日卒二月十二日未娶

興百三六　興恆　傑九七子生乾隆五十九年甲寅二月初四日卒道光十六年丙申
六月初三日年四十三娶孔氏生嘉慶十三年戊辰四月廿七日卒道
光十四年甲午八月廿六日年二十七子經百四八昌七昌七出繼於右
房本十八派下全七

興百三七　興仁　傑九八子生乾隆三十年乙酉三月初七日卒道光二十年庚子九
月廿一日壽七十六娶李氏生乾隆三十二年丁亥六月廿八日卒
道光廿六年丙午九月初九日壽八十葬酒店河汼牛港河西坐北朝南
子經百四九經百五十經百五一經五二

興百三八　興隆　傑九八子生乾隆三十四年己丑五月廿五日卒道光二年壬午九
月初二日年五十四娶洪氏生乾隆三十六年辛卯三月初四日卒
道光十二年壬辰正月十五日壽六十二葬新橋頭河西冀坐北朝南子
經百五三經百五四經百五五

興百三九　興國　傑九九子生乾隆四十年乙未十一月十二日卒道光十九年己亥
六月二十日壽六十五娶陶氏生乾隆四十一年丙申二月十五日
卒咸豐六年丙辰十二月二
十日壽八十一子經佰六

興百四十
興悌
傑九九子生乾隆四十九年甲辰五月十八日卒咸豐元年辛亥閏
八月初六日壽六十八娶□氏生乾隆四十九年甲辰六月十九日
卒同治六年丁卯十二月初一日壽八十四葬牛尾河斗坐北朝南子經
百五七經百五八

世家傳六

二十一世　西房玖四公派

興百四一　錦□　傑百五子生乾隆三十年乙酉二月初九日卒闕

興百四二　□安　傑百七子生卒闕

興百四三　□學　傑百十三子娶□氏生卒俱闕

興百四四　□誠　傑百十六子生康熙五十六年丁酉五月廿七日卒闕娶徐氏生卒闕　子經一經二

興百四五　□鳳　傑百十七子□□

興百四六　彩章　傑百十七子兄弟俱住定海半港另詳遷徙譜

興百四七　尚寶　傑百二十子生卒闕

興百四八　尚忠　傑百二十子生康熙五十一年壬辰四月廿三日卒闕娶徐氏生康熙六十一年壬寅十二月十七日卒闕子經三經四經五經六

興百四九　君□　傑百廿一子生康熙四十九年庚寅九月初九日卒乾隆三十年乙酉七月廿四日年五十六娶陸氏生八月廿六日卒十一月十七日

子經七經
八經九

興百五十 桂林 傑百廿二子生康熙五十六年丁酉六月廿八日卒闕娶應氏絕
子經十經十一

興百五一 大[illegible] 傑百廿三子住留車營生康熙五十九年庚子十二月廿七日卒闕
娶□氏生雍正八年庚戌四月二十日卒闕

興百五二 廷魁 傑百廿五子生康熙六十年辛丑四月十五日卒乾隆三十二年丁
亥節闕年四十七娶王氏生乾隆九年甲子十二月二十日卒闕子
十
二

興百五三 廷德 傑百廿五子生卒闕

興百五四 宗賢 傑百廿六子生卒闕

興百五五 烈孝 傑百廿六子住徐余娶氏生卒俱闕子經十三經十四

興百五六 耀榮 傑百廿八子住杭州娶氏生卒俱闕

興百五七 耀宗 傑百廿九子住杭州娶氏生卒俱闕

興百五八 觀光 傑百三十子生雍正三年乙巳八月二十日卒九月初三日娶應氏
生乾隆二年丁巳九月初八日卒乾隆廿九年甲申四月廿一日年
二十八葬[illegible]
子經[illegible]經十六

興百五九　觀型　傑百三十子生雍正十三年乙卯九月初五日卒九月初八日娶劉氏生乾隆十年乙丑十二月十五日卒六月廿六日繼娶田氏生乾隆廿一年丙子四月初八日卒十二月十七日葬剌棚墳跟子經十七經十八經南宏出家

興百六十　觀化　傑百三一子生雍正三年乙巳八月廿一日卒乾隆廿九年甲申六月廿二日年四十娶陶氏生乾隆元年丙辰二月廿七日卒闕葬姜房門前朝南子經七十經七九

興百六一　觀[illegible]　傑百三一子生雍正七年己酉七月十九日卒闕娶顧氏生乾隆三年戊午二月十七日卒乾隆廿七年壬午五月初七日年二十五繼娶沈氏生乾隆六年辛酉十月廿二日卒闕葬渦林子經二十經廿一經廿二

興百六二　觀國　傑百三一子生乾隆元年丙辰十一月初一日卒闕娶陸氏生乾隆六年辛酉十一月十八日卒闕

興百六三　觀閏　傑百三二子生雍正十三年乙卯閏四月餘闕娶曹氏生卒闕

興百六四　觀雙　傑百三二子生乾隆三年戊午十二月廿八日卒闕娶周氏生乾隆十三年戊辰三月初三日卒闕

興百六五　天培　傑百三三子生卒闕

興百六六　聖高　傑百三三子生乾隆二年丁巳七月廿六日卒嘉慶六年辛酉十月十[illegible]日壽六十五娶劉氏生卒闕

興百六七　長生　傑百三三子生卒闕

興百六八 國禎 傑百三四子住杭州生康熙五十九年庚子餘闕

興百六九 日新 傑百三四子住杭州生雍正五年丁未二月初九日卒闕

興百七十 維余 傑百三四子生雍正七年己酉餘闕

興百七一 世昌 傑百三六子住杭州生乾隆二年丁巳七月十七日卒闕娶王氏生
乾隆二年丁巳二月廿八日卒闕子經廿三

興百七二 興□ 傑百三七子住杭州湖墅

興百七三 興□ 傑百三七子住杭州湖墅

興百七四 興□ 傑百三八子住杭州湖墅

興百七五 帥□ 傑百三八子住杭州湖墅

興百七六 觀英 傑百三九子生康熙五十五年甲申七月十三日卒闕娶潘氏生卒
闕葬賽公廟子經廿四

興百七七 觀榮 傑百三九子生雍正四年丙午十一月十二日卒乾隆六十年乙卯
十一月十七日壽七十娶丁氏生乾隆六年辛酉正月廿八日卒嘉
慶十一年丙寅五月廿八日壽六十
六葬牛尾河汭子經廿五經廿六

興百七八 觀成 傑百三九子生雍正九年辛亥七月十六日卒闕娶趙氏生乾隆十
年乙丑二月廿五日卒闕葬賽公廳

興百七九　**積善**　傑百四二子生卒闕娶干氏絶

興百八十　**贊善**　傑百四三子生雍正二年甲辰九月廿二日卒闕娶姜氏生雍正十三年乙卯四月初六日卒闕子經廿七經廿八經廿九

興百八一　**兆麟**　傑百四五子生康熙四十六年丁亥正月二十日卒乾隆廿五年庚辰十一月十一日年五十四娶洪氏生康熙五十九年庚子十二月十五日卒五月廿一日子經三十經增光出家

興百八二　**兆榮**　傑百四五子生康熙四十八年己丑餘闕娶邱氏生卒闕

興百八三　**兆鰲**　傑百四五子生康熙六十一年壬寅九月廿四日卒闕娶李氏生乾隆三年戊午七月初七日卒闕

興百八四　**元文**　傑百四八子生卒闕未娶

興百八五　**煨**　傑百四九子生康熙三十一年壬申正月十九日卒乾隆十二年丁卯六月十一日年五十六娶張氏繼娶邊氏生卒俱闕葬阮家橋河北西首田

興百八六　**煸**　傑百四九子生闕卒乾隆十八年癸酉二月十三日娶陳氏生卒闕子經三一經三二經三三經三四

興百八七　**煌**　傑百五十子生康熙四十八年己丑十二月初八日卒乾隆十五年庚午十一月初一日年四十二娶徐氏生十二月三十日卒十一月十九日葬茶亭山子經三五經三六

興百八八　烈　傑百五一子生康熙五十一年壬辰六月十六日卒乾隆五十七年壬
子十月初六日壽八十一娶沈氏生康熙五十九年庚子十月廿五日
卒乾隆廿四年己卯八月初七日年四十繼娶下宅洪氏生雍正十二年
甲寅九月十八日卒嘉慶四年己未八月十一日壽六十六葬鮑家橋考
墳南首朝東向子經三七沈氏出經三八經三九洪氏出經三九[illegible]繼興
百八九女長[illegible]次適[illegible]

興百八九　世德　傑百五一子生雍正三年乙巳五月廿四日卒乾隆五十六年辛亥
二月十四日壽六十七娶余氏生雍正五年丁未十二月廿七日卒
嘉慶十二年丁卯九月十四日壽八十一側室王氏生乾隆二年丁巳十
一月廿二日卒乾隆五十六年辛亥十月廿二日年五十五葬大園南首
出興百八八子
經三九入繼

興百九十　粉　傑百五二子生乾隆八年癸亥三月廿五日卒二月十二日娶郭氏生
乾隆十二年丁卯三月初十日卒九月初一日葬茶亭山子經四十經
四
一

興百九一　灼　傑百五六子生康熙五十九年庚子正月廿六日卒闕娶蘇氏絕子經
四二經松花出家鎮海國[illegible]甘露菴

興百九二　竹　傑百六十子生康熙六十年辛丑五月廿四日卒乾隆五十年乙巳十
二月廿八日壽六十五娶蘇氏生七月廿九日卒八月初五日葬茶亭
山子經四三
三經四四

興百九三　昇　傑百六一子生康熙四十七年戊子十[illegible]月[illegible]二日卒闕娶余氏生康熙
四十七年戊子十一月十[illegible]日[illegible]乾隆廿七年壬午七月十八日年五

十五葬茶亭山女長適□□車隱余次適余家墳頭余三適師子山袁

興百九四 煦 傑百六一子生雍正元年癸卯八月十五日卒闕娶陳氏生卒闕葬茶亭山

興百九五 燕 傑百六一子生雍正五年丁未八月廿五日卒闕娶洪氏生卒闕葬化紙閘橫頭邊子經四五經四六

興百九六 日照 傑百九六子生康熙六十年辛丑七月初十日卒乾隆三十年乙酉十二月初四日年四十五娶應氏生康熙五十[illegible]年戊戌正月初八日卒乾隆四十五年庚子五月十六日壽六十三側室董氏生雍正十二年甲寅四月三十日卒乾隆五十五年庚戌五月十七日年五十七葬應家衕閘橋頭首子經四七經四八應氏出

興百九七 日焜 傑百六三子生康熙五十三年甲午二月廿九日卒乾隆三十三年戊子十月十六日年五十五娶迎壆橋黃氏生康熙五十三年甲午六月十九日卒乾隆十年乙丑十二月十八日年三十二繼娶白沙鄭氏生雍正二年丙午六月初三日卒乾隆四十一年丙申十二月十六日年五十三葬壆家橋南首子經四九黃氏出經五十鄭氏出

興百九八 日煊 傑百六三子生康熙五十八年己亥十一月十四日卒乾隆五十二年丁未四月十九日壽六十九娶杜郭沈氏生康熙五十七年戊戌十二月初六日卒嘉慶十年乙丑十一月初四日壽八十八葬文溪水閣亭考墳側子經五一經五二

興百九九 金芳 傑百六七子生康熙六十一年壬寅餘闕娶洪氏生卒闕

興二百 承熙 傑百六八子生乾隆十七年壬申七月廿二日卒正月廿六日

興二百一 日章 傑百六九子生乾隆十九年甲戌九月初三日卒闕娶周氏生卒闕
葬化紙闕

興二百二 彤章 傑百六九子生乾隆廿五年庚辰九月十一日卒道光四年甲申十
二月廿五日壽六十五娶鄭氏生乾隆三十六年辛卯五月初九日
卒嘉慶廿一年丙子十二月廿四日年四十六葬寺嶴口小虎山西首顏
家地子經五三

興二百三 元章 傑白六九子生乾隆廿九年甲申十二月初一日卒道光元年辛五
月廿五日年五十八娶王氏生十一月廿七日卒八月初八日葬寺
嶴口小虎山西首
顏家地子經五四

興二百四 承烈 傑百七十子生乾隆廿一年丙子二月初六日卒闕

興二百五 承照 傑百七十子生乾隆廿三年戊寅九月初五日卒闕

興二百六 德裕 傑百七三子生乾隆廿一年丙子十月十三日卒正月十七日娶馮
氏生卒闕子經五五經五六

興二百七 德春 傑百七三子生二月初九日卒七月初六日娶周氏生六月十九日
卒八月初六日

興二百八 韜 傑百七六子生康熙四十四年乙酉二月十七日卒乾隆廿一年丙子
五月廿五日年五十二娶胡氏生康熙四十四年乙酉十二月二十日
卒闕子經五
七經五八

興二百九　罯　倈百七六子生康熙四十八年己丑八月廿六日卒闕娶五部嚴氏生康熙四十七年戊子三月廿九日卒闕子經五九

興二百十　雍昌　倈百七六子生康熙六十年辛丑九月廿九日卒闕娶邵氏生康熙五十九年庚子餘闕子經六十

興二百十一　燧　倈百七七子生康熙五十九年庚子二月十四日卒闕娶張氏生康熙五十九年庚子四月十二日卒闕繼娶王氏生卒闕子經六一經六二王氏出

興二百十二　煜　倈百七七子生康熙五十三年甲午正月廿六日卒闕娶張氏生康熙六十年辛丑餘闕

興二百十三　炤　倈百七八子生卒闕

興二百十四　申　倈百七八子生康熙五十九年庚子正月初三日卒闕娶姚氏生乾隆五年庚申十二月二十日卒闕葬顔家地子經六三

興二百十五　石　倈百八一子生康熙四十八年己丑十一月廿九日卒闕娶吳氏生康熙五十九年庚子四月廿五日卒乾隆五十四年己酉六月廿八日壽七十子經六四

興二百十六　萊　倈百八二子生康熙四十八年己丑十月初二日卒闕娶張氏生康熙五十三年甲午九月初一日卒闕子經六五

興二百十七　鏞　倈百八三子生康熙四十五年丙戌九月廿二日卒乾隆三年戊午九月廿五日年三十三娶祝氏生康熙四十七年戊子二月二十日卒乾隆廿六年辛巳八月廿五日年五十四子經六六

興二百十八 允炌 傑百八九子生乾隆三年戊午九月初十日卒闕娶俞氏生乾隆五年庚申十一月初九日卒乾隆廿九年甲申十二月初三日年二十五繼娶姚氏生卒闕

興二百十九 贈餚 傑百九一子住湖州

興二百二十 贈曾 傑百九一子住湖州

興二百廿一 贈足 傑百九一子住湖州

興二百廿二 廷柱 傑百九三子繼母至妹姓

興二百廿三 承煩 傑百九四子生乾隆五年庚申十一月初六日卒乾隆五十九年甲寅七月廿七日年五十五娶蔣氏生乾隆廿六年辛巳五月廿五日卒道光十年庚寅三月二十日壽七十

興二百廿四 興元 傑百九六子生卒闕

興二百廿五 興魁 傑百九大子生卒闕未娶

興二百廿六 永煌 傑百九七子出家

興二百廿七 永耀 傑百九八子生康熙六十一年壬寅八月十六日卒闕娶何氏絕 女適洋市劉姓

興二百廿八　瑩　倈百九九子生康[illegible]八年[illegible]十二月初一日卒闕娶王氏生雍正十二年甲寅十月廿二日卒乾隆五十四年己酉八月初八日年五十六子經六七經六八

興二百廿九　體元　倈二百一子娶氏生卒俱闕子經六九

興二百三十　經元　倈二百一子生康熙三十六年丁丑八月廿一日卒乾隆廿九年甲申六月十五日壽六十八娶戚氏生康熙四十九年庚寅四月廿四日卒乾隆十九年甲戌三月二十日年四十五繼娶徐氏生康熙四十九年庚寅十月初十日卒闕葬茂周橋朝南子經七十

興二百三一　學詩　倈二百七子生雍正七年己酉四月初八日卒闕娶嚴氏生乾隆八年癸亥十二月餘闕子經七一

興二百三二　士宜　倈二百七子生雍正十一年癸丑六月廿五日卒乾隆六十年乙卯二月十五日壽六十三娶劉氏生乾隆二十年乙亥四月廿六日卒嘉慶二十年乙亥九月初十日

興二百三三　學成　倈二百八子生乾隆十三年戊辰七月十七日卒嘉慶十六年辛未七月初九日壽六十四娶口氏生卒闕

壽六十一葬夾笆丁家子經七二

興二百三四　和成　倈二百八子生乾隆廿五年庚辰十月廿九日卒闕娶韓氏生乾隆廿五年庚辰九月廿六日卒嘉慶廿五年庚辰五月十五日壽六十一

興二百三五　再福　倈二百十子生乾隆三年戊午五月十七日卒闕

興二百三六　承恩　傑二百十一子生乾隆六年辛酉十一月初四日卒嘉慶五年庚
申六月廿五日壽六十娶蘇氏生乾隆十一年丙寅正月初四日
卒嘉慶十一年丙寅六月十三日壽
六十一葬秤鈎邵高田子經七三

興二百三七　日通　傑二百十三子生康熙三十三年甲戌十二月十四日卒乾隆廿
三年戊寅二月初六日壽六十五娶魏氏生康熙四十七年戊子
八月十九日卒乾隆六十年乙卯閏二月十五日壽八十八葬宅東大園
朝東子經七四

興二百三八　之濤　傑二百十五子生康熙四十六年丁亥餘闕娶張氏絕女適甯城
府學前

興二百三九　之熙　傑二百十五子生康熙五十六年丁酉二月十一日卒闕娶陸氏
生雍正八年庚戌餘闕卒乾隆廿九年甲申六月初八日年三十
五繼娶鄔氏生乾隆九年甲子六月十七日卒闕側室朱氏生卒闕女長
蘇次適胡

興二百四十　之勳　傑二百十五子生康熙五十九年庚子五月十一日卒乾隆四十
三年戊戌六月初一日年五十九娶上邵邵氏生康熙六十一年
壬寅正月初八日卒乾隆五十九年甲寅十月廿九日壽七十三葬賽公
嶴大園子經七五承本派繼七八經七八出繼傑二百廿一爲孫

興二百四一　覺顯　傑二百十八子住甯城七塔寺前娶氏生卒俱闕

興二百四二　之幹　傑二百二十子生康熙廿五年丙寅七月廿八日卒乾隆廿一年
丙子八月二十日壽七十一娶張氏生康熙廿五年丙寅十二月
十四日卒正月初十日葬夏
家嶴寵山子經七六經七七

興二百四三 安德 傑二百廿六子生雍正六年戊申七月廿八日卒乾隆三十二年丁亥八月廿九日年四十不娶

興二百四四 侶才 傑二百廿八子往杭州生康熙六十年辛丑三月廿二日卒闕娶杭州夏氏生卒闕

興二百四五 德超 傑二百廿八子住杭州娶杭州王氏生卒俱闕子經七九經八十

興二百四六 日章 傑二百三十子生康熙三十二年癸酉十一月廿六日卒七月十五日娶周氏生康熙三十年辛未十月廿七日卒五月廿三日子經八一

興二百四七 堯章 傑二百三十子生康熙四十二年癸未十月初四日卒乾隆廿六年辛巳九月初一日年五十九娶周氏生七月初十日卒七月二十日繼娶嚴氏生九月三十日卒三月初四日三娶朱氏生九月廿七日卒十二月廿五日子經八二經八三經八四

興二百四八 錦章 傑二百三一子生康熙三十七年戊寅十二月十一日卒乾隆廿六年辛巳九月初八日壽六十四娶周氏生康熙三十八年己卯五月十八日卒闕繼娶孔氏生卒闕葬高橋西北首朝南子經八五周氏出經八六經八九經八九出興二百五二

興二百四九 合章 傑二百三一子生康熙四十年辛巳八月廿四日卒乾隆十三年戊辰五月初三日年四十八娶洪氏生康熙四十一年壬午二月初二日卒乾隆三十年乙酉五月初八日壽六十四葬小洞嶴朝北向子經八七

興二百五十 美章 傑二百三一子生康熙四十五年丙戌五月初九日卒乾隆元年丙辰十月初四日年三十一娶林氏 欽旌節孝群貞節錄生康

熙五十年辛卯正月十四日卒乾隆四十年乙未偕闕壽六十大葬曾家
菴南首子經八八

興二百五一 **煥章** 係二百三一子生康熙四十七年戊子十月初五日卒六月初九日娶周氏生康熙五十一年壬辰七月廿二日卒五月初五日葬高橋西河沿朝北興入編
二百四八子經八九

興二百五二 **長春** 係二百三二子住洋豐娶氏生卒俱闕

興二百五三 **元良** 係二百三三子生乾隆九年甲子正月初一日卒嘉慶二十年乙亥十月初七日壽七十二娶胡氏生乾隆十七年壬申五月廿五日卒嘉慶廿一年丙子三月十四日壽六十五子經九十 經九一

興二百五四 **大振** 係二百三三子生乾隆十九年甲戌八月廿三日卒嘉慶六年辛酉七月廿四日年四十八娶鎮邑方氏生乾隆廿二年丁丑十月初十日卒道光十年庚寅十一月十一日壽七十四子經九二

興二百五五 **大鯤** 係二百三四子生乾隆廿五年庚辰十月十五日卒闕

興二百五六 **大鴻** 係二百三四子生乾隆三十二年丁亥七月廿八日卒闕

興二百五七 **群元** 係二百三五子生乾隆四十年乙酉七月廿二日卒道光十七年丁酉四月十六日壽七十三娶傅氏生乾隆四十三年戊戌二月初二日卒嘉慶廿四年己卯閏四月十一日年四十二子經九三

興二百五八　升高　傑二百三五子生卒闕

興二百五九　德照　傑二百三五子生卒闕

興二百六十　大鵬　傑二百三六子生乾隆十三年戊辰四月十三日卒乾隆五十八年癸丑六月初四日年四十六娶長石橋王氏生乾隆十六年辛未十二月初三日卒道光九年己丑閏月廿五日壽七十九子經九四經九五

興二百六一　廷龍　傑二百三七子住餘姚生乾隆三年戊午正月廿三日卒嘉慶四年己未正月二十日壽六十二娶餘姚宣氏生乾隆十四年己巳餘闕子經九六經九七經九八

興二百六二　焯　傑二百三八子生康熙五十七年戊戌十二月初六日卒乾隆四十九年甲辰六月十五日壽六十七娶貝氏生雍正八年庚戌十月初六日卒嘉慶十一年丙寅七月十五日壽七十七葬文溪孔家山祖長源公墓側子經九九經一百經百一經百二經百三

興二百六三　維山　傑二百九三子生雍正五年丁未十一月初九日卒乾隆五十年乙巳正月初九日年五十九娶沈氏生乾隆二年丁巳七月初五日卒闕葬樟樹下蘇家地與二百六四子經百四兼祧

興二百六四　維麟　傑二百三九子生乾隆五年庚申十二月初六日卒乾隆三十九年甲午二月初二日年三十五娶張氏生乾隆十四年己巳十一月初六日卒乾隆三十五年庚寅四月初七日年二十二葬樟樹下蘇家地子經百四兼祧興二百六三

興二百六五 覺寶 傑二百四十子生雍正八年庚戌十月廿七日卒闕娶王氏生乾隆四年己未五月十一日卒乾隆五十一年丙午正月餘闕年四十八葬蘇家地子經百五

興二百六六 祖彪 傑二百四十子生乾隆二年丁巳正月十九日卒闕娶姚氏生乾隆十三年戊辰七月初九日卒闕葬蘇家地

興二百六七 㸌 傑二百四一子住河南陳州府生乾隆十九年甲戌餘闕

興二百六八 焰 傑二百四一子住河南陳州府

興二百六九 熯 傑二百四一子住河南陳州府

興二百七十 興龍 傑二百四二子生乾隆十六年辛未七月十五日卒道光九年己丑正月十一日壽七十九娶翁氏生乾隆二十年乙亥二月廿一日卒道光十三年癸巳六月初一日壽七十九葬蒜湖𡶶子經百六經百七經百八經百九

興二百七一 仁龍 傑二百四二子生乾隆廿五年庚辰十一月廿九日卒嘉慶十四年己巳四月廿六日年五十娶鄭氏生乾隆三十二年丁亥正月十六日卒道光十九年己亥二月十七日壽七十三葬裴河圳三牧橋子經百十

興二百七二 攀龍 傑二百四二子生乾隆廿八年癸未七月十六日卒乾隆五十三年戊申餘闕年二十六未娶

興二百七三 祖佑 傑二百四三子娶馮氏生卒俱闕

恩

與二百七四 如意 傑二百四三子生卒闕

與二百七五 興榮 傑二百四四子住洋墅

與二百七六 元興 傑二百四四子住洋墅

與二百七七 三官 傑二百四四子住洋墅

與二百七八 煥文 傑二百四五子住杭州城隍山丁仙閣

與二百七九 成美 傑二百五三子住慈東嶺上畈生乾隆五年庚申九月初六日卒闕娶王氏生乾隆十六年辛未閏月十五日卒闕子經百十一

與二百八十 成裕 傑二百五三子生乾隆十三年戊辰六月十七日卒闕未娶

與二百八一 新有 傑二百五三子生乾隆二十年乙亥五月十五日卒闕

與二百八二 見龍

與二百八三 協龍

與二百八四 成龍

與二百八五 升龍

興二百八六　運龍　以上五人俱住定海城內另詳遷徙譜

興二百八七　蒼龍　傑二百五七子生乾隆八年癸亥九月十四日卒嘉慶廿四年己卯六月餘闕壽七十七娶孔生乾隆七年壬戌正月初一日卒嘉慶廿四年己卯八月廿六日壽七十八葬念母橋興二百八七子經百十二入繼

興二百八八　吟龍　傑二百五七子生乾隆十九年甲戌五月廿一日卒嘉慶十一年丙寅三月廿七日年五十三娶姜氏生闕卒十二月初五日繼娶嚴氏生乾隆三十一年丙戌五月初九日卒咸豐元年辛亥十一月十六日壽八十六葬會龍庵西首田經百十二經百十三經百十四經百十五經百十二出繼興二百八七

興二百八九　雲龍

興二百九十　光龍　以上二人俱住定海金塘嶺嘴會前另詳遷徙譜

興二百九一　飛龍　傑二百五九子生乾隆六年辛酉二月廿四日卒嘉慶十三年戊辰七月十七日壽六十八娶□氏生卒闕子經百十六

興二百九二　德龍　傑二百五九子生乾隆十一年丙寅十月十八日卒闕

興二百九三　御龍　傑二百六十子生乾隆十四年己巳正月廿八日卒乾隆五十一年丙午七月初二日年三十八娶邵氏生乾隆十二年丁卯二月廿九日卒闕女適甯波西門外鄭

興二百九四　玉龍　傑二百六十子生乾隆廿三年戊寅四月十八日卒乾隆五十年乙巳餘闕年二十八葬陸家地

興二百九五　秉鳳　傑二百六一子住上洋生乾隆廿七年壬午九月初五日卒闕

興二百九六　秉龍　傑二百六一子住上洋生乾隆三十年乙酉五月十五日卒闕娶□氏生卒闕子經百十七經百十八經百十九

興二百九七　秉桴　傑二百六一子住上洋生乾隆三十一年丙戌正月初一日卒闕

興二百九八　秉時　傑二百六一子住上洋生卒闕

興二百九九　名山　傑二百六二子生乾隆三十年乙酉餘闕卒道光十一年辛卯二月二十日壽六十七娶陳氏生乾隆卌一年丙申餘闕卒道光十三年癸巳五月十七日年五十八葬江頭潭子經百二十

興三百　兆邦　傑二百六三子生乾隆四十八年癸卯八月初三日卒咸豐七年丁巳九月初八日壽七十五娶黃氏生乾隆五十二年丁未十一月十三日卒道光十年庚寅七月初四日年四十四繼娶朱氏生乾隆五十年乙巳九月十八日卒同治二年癸亥八月廿七日壽七十九葬酒店河料土名四畝田子經百廿一經百廿二黃氏出

興三百一　文燦　傑二百六四子生十二月十五日卒五月十八日娶徐氏生卒闕葬畢清橋考墳邊子經百廿三經百廿四

興三百二　文煊　傑二百六五子生乾隆九年甲子十二月十四日卒道光九年己丑八月廿二日壽八十六娶嚴氏生乾隆十三年戊辰十一月廿八日

卒道光廿三年癸卯九月十七日壽九十
五葬孟字門頭蘇家後山子經百廿五
興三百三 文烺 係二百六五子生闕卒十二月初二日娶呂氏生闕卒十二月初二
日葬本市財神殿後子經百廿六
興三百四 文 係二百六五子生乾隆廿一年丙子十月初三日卒道光十五年乙
未八月廿八日壽八十娶于氏生乾隆三十二年丁亥十一月初四
日卒嘉慶十五年庚午六月十八日年四十四繼娶王氏生乾隆四十年
乙未十月十八日卒咸豐三年癸丑十二月廿三日壽七十九葬後周楷
龍嘴河沜子經百
廿七經百廿八
興三百五 炳元 係二百六六子住舟山娶氏生卒闕子經百廿九經百三十
興三百六 文郁 係二百六六子生十一月初一日卒十一月十三日娶盛氏生三月
廿七日卒九月初九日葬東橋頭陸家子經百三一經百三二經百
三三經
百三四
興三百七 炳輝 係二百六六子娶翁氏生卒俱闕子經百三五
興三百八 文然 係二百六六子生乾隆六年辛酉正月初七日卒嘉慶廿五年庚辰
五月初八日壽八十娶姚氏生乾隆六年辛酉正月廿五日卒嘉慶
四年己未十月廿六日年五十
九葬牛尾巴沜子經百三六
興三百九 文瑩 係二百六七子生乾隆廿五年庚辰十一月廿二日卒乾隆五十五
年庚戌五月初七日年三十一娶郁氏朱氏生卒闕

興三百十　**文爔**　傑二百六七子[illegible]俱以子經百七三

興三百十一　**文煥**　傑二百六八子生康熙六十年辛丑閏六月十五日卒乾隆四十一年丙申十二月初八日年五十六娶本邑余家門頭余氏　例贈安人生康熙五十九年庚子十二月廿三日卒乾隆四十五年庚子八月初一日壽六十一葬文溪徐[illegible]嶴子經百三八經百三九經百四十女適姚

興三百十二　**文炎**　傑二百六八子生雍正六年戊申五月廿二日卒乾隆二十年乙亥九月二十日年二十八娶[illegible]邑蘇氏　例贈安人　欽旌節孝詳[illegible]錄生雍正三年乙巳十二月廿八日卒乾隆六十年乙卯十二月初五日[illegible]壽七十一葬高橋東首向南子經百四一女長適鎮邑莊次適本邑盛

興三百十三　**文炳**　傑二百六九子生康熙六十一年壬寅九月十七日卒嘉慶五年庚申八月十三日壽七十九娶本邑鄔氏生雍正二年甲辰三月初三日卒嘉慶七年壬戌十二月十九日壽七十九葬東廠黃泥嶺大墓子經百四二經百四三經百四四女長適慈城姚次適章橋袁三適章橋姚四適蟹浦鄭

興三百十四　**文燦**　傑二百六九子生雍正四年丙午二月十七日卒乾隆五十三年戊申十一月十六日壽六十三娶本邑姚氏生雍正三年乙巳十二月十一日卒嘉慶六年辛酉八月十六日壽七十七葬錢家橋下坐北向南子經百四五經百四六經百四七經百四八經百四九經百五十女

長適河頭市徐
女適應家橋

興三百十五　文焴　傑二百六九子生雍正六年戊申十月十五日卒乾隆六十年乙卯八月十五日壽六十八娶本邑盛氏生雍正十年壬子八月初六日卒乾隆五十八年癸丑十一月廿六日壽六十二葬文溪桁家埭子經百五一經百五二經百五三女長適下河吳乾隆甲午科舉人誥封武顯將軍[illegible]吳吳鵬飛次適慈城國子監生馮秀山三適蟹浦國子監生鄭學善

興三百十六　文貴　傑二百七十子生乾隆九年甲子七月十八日卒三月十三日娶陸氏生乾隆十年乙丑二月廿二日卒嘉慶十八年癸酉七月廿一日壽六十九葬江頭國子經百四五

興三百十七　文瑋　傑二百七一子生乾隆十一年丙寅六月廿四日卒乾隆五十七年壬子正月十九日年四十七娶本邑沈氏生乾隆廿二年丁丑十月初八日卒乾隆四十九年甲辰三月十一日年二十八葬江頭隘子經百五五

興三百十八　文充　傑二百七二子生乾隆二年丁巳閏九月十五日卒乾隆廿五年庚辰四月十九日年二十四葬本市財神殿後娶余氏絕

興三百十九　文燻　傑二百七二子生乾隆六年辛酉八月十九日卒嘉慶十年乙丑八月廿九日壽六十五娶本邑邵氏生乾隆十四年己巳七月初七日卒闕葬丁家漕西首
子經百五六經百五七

興三百二十　文熙　傑二百七二[illegible]乾隆十七年壬申八月廿四日卒闕娶本邑·氏生乾隆二十四年己卯閏六月初一日卒闕子

經百五八經五九經
百六十經百六一

興三百廿一　**文煬**　傑二百七三子生乾隆十一年丙寅七月廿四日卒乾隆四十九年甲辰閏三月十三日年三十九娶本邑邵氏　欽旌節孝詳貞節錄生乾隆廿六年辛巳十月初八日卒道光七年丁亥二月十四日壽六十七葬財神殿後王家胖子經百六二

興三百廿二　**文烺**　傑二百七四子生乾隆十二年丁卯十二月十五日卒乾隆四十九年甲辰十一月廿二日年三十八娶本邑翁氏翁瀛洲之女生乾隆十四年己巳十一月十六日卒嘉慶十六年辛未八月廿二日壽六十三葬里清橋扇子山子經百六三

興三百廿三　**文炬**　傑二百七四子生乾隆廿二年丁丑九月十九日卒嘉慶五年庚申正月十二日年四十四娶本邑邵氏生乾隆廿九年甲申四月初四日卒道光二年壬午六月十五日年五十九子經百六四

興三百廿四　**文灴**　傑二百七四子生乾隆三十二年丁亥十一月十九日卒道光二十年庚子十月十五日壽七十四娶本邑周氏周恆坤之女生乾隆四十六年辛丑二月十六日卒咸豐六年丙辰十一月初二日壽七十六葬夏家槩坐癸向丁子經百六五女皆適嚴

興三百廿五　**文熾**　傑二百七五子生雍正十一年癸丑四月十一日卒乾隆三十二年丁亥七月十七日年三十五娶本邑盛氏生雍正十一年癸丑八月初三日卒嘉慶三年戊午九月廿四日壽六十六葬錢家橋下田野嶴地方子經百六七

興三百廿六　**文烒**　傑二百七五子生乾隆六年辛酉九月初五日卒嘉慶元年丙辰十月二十日年五十六娶本邑余氏生乾隆八年癸亥九月十一

日卒七月廿七日葬余倒河
墳子經百六八女適蘇
與三百廿七　文炳　傑二百七五子生乾隆九年甲子二月初七日卒於江南當太倉
州劉河鎮停柩未歸娶口氏絶
與三百廿八　文熯　傑二百七七子生乾隆五年庚申二月廿四日卒嘉慶七年壬戌
四月廿八日壽六十三娶本邑宗氏生乾隆五年庚申八月廿九
日卒道光三年癸未三月初一日壽八十四葬夾邑坐東向西子經百六
九女適姚
與三百廿九　文烶　傑二百七七子生乾隆八年癸亥六月廿五日卒嘉慶七年壬戌
五月初八日壽六十娶本邑孔氏生乾隆七年壬戌正月初一日
卒乾隆四十六年辛丑六月初三日年四十繼娶本邑沈氏生乾隆十九
年甲戌二月初三日卒道光五年乙酉九月初六日壽七十二葬本市對
河祀田東來第一穴子經百七十孔氏出經百七一經百七二沈氏出女
長適洪次適姚三適王沈氏出
與三百三十　文燈　傑二百七七子生乾隆十年乙丑十月廿九日卒嘉慶十九年甲
戌四月廿二日壽七十娶鎮邑劉氏生乾隆十年乙丑六月廿九
日卒嘉慶廿五年庚辰十月廿二日壽七十六葬丁家東朝南子經百七
三經百七四女長適傅次適翁
與三百三一　文燦　傑二百七七子生乾隆十三年戊辰七月十七日卒嘉慶十年乙
丑二月廿三日年五十八娶本邑潘氏生乾隆十一年丙寅二月
初六日卒嘉慶十六年辛未九月廿八日壽六十六葬本市對河祀田東
來第二穴子經百七五經百七六經百七七經百七八經百七九經百八
十

興三百三一 **文焯** 傑二百七七子生乾隆十八年癸酉四月十五日卒乾隆五十四年己酉五月初三日年三十七娶本邑姚氏生乾隆十九年甲戌五月廿九日卒道光三年癸未十一月三十日壽七十葬夾岙坐丙向壬子經百八一 女長未嫁主附淸節庵俗呼會龍庵立有碑記次適鎭邑莊市莊欽華

欽旌節孝

興三百三三 **文煇** 傑二百七八子生乾隆五年庚申八月十四日卒乾隆四十七年壬寅五月十五日年四十三娶本邑余氏生乾隆三年戊午十月初四日卒嘉慶二年丁巳七月初八日壽六十葬河頭市鴻儀奄下石大墳子經百八二經百八三經百八四

興三百三四 **文煌** 傑二百七九子生乾隆三年戊午二月廿七日卒嘉慶四年己未九月初二日壽六十二娶盛氏生乾隆四年己未六月廿八日卒乾隆廿五年庚辰十二月初十日年二十二繼娶杜氏生乾隆六年辛酉十一月廿六日卒乾隆五十八年癸丑六月初五日年五十三[illegible]子經百八五盛氏出經百八六經百八七杜氏出

興三百三五 **文煜** 傑二百七九子生乾隆五年庚申三月初二日卒嘉慶元年丙辰十一月二十日年五十七娶王氏生乾隆六年辛酉正月初十日卒嘉慶二年丁巳四月廿四日年五十七側室錢氏生乾隆十五年庚午十月初三日卒道光二年壬午八月初七日壽七十三葬童王[illegible]蔡跡家河邊子經百八八錢氏出 女適本縣童姚章楚香

興三百三六 **文熞** 傑二百七九子生乾隆十五年庚午正月廿九日卒嘉慶七年壬戌十月廿七日年五十三娶本邑徐氏 例封安人 誥封宜人

晉封夫人生乾隆十七年壬申十月初九日卒嘉慶廿三年戊寅八月廿
九日壽六十七子經百八九經百九十經百九一　女長適本縣盛廷諤子
植黌次適鄞縣盧驥子
新三適本縣王琳子震

興三百三七　文煥　傑二百八十子生乾隆三年戊午二月初四日卒乾隆五十八年
癸丑二月廿二日年五十五娶徐氏　貤贈宜人生乾隆二年丁
巳二月二十日卒道光八年戊子正月十
四日壽九十二葬河頭市子經百九二

興三百三八　文姚　傑二百八十子生乾隆七年壬戌二月十三日卒嘉慶十六年辛
未五月十八日壽七十娶鄭氏生乾隆八年癸亥十月十七日卒
道光四年甲申六月廿五日壽八十二
厝大德菴後父墳左首子經百九三

興三百三九　宏耀　傑二百八十子生乾隆十二年丁卯八月廿七日卒乾隆四十九
年甲辰五月廿七日年三十七娶應氏生二月初八日卒八月廿七
日葬漕化四圩
子經百九四

興三百四十　文龍　傑二百八一子生乾隆十一年丙寅正月初七日卒乾隆四十二
年丁酉七月十五日年三十二娶本縣姜氏生乾隆十二年丁卯
十月初五日卒嘉慶廿五年庚辰十一月廿二日壽七十四厝蟹頭頸帖
水橋下子經百九五經百九六經百九七

興三百四一　文江　傑二百八一子生十一月廿三日卒九月廿五日年二十五厝本
市後未娶

興三百四二　文經　傑二百八二子生乾隆廿四年己卯十月初五日卒嘉慶三年戊
午九月十四日年四十娶王氏生乾隆廿四年己卯十月十六日

卒道光十五年乙未閏六月十四日壽七十七葬余家𡍼龍潭子經百九八

興三百四三 **文綸** 傑二百八二子生乾隆廿八年癸未正月初一日卒嘉慶廿五年庚辰十一月十六日年五十八娶邵氏生乾隆三十一年丙戌十二月十七日卒嘉慶十三年戊辰十二月廿四日年四十三繼娶張氏生乾隆三十三年戊子六月初六日卒道光七年丁亥十月初七日壽六十厝夾廂對河子經百九九經二百經二百一

興三百四四 **文烈** 傑二百八三子生乾隆五年庚申十二月初五日卒乾隆廿五年庚辰六月廿八日年二十一娶盛氏　欽旌節孝詳貞節錄生乾隆二年丁巳九月初四日卒嘉慶十七年壬申正月初二日壽七十六葬江頭園考墳邊興三百四五子經二百二入繼

興三百四五 **文斕** 傑二百八三子生乾隆八年癸亥十月十五日卒乾隆五十九年甲寅九月廿三日年五十二娶邵氏生乾隆七年壬戌二月初七日卒乾隆五十四年己酉五月初九日年四十八繼娶周氏　欽旌節孝詳貞節錄生乾隆三十二年丁亥六月十四日卒道光廿一年辛丑七月廿二日壽七十五葬江頭園父墳側子經二百二經二百三邵氏出經二百二出繼興三百四四

興三百四六 **文熺** 傑二百八四子生乾隆八年癸亥八月十三日卒乾隆六十年乙卯二月廿三日年五十三娶杜氏生乾隆九年甲子十一月十九日卒嘉慶二年丁巳八月十八日年五十四葬長石橋子經二百四經二百五經二百六經二百七

興三百四七 **文焠** 傑二百八四子生乾隆十一年丙寅六月十八日卒乾隆五十八年癸丑九月廿四日年四十八娶姚氏生乾隆十一年丙寅八月

初十日卒道光十五年乙未十一月初九日壽九十葬長石橋子經二百
八經二百九經二百十
興三百四八 **文照** 傑二百八五子生雍正十年壬子七月廿一日卒嘉慶十六年辛
未二月初八日壽八十娶徐氏生雍正十一年癸丑七月廿三日
卒嘉慶九年甲子十一月廿一日壽七十二葬孟家嶴馬面山坐申向寅
子經二百十一經百十二經二百十三經二百十四經二百十九經二百
十九出繼興
三百五一
興三百四九 **文灼** 傑二百八五子任舟山洞嶴白泉莊另詳遷徙譜
興三百五十 **文燕** 傑二百八五子生乾隆四年己未十一月初三日卒道光七年丁
亥九月廿六日壽八十九娶周氏生乾隆七年壬戌六月十二日
卒嘉慶十三年戊辰五月十三日壽六十七葬樟樹下蘇家橋西首坐西
朝東子經二百十五經二百十六經二百十七經二百十八
興三百五一 **文燈** 傑二百八五子生乾隆九年甲子三月廿八日卒十月初八日娶
孔氏生乾隆三十二年丁亥正月十六日卒嘉慶十年乙丑三月
初八日年三十九葬酒店河斗坐北朝
南興三百四八子經二百十九入繼
興三百五二 **文燿** 傑二百八六子生乾隆□年十一月十九日卒嘉慶□年五月初
九日娶邵氏生乾隆□年十月十七日卒嘉慶廿四年己卯十二
月初八日子
經二百二十
興三百五三 **文勳** 傑二百八六子生乾隆□年四月廿四日卒嘉慶□年八月廿一
日娶□氏生乾隆□年十一月廿一日卒嘉慶□年正月十七日

子緈二百廿一

經二百廿二

興三百五四 **文熺** 傑二百八七子生乾隆四年己未七月廿九日卒乾隆四十三年戊戌十二月初六日年四十娶孔氏生乾隆三年戊午二月廿二日卒乾隆五十一年丙午九月初一日年四十九葬蘇家子經二百廿三

興三百五五 **文煋** 傑二百八七子生乾隆十一年丙寅十月十九日卒乾隆五十九年甲寅九月廿一日年四十九娶洪氏生乾隆十二年丁卯十二月廿九日卒乾隆五十一年丙午九月十一日年四十葬地田子經二百廿四經二百廿五經二百廿五出繼興三百五七

興三百五六 **文煌** 傑二百八七子生乾隆口年餘闕卒九月廿一日葬地田未娶

興三百五七 **文美** 傑二百八七子生乾隆廿三年戊寅閏六月初四日卒乾隆四十八年癸卯六月十六日年二十六娶朱氏生乾隆廿二年丁丑八月廿七日卒乾隆六十年乙卯六月廿七日年三十九葬地田興三百五五子經二百廿五入繼

興三百五八 **秉仁** 傑二百八八子娶王氏生卒俱闕葬半港王繼娶嚴氏生卒闕葬蔡家壆子經二百廿六

興三百五九 **丙吉** 傑二百八八子娶餘姚口氏生卒俱闕葬半港王

興三百六十 **松茂** 傑二百八九子娶嚴氏生卒俱闕葬王家牌子經二百廿七

興三百六一 **文烇** 傑二百九十子生二月廿四日卒十一月廿三日娶盛氏二月初三日卒五月廿六日繼娶徐氏生九月十八日十一月初十日葬

四河濘口子經二百廿八經二百廿
九經二百廿九出繼與三百六二
與三百六二　文淡　傑二百九十子生十一月二十日卒五月初四日娶林氏生十一月初十日卒七月十四日葬江頭田與三百六一　子經二百廿九入繼
與三百六三　文焵　傑二百九十子生十月十七日卒六月廿九日葬王家胼娶盛氏絕子經二百三十經二百三一
與三百六四　兆義　傑二百九三子生十月十六日卒闕娶蘇氏生卒闕
與三百六五　亦南　傑二百九九子生乾隆七年丙辰九月廿七日卒乾隆五十五年庚戌五月十七日年五十五娶周氏生乾隆十二年丁卯十一月二十日卒道光十三年癸巳九月十五日壽八十七葬燕窩子經二百三二經二百三三
與三百六六　光耀　傑二百九九子生乾隆□年八月餘闕卒八月廿九日娶孔氏生八月餘闕卒闕
與三百六七　廷珍　傑三百二子生正月初四日卒九月初四日娶胡氏生康熙四十七年戊子八月十四日卒乾隆五十二年丁未五月初六日壽八十葬更樓力家祖墳　側子經二百三四
與三百六八　廷標　傑三百二子生康熙五十八年己亥六月初九日卒乾隆四十七年壬寅二月初四日壽六十四娶胡氏生雍正八年庚戌十二月三十日卒乾隆廿六年辛巳四月初五日年三十二與三百六九子經二百三五入繼

與三百六九　**廷樑**　傑三百二子生康熙六十年辛丑二月初九日卒乾隆廿二年丁丑十月廿六日年三十七娶余氏生康熙五十四年乙未十月廿二日卒乾隆五十九年甲寅九月初八日壽八十葬鄔嶴橋祖墳側子經二百三五經二百三六經二百三七經三五出繼與三百六八

與三百七十　**克明**　傑三百三子生乾隆廿七年壬午九月二十日卒道光十四年甲午八月廿二日壽七十三娶余氏生乾隆三十七年壬辰九月十三日卒道光三十年庚戌七月初二日壽七十九葬阮家橋無嗣有螟蛉子崇茂不列世系傳

與三百七一　**殿英**　傑三百五子生乾隆十一年丙寅十二月二十日卒嘉慶十年乙丑十月初十日壽六十娶鮑氏生乾隆廿四年己卯十一月十八日卒道光廿二年壬寅正月三十日壽八十四葬江頭園子經二百三八

與三百七二　**殿貴**　傑三百五子生乾隆十四年己巳十一月十四日卒嘉慶六年辛酉十月初十日年五十三娶周氏生乾隆三十四年己丑十二月初二日卒闕

與三百七三　**殿榮**　傑三百五子生乾隆十八年癸酉五月初一日卒嘉慶元年丙辰二月十九日年四十四葬江頭園娶黃氏生乾隆三十六年辛卯十一月初七日卒道光廿三年癸卯七月廿五日壽七十三葬山頭黃子經二百三九

與三百七四　**殿陞**　傑三百五子生乾隆廿七年壬午正月初三日卒闕娶周氏生乾隆三十八年癸巳十一月初四日卒闕子經二百四十經二百四一經二百四二

燕東曹氏四修宗譜卷十七　西房玖四公派　□□堂藏

興三百七五　殿詔　傑三百五子生乾隆廿九年甲申九月二十日卒道光十六年丙申三月廿二日壽七十三娶蘇氏生乾隆四十一年丙申六月初六日卒咸豐九年己未五月廿八日壽八十四葬江夏園子經二百四三緯二百四四

興三百七六　殿來　傑三百七子生卒闕葬花園跟

興三百七七　殿豪　傑三百七子生卒闕

興三百七八　殿木　傑三百七子生正月廿二日卒正月三十日娶居氏生卒闕厝夾笆子經二百四五

興三百七九　殿陞　傑三百七子生卒闕

興三百八十　殿文　傑三百八子生乾隆三十三年戊子八月十八日卒道光廿九年己酉十一月十四日壽八十二娶王氏生乾隆四十一年丙申五月廿六日卒道光廿三年癸卯十一月廿八日壽六十八葬塋家後花園跟

興三百八一　殿奎　傑三百八子生乾隆三十七年壬辰四月廿一日卒嘉慶廿三年戊寅二月十八日年四十七葬二十四房屋後長丬娶邵氏生乾隆五十一年丙午十一月廿一日卒闕

興三百八二　殿艮　傑三百八子生乾隆四十年乙未餘闕葬花園跟娶徐氏絕

興三百八三　殿玉　傑三百九子生乾隆三十七年壬辰餘闕卒於外娶林氏生乾隆五十一年丙午餘闕子經二百四六

興三百八四 殿揚 傑三百十一子生正月初三日卒闕娶陸氏生乾隆廿七年壬午三月十四日卒道光十四年甲午四月初四日壽七十三葬鳳嶙丝後大園東向子經二百四七

興三百八五 殿倫 傑三百十一子生闕卒道光十四年甲午二月初四日娶鄭氏生乾隆廿七年壬午四月十三日卒道光十三年癸巳十二月廿五日壽七十二葬鳳嶙後大塞南向

興三百八六 若震 傑三百十六子生乾隆三年戊午九月廿六日卒嘉慶十四年己巳六月廿六日壽七十二娶洪氏生乾隆二十年乙亥正月廿三日卒嘉慶十四年己巳七月廿四日年五十五葬官田畈子經二百四八

興三百八七 若霞 傑三百十六子生乾隆六年辛酉九月廿五日卒乾隆四十九年甲辰十二月十七日年四十四娶□氏生卒闕興三百八八子經二百四九入繼

興三百八八 若霖 傑三百十六子生乾隆十四年己巳十月十九日卒三月十九日娶堰頭鄔氏生乾隆廿二年丁丑九月十三日卒正月二十日子經二百四九經二百五十經二百五一經二百四九出繼興三百八八

興三百八九 若電 傑三百十七子生乾隆十六年辛未五月十二日卒嘉慶廿四年己卯九月初五日壽六十九娶樟樹下蘇氏生乾隆廿四年己卯九月廿六日卒乾隆五十七年壬子三月廿五日年三十四繼娶鎮邑王氏生乾隆廿五年庚辰二月廿二日卒道光十三年癸巳四月十五日壽

七十四葬蒜湖嶺土名照墩子經二百五二蘇氏出女長適大西場朱出
芳次適城中濶天章王氏出

興三百九十　兆鯤　傑三百二十子生乾隆廿一年丙子四月十八日卒道光二年壬午五月十五日壽六十七娶金氏生乾隆廿一年丙子十一月十七日卒道光十四年甲午十月初十日壽七十九葬小園子經二百五三
經二百五四

興三百九一　兆龍　傑三百二十子住溫州生乾隆廿七年壬午四月廿八日卒道光廿七年丁未二月廿八日壽八十六娶錢氏生乾隆三十七年壬辰六月廿一日卒咸豐四年甲寅四月二十日壽八十三側室林氏生乾隆四十一年丙申十一月初二日卒咸豐六年丙辰七月廿八日壽八十一葬溫州子
經三百五五

興三百九二　兆珠　傑三百廿一子生乾隆廿三年戊寅四月廿七日卒乾隆五十七年壬子六月廿二日年三十五娶陳氏生乾隆廿五年庚辰六月廿五日卒乾隆五十一年丙午二月十四日年二十七葬小園

興三百九三　邵山　傑三百廿四子生卒闕

興三百九四　湆

興三百九五　雙元　兄弟二人俱住衢州另詳遷徙譜

興三百九六　兆坤　傑三百廿九子生卒闕

興三百九七　□璽　傑三百三十子季瓤□生卒俱闕葬鮑家橋子經二百五十五

興三百九八　芳卿　傑三百三十一子生嘉慶廿一年丙子十月十九日卒道光三十年庚戌六月十三日年三十五娶徐氏　欽旌節孝詳貞節錄生道光九年己丑八月廿一日卒光緒廿九年癸卯　月　日壽七十五子經二百五十六

興三百九九　□　傑三百三十四子生乾隆五十二年丁未四月十五日卒道光十八年戊戌二月十三日年五十二葬江西園娶王氏生嘉慶三年戊午三月初十日卒闕興四百子經二百五八兼祧

興四百　興春　傑三百三十五子生乾隆五十四年己酉十一月二十日卒咸豐九年己未十一月廿四日壽七十一娶孫氏生嘉慶七年壬戌餘闕卒道光十年庚寅十月十九日年二十九子經二百五八□□興三百九九

興四百一　亞七　傑三百四十子出繼山無查

興四百二　乾坤　傑三百四十二子生乾隆二十年乙亥七月初七日卒乾隆六十年乙卯八月十四日年四十一娶□氏生卒闕

興四百三　占元　傑三百四十三子生乾隆二十年乙亥二月十□日卒嘉慶十二年丁卯十二月廿三日年五十三葬江西園不娶

興四百四　占魁　傑三百四十三子生乾隆廿二年丁丑二月初六日卒道光五年乙酉十二月十五日壽六十九娶許氏生乾隆四十二年丁酉十月十五日卒道光十三年癸巳十月十三日年五十七葬高橋跟子經二百五九經二百□十經二百六十

[illegible]蔡氏四修族譜　卷十七　西房玖兩公派　[illegible]

興四百五　邦榮　傑三百四四子生卒闕葬江南園娶氏絶

興四百六　朝元　傑三百四五子娶邵氏生卒俱闕葬江南園南首子經二百六十五

興四百七　國興　傑三百四六子生乾隆十六年辛未八月十二日卒嘉慶十年乙丑六月廿九日年五十五娶卜氏生乾隆廿六年辛巳二月廿六日卒嘉慶□□年九月十二日葬江南園子經二百六十三經二百六十四

興四百八　國爵　傑三百四六子生乾隆十八年癸酉十一月廿九日卒道光十二年壬辰□月初九日壽八十娶沈氏生乾隆三十年乙酉三月廿一日卒道光十七年丁酉十二月初五日壽七十三葬江頭園東首考塘側子經二百六十五經二百六十六經二百六十七經二百六十八

興四百九　國幸　傑三百四六子生乾隆廿三年戊寅十一月初四日卒道光十二年壬辰六月十一日壽七十五娶陸氏生乾隆三十四年己丑七月初五日卒道光十二年壬辰五月廿六日葬阮家橋東首子經二百六十九兼祧興四百十

興四百十　國生　傑三百四七子生乾隆廿三年戊寅四月十四日卒嘉慶十八年癸酉二月十七日年五十六娶吳氏生乾隆三十六年辛卯三月十六日卒道光廿三年癸卯九月初一日壽七十三葬江頭園東首興四百九子經二百六十九承祧

興四百十一　國甫　傑三百四七子生卒闕葬江頭園東首娶氏絶

興四百十二　國林　傑三百四八子生乾隆十四年己巳九月十九日卒嘉慶十五年庚午八月二十日壽六十二娶翁氏生乾隆廿六年辛巳[illegible]

一日卒道光元年辛巳四月十四日壽六十一子經二百七十八

與四百十三　**國先**　係三百四八子生乾隆三十一年丙戌餘闕卒道光十四年甲午五月初三日壽六十九娶徐氏生乾隆四十年乙未十一月十六日卒嘉慶十五年庚午八月三十日年三十六葬剌棚墳跟

與四百十四　**國定**　係三百四八子生卒闕葬瓦窑匯娶顧氏絕

與四百十五　**國球**　係三百四九子生卒闕

與四百十六　**孝禮**　係三百五十子生乾隆五十五年庚戌正月廿一日卒道光四年甲申二月二十日年三十五娶嚴氏生乾隆五十六年辛亥正月廿二日卒同治八年己巳十二月廿三日壽七十九葬徐家河汫子經二百七十

與四百十七　**正科**　係三百五十子生乾隆五十六年辛亥四月初九日卒嘉慶廿四年己卯四月初二日年二十九葬江頭圈娶沈氏絕

與四百十八　**正春**　係三百五一子生乾隆五十四年己酉正月初二日卒道光十三年癸巳九月初八日年四十五娶韓氏生嘉慶十一年丙寅十月初六日卒道光三年癸未四月初一日年十八葬寶㶆跟與四百二十子經二百七〇一入繼

與四百十九　**正位**　係三百五一子娶氏生卒俱闕

與四百二十　**正大**　係三百五一子住杭州生嘉慶七年壬戌二月十六日卒道光廿八年戊申六月十九日年四十七娶陳氏生嘉慶十九年甲戌二

慈東費氏四修宗譜　卷一七　世系傳六　十九

月二十日卒咸豐六年丙辰十二月廿七日年□十三子經二百七□經
二百七□經二百七□出繼興四百十□

興四百 廿一 元有

興四百 廿二 元順

興四百 廿三 元法 係三百五二子以上三人俱住小洞鼎另詳遷徙譜

興四百 廿四 配恭 係三百五三子生乾隆三十六年辛卯六月初九日卒道光十八
年戊戌六月十七日壽六十八娶陳氏生乾隆四十八年癸卯六
月廿八日卒咸豐元年辛亥十二月十六日壽六十九葬姜房前興四百
廿六子經二百七㊄入繼

興四百 廿五 配金 係三百五三子生卒闕

興四百 廿六 配祥 係三百五三子生乾隆五十年乙巳十二月廿九日卒咸豐七年
丁巳七月廿九日壽七十三娶胡氏生嘉慶二年丁巳六月十一
日卒九月初一日葬官山暾坐西朝東經二百七㊄經二百七□經二百
七㊄出繼興四百廿四

興四百 廿七 日新 係三百五四子生乾隆三十四年己丑十二月初六日卒道光二
十年庚子六月廿八日壽七十二娶魯氏生乾隆四十五年庚子
七月初五日卒道光十四年甲午七月十七日年五十五葬牛尾河泮興
四百廿八子經二百七□兼祧

興四百 廿八 日昌 係三百五四子生乾隆三十七年壬辰十一月二十日卒道光十
一年辛卯六月廿三日壽六十娶邵氏生乾隆五十五年庚戌正

月二十日卒道光廿四年甲四月初九日年五十五葬牛尾河𣁁子經
二百七七兼祧興四百廿七

興四百廿九 萬春 傑三百五五子生乾隆五十四年己酉七月廿五日卒咸豐六年丙辰十一月廿六日壽六十八娶裘氏生嘉慶十一年丙寅七月廿三日卒道光十九年己亥四月十一日年三十四葬江頭園子經二百七六經二百七七

興四百三十 配華 傑三百五六子住蕭山娶氏生卒俱闕

興四百三一 配常 傑三百五七子生乾隆五十二年丁未正月廿二日卒道光廿四年甲辰七月初四日年五十八娶翁氏生乾隆五十二年丁未十一月十一日卒咸豐四年甲寅八月初四日壽六十八葬江頭園子經二百八

興四百三二 配全 傑三百五七子生乾隆五十四年己酉三月十二日卒道光五年乙酉九月十八日年三十七娶張氏生嘉慶五年庚申七月廿三日卒道光八年戊子四月初九日年二十九葬海眼埏附於父祖

興四百三三 全聖 傑三百五七子生乾隆五十八年癸丑十一月十一日卒道光十八年戊戌八月十四日年四十六娶胡氏生嘉慶十三年戊辰六月廿六日卒道光廿三年癸卯九月初六日年三十六葬大樹廟跟子經二百

興四百三四 配强 傑三百五八子生乾隆五十八年癸丑十月初二日卒同治七年戊辰十二月十九日壽七十六娶邵氏生嘉慶十五年庚午七月廿五日卒光緒十三年丁亥十月初一日壽七十八葬官田畈子經二百八經二百八經二百八

興四百三五　**配義**　傑三百五八子生嘉慶七年壬戌正月廿九日卒咸豐六年丙辰十二月初二日年五十五娶周氏生道光元年辛巳十月廿三日卒道光廿八年戊申十一月初二日年二十八葬夾笆子經二百八

興四百三六　**配章**　傑三百五八子生嘉慶十二年丁卯十一月十三日卒闕娶未

興四百三七　**益山**　傑三百五九子生嘉慶元年丙辰八月十八日卒同治三年甲子八月餘闕壽六十九葬杭州娶姚氏生嘉慶十六年辛未九月十三日卒光緒五年己卯十月廿七日壽六十九子經二百八

興四百三八　**益利**　傑三百五九子生嘉慶四年己未四月初十日卒同治七年戊辰九月十六日壽七十娶張氏生嘉慶十七年壬申五月廿四日卒光緒六年庚辰十二月廿七日壽六十九子經二百八

興四百三九　**昌高**　傑三百六十子生乾隆五十四年己酉十二月餘闕卒道光二年壬午九月初九日年三十四葬海脈埏娶陳氏絕

興四百四十　**配乾**　傑三百六十子生乾隆五十九年甲寅十一月廿六日卒咸豐元年辛亥七月廿九日年五十八葬杭州娶周氏絕子經二百八

興四百四一　**文高**　傑三百六二子生嘉慶五年庚申八月十一日卒同治八年己巳三月廿八日壽七十娶嚴氏生道光元年辛巳七月初七日卒光緒十九年癸巳二月初三日壽七十三葬酒店河斗土名滙底子經二百八

興四百四一　**[illegible]成**　傑三百六四子生卒闕娶蘇氏絕

興四百四三　**配順**　傑三百六五子住杭州娶氏生卒俱闕子經一百九十六

興四百四四　**日暄**　傑三百六八子生卒闕娶氏絕興四百子經二百九九入繼

興四百四五　**德利**　傑三百六九子生嘉慶廿三年戊寅四月三十日卒光緒廿五年己亥九月初七日壽八十二娶邵氏生嘉慶廿四年己卯六月廿七日卒道光二十年庚子九月十六日年二十二繼娶王氏生嘉慶廿五年庚辰二月十六日卒咸豐九年己未九月初八日年四十歲三娶張氏生道光七年丁亥十二月十八日卒光緒八年壬午九月廿五日年五十六葬東河沿西首子經二百九〇經二百九六經二百九九王氏出經二百九九出繼興四百四七

興四百四六　**德金**　傑三百六九子生道光二年壬午六月十一日娶邵氏生嘉慶廿五年庚辰十二月廿三日卒道光廿八年戊申十一月十二日年二十九繼娶許氏生道光十一年辛卯二月廿七日卒光緒廿七年辛丑九月初九日壽七十一葬陳家河沿西首子經二百九四邵氏出經二百九五經二百九六許氏出

興四百四七　**德才**　傑三百七十子生道光三年癸未八月十九日卒咸豐五年乙卯八月十五日年三十三娶朱氏生道光三年癸未九月十五日卒咸豐元年辛亥十二月十二日年二十九繼娶魏氏生嘉慶廿五年庚辰正月十九日卒咸豐五年乙卯八月廿一日年三十六葬東河沿興四百四五子經二百九九入繼

興四百四八　德清　係三百七一子生道光元年辛巳十月十六日卒咸豐六年丙辰正月初三日年三十六娶蘇氏生道光二年壬午十月十一日卒同治九年庚午正月初十日年四十九葬東河沿天德庵後子經三百九九

興四百四九　德揚　係三百七一子生道光五年乙酉六月初九日卒光緒二年丙子五月初九日年五十二娶錢氏生道光八年戊子九月十三日卒光緒九年癸未八月初三日年五十六葬東河沿子經三百〇

興四百五十　德彪　係三百七二子生嘉慶十八年癸酉二月十九日卒咸豐八年戊午四月十三日年四十六娶邵氏生嘉慶十六年辛未十月初四日卒同治三年甲子八月廿二日年五十四葬牛尾河汊西首子經二百九〇經三百〇經三百三經三百四經三百五經三百六三百七經二百九〇出繼

興四百四四

興四百五一　聖文　係三百七三子生二月十八日卒闕葬本邑西門外娶氏絕興四百五六子經三百五七入繼

興四百五二　聖忠　係三百七四子生嘉慶五年庚申五月初十日卒道光廿八年戊申八月十三日年四十九娶潘氏生嘉慶四年己未八月十四日卒咸豐元年辛亥五月廿二日年七十六葬潘家橋興四百五一子經三百貳兼祧

興四百五三　興□　係三百七六子住蘇州

興四百五四　惟傳　係三百七七子住蘇州

興四百五五　**典昌**　傑三百七八子生嘉慶廿四年己卯正月十七日卒光緒五年己卯四月廿二日壽六十一娶葛氏生道光十五年乙未正月十五日卒同治元年壬戌六月十三日年二十八子經三百九十

興四百五六　**邦位**　傑三百八十子生嘉慶五年庚申三月初二日卒咸豐十一年辛酉八月廿六日壽六十二娶應氏生嘉慶十六年辛未八月初七日卒光緒十二年丙戌正月廿七日壽七十六子經三百八十經三百九十經三百十一經三百十二經三百八十出繼興四百五一兼祧興四百五二經三百十三出繼興四百五八

興四百五七　**邦雲**　傑三百八一子生嘉慶廿四年己卯八月十五日卒同治十三年甲戌五月廿九日年五十六娶周氏生道光三年癸未正月二十日卒咸豐元年辛亥十二月廿二日年二十九

興四百五八　**年位**　傑三百八二子生嘉慶十八年癸酉十一月初五日卒光緒三年丁丑三月十五日壽六十五娶鄭氏生道光八年戊子九月初九日子經三百十二

興四百五九　**蛟**　傑三百八三子生乾隆三十六年辛卯二月初九日卒道光九年己丑二月廿三日年五十九娶李氏生乾隆四十年乙未四月十七日卒嘉慶二年丁巳二月十一日年二十三葬樟樹下蘇家西河灣附父墳傍　興四百六十子經三百十四兼祧

興四百六十　**蟾**　傑三百八三子生乾隆四十五年庚子三月十三日卒道光十四年甲午正月初一日年五十五娶張氏生乾隆六十年乙卯五月廿三

日卒嘉慶十八年癸酉十一月廿九日年十九葬樟樹下蔡家西河灣附父墳傍子經三百十□經三百十五經三百十□景讓興四百五九經三百十五向榮

出家

興四百六一　**華岳**　傑三百八四子生乾隆三十五年庚寅二月廿一日卒嘉慶廿二年丁丑七月廿一日年四十八娶余氏生乾隆三十五年庚寅十二月十九日卒嘉慶十四年己巳五月十四日年四十厝住宅大門外子經三百十六

興四百六二　**華恩**　傑三百八四子生乾隆三十七年壬辰八月初七日卒道光十七年丁酉九月初四日壽六十六娶余氏生乾隆三十九年甲午十一月廿二日卒道光二年壬午八月二十日年四十九葬東河橋子經三百十七

興四百六三　**南陽**　傑三百八四子生卒闕

興四百六四　**華瑛**　傑三百八四子生乾隆五十一年丙午二月十三日卒道光三年癸未八月二十日年三十八厝大門外娶王氏絕

興四百六五　**華定**　傑三百八五子生乾隆三十三年戊子七月十一日卒道光五年乙酉八月十五日年五十八娶陳氏生乾隆三十五年庚寅十月十二日卒咸豐元年辛亥八月廿四日壽八十二葬孫家橋子經三百十六經三百十七

興四百六六　**華南**　傑三百八五子生乾隆三十六年辛卯五月初九日卒道光十一年辛卯十一月十三日壽六十一娶孫氏生乾隆四十四年己亥六月廿一日卒咸豐元年辛亥三月廿三日壽七十三葬江頭園子經三百二十

興四百六七　華甯　傑三百八五子　生乾隆四十一年丙申四月廿二日卒咸豐四年甲寅六月廿二日壽七十九　娶陳氏生乾隆四十五年庚子四月十八日卒道光十六年丙申五月初一日年五十七　葬孫家橋考墳傍　子經三百廿六　經三百廿五

興四百六八　華賓　傑三百八五子　生乾隆五十一年丙午閏七月初四日卒道光十八年戊戌九月初十日年五十三　娶翁氏生乾隆五十九年甲寅十二月廿三日卒同治八年己巳二月初五日壽七十六　葬江頭園　子經三百廿二　經三百廿四

興四百六九　榛　傑三百八六子　生乾隆四十七年壬寅七月初七日卒咸豐二年壬子九月廿五日壽七十一　娶蘇州吳縣李氏生嘉慶元年丙辰正月廿二日卒咸豐三年癸丑六月廿七日年五十八　葬陸家橋側興四百七二　子經三百廿五入繼

興四百七十　標　傑三百八六子　生乾隆五十年乙巳二月初四日卒道光十三年癸巳六月十一日年四十九　娶謝氏生乾隆五十三年戊申五月廿八日卒道光四年甲申八月初十日年三十七　葬江頭園

興四百七一　模　傑三百八六子　生乾隆五十六年辛亥二月初一日卒咸豐元年辛亥八月廿二日壽六十一　娶洪氏　敕封孺人　生嘉慶十七年壬申六月廿四日卒同治十二年癸酉十二月初一日年六十二　葬陸家河西　子經三百廿三　經三百廿六　經三百廿七　經三百廿九　經三百廿五出繼興四百六九

興四百七二　桂　傑三百八六子　生嘉慶七年壬戌十月初四日卒道光二十年庚子九月廿六日年二十九　葬阮家橋西北祖墳邊　娶陳氏　絕　子經三百

三廿

廿五六

興四百七三　學初　傑三百八七子生乾隆四十六年辛丑三月初九日卒道光七年
丁亥四月十三日年四十七娶□氏生卒闕子經三百三十出家

興四百七四　學聖　傑三百八八子生嘉慶十二年丁卯五月初九日卒道光廿八年
戊申十一月初九日年四十二娶□氏絕子繼三百三二經三百

三廿

二八

興四百七五　學乾　傑三百八九子生乾隆六十年乙卯二月廿五日卒道光十九年
己亥三月初七日年四十五娶徐氏生嘉慶三年戊午十一月十
七日卒道光十一年辛卯
六月初一日年三四十

興四百七六　學詩　傑三百九十子生乾隆五十四年己酉十二月十八日卒道光廿
九年己酉七月二十日壽六十一娶沈氏生嘉慶元年丙辰十二
月廿五日卒同治二年癸亥五月十九日壽六十八葬靈山後龍舌鼎子
經三百三八經三百三四經三百三四繼興四七七

興四百七七　學禮　傑三百九一子生乾隆五十八年癸丑八月廿六日卒道光十三
年癸巳八月十五日年四十一娶嚴氏生嘉慶七年壬戌九月十
二日卒道光廿七年丁未八月二十日年四十六葬里清檔土名官山興
四百七六子經三百三四入繼

興四百七八　繼孝　傑三百九二子生乾隆廿五年庚辰餘闕卒嘉慶廿一年丙子九
月初六日年五十七娶孔氏生乾隆四十七年壬寅四月廿四日
卒道光三十年庚戌四月二十日壽六十九
葬本邑西門外東瀼子經三百三五

興四百七九　**繼安**　傑三百九二子生乾隆三十六年辛卯十月初一日卒道光十一年辛卯八月十五日壽六十一娶周氏生乾隆五十六年辛亥十二月廿八日卒咸豐九年己未九月廿九日壽六十九葬本邑西門外東興子經三百三六經三百三七

興四百八十　**繼林**　傑三百九二子生乾隆四十一年丙申九月初九日卒道光廿四年甲辰三月初三日壽六十九娶葛氏生乾隆三十九年甲午十月初五日卒道光十一年辛卯八月十五日年五十八葬西大河沜子經三百三四

興四百八一　**繼鳳**　傑三百九二子生乾隆四十七年壬寅正月廿三日卒道光廿三年癸卯九月二十日壽六十三葬本邑西門外東興

興四百八二　**繼佐**　傑三百九三子生嘉慶十四年己巳六月初三日卒咸豐四年甲寅四月初二日年四十六娶姜氏生嘉慶十四年己巳四月二十日卒道光十三年癸巳九月廿九日年二十五繼娶李氏生嘉慶廿二年丁丑二月初八日卒光緒三年丁丑正月初四日壽六十一葬浙眼山子經三百三九經三百四十經三百四一

興四百八三　**興佑**　傑三百九三子生嘉慶廿五年庚辰五月初六日卒光緒二十年甲午正月初十日壽七十五娶顧氏　側贈安人生道光元年辛巳六月十二日卒同治五年丙寅九月初八日年四十六子經三百四二經三百四三經三百四四經三百四五經三百四六經三百四七

興四百八四　**興位**　傑三百九三子生道光二年壬午十一月十五日卒同治元年壬戌十月初六日年四十一葬父塓側娶黄氏絕

慈東費氏四修宗譜卷十八上

世次傳七

二十二世 西房政三公派

經一 在中 與一子生乾隆七年壬戌正月廿九日卒闕娶陶氏生卒闕葬杜家漕

經二 在進 與一子生乾隆十二年丁卯五月初一日卒闕

經三 在新 與一子生乾隆十六年辛未九月初三日卒闕

經四 在明 與一子生乾隆十九年甲戌六月廿六日卒道光六年丙戌十一月初九日壽七十三娶金氏生乾隆三十二年丁亥十二月十六日卒道光十八年戊戌十二月十八日壽七十二子綸一綸二綸三

經五 正揚 與二子生乾隆三十八年癸巳十一月十四日卒道光三年癸未四月廿八日年五十一娶吳氏生乾隆三十七年壬辰六月初六日卒嘉慶六年辛酉十一月初一日年三十繼娶林氏生乾隆四十三年戊戌三月十八日卒道光十二年壬辰十二月初一日年五十五葬曹墺高田子綸四吳氏出綸五綸六林氏出

經六 正意 與四子生乾隆廿八年癸未正月十一日卒道光三年癸未十二月廿七日壽六十一娶胡氏生乾隆廿八年癸未七月廿二日卒嘉慶八年癸

亥七月廿九日年四十一繼娶張氏生乾隆四十年乙未十二月初八日
卒咸豐六年丙辰八月初五日壽八十二葬南家灘祖墳西首子綸七綸
綸八綸九
張氏出

經七 正烈 興四子生乾隆三十四年己丑九月十二日卒嘉慶十八年癸酉十一
月廿五日年四十五娶應氏生乾隆三十一年丙戌八月初一日卒嘉
慶九年甲子五月廿六日年三十九繼娶沈氏生乾隆四十七年壬寅十
二月十一日卒道光九年己丑二月廿六日年四十八葬阮家橋河斜蘇
家東首坐北朝南子綸十綸十一綸十二
應氏出綸十三綸十四綸十五沈氏出

經八 正恒 興四子生乾隆四十一年丙申四月廿九日卒道光十二年壬辰十二
月十八日年五十七娶胡氏生乾隆四十三年戊戌十一月廿二日卒
咸豐三年癸丑十一月初
八日壽七十六葬和尚田

經九 正心 興九子生乾隆廿四年己卯九月廿二日卒嘉慶十三年戊辰二月十
二日年五十娶邵氏生乾隆廿六年辛巳五月廿一日卒道光十三年
癸巳十一月三十日壽七十
三子綸十六綸十七綸十八

經十 正興 興十子生乾隆三十年乙酉八月廿九日卒嘉慶十八年癸酉四月廿
五日年四十九娶余氏生乾隆三十三年戊子十二月初七日卒道光
廿八年戊申正月初二日壽八十一葬
文昌會出子綸十九綸二十綸廿一

經十一 正瑞 興十子生乾隆三十五年庚寅七月廿一日卒道光十五年乙未四
月十五日壽六十六娶邵氏生乾隆四十五年庚子六月十四日卒

道光廿一年辛丑三月初八日壽六十二葬文昌會田子綸廿二綸廿三
綸廿四綸廿五

經十二 正惠 與十子生乾隆三十五年庚寅七月廿三日卒闕

經十三 正吾 與十子生卒闕

經十四 廷粱 與十一子生乾隆四年己未八月初十日卒嘉慶四年己未正月廿
三日壽六十一娶張氏生乾隆十三年戊辰六月十六日卒乾隆四
十六年辛丑三月初六日年三十
四葬孤墩頭九分田子綸廿六

經十五 經華 與十二子生乾隆十三年戊辰十月初十日卒乾隆六十年乙卯九
月廿七日年四十八

經十六 顯達 與十三子生乾隆元年丙辰餘闕

經十七 景永 與十三子生乾隆六年辛酉餘闕

經十八 景才 與十三子生乾隆八年癸亥餘闕

經十九 正國 與十四子生乾隆廿一年丙子二月初二日卒嘉慶十七年壬申十
月十九日年五十七

經二十 小義 與十四子生乾隆廿四年己卯六月三十日卒闕

經廿一 德惠 與十四子生乾隆三十四年己丑六月十四日卒嘉慶廿二年丁丑
餘闕年四十九

經廿二 德識佐 興十八子生乾隆十二年丁卯八月初六日卒嘉慶八年癸亥正月
廿二日年五十七娶應氏生乾隆廿七年壬午正月十八日卒道光
十年庚寅閏四月十六日壽六
十九葬假山嫞女二俱適應
經廿三 成禮 興十八子生乾隆十五年庚午九月廿三日卒嘉慶七年壬戌十一
月廿八日年五十三娶姚氏生乾隆三十一年丙戌十一月十五日
卒乾隆五十九年甲寅九月
廿六日年二十九女適蘇
經廿四 小禮 興十八子佐江北生乾隆十九年甲戌九月廿一日卒闕娶口氏生
卒闕子綸廿七
經廿五 正身 興十九子生乾隆三十年乙酉九月初三日卒嘉慶十九年甲戌十
一月初二日年五十
經廿六 正治 興二十子生乾隆十一年丙寅閏三月廿八日卒嘉慶廿三年戊寅
十一月初七日壽七十三娶孔氏生乾隆十九年甲戌正月初四日
卒嘉慶十年乙丑五月廿三日年五十二繼娶成氏生乾隆十五年庚午
六月二十日卒道光十六年丙申六月十五日壽八十七葬西洪屋西南
土名東秧田子綸廿
八綸廿九孔氏出
經廿七 永富 興廿二子生乾隆三十七年壬辰八月廿八日卒道光十六年丙申
十月廿六日壽六十五娶何氏生乾隆五十一年丙午十二月初十日
卒道光廿三年癸卯七月初六日年五十八葬杜家漕西邊子綸三十綸
三一綸三二
經廿八 永春 興廿二子生乾隆三十九年甲午餘闕卒嘉慶二年丁巳餘闕年二
十四

經廿九 **永豐** 興廿二子生乾隆四十七年壬寅餘闕卒嘉慶廿五年庚辰九月十四日年三十九娶諸氏生嘉慶元年丙辰十月初一日卒道光廿六年丙午正月廿六日年五十一葬屋後田子綸三三

經三十 **正洪** 興廿二子生乾隆五十七年壬子餘闕卒道光十四年甲午四月初一日年四十三娶應氏生嘉慶二年丁巳卒嘉慶廿五年庚辰餘闕年二十四葬杜家

漕邊還娶□氏絕

經三一 **沛堂** 興廿九子生乾隆十七年壬申八月廿六日卒嘉慶廿四年己卯十二月廿六日壽六十八娶方氏生乾隆十九年甲戌正月廿五日卒乾隆五十二年丁未五月十八日年三十四繼娶王生乾隆三十七年壬午九月初五日卒道光四年甲申八月初二日壽六十三葬蘇家門前父墳東首三穴子綸三四綸三六綸三七綸四一綸四一出繼經三三

經三二 **沛昌** 興廿九子生乾隆廿八年癸未九月廿六日卒道光十八年戊戌七月二十日壽七十六娶朱氏生乾隆廿八年癸未七月初九日卒乾隆五十四年己酉九月廿八日年二十七繼娶王氏生乾隆三十九年甲午正月廿五日卒道光十八年戊戌八月二十日壽六十五葬蘇家門前父墳東首子綸三七朱氏出綸三八綸三九綸四十綸四二王氏出綸四二出繼經三三

經三三 **沛圻** 興廿九子生乾隆三十六年辛卯七月十六日卒嘉慶廿五年庚辰十二月廿八日年五十娶成氏生乾隆三十六年辛卯十月廿四日卒道光七年丁亥閏五月初二日年五十七葬蘇家門前父墳西首經三一子綸四一經三二子綸四二入繼

經三　沛乾　與三十子生乾隆廿三年戊寅二月廿三日卒道光二十年庚子五
四　月初一日壽八十三娶邵氏生乾隆廿三年戊寅二月廿五日卒乾
隆四十八年癸卯十一月十五日年二十六繼娶朱氏生乾隆廿八年癸
未十月二十日卒乾隆五十年乙巳十一月十二日年二十三三娶桂氏
生乾隆廿七年壬午八月初一日卒乾隆五十四年己酉十一月十一日
年二十八四娶陳氏生乾隆三十三年戊子二月廿二日卒嘉慶十二年
丁卯九月十九日年四十葬西河塘陶家
隴丙子綸四三桂氏出綸四四陳氏出

經三　沛然　與三十子生乾隆廿八年癸未正月十二日卒嘉慶十九年甲戌六
五　月廿三日年五十二娶顧氏生乾隆廿七年壬午三月廿一日卒嘉
慶十五年庚午八月十七日年四十九葬杜
郭唐家屋後坐北向南子綸四五綸四六

經三　沛生　與三十子生乾隆三十一年丙戌正月初十日卒嘉慶十二年丁卯
六　九月初一日年四十二娶朱氏　貤贈宜人生乾隆三十二年丁亥
十二月初八日卒道光二十年庚子九月十九日壽七十四葬蘇家沙泥橋
北首土名陳家園坐辛向乙兼戌辰子綸四七

經三　沛忠　與三十子生乾隆三十四年己丑正月初八日卒道光十二年壬辰
七　十二月廿六日壽六十四娶洪氏　例贈安人生乾隆三十三年戊
子十二月初四日卒道光廿九年己酉十二月十三日壽八十二葬唐雲
橋南首土名荷包子綸四八綸四九女長適邑武生陶定邦次適邑庠生
邵呂
占

經三　沛祥　與三一子生乾隆三十三年戊子十一月十三日卒乾隆四十六年癸
八　卯三月初八日年十六

經三九　沛濤　興三一子生乾隆三十六年辛卯六月廿七日卒道光廿四年甲辰九月十二日壽七十四娶沈氏生乾隆三十二年丁亥十月初七日卒道光八年戊子十二月廿七日壽六十二繼娶董氏生乾隆四十五年庚子九月廿六日卒道光十八年戊戌七月十七日年五十九葬陶家港東首沿河高田父墳右首子綸五十綸五一沈氏出

經四十　冬狗　興三二子生卒闕

經四一　夏猫　興三二子生卒闕

經四二　東山　興三二子生卒闕

經四三　正仁　興三三子生乾隆□年餘闕卒道光廿九年己酉十一月初九日娶趙氏生嘉慶八年癸亥九月初五日卒道光廿七年丁未三月十八日年四十五葬陶家北首

經四四　正範　興三三子生乾隆四十四年己亥餘闕卒咸豐七年丁巳十二月十三日壽七十九娶郎氏生嘉慶八年癸亥正月十八日卒道光元年辛巳九月初十日年十九葬夾笆

經四五　正忠　興三六子生乾隆四十年乙未正月十一日卒道光二十年庚子十月初十日壽六十六娶應氏生乾隆四十七年壬寅九月廿五日卒咸豐元年辛亥五月初九日壽七十葬畱公田小河浒子綸五二綸五三綸五四綸五四出繼經四六

經四六 **正明** 長三六子生乾隆四十三年戊戌八月初四日卒道光十一年辛卯十月初六日年五十四娶王氏生乾隆五十七年壬子四月廿四日卒道光十一年辛卯十月十四日年四十葬留公田小河汫經四五子綸五四入繼

經四七 **正棟** 長三七子生卒闕娶胡氏生嘉慶元年丙辰八月廿二日卒同治十一年壬申七月十九日壽七十七葬園三畝子綸五五

經四八 **正樑** 長三八子生嘉慶廿一年丙子正月初八日卒咸豐七年丁巳九月廿八日年四十二娶周氏生嘉慶廿三年戊寅十月初九日卒道光十七年丁酉十月初十日年二十繼娶應氏生嘉慶廿五年庚辰四月十二日卒光緒十八年壬辰十二月初八日壽七十三葬園三畝子綸五六綸五七綸五八綸五九應氏出綸五八出繼經四九綸五九出繼經五一

經四九 **正柱** 長三八子生嘉慶廿四年己卯十月初二日卒道光廿六年丙午六月十三日年二十八娶周氏生嘉慶廿四年己卯十一月初八日卒光緒七年辛巳九月初五日壽六十三經四八子綸五八入繼

經五十 **錫朋** 長四二子生嘉慶□年九月初二日卒道光□年六月十三日未娶

經五二 **正坤** 長四三子生嘉慶十七年壬申二月十四日卒同治七年戊辰八月初十日年五十七娶徐氏生嘉慶廿一年丙子六月廿六日卒咸豐元年辛亥正月初一日年三十六繼娶沈氏生道光四年甲申正月初三日卒同治九年庚午六月二十日年四十七葬四港關南小錢頭周家經四八子經五九入繼

經五二　正豐　興四二子生嘉慶二十年乙亥正月十四日卒咸豐十一年辛酉十二月初九日年四十七娶顧氏生嘉慶廿四年己卯七月廿五日卒光緒十八年壬辰五月廿七日壽七十四葬陶家滙園三畝子綸六十綸六一

經五三　正奔　興四二子生嘉慶廿二年丁丑五月十一日卒咸豐九年己未十月廿六日年四十三娶沈氏生道光二年壬午二月廿八日卒光緒十七年辛卯八月十一日壽七十子綸六二

經五四　正佐　興四四子生嘉慶元年丙辰七月十三日卒咸豐六年丙辰十二月廿二日壽六十一娶嚴氏生嘉慶五年庚申四月初三日卒同治元年壬戌九月二十日壽六十三葬蘆蓬頭杜家漕側

經五五　正佑　興四五子生嘉慶十八年癸酉正月廿六日卒咸豐五年乙卯八月廿六日年四十三娶蘇氏絕

經五六　正芳　興四七子生乾隆五十九年甲寅十月廿五日卒道光廿九年己酉八月廿一日年五十六娶洪氏生乾隆五十八年癸丑六月廿九日卒道光廿九年己酉二月廿五日年五十七葬留公田小河浒子綸六三

經五七　正元　興四八子生嘉慶七年壬戌七月十五日卒道光十三年癸巳二月初二日年三十二

經五八　正德　興四八子生嘉慶十年乙丑正月初八日卒闕娶沈氏絕

經五九　正林　興四八子生嘉慶十一年丙寅五月二十日卒同治十三年甲戌十二月十五日壽六十七娶陶氏生卒闕葬留公田假山地

經六十　**正章**　與四八子住溫州生嘉慶十九年甲戌七月廿一日卒闕娶孔氏生
道光元年辛巳十二月十四日卒闕子綸六四

經六一　**正高**　與四九子生嘉慶六年辛酉十二月十七日卒同治十二年癸酉十
月三十日壽七十三娶嚴氏生嘉慶六年辛酉五月廿八日卒同治
十三年甲戌十月廿四日壽七十四側室姚氏生嘉慶十八年癸酉三月十
七日卒光緒元年乙亥八月廿九日壽六十三葬後周橋坐兆朝南子綸
六五綸
六六

經六二　**正培**　與五十子生乾隆六十年乙卯八月廿六日卒咸豐九年己未十一
月初三日壽六十五娶五都嚴氏生乾隆五十九年甲寅十月初八
日卒咸豐四年甲寅十月初一日壽六十一葬陶家滙長田坐寅向申兼
艮坤繼經六三子綸六七入繼女適長洪次適孝三適邵

經六三　**正昌**　與五十子生嘉慶七年壬戌九月廿六日卒同治九年庚午八月初
六日壽六十九娶上沈沈氏　誥贈宜人生嘉慶九年甲子八月初
十日卒同治三年甲子五月初一日壽六十一葬陶家滙長田與兄正培
連穴子綸六七綸六八綸六九綸七十綸六七出繼經六二女長適李碶
李次適五都嚴三適上
沈沈四適新堰頭張

經六四　**正孝**　與五一子生乾隆四十五年庚子七月廿四日卒咸豐十年庚申二
月初五日壽八十一娶方氏生乾隆五十四年己酉正月初六日卒
咸豐九年己未十二月十二日壽七十一繼娶錢氏生正月初六日卒十
一月初五日三娶徐氏生卒闕葬廿一房宗家地　有螟蛉子綸義不列世
次傳

經六五　正訓一　興五二子生乾隆五十九年甲寅十月廿八日卒道光十八年戊戌二月廿四日年四十五葬留公田小河㳺高地墩娶洪氏絶子綸七

經六六　四海　興五二子住蘇州生嘉慶十九年甲戌四月餘闕娶朱氏生卒闕葬蘇州子綸七二

經六七　正高　興五三子生乾隆五十七年壬子十一月廿三日卒咸豐五年乙卯餘闕壽六十四娶蘇氏生卒闕葬蘇州子綸七三

經六八　正君　興五三子住新城縣生嘉慶元年丙辰正月廿三日卒闕娶顔氏生卒闕葬新城縣子綸七四

經六九　正和　興五三子生嘉慶十年乙丑六月初八日卒同治八年己巳四月初二日壽六十五娶翁氏生嘉慶廿一年丙子三月十九日卒同治元年壬戌九月二十日年四十七繼娶鄭氏生嘉慶九年甲子九月初十日卒光緒九年癸未正月廿六日壽七十九葬廿一房宗家地子綸七五

經七十　正標　興五三子住新城縣生嘉慶十三年戊辰十二月初七日卒闕娶蘇氏生嘉慶廿三年戊寅十一月廿四日卒道光十七年丁酉五月廿八日年二十繼娶口氏絶

子綸七六綸七七繼娶出

經七一　正基　興五四子生嘉慶五年庚申七月十二日卒道光廿五年乙巳九月十七日年四十六娶范氏生嘉慶五年庚申二月初五日卒道光十六年丙申六月十四日年三十七

繼娶孔氏絶子綸七八孔氏出

經七二　正浩　興五四子生嘉慶十六年辛未九月二十日卒光緒十六年庚寅五月廿一日壽八十娶周氏生道光二年壬午正月廿四日卒道光十

九年己亥十二月初十日年廿八繼娶廖氏生道光六年丙戌十一月廿
六日卒光緒廿七年辛丑七月廿三日壽七十六葬墓清溪西壽高地墩
坐西向東女長
適呂文適應

經七三　正泰　邑增廣　與五五子生嘉慶十九年甲戌八月初六日卒[illegible]房[illegible]六日葬[illegible]

經七四　正賢　與五五子生道光四年甲申七月廿四日卒光緒十四年戊子六月
三十日壽六十五娶蘇氏生道光十一年辛卯正月十九日卒闕葬
杜家漕側坐北
向南子綸七九

經七五　正茂　與五五子生道光五年乙酉九月十九日卒光緒六年庚辰二月十
一日年五十六娶邵氏生道光廿三年癸卯七月廿四日卒闕葬樟
樹下蘇姓西南
首洛河女適張

經七六　正富　與九五子生道光八年戊子十二月十三日卒光緒七年辛巳正月
十七日年五十四娶姜氏生道光十六年丙申六月十五日卒闕葬
杜家
漕側

經七七　正發　與五九子生嘉慶十七年壬申十二月初六日卒光緒十年甲申八
月初五日壽七十三娶朱氏生嘉慶廿一年丙子七月初七日卒光
緒十八年壬辰九月廿二
日壽七十七葬隔河周

經七八　經　與六十子住蘇州娶氏生卒俱闕

經七九　正則　興六一子生乾隆十八年癸酉二月初四日卒嘉慶十六年辛未六
月十八日年五十九娶口氏生卒闕子綸八十

經八十　春壽　興六三子生乾隆三十二年丁亥二月初十日卒於外未娶

經八一　開泰　興六三子住杭州楊衙衕生乾隆三十九年甲午五月十九日卒咸
豐二年壬子九月初五日壽七十九娶邵氏生乾隆五十八年癸丑
十一月初二日卒同治十年辛未十月廿二日壽七十九葬杭州城外半
山子綸八一

經八二　時芳　興七三子生道光三年癸未十一月廿三日卒同治十二年癸酉八
月初四日年五十一娶余氏生道光七年丁亥七月二十日子綸八
二綸八三綸八
三出繼經八三

經八三　慶裕　興七四子生嘉慶十五年庚午七月十八日卒同治四年乙丑二月
十九日年五十六娶李氏生道光七年丁亥十二月初三日卒光緒
廿二年丙申正月初三日壽七十葬
屋後假山田經八二子綸八三入繼

經八四　慶泰　興七八子生嘉慶八年癸亥七月初八日卒道光十二年壬辰五月
十八日年三十葬和尙橋娶朱氏絕

經八五　慶歲　興七八子生嘉慶十一年丙寅七月廿三日卒道光六年丙戌六月
廿一日年二十一葬假山地未娶

經八六　裕泰　興七九子生嘉慶廿三年戊寅二月初二日卒光緒二年丙子四月
十八日年五十九娶張氏生道光十五年乙未五月初二日卒光緒
十一年乙酉九月十七日年五
十一葬和尙橋山子綸八四

經八七　鏡　興八十子生道光十一年辛卯十月初七日卒光緒十年甲申三月初十日年五十四娶沈氏　誥贈宜人　纍贈恭人生道光十五年乙未六月廿八日卒咸豐三年癸丑十二月廿八日年十九繼娶邵氏　誥贈宜人　纍贈恭人生道光十九年己亥十月三十日卒光緒十年甲申閏五月廿一日年四十六側室邵氏　誥封恭人生道光廿八年戊申四月初四日側室郭氏生咸豐元年辛亥六月初三日卒光緒廿九年癸卯三月廿二日年五十三葬吳樑橋河南岸壬山丙向兼子午子綸八五綸八六繼室邵氏出綸八七側室邵氏出綸八八繼室邵氏出綸八九郭氏出

經八八　裕安　興八一子生道光三年癸未二月廿七日卒光緒十二年丙戌七月廿九日壽六十四娶朱氏生道光十六年丙申十二月十九日卒同治七年戊辰正月初九日年三十三繼娶陸氏生道光廿一年辛丑九月初一日卒光緒十三年丁亥七月十一日年四十葬屋後二畝九分田子綸九十

經八九　時明　興八二子生嘉慶四年己未四月廿八日卒咸豐十一年辛酉五月初一日壽六十三娶陳氏生嘉慶十八年癸酉七月初大日卒道光廿三年癸卯八月十二日年三十一經九十子綸九一入繼

經九十　時豐　興八二子生嘉慶十四年己巳十月十四日卒道光二十年庚子十月十八日年三十二娶余氏生嘉慶十九年甲戌正月初三日卒光緒十三年丁亥九月廿九日壽七十四葬十七公祀田邊子綸九一綸九二綸九一出繼八九

經九一　其南　興八五子生嘉慶十七年壬申十二月十四日卒同治十二年癸酉六月初十日壽六十二娶徐氏生道光十二年壬辰三月廿一日卒

同治十三年甲戌九月廿二日年四十三
葬保國寺下和尚橋山子綸七三、九四

經九二　**彩堂**　與八七子生嘉慶十八年癸酉正月初五日卒道光廿一年辛丑餘
闕年二十九葬墳田

經九三　**時生**　與八七子生道光二年壬午十月廿二日卒光緒六年庚辰八月初八日年五十九娶徐氏生道光十九年己亥十月廿四日卒光緒二十年甲午十月初六日年五十六
葬屋後假山田池塘地子綸九五

經九四　**均**　與八九子生康熙五十五年丙申十月廿二日卒乾隆三十九年甲午九月廿九日年五十九娶□氏生卒闕葬阮家橋子綸九六

經九五　**域**　與八九子生卒闕

經九六　**塀**　與九八子生卒闕

經九七　**壇**　與八九子生卒闕

經九八　**城**　與九十子生四月廿八日卒九月廿七日娶鄭氏生康熙五十八年己亥十月十四日卒乾隆三十二年丁亥十一月廿七日年四十九繼娶蔡氏生十月十四日卒六月初四日葬屋後大路西首經九九子綸九七入繼

經九九　**坦**　與九十子生雍正七年己酉四月初四日卒嘉慶元年丙辰六月初九日壽六十八娶穆氏生雍正四年丙午正月初四日卒乾隆五十年乙巳二月初二日壽六十葬屋後大路東首子綸九七綸九八綸九九綸九七出繼經九八

經一百 增 興九十子生卒闕娶鄭氏生雍正十年壬子正月廿七日卒乾隆三十
六年辛卯三月初五日年四十繼娶余氏生雍正十三年乙卯十月初八
日卒乾隆三十八年癸巳十月初一日年三十九三娶姚氏生雍正七年
己酉二月廿二日卒嘉慶三年戊午九月廿一日壽七十葬屋後大路面
首子綸一
百鄭氏出

經百一 坤 興九十子生乾隆七年壬戌十二月十九日卒乾隆五十八年癸丑十
二月十九日年五十二娶孔氏生乾隆十二年丁卯四月廿二日卒道
光八年戊子正月十一日壽八十二側室張氏生乾隆廿八年癸未十月
初八日卒道光元年辛巳七月初六日年五十九葬假山前子綸百一張
氏
出

經百二 圻 興九十子生乾隆十一年丙寅正月十六日卒乾隆三十六年辛卯十
一月十七日年二十六未娶

經百三 介眉 興九一子生雍正七年己酉九月廿一日卒乾隆廿六年辛巳八月
十五日年三十三娶鄭氏生雍正七年己酉正月三十日卒嘉慶九
年甲子十二月十八日壽七十六
葬童玉屋後子綸百二

經百四 介仁 興九一子生雍正九年辛亥九月廿五日卒乾隆廿三年戊寅二月
十九日年二十八娶沈氏生雍正十年壬子六月初八日卒嘉慶十
八年癸酉七月廿七日壽八十葬
童玉屋後經百六子綸百三入繼

經百五 介藩 興九一子生卒闕葬保國寺山未娶

經百六　介壽　興九一子生乾隆十二年丁卯二月十九日卒嘉慶六年辛酉八月十五日年五十五娶□氏生乾隆八年癸亥八月十五日卒嘉慶廿四年己卯六月初七日壽七十七葬童王屋後子綸百二綸百四綸百五綸百六綸百三出繼經百四

經百七　址　興九二子生雍正六年戊申四月十二日卒乾隆廿八年癸未三月初八日年三十六娶白沙陳氏生雍正八年庚戌八月十五日卒乾隆十七年壬申八月初九日年二十三繼娶嚴氏生二月初六日卒乾隆廿九年甲申八月三十日葬築山後大路東側土名五畝經百九子綸百七入繼

經百八　塘　興九二子生雍正八年庚戌九月初一日卒乾隆五十年乙巳三月十五日年五十六娶黃氏生卒闕繼娶王氏生乾隆七年壬戌九月十二日卒嘉慶十七年壬申十一月廿七日壽七十一葬帽沙田子綸百八綸百九

經百九　壇　興九二子生乾隆八年癸亥十二月十二日卒嘉慶十年乙丑五月廿三日壽六十三娶孔氏生乾隆十一年丙寅正月十七日卒道光十四年甲午二月初九日年壽八十九葬杜郭中塢山俗呼阜難爬山子綸百七綸百十綸百十一綸百十二綸百十三綸百七出繼經百七

經百十　經魁　興百三子生雍正元年癸卯四月初三日卒乾隆五十年乙巳八月廿八日壽六十三娶蘇氏生正月廿六日卒□月廿八日繼娶何氏生雍正九年辛亥正月廿四日卒嘉慶十八年癸酉二月十二日壽八十三葬阮家橋東首子綸百十四綸百十五綸百十六

經百十一　象龍　興百三子生雍正三年乙巳九月廿六日卒乾隆五十八年癸丑四月初二日壽六十九娶嚴氏生雍正六年戊申七月十六日卒乾隆

五十四年己酉四月初十日壽六十二葬
既家橋東北首子綸百十七綸百十八

經百十二　元富　興百四子生乾隆廿一年丙子二月初九日卒道光十年庚寅正月
十九日壽七十五娶文溪沈氏生乾隆廿五年庚辰九月初十日卒
道光十八年戊戌十月初
七日壽七十九葬西園塊

經百十三　音高　興百四子生乾隆廿五年庚辰四月初一日卒嘉慶九年甲子二月
初十日年四十五葬西園娶□氏絕

經百十四　元洪　興百四子生乾隆廿七年壬午十月廿五日卒道光元年辛巳正月
十七日壽六十娶沈氏生乾隆三十八年癸巳二月初九日卒道光
十年庚寅七月初二日年五十
八葬八丈河汫子綸百十九

經百十五　音立　興百四子生乾隆四十三年戊戌正月二十日卒道光十三年癸巳
九月初九日年五十六娶毛氏生卒闕

經百十六　允清　興百五子生雍正十一年癸丑六月三十日卒乾隆四十九年甲辰
二月初十日年五十二娶葉氏生闕卒正月十七日葬和尚橋子綸
百二
十

經百十七　允殿　興百五子生乾隆元年丙辰五月十八日卒嘉慶二年丁巳四月十
一日壽六十二娶洪氏生乾隆十三年戊辰十月廿二日卒嘉慶廿
一年丙子正月初十日
壽六十九子綸百廿一

經百十八　允治　興百五子生八月十一日卒六月十四日娶□氏生卒闕葬住屋後
女適秤鈎邵

經百十九 允澄 興百□子生乾隆十六年辛未六月十二日卒道光三年癸未八月廿四日壽七十三娶陸氏生乾隆三十七年壬辰三月初二日卒嘉慶六年辛酉六月廿三日年三十葬假山地子綸百廿二綸百廿三出繼經百二十

經百二十 允濟 興百七子生乾隆廿一年丙子十二月十四日卒嘉慶廿四年己卯五月廿一日壽六十四娶應氏生卒闕繼娶陸氏生乾隆四十七年壬寅十一月廿八日卒道光廿五年乙巳十月初十日壽六十四葬西園地經百十九子綸百廿三經百廿一綸百廿四入繼

經百廿一 允法 興百八子生乾隆廿七年壬午十月廿五日卒道光元年辛巳正月十七日壽六十娶葛氏生乾隆四十六年辛丑四月十四日卒咸豐二年壬子八月廿四日壽七十二葬假山子綸百廿四綸百廿五綸百廿四出繼經百廿一

經百廿二 允澧 興百八子生乾隆三十八年癸巳二月十一日卒嘉慶十三年戊辰五月廿二日年三十六未娶

經百廿三 協乾 興百九子生卒闕

經百廿四 芳秀 興百十三子生乾隆十六年辛未八月十六日卒嘉慶十四年己巳七月廿九日年五十九

經百廿五 雙來 興百十四子生卒闕

經百廿六 公來 興百十五子生卒闕

經百廿七 芳城 興百十六子生乾隆四十六年辛丑八月廿五日卒咸豐九年己未閏二月初五日壽七十九娶邵氏生嘉慶二年丁巳四月初日卒

道光廿五年乙巳十二
月十八日年四十八

經百廿八　**壇**　興百廿一子生乾隆廿一年丙子十二月廿四日卒道光十三年癸巳
八月廿六日壽七十八娶盛氏生乾隆三十三年戊子六月廿九日卒
道光廿九年己酉九月初一日壽八十二葬屋後田子綸百廿六綸百廿
七綸百廿八

經百廿九　**埔**　興百廿一子生乾隆廿四年己卯正月十三日卒道光元年辛巳二月
初三日壽六十三娶朱氏生乾隆三十六年辛卯十月初二日卒道光
十九年己亥九月初五日壽六
十九葬小洞壽神堂山女四

經百三十　**封**　興百廿一子生乾隆廿六年辛巳六月十九日卒道光十九年己亥十
一月廿四日壽七十九娶應氏生乾隆三十六年辛卯七月十五日卒
八月初十日葬屋後田
子綸百廿九綸百三十

經百三一　**積豐**　興百廿一子生乾隆三十年乙酉十月十八日卒嘉慶二十年乙亥
六月初九日年五十一娶盛氏生乾隆四十八年癸卯十月廿六日
卒嘉慶三年戊午九月二十日年十六繼娶徐氏生乾隆四十年乙未十
月初一日卒道光廿四年甲辰二月廿六日壽七十葬假山地

經百三二　**儒豐**　興百廿一子生乾隆三十六年辛卯三月初二日卒嘉慶十七年壬
申六月廿七日年四十二娶盛氏生乾隆四十九年甲辰三月二十
日卒道光十七年丁酉十月
十一日年五十四葬屋後田

經百三三　**新和**　興百廿二子生乾隆三十三年戊子十月初四日卒闕未娶葬假山
田

經百三四　鳳來　與百廿四子住岱山

經百三五　經照　與百廿六子生嘉慶七年壬戌十一月十八日卒大月二十日娶□
氏絕

經百三六　經鬼　與百廿六子生嘉慶十年乙丑八月初六日卒光緒五年己卯十月
十六日壽七十五娶郎氏生嘉慶十五年庚午十二月十七日卒同
治十二年癸酉四月初四
日壽六十四子綸百三一

經百三七　經華　與百廿七子生嘉慶十二年丁卯十月初一日卒咸豐十一年辛酉
四月十二日年五十五娶邵氏生嘉慶二十年乙亥四月十一日卒
同治元年壬戌閏八月廿八日年
四十八子綸百三二綸百三三

經百三八　經和　與百廿九子生嘉慶十一年丙寅四月廿二日卒闕娶蘇氏生嘉慶
廿三年戊寅十二月十四日卒道光十七年丁酉十月廿一日年二
十繼娶姚氏生嘉慶十五年庚午十月十一日卒光緒十三年丁亥十一
月廿六日壽七十八子綸百三四

經百三九　經章　與百三二子生嘉慶十五年庚午九月初九日卒咸豐十年庚申二
月初七日年五十一娶洋墅徐氏生嘉慶二十年乙亥八月廿一日
卒光緒七年辛巳十一月廿五日壽六十七葬假山地子綸百三五綸百
三六綸百三七

經百四十　經大　與百三二子生嘉慶十九年甲戌十月二十日卒同治十一年壬申
十二月十二日年五十九葬父墳邊

經百四一　經岳　與百三二子生嘉慶廿四年己卯八月十七日卒同治十年辛未四
月十九日年五十三娶邵氏生道光十六年丙申九月十五日卒咸

豐十一年辛酉正月十二
日年二十六葬蠻頭頸
經百四二　瑞倫　興百三二子生道光六年丙戌十二月初十日卒同治四年乙丑正
月廿一日年四十葬田野塢
經百四三　萬倫　興百三二子生道光十年庚寅八月十五日卒同治十三年甲戌六
月廿一日年四十五
經百四四　經倫　興百三三子生嘉慶十年乙丑四月廿九日卒同治三年甲子四月
初九日壽六十娶周氏生嘉慶十三年戊辰九月初十日卒道光二
十年庚子三月十四日年三十三繼娶俞氏生嘉慶十一年丙寅六月二
十日卒咸豐十年庚申十二月廿八日年五十五三娶左氏生嘉慶十六
年辛未四月十六日卒光緒八年壬午十二月十八日壽七十二葬乙廿
四房屋後子綸百三八綸百三九綸百四十周氏出
經百四五　經芳　興百三四子生嘉慶十五年庚午二月十六日卒同治四年乙丑五
月初十日年五十六娶韓氏生道光三年癸未十月初五日卒光緒
十二年丙戌九月十八日壽六
十四子綸百四一綸百四二
經百四六　經元　興百三四子生嘉慶廿一年丙子二月初四日卒同治五年丙寅十
月十三日年五十一娶韓氏生道光七年丁亥八月廿四日卒同治
十一年壬申五月廿八日年
四十六葬新橋子綸百四三
經百四七　經春　興百四三子生道光七年丁亥十月十四日卒光緒八年壬午四月
廿九日年五十六娶王氏生道光十八年戊戌八月初七日卒咸豐
十一年辛酉五月廿二日年二
十四子綸百四四綸百四五

經百四八 **田宣** 興百三六子生道光五年乙酉八月廿七日卒光緒四年戊寅二月初六日年五十四娶貝氏生道光四年甲申五月廿八日卒同治十三年甲戌十月十八日年五十一子綸百四六

經百四九 **經德** 興百三七子生乾隆五十四年己酉十月二十日卒嘉慶十三年戊辰九月初四日年二十葬後坂廿四房屋後未娶

經百五十 **經道** 興百三七子生乾隆五十七年壬子正月十七日卒咸豐六年丙辰七月廿四日壽六十五娶周氏生乾隆五十七年壬子五月十一日卒咸豐六年丙辰十一月十六日壽六十五葬廿四房屋後子綸百四七綸百四八綸百四九綸百五十綸百五一

經百五一 **經裕** 興百三七子生嘉慶五年庚申二月初七日卒咸豐四年甲寅十月十三日年五十五娶鄭氏生嘉慶七年壬戌七月十七日卒同治三年甲子十月廿四日壽六十三葬酒店河斜坐西朝東子綸百五二綸百五三綸百五四

經百五二 **經懷** 興百三七子生嘉慶七年壬戌十二月十九日卒同治三年癸亥十二月廿四日壽六十二娶林氏生嘉慶九年甲子十一月二十日卒咸豐五年乙卯八月廿一日年五十二繼室顧氏生嘉慶十九年甲戌正月廿一日卒道光廿八年戊申六月十四日年三十五子綸百五五綸百六五綸百五七

經百五三 **經瑞** 興百三八子生乾隆六十年乙卯十二月初五日卒道光四年甲申閏七月十九日年三十娶蘇氏 欽旌節孝詳貞節錄生乾隆六十年乙卯三月十二日卒咸豐二年壬子九月十六日年五十八葬鮑家橋河北子綸百五八

經百五四　經常　興百三八子　生嘉慶七年壬戌四月十一日卒道光廿一年辛丑九月廿九日　年四十　娶[illegible]氏生嘉慶八年癸亥八月十二日卒同治八年己巳八月十六日壽六十　七子綸百五九　綸百六十

經百五五　經能　興百三八子　生嘉慶十一年丙寅十二月十六日卒同治八年己巳十月初九日壽六十四　娶戴氏生嘉慶十五年庚午九月十三日卒光緒四年戊寅三月廿八日壽六十九　子綸百六一　綸百六二　綸百六三　綸百六四

經百五六　經博　興百三九子　生嘉慶八年癸亥八月三十日卒同治五年丙寅十一月廿五日壽六十四　娶蘇氏生嘉慶十三年戊辰六月初四日卒光緒元年乙亥四月廿五日壽六十八　子綸百六五　綸百六六　綸百六七

經百五七　經高　興百四十子　生嘉慶十二年丁卯十二月廿七日卒同治七年戊辰八月廿五日壽六十二　娶劉氏生嘉慶十三年戊辰三月十一日卒光緒七年辛巳十一月廿四日壽七十三　葬牛尾河沜東　子綸百六八　綸百六九

經百五八　經成　興百四十子　生嘉慶十六年辛未十一月十六日卒道光三十年庚戌四月二十日　年四十　娶沈氏生嘉慶十九年甲戌四月廿一日卒光緒十六年庚寅七月十一日壽七十六　子綸百七十　綸百七一

慈東費氏四修宗譜卷十八下

世次傳八

二十二世 西房玖四公派

經一 **文經** 興百四四子生乾隆十四年己巳九月初二日卒闕

經二 **文居** 興百四四子生乾隆十九年甲戌正月廿五日卒闕

經三 **招榮** 興百四八子生乾隆八年癸亥二月十五日卒嘉慶廿三年戊寅十一月廿二日壽七十六

經四 **榮三** 興百四八子生乾隆十三年戊辰十月初一日卒嘉慶廿三年戊寅十月初十日壽七十一

經五 **成金** 興百四八子生乾隆十八年癸酉十二月十五日卒嘉慶十五年庚午三月廿七日年五十八娶徐氏生乾隆廿六年辛巳九月初六日卒道光七年丁亥七月十六日壽六十七子綸一綸二綸三

經六 **成龍** 興百四八子生乾隆廿三年戊寅五月廿二日卒道光五年乙酉十一月廿九日壽六十八娶陳氏生乾隆四十五年庚子九月初五日卒道光五年乙酉九月初八日年四十六子綸四綸五

經七 **紀學** 興百四九子生乾隆十六年辛未卒嘉慶十三年戊辰五月初五日年五十八娶□氏生卒闕

經八 勤學 與百四九子生乾隆廿四年己卯三月十一日卒嘉慶十年乙丑九月
初六日年四十七娶黃氏生乾隆三十九年甲午餘闕卒嘉慶廿三年
戊辰六月十三日年
三十五子綸六綸七

經九 勤德 與百四九子生乾隆廿七年壬午十月十六日卒道光十三年癸巳四
月初四日壽七十二娶胡氏生乾隆四十二年丁酉十二月十八日卒
道光十三年癸巳九月廿一
日年五十七子綸八綸九

經十 經學 與百五十子住李溪渡生乾隆九年甲子餘闕

經十一 萬學 與百五十子住李溪渡生卒闕

經十二 繼祖 與百五二子生乾隆三十二年丁亥五月初六日卒闕

經十三 大官 與百五五子住後余

經十四 二官 與百五五子住後余

經十五 南英 與百五八子生乾隆二十年乙亥十月初五日卒嘉慶二十年乙亥
三月十六日壽六十一娶李氏生乾隆三十七年壬辰四月十三日
卒嘉慶十一年丙寅六月廿六日年三十五繼娶王氏生乾隆三十四年
己丑正月初七日卒道光十八年戊戌九月十三日壽七十經十六子綸
十八
繼

經十六　南華　興百五八子生乾隆廿二年丁丑十月初二日卒嘉慶廿四年己卯十一月初九日壽六十二娶邵氏　貤贈恭人生乾隆廿七年壬午五月廿九日卒四月十一日繼娶徐氏　貤贈恭人生乾隆三十一年丙戌正月十七日卒乾隆五十九年甲寅三月初九日年二十九三繼姜氏生乾隆四十三年戊戌七月廿六日卒道光三年癸未六月十七日年四十六葬牛屎河斗子綸十徐氏出綸十一綸十二綸十三綸十四姜氏出綸十出繼經十五

經十七　南臺　興百五九子生乾隆三十四年己丑六月十五日卒道光二年壬午二月廿九日年五十四娶周氏繼娶周氏生卒俱闕

經十八　南奎　興百五九子生乾隆三十七年壬辰十月初八日卒嘉慶三年戊午十月廿二日年二十七娶□氏生卒闕

經十九　鳳崗　興百六十子生乾隆廿八年癸未七月初七日卒闕

經二十　南星　興百六一子生乾隆廿九年甲申五月初一日卒道光元年辛巳正月初一日年五十八娶應氏生乾隆三十一年丙戌十一月廿七日卒道光十三年癸巳五月廿四日壽六十八葬賽公廟西首與南明並葬子綸十五綸十六綸十六出繼經廿一

經廿一　南明　興百六一子生乾隆三十一年丙戌七月廿一日卒嘉慶七年壬戌十一月十一日年三十七娶陶氏生乾隆三十三年戊子正月二十日卒道光十三年癸巳五月十二日壽六十六葬賽公廟西首與南星並葬經二十子綸十六入繼

經廿二　南基　興百六一子生乾隆三十六年辛卯十一月廿五日卒道光十七年丁酉八月廿二日壽六十七娶應氏生乾隆四十三年戊戌十月初

六日卒道光廿七年丁未九月初
七日壽七十葬童王子揄十七
經廿三　彭玉　興百七二子住杭州生乾隆廿三年戊寅十二月廿一日卒闕
經廿四　公望　興百七七子生卒闕
經廿五　鳴崗　興百七八子生乾隆三十三年戊子六月初十日卒道光九年己丑七
月十九日壽六十二娶丁氏生乾隆三十六年辛卯十一月廿二日
卒道光廿二年壬寅五月十一
日壽七十二子揄十八揄十九
經廿六　鳴峯　興百七八子生乾隆三十八年癸巳正月十二日卒道光十七年丁
酉二十月廿七日壽六十五娶嚴氏生乾隆四十九年甲辰三月廿
三日卒咸豐十年庚申八月廿八
日壽七十七子揄二十揄廿一
經廿七　光奎　興百八十子生乾隆廿一年丙子九月十五日卒闕
經廿八　光桂　興百八十子生乾隆廿四年己卯十二月初一日卒闕
經廿九　三冬　興百八十子生乾隆三十年乙酉四月十七日卒闕
經三十　正乙　興百八一子生乾隆十五年庚午餘闕
經三一　夏　興百八六子生雍正十二年甲寅六月十五日卒四月廿九日娶李氏
生卒闕葬阮家橋河北西首田子揄廿二揄廿三揄廿四

經三二　敏　興百八六子生卒闕葬阮家橋河北西首未娶

經三三　建　興百八六子生卒闕葬阮家橋河北西首

經三四　亨　興百八六子生卒闕葬阮家橋河北西首

經三五　有林　興百八七子生乾隆六年辛酉十一月初六日卒嘉慶二年丁巳閏六月初四日年五十七娶馮氏生乾隆二十年乙亥六月廿八日卒道光四年甲申七月十四日壽七十葬阮家橋河北西首子綸廿五綸廿六

經三六　珠林　興百八七子娶氏生卒俱闕

經三七　紹堂　興百八八子生乾隆八年癸亥二月廿四日卒嘉慶九年甲子六月初三日壽六十二娶半城水氏生乾隆九年甲子十月廿七日卒道光六年丙戌正月十六日壽八十三葬下河吳家北首萬壽庵西南角河灣內朝東大墓子綸廿七綸廿八綸廿九綸三十綸三一　女長適吳應奎次適徐芳來三適姚嘉詔

經三八　錦堂　興百八八子生乾隆廿七年壬午九月十二日卒嘉慶十七年壬申九月十六日年五十一娶楊氏生乾隆廿五年庚辰正月初四日卒嘉慶十三年戊辰三月初六日年四十九葬高橋跟徐家河斗東首田北來第二穴朝東子綸三二綸三三綸三四　女適陽朝剛

經三九　繼堂　興百八九子生乾隆廿五年庚辰七月十八日卒嘉慶十七年壬申十一月初三日年五十三娶清水湖張氏生乾隆廿三年戊寅十月

初八日卒嘉慶十三年戊辰七月二十日年五十一葬汶溪李將軍廟滿
夾縣鞋坂山坐酉向東子綸三五綸三六

經四十　智堂　興百九十子娶氏生卒俱闕

經四十一　升堂　興百九十子生乾隆四十九年甲辰十二月初一日卒嘉慶八年癸
亥十月廿二日年二十未娶

經四十二　紹甫　興百九一子生乾隆十一年丙寅餘闕

經四十三　金城　興百九三子生乾隆十七年壬申十二月初六日卒嘉慶十一年丙
寅餘闕年五十五娶嚴氏生乾隆三十一年丙戌五月初六日卒道
光十六年丙申二月初二日壽七十一葬
阮家橋河北西首經四四子綸三七入繼

經四四　連城　興百九三子生乾隆廿六年辛巳十月廿二日卒闕娶堂八房蘇氏
生卒闕葬阮家橋河北西首子綸三七綸三八綸三七出繼經四三

經四五　能文　興百九五子生卒闕

經四六　能武　興百九五子生卒闕

經四七　可均　興百九六子生乾隆十六年辛未七月廿七日卒嘉慶四年己未九
月十九日年四十九娶[illegible]駝橋盛氏生乾隆十七年壬申十二月初
九日卒道光四年甲申正月初六日壽七十三葬鮑家橋南首田子綸三
六綸三七綸三八綸三九綸四十綸四一綸四二綸四三綸四四

經四八　成均　興百九六子生乾隆三十二年丁丑二月十二日卒道光九年己丑
十月二十日壽七十三娶五部應氏生乾隆廿二年丁丑正月初一

日卒道光六年丙戌二月廿二日壽六十九葬徐家河泮子綸四五綸四
六綸四七綸八八

經四九 泰圻 興百九七子生乾隆十年乙丑正月十三日卒嘉慶十三年戊辰六月十四日壽六十四娶余氏生乾隆八年癸亥閏四月初八日卒嘉慶八年癸亥三月十七日壽六十一葬
楊樹墳跟今呼聚會田子綸四九

經五十 鴻圻 興百九七子生乾隆廿九年甲申三月初七日卒乾隆五十一年丙午十一月十一日年二十三葬陸家父墳側未娶

經五一 世圻 興百九八子生乾隆六年辛酉七月廿二日卒乾隆五十八年癸丑七月初六日年五十三娶沈氏生乾隆四年己未十二月廿七日卒
嘉慶廿四年己卯四月廿三日壽八十
一葬思姑嶴子綸五十綸五一綸五二

經五二 昌圻 興百九八子生乾隆九年甲子二月十七日卒乾隆五十三年戊申六月廿八日年四十五娶姚氏生乾隆九年甲子四月廿三日卒道光三年癸未十一月十五日壽八十葬陶唐滙陸家橋過西小河西首高
田土名汪家門前子綸五三綸五四

經五三 沐 興二百二子生乾隆五十八年癸丑十月十四日卒同治三年甲子六月十六日壽七十一娶鄭氏生嘉慶二年丁巳二月十三日卒同治二
年癸亥八月十八日
壽六十七子綸五五

經五四 在芳 興二百三子生卒闕

經五五 維綸 興二百六子生卒闕

經五六　維麟　與二百六子生卒闕

經五七　三德　與二百八子生雍正十二年甲寅二月十四日卒闕娶杭州馬塍巷鄭氏生乾隆十四年己巳餘闕

經五八　德興　與二百八子生乾隆九年甲子四月十二日卒闕

經五九　元德　與二百九子生乾隆八年癸亥二月初一日卒闕娶沈氏生卒闕

經六十　廷治　與二百十子生乾隆三十五年庚寅九月初八日卒道光廿二年壬寅六月初五日壽七十三娶陸氏生乾隆五十二年丁未十二月廿三日卒同治九年庚午四月初一日壽八十四子綸五六

經六一　廷芝　與二百十一子生乾隆十六年辛未十月初九日卒道光六年丙戌九月廿八日壽七十六娶王氏生卒闕子綸五七綸五八

經六二　明龍　與二百十一子生乾隆廿六年辛巳二月廿八日卒闕

經六三　錫文　與二百十四子生乾隆三十一年丙戌十一月廿四日卒道光十四年甲午五月十一日壽六十九娶王氏生乾隆四十六年辛丑八月二十日卒咸豐八年戊午十二月廿六日壽七十八葬官田畈子綸九五綸六十

經六四　銓　與二百十五子生乾隆九年甲子八月廿三日卒闕娶□氏子綸六一

經六五　吉雲　與二百十六子生乾隆五年庚申九月十七日卒闕娶徐氏生乾隆八年癸亥四月餘闕子綸六二

經六六　**翰雲**　興二百十七子生雍正九年辛亥九月十二日卒乾隆三十二年丁亥十月十九日年三十七娶里濟橋呂氏生雍正十年壬子八月二十日卒乾隆廿七年壬午六月廿九日年三十一繼娶孫氏絕子綸六三
隨母里駱駝橋費大門周

經六七　**振英**　興二百廿八子生乾隆十六年辛未閏五月十七日卒闕

經六八　**槤閏**　興二百廿八子生乾隆三十年乙酉十一月廿五日卒闕

經六九　**五德**　興二百廿九子生卒闕娶氏絕

經七十　**廷貞**　興二百三十子生乾隆八年癸亥十二月廿九日卒闕娶五都應氏生乾隆八年癸亥餘闕

經七一　**潮源**　興二百三一子生乾隆三十一年丙戌八月十六日卒嘉慶六年辛酉二月廿三日年三十六

經七二　**漢榮**　興二百三二子生乾隆四十六年辛丑十一月初三日卒道光二十年庚子十一月廿六日壽六十娶蘇氏生乾隆五十五年庚戌九月廿九日卒同治二年癸亥八月廿九日壽七十四葬百丈衕斗子綸六四綸六五

經七三　**漢英**　興二百三六子生乾隆四十七年壬寅五月廿六日卒道光二十年庚子十一月初一日年五十九娶嚴氏生嘉慶三年戊午十一月十一日卒闕葬秤鈎
邵高田女適祝

經七四　**百年**　興二百三七子生乾隆四年己未十二月初八日卒乾隆六十年乙卯八月十七日年五十七娶趙氏生乾隆四年己未十月初十日卒

乾隆三十五年庚寅十二月十八日卒年三十二繼娶方氏生乾隆十五年
庚午十月廿二日卒乾隆四十六年辛丑十二月初九日年三十二葬大
嶴子綸六六趙氏
出綸大七方氏出

經七五　增　興二百四十子生乾隆十六年辛未八月十三日卒乾隆三十六年辛
卯餘闕年二十一葬蘇家嶴娶□氏絕繼經七八子綸六八入繼

經七六　文城　興二百四一子生康熙四十九年庚寅六月廿七日卒乾隆五十九
年甲寅十月十六日壽八十五娶戚氏生康熙四十七年戊子八月
十五日卒乾隆□年六月十二日葬夏家嶴
龜山子綸六九綸七十女長適王[illegible]

經七七　武城　興二百四一子生雍正四年丙午四月初五日卒乾隆五十年乙巳
六月廿四日壽六十娶王氏生雍正三年乙巳十月初六日卒嘉慶
十四年己巳七月十一日壽八十五
子綸七一綸七二綸七三綸七四

經七八　圻　興二百四二子生乾隆二十年乙亥十二月初四日卒嘉慶十四年己
巳二月十五日年五十五娶嚴氏生乾隆三十年乙酉七月初一日卒
道光八年戊子十一月十六日壽六十四葬賽公嶴大圓子綸六八綸七
五綸七六綸六八出繼經七五

經七九　延齡　興二百四五子

經八十　秀齡　興二百四五子兄弟俱住杭州娶氏生卒俱闕

經八一　之基　興二百四六子生雍正元年癸卯三月初六日卒乾隆七年壬戌十
二月十二日年二十[illegible]子八月十六日卒

乾隆七年壬戌十月初六日卒年二十三
葬後尖角朝南經八三子綸七七承祧

經八二 之周 與二百四七子生乾隆元年丙辰十一月十九日卒闕未娶

經八三 之成 與二百四七子生乾隆三年戊辰十一月廿九日卒嘉慶十四年己巳九月十三日壽七十二娶郭氏生乾隆十四年己巳八月初三日卒嘉慶十九年甲戌四月初七日壽六十六子綸七七綸七八綸七七兼祧經八一綸七八出繼經八四

經八四 之圭 與二百四七子生乾隆十二年丁卯十一月初十日卒乾隆四十六年辛丑十一月十一日年三十五娶嚴氏生乾隆二十年乙亥六月初十日卒四月初三日
經八三子綸七八入繼

經八五 之坦 與二百四八子任蘇州生康熙五十六年丁酉九月初六日卒闕娶蘇州鄒氏生卒闕子綸七九

經八六 之文 與二百四八子生雍正住慈城七年己酉九月廿三日卒闕娶王氏生乾隆四年己未正月廿六日卒闕子綸八十

經八七 天球 與二百四九子生康熙六十一年壬寅九月十七日卒闕娶王氏生雍正十三年乙卯正月廿六日卒闕子綸八一

經八八 天榮 與二百五十子生雍正十三年乙卯十月初二日卒嘉慶六年辛酉七月廿六日壽六十七娶周氏生乾隆七年壬戌十二月廿三日卒道光元年辛巳七月十九日壽八十葬曹家菴南首子綸八二綸八三綸八四

經八九 之魁 與二百五一子生雍正四年丙午七月初七日卒闕娶盛氏生乾隆二年丁巳九月二十日卒乾隆三十二年丁亥八月廿三日年三十

一纔娶口氏生卒闕
子綸八五綸八六

經九
十
清標　與二百五三子生乾隆三十八年癸巳八月初四日卒道光二十年庚子九月初八日壽六十八娶余氏生乾隆四十三年戊戌九月廿一日卒道光廿五年乙巳十二月初八日壽六十七子綸八七兼祧經九二

經九
一
清華　與二百五三子生乾隆四十五年庚子八月廿四日卒嘉慶十一年丙寅四月十二日年二十七未娶

經九
二
德華　與二百五四子生乾隆四十八年癸卯九月廿七日卒道光廿四年甲辰六月初三日壽六十二娶朱氏生乾隆五十六年辛亥七月廿八日卒嘉慶二十年乙亥八月初十日年二十五繼娶周氏生嘉慶四年己未九月初五日卒咸豐五年乙卯八月三十日年五十七葬江頭園經九十子綸八七兼祧

經九
三
錦華　與二百五七子生卒闕

經九
四
尚榮　與二百六十子生乾隆五十四年己酉八月初三日卒道光廿五年乙巳十一月十七日年五十七娶余氏生嘉慶四年己未正月廿六日卒道光三十年庚戌七月十四日年五十二

經九
五
蕙芳　與二百六十子生卒闕

經九
六
鼎耀　與百六二子生卒闕娶任氏生乾隆五十四年己酉正月十四日卒道光廿二年壬寅七月廿四日年五十四

經九七 鼎榮 興二百六二子生乾隆五十一年丙午七月初六日卒道光十九年己亥十二月十二日年五十四娶應氏生嘉慶元年丙辰四月初八日卒道光十年庚寅三月初八日年三十五

經九八 鼎順 興二百六二子生乾隆五十六年辛亥十二月十九日卒道光五年乙酉九月初六日年三十五娶邵氏生乾隆五十八年癸丑十一月十四日卒道光廿三年癸卯七月初四日年五十一葬蘇家地子綸八八

經九九 大圭 興二百六三子生乾隆十五年庚午十一月二十日卒嘉慶十五年庚辰十二月十二日壽七十一娶趙氏生乾隆十四年己巳四月初五日卒道光元年辛巳二月十二日壽七十三側室翁氏生乾隆廿六年辛巳二月廿六日卒道光九年己丑十一月十一日壽六十九經一百子綸八九入繼

經一百 元圭 興二百大三子生乾隆十九年甲戌十二月初五日卒闕娶陶氏生卒闕繼娶邵氏生乾隆廿九年甲申正月初一日卒乾隆五十七年壬子正月初八日年二十九側室方氏生乾隆三十七年壬辰十二月廿八日卒道光廿五年乙巳六月廿七日壽七十四葬瓦爿灘子綸八九陶氏出綸九十方氏出綸八九出繼經九九

經百一 公圭 興二百六三子生乾隆廿四年己卯七月廿二日卒四月初八日娶蔡氏生闕卒三月廿一日葬酒店河斗子綸九一

經百二 碧圭 興二百六三子生乾隆廿八年癸未三月廿九日卒嘉慶十年乙丑十月十三日年四十三娶洪氏生乾隆三十二年丁亥十二月初三

日卒乾隆五十乙年丁亥十二月廿五日卒乾隆五十七年壬子三月十
九日年二十六繼娶朱氏生乾隆三十五年庚寅五月廿二日卒道光十
七年丁酉七月初八日壽六十
八葬野猫畷子綸九二朱氏出

經百三 **朝圭** 與二百六三子生乾隆四十年乙未二月十九日卒道光十五年乙
未三月廿四日壽六十一娶鄭氏生乾隆三十八年癸巳十月初十
日卒咸豐八年戊午十月初五日壽八十六葬甯郡南門外新福廟前隙
家岸之原子綸九三綸九四綸九五女長適洋墅李亥適姚三適鎮海王

經百四 **光基** 與二百六四子生乾隆三十四年己丑十二月十六日卒道光七年
丁亥六月初五日年五十九娶葛氏　誥贈二品夫人生五月初六
日卒五月廿九日繼娶方氏　誥贈二品夫人生乾隆五十九年甲寅十
二月十六日卒咸豐三年癸丑十一月二十日壽六十公葬費家市東
方二氏葬洪隙
渡子綸九六

經百五 **廷賢** 與二百六五子生乾隆廿七年壬午九月十九日卒道光十二年壬
辰十月三十日壽七十一葬蘇家地未娶

經百六 **茂觀** 與二百七十子生乾隆四十五年庚子正月初九日卒道光六年丙
戌十二月十一日年四十七娶童氏生乾隆四十六年辛丑十二月
廿二日卒咸豐四年甲寅四月初十
日壽七十四葬陸家門前子綸九七

與百七 **茂勳** 與二百七十子生乾隆四十六年辛丑十二月廿一日卒五月廿九
日葬馬鞍橋未娶

經百八 **茂建** 與二百七十子生乾隆四十九年甲辰十一月初九日卒咸豐元年
辛亥十月初六日壽六十八娶王氏生乾隆五十二年丁未六月廿

九日卒道光五年乙酉六月十一日年三十九繼娶李氏生嘉慶十年乙丑七月十七日卒咸豐四年甲寅十月十二日年五十葬陸家門前子綸九八綸九九

經百九 **茂敬** 興二百七十子生乾隆五十四年己酉五月十四日卒道光十七年丁酉四月初六日年四十九娶沈氏生嘉慶四年己未十一月二十日卒道光六年丙戌八月初四日年二十八

經百十 **茂緒** 興二百七一子生嘉慶四年己未正月廿三日卒道光二年壬午三月廿八日年二十四娶徐氏生嘉慶七年壬戌十一月十三日卒道光九年己丑二月十三日年二十八葬寺鼻口顏家地女適五都應

經百十一 **紹庭** 興二百七九子住慈東園嶺上鼻生乾隆□年十一月十六日卒嘉慶□年十□月初五日年四十九娶應氏生乾隆□年七月廿八日卒嘉慶□年九月初一日子綸一百綸百一

經百十二 **茂春** 興二百八七子生乾隆五十一年丙午十月初六日卒道光十四年甲午二月廿一日年四十九娶張氏生乾隆五十二年丁未四月初六日卒嘉慶十九年甲戌八月二十日年二十八繼娶徐氏生乾隆五十二年丁未六月十四日卒道光廿一年辛丑十二月廿四日年五十五子綸百二綸百三

經百十三 **茂照** 興二百八七子生乾隆五十五年庚戌二月初七日卒嘉慶廿一年丙子八月二十日年二十七娶邵氏生乾隆五十五年庚戌六月初

八日卒咸豐二年壬子九月
初一日壽六十三葬金母橋

經百十四　**茂榮**　興二百八七子生嘉慶四年己未七月廿三日卒同治元年壬戌八月廿九日壽六十四娶嚴氏生嘉慶五年庚申四月廿三日卒道光二十年庚子九月十九日年四十一繼娶金氏生道光三年癸未十二月初六日卒光緒十九年癸巳十二月初四日壽七十一葬廿一房屋後子
綸百四嚴氏出
綸百五金氏出

經百十五　**茂海**　興二百八七子生嘉慶六年辛酉八月十五日卒同治三年甲子九月初八日壽六十四娶周氏生乾隆十四年己巳五月十九日卒光緒十四年戊子七月十四日壽八十

經百十六　**茂源**　興二百九一子生乾隆四十四年己亥十一月廿三日卒嘉慶廿五年庚辰八月十六日年四十二娶李氏生卒闕

經百十七　**阿二**　興二百九六子住上海

經百十八　**阿三**　興二百九六子住上海

經百十九　**阿四**　興二百九六子住上海

經百二十　**經珠**　興二百九九子生乾隆五十九年甲寅餘闕卒道光十三年癸巳五月十二日年四十娶方氏生嘉慶七年壬戌餘闕卒道光十六年丙申十二月十二日年三十五子綸百六

經百廿一　經秀　與三百子生乾隆二十年乙亥三月廿七日卒三月十一日娶邵氏
生嘉慶廿一年丙子十一月十九日卒光緒二十年甲午四月三十
日壽七十九葬酒店河
泮子綸百七綸百八

經百廿二　經文　與三百子生道光元年辛巳六月初九日娶黃氏生道光三年癸未
正月廿二日子綸百九

經百廿三　魯封　與三百一子生卒闕

經百廿四　齊封　與三百一子生卒闕

經百廿五　丹培　與三百二子生乾隆四十一年丙申九月十八日卒三月初九日娶
邵氏生乾隆五十四年己酉正月初五日卒咸豐四年甲寅十月初
六日壽六十六葬卍字門
頭蘇家後山子綸百十

經百廿六　丹墀　與三百三子生乾隆五十三年戊申三月初七日卒道光十八年戊
戌十一月廿四日年五十一娶方氏生嘉慶七年壬戌二月十七日
卒光緒十年甲申十二月廿
六日壽八十三子綸百十一

經百廿七　丹堦　與三百四子生乾隆五十五年庚戌十二月初九日卒道光廿六年
丙午四月廿二日年五十七娶周氏生嘉慶二年丁巳九月初一日
卒道光七年丁亥十一月初五日年三十一繼娶方氏生嘉慶十七年壬
申十二月十四日卒光緒五年己卯四月廿二日壽六十八葬後周橋龍
塍河泮子綸百十二
綸百十三方氏出

經百廿八 丹坤 與三百四子生乾隆六十年乙卯正月十三日卒咸豐十年庚申正月初八日壽六十六娶宋氏生嘉慶四年己未四月初八日卒嘉慶廿二年丁丑六月二十日年十九繼娶王氏生嘉慶八年癸亥七月十八日卒同治十年辛未十二月三十日壽六十九葬後周橋龍滕河泮子綸百十四

于氏出

經百廿九 鳴岐 與三百五子

經百三十 光型 與三百五子俱住舟山娶洪氏生卒未詳

經百三一 啓家 與三百六子生四月廿八日卒嘉慶廿五年庚辰十月二十日娶劉氏生四月初六日卒道光二年壬午七月初一日側室　氏生卒闕

子綸百十五綸

百十六側室出

經百三二 德基 與三百六子生乾隆十八年癸酉十月初十日卒道光五年乙酉九月初九日壽七十三娶姜氏生乾隆二十年乙亥二月初十日卒道光十八年戊戌九月十九日壽八十四

葬姜房陸家東首朝南子綸百十七

經百三三 美基 與三百六子生乾隆廿四年己卯九月廿六日卒道光三年癸未七月初七日壽六十五娶方氏生乾隆廿九年甲申二月初六日卒嘉慶四年己未二月廿二日年三十六繼娶姜氏生乾隆廿六年辛巳八月廿八日卒道光十三年癸巳二月十三日壽七十三葬後周橋子綸百十八綸百十九綸百二十綸百廿

一方氏出綸百廿一姜氏出

經百三四　亦基　興三百六子生乾隆三十二年丁亥十二月初六日卒道光八年戊子十二月十一日壽六十二娶陳氏生乾隆四十五年庚子六月廿三日卒嘉慶十五年庚午九月初六日年三十一　繼娶王氏生乾隆□年八月廿三日卒嘉慶□年九月初四日葬牛尾河氿子綸百廿三綸百廿四綸百廿七綸百廿　七出繼經百三六

經百三五　載明　興三百七子生卒闕娶洪氏生乾隆十九年甲戌六月二十日卒道光十二年壬辰閏九月廿七日壽七十九子綸百廿五綸百廿六

經百三六　德培　興三百八子生乾隆三十五年庚寅二月十七日卒道光十九年己亥三月廿九日壽七十娶姚氏生乾隆四十年乙未二月十五日卒道光廿一年辛丑十一月十一日壽六十七葬牛尾河氿經百三四子綸百廿七入繼

經百三七　經□　興三百十一子生卒闕

經百三八　元基　興三百十二子生乾隆八年癸亥九月廿四日卒嘉慶十七年壬申七月十六日壽七十娶王氏鎮邑貢生王殿英次女　例封安人生乾隆五年庚申五月廿五日卒乾隆四十三年戊戌六月廿八日年三十九葬橫田余家屋前子綸百廿八女長適陳次適洪三適王四適葉

經百三九　元愷　興三百十二子生乾隆十二年丁卯八月十九日卒嘉慶十一年丙寅九月初一日壽六十娶莊氏　例封孺人生乾隆九年甲子八月二十日卒咸豐五十八年癸丑五月初一日年五十葬樟樹下沙泥橋西角坐北朝南子綸百廿九綸百三十綸百三一女長適張次適姚

經百四十　元堅　興三百十二子生乾隆十七年壬申九月初八日卒嘉慶七年壬戌正月初六日年五十一娶本邑嚴氏生乾隆十六年辛未五月初八

日卒嘉慶十年乙丑八月二十日年五十
五葬化瓶關南首子綸百三二女適應

經百四一 **元堂** 興三百十三子生乾隆十一年丙寅九月初三日卒道光十年庚寅
三月廿二日壽八十五娶本邑盛氏　例封安人生乾隆十二年丁
卯九月十五日卒嘉慶十一年丙寅十二月初八日壽六十繼娶孔氏生
乾隆三十一年丙戌十月廿五日卒道光二十年庚子十二月初六日壽
七十四葬里清橋李姓屋南首坐北向南子綸百三三綸百三四綸百三
五綸百三六綸百三七綸百三八綸百三九女長適姚次適洪三適姚

經百四二 **元封** 興三百十三子生乾隆十三年戊辰十二月廿二日卒乾隆五十九
年甲寅十二月初四日年四十七娶本邑盛氏　貤贈宜人生乾隆
十二年丁卯十月十七日卒嘉慶廿四年己卯六月十五日壽七十三葬
車廐冠櫟山之麓子綸百四十綸百四一女長適姚次適應三適洪

經百四三 **元城** 興三百十三子生乾隆十七年壬申正月十二日卒道光元年辛巳
八月二十日壽七十娶本邑馮氏生乾隆十六年辛未五月十一日
卒乾隆四十三年戊戌五月十二日年二十八繼娶盛氏生乾隆廿二年
戊寅九月初十日卒嘉慶十四年己巳七月廿八日年五十二葬十字路
獨峯嶺子綸百四二馮氏出綸
百四三盛氏出女二俱適盛

經百四四 **元坤** 興三百十三子生乾隆十九年甲戌八月廿二日卒道光十一年辛
卯三月初三日壽七十八娶本邑周氏生乾隆十九年甲戌十月十
二日卒嘉慶十一年丙寅六月初三日年五十三繼娶李氏生乾隆三十
七年己辰三月二十日卒道光二十八年戊申六月十二日壽七十七葬
顔家橋鷄爪港坐北朝南子綸百
四四綸百四五綸百四六周氏出

經百四五　**元均**　與三百十四子生乾隆九年甲子九月十一日卒嘉慶十一年丙寅三月初九日壽六十三娶本邑盛氏生乾隆十年乙丑七月十七日卒道光三年癸未正月廿九日壽七十九葬後坂坐北朝南子綸百四七綸百五二綸百五二出繼經百四八女長適山北王次適邱

經百四六　**元圻**　與三百十四子生乾隆十一年丙寅六月十五日卒嘉慶四年己未六月廿五日年五十四娶盛氏生乾隆十二年丁卯九月初四日卒嘉慶四年己未五月廿九日年五十三葬洑溪老鼠山子綸百四八綸百四九女長適成次適姚三適蕪四適張

經百四七　**元奎**　與三百十四子生乾隆十六年辛未閏五月十七日卒嘉慶十五年庚午正月初五日壽六十娶本邑邵氏生乾隆十五年庚午五月三十日卒道光十一年辛卯九月初五日壽八十二葬陸家屋後子綸百五十經綸百五一女長適河頭市次適朱三適應

經百四八　**元境**　與三百十四子生乾隆十九年甲戌正月初三日卒乾隆四十二年戊戌六月初三日年二十五娶本邑邵氏　欽旌節孝詳貞節錄生乾隆十六年辛未九月十四日卒乾隆五十七年壬子閏四月十九日年四十二葬後畈坐庚向甲兼卯酉經百四五子綸百五二入繼女適邵

經百四九　**元墉**　與三百十四子生乾隆廿一年丙子九月十九日卒嘉慶元年丙辰八月廿六日年四十一娶本邑黃氏生乾隆廿二年戊寅七月十九日卒道光廿二年壬寅十一月廿三日壽八十葬阮家橋南首子綸百五三綸百五四女適姚

經百五十　**元埭**　與三百十四子生乾隆三十二年丁亥閏七月二十日卒道光十一年辛卯十月初三日壽七十五娶本邑余氏　貤贈宜人生乾隆三十三年戊子二月廿七日卒道九五年乙未三月廿九日壽六十八葬後畈新橋頭北首子綸百五五綸百五六綸百五七女適鄒

經百五一　元珆　興三百十五子生乾隆十八年癸酉七月廿二日卒嘉慶三年戊午八月十四日年四十六娶鎮邑陳氏監生陳悅懷女生乾隆十七年壬申十月十七日卒嘉慶十年乙丑八月十四日年五十四葬廖雲橋南土名金家滙子綸百五八綸百六一　綸百六一出繼經百五三女適邑庠生沐

履祥

經百五二　元坦　興三百十五子生乾隆廿五年庚辰七月初一日卒道光十五年乙未二月廿三日壽七十六娶本邑盛氏生乾隆廿三年戊寅正月廿八日卒嘉慶九年甲子八月十九日年四十七繼娶孔氏生乾隆廿九年甲申九月十七日卒嘉慶廿五年庚辰三月初七日年五十七葬文溪黄衕子綸百五九女長適葛樊

春次適李鴻業　欽旌節孝

經百五三　元坪　興三百十五子生乾隆三十二年丁亥九月十一日卒乾隆五十八年癸丑十二月廿二日年二十七娶本邑嚴氏生乾隆三十二年丁亥十月十二日卒乾隆五十八年癸丑六月初八日年二十七繼娶傅氏監生威廷次女　欽旌節孝詳貞節錄生乾隆三十五年庚寅五月廿三日卒道光廿四年甲辰七月初九日壽七十五葬天德庵後子綸百六十

有瘋疾經百五一子綸百六一入繼女適姚嚴氏出

經百五四　孝宏　興三百十六子生乾隆五十二年丁未二月廿八日出京卒闕

經百五五　鴻裕　興三百十七子住餘杭生乾隆四十三年戊戌七月廿八日卒闕

經百五六　元泰　興三百十九子生卒闕

經百五七 元順 與三百十九子生乾隆五十三年戊申十二月初六日卒闕娶馮氏
生嘉慶二年丁巳三月初三日卒闕葬丁家漕西首子綸百六二女
適未詳

經百五八 秀堂 與三百二十子住湖州府西門外生乾隆五十四年己酉十月廿六日卒闕

經百五九 科堂 與三百二十子住湖州府西門外生乾隆五十八年癸丑九月十五日卒闕

經百六十 耿堂 與三百二十子住湖州府西州外生嘉慶元年丙辰四月十五日卒闕

經百六一 淨堂 與三百二十子住湖州府西門外生嘉慶六年辛酉三月十五日卒闕

經百六二 元裕 與三百廿一子生乾隆四十八年癸卯二月廿四日卒道光十一年
辛卯正月二十日年四十九娶姚氏生乾隆五十三年戊申十月十
三日卒闕葬夾笆子綸百
六三女二適未詳所適

經百六三 咸忠 與三百廿二子生乾隆四十三年戊戌七月廿六日卒嘉慶十一年
丙寅九月初七日年二十九葬姜官嶺半山娶嚴氏絕子綸百大四

經百六四 咸??? 與三百廿三子生乾隆五十五年庚戌四月三十日卒闕葬陶家滙
頭未娶

經百六五 元林 與三百廿四子生嘉慶二年丁巳十一月十三日卒同治二年癸亥
十一月十九日壽六十七娶吳氏生嘉慶十六年辛未十二月十
九日卒同治十一年壬申正
月十三日壽六十二葬更樓

國洪武業
神逵惟恭仁
依本之

蔡黃呂四姓宗譜卷十乙　西房玖四公派　有志堂藏

經百六大 元圭 興三百廿五子生乾隆廿三年戊寅十月初二日卒道光十一年辛
卯八月初三日壽七十四娶本邑關氏生乾隆三十一年丙戌二月
十二日卒乾隆五十八年癸丑二月廿二日年二十八繼娶阮氏生乾隆
三十八年癸巳十一月十二日卒咸豐三年癸丑九月初四日壽八十一
葬田野鴻西北首子綸百六五阮
氏出綸百大五聚祿經百六七

經百六七 永昌 興三百廿六子生十一月廿六日卒七月初二日娶鄢氏生六月廿
九日卒九月廿六日葬余倒河塘父墳側女一未詳所適繼百六六
子綸百六
五聚祿

經百六八 圭璋 興三百廿八子生乾隆廿六年辛巳九月廿四日卒道光十年庚寅
二月初六日壽七十娶本邑蘇氏生乾隆廿五年庚辰十一月十二
日卒嘉慶廿二年丁丑七月初十日年五十八繼娶孔氏生乾隆五十一
年丙午九月三十日卒道光十年庚寅九月初四日年四十五葬夾笆坐
東朝西經百六九子綸百
六六八繼女適裴蘇氏出

經百六九 圭璧 興三百廿九子生乾隆三十五年庚寅二月廿五日卒嘉慶十年乙
丑八月初一日年三十六娶本邑胡氏生乾隆三十七年壬辰九月
廿八日卒嘉慶廿五年庚辰四月初七日年四十九葬夾笆坐北朝南綸
百六六綸百六七綸百六六大出繼經百六八

經百七十 其位 興三百廿九子生乾隆五十四年己酉八月初四日卒嘉慶廿二年
丁丑十二月十九日年二十九未娶

經百七一 其巾 興三百廿九子生乾隆五十七年壬子三月初七日卒咸豐九年己
未十二月十三日壽六十八娶本邑錢氏生嘉慶九年甲子十月初

十[illegible]卒[illegible]元年辛[illegible]月[illegible]一日年四
十八葬夾笆西首子綸百六八綸百六九

經百七二 **圭琮** 興三百三十子生乾隆三十五年庚寅三月廿二日卒道光十五年
乙未十一月十八日壽六十六娶本邑蘇氏生乾隆三十五年庚寅
六月十九日卒道光二年壬午十月初一日年五十三葬夾笆西首坐北
[illegible]子綸百七十綸百七一綸百七二綸百七三女長適[illegible]車橋鄭[illegible]
更樓
翁

經百七三 **圭瑗** 興三百三十子生乾隆三十九年甲午六月十八日卒道光十三年
癸巳正月初四日壽六十娶本邑童氏　貤贈宜人生乾隆四十年
乙未十月初九日卒道光五年乙酉八月初七日年五十一繼娶何氏
貤贈宜人生乾隆四十四年己亥六月廿六日卒道光十三年癸巳十一
月十三日年五十五葬
對河祀田子綸百七四

經百七四 **圭瓚** 興三百三一子生乾隆三十六年辛卯六月初七日卒嘉慶三年戊
午正月廿三日年二十八娶本邑朱氏生乾隆三十八年癸巳三[illegible]
月十三日卒乾隆五十七年壬子十月初九日年二十葬姜黄陸家橋東
南首靠河邊北來第三穴坐東朝西子綸百七五

經百七五 **圭琳** 興三百三一子生乾隆四十年乙未五月十六日卒嘉慶三年戊午
七月廿七日年二十四葬陸家橋東南首北來第四穴未娶

經百七六 **圭瑯** 興三百三一子生乾隆四十二年丁酉餘姚卒於外無查娶本邑黄
氏生乾隆四十五年庚子六月廿九日卒嘉慶廿四年己卯九月廿
五日年四十葬姜黄陸家東南首
邦一[illegible]前坐北朝南[illegible]田邊

經百七七 圭珍 興三百三一子生乾隆四十四年己亥六月初八日卒嘉慶八年癸亥五月十二日年二十五葬陸家橋東南首北來第五穴未娶

經百七八 圭珠 興三百三一子生乾隆四十七年壬寅卒於上海無查

經百七九 圭璇 興三百三一子生乾隆四十九年甲辰六月初九日卒嘉慶九年甲子四月十二日年二十一葬陸家橋北來第一穴未娶

經百八十 元二 興三百三二子生乾隆四十七年壬寅二月廿一日卒道光三十年庚戌二月十一日壽六十九娶本邑姚氏　貤贈宜人生乾隆四十七年壬寅三月廿三日卒咸豐二年壬子八月初七日壽七十一葬何家子綸百七六

經百八一 純 生乾隆廿四年己卯十二月廿五日卒道光十五年乙未三月廿九日壽七十七娶貝氏　貤贈宜人生乾隆廿七年壬午九月初四日卒乾隆五十八年癸丑十月初八日年三十二繼娶顧氏　貤贈宜人生乾隆三十四年己丑九月廿四日卒咸豐二年壬子九月十七日壽八十四葬河頭市考墳左首子綸百七七綸七八綸七九貝氏出綸百八十綸百八一顧氏出

經百八二 錫 興三百三三子生乾隆廿七年壬午八月十二日卒嘉慶十三年戊辰八月廿六日年四十七娶本邑余氏生乾隆三十年乙酉五月十七日卒道光十八年戊戌正月十九日壽七十四葬文溪小牛山石埧子綸百八二綸百八三綸百八四女長適紹興暨後王杰適洪家塘頭洪

經百八三 錫洪 興三百三三子生乾隆三十七年壬辰二月廿九日卒乾隆五十八年癸丑十二月初六日年二十二葬河頭市父墳西首未娶

經百八四 元增 興三百三四子生乾隆廿二年丁丑十二月初二日卒乾隆五十六年辛亥六月廿八日年三十五娶本邑葛氏生乾隆二十年乙亥九

月十四日卒嘉慶廿一年丙子二月十六日壽六十二葬黃楊橋山經百八六子綸百八五兼祧

經百八五　元培　興三百三四子生乾隆三十年乙酉十月廿六日卒乾隆四十八年癸卯正月十二日年十九葬和尚橋西北保國寺山腳坐東北向西南未娶

經百八六　元堈　興三百三四子生乾隆三十七年壬辰正月廿二日卒嘉慶十二年丁卯十一月初六日年三十六娶本邑周氏　欽旌節孝詳貞節錄　生乾隆四十七年壬寅九月十三日卒同治十一年壬申三月初七日壽九十一葬孫家橋西北首子綸百八五兼祧經百八四

經百八七　元塡　興三百三五子生乾隆四十三年戊戌六月廿一日卒道光八年戊子九月初八日年五十一娶本邑周氏生乾隆四十八年癸卯二月初一日卒道光廿一年辛丑九月十四日年五十九側室王氏生嘉慶九年甲子八月十三日卒同治四年乙丑十二月廿一日壽六十二葬許家父塡傍子綸百八六王氏出

經百八八　元域　興三百三六子生乾隆三十六年辛卯十二月初十日卒嘉慶廿四年己卯閏四月廿三日年四十九娶本邑余氏　誥贈宜人　累贈夫人生乾隆三十八年癸巳八月初八日卒道光六年丙戌六月廿七日年五十四葬本邑文溪裏邵山子綸百八七綸百八八綸百八九女長適姚邦藩子祥麟次適胡邦球子紹功

經百八九　元疆　興三百三六子生乾隆四十八年癸卯二月初七日卒道光十七年丁酉三月十二日年五十五娶本邑邵諱守章女　例贈宜人生乾隆

鍾

四十九年甲辰三月廿八日卒嘉慶廿五年庚辰九月十六日年三十七
繼娶鄞邑李氏諱承蓮長女　例封宜人生乾隆五十九年甲寅十月初
一日卒咸豐十一年辛酉二月廿二日壽六十八側室高氏生嘉慶五年
庚申二月十一日卒咸豐十年庚申十一月十一日壽六十一葬更樓橋
之東原子綸百九十綸百九一李氏出長適樓子讓次適王聯三適袁瑞
衛邵氏出四適鄞邑林鐘崙五適應雲藻高氏出

經百九十元墀興三百三六子生乾隆五十年乙巳三月廿六日卒道光十三年癸
巳二月二十日年四十九娶鄞邑盧氏諱駿女　例封安人　誥贈
恭人　累贈夫人生乾隆五十一年丙午十一月廿二日卒咸豐六年丙
辰十一月廿九日壽七十一葬餘姚姜家渡子綸百九二綸百九三綸百
九四綸百九五綸百九六女長適鄞邑吳儒珍次適鄞爾釐三適王啓鏊
四適鄞邑盧以璞五適鄞邑林鍾崙

經百九一明德興三百三七子生乾隆三十四年己丑十二月十七日卒道光九年
己丑七月廿四日壽六十一娶鄞邑王氏生乾隆四十九年甲辰八
月廿八日卒道光二十年庚子九月十六日年五十七葬天德庵後附祖
墳右首子綸百九七

經百九二元陛興三百三八子生乾隆四十四年己亥二月廿七日卒嘉慶十四年
己巳十一月十四日年三十一娶本邑朱氏生乾隆四十三年戊戌
二月十七日卒嘉慶十八年癸酉六月廿九日年三十六厝夾𥹉子綸百
九八女二未詳所適

經百九三元通興三百三九子生二月初六日卒八月初八日娶周氏生乾隆五十
五年庚戌十月初八日卒嘉慶廿一年丙子八月廿六日年二十七
厝曹化岡斗對父墳
左邊子綸百九九

經百九四 元清 興三百四十子生乾隆三十四年己丑十一月初六日卒嘉慶十五
年庚午五月初三日年四十二娶本邑周氏生乾隆四十四年己亥
五月十二日卒咸豐十年庚申六月二十日壽八十二葬田野馮大路傍
祖坟右首子綸二百

經百九五 元堦 興三百四十子生乾隆三十八年癸巳正月廿二日卒道光七年丁
亥十月初一日年五十五娶本邑林氏生乾隆四十七年壬寅正月
十五日卒咸豐七年丁巳十二月廿六日壽七十六葬田野馮大路傍女
長適陳次適成

經百九六 玉馨 興三百四十子生乾隆四十一年丙申四月初八日卒嘉慶六年辛
酉五月廿三日年二十六葬蟹頭頸未娶

經百九七 元精 興三百四二子生乾隆四十七年壬寅九月廿五日卒道光三年癸
未正月廿一日年四十二娶本邑邵氏生乾隆四十六年辛丑八月
廿七日卒嘉慶十年乙丑十一月廿三日年二十五繼娶本邑嚴氏生乾
隆五十七年壬子正月十八日卒咸豐九年己未十二月十七日壽六十
八葬余家老龍潭父右首子
綸二百一 女適顏嚴氏出

經百九八 粹元 興三百四三子生乾隆五十五年庚戌十一月十二日卒咸豐六年
丙辰二月十二日壽六十七娶本邑邵氏生乾隆五十五年庚戌十
月初一日卒道光廿七年丁未六月廿六日年五十八葬夾𩰘地子綸二
百二綸二百三

經百九九 元粲 興三百四三子生嘉慶六年辛酉十二月廿三日卒道光二十年庚
子二月初六日年四十娶本邑蘇氏生嘉慶六年辛酉十月廿三日
卒咸豐二年壬子四月廿五日年五十二
葬阮家橋西河角子綸二百四綸二百五

經二百　元椟　興三百四三子生嘉慶十年乙丑九月初八日卒光緒十年甲申十月初一日壽八十娶本邑蘇氏生嘉慶十三年戊辰正月初十日卒光緒四年戊寅正月初四日壽七十一葬廿四房屋後子綸二百六綸二百七綸二百八綸二百九

經二百一　增奎　興三百四四子生乾隆三十年乙酉八月廿六日卒道光九年己丑八月十五日壽六十五娶孫氏生乾隆廿八年癸未九月十六日卒道光十三年癸巳六月初一日壽七十一葬阮家橋子綸二百十綸二百十一綸二百十二綸二百十三綸二百十四

經二百二　章奎　興三百四五子生乾隆三十六年辛卯八月十二日卒道光六年丙戌十月廿六日年五十六娶童氏生乾隆三十八年癸巳八月初四日卒咸豐五年乙卯二月初三日葬本市財神殿後子綸二百十五綸二百十六

經二百三　連奎　興三百四六子生乾隆廿七年壬午九月十五日卒道光十九年己亥十二月廿六日壽七十八娶徐氏生乾隆廿七年壬午七月初八日卒道光廿一年辛丑十月廿八日壽八十葬衆公廳東首田子綸二百十七

經二百四　連波　興三百四六子生乾隆三十四年己丑二月初二日卒道光廿五年乙巳餘闕壽七十七娶姜氏生乾隆四十九年甲辰十月十七日卒嘉慶十年乙丑七月十四日年二十二繼娶□氏生卒闕子綸二百十八綸二百十九

經二百五　連陞　興三百四六子生乾隆三十七年壬辰七月初八日卒道光廿六年丙午二月十六日壽七十五娶裘氏生乾隆五十二年丁未七月廿二日卒道光廿九年己酉十二月初六日壽六十三葬□□□後子綸二百二十

經二百六　連庸　興三百四十六子生乾隆四十九年甲辰六月初四日卒咸豐五年乙卯二月初二日壽七十二娶葛氏生嘉慶元年丙辰十二月廿二日卒咸豐元年辛亥十二月廿四日年五十六葬阮家橋子綸二百廿一

經二百七　連墀　興三百四十七子生乾隆三十四年己丑六月廿九日卒嘉慶十二年丁卯六月十五日年三十九娶郭氏生乾隆三十三年戊子十一月初七日卒嘉慶十七年壬申十一月二十日年四十五葬長石橋子綸二百廿二綸二百廿三

經二百八　連陞　興三百四十七子生乾隆三十五年庚寅十二月初九日卒嘉慶十二年丁卯七月廿二日年三十八娶周氏生乾隆四十三年戊戌九月十八日卒嘉慶七年壬戌三月初二日年二十五葬財神殿後

經二百九　連山　興三百四十七子生乾隆三十九年甲午九月十七日卒道光廿九年己酉七月廿七日壽七十六娶王氏生乾隆四十九年甲辰六月廿三日卒嘉慶廿四年己卯十月廿四日年三十六繼娶鄭氏生嘉慶三年戊午五月初八日卒咸豐十一年辛酉四月初六日壽六十四葬長房碶側子綸二百廿四王氏出綸二百廿五綸二百廿六綸二百廿七鄭氏出

經二百十　秉圭　興三百四十八子生乾隆十七年壬申九月初六日卒嘉慶五年庚申五月初五日年四十九娶陳氏生乾隆廿二年丁丑四月十四日卒嘉慶三年戊午正月二十日年四十二葬酒店河汼坐北朝南子綸二百廿八綸二百廿九

經二百十一　介圭　興三百四十八子生乾隆廿五年庚辰三月十五日卒道光二年壬午正月初五日壽六十三娶沈氏生乾隆三十年乙酉十月初七

日卒乾隆□年十一月廿五日繼娶陳氏生乾隆三十一年丙戌十二月
初四日卒道光廿一年辛丑十月廿一日壽七十六葬酒店河斗坐北朝
南子綸二百
三十陳氏出

經二百十二　信圭　與三百四八子生乾隆廿八年癸未二月廿六日卒嘉慶廿五年
庚辰九月廿二日年五十八娶童氏生乾隆三十二年丁亥九月
二十日卒乾隆六十年乙卯四月十五日年二十九繼娶羅氏生乾隆四
十年乙未七月廿八日卒道光二十年庚子九月廿一日壽六十六葬阮
家橋瓦窰滙子綸二百三
十一綸二百三十二羅氏出

經二百十三　鎮圭　與三百四八子生乾隆三十年乙酉九月十八日卒道光二十年
庚子九月十八日壽七十六娶孔氏生乾隆三十八年癸巳正月
十九日卒嘉慶五年庚申五月十七日年二十八繼娶邵氏生乾隆五十
一年丙午七月十二日卒道光六年丙戌六月廿九日年四十一三娶應
氏生乾隆五十五年庚戌四月廿四日卒咸豐五年乙卯十月初五日壽
六十六側室湖南邢氏生乾隆五十七年壬子五月十三日卒嘉慶十九
年甲戌二月十七日年二十三葬許家高車頭坐酉向卯兼乙辛子綸二
百三三邢氏出綸二百三四邵氏出綸二百三五應氏出

經二百十四　式型　與三百五十子生乾隆廿八年癸未二月廿八日卒嘉慶廿二年
丁丑五月初三日年五十五娶張氏生乾隆廿八年癸未九月廿
四日卒嘉慶元年丙辰九月初十日
年三十四葬江頭園子綸二百三六

經二百十五　觀型　與三百五十子生乾隆三十五年庚寅四月二十日卒乾隆五十
七年壬子八月初五日年二十三葬考墳傍未娶

經二百十六　**紹型** 興三百五十子生乾隆三十七年壬辰八月廿一日卒道光五年乙酉三月廿五日年五十四娶徐氏生乾隆四十年乙未十月十四日卒道光四年甲申九月廿三日年五十葬江頭園子繼二百三七

經二百十七　**芳型** 興三百五十子生乾隆四十四年己亥十二月廿八日卒嘉慶十八年癸酉正月廿三日年三十九娶周氏生乾隆四十六年辛丑六月廿六日卒咸豐五年乙卯七月十六日壽七十五葬市後河南墺子綸二百三八綸二百三九綸二百四十

經二百十八　**錫圭** 興三百五一子生乾隆十九年甲戌十一月十五日卒嘉慶十九年甲戌六月廿三日壽六十一娶姚氏生乾隆廿四年己卯七月廿七日卒嘉慶□年八月十九日繼娶余氏生乾隆三十二年丁亥八月初五日卒道光八年戊子正月初四日壽六十二葬孟家興馬面山坐中向寅子綸二百四一綸二百四二綸二百四三姚氏出綸二百四四余氏出

經二百十九　**日坤** 興三百五二子生卒闕葬馬鞍橋港娶嚴氏未詳經二百二十子綸二百四五入繼

經二百二十　**日圭** 興三百五三子娶姚氏生卒俱闕葬財神殿後子綸二百四五綸二百四六綸二百四五出繼經二百十九

經二百廿一　**日基** 興三百五三子娶邱氏生卒俱闕葬財神殿後子綸二百四七

經二百廿二　**朝增** 興三百五四子生乾隆三十一年丙戌四月廿六日卒乾隆六十年乙卯閏六月廿七日年三十娶王氏生乾隆三十年乙酉四月初十日卒道光廿五年乙巳正月十一日壽八十一葬財神殿後子綸二百四八

經二一百廿三　朝均　興三百五五子生乾隆三十八年癸巳九月廿九日卒三月二十日娶應氏生十月初九日卒十二月十五日辭娶姚氏生七月初四日十月十五日葬夾廟對河
子綸二百四九綸二百五十

經二百廿四　朝堈　興三百五七子生乾隆四十四年己亥十月廿二日卒道光九年己丑六月初六日年五十一娶陳氏生乾隆四十六年辛丑十月初八日卒咸豐九年己未五月初八日壽七十九葬田地子綸二百五一
綸二百五二綸二百五三綸二百五四

經二百廿五　世惠　興三百五八子住海門蔣湯家鎮生卒闕娶鄭氏子綸二百五五

經二百廿六　陽春　興三百六十子生卒闕未娶

經二百廿七　振鋼　興三百六一子生乾隆三十四年戊戌十二月十二日卒道光廿四年甲辰七月十四日壽六十七娶周氏生乾隆四十五年庚子七月二十日卒道光十五年乙未七月廿三日年五十六側室秦氏生乾隆五十九年甲寅七月初七日卒同治五年丙寅十二月廿一日壽七十三葬徐家庫七車頭子
綸二百五六秦氏出

經二百廿八　振鋒　興三百六二子生乾隆四十六年辛丑八月初四日卒道光三年癸未二月廿六日年四十三娶應氏生乾隆四十八年癸卯十二月二十日卒十二月十三日葬呂倩樗印山子綸二百五七綸二百五八

經二百廿九　振泰　興三百六三子娶呂氏生卒俱闕葬留車橋

經二百三十 振元 興三百六三子生卒闕

經二百三十一 傳欽 興三百六五子生乾隆四十年乙未七月初四日卒道光三十年庚戌三月初四日壽七十六娶林氏生乾隆三十九年甲午正月廿三日卒咸豐五年乙卯八月初七日壽八十二葬畢清橋山子綸二百五九綸二百六十綸二百六一

經二百三十二 欽恩 興三百六五子生乾隆四十六年辛丑十一月初五日卒嘉慶六年辛酉七月初十日年二十一葬嚴家灘未娶

經二百三十三 全孝 興三百六七子生乾隆三年戊午十二月日卒嘉慶八年癸亥正月廿八日壽六十六娶嚴氏生乾隆八年癸亥十月初二日卒乾隆五十八年癸丑九月十四日年五十一繼娶應氏生十月十九日卒正月廿三日側室王氏生乾隆廿二年丁丑十一月初二日卒乾隆五十八年癸丑十月十九日年三十七葬邵家滙子綸二百六二綸二百六三綸二百六三出繼經二百三四

經二百三十四 文 興三百六八子生乾隆五年庚申五月十三日卒乾隆五十八年癸丑四月初二日年五十四娶□氏生卒闕繼經二百三三子綸二百六三

又繼

經二百三十五 文衢 興三百六九子生乾隆三年戊午十二月十七日卒乾隆五十六年辛亥十月初六日年五十四娶周氏生乾隆十六年辛未五月廿五日卒嘉慶九年甲子十二月廿二日年五十四葬鮑約橋祖墳側子綸二百六四綸二百六五

經二百三十六 文鉅 興三百六九子生乾隆十九年甲戌九月十七日卒道光三年癸未十一月十八日壽七十不娶附父祀

經二百
三七
閼興　興三百七一子生乾隆五十六年辛亥十一月初七日卒道光貢
一年辛丑十月十二日年五十一娶嚴氏生嘉慶四年己未十月
廿六日卒咸豐十年庚申四月初二日壽六十二葬小園子綸二百六六
綸二百六七

經二百
三八
閛基　興三百七三子生乾隆五十六年辛亥七月初九日卒咸豐八年
庚午二月十九日壽六十八葬湖州府南門外墳頭蔣村山娶□
氏
絕

經二百
三九
闓運　興三百七五子生乾隆五十九年甲寅九月廿七日卒闕未娶

經二百
四十
開泰　興三百七五子生乾隆六十年乙卯□月廿八日卒嘆娶嚴氏生
嘉慶十六年辛未餘闕子綸二百六八綸二百七八綸二百七八
出繼經二
百五五

經二百
四一
開明　興三百七五子生嘉慶五年庚申九月初四日卒闕娶山氏生卒
闕子綸二百六九

經二百
四二
開來　興三百七五子生嘉慶元年丙辰八月廿六日卒咸豐三年癸丑
六月初一日年五十八娶洪氏生嘉慶十四年己巳八月十九日
卒道光八年戊子十月廿八日年二十繼娶馬氏生嘉慶十七年壬申八
月初十日卒咸豐九年己未餘闕年四十八子綸二百七十綸二百七一
馬氏
出

經二百
四三
七勤　興三百七五子生嘉慶十年乙丑五月初五日卒闕葬小園娶嚴
氏絕

經二百四四　大成　興三百七八子生嘉慶廿二年丁丑三月廿四日卒道光廿二年壬寅九月二十日年二十六厝小園娶周氏猶子綸二百七二

經二百四五　亞毛　興三百八三子生嘉慶廿三年戊寅十二月廿四日卒闕

經二百四六　大有　興三百八四子生乾隆五十四年己酉五月廿二日卒嘉慶二十年乙亥三月十一日年二十七娶姚氏生乾隆五十七年壬子九月□日卒道光廿一年辛丑五月十六日年五十葬姜官嶺北首

經二百四七　天懋　興三百八六子生卒闕

經二百四八　天沐　興三百八七子生乾隆四十八年癸卯正月十二日卒道光十一年辛卯六月十三日年四十九娶邵氏生乾隆四十八年癸卯三月初八日卒嘉慶十三年戊辰七月初五日年二十六繼娶馮氏生乾隆五十九年甲寅十一月初六日葬江頭園子綸二百七三邵氏出綸二百七四馮氏出

經二百四九　天源　興三百八七子生乾隆五十一年丙午正月廿七日卒道光廿九年己酉十月廿六日壽六十四娶蘇氏生乾隆五十九年甲寅六月十五日卒道光十三年癸巳餘闕年四十繼娶姚氏生嘉慶十三年戊辰六月廿六日卒同治十二年癸酉正月廿六日壽六十六葬天德庵後
女長適呂蘇氏出
次適未詳姚氏出

經二百五十　天洤　興三百八七子生乾隆五十六年辛亥十二月初八日卒道光十九年己亥五月初九日年四十九娶嚴氏生嘉慶四年己未十二

月初五日卒光緒五年己卯三月十五
日壽八十一葬江頭園子綸二百七五

經二百五一　天佑　與三百八九子生乾隆四十九年甲辰正月廿二日卒道光十九
年己亥四月廿八日年五十六娶石碶頭周氏生乾隆五十年乙
巳十二月十八日卒同治二年癸亥九月初一日壽七十九葬念母橋子
綸二百七六

經二百五二　咸甯　與三百九十子生乾隆五十六年辛亥八月十八日卒道光九年
己丑九月廿一日年三十九葬小園未娶

經二百五三　咸泰　與三百九十子生乾隆六十年乙卯九月十七日卒咸豐五年乙
卯二月初五日壽六十一娶王氏生嘉慶十一年丙寅七月十九
日卒道光廿六年丙午七月十九日年四十一繼娶陳氏生嘉慶廿二年
丁丑二月初八日卒闕

經二百五四　咸楓　與三百九二子住溫州生嘉慶廿一年丙子九月十四日卒闕娶
鄭氏生嘉慶廿一年丙子六月初七日卒道光十九年己亥六月
廿四日年廿四
子綸二百七七

經二百五五　嘉豐　與三百九八子生嘉慶三年戊午餘闕卒道光七年丁亥七月廿
九日年三十娶呂氏生嘉慶十四年己巳十一月十六日卒光緒
六年庚辰十月十二日壽七十二
經二百四十子綸二百七八入繼

經二百五六　徐根　與三百九八子生道光廿九年己酉十一月廿五日娶王氏生同
治十年辛未九月廿七日子綸二百七九

經二百五七　東來　與三百九九子生道光十年庚寅正月初七日卒闕

經二百五八 **大倫** 興四百四子生嘉慶元年丙辰四月十三日卒咸豐二年壬子十二月廿一日年五十七娶陳氏生嘉慶十五年庚午八月初八日卒同治二年癸亥八月初八日年五十四葬官田畈子綸二百八十綸二百八一綸二百八二綸二百八五綸二百八五出繼經二百六十

經二百五九 **大剛** 興四百四子生嘉慶八年癸亥六月十一日卒同治元年壬戌八月十九日壽六十娶周氏生嘉慶廿二年丁丑六月廿八日卒咸豐十年庚申十二月初一日年四十四葬官田畈子綸二百八三綸二百八四

經二百六十 **大賚** 興四百四子生嘉慶十九年甲戌二月二十日卒同治四年乙丑二月廿九日年五十二娶余氏生道光四年甲申六月廿七日卒光緒十五年己丑十月初七日壽六十六經二百五八子綸二百八五入繼

經二百六一 **大經** 興四百六子生卒闕娶周氏生嘉慶八年癸亥餘闕葬江頭園

經二百六二 **經珊** 興四百七子生嘉慶十年乙丑七月初四日卒同治元年壬戌九月十七日年五十八葬費漕頭娶邵氏生嘉慶廿三年戊寅八月初三日卒光緒九年癸未十一月廿六日壽六十六葬堂前老祖堂後

經二百六三 **乾元** 興四百七子生卒闕娶裘氏絕

經二百六四 **開基** 興四百八子生乾隆五十一年丙午四月廿四日卒道光五年乙酉七月初九日年四十娶口氏絕經二百六六子綸二百八六入繼

經二百六五 開揚 興四百八子生乾隆五十八年癸丑十月初十日卒道光十年庚寅三月初六日年三十八娶口氏絕

經二百六六 開科 興四百八子生嘉慶二年丁巳十月初七日卒同治三年甲子九月廿七日壽六十八娶王氏生嘉慶十一年丙寅十一月十五日卒同治十年辛未二月十六日壽六十六子綸二百八六綸二百八七綸二百八八綸二百八九綸二百八六出繼經二百六四

經二百六七 開芳 興四百八子生嘉慶九年甲子十一月廿八日卒咸豐四年甲寅十二月廿七日年五十一娶應氏生嘉慶十七年壬申十二月十六日卒道光十八年戊戌十一月十四日年二十七子綸二百九十

經二百六八 開泰 興四百九子生嘉慶六年辛酉正月初八日卒同治元年壬戌二月初九日壽六十二娶叅氏生嘉慶十一年丙寅十二月初四日卒光緒十年甲申三月十四日壽七十九葬阮家橋子綸二百九一綸二百九二綸二百九三綸二百九四綸二百九三綸二百九四出繼興四百十爲嗣

經二百六九 經奎 興四百十二子生卒闕柩停杭州娶陸氏絕

經二百七十 經懷 興四百十六子生嘉慶十九年甲戌七月廿五日卒十月初八日娶蘇氏生道光九年己丑九月廿七日卒咸豐六年丙辰八月廿八日年二十八

經二百七一 經文 興四百十八子住杭州生卒闕

經二百七二　經武　興四百二十子仕廿[illegible]生辛[illegible]
經二百七三　經福　興四百廿四子生道光十一年辛卯二月廿九日娶祝氏生道光
十七年丁酉五月廿二日卒道光三十年庚戌十月十六日
經二百七四　經壽　興四百廿六子生道光十八年戊戌十二月廿六日
經二百七五　桂盛　興四百廿七子生嘉慶十九年甲戌八月二十日卒十月十九日
娶嚴氏生道光十年庚寅十二月十八日卒道光廿五年乙巳九
月十七日年十六繼娶嚴氏生嘉慶廿三年戊寅十月十五日卒闕子綸
二百九五綸二百九六綸二百九五承繼興四百廿七
經二百七六　年興　興四百廿九子住裘墅生道光八年戊子十二月廿七日卒闕
經二百七七　年有　興四百廿九子住裘墅生道光十五年乙未十月十八日卒闕
經二百七八　經貴　興四百三一子生道光六年丙戌十一月十六日卒同治五年丙
寅六月初三日年四十一娶余氏生道光六年丙戌十月十六日
卒同治二年癸亥十二
月初五日年三十八
經二百七九　經照　興四百三三子生道光七年丁亥正月初三日
經二百八十　經春　興四百三四子生道光十一年辛卯三月廿四日卒同治二年癸
亥二月十二日年三十三娶鄭氏生道光廿二年壬寅四月十二
日

經二百八一　經融　興四百三四子　生道光十八年戊戌閏四月十四日　卒光緒十一年乙酉正月十一日　年四十八　娶李氏　生咸豐元年辛亥閏八月十八日　卒光緒九年癸未七月十一日　年三十三　子綸二百七九

經二百八二　經魁　興四百三四子　生道光廿八年戊申二月十九日　娶諸氏　生同治元年壬戌五月初六日　子綸二百九八　二百九九

經二百八三　經資　興四百三五子　生道光廿五年乙巳二月三十日

經二百八四　彭壽　興四百三七子　生道光八年戊子六月十二日　卒闕　娶王氏　生道光十八年戊戌五月初二日　卒闕

經二百八五　經緯　興四百三八子　生道光三十年庚戌十一月初四日

經二百八六　福壽　興四百四十子　住杭州　生道光十二年壬辰

經二百八七　經章　興四百四一子　生道光二十年庚戌十一月初二日　娶莊氏　生同治三年甲子三月十五日

經二百八八　桂榮　興四百四三子　住杭州　生咸豐五年乙卯十一月初二日

經二百八九　經祥　興四百四四子　生道光十三年癸巳十二月初五日　卒咸豐十一年辛酉十月十五日　年二十九　娶王氏　生道光十五年乙未十一月廿五日　卒光緒十一年乙酉二月廿四日　年五十一　葬牛居河汁坐北朝南　子綸二百九九

經二百九十　經天　興四百四五子　生道光廿二年壬寅十二月初二日　娶嚴氏　生道光廿三年癸卯九月十日　卒咸豐十年庚申十月十□日　年十

入[illegible]娶[illegible]六[illegible]八日側室[illegible]氏生咸豐十一年
辛酉[illegible]八[illegible]繼[illegible]嗣首
經二百 經[illegible]百[illegible]五子生[illegible]元年辛亥十月廿八日卒同治十三年[illegible]
九一 三戊四月廿九日年二十四娶孫氏生道光三十年庚戌[illegible]月初二
日卒同治七年戊辰
正月廿一日年十九
經二百 經[illegible] 興[illegible]百四五子生咸豐十一年辛酉二月十三日卒光緒廿八年
九二 壬寅二月初[illegible]日年[illegible]十二娶宗氏生咸豐十一年辛酉七月初
九日子綸三百一綸三百十一綸
三百十一出繼經二百九八
經二百 經尚 興四百四六子生道光廿六年丙午十月十九日卒光緒廿四年戊
九三 戊十一月初四日年五十三娶王氏生道光廿六年丙午十二月
十七日子
綸三百二
經二百 經渭 興四百四六子生咸豐四年甲寅閏七月十四日娶姚氏生同治
九四 三年甲子十月十七日子綸三百三
經二百 經聚 興四百四六子生咸豐九年己未七月十五日 娶諸氏生同治二
九五 年癸亥十二月廿七日子綸三百四綸三百五
經二百 經[illegible] 興四百四六子生同治五年丙寅九月初六日娶方氏生同治十
九六 二年癸酉十一月十九日子綸三百六綸三百七綸三百八
經二百 經發 興四百四六子生同治八年己巳十二月廿七日娶宋氏生同治
九七 十三年甲戌五月廿五日卒光緒廿九年癸卯七月十二日年三
十子綸三百
九綸三百十

經二百九八 經前 興四百四七子生道光廿七年丁未正月二十日卒光緒廿六年庚子三月十九日年五十四娶應氏生咸豐九年乙卯三月十八日卒光緒七年辛巳九月十二日年二十七繼娶鄭氏生同治三年壬子十二月十九日卒光緒廿九年癸卯六月廿七日年四十葬天德府前陸家楊經二百九二子論三百十一入繼

經二百九九 經芳 興四百四八子生道光廿三年癸卯閏七月廿五日卒同治十二年癸酉八月廿七日年三十一娶陳氏生道光廿三年癸卯八月廿四日子論三百十二

經三百 經源 興四百四九子生咸豐元年辛亥十二月十六日娶蘇氏生同治二年癸亥十一月廿六日子論三百十三論三百十四論三百十五

經三百一 經大 興四百五十子生道光十五年乙未十月初二日卒光緒二年丙子閏五月初五日年四十二娶王氏生道光十六年丙申二月初十日卒光緒十四年戊子九月十四日年五十二葬牛尾河斗經三百三子論三百十六入繼

經三百二 經順 興四百五十子生道光十七年丁酉正月十二日卒光緒十一年乙酉六月初二日年四十九娶方氏生咸豐七年丁巳七月十一日子論三百十七論三百十八

經三百三 經傳 興四百五十子生道光廿三年癸卯二月廿八日卒光緒廿二年丙申九月二十日年五十四娶沈氏生道光廿八年戊申六月初六日卒光緒五年己卯七月廿六日年三十二子論三百十六論三百十九論三百十六出繼經三百一

經三百四　經生　興四百五十子生道光廿□年□□二月□四日卒同治六年丁卯
十一月十六日年二十三娶尹氏生同治六年丁卯十一月初四日
卒光緒九年癸未七月十
五日年十七葬官山畈

經三百五　經綸　興四百五十子生道光廿九年己酉十二月初十日娶王氏生咸豐
四年甲寅八月初八日

經三百六　經變　興四百五十子生咸豐元年辛亥八月初五日娶徐氏生咸豐六年
丙辰八月廿六日子綸三百二十

經三百七　經貴　興四百五一子生道光八年戊子九月廿八日卒同治元年壬戌八
月廿一日年三十五娶沈氏生道光二十年庚子九月初五日

經三百八　長生　興四百五五子生咸豐元年辛亥四月廿四日娶邵氏生同治十年
辛未正月初六日

經三百九　經綸　興四百五六子生道光十年庚寅八月廿七日卒光緒十一年乙酉
十月十五日年五十六娶徐氏生道光廿二年壬寅正月十五日卒
光緒三年丁丑二月十六日
年二十六子綸三百廿一

經三百十　經紳　興四百五六子生道光廿六年丙午正月初一日娶應氏生同治六
年丁卯二月十四日子綸三百廿二

經三百十一　經椿　興四百五六子仕上海生咸豐元年辛亥十二月十五日娶　氏
生　年　月　日子綸三百廿三綸三百廿四綸三
百廿五綸
三百廿六

經三百十二　經順　興四百五八子生道光廿二年壬寅十一月十五日卒同治元年
壬戌八月廿一日年二十一娶應氏生咸豐九年乙卯七月二十

日子綸三
百廿七
經三百十三　春榮　興四百六十子住蘇州
經三百十四　經坤　興四百六一子生卒闕娶周氏生嘉慶六年辛酉十一月二十日
卒道光九年己丑十一月十二日年二十九葬大門外
經三百十五　德慶　興四百六二子生道光十年庚寅正月初四日卒上海未娶
經三百十六　德基　興四百六五子生嘉慶二年丁巳九月廿一日卒道光六年丙戌
八月廿八日年三十娶劉氏生乾隆六十年乙卯十一月二十日
卒道光六年丙戌七月初三日年三十
二葬孫家橋父墳側子綸三百廿八
經三百十七　德銓　興四百六五子生嘉慶四年己未十一月十三日卒咸豐元年辛
亥八月二十日年五十三娶顧氏生嘉慶四年己未十一月初三
日卒道光二十年庚子九月
十六日年四十二厝汛頭圈
經三百十八　德泮　興四百六七子生嘉慶五年庚申閏四月初二日卒同治五年丙
寅十月十三日壽六十七娶鄭氏生嘉慶九年甲子二月初十日
卒同治九年庚午二月初三日壽六十七側室譚氏生道光十年庚寅十
一月初十日卒同治二年癸亥九月十六日年三十四側室童氏生道光
八年戊子十二月廿八日卒同治七年戊辰十月廿六日年四十一子綸
三百廿九綸三百三十綸三百三一
經三百十九　德[illegible]　興四百六七子生嘉慶十年乙丑十月廿九日卒闕娶應氏生嘉
慶十八年癸酉十一月初七日卒年[illegible]年戊戌正月[illegible]

二十六側室陳氏生卒失考
廿二年壬寅五月十二日卒咸
經三百二十　德意　與四百六八子生道光二年壬午九月十七日卒同治六年丁卯
二月十七日年四十六娶余氏生道光十五年乙未七月廿一日
卒同治十年辛未六月初七日年三
十七子綸三百三二綸三百三三
經三百廿一　三陽　與四百六八子生道光七年丁亥六月初四日卒同治三年甲子
八月廿五日年二十八娶王氏生道光二十年庚子三月初四日
卒八月二十日
經三百廿二　經懷　與四百六九子生道光十二年壬辰九月廿八日卒闕娶姚氏生
道光十年庚寅十一月廿二日卒咸豐九年己未七月廿六日年
三十厝陸
家門前
經三百廿三　經賚　與四百七一子生道光十六年丙申十月廿五日卒咸豐七年丁
巳餘闕年二十二葬江頭山未娶
經三百廿四　經葵　與四百七一子生道光二十年庚子五月廿三日卒咸豐八年戊
午八月十四日年十九葬阮家橋西首叔墳傍未娶
經三百廿五　經蓉　與四百七一子生道光三十年庚戌三月初五日娶孫氏出
卒光緒三十三年丁未六月初六日未時年五十八歲
經三百廿六　經瑞　與四百七二子生道光二十年庚子正月廿三日卒咸豐九年己
未十一月□日年二十柩在上海未娶
經三百廿七　乾元　與四百七四子生嘉慶七年壬戌十二月廿三日卒道光廿八年
戊申正月十三日年四十九娶□氏生卒闕

經三百廿八　景山　興四百七〇子生道光廿四年甲辰餘闕

經三百廿九　經照　興四百七六子生道光九年己丑正月十二日卒光緒二年丙子二月廿一日年四十八娶朱氏生道光七年丁亥八月十二日卒光緒七年辛巳九月廿一日年五十五

經三百三十　經章　興四百七七子生道光十四年甲午九月廿三日卒同治五年丙寅十一月十四日年三十三娶陸氏生道光廿二年壬寅二月十八日卒同治三年甲子二月廿八日年二十三

繼

經三百三一　經慶　興四百七八子生嘉慶十六年辛未十月十二日卒道光八年戊子八月十七日年十八娶李氏絕經三百三二子綸三百三四入

經三百三二　經莊　興四百七九子住杭州生嘉慶十九年甲戌餘闕娶杭州仁和縣張氏生道光元年辛巳三月初五日卒闕子綸三百三四綸三百三五綸三百三六綸三百三七

綸三百三四出繼經三百三一

經三百三三　經高　興四百七九子住杭州生道光三年癸未二月初十日卒闕娶杭州仁和縣何氏生道光三年癸未七月十一日卒闕子綸三百三八

經三百三四　經福　興四百八十子生嘉慶十五年庚午十月初九日卒同治三年甲子七月[illegible]

卒闕子綸
三百三九

經三百三五　經燽　與四百八十二子生道光廿一年辛丑八月初四日卒光緒七年辛巳正月二十日年四十一娶□氏生道光廿五年乙巳四月十五日卒同治十二年癸酉十月廿四日年二十九繼娶邵氏絕子綸三百四十綸三百四一綸三百四二

經三百三六　經□　與四百八十二子生道光廿八年戊申十二月十二日娶余氏生咸豐三年癸丑三月十一日子綸三百四三綸三百四四

經三百三七　經炬　與四百八十二子生咸豐二年壬子正月廿七日卒光緒十一年乙酉十二月初二日年三十四娶童氏生咸豐二年壬子七月初一日子綸三百四五

經三百三八　經煊　與四百八十三子生道光廿一年辛丑二月初一日卒同治元年壬戌九月初五日年二十二娶洪氏　欽旌節孝詳貞節錄生道光二十年庚子十一月初一日女適邵

經三百三九　經熠　與四百八十三子生道光廿三年癸卯五月廿三日卒光緒十七年辛卯十二月十七日年四十九娶福建邵武縣阮氏生道光廿六年丙午六月十五日卒光緒十三年丁亥九月廿六日年四十二子綸三百四六綸三百四七

經三百四十　經煇　與四百八十三子生道光廿五年乙巳五月廿四日卒光緒廿一年乙未六月廿八日年五十一娶童氏生道光廿四年甲辰四月廿六日卒光緒十六年庚寅七月廿一日年四十七子綸三百四八

經三百四一　經爐　興四百八之三子生道光廿七年丁未十一月十一日卒同治九年庚午七月十三日年二十四

經三百四二　經煌　興四百八之三子生道光廿九年己酉八月初一日卒同治三年甲子五月初一日年十六

經三百四三　經燦　興四百八之三子生咸豐五年乙卯十二月十九日卒光緒十六年庚寅正月十一日年三十六

国家出版基金项目
NATIONAL PUBLICATION FOUNDATION

海上絲綢之路文獻集成

總主編　陳支平　陳春聲

民間譜牒編 19

主編　林楓

海峽出版發行集團
THE STRAITS PUBLISHING & DISTRIBUTING GROUP
福建人民出版社

本册目次

［浙江慈溪］慈東費氏四修宗譜四十四卷（卷三〇至卷四一）　［清］費承甫纂修……一

〔浙江慈溪〕慈東費氏四修宗譜四十四卷（卷三〇至卷四一）

〔清〕費承甫纂修

慈東費氏宗譜

第七本

奎字

慈東費氏四修宗譜卷三十

遷徙杭州世系 坦房與三公派在二公支下

十九世　二十世　廿一世　廿二世　廿三世

天錫 俊五八 字公純邑庠生 貤贈通奉大夫河南布政使司布政使

之琦 傑七九 字楚珩 敕贈儒林郎 誥贈奉直大夫遷居杭州仁和縣太平橋王家河頭

廣陵 與九八

立芳 與九九

承勳 與一百 字獻華乾隆癸酉舉人癸未進士殿試甲二十八名歷官甘肅崇信甯羌貴州同仁龍泉婺川等縣知縣

陞任廣東連
平州知州
誥授奉直大
夫

銓 傑八 十
字簡庄監生
、誥贈通奉
大夫河南布
政司□布政
使由慈遷杭

觀 其百 七
字虞旦號濤
江仁邑庠生
誥贈通奉
大夫著有合
州病夢記與
到吟岬佚判
堂文集

金甲 經 一
字芸軒監生
經十一子象
祿

茂林 綸 一
字椿年監生
捐通判改捐
運庫大使加
六品銜陞廣
西按經歷

位壬 經 二
字彝城仁邑
庠生候選州
同

丙章 經 三
字新橋號會
宜又號辛陵
嘉慶甲子舉
人戊辰進士

□林

禧林 綸 二

授編修轉江南道監察御史歷任廣東雷瓊聲羅江南淮陽道廣西按察使署布政使護理總撫陞山東布政使調湖北再調河南卒於任著有閒心齋詩鈔

乂曾

恩輝
監生

恆
監生

武曾

星
候選從九品

熱
監生

敬曾

恩綸

鎮
邑庠生

人龍 邑庠生

瑚 四川候補布政司理問

雲翥 邑庠生

分發四川候補主簿

人瓚 候選縣丞

嗣曾

雲翼 監生

復曾

應元 候選從九品

雲通 監生

發曾

詔 邑庠生

瑞曾

夢金

燮運

琦晳

右據新塘公履歷按之咸豐譜未經載入想係遷徙搜採未及距今又數十年文獻無徵世系更難究證依新橋公履歷排列行次附錄以俟後之攷正焉

廿三世

茂林 綸十一

字椿年監生捐通判改捐運庫大使加六品銜準廣西接經歷

廿四世

繼武 輔一

字繩甫監生捐鹽巡檢分發長蘆歷署河間天津主簿陞天津縣丞保舉四品銜直隸即補縣

廿五世

相保 相一

字子佑

相蕃 相二

字公衍

相濟 相三

字若舟

宗譜　卷三十　西房汎三公派

附錄十九世以上世系 祇錄本支

第一世
士寶 世廿四
字華國號東慈邑由蘇州遷慈谿
妣李氏

第二世
彥京 千四
字子顏號振東
妣張氏

第三世
元芳 萬三
字德馨號桂林
妣邵氏

第四世
良佐 添十一
字顯道號海孫茂才
妣林氏

第五世
日章 冉七
字顯之號峯山邑志有傳
妣傅氏

第六世
游龍 明二
字行慈號霖川
妣童氏

第七世
體濱 益六
字前川號順軒益三子入繼
妣桂氏

第八世
懷忠 莊二
字思誠號守心
妣李氏側室單氏

第九世
經 玖三
字文禮號德恒
妣王氏

第十世
居亮 西一
字世明舊行二
妣王氏

十一世
弼 啓一
舊行同
妣蘇氏

十二世
德甯 禮一
舊行同
妣王氏韓氏

十三世
恕 在二
字存理號南陵舊行廿四

十四世
藩 徹七
字汝价號仲臺舊行三[illegible]

十五世
棠 文十七
字仲南舊行廿四

側室侯氏

庠生
娶沈氏俞氏

祭
娶陳氏

娶劉氏

十六世	十七世	十八世	十九世
武三 成裕 六 字厚甫號壺 舉舊行廿二 娶王氏	英四 淩電 十 舊行二一 娶林氏	才四 升 八 才四七子八 繼 娶方氏	俊五 天錫 八

遷徙杭州世系傳

十九世

後五八 天錫 字四八子生順治二年乙酉九月初九日卒雍正六年戊申八月初四日壽八十四娶沈氏 誥贈太夫人生順治十六年己亥閏三月初四日卒乾隆二年丁巳五月廿八日壽七十九葬阮家橋東首沙灘父墳後坐卯向酉兼庚甲子傑七九傑八十

二十世

傑七九 琦 後五八子遷居杭州仁和縣太平橋王家河頭娶蔣氏繼娶沈氏俱以子貴 敕贈安人 誥贈宜人子輿九八輿九九輿一百

傑八十 銓 後五八子遷居杭州仁和縣太平橋王家河頭生康熙三十九年庚辰二月初五日卒乾隆二十年乙亥十一月十三日年五十六娶李氏 誥贈太淑人 累贈太夫人生康熙三十九年庚辰五月十二日卒乾隆九年甲子六月十二日年三十五繼娶汪氏 誥贈太淑人 累贈太夫人生康熙五十年辛卯九月初七日卒乾隆五十七年壬子七月十九日壽八十二葬西湖鋸龍山大路邊玉屏山下子輿百一

二十一世

輿九八 廣 [illegible] 傑七九子

輿九九 立芳 傑七九子

興一
百
獻華 傑七九子 [illegible] 圖
興百
一
觀 傑八十子生乾隆十二年丁卯五月初十日卒嘉慶十六年辛未四月
廿九日壽六十五娶潘氏　敕封太安人　誥封太恭人　皆封太淑
人　累封太夫人生乾隆十二年丁卯八月初五日卒道光六年丙戌正
月二十日壽八十葬杭州裏桐塢子山午向兼丁癸子經一經二經三

二十二世

經
一
金中 興百一子生乾隆三十八年癸巳六月十三日卒嘉慶十六年辛未六
月初二日年三十九娶王氏乾隆甲午舉人甯波府訓導鼎女生乾隆
四十年乙未六月廿八日卒道光十年庚寅十二月初九日年五十六葬
新橋□嶴側經三子綸一入繼

經
二
位壬 興百一子生乾隆四十年乙未九月十五日卒道光廿二年壬寅九月
廿一日壽六十八娶汪氏乾隆甲辰進士世儁女　敕封安人生乾隆
四十三年戊戌九月初八日卒道光十八年戊戌閏四月廿七日壽六十
一側室龔氏生卒闕葬東嶽小方井□山癸向兼丑未

經
三
丙章 興百一子生乾隆四十六年辛丑九月廿七日卒道光九年己丑六月
十五日年四十九娶江氏嘉慶辛未□士理朝公女　誥封宜人　晉
封淑人　累封夫人生乾隆四十四年己亥十月初四日卒道光十七年
丁酉十二月三十日年五十九側室孫氏生卒闕葬杭州太平門外□新
廟景芳亭東北隅□山癸□兼甲□子
綸一綸二綸一出繼經一女適未詳

二十三世

綸一 茂林 經一子生嘉慶廿一年丙子九月初三日卒同治十二年癸酉十二月廿一日娶戚氏嘉慶[illegible]進士人顗公女生嘉慶廿二年丁丑三月廿四日卒同治元年壬戌六月初一日年四十六繼娶趙氏生卒闕子輔一

兼祧綸二

綸二 福林 經三子

二十四世

輔一 繼武 綸一子娶沈氏子相一相二相三

二十五世

相一 相保 輔一子

相二 相蕃 輔一子

相三 相濟 輔一子

慈東費氏四修宗譜卷三十一

遷徙岱山高亭世系 西房玖三公派 在二公支下

二十世　二十一世　二十二世　二十三世　二十四世

植天 傑八 八
字思聰號長順住岱山高亭

效 興百 十八

在元 經一
住岱山長塗仙草田

雲福 綸一

輔仁 輔一
輔三子入繼

輔才 輔二
止

雲壽 綸二

輔先 輔三

輔清 輔四
止

輔修 輔五

曾元　出繼與百十九

三元　出繼與百二十

曾元　經二　住岱山長塗仙草田

照雲　綸三

廣　興百十九　字石華與百十八子入繼

輔盛　輔六

輔藩　輔七

輔茂　輔八

輔任　輔九

輔八子入繼

延月 興百二十 興百十八子入繼
三元 住佃山高亭
雲興
輔春 輔十 北

雲澄 綸 五
輔貴 輔十 一

二十四世
二十五世
二十六世
二十七世

輔仁 輔 一
輔三子入繼
則貴 則 一
聲懷 聲 一
名利 名 一

聲燈 聲 二

聲炆 聲 三

輔先 三 輔

如貴 出繼輔一

相名 二 相

聲生 四 聲 聲七子入繼

名全 二 名

聲[illegible] 五 聲

聲元 六 聲

聲順 七 聲

名全 出繼聲四

名云 二 名

相[illegible] 相三

聲安 聲六

聲甯 聲九

聲金 聲十

聲聰 聲十一

相鳳 相四

聲家 聲十二

聲廷 聲十三

聲禮　聲十四

聲滿　聲十五

輔修　輔五
相泰　相五

相高　相六
聲霖　聲十六

聲立　聲十七

輔盛　輔六
相堯　相七
聲茂　聲十八
竹生　名四

聲貴 聲十九

相彌 相八
聲雲 聲廿七

多人 相九
聲瑞 聲廿一

聲品 聲廿二

相宰 相十

輔藩 輔七
相富 相十一
聲大 聲廿三

輔茂　輔八

相裕　相十二

相永　相十三

聲得　聲廿四

名通　名五

相山　出繼輔任

輔任　輔九　輔八子入繼

相山　相十四

輔貴　輔十一　字仰之

相順　相十五

聲□　聲廿五

附錄廿世以上世系

第一世 士賢 世廿四
字華門號東籬由蘇州楊柳巷遷慈谿
妣李氏

第二世 彥京 千四
字子顧號振東
妣張氏

第三世 元芳 萬三
字德馨號在林
妣邵氏

第四世 良佐 添十一
字顯道號海嶠茂才
妣林氏

第五世 日章 再七
字顯之號峯山邑志有傳
妣傅氏

第五世 日章 再七
字顯之號峯山邑志有傳

第六世 游龍 明二
字行慈號霖川
妣童氏

第七世 體濱 益六
字前川號順軒益三子入繼
妣桂氏

第八世 懷忠 莊二
字思誠號守心
妣李氏側室單氏

第九世 經 玖二
字文禮號德恆
妣王氏

第九世 經 玖三
字文禮號德恆

第十世 居亮 西一
字世明舊行二

十一世 弼 啓一
舊行同
妣蘇氏

十二世 德甯 禮一
舊行同
妣王氏蔣氏

十三世 憲 在一二
字惇理號南原舊行廿四

十三世　十四世　十五世　十六世　十七世

妣王氏　側室侯氏　庠生會　妣沈氏會氏

在二
恕

敬八
渻
字汝熙號季臺舊行二三
徵仕郎
妣唐氏

文二
格十
字仲學號近峯舊行六一
妣汪氏

武四
堯元十
字登甫號蔚若舊行六二
郡賓
妣徐氏繼李氏

英四
龍九
字長甲號大年
妣王氏

十七世　十八世　十九世　二十世

英四
龍九

才五
堅六
字鳴烈號子咸
妣王氏

俊六
集成八
字象賢
妣李氏

傑八
天植八
由慈[illegible]岱山

遷徙岱山高亭世次傳

二十世

傑八八 **天植** 後六八子由慈□遷徙岱山高亭生康熙□年五月初十日卒三月十五日年四十九娶居氏生卒闕子興百十八興百十九興百二十

二十一世

興百十八 **效** 傑八八子生康熙□年正月廿八日卒正月廿八日壽六十三娶□氏生康熙□年三月初八日卒二月十二日壽七十八子經一經二經三

經二出繼興百十九

經三出繼興百二十

興百十九 **廣** 傑八八子生康熙五十四年乙未餘闕卒乾隆五十七年壬子九月十六日壽七十八娶朱氏生卒闕興百十八子經二入繼

興百二十 **廷月** 繼 傑八八子生七月十五日卒闕娶周氏生卒闕興百十八子經三入繼

二十二世

經一 **在元** 繼興百十八子住岱山長塗仙草田生十二月十二日卒闕娶洪氏生卒闕子綸一綸二

經二 **會元** 興百十九子住岱山長塗仙草田生四月初九日卒闕娶丁氏生卒闕子綸三

經三 **三元** 興百十二子住岱山高亭生九月初七日卒闕娶伍氏生卒闕子綸四綸五

二十三世

綸一 雲福 經一子生乾隆三十八年癸巳閏三月十九日卒闕娶林氏生乾隆三十八年癸巳餘闕子輔一輔二

綸二 雲壽 經一子生乾隆四十年乙未三月十五日卒闕娶葉氏生乾隆五十二年丁未餘闕卒三月十六日子輔三輔四輔五輔六

綸三 照雲 經二子生乾隆四十五年庚子九月廿九日卒闕娶口氏生卒闕子輔七輔八輔九

綸四 興雲 經三子生十二月廿四日卒闕娶氏生卒闕子輔十

綸五 雲澄 經三子生五月十五日卒闕娶周氏生卒闕子輔十一

二十四世

輔一 輔仁 綸一子娶氏生卒俱闕輔三子相一入繼

輔二 輔才 綸一子娶氏生卒俱闕

輔三 輔先 綸二子生嘉慶十四年己巳八月十五日卒光緒三年丁丑三月初五日壽六十九娶鍾氏生嘉慶十五年庚午七月十二日卒同治十一年壬申十月廿六日壽六十三子相一相二相三相四相一出繼輔一

輔四 輔清 綸二子娶氏生卒俱闕

輔五 **輔修** 綸二子生嘉慶廿二年丁丑十□月廿一日卒咸豐六年丙辰正月十三日年四十娶張氏生嘉慶廿五年庚辰九月初九日卒道光廿四年甲辰七月廿八日年二十五繼娶趙氏生道光二年壬午正月初八日卒光緒五年己卯六月廿六日年五十八子相五張氏出相六趙氏出

輔六 **輔盛** 綸二子生道光二年壬午九月初一日卒光緒九年癸未十一月廿八日壽六十二娶趙氏生嘉慶廿五年庚辰餘闕卒光緒十七年辛卯七月廿五日壽七十二子相七相八相九相十

輔七 **輔藩** 綸三子娶莊氏生卒俱闕子相十一

輔八 **輔茂** 綸三子生嘉慶十三年戊辰十一月初五日卒同治四年乙丑十二月初五日年五十八娶徐氏生嘉慶十三年戊辰二月十五日卒二月十四日子相十二相十三相十四相十四出繼輔九

輔九 **輔任** 綸三子生道光三年癸未三月初七日卒光緒五年己卯十月廿九日年五十七娶口氏絕輔八子相十四入繼

輔十 **輔春** 綸四子生嘉慶十七年壬申七月初二日卒五月十九日娶傅氏生嘉慶十六年辛未正月廿六日卒闕

輔十一 **輔貴** 綸五子生道光六年丙戌十二月初四日卒十一月初三日娶顧氏生道光十五年乙未十一月初九日卒五月初八日子相十五

二十五世

相一 **相貴** 輔一子生道光十二年壬辰九月初二日卒同治十一年壬申九月十七日年四十一娶黃氏生道光九年己丑八月廿四日卒光緒十年甲

申　月　　日年五十

六子聲一聲二聲三

相二　相名　輔三子生道光十五年乙未八月初五日娶黃氏生道光十五年乙未二月廿二日卒光緒十三年丁亥五月十二日年五十三子聲四聲五聲六聲七

相三　相龍　輔三子生道光廿九年己酉九月初二日娶宋氏生道光廿八年戊申二月十二日子聲八聲九聲十聲十一

相四　相鳳　輔三子生道光三十年庚戌九月十五日娶邱氏生咸豐元年辛亥七月十二日子聲十二聲十三聲十四聲十五

相五　相泰　輔五子生道光廿一年辛丑八月初七日卒光緒十五年己丑九月初三日年四十九娶金氏生道光十八年戊戌十月廿七日

相六　相高　輔五子生咸豐四年甲寅七月十七日娶孔氏生咸豐五年乙卯五月初十日子聲十六聲十七

相七　相堯　輔六子生道光廿四年甲辰二月廿八日卒光緒十八年壬辰六月十七日年四十九娶葉氏生道光二十年庚子十月十五日卒光緒六年庚辰十月十六日年四十一子聲十八聲十九

相八　相彌　輔六子生道光廿七年丁未正月三十日卒光緒十五年己丑七月初四日年四十三娶趙氏生道光廿七年丁未六月初九日卒同治十三年甲戌二月初七日年三十八子聲二十

相九　多人　輔六子生咸豐七年丁巳十一月廿七日娶董氏生咸豐十年庚申八月初二日子聲廿一聲廿二

相十 相学 輔六子生咸豐十一年辛酉十一月十三日娶□氏生同治三年甲子十二月初七日

相十一 相富 輔七子生道光十年庚寅八月初一日卒十一月初五日娶沈氏生道光九年己丑三月十七日卒九月十七日子聲廿三

相十二 相裕 輔八子生道光十年庚寅七月十七日卒光緒十四年戊子九月十四日年五十九娶洪氏生道光廿四年甲辰六月初五日卒四月初四日

相十三 相永 輔八子生道光二十年庚子十月十四日娶鄭氏生道光廿三年癸卯十一月廿九日子聲廿四

相十四 相山 輔九子生道光廿五年乙巳正月廿二日卒光緒七年辛巳七月初四日年三十七娶鄭氏生道光廿五年乙巳七月廿二日

相十五 相順 輔十一子生咸豐六年丙辰六月初八日娶陳氏生咸豐十年庚申二月十九日卒六月廿七日子聲廿五

二十六世

聲一 聲懷 相一子生咸豐二年壬子二月廿二日卒光緒十一年乙酉四月十九日年三十四娶虞氏生六月十二日子名一

聲二 聲發 相一子生同治七年戊辰正月廿一日娶湯氏生光緒二年丙子十月十六日

聲三 聲賢 相一子生同治九年庚午十二月十三日娶林氏生光緒四年戊寅十一月十三日

聲四 聲生 相二子生咸豐七年丁巳二月初二日卒光緒廿二年丙申五月十三日年四十娶王氏生咸豐十一年辛酉　月　日聲七子名二炎繼

聲五　**聲聰**　相二子生咸豐十一年辛酉二月十七日卒四月廿九日娶黃氏生同治八年己巳　月　日

聲六　**聲元**　相二子生同治三年甲子四月初二日娶徐氏生同治七年戊辰　月　日

聲七　**聲順**　相二子生同治八年己巳四月十一日娶王氏生光緒二年丙子三月二十日子名二名三名二出繼聲四

聲八　**聲安**　相三子生光緒三年丁丑十月十五日娶沈氏生光緒七年辛巳九月初七日

聲九　**聲甯**　相三子生光緒六年庚辰八月廿八日娶惠氏卒光緒十年甲申正月初五日

聲十　**聲金**　相三子生光緒十年甲申十一月初七日

聲十一　**聲聽**　相三子生光緒十三年丁亥十一月初三日

聲十二　**聲象**　相四子生同治十一年壬申十二月初四日娶虞氏生光緒二年丙子七月廿八日

聲十三　**阿廷**　相四子生光緒六年庚辰十一月十六日娶朱氏生光緒十年甲申　月　日

聲十四　**聲禮**　相四子生光緒十七年辛卯五月十四日

聲十五　**聲滿**　相四子生光緒十九年癸巳十月十二日

聲十六　**聲霖**　相六子生光緒七年辛巳八月廿七日娶陳氏生光緒十年甲申九月三十日

聲十七 聲立 相六子生光緒十五年己丑十二月三十日

聲十八 聲茂 相七子生同治十三年甲戌二月廿八日娶張氏生同治十三年甲戌十二月十五日子名匯

聲十九 聲鼓 相七子生光緒六年庚辰六月廿八日

聲二十 聲雲 相八子生同治九年庚午九月初八日娶邱氏生同治十三年甲戌七月初九日

聲廿一 聲端 相九子生光緒十二年丙戌 月 日

聲廿二 聲品 相九子生光緒廿四年戊戌 月 日

聲廿三 聲武 相十一子生咸豐十年庚申八月初一日娶鄭氏生同治三年甲子十二月初五日

聲廿四 聲得 相十三子生同治十一年壬申十二月初二日娶孔氏生同治七年戊辰五月初五日子名五

聲廿五 聲根 相十五子生光緒廿四年戊戌十一月三十日

二十七世

名一 名利 聲一子生光緒三年丁丑二月初十日娶虞氏生光緒十一年乙酉 月 日

名二 名全 聲四子生光緒廿二年丙申九月初四日

名
三 名宗 聲七子生光緒廿五年己亥五月初十日
名
四 名生 聲十八子生光緒廿一年乙未九月初十日
名
五 名通 聲廿四子生光緒十八年壬辰八月十四日

遷徙定邑岑港世系（西房以田公派在三公下分支）

二十世
昂（性百十七）字安之由慈遷定邑岑港

廿一世
彩鳳（[illegible]百四五）

廿二世
經通（經一）
經緒（經二）

廿三世
綸[illegible]（綸一）
綸春（綸二）
綸桂（綸三）
綸華（綸四）
綸知（綸五）

廿四世
輔淵（輔一）
輔正（輔二）

經祖 三經

綸福 六綸

綸式 七綸

綸昇 八綸

綸孳 九綸

輔青 三輔

輔藍 四輔

輔乾 五輔

經緯 經四

綸德 綸十
綸昌 綸十一
綸如 綸十二
綸文 綸十三

輔泰 輔八
輔知 輔七
輔敏 輔六

[illegible]卷三十二　西房玖四公派　[illegible]

綸照 綸十四

輔官 輔九 止

輔安 輔十

綸裕 綸十五

輔芹 輔十一

輔善 輔十二

輔德 輔十三

輔康 輔十四

經綸　經五

綸設　綸十六

綸選　綸十七

輔增　輔十五

綸信　綸十八

綸忠　綸十九

輔祥　輔十六

輔明　輔十七　勿止

綸高　綸二十

輔元　輔十八

經綏 經六

綸縈 綸廿一

彩章 紹百四六

經天 經七

綸江 綸廿二

輔連 輔十九

輔順 輔二十

輔殿 輔廿一

輔寅 輔廿二

輔廷 輔廿三

輔國 輔廿四

綸言 綸廿三

輔仁 輔廿五

輔弼 輔廿六

輔良 輔廿七

輔承 輔廿八

輔烈 輔廿九

輔佐 輔三十

經岳 經八

綸洲 綸廿四
綸渭 綸廿五
綸源 綸廿六
綸[illegible] 綸廿七

輔霖 輔三一
輔堂 輔三二
輔照 輔三三
輔億 輔三四
輔俊 輔三五
輔洋 輔三六

廿八世　輔溢 輔三七　輔祿 輔三八

廿四世　輔湘 輔一

廿五世　相尙 相一 小字小和尙

廿六世　聲揚 聲一　聲祥 聲二　聲祺 聲三

廿七世　名貴 名一　名富 名二　名有 名三　名森 名四

小字阿木

聲海
出繼相十八

輔青
三輔

相祚
二相

聲友
四聲

名品
五名

相長
三相

聲科
五聲

相來
四相

輔藍
四輔

相富
五相

相悅
六相

輔乾　輔五

相成　相七

聲愛　聲六

名法　名六

相文　相八

聲柏　聲七

聲梠　聲八

聲榛　聲九

聲杝　聲十　字信仁

相章　相九

聲棖　聲十一

聲穗 聲十二

聲采 聲十三

相生 相十

輔敏 輔六

相武 相十一

相鳳 相十二

聲敦 聲十四

相引 相十三

相多 相十四

聲華 聲十五

聲山 聲十六

輔知 輔七

相詠 相十五

輔泰 輔八

相隆 相十六

相盛 相十七

輔安 輔十

相亨 相十八

聲海 聲十七

名明 名七

相一子入繼　小名阿明

相瑞 相十九 小字小娘

聲世 聲十八

聲滿 聲十九

輔芹 輔十一

相初 相二十

相聰 相廿一

聲本 聲二十

聲川 聲廿一

輔善 輔十二

相迎 相廿二

聲法 聲廿二

兼祧科廿三

輔德　輔十三

相全　相廿三
相廿二子兼祧

聲法

輔康　輔十四

相鑣　相廿四
小字冬狗

聲茂　聲廿三

聲培　聲廿四

相孝　相廿五

聲圭　聲廿五

聲哉　聲廿六

輔增　輔十五

相亨　相廿六

相弟 相廿七

相文 相廿八

相申 相廿九

相信 相三十

輔祥 輔十六　相週 相三一　聲襄 聲廿七　名順 名八

輔元 輔十八　相福 相三二　聲一 聲廿八

相祿 相三 三

聲亮 聲廿 九

聲善 聲三 十

聲夔 聲三 一

相和 相三 四

聲方 聲三 二

聲寬 聲三 三

聲夢 聲三 四

輔連 輔十九　相積 相三五　聲泰 聲三五

聲定 聲三六

聲穆 聲三七

聲綏 聲三八

相壽 相三六　聲楫 聲三九

輔順 輔十二　相明 相三七　聲森 聲四十　方來 名九

輔廿二子入繼

輔瘦 輔廿 一

相后 相三 八

聲淩 聲四 一

名喜 名 十

聲和 聲四 二

聲雷 聲四 三

聲奎 聲四 四 小字小雷

輔寅 輔廿 二

相明 出繼輔二十

相遠 相三 九

相儒 相四十

輔廷 輔廿三

相朝 相四一

聲善 聲四五 又名聲發

名金 名十一 小字大頭

名森 名十二 小字阿生

小森 名十三

順金 名十四

聲振

出繼相元

聲闓 聲四 六 又諱聲才

輔國 輔廿 四

相元 相四 二 相四一子入繼

聲振 聲四 七 又名聲友

名蓮 名才 五

輔仁 輔廿 五

相茂 相四 三

相林 相四 四

聲傳 聲四 八

相禮 相四 五

聲壬 聲四 九 小字阿甯

相義 相四 六

輔弼 六 輔廿

相汝 七 相四

相賢 八 相四

相艮 九 相四

聲水 十 聲五 小字阿水

聲榮 一 聲五 小字阿榮

聲來 二 聲五 小字阿來

相勤 十 相五

輔艮 七 輔廿

輔廿九子入繼

輔承 輔廿八
相德 相五一
聲法 聲五三

輔烈 輔廿九 一名仲輔
相勛 出繼輔廿七

相儉 相五二

相知 相五三

相成 相五四

相全 相五五

輔霖 輔三一

相堯 相五六

相舜 相五七

聲富 聲五四

名有 名十六

聲義 出繼相五八

聲禮 聲五五

聲遠 出繼相友

相禹 相五八

聲義 聲五六

名容 名十七

相五七子入繼　小字野狗

相友　相五九　相五七子入繼

聲遠　聲五七

輔堂　輔三二

相田　相六十　兼祧輔三四

聲夢　聲五八　小字阿夢

輔照　輔三三

相標　相六一　小字和尚

聲本　聲五九

輔億　輔三四　輔三二子兼祧

相田

聲夢

輔俊　輔三五

相吉　相六二　小字阿基

聲法　聲六十　小字善法

輔洋　輔三六　輔三六子兼祧

相吉

聲法

小字阿基彙

小字善法

輴輴三五

輴溢輴三七

相夢相六三
小字小狗

聲坤聲六一

聲時聲六二

輴祿輴三八

相周相六四

相敖相六五
小字阿滿

附錄廿世以上世系

第一世
士賢 世廿四
字華國號東靈出蘇州楊柳巷遷慈
妣四都李氏

第二世
彥京 千四
字子穎號振東
妣張氏

第三世
元芳 萬三
字德馨號桂林
妣五都邵氏

第四世
艮佐 添十一
字顯道號海嶠茂才
妣林氏

第五世
日章 再七
字顯之號峯山邑志有傳
妣傅氏

第六世
游龍 明二
字行慈號霖川
妣童氏

第七世
體濱 益六
字前川號順軒益三子入繼
妣桂氏

第八世
懷忠 莊二
字忠誠號守心
妣李氏側室單氏

第九世
時雲 玖
字文簡號德化
妣戴氏張氏

第十世
居然 酉六
舊行同字世美
妣沈氏朱氏

十一世
鎰 啓十二
舊行九字世賫號東嶼

十二世
源 禮十七
舊行十二字宗洪號誠庵

十三世
鈿 在廿三
舊行同字存儀號徹齋

十四世
滂 敬三四
舊行廿一字汝霖號南泉

十五世
楷 文三七
舊行十六字廷鸞號仰泉

十六世	十七世	十八世	十九世	二十世
妣胡氏	妣蘇氏鮑氏	妣王氏陳氏	典史 妣吳氏	妣謝氏
武五	英六	才七	俊一	傑百
堯聘 八	圻 三	聖元 五	典 百	昂 十七
舊行三十字奔甫號晃凡 妣王氏顔氏	舊行十九 邑庠生 妣劉氏	妣　氏	妣　氏	[illegible]文由甚 遷定海岑港

遷徙定邑岑港世系傳

二十世

傑百十七 昂 傑一百子娶嚴氏生卒俱闕葬慈谿小洞嶴山繼娶定邑王氏生乾正元年癸卯十二月十三日卒嘉慶四年己未九月廿五日壽七十七葬岑港岑小嶺下南田坪
子興百四五興百四六

二十一世

興百四五 彩鳳 傑百十七子娶夏氏生卒俱闕葬岑港小嶴子經一經二經三經四經五經六

興百四六 彩章 傑百十七子生正月廿五日卒正月廿八日娶鄭氏生十二月十三日卒五月廿七日繼娶陳氏生九月廿五日卒七月十七日葬岑港使前住宅後
子經七經八

二十二世

經一 經通 興百四五子娶夏氏生卒俱闕葬岑港小嶴子綸一綸二

經二 經緒 興百四五子娶徐氏生卒俱闕子綸三綸四綸五

經三 經組 興百四五子生四月十二日卒十二月初八日娶黃氏生六月初四日卒七月十五日子綸六綸七綸八綸九綸十

經四 **經緯** 興百四五子娶徐氏繼娶虞氏生卒俱闕葬岑港小鼎子子綸十一綸十二綸十三綸十四綸十五綸十六

經五 **經綸** 興百四五子娶董氏繼娶孫氏生卒俱闕葬薛家坑下東子綸十七綸十八綸十九綸二十

經六 **經綬** 興百四五子生四月初八日卒四月二十日娶夏氏生五月十四日卒八月二十日繼娶董氏生九月三十日卒十月廿九日葬岑港小鼎子子綸廿一

經七 **經天** 興百四六子生三月十六日卒閏四月十四日娶夏氏生九月廿八日卒七月十八日葬[illegible]司嶺下將軍背龍子綸廿二綸廿三綸廿四

經八 **經岳** 興百四六子生六月初七日卒六月廿七日娶鄭氏生二月十三日卒九月廿五日葬小嶺南首山下子綸廿五綸廿六綸廿七

二十三世

綸一 **綸豪** 經一子娶方氏生卒俱闕子輔一

綸二 **綸春** 經一子生卒闕

綸三 **綸佳** 經二子娶張氏生卒俱闕

綸四 **綸華** 經二子娶朱氏生卒俱闕子輔二

綸五 **綸知** 經二子娶汪氏生卒俱闕

綸六　綸□　經三子娶□氏生卒俱闕

綸七　綸式　經三子娶□氏生卒俱闕

綸八　綸見　經三子娶夏氏生卒俱闕

綸九　綸孝　經三子生乾隆□十九年甲辰八月廿三日卒同治三年甲子九月十九日壽八十一娶□氏生乾隆四十四年己酉十一月十五日卒十二月初五日葬岑港小嶴□家坑子輔三輔四輔五輔六輔七

綸十　綸德　經三子娶夏氏生卒俱闕子輔八

綸十一　綸旨　經四子娶陳氏生卒俱闕葬岑港小嶴

綸十二　綸紃　經四子娶陳氏生卒俱闕葬岑港小嶴

綸十三　綸文　經四子娶王氏生卒俱闕葬岑港小嶴

綸十四　綸興　經四子生六月初五日卒十月□日娶丁氏生三月卒十月餘闕葬岑港外嶺下子輔九輔十

綸十五　綸裕　經四子生闕卒同治八年己巳七月初七日娶吳氏生正月初一日卒七月十一日葬岑港江家嶴瓦窰墊子輔十一輔十二輔十三輔十四

綸十六 綸誠 經四子娶鍾氏生卒俱闕葬岑港小嶴

綸十七 綸選 經九子娶應氏生卒俱闕子輔十五

綸十八 綸信 經五子娶顧氏生卒俱闕葬岑港小嶴大山脚

綸十九 綸忠 經五子娶夏氏生卒俱闕葬大園地子輔十六輔十七

綸二十 綸高 經五子生二月初七日卒三月十六日娶薛氏生三月廿三日卒十一月初七日葬大園地子輔十八輔十九

綸廿一 綸榮 經六子生正月廿五日卒二月初四日娶董氏生三月初七日卒三月十四日葬岑港小嶴大山脚子輔二十輔廿一輔廿二

綸廿二 綸江 經七子生四月廿九日卒二月初三日娶黃氏生六月十二日卒九月初六日葬裏王大洋地子輔廿三輔廿四輔廿五輔廿六

綸廿三 綸言 經七子生六月十六日卒六月十四日娶余氏生二月十七日卒五月十六日繼娶夏氏六月十二日卒七月十七日葬攸前後嶴西首子輔廿七輔廿八輔廿九輔三十

綸廿四 綸洲 經七子生九月二十日卒二月初七日娶何氏生五月廿九日卒五月廿七日葬父墳旁子輔三一

綸廿五 綸渭 經八子生十二月初七日卒八月十八日娶黃氏九月十九日卒五月十五日繼娶夏氏生二月初八日卒七月十八日葬岑港咬[illegible]子輔三二輔三三

綸廿六 綸源 經八子娶黄氏生卒俱闕子輔三四輔三五

綸廿七 綸正 經八子生嘉慶十四年己巳十月十二日卒光緒六年庚辰八月初二日壽七十二娶馬氏生嘉慶十九年庚午二月十七日卒同治八年己巳二月廿三日壽六十葬岑港小嶺下大墩子輔三六輔三七輔三八

二十四世

輔一 輔湘 綸一子生嘉慶元年丙辰餘闕卒同治元年壬戌閏八月初四日壽六十七娶賀氏生嘉慶二年丁巳二月十九日卒道光十年庚寅餘闕年四十四

子相一

輔二 輔正 綸四子娶氏生卒俱闕

輔三 輔青 綸九子生嘉慶十年乙丑八月初二日卒六月廿九日娶傅氏生嘉慶十八年癸酉餘闕卒十一月初二日葬岑港舒家坑子相二相三相四

輔四 輔藍 綸九子娶傅氏生卒俱闕子相五相六

輔五 輔乾 綸九子生嘉慶十九年甲戌五月十五日卒光緒十九年癸巳十月初二日壽八十娶鄭氏生道光三年癸未十二月三十日卒光緒十三年丁亥二月十三日壽六十五葬岑港小嶴子相七相八相九相十

輔六 輔敏 綸九子生嘉慶廿二年丁丑十二月十三日卒咸豐十一年辛酉九月廿七日年四十五娶戴氏生道光五年乙酉十一月廿七日卒光緒四

年戊寅二月初六日年五十四子
相十一相十二相十三相十四

輔七　輔知　綸九子生道光五年乙酉餘闕娶潘氏生卒闕子相十五

輔八　輔泰　綸十子生嘉慶廿四年己卯五月十二日卒光緒廿三年丁酉十一月
三十日壽七十九娶夏氏生道光九年己丑餘闕卒六月初一日子相
十六相
十七

輔九　輔官　綸十四子生嘉慶九年甲子十月十八日卒九月十七日娶董氏生嘉
慶六年辛酉正月十七日卒四月餘闕

輔十　輔安　綸十四子生嘉慶十二年丁卯六月十二日卒八月十四日娶劉氏生
嘉慶廿一年丙子餘闕繼娶柳氏生三月十六日卒二月十□日三娶
曾氏生十月卒八月葬岑□小
嶼子相十八相十九曾氏出

輔十一　輔岸　綸十五子生嘉慶廿三年戊寅十月初十日卒光緒四年戊寅正月
十一日壽六十一娶顏氏生道光八年戊子九月廿四日卒光緒九
年癸未三月初六日年五
十六子相二十相廿一

輔十二　輔善　綸十五子生嘉慶廿五年庚辰七月十六日卒咸豐三年癸丑十一
月初七日年三十四娶嚴氏生道光十年庚寅四月初一日卒光緒
十九年癸巳四月廿七日葬
葬岑港外嶺子相廿二

輔十三　輔德　綸十五子生道光二年壬午九月廿九日卒光緒九年癸未二月廿
三日壽六十二娶嚴氏生道光十三年癸巳八月廿八日子相廿三

輔十四 輔康 綸十五子生道光四年甲申十月二十日卒光緒六年庚辰十二月廿二日年五十七娶徐氏生道光十三年癸巳七月廿九日卒同治七年戊辰三月廿九日年三十六子相廿四相廿五

輔十五 輔增 綸十七子娶周氏生卒俱闕子相廿六相廿七相廿八相廿九相三十

輔十六 輔祥 綸十九子生嘉慶廿三年戊寅九月初四日卒正月廿九日娶董氏生五月初一日卒三月十八日葬岑港小嶴子相三一

輔十七 輔明 綸十九子生十二月十五日卒正月二十日娶夏氏生六月初九日卒正月廿六日繼娶邵氏生卒闕

輔十八 輔元 綸二十子生嘉慶二十年乙亥十一月初十日卒十月初十日娶夏氏生嘉慶十八年癸酉七月廿三日卒十月初十日葬岑港冷浦灣子相三二相三三相三四

輔十九 輔連 綸二十子娶柴氏生卒俱闕子相三五相三六

輔二十 輔順 綸廿一子生十月初一日卒闕葬岑港石塌岙嚴氏絶輔廿三子相三七入繼

輔廿一 輔慶 綸廿一子生嘉慶十一年丙寅八月初二日卒八月廿八日葬楊家灣娶傅氏生嘉慶廿一年丙子七月廿一日卒八月廿九日子相三八

輔廿二 輔寅 綸廿一子生嘉慶十七年壬申十月廿五日卒光緒元年乙亥十二月廿六日壽六十四娶賀氏生嘉慶三年戊辰五月廿二日卒八月

初七日葬岑港江家灣繼娶沈氏絕子相三七相三九賀氏出相四十沈
氏出相三七出繼輔二十
輔廿三　**輔瑧**　綸廿二子生十一月廿四日卒七月廿二日娶夏氏生十月初四日
卒七月廿四日葬岑港小嶺下子相四一
輔廿四　**輔國**　綸廿二子生正月初三日卒三月初九日娶傅氏生正月初八日卒
闕子相四二
輔廿五　**輔仁**　綸廿二子娶錢氏生卒俱闕子相四三相四四相四五相四六
輔廿六　**輔弼**　綸廿二子生嘉慶六年辛酉十一月初二日卒六月初四日娶夏氏
生嘉慶七年壬戌十二月初三日卒光緒三年丁丑十一月初五日
壽七十六葬岑港小嶺下大
墺子相四七相四八相四九
輔廿七　**輔良**　綸廿三子娶孫氏生卒俱闕輔廿九子相五十入繼
輔廿八　**輔承**　綸廿三子生嘉慶二年丁巳十二月初二日卒五月廿六日娶戴氏
生二月初四日卒七月十七日繼娶吳氏生嘉慶四年己未四月十
七日卒咸豐八年戊午八月初三日壽
六十葬岑港小嶺下子相五一吳氏出
輔廿九　**輔烈**　綸廿三子生嘉慶九年甲子餘[illegible]娶傅氏生卒闕相五十相五二相
五三相五四相五五相五十出繼輔廿七
輔三十　**輔佐**　綸廿三子生卒闕
輔三一　**輔霖**　綸廿四子生嘉慶十三年戊辰四月十八日卒道光廿八年戊申三
月廿四日[illegible]四十一娶費氏生嘉慶[illegible]子八月十二日卒光緒

元年乙亥十二月初六日壽七十一葬岑港小嶺下大墩子相五六相五
七相五八相五九

輔三二 **輔堂** 綸廿五子生嘉慶十九年甲戌十月三十日卒咸豐十一年辛酉四
月初八日年四十八娶朱氏生嘉慶廿二年丁丑九月廿七日卒光
緒十一年乙酉十月三十日壽
六十九子相六十無祧輔三四

輔三三 **輔照** 綸廿五子生道光六年丙戌卒光緒十五年己丑二月廿八日壽六
十四娶張氏生道光二十年庚子餘闕卒光緒廿一年乙未十二月
十一日年五十
六子相六一

輔三四 **輔億** 綸廿六子生四月初六日卒十二月初一日葬岑港小嶺下娶毛氏
絕輔三二子相六十兼祧

輔三五 **輔俊** 綸廿六子生五月十七日卒七月十九日娶支氏生三月初三日卒
闕葬岑港外嶺下輔三六子相六二兼祧

輔三六 **輔洋** 綸廿七子生道光十五年乙未八月二十日卒光緒廿一年乙未閏
五月初二日壽六十一娶方氏生道光十六年丙申二月十四日卒
光緒十二年丙戌正月初一日年
五十一子相六二兼祧輔三五

輔三七 **輔溢** 綸三七子生道光十七年丁酉八月十一日娶陸氏生道光廿二年
壬寅八月□日卒十月廿六日子相六三

輔三八 **輔祿** 綸三七子生道光廿八年戊申九月初九日娶薛氏生咸豐二年壬
子十二月初九日子相六四相六五

二十五世

相一 **相尚** 輔一子生道光二年壬午九月初九日娶廉氏生道光十九年己亥十二月初一日卒光緒廿三年丁酉四月廿七日年五十九子聲一聲二聲三聲十七聲十七出繼相十八

相二 **相祚** 輔三子生道光十八年戊戌閏四月廿六日娶糜氏生道光二十年庚子十一月初四日子聲四

相三 **相長** 輔三子生道光二十年庚子七月廿五日娶張氏生道光三十年庚戌八月廿八日子聲五

相四 **相來** 輔三子生道光廿八年戊申餘闕卒光緒廿四年戊戌十月十七日年五十一娶□氏絕

相五 **相富** 輔四子生卒闕娶道氏生道光廿六年丙午八月初七日卒光緒廿四年戊戌閏月[illegible]九日年五十三

相六 **相悅** 輔四子生道光廿九年己酉餘闕

相七 **相成** 輔五子生道光廿六年丙午五月十三日娶鄭氏生道光三十年庚戌十月廿五日卒光緒十四年戊子十二月初四日年三十八子聲六

相八 **相文** 輔五子生道光廿九年己酉八月廿八日娶黃氏生咸豐六年丙辰四月三十日子聲七聲八聲九聲十

相九 **相章** 輔五子生咸豐六年丙辰十月二十日娶鄭氏生咸豐九年己未五月廿一日子聲十一聲十二聲十三

相十 **相生** 輔五子生同治四年乙丑六月二十日娶錢氏生同治七年戊辰三月二十日

相十一 **相武** 輔六子生闕卒十月初八日

相十二　相鳳　輔六子生咸豐三年癸丑七月廿六日娶顧氏生同治八年己巳八月十六日子聲十四

相十三　相引　輔六子生咸豐五年乙卯八月十六日卒五月十九日

相十四　相多　輔六子生咸豐八年戊午餘闕娶李氏生同治九年庚午餘闕子聲十五聲十六

相十五　相詠　輔七子住定海西門蔡家橋生咸豐八年戊午餘闕

相十六　相隆　輔八子生卒闕

相十七　相盛　輔八子生咸豐六年丙辰正月十二日

相十八　相亨　輔十子生道光廿六年丙午五月餘闕娶劉氏生道光廿七年丁未餘闕相一子聲十七入繼

相十九　相瑞　輔十子生咸豐六年丙辰六月初三日娶嚴氏生咸豐十年庚申十月初一日子聲十八聲十九

相二十　相利　輔十一子生道光廿九年己酉九月廿一日

相廿一　相聰　輔十一子生同治二年癸亥三月十七日娶葉氏生同治十年辛未四月廿六日子聲二十聲廿一

相廿二　相迎　輔十二子生咸豐二年壬子十一月初六日卒光緒十九年癸巳四月廿一日年四十二娶夏氏生咸豐十年庚申十月初十日卒光緒十八年壬辰十月二十日年三十三子聲廿二兼祧相廿三

相廿三　相全　輔十三子生咸豐元年辛亥七月初二日卒光緒四年戊寅七月十六日年二十八娶黃氏生道光三十年庚戌十月十六日相廿二子聲廿二兼祧

相廿四　相鎮　輔十四子生咸豐八年戊午十月口日娶程氏生同治六年丁卯八月初九日子聲廿三聲廿四

相廿五　相孝　輔十四子生同治元年壬戌閏八月廿五日娶陳氏生光緒元年乙亥二月初八日子聲廿五聲廿六

相廿六　相亨　輔十五子

相廿七　相弟　輔十五子

相廿八　相文　輔十五子

相廿九　相申　輔十五子

相三十　相信　輔十五子兄弟五人由岑港遷徙不知住處生卒葬娶俱無查攷

相三一　相運　輔十六子生道光廿二年壬寅正月廿一日卒正月初十日娶王氏生道光二十年庚子十月十三日卒光緒廿一年乙未六月初十日年五十六子聲廿七

相三二　相福　輔十八子生道光廿一年辛丑七月廿一日娶孫氏生道光十二年壬辰餘闕子聲廿八

相三三 相祿 輔十八子生道光廿六年丙午七月十二日卒光緒十五年己丑八月廿三日年四十四娶□氏生道光三十年庚戌六月十九日子聲廿九聲三十聲三一

相三四 相和 輔廿八子生道光三十年庚戌三月廿七日娶盧氏生咸豐九年己未正月十五日子聲三二聲三三聲三四

相三五 相積 輔廿九子生道光廿四年甲辰十月十八日卒光緒廿一年乙未七月初二日年五十二娶盧氏生道光廿五年乙巳二月廿四日子聲三五聲三六聲三七聲三八

相三六 相壽 輔十九子生卒闕娶王氏嗣子聲三九

相三七 相明 輔二十子生道光十六年丙申二月廿一日卒同治七年戊辰六月初五日年三十三娶李氏生道光十三年癸巳九月廿七日卒同治七年戊辰十月十二日年三十六子聲四十

相三八 相后 輔廿一子生道光二十年庚子三月廿六日卒光緒二年丙子十二月初八日年三十七娶黃氏生道光二十年庚子十二月廿一日卒光緒七年辛巳六月十　日年四十一子聲四一聲四二聲四三聲四四

相三九 相遠 輔廿二子生道光廿二年壬寅十月廿七日卒光緒七年辛巳四月初四日年四十娶陳氏生道光廿三年癸卯十二月廿八日

相四十 相儒 輔廿二子生同治九年庚午四月廿三日娶盧氏生光緒九年癸未九月廿九日

相四一　相朝　輔廿二子生嘉慶廿一年丙子八月十八日卒光緒二年丙子四月初七日壽六十一娶陳氏生嘉慶廿三年戊寅十二月廿三日卒光緒廿一年乙未八月初五日壽七十八子聲四五聲四六聲四七聲四七出繼相四二

相四二　相元　輔廿四子生道光元年辛巳六月十六日卒光緒十三年丁亥十一月廿四日壽六十七娶戴氏生九月十九日卒十月十五日繼娶張氏生道光十六年丙申三月廿二日卒光緒十一年乙酉五月初一日年五十相四一子聲四七入繼

相四三　相茂　輔廿五子生卒闕娶郁氏絕

相四四　相林　輔廿五子生道光八年戊子七月十九日卒光緒廿四年戊戌七月廿六日壽七十一娶丁氏生道光十六年丙申餘闕子聲四八

相四五　相禮　輔廿五子生卒闕娶孫氏子聲四九

相四六　相義　輔廿五子生卒闕

相四七　相汝　輔廿六子生道光十五年乙未十二月初五日卒光緒十一年乙酉八月廿四日年五十一娶黃氏生道光廿五年乙巳十一月廿一日卒光緒三年丁丑九月廿九日年三十三

相四八　相賢　輔廿六子生道光十九年己亥餘闕

相四九　相艮　輔廿六子生道光廿八年戊申九月廿三日娶黃氏生咸豐八年戊[illegible]子聲五十聲五一聲五二

相五十　相勤　輔廿七子生道光十二年壬辰娶吳氏生道光廿二年壬寅餘闕

相五一　相德　輔廿八子生道光十二年壬辰九月十六日卒光緒十一年乙酉八月初八日年五十四娶盛氏生道光十九年己亥十二月廿八日子聲五三

相五二　相儉　輔廿九子生卒闕

相五三　相知　輔廿九子生卒闕娶黃氏

相五四　相成　輔廿九子生卒闕

相五五　相全　輔廿九子生卒闕

相五六　相堯　輔三一子生道光十年庚寅七月十七日卒光緒十二年丙戌五月初七日年五十七

相五七　相舜　輔三一子生道光十三年癸巳二月十七日卒光緒十三年丁亥八月廿九日年五十五娶王氏生道光廿五年乙巳二月初十日子聲五四聲五五聲五六聲五七聲五大出繼相五八聲七五出繼相五九

相五八　相禹　輔三一子生道光十七年丁酉二月十七日娶顧氏生道光廿六年丙午餘闕相五七子聲五六入繼

相五九　相友　輔三一子生道光廿一年辛丑八月二十日娶虞氏生咸豐元年辛亥八月十一日相五七子聲五七入繼

相六十 **相田** 輔三二子筆祿輔三四生道光廿七年丁未二月初十日娶夏氏生咸豐五年乙卯九月廿七日子聲五八

相六一 **相標** 輔三三子生同治五年丙寅三月廿八日娶陸氏生光緒元年乙亥餘闕卒光緒廿一年乙未五月初一日年二十一子聲五九

相六二 **相吉** 輔三六子衆祿輔三五生同治元年壬戌八月十四日卒光緒十三年丁亥七月廿一日年二十六娶鄭氏生同治三年甲子餘闕卒二月十四日繼娶董氏生同治八年己巳六月初八日子聲六十

相六三 **相夢** 輔三七子生同治七年戊辰十二月初七日娶力氏生同治六年丁卯二月初七日子聲六一聲六二

相六四 **相周** 輔三八子生光緒六年庚辰正月廿二日娶夏氏生光緒九年癸未正月初二日

相六五 **相敫** 輔三八子生光緒十二年丙戌十一月廿九日

二十六世

聲一 **聲揚** 相一子生咸豐十年庚申十月初八日卒光緒廿五年己亥七月二十日年四十娶董氏生同治七年戊辰　月　日子名一

聲二 **聲祥** 相一子生同治三年甲子正月十一日娶張氏生同治十三年甲戌　月　日子名二

聲三 **聲祺** 相一子生同治十二年癸酉三月初一日娶盧氏生光緒三年丁丑　月　日子名三名四

聲四 **聲[illegible]** 相二子生同治元年壬戌閏八月十八日娶王氏生同治十一年壬申一月廿九日子名五

聲五　聲科　相三子生光緒四年戊寅十一月初一日娶[illegible]氏生光緒三年丁丑正月十九日

聲六　聲愛　相[illegible]子生光緒[illegible]八年[illegible]巳九月廿七日娶王氏生同治十年辛未正月廿七日子名六

聲七　聲柏　相六子生光緒九年[illegible]卯十一月十九日娶廉氏生光緒七年　月　日

聲八　聲鋁　相八子生光緒十七年辛卯五月初四日

聲九　聲榛　相八子生光緒十九年癸巳九月廿一日

聲十　聲杶　相八子生光緒廿四年戊戌四月初十日

聲十一　聲根　相[illegible]子生光緒八年壬午正月廿二日娶朱氏生光緒十六年庚寅五月廿五日

聲十二　聲穗　相九子生光緒十年甲申八月初八日

聲十三　聲采　相九子生光緒廿三年丁酉十一月初四日

聲十四　聲敎　相十二子生光緒十六年庚寅二月廿三日

聲十五　聲華　相十四子生光緒十三年丁亥　月　日

聲十六　聲□　相十四子生光緒廿二年丙申　月　日

聲十七　聲海　相十八子生光緒二年丙子正月初五日娶繆氏生光緒三年丁丑月　日子名七

聲十八　聲世　相十九子生光緒廿二年丙申三月初一日

聲十九　聲滿　相十九子生光緒廿四年戊戌七月十五日

聲二十　聲本　相廿一子生光緒十五年己丑十月廿九日

聲廿一　聲川　相廿一子生光緒十七年辛卯八月二十日

聲廿二　聲法　相廿二子兼祧相廿三生光緒十九年癸巳二月二十日

聲廿三　聲茂　相廿四子生光緒十三年丁亥九月初九日

聲廿四　聲培　相廿四子生光緒廿一年乙未六月[illegible]日

聲廿五　聲土　相廿五子生光緒十九年癸巳十月初六日

聲廿六　聲哉　相廿五子生光緒廿三年丁酉十月十六日

聲廿七　聲襄　相三一子生光緒六年庚辰正月十二日娶蕭氏生光緒二年丙子六月十八日子名八

聲廿八　聲一　相三二子生同治十年辛未五月廿二日娶盧氏生光緒五年己卯月　日

聲廿　聲光　相三三子生同治十三年甲戌十二月初四日娶黄氏生光緒九年癸未
九月　日
聲三　聲善　相三三子生光緒七年辛巳七月二十日
十
聲三　聲夔　相三三子生光緒十一年乙酉十月廿一日
一
聲三　聲方　相三四子生光緒八年壬午六月初八日娶董氏生光緒八年壬午
二　三月廿六日
聲三　聲寬　相三四子生光緒十一年乙酉伍月十一日娶朱氏生光緒七年辛
三　巳五月初三日
聲三　聲夢　相三四子生光緒十四年戊子六月初七日娶馮氏生光緒十六年
四　庚寅　月　日
聲三　聲泰　相三五子生同治九年庚午正月十四日娶杜氏生光緒九年癸未
五　四月初七日
聲三　聲定　相三五子生同治十一年壬申十一月廿六日
六
聲三　聲穆　相三五子生光緒二年丙子正月廿四日
七
聲三　聲綏　相三五子生光緒二年丙子正月廿四日
八
聲三　聲楫　相三六子生光緒十一年乙酉七月十七日
九
聲四　聲森　相三七子生咸豐六年丙辰九月十九日卒光緒十六年庚寅閏二
十　月廿六日年三十五娶留氏生咸豐七年丁巳八月廿六日卒光緒

廿四年戊戌二月初四
日年四十二子名九

聲四一　聲凌　相三八子生咸豐七年丁巳四月十七日卒光緒廿二年丙申七月十四日娶曾氏生同治三年甲子餘闕卒光緒十二年丙戌十月廿一日年二十三子名十

聲四二　聲和　相三八子生咸豐九年己未十月廿三日娶鄭氏生同治六年丁卯十二月十五日

聲四三　聲雷　相三八子生同治七年戊辰　月　日娶夏氏生光緒五年己卯　月　日

聲四四　聲奎　相三八子生光緒元年乙亥　月　日娶鄭氏生光緒九年癸未正月廿一日

聲四五　聲善　相四一子生道光廿六年丙午六月廿六日娶鄭氏生咸豐六年丙辰三月廿七日子名十一名十二名十三名十四

聲四六　聲闖　相四一子生咸豐三年癸丑正月十四日卒光緒三年丁丑九月初八日年二十五娶夏氏絕

聲四七　聲振　相四二子生道光廿八年戊申十月十六日娶劉氏生咸豐二年壬子九月二十日子名十五

聲四八　聲傳　相四四子生咸豐六年丙辰八月十八日娶鄭氏生同治七年戊辰　月　日

聲四九　聲壬　相四五子生光緒五年己卯正月初二日娶陳氏生光緒十一年乙酉　月　日

聲五十　聲水　相四九子生光緒八年正午十二月廿四日娶陳氏生光緒十六年庚寅　月　日

聲五 一 聲榮 相四九子生光緒十五年己丑十一月廿六日

聲五 二 聲來 相四九子生光緒二十年甲午正月十五日

聲五 三 聲法 相五一子生同治十三年甲戌六月廿七日娶黃氏生光緒九年癸
未　月　日

聲五 四 聲富 相五七子生同治五年丙寅九月十七日娶夏氏生同治十三年甲
戌二月廿七日卒光緒十八年壬辰五月初四日年十九繼娶徐氏
繼子名十
六徐氏出

聲五 五 聲禮 相五七子生光緒六年庚辰十一月廿六日

聲五 六 聲義 相五八子生光緒二年丙子十月初三日娶沈氏生光緒三年丁丑
月　日子名十七

聲五 七 聲遠 相五九子生光緒十年甲申十月初一日

聲五 八 聲夢 相六十子生光緒十六年庚寅三月廿四日

聲五 九 聲本 相六一子生光緒十七年辛卯十二月廿一日

聲六 十 聲法 相六二子生光緒十二年丙戌九月初四日娶鄭氏生光緒十年甲
申　月　日

聲六 一 聲坤 相六三子生光緒十七年辛卯七月廿五日

聲六二 聲時 相六三子生光緒廿三年丁酉四月廿三日

二十七世

名一 名貴 聲一子生光緒廿一年乙未八月初三日

名二 名富 聲[illegible]子生光緒十七年辛卯十月初七日

名三 名有 聲三子生光緒廿三年丁酉四月廿八日

名四 名森 聲三子生光緒廿五年己亥十一月十[illegible]日

名五 名品 聲四子生光緒廿四年戊戌二月十七日

名六 名[illegible] 聲六子生光緒十八年壬辰六月十九日

名七 名明 聲十七子生光緒廿四年戊戌九月十四日

名八 名順 聲廿七子生光緒廿二年丙申十二月初五日

名九 方來 聲四十子生光緒十三年丁亥三月廿一日

名十 名[illegible] 聲四一子生光緒七年辛巳十一月初七日

名十一　名金　聲四五子　生同治十二年癸酉九月廿三日　娶傅氏　生光緒六年庚辰十月二十日

名十二　名[illegible]　聲四五子　生光緒三年丁丑七月初十日

名十三　小森　聲四五子　生光緒六年庚辰九月初五日

名十四　順金　聲四五子　生光緒十六年庚寅五月廿二日

名十五　名運　聲四七子　生光緒二年丙子五月初八日　娶李氏　生光緒十年甲申　月　日

名十六　名有　聲五四子　生光緒廿二年丙申九月十一日

名十七　名祥　聲五六子　生光緒廿四年戊戌十二月十二日

慈東費氏四修宗譜卷三十二

遷徙舟山城內世系 芳房玖三公派在廿三公下分支

二十世　廿一世　廿二世　廿三世　廿四世

楷 經二百 五五
字賢木號賢德經賓由慈遷舟山城內

見龍 楷二百 八二

經佳 見一
小字定園

綸潤 綸一
綸璜 綸二
綸珏 綸三

輔定 輔一
輔壽 輔二
輔榮 輔二〇止
輔謀 輔四〇止
輔達 輔五〇止

蔡東蔡氏四修宗譜卷三十二　西房玖四公派

協虞　與二百八六 [illegible] 子入繼

懋敦　二 經

懋寬　三 經

大海　四 綸

小海　五 綸

綸謨　六 綸

輔道　六 輔 〇止

輔仁　七 輔 〇止

輔德　八 輔 軍功六品

輔忠　九 輔

孝元堂藏

成龍 執二百八四

懋恭 經四

綸訓 綸七

輔臣 輔十〇止

輔才 輔十一〇止

綸詒 出嗣經五

綸訓 綸八

輔彥 輔十二〇止

輔聖 輔十三〇止

運龍

出繼傑二百五六

升龍　興二百八五
監生

懋信　經五
小字安邦
經四子入繼

綸誥　綸九
定海縣庠生

輔潮　輔十四
字鑾熙

輔基　輔十五

邦[illegible]　經[illegible]

[illegible]　傑二百五六
字子芳號[illegible]
監生傑二
百五五子入
繼

潤[illegible]　興二百八六

懋憲
出繼興二百八二

懋行　經六

綸[illegible]　綸十

懋箋　經七

綸[illegible]　綸十一

有[illegible]孫子請　[illegible][illegible]世次　傳

廿四世　廿五世　廿六世　廿七世　廿八世

輔定　輔一
相浩　相一　小字[illegible]
聲[illegible]　聲一　小字阿顛

聲相　聲二　小字長福

輔壽　輔二
相[illegible]　相二　字金榮
聲[illegible]　聲二　字禪生

相[illegible]　相三
聲□　聲四

輔德　輔三
相嘉　相四

相舜 五 [illegible]
[illegible]桂 五 [illegible]
相臣 六 佣
小字[illegible]
功六[illegible]
肇[illegible] 六 [illegible]
小字[illegible]連
[illegible] 七 [illegible]
輔忠 九 輔
相[illegible] 七 [illegible]
[illegible]燦 八 [illegible]
相洪 八 [illegible]
輔興 三 輔十
全[illegible] 九 [illegible]

輔弼 輔十四

相定 相十 字君堂

相楚 相十一 字梓材

相晉 相十二

聲和 聲九 小字阿杏

聲諧 聲十

名倫 名一 字鳳品

名道 名二 字小品

利坤 名三

景章 名四

字友生　　字國華

相齊 相十三
小字阿炳

聲鴻 聲十一
字彙寶

附錄廿世以上世系

第一世
上賢 世廿四
字華國號東臯田蘇州楊橋巷遷慈
妣四都李氏

第二世
彥京 千四
字子顒號振東
妣張氏

第三世
元芳 萬三
字德馨號桂林
妣五都邵氏

第四世
艮住 添十一
字顯道號海嶠茂才
妣杜氏

第五世
日章 丙七
字顯之號峯山邑志有傳
妣傅氏

第六世
游龍 明二
字行慈號霖川
妣童氏

第七世
體濱 益六
字前川號順軒益三子入繼
妣桂氏

第八世
懷忠 莊二
字思誠號守心
妣李氏側室單氏

第九世
時 玖四
字文簡號德化
妣戴氏張氏

第十世
居然 酉六
舊行同字世美
妣沈氏朱氏

十一世
鎰 啓十二
舊行九字世資號東嶼

十二世
源 禮十七
舊行十二字宗洪號誠庵

十三世
鈿 任廿三
舊行同字存儀號敬齋

十四世
溶 敬三五
舊行三八字汝盈號南溪

十五世
森 文四十
舊行五七字廷茂號繞溪

潯東黃氏四修宗譜卷三十二　西房玖四公派　天元堂藏

妣胡氏

妣蘇氏鮑氏

妣王氏陳氏

敬三四子入繼

妣方氏張氏

妣劉氏陳氏

十六世

嘉猷 武六七
舊行百廿七
字允可號裕
溪
[illegible]曹氏王氏

十七世

堬 英八九
舊行[illegible]七四
[illegible]德昱號道
先
[illegible]葛氏

十八世

[illegible] 才百五五
舊行二百廿
[illegible]字[illegible]附號
[illegible]公
[illegible]氏

十九世

[illegible]瓚 俊二百十七
[illegible]玉號孟
裘
[illegible]葛氏

二十世

楷 傑二百五五
字賢木號賛
德由慈谿遷
徙定海城內

先 裘二百五八
[illegible]宗[illegible]監生
由慈谿遷徙
定海金[illegible]嶺
[illegible]前

遷徙舟山城內世系傳

二十世

傑二百五五　楷　傑二百十七子生康熙四十四年乙酉十一月十五日二月初一日
娶范氏生康熙四十七年戊子四月二十日卒十二月廿六日葬定
邑泉澳碧下地陳子興二百八二興二百八三興二百八四興二百八五
興二百八六興二百八六出繼傑二百五六

傑二百五六　本　傑二百十七子生康熙五十年辛卯七月十五日卒十一月初七日
娶應氏生康熙五十二年癸巳七月廿八日卒七月十七日繼娶邵
氏生闕卒四月十九日葬會龍嶺
傑二百五五子興二百八六入繼

二十一世

興二百八二　見龍　傑二百五五子生雍正十年壬子十月初三日卒乾隆廿五年庚
辰七月十二日年二十九娶沈氏生雍正十一年癸丑正月初五
日卒闕子
經一經二

興二百八三　協龍　傑二百五五子生雍正十三年乙卯十二月廿三日卒乾隆廿三
年戊寅九月十九日年二十四娶鄭氏生雍正十二年甲寅正月
十七日卒闕興二百
八六子經三入繼

興二百八四　成龍　傑二百五五子生乾隆三年戊午五月廿三日卒闕娶□氏生卒
闕子經四

興二百五五子升龍　繼二百五五子生乾隆八年癸亥正月初八日卒闕娶沈氏生乾隆七年壬戌二月初二日卒闕葬定邑小樹嶴子經五經六

興二百八六　運龍　繼二百五五子生乾隆九年庚申十月初六日卒五月廿六日娶顧氏生乾隆七年壬戌十一月初四日卒乾隆三十年乙酉九月十七日年二十四繼娶邱洋王氏生乾隆八年癸亥十二月初一日卒八月十七日[illegible]娶勸氏[illegible]月廿四日卒二月初一日葬定海大洋嶴土名錢坑子經三經六經七經

三出繼興二百八三

二十三世

經一　德佳　興二百八一子生乾隆廿六年辛巳正月廿九日卒闕娶口氏生卒闕葬青牀子綸一綸二綸三

經二　懋敏　興二百八二子娶夏氏生卒俱闕子綸四綸五

經三　懋寬　興二百八三子娶陳氏生卒俱闕子綸六

經四　懋恭　興二百八四子娶許氏生卒俱闕子綸七綸八綸九綸九出繼經五

經五　懋信　興二百八五子生乾隆廿七年壬午十[illegible]月十二日卒闕娶張氏欽旌節孝詳貞節傳生卒[illegible]子綸九[illegible]繼

經六　邦高　興二百八五子生乾隆三十二年丁亥餘闕

經七　懋仁　興二百八六子生十月[illegible]日卒八月十五日娶袁氏生五月初九日卒七月廿二日葬定邑[illegible]門[illegible]洋岙子[illegible]

經八 懋義 興二百八十六子生六月十七日卒六月廿八日娶鄭氏生十月初四日卒三月廿八日葬定邑東門外洋壽子綸十

二十三世

綸一 綸渭 經一子生八月十四日卒正月廿二日娶張氏生五月十一日卒二月廿四日子輔一輔二

綸二 綸璜 經一子娶倪氏生卒俱闕子輔三

綸三 綸珏 經一子娶何氏生卒俱闕子輔四輔五輔六

綸四 大海 經二子生卒闕未娶

綸五 小海 經二子生卒闕

綸六 綸謨 經三子娶汪氏生卒俱闕子輔七輔八輔九

綸七 綸訓 經四子娶侯氏生卒俱闕子輔十輔十一

綸八 綸調 經四子娶武氏生卒俱闕子輔十二輔十三

綸九 綸誥 經五子娶金氏生卒俱闕葬舟山東門外洋壽子輔十四輔十五

綸十 綸清 經六子生閏月初四日卒六月初二日娶陸氏生十一月初十日卒十二月十二日葬定邑大洋壽

綸十一　綸如　經也子生嘉慶十一年丙寅四月廿一日卒光緒四年戊寅十月初五日壽七十三娶葛氏生嘉慶十八年癸酉四月初二日有螟蛉子

輔銘不列

世次傳

二十四世

輔一　輔定　綸一子生□正月十六日卒二月十七日娶余氏生四月初七日卒十月□日子胡一

輔二　輔壽　綸一子生嘉慶廿四年己卯十月廿七日卒□□五年己卯九月十一日壽六十一娶柯氏生道光十二年壬辰二月初六日子相二相三

輔三　輔榮　綸二子生卒葬娶俱闕

輔四　輔謀　綸三子娶王氏生卒俱闕

輔五　輔達　綸三子生卒葬娶俱闕

輔六　輔道　綸三子生卒葬娶俱闕

輔七　輔仁　綸六子生嘉慶十七年壬申十二月十三日卒十二月初九日葬舟山

商休同家譜

輔八　輔德　綸六子生嘉慶廿四年己卯四月十九日卒光緒十一年乙酉十二月廿八日壽六十七娶徐氏生道光六年丙戌十月初五日卒光緒十七年辛卯二月初八日壽六十六子相□相五相六

輔九　**輔忠**　綸六子生道光五年乙酉□□娶□氏生□卒光緒廿四年戊戌十二月十□日子相十七相十八

輔十　**輔臣**　綸七子娶倪氏生卒葬處俱闕

輔十一　**輔才**　綸七子娶陶氏生卒葬處俱闕

輔十二　**輔彥**　綸八子娶盛氏生卒葬處俱闕

輔十三　**輔璺**　綸八子生道光二十□年□子十月十三日卒十一月十九日娶方氏生道光廿□年壬寅九月初一日卒光緒廿三年丁酉十一月十二日年五十六子相九相十

輔廿四　**輔弼**　綸九子生嘉慶二十年乙亥正月廿四日卒同治八年己巳正月初五日年五十五娶任氏生嘉慶二十年乙亥十一月初九日子相十一相十二相十三

輔十五　**輔基**　綸九子娶干氏生卒葬處俱闕

二十五世

相一　**相浩**　輔一子生道光廿七年丁未五月廿六日卒光緒八年壬午七月初十日年三十六娶郭氏生咸豐二年壬子七月初四日子聲一聲二

相二　**相榮**　輔二子生咸豐五年乙卯正月十一日娶盛氏生咸豐九年己未五月廿一日卒光緒十五年己丑七月廿一日年三十一子聲五

相三　相寶　輔二子生咸豐十年庚寅十二月十一日娶張氏生同治六年丁卯
月　日子發四
相四　相堯　輔八子生卒闕
相五　相舜　輔八子生咸豐元年辛亥徐闕卒光緒廿二年丙申十二月十八日年
四十六娶董氏生卒闕繼娶[illegible]氏子發五董氏出
相六　相臣　輔八子生咸豐六年[illegible]寅五月廿八日娶[illegible]氏生同治元年壬戌四月
十一日子發六發七
相七　相禹　輔九子生咸豐四年甲寅徐闕娶陳氏子發八
相八　相湯　輔九子
相九　金生　輔十三子生同治元年壬戌十二月廿六日卒光緒廿五年己亥十月
廿八日年三十八
相十　相定　輔十三子生同治[illegible]年戊午[illegible]日初九日娶姚氏生同治十二年癸酉
六月十六日
相十一　相楚　輔十四子生道光十七年丁酉五月十五日卒同治六年丁卯五月
初八日年三十一娶朱氏生道光廿一年辛丑五月初八日卒咸豐
六年丙辰十二月廿四日年十六繼娶[illegible]氏生道光二十年庚子二月廿
三日卒光緒九年癸未四月廿六日年四十四子發九
相十二　相晉　輔十四子生道光廿五年乙巳十一月初五日娶徐氏生道光廿九
年己酉十一月廿九日子發十
相十三　相[illegible]　輔十四子生咸豐十年庚申三月廿七日娶張氏生同治三年甲子
二月初二日子發十一

二十六世

聲一 聲□ 相一子生同治十一年壬申八月初一日娶何氏生光緒七年辛巳八月　日

聲二 聲剛 相一子生光緒四年戊寅八月十二日

聲三 聲發 相二子生光緒□年□□七月初八日

聲四 聲□ 相三子

聲五 聲根 相五子生光緒八年壬午　月　日

聲六 聲駿 相六子生光緒八年壬午三月初八日

聲七 聲華 相六子生光緒十二年丙戌五月十七日

聲八 阿榮 相七子

聲九 聲和 相十一子生咸豐十年庚申十二月初四日娶錢氏生同治七年戊辰十月十一日子名一名二名三名四

聲十 聲諧 相十二子生光緒七年辛巳三月初七日

聲十一 聲鴻 相十三子生光緒十一年乙酉三月初六日

二十七世

名一 名倫 聲九子生光緒十三年丁亥七月廿八日

名二 名道 聲九子生光緒十五年己丑十月初九日

名三 利坤 聲九子生光緒十八年壬辰十月十八日

名四 兢章 聲九子生光緒廿五年己亥九月十一日

慈東費氏四修宗譜卷三十二

遷徙舟山鹽倉前世系 西房玖日公派在廿三公下分支

二十世　廿一世　廿二世　廿三世　廿四世

先 傑二百五六
字宗偉小字費覺監生由慈谿遷舟山金藏嶺鹽倉前

雲龍 與二百八九
字乾五號汝綱

經明 經一

綸淵 綸一

輔弼 輔一〇止

綸鰲 綸二

輔治 輔二

輔楣 輔三
住平湖

經專 經二
經三子入繼

綸緒 綸三

輔茂 輔四

經科 經三

綸緒

東鄉費氏四修宗譜卷三十二　西房玖四公派　天元堂

出繼經二

綸觀 綸四

輔鳳 輔五

綸章 綸五 字嘉酾

輔春 輔六 字喜春

兆饍 興二百九十 字汝霖

經元 經四

綸濤 綸六

輔昌 輔七 字大川

輔均 輔八 字大煼

經魁 經五 經六子入繼

綸佩 綸七

輔榮 輔九 字大榮

輔庭 輔十 止

廿四世

廿五世

廿六世

經邦 經六

廿七世

綸佩 出繼經五

綸謨 綸八

廿八世

輔戴 輔十一 〇止

輔傳 輔十二 字大全

輔乾 輔十三

輔泰 輔十四

輔治　二　輔

相祖　一　相　字小寶

聲發　一　聲

聲才　一　聲

顧才　三　聲

聲言　四　聲

相宗　二　相　小字玉頭

相濟　三　相

金海　四　相

輔樹　三　輔　小字雲甫任

銀海 相五

輔茂 輔四

相珏 相六

聲揚 聲五

聲餘 聲六

相澧 出繼輔五

相達 相七

聲琪 聲七

聲裔 聲八

輔鳳 輔五
輔四子入繼

相禮 相八
字小玉

舉翰 舉九
字小翰

聲蘭 聲十
字秋蘭

輔泰 輔六

相廷 相九
字長生

相泰 相十

輔昌 輔七
輔八子入繼

相廣 相十一
字仲升

舉[illegible] 舉十一
字[illegible]閣[illegible]

[illegible] 舉十二

永喜 三十

輔均 輔八

相瓚 出繼輔七

相德 相十二 字小峯

相宰 相十三 字後仁

相友 相十四

輔榮 輔九

相國 相十五 小字阿松

輔傳 輔十二

相福 相十六

相祝 相十七

相立 相十八

相泰 相十九

相葯 相二十

相基 相廿一

相廿

相[illegible]二

附錄廿世以上世系

第一世　士賢　世廿四　字華國號東靈由蘇州楊柳巷遷慈　妣四都李氏

第二世　彥京　千四　字子顒號振東　妣張氏

第三世　元芳　萬三　字德馨號桂林　妣五都邵氏

第四世　艮佐　添十一　字顯道號海嶠茂才　妣林氏

第五世　日章　冉七　字嶼之號峯山邑志有傳　妣傅氏

第六世　游龍　明二　字行慈號霖川　妣童氏

第七世　體濱　益六　字前川號順軒益三子入繼　妣桂氏

第八世　懷忠　莊二　字思誠號守心　妣李氏側室單氏

第九世　時　玖四　字文簡號德化　妣戴氏張氏

第十世　居然　西六　舊行同字世美　妣沈氏朱氏

十一世　鎰　啓十二　舊行九字世資號東嶼

十二世　源　禮十七　舊行十二字宗洪號誠庵

十三世　鈿　在廿三　舊行同字存儀號敬齋

十四世　溶　敬三五　舊行三八字汝盈號南溪

十五世　森　文四十　舊行五七字廷茂號繞溪

妣胡氏

妣蘇氏鮑氏

妣王氏陳氏

敏三四子入繼　妣方氏張氏

妣劉氏陳氏

十六世　十七世　十八世　十九世　二十世

嘉猷　武六　七
舊行百廿七
字允可號裕溪
妣曹氏王氏

埨　英八　九
舊行百七四
字德昱號道先
妣葛氏

相　才百　五五
舊行二百廿
四字鼎附號翼公
妣裘氏

廷瓚　俊二百　十七
字文玉號孟裘
妣葛氏

楷　傑一百　五五
字貢木號贊德由慈谿遷徙定海城內

先　傑二百　五八
字宗偉監生
由慈谿遷徙
定海金塘
鹽倉前

遷徙舟山鹽倉前世次傳

二十世

傑二百五八
先 俊二百十七子生康熙五十六年丁酉十月十八日卒六月十七日
娶王氏生雍正二年甲辰閏四月廿三日卒十月十一日葬舟山住
宅側子興二百八
九興二百九十

二十一世

興二百八九
雲龍 傑二百十七子生乾隆十年乙丑十月十二日卒闕娶李氏生乾
隆九年甲子九月初八日卒闕繼娶孫氏生卒闕子經一經二經
三

興二百九十
兆龍 傑二百十七子生乾隆十二年丁卯十一月十二日卒五月十三
日娶舒氏生乾隆十一年丙寅十一月十二日卒六月初八日繼
娶王氏生九月廿九日卒八
月廿九日子經四經五經六

二十二世

經一
經明 興二百八九子生乾隆廿八年癸未十一月十五日卒闕娶葉氏生卒
闕葬定海鹽倉莊金藏嶺下子綸一綸二

經二
經專 興二百八九子生乾隆三十一年丙戌二月初九日卒三月十七日娶
葉氏生二月廿九日卒三月十八日葬定海鹽倉莊金藏嶺下繼三子

綸三

大綸

經三 經科 與二百八九子生未月廿九日卒八月廿四日娶張氏生五月十九日卒十二月初七日葬定海□會前金藏嶺下子綸三綸四綸五綸三出繼

繼經

二

經四 經元 與二百九十子生十月初一日卒三月廿四日娶高氏生五月初七日卒十月十三日□綸大

經五 經魁 與二百九十子生十一月廿四日卒十月十六日娶朱氏生十月初六日卒七月十七日繼娶鮑氏生六月廿二日卒五月十一日三娶王氏生七月十四日卒五月二十□日葬定海鹽倉前金藏嶺下繼六子綸七八出

經六 經邦 與二百九十子生乾隆四十二年戊戌十二月十八日卒五月十一日娶夏氏生乾隆四十年乙未正月廿九日卒十月廿五日繼娶趙氏生乾隆五十六年辛亥八月廿九日卒二月三十日葬定海鹽倉前金藏嶺下子綸七綸八綸七出繼五

二十三世

綸一 綸淵 經一子娶王氏生卒俱闕子輔一

綸二 綸鰲 經一子生嘉慶三年戊午四月初八日卒五月廿五日娶葉氏生嘉慶二年丁巳八月廿八日卒九月二十日葬定海鹽倉前金□嶺下子輔二輔三

綸三 綸緒 經二子生嘉慶二十[illegible]年[illegible]月十二日卒光緒五年己卯十二月初七日壽六十[illegible]娶袁氏生嘉慶五年庚申九月十[illegible]日卒光緒二年丙子十月十七日壽七十七葬定海鹽倉前金藏嶺下子輔四

綸四 綸[illegible] 經三子生六月初[illegible]日卒十月初十日娶錢氏生三月廿四日卒四月十四日子輔五

綸五 綸章 經三子生嘉慶十年乙丑六月廿九日卒道光八年戊子十一月廿四日年二十四娶朱氏生嘉慶十八年癸酉十一月十五日卒光緒八年壬午三月初五日壽七十子輔六

綸六 綸濤 經六子生嘉慶三年戊午八月廿三日卒三月廿三日娶高氏生嘉慶三年戊午十二月廿一日卒四月初十日葬定海鹽倉前眉[illegible]嶺子輔七輔八

綸七 綸佩 經五子生嘉慶十三年戊辰閏五月廿一日卒光緒十年甲申八月初一日壽七十七娶江氏生嘉慶二十年乙亥九月十三日卒光緒十八年壬辰四月十六日壽七十八葬定海鹽倉前金藏嶺下子輔九輔十輔十一輔十二

綸八 綸謨 經六子生卒闕娶樂氏絕子輔十三輔十四

二十四世

輔一 輔弼 綸一子生卒闕

輔二 **輔治** 綸二子生道光元年辛巳十二月十三日卒光緒八年壬午四月廿三
日壽六十二娶石氏生道光十二年壬辰十一月十六日子相一相二
相三

輔三 **輔愲** 綸二子住嘉興平湖娶氏生卒俱闕子相四相五

輔四 **輔茂** 綸三子生道光九年己丑五月初八日卒光緒十四年戊子八月廿一
日壽六十娶王氏生道光十七年丁酉十月初五日子相六相七相八
相八出
繼輔五

輔五 **輔鳳** 綸四子生道光十五年乙未十二月十七日卒四月十二日娶梁氏絕
輔四子相八入繼

輔六 **輔春** 綸五子生道光十一年辛卯十二月二十日卒光緒十七年辛卯三月
廿六日壽六十一娶葉氏生道光廿五年乙巳十二月十三日子相九
相十

輔七 **輔昌** 綸六子生道光元年辛巳六月二十日卒十月廿五日娶賀氏生道光
十一年辛卯正月十六日卒正月十九日葬定海隆倉前田勝[illegible]輔八
子相十
一入繼

輔八 **輔均** 綸六子生道光五年乙酉十一月初五日卒光緒十三年丁亥九月廿
八日壽六十三娶張氏生道光十六年丙申九月廿九日子相十一相
十二相十三相十四
相十一出繼輔七

輔九　**輔榮** [illegible]十七年[illegible]月十一[illegible]十月十六日娶王氏生[illegible]五[illegible]六相十七相十八

輔十　**輔庭** 綸七子生卒闕

輔十一　**輔賢** 綸七子生卒闕

輔十二　**輔濤** 綸[illegible]子生[illegible]二月壬子二月十三日[illegible]十七年[illegible]二月初[illegible]己[illegible]年四十娶何氏生咸豐二年[illegible]七月十二日子相十九相二十相廿一相廿二

輔十三　**輔乾** 綸八子住上海

輔十四　**輔家** 綸八子住上海

二十五世

相一　**相[illegible]** 輔二子生咸豐五年乙卯九月廿六日娶胡氏生咸豐七年丁巳十月十七日卒[illegible]廿[illegible]年戊戌正月初六日年四十二子聲一聲二聲三

相二　**相宗** 輔二子生同治元年壬戌六月十五日娶林氏生同治十三年甲戌月日子聲四

相三　**相滿** 輔二子生同治十一年壬申正月廿七日娶謝氏生光緒六年庚辰六月初七日卒光緒廿五年己亥十一月十七日年二十

相四 金海 輔三子住平湖生同治二年癸亥

相五 銀海 輔三子住平湖生光緒二年丙子

相六 相玉 輔四子生咸豐七年丁巳五月初八日娶韓氏生同治元年壬戌二月廿三日子聲五聲六

相七 相達 輔四子生同治十一年壬申四月初四日娶葉氏生光緒二年丙子四月二十日子聲七聲八

相八 相禮 輔五子生咸豐十年庚申正月十一日娶余氏生同治九年庚午十月十一日子聲九聲十

相九 相芊 輔六子生光緒元年乙亥五月二十日娶黃氏生光緒二年丙子四月十六日

相十 相泰 輔六子生光緒十五年己丑三月初八日

相十一 相璜 輔七子生咸豐四年甲寅九月初五日娶錢氏生同治四年乙丑五月二十日子聲十一聲十二

相十二 相德 輔八子生咸豐七年丁巳十二月十三日

相十三 相安 輔八子生同治十一年壬申六月初八日娶謝氏生光緒二年丙子六月十四日

相十四 相友 輔八子生光緒三年丁丑正月廿六日娶龔氏生光緒八年壬午月 日

相十五 相國 輔九子生咸豐七年丁巳 月 日娶錢氏生咸豐十一年辛酉繼娶方氏生同治三年甲子

相十六　相福　輔九子生同治五年丙寅八月十一日娶葉氏生光緒二年丙子四月十二日

相十七　相觀　輔九子生同治九年庚午　月　日

相十八　相宣　輔九子生光緒四年戊寅　月　日

相十九　相漆　輔十二子生同治十二年癸酉正月廿八日娶沈氏生同治十年辛未七月廿七日

相二十　相茂　輔十二子生同治十三年甲戌十二月廿五日

相廿一　相基　輔十二子生光緒二年丙子十月廿八日娶錢氏生光緒九年癸未三月十五日

相廿二　相定　輔十二子生光緒十年甲申十二月二十日娶沃氏生光緒十五年己丑　月　日

二十六世

聲一　聲發　相一子生光緒三年丁丑九月十八日

聲二　聲才　相一子生光緒七年辛巳二月初一日

聲三　順才　相一子生光緒十四年戊子八月十二日

聲四　聲言　相二子生光緒廿四年戊戌九月初七日

聲五　聲揚　相六子生光緒七年辛巳二月十一日

聲六　聲餘　相六子生光緒二十年甲午十二月廿九日

聲七　聲琪　相七子生光緒二十年甲午六月初九日

聲八　聲裔　相七子生光緒廿五年己亥十一月廿二日

聲九　聲翰　相八子生光緒十六年庚寅十一月初八日

聲十　聲蘭　相十一子生光緒廿三年丁酉十月十二日

聲十一　聲明　相十一子生光緒十年甲申九月廿八日

聲十二　聲乾　相十一子生光緒十五年十二月初七日

聲十三　聲喜　相十一子生光緒十八年壬辰二月初一日

慈東費氏四修宗譜卷三十三

遷徙舟山洞嶴莊白泉嶴世系 西房敦四公後在廿六公下分支

廿一世	廿二世	廿三世	廿四世	廿五世
文灼 興三百五十 字星如由慈谿遷徙舟山洞嶴莊及白泉嶴	仁基 纓一 字舜才	綸春 綸一 字大鏞小字首元	輔松 輔一 字炳順	
			輔竹 輔二 字炳義	
			輔梅 輔三 字炳醴	
	鴻基 經二 字敏範			

[illegible]宗譜卷三　三　西房玖四公派　[illegible]

植基 經三
字美始

邦基 經四
字竣極
住白泉泉十
字[illegible]

綸章 綸二
字名揚小字
乾元

綸謨 綸三
字名世小字
坤元
綸四子入繼

綸[illegible] 綸四
字[illegible]孝

輔義 輔四

輔義
出繼綸三

輔[illegible] 輔五
字其存

輔智 輔六
字樵水

相國 相一
小字阿生

相宰 相二
小字冬生

相宦 相三

小字春生

輔信
朝七

相朝
相四
字林生

相[illegible]
相五
字桂生

紹基
經五
[illegible]子

廿五世

相箒
相二

相宧
相三

廿六世

聲棠
聲一

聲榮
聲二

附錄廿世以上世系

第一世
士賢 世廿四
字華國號東臺由蘇州楊柳巷遷慈
妣四都李氏

第二世
彥京 千四
字子穎號振東
妣張氏

第三世
元芳 萬三
字德馨號桂林
妣五都邵氏

第四世
艮佐 添十一
字顯道號海嶠茂才
妣林氏

第五世
日章 再七
字顯之號峯山邑志有傳
妣傅氏

第六世
湧龍 明二
字行慈號霖川
妣童氏

第七世
體濱 益六
字前川號順軒益三子入繼
妣桂氏

第八世
懷忠 莊二
字思誠號守心
妣李氏側室單氏

第九世
時 玖四
字文簡號德化
妣戴氏張氏

第十世
居烋 西六
舊行同字世美
妣沈氏朱氏

十一世
鎰 啓十二
舊行九
字世賚號東

十二世
槤 禮十八
舊行十七
字宗器號遜

十三世
鍔 在廿六
舊行三一
字存德號克

十四世
溓 敬四
舊行同
字效宗號北

十五世
蘽 文五三
舊行七四
字賁德號鳳

嶼 妣胡氏

庵義宰 按[illegible]本八玉 避諱改木 妣陳氏

賓 妣夏氏

山茂才 妣夏氏吳氏

川 妣孔氏

十六世

槃 武八一 舊行八二 字文華號龍泉 妣顧氏

十七世

瑞 英百八 舊行百六九 字祥之號佛保[illegible]貢 妣盛氏王氏

十八世

鐸 才百[illegible]三 字長裕才百七一之子入[illegible] 妣周氏蔡氏

十九世

志澄 俊二百三二 [illegible]清 妣林氏張氏

二十世

杰[illegible] 傑二百八五 妣[illegible]氏

廿一世

文灼 興三百四九 字星[illegible]由慈遷徙定海凋嶴白泉莊

遷徙舟山洞礐莊白泉界世次傳

二十一世

文灼　興三百五十　榮二百八五子生乾隆元年丙辰十二月廿二日卒嘉慶元年丙辰二月十四日壽六十一娶金氏生乾隆三年戊午六月廿八日卒四月初十日葬前畈馬鞍橋
子經一經二經三經四經五

二十二世

經一　仁基　興三百五十子生乾隆廿三年戊寅八月初二日卒十二月廿六日娶朱氏生乾隆廿六年辛巳六月廿六日卒正月初一日葬定邑北門外求雨山裙
子綸一

經二　鴻基　興三百五十子生十一月初三日卒五月初四日

經三　植基　興三百五十子生乾隆三十二年丁亥十一月初十日卒六月廿七日娶王氏生乾隆四十四年己亥十二月初二日卒四月二十日葬本邑塍呂陸大路
下子綸二

經四　邦基　興三百五十子住定海白泉莊十字路生九月初一日卒八月廿四日娶阮氏生正月十八日卒正月十三日繼娶王氏生六月初八日卒九月十六日二娶余氏生乾隆三十二年丁亥九月初一日卒咸豐七年丁巳十一月十六日壽九十一葬定海白泉莊南沙下子綸三綸四阮氏出

經五 紹基 典三百五十千生十月三十日卒十二月廿四日

二十三世

綸一 綸春 經一子住洞𡉟庄生乾隆五十五年庚戌十月初一日卒闕娶畢氏生嘉慶四年己未五月初六日卒七月十四日繼娶李氏生嘉慶八年癸亥三月初十日卒闕葬定邑北門外龍頭頸子輔一輔二輔三

綸二 綸章 經三子生嘉慶四年己未十二月廿二日卒七月初九日娶姚氏生十二月初一日卒十月十九日葬本邑居呂陸□墳側女二

綸三 綸謨 經四子生嘉慶八年癸亥四月十七日卒十一月廿七日娶章氏生嘉慶七年壬戌七月二十日卒四月廿五日葬定海白泉莊南沙下綸四子輔四入繼

綸四 綸賢 經四子生嘉慶十六年辛未六月十九日卒咸豐九年己未七月初十日年四十九娶王氏生嘉慶十三年戊辰閏五月廿五日卒九月廿八日繼娶朱氏生嘉慶十一年丙寅三月初九日卒十二月十三日葬定海白泉莊南沙下子輔四王氏出輔五輔六輔七俱朱氏出輔四出繼綸三

二十四世

輔一 輔松 綸一子生道光十五年乙未十二月廿三日娶陳氏生道光十八年戊戌五月十六日

輔二 輔竹 綸一子生道光十七年丁酉十二月十六日娶王氏生道光廿五年乙巳五月初二日

輔三 **輔梅** 綸一子生道光廿一年辛丑十二月三十日兄弟三人或説在營食糧

輔四 **輔箋** 綸三子生道光十三年癸巳餘闕卒正月十二日娶□氏絶

輔五 **輔[illegible]** 綸四子生道光十五年乙未八月初八日娶樊氏生道光廿三年癸卯四月廿四日卒域在定海白泉莊紫竹嶺子相一

輔六 **輔智** 綸四子生道光廿二年壬寅二月十八日娶李氏生道光廿七年丁未九月初五日卒域在定海白泉莊紫竹嶺子相二相三

輔七 **輔信** 綸四子生道光廿五年乙巳十二月廿九日娶蔣氏生咸豐三年癸丑正月廿七日卒光緒四年戊寅六月廿八日年二十六繼娶周氏生道光廿六年丙午十一月十五日卒域在定海白泉莊海沙下子相四相五俱蔣氏出

二十□世

相一 **相國** 輔五子生同治六年丁卯二月十八日娶舒氏生同治六年丁卯　月　日

相二 **相宰** 輔六子生同治十年辛未十一月初三日娶周氏生同治十二年癸酉六月廿五日子磐一

相三 **相宦** 輔六子生光緒三年丁丑十二月廿九日娶章氏生光緒五年己卯　月　日子磐二

相四 **相朝** 輔七子生同治十一年壬申七月初五日娶舒氏生同治十年辛未十一月初一日

相五 **相[illegible]** 輔七子生光緒五年己卯二月十三日娶王氏生光緒四年戊寅七月初七日

二十六世

聲一　聲榮　相二子生光緒廿一年乙未十月十二日

聲二　聲榮　相三子生光緒廿四年戊戌閏三月初二日

遷徙衢州世系 西房玖四公派 在三二公支下

十八世　十九世　二十世　廿一世　廿二世

承悅 才二 百二
字喜鄰 勅贈文林郎 誥贈光祿大夫 由慈遷衢康熙末寄籍錢塘縣

士桂 俊一
一名香字宮穀號丹弒康熙癸巳副車雍正壬子舉人乾隆丁巳進士 欽點知縣改授衢州府教授 勅授文林郎 誥贈光祿大夫著有丹林詩文鈔 縣志有傳 住衢州府城

雄飛 傑一
字于九號豐山錢塘邑庠生 敕封文林郎 誥贈資政大夫累贈光祿大夫

湻 興一
字樸安號鈞浦乾隆壬午舉人癸未進士歷官刑部主事員外郎中江蘇常州山西蒲州太原知府山西冀寧道按察使雲南布政使安徽福建江蘇巡撫兩江總督兵部吏部尚書經筵講官太子少保體仁

履謙 經一
未婚

泰升 經二
二品廕生未婚

履升 經三
字坦齋嘉慶戊午舉人廕授戶部主事陞刑部員外郎任廣東雷瓊道江西九江道

閣大學士改
工部尚書
誥授光祿大
夫　賜謚文
恪　國史館有
傳著有文恪
奏議及詩文
集
興二子入繼

雙元　興二
字雲陞錢邑
庠生候選州
判　敕授文
林郎　誥贈
朝議大夫

履升　出繼興一

豫升　經四
宇石倪呈聽
經三子入繼

翁巽　經五
一名晉升

晉泰　經六

士楨 俊二 小字三官 處州衛守備 一名鼎升

九齡 俊三 例贈文林郎

辰 潔二 字倫村 嘉慶甲子舉人 欽賜翰林院檢討

人龍 興三 字卓雲 錢邑庠生

人驥 興四 字軼雲 候選縣丞

紹忠 傑三 字補堂 乾隆庚子舉人 覺羅官學教習 山西定襄縣

逢元 興五

郎縣

右據文恪公行述補入稱傑二傑三曰從叔父其爲後二後三之後無疑但不知屬於誰氏故附列於旁以俟攷正焉

廿二世　廿三世　廿四世　廿五世　廿六世

履升　經三

榮選　綸三　字掌綸　監生

繼晉　輔一　字敬承　監生

金麟　相一

金生　相二

金喜　相三

聲振　聲一

華選　綸二

字省方
監生

青選
經四
出繼

爾熾
綸三
字耀甫西安
庠生福建督
前縣丞署泉
州府晉江縣
知縣

繩祖
輔二
字少甫郡
庠生

述祖
輔三
字松年候選
縣丞

爾耆
綸四
邑庠生

清照
輔四

受天
綸五

承祖
輔五
字錦堂

豫升
經四

選青
綸六

超曾
輔六

相堯
相四

聲鎬
聲二

經三子入繼　字舫廉西邑庠生　從九品

相浩　相五

聲培　聲三

燦炯　燦四

熙資　輔七　從九品

相勝　相六

附錄廿世以上世系

第一世
士賢 世廿四
字華國號東靈由台州楊柳巷遷慈
妣四都李氏

第二世
彥京 千四
字子穎號振東
妣張氏

第三世
元芳 萬三
字德馨號桂林
妣五都邵氏

第四世
良佐 添十一
字顯道號梅嶠茂才
妣林氏

第五世
曰章 丙七
字顯之號峯山邑志有傳
妣傅氏

第六世
游龍 明二
字行慈號霖川
妣董氏

第七世
體濱 益六
字前川號順軒益三子入繼
妣桂氏

第八世
懷忠 莊二
字忠誠號守心
妣李氏側室單氏

第九世
時 玖四
字文簡號德化
妣戴氏聶氏

第十世
居休 酉六
舊行同字世美
妣沈氏朱氏

十一世
鉤 啓十四
舊行同
啓十二子入

十二世
瑷 禮十九
舊行十三
字宗玉號古

十三世
鈍 在三二
舊行五二
字在質號別

十四世
沛 徽五五
舊行七二
字汝祥號溢

十五世
楊 文七四
舊行百五八
妣曹氏

繼　庵　峯　川

妣張氏　妣李氏何氏　妣夏氏羅氏　妣鄔氏

十六世　十七世　十八世

武百　英百　才二

琳三　光彭三九　丙恍百二

譜行二百十　字偉主

六字主休　妣□氏夏氏

妣鄧氏

遷徙衢州世次傳

十八世

才二一百二二永悅 英百三九子由慈遷徙杭州生順治十五年戊戌十二月十四日卒殿娶邵氏 勅贈孺人 誥贈一品太夫人生卒俱闕子俊一俊二俊三

十九世

俊一士桂 才二百二二子住衢州生康熙廿六年丁卯四月廿五日卒乾隆三十年乙酉七月十四日壽七十九娶馮氏 敕封孺人 誥贈一品太夫人生卒俱闕葬衢州古龍井子傑一

俊二士楨 才二百二二子生卒娶氏俱闕

俊三九齡 才二百二二子生卒娶氏俱闕

二十世

傑一雄飛 俊一子生康熙五十一年壬辰十月初二日卒乾隆三十八年癸巳正月廿一日壽六十二娶陳氏 勅封太安人 誥封太恭人 累贈一品太夫人生康熙五十一年壬辰十月十六日卒乾隆五十二年丁未五月十一日壽七十六葬古龍井山子興一興二

傑二 辰 先世未詳娶氏生卒俱闕

傑三 紹忠 先世未詳娶氏生卒俱闕

二十一世

興一 湆 傑一子生乾隆四年己未十二月十六日卒嘉慶十六年辛未三月廿四日壽七十三娶勞氏　敕封安人　誥封恭人　累封一品夫人生雍正十三年乙卯月日闕卒嘉慶十六年辛未二月初三日壽七十七側室王氏祝氏生卒俱闕葬杭州留下大麻山子經一夫人出未婚王氏出亦未婚興二子入繼女長適京官徐準宜次適監生勞份三適江蘇候補同知施諒俱夫人出四適口明馮日愷祝氏出

興二 雙元 傑一子娶顧氏雍正壬子舉人千波女　敕封孺人　誥封恭人生卒未詳子經三經四經五出繼興一

興三 人龍 傑二子娶氏生卒俱闕

興四 人驥 傑二子娶氏生卒俱闕

興五 逢元 傑三子娶氏生卒俱闕

二十二世

經一 履謙 興一子未婚

經二　泰升　與一子未婚

經三　履升　與一子生乾隆四十年乙未七月廿三日卒未詳娶徐氏監生沛國女繼娶余氏生卒俱未詳葬杭州小麻山子綸一綸二綸三綸四綸五綸六綸六出繼經四

經四　謙升　與二子娶朱氏繼娶鄒氏經三子綸六入繼

經五　益巽　與二子娶氏生卒俱闕

經六　普泰　與二子娶氏生卒俱闕

二十三世

綸一　榮選　經三子娶鄭氏繼娶姚氏三娶方氏生卒俱未詳子輔一

綸二　華選　經三子娶龔氏舉人漢黃道元禮女生卒俱未詳

綸三　爾熾　經三子娶徐氏生卒俱未詳子輔二輔三

綸四　爾耆　經三子娶龔氏生卒俱未詳子輔四

綸五　受天　經三子娶詹氏生卒俱未詳子輔五

綸大 選青 綸四子娶王氏生卒俱未詳子輔六輔七

二十四世

輔一 繼曾 綸一子娶汪氏子相一相二相三

輔二 繩祖 綸三子娶余氏

輔三 述祖 綸三子娶徐氏

輔四 清煦 綸四子

輔五 承祖 綸五子未娶

輔六 超曾 綸六子娶鄭氏子相四相五

輔七 熙曾 綸六子娶徐氏繼娶陳氏子相六

二十五世

相一 金麟 輔一子娶徐氏

相二 金生 輔一子娶周氏

相三 金喜 輔一子娶陳氏子聲一

相四 超堯 輔六子娶[illegible]氏子聲二

相五 相浩 輔六子娶[illegible]氏子聲三聲四

相六 相勝 輔七子未娶

二十六世

聲一 聲振 相三子

聲二 聲鎬 相四子

聲三 聲琣 相五子

聲四 聲炯 相五子○以上衢州一支因其開列祇有世系故概從略焉

[illegible]譜 卷[illegible] 西房玖四公派 [illegible]堂藏

遷徙象山世系 西房坎口公派 在三二公支下

十七世　十八世　十九世　二十世　廿一世

光彭 英百三九
- 永悅 才二百二 遷徙杭州
- 永立 才二百三
- 永範 才二百四
- 永植 才二百五
  - 殿占 俊一 先世未詳 遷徙象山胡陳
    - 和春 傑一
      - 相隆 興一 由胡陳遷甯海
      - 相臣 興二 住象山

按光彭公嫡支均遷徙他處衢州及象山二支可考餘俱無查而有祀田數畝呼翰林田因房輪流象山一支每四

年來慈崳值恐致混冒當立有輪祀據爲憑光緒年間四脩宗譜査其世系祗載殿占以下而不詳所自出按之咸豐譜才行兩人承悅承立均有後惟承範承植未詳不敢臆斷姑附以誌疑

廿一世	廿二世	廿三世	廿四世	廿五世
相逢 興一 住甯海	永宏 樑一	德求 [illegible]一		
		德含 綸二	宜業 輔一	秀玉 相一
相臣 興二	延選 經二	世榮 綸三	鈞德 輔二	秀芳 相二

秀春 三相

秀林 四相

龍德 三輔

銘德 四輔

世望 四綸

邁德 五輔

秀金 五相

乾德 六輔
輔七子入繼

秀釗 六相

明德 輔七

世煥 綸五
遷象山洋北距城十五里

德富 輔八

秀麟 相七

秀釗 輔六
出繼

秀庚 相八

全福 相九

全祿 相十

全壽 相十一

德成 輔六

全科 相十二

全緒 相十三

全興 相十四

全沛 相十五

廿五世　廿六世　廿七世　廿八世　廿九世

秀玉 相一 住衛海

全宗 聲一

進綸 名一 小字[illegible]

秀元 相二

雲堯 詳二

住象山
相三子兼祧
字吉甫

秀春　相三
住象山

雲彪
發祧相二

秀林　相四
住象山

雲士　祿三

秀金　相五

雲星　祿四

華松　右二

雲林　祿五

傳麗　名二

秀釗　相六

雲[illegible]　祿六

全祿 相十
雲法 聲七
文彬 名四
起劍 振一
起仁 振二
文運 名五
章來 振三

全壽 相十一
雲元 聲八 聲九子入繼
文五 名六 小字茶土
雲貴 聲九 遷鄞縣南鄉同夾村[illegible]知底坑
文玉 出繼聲八
文有 名七

文梅 名八

文甫 名九

文惠 名十

文孝 名十一

文修 名十二

文信 名十三

雲祥 聲十

全科 相十二

住象山

全緒 相十三　雲才 聲十一

全沛 相十四　雲土 聲十二

潮東黄氏四修宗譜　卷三　四　西房致陞公派　有志堂藏

附錄廿世以上世系

第一世
士賢 世廿四
字華國號東壟由蘇州楊柳巷遷慈
妣四都李氏

第二世
彥京 千四
字子顒號振東
妣張氏

第三世
元芳 萬三
字德馨號佳林
妣五都邵氏

第四世
良佐 添十一
字顯道號海嶠茂才
妣林氏

第五世
日章 再七
字顯之號峯山邑志有傳
妣傅氏

第六世
游龍 明二
字行慈號霖川
妣童氏

第七世
體濱 益六
字前川號順軒益三子入繼
妣桂氏

第八世
懷忠 莊二
字思誠號守心
妣李氏側室單氏

第九世
時 玖四
字文簡號德化
妣戴氏張氏

第十世
居然 西六
舊行同字世美
妣沈氏朱氏

十一世
鍬 啓十四
舊行同
啓十二子入

十二世
瑗 禮十九
舊行十三
字宗玉號古

十三世
鈍 在三二
舊行五二
字在質號別

十四世
沛 敬五五
舊行七二
字汝洋號溢

十五世
楊 文七四
舊行百五八
妣唐氏

繼 妣張氏

庵 妣李氏 何氏

峯 妣夏氏 羅氏

川 妣鄢氏

十六世　十七世　十八世

琳 武百三
舊行二百十六字玉佳
妣邵氏

光彭 英百三九
字偉玉
妣林氏 夏氏

永悅 十二 百二

遷徙象山世次傳

十九世

俊一　殿占　[illegible]世長詳始遷象山胡陳娶馮氏生卒闕葬塘頭韓貢山子傑一女一未詳所適

二十世

傑一　和春　俊一子娶陳氏生卒俱闕葬塘韓里嶴子與一與二

二十一世

與一　相隆　傑一子由胡陳遷甯海娶李氏生卒俱闕葬塘頭韓里嶴子經一

與二　相臣　傑一子仕象山娶馬氏生卒俱闕子經二

二十二世

經一　水宏　與一子娶王氏生卒俱闕葬塘頭韓里嶴子綸一綸二

經二　廷選　與二子娶余氏繼娶周氏三娶曹氏生卒俱闕子綸三綸四綸五

二十三世

綸一 德求 經一子生卒闕未娶

綸二 德金 經一子娶鮑氏生卒俱闕葬塘頭韓外韓子輔一女適吳

綸三 世榮 經二子娶孫氏生卒俱闕子輔二輔三輔四

綸四 世望 經二子娶王氏生卒俱闕子輔五輔六輔七

綸五 世煥 經二子入贅象山洋北俞氏距城廿五里生卒俱闕葬洋□長龍山子輔八輔九

二十四世

輔一 宣業 綸二子生嘉慶十年乙丑八月十五日卒闕娶鮑氏生卒闕葬塘頭□ 外甥子相一

輔二 鈞德 綸三子娶錢氏繼娶雷氏生卒俱闕子相二相三相四

輔三 龍德 綸三子生卒葬娶俱闕

輔四 銘德 綸三子生卒葬娶俱闕

輔五 德邁 綸四子生乾隆五十二年丁未十月初九日卒八月初八日娶王氏生乾隆五十八年癸丑三月廿五日卒十二月初八日子相五

輔六 乾德 綸四子生乾隆五十五年庚戌□月□日卒□□□日十月廿七日娶蔣氏生乾隆五十六年辛亥十月廿六日卒□月初九日輔七子相六八嗣

輔七 **明德** 綸四子生[illegible]卒七月初一日娶鄭氏生正月廿七日卒正月廿六日子相六[illegible]

輔八 **德富** 綸五子生[illegible]初三日娶黃氏[illegible]閏卒九月廿二日葬洋北長龍[illegible]子[illegible]十[illegible]十二[illegible]十二

輔九 **德成** 綸五子生闕卒十二月廿[illegible]日[illegible]氏生闕卒四月初九日葬長龍山子[illegible]十[illegible]十五女[illegible]溪[illegible]

二十[illegible]世

相一 **秀玉** 輔一子生道光十七年丁酉[illegible]十[illegible]日[illegible]闕娶吳氏生卒俱闕葬塘西韓山塢子聲一

相二 **秀元** 輔二子娶胡氏生卒俱闕[illegible]三子[illegible]二兼祧

相三 **秀春** 輔二子生道光六年[illegible]卒光緒[illegible]年辛巳月日俱闕年五十六娶楊氏生道光二十年[illegible]子卒[illegible]緒八年壬午月日闕年[illegible]十三子聲二兼承相二

相四 **秀林** 輔二子娶王氏生卒俱闕子聲三

相五 **秀金** 輔五子生嘉慶廿一年丙子十月十八日卒六月十八日娶史氏生嘉慶二十[illegible]年[illegible]亥十一月廿三日卒十二月十二日子聲四聲五

相六 **秀釗** 輔六子生闕卒十月初九日娶張氏生十月廿六日卒正月初七日子聲六

相七 **秀麟** 輔七子生卒葬娶俱闕

相八 秀庚 輔□子生卒葬娶俱闕

相九 全福 輔八子生闕卒二月十九日未娶葬長龍山父墳之側

相十 全祿 輔八子生乾隆五十七年□子餘闕娶氏生卒俱闕子聲七

相十一 全壽 輔□子生闕卒七月初四日葬庵前村一穴娶丹□張氏紹子聲八 聲九

相十二 全科 輔八子生嘉慶二年丁巳□□月初七日卒正月初□日娶□氏生卒闕子聲十

相十三 全緒 輔□子生闕卒八月廿九日娶黃溪董氏生闕卒二月十五日子聲十一 女□適□□□□□

相十四 全興 輔九子生闕卒九月十□日娶□氏生卒闕葬庵前村一穴

相十五 全清 輔九子生闕卒三月初九日葬□頭毛氏生闕卒五月廿七日葬長龍山□ 子聲十二

二十六世

聲一 全宗 相一子生咸豐八年戊午□月初三日卒五月廿四日葬塘頭韓山那 娶吳氏子任一

聲二 雲堯 相三子承祧相二生同治六年丁卯□月□張氏生同治十一年壬申

聲三 雲十 相四子娶葉氏

聲四 **雲星** 相五子生道光廿一年辛丑二月廿三日卒光緒七年辛巳閏七月廿八日年四十一娶余氏生□□□□□屆閏五月十三日子名二名三

聲五 **雲森** 相五子生九月廿二日

聲六 **雲齊** 相六子生十一月初七日娶馮氏生十一月初四日

聲七 **雲法** 相十子生道光五年乙酉七月初五日娶□氏子名四名五

聲八 **雲元** 相十一子生道光十六年丙申十月廿一日卒光緒十六年庚寅九月初九日年五十五娶黄溪□氏生卒□葬謝前嶺聲七子名大八繼

聲九 **雲貴** 相十一子遷鄞南鄉洞夾嶴無嵌坑生道光二十年庚子十一月十九日娶童夾嶴童氏生咸豐元年辛亥十月十一日子名六名七名八名九名十名十一名十二名六出繼聲八女適奉化上吉塢周

聲十 **雲福** 相十二子生道光廿二年壬寅十月十一日娶□氏子名十三

聲十一 **雲才** 相十三子生□□辛□九月廿八日葬長龍山娶鄭氏絕

聲十二 **雲土** 相十四子生同治二年癸亥八月廿一日

二十七世

名一 **運綸** 聲一子生光緒五年己卯正月初三日娶胡氏生光緒六年庚辰十二月丙申日

名二 華林 聲四子生光緒元年乙亥十月初八日

名三 傳耀 聲四子生光緒五年己卯正月初九日

名四 文彬 聲七子生咸豐元年辛亥□月初九日娶□氏子振一振二

名五 文運 聲七子生咸豐十年庚申四月十六日娶□氏子振三

名六 文玉 聲八子生同治十一年壬申三月廿八日娶童夾嶴童氏生同治十二年癸酉十一月廿三日

名七 文有 聲九子生光緒二年丙子八月十七日娶童夾嶴童氏生光緒六年庚辰二月廿四日

名八 文梅 聲九子生光緒五年己卯二月十七日娶宋嶴李氏生光緒十三年丁亥十一月廿一日

名九 文甫 聲九子生光緒七年辛巳十一月三十日聘新田頭村周氏生光緒十二年丙戌

名十 文忠 聲九子生光緒十年甲申五月十二日聘周氏生光緒十七年辛卯

名十一 文孝 聲九子生光緒十二年丙戌十二月初十日聘葉氏生光緒十九年癸巳

名十二 文傳 聲九子生光緒十七年辛卯十月初九日

名十三 文信 聲十子生光緒五年己卯八月初一日娶王氏生光緒十三年丁亥八月初六日

二十八世

振一 起釗 名囝子生光緒五年己卯八月十四日

振二 起仁 名囝子生光緒十四年戊子十二月廿三日

振三 章木 名五子生光緒廿二年丙申九月初九日

新河頭翰林市鄉鄉寄
郭福林敘店轉送無底坑
費來土收

袁東劉氏四修宗譜　卷三十四　西房玖四公派

慈東費氏四修宗譜卷三十五

遷徙岱山念母嶴世系

西房[illegible]六派在三三公下分支

十九世　二十世　廿一世　廿二世　廿三世

光耀　俊二百八九　由慈谿遷徙岱山念母嶴

克孝　傑一

如梓　與一

經衡　經一

綸世　綸一　字組香

綸成　綸二

綸淸　綸三

綸鈞　綸四

綸言

出繼經三

經鉉 二經

經燮 三經
經一子入繼

經渭 四經
字開陽

克忠 二傑

如楓 二其

綸全 五綸

綸茂 六綸

綸言 七綸

綸章 八綸

綸訓 九綸

綸扉 十綸

如[illegible]
三　與

經元
五　經

綸朗
一　綸十

綸順
二　綸十

[illegible]奎
六　經

綸譁
三　綸十

綸品
出繼經七

經禹
七　經

繼
經六癸子八

綸品
四　綸十

如模
四　與

經泰
八　經

綸錫
五　綸十

[illegible]卷三 [illegible]西房執禮公派 [illegible]

誥贈奉直大夫經九子入繼

經傳 經九
一子忠謂
敕贈儒林郎

綸[illegible] 出繼經八

綸[illegible] 綸十六

如[illegible] 與五
字海[illegible]

經[illegible] 經十

綸炳 綸十七

綸華 出繼經十一

經臯 經十一
經十子入繼

綸華 綸十八

廿三世
綸世
一綸

廿四世
輔仁
一輔

克儀
三傑

廿五世
相陛
一相

廿六世
經先
二經十

經生
三經十

廿七世
綸權
九綸十

綸定
十綸二

綸齊
一綸廿

綸有
二綸廿

字組香

字顯德

字一林

綸成　二　綸

輔貴　二　輔

相廷　字尚葵　二　[illegible]

相位　三　[illegible]

相泳　四　[illegible]

相烈　五　[illegible]

綸清　三　綸

輔松　三　輔　字東千

輔竹　四　輔

字廣友

綸鈞　綸四

綸全　綸五　綸六子入繼

綸茂　綸六

輔賁　輔五　小字阿友

輔朝　輔六

相標　相六

輔剴　出繼綸五

輔連　輔七

輔高　輔八

輔甯　輔九

綸言 綸七

輔蘭 輔十 小字河生

相家 相七 字翰香

綸章 綸八

輔襄 輔十一 小字阿富

輔瑞 輔十二

相樂 相八 小字同山

相榆 相九 小字同[illegible]

綸調 綸九

輔慶 輔十三

輔髦 輔十四

綸扉 綸十

綸明 綸十一

輔祺 輔十五

輔方 輔十六

輔友 輔十七

輔裕 輔十八

輔存 輔十九

相春 相十

相洼 相十一

字品三

綸順　綸十二

輔林　輔二十

輔標　輔廿一

綸誶　綸十三

輔成　輔廿二

輔戚　輔廿三

輔忠　輔廿四　小字延齡

輔滿　輔廿五

綸品 綸十丙

輔宏 輔廿六 小字瑞生

綸錦 綸十五 一名琢章字子良定海廳生員 誥贈奉直大夫

輔光 輔廿七 一名錫[illegible]字善圭號玉坪 定海廳生員

相機 相十二 字佑甫

相[illegible] 相十三 字恭齋

相[illegible] 相十四 字欽甫

相瀚 相十五 字榮齋

相櫃 相十六

字蔭南

輔廿
輔袞八
一名錫爵字[illegible]
[illegible]九
監貢生候選
主事加一級

相十
相烱七
一名聖時字
[illegible]一字示
[illegible]

輔廿
輔展九
一名錫祚字
[illegible]周　庠生

綸十
綸[illegible]六
一名[illegible]榮[illegible]字
授郷定海[illegible]
學廩[illegible]六品
[illegible]

綸十
綸炳七

輔三
輔[illegible]十

相十
相[illegible]八

輔三
輔[illegible]一

相十
相[illegible]

相二
相[illegible]十

輔聰 二 輔三

相濃 一 相廿

綸華 八 綸十

輔裔 三 輔二

綸齊 一 綸廿

輔品 四 輔三
字紀品

輔法 五 輔三
字之法

綸有 二 綸廿

輔元 六 輔三

附錄十九世以上世系

第一世
士賢 世廿四
字華園號東雪，由萬明揚柳花遷慈
妣四都李氏

第二世
彥京 千四
字子顒號振東
妣張氏

第三世
元芳 萬二
字德馨號佳林
妣五都邵氏

第四世
民佐 添十一
字顯道號海嶠茂才
妣林氏

第五世
日章 再七一
字幽之號峯山，肖志有傳
妣傅氏

第六世
游龍 明二
字行慈號霖川
妣童氏

第七世
體濱 益六
字前川號順軒，益三子入繼
妣桂氏

第八世
懷忠 替二
字思誠號守心
妣李氏側室□照氏

第九世
時 玖四
字文簡號德化
妣張氏、臧氏

第十世
居恭 西六
舊行同字世美
妣沈氏、朱氏

十一世
鑛 給十五
舊行同
妣張氏

十二世
瓚 禮二十一
舊行廿六
妣蘇氏

十三世
銘 在三二
舊行四四
妣章氏

十四世
滮 敏六二
舊行八九
妣錢氏

十五世
柄 文八四
舊行百五四
妣周氏

慈東費氏四修宗譜　卷三十五　遷岱山念母嶴世系　費氏宗祠藏

十六世
文燈 武百九
妣居氏

十七世
有山 英百四六
字之英
妣蘇氏

十八世
九思 才百一六
字日進
妣鄭氏

十九世
光耀 俊二百八九

遷徙岱山念母橋世系傳

十九世

俊二百八九　光耀　光二百十六子娶氏生卒俱闕子傑一傑二傑三

二十世

傑一　克孝　俊二百八九子生雍正六年戊申七月十八日卒乾隆十八年癸酉六月十五日年二十六娶趙氏生乾隆十一年丙寅十一月初三日卒九月初九日葬小湖山裙子興一

傑二　克忠　俊二百八九子生雍正九年辛亥九月初四日卒乾隆四十五年己酉六月廿二日娶張氏生乾隆十一年丙寅三月廿二日卒道光七年丁亥五月十六日壽八十二葬小湖山子興二興三興四興五

傑三　克儀　俊二百八九子生卒闕

二十一世

興一　如梓　傑一子生乾隆三十七年壬辰十月十九日卒道光五年乙酉八月廿六日年五十四娶陳氏生乾隆三十五年庚寅正月初五日卒嘉慶十七年壬申四月初八日年四十三葬小湖山子經一經二經三

興二 **如楓** 傑二子生乾隆廿九年甲申九月十七日卒道光三年癸未十一月初九日壽六十娶金氏生乾隆廿八年癸未七月初十日卒乾隆五十三年戊申五月十五日年二十六繼娶吳氏生乾隆三十六年辛卯九月十三日卒嘉慶十七年壬申八月十六日年四十二葬小湖山子經四

興三 **如桑** 傑二子生乾隆三十六年辛卯五月十九日卒道光九年己丑十月十九日年五十九娶張氏生乾隆三十九年甲午正月初四日卒道光十七年丁酉正月十九日壽六十四葬北畚斗山子經五經六經七

興四 **如模** 傑二子生乾隆四十三年戊戌五月初三日卒咸豐四年甲寅四月初七日壽七十七娶鄭氏生乾隆四十八年癸卯三月初一日卒同治七年戊辰十二月初二日壽八十六葬岱山念母寮百步山子經八經九

興五 **如楷** 傑二子生乾隆四十六年辛丑八月初七日卒道光廿五年乙巳二月初九日壽六十五娶梁氏生乾隆五十年乙巳十一月十四日卒道光廿九年己酉正月十二日壽六十五葬北畚斗平地子經十經十一經十二經十三

二十二世

經一 **經衔** 興一子生嘉慶二年丁巳五月廿七日卒道光廿七年己酉八月初十日年五十三娶鄭氏生乾隆六十年乙卯四月初二日卒同治九年庚午六月廿九日壽七十六葬岱山念母寮小湖山子綸一綸二綸三綸四綸七綸七由繼綸三

經二 **經鉉** 興　子生嘉慶六年辛酉正月廿六日卒道光三十年庚戌二月廿一日年五十娶邱氏生嘉慶八年癸亥四月廿五日卒光緒廿一年乙未

六月十六日壽九十三葬岱山
念母嶴小湖山子六五綸大

經三 經燮 興一子生嘉慶廿三年戊寅三月廿七日卒同治七年壬戌八月十三
日年五十五娶林氏生嘉慶廿五年庚辰九月初八日卒光緒十三年
丁亥正月初九日壽六十八葬岱山
念母嶴石步山經一子綸七八嗣

經四 經渭 興二子生嘉慶八年癸亥二月初十日卒道光廿三年癸卯七月初九
日年四十一娶劉氏生嘉慶八年癸亥九月廿一日卒咸豐九年己未
二月初十日壽六十七葬岱山
念母嶴小湖山子綸八綸九綸十

經五 經元 興三子生嘉慶十年乙丑十月初五日卒光緒七年辛巳七月廿三日
壽七十七娶金氏生嘉慶十一年丙寅十月初三日卒同治七年戊辰
二月十三日壽六十三側室林氏生嘉慶廿三年戊寅三月初九日卒光
緒十一年乙酉八月廿六日壽六十八葬岱山念母嶴華家山子綸十一
綸十
二

經六 經奎 興三子生嘉慶十三年戊辰十二月初五日卒同治六年丁卯正月十
八日壽六十娶張氏生嘉慶十四年己巳正月初十日卒光緒四年戊
寅七月廿五日壽七十葬岱山念母嶴樹
灣子綸十三綸十四綸十四出繼經七

經七 經禹 興三子生嘉慶十八年癸酉十二月十七日卒道光廿二年壬寅八月
十六日年三十娶邱氏生嘉慶十八年癸酉九月廿一日卒十二月十
五日經六子
綸七八繼

經八 **經泰** 興四子生嘉慶廿二年丁丑七月初八日卒咸豐五年乙卯八月廿二
日年三十九娶何氏　誥贈宜人生嘉慶廿四年己卯十二月十六日
卒咸豐四年甲寅十二月二十日年三十六繼娶姜氏　誥贈封人生道
光元年辛巳十一月初七日卒光緒七年辛巳八月十七日壽六十一葬
岱山念母嶴三元墩之
左經九子綸十五入繼

經九 **經傳** 興四子生道光五年乙酉二月十九日卒光緒十年甲申六月十六日
壽六十娶方氏　敕封安人生道光元年辛巳四月廿七日卒光緒廿
二年丙申六月廿八日壽七十六葬岱山砚臺山下子綸十五綸十六綸
十五出繼經八

經十 **經翳** 興五子生嘉慶十一年丙寅九月十六日卒光緒十年甲申十月廿四
日壽七十九娶金氏生嘉慶十年乙丑八月廿五日卒光緒八年壬午
九月廿七日壽七十九葬岱山念母嶴寺林
墩子綸十七綸十八綸十八出繼經十一

經十一 **經皐** 興五子生嘉慶十五年庚午十月廿七日卒咸豐九年己未七月十
七日年五十娶童氏生嘉慶十八年癸酉十二月十二日卒光緒廿
二年丙申二月廿三日壽八十四葬岱
山念母嶴小湖山經十子綸十八入繼

經十二 **經先** 興五子生嘉慶二十年乙亥正月十九日卒光緒九年癸未九月廿
六日壽六十九娶沈氏生嘉慶廿一年丙子三月廿三日卒光緒九
年癸未三月十六日壽六
十八子綸十九綸二十

經十三 **經生** 興五子生道光四年甲申十一月初四日卒咸豐三年癸丑十月初
七日年三十葬岱山念母嶴小湖山娶袁氏生道光九年己丑九月

十五日子綸
廿一綸廿二

二十三世

綸一
綸世　經一子生嘉慶廿三年戊寅十二月初一日卒同治十二年癸酉五月十六日年五十六娶劉氏生嘉慶廿五年庚辰九月十二日卒光緒八年壬午十月廿二日壽六十三
葬岱山念母嶴華家山子輔一

綸二
綸成　經一子生道光三年癸未正月初六日卒同治元年壬戌九月初五日年四十娶董氏生道光四年甲申正月初四日子輔二

綸三
綸清　經一子生道光七年丁亥九月十五日卒同治十二年癸酉三月十八日年四十七娶張氏生道光十年庚寅四月廿九日卒同治十一年壬申七月廿五日年四十三葬岱山念母嶴華家山子輔三輔四

綸四
綸鈞　經一子生道光十三年癸巳三月十五日卒光緒廿四年戊戌四月十三日壽六十六娶孫氏生道光十七年丁酉十月十四日子輔五

綸五
綸全　經二子生道光六年丙戌十二月初七日卒同治八年己巳七月十五日年四十四娶毛氏生道光十一年辛卯十一月初二日卒光緒十六年庚寅九月十五日壽六十葬岱山念母嶴小湖山綸六子輔六入繼

綸六
綸茂　經二子生道光十九年己亥十一月初四日卒光緒十六年庚寅九月十六日年五十二娶陳氏生道光廿四年甲辰七月廿五日卒光緒八年壬午八月初一日年三十九子輔六輔七輔八輔九輔六出繼綸五

綸七　綸言　經三子生道光十五年乙未十月初七日卒光緒三年丁丑九月廿九日年四十三葬岱山念母墺百步山祖墳側娶林氏生道光十九年己亥十月廿五日子輔十

綸八　綸章　經四子生道光七年丁亥十二月廿六日卒光緒九年癸未正月二十日年五十七娶鄔氏生道光六年丙戌八月初三日卒光緒廿一年乙未七月初四日壽七十　輔十一　輔十二

綸九　綸訓　經四子生道光二十年庚子十一月十二日卒光緒廿一年乙未十一月十二日年五十六娶陳氏生道光廿二年壬寅四月十七日子輔十三　輔十四　輔十五

綸十　綸扉　經四子生道光廿四年甲辰八月廿二日卒光緒十五年己丑　月　日年四十六娶徐氏生道光廿二年壬寅十二月廿五日子輔十六

綸十一　綸明　經五子生道光廿五年乙巳十一月初二日卒光緒十九年癸巳二月初一日年四十九娶姚氏生道光廿三年癸卯閏七月十八日子輔十七　輔十八　輔十九

綸十二　綸順　經五子生道光廿八年戊申六月初六日卒光緒十一年乙酉十二月初四日年三十八娶毛氏生道光廿八年戊申十二月初八日子輔二十　輔廿

綸十三　綸壽　經六子生咸豐八年戊午二[illegible]五月娶陳氏生咸豐八年戊午十二月十二日子輔廿二　輔廿三　輔廿四　輔廿五

綸十四 綸品 經七子生咸豐十年庚申二月十二日娶洪氏生咸豐八年戊午四月二十[illegible]日子輔廿六

綸十五 綸錦 經[illegible]子生道光廿六年丙午十一月廿七日卒光緒元年乙亥四月初二日年三十娶鄔氏 誥封宜人生道光廿五年乙巳二月初六日卒光緒廿一年乙未閏五月十九日年五十一葬岱山念母嶴三元墩之右坐□向□兼癸 子輔廿七輔廿八

綸十六 綸盛 經九子生咸豐七年丁巳正月十七日娶鄔氏 敕封安人生咸豐五年乙卯十月廿八日卒光緒十二年丙戌十月十七日年三十二 繼娶童氏 敕封安人生同治二年癸亥七月十四日側室姜氏生同治六年丁卯九月初一日子輔廿九鄔氏出

綸十七 綸炳 經十子生道光九年己丑閏四月十二日卒光緒三年丁丑三月初五日年四十九娶金氏生道光十年庚寅十一月廿一日卒光緒九年癸未十月初五日年五十四葬岱山念母嶴寺林嶨父墳側子輔三十輔三一輔三二

綸十八 綸華 經十一子生道光二十年庚子四月初七日卒光緒廿一年乙未二月十九日年五十六娶劉氏生道光廿四年甲辰十月十五日側室□氏絕子輔三三

綸十九 綸權 經十二子生道光廿一年辛丑八月初九日卒同治五年丙寅二月初九日年二十六

綸二十 綸定 經十二子生咸豐七年丁巳十一月初五日娶徐氏生咸豐五年乙卯九月廿二日

綸廿一 綸齊 經三子生道光廿八年戊申十月初四日卒光緒廿二年丙申四月初九日年四十九娶陳氏生咸豐二年壬子五月廿四日子輔三四

輔三
五

綸廿二　綸有
經十三子生咸豐二年壬子九月十四日娶王氏生咸豐六年丙辰
四月　日子輔三六

二十四世

輔一　輔仁
綸一子生道光廿二年壬寅十月初二日娶沈氏生道光廿二年壬寅
八月初三日壽域在岱山念母嶴華家山父墳側子相一相二

輔二　輔貴
綸二子生咸豐三年癸丑四月[illegible]十日卒[illegible]光緒廿四年戊戌五月十
六日年四十六娶董氏生咸豐十一年辛酉七月廿八日子相三相四

相五

輔三　輔松
綸三子生咸豐六年丙辰正月十一日娶方氏生同治五年丙寅十月
十一日

輔四　輔竹
綸三子生同治二年癸亥八月廿九日娶王氏生光緒三年丁丑　月
日

輔五　輔寅
綸四子生同治八年己巳四月廿四日

輔六　輔朝
綸五子生同治四年乙丑正月初一日娶王氏生同治七年戊辰　月
日子相大

輔七　輔連
綸六子生同治六年丁卯十一月十三日卒光緒廿三年丁酉六月初七
日年三十一娶姜氏生同治八年[illegible]月廿五日

輔八　輔高
綸六子生同治九年庚午十[illegible]一日娶韓氏生光緒四年戊寅九月
三十日

輔九　輔甯　綸六子生同治十二年癸酉　月　日娶陸氏生光緒六年庚辰八月初四日

輔十　輔蘭　綸七子生光緒元年乙亥二月初一日娶林氏生同治十三年甲戌十月廿五日子相七

輔十一　輔褰　綸八子生咸豐七年丁巳正月初七日

輔十二　輔瑞　綸八子生同治六年丁卯七月廿七日娶鄭氏生同治十一年壬申八月初二日子相八相九

輔十三　輔慶　綸九子生同治六年丁卯十一月廿九日

輔十四　輔髦　綸九子生同治十年辛未八月廿三日

輔十五　輔祺　綸九子生光緒三年丁丑六月廿八日

輔十六　輔方　綸十子生光緒十二年丙戌十月廿三日

輔十七　輔艾　綸十一子生同治三年甲子八月十八日娶姚氏生同治三年甲子十二月廿四日子相十相十一

輔十八　輔裕　輔十一子生光緒七年辛巳八月十一日

輔十九　輔存　綸十一子生光緒十三年丁亥正月十二日

輔二十　輔林　綸十二子生同治五年丙寅十二月三十日

輔廿一　輔標　綸十二子生光緒十年甲申四月初二日

輔廿二　輔成　綸十三子生光緒四年戊寅七月廿九日娶任氏生光緒八年壬午月　日

輔廿三　輔咸　綸十三子生光緒十三年丁亥　月　日

輔廿四　輔忠　綸十三子生光緒十九年癸巳　月　日

輔廿五　輔滿　綸三十子生光緒廿三年丁酉　月　日

輔廿六　輔宏　綸十四子生光緒九年癸未十一月廿四日

輔廿七　輔光　綸十五子生同治五年丙寅二月初一日娶趙氏生同治四年乙丑三月初五日子相十二相十三相十四相十五相十六女字沈

輔廿八　輔袞　綸十五子生同治十一年壬申九月十五日娶沈氏　敕封安人生同治十年辛未　月　日子相十七女字

輔廿九　輔展　綸十六子生光緒九年癸未十一月廿二日娶湯氏生光緒十年甲申　月　日

輔三十　輔榮　綸十七子生咸豐三年癸丑七月初七日娶劉氏生咸豐十一年辛酉九月初四日卒光緒十六年庚寅八月十八日繼娶施氏生同治二年癸亥　月　日子相十八劉氏出

輔三一　輔才　綸十七子生咸豐七年丁巳十月廿三日娶羅氏生咸豐九年己未七月廿八日子相十九相二十

輔三二 輔聰 瑜十七子生咸豐十一年辛酉十二月廿八日娶應氏生同治四年乙丑六月初五日卒光緒廿二

輔三三 輔裔 瑜十八子生光緒廿一年乙未三月初八日

輔三四 輔品 瑜廿一子生光緒二年丙子十一月廿四日

輔三五 輔[illegible] 瑜廿一子生光緒五年己卯九月十七日聘劉氏生光緒十四年戊子　月　日

輔三六 輔元 瑜廿二子生光緒二年丙子二月十三日娶金氏生光緒五年己卯正月十九日

二十五世

相一 相陞 輔一子生同治九年庚午三月初五日娶李氏生同治十年辛未六月廿八日

相二 相[illegible] 輔一子生光緒六年庚辰二月[illegible]日娶徐氏生光緒七年辛巳五月十二日

相三 相位 輔二子生光緒十一年乙酉二月十六日

相四 相來 輔二子生光緒十六年庚寅二月廿二日

相五 相閒 輔二子生光緒十九年癸巳八月廿二日

相六 相標 輔六子生光緒十六年庚寅十二月十七日

□□□□宗譜　卷三十五　西房以四公派　□□堂

相
七　相家　輔十子生光緒廿四年戊戌十二月二十日
相
八　相樂　輔十二子生光緒二十年甲午二月三十日
相
九　相榆　輔十二子生光緒廿三年丁酉七月十五日
相
十　相春　輔十七子生光緒十七年辛卯十二月三十日
相十
一　相洪　輔十七子生光緒廿四年戊戌正月十四日
相十
二　相杞　輔廿七子生光緒十三年丁亥五月初十日聘金氏生光緒十三年
丁亥　月　日
相十
三　相梓　輔廿七子生光緒十六年庚寅十二月十八日
相十
四　相楩　輔廿七子生光緒廿一年乙未三月初五日
相十
五　相楠　輔廿七子生光緒廿二年丙申十一月十八日
相十
六　相櫝　輔廿七子生光緒廿五年己亥十二月初六日
相十
七　相桐　輔廿八子生光緒廿四年戊戌四月初一日
相十
八　相櫶　輔三十子生光緒十七年辛卯十二月十一日聘夏氏

相十九　相清　輔三一子生光緒十四年戊子十一月廿一日

相二十　相君　輔三一子生光緒廿二年丙申四月十三日

相廿一　相滇　輔三二子生光緒十五年己丑七月十九日

慈東費氏四修宗譜　卷三十五　西房玖四公派　[illegible][illegible]堂藏

慈東費氏四修宗譜卷三十六

遷徙小童嶴世系 西房玖四公派 在三三公支下

十九世

廷榮 俊二百九九 住小童嶴

二十世

啓成 傑三百五二

廿一世

元有 奐一

元順 奐二 字元盛

廿二世

經裕 經一

經才 經二 經三之子入繼

經雲 經三

廿三世

綸貴 綸一

綸福 綸二

綸福 出繼經二

綸壽 綸三

綸潤

[illegible]卷三十八　西房玖四公派

出繼經四

[illegible]堂

綸潤　綸四

經寶　經四
小字德有
經三之子入繼

綸青　綸五
小字徐生

經文　經五
字德勝號東
溪

元法　三

綸道　綸六
小字岳桂

經章　經六
字德豈

綸和　綸七
小字春貴

經祥　經七

廿三世
綸貴　綸一

廿四世
輔朝　輔一

廿五世
相基　相一

綸壽 三 綸

綸潤 四 綸

綸道 六 綸

輔嘉 二 輔

輔來 三 輔

輔盈 四 輔

輔康 五 輔

輔[illegible] 六 綸潤

輔善 七 輔

綸和
七　綸

輔興
八　輔

附錄十九世以上世系

第一世
士賢 世廿四
字華國號東靈由蘇州楊柳巷遷慈
妣四都李氏

第二世
彥京 千四
字子穎號振東
妣張氏

第三世
元芳 萬三
字德馨號桂林
妣五都邵氏

第四世
艮佐 添十一
字顯道號海嶠茂才
妣林氏

第五世
日章 再七
字顯之號峯山邑志有傳
妣傅氏

第六世
游龍 明二
字行慈號霖川
妣童氏

第七世
體濱 益六
字前川號順軒益三子入繼
妣桂氏

第八世
懷忠 莊二
字忠誠號守心
妣李氏側室單氏

第九世
時 玖四
字文簡號德化
妣張氏戴氏

第十世
居然 酉六
舊行同字世美
妣沈氏朱氏

十一世
鑛 啓十五
舊行同
妣張氏

十二世
瓊 禮二十
舊行廿六
妣蘇氏

十三世
銘 在三二
舊行四四
妣章氏

十四世
濾 敬六二
舊行八九
妣錢氏

十五世
柄 文八四
舊行百五四
妣周氏

十六世	十七世	十八世	十九世
文煌 武百十	士魁 英百四九	志仁 才二百廿二	廷[illegible] 後二百九九
字景陽	字明卿	字仁之	
妣徐氏	妣姚氏	妣陶氏	

遷徙小童嶴世次傳

十九世

廷榮　才二百廿二子生乙月初七日卒六月初四日娶錢氏生康熙四十六年丁亥八月初四日卒乾隆四十二年丁酉六月初二日壽七十一葬小洞嶴長龍庵坐酉朝東子傑三百五二　後二百九九

二十世

啓成　後二百九九子生乾隆六年辛酉七月廿九日卒嘉慶十一年丙寅二月廿三日壽六十六娶嚴氏生乾隆六年辛酉九月十九日卒嘉慶五年庚申十二月初九日壽六十葬小洞嶴四一房墳庵前東首子興一興二興三　傑三百五二

二十一世

元有　傑三百五二子生十二月十一日卒十二月初四日娶葉氏生五月廿九日卒十一月廿四日葬小童嶴考墳傍子經一　興一

元順　傑三百五二子生乾隆四十一年丙申九月廿五日卒咸豐三年癸丑十二月初十日壽七十八娶方氏生乾隆五十七年壬子二月初二日卒咸豐九年己未十一月初六日壽六十八葬小洞嶴朱家屋後子經二經三經四　興二

元洪　傑三百五二子生乾隆四十三年戊戌正月十一日卒道光廿一年辛丑正月十七日壽六十四娶金氏生乾隆五十三年戊申二月初九日　興三

卒道光十年庚寅十月廿一日年四十三
葬小童縣神童山南向子經五經六經七

二十二世

經一 **經裕** 與一子生嘉慶十三年戊辰十月十六日卒道光廿九年己酉七月廿
一日年四十二娶嚴氏生正月廿八日卒九月初四日繼娶柴氏生嘉
慶廿二年丁丑五月初二日卒光緒十一年乙酉六月初一日壽六十九
葬小童縣神童山南首子綸一

經二 **經才** 與二子生嘉慶十八年癸酉十月初十日卒咸豐六年丙辰七月十八
日年四十四娶嚴氏生嘉慶廿二年丁丑十一月初二日卒十　月十七
日經三子
綸二入繼

經三 **經雲** 與二子生道光二年壬午正月初八日卒同治二年癸亥九月初五日
年四十二娶周氏生道光二年壬午六月初一日卒光緒七年辛巳九
月十二日壽六十葬小童縣大覺庵後子綸二綸三綸四綸二出繼經二
綸四出繼經四

經四 **經寶** 與二子生道光九年己丑三月十一日卒咸豐二年壬子十一月初三
日年二十四娶周氏生道光十七年丁酉九月初九日卒咸豐元年辛
亥八月十八日年十五葬小神
縣大覺庵後經三子綸四入繼

經五 **經文** 與三子生嘉慶二十年乙亥八月初一日卒同治四年乙丑二月十六
日年五十一娶徐氏生嘉慶廿四年己卯十二月廿六日卒同治六年
丁卯八月廿六日年四十九葬
小童縣神童山酉　子綸五

經六 經章 興三子生嘉慶廿□年□月□日□時卒光緒廿 年 月
日娶陳氏生道光七年丁亥六月廿七日卒同治四年乙丑十月廿
二日年三十九葬朱家屋
後坐北朝南子二綸六綸七

經七 經祥 興三子生道光十五年乙未十一月十一日娶張氏生道光十九年己
亥三月十四日卒咸豐七年丁巳九月十八日年十九葬朱家屋後

二三 一世

綸一 綸貫 經一子生道光廿一年辛丑□月□九 卒光緒十年甲申三月初四
日年四十四娶邱氏生道光廿八年戊申二月十六日葬小童嶴神童
山十
輔一

綸二 綸福 經二子生道光廿一年辛丑十二月初八日

綸三 綸壽 經三子生道光廿七年丁未二月初五日娶胡氏生咸豐四年甲寅十
二月廿六日卒丑月二十日子輔二輔三輔四

綸四 綸禮 經四子生咸豐四年甲寅七月初十日娶陳氏生同治三年甲子五月
十八日子輔五

綸五 綸青 經五子生咸豐六年丙辰五月初五日娶林氏生同治六年丁卯十一
月初一日

綸六 綸道 經六子生道光廿七年丁未正月十一日娶邱氏生咸豐七年丁巳正
月初二日卒光緒七年辛巳五月十九日年二十五繼娶馮氏生咸豐
五年乙卯九月廿
三日子輔六輔七

綸七 **綸和** 經六子壬咸豐十年庚申正月初二日娶　氏生　年　月

日子輔八

二十四世

輔一 **輔朝** 綸一子生同治十一年壬申十月廿七日娶邱氏生光緒八年壬午四月十三日子相一

輔二 **輔嘉** 綸三子生同治十三年甲戌八月初八日

輔三 **輔來** 綸三子生光緒八年壬午九月初四日

輔四 **輔盈** 綸三子生光緒十五年辛丑十一月十三日

輔五 **輔康** 綸四子生光緒八年壬午八月廿六日

輔六 **輔根** 綸六子生光緒十一年乙酉十月初五日

輔七 **輔賢** 綸六子生光緒廿六年庚寅七月廿九日

輔八 **輔興** 綸七子生光緒十六年庚寅十二月初三日

二十五世

相一 **相基** 輔一子生光緒廿七年辛丑六月十七日

慈東費氏四修宗譜卷三十七

遷徙鎮邑沈孔橋世系 東房玖五公派下十二公下分支

十六世

固然 靜三 九

舊行七八

字伯通號寶

甯邑庠生

十七世

聰一 甯

十八世

良秀 聰

十九世

愛七一 秀

瑞甫二 樂

樂四二三 樂

諱闕

二十世

德榮一 昇

住川山

德貴二 昇

德輝三 昇

字善友

住大灣

德崇四 昇

字爾成昇□

之子入繼

德佩五 昇

字藹玉

樂三四　樂四　諱闓

煥甫　樂五　舊四十行

德潮　昇六

德修　昇七　字君佑

艮安　裕二

艮泰　裕三

明　甯二

艮才　裕四

君瑞　樂六　字捨生

裕宏　昇八

雲祥　昇九

樂貴 樂七

德甫 樂八
字應寶

顯甫 樂九
字應龍

吉甫 樂十
字應顯

良美 紒五

德義 昇十
字士法

華廷 昇十一

昇勝 昇十二

德常 昇十三
字志成
號德壽

德求 昇十四
字志貞
號德潤

德全 昇十五
字德福

二十世 廿一世 廿二世 廿三世 廿四世

德榮 昇一 住川山
文直 平一 小字剛
綱 鍘一

綱 鍘二

德貴 昇二
文卿 平二 字良臣

文郁 平三

德崇 昇日 字爾誠 昇□子入繼
文芳 平四 一字行方
士范 时三
成友 常一
仁法 忠一

成生 常二
連寶 忠二

士典　四綱

成允　三常

成師　四常

成榮　五常　小字北山

東海　六常

成奎　七常

仁寶　三忠

仁金　四忠

忠銘　五忠　字長福

忠昆　六忠

德佩 昇五 字韞玉

文林 平五 字勝美 小字天麟 住郿家坪 費姓墳庵

開先 綱五

士松 綱六

士元 綱七

成國 常八

成昌 常九 常十子入繼

成海 常十

字韞壽

仁才 忠七

仁才 出繼常九

仁利 忠八

仁來 忠九

文明 平六 字顯卿

士正 綱八

成法 常十一

成紀 常十二

仁生 忠十

仁泰 忠十一 〇止

仁茂 忠十二 〇止

仁德 忠十三 〇止

仁友 忠十四

來仁 忠十五

[illegible]卷三十八　東房致五公派

德修　昇七　字君佑

文光　平七　字麟世

文才　平八　字麟[illegible]

士成　綱九

士升　綱十

成國　常十三

有泰　常十四

仁和　忠十六〇止

仁琛　忠十七

立江　忠十八

生乾　忠十九〇止

[illegible]

生仁 忠二十

忠壽 忠廿一

士泮 綱十一 ○止

文煥 平九 字世賢

士鋆 綱十二

成秀 常十五

忠茂 忠廿二

文偉 平十 字世偉

忠和 忠廿三

宏裕 昇八

雲祥 昇九

文顯 平十一

文賢 平十二 字文惠

士芳 利十三

士秀 利十四 字起雲

常裔 常十六

成來 常十七

成義 常十八

成慶 常十九

忠朝 忠廿四

仁有 忠廿五

仁位 忠廿六

忠天 忠廿七

[illegible] 平十一

仁彬 綱十五 字起鼓

繼周 綱十六

紹周 綱十七

明林 綱十八 字士亨

林佐 綱十九

成瑞 常二十

沛道 常廿一

仁安 忠廿八

仁宇 忠廿九

生全 忠三十

東粵黃氏四修族譜　卷三　東房玖五公派　　東元堂

德義 昇十 十

文會 平十 四 字玉賢

士法 綱二 十 字子元

富貴 常廿 二

富民 常廿 三

秀全 忠三 一

銀全 忠三 二

華廷 昇十 一

文華 平十 五 字澤先小字長生

士傑 綱廿 一 小字琍字傑

成才 常廿 四 字□羅 號鶴齡

仁恩 忠三 三 ○止

成美 常廿 五

仁龍 忠三 四

士宏　綱廿二　字金順

士貞　綱廿三

成恩　常廿六　字昌生

成忠　常廿七　字照臨

成用　常廿八

成惠　常廿九

大良　常三十

仁思　忠三五

仁浩　忠三六

仁甯　忠三七

仁魁　忠三八

文元 平十 六
字璧初小字善生

士球 綱廿 四
字美中

大珩 常三 一

仁陽 忠三 九〇止

仁慎 忠四 十〇止

士彥 綱廿 二
字美彥小字增貴

孝經 常三 二

仁水 忠四 一〇止

士喆 綱廿 六
字美際小字增壽

文科 平十 七
字聖益小字蓮生

士[illegible] 綱廿 七
字振名

成彬 常三 三
小字大學

孝更 忠四 二

成泰 常三 四

小字孟生

常慶 常三五

士艮 [illegible] 字[illegible]

君紫 常三六

君相 常三七

仁禧 千十八 字聖章

士爽 綱廿八 字元通

成信 常三八 字大來

仁源 忠四三〇 止

士明 綱三十

成茂 常三九

仁盛 忠四四

士傑 綱三一

成高 常四十

小宗題

成順　一　常四

昇勝　二　昇十
平生　九　平十
綱鍾　二　綱三
□先　二　常四

平貴　十　平二

平□　一　平廿
士□　三　綱三
行先　三　常四

德備　三　昇十
字志成
號德壽
文旭　二　平廿
字汝舟
士□　四　綱三
成文　四　常四
仁寶　五　忠四

成潤　五　常四

德求　昇十 四

文達　平廿 三　字小明

文玉　平廿 四　字汝洲

文相　平廿 五

綱謨　[illegible]三 五

綱卿　[illegible]三 六

士元　綱三 七

士宗　綱三 八

成學　常四 六

紀生　忠四 六

士友　綱三 九

文俟　平廿　六　字圓興

德全　昇十　五　字德珩

文俊　平廿　七　字汝偉

士英　絧四　十　字光乃

成海　常四　七

康榮　忠四　七○止

仁榮　忠四　八

仁倫　忠四　九○止

成玉　常四　八

瑞榮　忠四　五○止

士高　絧四　一

成章　常四　九

維榮　忠五　一

字兆坦

廿四世　廿五世　廿六世　廿七世　廿八世

連榮　忠五　二

士能　[illegible]　二　字備[illegible]

仁法　忠一
恕慎　恕一

恕信　恕二

仁金　忠四
恕林　恕三
元才　元一

[illegible]卷三十　東房玖五公派　[illegible]

忠銘 忠五 字長福

恕珍 恕四

元法 元二

元本 元三

忠良 忠六 字福壽

恕茂 恕五 小字紹永

仁才 忠七

恕安 恕六 住鄭家坪

仁來 忠九

恕盛 恕七

仁生 忠十

恕蓮 恕八

來仁　忠十五

紹華　恕九　住杭州

仁琛　忠十七

恕金　恕十

立江　十八

紹鋆　恕十一

紹允　恕十二

忠壽　忠廿一　小字阿標

長齡　恕十四

忠茂　忠廿二

恕杏　恕十五

恕岳 恕十六

仁有 忠廿五
紹堂 恕十七
野灣 元四

仁位 忠廿六
連堂 恕十八

三堂 恕十九

仁天 忠廿七
紹明 恕二十

仁安 忠廿八
紹身 恕廿一

仁守 忠廿九

普基 恕廿二

仁龍 忠三四

恕海 恕廿三

元鎮 元五

貞壽 貞一 字文興

仁思 忠三五

恕河 恕廿四

仁浩 忠三六

恕方 恕廿五 又名世方

元標 元六 一名元萬

元奐 元七

仁甯 忠三七

恕宏 恕廿六

元福 元八

元有 元九 一名元成

貞發 貞二

元貴 元十

元基 元十一

貞裕 貞三

[illegible]道 紹廿七

貞升 貞四

元次 元十二

紹聯 忠廿八

仁魁 忠三八

孝更 忠四二

仁寶 忠四五

紹翰 恕廿九

金茂 恕三十

順芳 恕三一

恕茂 恕三二

元芳 元十三

元道 元十四 小字建興

元泉 元十五 小字星興

雅興 元十六

阿助 元十七

小字紹運

恕盛 恕三 三

紀生 忠四 六

恕懷 恕三 四

恕耀 恕三 五

仁榮 忠四 八

紹濤 恕三 六

紹璉 恕三 七

維榮 忠五 一

[illegible]方 恕三 八

仁友　九　恕三

[illegible][illegible]　十　恕四

恕□　一　恕四

[illegible][illegible]　二　恕四

[illegible]榮　二　忠五

附錄十六世以上世系

第一世
士賢 世廿四
字華國號東
藂出蘇州楊
柳巷遷慈
妣四都李氏

第二世
彥京 千四
字子顒號振
東
妣張氏

第三世
元芳 萬三
字德馨號桂
林
妣五都邵氏

第四世
艮佐 添十一
字顯道號海
嶠茂才
妣林氏

第五世
日休 再九
字杰之號鳳
山敘論
妣孫氏

第六世
翔龍 明六
字景南號竹
墅經論
妣張氏劉氏
側室劉氏

第七世
體源 益三
字巨川號濟
軒
妣錢氏

第八世
子遠 莊一
字永思號存
心
妣力氏徐氏

第九世
言 玖五
字文訓號德
教
妣陸氏

第十世
居學 東四
字子敏東一
子入繼
妣　氏

十一世
存志 厚七
舊行二一字可
成

十二世
庸 端十二
舊行三字公
定號鞍南

十三世
崇相 愷二一十
舊行十八字
中節號東崖

十四世
鎮 阜廿三
舊行三二字
巨源號後山

十五世
科 安二七
舊行七七字
進卿號侍山

繼唐氏

繼朱氏

繼姜氏鍾氏

繼余氏龔氏

郡庠生　繼姚氏耿氏　按萬歷譜云　公劬習詩長　入郡庠二赴　浙闈嘗游學　三吳士人信　從甚衆

十六世

固然 靜九三

字伯通號夔　甫邑庠生由　慈谿遷從鎮　邑沈孔橋

遷徙鎮邑沈孔橋世次傳

十六世

靜三九　固然　安二七子生嘉靖四十年辛酉五月初七日卒崇禎四年辛未十二月初六日壽七十一娶本縣門部林氏繼娶□氏生卒俱闕子甯廿六甯廿七

十七世

甯廿六　聰　靜三九子娶氏生卒俱闕子裕一裕二裕三

甯廿七　明　靜三九子娶氏生卒俱闕子裕四裕五

十八世

裕一　良秀　甯廿六子生正月初二日卒七月十八日娶□氏生闕卒六月廿六日子樂一樂二樂三樂四

裕二　良安　甯廿六子娶氏生卒俱闕子樂五

裕三　良泰　甯廿六子娶氏生卒俱闕

裕四　良才　甯廿七子生二月十一日卒闕娶徐氏生二月十九日卒七月廿六日子樂六樂七樂八

裕五 良美 甫廿七子生闕卒三月初六日娶王氏生闕卒十月十六日子樂九樂十

十九世

樂一 愛七 裕一子娶氏生卒俱闕子昇一

樂二 瑞甫 裕一子娶周氏生卒俱闕子昇二昇三

樂三 樂□ 裕一子諱字闕生康熙九年壬寅十月十五日卒康熙五十四年乙未二月廿九日年五十四娶張氏生康熙三年甲辰九月初七日卒闕子昇四昇五

樂四 樂四 裕一子諱闕生卒亦闕

樂五 甫 裕二子娶周氏生卒俱闕子昇六昇七

樂六 君瑞 裕四子生二月初八日卒闕娶劉氏生九月初八日卒五月廿五日子昇八昇九

樂七 貴 裕四子□氏生卒俱闕子昇十

樂八 德甫 裕四子娶唐氏生卒俱闕子昇十一

樂九 顯甫 裕五子娶沈氏生卒俱闕子昇十二

樂十 **吉甫** 裕五子生康熙三年甲辰三月初三日卒乾隆二年丁巳十二月廿七日壽七十四娶饒氏生康熙十三年甲寅九月廿五日卒乾隆十二年丁卯十二月廿八日壽七十四葬西地田坐北朝南子十三昇十四昇十九

二十世

昇一 **德榮** 樂一子住川山娶陳氏生卒俱闕子平一

昇二 **德貴** 樂二子生康熙三十六年丁丑八月初十日卒闕娶李氏生康熙四十七年戊子八月廿八日卒闕子平二平三

昇三 **德輝** 樂二子住大嵩

昇四 **德崇** 樂三子生康熙三十二年癸酉四月十四日卒乾隆廿七年壬午八月初六日壽七十娶李氏生康熙三十六年丁丑十月初二日卒乾隆廿七年壬午十一月廿七日壽六十六側室余氏生康熙三十七年戊寅十月初一日卒闕需廿七公派下昇口子平四入繼未詳何人之子

昇五 **德佩** 樂三子生康熙四十二年癸未餘闕卒乾隆廿二年丁丑三月廿三日年五十五娶劉氏生康熙五十四年乙未十月初十日卒闕子平五平六

昇六 **德潮** 樂五子娶氏生卒俱闕

昇七 **德修** 樂五子生康熙四十八年己丑正月廿七日卒乾隆廿一年丙子八月廿五日年四十八娶余氏生康熙五十七年戊戌十月三十日卒闕子

平八平
九平十

昇八　宏裕　樂六子娶劉氏生卒俱闕子平十一

昇九　雲祥　樂六子娶馮氏生卒俱闕子平十二平十三

昇十　德義　樂七子娶馬氏生卒俱闕子平十四

昇十一　華廷　樂八子娶沈氏生卒俱闕子平十五平十六平十七平十八

昇十二　勝　樂九子娶盛氏生卒俱闕子平十九平二十平廿一

昇十三　德瑞　樂十子生康熙三十年辛未十一月初一日卒乾隆廿六年辛巳正月初五日壽七十一娶劉氏生康熙三十六年丁丑二月廿二日卒十月初六日繼娶鄧氏生康熙四十五年丙戌十一月十八日卒闕子平廿二劉氏出平廿三鄧氏出

昇十四　德求　樂十子娶張氏生卒俱闕子平廿四平廿五平廿六

昇十五　德全　樂十子生康熙四十二年癸未四月十四日卒雍正七年己酉二月廿三日年二十七娶陳氏生康熙四十五年丙戌十月十九日卒闕
葬黃泥沉畝地方坐酉向東子平廿七

二十一世

平一 文直 昇一子住川山娶氏生卒俱失子綱一綱二

平二 文卿 昇二子生乾隆元年丙辰六月初三日卒闕娶周氏生乾隆十七年壬
申二月廿二日卒闕

平三 文能 昇二子生乾隆四年己未九月十三日卒闕

平四 文芳 昇三子生康熙五十五年丙申十一月十三日卒闕娶吳氏生雍正三
年乙巳六月初八日卒闕子綱三綱四綱五

平五 文林 昇五子住鄭家坪學姓墳菴生乾隆年甲子五月初八日卒闕娶胡氏
生乾隆三十五年庚寅九月十五日卒道光元年辛巳三月三十日年
五十二子
綱六綱七

平六 文明 昇五子生乾隆十九年甲戌十一月十六日卒闕娶口氏生卒闕子綱
八

平七 文光 昇七子生乾隆十年乙丑十月廿五日卒闕

平八 文才 昇七子生乾隆十二年丁卯九月三十日卒闕娶口氏生卒闕子綱九
綱九綱十綱十一

平九 文煥 昇七子生乾隆十四年己巳十月廿二日卒闕

平十 文偉 昇七子生乾隆十六年辛未十一月廿九日卒闕娶口氏生卒闕子綱
十二

平十一 文顯 昇八子生康熙五十年辛未十二月十二日卒乾隆十六年辛未二
月十四日壽六十一娶劉氏生卒闕屋西堰頭坐北朝南子綱十

三文高
未詳

平十二 **文賢** 昇九子生康熙四十五年丙戌十月初二日卒闕娶華氏生康熙五十七年戊戌六月十三日卒闕子綱十四綱十五

平十三 **文宗** 昇九子生康熙四十八年己丑五月初四日卒闕娶杜氏生雍正五年丁未五月廿五日卒闕子綱十六綱十七綱十八綱十九

平十四 **文會** 昇十子娶劉氏生卒俱闕子綱二十

平十五 **文華** 昇十一子生康熙廿八年己巳九月十八日卒乾隆十一年丙寅三月十五日年五十八娶沈氏生康熙廿九年庚午十一月十六日卒乾隆三十一年丙戌九月廿一日壽七十七子綱廿一綱廿二綱廿三

平十六 **文元** 昇十一子娶陳氏生卒俱闕子綱廿四綱廿五綱廿六

平十七 **文科** 昇十一子生康熙三十四年乙亥七月初五日卒乾隆九年甲子五月十三日年五十娶陳氏生康熙三十九年庚辰十一月十三日卒雍正十三年乙卯十一月十七日年三十六子綱廿七綱廿八

平十八 **文龍** 昇十一子生康熙三十七年戊寅五月廿一日卒闕娶吳氏生康熙四十四年乙酉八月十九日卒闕子綱廿九綱三十綱三一

平十九 **平生** 昇十二子娶樓氏生卒俱闕子綱三二

平二十 **平貴** 昇十二子生卒闕

平廿一 丕應 昇十二子娶吳氏生卒俱闕子綱三三

平廿二 文旭 昇十三子生雍正七年己酉卒闕娶錢氏生卒闕子綱三四綱三五綱三六

平廿三 文達 昇□三子生乾隆九年甲子十□月□十日卒闕娶張氏生乾隆八年癸亥四月廿二日卒闕

平廿四 文玉 昇十四子生雍正九年辛亥□□□三日卒闕娶陳氏生雍正九年辛亥九月十二日卒乾隆廿七年壬午十一月廿二日年三十二繼娶李氏生雍正十年壬子十一月十六日卒闕子綱三七

平廿五 文相 昇十四子生乾隆五年庚申九月初八日卒闕娶董氏生乾隆五年庚申□餘□子綱三八綱三九

平廿六 文侯 昇十四子生乾隆十一年丙寅二月初六日卒闕娶陳氏生乾隆十三年戊辰卒闕

平廿七 文俊 昇十五子生雍正二年□□三月初九日卒闕娶陳氏生雍正二年甲辰九月初十日卒闕子綱四十綱四一綱四二

二十二世

綱一 綱□ 平一子住川山諱字生卒俱闕

綱二 綱□ 平一子住川山諱字生卒俱闕

綱三 士范 平四子娶朱氏生卒俱闕子常一常二常三常四

惠東劉氏四修宗譜　卷三十七　東房玖五公派

綱四 士興 平四子生闕卒道光廿七年丁未十二月廿七日娶戴氏生乾隆五十四年己酉卒闕子常五常六常七

綱五 開先 平四子生卒闕

綱六 士松 平五子任郎家坪生乾隆五十二年丁未七月初一日卒道光廿三年癸卯五月十九日年五十七娶洪氏生卒闕子常八常九

綱七 士元 平五子任郎家坪生乾隆五十九年庚戌十二月十二日卒道光廿六年丙午二月初二日年五十七娶周氏生嘉慶八年癸亥九月十一日卒嘉慶廿五年庚辰五月初一日年十八繼娶朱氏生乾隆五十三年戊申十一月初一日卒道光廿三年癸卯六月初九日年五十六子常十

綱八 士正 平六子娶氏生卒俱闕子常十一常十二

綱九 士成 平八子娶陳氏生卒俱闕葬洸孔嶠大漕跟

綱十 士升 平八子娶夏氏生卒俱闕葬洸孔嶠十漕跟子常十三常十四

綱十一 士泮 平八子生卒闕

綱十二 士峯 平十子娶氏生卒俱闕子常十六

綱十三 士芳 平十一子生雍正九年辛亥七月廿一日卒闕娶吳氏生卒闕子常十六

綱十四 士秀 平十二子生乾隆五年庚申五月廿七日卒闕娶周氏生乾隆十四年己巳五月廿八日卒[illegible][illegible]十七常十八常十九

綱十五　士彩　平十二子生乾隆七年壬戌十一月初六日卒闕

綱十六　繼周　平十三子生卒闕

綱十七　紹周　平十三子生卒闕

綱十八　周林　平十三子生乾隆三十七年壬辰五月十七日卒闕娶□氏卒闕子

二十

綱十九　林佐　平十三子娶氏生卒俱闕子常廿一

綱二十　士法　平十四子娶劉氏生卒俱闕子常廿二常廿三

綱廿一　士魁　平十五子生康熙四十九年庚寅閏七月廿六日卒乾隆十六年辛未七月十四日年四十二娶陳氏生康熙五十一年壬辰十一月廿四日卒乾隆十六年辛未七月十五日年四十葬沈孔橋坐北朝南子常廿四常廿五

綱廿二　士宏　平十五子生康熙五十三年甲午十一月初三日卒闕娶應氏生康熙五十七年戊戌六月廿五日卒闕子常廿六常廿七

綱廿三　士貞　平十五子生康熙五十六年丁酉九月十四日卒闕娶劉氏生雍正三年乙巳二月初一日卒闕子常廿八常廿九常三十

綱廿四　士球　平十六子生康熙六十一年壬寅卒闕娶劉氏生康熙五十九年庚子六月十三日卒闕子常三一

綱廿五　士彦　平十六子生雍正三年乙巳十二月初三日卒闕娶王氏生雍正十三年乙卯十一月三十日卒闕子常三二

綱廿六 士昂 平十六子生雍正十年壬子十月初五日卒闕娶王氏生乾隆十三年戊辰餘闕

綱廿七 士望 平十七子生雍正元年癸卯正月十八日卒闕娶虞氏生雍正六年戊申五月廿四日卒闕子常三三常三四常三五

綱廿八 士良 平十七子生雍正四年丙午四月初七日卒闕娶陸氏生雍正十三年乙卯十月十三日卒闕子常三六常三七

綱廿九 士葵 平十八子生雍正九年辛亥五月初六日卒闕娶鄭氏生乾隆三年戊午二月廿四日卒闕子常三八

綱三十 士明 平十八子生乾隆三年戊午二月廿四日卒闕娶沈氏生乾隆十一年丙寅十一月十三日卒闕子常三九女一適未詳

綱三十一 士傑 平十八子生乾隆十四年己巳七月十八日卒闕娶口氏生卒闕子常四十常四一

綱三十二 綱鍾 平十九子娶周氏生卒俱闕子常四二

綱三十三 士勇 平廿一子生雍正八年庚戌餘闕娶陳氏生卒闕子常四三

綱三十四 士義 平廿二子生乾隆十六年辛未二月十三日卒闕娶口氏生卒闕子常四四常四五

綱三十五 綱讓 平廿二子生卒闕

綱三十六 綱卯 平廿二子生卒

綱三十七 士元 平廿二子生卒

綱三　士宗　平十五子生乾隆二十五年庚辰十二月初十日卒闕娶囗氏生王
八　辰月初四日卒十一月十九日子常四六
綱三　士友　平廿五子生乾隆三十九年甲午二月廿一日卒闕
九
綱四　士英　平十七子生乾隆十二年丁卯八月廿二日卒闕娶陳氏生乾隆十
十　四年己巳八月初□日卒闕子常四七常四八
綱四　士爵　平廿七子生乾隆廿二年丁丑二月十三日卒闕娶囗氏生卒闕子
一　常四九
綱四　士能　平廿七子生乾隆廿六年辛巳六月廿八日卒闕
二

二十三世

常一　成友　綱三子生乾隆六十年乙卯五月十八日卒十二月初七日娶任氏絕
子忠一
常二　成生　綱三子生嘉慶五年庚申九月十九日卒闕娶應氏生嘉慶十五年庚
午七月十七日卒闕子忠二
常三　成允　綱三子生卒闕
常四　成師　綱三子生嘉慶十二年丁卯十月廿四日卒闕娶鍾氏生道光二年壬
午六月初六日卒闕子忠三
常五　成榮　綱四子生嘉慶二年丁巳十月廿七日卒道光十六年丙申四月廿九
日年四十娶翁氏生嘉慶十四年己巳六月廿二日卒光緒十五年己
丑十月廿九日壽八十一
葬青林廟東首子忠四

常六 **東海** 綱四子生嘉慶五年庚申五月初五日卒同治九年庚午十一月十一日壽七十一 娶陳氏生嘉慶十九年甲戌八月初一日卒光緒十三年丁亥十二月廿三日壽七十四葬東嶺後吳宅西首

常七 **成奎** 綱四子生嘉慶十七年壬申八月十六日卒光緒十五年己丑八月廿六日壽七十八娶張氏生道光四年甲申十月初十日卒光緒廿一年乙未十二月初九日壽七十 葬沈孔橋東首 子忠五忠六

常八 **成國** 綱六子住郎家坪生道光二年壬午六月三十日卒闕

常九 **成昌** 綱六子住郎家坪生道光四年甲申十二月初四日卒道光廿六年丙午三月二十日年二十三娶茅氏生道光八年戊子五月十五日卒道光廿七年丁未五月初九日 年二十 常十子忠七入繼

常十 **成海** 綱七子住郎家坪生道光四年甲申十月十九日卒光緒十九年癸巳九月廿一日壽七十 娶方氏生道光六年丙戌正月初八日卒光緒十二年丙戌七月十六日壽六十一 子忠七忠八忠七出繼常九

常十一 **成法** 綱八子生嘉慶五年庚申六月廿二日卒光緒三年丁丑十一月初一日壽七十八娶沈氏生嘉慶十六年辛未三月廿九日卒同治十二年癸酉四月十六日壽六十三 葬李川橋 子忠十忠十一忠十二

常十二 **成紀** 綱八子生嘉慶十三年戊辰十二月廿五日卒八月廿七日娶張氏生嘉慶十六年辛未十月初二日卒光緒二年丙子八月廿五日壽

六十六葬湖田二段子忠十三
忠十四忠十五忠十六忠十七

常十三　有國　綱十子生嘉慶十四年己巳五月廿五日卒光緒四年戊寅九月十
四日壽七十娶劉氏生道光元年辛巳七月十五日子忠十八

常十四　有泰　綱十子生嘉慶廿二年丁丑六月十七日卒光緒七年辛巳十月初
一日壽六十五娶張氏生道光六年丙戌二月廿六日卒光緒廿一
年乙未三月初一日壽七十
子忠十九忠二十忠廿一

常十五　成秀　綱十二子生道光五年乙酉八月十三日卒光緒廿五年己亥八月
十八日壽七十五娶沈氏生道光十二年壬辰三月十六日卒光緒
十九年癸巳七月初四日壽六十二葬
沈孔橋東首子忠廿二忠廿三忠廿四

常十六　常裔　綱十三子生乾隆二十年乙亥俱闕

常十七　成來　綱十四子娶氏生卒俱闕子忠廿五忠廿六

常十八　成義　綱十四子娶氏卒俱闕子忠廿七

常十九　成慶　綱十四子生乾隆五十四年己酉正月初十日卒闕

常二十　成瑞　綱十八子生乾隆五十八年癸丑正月十八日卒同治六年丁卯七
月十七日壽七十五娶鍾氏生嘉慶十三年戊辰三月二十日卒道
光三年癸未十二月十六日年十六繼娶陸氏生嘉慶十四年己巳三月
二十日卒同治十二年癸酉五月二十日壽六十五葬沈孔橋南首子忠

嘉興王氏宗譜　卷三十八　東房孜五丞派　[illegible]

廿八忠

廿九

常廿　沛道　綱十九子生嘉慶廿二年丁丑十二月廿二日卒光緒八年壬午花

一　月廿五日壽者十六娶胡氏生道光七年丁亥十二月初五日卒光

緒九年癸未十一月廿五日年五

十七子忠三十忠三一忠三二

常廿　富貴　綱二十子生乾隆廿六年辛巳九月十七日卒闕

二

常廿　富良　綱二十子生乾隆三十一年丙戌三月初八日卒闕

三

常廿　成才　綱廿一子生乾隆二年丁巳五月十六日卒闕娶□氏生卒闕子忠

四　三三

常廿　成美　綱廿一子生乾隆五年庚申九月十三日卒闕娶□氏生卒闕子忠

五　忠三四忠三五

常廿　成恩　綱廿二子生乾隆六年辛酉六月廿三日卒闕

六

常廿　成忠　綱廿二子生乾隆九年甲子正月廿六日卒闕娶□氏生卒闕子忠

七　三六

常廿　成甫　綱廿三子生乾隆十六年辛未正月十七日卒闕娶□氏生卒闕葬

八　山頭方八部廟後山子忠三七

常廿　成惠　綱廿三子生卒闕

九

常三　[illegible]良　綱廿三子生乾隆三十年乙酉十二月初十日卒闕娶□氏生卒闕

十　子忠三八

常三大行十綱廿四子生□□□七□壬午餘闕娶□氏生卒闕子忠三九忠四十
一常三孝□□十五子生乾隆廿七年壬午十一月廿一日卒闕娶□氏生卒闕
二子忠四一
常三成彬綱廿七子生乾隆十二年丁□八月廿四日卒闕娶□氏生卒闕子
□忠四二
常三成綱廿□子生乾隆二十年乙亥十一月十□日卒闕
□常三常慶綱廿七子□乾隆廿六年辛□十二月初九日卒闕
五常三君紫綱廿八子生乾隆十三年戊□三月廿六日卒闕
六常三君相綱廿八子生乾隆廿七年壬午五月十六日卒闕
七常三成信綱廿九子生乾隆廿四年己卯七月十七日卒闕娶□氏生卒闕子
八忠四三
常三成茂三十子生乾隆四十年乙未十一月十九日卒闕娶□氏生卒闕
九子忠四四
常四成高綱三一子生乾隆四十八年癸卯十二月十九日卒闕
十常四成順綱三一子生嘉慶五年庚申八月十三日卒闕
一常四日光綱三二子生乾隆廿一年丙子餘闕娶□氏生卒闕
二

常四 行先 綱三三子生乾隆三十二年丁亥餘闕
三
常四 成文 綱三四子生乾隆四十三年戊戌二月廿七日卒闕娶□氏生卒闕
四 子忠四五
常四 成綱 綱三四子生乾隆四十八年癸卯六月廿六日卒闕
五
常四 成學 綱三八子生嘉慶十一年丙寅四月二十日卒道光三十年庚戌九
六 月十三日年四十五娶王氏生嘉慶十九年甲戌十二月十一日卒
光緒十年甲申六月初四日壽七
十 葬□孔橋山首子忠四六
常四 成海 綱□十子生乾隆四十三年戊戌六月十七日卒闕娶□氏生卒闕
七 子忠四七忠四八忠四九
常四 成玉 綱□十□子生乾隆五十七年壬子四月初十日卒闕娶□氏生卒闕
八 子忠五十
常四 成章 綱四一子娶氏生卒俱闕子忠五一忠五二
九

二十四世

忠 仁法 常一子生道光元年辛巳□□□十一日卒光緒十一年乙酉十一月十八
一 日壽六十一娶□氏生道光十□年□□六月廿六日子□恕二一
忠 連寶 常二子生□□八年戊□□月□六日
二
忠 仁寶 常四子生□□□□廿□□□□
三

忠四 仁金 常五子生道光六年丙戌十月廿七日卒咸豐九年己未三月十四日年三十四娶周氏生道光[illegible]十一月十一日子恕三

忠五 忠銘 常七子生道光廿五年乙巳正月初一日娶貝氏生咸豐三年癸丑五月廿七日子恕四

忠六 忠艮 常七子生咸豐二年壬子五月廿五日娶林氏生同治五年丙寅月日子恕五

忠七 仁才 常九子生道光廿六年丙午六月十八日卒光緒廿一年乙未十二月十二日年五十九娶胡氏生咸豐四年甲寅七月十五日卒九月廿五日繼娶夏氏生咸豐五年乙卯五月廿三日卒九月廿五日三娶邵氏生咸豐九年己未正月十一日子恕六

忠八 仁利 常十子生道光廿九年己酉十二月廿六日卒光緒十六年庚寅七月十二日年四十二娶邵氏絶

忠九 仁來 常十子生同治五年丙寅二月廿六日娶沈氏生同治九年庚午十月初十日子恕七

忠十 仁生 常十一子生道光十七年丁酉九月廿五日娶蔡氏生道光廿七年丁未五月廿四日子恕八

忠十一 仁泰 常十一子生道光廿一年辛丑正月初二日卒八月十三日娶戴氏生道光廿九年己酉五月廿九日卒六月十六日

忠十二 仁茂 常十一子生咸豐元年辛亥七月初二日卒六月廿五日娶□氏

忠十三 仁德 常十二子生嘉慶廿五年庚辰十一月廿三日卒闕娶莊氏生道光十七年丁酉餘闕

忠十四 仁友 常十二子生道光十五年乙未八月十五日卒十一月廿四日娶樂氏生道光十八年戊戌十一月廿三日卒七月廿五日

忠十五　來仁　常十二子生道光十九年己亥十月十二日卒闕娶董氏生卒闕子恕九

忠十六　仁和　常十二子生道光廿一年辛丑九月初三日卒同治十二年癸酉九月廿四日年三十三娶陳氏生道光廿五年乙巳九月廿九日卒同治八年己巳六月十九日年二十五繼娶方氏生咸豐三年癸丑正月初三日

忠十七　仁琛　常十二子生道光廿六年丙午四月初三日卒光緒十二年丙戌正月初六日年四十一娶陳氏生道光三十年庚戌十月十六日子恕十　女未詳

忠十八　立江　常十三子生道光廿三年癸卯十一月初六日娶陸氏生咸豐四年甲寅七月十二日子恕十一　恕十二　恕十三

忠十九　生乾　常十四子生道光廿九年己酉九月廿七日卒十月初十日娶沈氏生咸豐十一年辛酉正月初三日卒光緒七年辛巳三月廿七日年二十一

忠二十　生仁　常十四子咸豐六年丙辰十月初八日卒光緒廿一年乙未九月初四日年四十娶劉氏生同治四年乙丑正月初三日

忠廿一　忠壽　常十四子生光緒四年乙丑十月十七日娶錢氏生光緒三年丁丑六月廿四日子恕十四

忠廿二　忠茂　常十五子生道光廿九年己酉十二月廿七日卒光緒廿三年丁酉十一月廿四日年四十九娶戴氏生咸豐八年戊午三月初九日子恕十五　恕十六

忠廿三　忠和　常十五子生咸豐三年癸丑二月初三日

忠廿四　忠乾　常十五子生同治八年己巳十一月廿二日娶劉氏生光緒五年己卯十一月初七日

忠廿五　仁有　常十七子娶氏生卒俱闕子恕十七

忠廿六　仁位　常十七子生嘉慶十二年丁卯四月十五日卒闕娶口氏生卒闕子恕十八恕十九

忠廿七　仁天　常十八子生嘉慶九年甲子八月初一日卒闕娶戴氏生嘉慶九年甲子七月初八日卒闕子恕二十

忠廿八　仁安　常二十子生道光十五年乙未十二月廿八日卒光緒十三年丁亥六月初五日年五十三娶翁氏生道光廿五年乙巳六月初二日子恕廿一

忠廿九　仁宇　常二十子生道光廿六年丙午九月廿一日娶劉氏生咸豐九年己未十月十八日卒光緒廿二年丙申三月初三日年三十八子恕廿二女未詳

忠三十　生全　常廿一子生咸豐元年辛亥八月初四日娶陳氏生咸豐八年戊午月日

忠三一　秀全　常廿一子生咸豐六年丙辰十一月初三日娶口氏

忠三二　銀全　常廿一子生同治二年癸亥八月十三日娶何氏生同治十二年癸酉四月十七日

忠三
三 仁恩 常廿四子生乾隆四十五年庚子六月初六日卒闕

忠三
四 仁龍 常廿五子生乾隆三十九年甲午十月二十日卒嘉慶十九年甲戌十一月初三日年四十一娶劉氏生乾隆五十三年戊申五月十六日卒闕子恕廿三

忠三
五 仁思 常廿五子娶林氏生卒俱闕子恕廿四

忠三
六 仁浩 常廿七子生乾隆五十七年壬子九月十七日卒道光十九年己亥四月二十日年四十八娶樓氏生嘉慶十三年戊辰正月十六日卒咸豐十一年辛酉九月初二日年五十四葬沈孔橋東首子恕廿九

忠三
七 仁齊 常廿八子生乾隆五十七年壬子九月初六日卒咸豐五年乙卯九月初十日壽六十四娶翁氏生嘉慶十一年丙寅六月二十日卒光緒七年辛巳十二月十三日壽七十六葬沈孔橋儲宅後子恕廿六恕廿七

忠三
八 仁魁 常三十子生嘉慶八年癸亥三月廿九日卒闕娶劉氏生嘉慶廿四年己卯十一月十四日卒闕子[illegible]八恕廿九

忠三
九 仁陽 常三一子生嘉慶七年壬戌十二月廿一日卒闕

忠四
十 忠仁懷 常三一子生嘉慶九年甲子十一月廿一日卒闕

忠四
一 仁水 常三二子生嘉慶五年[illegible]卒闕

忠四二　孝更　常三三子生嘉慶二年丁巳十一月初八日卒闕娶徐氏繼娶張氏生卒俱闕葬孔橋東首□□□北子恕三十恕三一

忠四三　仁源　常三八子生乾隆五十八年癸丑正月廿四日卒闕

忠四四　仁盛　常三九子生嘉慶十四年己巳八月十五日卒闕

忠四五　仁寶　常四四子生嘉慶十九年甲戌□月初五日卒光緒七年辛巳六月十八日壽六十八娶周氏生道光六年丙戌十月廿七日子恕三二恕三三

忠四六　紀生　常四六子生道光廿二年壬寅三月十五日娶周氏生咸豐四年甲寅五月十二日子恕三四恕三五

忠四七　康榮　常四七子生嘉慶十九年甲戌八月廿四日卒闕

忠四八　仁榮　常四七子生嘉慶廿二年丁丑五月十一日卒四月十八日娶樓氏生嘉慶廿二年丁丑餘闕繼娶應氏生道光八年戊子十月十六日卒六月十三日子恕三六恕三七

忠四九　仁倫　常四七子生卒闕

忠五十　瑞榮　常四八子生卒闕

忠五一　維榮　常四九子生嘉慶廿五年庚辰七月十四日卒闕娶□氏生卒闕子恕三八恕三九

忠五二 連榮 常四九子生道光十一年辛卯九月初九日娶□氏生道光□年餘
闕子恕四十恕四一恕四二

二十五世

恕四一 恕懷 忠一子生同治十三年甲戌五月廿六日

恕四二 恕信 忠一子生光緒三年丁丑九月初四日

恕四三 恕林 忠四子生咸豐十年庚申三月初十日娶陸氏生同治十年辛未四月十三日子元一

恕四四 恕珍 忠五子生同治十年辛未七月廿三日娶張氏生同治十二年癸酉十月十四日子元二元三

恕四五 恕茂 忠六子生光緒十一年乙酉十二月十九日

恕四六 恕安 忠七子住郎家坪生光緒十一年乙酉十月廿八日卒光緒二十七年　月　日

恕四七 恕盛 忠七子住郎家坪生光緒十九年癸巳十二月二十日

恕四八 恕運 忠十子生光緒七年辛巳七月二十日娶王氏生光緒　年　月　日

恕四九 紹華 忠十五子住杭州生同治十一年壬申　月　日

恕五十 恕金 忠十七子生光緒八年壬午十月十六日聘劉氏生光緒十六年庚寅　月　日

恕十一　紹賓　忠十八子生同治十年辛未二月[illegible]初八日娶鍾氏生光緒五年己卯八月廿七日[illegible]廿四年戊戌六月[illegible]一日年二十

恕十二　紹允　忠十八子生光緒二年丙子正月十三日娶陳氏生光緒十一年乙酉　月　日

恕十三　章允　忠十八子生光緒四年戊寅九月初七日聘戴氏

忠十四　長[illegible]　忠廿一子生光緒廿四年戊戌八月廿七日

恕十五　恕杏　忠廿二子生光緒十年甲申十[illegible]月廿四日

恕十六　恕岳　忠廿二子生光緒十八年壬辰四月十一日

恕十七　紹堂　忠廿五子生道光十九年己亥十二月十六日卒七月初七日娶劉氏生咸豐二年壬子十月十[illegible]日子元四

恕十八　連堂　忠廿六子生道光廿二年壬寅三月十八日

恕十九　三堂　忠廿六子生咸豐四年甲寅二月十八日

恕廿　巳二　紹明　忠廿七子生道光廿四年甲辰十一月廿三日

恕廿一　紹身　忠廿八子生光緒五年己卯九月初一日

恕廿二　善基　忠廿九子生光緒十二年丙戌八月初九日

恕廿三　紹海　忠三四子生嘉慶十四年己巳五月十五日卒同治八年己巳二月初六日壽六十一　娶翁氏生嘉慶廿二年丁丑正月十七日卒光緒二十年甲午八月廿九日壽七十八葬沈孔橋港子元九

恕廿四　紹河　忠三五子生道光元年辛巳二月廿八日卒闕　娶杭州　氏

恕廿五　紹方　忠三六子生道光十六年丙申十二月十六日娶王氏生道光廿四年甲辰二月十七日子元六元七

恕廿六　恕宏　忠三七子生道光十九年乙未閏六月廿六日娶樓氏生道光廿三年癸卯正月廿二日卒闕繼娶趙氏子元八元九元十

恕廿七　恕道　忠三七子生道光十八年戊戌十月初十日卒光緒廿三年丁酉九月二十日壽六十　娶林氏生道光廿六年丙午三月廿七日　卒光緒廿五年己亥三月初五日年五十四葬沈孔橋儲宕後子元十一元十二

恕廿八　紹聯　忠三八子生道光二十年庚子七月十七日

恕廿九　紹翰　忠三八子生道光廿三年癸卯三月廿一日

恕三十　金茂　忠四二子生道光十九年己亥四月廿九日娶陳氏生道光廿七年丁未正月十九日子元十三

恕三一　順茂　忠四二子生道光廿二年壬寅十月十九日娶鄭氏生道光廿九年己酉十月初一日卒光緒六年庚辰三月十九日年三十二繼娶劉氏生咸豐十年庚申七月初九日子元十四元十五元十六

恕三二　恕[illegible]　忠四五子生咸豐元年辛亥十一月廿四日卒光緒二十年甲午十
二月初[illegible]日卒[illegible]娶王氏生[illegible]治四年乙丑十一月初五日卒
光緒廿一[illegible]十月初
五日卒[illegible]十二子元十七

恕三三　恕[illegible]　忠四五子生同治六年丁卯八月廿一日娶貝氏生光緒四年戊寅
十月十七日

恕三四　恕懷　忠四六子生光緒七年辛巳九月十三日娶[illegible]氏卒光緒十一年乙
酉　月　日

恕三五　恕耀　忠四六子生光緒二十年甲午十二月十七日

恕三六　紹清　忠四乙子生同治四年乙丑六月十六日卒十月十五日娶張氏生
光緒三年丁丑七月初七日

恕三七　紹庭　忠四乙子生同治七年戊辰十二月十四日

恕三八　懷方　忠五一子生咸豐三年癸丑七月廿六日

恕三九　仁[illegible]　忠五一子生咸豐六年丙辰九月十一日

恕四十　恕□　忠五二子

恕四一　恕□　忠五二子

恕四二　懷芹　忠五二子生咸豐八年戊午十一月廿三日

二十六世

元一 元才　恕三子生光緒十九年癸巳十一月初七日

元二 元泆　恕四子生光緒廿一年乙未九月初十日

元三 元根　恕四子生光緒廿四年戊戌二月廿五日

元四 野灣　恕十七子生光緒廿四年戊戌七月十六日

元九 元錦　恕廿三子生道光廿七年丁未十二月十三日娶鍾氏生道光廿九年己酉四月廿八日辛光緒十七年辛卯七月十三日年四十三子貞一

元六 元標　恕廿五子生同治四年乙丑十月廿二日娶錢氏生同治十二年癸酉五月廿二日

元七 元春　恕廿五子生光緒三年丁丑七月初一日聘歔氏生光緒十四年戊子月日

元八 元福　恕廿六子生咸豐十一年辛酉三月三十日卒十二月□日

元九 元有　恕廿六子生同治六年丁卯七月初六日卒八月二十日娶儲氏生光緒二年丙子十一月十五日子貞二

元十 元貴　恕廿六子生同治九年庚午十一月廿八日娶陸氏

元十一 元基　恕廿七子生同治六年丁卯十月初六日娶劉氏生同治十年辛未正月二十日子貞三貞四

元十二 元焱 恕廿七子生光緒十三年丁亥十月廿九日

元十三 元芳 恕三十子生光緒二年丙子五月初七日娶陳氏生光緒八年壬午七月初四日

元十四 元通 恕三一子生同治十二年癸酉閏六月初五日娶胡氏生光緒三年丁丑十一月初五日

元十五 元泉 恕三一子生光緒十年甲申十二月二十日娶徐氏生光緒九年癸未　月　日

元十六 惟興 恕三一子生光緒十七年辛卯十二月三十日聘陳氏生光緒十七年辛卯　月　日

元十七 阿助 恕三二子生光緒八年壬午　月　日

二十七世

貞一 貞壽 元五子生光緒三年丁丑正月初八日娶氏劉生光緒七年辛巳三月廿三日

貞二 貞發 元九子生光緒十九年癸巳五月初六日

貞三 貞裕 元十一子生光緒十九年癸巳十一月十九日

貞四 貞升 元十一子生光緒廿五年己亥七月初一日

東房玖五丞派

遷徙鎮邑瀣浦世系　中房[illegible] 廿四公下分支

十六世　十七世　十八世　十九世　二十世

熠　十　貴五　舊行十三　字海寧號　由池上慈　遷徙瀣浦

光[illegible]　一　恒

[illegible]

啓明　一　徳

茂照　一　清

之懿　一　慎

天泉　二　慎

之摯　三　慎

熜　一　貴五

光翰　二　恒

啓朋

士元　二　清

士逢　四　慎

沅陵費氏四修宗譜卷之十一　中房玖二派下　孝友堂藏

出繼恆一

啓瑞　能二
承甫　清一
之松　慎五

之梅　出繼清也

啓作祚　能三
承□　清四
清三子入繼
之梅　慎六

之亓　慎七

貴元　貴五二
諱斌
光耀　恆三
啓鶴　能四
承□　清五

之亭　慎八

啓鳳　能五
承鼎　清六
之卓　慎九

二十世　之懿 一 慎　貴巴元 三 貴五 諱闕

廿一世　正科 一 勤　光榮 五 恒　光政 四 恒

廿二世　上亨 一 榮　啓元 七 能　啓[illegible] 六 [illegible]

廿三世　懷瑾 一 華　承□ 八 清　承□ 七 清

廿四世　宗鎬 一 亨　之興 二 慎十　之耀 一 慎十　之川 十 [illegible]

宗桂　亨二○止　又諱宗耀

宗利　亨三○止　又諱民利

宗春　亨四○止　又諱民春

宗斯　亨五　又諱民感

懷璋　二　華

以生　六　亨

正竹 勳一

上官 榮二

懷琛 華三

阿二 亨七 〇止

民水 亨八

民華 亨九

民蘭 亨十

宗栻 亨十一

宗樑 亨十二

[illegible]氏四修族譜　卷三十六　中房[illegible]二公派　[illegible]堂

懷芳 華四

宗濠 亭十三

宗濤 亭十四

宗濬 亭十五

宗漢 亭十六

宗洋 亭十七

上敬 榮三

懷禮 華五

民至 亭十八

民香 亨丁九

懷仁 華六

懷瓆 華七

懷瑛 華八

門香 亨二十

懷珩 華九

宗澤 亨廿一 乳名德潤 字利川

懷瑯 華十

正欽 勤三

上法 榮[illegible] 字載行

天泉 慎 二

正和 勤 四
正幸 勤 五
正運 勤 六

上忠 榮 五
上勳 榮 六
上夢 榮 七
上鈞 榮 八

[illegible]興 華十 一
慎福 華十 二
慎昌 華十 三
慎[illegible] 華十 四

宗顯 亨廿 二
宗良 亨廿三 ○止
民[illegible] 亨廿 四

上皐 榮九

懷廻 華十[illegible]

懷倫 華十六

民繼 亨廿五

民奎 亨廿六

懷珍 華十七

懷瀛 華十八

懷寶 華十九

宗蔭 亨廿七

上才 榮十　懷瑩 華二十　宗岳 廿八

上瑞 癸十一　懷墪 華廿一　民鋼 亨廿九

民力 亨三十

懷玖 華十二

懷增 華廿三　民員 亨三一

懷源 華廿四

之擎 三 [illegible]

上[illegible] 二 [illegible]十

懷松 五 華廿

懷欽 六 華廿

正治 七 勳

正德 八 勳

上[illegible] 一 [illegible]十

懷[illegible]

勳十長子入 一 嗣[illegible]

娶[illegible]姓[illegible]故

繼

不[illegible]匿[illegible]傳

正蘭 九 勳

上玉 四 [illegible]十

懷茂 七 華廿

宗杓 二 亨三

懷棌 八 華廿

宗佑 三 亨三

上照 榮十 五

出與海，爲子

正國 十 勁

上海

出繼勤八

福瑞 榮十 六

小字□毛

禎森 九 廿

祖才 十 七

民士 亨三 四

民法 亨三 五

民周 亨三 六

正春 勤十一

福來 榮十八
上貞 榮十九
上存 榮二十
上紳 榮廿一

懷乾 華三十
懷安 華三一
懷敬 華三二
懷寶 華三二

根發 亨三七
岳華 亨三八
岳芳 亨三九

懷壯 四 華三

正泰 二 勤十

邦富 二 榮廿

邦才 三 榮廿

正計 三 勤十 勤十四子入繼

士逢 四 慎

上[illegible] 四 榮廿

慎春 五 華三 乳名傳有

芳香 十 亨四

慎標 六 華三 乳名傳標

慎[illegible] 七 華三

宗瑞 一 亨四

正仁　勤十　四

正豐　勤十　五

上英　出繼勤十三

東富　榮廿　五

東來　榮廿　六

傳林　華三　八

懷恩　華三　九

傳浩　華四　十

心章　亨四　二

霞章　亨四　三

興章　亨四　四

寶星　亨四　五

寶章 亨四 六

林章 亨四 七

傳福 華四 一

寶華 亨四 八

華清 亨四 九

懷明 華四 二

心華 亨五 十

之松 慎五

正魁 勤十 六

品一 亨廿 七

懷璧 華四 三

華四房長子入繼

宗照 亨五一 〇

懷琪 華四 四

宗照 出繼華四三

宗順 亨五 二

紺一 榮廿 六

懷琇 華四 五

懷玉 華四 六

懷球 華四 七

春一 榮廿 九

正文 勤十 七

之梅 慎 六

乾一 榮三 十

福高 華四 八

之元 慎 七

正樑 勤十 八

上宏 榮三 一

鼎浩 四 九

豐浩

出繼榮三二一

淩浩 華五 十

民泰 亨五 三

正本 勤十 九

上耦 榮三 二

榮三一少子

豐浩 華五 一

入繼

之亨 慎 八

正義 勤二 十

上佩 榮三 三

上珩 榮二四

之卓 慎九　正錫 勤廿一　上安 榮二五

上淸 榮三六 任杭州

之川 慎十　春富 勤廿二

之耀 慎十一　汝蔡 勤廿三 任後戴　榮□ 榮三七

榮□ 榮三八

汝興 勤廿四　亞毛 榮二九　懷順 華五二

之興 慎十二　正孝 勤廿五　上全 榮四十　懷唐 華五三

阿和 華四五

上才 榮四一　順寶 華五五

廿四世　廿五世　廿六世　廿七世　廿八世

宗鎬 亨一　神任 泰一

祖樹 [illegible]二

民華 亨九　善慶 泰三

善有 泰四

宗樹 亨十一　祖康 泰五

宗渟 亨十三　必田 泰六

民剛 亨廿四　祖清 泰七

宗岳 亨廿八　祖傳 泰八

宗順 亨五 二　祖才 泰九

民春 亨五 三　竹慶 泰十

附錄十六世以上世系

第一世
賢　世廿四
字華國號東藝由蘇州楊柳巷遷慈
妣四都李氏

第二世
彥京　千四
字子顯號振東
妣張氏

第三世
元芳　萬三
字德馨號桂林
妣五都邵氏

第四世
艮佐　添十一
字顯道號海嶠茂才
妣林氏

第五世
日休　再九
字杰之號鳳山教諭
妣孫氏

第六世
翔龍　明六
字景南號竹墅經論
妣張氏劉氏
側室劉氏

第七世
體源　益三
字巨川號灊軒
妣錢氏

第八世
艮　莊三
字思賢號德心
妣□氏

第九世
謙　玖一
字文巽
妣錢氏

第十世
居廣　中三
妣陳氏

十一世
昱　岳五
舊行二一

十二世
琳　仍九
舊行三

十三世
鎮　涓廿四
舊行五字存嗚號東門

十四世
順七　順廿四
諱闕

十五世
夾　富三八
舊行十二字亭秀

妣邱祥王氏　妣鄧氏側室　妣潘氏劉氏　妣鄔氏　妣鄒氏

張氏

十六世

燔　貴十五

舊行廿四字櫞甫號南池由慈邊徙澥浦

遷徙鎮邑瀝浦世次傳

十六世

貴五十　燔　富三〇子生嘉靖三十八年己未正月廿一日卒闕娶本縣十三都洪氏生卒闕葬眼頭山子恆一

貴五一　熄　富三八子生嘉靖四十一年壬戌二月初二日卒闕娶□氏生卒闕葬大碁山子恆二

貴五二　貴三八　富三八子生嘉靖四十五年丙寅三月初六日卒闕娶□氏生卒闕子恆三

貴五三　貴四九　富三八子自瀝浦遷居岱山生萬歷二年甲戌九月廿六日卒闕子恆四恆五

十七世

恆一　光助　貴五十子娶氏生卒俱闕恆二子能一入繼

恆二　光翰　貴五一子生卒俱闕子能一能二能三能一出繼恆一

恆三　光耀　貴五二子娶氏生卒俱闕子能四能五

恆四　光政　貴五三子住岱山娶氏生卒俱闕子能六

恆五　光榮　貴五三子住岱山娶氏生卒俱闕子能七

十八世

能一 啓明 恆一子娶氏生卒俱闕葬眼頭山子清一清二

能二 啓瑞 恆二子娶氏生卒俱闕子清三

能三 啓祚 恆二子娶氏生卒俱闕子清四

能四 啓鶴 恆三子娶氏生卒俱闕子清五

能五 啓鳳 恆三子娶氏生卒俱闕子清六清七清八

能六 啓祥 恆四子住出山

能七 啓元 恆五子住出山

十九世

清一 茂照 能一子娶氏生卒俱闕葬上步河子慎一慎二慎三

清二 茂元 能一子娶氏生卒俱闕葬華[illegible]子慎[illegible]

清三 承甫 能二子娶氏生卒俱闕[illegible]五[illegible]大[illegible]清四

清四　承□　能三子娶□氏生卒俱闕子慎□□

清五　承□　能四子娶氏生卒俱闕以清三子慎六入繼

清六　承恩　能五子娶氏生卒俱闕子慎九慎十

清七　承□　能五子娶氏生卒俱闕子慎十一

清八　承□　能五子娶氏生卒俱闕子慎十二

二十世

慎一　之懿　清一子生雍正十三年乙卯十二月初二日卒嘉慶十八年癸酉十二月十八日壽七十九娶周氏生乾隆□年七月初四日卒乾隆□年十二月十四日繼娶金氏生乾隆□年三月初六日卒乾隆□年四月十三日三娶土氏生乾隆□年九月廿二日卒三月初六日葬上沙河無擱土

子勤一勤二勤三勤四

慎二　天泉　清一子生乾隆四年己未六月初七日卒六月初八日娶方氏生乾隆□年八月廿三日卒二月十二日娶張氏生乾隆□年十二月初六日卒闕子勤五勤六勤七

慎三　之擎　清一子生乾隆廿一年丙子餘闕娶陳氏生乾隆二十年乙亥餘闕七月十五日子勤八勤九勤十勤十一勤十二

慎四 **士逢** 清二子娶邱氏生卒俱闕葬華船鳌父墳邊子勤十三勤十四勤十五

慎五 **之松** 清三子娶氏生卒俱闕子勤十六

慎六 **之梅** 清四子娶氏生卒俱闕子勤十七

慎七 **之元** 清五子娶氏生卒俱闕子勤十八勤十九

慎八 **之亨** 清五子娶氏生卒俱闕子勤二十

慎九 **之卓** 清六子娶氏生卒俱闕子勤廿一

慎十 **之川** 清六子娶氏生卒俱闕子勤廿二

慎十一 **之耀** 清七子娶氏生卒俱闕子勤廿三勤廿四

慎十二 **之興** 清八子娶氏生卒俱闕子勤廿五

二十一世

勤一 **正科** 慎一子生乾隆三十三年戊子十一月初二日卒道光九年己丑八月廿一日壽六十二娶劉氏生乾隆三十七年壬辰二月廿九日卒嘉慶廿二年戊寅六月初四日年四十七繼娶李氏生乾隆四十四年己亥六月初六日卒道光廿五年乙巳八月十一日壽六十七葬大壩[illegible]子榮一

勤二 正柞 慎一子生乾隆三十七年壬辰正月初四日卒道光十七年丁酉十二
月十四日壽六十六歲娶余氏生乾隆四十一年丙申六月十六日卒嘉
慶四年己未十二月十二日年二十四繼娶胡氏生乾隆四十二年丁酉
十月十七日卒嘉慶十六年辛未三月廿七日年五十三葬划船墊子榮
二榮
三

勤三 正猷 慎一子生乾隆三十九年甲午十二月初九日卒道光二十年庚子十
一月廿七日壽六十七娶余氏生乾隆四十一年丙申九月廿三日卒
嘉慶七年壬戌正月廿九日年廿七繼娶林氏生乾隆四十四年己亥六
月廿六日卒道光廿九年己酉八月二十日壽七十一葬划船墊子榮四

勤四 正和 慎一子生乾隆四十三年戊戌二月十二日卒嘉慶廿二年丁丑十月
廿六日年四十娶劉氏生乾隆四十七年壬寅正月廿九日卒隔葬華
划墊子
榮五

勤五 正宰 慎二子娶王氏生卒俱闕子榮六榮七

勤六 正運 慎二子生乾隆三十五年庚寅三月十三日卒嘉慶廿三年戊寅五月
廿三日年四十九娶張氏生乾隆四十三年戊戌九月廿二日卒道光
廿八年戊申正月廿七日壽七十一
子榮八榮九榮十榮十一榮十二

勤七 正浩 慎二子生乾隆四十三年戊戌八月十一日卒嘉慶廿三年戊寅五月
初三日年四十一娶□氏生卒闕女四適未詳

勤八 正業 慎三子生乾隆三十九年甲午三月初八日卒道光四年甲申六月初
八日年五十一娶洪氏生乾隆四十三年戊戌六月十五日卒道光元

年辛巳八月十七日年四
十四勤十子榮十三入繼

勤九 **正蘭** 慎三子生乾隆四十五年庚子十月廿三日卒嘉慶十五年庚午十二
月十四日年三十一 娶金氏生乾隆四十九年甲辰八月十六日卒嘉
慶十六年辛未六月廿三日年二十
八子榮十四榮十五出與海周爲子

勤十 **正國** 慎三子生乾隆四十七年壬寅十月廿五日卒道光十四年甲午正月
初三日年五十三娶王氏生乾隆五十五年庚戌六月廿六日卒道光
廿八年戊申八月廿九日年五十九子榮十
三榮十六榮十七榮十八榮十三出繼勤九

勤十一 **正春** 慎三子生乾隆五十一年丙午六月廿九日卒十一月初二日娶王
氏生九月十九日卒闕子榮十九榮二十榮廿一

勤十二 **正泰** 慎三子生乾隆五十四年己酉餘闕娶陳氏生卒闕子榮廿 二榮廿
三

勤十三 **正計** 慎四子娶邱氏生卒俱闕葬划船墊勤十四子榮廿四入繼

勤十四 **正仁** 慎四子生十一月二十日卒八月十八日娶鄭氏生正月十四日卒
十一月初四日葬華船墊子榮廿四榮廿五榮廿四出繼勤十三

勤十五 **正豐** 慎四子娶陳氏生卒俱闕子榮廿六

勤十六 **正魁** 慎五子娶氏生卒俱闕子榮廿七榮廿八

勤十七 **正文** 慎六子娶氏生卒俱闕子榮廿九榮三十

勤十八　正樑　慎□□生乾隆十九年甲戌十二月十一日卒道光十二年壬辰二
月初八日壽七十九娶□氏生乾隆廿八年癸未四月廿三日卒道
光八年戊子二月十四日壽六十
六葬寺山□中□子榮三一

勤十九　正本　慎七子娶氏生卒俱闕子榮三二

勤二十　正義　慎八子生乾隆廿三年戊寅七月初十日卒道光十八年戊戌七月
廿三日壽八十一娶劉氏生乾隆二十年乙亥四月廿二日卒道光
六年丙戌三月初八日壽
七十二子榮三三榮三四

勤廿一　正□　慎九子娶氏生卒俱闕子榮三五榮三六

勤廿二　春富　慎十子生卒闕

勤廿三　汝榮　慎十一子住後戴娶氏生卒俱闕子榮三七榮三八

勤廿四　汝興　慎十二子娶氏生卒俱闕子榮三九

勤廿五　正孝　慎十二子娶蔡氏生卒俱闕子榮四十榮四一

二十二世

榮一　上亨　勤一子生乾隆六十年乙卯三月廿五日卒七月初四日娶陳氏生嘉
慶三年戊午正月十四日卒三月廿九日子華一華二

榮二　上官　勤十二子生嘉慶六年辛酉四月十二日卒咸豐五年乙卯九月十九日
年五十五娶陸氏生嘉慶八年癸亥二月十九日卒光緒五年己卯八
月廿一日壽七十七葬溪
浦下落山子華三華四
榮三　上徹　勤二子生嘉慶十一年丙寅十一月廿九日卒咸豐六年丙辰六月廿
四日年五十一娶楊氏生嘉慶十五年庚午四月初四日卒咸豐二年
壬子四月廿一日年
四十三子華五華六
榮四　上洪　勤三子生嘉慶廿二年丁丑六月二十日卒同治十三年甲戌十一月
初[illegible]日年五十五娶應氏生道光四年甲申九月廿四日卒闕葬康山
黃泥窩子華七
華八華九華十
榮五　上忠　勤四子生七月二十日卒[illegible]十一日娶金氏生嘉慶十二年丁卯七
月廿一日卒同治二年癸亥六月廿九日年五十七葬划船鍫
榮六　上勳　勤五子生嘉慶二年丁巳閏六月十二日卒道光三十年庚戌六月初
一日娶趙氏絕子華十
榮七　上慶　勤五子生嘉慶五年庚申餘闕娶□氏生卒闕子華十二
榮八　上鈞　勤六子生嘉慶四年己未二月廿八日卒咸豐六年丙辰八月初四日
年五十八娶董氏生嘉慶十七年壬申六月初四日卒光緒十八年壬
辰十一月廿九日壽八十一子
華十三華十四華十五華十六
榮九　上皐　勤六子生嘉慶九年甲子五月十九日卒同治元年壬戌五月十九日
年五十九娶金氏生嘉慶廿[illegible]年[illegible]七月十六日卒同治十三年甲

戌九月十四日卒年五十九
子華十七華十八華十九

榮十 上才 勤六子生嘉慶十三年戊辰四月初八日卒光緒元年乙亥五月十五日壽六十八娶金氏生嘉慶廿二年丁丑九月十六日卒光緒七年辛巳十二月廿六日壽六十五
葬蟹浦石山頭子華二十

榮十一 上瑞 勤六子生嘉慶十八年癸酉十一月廿六日卒十月初七日娶林氏生道光元年辛巳十月初七日卒光緒十一年乙酉八月初六日壽六十五子華廿一華廿二華廿三華廿四

榮十二 上秀 勤六子生嘉慶廿一年丙子十月十四日卒十一月初九日娶劉氏生道光六年丙戌正月初三日卒二月十一日子華廿五華廿六

榮十三 上海 勤八子生嘉慶十四年己巳九月初七日娶余氏生道光四年甲申十二月初四日華懷常娶同姓女不列世次傳

榮十四 上玉 勤九九子生嘉慶十年乙丑十月十八日娶袁氏生嘉慶廿五年庚辰十月初六日子華廿七華廿八

榮十五 上照 勤九子出於海周為子

榮十六 福瑞 勤十子生嘉慶廿三年戊寅卒咸豐二年壬子餘關年三十五娶朱氏絕子華廿九

榮十七 福才 勤十子生道光元年辛巳八月廿一日娶金氏生道光十五年乙未四月廿二日

榮十八 福來 勤十子生道光四年甲申　月　日娶金氏生道光　年　月　日子華三十

榮十九　上貢　勤十一子生嘉慶二十年乙亥九月初七日娶鄭氏生嘉慶廿五年庚辰八月三十日

榮二十　上存　勤十一子生道光四年甲申七月廿八日娶金氏生道光八年戊子五月初七日子華三一華三二

榮廿一　上絢　勤十一子生道光十二年壬辰　月　日娶金氏生道光二十年庚子　月　日側室胡氏絶子華三三金氏出華三四胡氏出

榮廿二　邦富　勤十二子生道光十五年乙未　月　日

榮廿三　邦才　勤十二子生道光十八年戊戌　月　日

榮廿四　上英　勤十三子生道光三年癸未十月廿七日娶朱氏生道光四年甲申十二月初五日卒光緒十三年丁亥十月十二日壽六十四子華三五華三六華三七華三八

榮廿五　東富　勤十四子生道光十九年己亥九月十三日卒光緒二十年甲午十二月廿三日壽五十六娶宓氏生　月　月子華三九

榮廿六　東來　勤十五子生闕卒光緒十六年庚寅二月十七日娶郎氏生闕卒光緒十八年壬辰二月十七日子華四十華四一華四二

榮廿七　品一　勤十六子娶氏生卒俱闕子華四三華四四

榮廿八　繼一　勤十六子娶氏生卒俱闕子華四五華四六華四七

榮廿九　春一　勤十七子生卒闕

榮三十　乾一　勤十七子娶氏生卒俱闕子華四八

榮三一　上宏　勤十八子娶氏生卒俱闕子華四九華五十華五一華五一出繼榮三二

榮三二　上耦　勤十九子娶氏生卒俱闕榮三一子華五一入繼

榮三三　上佩　勤二十子生乾隆四十六年辛丑餘闕娶金氏繼娶童氏生卒俱闕

榮三四　上珩　勤二十子生嘉慶元年丙辰二月十七日卒道光廿八年戊申十月十五日年五十三娶徐氏生嘉慶十年乙丑四月十五日卒道光三年癸未八月十二日年十九繼娶朱氏生嘉慶十年乙丑十月廿四日卒咸豐四年甲寅正月廿二日年五十女長適陳次未詳

榮三五　上安　勤廿一子娶氏生卒俱闕

榮三六　上清　勤廿一子住杭州娶氏生卒俱闕

榮三七　榮□　勤廿三子住後戴

榮三八　榮□　勤廿三子住後戴娶氏生卒俱無查問

榮三九　亞毛　勤廿四子娶氏生卒俱闕子華五二

榮四十　上全　勤廿五子生十一月廿五日卒八月二十日娶徐氏生道光八年戊子十月初五日卒正月廿五日繼娶劉氏生道光十年庚寅四月初

四月□□華

五三華四

榮四勤廿五子生道光八年戊子十二月初四日卒光緒十五年己丑三

一上才月初二日壽六十二娶蔡氏生道光二十年庚子七月廿三日□□華

五

五

二十三世

華一懷瑾榮一子生道光四年甲申正月初六日卒光緒十五年己丑九月廿四

日壽六十六娶劉氏生道光十二年壬辰三月廿八日卒光緒十四年

戊子八月十六日年五十七

子亨一亨二亨三亨四亨五

華二懷璋榮一子生道光七年丁亥十一月初九日卒光緒十四年戊子八月十

二日壽六十二娶華氏生道光十七年丁酉四月初一日卒光緒十五

年己丑十一月十四日年五十

三子亨六亨七亨八亨九亨十

華三懷琛榮二子生道光十四年甲午十一月十六日卒光緒七年辛巳七月廿

九日年四十八娶朱氏生嘉慶十四年甲午十一月十六日卒同治十

年辛未十一月十八日年三十八繼娶□氏生道光廿四年甲辰三月十

三日亨十一朱氏出亨十二鄭氏出

華四懷芳榮二子生道光廿三年癸卯十一月初九日娶王氏生道光廿五年乙

巳五月廿九日子亨十三亨十四亨十五亨十六亨十七

華五懷禮□三子生道光廿六年丙午閏五月初一日娶毛氏生咸豐元年辛亥

八月十五日卒光緒十七年辛卯五月十七日年四十一子亨十八亨

十
九
華懷仁榮三子生道光三十年庚戌十一月十九日辛八月廿八日娶朱氏
六
華懷瓚榮四子生咸豐元年辛亥閏八月廿一日卒同治八年己巳六月初十
七日年十九
華懷瑛榮四子生咸豐五年乙卯六月初八日娶王氏生同治十年辛未十二
八月十九日子亨二一
華懷珩榮四子生咸豐八年戊午二月初九日娶朱氏生同治十年辛未七月
九十七日子亨廿一
華懷鄉榮六子生同治七年戊辰正月十九日娶吳氏生光緒三年丁丑十月
十十一日
華十懷興榮六子生道光廿一年辛丑十月十二日娶口氏絶
一
華十懷福榮七子生道光十三年癸巳十月廿二日卒光緒五年己卯七月十
二六日年四十七娶口氏絶
華十懷昌榮八子生道光十九年乙未十二月十五日卒五月初九日娶葉氏
三生道光十五年乙未二月廿二日卒同治四年乙丑正月十四日年
三十一子亨
廿三亨廿四
華十懷炎榮八子娶俞氏
四
華十懷迎榮八子生道光廿一年辛丑七月初九日卒大月十五日娶陳氏生
五道光廿一年辛丑十〇月二十日卒七月初三日

華十六　懷倫　榮八子生道光廿五年乙巳十二月初三日卒光緒二年丙子五日
廿八日年三十二娶劉氏生道光廿九年己酉十二月十三日子亨
廿四亨
廿五

華十七　懷珍　榮九子生道光廿二年壬寅三月十二日卒咸豐九年己未十月廿
五日年十八娶吳氏生道光廿二年壬寅三月十二日卒咸豐八年
戊午九月初
四日年十七

華十八　懷瀛　榮九子生道光廿八年戊申三月十七日娶戴氏生道光廿九年己
酉三月初六日

華十九　懷實　榮九子生咸豐二年壬子九月廿一日卒光緒十八年壬辰正月廿
五日年四十一娶劉氏生咸豐六年丙辰十二月初八日子亨廿六

華二十　懷瑾　榮十子生道光廿一年辛丑七月初六日卒光緒十六年庚寅二月
初九日年五十娶劉氏生道光廿一年辛丑三月十九日卒同治八
年己巳八月廿四日年二十九繼娶劉氏生道光三十年庚戌二月十九
日卒光緒七年辛巳二月廿二日年三十二子亨廿七

華廿一　懷塋　榮十一子生道光廿六年丙午閏五月廿一日卒同治十三年甲戌
十一月十一日年二十九娶林氏生道光廿五年乙巳五月十八日
子亨廿八
亨廿九

華廿二　懷玖　榮十一子生道光三十年庚戌九月二十日娶沈氏生咸豐四年甲
寅七月二十日卒光緒五年己卯正月初三日年二十六

華廿三　懷擂　榮十一子生咸豐八年戊午三月十七日娶劉氏生同治元年壬戌
四月初十日子亨三十

華十四　懷源　榮十一子生咸豐十一年辛酉十月廿七日卒闕

華廿五　懷松　榮十二子生咸豐五年乙卯十月二十日卒闕

華廿六　懷欽　榮十二子生咸豐七年丁巳八月廿八日卒闕

華廿七　懷茂　榮十四子生道光廿二年壬寅正月廿二日卒闕娶鄭氏子亨三一

華廿八　懷樑　榮十四子生咸豐三年癸丑十二月廿八日卒十一月十五日娶何氏生同治三年甲子十二月三十日卒正月二七日子亨三二

華廿九　懷森　榮十六子生道光廿八年戊申十一月十四日娶金氏生咸豐三年癸丑五月初六日子亨三三亨三四亨三五

華三十　懷乾　榮十八子生同治八年己巳五月廿二日娶戴氏生光緒三年丁丑三月二十日子亨三六

華三一　懷安　榮二十子生咸豐元年辛亥十二月初一日娶陳氏生咸豐六年丙辰十一月十五日子亨三七亨三八

華三二　懷敬　榮二十子生咸豐八年戊午十月初二日卒光緒五年己卯七月初四日年廿二娶陳氏生同治元年壬戌八月十二日卒七月初九日

華三三　懷寶　榮廿一子生咸豐十年庚申十二月初七日娶沈氏生同治三年甲子十月初五日

華三四　懷壯　榮廿一子生同治十一年壬申七月廿八日娶鄭氏生光緒六年庚辰五月十九日

華三五　懷春　榮廿四子生道光廿六年丙午正月初八日卒光緒十三年丁亥八月十二日年四十二娶金氏絶子亨四十

惠東劉氏四修宗譜　卷三十八　中房玖二丞派　天求堂藏

華三六　懷標　榮廿四子生道光廿九年己酉正月初六日卒光緒元年乙亥十二月十九日年二十七娶陳氏生二月初一日卒十月廿一日

華三七　傳生　榮廿四子生咸豐八年戊午□月初五日娶鄧氏生同治八年己巳十二月十二日子亨四一亨四二

華三八　傳林　榮廿四子生同治七年戊辰二月三十日娶金氏生光緒二年丙子九月初五日子亨四三

華三九　懷恩　榮廿五子生同治七年戊辰十一月廿一日娶周氏生同治十三年甲戌五月十九日

華四十　傳浩　榮廿六子生咸豐十一年辛酉正月十六日娶戴氏生同治七年戊辰三月初六日子亨四四亨四五亨四六亨四七

華四一　傳福　榮廿六子生同治二年癸亥十一月初三日娶張氏生同治十二年癸酉五月廿八日子亨四八亨四九

華四二　懷明　榮廿六子生同治十二年癸酉六月廿八日娶戴氏生光緒三年丁丑八月十三日子亨五十

華四三　懷璧　榮廿七子娶氏生卒俱闕華四四子亨五一入繼

華四四　懷琪　榮廿七子生闕卒十一月二十日娶金氏生四月初八日卒同治十年辛未十月廿六日子亨五一亨五二亨五一出繼華四三

華四五　懷珠　榮廿八子生卒闕

華四六　懷玉　榮廿八子生卒闕

華四七　懷球　榮廿八子生卒闕

華四八　福高　榮三十子生嘉慶廿二年丁丑四月十一日娶鄭氏生嘉慶廿四年己卯七月廿五日

華四九　鼎浩　榮三一子生道光二年壬午三月初六日娶方氏絕

華五十　凌浩　榮三一子生道光十五年乙未十一月初七日娶□氏子亨五三

華五一　豐浩　榮三二子生道光三年癸未十二月初一日娶金氏絕

華五二　懷順　榮三九子

華五三　懷庯　榮四十子生卒闕

華五四　阿利　榮四十子生同治四年乙丑九月廿七日卒光緒廿二年丙申三月十六日年三十二娶劉氏生同治十二年癸酉十月初三日卒光緒二十年甲午十一月初一日

華五五　順寶　榮四一子生同治四年乙丑二月十三日

二十四世

亨一　宗鎬　華一子生咸豐二年壬子三月十四日卒光緒二十年甲午十一月十四日年四十三娶鄭氏生咸豐三年癸丑四月十八日子泰一泰二

亨二　宗桂　華一子生咸豐四年甲寅八月十四日卒闕娶李氏絕

亨三 宗利 華一子生咸豐八年戊午十二月初一日卒光緒廿一年乙未七月十三日年三十八

亨四 宗春 華一子生同治元年壬戌正月十五日卒光緒廿四年戊戌十二月廿日年三十七

亨五 宗順 華一子生同治八年己巳五月十五日娶劉氏生光緒二年丙子六月初七日

亨六 民生 華二子生同治元年壬戌十一月十六日娶金氏

亨七 阿二 華二子生卒闕

亨八 民水 華二子生同治七年戊辰三月廿三日娶鄭氏生光緒二年丙子二月十二日

亨九 民華 華二子生同治十一年壬申正月十九日娶何氏生光緒五年己卯七月初二日子泰三泰四

亨十 民蘭 華二子生光緒二年丙子二月二十日娶金氏生光緒十二年丙戌八月十四日

亨十一 宗栻 華三子生咸豐九年己未十二月初一日娶劉氏生咸豐九年己未二月十六日卒光緒廿一年乙未七月十九日年三十七子泰五

亨十二 宗櫟 華三子生同治十二年癸酉閏六月初六日娶崔氏生光緒三年丁丑十月十六日

亨十三 宗濠 華四子生同治七年戊辰二月廿六日娶鄭氏生同治十一年壬申五月十一日子泰六

亨十四 宗濤 華四子生同治十二年癸酉五月初一日娶齊氏生光緒三年丁丑三月初四日

亨十五　宗濱　華二子生光緒二年丙子十二月初三日娶鄭氏生光緒六年庚辰正月十四日

亨十六　宗漢　華四子生光緒五年己卯十月初六日娶戴氏生光緒七年辛巳□月□日

亨十七　宗汶　華四子生光緒十一年乙酉二月初四日

亨十八　民?　華五子生同治十二年癸酉九月初九日

亨十九　民?　華五子生光緒十六年庚寅十二月廿八日

亨二十　祖香　華八子生光緒廿五年己亥十二月廿一日

亨廿一　宗澤　華九子生光緒廿一年乙未八月十七日

亨廿二　宗顯　華十二子生同治八年己巳六月十六日娶金氏生光緒三年丁丑二月十三日

亨廿三　宗良　華十三子生咸豐六年丙辰十月十六日卒八月初九日娶劉氏絕

亨廿四　民制　華十三子生咸豐十年庚申六月十七日娶陳氏生同治八年己巳正月初八日卒五月廿七日繼娶陳氏生咸豐十一年辛酉三月十四日卒光緒廿二年丙申十一月廿四日年三十六子泰七

亨廿五　民繼　華十六子生同治八年己巳四月廿九日娶戴氏生光緒三年丁丑十二月十八日

亭廿六　民伞　華十六子生同治十一年壬申八月十五日娶陳氏生光緒五年己卯十一月廿五日

亭廿七　宗蔭　華十九子生光緒七年辛巳三月初七日娶劉氏

亭廿八　宗岳　華二十子生同治五年丙寅十一月廿五日娶張氏生同治四年乙丑十月初二日子泰八

亭廿九　民鈿　華廿一子生同治七年戊辰九月十八日

亭三十　民力　華廿一子生光緒三年丁丑二月初一日

亭三一　民[illegible]　華廿三子生光緒廿一年乙未三月廿九日

亭三二　宗[illegible]　華廿七子生光緒十年甲申　月　日

亭三三　宗佑　華廿八子生光緒十年甲申　月　日

亭三四　民[illegible]　華廿九子生光緒三年丁丑正月十六日

亭三五　民法　華廿九子生光緒五年己卯八月十一日

亭三六　民[illegible]　華廿九子生光緒十六年庚寅九月十四日

亭三七　根發　華三十子生光緒廿二年丙申十一月十六日

亨三八 岳春 華三一子生光緒二十年甲午五月廿八日

亨三九 岳芳 華三一子生光緒廿三年丁酉四月三十日

亨四十 茂香 華三五子生光緒四年戊寅二月初四日娶華氏生光緒十五年己丑二月廿三日

亨四一 宗瑞 華三七子生光緒三年丁丑九月初九日

亨四二 心章 華三七子生光緒十五年己丑十二月十二日

亨四三 霞章 華三八子生光緒廿四年戊戌十一月二十日

亨四四 興章 華四十子生光緒　年　月　日

亨四五 寶星 華四十子生光緒十三年丁亥七月十七日

亨四六 寶章 華四十子生光緒十七年辛卯十月二十日

亨四七 林章 華四十子生光緒廿四年戊戌閏三月初四日

亨四八 寶華 華四一子生光緒廿二年丙申四月初六日

亨四九 華清 華四一子生光緒廿四年戊戌八月廿四日

亨五十　心華　華四二子生光緒廿一年乙未八月初四日

亨五一　宗照　華四三子生道光廿一年辛丑十二月初一日卒闕娶口氏絶

亨五二　宗順　華四四子生咸豐四年甲寅　月　日娶李氏子泰九

亨五三　民春　華五十子生同治九年庚午正月十八日娶葉氏生同治十年辛未九月十八日子泰十

二十五世

泰一　祖任　亨一子生光緒元年乙亥九月廿六日

泰二　祖樹　亨一子生光緒七年辛巳閏七月十一日

泰三　善慶　亨九子生光緒廿二年丙申六月初一日

泰四　善有　亨九子生光緒廿五年己亥十一月初三日

泰五　祖康　亨十一子生光緒十二年丙戌八月初九日

泰六　心田　亨十三子生光緒二十年甲午十一月廿二日

泰七　祖清　亨廿四子生光緒二十年甲午十月初九日

泰八 祖傳 亨廿八子生光緒二十年甲午十二月初六日

泰九 祖才 亨五二子生光緒十一年乙酉 月 日

泰十 竹廣 亨五三子生光緒十九年癸巳十一月十六日

慈東費氏宗譜

第八本

壹字

遷徙世系分派說

吾宗世居谿東靈陽村其後代積齒繁遷居於他里他邑他郡他省者亦正不乏有如水焉源長則流分有如木焉本大則末散此亦理勢之所必然者按舊譜世系齒錄凡屬在他徙者雖經註明而未甚別異慮其艱於稽考尙易於紛淆今欲使一披覽間犁然截然爰列爲遷徙世系圖遷徙世次傳是非外視之也蓋於派别之中依然寓收族之義而在遷居者見之亦可即是而識所以反本溯源之意也已　咸豐譜

蒸湖支小排行從廿六行起今將總族排行每字附注于下

慶廿六世定行　祖廿七世迪行　善廿八世吉行　紹廿九世軒行　嗣三十世源行

麟三一世鍾行　景三二世毓行　秀三三世光行　楨三四世華行　楙三五世滋行

如三六世佑行　雲三七世生行　士三八世楨行　敦三九世幹行　守四十五長行

葆四一世輝行　維四二世映行　仁四三世遠行　顯四四世大行　汝四五世貽行

學四六世謀行　克四七世澤行　佐四八世孔行　衡四九世延行　[illegible]五十世纘行

君五一世承行　鼎五二世繼行　銘五三世述行　[illegible]五四世家行　斯五五世道行

廷五六世正行

慈東費氏四修宗譜卷三十九上

世系 右房惠二公派遷從蔡湖

九世	十世	十一世	十二世	十三世
辰 惠二 字文霞 惠五子入繼	稽 右一 舊行三 永樂間贅往八都蔡湖 萬曆譜云全今子孫蕃衍	琛 尙一 舊行二 分居後房	廷貴 和一 舊行同	鎮 本一 舊行五
			和三 和二 諱闕 和四子入繼	四八 本二 止 諱闕
			[illegible]秀 和三 舊行小三	錀 本三 舊行四二
				鏕 本四 舊行五三
			廷鈺 和四	鏡 本五

舊行小四

舊行廿八

鐸 本六
舊行三四

本四八
出繼和二

碧 尚二
舊行五
分居東房

瑤
出繼尚三

瑭 和五
舊行小七

琪 和六

錄 本七
舊行十五

鑛 本八
舊行四七

鍋 本九

舊行小十

舊行四四

釭　本十
舊行五七

珪　尚四
舊行九
分居前[illegible]
尚二子入福

璘　和七
舊[illegible]

鉞　本十一
舊行三九

瑪　尚[illegible]
舊行十
分居西房

瑞　和八
舊行小八

儀　本十二
舊行廿六

尚十一五　尚
諱闕

鋼　本十三
舊行四一

十三世　十四世　十五世　十六世　十七世

鏌本一　舊行五

滋德一　舊行十　字汝潤

渠德二　舊行十五

灌德三　生六子入繼

舊行廿八

洽德[illegible]　舊六三一

湇七二一湇一　諱劂

穡湇一　舊行四一

麗廿六一麗　諱閎

科福一　○止

龍福二　○止

龐四三二麗

福四七福三　○止

諱闕

諱闕

培　福四　○止

麗堦　麗三

福九　福五　○止

諱闕

福吾　福六　○止

諱闕

和尚　福七　○止

湇六二一　湇三

滿　德五

舊行四十　字汝盈

淋　德六

[illegible]卷三十九　右房蓀湖派　[illegible]

舊行五四　諱闕

湆七二　出繼德二

湆八九　四湆　諱闕

湆三十　五湆　諱闕

海　德七　舊行四九

湆四十　六湆　諱闕

鑰　本三　舊行四二

湆六三　七湆　諱闕

仕學　麗四　舊行百六

伯化　福八　比

伯傑　福九　比

浩 德八 舊行六八

湇七七 湇八 諱闕

東山 湇九 舊行九一

仕明 麗五

仕龍 麗六

仕新 麗七

麗七九 麗八 諱闕

仕昇 麗九

伯禎 福十

仕祚 福十一 ○止

伯顥 福十二

伯安 福十三 ○止

伯章 福十四

溪東蔡氏四修宗譜卷三十九上　布房系世表　有志堂

字典學
潧九九
潧十
諱闕

麗百廿一
麗十
諱闕

字安丞
伯明
福十五

伯讓
福十六
未娶

鏸
本四
舊行五三

漢
德九
舊行六六
字汝章

濬
德十
舊行七八

鏡
本五
舊行廿八

浴
德十一
舊行三六

潧四四
潧十一
諱闕

鐸
本六

德七五
德十二

潧八五
潧十二

仕安
麗十一

伯讓
福十七

儁 行三四

諱闕

諱闕

未娶

伯詠 出繼麗十三

伯謂 福十八 [illegible]居定海混堂衖另詳遷徙記

伯選 福十九 字蛟騰 生祿乾祿立 二子俱殤故 後不提頭餘倣此

仕甯 麗十二

伯諒 福二十 福十三子入繼

仕甯 麗十三 麗十一子入繼

涫九四
十涫三
諱闕

涫一百
十涫四
諱闕

涫百五
十涫五
諱闕

涫廿一
十涫六
諱闕

汦
十德三
舊行十六
一名津

靐廿七
十靐四
諱闕

祿本
七
舊行十五

涫廿三
十涫七
諱闕

德廿五
十德四

諱闕

深 德十五
舊行三七

潮 德十六
舊行六三
字汝信

德六九 德十七
諱闕

鑛 本八
舊行四七

錫 本九
舊行四四

滌 德十八
舊行廿九

棟 清十八
舊行八六

渲三三 渲十九
諱闕

仕宰 麗十五
舊行十三

仕相 麗十六

大六 福廿一

小六 福廿二
○卄

舊行廿三

麗三七　麗十七
諱闕

湆四一　湆二十
諱闕

珊　湆廿一
舊行四八

浩　德十九
舊行三三

仕登　麗十八
舊行四一

仕觀　麗十九
舊行四九

仕貴　麗二十

伯珠　福廿三

伯賢　福廿四

伯進　福廿五

珩 濟廿二
舊行七一
遷居鎮邑跳
頭另詳遷徙
譜

仕煜 麗廿一

住毛家浦

伯進 福廿六
〇止

伯道 福廿七

伯逼 福廿八

伯饒 福廿九
妣李小四

瀏 德二十
舊行四一

襟 湑廿三
舊行五十

仕煌 灑廿二
舊行五二

九觀 福三十
舊行六四
福十子入繼

仕秀 灑廿三

福六二 福三一

釭 本十
舊行五七

江 德廿一
舊行四八
字敉周

湑六 湑廿四
諱闕

榀 湑廿五
舊行八四

鉞 本十一
舊行三九

淇 德廿二
舊行廿一

湑十四 湑廿六
諱闕

仕煥 灑廿四
舊行十二

伯元 福三二
舊行五八
乳名春

灑三一
出繼湑廿七

龎四四　龎廿五
諱闕

潽十六　潽廿七
諱闕
潽廿六子入繼

龎三一　龎廿六
諱闕

伯如　福三三
未娶

伯信　福三四
○止

潽三四　潽廿八
諱闕

仕富　龎廿七
舊行三五

伯祥　福三五

龎六一　龎廿八
諱闕

伯龍　福三六
○止

伯鳳　福三七
○止

滀四五　滀廿九
諱闕

麗六二　麗廿九
諱闕

福寶　福三八
遷居瀬浦另詳遷徙譜

麗七五　麗三十
諱闕

伯員　福三九

伯達　福四十
○止

伯純　福四一
○止

麗八七　麗三一
諱闕

伯文　福四二

麗九六　麗三二
諱闕
住湖州

伯鏞　福四三
住湖州

儀 本廿二
舊行廿六

鐲 本十三
舊行四一

澄 德廿三
舊行五三

溶 德廿四
舊行三二一
號後湖

渲共十 渲三
諱闕

渲七六一 渲三
諱闕

材 渲三二
舊行廿三

麗五三 麗三三
諱闕

麗四八四 麗三
諱闕

仕顯 麗三五
舊行十四
字仁秀
分居仁房

伯秀 福四四
住湖州

伯恩 福四五
舊行二
字遁湖

伯高
繼麗三七

麗廿一 麗三 六
諱闕
分居義房

仕勳 麗三 七
舊行四二
分居禮房
麗三五子入
繼

仕志 麗三 八

伯仁 福四 六
舊行十三

伯元 福四 七
舊行二十

伯福 福四 八

伯祿 福四 九

伯高 福五 十
舊行三

伯纈 福五 一

伯順 福五二 字省之
舊行五三 分居智房 字龍泉

涫七九 涫三三 諱闕
麗十一 麗三九 諱闕

源 德廿五 舊行三九
涫廿六 涫三四 諱闕
麗二十 麗四十 諱闕

涫四三 涫三五 諱闕
麗四十 麗四一 諱闕

汀 德廿六
涫四九 涫三六

舊行五十　諱闕

湞五九　湞三七　諱闕

十七世	十八世	十九世	二十世	廿一世
伯禎　禰十	一孝　祿一	之才　廣一	友能　完一	大忠　全一
	一高　出住禰二十		友豐　完二	大海　全二　字汪山　住宗海

案禰十以上譜未言舊子嗣故不復提頭餘倣此

伯庭 福十二

案下二子與福四六子同名必有一誤特彼更有一弟耳今無可攷姑從闕疑

伯章 福十四

字公安

一勵 祿二

一勍 祿三

一桂 祿四

字君賢

一名本

之貫 廣二

字省三

一名大松

住鎮邑城中

例授修職郎

友奎 完三

字廷爵

職員

住鎮海

友堂 完四

字廷玉

鎮邑庠生

大烈 全三

鎮邑佾生

大鵬 全四

全三子入繼

大堃 全五

小字瑞登

大海 全六

小字瑞科

大勳　全七

大湘　全八
字蘭國
錫邑庠生

之達
出繼祿七

之龍　廣三
一名登

滄濤　完五

一會
出繼福二十

一仁　祿五
字元長
小名長安

之蒔　廣四
一名世華

伯明 福十五

一范 祿六

之榮 廣五 一名世榮 投旗

之盛 廣六 字榮宗

友悅 完六

之貴 廣七 字榮三

之槤 廣八

伯諒 福二十 福十四子入繼

一會 祿七 字君甫 號泗觀 祿四子入繼

之達 廣九 字漢三 號小松

友順 完七

瑞和 全九 〇止

瑞金 全十 〇止

大六一 福廿

一賓 祿八

之相 廣十 一名讓 字贊公 廣十二子入繼

友和 完八 字通才

大勳 全十一 字普隆 未娶

大能 全十二 ○止 字普鎣

之爲 廣十一 字贊侯

友方 完九 字通貴

之瑗 廣十二 字若玉

友和 出繼廣十

友華 完十 字榮華 未娶

友成 完十一 字甫珪

伯珠 福廿三
伯賢 福廿四

一齡 祿九
一貫 祿十 字唯生
一彭 祿十一

之英 廣十三 字介仁
之綸 廣十四 字啓元
之周 廣十五

友艮 完十二 字宗奇
友翁 完十三 一名本
友盛 完十四 號後園

大畏 全十三 未娶
大周 全十四
大邦 全十五 未娶
大乾 全十六 字乘坤

伯遴 福廿五
住毛家浦

一清 祿十二
字爾明
一名經

之銓 廣十六
字文獻

友倫 完十五
字貴綬

大坤 全十七 ○止
單懸上壽

大隆 全十八 ○止
住毛家浦

大成 全十九
案毛家浦一派舊(至)譜全行無致今亦不復提頭

大京 全二十 ○止
住毛家浦

之珩
出繼祿十七

之烋 廣十七

友禍 完十六

大富 全廿一

字問德
未娶

伯道　福廿七

一玖　祿十三

友攢　完十七
小字小東
未娶

一方　祿十四
字聿中
一名鄧

之琳　廣十八
字鶴愛

友孝　完十八
字仁發
未娶

之成　廣十九
字起鳳

一化　祿十五
字聿脩

之綱　廣二十
字明三
號普慶

友義　完十九
字維英

大彪　全廿二
字毓林
欽旌孝子邑志有傳○全廿五子兼祧

朝英 完二十
未娶

友金 完廿一
字金英

友國 完廿二
字國英

友仁 完廿三
字鳳英
住杭州

學增 全廿三
住於潛

大春 全廿四
全廿五子入繼

大芳 全廿五

紹學 全廿六
住杭州

學安 全廿七
住杭州

之紀 廣廿一
字立三
號普安

友君 完廿四
字含英

友才 完廿五
字漢英

友貴 完廿六
字漢貴

生茂 全廿八
全三十子入繼

大椿 全廿九 ○止
字岳林

大振 全三十
一名能
[illegible]恩上壽

大賢 全三一 ○止
一名升

大安 全三二
一名炘

長福
出與留車橋
[illegible]姓[illegible]

惠東黄氏四修宗譜　卷三十六　右房蘇湖派　存志堂

之忠 廣廿二
字及三
號性伽

友英 完廿七

大畊 全三三

大康 全三四（原文作：大康）
出繼完廿八

大臣
出繼完廿九

友獻 完廿八
一名友軒
完廿七子入繼

大康 全三四 ○止
字康甯

友道 完廿九
完廿七子入繼

大臣 全三五

之頴 廣廿三

一明 禄十六

伯通 福廿八

洪十八子入繼　字孟林

一睿　祿十七　一名盛　祿十二子入繼
之珩　廣廿四　一名善
友强　完三十
大清　全三六　生子鴻芳殤故後不提頭

友信　完三一
大佐　全三七　全三八子入繼

大川　全三八

一藩　祿十八　字爾成　一名鍚
之頴　出繼祿十六
之權　廣廿五
友親　完三二
大延　全三九

友德　完三三
大文　全四十

字圖鄰 住太倉州北門內

住太倉州

大滋 全四 一

住太倉州

大順 全四 二

住太倉州

伯饒 福廿九

舊行小四

一經 祿十九

之麐 廣廿六

字舜揚

廣三一子入繼

友綱 完三四

字顯宗

之文

出繼祿廿一

之奎 廣廿七

宗祥 完三五

之升 廣廿八

之恒 廣廿九

一廣 祿二十

連觀 廣三十
住餘姚滸山

完□ 完三六
諱闕
住滸山

完□ 完三七
諱闕
住滸山

一義 祿廿一
祿十九子入繼

之文 廣三一

友綱
出繼廣廿六

友宗 完三八
居分水縣

友善 完三九
居汾水縣

興宗 完四十
居桐廬縣

九觀 福三十
舊行六四
福十子入繼

一高 祿廿二

福亼二 福三一

普息 祿廿三
住甯城

伯元 福三二

一文 祿廿四

之瑛 廣三二
字美玉
住杭城

王經 完四一

伯祥 福三五

一汶 祿廿五

一斌 祿廿六

一聘 祿廿七 住岱山

伯貝 福三九

之星 廣三三 住岱山

友祺 完四二

友象 完四三

友禮 完四四

友智 完四五

友信 完四六

之昊 廣三四 住岱住

之昱 廣三五 住岱山

友能 完四七

金仕 完四八

金鳳 完四九

金有 完五十

友益 完五一

友直 完五二

伯文　福四　二

一定　禄廿　八
字駙卿

之進　廣三　六
字國安
廣三七子入
繼

友魁　完五　三
字奎山

大勇
出繼完五五

大順　全四　三

之迒　廣三　七
字文龍

友魁
出繼廣三六

友欽　完五　四
字金山
住乍浦
案友欽生子
四人父子俱
住乍浦近來
未通音問故
後不提頭

大德　全四　四
住乍浦

大昌　全四　五
住乍浦

大典　全四　六

佳乍浦

大英 全四七

佳乍浦

友貞 完五五

字泉山○完五三子入繼

大勇 全四八

○止

生子春鳳鶴

故後不提頭

友墒 完五六

字墒山

大功 全四九

大正 全五十

未娶

友沛 完五七

字漢相

號景山

大朗 全五一

全四九子入繼

一治 祿廿九

之選 廣三八

友逢 完五八

苗觀 全五二

字廷掄

字龍會

未娶

一成 祿三十

之逵 廣三九 字國賢

友生 完五九 字王觀

友懷 完六十 一名勞

大茂 全五三 ○止

友議 完六一

友詔 完六二 字安佑

長生 出與杭州爲螟蛉子

安山 完六五

大鯨 全五四 正○ 生子會東爲賊殺不提要

安湄 完六四

伯恩 禧四五
舊行二
字近湖

一元 祿三一
舊行七
字長卿
小名大徐

光堯 廣四十
未娶
出與本族爲
子無發

之煥 廣四一
字光舜

之炤 廣四二
字光耀

友梅 完六五
字敬魁
號成德

友魁 完六六
字庭三
號祖德

友桂 完六七
字天樹
號潤德

大振 全五五
字伐松

大珩 全五六〇止
字佛有

大壽 全五七
字斗南
一名增壽

大增 全五五八

字曼徵

友橋 完六八
字挺生
小字德依

大豐 全五九
全五七子入繼

之燿 廣四三
字爾員

友宋 完六九
字廷奎

大熊 全六十
○止

大鳳 全六一
○止

大熬 全六二
○止

大貴 全六三
○止

友位 完七十

大璘 全六四
○止

一魁 二 祿三
字星聚
小名少徐

之相 四 廣四
字漢公

字天宇
一名偉

友楠 一 完七
字艮村
一名開

友松 二 完七
字年鶴
一名定

友棟 三 完七

大燕 五 全六
字明儀
一名兆熹

大謨 六 全六
字式仁
一名品

大有
出繼完七四

大椿 七 全六
字式章
一名荃

大君 八 全六
字式侯
一名參

一名宗
未娶

友楨 完七 四
字緯經○完
七二子入繼

友幹 完七 五

之彬 廣四 五
字漢元
號文茲

友梁 完七 六
字奕山
號闘風
業儒

友有 全六 九
字式周
一名傑

大安 全七十 ○止
一名忠惺

大柱 全七一 ○止
字國棟
一名如惺

國星
出與花嶼湖
林姓爲子

大運 全七 二
字英雲
號時可

大中 全七 三

字紹璺號岱宗未娶

大正 全七 四
字紹基
號亢宗

大方 全七 五
字紹庭號朝
宗未娶

大旨 全七六 ○止

大貴 全七 七
一名文貴

大昭 全七 八
字士英

大進 全七九 ○止

之林 廣四 六
字公卿

友材 完七 七
字佐臣
號照德

友偉 完七 八
一名祥

一舉 三 [illegible]
字[illegible]

之燁 七 廣四
一名芝

友倫 九 完七
字輿隆

友偕 十 完八
字輒隆

友善 一 完八
號添園○完八二子入繼

友烈 二 完八

字元英
號文孝

文運 十 全八
字宸英

文瑞
出家白龍寺爲僧

長壽 全八一 ○止

荀觀 全八二 ○止

大要 三 全八

大要

字可法
號成立

出繼完八一

之毓廣四八
一名蘭○廣
四九子入繼

之茂廣四九
一名蓁
字西昌

之光廣五十

友賢完八三

友彥完八四
一名才

友直完八五
字承祖

[illegible]彥
出繼廣四八

友榮完八六

大朋全八四○止
小字王生

大和全八五○止
字卓如

大富全八六
字富觀

大興全八七○止

大綸全八八○止

一名蕎

一名球

大任 全八 九
字國盛

大宗 全九 十
字萬盛
未娶

大美 全九 一

大晃 全九 二
未娶

大賚 全九 三
字永盛
號作册
全九四子入繼

之藩 廣五 一
一名莛
字爾瑞

友聞 完八 七
字景文

伯仁 禎四 六
舊行十三 按伯仲二子與福十二子同名必有一誤說已見前不贅

一勵 祿三 四

一勅 祿三 五

之鳳 廣五 二
一名幹

友彰 完八 八
字天德

友仁 完八 九
字三德

友明 完九 十
字明德○完九三子入籍

大年 全九 四

大國 全九五 ○止
字維城

大岳 全九六 ○止
字維岳

時運 全九七 ○止

一秀 祿三 六

伯元 廣四 七 舊行二十

一章 祿三 七

之周 廣五 三

之彥 廣五 四 字爾德

之琛 廣五 五 字君德 一名相

友愷 完九 一 字君祥 一名占

友諒 完九 二 字湖源 居海甯城內

大章 全九八 ○止 一名恒

大庸 全九九 ○止 一名星

大艮 全一百 ○止

伯福 祿四 八

一錫 祿三 八

之彪 庚五 六
字虎臣
一名賁

友益 完九 三
字有祥
號如桂

友興 完九 四
字其祥
號榮宗

大全 全貴 一
號爽鼎

大德 全百二 ○止
號爽雲

時運
出繼完九十

大喜 全百 三
字明山

大海 全百四 ○止
號爽龍

大賢 全百 五
字明揚

友元 完九 五 字天祥

大雪 全百六 ○止 字豐年 一名苗

大行 全百七 ○止 字際雲

大澤 全百八 ○止 字際雨

之瑞 廣五 七 一名莪

伯祿 廣四 九

一長 祿三 九

一弘 出家會龍寺為僧

伯高禄五
十
舊行三

一奇禄四
十
字寄生

之發廣五
八
舊行二
一名秋
鄉飲賓

之起廣五
九
未娶

之顯廣六
十
字顯謨
一名葵

友溶完九
六
字應觀○完
九七子入繼

友洵完九
七
字景泉
一名賢德
覃恩上壽

友文完九
八
字星六
一名崇德

友士完九
九
字景仁
號仁山

大鵬全百
九
字世宗○全
百十子入繼

大經全百
十
字秉彝
號玉璘

大鵬
出繼完九六

大受全百
十一
字君可

大觀全百
十二
字東望號魯
巖一名廷特

一彥
出家雲岫寺
法名道弘

一龍 一 祿四
一名蓮

之興 廣六 一
未娶

之富 廣六 二
字晉楚
一名永壽

之貴 廣六 三
字舜卿
號永生

友琦 完一百
一名光

友誼 完百 一
字禹臣
號小讀

大本 全百十三
字中立全百
十四子入繼

大智 全百十四
字元才
一名全恩

大誠 全百十五〇止
一名[illegible]

大賓 全百十六〇止
字通源

右房惠二公派

友聲 完百 二
未娶

友尚 完百 三
一名禹尚

漢富 全百 十七
字華封

漢邦 全百 十八
字華壽
生子阿爵殤
故後不提頭

漢章 全百 十九
字華賢

一進 祿四 二
一名正

之芳 廣六 四
字文懋
號周生

友忠 完百 四

友英 完百 五

一恕 祿四 四三
舊行六一

之筌 廣六五
字旭初

友龍 完百六

友侃 完百七

友善 完百八

大甯 全百二十 〇止
字永甯

大宏 全百廿一 〇止
號月蓂

大綱 全百廿二
字永泰

成有 全百廿三 〇止

大發 全百廿四

字瀚艮　住鎮海

之屏 廣六 ○六
字國藩

友榕 完百 九
字廷材

大忠 全百 廿五
字乾一
一名普順

大孝 全百 廿六
字名揚
一名警發

大岳 全百 廿七
字聲九
號珊觀

大臨 全百 廿八
字廣富

之宗 廣六 ○○
字聖公

友榆 完百 十
字景儒

大雅 全百 廿九
字宏聲
一名明顯

友奎 完百 十一

大信 全百三 十〇止

伯顯 禄五一
字龍泉

一甯 禄四四
舊行小一

一爵 禄四五
字君相
禄四八子入
繼

之翰 廣六八
一名艮

之能 廣六九
一名彪字炳文
邑庠生

友枚 完百十二
一名富

友桂 完百十三
字世貞
住松江府金
山縣

友鋌
出繼廣七一

友釗 完百十四

大足 全百三一
字世慶

阿大 全百三二〇
止

阿二 全百三三〇
止

啓華 全百三[illegible]

字尚珍

啓茂 全百三五

啓法 全百三六〇止 一名 字啓芬

啓璜 全百三七 字天潤

友鑛 出繼齊七三

友鎬 完百十五 字尚周

啓蘭 全百三八 字天麟

啓莊 全百三九

字天樞

一本 祿四六
字道生
未娶

一德 祿四七
字道先
未娶

一臣 祿四八
字君卿
號笑樵

之能
出繼祿四五

之賚 廣七十
一名魁
字寧文奎
號桂亭
候選鹽場大使

友端 完百十六
字行方
號莊郵
國學生

大治 全百四十
字宇安
號靜川
國學生

大照 全百四一
字東臨
號錫村

伯順 福五二
字省之

一鼎 九[illegible]
字績侯
祿五十子入
繼

之賢 廣七一
字勝才
廣六九子入
繼

之璘 廣七一
字瑞玉
號郭生

友鉦 完百十七
字尚圭
業儒

興仁 完百十八

興讓 完百十九

大琛 全百四二
字南金
號寶山

啓秀 全百四三
字綸升

啓芳 全百四四
字蓮茹

啓芹 全百四五
字倫元

大業 全百四六
字元勳
號添松

一鼎 祿五十 字殷占

之璘 出繼祿四九

之珮 廣七三 字佩玉 廣六九子入繼

友鑛 完百二十

啓懷 全百四七

啓明 全百四八

之瑞 廣七四 未娶

之璋 廣七五

之玿 廣七六

富有 完百廿一

之玠 廣七七 字玠玉

王觀 完百廿二

慈東費氏四修宗譜卷三十九下

世系二　右房惠二公派　遷徙慈湖

廿一世	廿二世	廿三世	廿四世	廿五世
大忠 全一	燾 昌一	江鴻 盛一		
		江文 盛二 字如林	箕良 昭一 字李生	慶瑞 宣一 住寧波
			貴生 昭二	
大海 全二 字廷國 住定海	致宏 昌二 住定海			
	致煊 昌三 住定海	燗林 盛三 字永年		

大烈 全三
鎮邑佾生

致綱 昌四
鎮邑佾生

江派 盛四
住鎮海

江垚
出繼昌五

江楠
出繼昌十二

致還
出繼全四

大鵬 全四
住鎮海
全三子入繼

致遠 昌五
昌四子入繼

江垚 盛五
字善文

永昌 晶三

宣祥 宣二
住鎮海

宣彰 宣三
住鎮海

光昭 四 昭
住鎮海

德昭 五 昭

宣財 四 宣
住鎮海

禧昭 六 昭

大堃 五 全
小字瑞登

致思 六 昌
住蘇州

江仁 六 盛
住蘇州

大海 六 全
小字瑞科

致宏 七 昌
住定海

大勳 七 全

致文 八 昌

江□ 七 盛

住乍浦

諱闕
住乍浦

大湘 全八
字蘭國
鎮邑庠生

致煌 昌九
住鎮海

致淮 昌十
住鎮海

致森 昌十一
住鎮海

江安 盛八
一名江綸
住鎮邑東門
內桂山廟腳

致榮 昌十二
昌四子入繼

江楠 盛九
字少文

炳昭 昭七

宣德 宣五
住鎮海

大周 全十四

長庚 昌十三
未娶

大乾六　生十 、

大彪二　全廿
字鎼林　欽旌孝子邑志有傳○全廿五子兼祧

學增三　全廿
住於潛

大春四　全廿
全廿五子入繼

大芳五　全廿

志祥四　昌十
字興耀

志才

盛浩

志□五　昌十
諱闕　住於潛

志鵬六　昌十
住於潛

志𪁺
出繼全廿四

志才七　昌十

盛浩十　盛

象襛全廿二　字生泉

紹學全廿大
住杭州

志鯤昌十八
字東生

學安全廿七
住杭州

志□昌十九
諱問
住杭州

生茂全廿八
全三十子八
繼

志元昌十二
字春芳

大振全三十

志元
出繼全廿八

志堂昌廿一
字春源

盛經盛十一
字九生

大安全三二

志淵昌廿二

一名炘

大畊 全三三

志海 昌廿三 一名洋

未娶

志琳 昌廿四

字黄基

號璜季

大臣 全三五

志洪 昌廿五

字錦榮

大佐 全三七

全三八子入繼

志海 昌廿六

字世芳同治

元年殉難奉

旨賜卹邑志

入忠義傳

昌廿七子入

繼

盛美 盛十二

字金寶

其綏 昭八

芝綏 昭九

大川 全三八

志海

出繼全三七

志燮 昌廿七
字蓮芳
覃恩上壽

盛美
出繼昌廿六

盛謀 盛十三
字生喬
號鑫橋

昭□ 昭十

盛賚 盛十四
小字同保

昭□ 昭十一

大廷 全三九

臣芳 昌廿八
未娶

大文 全四十
住太倉州

維春 昌廿九
住太倉州

長寶 盛十五
住太倉州

大滋 全四一

維新 昌三十

長寶 盛十六

住太倉州

大順二 全四
住太倉州
案此大順係東房人下大順係前房人名同派異故仍舊譜不改其名餘詳世次傳

大順三 全四

住太倉州

瑞元一 昌三
住太倉州

志剛二 昌三

住太倉州

與仁七 盛十
住太倉州

日義八 盛十
住太倉州

昭元一 昭十
字惠章

昭豐二 昭十
字惠品
號植三

祖根六 宜

祖興七 宜

祖蔭八 宜

祖榮九 宜

字蓮鳳

志芳 昌三 三
字世風

大典 全四 六
住乍浦

鳴雷 昌三 四
住乍浦

鳴瑞 昌三 五
住乍浦

大勇 全四 八

春鳳 殤
未娶

大功 全四 九

志法 昌三 六
字蓮春同治元年殉難奉旨賜卹邑志入忠義傳

大明 全五一
全四九子入繼

大振 全五五
字伐松

大壽 全五七
字斗南
一名增壽

大增 全五八

志遠 昌三七
一名鵬
字雲程
太醫院八品吏目

彭年 昌三八
字開利

學秀 昌三九
小字昌婿

志善 昌四十

志義
出繼全五九

志廉 昌四一

樹雲 盛十九
字卜洵

鎬鰲 盛二十

永昌 昭十三

本揚 昭十四

紫東劉氏四修宗譜　卷三十九　右房讓湖派　月志堂藏

字曼綬

大豐 全五 二
全五七子入繼

大燕 全六 五
字明儀
一名光燕

大謀 全六 六
字式仁
一名品

大椿 全六 七

志義 昌四 二

乾泰 昌四 三
未娶

志全 昌四 四

志清 昌四 五
字道德

志雨 昌四 大

松岳 盛廿 一
字卜元

槤 盛廿 二
字金斗

其明 昭十 五

[illegible]生 昭十 六
字[illegible][illegible]

長[illegible] 昭十 七
未娶

麟祥 宣十 [illegible]
字[illegible]來

字式章　　娶

大為 全六 八
字式侯

志臣 昌四 七

志昂 昌四 八

大有 全六 九
字式周

志仁 昌四 九
字道源
號秦山
國學生

琢 盛廿 三
字成璋
號竹溪
國學生

東華 昭十 八
字夢石一名
春監生捐授
員外郎○昭
十九子入繼

泰華 昭十 九
字椒卿
國學生

耀父 宣十 一
字慈鳳
號梧庭
住半浦

耀文
出繼昭十八

耀先 宣十 二
字慈衢號珞
[illegible]

有志堂……　性牛肅○宣　元子象義

大運 全七 二
字英雲
號時可

大正 全七 四
字紹基
號亢宗

志田 昌五 十
字成均

志泰 昌五 一
字邦潤

錦江 盛廿 四
字維新
號瑞源

其華 昭二 十
字含香
監生○昭廿
一子入繼

其榮 昭廿 一
字肯清
一字桂舫

宣禮 宜十 二
字五慶

宣禮
出繼昭二十

宣猷 宜十 四
字丙方

宣蔭 宜十 五
字慶棠

大貴 全七 七
字文貴

大昭 全七 八
字士英

文運 全八 十
字宸英

志盛 昌五 二
字邦盛

志美 昌五 三
字魁良

志文 昌五 四
字肯奎

志均 昌五 五
字宗高

志遠 昌五 六
字宗茂

帝來 昌五 七

源有 盛廿 五
出外未歸

錦盛 盛廿 六
字三[illegible]

江林 盛廿 七
字春陽

江懷 盛廿 八
一名永

其昌 昭廿 二
字永生

其運 昭廿 三
一名勤

其察 昭廿 四
小字阿察

宣勛 宣十 六
字耀銘

帝足 昌五八

大要 全八三

志行 昌五九 一名元

大富 全八六 [illegible]

志茂 昌六十 字朝鉏

德潤 盛廿九 住北京

大任 全八九 字國盛

志昌 昌六一

德安 盛三十 字錦傳

其源 昭廿五 字長福

宣龍 宣十七 字鐵梓

宣鳳 宣十八 字瑞閏

其樟 昭廿六 字森福 既生

炎康 宣十九 未娶

大美 全九 一

志福 昌六 二
字邦海
住餘姚

德才 盛三 二
字永泰
住餘姚

德會 盛三 一
字錦相

其鎮 昭廿 七
字永福

其斌 昭廿 八
字桂福

其江 昭廿 九
字友福

滔康 宣二 十
字誎耀
號沛卿

俊康 宣廿 一
字祥年

南山 宣廿 二
字衡耀

南康 宣廿 三

大賚 全九三
字作舟 ◎全九四子入繼

大年 全九四

志仁 昌六三
字邦順

志銘 昌六四
小字海龍

志銘
出繼全九三

志銓 昌六五
住餘姚滸山

江瀾 盛三三
小字望中

江渭 盛三四

江源 盛三五
未娶

家傳 盛三六
住滸山

其鈞 昭三十
字增祥

其瑞 昭三一
字彩祥

金寶 宣廿四

大全　全百一

志豐　昌六六

志鰲　昌六七

江信　盛三七

桂香　昭三二

宣才　宣廿五
字永才

宣理　宣廿六
字永富

大喜　全百三
字明山

志烈　昌六八
字成茂

江麟　盛三八

志勳　昌六九

大賢　全百五
字明揚

志儒　昌七十
一名志汝
住杭州

[illegible]三十考[illegible]

火鵬 全百九
字世宗
全百十子入
繼

志名 昌七一
字宏譽
號朝嵩
貤贈奉政大夫

江清 盛三九
字濬懷
小字騰蛟
覃恩上壽
誥贈奉政大夫

峻 昭三三
字于天
從九品

浗 昭三四
字支龍
從九品

德宣 宣廿七
字達三
監生

德宣
出繼昭三三

德谷 宣廿八
字立甫號笠夫又號蘭谷

德富 宣廿九
字新甫
未娶

德宰 宣三十 [illegible]止
字安邦 [illegible]

德[illegible] 宣三一
字樂山

江城 十 盛四
字漢川
號蓀溪
貤贈奉政大夫
邑志附父傳

志雲 二 昌七
字西亭
號蓮峯
邑志有傳
著有論[illegible]
[illegible]

大經 十 全百
字秉彝
[illegible]

棨 六 昭三
一名珅字中玉號馥堂布政司理問承辦海運
欽加五品銜
晉同知銜

超 七 昭三
字軼羣
號雨池監生
議敘貳品
誥贈奉政大夫

德家 二 宜三
字彩卿

德宦 三 宜三
一名宣柟
字周六
號洲葉
國學生

德宗
出繼昭三入

德寅 四 宜三
一名宣彤字協恭號蘅楚
議敘州同
欽加五品銜
宜三五子入繼

棠
出繼盛四十

志名
出繼全百九

大受　全百十一
字君可

江杰　盛四一
字晉風
盛三九子入繼
邑志附父傳

棠　昭三八
字企南
勅贈脩職郎
例貢儒林郎
昭三五子入繼

志剛　昌七三
字月仙
號桂林
一名雲臺
邑志附從弟
志雲傳

江潮　盛四二
字翰風

江濤　盛四三
字安瀾

德宗　宣三五
字可選號桂
舫光緒乙酉
拔貢戊子副
貢直隸州州
判長興縣訓
導升用知縣
曾[illegible]加五級

其勤　昭三九
字震山號[illegible]
象○從九品

其昌　昭四十
字襄傳

宣猷　宣三六
字長生
未娶

宣型　宣三七
字桂生
出外未歸

江漢　盛四　四

其能　昭四　一
字仁一

宣文　宣三　八
字桂潤

其勳　昭四　二

其位　昭四　三

長春　宣三九　○止
被粵匪擄去未歸

其英　昭四　四
字坤山
宣講生

江湘　盛四　五
字聲遠
慈學佾生

其山　昭四　五
字如南
國學生

江浩　盛四　六
字聲宏

其福　昭四　六
字建山
一名厚堂

宣謀　宣四　廿
字穉生

大觀 全百 十二
字東望
號魯巖

志常 昌七 四
字恆占
號靜齋
一名錦章
邑志附從兄
志雲傳著有
[illegible]

志道 昌七 五
字薪傳號含
章○作[illegible]江

志誠 昌七 六

瑾 盛四 七
字臨之

瑲 盛四 八
字佩玉

璵 盛四 九

從九品

其富 昭四 七
字春山

茂椿 昭四 八
字萬榮
號[illegible]巖
監生兼職[illegible]
[illegible]

宜榮 宜四 一
字張生

宜發 宜四 二
字張發

宜民 宜四 三
字行蓀

宜鐸
承繼盛五十
[illegible]

字韶九 小字萬金

字季春 未娶

志純 昌七七
字粹中一字泉穀號芸圃

琅 盛五十
字益泰○盛四七子兼祧

茂椿

宣鐸 宣四四○止
字震蓀

志霖 昌七八
字雨亭 號沛然

丹宇 盛五一
未娶

丹宁 盛五二
未娶

大本 全百十三
字中立全百十四子入繼

岡陵 昌七九

大智 全百十四
字元才 一名全

岡陵
出繼全百十三

志金 昌八十

江耀 盛五三

字順陵

漢富　全百十七
字華封

漢章　全百十九
字華賢

大綱　全百廿二

志艮　昌八一
字秉仁○昌八十子入繼

志信　昌八二
字連三
號蓮山

三元　昌八三

連順　昌八四

志清　昌八五

清和
出繼昌八五

清和　盛五四

金有　盛五五
住石門

南山　盛五六

嘉友　淵四九

字承泰

字葆綬

字銀甫

未娶

大發 全百 廿四 住鎮海

阿三 昌八 六 住鎮海

志文 昌八 七 舊行四 住鎮海

南臺 盛五 七 字錦榮○盛五六子入繼

江富 盛五 八 住鎮海

阿鰲 盛五 九 住鎮海

長生 盛六 十

順友 出繼昭五七

春友 昭五 十

順友 昭五 一

和尚 此名補 住鎮海 生咸豐十一年辛酉餘闕

一

忠全 百廿五
乾一
名晉順

志豪 昌八 八

任鎮壽

松齡 盛六 一
字春來

萬利 昭五 二
一名[illegible]

萬豐 昭五 三
未娶

萬順 昭五 四
一名[illegible]

萬茂 昭五 五
一名耕
未娶

長齡
出繼昌八九

丹齡

出繼昌九四

大孝 全百 廿六
字名揚
一名晉發

志潮 昌八 九
昌八八子入繼

長齡 盛八 二
字春基
覃恩上壽

寶生 昭五 六
一名萬生

志德 昌九 十

錦芳 盛六 三
盛六四子入繼

雲龍 昭五 七
未娶

志謙 昌九 一

錦福 盛六 四

雲龍
出繼盛六三

雲才 昭五 八

志華 昌九 二

錦照 盛六 五
一名泉

其文 昭五 九
一名董

宣靈 宣四 五
字派壽

其章 昭六 十

宣穆 宣四

小字少東

字泰興

宣模　出繼昭六八

大岳　全百廿七　字聲九　號珊楓　一名明周

志堯　昌九三　字錫章

錦裕　盛六六　字春和

其賢　昭六一　未娶

其才　昭六二　字後端

其勇　昭六三　一名增

宣寅　宣四七　字佑卿　未娶

宣誠　宣四八　字芝卿　小字丨梓

宣仁　宣四九　字蘇卿　小字阿香

大臨　全百廿八

志恭　昌九四

丹齡　盛六七

萬泰　昌六四

字廣富

大雅 全百廿九
字宏聲
一名明顯

大足 全百三一
字世慶

啓華 全百三四

啓茂 全百三五

昌八丈子入
繼

志和 昌九五
昌九六子入
繼

志相 昌九六
字澄源
號遠馨

志達 昌九七

志孝 昌九八

字春富

江茂 盛六八
字懋麓

江茂
出繼昌九五

江發 盛六九
字緻琮○盛
六八子兼融

紹程 盛七十
字金臺

其本 昭六五
字□善
兼融盛六九

其本

瑞春 昭六六
一名元

瑞年 昭六七

啓瓛全百三七
字天潤

啓蘭全百三八
字[illegible]麟

啓莊全百三九
字天樞

大治全百四十
字宇安
號靜川
又字卜熊
國學生

志全昌九九
號之船

志培昌一百

志乾昌百一

志國昌百二

志鏘昌百三
字[illegible]鋒
號立峯

昌百八子入繼

紹棟盛七一
字稽衡

紹恩盛七二
字生陽

紹[illegible]盛七三

錦瑞盛七四
字葉嵋
號蓮清

瑞[illegible]昭六八
一名椿○昭六十子入繼

[illegible]槐昭六九
字本相
未娶

宣[illegible]宣五十
字[illegible]發

志校 昌百四

字備倫號序齋○未娶

志洋 昌百五

字于天

未娶

志炎 昌百六

字耀彰

號丹山

又號鳳崗

昌百九子入繼

錦祥 盛七五

字鴻生

其康 昭七十

字榮炳

其校 昭七一

字蓮溶廿

志恆 昌百七

字久思號春林○未娶

志匡 昌百八

字振揆

號鳳陵

錦瑞

出繼昌百三

單懸生壽

錦祥 出繼昌百七

錦波 出繼昌百九

錦濤 盛七六 字鴻馥

其泰 昭七二 字文照

[illegible]

錦波 盛七七 字鴻源

大照 全百四一 字東臨 號陽村

志濱 昌百九 字奇封○昌百八子入繼

志英 昌百十 字承豪號崑岡○未娶

志壯 昌百十一 字崑玉 未娶

大琛 全百四二
字南金
號寶山

志選 昌百十二
字子宣
號崑峯
從九品
住北京

瀛 盛七八
字繼生
國學生

國鎮 昭七三

國秀 昭七四

啓秀 全百四三
字掄升

志堂 昌百十三
字賡唐
昌百十五子
入繼

紹康 盛七九

瑞忠 昭七五
字章海

永才 宣五一 ○止
未娶

瑞源 昭七六
字少莊

志璜 昌百十四
昌百十六子
入繼

紹棵 盛八十

瑞芝 昭七七
字葆馥

啓芳 全百四四
字莅茹

志正 昌百十五

紹康
出繼昌百十三

志堅 昌百十八

紹乾 盛八一

紹慶 盛八二

紹樑 出繼昌百十四

紹英 盛八三 字配道

瑞龍 昭七八

瑞馨 [illegible]七九 未娶

瑞金 [illegible]八十 未娶

紹偉 盛八四

梅 出繼昌百十八

啓芹 全百四五 字掄元

志高 昌百十七 字賡範

潮 盛八五 字恆來○兼祧昌百十九

瑞安 昭八一

志里 昌百十八 昌百十七子 入繼

梅 盛八六

瑞和 昭八二 字東海

德望 宣五二

志型 昌百十九 昌百十七子 兼祧

潮

瑞安

德勝 宣五三○止 未娶

大業 全百四六
字元勳
號添松

志鏞 昌百二十
字德明

江漢 盛八七
字蓮熙

志本 昌百廿一
字德超
小字慈孝

志倫 昌百廿二
小字慈朝
未娶

志宏 昌百廿三
未娶

啓懷 全百四七

志雷 昌百廿四

美木 盛八八

美哉 盛八九
未娶

啓明 全白四八　志尹 昌百廿五 昌百廿六子兼祧　紹福

志道 昌百廿六　紹福 盛九十 兼祧昌百廿六

廿五世　廿六世　廿七世　廿八世　廿九世

耀文 宣十一 字慈飆 號梧庭 住半浦　慶邦 定一 一名定邦 字麗官 住半浦 兼祧宣十二

耀先 宣十二 字慈鴻號臨仙又號顯庭 住半浦○宣十一子兼祧　慶邦

德宣 宣廿九　慶瀾 定二

字達三
號靜齋
監生

德容 宣廿八
字立甫
號笠夫
又號蘭谷

德宰 宣三十
字安邦○宣
廿八子兼祧

一名定爐字
禮掌○未娶

慶祥 定三
一名定烜字
仲雲號光甫

慶善 定四
一名定燗字
耿如○未娶

慶祚 定五
一名定熾
字長延

慶堃 定六
一名定熙
字芝軒
兼祧宣三十

慶堃

德官 宣三 三
一名宣楷
字周六
號洲葉
國學生

慶釗 定 七
一名定鎤
字錫和
國學生加
鹽場大使銜

德寅 宣三 四
一名宣彬字
協恭號藕楚
議敘同州
欽加五品銜
宣三五子入
繼

慶咸 定 八
一名定燮
字子和
號夢蘭
郡優增生
定九子入繼

祖康 迪 一
一名迪元
字善長
號康甫

德宗 宣三 五
字可遷號桂
舫光緒乙酉
拔貢戊子副
貢直隸州州
判長興縣訓
導升用知縣

慶咸
出繼宣三四

慶鴻 定 九
一名定烈
字鴻卿

祖康
出繼定八

宣文 宣三 六

慶章 定 十

字桂潤

宜發 宜四二
字張發

宜民 宜四三
字行蒸
號杏生

德望 宜四九
小字阿茅

一名定煥

慶榦 定十一
一名定楨
字根由

慶定 定十二
一名定燿
字亭生

慶裕 定十三
一名定寬
字擬祥

慈東費氏四修宗譜卷四十上

蓀湖世次傳一

十世　右房惠二公派

右一 檣
惠二子贊居八邨蓀湖生洪武廿六年癸酉十一月廿二日卒成化九年
癸巳九月十六日壽八十一娶本縣坊隅張氏生卒闕葬蓀湖應家山
下檣子尚一尚二尚三尚四尚
五萬曆譜云至今子孫蕃衍

十一世

尚一 琛
右一子分居後房生永樂十八年庚子二月十七日卒成化廿二年丙午
二月初一日壽六十七娶本縣四都童氏生卒闕葬蓀湖應家壘父墳傍
子和一和二
和三和四

尚二 碧
右一子分居東房生洪熙元年乙巳六月初十日卒宏治十三年庚申九
月廿九日壽七十六娶本縣三都洪氏繼娶定海胡氏生卒俱闕葬蓀湖
應家壘父墳傍子和五和六和七和七出
繼尚三女長適西鄉洪史方次適縣前王

尚三 珪
右一子分居前房生宣德八年癸丑閏八月十一日卒成化七年辛卯八
月初三日年三十九娶鄞縣五十都陳氏生卒闕葬蓀湖應家壘父墳傍
尚二子和七入繼
女適十三都洪

袁房劉氏四修宗譜卷四十一　右房惠二公派　天元堂梓

尚四 **瑀** 右一子分居西房生正統元年丙辰七月廿□日卒成化十五年己亥十一月十一日年四十四娶本縣七都陳氏生卒闕葬蒜湖應家嶴父墳傍
子和八女長適八都應□
適坊隅呂三濟姜嶴時

尚五 **堂** 右一子諱字生卒俱闕

十二世

和一 **廷貴** 尚一子生正統十年乙丑七月廿二日卒成化十六年庚子三月十六日年三十六娶定海貝氏生卒闕葬蒜湖山子本一

和二 **和三** 尚一子諱闕生正統十四年乙巳九月十三日卒成化十六年庚子六月十一日年三十二娶定海金氏生卒與葬蒜湖山無嗣和四子本二
入繼 案萬歷譜和三生二子鏞鐘和小三無子以和四子本二入繼今
無可攷姑以成豐譜

和三 **廷秀** 尚一子生景泰三年壬申十一月廿八日卒宏治十五年壬戌十二月廿四日年五十一娶本縣四都童氏生卒闕葬蒜湖山子本三本四

和四 **廷鈺** 尚一子生天順元年丁丑十二月廿七日卒宏治十五年壬戌十一月初八日年四十六娶本縣四都張氏生卒闕葬蒜湖山子本五本六本
二本二出
繼和三

和五 **瑭** 尚二子生天順七年癸未正月十六日卒正德十四年己卯閏正月初七日年五十七娶本縣四都孔氏生卒闕葬蒜湖山子本七本□

和六 **塡** 尚二子生成化□年戊子正月十一日卒嘉靖□□□辰二月初□日壽六十五娶本縣十三都洪氏生卒闕葬蒜□□□嶴子本九本十

和七 瑶 尙三子生天順二年戊寅十二月廿七日卒嘉靖九年庚寅三月初四日壽七十三娶本縣邵氏生天順元年丁丑十月廿二日卒正德十二年丁丑十二月初六日壽六十一葬蒸湖葉家嶴子本十一

和八 瑞 尙四子生天順七年癸未八月十六日卒闕娶本縣四都姚氏生天順七年癸未十二月十九日卒正德二年丁卯十二月十一日年四十五葬葉家嶴青龍山腰坐北向南俗呼四支墳子本十二本十三　贅七都曹

十三世 有房蒸湖

本一 鎮 和一子生成化十五年己亥七月廿三日卒闕娶定海貝氏生卒闕子德一德二德三德四德五德六女適坊門劉

本二 本四八 和一二諱剛生宏治十二年己未二月廿八日卒闕

本三 錀 和三子生宏治八年乙卯三月十四日卒闕娶胡氏生卒闕子德七德八女適六都下管徐

本四 鐃 和三子生宏治十四年辛酉六月十八日卒闕娶王氏生卒闕子德九德十

本五 鏡 和四子生宏治三年庚戌九月十一日卒嘉靖五年丙戌七月初五日年三十七娶本縣童氏生卒闕葬蒸湖嶴子德十一

本六 鐸 和四子生宏治六年癸丑四月十五日卒闕娶□氏生卒闕子德十二

本七 錄 和五子生成化廿一年乙巳九月初十日卒闕娶定海徐氏生卒闕子德十三德十四德十五女適九都傅

慈東黃氏四十宗譜卷四上　右房惠二公派

本八　鑛　和五子生宏治十二年己未二月廿八日卒嘉靖廿六年丁未三月十三
日年四十九娶定海趙氏生卒闕子　十六德十七

本九　錫　和六子生宏治九年丙辰五月廿九日卒闕娶本縣洪氏生卒闕子德十
八德十　德二十女適坊隅王

本十　釭　和六子生正德元年丙寅餘闕卒嘉靖十年辛卯六月十二日年二十六
娶本縣八都方氏生卒闕葬蒸湖山子德廿一

十一　鉞　和七子生宏治七年甲寅九月十二日卒闕娶本縣八都王氏生卒闕
葬蒸湖海子德廿二

十二　儀　和八子生宏治二年己酉十二日十一日卒嘉靖四十年辛酉十二月
囗日壽七十三娶定海董氏生卒闕子德廿三女長適坊隅楊次適坊

關、王

十三　釗　和八子生宏治八年乙卯十月初七日卒隆慶元年丁卯十二月三十
日壽七十三娶本縣陳氏生卒闕葬葉家嶴與和八墳左俗傳四丈嶴
子德廿四德廿五德廿六女適
定海囗山所西門外薛世安

十四世　右房蒸湖

德一　滋　本一子生正德六年辛未十一月廿四日卒闕

德二　渠　本一子生正德九年甲戌正月廿二日卒闕娶本縣羅江洪氏生卒闕無
嗣德六子濟一入繼女適坊隅鄭清

德三　淮　本一子生正德十三年戊寅十月初九日卒闕娶囗氏生卒闕

德四 **洽** 本一子生正德十六年辛巳八月十四日卒闕娶定海董氏生卒闕子湝二

德五 **潸** 本一子生嘉靖五年丙戌六月初一日卒闕

德六 **淋** 本一子生嘉靖八年己丑十二月廿五日卒闕娶定海孫氏生卒闕子湝三湝四出繼徵德二

德七 **海** 本三子生嘉靖六年丁亥七月十九日卒闕娶本縣洪氏生卒闕子湝五湝六湝七

德八 **[illegible]** 本三子生嘉靖十六年丁酉六月十七日卒闕娶本縣夏氏生卒闕子湝八湝九湝十

德九 **漢** 本四子生嘉靖十五年丙申十二月廿五日卒闕

德十 **濬** 本四子生嘉靖廿六年丁未五月初七日卒闕

德十一 **浴** 本五子生嘉靖二年癸未六月初九日卒闕娶鄔氏生卒闕子湝十一

德十二 **德七五** 本六子諱字生卒闕娶氏俱闕子湝十二湝十三湝十四湝十五

德十三 **泯** 本七子生正德十年乙亥正月初四日卒闕娶本縣六都孫氏生卒闕子湝十六湝十七

德十四 **德廿五** 本七子諱字生卒俱闕

德十五 **深** 本七子生嘉靖三年甲申三月十五日卒闕

德十六　潮　本八子生嘉靖十二年癸巳七月十五日卒闕娶□氏生卒闕子滄十八

德十七　德六九　本八子生嘉靖十七年戊戌二月初一日卒闕

德十八　滌　本九子生正德十四年己卯四月十五日卒闕娶本縣余氏生卒闕葬蘇湖壽山子滄十九滄二十女適本都一圖沈

德十九　浩　本九子生正德十六年辛巳九月十二日卒闕娶本縣邵氏生卒闕子滄廿一滄廿二女適定海劉

德二十　淛　本九子生嘉靖五年丙戌八月初三日卒闕娶本縣林氏生卒闕子滄廿三

德廿一　江　本十子生嘉靖六年丁亥七月十七日卒闕娶定海劉氏生卒闕子滄廿四滄廿五

德廿二　淇　本十一子生正德十二年丁丑正月三十日卒闕娶定海周氏生卒闕子滄廿六滄廿七滄廿八滄廿九

德廿三　澄　本十二子生嘉靖八年己丑七月十八日卒闕娶本縣□氏生卒闕子滄三十滄三一

德廿四　溶　本十三子生正德十六年辛巳八月十八日卒萬歷□年七月廿□日娶本縣一都二圖沈氏生闕卒七月十七日葬葉家鼻壽龍山鄉和□墳右俗偁四支墳子滄三二滄三三

德廿五　源　本十三子生嘉靖三年甲申十月廿六日卒闕娶本縣方氏生卒闕子滄三四滄三五

德廿六　汀　本十三子生嘉靖六年丁亥十月十七日卒闕娶本縣謝氏子生卒闕滄三六滄三七

十五世

淯一　淯七二　德二二子諱闕生嘉靖四十二年癸亥十月二十日卒闕娶定海胡氏生卒闕

淯二　槐　德四子生嘉靖三十三年甲寅十一月初九日卒闕娶定海西管五都華氏生卒闕子龐一龐二龐三

淯三　六二　德六子諱闕生嘉靖四十一年壬戌二月二十日卒闕娶定海靈緒一都張氏生卒闕

淯四　淯八九　德六子諱闕生萬曆元年癸酉正月初四日卒闕

淯五　淯三十　德七子諱[illegible]生嘉靖廿九年庚戌二月初一日卒闕

淯六　淯四十　德七子諱闕生嘉靖三十三年甲寅五月二十日卒闕

淯七　淯六三　德七子諱闕生嘉靖四十一年壬戌三月廿四日卒[illegible]娶[illegible]氏生卒俱闕子龐四

淯八　淯七七　德八子諱闕生嘉靖四十五年丙寅八月廿八日卒崇禎十四年辛巳八月廿七日壽七十六娶本縣張氏生嘉靖四十一年壬戌九月初八日卒[illegible]禎八年乙亥七月初七日壽七十四子龐五龐六龐七

淯九　東山　德八子生萬曆二年甲戌十月十四日卒闕娶本縣周氏生卒闕葬慈高田中子龐八龐九

淯十　淯九九　德八子諱闕生萬曆七年己卯十二月初三日卒闕娶□氏生卒闕子龐十

湆十一　湆四四　德十一子諱㽞生嘉靖三十四年乙卯九月十六日卒闕娶定海西管五都華氏生卒闕

湆十二　湆八五　德十二子諱㦤生隆慶四年庚午七月十二日卒闕娶口氏生卒闕子寵十一　寵十二　寵十三

湆十三　湆九四　德十二子諱闕生萬曆四年丙子正月初五日卒闕

湆十四　湆一百　德十二子諱闕生萬曆八年庚辰五月初七日卒闕

湆十五　百四　德十二子諱㦤生萬曆十二年甲申十月初九日卒闕

湆十六　五一　德十三子諱闕生嘉靖三十七年戊午正月二十日卒闕娶本縣坊隅馮氏生卒闕子[illegible]十四

湆十七　七三　德十三子諱闕生嘉靖四十三年甲子八月廿三日卒闕

湆十八　棟　德十六子生隆慶五年辛未二月十七日卒闕

湆十九　三三　德十八子諱闕生嘉靖廿九年庚戌八月初十日卒闕娶本都下管姜氏生卒闕子　十五　十六　十七

湆二十　四一　德十八子諱闕生嘉靖三十三年甲寅十月初三日卒闕

湆廿一　瓈　德十九子生嘉靖三十五年丙辰十月初五日卒闕娶本縣三都洪氏生卒闕子　十八　十九　二十　廿一

湆廿二　珩　德十九子遷居[illegible]另詳遷徙譜

涫廿三　襟　德二十子生嘉靖三十六年丁巳十二月初四日卒闕娶本縣三都三圖韓氏生卒闕子麗廿二麗廿三

涫廿四　涫六六　德廿一子諱闕生嘉靖四十一年壬戌九月二十日卒闕

涫廿五　楅　德廿一子生隆慶四年庚午正月初一日卒闕

涫廿六　涫十四　德廿二子諱闕生嘉靖十八年己亥九月十七日卒闕娶本縣三都方氏生卒闕子麗廿[illegible]麗廿六麗廿六出繼涫廿七

涫廿七　涫十八　德廿二子諱闕生嘉靖廿一年壬寅七月十九日卒闕娶口氏生卒闕無嗣涫廿六子麗廿六入繼

涫廿八　涫三四　德廿二子諱闕生嘉靖廿九年庚戌八月十九日卒闕娶定海張氏生卒闕子麗廿七麗廿八

涫廿九　涫四五　德廿二子諱闕生嘉靖三十八年己未二月廿二日卒闕娶口氏生卒闕子麗廿九麗三十麗三一麗三二

涫三十　涫廿六　德廿三子諱闕生嘉靖廿八年己酉二月廿九日卒闕娶本縣二都一圖林氏生卒闕子麗三三麗三四

涫三一　涫七六　德廿三子諱闕生嘉靖四十四年乙丑十二月初九日卒闕

涫三二　材　德廿四嘉靖廿六年丁未十月廿二日卒十二月初二日娶本縣四都姚氏生卒闕卒正月十三日葬葉家嶴青龍山腰左首坐北朝南俗稱四支墳子麗三五麗三六麗三七麗三八女適本縣三都二圖陳

涫三三　涫七九　德廿四子諱闕生嘉靖四十五年丙寅十一月廿二日卒闕娶本縣華氏生卒闕

滀三四　滀廿八　德廿五子諱闕生嘉靖廿八年己酉十月初四日卒闕娶本縣本都三啚杜家橋方氏生卒闕葬葉家𡶶山子龐三九龐四十

滀三五　滀四三　德廿五子諱闕生嘉靖三十四年乙卯七月廿四日卒闕娶本縣四都姚氏生卒闕子龐四一

滀三六　滀四九　德廿六子諱闕生嘉靖三十五年丙辰十一月廿七日卒闕娶本縣二都二啚陳氏生卒闕

滀三七　滀五九　德廿六子諱闕生嘉靖三十八年己未十二月十二日卒闕娶本縣三都林氏生卒闕

十六世

龐一　龐廿六　滀二子諱闕生萬歷四年丙子十二月初八日卒闕娶□氏生卒闕子福一福二

龐二　龐四三　滀二子諱字娶□氏生卒俱闕子福三福四

龐三　龐增　滀二子娶□氏生卒俱闕子福五福六福七

龐四　仕學　滀七子生萬歷三十一年癸卯六月廿六日卒康熙三年甲辰十二月十三日壽六十二娶□氏生卒闕子福八福九

龐五　仕明　滀八子生卒闕娶李氏生六月初一日卒康熙元年壬寅九月廿四日子福十福十一

龐六　仕龍　滀八子生卒闕

龐七　仕新　滀八子諱娶□氏生卒俱闕

龐八 龐七九 滄九子諱顒生萬歷廿一年癸巳六月廿六日卒順治十四年丁酉三月十七日壽六十五娶本縣□氏生萬歷二十五年丁未正月十一日卒崇禎十五年壬午七月初□日年三十六□娶本縣余氏生卒□年五十□子福十三

龐九 仕昇 滄九子生卒闕壽七十八娶本縣于氏生天啓二年壬戌十月初二日卒康熙廿五年丙寅八月廿八日壽六十五子福十四

龐十 龐百廿一 滄十子諱關生萬歷四十五年丁巳八月廿四日卒順治十□年辛丑五月十八日年四十五娶本縣華氏生天啓三年癸亥十一月二十日卒康熙廿四年乙丑九月廿四日壽六十三子福十五福十六

龐十一 仕□ 滄十二子生泰昌□年庚申八月初四日卒康熙廿九年庚午七月廿四日壽七十一娶于氏生崇禎六年癸酉五月廿三日卒康熙三十七年戊寅九月初七日壽六十六子福十七福十八福二十出繼龐十三福十八遷居定邑混堂另詳遷徙譜

龐十二 仕[illegible] 滄十二子生天啓四年甲子六月初一日卒康熙五年丙午十月十八日年四十三娶□氏生卒闕子福十九

龐十三 仕甯 滄十二子生卒闕娶氏生卒闕無[illegible]龐十一子福二十入繼

龐十四 龐廿七 滄十六子諱閏生萬歷五年丁丑十一月初五日卒闕

龐十五 仕宰 滄十九子生隆慶五年辛未十一月初二日卒闕娶□氏生卒闕葬葉家嶴子福廿一福廿二

龐十六 仕[illegible] 滄十九子生萬歷四年丙子四月初一日卒闕娶□氏生卒闕葬葉家嶴

七　麗十　麗三七　滄十九子諱字生卒俱闕

八　麗十　仕登　滄廿一子娶氏生卒俱闕子福廿三廿福四

九　十　仕觀　滄廿一子生卒闕

十　二　仕貴　滄廿一子娶氏生卒俱闕葬墳坪子福廿五福廿六福廿七福廿八

一　廿　仕煜　滄廿一子娶氏生卒俱闕子福廿九

二　廿　仕熞　滄廿三子娶氏生卒俱闕子福三十

三　廿　仕秀　滄廿三子娶氏生卒俱闕子福三一

四　廿　仕煥　滄廿六子生隆慶五年辛未十月廿七卒闕娶口氏生卒闕子福三

五　廿　麗四四　滄廿六子諱字生卒俱闕

六　廿　麗三一　滄廿七子諱歸生萬曆五年丁丑十月初六日卒崇禎六年癸酉九月初十日年五十七娶本縣方氏生萬曆十五年丁亥三月初二日卒康熙三年甲辰十二月廿四日壽七十八子福三三福三四

七　廿　仕富　滄廿八子生萬曆九年辛巳十一月廿二日卒順治六年己丑正月初二日壽六十九娶口氏生卒闕子福三五

麗廿八　麗六一　清廿八子諱關生萬歷□年十月十二日卒康熙□年五月初一日娶韓氏生萬歷□年九月十八日卒正月十八日子福三六福三七

麗廿九　麗六二　清廿九子諱字娶氏生卒俱闕子福三八　居鎮邑蟹浦另詳遷徙譜

麗三十　麗七五　清廿九子諱闕生萬歷十九年辛卯十一月廿八日卒順治三年丙戌年五十六娶本縣張氏生萬歷三十二年甲辰九月十四日卒康熙廿三年甲子正月廿四日壽八十一子福三九福四十福四一

麗三一　麗八七　清廿九子諱闕生萬歷廿三年乙未九月廿三日卒順治十五年戊戌十一月初十日壽六十四娶本縣劉氏生八月十五日卒五月初六日子福四二

麗三二　麗九六　清廿九子諱闕生萬歷廿六年戊戌二月初四日卒順治五年戊子十二月廿四日年五十一娶本縣杜氏生卒闕子福四三福四四

麗三三　麗三二　清三十子諱字生卒俱闕

麗三四　麗四八　清三十子諱字生卒俱闕

麗三五　仕顯　清三二子生隆慶五年辛未十一月初九日卒二月初六日娶本縣翁氏生七月初十日卒八月初六日餘闕葬東灣校山朝西南向子

福四五福五十福
五十出繼麗三七

麗三六　麗廿一　渞三二子諱闕生萬歷三年乙亥四月十七日卒闕娶本縣王
氏生卒闕子福四六福四七福四八福四九

麗三七　仕勳　渞三二子生萬歷六年戊寅四月十二日卒崇禎十二年己卯十月
初十日壽六十二娶本縣洪氏生萬歷八年庚辰八月初五日卒崇
禎九年丙子正月初二日壽五十七葬葉
家嶴沙山嘴無嗣以麗三五子福五十八繼

麗三八　仕壵　渞三二子生萬歷十三年乙酉閏九月十七日卒順治二年乙酉十
月廿一日壽六十一娶本縣徐氏生萬歷十五年丁亥十一月初一
日卒康熙十二年癸丑十月十五日壽八十
七葬張家祠斗朝北向子福五一福五二

麗三九　麗十一　渞三四子諱闕生隆慶五年辛未七月十四日卒闕

麗四十　麗二十　渞三四子諱闕生萬歷三年乙亥四月初九日卒闕

麗四一　麗四十　渞三五子諱字生卒俱闕

十七世

福一　科　麗一子生卒闕

福二　龍　麗一子生卒闕

福三 福四七 麗二子諱字生卒俱闕

福四 培 麗二子生卒闕

福五 福九 麗三子諱字生卒俱闕

福六 福五四 麗三子諱字生卒俱闕

福七 和尚 麗三子生卒闕

福八 伯化 麗四子生崇禎六年癸酉七月十九日卒康熙三十五年丙子三月十七日壽六十四娶□氏生卒闕

福九 伯傑 麗四子生卒闕

福十 伯禎 麗五子生崇禎八年乙亥八月廿五日卒康熙十五年丙辰七月廿七日年四十二娶本縣董氏生崇禎十年丁丑三月初五日卒康熙十七年戊午八月初八日年四十二子祿一祿廿二祿廿二出繼福三十

福十一 伯祚 麗五子生卒闕

福十二 伯願 麗七子娶氏生卒俱闕子祿二祿三

福十三 伯安 麗八子生卒闕

福十四　伯章　麗九子生順治十年癸巳五月十五日卒康熙四十年辛巳五月十四日年四十九娶本縣徐氏生康熙十年辛亥十月十一日卒乾隆十三年戊辰六月初七日壽七十八子祿四祿五祿七祿七出繼福二十

福十五　伯明　麗十子生順治七年庚寅十一月十三日卒康熙三十五年丙子二月廿一日年四十七娶本縣邵氏生康熙八年己酉三月二十日卒雍正四年丙午十一月廿四日年五十八子祿六

福十六　伯喜　十子生卒闕未娶

福十七　伯讓　十一子生卒闕未娶

福十八　伯謂　十一子遷居定海混堂衕另詳遷徙譜

福十九　伯選　十二子生十一月十七日卒闕年三十七娶口氏生卒闕子祿乾祿立俱殤

福二十　伯諒　十三子生卒闕娶本縣徐氏生康熙六年丁未九月廿四日卒康熙四十六年丁亥二月二十日年四十一無嗣福十四子祿七入繼

福廿一　大六　十五子生卒闕娶陳氏生卒亦闕葬葉家𡼏子祿八

福廿二　小六　十五子生卒闕未娶

福廿三　伯琛　十八子生卒闕娶本縣楊氏生崇禎十二年己卯八月廿四日卒康熙五十七年戊戌九月廿一日壽八十子祿九

福廿四　伯賢　麗十八子生卒闕娶水氏生卒亦闕子祿十祿十一

福廿五　伯遴　麗二十子住毛家浦生卒娶氏俱闕子祿十二祿十三

福廿六　伯進　麗二十子生卒闕

福廿七　伯道　麗二十子生卒闕娶邵氏生卒闕葬葉家嶴始古坪朝西子祿十四祿十五

福廿八　伯通　麗二十子生卒闕娶於氏生卒亦闕子祿十六祿十七祿十八

福廿九　伯饒　麗廿一子生卒闕娶宣氏生卒亦闕子祿十九祿二十祿廿一

福三十　福六四　麗廿二子諱字生卒娶氏俱闕無嗣福十子祿廿一入繼

福三一　福八二　麗廿三子諱字生卒俱闕娶□氏生卒闕子祿廿三

福三二　伯元　麗廿四子生萬歷四十七年己未十一月二十日卒康熙十六年丁巳十一月初十日年五十九娶本縣徐氏生崇禎六年癸酉九月廿四日卒康熙四十六年丁亥四月二十日壽七十五子祿廿四

福三三　伯知　麗廿六子生卒闕未娶

福三四　伯信　麗廿六子生卒闕

燕東蔡氏四修宗譜卷四十一　右房懸二公派

福三 五 伯祥 麗廿七子生卒闕娶本縣林氏生順治十五年戊戌正月三十日卒康熙四十九年庚寅六月十七日年五十三子祿廿五祿廿六

福三 六 伯龍 麗廿八子生卒闕

福三 七 伯鳳 廿八子生萬歷三十四年丙午七月廿二日卒康熙十五年丙辰十一月初四日壽七十一娶本縣翁氏生卒闕

福三 八 寶 廿九子遷居鎮邑蟹浦另有遷徙譜

福三 九 伯員 三十子生順治元年甲申七月廿六日卒二月初四日娶本縣陸氏生康熙三年甲辰正月初二日卒乾隆十年乙丑十二月十五日壽八十二 子峻廿七

福四 十 伯達 三十子生卒闕

福四 一 伯純 三十子生卒闕

福四 二 伯文 三一子生順治四年丁亥五月卒康熙三十一年壬申八月十七日娶本縣夏氏生順治十七年庚子八月十七日卒雍正五年丁未六月十六日壽六十八 子廿八 廿九 三十

福四 三 伯毓 三二子住湖州生卒闕

福四 四 伯秀 三二子住湖州生卒闕

福四五 伯恩 麗三五子生正月七六日卒二月廿七日娶本縣沈氏生十二月十一日卒四月初六日葬葉家嶴白虎山嘴娶徐氏生萬曆三十二
年甲辰十二月廿二日卒康熙廿六年丁卯十一月廿八日壽八十四與
夫合葬東嶴梭山朝西南子祿三一祿三二祿三四俱徐氏出

福四六 伯仁 龍三六子生卒闕娶本縣董氏生萬曆二十年壬辰十月初九日卒萬曆三十九年辛亥四月十八日年二十繼娶本縣姚氏生萬曆三
十五年丁未二月初四日卒康熙三十一年壬申二月初二日壽八十六
子祿三四祿三五祿三六俱姚氏出

福四七 伯元 麗三六子生萬曆三十一年癸卯二月初二日卒康熙十七年戊午
正月初十日壽七十六娶口氏生卒闕子祿三七

福四八 伯福 麗三六子生萬曆三十八年庚戌月日闕卒康熙九年庚戌十月十五
日壽六十一娶本縣朱氏生萬曆四十六年戊午八月廿四日卒康
熙十八年己未二月十一日壽六十二
子祿三八

福四九 伯祿 麗三六子生萬曆四十年壬子九月廿一日卒康熙三十四年乙亥
十月初一日壽八十四娶口氏生卒闕子祿三九祿一弘祿一弘出
家會□寺爲僧

福五十 伯高 龍三七子生萬曆三十年壬寅三月十一日卒康熙元年壬寅七月
廿四日壽六十一娶本縣姚氏生萬曆三十四年丙午三月廿九日
卒康熙七年戊申正月初十日壽六十三葬蔡家園朝東南子祿四十祿
四一　四二　四三　四四　一彥　一彥出家雲岫寺爲僧法名道弘

福五一 伯顯 麗三八子生萬曆四十四年丙辰五月初三日卒順治十四年丁酉
十二月初四日年四十二娶本縣周氏生萬曆四十五年丁巳□月

十八日卒康熙三十七年戊寅八月初六日壽八十二葬叢家嶴白虎山

嘴朝南向子　四五　四六　四七　[illegible]　四八

福五

二

伯順 麗三八子生崇禎十三年庚辰十二月廿六日卒康熙三十三年甲

戌九月廿七日年五十五娶本縣馮氏生卒闕繼娶本縣張氏生崇

禎十二年己卯十月初五日卒康熙四十七年戊子八月初六日壽七十

葬南首高田朝東向子祿四九祿五十

十八世

祿一

一

孝 福十子生康熙三年甲辰閏六月初二日卒雍正十三年乙卯四月廿

二日壽七十二娶李氏生康熙十九年庚申九月二十日卒乾隆十六

年辛未十月廿九日

壽七十二子廣一

祿二

一

勵 福十二子生卒闕

祿三

一

勍 福十二子生卒闕　案福十二子祿二祿三與福四六子祿三四祿三

五同名必有一誤特彼更有一弟耳今無可攷姑存闕疑

祿四

一

桂 福十四子生康熙廿八年己巳十一月十二日卒乾隆四年己未正月

廿六日年五十一娶顧氏生康熙三十二年癸酉九月廿一日卒雍正

三年乙巳八月二十日年三十三與丞合葬門前高田繼娶應氏生康熙

廿四年乙丑九月初三日卒乾隆三十年乙酉九月初六日壽八十一葬

鎮邑虹橋子廣二廣三

廣九廣九出繼祿七

祿五

一

仁 福十四子生卒闕娶樓氏生卒亦闕子廣四廣五

祿六　一萬　福十五子生康熙廿四年戊辰五月廿七日卒乾隆十四年己巳四月二十日壽六十二娶張氏生康熙三十五年丙子九月二十日卒闕子廣六廣七

廣八

祿七　一會　福二十子生卒娶氏俱闕無嗣祿四子廣九入繼

祿八　一鐀　福廿一子生順治八年辛卯餘闕卒雍正五年丁未正月廿三日壽七十七娶陳氏生康熙四年乙巳餘闕卒乾隆十四年己巳八月廿三日壽八十五葬葉家嶴子廣十廣十一廣十二

祿九　一崳　福廿三子生卒闕

祿十　一貫　福廿四子生闕卒十一月丁七日娶洪氏生十一月初八日卒闕葬小嶴示子廣十三廣十四

祿十一　一彭　福廿四子生卒闕娶口氏生卒亦闕子廣十五

祿十二　一清　福廿五子住毛家浦生九月十二日卒十月初五日娶張氏生五月十三日卒十月廿五日葬葉家嶴山子廣十六廣十七廣廿四廣廿四出繼

祿十七

祿十三　一玖　福廿五子生卒闕

祿十四　一方　福廿七子生康熙三十四年乙亥三月初七日卒乾隆元年丙辰十二月十二日年四十二娶陸氏生康熙四十一年壬午十一月二十

日卒闕葬柳家園高田朝東
子廣十八廣十九
祿十五　一化　福廿七子生康熙三十六年丁丑十二月初六日卒乾隆三十二年
丁亥十一月初七日壽七十一娶花嶼湖應氏生康熙四十三年甲
申十月初五日卒乾隆十二年丁丑正月十二日年五十四葬葉家墓大
填坪朝酉子　廿一　廿二
祿十六　一明　福廿八子生卒娶葬俱闕無嗣祿十八子廣廿三入繼
祿十七　一睿　福廿[illegible]子生康熙[illegible]十四年乙卯八月廿七日卒乾隆四年己未三月
十五日壽六十五娶汪氏生康熙廿五年丙[illegible]十一月十七日卒乾
隆三十九年甲午正月十一日壽八十九年[illegible]
祿[illegible]二子　廿四入繼
祿十八　一藩　福廿[illegible]子生康熙廿三年[illegible]子十[illegible]月十[illegible]日卒乾隆廿六年辛巳正
月廿二日壽七十八娶李氏[illegible]康熙廿八年己巳十月二十日[illegible]
隆三十八年癸巳九月十三日[illegible]八十五[illegible]葬[illegible]山
子　廿五　廿三　廿三[illegible]　十六
祿十九　一經　福廿九子生康熙[illegible]年丙午[illegible]月十六日卒[illegible]十[illegible]日娶胡氏生
康熙十七年戊午二月廿六日卒十一月[illegible]二日子　廿六　廿七
廿[illegible]　廿九　三一
三一[illegible]　廿一
十二　一廣　福廿九子生卒闕[illegible]生卒[illegible]子　三十
一廿一　一義　福廿九子生卒闕娶沈氏[illegible]適無嗣　十九子　三一入繼

禄廿二　一高　福乇三子生卒闕

禄廿三　普息　福三一子生卒闕

禄廿四　一文　福三二子生康熙二年癸卯四月廿三日卒雍正九年辛亥九月初六日壽六十九娶王氏生康熙十九年庚申卒乾隆三十年乙酉六月十五日壽八十六子廣三二

禄廿五　一汶　福三五子生卒闕

禄廿六　一斌　福三五子生卒闕

禄廿七　一聘　福三九子住岱山生卒闕娶高氏生康熙三十二年癸酉六月廿三日卒康熙五十二年癸巳九月廿八日年廿一繼娶杜氏生康熙三十四年乙亥卒乾隆三十一年丙戌九月初十日壽七十二側室孫氏生卒闕子廣三三廣三四廣三五

禄廿八　一定　福四二子生康熙十五年丙辰十一月十六日卒雍正七年己酉九月初六日年五十四娶貝氏卒雍正十二年甲寅九月廿七日年四十七子廣三六廣三七

（生康熙廿七年戊辰五月十四日）

禄廿九　一治　福四二子生康熙廿一年壬戌六月初五日卒雍正五年丁未九月十五日年四十六娶王氏生康熙廿九年庚午六月十七日卒乾隆廿四年己卯十二月十三日壽七十子廣三八

祿三　一戌　福四二子生康熙三十年辛未二月初六日卒雍正五年丁未十月
十　初五日年三十七娶沈氏生康熙四十年辛巳五月廿八日卒雍正
五年丁未六月初四日年廿七續娶龔氏生康熙四十二年癸未十二月
十四日卒乾隆十七年壬申正月初七日壽五十子廣三九沈氏出

祿三　一元　福四九子生崇禎六年癸酉九月廿二日卒康熙三十八年己卯十
一　二月初七日壽六十七娶桂氏生崇禎六年癸酉二月廿七日卒康
熙十四年乙卯正月初十日年四十三葬東灣
祔父墓側子廣四十廣四一廣四二廣四三

祿三　一魁　福四五子生崇禎十四年辛巳二月十二日卒康熙五十二年癸巳九
二　月初五日壽七十三娶水氏生崇禎十三年庚辰十一月初七日卒
康熙五十七年戊戌十一月十三日壽七十九葬東灣枝山朝南子廣四
四廣四五廣六

祿三　一科　福四七子生八月初三日卒二月十九日娶顧氏生順治十二年乙
二　未十二月廿六日卒雍正七年己酉十二月初一日壽七十五葬東
灣枝山祔墳東子廣四七廣
四八　四九　五十　五一

祿三　一勛　福四六子生卒闕
四

祿三　一勍　福四六子生卒闕娶口氏生卒亦闕子廣五二
五

祿三　一秀　福四六子生卒娶生俱闕子廣五三四
六

祿三　一章　福四七子生卒闕娶林氏生康熙六年丁未四月初七日卒康熙四
七　十五年丙戌九月初十日年四十子廣五四廣五五

祿三 一錫 福四八子生順治五年戊子十二月初十日卒康熙六十年辛丑七
八 月十四日壽七十四娶王氏生四月十四日卒十月初二日子廣五
大廣
五七

祿三 一長 福四九子生卒闕未娶
九

祿四 一奇 福五十子生崇禎元年戊辰十月廿八日卒康熙五十三年甲午十
十 二月十四日壽八十七娶杜氏生卒闕十一月廿七日繼娶徐氏生順
治四年丁亥四月十八日卒康熙五十三年甲午十一月廿七日壽六十
八葬蔡家園父墳北首子廣五八杜氏出廣五九廣六十廣六一俱徐氏
出女適
城內張

祿四 一龍 福五十子生崇禎五年壬申八月廿九日卒康熙廿年辛酉二月廿
一 一日年五十娶杜氏生順治六年己丑八月廿一日卒康熙四十七
年戊子十一月十九日壽六十
葬蔡家園子廣六二廣六三

祿四 一進 福五十子生崇禎十一年戊寅正月廿三日卒康熙五十七年戊戌
二 四月初二日壽八十一娶周氏生順治十二年乙未九月初七日卒
康熙廿年辛酉十月廿六日年二十七
葬蔡家園前朝東向子廣六四女適王

祿四 一恕 福五十子生崇禎十五年壬午二月初一日卒康熙四十一年壬午
三 十一月廿五日壽六十一娶杜氏生順治十五年戊戌八月廿[illegible]日
卒康熙三十二年甲戌十一月廿五日三
十七葬應家衖子廣六五廣六六廣六七

祿四四　一甯　福五十子生順治三年丙戌六月廿八日卒雍正五年丁未三月廿
九日壽八十二娶孫氏康熙二年癸卯八月十三日卒康熙廿四年
乙丑八月廿九日年二十
三葬蔡家園子廣六八
祿四五　一爵　福五一子生崇禎九年丙子七月十八日卒康熙廿八年己巳六月
廿六日年五十四葬蕣湖嶺朝南向娶沈氏改適無嗣祿四八子廣
六九入繼女
適古縣咸
祿四六　一本　福五一子生九月十八日卒九月廿六日葬蕣湖嶺朝南向未娶
祿四七　一德　福五一子生順治四年丁未五月廿九日卒康熙四十一年壬午五
月二十日年五十六葬蕣湖嶺腳未娶
祿四八　一臣　福九一子生順治十二年乙未六月初二日卒康熙六十[illegible]年辛丑
十月十八日壽六十七娶陸氏生順治十七年庚子四月十二日卒
乾隆元年丙辰四月十三日壽七十七葬葉家嶴山朝西南向子廣七十
廣七一　六九　六九出繼祿四五女一適沈大通孫
祿四九　一鼎　福五二子生卒闕娶應氏生順治十八年辛丑九月十五日卒雍正
五年丁未正月廿九日壽六十七葬南首高田洞扶橋之西無嗣祿
五五子廣
七二入繼
祿五十　一景　福五二子生康熙十一年壬子十一月初七日卒康熙六十年辛丑
九月十八日年五十娶郭氏生卒闕娶徐氏生康熙廿一年壬戌五
月初八日卒乾隆十九年甲戌正月廿八日壽七十三葬桂東灣子廣七
二郭氏出　七三　七四　七五　七六　七七徐氏出　七二出繼祿

祿四
九

十九世

廣一之才　祿一子生康熙四十四年乙酉二月廿一日卒乾隆八年乙亥三月廿四日年三十九娶杜氏生康熙五十二年癸巳七月廿六日卒乾隆四十年乙未十二月初一日壽六十三葬應家廟石板地子完一完二

廣二之貫　祿四子生康熙五十三年甲午九月廿五日卒乾隆四十二年丁酉十一月廿二日壽六十四娶謝氏生康熙五十二年癸巳三月初三日卒七月十四日葬鎮海靈巖鄉白石廟前墓碑題派分慈水生香者是也子完三完四

廣三之龍　祿四子生康熙六十一年壬寅卒闕娶任氏生卒闕子完五

廣四之華　祿五子生雍正十一年癸丑閏五月卒乾隆三十六年辛丑九月廿七日年三十九娶夏氏改適

廣五之榮　祿五子投旗生卒闕

廣六之盛　祿六子生康熙五十六年丁酉七月二十日卒闕娶朱氏生雍正二年甲辰九月廿八日卒乾隆廿五年庚辰三月初十日年三十七子完六

廣七之貴　祿六子生雍正五年丁未四月初四日卒闕

廣八之棟　祿六子生乾隆元年丙辰正月初七日卒闕娶陳氏生乾隆十三年戊辰九月初八日卒闕

廣九　之達　祿七子生康熙五十五年丙申八月十八日卒闕娶白氏繼娶陸氏生
卒俱闕子元七白氏出

廣十　之[illegible]　祿八子生卒闕娶沈氏生康熙廿八年己巳十月初五日卒乾隆廿九
年甲申九月十二日壽七十六葬葉家壩山無嗣廣十二子完八入繼

廣十一　之[illegible]　祿八子生康熙三十年辛未十一月廿八日卒乾隆廿八年癸未十
二月初五日壽七十三娶沈氏生卒闕子完九

廣十二　之瑗　[illegible]八子生康熙三十六年丁丑十一月廿五日卒乾隆三十八年癸
巳十月廿二日壽七十七娶張氏生康熙四十三年甲申八月廿三
日卒闕子完八完十完
十一完八出繼廣十

廣十三　之英　[illegible]十子生康熙廿二年癸亥正月廿二日卒乾隆十五年庚午十二
月初一日壽六十八娶沈氏生康熙廿二年癸亥十二月廿三日卒
乾隆十七年壬申[illegible]月十
七日壽七十子完十二

廣十四　之綸　祿十子生康熙三十一年壬申卒闕娶李氏卒闕子完十三

廣十五　之朋　祿十一子生卒闕娶王氏繼娶陳氏生卒俱闕子完十四陳氏出

廣十六　之銓　祿十二子生康熙四十一年壬午六月十七日卒乾隆五十三年戊
申三月廿七日壽八十七娶應氏生康熙五十六年丁酉五月廿七
日卒闕子
完十五

廣十七　之杰　祿十二子生康熙五十八年己亥正月初二日卒嘉慶五年庚申閏
四月廿九日壽八十二娶錢氏生乾隆四年己未卒闕子完十六完[illegible]十

七女適未詳

廣十八 之琳 祿十四子生康熙五十九年庚子正月廿二日卒闕娶魯氏改適子完十八

廣十九 之成 祿十四子生雍正十三年乙卯十一月十六日卒乾隆四十四年己亥十月十九日年四十五娶杜郭沈氏生乾隆八年癸亥十月十三日卒闕

廣二十 之綱 祿十五子生雍正六年戊申九月二十日卒乾隆五十三年戊申正月十二日壽六十一娶八都應氏生雍正七年己酉十一月十七日卒乾隆五十九年甲寅二月十五日壽六十六葬葉家嶴硯瓦坪子完十九完二十完廿一完廿二完廿三

廣廿一 之紀 祿十五子生雍正九年辛亥九月十一日卒乾隆四十八年癸卯四月十九日年五十三娶應氏生雍正十二年甲寅十二月十八日卒嘉慶十六年辛未二月十六日壽七十八葬葉家嶴砂山朝南向子完廿四完廿五完廿六

廣廿二 之忠 祿十五子生乾隆九年甲子四月十九日卒嘉慶六年辛酉二月廿三日年五十八娶沈氏生乾隆十二年丁卯十二月十七日卒嘉慶十九年甲戌九月初二日壽六十八葬均山子完廿七完廿八完廿九

廣廿三 之顯 祿十六子生康熙五十四年乙未五月初六日卒乾隆四十九年甲辰九月廿七日壽七十娶方氏生康熙五十五年丙申正月廿四日卒乾隆十三年戊辰八月初十日年三十三繼娶邵氏生康熙六十一年壬寅九月廿三日卒乾隆廿八年癸未八月十三日年四十二三娶嚴氏

生雍正十二年甲寅十一月十六日卒乾隆四十八年癸卯六月二十日
年五十葬黃坭跟山地

廣廿四 之珩 祿十七子生康熙四十四年乙酉三月十七日卒乾隆十九年甲戌
五月十六日年五十娶周氏生康熙五十一年壬辰三月廿二日卒
乾隆十七年壬申二月廿六日年四十一
葬應家嶴山頂子完二十完三一

廣廿五 之權 祿十八子生雍正七年己酉十一月十四日卒乾隆五十年乙巳六
月二十日年五十七娶沈氏繼娶周氏生卒俱闕三娶應氏生乾隆
四年己未十一月廿六日卒嘉慶廿二年丁丑三月二十日壽七十九葬
黃沙坭跟山地子完三二沈氏出完三三應氏出

廣廿六 之賡 祿十九子生康熙三十三年甲戌九月十四日卒乾隆三十二年丁
亥十二月十八日壽七十四娶胡氏生康熙四十三年甲申五月廿
四日卒闕無嗣廣三
一子完三四入繼

廣廿七 之奎 祿十九子生康熙四十年辛巳十二月十二日卒乾隆十七年壬申
三月初三日年五十二娶應氏生卒闕子完三五

廣廿八 之升 祿十九子生康熙五十二年癸巳卒闕

廣廿九 之恆 祿十九子生康熙五十五年丙申卒闕

廣三十 遮觀 祿二十子住餘姚滸山生卒闕娶范氏生卒亦闕子完三六 三七

廣三一 之文 祿廿二子生卒闕生卒闕娶鄒氏生卒亦闕子 三四完三八完三
九完四十以三四出繼廣廿六

廣三二 之瑛 祿廿四子住杉墩生卒闕娶王氏生卒亦闕子完四一

廣三三 之星 祿廿七子住岱山生卒闕娶方氏生卒亦闕子完四二完四三完四四完四五完四六

廣三四 之昊 祿廿七子住岱山生雍正十年壬子閏五月十五日卒闕娶鄭氏生卒闕子完四七完四八完四九完五十

廣三五 之昱 祿廿七子住岱山生雍正十二年甲寅十一月初一日卒乾隆二十二年丁亥二月初一日年三十四娶周氏三十三歲守節生雍正十十三年乙卯十月十七日卒闕完五一五完二

廣三六 之進 祿廿八子生康熙五十年辛卯十月初五日卒雍正十年壬子九月十九日年二十二娶沈氏改適無嗣廣七三子完五三入繼

廣三七 之这 祿廿八子生康熙五十九年庚子正月廿一日卒乾隆三十二年丁亥十二月初九日年四十八娶王氏生康熙五十七年戊戌十二月十三日卒乾隆五十七年壬子八月廿一日壽七十五子完五三完五四完五五完五六完五七完五三出繼廣三六

廣三八 之選 祿廿九子生康熙四十八年己丑七月廿九日卒乾隆四十三年戊戌七月十六日壽七十娶王氏生康熙四十八年己丑四月廿五日卒乾隆廿六年辛巳正月十二日年五十三繼娶孔氏生康熙四十七年戊子四月廿一日卒乾隆四十九年甲辰二月初九日壽七十七子完五八完五九完六十俱王氏出

廣三九 之逵 祿三十子生康熙五十九年庚子正月廿七日卒乾隆三十四年己丑六月二十日年五十娶邵氏生康熙五十七年戊戌十二月初三

日卒闕子完六一完六二完六三完
六四完六四出與本族爲子無攷

廣四十　之堯　祿三一子生卒闕未娶

廣四一　之煥　祿三一子生順治十三年丙申四月初七日卒康熙三十九年庚辰三月十七日年四十五娶洪氏生康熙九年庚戌二月十六日卒康熙廿八年己巳三月十九日年二十繼娶沈氏生康熙十七年戊午九月十一日卒乾隆十四年己巳九月二十日壽七十二子完六五

廣四二　之炤　祿三一子生康熙元年壬寅九月廿四日卒乾隆元年丙辰四月十二日壽七十五娶樟樹下蘇氏生康熙十三年甲寅十月初八日卒乾隆十一年丙寅十月初三日壽七十三
葬長三畝田子完六六完六七完六八

廣四三　之燿　祿三一子生康熙六年丁未二月十九日卒乾隆十一年丙寅八月廿五日壽八十娶王氏生康熙十九年庚申十一月初一日卒康熙三十八年己卯二月初一日年二十繼娶楊氏生康熙十七年戊午正月十五日卒雍正十一年癸丑十月初五日年五十六子完六九完七十完七一

廣四四　之相　祿三二子生康熙元年壬寅三月初一日卒乾隆元年丙辰十二月十四日壽七十五娶翁氏生康熙十五年丙辰十月十六日卒雍正五年丁未十月十六年五十二葬方家高田子完七二完七三完七四完七五女長適陳次適童三適王

廣四五　之彬　祿三二子生康熙十一年壬子五月廿七日卒雍正十二年甲寅六月初一日壽六十三娶水氏生康熙廿三年甲子二月十六日卒

隆廿九年甲申八月初二日壽八寸一葬葉家嶴青龍山子完七六女適
長石橋岸生王南來

廣四六　之林　祿三二子生康熙十八年己未五月初二日卒乾隆十二年丁卯四
月廿三日壽六十九娶汪氏生康熙廿八年己巳八月初七日卒雍
正八年庚戌正月三十日年四十二葬方家高田子完七七完七八完七
九完八十

廣四七　之煒　祿三三子生康熙十七年戊午正月廿二日卒雍正七年己酉十一
月十二日年五十二娶鄭氏生康熙廿九年庚午十月十六日卒乾
隆十六年辛未十二月十二日壽
六十二子完八一完八二完八三

廣四八　之毓　祿三三子生康熙二十年辛酉十月十六日卒康熙五十五年丙申
正月初八日年三十六娶王氏生康熙廿九年庚午九月十四日卒
康熙四十九年庚寅四月十七日年
二十一無嗣廣四九子完八四入繼

廣四九　之茂　祿三三子生康熙廿二年癸亥十月十七日卒乾隆十一年丙寅十
二月廿一日壽六十四娶王氏生康熙廿九年庚午九月二十日卒
乾隆九年甲子十月十九日年五十五
子完八四完八五完八四出繼廣四八

廣五十　之光　祿三三子生康熙廿六年丁卯十一月十一日卒雍正六年戊申八
月廿一日年四十二娶李氏生康熙三十四年乙亥正月廿七日卒
康熙六十一年壬寅十月十一
年二十八葬應家嶴子完八六

廣五一　之藩　祿三三子生康熙三十九年庚辰四月初五日卒乾隆十九年甲戌
十月初一日年五十五娶洪氏生康熙四十三年甲申卒乾隆廿一

年丙子十月三日年五十三葬
廟衕高田子完八七完八八

廣五二 之鳳 祿三五子生康熙六年丁未八月十九日卒康熙四十二年癸未九月廿五日年三十七娶張氏生康熙十二年癸丑十二月廿五日卒乾隆八年癸亥九月初五日壽七十一子完八九完九十

廣五三 之周 祿三六子生卒闕娶胡氏生康熙十一年壬子九月二十日卒乾隆十七年壬申正月初四日壽八十一子完九一完九二

廣五四 之彥 祿三七子生康熙廿五年丙寅六月十四日卒乾隆元年丙辰六月十一日年五十一娶嚴氏生康熙廿五年丙寅九月初四日卒乾隆十六年辛未十二月廿九日壽六十六女適城內陸

廣五五 之琛 祿三七子生卒娶氏俱闕女適未詳

廣五六 之彪 祿三八子生康熙十二年癸丑九月初五日卒乾隆十五年庚午十日廿一日壽七十八娶胡氏生康熙十九年庚申五月初十日卒康熙四十年辛巳七月廿四日年二十二[illegible]娶蘇氏生康熙廿二年甲子十二月廿[illegible]日卒乾隆十六年辛未正月十五日壽六十八子完九三完九四完九五俱蘇氏出

廣五七 之瑞 祿三八子生卒闕娶口氏生卒闕

廣五八 之發 祿四十子生順治十五年戊戌七月初九日卒康熙四十六年丁亥十二月十二日年五十娶應氏生康熙六年丁未二月二十日卒康

熙廿九年庚午七月初二日年二十四繼娶姚氏生康熙十一年壬子二
月廿五日卒康熙六十年辛丑十一月初三日年五十葬楊家山灣朝東
南向子完九六姚氏
出完九七姚氏出

廣五九 **之起** 祿四十子生康熙五年丙午八月初五日卒康熙廿四年乙丑正月
初十日年二十未娶葬大鄧地朝南向與弟廣六一合墓

廣六十 **之顯** 四十子生康熙九年庚戌二月初三日卒乾隆元年丙辰十一月
十八日壽六十七娶徐氏生康熙十七年戊午二月廿二日卒康熙
五十七年戊戌十月十九日年四十一繼娶徐氏生康熙廿一年壬戌十
一月初四日卒乾隆廿一年丙子閏九月初六日壽七十五葬黃泥漊橋
朝河南向子完九八完九九女長適入
都應炎適夏家壘邵俱繼娶徐氏出

廣六一 **之興** 祿四十子生康熙十八年己未六月廿九日卒康熙四十六年丁亥
五月初五日年二十九未娶葬大鄧地朝南向與兄廣五九合墓

廣六二 **之富** 祿四一子生康熙六年丁未十月初六日卒乾隆五年庚申九月初
五日壽七十四娶翁氏生康熙十年辛亥二月初四日卒雍正十年
壬子六月初九日壽六
十二葬河塍子完一百

廣六三 **之貴** 祿四一子生康熙九年庚戌七月初三日卒雍正十年壬子九月十
五日壽六十三娶曹氏卒康熙廿一年壬戌十二月初三日卒雍正
三年乙巳正月十一日年四十四繼娶陸氏生康熙十三年甲寅五月初
二日卒乾隆五年庚申正月十五日壽六十七葬蔡家園子完百一完百
二完
百三

慈東費氏四修宗譜卷四下　蔡湖世次傳一　十八　[illegible]堂藏

廣六四　之芳　祿四二子生康熙十七年戊午五月初一日卒雍正六年戊申三月初四日年五十一娶貝氏生康熙廿三年甲子四月初八日卒雍正八年庚戌二月十二日年四十七葬蔡家園子完百四完百五完百六

廣六五　之榮　祿三六子生康熙十四年乙卯十一月廿四日卒乾隆二年丁巳七月初三日壽六十三娶孔氏生康熙廿四年乙丑三月十四日卒康熙五十七年戊戌六月初八日年三十四繼娶沈氏生康熙二十年辛酉四月十四日卒乾隆十五年庚午十月初九日壽七十子完百七完百八俱孔氏出

廣六六　之屏　祿四三子生康熙廿一年壬戌十一月十七日卒乾隆十四年己巳正月初十日壽六十八娶李氏生康熙三十三年甲戌三月初七日卒乾隆十九年甲戌二月初九日壽六十一葬葉家壽子完百九女長適鄭次適陸

廣六七　之宗　祿四三子生康熙廿九年庚午十二月初二日卒乾隆元年丙辰五月廿四日年四十七娶丁氏生康熙三十九年庚辰四月十九日卒雍正十一年癸丑十二月廿六日年三十四子完百十完百十一女適郎

廣六八　之翰　祿四四子生康熙廿二年癸亥正月初七日卒雍正十一年癸丑正月年五十一娶胡氏生康熙三十四年乙亥三月初七日卒乾隆四年己未九月初一日年四十五葬應家壽子完百十二完百十三

廣六九　之能　祿四五子生康熙廿九年庚午十一月十五日卒乾隆十三年戊辰十一月三十日年五十九娶沈氏生康熙三十年辛未二月初二日

卒雍正十三年乙卯五月廿一日年四十五繼娶顏氏生康熙四十五年丙戌十二月十五日卒乾隆三十年乙酉八月廿五日壽六十葬葉家嶴土名六都山坐東北朝西南子完百十四完百十五完百十七完百二十完百十七出繼廣七一完百二十出繼廣七三俱沈氏出

廣七十 之賚 祿四八子生康熙三十四年乙亥正月十四日卒乾隆元年丙辰四月初二日年四十二娶洪氏 勅封孺人生康熙三十二年癸酉九月初四日卒乾隆廿六年辛巳八月初九日壽六十八側室吳氏生康熙四十九年庚寅六月十五日卒雍正十三年乙卯四月初十日年二十六葬應家□龍舌尖子完百十六吳氏出女適胡

廣七一 之賢 祿四八子生康熙四十一年壬午閏六月初二日卒雍正二年甲辰十二月初九日年三十二娶沈氏 欽旌節孝詳貞節錄生康熙四十一年壬午二月十七日卒乾隆三十四年己丑七月十八日壽六十八葬葉家嶴夾溪山朝西南無嗣廣六九子完百十七入繼

廣七二 之璘 祿四九子生康熙三十一年壬申六月廿四日卒乾隆十三年戊辰十一月廿七日年五十七娶鄭氏生康熙三十二年癸酉六月初八日卒乾隆廿九年甲申三月十八日壽七十二葬袁家山在蔣湖之東首子完百十八完百十九

廣七三 之佩 祿五十子生康熙四十三年甲申十二月初八日卒乾隆廿五年庚辰十一月初三日年五十七娶陸氏生卒闕無嗣廣六九子完百二十入繼女適未詳

廣七四 之瑞 祿五十子生卒闕未娶

廣七五 之瑋 祿五十子生卒娶氏俱闕

廣七六 之玿 祿五十子生康熙四十九年庚寅正月初十日卒乾隆十七年壬申三月十一日年四十三娶蘇氏改適子完百廿一

廣七七 之玠 祿五十子生卒闕娶王氏生卒亦闕子完百廿二

二十世

完一 友能 廣一子生乾隆二年丁巳九月廿八日卒道光二年壬午十一月十五日壽七十六娶余氏生乾隆十七年壬申正月十二日卒嘉慶十九年甲戌餘闕壽六十三葬應家嶴石板地子全一全二

完二 友豐 廣一子生乾隆八年癸亥十一月初五日卒闕娶徐氏生乾隆二十年乙亥正月廿四日卒闕葬應家嶴石板地

完三 友奎 廣二子住鎮海生乾隆七年壬戌正月十二日卒嘉慶廿五年庚辰三月十九日壽七十九娶嚴氏生乾隆七年壬戌餘闕卒闕葬鎮邑江南大碶麥岐嶴子全三全四

完四 友堂 廣二子住鎮海生乾隆九年甲子十二月十六日卒闕娶葉氏生乾隆八年癸亥餘闕卒闕葬鎮邑銀驅橋子全五全六全七全八

完五 滄濤 廣三子生乾隆三十二年丁亥五月初五日卒闕

完六 友悅 廣六子生乾隆二十年乙亥十二月初八日卒乾隆四十九年甲辰餘闕年三十

完七　友□　廣九子生乾隆二年丁巳十一月廿五日卒闕娶□氏生卒闕子全九全十

完八　友和　廣十子生雍正元年癸卯十二月廿五日卒闕娶洪氏生雍正十一年癸丑五月初六日卒闕葬□坪子全十一全十二

完九　友芳　廣十一子生雍正元年癸卯餘闕卒乾隆三十七年壬辰十月初七日年五十

完十　友華　廣十二子生雍正十年壬子十月二十日卒乾隆三十三年戊子餘闕年三十七未娶

完十一　友成　廣十二子生乾隆三年戊午六月初十日卒闕

完十二　友良　廣十三子生康熙五十九年庚子七月廿九日卒闕娶朱氏生雍正六年戊申九月廿九日卒乾隆廿九年甲申九月廿八日年三十七□棲父□子全十三全十四

完十三　友益　廣十四子生雍正十二年甲寅餘闕

完十四　友盛　廣十五子生乾隆元年丙辰八月廿二日卒乾隆五十一年丙午七月初九日年五十一娶顏氏生卒闕葬裏河塘頂地子全十五全十六全十七

完十五　友倫　廣十六子生乾隆十八年癸酉八月廿九日卒乾隆五十七年壬子四月十五日年四十娶吳氏生乾隆廿五年庚辰十月廿六日卒道光十六年丙申九月十四日壽七十七葬姜官嶺廊菱池對上朝酉子全十八全十九全二十

完十六 友福 廣十七子生乾隆廿七年壬午四月十八日卒道光十二年壬辰四
月廿七日壽七十一娶汪氏生十一月初一日卒四月初五日餘闕
葬妾官嶺腳池
卅上子全廿一

完十七 友增 廣十七子生乾隆三十一年丙戌十二月十四日卒闕葬[illegible]路翻
未娶

完十八 友孝 廣十八子生乾隆十年乙丑十一月初五日卒十月初八日餘闕
未娶

完十九 友義 廣二十子生乾隆十五年庚午十月十八日卒嘉慶十八年癸酉八
月十四日壽六十四娶王氏生乾隆三十六年辛卯二月初五日卒
道光廿七年丁未二月廿一日壽七
十七葬楊家峧石佛亭後子全廿二

完二十 友英 廣二十子生乾隆廿四年己卯七月十九日卒闕未娶

完廿一 友金 廣二十子生乾隆廿八年癸未十月十二日卒嘉慶十二年丁卯正
月十二日年四十五葬硯瓦坪娶口氏改適子全廿三

完廿二 友國 廣二十子生乾隆三十年乙酉十一月十四日卒嘉慶十五年庚午
十月廿八日年四十六娶方氏生乾隆四十四年己亥五月廿二日
卒道光廿五年乙巳四月十一日壽六十
七葬葉家[illegible]瓦坪子全廿四全廿五

完廿三 友仁 廣二十子生乾隆三十四年己丑二月廿八日卒道光元年辛巳六
月初四日年五十三娶邵氏生乾隆四十八年癸卯六月廿七日卒
嘉慶十四年己巳正月初八日年二十七[illegible]娶陳氏生乾隆五十三年戊
申二月廿二日卒闕葬孫湖[illegible]子全廿六全廿七

完廿四
友君　廣廿一子生乾隆二十年乙亥十月十八日卒道光七年丁亥九月廿四日壽七十三娶邵氏生卒闕繼娶[illegible]氏生乾隆廿八年癸未五月初七日卒道光十五年乙未正月初三日壽七十三子全廿八

完廿五
友才　廣廿一子生乾隆廿三年戊寅四月十一日卒嘉慶十九年甲戌正月廿五日年五十七娶周氏生乾隆四十年乙未九月十四日卒三月廿八日餘闕繼娶華氏改適子全廿九華氏出

完廿六
友貴　廣廿一子生乾隆三十九年甲午四月廿二日卒道光二年壬午正月十四日年四十九葬馮家園樫父路頭娶陸氏改適子全三十全三一全三二全長福出
繼與[illegible]車[illegible][illegible]姓爲子

完廿七
友英　廣廿二子生乾隆三十九年甲午十一月初八日卒嘉慶十九年甲戌閏二月初五日年四十一娶徐氏生乾隆三十八年癸巳十一月三十日卒嘉慶五年庚申二月初五日年二十八繼娶王氏生乾隆四十一年丙申十一月廿七日卒道光十年庚寅十一月廿二日年五十五葬葉家嶴師姑山子全三三全三四全三五
全三四出繼完廿八全三五出繼完廿九

完廿八
友軒　廣廿二子生乾隆四十三年戊戌正月廿七日卒嘉慶十五年庚午十二月初九日年三十三娶王氏生卒闕葬小東灣無嗣完廿七子
全三四
入繼

完廿九
友道　廣廿二子生乾隆五十年乙巳七月二十日卒道光廿五年乙巳九月初八日壽六十一娶袁氏生乾隆五十四年己酉五月初八日卒

道光廿三年癸卯正月十二日年五十五
葬葉家壘口無嗣完廿九子全三五入繼

完三十　**友强**　廣廿四子生雍正十二年甲寅十月初六日卒嘉慶二年丁巳五月
初四日壽六十四娶應氏生乾隆四年己未十一月廿六日卒嘉慶
廿二年丁丑三月二十日壽七十
九葬葉家壘砂山朝南子全三六

完三一　**友信**　廣廿四子生乾隆十年乙丑五月初三日卒嘉慶十七年壬申五月
十一日壽六十八娶朱氏生乾隆三十四年己丑正月廿二日卒道
光三年癸未九月十二日年五十五葬
葉家壘四支塡北首子全三七全三八

完三二　**友親**　廣廿五子生乾隆十九年甲戌四月十七日卒嘉慶廿二年丁丑正
月十五日壽六十四娶陳氏生乾隆三十五年庚寅九月初十日卒
道光二十年庚子十二月十七日壽七十一葬
胡姓屋後裘家山無嗣完三三子全三九入繼

完三三　**友德**　廣廿五子住太倉州北門內生乾隆三十一年丙戌九月廿四日卒
闕娶馮氏生卒闕葬慈溪小東門外東山下子全三九全四十全
四一全四二全三
九出繼完三二

完三四　**友綱**　廣廿六子生雍正十二年甲寅餘闕

三五　**宗祥**　廣廿七子生乾隆七年壬戌正月初七日卒闕

三六　**完口**　廣三十子住餘姚滸山生卒娶葬俱闕

完三七　完口　廣三十子住餘姚滸山生卒娶葬俱闕

完三八　友宗　廣三一子住分水縣生乾隆元年丙辰餘[illegible]

完三九　友善　廣三一子住分水縣生卒娶葬俱闕

宗四十　興宗　廣三一子住桐盧縣生卒娶葬俱闕

完四一　王繼　廣三二子住杭州生卒娶葬俱闕

完四二　友祺　廣三三子生乾隆七年壬戌十二月十四日卒闕

完四三　友象　廣三三子生乾隆十年乙丑八月廿一日卒闕

完四四　友禮　廣三三子生乾隆十二年丁卯正月初四日卒闕

完四五　友智　廣三三子生乾隆十五年庚午八月初六日卒闕

完四六　友信　廣三三子生乾隆十八年癸酉五月初四日卒闕

完四七　友能　廣三四子生乾隆十八年癸酉七月十一日卒闕

完四八　金佐　廣三四子生乾隆廿四年己卯二月初八日卒闕

完四九 金鳳 廣三四子生乾隆廿六年辛巳十月廿一日卒闕

完五十 金有 廣三四子生乾隆廿九年甲申四月十二日卒闕

完五一 友益 廣三五子生乾隆二十年乙亥六月初七日卒闕

完五二 友道 廣三五子生乾隆廿三年戊寅正月廿七日卒闕

完五三 友魁 廣三六子生乾隆五年庚申十月十七日卒嘉慶十九年甲戌六月廿八日壽七十五娶徐氏生乾隆六年辛酉六月十六日卒嘉慶二年丁巳正月廿二日年五十七葬宅之南首土名後車頭坐東朝西子全四三全四八全四八出繼完五五

完五四 友欽 廣三七子住乍浦生乾隆八年癸亥七月廿一日卒嘉慶廿一年丙子八月初一日壽七十四娶杜氏生乾隆十一年丙寅九月廿一日卒嘉慶十年乙丑六月廿一日壽六十子全四四全四五全四六全四七

完五五 友貞 廣三七子生乾隆十一年丙寅九月廿一日卒嘉慶三年戊午三月十一日年五十三娶□氏生卒闕葬後車頭與完五二同處無嗣完五三子全四八入繼

完五六 友增 廣三七子生乾隆十五年庚午十月廿五日卒嘉慶三年戊午正月廿九日年四十九娶周氏生乾隆廿七年壬午五月十二日卒道光十一年辛卯十二月初二日壽七十葬後車頭子全四九全五十

完五七 **友沛** 廣三七子生乾隆廿四年己卯十一月十二日卒道光十年庚寅十二月十□日壽七十二娶馮氏生乾隆三十五年丙戌四月十六日卒嘉慶三年戊午八月初三日年三十三繼娶桑氏生乾隆廿五年庚辰十月十五日卒嘉慶十一年丙寅九月十四日年四十七三娶茹氏生乾隆□年六月廿四日卒嘉慶十九年甲戌六月初三日四娶應氏生十月廿八日卒道光廿七年丁未六月餘闕葬後車頭子全五一

完五八 **友逢** 廣二八子生雍正十三年乙卯九月十三日卒闕娶王氏生卒闕子全五二

完五九 **友生** 廣二八子生乾隆八年癸亥五月十三日卒闕

完六十 **友慎** 廣二八子生乾隆十四年己巳八月初四日卒闕娶□氏生卒闕葬靴脚田子全五三

完六一 **友議** 廣三九子生乾隆十二年丁卯八月十八日卒闕

完六二 **友記** 廣三九子生乾隆十五年庚午二月廿一日卒闕娶□氏生卒闕子全長出與杭州爲螟蛉子全全長春全春貴俱殤

完六三 **安山** 廣三九子生乾隆廿一年丙子三月十一日卒闕娶□氏生卒闕子全四五

完六四 **安淳** 廣三九子生乾隆三十四年乙酉二月初八日卒闕出與本族爲子無考

完六五 **友梅** 廣四一子生康熙三十五年丙子十月廿一日卒乾隆六年辛酉八月廿三日年四十六娶嚴氏生卒闕繼娶周氏生康熙四十七年戊子五月初三日卒闕子全五五全五六

完六六　友槐　廣四二子生康熙三十四年乙亥十二月廿一日卒雍正八年庚戌五月初七日年三十六娶李氏改適

完六七　友桂　廣四二子生康熙五十二年癸巳閏五月廿一日卒乾隆廿七年壬午十二月廿五日年五十娶蘇氏生康熙五十四年乙未二月十五日卒乾隆十四年己巳八月廿一日年三十五繼娶馮氏生康熙四十四年乙酉七月初十日卒闕葬蕹墩遐高田子全五七全五八俱蘇氏出

完六八　友橋　廣四二子生康熙五十六年丁酉十二月廿六日卒乾隆十四年己巳七月廿七日年三十三娶嚴氏生康熙六十年辛丑四月十一日卒乾隆三十一年丙戌九月初一日年四十六葬長三畝田子全五九女適王

完六九　友宋　廣四三子生康熙五十年辛卯十一月初六日卒乾隆三十二年丁亥十月初五日年五十七娶王氏生卒闕子全六十全六一全六二全六三

完七十　友位　廣四三子生康熙五十五年丙申十一月二十日卒乾隆三十三年戊子餘闕年五十三娶王氏生卒闕子全六四

完七一　友樀　廣四三子生康熙五十七年戊戌十二月十五日卒乾隆廿二年丁丑五月初八日年四十娶徐氏年三十歲守節生雍正六年戊申九月廿三日卒闕子全六五女適應

完七二　友松　廣四四子生康熙三十四年乙亥正月廿七日卒乾隆十五年庚午十二月初九日年五十六娶嚴氏生康熙三十七年戊寅六月十五日卒乾隆四十三年戊戌十一月廿一日壽八十一葬方家高田子全六六全六七全六八全六九出繼完七四女適徐

完七三 友棟 廣四四子生康熙三十六年丁丑十一月初一日卒康熙六十年辛丑十一月初三日年二十五葬大路□未娶

完七四 友楨 廣四四子生康熙四十七年戊子六月廿二日卒乾隆廿七年壬午十一月初六日年五十五娶□氏生康熙五十六年丁酉四月廿四日卒乾隆廿三年戊寅十月初八日年四十二葬馮家山無嗣完七二子全六九入繼

完七五 友幹 廣四四子生康熙五十年辛卯十二月廿八日卒乾隆十九年甲戌八月廿六日年四十四娶洪氏生雍正元年癸卯三月初四日卒闕子全七十全七一全國星全國星出□花嶼湖林姓為子

完七六 友梁 廣四五子生康熙四十二年癸未正月廿二日卒乾隆三十六年辛卯五月初一日壽七十九娶周氏生康熙四十一年壬午二月初十日卒雍正四年丙午七月十六日年二十五繼娶黃氏生康熙四十三年甲申三月廿四日卒乾隆十年乙丑二月十四日年四十二葬葉家嶴青龍山子全七二周氏出全七三全七四全七五黃氏出

完七七 友材 廣四六子生康熙五十三年甲午十二月廿五日卒闕娶方氏生卒闕合葬袁家山子全七六

完七八 友偉 廣四七子生康熙六十一年壬寅二月三十日卒乾隆□年十二月十八日娶桂氏生雍正三年乙巳九月十七日卒乾隆三十年乙酉正月廿五日年四十一葬袁家山子全七七全七八全七九全八十全文瑞全文瑞出家白龍寺為僧

完七九 友倫 廣四六子生雍正二年甲辰二月廿三日卒乾隆二十年乙亥七月初四日年三十二娶方氏改適子全八一

完八十　友偕　廣四六子生雍正五年丁未九月廿四日卒闕娶王氏生卒闕子全八二

完八一　友善　廣四七子生康熙五十五年丙申十月廿五日卒闕娶虞氏生雍正三年乙巳四月十九日卒乾隆廿四年己卯十月十一日年三十五
繼娶沈氏生卒闕葬廟衕高田
無嗣完八二子全八三入繼

完八二　友烈　廣四七子生康熙五十八年己亥八月廿一日卒闕娶徐氏生闕卒乾隆三十年乙酉八月十八日子全八三全八四全八三出繼完八一

完八三　友賞　廣四七子生康熙六十一年壬寅十月廿四日卒乾隆四十四年己亥二月初二日年五十八娶水氏生卒闕葬廟衕高田子全八七

出繼八四　友彥　廣四八子生康熙五十九年庚子十一月十五日卒乾隆三十一年丙戌十一月十五日年四十七葬廟衕高田娶杜氏改適子全八六

完八五　友直　廣四五子生康熙五十一年壬辰二月廿三日卒乾隆十五年庚午四月十八日年三十九娶□氏生卒闕葬廟衕高田子全八七

完八六　友榮　廣五十子生康熙五十六年丁酉十二月廿六日卒正月二十日餘闕娶陳氏生雍正十一年癸丑正月三十日卒嘉慶五年庚申十月初五日壽六十八葬應家塢子全八八全八九全九十全九一全九二

完八七　友聞　廣五一子生雍正七年己酉十二月初二日卒正月十八日餘闕娶周氏生乾隆元年丙辰五月廿九日卒嘉慶三年戊午正月初六日壽六十三葬應家塢五分頭山子全九三全九四

完八八 友彰 廣五一子 生雍正十年壬子六月初七日 卒闕 娶留車橋鄭氏 生乾隆五年庚申六月初二日 卒闕 子全九五 全九六 女珠姐適未詳

完八九 友仁 廣五二子 生卒闕未詳

完九十 友明 廣五二子 生卒娶氏俱闕 繼嗣完九三子全九七入繼

完九一 友愷 廣五三子 生康熙三十一年壬申四月十七日 卒闕 娶應氏 生康熙三十七年戊寅十一月初七日 卒闕 子全九八 全九九 全一百

完九二 友諒 廣五三子 生卒娶氏俱闕 與子全□同居海甯內

完九三 友益 廣五六子 生康熙四十三年甲申十一月十一日 卒乾隆廿六年辛巳九月廿四日 年五十八 娶陸氏 生康熙四十八年己丑十二月十六日 卒雍正十三年乙卯正月初十日 年二十七 繼娶葉氏 生康熙五十年辛卯十一月廿三日 卒乾隆十九年甲戌十一月二十日 年四十四 子全百一 全百二 全九七 全九七出繼完九十 女適洪

完九四 友典 廣五六子 生康熙四十九年庚寅七月十一日 卒乾隆三十二年丁亥六月初二日 年五十八 娶應氏 生康熙五十七年戊戌六月十七日 卒闕 子全百三 全百四 全百五 女長適蘇 次三未詳

完九五 友元 廣五六子 生雍正二年甲辰九月初三日 卒闕 娶葉氏 生雍正十年壬子五月十六日 卒闕 子全百六 全百七 全百八

完九六 友溶 廣五八子 生康熙廿七年戊辰九月十二日 卒康熙四十六年丁亥二月初二日 年二十 娶周氏 十五歲守節終身茹素 俟旌彰孝詳

貞節錄生康熙三十二年癸酉九月廿六日卒乾隆四十一年丙申正月
十三日壽八十四葬蔴湖嶺西首横路上土名鑊頭無嗣完九七子全
百九
入繼

完九七
友洵廣五八子生康熙三十二年癸酉十月十四日卒乾隆四十二年丁
酉十月廿六日壽八十五娶蘇氏生康熙三十六年丁丑九月初五
日卒乾隆三十一年丙戌十月初五日壽七十側室李氏生康熙五十六
年丁酉十月初九日卒乾隆廿九年甲申九月十六日年四十八葬方家
屋後高田坐西朝東子百九全百十全百
九出繼完九六女三適未詳俱蘇氏出

完九八
友文廣六十子生康熙四十二年癸未四月十七日卒雍正六年戊申十
二月初一日年二十六娶五都嚴氏廿七歲守節　欽旌節孝詳貞
節錄生康熙四十一年壬午十一月初四日卒乾隆三十五年庚寅閏五
月十八日壽六十九葬東高田子全百十一女適方

完九九
友士廣六十子生康熙四十三年甲申十月廿八日卒乾隆四十三年戊
戌十一月初六日壽七十五娶八都應氏生康熙四十三年甲申十
月廿四日卒乾隆四十九年甲辰六月二十日壽八十一葬應家塝子全
百十二女遂姐適西鄉張

完一百
友琦廣六二子生康熙三十二年癸酉十二月初七日卒乾隆八年癸亥
四月初八日年五十一娶黄氏生康熙三十七年戊寅十一月十八
日卒雍正七年己酉五月十五日年三十二繼娶潘氏生康熙四十年辛
巳九月初七日卒乾隆元年丙辰六月初五日年三十六子全百十三全
百十四俱黄氏出
全百十五潘氏出

完百一　友誼　廣大三七子生康熙四十年辛巳十二月十三日卒闕娶杜氏生康熙三十八年己卯九月廿五日卒闕子全百十六女適鄭

完百二　友聲　廣六三子生康熙五十四年乙未四月十二日卒雍正十二年甲寅八月十六日年二十未娶

完百三　友尙　廣六三子生康熙五十八年己亥正月十二日卒闕娶洪氏生康熙五十九年庚子八月初一日卒乾隆三十一年丙戌五月初五日年四十七子全百十七全百十八全百十九

完百四　友忠　廣六四子生康熙四十二年癸未六月十九日卒雍正九年辛亥大月初九日年二十九葬黃泥嶺娶虞氏改適

完百五　友英　廣六四子生康熙四十七年戊子餘闕卒雍正十三年乙卯餘闕年二十八葬黃泥嶺娶陳氏改適

完百六　友龍　廣六四子生康熙六十一年壬寅正月初九日卒闕娶方氏生卒闕女二適未詳

完百七　友侃　廣六五子生康熙四十九年庚寅正月十五日卒乾隆十六年辛未二月十九日年四十二娶鄭氏生康熙五十六年丁酉十月廿九日卒闕子全百二十全百廿一全百廿二全百廿三

完百八　友善　廣六五子生康熙五十二年癸巳正月初五日卒乾隆三十九年甲午六月初八日壽六十二娶孔氏生雍正二年甲辰五月初十日卒闕子全百廿四

完百九　友樽　廣六大子生康熙五十五年丙申八月廿九日卒乾隆五十七年[illegible]子十月廿一日壽七十七娶方氏生康熙五十七年戊戌十一月初

二日卒乾隆五年庚申六月廿五日年二十三繼娶徐氏生康熙五十七
年戊戌七月十八日卒乾隆二十年乙亥八月廿九日年三十八三娶徐
氏生雍正二年甲辰九月三十日卒八月十一日四娶沈氏生五月十二
日卒五月廿四日葬葉家嶴大墳坪子全百廿五全百廿六全百廿七俱
繼娶出全百
廿八三娶出

完百十　友榆　廣六七子生康熙五十七年戊戌十一月廿七日卒乾隆三十四年
己丑八月二十日年五十二娶張氏生雍正四年丙午十一月初五
日卒嘉慶元年丙辰七月廿九日壽七十一葬葉家嶴子全百廿九女四
適未詳

完百十一　友奎　廣六七子生雍正元年癸卯十一月初三日卒乾隆五十九年甲寅
十一月廿九日壽七十二娶郎氏生乾隆四年己未九月廿五日卒
乾隆五十七年壬子三月廿二日年五十四葬葉家嶴子全百三十全百
三一女緞姐適未詳

完百十二　友枚　廣六八子生康熙五十三年甲午十二月十二日卒乾隆四十年乙
未十四月初四日壽六十二葬葉家嶴南山廊

完百十三　友桂　廣六八子住江松金山縣生雍正五年丁未餘闕卒乾隆三十一年
丙戌九月初一日年四十娶金氏改適子全百三二全百三三隨母
住金山縣
城內王姓

完百十四　友釗　廣六九子生雍正元年癸卯十月初三日卒闕娶余氏生康熙五十
九年庚子十月十八日卒闕葬六都山子全百三四全百三五全百
三六全百三七
女翠姐適蘇

完百十五　友鎬　廣六九子生雍正十一年癸丑十月十六日卒七月初十日娶馮氏生雍正七年己酉閏七月廿一日卒乾隆三十年乙酉八月廿三日年三十七繼娶陳氏生乾隆四年己未九月十三日卒四月廿四日葬橫路山子全百三八全百三九女琴姐適未詳俱馮氏出

完百十六　友端　廣七十子生雍正十年壬子七月二十日卒乾隆三十八年癸巳九月初二日年四十二娶近村王氏生雍正九年辛亥三月廿四日卒乾隆十九年甲戌正月十七日年二十四繼娶堰頭邵氏生雍正八年庚戌八月初四日卒乾隆三十四年己丑六月初七日年四十歲三娶高路頭王氏生乾隆十一年丙寅閏三月初七日卒道光五年乙酉十二月十四日壽八十葬葉家𡐊庄基子全百四十全百四一全百四二

完百十七　友鉦　廣七一子生康熙六十年辛丑六月十九日卒乾隆三十一年丙戌十一月初一日年四十六娶王氏生康熙五十六年丁酉八月廿七日卒二月廿一日餘闕葬夾溪山子全百四三全百四四全百四五

完百十八　興仁　廣七二子生雍正五年丁未三月廿五日卒乾隆廿五年庚辰三月十二日年三十四娶應氏生雍正六年戊申十月初四日卒嘉慶三年戊午十二月十七日壽七十一葬袁家山子全百四六

完百十九　興讓　廣七二子生雍正十年壬子正月三十日卒乾隆廿五年庚辰六月十五日年二十九娶虞氏生雍正六年戊申十月十八日卒七月十九日餘闕葬廟衕田上女三適未詳

完百二十　友鑛　廣七三子生雍正三年乙巳十月廿一日卒二月初二日餘闕娶徐氏生雍正二年甲辰十一月初三日卒二月十二日餘闕葬葉家𡐊

子全百四七

全百四八

完百廿一 **富有** 廣七六子生乾隆十七年壬申四月廿八日卒闕

完百廿二 **王觀** 廣七七子生卒闕

二十世

全一 **大忠** 完一子生乾隆四十年乙未二月廿六日卒道光廿一年辛丑正月廿二日壽六十七娶佘氏生乾隆四十二年丁酉六月初二日卒嘉慶四年己未六月廿四日年二十三葬應家嶴石板地子昌一

全二 **大海** 完一子住定海生卒娶氏俱闕葬小江一斗廟側子昌二昌三

全三 **大烈** 完三子生乾隆四十三年戊戌十月初一日卒道光十年庚寅六月十四日年五十三娶佘氏生卒闕與父墓同葬鎮邑大嶺麥嶺嶴西首子昌四昌五昌

五出繼全四

全四 **大鵬** 完三子生卒闕娶吳氏生卒闕墓與父兄合葬無嗣全三子昌五入繼

全五 **大堃** 完四子生乾隆三十二年丁亥十一月十二日卒闕娶王氏生卒闕子昌六

全六 **大海** 完四子生卒闕娶張氏生卒亦闕子昌七

全七 大勳 完四子生卒闕娶陳氏生卒亦闕子昌八

全八 大湘 完四子生四月初八日卒八月初四日娶李氏生十二月廿二日卒五月初三日餘闕葬鎮邑西門外先遠橋子昌九昌十昌十一昌十二

全九 瑞利 完七子生乾隆廿七年壬午十二月初十日卒闕

全十 瑞全 完七子生乾隆三十二年丁亥六月廿五日卒闕

全十一 大勳 完八子生乾隆廿九年甲申二月初大日卒闕葬極火路頭未娶

全十二 大能 完八子生乾隆三十二年丁亥十二月初九日卒道光十年庚寅十一月廿四日壽六十四娶□氏葬極火路頭

全十三 大畏 完十二子生乾隆十七年壬申三月廿八日卒乾隆四十七年壬寅十二月十二日年三十一未娶

全十四 大周 完十二子生乾隆廿六年辛巳四月十四日卒道光十四年甲午四月十五日壽七十四娶李氏生乾隆三十二年丁亥六月初三日卒道光十一年辛卯二月廿二日壽六十五葬葉家嶴子昌十三

全十五 大邦 完十四子生卒闕葬砂山未娶

全十六 大乾 完十四子生乾隆三十五年庚寅六月廿五日卒道光十年庚寅二月初五日壽六十一娶周氏生卒闕葬砂山子昌十四

全十七 大坤 完十四子生乾隆三十七年壬辰十一月初三日卒闕壽八十一娶曹氏生卒闕葬大塡坪

仝十八　大隆　完十五子住毛家浦生十月廿四日卒闕娶葉氏生八月廿三日卒
與葬處俱闕

仝十九　大成　完十五子住毛家浦生乾隆五十四年己酉三月十四日卒咸豐二
年壬子六月餘闕壽六十四娶王氏生六月廿六日餘闕

仝二十　大京　完十五子住毛家浦生正月二十日卒九月初十日餘闕

仝廿一　大富　完十六子生闕卒咸豐九年己未餘闕葬姜官嶺腳未娶

仝廿二　大彪　完十九子欽旌孝子邑志有傳生嘉慶十六年辛未九月初八日卒
光緒七年辛巳六月初八日壽七十一娶周氏生道光十四年年甲
午十月廿一日卒同治十二年癸酉十二月十九日年四十合葬楊家峧
無嗣仝廿五子昌十七承祧

仝廿三　學增　完廿一子住於潛生卒葬娶俱闕子昌十五

仝廿四　大春　完廿二子生嘉慶七年壬戌十月初八日卒道光三十年庚戌二月
初五日年四十九娶應氏生嘉慶十九年甲戌二月初一日卒道光
廿一年辛丑十月廿五日年二十八葬葉家鼎大前坪無嗣仝廿五子昌
十六入繼

仝廿五　大芳　完廿二子生嘉慶十三年戊辰八月十九日卒同治三年甲子四月
初五日年五十七娶嚴氏生道光三年癸未九月十一日卒光緒廿
九年癸卯八月初十日壽八十一葬大東灣南北山朝西向子昌十六昌
十七昌十六出繼仝廿四昌十七兼祧仝廿二

仝廿六　紹學　完廿三子生闕卒咸豐三年癸丑[illegible]月十二日娶胡氏生道光八年
戊子七月俱闕卒咸豐元年辛亥二月十九日年二十四葬[illegible]灣南

山朝西了
昌十八

仝廿七　學安　完廿三子住杭州生嘉慶廿四年己卯餘闕娶杭州□氏生卒闕子昌十九

仝廿八　生茂　完廿四子生乾隆五十七年壬子餘闕娶葉氏生乾隆五十九年甲寅俱闕葬橙乂路頭無嗣仝三十子昌二十八繼

仝廿九　大椿　完廿六子生嘉慶十六年辛未三月廿七日卒同治八年己巳九月十一日年五十九

仝三十　大振　完廿六子生嘉慶十年乙丑四月三十日卒光緒六年庚辰十月初六日壽七十六娶王氏生嘉慶廿二年丁丑七月十二日卒同治九年庚午五月廿七日年五十四葬黃步衙山子昌二十昌廿一昌二十出繼仝廿八

仝三十一　大賢　完廿六子生嘉慶十三年戊辰正月初二日卒光緒四年戊寅正月廿六日壽七十一娶周氏生嘉慶七年壬戌九月初九日卒道光廿三年癸卯十月廿四日年四十二

仝三十二　大安　完廿六子生嘉慶廿一年丙子九月十五日卒咸豐九年己未四月廿九日年四十四娶王氏生道光四年甲申十月廿五日卒同治五年丙寅四月初二日年四十三葬大烈廟西首山麓子昌廿二昌廿三

仝三十三　大畊　完廿七子生嘉慶三年戊午十一月廿七日卒闕娶李氏生嘉慶二年丁巳十二月十二日卒同治六年丁卯十一月十三日壽七十一子昌廿四

慈東費氏四修宗譜卷四之二　蔡湖里支傳一　廿九

□□劉氏四修宗譜　卷四十　□□□二分孫　□□堂□

四　全二　大康　完廿八子生嘉慶七年壬戌十月初七日卒咸豐十年庚申九月初
五日娶陳氏生嘉慶十七年壬申餘闕卒道光廿六年丙午正月廿
八日年三十五葬古
老墳跟九□地朝南
五　全三　大臣　完廿九子生嘉慶十八年癸酉九月十六日卒咸豐六年丙辰十二
月十六日年四十四娶李氏生道光三年癸未五月廿五日卒道光
廿四年甲辰九月二十日年二十二繼娶馮氏生道光元年辛巳十二月
廿八日葬板橋頭坐北向南子昌廿五馮氏出
六　全三　大淸　完三十子生乾隆四十六年辛丑九月十八日卒道光十七年丁酉
四月十四日年五十七葬橙父路頭娶洪氏改適子昌鴻方鶴
七　全三　大偕　完三一子生乾隆五十六年辛亥十二月初一日卒嘉慶廿一年丙
子十二月十七日年二十六葬葉家墓與父合墓娶口氏改適無嗣
全三大子昌
廿六入繼
八　全三　大川　完三一子生乾隆六十年乙卯二月廿九日卒道光九年己丑正月
十六日年三十五娶方氏生嘉慶七年壬戌十一月廿五日卒同治
十年辛未六月十二日壽七十葬葉家墓父墳邊子昌廿六昌廿七昌廿
六出繼全三七
九　全三　大廷　完三二子生乾隆六十年乙卯八月初六日卒道光廿一年辛丑閏
二月廿五日年四十七葬紗山娶陳氏改適子昌廿八
十　全四　大文　完三三子住太倉州北門內娶胡氏生卒俱闕子昌廿九
一　全四　大滋　完三三子住太倉州北門內娶韓氏生卒俱闕子昌三十

全四 二 大順 完二三子生[illegible]光[illegible]十[illegible]五日卒[illegible]月初一日娶裘
氏生六月廿四日卒十一月三十日[illegible]城北門外大廟前子昌二

女[illegible]

全四 三 大順 完五三子生乾隆三十八年癸巳三月初五日卒道光廿一年辛丑
六月廿六日壽六十九娶鄭氏生乾隆五十一年丙午十二月初四
日卒道光廿二年壬寅八月初一日年五十七葬葉家壠子昌三二昌三
三〇案上全四二名大順係東房支此亦名大順係前房支譜中同名者
甚多難以勝改惟此二人錄于
一處故發凡以見例餘倣此

全四 四 大德 完五四子住乍浦生二月十八日卒九月初十日娶邵氏生十一月
初六日卒三月廿七日餘俱闕

全二 五 大昌 完五四子住乍浦生卒闕

全四 六 大興 完五四子住乍浦生卒闕娶陸氏生乾隆四十一年丙申七月日餘闕
卒嘉慶十二年丁卯九月餘闕年三十二子昌三四昌三五

全四 七 大英 完五四子住乍浦生卒闕

全四 八 大勇 完五五子生乾隆四十一年丙申八月廿五日卒嘉慶十二年丁卯
八月初八日年三十二娶王氏生卒闕葬裹河塘園分子昌春鳳殤

全四 九 大功 完五六子生乾隆五十一年丙午七月三十日卒道光七年丁亥閏
五月廿二日年四十二娶宋氏生乾隆五十五年庚戌八月初三日
卒咸豐五年乙卯十月初三日壽六十六子昌三六昌三七昌三八昌三
大出繼全五一

全五 十 大正 完五六子生闕卒道光六年丙戌七月十四日葬後車頭與父合墓
未娶

全五 一 大明 完五七子生卒闕娶馮氏生嘉慶九年甲子餘闕卒同治十一年壬
申十月初四日壽六十九葬後車頭無嗣全四九昌三八入繼

全五 二 苗觀 完五八子生乾隆廿八年癸未二月初八日卒闕未娶

全五 三 大茂 完六十子生卒闕娶張氏生卒闕葬葉家嶴柿樹地

全五 四 大鯨 完六三子生卒闕娶□氏生卒闕合葬葉家嶴柿樹地子昌會東塢

全五 五 大振 完六五子生乾隆三年戊午十一月十五日卒闕娶嚴氏生乾隆八
年癸亥四月廿五日卒闕葬廟基子昌三九

全五 六 大珩 完六五子生乾隆六年辛酉八月廿四日卒闕娶□氏生卒闕

全五 七 大壽 完六七子生乾隆三年戊午十二月十七日卒乾隆四十八年癸卯
十二月十二日年四十六娶應氏生乾隆十三年戊辰四月初二日
卒嘉慶九年甲子十二月初八日年五十七葬墓墩跟南高田子昌四十
昌四二昌四二出繼全五九

全五 八 大增 完六七子生乾隆七年壬戌正月十三日卒嘉慶十二年丁卯十月
初八日壽六十六娶嚴氏生卒闕繼娶杜氏生卒闕葬墓墩跟南高
田子昌
四一

全五 九 大豐 完六八子生乾隆六年辛酉十月初九日卒乾隆五十年乙巳五月
初十日年四十五娶杜氏生乾隆五年庚申閏六月初四日卒乾隆

三十三年戊辰五月十三日年二十九纔娶應生卒闕葬長三畝未闕仝
五七子昌四二入繼

全六七熊　完六九子生乾隆四年己未十月三十日卒闕
十

全六大鳳　完六九子生乾隆七年壬戌八月三十日卒闕

全六大熬　完六九子生乾隆十年乙丑十月初六日卒闕
二

全六大貴　完六九子生乾隆十九年甲戌十月十五日卒闕
三

全六大璘　完七十子生乾隆五年庚申十月初五日卒闕
四

全六大燕　完七一子生乾隆十六年辛未二月廿八日卒闕娶□氏生卒闕葬
五　　　　　　　嗣後王家山子昌四三昌四四

全六大謀　完七二子生康熙五十七年戊戌八月十六日卒乾隆三十年乙酉
六　　　　六月廿九日年四十八娶朱氏生雍正六年戊申二月二十日卒乾
　　　　　隆廿九年甲申十一月廿六日
　　　　　年三十七葬袁家山子昌四五

全六大椿　完七二子生雍正六年戊申三月初十日卒闕娶黃氏生乾隆十二
七　　　　年丁卯八月初二日卒闕葬袁家山子昌四六

全六大鵬　完六二子生乾隆二年丁巳二月十二日卒闕娶□氏生卒闕子昌
八　　　　四七昌四八

全六大有　完七四子生康熙五十九年庚子八月初十日卒乾隆五十一年丙
九　　　　午四月廿五日年六十七娶王氏生雍正十二年甲寅十月十九

日卒乾隆三十七年壬辰十二月十七日年三十九織　娶董氏生雍正八
年庚戌九月十七日卒乾隆四十六年辛丑六月二十日年五十二葬穆
湖洞扶橋棉花
田子昌四九

全七　**大安**　完七五子生乾隆八年癸亥八月十八日卒闕

一　全七　**大柱**　完七五子生乾隆十三年戊辰十月廿二日卒闕

二　全七　**大遷**　完七六子生康熙六十一年壬寅十一月廿八日卒二月初二日娶
吳氏生康熙六十年辛丑十二月初九日卒乾隆廿八年癸未八月
初十日年四十三繼娶姜氏生乾隆九年甲子十月初七日卒闕葬葉家
魯青龍山子昌五十姜氏出

三　全七　**大中**　完七六子生雍正七年己酉十一月初二日卒乾隆三十六年辛卯
正月初六日年四十三未娶葬大鄧地與弟全七五合墓

四　全七　**大正**　完七六子生雍正九年辛亥九月廿四日卒乾隆五十五年庚戌十
二月初二日壽六十娶黃氏生乾隆八年癸亥正月十二日卒嘉慶
九年甲子四月初一日壽六十
二葬青龍山子昌五一昌五二

五　全七　**大方**　完七六子生乾隆元年丙辰十月二十日卒闕未娶葬大鄧地與兄
全七三合墓

六　全七　**大旨**　完七六子生乾隆二十年乙亥正月初四日卒闕葬袁家山娶□氏
改適

七　全七　**大貴**　完七八子生乾隆十年乙丑十二月三十日卒闕娶韓氏生乾隆三
十二年丁亥正月初九日卒嘉慶五年庚申四月初四日年三十四

繼娶陳氏生卒闕葬袁家山子
昌五三戴氏出昌五四陳氏出

全七八 大昭 完七八子生乾隆十三年戊辰十一月廿八日卒道光六年丙戌三月十七日年七十九娶陳氏生乾隆三十二年丁亥二月廿八日卒道光十七年丁酉十二月三十日壽七十一葬袁家山子昌五五昌五六

全七九 大進 完七八子生乾隆十六年辛未十二月廿一日卒乾隆五十六年辛亥三月廿六日年四十一娶杜氏生乾隆廿三年戊寅十一月初九日卒乾隆五十三年戊申十月十一日年三十一葬袁家山

全八十 文運 完七八子生乾隆廿一年丙子八月二十日卒闕娶應氏生乾隆三十八年癸巳二月初五日卒四月十四日餘闕葬袁家山子昌五七昌五八

全八一 長壽 完七九子生乾隆二十年乙亥三月初一日卒闕

全八二 苛觀 完八十子生卒闕

全八三 大要 完八一子生乾隆十九年甲戌八月廿九日卒乾隆六十年乙卯四月二十日年四十二娶鄭氏生卒闕葬廬衕高田子昌五九

全八四 大朋 完八二子生乾隆廿六年辛巳十月二十日卒闕

全八五 大和 完八三子生乾隆廿八年癸未四月十二日卒闕娶鄭氏生卒闕葬應家塂口

全八　六　**大富**　完八四子生卒闕娶宋氏生卒闕葬應家嶴口子昌六十

全八　七　**大興**　完八五子生卒闕娶虞氏生乾隆八年癸亥十二月廿二日卒道光八年戊子十一月初七日壽八十六葬應家嶴口

全八　八　**大綸**　完八六子生乾隆廿二年丁丑三月廿三日卒闕

全八　九　**大任**　完八六子生乾隆廿八年癸未八月二十日卒嘉慶六年辛酉二月十八日年三十九娶鄭氏生乾隆四十一年丙申二月初四日卒道光四年甲申十月十三日年四十九葬應家嶴口子昌六一

全九　十　**大宗**　完八六子生乾隆三十一年丙戌三月初七日卒嘉慶七年壬戌六月廿五日年三十七未娶

全九　十一　**大美**　完八六子生乾隆三十六年辛卯十二月十一日卒道光二年壬午六月十三日年五十二娶宋氏生乾隆四十六年辛丑十月餘闕卒道光十四年甲午六月廿一日年五十四葬應家嶴口子昌六二昌六三

全九　十二　**大晃**　完八七子生卒闕未娶

全九　十三　**大賚**　完八七子生乾隆三十七年丙戌四月初九日卒嘉慶七年壬戌四月十六日年三十七娶方氏三十歲守節　欽旌節孝詳貞節錄生乾隆三十八年癸巳三月廿五日卒道光廿五年乙巳十二月廿七日壽七十三葬應家嶴口無嗣全九四子昌六四入繼

全九　十四　**大年**　完八七子生乾隆三十七年壬辰五月初四日卒道光廿一年辛丑八月十八日壽七十娶王氏生乾隆四十七年壬寅正月初九日卒

道光廿一年辛丑七月廿三日壽六十葬應家𡶔子昌六四昌六五出繼

全九四

全九五 **大國** 完八八子生乾隆廿八年癸未十二月十二日卒闕娶鄭氏生卒闕
葬應家𡶔口

全九六 **大岳** 完八八子生乾隆三十二年丁亥正月初六日卒闕娶口氏生卒闕
葬應家𡶔口

全九七 **時運** 完九十子生乾隆十四年己巳十月廿八日卒闕

全九八 **大章** 完九一子生康熙五十七年戊戌七月初七日卒闕娶孔氏生雍正
九年辛亥十一月十七日卒闕

全九九 **大庸** 完九一子生卒闕

全一百 **大艮** 完九一子生乾隆三年戊午十一月十四日卒闕

全百一 **大全** 完九三子生乾隆五年庚申閏六月初十日卒闕娶周氏生卒闕子
昌六六昌六七

全百二 **大德** 完九三子生乾隆十一年丙寅閏三月初一日卒闕

全百三 **大喜** 完九四子生乾隆四年己未十二月廿五日卒闕娶汪氏生乾隆十
五年庚午六月十七日卒闕葬八港子昌六八昌六九女長適陳次
適花嶼
湖張

全百四 **大海** 完九四子生乾隆七年壬戌二月初九日卒闕

全百五　大賢　完九四子生乾隆十一年丙寅五月廿六日卒闕娶沈氏生乾隆廿二年丁丑四月二十日卒嘉慶廿二年丁丑九月十二日壽六十一
子昌七十女
適吳夾鼻夏

全百六　大雪　完九五子生乾隆廿二年丁丑五月初六日卒闕

全百七　大行　完九五子生乾隆三十年乙酉六月十四日卒闕

全百八　大澤　完九五子生乾隆三十□年餘闕

全百九　大鵬　完九六子生乾隆二年丁巳正月初九日卒乾隆廿六年辛巳八月廿五日年二十五娶秦氏生乾隆元年丙辰二月初一日卒乾隆四十年乙未八月廿五日年四十葬楊家山灣南向無嗣全百十子昌七一入繼

全百十　大經　完九七子生康熙五十六年丁酉九月初三日卒乾隆五十年乙巳二月初九日壽六十九娶洪氏生康熙五十八年己亥正月二十日卒乾隆四年己未七月初一日年二十一繼娶陳氏生康熙五十八年己亥十月廿七日卒乾隆五十一年丙午五月廿八日壽六十八葬孫湖嶺後黃外郎山坐巳朝亥子昌七二昌七三俱陳氏出昌七一出繼全百九女長適裘市裘□洪氏出次適洪塘鎮洪紹文三適嶺後方義潮[illegible]

全百十一　大受　完九八子生雍正三年乙巳十二月三十日卒乾隆六十年乙卯十月十二日壽七十一娶蘇氏生雍正五年丁未七月十八日卒乾隆三十五年庚寅八月廿五日年四十四繼娶沈氏生雍正七年己酉八月十八日卒乾隆四十九年甲辰閏三月十四日年五十六葬西高田子昌

七三女二
適未詳

全百廿二 大觀 完九九子生雍正九年辛亥十月初一日卒嘉慶三年戊午二月初一日壽六十八娶李氏生雍正十一年癸丑三月廿九日卒嘉慶三年戊午十一月初三日壽六十六葬應家鼻子昌七四昌七五昌七六昌七八女適未詳

全百十三 大本 完一百子生康熙五十八年己亥七月廿九日卒乾隆廿一年丙子閏九月廿三日年三十八娶林氏三十五歲守節生康熙六十一年壬寅五月初九日卒闕葬黃泥嶺無嗣
全百十四子昌七九入繼女適未詳

全百十四 大智 完一百子生康熙六十年辛丑十二月十三日卒闕娶馮氏生雍正七年己酉正月初三日卒闕葬黃泥嶺子昌七九昌八十昌八一昌
七九出繼
全百十三

全百十五 大成 完一百子生雍正九年辛亥正月初九日卒闕

全百十六 大賓 完百一子生雍正三年乙巳八月初五日卒闕娶高路頭王氏生雍正十年壬子十月初二日卒闕

全百十七 漢富 完百三子生乾隆十三年戊辰二月初八日卒闕娶徐氏生卒闕葬王家門前子昌八二昌八三

全百十八 漢邦 完百三子生乾隆十九年甲戌十二月初六日卒闕娶王氏生卒子昌岡 泌[illegible]

全百十九 漢章 完百三子生乾隆廿七年壬午八月初三日卒闕娶王氏生卒闕葬黃泥嶺子昌八四

慈東費氏四修宗譜卷四上二　慈湖世家傳一　三四　[illegible]

全百二十　大甯　完百七子生乾隆三年戊午十一月十七日卒嘉慶二年丁巳九月初六日壽六十葬葉家壠

全百廿一　大宏　完百七子生乾隆五年庚申十二月十四日卒闕娶口氏改適

全百廿二　大綱　完百七子生乾隆八年癸亥八月二十日卒嘉慶三年戊午四月廿六日年五十六娶馮氏生乾隆廿一年丙子二月廿九日卒嘉慶十廿二年丁卯十月廿二日年五十二葬葉家壠子昌八五

全百廿三　成有　完百七子生乾隆十三年戊辰九月廿五日卒闕

全百廿四　大發　完百八子住鎮海生乾隆十三年戊辰正月初九日卒闕娶口氏生卒闕葬葉家壠子昌八六昌八七

全百廿五　大忠　完百九子生乾隆九年甲子八月十七日卒嘉慶九年甲子正月初六日壽六十一娶翁氏生乾隆十六年辛未正月初十日卒嘉慶十五年庚午十月十一日壽六十葬馮家園子昌八八昌八九

全百廿六　大孝　完百九子生乾隆十二年丁卯六月十一日卒嘉慶廿三年戊寅九月廿六日壽七十二娶方氏生乾隆廿三年戊寅正月二十日卒道光六年丙戌八月廿五日壽六十九子葬馮家園昌九十昌九一昌九二

全百廿七　大岳　完百九子生乾隆十四年己巳八月十八日卒嘉慶廿三年戊寅十一月廿六日壽七十娶文溪徐氏生乾隆廿二年丁丑十二月廿一日卒嘉慶廿四年己卯八月初六日壽六十三葬葉家壠大墳坪子昌九三

全百廿八 **大臨** 完百九子生乾隆廿五年庚辰九月廿五日卒道光八年戊子四月十四日壽六十九娶沈氏生乾隆三十一年丁亥七月初七日卒嘉慶九年甲子十二月三十日年三十八繼娶虞氏生乾隆三十四年己丑十月廿一日卒嘉慶十年乙丑八月十三日年三十七三娶陳氏生乾隆四十四年己亥十一月廿二日卒嘉慶十四年己巳三月廿七日年三十一四娶馮氏生乾隆四十三年戊戌十月廿五日卒道光九年己丑八月廿八日年五十二側室何氏生乾隆五十二年丁未四月初八日卒咸豐七年丁巳七月十六日壽七十一葬馮家園子昌九四何氏出

全百廿九 **大雅** 完百十子生乾隆十九年甲戌九月十六日卒嘉慶十八年癸酉四月初十日壽六十娶口氏生卒闕葬葉家嶴子昌九五

全百三十 **大信** 完百十一子生乾隆三十四年己丑六月十九日卒嘉慶廿四年己卯十月初六日娶嚴氏生乾隆四十二年丁酉二月廿六日卒嘉慶廿四年己卯三月餘闕年四十三葬葉家嶴

全百三一 **大足** 完百十一子生乾隆三十八年癸巳三月初四日卒道光十四年甲午十二月十五日壽六十二娶趙氏生乾隆四十六年辛丑七月初六日卒嘉慶十八年癸酉十一月十四日年三十三葬葉家嶴子昌九六

全百三二 **阿大** 闕 完百十三子住松江府金山縣生乾隆廿六年辛巳十月十二日卒

全百三三 **阿二** 完百十三子隨母住金山縣城內王姓生乾隆三十年乙酉餘闕

全百三四 **啓華** 完百十四子生乾隆八年癸亥正月廿九日卒闕娶任氏生乾隆五年庚申正月二十日卒闕葬張家橋東北首子昌壽七

全百三五 啓茂 完百十四子生乾隆十年乙丑六月十一日卒闕娶洪氏生卒闕葬
青龍山坑子昌九八

全百三六 啓法 完百十四子生乾隆十七年壬申八月廿三日卒道光十一年辛卯
五月初二日壽八十娶蘇氏生十二月十五日卒闕繼娶徐氏生十
二月廿一日卒四月二十日三
娶王氏生卒闕葬方姓屋西

全百三七 啓璜 完百十四子生乾隆廿三年戊寅八月初七日卒道光二十年庚子
十一月初五日壽八十三娶張氏生乾隆三十一年丙戌七月初七
日卒道光十一年辛卯十一月初三○
已壽六十六葬都神會山子昌九九

全百三八 啓蘭 完百十五子生乾隆十七年壬申八月廿三日卒乾隆五十四年己
酉十月廿八日年三十八娶沈氏生乾隆廿四年己卯八月十四日
卒道光□年二月十二日葬張家
河汼畈半田子昌一百昌百一

全百三九 啓莊 完百十五子生乾隆廿五年庚辰十月十五日卒正月廿四日娶周
氏生二月十六日卒八月初十日繼娶陳氏生四月初八日卒十月
十二日葬横路
山子昌百二

全百四十 大治 完百十六子生乾隆廿四年己卯七月廿九日卒道光二年壬午大
月初五日壽六十四娶洪氏生乾隆廿四年己卯九月十七日卒嘉
慶七年壬戌四月十五日年四十四繼娶汪氏生乾隆廿七年壬午九月
十一日卒道光五年乙酉六月十八日壽六十四葬葉家壂大塡坪後坐
東北子昌百三昌百四昌百五昌百六昌百七昌百八俱洪氏出女長適
余家門頭余支通湖心漏

全百四一　大照　完百十六子生乾隆廿八年癸未九月初九日卒嘉慶廿一年丙子六月廿七日年五十四娶徐氏生乾隆廿七年壬午十月十九日卒乾隆五十一年丙午八月十七日年二十五繼娶徐氏生乾隆三十五年庚寅正月廿四日卒乾隆五十五年庚戌八月廿四日年二十一三娶沈氏生乾隆三十九年甲午九月十六日卒咸豐九年己未八月二十日壽八十六葬蓀湖嶺𡺸子昌百九繼娶出昌百十昌百十一沈氏出

全百四二　大琛　完百十六子生乾隆三十二年丁亥四月十三日卒嘉慶廿一年丙子十月廿四日年五十娶鄭氏生乾隆三十五年庚寅七月十九日卒嘉慶十八年癸酉六月廿二日年四十四葬蓀湖嶺脚東首子昌百十二

全百四三　啓秀　完百十七子生乾隆五年庚申四月廿九日卒六月初四日娶徐氏生乾隆三年戊午八月廿五日卒九月十一日葬夾溪山子昌百十三昌百十四

全百四四　啓芳　完百十七子生乾隆七年壬戌正月廿二日卒嘉慶四年己未四月十二日年五十八娶居氏生乾隆七年壬戌十二月十五日卒道光四年甲申六月廿七日壽八十三葬蓀湖嶺脚子昌百十五昌百十六

全百四五　啓芹　完百十七子生乾隆八年癸亥十一月廿四日卒嘉慶廿二年丁丑十二月二十日壽七十五娶應氏生乾隆六年辛酉七月廿九日卒道光七年丁亥五月廿三日壽八十七葬應家𡸣杉樹園子昌百十七昌百十八昌百十九

全百四六　大業　完百十八子生乾隆十六年辛未八月十八日卒嘉慶廿四年己卯八月初一日壽六十九娶沈氏生十月廿八日卒闕繼娶厲氏生乾

隆廿五年庚辰七月廿九日卒乾隆四十九年甲辰十二月三十日年二十五娶王氏生乾隆廿五年庚辰十月初一日卒道光廿三年壬寅四月廿二日壽八十三葬湖裏袁家山子昌百二十昌百廿一昌百廿二昌百廿三

金百四七 **啓懷** 完百二十子生卒闕娶蘇氏生卒闕葬斯文會山子昌百廿四

金百四八 **啓明** 完百二十子生乾隆廿三年戊寅十一月十一日卒嘉慶十二年丁卯二月初二日年五十娶徐氏生乾隆廿五年庚辰六月初一日卒六月廿七日繼娶邵氏生乾隆三十三年戊子十一月十一日卒道光十一年辛卯二月初一日壽六十四葬六都山子昌百廿五昌百廿六

蔡湖世次傳二

二十二世　右房惠二公派

昌一　**志春**　全一子生嘉慶元年丙辰十一月初八日卒道光十年庚寅九月二十
日年三十五娶陳氏生嘉慶五年庚申三月廿九日卒五月初一日葬
應家畚石板地
子盛一盛二

昌二　**致宏**　全二子住定海生嘉慶二年丁巳餘闕娶陳氏生卒闕

昌三　**致煊**　全二子住定海生嘉慶三年戊午餘闕娶陳氏生卒闕子盛三

昌四　**致綱**　全三子住鎮海生嘉慶八年癸亥正月十七日卒咸豐五年乙卯八月
十七日年五十三娶陸氏生卒闕子盛四盛五盛九盛五出繼昌五盛
九出繼

昌五　**致遠**　全四子住鎮海生卒闕娶□氏生卒闕無嗣昌四子盛五入繼
昌十二

昌六　**致周**　全五子住蘇州生卒闕娶殷氏生卒闕子盛六

昌七　**致宏**　全六子住定海娶張氏生卒俱闕

昌八 致文 仝七子住乍浦娶樂氏生卒俱闕子盛七

昌九 致煌 仝八子住鎮海生闕卒道光十三年癸巳六月餘闕娶張氏生闕卒道光三年癸巳七月餘闕子盛江城殤

昌十 致淮 仝八子住鎮衙生卒闕葬招寶山娶王氏生七月廿二日卒十月初三日葬充遠橋子盛江住殤

昌十一 致森 仝八子住鎮海生八月十九日卒正月初二日餘闕娶張氏生道光四年甲申五月初五日卒光緒十四年戊子二月初七日壽六十五葬充遠橋子盛八

昌十二 致榮 仝八子住鎮海娶胡氏生卒俱闕無嗣昌四子盛九入繼

昌十三 長庚 仝十四子生卒闕未娶

昌十四 志祥 仝十六子生嘉慶十八年癸酉餘闕卒咸豐九年己未二月初四日年四十七娶胡氏改適

昌十五 志□ 仝廿三子住於潛餘俱闕

昌十六 志鵬 仝廿四子生道光廿六年丙午二月十八日卒同治十三年甲戌九月廿五日年二十九娶貝氏改適無嗣昌十七子[illegible]十兼[illegible]葬大東灣父墳側

昌十七 志才 仝廿五子生咸豐五年乙卯十月初四日卒光緒廿八年壬寅正月初七日年四十八娶方氏生同治二年癸亥九月十七日葬小東灣

乾□向
子戌十

昌十八 **志鯤** 全廿六子住杭州生道光廿五年乙巳餘闕

昌十九 **志□** 全廿七子住杭州生咸豐九年己未餘闕

昌二十 **志元** 全廿八子生道光十八年戊戌十二月初九日卒光緒二十年甲午十二月廿三日年五十七娶邵氏生道光二十年庚子七月廿二日卒光緒廿五年己亥八月初一日壽六十葬大東灣朝西向

昌廿一 **志堂** 全三十子生道光三十年庚戌十一月初四日卒光緒十四年戊子十二月十四日年三十九娶洪氏生道光廿七年丁未四月初九日厝橙[illegible]路頭朝西子盛十一

昌廿二 **志瀾** 全三二子生道光廿一年辛丑六月初三日卒光緒廿五年己亥八月初二日年五十九娶胡氏生道光廿三年癸卯二月初二日卒光緒九年癸未十一月廿三日年四十一繼娶張氏生咸豐五年乙卯三月十二日卒光緒十九年癸巳十二月初二日年三十九厝龍池

昌廿三 **志海** 全三二子生咸豐六年丙辰九月十四日卒闕未娶

昌廿四 **志琳** 全三三子生嘉慶廿五年庚辰三月二十日卒咸豐十一年辛酉十二月廿九日年四十二娶陳氏改適

昌廿五 **志洪** 全三五子生道光廿八年戊申十一月廿八日娶鄭氏生咸豐十一年辛酉九月廿八

昌廿六 **志海** 全三七子生嘉慶廿四年己卯三月十七日卒同治元年壬戌四月十六日殉難年四十四奉　旨賜卹邑志入忠義傳娶應氏繼

昌廿七 **志燮** 全三八子生道光六年丙戌十一月廿三日卒光緒十六年庚寅二月初五日壽六十五娶李氏生道光二十年庚子正月十七日卒光緒十二年丙戌九月廿六日年四十七葬梅樹園高田坐北朝南子盛十二盛十三盛十四女長適趙次適王

昌廿八 **臣芳** 全三九子生道光二年壬午餘闕卒道光廿七年丁未三月餘闕年二十六葬砂山與父合墓未娶

昌廿九 **維春** 全四十子住太倉娶□氏生卒俱闕子盛十五

昌三十 **維新** 全四一子住太倉娶□氏生卒俱闕子盛十六

昌三一 **瑞元** 全四二子住太倉生嘉慶五年庚申四月初十日卒道光十二年壬辰三月十一日年三十三娶周氏生嘉慶七年壬戌十二月十二日卒光緒二年丙子正月廿一日壽七十五葬慈谿北門外大廟後子盛十七盛十八

昌三二 **志剛** 全四三子生嘉慶十三年戊辰十一月初七日卒咸豐二年壬子三月十二日年四十五葬葉家橋白虎山坐西朝東娶鄭氏改適

昌三三 **志芳** 全四三子生嘉慶廿二年丁丑八月十一日卒同治四年乙丑閏五月初一日年四十九娶鄭氏生道光七年丁亥九月十五日卒道光廿三年癸卯正月初八日年十七繼娶周氏生道光五年乙酉九月十五日卒道光廿九年己酉十一月初六日年二十五三娶鄭氏[illegible]

昌三四 **鳴雷** 全四六子住乍浦生卒娶葬俱闕

昌三五 鳴瑞 全四六子住乍浦生卒娶葬俱闕

昌三六 志法 全四九子生嘉慶十三年戊辰四月十一日卒同治元年壬戌四月十六日殉難年五十五奉　旨賜卹邑志入忠義傳娶童氏生嘉慶廿五年庚辰三月初三日卒同治二年癸亥七月廿一日年四十四

昌三七 志遠 全四九子京都住生道光七年丁亥二月十四日卒同治十年辛未正月廿一日年四十五娶屠氏生道光七年餘闕葬京都

昌三八 彭年 全五一子生嘉慶廿五年庚辰十月初十日卒道光廿七年丁未六月十三日年二十八娶武氏生嘉慶廿二年丁丑二月廿一日卒光緒七年辛巳二月初七日壽六十五

昌三九 學秀 全五五子生乾隆三十一年丙戌十一月十九日卒闕葬廟基西首

昌四十 志善 全五七子生乾隆三十二年丁亥正月十三日卒嘉慶七年壬戌九月初六日年三十六娶顧氏生乾隆四十三年戊戌二月十四日卒道光廿年丙午正月十二日壽六十九葬葉家嶴山脚向東子盛十九

昌四一 志廉 全五八子生乾隆四十七年壬寅十二月十六日卒道光十八年戊戌閏四月十五日年五十七娶沈氏生乾隆五十六年辛亥十二月初四日卒同治八年己巳十月廿八日壽七十九子盛二十

昌四二 志義 全九五子生乾隆三十四年己丑十二月廿二日卒七月十四日餘闕娶顧氏生乾隆四十六年辛丑四月初四日卒嘉慶廿五年庚辰

七月廿五日年四十葬長
三畝田向酉子盛廿一

昌四三 乾泰 全六九子生卒闕未娶

昌四四 志全 全六五子生乾隆五十九年甲寅九月 卒道光廿八年戊申
十月十九日年五十五娶沈氏生嘉慶十年乙丑十一月廿三日卒
咸豐八年戊午十月初一日
年五十四葬前後王家山

昌四五 志清 全六六子生 隆十八年癸酉十月 日卒闕娶鎮邑朱氏生乾
隆三十三年戊子五月十二日卒道光三年癸未十月十一日年五
十六葬袁家

山子盛廿二

昌四六 志雨 全六七子生乾隆三十一年丙戌四月十七日卒闕葬袁家山未娶

昌四七 志臣 全六八子生乾隆四十二年丁酉五月初四日卒道光十一年辛卯
二月初五日年五十五葬黄泥張橋墩地娶羅氏改適

昌四八 志昂 全六八子生乾隆四十六年辛丑二月十四日卒道光十四年甲午
正月十六日年五十四娶胡氏生乾隆五十五年庚戌三月十六日
卒道光元年辛巳八月十四日
年三十二葬黄泥橋墩地

昌四九 志仁 全六九子生乾隆十三年戊辰八月初七日卒乾隆五十五年庚戌
四月十五日年四十三娶陸氏生乾隆十六年辛未正月十六日卒
道光五年乙酉九月十九日壽七十五
葬蒜湖王家山乾巽兼巳亥子盛廿三

昌五十　志田　全七二子生乾隆三十二年丁亥十月廿三日卒嘉慶十四年己巳十二月十五日年四十三娶余氏生闕卒二月廿八日葬葉家壽青龍山近溪
邊女適洪

昌五一　志泰　全七四子生乾隆三十年乙酉十月初八日卒嘉慶二十年乙亥正月十一日年五十一娶上沈沈氏生乾隆四十一年丙申八月十七日卒道光八年戊子正月廿八日年五十三葬洞扶橋河之西首虞家屋後田坐南朝北子盛廿四女長適蘇次適杜

昌五二　志盛　全七四子生乾隆三十七年壬辰四月廿四日卒道光十四年甲午三月初四日壽六十三娶應氏生乾隆五十二年丁未三月廿二日卒道光二十年庚子四月廿乙日年五十四子盛廿五女適上沈沈

昌五三　志美　全七七子生乾隆五十九年甲寅二月十四日卒咸豐七年丁巳三月初十日壽六十四葬袁家山娶口氏改適子盛廿六

昌五四　志文　全七八子生嘉慶十四年己巳七月初十日卒道光廿一年辛丑十一月廿一日年三十三葬袁家山娶口氏改適

昌五五　志均　全七八子生乾隆五十年乙巳正月廿七日卒道光廿八年戊申十月廿三日壽六十四娶胡氏生乾隆五十七年壬子七月十七日卒道光十五年乙未九月十五日年四十四繼娶沈氏生嘉慶二年丁巳九月初六日卒道光二十年庚子九月初十日年四十四葬袁家山子盛廿七

昌五六　志遠　全七八子生三月初七日卒九月廿七日年五十二娶馮氏生嘉慶元年丙辰十月二十日卒闕子盛廿八

慈東費氏四修宗譜　卷四〇下　森瀾世次傳二　四　[illegible]

昌五七 帝來 全八十子生四月廿三日卒四月初五日葬袁家山娶應氏改適

昌五八 帝足 全八十子生卒闕娶□氏改適

昌五九 志行 全八三子生嘉慶三年戊午餘闕卒咸豐七年丁巳十一月二十日 壽六十娶沈氏生卒闕

昌六十 志茂 全八六子生七月十五日卒六月廿三日娶應氏生嘉慶八年癸亥 二月十一日卒咸豐五年乙卯五月十五日年五十三子盛廿九

昌六一 志昌 全八九子生嘉慶四年己未十二月廿二日卒道光三十年庚戌四 月十五日年五十二娶蘇氏　欽旌節烈見貞節錄生嘉慶十一年 丙寅八月十三日卒同治元年壬戌八月廿七日年五十七葬應家壽山 麓子盛三十盛二一

昌六二 志福 全九一子任餘姚生嘉慶十七年壬申餘闕娶周氏生道光七年丁 亥閏五月廿一日卒道光廿九年己酉二月初八日年二十三子盛 二三二二

昌六三 志仁 全九一子生嘉慶廿二年丁丑二月十一日卒咸豐五年乙卯九月 初四日年三十九葬湖水孔娶□氏改適

昌六四 志銘 全九三子生嘉慶十年乙丑十月初十日卒同治五年丙寅九月廿 五日壽六十二娶王氏生嘉慶十八年癸酉六月廿二日卒同治七 年戊辰十月七七日年五十六葬外河塘高田坐西朝東子盛三三盛三 四盛三五

昌六五 志銓 全九四子生道光元年辛巳十一月十六日卒光緒七年辛巳八月 廿九日壽六十一娶胡氏生道光五年乙酉八月十六日卒道光廿

四年甲□三月初七日年二十繼娶方氏生道光十三年癸巳正月初一日卒光緒元年乙亥十二月初三日年四十三三娶羅氏生卒闕葬餘姚滸山南門外蔣家橋王家山腳出子盛三六羅氏出

昌六六 **志豐** 全百一子生卒闕

昌六七 **志鰲** 全百一子生乾隆五十一年丙午八月二十日卒道光二十年庚子九月初九日年五十五娶宋氏生嘉慶五年庚申閏月二十日卒咸豐元年辛亥七月十一日年五十二葬大鄮地子盛三七

昌六八 **志烈** 全百三子生乾隆四十二年丁酉二月十六日卒道光廿九年己酉三月初六日壽七十三娶傅氏生乾隆四十四年己亥正月二十日卒咸豐五年乙卯[illegible]正月初三日壽七十七葬墓墩跟墳田子盛三八

昌六九 **志勳** 全百三子生卒闕未娶

昌七十 **志汝** 全百五子任杭州生卒葬娶俱闕

昌七一 **志吝** 全百九子生嘉慶二十年乙亥九月初三日卒乾隆四十四年己亥正月廿一日年二十五娶洋墅徐氏　欽旌節孝詳貞節錄　貤贈宜人生乾隆十八年癸酉三月廿五日卒嘉慶十三年戊辰七月廿四日年五十六葬王家門前與兄昌七二合墓子盛三九

昌七二 **志雲** 全百十子生乾隆十七年壬申二月廿七日卒嘉慶八年癸亥二月初七日年五十二娶塘鎮洪氏生乾隆十四年己巳十月初八日卒

嘉慶七年壬戌六月廿三日年五十四葬王家門前與弟昌七一合墓子
盛四十盛四一 女長適同里嚴天爵次適東郡邵庚 欽旌節孝邑志有
傳三適於李
潘滃維三

昌七三 **志剛** 全百十一子生乾隆十六年辛未六月初九日卒嘉慶十二年丁卯
十月十一日年五十七娶裘氏生乾隆十七年壬申七月初七日卒
乾隆五十一年丙午七月初九日年三十五繼娶徐氏生乾隆三十年乙
酉閏二月廿一日卒嘉慶十五年庚午二月初三日年四十六葬小高田
子盛四二盛四三盛四四裘
氏出盛四五盛六徐氏出

昌七四 **志常** 全百十二子生乾隆十七年壬申十二月初二日卒道光十三年癸
巳六月十八日壽八十二娶袁氏生乾隆十六年辛未十二月初二
日卒嘉慶十四年己巳八月廿二日 年五十九葬蔴湖嶺墩朝南向子
盛四七

昌七五 **志道** 全百十二子住松江青浦縣樟堰鎮生乾隆二十年乙亥三月初六
日卒道光二年壬午六月十八日壽六十八娶洪塘鎮洪氏生乾隆
廿四年己卯閏六月初七日卒嘉慶三年戊午十一月初三日年四十葬
應家塅上金鐘山子盛四八

昌七六 **志誠** 全百十二子生乾隆廿八年癸未六月初三日卒道光六年丙戌四
月廿八日壽六十四娶力氏生乾隆三十二年丁亥四月廿五日卒
嘉慶十七年壬申正月十五日年四
十六葬應家塅上金鐘山子盛四九

昌七七 **志純** 全百十二子生乾隆三十年乙酉七月廿五日卒嘉慶廿一年丙子
正月廿五日年五十二娶秦氏生乾隆三十九年甲午九月廿一日

卒嘉慶二十年乙亥六月廿一日
年四十二葬□樁頭子盛五十

昌七八 **志霖** 全百十二子生乾隆三十三年戊子六月廿八日卒道光十三年癸
巳七月廿九日壽六十六娶應氏生乾隆四十九年甲辰十二月初
七日卒嘉慶十八年癸酉四月十三日
年三十葬梅□下子盛五一盛五二

昌七九 **岡陵** 全百十三子生乾隆十五年庚午十二月初二日卒乾隆四十五年
庚子正月廿六日年三十一娶周氏改適

昌八十 **志金** 全百十四子生乾隆十八年癸酉六月初八日卒道光三年癸未十
月初七日壽七十一娶桂氏生乾隆三十四年己丑五月廿九日卒
嘉慶十四年己巳八月廿二日年四十一葬黃泥嶺子盛五三盛五四盛
五四出繼昌八一

昌八一 **志良** 全百十四子生乾隆廿九年甲申十二月初一日卒道光十年庚寅
七月二十日壽六十七娶方氏生乾隆四十一年丙申八月廿六日
卒嘉慶十一年丙寅三月初九日年
三十一無嗣昌八十子盛五四入繼

昌八二 **志信** 全百十七子生嘉慶四年己未十二月初八日卒咸豐六年丙辰大
月廿五日年五十八娶鄭氏生卒闕繼娶□氏改適葬黃泥嶺

昌八三 **三元** 全百十七子生嘉慶十一年丙寅十月十五日卒道光十五年乙未
四月初六日年三十葬王家門前娶方氏改適

昌八四 **連順** 全百十九子生嘉慶八年癸亥六月廿六日卒十六年丙申十月初
四日年三十四葬黃泥嶺娶傅氏改適子盛五五

昌八五 **志清** 全百廿二子生乾隆四十九年甲辰五月初二日卒嘉慶十五年庚
午七月三十日年二十七娶鄭氏三十歲守節生乾隆四十九年辛

丑十月初六日卒道光十八年戊戌十二月廿六日年五十八葬葉家嶴
子盛五六盛五七

昌八六 **阿三** 仝百廿四子住鎮海生卒闕娶□氏生卒亦闕子盛五八

昌八七 **志文** 仝百廿四子住鎮海生嘉慶六年辛酉卒闕娶吳氏生嘉慶四年己
未卒闕繼娶陳氏生嘉慶廿一年丙子卒闕子盛五九盛六十

昌八八 **志豪** 仝百廿五子生乾隆四十七年壬寅十二月廿一日卒道光二年壬
午六月初八日年四十一娶蘇氏生乾隆四十七年壬寅十月初四
日卒咸豐九年己未八月十二日壽七十八葬馮家園子盛六一盛六二
盛六七盛六二出繼昌八九盛六七出繼昌九四

昌八九 **志潮** 仝百廿五子生乾隆五十六年辛亥八月初九日卒嘉慶廿二年丁
丑二月廿七日年二十七葬葉家嶴大墳坪娶應氏改適無嗣昌八
八子盛六
二入繼

昌九十 **志德** 仝百廿六子生乾隆四十八年癸卯十月十五日卒道光九年己丑
正月十七日年四十七娶嚴氏生乾隆四十七年壬寅十二月初五
日卒道光六年丙戌正月十六日年四十五繼娶余氏生嘉慶三年戊午
十一月初七日卒咸豐十年庚申二月廿四日壽六十三葬裏河塘田朝
東子盛
六三

昌九一 **志謙** 仝百廿六子生乾隆五十二年丁未十月十三日卒道光廿九年己
酉八月十二日壽六十三娶方氏生乾隆五十二年丁未四月廿七
日卒八月十三日繼娶姚氏生嘉慶十二年丁卯八月十八日卒同治十
年辛未正月初六日壽六十五葬大夾嶴山子盛六四

昌九二　志[illegible]　全百廿六子生乾隆五十九年甲寅八月十八日卒道光十五年乙未四月十八日年四十二娶方氏生嘉慶元年丙辰十月初四日卒道光五年乙酉九月十一日壽六十葬葉家舉大墳坪子盛六五

昌九三　志堯　全百廿七子生嘉慶四年己未正月廿三日卒道光三年癸未十二月十六日年二十五娶王氏廿九歲守節生乾隆六十年乙卯七月十七日卒光緒元年乙亥五月廿四日壽八十一葬葉家舉石井墳子盛六六

昌九四　志[illegible]　全百廿八子生嘉慶廿四年己卯三月初一日卒道光廿五年乙巳五月廿五日年二十七娶王氏生嘉慶廿三年戊寅六月初八日卒道光廿三年癸卯五月初五日年二十六葬葉家舉家無嗣昌八八子盛六七入繼

昌九五　志和　全百廿九子生乾隆四十六年辛丑十二月廿七日卒嘉慶廿二年丁丑九月十五日年三十七娶楊氏生乾隆五十七年壬子四月初九日卒道光二年壬子八月初八日年三十一葬葉家舉無嗣昌九六子盛六八入繼

昌九六　志相　全百三一子生嘉慶十四年己巳九月初四日卒同治十一年壬申八月十七日壽六十四娶陸氏生嘉慶十八年癸酉十二月初四日卒咸豐三年癸丑十月三十日年四十一葬蒜湖嶺脚東首子盛大八盛六九盛六八出繼昌九五

昌九七　志達　全百三四子生卒闕娶方氏生卒闕葬張家橋東北首

昌九八　志孝　全百三五子生乾隆四十六年辛丑六月十二日卒[illegible]十二月十三日娶徐氏生卒闕葬虞家園子盛七十

昌九九 **志全** 全百三七子生嘉慶八年癸亥六月十一日卒道光七年丁亥十一月十一日年二十五娶沈氏生嘉慶十年乙丑十二月廿一日卒咸豐八年戊午十月初一日年五十四葬葉家壘山坑朝西

昌一百 **志培** 全百三八子生乾隆四十七年壬寅七月十三日卒正月初七日娶洪氏生乾隆五十四年己酉正月初四日卒咸豐元年辛亥十月十九日壽六十三葬虞夾園子盛七一

昌百一 **志乾** 全百三八子生乾隆五十七年壬子二月廿二日卒道光七年丁亥十二月十六日年三十六娶孫氏 欽旌節孝詳貞節錄生嘉慶十一年丙寅五月初六日卒同治十年辛未十一月初一日壽六十六葬虞家園子盛七二

昌百二 **志國** 全百三九子生乾隆五十五年庚戌三月廿八日卒道光八年戊子七月廿八日年三十九娶陳氏 欽旌節孝詳貞節錄生嘉慶十四年乙巳二月二十日卒咸豐元年辛亥六月初十日年四十三葬下橫山子盛七三

昌百三 **志鈂** 全百四十子生乾隆四十三年戊戌十月廿二日卒道光十三年癸巳十一月十三日年五十六娶洪氏生乾隆四十三年戊戌九月廿二日卒道光三年癸未十月廿七日年四十六葬葉家壘大墳坪無嗣昌百八子盛七四入繼女適城內王

昌百四 **志校** 全百四十子生乾隆四十六年辛丑七月初五日卒嘉慶八年癸亥閏二月初一日年二十三葬葉家壘大坩坪之左首與弟志洋合墓 未娶

昌百五　志維　全百四十子生乾隆四十八年癸卯八月十八日卒嘉慶五年庚申四月十九日年十八葬葉家嶴與兄志校合墓未娶

昌百六　志炎　全百四十子生乾隆五十年乙巳十一月廿一日卒道光廿六年丙午十一月十八日壽六十二葬葉家嶴父墳邊娶吳氏生乾隆六十年乙卯十二月十一日餘闕

無嗣昌百八子盛七五入繼

昌百七　志晅　全百四十子生乾隆五十三年戊申八月初十日卒道光廿八年戊申十月餘闕壽六十一葬葉家嶴大墳坪未娶

昌百八　志匡　全百四十子生嘉慶六年辛酉四月初十日卒同治元年壬戌十二月初七日壽六十二娶蘇氏生嘉慶十四年己巳二月十八日卒道光十一年辛卯七月二十日年二十三繼娶汪氏生嘉慶十四年己巳六月廿五日卒咸豐九年己未二月初七日年五十一葬應家嶴朝東南子盛七四盛七五盛七六盛七七盛七四出繼昌百三盛七五出繼昌百六

盛七七出繼昌百九

昌百九　志濱　全百四一子生乾隆五十四年己酉二月廿九日卒道光十三年癸巳二月十八日年四十五娶洪氏生乾隆五十二年丁未三月廿三日卒道光廿七年丁未六月廿二日壽六十一葬居東灣昌百八子盛七七入繼

昌百十　志英　全百四一子生嘉慶元年丙辰七月初七日卒道光六年丙戌五月廿四日年三十一葬居東灣未娶

昌百十一　志壯　全百四一子生嘉慶十一年丙寅二月二十日卒咸豐七年丁巳三月初三日年五十二葬居東灣未娶

昌百十二　志選　全百四二子住北京生嘉慶三年戊午六月廿七日卒同治二年癸亥六月廿七日壽六十六娶馮氏生嘉慶七年壬戌二月十六日卒

同治十三年甲戌十二月二十日壽七十三葬蒸湖嶺腳西首側室□氏
生卒闕子盛七八側室出

昌百十三　志堂　全百四三子生乾隆三十年乙酉正月廿一日卒嘉慶七年壬戌三
月初七日年三十八娶徐氏生乾隆三十三年戊子七月廿三日卒
道光十一年辛卯十一月十八日壽六十四葬砂山無嗣昌百十五子盛
七九入繼

昌百十四　志璜　全百四三子生乾隆三十五年庚寅八月十一日卒道光四年甲申
八月十八日年五十五娶徐氏生乾隆三十四年己丑十月初十日
卒嘉慶七年壬戌八月初二日年三十四繼娶王氏生七月廿一日卒十
二月十一日葬蒸湖嶺腳無嗣昌百十六子盛八十入繼

昌百十五　志正　全百四四子生乾隆三十四年己丑十一月初七日卒道光五年乙
酉七月初四日年五十七娶邵氏生乾隆三十五年庚寅四月初七
日卒道光十八年戊戌正月十九日壽六十九葬蒸湖嶺腳子盛七九盛
八一盛八二盛七九出繼昌十三

昌百十六　志堅　全百四四子生乾隆三十九年甲午十月十八日卒道光七三年癸
巳三月十六日壽六十娶曹氏生乾隆四十七年壬寅十月初二日
卒六月初二日繼娶葛氏生乾隆四十四年己亥六月廿四日卒七月十
三日葬蒸湖嶺腳子盛八十曹氏出盛八三盛八四葛氏出盛八十繼出

昌百
十四

昌百十七　志高　全百四五子生乾隆廿九年甲申十月十九日卒道光元年辛巳五
月初五日年五十八娶夏氏生乾隆四十二年丁酉正月廿五日卒
嘉慶十年乙丑三月初九日年二十九繼娶陳氏生乾隆三十八年癸巳
正月廿四日卒道光廿三年癸卯三月十七日壽七十一葬小高田子盛

八六盛八五盛八六出繼昌百

十八盛八五兼祧昌百十九

昌百十八　志里　仝百四五子生乾隆三十九年甲午八月十九日卒嘉慶六年辛酉

嘉慶二十年乙亥三月初五日年四十一葬砂山無嗣昌百十七子盛八

六入繼

昌百十九　志型　仝百四五子生乾隆四十一年丙申七月十二日卒嘉慶廿二年丁

丑五月十九日年四十二娶汪氏生正月初十日卒十二月十三日

繼娶葛氏生九月十三日卒嘉慶廿二年丁丑三月二十日葬小高田無

嗣昌百十七子盛八五兼祧

昌百二十　志鏞　仝百四六子出外生卒闕娶應氏生嘉慶九年甲子六月廿八日卒

道光十一年辛卯八月十八日年二十八葬袁家山子盛八七

昌百廿一　志本　仝百四六子生嘉慶元年丙辰十月廿二日卒道光廿二年壬寅十

二月廿六日年四十七葬袁家山娶陳氏改適

昌百廿二　志倫　仝百四六子生嘉慶六年辛酉四月初五日卒八月初六日葬袁家

山未娶

昌百廿三　志宏　仝百四六子生七月十九日卒八月廿九日未娶

昌百廿四　志雷　仝百四七子生卒闕娶方氏生乾隆五十四年己酉九月初一日卒

道光十五年乙未十一月十一日年四十七葬斯文會山子盛八八

盛八

九

昌百廿五　志尹　仝百四八子生乾隆五十四年己酉六月十二日卒道光三年癸未

九月初九日年三十五娶沈氏生乾隆五十九年甲寅十月十五日

卒闕無嗣昌百廿
六子盛九十兼祧

昌百廿六 **志道** 全百四八子生嘉慶二年丁巳七月廿三日卒道光廿一年辛丑九月餘闕年四十五娶衛氏生嘉慶九年甲子十一月初八日卒咸豐九年己未二月初一日年五十
六子盛九十兼祧昌百廿五

二十三世

盛一 **江鴻** 昌一子生道光三年癸未正月廿五日卒咸豐元年辛亥十月初九日年二十九娶李氏生嘉慶廿二年丁丑十月廿五日卒道光廿六年丙午三月初二日葬裘家山

盛二 **江文** 昌一子生道光九年己丑十一月十七日卒光緒元年乙亥二月初六日年四十七娶李氏生道光十三年癸巳八月十八日卒同治五年丙寅十二月廿四日年三十四葬應家壽石牧地纖娶馬氏生道光廿六年丙午十月初七日子昭一李氏出昭二馬氏出

盛三 **烱林** 昌三子住定海生道光廿二年壬寅餘闕娶鄭氏生道光廿三癸卯

盛四 **江派** 昌四子住鎮海娶朱氏餘未詳

盛五 **江垚** 昌五子住鎮海生道光十六年丙申正月十六日娶李氏生道光廿三年癸卯十月初十日子昭三昭四昭五昭六

盛六 **江仁** 昌六子住蘇州餘未詳

盛七　江□　昌八子住乍浦餘未詳

盛八　江安　昌十一子住鎮海東門煬山頭鄉生道光廿八年戊申正月初二日卒光緒廿六年庚子十月初八日年五十三娶周氏生咸豐七年丁巳三月初五日

盛九　江楠　昌十二子住鎮海生道光廿一年辛丑九月初六日娶張氏生道光三十年庚戌三月十八日卒光緒廿四年戊戌十二月十九日子同七

盛十　盛浩　昌十七子兼祧昌十六生光緒十二年丙戌七月初三日娶方氏生光緒十三年丁亥十一月廿五日

盛十一　盛經　昌廿一子生光緒十二年丙戌十月初八日

盛十二　盛美　昌廿六子生咸豐六年丙辰十一月七六日卒光緒廿八年壬寅九月廿九日年四十七娶洪氏生同治五年丙寅十月十一日卒光緒廿六年庚子八月初二日年三十五子昭八昭九

盛十三　盛謀　昌廿七子生同治三年甲子十二月初八日娶應氏生同治十三年甲戌十一月十二日側室□氏子昭十

盛十四　盛賚　昌廿七子生同治十一年壬申二月十一日娶慈城姚氏生光緒三年丁丑二月廿一日子□

盛十五　長寶　昌廿九子住太倉州餘未詳

盛十六　長賢　昌三十子住太倉州餘未詳

盛十七　曰仁　昌三一子住太倉州生卒闕娶胡氏生卒闕女二適未詳

盛十八　曰義　昌三一子住太倉州生道光八年戊子七月初五日卒光緒十二年丁亥十二月廿四日壽六十娶沈氏生道光十年庚寅八月初七日
子昭十一
昭十二

盛十九　松雲　昌(十)四子生嘉慶五年庚申十一月廿六日卒道光十六年丙申八月十一日年三十七娶徐氏生嘉慶十二年丁卯十月初六日卒道光廿一年辛丑閏三月初五日年三十五葬葉家畧山脚向東子昭十三

盛二十　錦鰲　昌四一子生道光八年戊子正月初四日卒光緒九年癸未二月十六日年五十六娶杜氏生道光廿一年辛丑三月初六日卒同治十二年癸酉四月初六日年三十三子昭十四

盛廿一　松岳　昌四二子生嘉慶六年辛酉十一月十三日卒咸豐十一年辛酉正月廿九日壽六十一娶杜氏生嘉慶十六年辛未五月初四日卒光緒□年餘闕
子昭十五

盛廿二　樾　昌四五子生嘉慶十一年丙寅六月廿四日卒同治十一年壬申十二月十八日壽六十六娶朱氏生道光二年壬午十二月廿七日卒光緒十二年丙戌七月廿一日壽六十五葬花嶼湖埭下小東山子昭十六昭十七

盛廿三　琢　昌四[illegible]子生乾隆四十九年甲辰六月十八日卒道光十五年乙未三月十九日年五十二娶洪氏生乾隆四十九年甲辰四月初六日卒道

初六日卒道光廿□年甲辰二月廿八日壽六十一葬雲湖東嶴南山上
名蕤□嶴子昭十八昭十九女二適未詳

盛廿四 **錦江** 昌五一子生嘉慶十七年壬申三月初三日卒咸豐五年乙卯八月
廿四日年四十四娶陳氏生嘉慶十九年甲戌九月十八日卒道光
廿三年癸卯九月初四日年三十繼娶沈氏生嘉慶廿二年丁丑三月十
七日卒同治元年壬戌九月廿九日年四十六葬虞家屋後在□墳之東
子昭二十陳氏出昭廿
一沈氏出女適王

盛廿五 **源有** 昌五二子生道光四年甲申餘闕出外未歸

盛廿六 **錦盛** 昌五三子生道光十五年乙未九月廿一日卒光緒十七年辛卯二
月初一日年五十七娶孫氏生道光十六年丙申三月初三日卒光
緒二十年甲午八月初四日年
五十九葬繆家山子昭廿二

盛廿七 **江林** 昌五五子生嘉慶廿二年丁丑十二月廿三日卒同治四年乙丑十
二月十五日年四十九娶邵氏生道光四年甲申四月廿二日子昭
廿三

盛廿八 **江懷** 昌五六子生道光六年丙戌九月初八日卒光緒十二年丙戌十二
月廿二日壽六十一娶樓氏生道光廿五年乙巳三月廿七日卒光
緒六年庚辰十一月廿二日年
三十六葬袁家山子昭廿四

盛廿九 **德潤** 昌六十子佳北京生卒闕

盛三十 德安 昌六一子生道光九年己丑九月廿八日卒光緒十六年庚寅十月初十日壽六十二娶汪氏生道光十一年辛卯九月十五日葬蓮萩
癡前子昭廿五昭廿六昭廿七昭廿八

盛三一 德會 昌六一子生道光廿一年辛丑十一月廿三日卒光緒五年己卯正月初十日年三十九娶官莊橋陸氏生道光廿二年壬寅十一月初六日子
昭廿九

盛三二 德才 昌六二子住餘姚生道光廿四年甲辰餘闕

盛三三 江瀾 昌六四子生道光十六年丙申十一月十六日卒光緒十六年庚寅六月廿一日年五十六娶鄭氏生道光廿四年甲辰八月初十日子
昭三十

盛三四 江渭 昌六四子生道光廿五年乙巳正月十三日娶俞氏生咸豐五年乙卯六月十二日卒光緒十七年辛卯五月廿七日年三十七子昭三
一女一

盛三五 江源 昌六四子生咸豐元年辛亥十一月廿九日卒光緒廿六年庚子餘闕未娶

盛三六 家傳 昌六五子住餘姚滸山生光緒三年丁丑八月廿九日娶　氏[illegible]

盛三七 江信 昌六七子生道光元年辛巳十月二十日卒道光廿九年己酉閏四月十四日年二十九附葬父墓之傍娶應氏改適子昭三二

盛三八　江麟　昌六八子生道光三年癸未正月廿九日卒同治元年壬戌八月廿七日年四十娶鄭氏改適

盛三九　江清　昌七一子生乾隆四十三年戊戌八月初三日卒咸豐元年辛亥三月十六日壽七十四葬蒸湖嶺東南馬鞍山西面土名葉家嶴倚碧池娶徐氏　誥封宜人生乾隆四十八年癸卯十一月初九日卒咸豐十年庚申八月廿八日壽七十八子昭三三昭三四昭三五昭三六女長適葛次適方三適鄭

盛四十　江城　昌七二子生乾隆三十九年甲午九月三十日卒生道十年庚寅十一月廿四日年五十七娶潘氏　貤封宜人生乾隆四十三年戊戌十月初九日卒道光廿八年戊申七月十三日壽七十一葬甲聯廟西南與弟盛四一合墓子昭三七昭三八[illegible]昭三八出繼盛四一女適高路頭監生王振紳

盛四一　江杰　昌七二子生乾隆四十六年辛丑十月初二日卒嘉慶十三年戊辰五月初一日年二十八娶樓氏　欽旌節孝邑志有傳詳貞節錄生乾隆五十三年戊申八月初八日卒咸豐五年乙卯五月廿一日壽六十八葬甲聯廟西南與兄盛四十合墓無嗣盛四十子昭三八入繼

盛四二　江潮　昌七三子生乾隆四十年乙未八月初九日卒道光十二年壬辰二月廿七日年五十八娶洪氏生乾隆四十一年丙申十二月廿四日卒道光十年庚寅二月十五日年五十五側室戎氏生嘉慶三年戊午十一月廿九日卒光緒二年丙子九月廿六日壽七十九葬白米灣獅子山北首朝北子昭三九

盛四三　江濤　昌七三子生乾隆四十五年庚子正月初十日卒道光十一年辛卯三月初三日年五十二娶徐氏生乾隆五十年乙巳十一月十八日卒同治七年戊辰正月十六日壽八十四

葬大東灣子昭四十昭四一

盛四四　江漢　昌七三子生乾隆五十年乙巳六月廿一日卒道光十四年甲午五月初四日年五十娶鄭氏生乾隆五十五年庚戌三月廿八日卒道光廿八年戊申十月初七日年五十九

葬黄岡山子昭四二昭四三昭四四

盛四五　江湘　昌七三子生乾隆五十八年癸丑五月初九日卒道光廿七年丁未十一月十六日年五十五娶徐氏生嘉慶二年丁巳正月十二日卒嘉慶廿五年庚辰正月十五日年二十四繼娶徐氏生嘉慶六年辛酉六月十一日卒道光十一年辛卯六月廿三日年三十一三娶馮氏　欽旌節孝詳貞節録生嘉慶十八年癸酉正月廿九日卒光緒十三年丁亥十二月廿二日壽七十五葬梅樹下朝光子昭四五

盛四六　江浩　昌七三子生嘉慶四年己未十二月初十日卒咸豐二年壬子五月初六日年五十四娶李氏生嘉慶八年癸亥正月廿九日卒光緒七年辛巳正月初八日壽七十九厝

廟前王家園子昭四六昭四七

盛四七　斑　昌七四子生乾隆五十三年戊申四月初二日卒道光二十年庚子正月十五日年五十三娶馮氏生乾隆五十四年己酉正月初三日卒道光廿八年戊申十二月十二日壽六十

葬黄岡□麓子昭四八寄燧盛五十

盛四八　琯　昌七五子佐翠江寄青南縣棹□鎮生乾隆五十四年己酉十月廿日卒臨娶□氏生卒闕子二諱字生卒未詳　𤇾之

盛四九 琪 昌七六子生嘉慶七年壬戌四月初二日卒道光廿六年丙午正月二十日年四十五未娶

盛五十 琅 昌七七子生嘉慶十五年庚午九月十八日卒道光廿七年丁未十二月十六日年三十八娶袁氏生嘉慶十二年丁卯正月初九日卒光緒二年丙子正月二十日壽七十葬梅樹園之東首坐南向北無嗣盛四七子昭四八兼祧

盛五一 丹宇 昌八七子生卒闕未娶

盛五二 丹宁 昌七八子生卒闕未娶

盛五三 江耀 昌八十子生乾隆五十八年癸丑九月初八日卒咸豐三年癸丑八月廿一日壽六十一娶胡氏生嘉慶十一年丙寅九月廿五日卒道光十六年丙申十月十六日年三十一繼娶陳氏生嘉慶十七年壬申正月十二日卒光緒六年庚辰四月初九日壽六十九葬黃泥嶺女一適胡

盛五四 清和 昌八一子生卒闕

盛五五 金有 昌八四子任石門生道光十五年乙未十一月廿五日餘闕

盛五六 南山 昌八五子生嘉慶六年辛酉十一月十九日卒咸豐三年癸丑十月十九日年五十三娶應氏生嘉慶十六年辛未六月初三日卒光緒二年丙子三月廿一日壽六十六葬葉家嶴子昭四九昭五十昭五一昭五十出繼盛五七

盛五七 南臺 昌八五子生嘉慶十六年辛未二月十九日卒道光廿六年丙午四月初四日年三十六娶鄭氏 欽旌節孝詳貞節錄生道光三年癸

慈東劉氏四修宗譜卷四十　右房惠二公派　有元堂

未三月初三日卒光緒廿六年庚子九月廿二日壽六十八葬葉家墺無
嗣盛五六子昭五十八繼

盛五八 **江富** 昌八六子住鎮海生道光十一年辛卯餘闕娶張氏生道光十六年
丙申餘闕

盛五九 **阿鰲** 昌八七子住鎮海生道光廿四年甲辰餘闕

盛六十 **長生** 昌八七子住鎮海生咸豐四年甲寅餘闕

盛六一 **松齡** 昌八八子生嘉慶七年壬戌十月廿九日卒道光廿九年己酉九月
十六日年四十八娶胡氏生嘉慶八年癸亥十月廿八日卒道光廿
九年己酉八月十四日年四十七葬橋
家園子昭五二昭五三昭五四昭五五

盛六二 **長齡** 昌八九子生嘉慶十年乙丑正月廿五日卒咸豐十年庚申九月廿
六日年五十六娶鄭氏生嘉慶十九年甲戌二月初六日卒光緒元
年乙亥九月廿七日壽六
十二葬橋家園子昭五六

盛六三 **錦芳** 昌九十子生嘉慶十五年庚午二月初三日卒道光廿五年乙巳
七月初七日年三十六娶朱氏生嘉慶十二年丁卯九月十八日
卒道光十五年乙未十月十六日年二十九繼娶陳氏　欽旌節孝詳貞
節錄生嘉慶廿三年戊寅十一月初二日卒光緒十三年丁亥九月十七
日壽七十葬裏河塘朝東無
嗣盛六四子昭五七入繼

盛六四 **錦福** 昌九一子生道光十三年癸巳十一月初九日卒光緒十八年壬辰
二月十九日壽六十娶杜氏生道光廿六年丙午正月初三日葬大

吉灣半山子昭五七昭五八昭五七出繼盛六三

盛六五　鍾照　昌九二子生嘉慶廿二年丁丑正月廿四日卒同治十年辛未七月初二日壽五十五娶陳氏生道光五年乙酉三月廿三日卒同治六年丁卯八月廿九日年四十三葬葉家㙟大坪子昭五九昭六十

盛六六　鍾裕　昌九三子生嘉慶廿一年丙子七月十四日卒咸豐四年甲寅閏七月十四日年三十九娶後張張氏生嘉慶廿二年丁丑三月廿六日卒光緒十五年己丑十一月初九日壽七十三葬葉家㙟夾溪東首子昭六一昭六二昭六三

盛六七　丹齡　昌九四子生嘉慶十九年甲戌閏二月廿四日卒道光廿五年乙巳十一月十四日年三十二娶陳氏生嘉慶廿四年己卯十月廿四日卒光緒二十年甲午十月十九日壽七十六葬葉家㙟大坪子昭六四

盛六八　江茂　昌九五子生道光十九年己亥五月初四日卒光緒九年癸未七月廿七日年四十五葬葉家㙟夾溪上娶張氏生咸豐七年丁巳九月十九日子昭六五纂祧盛六九

盛六九　江發　昌九六子生道光廿七年丁未九月廿四日卒光緒十三年丁亥十一月十八日年四十一葬葉家㙟夾溪娶鄭氏改適繼嗣盛六八子昭六五入繼

盛七十　紹程　昌九八子生嘉慶十三年戊辰十二月初九日卒道光廿九年己酉餘闕年四十二娶洪氏生嘉慶十七年壬申十月二十日卒光緒十

一年乙酉五月十八日壽七十
四葬虞家園子昭六五昭六七

盛七一
紹棟　昌一百子生嘉慶二十年乙亥十月十八日卒道光十二年壬辰正
月初三日年十八娶張氏生嘉慶十九年甲戌八月初二日卒道光
九年己丑九月廿四
日年十六葬虞家園

盛七二
紹恩　昌百一子生道光六年丙戌二月廿一日卒光緒十八年壬辰二月
十七日壽六十七娶金氏生咸豐□年八月初十日葬虞家園女二
適朱
詳

盛七三
紹鏞　昌百二子生道光三年癸未十一月初十日卒光緒廿二年丙申十
月初十日壽七十四娶周氏生道光十三年癸巳十一月廿八日卒
光緒十三年丁亥七月廿六日年五十五葬河圩後秧田高田子昭六八
女一適孫

盛七四
錦瑞　昌百三子生道光十五年乙未五月初十日卒光緒十七年辛卯三
月初九日年五十七娶方氏生道光廿三年癸卯十月十四日卒同
治八年己巳十二月廿一日年二十七繼娶顧氏生道光廿九年己酉九
月十三日卒光緒四年戊寅二月十三日年三十葬葉家墓祖墓側子昭
六九八

盛七五
錦祥　昌百六子生道光廿五年乙巳二月二十日卒光緒廿八年壬寅十
二月十二日年五十八娶鄭氏生咸豐三年癸丑八月廿九日子昭
六九昭
七十

盛七六 錦濤 昌百八子生咸豐元年辛亥正月初九日娶應氏生咸豐十年庚申四月十三日子昭七二

盛七七 鎗波 昌百九子生道光廿七年丁未十二月廿二日卒光緒十六年庚寅八月口日年四十四娶洪氏出

盛七[illegible] 瀛 昌百十二子住北京生道光廿六年丙午六月口日娶口氏生卒俱闕子昭七三昭七四

盛七九 紹康 昌百十三子生乾隆六十年乙卯十一月初六日卒咸豐五年乙卯九月廿四日壽六十一葬孫湖樵腳娶莊氏生嘉慶十年乙丑二月初一日卒光緒七年辛巳四月初九日壽七十七子昭七五昭七六

盛八十 紹櫟 昌百十四子生嘉慶八年癸亥五月十六日卒道光廿五年乙巳十二月廿七日年四十三葬虞家埠頭娶胡氏生嘉慶十年乙丑七月廿三日卒光緒五年己卯八月二十日壽七十五葬虞家河塍子昭七七

盛八一 紹乾 昌百十五子生嘉慶七年壬戌餘闕卒十月初十日娶口氏出

盛八二 紹慶 昌百十五子生嘉慶十四年己巳八月十一日卒闕娶王氏改適

盛八三 紹英 昌百十六子生嘉慶十二年丁卯十一月初一日卒光緒五年己卯六月廿一日壽七十三娶方氏生嘉慶十九年甲戌七月十五日卒光緒十四年戊子十月初八日壽七十五葬葉家墺子昭七八昭七九昭八十

盛八四 紹偉 昌百十六子生嘉慶廿三年戊寅九月十八日卒光緒五年己卯九月初二日壽六十二娶邵氏生道光八年戊子四月初七日卒闕

盛八五　**潮**　昌百十七子生嘉慶二十年乙亥正月初五日卒道光三十年庚戌八
月十三日年三十六娶田氏生嘉慶十九年甲戌十月十五日卒道光
十八年戊戌六月十一日年二十五繼娶胡氏生道光十二年壬辰十一
月初一日卒光緒廿九年癸卯八月初十日壽七十二葬庚家園子昭八
一女

盛八六　**梅**　昌百十八子生乾隆五十九年甲寅四月廿四日卒咸豐三年癸丑正
月十八日壽六十娶陳氏生乾隆五十六年辛亥正月十八日卒同治
三年甲子六月初四日壽七
十四葬橫路山子昭八二

盛八七　**江漢**　昌百二十子生道光六年丙戌十一月廿八日卒闕娶孫氏生道光
十九年己亥三月十五日卒光緒十六年庚寅六月初一日年五十
二葬王家
山無嗣

盛八八　**美木**　昌百廿四子生嘉慶九年甲子七月廿一日卒道光二十年庚子四
月廿七日年三十七葬葉家塢娶朱氏改適

盛八九　**美哉**　昌百廿四子生嘉慶十八年癸酉九月初十日卒道光十八年戊戌
七月十三日年二十六未娶

盛九十　**紹福**　昌百廿六子生道光十年庚寅四月十三日娶邵氏生道光十七年
丁酉九月十四日

二十四世

昭一　**其艮**　盛二子生咸豐六年丙辰九月十四日卒光緒廿四年戊戌五月初一
日年四十三娶朱氏改適葬應家塢父[illegible]傍子宣一

昭二 貴生 盛二子生同治十三年甲戌七月十一日卒光緒廿三年丁酉十月初二日年二十四娶蘇氏生光緒九年癸未九月十七日卒光緒廿一年乙未十月十五日年十三

昭三 永昭 盛五子住鎮海生同治四年乙丑九月初三日娶鎮海俞氏生同治五年丙寅　月　日子宣二宣三

昭四 光昭 盛五子住鎮海生同治九年庚午七月初六日娶鎮海朱氏生光緒二年丙子　月　日

昭五 德昭 盛五子住鎮海生同治十三年甲戌六月十九日娶鎮海戴氏生光緒四年戊寅　月　日

昭六 禧[illegible] 盛五子住鎮海生光緒三年丁丑十月十五日娶鎮海劉氏生光緒十一年乙酉　月　日子宣四

昭七 炳昭 盛九子住鎮海生同治十三年甲戌九月十五日娶鎮海陳氏生光緒四年戊寅十月初四日子宣五

昭八 [illegible]綏 盛十二子生光緒十年甲申五月十二日

昭九 芝綏 盛十二子生光緒廿一年乙未九月十一日

昭十 昭[　] 盛十三子生光緒廿九年癸卯十月　日

昭十一 昭元 盛十八子住太倉州生咸豐十一年辛酉九月十八日娶方氏生同治三年甲子十月初一日卒光緒六年庚辰二月廿二日年十七繼娶樂氏生同治三年甲子九月廿六日子宣六宣七宣八

昭十二 昭豐 盛十八子往太倉州生同治三年甲子十二月十二日娶楊氏生同
治十一年壬申三月初四日子宣九
昭十三 永昌 盛十九子生道光十四年甲午十二月廿四日卒同治九年庚午十
二月初六日年三十七娶鄭氏改適
昭十四 本揚 盛二十子生同治二年癸亥十一月廿三日
昭十五 其明 盛廿一子生咸豐元年辛亥十月廿九日卒光緒五年己卯正月廿
八日年二十九未娶
昭十六 其生 盛廿二子生道光廿五年乙巳四月廿二日娶莊氏生咸豐八年戊
午十二月廿二日子宣十
昭十七 長榮 盛廿二子生咸豐元年辛亥八月初十日卒光緒九年癸未九月十
六日年三十三
昭十八 東華 盛廿三子生嘉慶廿五年庚辰四月初十日卒道光三十年庚戌十
一月十三日年三十一娶馮氏生嘉慶廿四年己卯三月初六日卒
咸豐元年辛亥二月初十日年三十三側室富陽裘氏生道光九年己丑
十月廿五日卒咸豐五年乙卯九月初九日年二十七葬蕤湖邊無嗣以
昭十九子宣
十一入繼
昭十九 泰華 盛廿三子生道光二年壬午九月初八日卒咸豐元年辛亥十二月
廿二日年三十娶鄭氏 [illegible]旌節孝詳[illegible]節錄生道光二年壬午三
月初二日卒光緒十六年庚寅正月[illegible]六日壽六十九葬八都橋頭子宣
十一宣十二宣十一出繼昭十八
昭二十 其華 盛廿四子生道光十五年乙未七月廿八日卒光緒六年庚辰十二
月初九日年四十六娶官莊橋[illegible]氏生道光十九年己亥十一月廿

七日卒同治十二年癸酉十一月廿二日年三十五繼娶陳氏生道光十八年戊戌八月廿四日卒光緒十一年乙酉八月廿六日年四十八無嗣以昭廿一子宣十三入繼女許適馮□

昭廿一 **其榮** 盛廿四子生咸豐元年辛亥十月初八日卒光緒廿五年己亥正月廿九日年四十九娶胡氏生同治三年甲子十一月初八日葬葉家嶴子宣十二宣十四宣十三出繼昭二十

昭廿二 **其昌** 盛廿六子生同治□年餘闕卒光緒廿四年戊戌餘闕娶□氏改適

昭廿三 **其連** 盛廿七子生道光廿六年丙午十二月廿六日卒光緒廿六年庚子七月廿七日年五十五娶胡氏生道光三十年庚戌八月十三日卒光緒元年乙亥六月初五日年二十五葬袁家山子宣十六

昭廿四 **阿蔡** 盛廿八子生同治八年□□□□

昭廿五 **其源** 盛三十子生咸豐五年乙卯五月廿八日娶姜氏生咸豐九年己未十二月初十日卒光緒十八年壬辰十一月廿九日年三十四繼娶趙氏生同治十二年癸酉六月初七日子宣十七宣十八

昭廿六 **其樟** 盛三十子生咸豐八年戊午十月初九日娶沈氏生同治五年丙寅十月二十日子宣十九宣二十

昭廿七 **其鎮** 盛三十子生同治二年癸亥正月廿七日娶鄭氏生同治八年己巳十月廿八日卒光緒三十年甲辰二月十六日年三十六葬瑞亭嶴

昭廿八 其斌 盛三十子生同治六年丁卯十一月廿一日娶劉氏生同治十一年壬申七月初八日子宣廿一 侯孔

昭廿九 其江 盛三一子生同治八年己巳九月初九日娶范氏生光緒六年庚辰八月廿四日子宣廿二宣廿三

昭三十 其鈞 盛三三子生同治四年乙丑十一月十三日娶孫氏生光緒三年丁丑三月初四日子宣廿四

昭三一 其瑞 盛三四子生光緒十一年乙酉九月廿二日

昭三二 桂香 盛三七子生道光廿七年丁未八月初一日卒光緒二十八年壬寅五月十六日年五十六娶汪氏生咸豐八年戊午八月廿三日子宣廿五宣廿六

昭三三 峻 盛三九子生嘉慶十五年庚午十一月廿一日卒光緒元年乙亥六月初二日壽六十六娶方氏生嘉慶十二年丁卯十二月廿六日卒道光廿三年癸卯九月初十日年三十七繼娶范氏生道光三年癸未十月廿七日卒同治三年甲子九月初三日年四十二厝大烈廟前地無嗣以昭三四子宣廿七入繼
女適上沈沈葆文

昭三四 涞 盛三九子生嘉慶二十年乙亥七月十二日卒光緒五年己卯九月十一日壽六十五娶徐氏生嘉慶廿五年庚辰五月廿八日卒同治十一年壬申三月十六日年五十三子宣廿七宣廿八宣廿九宣三十宣廿七出繼昭三三

昭三五 源 盛三九子生嘉慶廿二年丁丑十一月初三日卒道光廿九年己酉正月廿八日年三十三娶徐氏 欽旌節孝 詳貞節錄生嘉慶廿二年丁

丑八月初二日卒同治元年壬戌八月廿六日殉難青林渡年四十六葬黃岡山子宣三一宣三二女順姑字文溪宋寶慶　欽旌貞烈詳貞節錄

生道光廿一年辛丑九月十三日卒同母殉難青林渡詳貞節錄

昭三六　棻　盛三九子生道光二年壬午二月十七日卒光緒八年壬午正月十九日壽六十一娶沈氏　誥封宜人生道光三年癸未七月十一日卒光緒二年丙子四月初九日年五十四葬花嶼湖笆裏張子宣三三女長適胡克仁次適沈挺秀

昭三七　超　盛四十子生嘉慶五年庚申七月三十日卒道光廿七年丁未四月初三日年四十八娶沈氏　誥封宜人生嘉慶九年甲子四月十二日卒光緒六年庚辰六月三十日壽七十七側室曹氏　欽旌節孝詳貞節錄貤封孺人生道光四年甲申十一月二十日卒光緒廿八年壬寅十月初八日壽七十九葬孔家山嶴子宣三四宣三五宣三五出繼昭三八女長適虞錫三次適鄭貴香俱國學生

昭三八　棠　盛四一子生嘉慶十六年辛未十二月初三日卒道光六年丙戌十月廿三日年十六娶王氏　敕封八品孺人生嘉慶十二年丁卯三月廿六日卒道光十一年辛卯四月初十日年二十五葬蔡湖雁家嶴杉樹園無嗣以昭三七子宣三五入繼

昭三九　其勤　盛四二子生道光九年己丑十月初四日卒咸豐十年庚申三月十四日年三十二娶王氏生道光七年丁亥十一月初三日卒光緒八年壬午十月十六日年五十六葬黃岡山子宣三六

昭四十　其昌　盛四三子生嘉慶十三年戊辰閏五月初二日卒道光廿四年甲辰十二月十五日年三十七娶陳氏生嘉慶十七年壬申九月十六日

卒同治五年丙寅九月初十日
年五十五葬西園地子宣三七

昭四一　其能　盛四三子生嘉慶廿四年己卯十一月二十日卒同治十年辛未九
月廿九日年五十三娶孫氏生道光四年甲申十二月廿一日卒同
治八年己巳六月廿二日年
四十六葬黃岡山子宜三八

昭四二　其勳　盛四四子生嘉慶十八年癸酉二月十二日卒咸豐十一年辛酉八
月廿八日年四十九娶徐氏生嘉慶廿一年丙子十一月初二日卒
道光廿七年丁未正月初二
日年三十二繼娶徐氏改適

昭四三　其位　盛四西子生嘉慶廿一年丙子六月十二日卒同治四年乙丑十月
初九日年五十娶方氏生嘉慶廿五年庚辰三月初四日卒道光廿
九年己酉五月初二日年三十繼娶陳氏生道光二年壬午九月初三日
卒光緒廿二年丙申九月廿八日壽七十五葬黃岡山子宣三九

昭四四　其英　盛四四子生道光二年壬午九月廿四日卒光緒三年丁丑八月廿
一日年五十六娶施氏生道光十一年辛卯七月十六日卒光緒十
七年辛卯七月初七日壽六
十一葬孤者墳跟女適沈

昭四五　其山　盛四五子生道光十六年丙申十二月十五日卒同治六年丁卯十
月廿七日年三十二娶余氏生道光十四年甲午七月廿二日卒光
緒十六年庚寅三月十九日年五十七
葬梅樹園傍父墓東首女適洪高榮

昭四六　其福　盛四六子生道光八年戊子五月廿七日卒光緒七年辛巳十月廿
六日年五十四娶黎氏生道光九年己丑三月廿八日卒光緒十九

年癸巳十二月十七日壽六十五葬松樹港子宣四十

昭四七　萁富　盛四六子生道光廿一年辛丑三月十七日卒光緒十四年戊子二月初六日年四十八娶張氏生道光廿一年辛丑十二月十八日卒光緒十五年己丑八月十五日年四十九葬黃岡山子宣四一宣四二

昭四八　茂椿　盛四七子無祧盛五十生道光元年辛巳正月廿六日卒同治元年壬戌九月初八日年四十二娶王氏生道光二年壬午十二月十六日卒同治七年戊辰正月初八日年四十七葬黃岡山與父墓合子宣四三宣四四

昭四九　嘉友　盛五六子生道光十九年己亥六月十二日卒光緒四年戊寅十一月廿六日年四十未娶

昭五十　春友　盛五六子生咸豐元年辛亥十二月十五日卒光緒廿三年丁酉七月初十日年四十七娶虞氏改適葬葉家嶴

昭五一　順友　盛五七子生道光廿七年丁未九月十七日卒光緒廿五年己亥六月十六日年五十三娶蘇氏生咸豐十年庚申二月廿六日

昭五二　萬利　盛六一子生道光四年甲申九月十三日卒光緒八年壬午十二月十三日年五十九娶胡氏生道光八年戊子九月初五日卒咸豐元年辛亥三月十九日年二十四葬板橋頭

昭五三　萬豐　盛六一子生道光十二年壬辰九月廿四日卒咸豐七年丁巳正月廿三日年二十六不娶

昭五四　萬順　盛六一子生道光十七年丁酉二月廿六日卒同治十二年癸酉二月廿九日年三十七娶陳氏改適

昭五五 **萬茂** 盛六一子生道光十九年己亥九月十五日卒光緒廿四年戊戌二月廿五日壽六十葬板橋頭未娶

昭五六 **寶生** 盛六二子生道光廿二年壬寅正月初二日卒同治十三年甲戌九月廿四日年三十三娶徐氏改適葬極乂路頭

昭五七 **雲龍** 盛六三子生卒闕未娶

昭五八 **雲才** 盛六四子生光緒九年癸未六月廿九日

昭五九 **其文** 盛六五子生道光廿五年乙巳十月初三日卒光緒八年壬午十月廿七日年三十八娶桂氏生咸豐六年丙辰七月十三日子宣四五

昭六十 **其章** 盛六五子生咸豐二年壬子五月廿一日卒光緒廿四年戊戌四月初九日年四十七娶邱氏改適子宣四六[illegible]宣四七出繼昭六八

昭六一 **其賢** 盛六六子生道光十六年丙申二月十五日卒闕未娶

昭六二 **其才** 盛六六子生道光廿二年壬寅十月十二日娶胡氏生咸豐四年甲寅四月廿二日葬夘洄塘子宣四八

昭六三 **其勇** 盛六六子生道光廿五年乙巳十二月初八日卒光緒廿六年庚子二月初一日年四十六娶朱氏生咸豐九年己未九月初八日子宣四九宣五十

昭六四 **萬泰** 盛六七子生道光廿二年壬寅十二月十三日娶杜氏生咸豐元年辛亥十二月十八日

昭六五　其本　盛六八子兼祧盛六九生同治十三年甲戌十月二十日娶[illegible]氏生光緒八年壬午六月三十日

昭六六　瑞春　盛七十子生道光二十年庚子二月十一日卒同治十年辛未二月十三日年三十三葬咸家園娶[illegible]氏改適

昭六七　瑞年　盛七十子生道光廿三年癸卯十二月廿九日

昭六八　瑞豐　盛七三子生咸豐七年丁巳十二月廿一日卒光緒廿五年己亥九月十四日年四十三娶洪家畈陳氏生咸豐十一年辛酉十月十七日無嗣以昭六十子宣五十八繼

昭六九　昭槐　盛七四子生同治二年癸亥七月十四日卒光緒廿二年丙申餘闕年三十四未娶

昭七十　其彔　盛七五子生光緒五年己卯九月十一日娶王氏生光緒十三年丁亥七月十六日

昭七一　其校　盛七五子生光緒十二年丙戌正月十九日

昭七二　其泰　盛七六子生光緒廿一年乙未十月十九日

昭七三　國鎮　盛七八子住京師

昭七四　國泰　盛七八子住京師

昭七五　瑞忠　盛七九子生道光六年丙戌十一月廿一日卒光緒七年辛巳十一月十一日年五十六娶應氏生道光　年　月　日子宣

一畫

昭七六 **瑞源** 盛七九子生道光九年己丑八月十六日卒咸豐十年庚申五月十四日年三十二娶口氏改適

昭七七 **瑞芝** 盛八十子生道光十年庚寅四月初五日卒咸豐九年己未七月十九日年三十葬虞家埠頭娶口氏改適

昭七八 **瑞龍** 盛八三子生道光十八年戊戌十一月初十日卒光緒廿九年癸卯三月初三日壽六十六

昭七九 **瑞馨** 盛八三子生道光廿一年辛丑九月十一日卒同治元年壬戌九月十一日年二十二未娶

昭八十 **瑞金** 盛八三子生咸豐五年乙卯十一月十四日卒同治元年壬戌十二月十八日未娶

昭八一 **瑞安** 盛八五子生咸豐十年庚申十一月廿七日卒光緒九年癸未三月初四日年二十四未娶

昭八二 **瑞和** 盛八六子生嘉慶十九年甲戌九月廿二日卒同治六年丁卯八月十二日年五十四娶方氏生嘉慶廿三年戊寅六月廿二日卒闕子 宣五二 宣五三

二十五世

宣一 **慶瑞** 昭一子住甯波生光緒九年癸未三月廿一日

宣二 **宣祥** 昭三子住鎮海生光緒　年　月　日

宣三 [illegible]章 昭一子住鎮海生光緒　年　月　日

宣四 宣財 昭五子住鎮海生光緒　年　月　日

宣五 宣德 昭七子住鎮海生光緒　年　月　日

宣六 [illegible]根 昭十二子住太倉州生光緒　年　月　日

宣七 祖[illegible] 昭十二子住太倉州生光緒　年　月　日

宣八 [illegible]蔭 昭十二子住太倉州生光緒　年　月　日

宣九 祖榮 昭十三子住太倉州生光緒　年　月　日

宣十 麟祥 昭十七子住慈城生光緒十年甲申閏五月廿九日娶雙夾界李氏生光緒十五年己丑十月廿二日

宣十一 耀文 昭十八子住半浦生道光廿九年己酉六月十五日卒光緒十二年丙戌十一月初六日年三十八娶余氏生道光廿八年戊申正月廿六日卒同治十一年壬申五月初六日年二十五繼娶半浦鄭氏生咸豐三年癸丑五月初一日卒光緒七年辛巳二月初六日年二十九葬八者橋南首沿河子

定一 鄭氏出

宣十二 耀先 昭十九子住半浦生咸豐元年辛亥二月廿一日卒光緒廿二年丙申正月初六日年四十六娶半浦鄭氏生咸豐元年辛亥[illegible]月十七

日卒光緒三年丁丑六月十二日年二十七葬黃岡山麓無嗣宣十一子
定一兼祧

宣十三　宣禮　昭二十子生光緒九年癸未八月廿八日

宣十四　宣勤　昭廿一子生光緒十二年丙戌十二月十八日

宣十五　宣蔭　昭廿一子生光緒廿二年丙申九月廿七日

宣十六　宣勛　昭廿三子生同治七年戊辰九月十四日娶洪家畈陳氏生光緒七年辛巳正月初十日

宣十七　宣龍　昭廿五子生光緒廿五年己亥十二月廿五日

宣十八　宣鳳　昭廿五子生光緒廿九年癸卯閏五月十七日

宣十九　炎康　昭廿六子生光緒十四年戊子十一月十三日卒光緒三十年甲辰正月廿八日年十七未娶

宣二十　濬康　昭廿六子生光緒廿三年丁酉七月十七日

宣廿一　俊康　昭廿八子生光緒廿二年丙申十月廿五日

宣廿二　南山　昭廿九子生光緒廿六年庚子五月初八日

宣廿三　南康　昭廿九子生光緒廿九年癸[illegible][illegible]月初一日

宣廿四 **金寶** 昭三十子生光緒廿四年戊戌八月十七日

宣廿五 **宣才** 昭三二子生光緒四年戊寅九月三十日

宣廿六 **宣理** 昭三二子生光緒十三年丁亥正月廿二日

宣廿七 **德宣** 昭三三子生道光十九年己亥八月十五日卒光緒十七年辛卯四月初五日年五十三娶洪塘鎮洪氏生道光二十年庚子六月初二日卒同治十年辛未十二月十九日年三十二繼娶洪氏生道光廿一年辛丑四月初一日卒光緒廿四年戊戌七月初四日年五十八子定二定三定四元配出定五繼娶出

宣廿八 **德容** 昭三四子生道光廿六年丙午三月初八日卒光緒十三年丁亥十一月初三日年四十二娶上沈沈氏生咸豐元年辛亥十月初七日子定六女長適本啚貝後龍次適姜官嶺徐黙

宣廿九 **德富** 昭三四子生咸豐三年癸丑九月廿三日卒光緒十七年辛卯八月二十日年三十九未娶葬板橋頭

宣三十 **德宰** 昭三四子生咸豐六年丙辰三月廿九日卒光緒十二年丙戌十月初五日年三十一娶於李潘潘氏生咸豐十一年辛酉十月廿七日卒光緒六年庚辰三月十八日年二十葬孫湖嶺橫路上無嗣寔廿八子定六兼祧

宣三一 **德安** 昭三六子生道光廿三年癸卯十一月廿四日卒光緒廿四年戊戌十一月十九日年五十六娶留東橋鄭氏生道光廿七年丁未五月

初十日卒同治七年戊辰十二月廿八日年二十二繼娶張氏生同治十
年辛未二月十六日卒光緒二十年甲午五月初三日年二十四女適吳
社橋袁翔
榮張氏出

宣三二　**德家**　昭三五子生道光廿六年丙午九月廿六日卒光緒十三年丁亥八
月初一日年四十二娶上沈沈氏生咸豐三年癸丑七月十六日卒
光緒五年己卯三月二十日年二十七葬黃岡山麓繼娶口氏生同治
年　月　日

宣三三　**德官**　昭三六子生咸豐三年癸丑十二月初八日卒光緒元年乙亥八月
廿八日年二十二娶留車橋鄭氏　欽旌節孝生咸豐二年壬子七
月廿九日卒光緒廿九年癸卯八月初二日年五十二葬花嶼湖笆裏張
祔父側子定七

宣三四　**德寅**　昭三七子生道光廿四年甲辰十月廿五日卒光緒十四年戊子十
二月二十日年四十五娶洪塘鎮洪氏　例封宜人生道光廿三年
壬寅五月初九日葬孔家山祔父
墓側無嗣宣三五子定八入繼

宣三五　**德宗**　昭三八子生道光廿四年甲辰七月廿三日元聘石米灣陳良旭女
生道光廿四年甲辰四月十二日卒咸豐五年乙卯九月初一日繼
娶陳氏良旭次女生道光廿六年丙午三月十八日卒光緒四年戊寅七
月十七日年三十三又娶漢塘廟跟穆氏生咸豐九年己未正月初九日
卒光緒十六年庚寅五月初八日年三十二子定八陳氏出定九穆氏出
定八出繼宣三四女一適石米灣陳興校穆氏出

宣三六　**宣猷**　昭三九子生咸豐七年丁巳四月初九日卒同治十一年壬申七月
初三日年十六未娶葬王家山

宣三七 **宣型** 昭四十子生道光廿三年癸卯七月廿五日出外未歸

宣三八 **宣文** 昭四一子住上浙王家碶頭南貨街生道光廿八年戊申三月十三日卒光緒廿四年戊戌四月初三日年五十一娶徐氏生同治五年丙寅八月初二日子定十

宣三九 **長春** 昭四三子生道光廿五年乙巳十二月十五日同治紀元四月十三日被粵匪擄去未知殉難何所今無可攷

宣四十 **宣謀** 昭四六子生同治三年甲子六月初八日娶平湖張生同治九年庚午九月初三日

宣四一 **宣榮** 昭四七子生同治十二年癸酉七月初二日娶應氏生光緒三年丁丑正月十六日

宣四二 **宣發** 昭四七子住奉化生光緒二年丙子五月十三日娶奉化徐氏生光緒六年庚辰正月廿六日子定十一

宣四三 **宣民** 昭四八子生道光廿八年戊申二月初七日卒光緒廿八年壬寅二月廿七日年五十五娶洪家畈王生咸豐六年丙辰十一月廿一日卒光緒廿三年丁酉二月初三日年四十二葬黄岡山麓子定十二女適本邑方啓承

宣四四 **宣鐸** 昭四八子生咸豐三年癸丑五月廿五日卒光緒廿二年丙申七月十九日年四十四娶顔氏生咸豐七年丁巳七月十五日卒光緒元年乙亥正月十四日年十九葬官山腦

宣四五 **宣震** 昭五九子生光緒元年乙亥十一月廿九日娶本邑應氏生光緒十年甲申五月廿八日

宣四六　宣穆　昭六十子生光緒十四年戊子十五月十五日

宣四七　宣寅　昭六二子生光緒七年辛巳閏七月廿七日卒光緒廿二年丙申九月初九日未娶

宣四八　宣誠　昭六三子生光緒五年己卯七月十六日娶嚴氏生光緒十二年丙戌十月十五日

宣四九　宣仁　昭六三子生光緒九年癸未十月初六日娶周氏生光緒十七年辛卯五月廿八日

宣五十　宣謨　昭六八子生光緒十八年壬辰三月廿四日

宣五一　承才　昭七五子生同治二年癸亥七月廿五日卒光緒廿九年癸卯八月初一日年四十一未娶

宣五二　德望　昭八一子生咸豐四年甲寅正月廿三日卒光緒十年甲申五月十八日年三十一娶李氏生咸豐　年　月　日子定十三

宣五三　德勝　昭八一子生咸豐九年己未十一月二十日卒光緒二十年甲午九月餘闕未娶

二十六世

定一　慶邦　宣十一子兼祧宣十二生光緒五年己卯三月十七日娶陸氏生光緒九年癸未十月二十日

定二　慶瀾　宣廿七子生咸豐九年己未十二月廿一日卒光緒元年乙亥三月廿五日年十七未娶

定三　慶祥　宣廿七子生同治元年壬戌九月初三日卒光緒廿三年丁酉十月初九日年三十六葬[illegible]州[illegible]塵山娶陳氏絕

定□ 慶善 宣廿七子生同治五年丙寅三月十一日卒光緒十八年壬辰十月三十日年二十七葬湖州南潯鎮未娶

定五 慶祚 宣廿七子生光緒八年壬午五月初七日

定六 慶璧 宣廿八子生光緒元年乙亥十月十三日娶□車橋鄔氏生光緒六年庚辰五月初二日

定七 慶釗 宣三三子生同治十三年甲戌九月十四日娶□□頭□氏生光緒元年乙亥三月初五日

宣八 慶咸 宣三四子生同治八年己巳七月初七日娶横槪堰陳氏生同治十年辛未七月初二日定九子迪一入繼

定九 慶鴻 宣三□子生光緒七年辛巳五月廿五日娶章橋高地頭□氏生光緒八年壬午十月廿一日子迪一出繼定八

定十 慶□ 宣□八子生光緒十二年丙戌八月十一日娶留車橋趙氏生光緒十二年丙戌正月廿七日

定十一 慶□ 宣四二子生光緒廿四年戊戌正月廿八日

定十一 慶定 宣四三子生光緒三年丁丑二月二十日卒光緒廿七年辛丑五月初十日年二十五葬官山腦娶王氏絕

定十三 慶裕 宣五二子生光緒　年　月　日

二十七世

迪一 祖慶 定八子生光緒廿九年癸卯六月初八日

右房惠二公派

慈東費氏四修宗譜卷四十一

由蔡湖遷徙定邑混堂衕世系 右房惠二公派 蔡湖後房分支

十七世　十八世　十九世　二十世　廿一世

伯謂 福十八　由蔡湖遷居定邑混堂衕

一愷 祿一

之濤 廣一　字湖山

國彪 完一

大榜 全一 〇止

大觀 全二 〇止

一聖 祿二　字入聖　出與曹姓母舅爲子

一善 祿三　祿四子承繼

之和 廣二 〇止　字湖海

一宗 祿四

之和 出繼祿三

之才 廣三 字高山住杭州

友蛟 完二

友 完三

一元 祿五 號顯章 例贈登仕郎

之茂 廣四 字德茂廣五子承繼

友甯 完四 字靜山

大艮 全三

大林 全四 大艮之子承繼

大正 全五

之德　廣五　字日新小字大爵捐[illegible]陞陽正術[illegible]九品銜

友甯　出繼廣四

大漢　完五　字琳泉

友運　完六　字鑑三號錦[illegible]

友高　[illegible]七

大椿　全六

大熙　全七

大餘　全八

大貴　全九　字小寶

大寶　[illegible]完八

之富 廣六 小字小耐捐授鴻臚寺鳴贊

友明 完八 字同松完七子入繼

友泉 完九

友煌 完十 完十一子入繼

友順 完十一

大寶 全十

大基 全十一 〇止

大莫 全十二 〇止

大莫 出繼完十

大生 全十三

大式 全十四

廿一世	廿二世	廿三世	廿四世	廿五世
大良 三 全	致文 一 昌 住鎮江	盛□ 一 盛		
	致鶴 出繼大林			
	致和 二 昌			
大林 四 全 大良子入繼	致鶴 三 昌			
大正 五 全	致武 四 昌 住上海	盛□ 二 盛		
大椿 六 全	致鳳 五 昌	駉堂 三 盛		

致馴　出繼全七

致祥　昌　六

致馴　昌　七

盛□　盛　四

致論　昌　八

致訪　昌　九

□寶　昌　十　八字彭年

大熙　全　七　全六子入繼

大餘　全　八　住□山

大生　全十　三

甲辰長至日交付大生手支譜二本

附錄十五世以上世系

第一世
士賢　世廿四
字華國號東靈出蘇州楊柳巷遷慈
妣四都李氏

第二世
彥京　千四
字子顥號振東
妣張氏

第三世
元芳　萬三
字德馨號佳林
妣五都邵氏

第四世
民臣　添十四
字克忠號海望
妣陳氏

第五世
日高　再六
字術之號官山
妣何氏

第六世
潛龍　明十
字養晦號確齋
妣李氏

第七世
體深　益六
字大川號誠軒
妣陳氏

第八世
子奇　莊五
字思禮號潤心
妣陳氏

第九世
辰　惠二
字文震惠五子入繼
妣鄞縣江氏

第十世
稽　右二
永樂間贅居入都蒸湖
妣坊隅張氏

十一世
琛　尚一
舊行二二
分居後房

十二世
廷鉦　和四
舊行小四
妣四都張氏

十三世
鐸　本六
舊行三四
妣氏闕

十四世
德七五　德十九二
諱闕
妣氏闕

十五世
湑　湑二十一　八九
諱闕
妣氏闕

妣四都童氏

十六世　十七世

仕安一　龐十
妣王氏

伯謂　福十
由蔡湖遷居
定邑湿堂衕

蔡湖支小排行從廿六行起今將總族排行每字附注于下

廿六世 慶 定行
廿七世 祖 迪行
廿八世 善 吉行
廿九世 紹 祥行
三十世 嗣 源行

三一世 賡 鍾行
三二世 景 毓行
三三世 秀 兆行
三四世 植 蕃行
三五世 琳 滋行

三六世 如 佑行
三七世 雲 生行
三八世 士 楨行
三九世 敦 榦行
四十世 守 長行

四一世 葆 輝行
四二世 維 映行
四三世 仁 遠行
四四世 顯 大行
四五世 汝 貽行

四六世 學 謀行
四七世 克 澤行
四八世 佐 孔行
四九世 衡 延行
五十世 懷 纘行

五一世 告 承行
五二世 鼎 纘行
五三世 銘 述行
五四世 錫 家行
五五世 斯 道行

五六世 廷 正行

由蒸湖遷徙定邑湖堂衍世次傳

十七世

伯謂 福十八子生康熙十一年壬子四月十七日卒雍正十年壬子十二月廿二日壽六十一娶曹氏生康熙廿六年丁卯四月十七日卒雍正十年壬子十一月十九日年四十六葬慈谿應家塋子祿一祿二祿三祿四祿五

十八世

祿一一愷 福十八子娶氏生卒俱闕子廣一

祿二一聖 福十八子生卒闕

祿三一善 福十八子娶氏生卒俱闕祿四子廣二入繼

祿四一宗 福十八子娶氏生卒俱闕子廣二廣三廣二出繼祿三

祿五一元 福十八子生康熙五十八年己亥九月十二日卒乾隆三十七年壬辰六月十九日年五十四娶劉氏生雍正十一年癸丑二月十一日卒嘉慶十九年甲戌五月十四日壽八十二葬慈邑馬鞍山應家塋祖墳西約三十丈子廣四廣五廣六

十九世

廣一 **之清** 祿一子娶氏生卒俱闕子完一

廣二 **之利** 祿三子生卒闕

廣三 **之才** 祿四子任杭州娶氏生卒俱闕子完二完三

廣四 **之茂** 祿四子五生乾隆十九年甲戌七月初七日卒道光七年丁亥五月初二日壽七十四娶鄭氏生生乾隆三十年乙酉十二月十四日卒嘉慶廿三年戊寅正月三十日年五十四葬定海北門外二橋廣五子完四入繼

廣五 **之德** 祿五子生乾隆廿三年戊寅六月廿八日卒道光十六年丙申二月廿三日壽七十九娶胡氏生乾隆三十五年庚寅十一月廿六日卒道光十九年己亥十一月三十日壽七十葬定邑竹山門地方向□子完四完五完六完七完八完出繼廣四

廣六 **之富** 祿五子生乾隆廿八年癸未八月十二日卒嘉慶十九年甲戌八月二十日年五十二娶俞氏生乾隆四十年乙未正月二十日卒嘉慶廿一年丙子二月初五日年四十二葬定邑西門外龍頭頸子完九完十完十一

二十世

完一 **國彪** 廣一子娶氏生卒俱闕子全一全二

完二 **國蛟** 廣三子任杭州

三 完 先□ 廣三子作[illegible]

四 完 友甯 廣四子生乾隆五十四年己酉二月廿六日卒道光十六年丙申正月十六日年四十八娶鄧氏生乾隆五十四年己酉七月廿七日卒闕葬定邑北門外二橋 子全三全四全五

五 完 友漢 廣五子生嘉慶三年戊午六月廿八日卒同治二年癸亥二月十五日壽六十六娶方氏生嘉慶五年庚申閏四月廿一日卒光緒三年丁丑九月十二日壽七十八 子全六全七

六 完 友運 廣九子生嘉慶八年癸亥閏二月初九日卒咸豐五年乙卯六月三十日年五十三娶黃氏生嘉慶□年正月廿一日卒道光二年壬午六月初八日繼娶王氏生嘉慶六年辛酉四月十八日卒闕葬定邑竹山門外 子全八

七 完 友高 廣五子生嘉慶十二年丁卯十月初九日卒道光二十年庚子十月初四日年三十四娶卓氏生嘉慶十一年丙寅八月初九日卒闕 子全九全十全十 出繼完八

八 完 友明 廣五子生嘉慶十四年己巳十一月十五日卒闕娶虞氏生嘉慶廿二年丁丑正月初九日卒道光十八年戊戌四月初三日年二十二葬定邑竹山門外完 七子全十八繼

九 完 友泉 廣六子生嘉慶二年丁巳九月廿二日卒咸豐二年壬子二月十一日年五十六娶周氏生六月廿七日卒道光廿八年戊申九月廿八日葬

定邑西門小龍
頭頸子全十一

完十　**友焯**　廣六子生嘉慶五年庚申八月初二日卒七月十八日娶李氏生嘉慶十三年戊辰三月廿九日卒七月十五日完十一子全十二入繼

完十一　**友順**　廣六子生嘉慶十一年丙寅十一月十四日卒同治三年甲子八月初九日年五十九娶范氏生嘉慶十五年庚辰七月十五日卒光緒十六年庚寅四月初二日壽七十一葬定邑鹽倉子全十二全十三全十四全十二出繼完十

二十一世

全一　**大榜**　完一子生卒闕

全二　**大觀**　完一子生卒闕

全三　**大艮**　完四子住鎮江生嘉慶廿一年丙子七月十二日卒闕娶梁氏生嘉慶廿四年己卯十一月初六日卒闕子昌一昌二昌三昌三出繼全四

全四　**大林**　完四子娶何氏生卒俱闕全三子昌三入繼

全五　**大正**　完四子生道光二年壬午正月十五日卒闕娶張氏生道光五年乙酉七月初六日卒闕子昌四

全六　**大椿**　完五子生道光六年丙戌八月廿六日卒光緒十四年戊子七月十七日壽六十三娶蕭氏生道光十八年戊戌閏四月廿三日卒光緒十二年丙戌七月十六日年四十七子昌五昌六昌七昌七出繼全七

全七 大熙 完[illegible]子生[illegible]十[illegible]年[illegible]未八月初[illegible]日卒[illegible]廿一日娶鄧氏生道
光廿四年[illegible]六月十五日全六子昌七入繼

全八 大[illegible] 完六子住衢山生道光六年丙戌五月十九日娶葛氏子昌[illegible]、昌九

全九 大贊 完七子住[illegible]生道光十三年癸巳七月廿八日娶俞氏生卒闕

全十 大[illegible] 完八子生卒闕

全十一 大基 完九子生道光十五年乙未六月廿二日卒八月十三日

全十二 大莫 完十子生道光廿一年辛丑三月廿[illegible]日卒光緒五年己卯四月十
一日年三十九娶盛氏生咸豐元年辛亥十月初八日卒光緒五年
己卯十月初一日年二
十九葬定邑鹽倉[illegible]

全十三 大圭 完十一子生咸豐元年辛亥二月十七日娶唐氏生咸豐十一年辛
酉[illegible]月十六日子昌十

全十四 大武 完十一子生咸豐六年丙辰二月廿五日娶林氏生同治七年戊辰
正月初六日

二十世

昌一 致文 全[illegible]子住鎮江生道光廿五年乙巳十二月廿三日娶[illegible]氏子盛一

昌二 致和 全三子生咸豐四年甲寅十二月初八日卒闕

昌三 **致橋** 仝四子生道光廿九年己酉十二月廿五日卒闕

昌四 **致武** 仝五子住上海生道光廿五年乙巳九月二十日娶王氏子盛二

昌五 **致鳳** 仝六子生咸豐四年甲寅十一月十八日娶施氏生同治九年庚午四月初一日子盛三

昌六 **致祥** 仝六子生同治十三年甲戌三月十一日

昌七 **致馴** 仝七子生同治五年丙寅　月　日娶毛氏生　年　月　日子盛四

昌八 **致論** 仝八子住常山

昌九 **致詩** 仝九子住常山

昌十 **致寶** 小字彭年 仝十二子生光緒廿二年丙申六月十二日

二十二世

盛一 **[illegible]门** 昌一子

盛二 **盛□** 昌四子

盛三 **[illegible]堂** 昌五子生光緒十六年[illegible]八[illegible]十[illegible]日

盛
四
盛□　昌七子

慈東費氏四修宗譜卷四十一

由蔡湖遷徙鎮邑跳頭世系 右房惠二公派 蔡湖東房分支

十五世　十六世　十七世　十八世　十九世

珩 清廿二

五十 瀧一 諱闕

四九 福一

文貫 祿一

思成 廣一○止

宗德 廣二 字元如

朝華 廣三○止

文顯 祿二 字顯甫

宗文 廣四

宗斌 廣五

十九世	二十世	廿一世	廿二世	廿三世
		孫五十 福二	文寶 祿三	宗福 廣六 字聰翰
				思行 廣七
			文榮 祿四	宗孝 廣八
宗德 廣二 字元如	鴻祖 完一 字明章	大珥 全一	廷金 昌一	宏治 盛一
				宏信 出繼昌八

宗文 曰 廣

强祖 二 元

益祖 三 完 字益生

紹宏 二 全 字子元

紹昌 三 全 字子儀

廷槐 二 昌

廷松 三 昌

廷樟 出繼全四

廷顯 四 昌

宏渭 二 盛 字渭和

宏順 出繼昌九

宏汀 三 盛 盛二子入繼

宏潮 四 盛 ○止 有妾子劉魁 [illegible]不列世次

宗崧 五 廣

承祖 四 完 字克家
聖祖 五 完 字耀生
榮祖 六 完

紹亮 四 全 漢頁全二子入繼
紹奇 五 全 又諱紹賢
紹雞 六 全 字盛德
紹禕 七 全

君德 五 昌
傳觀 六 昌
廷樟 七 昌
廷[illegible] 八 昌 字仲興昌一子入繼
廷材 九 昌 字乾元昌二子入繼
[illegible]桂 十 昌

宏道 五 盛 住[illegible]湖
宏信 六 盛
宏順 七 盛
宏源 八 盛 ○止

傳

字思翰

字仁則

字漢尉

字丹方

字中和

純祖　七　完
字仲前

紹詩　八　全
一名紹美字漢祚

紹文　九　全
字燦如號仁美

廷相　一　昌十

廷楊　二　昌十
字廣臣

廷校　三　昌十
字明榮

廷標　四　昌十
字廣榮

宏濱　九　盛

宏周　○止　盛十

宏倫　一　盛十

宏浩　三　盛十

紹武 全十
字承烈號盛美

廷[illegible] 昌十五
住上海

廷模 昌十六

宏志 盛十三
[illegible]

宏清 盛十四

宏淶 盛十五

宏濟 盛十六

宏澄 盛十七

宏涯 盛十八
[illegible]

字德圻

廷柱　昌十七

廷栻　昌十八

廷樞　昌十九

宗禧　廣六

繼祖　完八　小字陳生

紹曾　全十一　字叔齡

宏明　盛十九　○止

宏泉　盛二十　○止

宏茂　盛廿一

宏寶　盛廿二　○止

紹明
出繼完九

兆祖 完九
字君美完八
子入繼

紹明 全十二

述祖 完十
字君甫

法祖 完十一
小字四德

光祖 完十二
字君完

毅□ 全十三

文忠 全十四

桂枋 昌二十

綱林 盛廿三
○止

小字良有

廷珍 昌廿一

文奎 全十五 小字捨有

廷彬 昌廿二

宏宣 盛廿四 ○止

宏治 盛廿五

鎮有 全十六

思行 廣七

茂祖 完十三 字成章

紹裕 全十七 字大安

廷權 昌廿三

宏洲 盛廿六 ○止

廷相 昌廿四

紹慶 全十八

廷梅 昌廿五

宏溢 盛廿七 ○止

紹球 全十九

廷椿 昌廿六

宏泰 盛廿八 ○止

廷槐 昌廿七

崇孝 廣八

敉祖 完十四 字克賓

耀祖 完十五 字克振

紹德 全十一 字禹美

廿三世　廿四世　廿五世　廿六世　廿七世

宏治 盛一　魁風 昭一　忠才 宣一　定尚 定一 小字正發

定德 定二 小字正德

定高 定三 小字正高

宏渭 盛二　魁先 昭二　忠來 宣二

魁枋 出繼盛三

宏江 盛三　魁枋 昭三

盛二子入繼

宏道 盛五 住田湖

魁選 昭四

慶祥 宣三

雲朝 宣四

三林 宣五

宏信 盛六

常龍 昭五 字守道

常虎 昭六

忠連 宣六

常鳳 昭七

出家

宏順 盛七

魁明 昭八

忠言 宣七

宏濱 盛九

常順 昭九

常綖 昭十

常瑞 昭十一

常有 昭十二

常云 昭十三

宏倫 盛十一
常恆 昭十四 小字阿和
忠坊 出繼昭十五

常交 出繼盛十三
忠堂 宜八 住於滸鷹嶼 爭

宏浩 盛十二
常宣 昭十五 繼 昭十四子入
忠坊 宜九

宏志 盛十三 繼 盛十一子入
常交 昭十六 繼 昭十七子入
忠植 宜十 小字彤生

宏清 盛十四
常受 昭十七
忠權 宜十一

字濟舟

忠植　小字來生字明笙　出繼昭十六

忠權　宣十二　小字圭生

常明　昭十八

忠寶　宣十三

常逞　昭十九

忠耀　宣十四

宏淶　盛十五

常能　昭二十

忠楷　宣十五

忠榮　宣十六

常干 昭廿一

宏濟 盛十六 住上海

魁奇 昭廿二

忠孝 宣十七

魁占 昭廿三

忠謨 宣十八 字寶林

宗榮 定四 字彥榮

魁榮 昭廿四

忠生 宣十九

忠爽 宣十一

宏澄 盛十七

魁陽 昭廿五

忠錩 宣廿一

住上海

宏茂 盛廿一

常榮 昭廿六

常貴 昭廿七

忠青 宣廿二 小字小娘

宏治 盛廿五

常蓮 昭廿八

祖 宣廿三

附錄十五世以上世系

第一世
十賢 世廿四
字華園號東靈由蘇州湯柳巷遷慈
妣四都李氏

第二世
彥京 千四
字子顒號振東
妣張氏

第三世
元芳 萬三
字德馨號桂林
妣五都邵氏

第四世
良臣 添十一
字克忠號海望
妣陳氏

第五世
日高 再六
字術之號官山
妣何氏

第六世
潛龍 明十
字養晦號確齋
妣李氏

第七世
體深 益六
字大川號誠軒
妣陳氏

第八世
子奇 莊五
字思[illegible]號潤心
妣陳氏

第九世
辰 惠二
字文震惠五子入繼
妣鄞縣江氏

第十世
稍 右二
系樂間賢居八都蔡湖
妣坊隅張氏

十一世
碧 尙二
舊行五
分居東房

十二世
琪 和六
舊行六十
妣十三都鄒氏

十三世
錫 本九
舊行四四
妣洪氏

十四世
浩 德十九
舊行三三
妣邵氏

十五世
珩 滄廿二
由蔡湖遷居鎮邑頭跳

妣洪氏繼妣　氏
定海胡氏

蓀湖支小排行 從廿六行起今將總族排行每字附注于下

慶 廿六世 定行
祖 廿七世 迪行
善 廿八世 吉行
紹 廿九世 祥行
嗣 三十世 源行

膺 三一世 鍾行
景 三二世 毓行
秀 三三世 兆行
植 三四世 蕃行
林 三五世 滋行

如 三六世 佑行
雲 三七世 生行
士 三八世 楨行
敦 三九世 餘行
守 四十世 長行

葆 四一世 輝行
維 四二世 映行
仁 四三世 [illegible]行
顯 四四世 大行
汝 四五世 [illegible]行

學 四六世 謨行
克 四七世 澤行
佐 四八世 孔行
衡 四九世 延行
[illegible] 五十世 績行

君 五一世 承行
鼎 五二世 繼行
銘 五三世 [illegible]行
[illegible] 五四世 衮行
[illegible] 五五世 [illegible]行

廷 五六世 正行

由慈湖遷徙鎮邑跳頭世次傳

十五世

滄廿
珩 二 德十九子生嘉靖四十二年癸亥八月十八日卒闕娶本縣六都三畐余氏生卒闕子龐一

十六世

龐
龐五十 一 滄廿二子娶吳氏生卒俱闕子福一福二

十七世

福
福四九 一 龐一子生闕卒九月初四日娶陳氏生卒闕葬跳頭本宅東首坐西朝東子祿一祿二

福
福五十 二 龐一子娶吳氏生卒俱闕子祿三祿四

十八世

祿
文貴 一 祿一子生三月初二日卒正月初九日娶湯氏生十月初二日卒八月初四日子廣一廣二廣三

祿
文顯 二 福一子生天啓元年辛酉五月十一日卒康熙三十九年庚辰二月十四日壽八十娶沈氏生崇禎六年癸酉三月十八日卒康熙三十三年甲戌閏五月十五日壽六十二葬馮家畈陳秦屋前朝東南子廣四廣五

禄三 **文寶** 禄二子娶氏生卒俱闕子廣六廣七

禄四 **文榮** 禄一子娶氏生卒俱闕子廣八

十九世

廣一 **思成** 禄一子娶徐氏生卒俱闕女一適碶橋下

廣二 **宗德** 禄一子生康熙廿一年壬戌十一月廿六日卒乾隆九年甲子七月廿八日壽六十三娶王氏生康熙三十五年丙子五月初四日卒闕子完一完二

廣三 **朝華** 禄一子生康熙五十九年庚子十二月初六日卒闕娶葛氏絶

廣四 **宗文** 禄二子娶王氏生卒俱闕子完三完四完五

廣五 **宗斌** 禄二子生順治十八年辛丑十二月初四日卒乾隆十七年壬申正月廿七日壽九十二娶陳氏生順治十七年庚子正月廿六日卒乾隆十七年壬申正月廿六日壽九十三葬馮家畈朝東南子完六完七

廣六 **宗福** 禄三子娶陳氏生卒俱闕子完八完九完十完十一完十二

廣七 **思行** 禄三子娶徐氏生卒俱闕子完十三

廣八　宗孝　廣四子娶阮氏生子俱闕子完十四完十五

二十世

完一　鴻祖　廣二子生雍正七年癸亥八月廿六日卒闕娶朱氏生乾隆八年癸亥四月十一日卒闕子全一

完二　強祖　廣二子生雍正十二年甲寅十月初三日卒闕娶陳氏生乾隆十五年庚午十二月十五日卒闕

完三　益祖　廣四子生康熙十五年丙辰十一月廿六日卒乾隆七年壬戌六月十五日壽六十七娶朱氏生康熙十七年戊午正月十七日卒闕子全二全三全四

完四　承祖　廣四子生康熙廿五年丙寅十一月廿六日卒乾隆廿一年丙子餘闕壽七十一娶王氏生康熙廿三年甲子正月廿一日卒闕子全五

完五　聖祖　廣四子生康熙廿八年己巳二月初九日卒乾隆廿五年庚辰十一月十八日壽七十二娶陳氏生康熙三十年辛未十一月廿一日卒闕子全六

完六　榮祖　廣五子生康熙廿三年甲子八月廿八日卒闕娶陳氏生康熙廿乙年甲子十月初五日卒乾隆廿五年庚辰三月十七日壽七十九子全七全八

完七　純祖　廣五子生康熙三十七年戊寅六月廿九日卒乾隆八年癸亥八月十三日年四十六娶劉氏生康熙三十八年己卯四月十六日卒乾隆三

十二年丁亥三月初六日
壽六十九子仝九仝十
完八 纘祖 廣六子生卒闕娶樓氏生卒闕子仝十一仝十二仝十二出繼完九
完 兆祖 廣六子生康熙三十三年甲戌八月廿七日卒闕娶洪氏生康熙四十
九 五年丙戌五月十二日卒闕完八子仝十二入繼
完 述祖 廣六子生康熙三十六年丁丑餘闕娶朱氏生康熙四十七年戊子餘
十 闕
完十 法祖 廣六子生康熙四十年辛巳餘闕
一
完十 光祖 廣六子生康熙四十三年甲申六月十七日卒闕娶何氏生雍正元
二 年癸卯正月初十日卒闕子仝十三仝十四仝十五仝十六
完十 茂祖 廣七子生康熙五十五年丙申七月初一日卒七月十一日娶朱氏
三 生雍正十二年甲寅六月初九日卒十二月初五日葬西河橋子仝
十七仝十
八仝十九
完十 敬祖 廣八子生卒闕娶吳氏絕
四
完十 耀祖 廣八子生卒闕娶李氏生卒闕繼娶薛氏生康熙五十一年壬辰餘
五 闕子仝二十

二十一世

仝六 [illegible] 完一子生乾隆三十一年丙戌十二月廿九日卒闕娶門氏生卒闕
一 葬下基子昌一

全二　紹宏　[illegible]三[illegible]生康熙四十一年[illegible]月十[illegible]日卒乾隆三十年乙酉九月廿七日壽六十四娶張氏生卒闕葬莊下基子昌二昌三昌七昌七出繼全四

全三　紹昌　完三子生康熙四十四年乙酉卒乾隆三十二年丁亥餘闕壽六十三娶曹氏生卒闕子昌四昌五昌六

全四　亮紹　完二子生康熙五十二年癸巳正月十五日卒闕娶莊氏生卒闕繼娶王氏生卒闕三娶林氏生雍正八年庚戌餘闕全二子昌七入繼

全五　紹奇　完四子生康熙五十六年丁酉六月十八日卒闕娶姚氏生卒闕繼娶周氏生雍正六年戊申九月初七日卒闕子昌八

全六　紹舜　完五子生康熙五十九年庚子八月初八日卒七月十八日娶陳氏生雍正八年庚戌五月二十日卒三月十三日子昌九

全七　紹禕　完六子生康熙四十八年己丑八月十一日卒闕娶胡氏生康熙四十五年丙戌三月十一日卒闕子昌十

全八　紹詩　完六子生康熙五十一年壬辰六月十七日卒乾隆三十二年癸酉四月初八日年五十六娶陳氏生康熙四十八年己丑正月初十日卒闕子昌十一

全九　紹文　完七子生康熙五十九年庚子八月初三日卒闕娶夏氏生康熙五十九年庚子十一月十二日卒闕子昌十二昌十三昌十四

全十　紹武　完七子生雍正元年癸卯四月十一日卒闕娶陳氏生雍正二年甲辰九月十八日卒闕子昌十五昌十六昌十七昌十八

全十一　紹曾　完八子生雍正八年庚戌四月廿三日卒闕娶范氏生乾隆三年戊午五月十二日卒闕子昌十九

全十二 紹明 完九子生乾隆十年乙丑三月廿八日卒闕娶陳氏生乾隆十年乙丑十一月廿八日卒闕

全十三 新有 完十二子生乾隆十三年戊辰八月廿四日卒闕娶陳氏生卒闕

全十四 文忠 完十二子生乾隆十六年辛未十月廿一日卒十一月十四日娶沈氏生十月廿九日卒十月廿八日子昌二十昌廿一

全十五 文奎 完十二子生乾隆二十年乙亥十月廿四日卒十月二十日娶陳氏生二月十八日卒七月初七日子昌廿二

全十六 鎮有 完十二子生乾隆廿三年戊寅餘闕

全十七 紹裕 完十三子生乾隆廿八年癸未正月初七日卒道光十一年辛卯十二月十四日壽六十九娶杜氏生乾隆三十七年壬辰六月廿八日卒咸豐二年壬子八月十四日壽八十一葬漕西田子昌廿三昌廿四

全十八 紹慶 完十三子生卒闕娶徐氏生卒闕葬西河橋考墳側子昌廿五

全十九 紹球 完十三子生乾隆四十年乙未九月十八日卒道光廿四年甲辰九月十九日壽七十娶高氏生乾隆四十四年己亥九月廿四日卒咸豐三年癸丑九月廿二日壽七十五葬西河橋子昌廿六昌廿七

全二十 紹德 完十五子生乾隆十三年戊辰餘闕

二十一世

昌一　廷金　全一子生七月十五日卒十一月十九日娶陳氏生十一月廿一日卒十二月廿二日葬莊下基子盛一盛六盛六出繼昌八

昌二　廷槐　全二子生雍正五年丁未十一月十六日卒五月十三日娶孫氏生乾隆七年壬戌八月廿三日卒闕子盛二盛七盛七出繼昌九

昌三　廷松　全二子娶張氏生卒俱闕葬莊下基子盛三

昌四　廷顯　全三子娶氏生卒俱闕子盛四

昌五　尋德　全三子生卒闕

昌六　傳槐　全三子生卒闕

昌七　廷樟　全四子娶氏生卒俱闕子盛五

昌八　廷元　全五子生乾隆廿九年甲申二月十九日卒闕娶□氏生卒闕昌一子盛六入繼

昌九　廷材　全六子生乾隆□年十一月廿九日卒乾隆五十六年辛亥八月十四日娶□氏絕昌二二子盛七入繼

昌十　廷桂　全七子生雍正十一年癸丑二月初二日卒闕娶吳氏生雍正十年壬子閏五月廿九日卒闕子盛八

昌十一　廷相　全八子生乾隆十四年己巳七月初五日卒闕

昌十二　廷楊　全九子生乾隆八年癸亥九月廿七日卒闕娶吳氏生卒闕

昌十三 延校 仝九子生乾隆十三年戊辰十二月初七日卒闕娶□氏生卒闕子盛廿九 盛十

昌十四 延標 仝九子生乾隆廿二年丁丑十一月十七日卒嘉慶十六年辛未十月廿二日年五十五娶董氏生七月初七日卒道光廿二年壬寅正月十二日葬華家漕跟子盛十一 盛十二 盛十三 盛十四 盛十五

昌十五 延樅 仝十子住上海生乾隆十二年壬辰（丁卯）五月廿三日卒闕娶□氏生卒闕子盛十六 盛十七

昌十六 延模 仝十子生乾隆十四年己巳六月初二日卒闕娶□氏生卒闕子盛十八 盛十九

昌十七 延柱 仝十子生乾隆二十年乙亥十一月二十日卒闕

昌十八 延栻 仝十子生乾隆廿六年辛巳九月廿八日卒闕

昌十九 延樞 仝十一子生乾隆三十六年辛卯十月十五日卒道光廿九年己酉五月初二日壽七十九娶唐氏生十二月十五日卒十二月十九日子盛二十 盛廿一 盛廿二

昌二十 延枋 仝十四子生乾隆五十年乙巳六月初四日卒闕娶黃氏生嘉慶四年己未正月初三日卒咸豐八年戊午七月廿七日壽六十子盛廿
三女適
未詳

昌廿一 延珍 仝十四子娶董氏生卒俱闕

昌廿二　**廷彬**　全十五子生乾隆五十四年己酉卒闕娶陳氏生卒闕葬河角子盛廿四盛廿五

昌廿三　**廷櫄**　全十七子生嘉慶八年癸亥十二月十三日卒道光九年己丑三月初四日年二十七娶陳氏生嘉慶六年辛酉十月十三日卒道光十七年丁酉十一月廿二日年三十七葬眠牛田子盛廿六

昌廿四　**廷相**　全十七子生嘉慶十三年戊辰四月初六日卒道光十八年戊戌八月廿一日年三十一娶胡氏生嘉慶十四年己巳正月初十日卒同治七年戊辰三月廿三日壽六十

昌廿五　**廷梅**　全十八子生嘉慶五年庚申十一月廿八日卒咸豐六年丙辰六月初八日年五十七娶陳氏生嘉慶五年庚申五月十四日卒咸豐八年戊午十一月十六日年五十九葬大漕對面子盛廿七

昌廿六　**廷椿**　全十九子生嘉慶三年戊午九月十六日卒道光廿六年丙午十月十四日年四十九娶謝氏生嘉慶二年丁巳五月十三日卒道光廿一年辛丑十一月廿二日年四十五葬河嘴頭子盛廿八

昌廿七　**廷槐**　全十九子生嘉慶廿二年丁丑五月廿七日卒光緒二年丙子六月十三日壽六十娶杜氏生嘉慶二十年乙亥九月廿二日卒闕

二十三世

盛一　**宏治**　昌一子生乾隆五十年乙巳六月廿八日卒咸豐三年癸丑八月廿五日壽六十九娶杜氏生乾隆五十五年庚戌二月初五日卒咸豐四年

甲寅十月初一日
壽六十五子昭一

盛二 宏渭 昌二子生乾隆廿五年庚辰十二月廿七日卒闕娶鄔氏生乾隆四十年乙未餘闕葬屋柱根子昭二昭三昭三出繼盛三

盛三 宏江 昌三子生卒闕娶氏絕葬莊下基盛二子昭三入繼

盛四 宏潮 昌四子生卒闕娶施氏繼娶胡氏生卒俱闕葬邵家墳田無嗣有螟蛉子劉魁茂不列世次傳

盛五 宏道 昌七子仕冊胡娶氏生卒俱闕子昭四

盛六 宏信 昌八子生嘉慶六年辛酉六月初八日卒咸豐八年戊午十月十四日年五十八娶陳氏生嘉慶十六年辛未三月廿四日卒光緒五年己卯二月初六日壽六十九子昭五昭六昭七

盛七 宏順 昌九子生乾隆廿八年癸未十月初十日卒道光八年戊子十月廿五日壽六十六娶孫氏生乾隆四年乙未九月初八日卒八月初一日繼娶施氏生二月初四日卒四月廿五日三娶施氏生八月廿八日二月十八日葬屋柱根子昭八三娶出

盛八 宏源 昌十子生乾隆廿三年戊寅二月初一日卒闕

盛九 宏濱 昌十三子生乾隆六十年乙卯十二月初一日卒道光廿九年己酉十二月廿七日年五十五娶章氏生卒闕繼娶丁氏生嘉慶十五年庚午十一月十五日卒咸豐八年戊午十月廿一日年四十九子昭九昭十昭十一昭十二昭十三

盛十 宏周 昌十三子生嘉慶五年庚申卒闕

盛十一 宏倫 昌十四子生乾隆五十五年庚戌八月十三日卒咸豐五年乙卯四月廿二日壽六十六娶鄔氏生乾隆五十九年甲寅正月廿一日卒同治七年戊辰八月廿三日壽七十五葬河頭三分田墩子昭十四昭十六昭十六出繼盛十三

盛十二 宏浩 昌十四子生乾隆五十九年甲寅餘同卒道光三十年庚戌八月廿八日年五十七娶莊氏生嘉慶六年辛酉正月廿九日卒咸豐三年癸丑十月廿九日年五十五葬西河橋樓家田墩子昭十五

盛十三 宏志 昌十四子生嘉慶八年癸亥六月廿六日卒道光十二年壬辰三月二十日年三十娶莊氏生嘉慶十六年辛未十月十八日卒光緒五年己卯三月初八日壽六十九葬新屋後尼姑山敬盛十一子昭十六入繼

盛十四 宏清 昌十四子生嘉慶十二年丁卯二月初十日卒咸豐五年乙卯八月十三日年四十九娶孫氏生嘉慶十九年甲戌二月廿一日卒光緒元年乙亥十一月初五日壽六十二葬河頭三分田墩子昭十七昭十八昭十九

盛十五 宏淶 昌十四子生嘉慶十四年己巳八月十一日卒咸豐十年庚申四月十四日年五十二娶貝氏生嘉慶廿四年己卯三月廿六日卒同治六年丁卯六月初二日年四十九葬河頭三分田墩子昭二十昭廿一

盛十六 宏濟 昌十五子住上海娶莊氏生卒俱闕子昭廿二昭廿三昭廿四

盛十七　宏澄　昌十五子住上海娶羅氏生卒俱闕子昭廿五

盛十八　宏海　昌十六子生卒闕

盛十九　宏明　昌十六子生嘉慶二年丁巳二月初十日卒闕

盛二十　宏臬　昌十九子生乾隆十五年庚午正月廿二日卒闕娶朱氏絕

盛廿一　宏茂　昌十九子生嘉慶廿一年丙子十月初九日卒光緒四年戊寅十二月廿三日壽六十三娶胡氏生道光八年戊子十一月十五日卒光緒十二年丙戌七月初六日年五十九葬眠床田子昭廿六昭廿七

盛廿二　宏寶　昌十九子生道光九年己丑八月初二日卒闕

盛廿三　綱林　昌二十子生道光二十年庚子八月初九日卒闕聘胡氏卒

盛廿四　宏宣　昌廿二子生嘉慶廿三年戊寅正月十六日卒十二月二十日娶盧氏

盛廿五　宏治　昌廿二子生嘉慶廿四年己卯十月十三日卒三月十八日娶陳氏生卒闕子昭廿八

盛廿六　宏洲　昌廿三子生道光十三年癸巳七月初七日卒闕

盛廿七　宏溢　昌廿五子生道光十七年丁酉正月廿六日卒闕娶楊氏生道光十七年丁酉正月初十日卒闕

盛廿八　宏泰　昌廿六子生道光四年甲申九月十三日卒道光廿八年戊申九月廿九日年二十五娶張氏

二十四世

昭一　魁風　盛一子生嘉慶廿二年丁丑十二月十五日卒咸豐元年辛亥七月初一日年三十五娶劉氏絕子宣一

昭二　魁先　盛二子生嘉慶十八年癸酉十二月初三日卒咸豐九年己未十月三十日年四十七娶孔氏絕子宣二

昭三　魁奇　盛三子生嘉慶廿三年戊寅二月初四日卒闕娶沈氏生道光八年戊子四月十九日卒咸豐五年乙卯八月初二日年二十八繼娶范氏絕

昭四　魁選　盛五子住田湖娶胡氏生卒俱闕子宣三宣四宣五

昭五　常龍　盛六子生道光十五年乙未十月十九日卒光緒八年壬午十二月初十日年四十八娶邵氏生道光廿三年癸卯二月十九日

昭六　常虎　盛六子生道光廿三年癸卯八月十七日卒光緒七年辛巳二月初五日年三十娶□氏絕子宣六

昭七　常鳳　盛六子生道光廿九年己酉九月十三日出家

昭八　魁明　盛七子生嘉慶十四年己巳七月初七日卒同治九年庚午七月初八日壽六十二娶劉氏生嘉慶廿一年丙子七月初七日卒同治九年庚午七月初八日年五十五子宣七

昭九　常順　盛九子生道光十五年乙未四月十五日卒闕聘包氏未娶卒

昭十 **常紀** 盛九子生道光十七年丁酉八月十二日卒闕

昭十一 **常瑞** 盛九子生道光廿四年甲辰四月十八日卒闕

昭十二 **常有** 盛九子生道光廿七年丁未二月十九日卒闕娶口氏絕

昭十三 **常云** 盛九子生道光廿九年己酉十一月初二日卒闕

昭十四 **常恒** 盛十一子生道光十九年己亥正月初十日卒光緒九年癸未七月
十二日年四十五娶徐氏生道光二十年庚子二月廿八日卒咸豐
九年己未八月初一日年二十繼娶林氏三娶胡氏生卒俱闕子宣八宣
九宣九出繼昭十五

昭十五 **常宣** 盛十二子生道光二年壬午十二月十三日卒道光廿五年乙巳八
月十三日年二十四娶莊氏生道光四年甲申三月初三日卒同治
七年戊辰十月廿八日卒□一
葬西河橋樓家田墩

昭十六 **常交** 盛十三子生道光廿四年甲辰十月十一日卒光緒廿五年己亥五
月初九日年五十六娶魯氏生咸豐四年甲寅七月初七日卒光緒
七年辛巳九月廿六日年二十八繼娶胡氏生道光廿九年己酉二月廿
三日卒光緒十四年戊子四月初三日年四十昭十七子宣十八繼

昭十七 **常受** 盛十四子生道光廿一年辛丑十一月初八日娶蔣氏生道光廿六
年丙午正月十一日卒光緒六年庚辰七月十九日年三十五繼娶
陳氏生咸豐七年丁巳四月十二日子
宣十一宣十宣十二宣十出繼昭十六

昭十八　**常明**　盛十四子生道光廿三年癸卯十二月□□日卒光緒廿九年癸卯十一月廿九日壽六十一娶華氏生咸豐二年壬子四月廿九日卒光緒廿□年癸卯十一月廿三日年五十二子宣十三

昭十九　**常迁**　盛十四子生道光廿九年己酉□月初十日卒光緒廿九年癸卯正月初三日年五十五娶袁氏生同治元年壬戌七月十四日卒光緒十八年壬辰十月二十日年三十一子宣十四

昭二十　**常能**　盛十五子生道光二十三年癸卯十月初八日娶劉氏生咸豐四年甲寅二月二十日子宣十五宣十六

昭廿一　**常□**　盛十五子生咸豐元年辛亥九月廿一日卒光緒十三年丁亥餘闕年三十七娶姚氏絕

昭廿二　**魁奇**　盛十六子住上海娶氏生卒俱闕子宣十七

昭廿三　**魁占**　盛十六子住上海娶氏生卒俱闕子宣十八

昭廿四　**魁榮**　盛十六子住上海娶氏生卒俱闕子宣十九宣二十

昭廿五　**魁陽**　盛十七子住上海生卒俱闕娶氏子宣廿一

昭廿六　**常榮**　盛廿一子生道光廿八年戊申三月初四日卒光緒十年甲申正月廿二日年三十七娶□氏絕

昭廿七　**常貴**　盛廿一子生同治三年甲子三月初一日娶華氏生同治十二年癸酉十一月廿五日子宣廿二

慈東費氏四修宗譜卷二十一　鎮邑跳頭世次　八

昭廿八 常連 盛廿五子生道光廿二年壬寅十二月十七日娶口氏繼娶口氏彭 辛俱闕三娶口氏子宣廿三

二十五世

宣一 忠才 昭一子生道光廿四年甲辰七月初九日卒光緒十七年辛卯三月十九日年四十八娶包氏絕子定一定二定三

宣二 忠來 昭二子生咸豐二年壬子三月十七日

宣三 慶祥 昭四子住田胡生道光十六年丙申七月十四日卒闕

宣四 云朝 昭四子住田胡生卒闕

宣五 三林 昭四子住田胡生卒闕

宣六 忠連 昭六子生光緒四年戊寅十月廿二日

宣七 忠壽 昭八子生道光十八年戊戌二月初四日卒光緒十一年乙酉正月廿三日年四十八娶劉氏生道光十五年乙未十月初十日

宣八 忠堂 昭十四子住於潛鷹嘴埠生同治七年戊辰　月　日

宣九 忠坊 昭十五子住於潛鷹嘴埠生同治四年乙丑　月　日娶口氏

宣十 忠植 昭十六子生光緒九年癸未　月廿三日娶陳氏生光緒十年甲申十月廿四日

宣十一　忠樾　昭十七子生同治七年戊辰十一月十二日娶陸氏生光緒二年丙
子　月　日

宣十二　忠權　昭十七子生光緒十三年丁亥正月初二日

宣十三　忠寶　昭十八子生光緒十一年乙酉三月廿五日

宣十四　忠耀　昭十九子生光緒十年甲申正月廿五日

宣十五　忠樑　昭二十子生同治十年辛未八月十二日娶沈氏生光緒八年壬午
三月初三日卒光緒廿三年丁酉七月十一日年十六繼娶周氏生
光緒九年癸未
十二月初四日

宣十六　忠榮　昭二十子生同治十二年癸酉十一月廿八日娶湯氏生光緒十年
甲申三月初六日

宣十七　忠孝　昭廿二子住上海

宣十八　忠壽　昭廿三子生咸豐三年癸丑八月初八日娶徐氏生咸豐七年丁巳
二月十二日子定四

宣十九　云生　昭廿四子住上海

宣二十　云來　昭廿四子住上海

宣廿一　云鉤　昭廿五子住上海

宣廿二　忠言　昭廿七子生光緒廿五年己亥十二月初三日

宣廿三　祖恩　昭廿八子生光緒四年戊寅七月十八日

二十六世

定一　定尙　宣一子生光緒三年丁丑七月廿四日娶沈氏生光緒十年甲申二月初七日

定二　定德　宣一子生光緒七年辛巳五月初九日娶徐氏

定三　定高　宣一子生光緒十二年丙戌十一月廿九日

定四　定榮　宣十八子生光緒十九年癸巳正月廿一日

慈東費氏四修宗譜卷四十一

由蔡湖遷徙鎮邑蟠浦世系 右房惠二公派 蔡湖前房分支

十七世	十八世	十九世	二十世	廿一世
福寶 福三 八	祿二十一 祿	之華 廣一	震孟 完一	
		之蓴 廣二	友信 完二 字德裕	大鵬 仝一
			友儒 完三 字志全住杭州	大傳 仝二

廿一世	廿二世	廿三世	廿四世	廿五世
大鵬 仝一 字松茂	志峰 昌一 字一清	宏勳 盛一 字覺成	介福 翻一 字孝常	宣才 宣一 ○止 字寶銘

介康 昭二 字景祺

宣剛 宜二 字維揚

志仁 昌二

志性 昌三 字秉良

宏綽 盛二 字南初

敢春 昭三 字甫生

介增 昭四

介珍 昭五

宏元 盛三 字啟章

介生 昭六

宣耀 宜三 ○止

介游 昭七

通錤 全三
先世未詳

金 昌四

陳順 盛四

昌明 盛五

廿五世

宣剛 宜二

廿六世

定發 定一
字玉如

定猷 定二

廿七世

廿八世

[illegible]氏四修宗譜卷四十一　孫湖支　有志堂梓

附錄十七世以上世系

第一世
士賢 世廿四
字華國號東巖出蘇州楊柳巷遷慈
妣四都李氏

第二世
彥京 千四
字子顒號振東
妣張氏

第三世
元芳 萬三
字德馨號桂林
妣五都邴氏

第四世
良臣 添十四
字克忠號海望
妣陳氏

第五世
日高 再六
字衍之號官山
妣何氏

第六世
潛龍 明十
字養晦號確齋
妣李氏

第七世
體深 益六
字大川號誠軒
妣陳氏

第八世
子奇 莊五
字思禮號潤心
妣陳氏

第九世
辰 惠二
字文履惠五予入鐵
妣鄞縣江氏

第十世
稍 右二
字樂閒發居八都蒜湖
妣坊橋張氏

十一世
珪 尚三
舊行九
分居前房衕

十二世
璠 和七
舊行小五
妣邵氏

十三世
鈸 本十一
舊行三九
妣八都王氏

十四世
淇 德廿二
舊行廿一
妣定海周氏

十五世
涫四五 涫廿九
諱觀
妣氏闕

二子入纘

妣鄭縣陳氏

十六世　　十七世

龐六二九　龐廿

諱□　　寶（禧

妣氏□　　由蒔湖遷居

　　　　鎮邑澥浦

蒔湖支小排行從廿六行起今將總族排行每字附注于下

慶　廿六世　定行
祖　廿七世　迪行
善　廿八世　吉行
紹　廿九世　祥行
嗣　三十世　源行

膺　三一世　璉行
景　三二世　毓行
秀　三三世　光行
植　三四世　蕃行
楙　三五世　滋行

如　三六世　佑行
雲　三七世　生行
士　三八世　楨行
敦　三九世　幹行
守　四十世　長行

葆　四一世　捧行
維　四二世　映行
仁　四三世　遠行
顯　四四世　大行
汝　四五世　游行

學　四六世　謀行
京　四七世　澤行
佐　四八世　孔行
衡　四九世　廷行
懷　五十世　纘行

君　五一世　承行
縣　五二世　纘行
銘　五三世　□行
錫　五四世　宗行
斯　五五世　道行

廷　五六世　正行

由慈湖遷徙鎮邑澥浦世次傳

十七世

福三　福寶　龍廿九子生卒闕娶□氏生卒闕子祿一

十八世

福三　祿二　福三次子諱□生崇禎五年壬申六月廿三日卒康熙四十二年癸未七月初十日壽七十二娶徐氏生崇禎十二年己卯九月初一日卒康熙五十二年癸巳十一月十八日壽七十五子廣一廣二

十九世

祿一　廣一　之華　祿一子生順治十七年庚子正月十八日卒康熙廿七年戊辰二月初六日年二十九娶應氏生卒闕子完一

祿二　廣二　之尃　祿一子生康熙四十四年乙巳正月初六日卒雍正十一年癸丑九月初三日壽六十九娶葉氏生卒闕子完二完三

二十世

廣一　完一　震孟　廣一子生卒闕

廣二　完二　友信　廣二子生康熙四十四年乙酉十二月十四日卒乾隆廿八年癸未十二月初五日年五十九娶袁氏生卒闕續娶趙氏生卒闕葬鴉鵲坵子

全一

完三　**友儒**　廣二子住杭州生康熙五十七年戊戌四月十六日卒闕娶夏氏生卒
闕子全二

二十一世

全一　**大鵬**　完二子生乾隆六年辛酉三月初二日卒嘉慶七年壬戌六月初三日
壽六十二娶黃氏生乾隆十一年丙寅九月十九日卒道光七年丁亥
七月十一日壽八十二葬徐家嶴
南山下徐家嶴土子昌一昌二昌三

全二　**大傳**　完三子住杭州生乾隆十一年丙寅正月十六日卒闕

全三　**通浹**　先世未詳生卒闕娶陳氏生卒闕子昌四

二十二世

昌一　**志峯**　全一子生乾隆三十八年癸巳四月二十日卒乾隆五十七年壬子五
月十五日年二十娶胡氏　欽旌節孝詳貞節志生乾隆三十七年壬
辰六月初七日卒咸豐四年甲寅八月廿七日壽八十三葬徐家嶴南山
下有欄上子盛一

昌二　**志仁**　全一子生乾隆四十一年丙申十月十八日卒嘉慶二年丁巳二月十
四日年二十二葬大嶴山

昌三　**志性**　全一子生乾隆四十五年庚子七月初十日卒道光六年丙戌九月十
七日年四十七娶朱氏生乾隆四十六年辛丑五月廿五日卒道光十

七年丁酉八月廿八日卒五
十七葬姚□田子盛二盛三

昌四
金
金三子生嘉慶五年庚申十一月初四日卒娶徐氏生嘉慶十四年己巳
正月廿三日卒因子號門盛五

二十三世

盛一
宏勳
昌一子生乾隆五十七年壬子十一月初二日卒□娶翁氏生乾隆五
十□年□□□月□三日卒道光廿六年丙午十月初七日年五十四
繼娶定邑陳氏生嘉慶二年丁巳
正月廿六日卒葬子昭一昭二

盛二
宏魁
昌二子生嘉慶十八年癸酉二月十一日卒同娶翁氏生嘉慶十六年
辛未十一月十八日卒咸豐六年丙辰二月初一日年四十六繼娶翟
氏生嘉慶廿四年己卯七月十
六日卒葬子昭三昭四昭五

盛三
宏元
昌三子生嘉慶廿一年丙子七月廿四日卒咸豐四年甲寅四月十二
日年三十九娶嚴氏生嘉慶十九年甲戌六月十一日卒光緒六年庚
辰八月初二日年六
十七子昭六昭七

盛四
陳順
昌四子生道光十五年乙未十月廿九日卒闕娶鄭氏生道光二十年
庚子餘闕

盛五
昌明
昌四子生道光二十年庚子餘闕娶姚氏生道光廿四年甲辰餘闕

二十四世

昭一 **介福** 盛一子生嘉慶廿四年己卯閏四月廿二日卒九月十七日娶金氏生嘉慶廿五年庚辰六月十一日卒正月初七日側室溫州永邑麗氏生道光十六年丙申八月廿一日卒光緒元年乙亥十月廿五日年四十葬瀝浦大槳子宣一

昭二 **介康** 盛一子生道光四年甲申十二月十一日卒咸豐十年庚申七月十四日年三十七娶裘氏生道光六年丙戌十一月十九日卒光緒二十年甲午十月廿二日壽六十九葬蟹浦大槳子宣二

昭三 **介春** 盛二子生道光十七年丁酉七月初七日卒關娶金氏生道光十五年乙未九月廿五日卒關

昭四 **介增** 盛二子生道光二十年庚子五月十六日卒關

昭五 **介珍** 盛二子生道光廿五年乙巳三月廿四日卒關

昭六 **介生** 盛三子生道光十九年己亥三月二十日卒光緒四年戊寅十二月廿一日年四十娶沈氏生道光廿六年丙午二月廿三日子宣三女童

昭七 **介縧** 盛三子生咸豐三年癸丑四月廿一日卒光緒十三年丁亥七月十五日年三十五娶金氏生咸豐七年丁巳八月十二日女長適周次適方

二十五世

宣一 **宣才** 昭一子生咸豐八年戊午正月初九日卒光緒三年丁丑四月廿一日年二十娶陳氏生咸豐五年乙卯十月十七日卒光緒十九年癸巳六月廿二日年三十九

宣二　宣剛　國二子生咸豐六年丙辰五月十三日卒光緒二十年甲午正月十一日年三十九娶鄭氏生戊豐七年丁巳八月廿三日卒光緒二年丙子正月十一日年二十續娶沈氏生咸豐八年戊午五月初八日子定一定二女適金

宣三　宣燿　國六子生同治八年己巳十二月初五日卒光緒十九年癸巳七月初五日年二十五陰配羅氏生同治九年庚午七月十四日卒光緒六年庚辰八月廿七日

二十六世

定一　定發　宣二子生光緒六年庚辰九月廿七日娶金氏生光緒八年壬午六月初一日

定二　定歐　宣二子生光緒十三年丁亥七月十四日

国家出版基金项目
NATIONAL PUBLICATION FOUNDATION

海上絲綢之路文獻集成

總主編 陳支平 陳春聲

民間譜牒編 18

主編 林楓

海峽出版發行集團
THE STRAITS PUBLISHING & DISTRIBUTING GROUP
福建人民出版社

本册目次

〔浙江慈溪〕慈東費氏四修宗譜四十四卷（卷一九上至卷二九）　〔清〕費承甫纂修……一

〔浙江慈溪〕慈東費氏四修宗譜四十四卷

（卷一九上至卷二九）

〔清〕費承甫纂修

慈東費氏四修

世次傳九

二十三世 西戶

綸一 綸豐 經四子生乾隆
初五日壽六十
年癸卯二月十二日
阮家橋河北子輔

綸二 綸裕 經四子生嘉慶
壽六十三娶李
午九月二十日年
十葬杜家漕子輔

綸三 綸音 經四子生嘉慶
二日年四十四

綸四 綸義 經五子生卒闕

綸五 綸美 經五子生嘉慶十
日年四十八娶

綸六 綸賓 經五子生嘉慶十
日年五十九娶許
卯十一月廿五日壽
家碾子前子輔五輔六

月廿九日卒咸豐七年丁巳十月
甲子六月初九日卒道光廿三
卒同治二年癸亥六月廿二日
十月初五日卒道光廿六年丙
日卒道光廿八年戊申十月初
祀
日卒咸豐三年癸丑七月初三
日卒同治十年辛未四月十六
月十一日卒光緒廿九年癸

綸七　綸三　經七子生嘉慶八年癸亥二月初[illegible]治十二年癸酉正月廿六日壽七十一娶洪氏生嘉慶九年甲子四月廿二日卒同治九年庚午十一月廿八日壽六十七葬北四畝

子輔七輔八輔九輔九出繼綸八

綸八　綸[illegible]　經六子生嘉慶九年甲子十月廿九日卒道光廿九年己酉閏四月十三日年四十六娶洪氏生嘉慶十四年己巳正月十一日卒光緒十八年壬辰十二月初六日壽八十四側室本城何氏生嘉慶廿五年庚辰十中月初五日卒道光廿二年壬寅三月十六日年二十三葬陶家滙綸七

子輔十

入繼

綸九　綸禮　經六子生嘉慶十五年庚午十月初一日卒道光十三年癸巳五月十七日年二十四未娶

綸十　綸一　經七子生乾隆五十七年壬子二月十五日卒道光廿六年丙午九月廿八日年五十五娶蘇氏生乾隆五十七年壬子四月十四日卒道光廿五年乙巳十月廿三日年五十四葬

蘇姓黃枝河汫子輔十輔十一輔十二

綸十一　綸章　經七子生乾隆五十九年甲寅九月十九日卒咸豐四年甲寅五月廿七日壽六十一娶洪氏生嘉慶元年丙辰九月十八日卒道光十年庚寅二月十一日年三十九繼娶樂氏生嘉慶十二年丁卯四月十五日卒咸豐四年甲寅四月十四日年四十八葬杜家漕新墳牌子輔十三

輔十四洪氏出輔十五輔十

六輔十七輔十八樂氏出

綸十二　綸光　經七子生嘉慶五年庚申九月十六日卒道光十九年己亥九月十七日年[illegible]娶[illegible]氏生嘉慶五年庚申三月初五日卒咸豐七年丁

巳四月廿六日年九十八俾蔡姓

黃梓洋子輔十九輔二十輔廿一

綸十三

綸魁　經七子生嘉慶十一年丙寅十一月初八日卒道光十三年癸巳六月初六日年二十八娶姚氏　欽旌節孝祥崇節錄生嘉慶十三年戊辰正月十七日卒光緒十年甲申閏五月廿二日壽七十七葬黃枚河洋子輔廿二

綸十四

綸達　經七子生嘉慶十三年戊辰八月初七日卒道光廿九年己酉八月初五日年四十二娶徐氏生嘉慶十七年壬申十月廿一日卒同治九年庚午三月十二日年五十九子輔廿三

綸十五

綸全　經七子生嘉慶十八年癸酉六月廿三日卒道光廿二年壬寅十二月十七日年三十娶陳氏生嘉慶二十年乙亥六月廿三日卒光緒四年戊寅十一月初四日壽六十四子輔廿四

綸十六

綸先　經九子生乾隆四十五年庚子十二月廿八日卒道光十五年乙未月初三八日年五十六娶胡氏生乾隆六十年乙卯六月十五日卒道光廿三年癸卯五月十七日年四十九葬應姓堰頭子輔廿五輔廿六

綸十七

綸江　經九子生乾隆四十八年癸卯十月初一日卒道光二年壬午十二月廿八日年四十葬本村文昌會內娶李氏絕子輔曾老

綸十八

綸裕　經九子生嘉慶六年辛酉十一月初十日卒同治元年壬戌閏八月廿七日壽六十二娶沈氏生嘉慶十六年辛未九月初六日卒光緒廿二年丙申九月初十日壽八十六葬留公田東岸大龍坵首大畈予輔廿八輔廿九輔三十

綸十九 綸宏 經十子生乾隆六十年乙卯十二月廿四日卒咸豐元年辛亥十月
十三日年五十七娶趙氏生嘉慶十四年己巳二月廿九日卒同治
二年癸亥七月二十日年
五十五葬留公田假山地

綸二十 綸忠 經十子生嘉慶三年戊午五月初十日卒咸豐十一年辛酉十二月
三十日壽六十四殉難杭州娶朱氏生嘉慶十三年戊辰五月初五
日卒同治十三年甲戌十一月廿四日壽六十七葬橫路陳子輔三一輔
三二女三未詳所適

綸廿一 綸孝 經十子生嘉慶八年癸亥正月十二日卒同治十一年壬申十二月
初十日壽七十娶王氏生嘉慶二十年乙亥正月初十日卒咸豐九
年己未十一月初七日年四十五葬童王
新屋地子輔三三輔三四輔三五輔三六

綸廿二 綸學 經十一子生嘉慶五年庚申正月初二日卒咸豐十一年辛酉十二
月十八日壽六十二娶應氏生嘉慶十四年己巳九月初五日卒光
緒三年丁丑八月十四日
壽六十九葬本村七畝

綸廿三 綸孚 經十一子生嘉慶十四年己巳六月廿五日卒同治二年癸亥六月
廿三日年五十五娶蔡氏生道光二年壬午十月廿六日卒光緒六
年庚辰十月十三日年五十九子輔
三七輔三八輔三八出繼綸廿五

綸廿四 綸安 經十一子生嘉慶十七年壬申卒蘇州無查娶蘇州口氏生卒闕

綸廿五 綸喬 經十一子生嘉慶廿一年丙子九月廿六日卒光緒九年癸未十月
廿二日壽六十八娶應氏生道光七年丁亥四月初六日卒光緒十

七年辛卯十月十三日壽六十五
葬六房綸廿二子輔三八八墳

綸廿六　綸樹　經十四子生乾隆三十六年辛卯五月初四日卒道光十一年辛卯
十月初三日壽六十一娶姚氏生乾隆四十六年辛丑三月十六日
卒嘉慶十四年己巳八月十六日年二十
九葬留□田假山地子輔三九輔四十

綸廿七　子相　繩廿四子住江北生卒闕

綸廿八　綸培　經廿六子生乾隆三十九年甲午十二月十四日卒道光十二年壬辰
十一月十九日年五十九娶□氏生乾隆三十八年癸巳十一月十
八日卒道光九年己丑五月廿二日年五十七葬獅子河斗石礎滸子輔
四一輔四二輔四三輔四四輔四五輔四六輔四七

綸廿九　綸城　經廿六子生乾隆四十一年丙申四月十九日卒道光九年己丑二
月初四日年五十四娶徐氏生乾隆四十一年丙申十月二十日卒
乾隆六十年乙卯九月初九日年二十繼娶孔氏生乾隆三十九年甲午
七月十三日卒嘉慶九年甲子正月廿三日年三十一三娶龔氏生乾隆
五十年乙巳八月廿一日卒道光八年戊子七月十六日年四十四葬施
家河塘子輔四八孔氏出輔四九輔五十輔五一輔五二龔氏出

綸三十　綸高　經廿七子生嘉慶九年甲子二月十二日卒咸豐十一年辛酉八月
二十日年五十八葬杜家漕邊娶□絕氏

綸三一　綸兆　經廿七子生嘉慶十六年辛未七月十三日卒同治二年癸亥九月
廿二日年五十三娶蘇氏生道光五年乙酉正月十六日卒光緒八
年壬午十二月二十日年
五十八子輔五三輔五四

五一

綸三二　綸福　經廿七子生嘉慶廿二年丁丑二月十九日卒咸豐十一年辛酉七月廿七日年四十五娶孔氏生道光八年戊子十一月初七日卒道光廿九年己酉七月廿一日年二十二繼娶咸氏生道光六年丙戌四月初九日卒咸豐十一年辛酉正月廿二日年三十六葬杜家禧邊子輔五五孔氏出

綸三三　綸全　經廿九子生嘉慶廿三年戊寅七月三十日卒咸豐五年乙卯五月十一日年三十八娶林氏生道光二年壬午餘閏卒咸豐八年戊午四月廿九日年三十七

綸三四　綸干　經三一子生乾隆四十年乙未七月十七日卒道光五年乙酉五月初五日年五十一葬溫州玉環井娶胡氏生乾隆四十三年戊戌十月初五日卒嘉慶廿二年丁丑九月十二日年四十葬黃瓦車頭西首小河東子輔九六

綸三五　綸枝　經三一子生乾隆五十三年戊申九月初六日卒道光十四年甲午五月初九日年四十七葬蘇家門前祖墳東娶應氏絕

綸三六　綸泰　經三一子生嘉慶三年戊午三月十二日卒道光十一年辛卯廿二月廿一日年三十四娶王氏生嘉慶十五年庚午七月初四日卒道光廿二年壬寅二月十八日年三十三葬蘇家父墳側子輔五七

綸三七　綸五　經三二子生乾隆五十一年丙午三月初二日卒嘉慶十七年壬申六月十六日年二十七娶葛氏生乾隆五十五年庚戌三月十三日卒道光四年甲申閏七月廿五日年三十五葬黃瓦車頭給[illegible]子輔[illegible]

綸三八　**綸春**　經三二子生嘉慶二年丁巳十二月初八日卒道光廿八年戊申四月初一日年五十娶徐氏生嘉慶十二年丁卯十一月初六日卒道光三十年庚戌六月十二日年四十四葬蘇家門前父墳側子輔五八輔五九輔六十輔五八出繼綸三七

綸三九　**綸順**　經三二子生嘉慶九年甲子十月初五日卒道光廿八年戊申二月十四日年四十五娶黃氏生嘉慶二十年乙亥四月十一日卒咸豐六年丙辰三月廿七日年四十二葬蘇家門前父墳東首子輔六一

綸四十　**綸錫**　經三二子生嘉慶十八年癸酉正月初十日卒咸豐六年丙辰十月十五日年四十四娶陶氏生道光五年乙酉七月廿八日卒光緒十五年己丑八月初六日壽六十五葬西岙田小河斗子輔六二女長適清水湖張次適蘇三適府城西門七

綸四一　**綸序**　經三三子生乾隆四十七年壬寅五月十一日卒咸豐十一年辛酉正月初十日壽八十娶洪氏生乾隆五十四年己酉四月十三日卒道光二十年庚子九月廿五日年五十二葬蘇家門前祖墳側子輔六三輔六四女適鄭

綸四二　**綸本**　經三三子生嘉慶六年辛酉十月初三日卒同治七年戊辰四月廿四日壽六十八娶趙氏生嘉慶十八年癸酉五月十五日卒道光廿四年甲辰五月十　日年三十二繼娶蘇氏生嘉慶十八年癸酉十二月初八日卒咸豐五年乙卯六月十三日年四十三葬留岙田小河斗子輔六五輔六六蘇氏出

綸四三　**綸紀**　經三四子生乾隆五十二年丁未九月廿四日卒咸豐九年己未三月廿六日壽七十三娶蘇氏生乾隆五十九年甲寅十月十八日卒

咸豐二年壬子十月廿六日年
五十九葬杜家漕子輔六七

綸四
四
綸照　經三四子生嘉慶四年己未六月初九日卒道光九年己丑七月廿
八日年三十一娶顏氏生嘉慶八年癸亥十二月廿五日卒同治三
年甲子十二月廿五日
壽六十二子輔六八

綸四
五
綸正　經三五子生乾隆五十三年戊申十二月十九日卒道光廿一年辛
丑七月十八日年五十四娶洪氏生乾隆五十五年庚戌八月初八
日卒嘉慶十五年庚午十二月廿七日年二十一繼娶王氏生乾隆五
十七年壬子正月廿八日卒光緒三年丁丑十一月初八日壽八十六葬
𢌿墳頭子輔六九輔
七十輔七一王氏出

綸四
六
綸馨　經三五子生嘉慶七年壬戌四月初二日卒咸豐九年己未六月初
十日年五十八娶邵氏生嘉慶七年壬戌十一月初四日卒道光廿
六年丙午十一月十五日年四十九葬磁
杉畈西南向子輔七二輔七三輔七四

綸四
七
綸懷　經三六子生乾隆六十年乙卯二月十三日卒咸豐十年庚申九月
十三日壽六十六娶應氏　誥贈宜人　貤贈恭人生嘉慶二年丁
巳七月廿二日卒嘉慶廿二年丁丑十一月廿二日年二十一繼娶盛氏
誥贈宜人　貤贈恭人生嘉慶七年壬戌二月廿一日卒咸豐二年壬子
八月初九日年五十一葬崇家沙泥嶴頭家岙父墳左首子輔七五盛氏
出女長適鹿來橋王次適五郎嚴三適駝橋盛

綸四
八
綸章　經三七子生乾隆六十年乙卯八月十二日卒咸豐五年乙卯九月
初六日壽六十一娶蔣氏　誥贈安人　貤贈宜人生乾隆五十九

年甲寅三月廿三日卒道光廿五年乙巳十一月初十日年五十二側室
徐氏 欽旌節孝請貞節錄生道光九年己丑十月初五日卒光緒廿五
年己亥九月十七日壽七十一葬彘領地坐癸向丁子輔七六輔七七輔
七八輔七九應氏出輔八十徐氏出女長適胡次適邵應氏出三適洪四
適洪徐
氏出

綸四九 **綸盛** 經三七子生嘉慶十四年己巳二月十五日卒咸豐十一年辛酉三
月廿九日年五十三娶邵氏 敕贈安人 誥贈宜人生嘉慶十四
年己巳五月初六日卒道光五年乙酉三月十六日年十七繼娶洪氏
誥封安人 誥封宜人生嘉慶十二年丁卯九月初十日卒光緒七年辛
巳三月廿八日壽七十五葬庶客橋東首芮仙廟子輔八一輔八二輔八
三輔八四女長適孫次適鄭

綸五十 **綸煒** 經三九子生嘉慶八年癸亥十一月初一日卒道光二十年庚子九
月廿七日年三十八娶姚氏生嘉慶八年癸亥六月十八日卒同治
二年癸亥六月二十日
壽六十一子輔八五

綸五一 **綸恕** 經三九子生嘉慶十年乙丑十月初十日卒道光廿三年癸卯三月
十二日年三十九娶徐氏生嘉慶十年乙丑正月廿一日卒光緒四
年戊寅十二月初八日壽七十四子輔八
六輔八七輔八八女二俱適童姚附姚

綸五二 **綸茂** 經四五子生嘉慶九年甲子七月初二日卒同治十年辛未正月廿
六日壽六十八娶朱氏生嘉慶十四年己巳三月十二日卒道光十
四年甲午五月初七日年二十五繼娶宗氏生嘉慶十七年壬申七月十
四日卒道光三十年庚戌五月十四日年三十九三娶葉氏生嘉慶十六

年辛未十一月初二日卒同治十二年癸酉正月十八日壽六十三葬留公田小河汫子輔八九朱氏出輔九十輔九一輔九二宗氏出輔九二出繼綸五三

綸五三　綸和　經四五子生嘉慶十九年甲戌六月初一日卒道光二十年庚子十月廿四日年二十七葬留公田小河汫娶張氏絕綸五二子輪九二入繼

綸五四　綸源　經四六子生嘉慶十五年庚午十二月廿九日卒咸豐九年己未十二月初九日年五十娶馮氏生嘉慶十九年甲戌三月初七日卒光緒廿四年戊戌九月廿六日壽八十五葬阮家橋河新橋子輔九三女長適沈次適洪三適顧四適趙五適郭

綸五五　綸表　經四七子生嘉慶廿三年戊寅九月初一日卒咸豐十年庚申正月廿九日年四十三

綸五六　炳仁　經四八子生道光廿二年壬寅八月十二日卒光緒十五年己丑三月十六日年四十八娶陸氏生咸豐六年丙辰九月初九日卒光緒十年甲申十二月十八日年二十九子輔九四

綸五七　生仁　經四八子生道光三十年庚戌正月十九日卒光緒廿一年乙未二月二廿日年四十六葬[illegible]三畝

綸五八　餘仁　經四九子生道光廿七年丙午十一月十三日娶高氏絕子輔九五

綸五九　瑞仁　經五一子生咸豐二年壬子二月廿三日娶邵氏生道光廿八年戊申八月初四日

綸六十　綸聲　經五二子生道光廿五年乙巳八月二十日卒光緒元年乙亥五月廿四日年三十一娶嚴氏生道光廿八年戊申六月初七日

綸六十一　綸才　經五二子生咸豐十年庚申八月十五日娶馮氏生同治三年甲子六月初二日子輔九六二女

綸六十二　綸壽　經五三子生咸豐五年乙卯十月十三日娶樓氏生咸豐十年庚申正月廿八日卒光緒廿二年丙申十月初四日年三十七繼娶姚氏生光緒四年戊寅十一月廿四日

綸六十三　綸銓　經五六子生卒闕娶李氏絕

綸六十四　綸剛　經六十子任溫州生道光二十年庚子二月廿八日卒闕葬溫州娶□氏生卒闕有螟蛉子住溫州不世其傳

綸六十五　綸秀　經六一子生道光六年丙戌十一月廿二日卒光緒三年丁丑十二月廿八日年五十二娶沈氏生道光廿三年癸卯十一月廿三日子輔九七

綸六十六　綸先　經六一子生道光十一年辛卯七月初三日卒同治元年壬戌閏八月廿一日年三十二娶朱氏絕

綸六十七　綸清　經六二子生道光九年己丑九月初一日卒光緒十年甲申九月三十日年五十六娶五都嚴氏　敕贈安人生道光九年己丑四月廿九日卒光緒十年甲申九月廿一日年五十六葬陶家進西北首沿河坐丙壬向兼子午子輔九八輔九九輔一百女長適姚次適邵

綸六十八　綸雲　經六三子生道光十二年壬辰六月初五日卒光緒六年庚辰十一月廿一日年四十九娶上沈沈氏　例封宜人生道光十[illegible]年[illegible]

慈東費氏四修宗譜　卷十九之二　世系傳九　六　承宗堂藏

二月廿七日卒光緒十三年丁亥七月廿三日年五十六葬圍港關南首
小鏡蕩周姓西南原子輔百一
綸六 九 綸勤 經六三子生道光十五年乙未六月十四日卒光緒十八年壬辰四
月初二日年五十八娶西邵邵氏　誥封宜人生道光十五年乙未
六月十八日卒光緒廿九年癸卯八月廿八日壽六十九側室蘇州沈氏
生道光廿六年丙午六月廿九日卒同治十年辛未七月初四日年二十
六葬樟樹下蘇姓東北土名錫杓
河汁坐子午向壬丙子輔百二
綸七 十 綸義 經六三子生道光廿五年乙巳五月十七日娶樟橋孔氏　敕贈安
人　例贈宜人生道光廿四年甲辰七月廿五日卒同治六年丁卯
十二月初五日年二十四繼娶鄞邑鄭氏　敕封安人　例封宜人生道
光廿六年丙午十一月廿四日葬化紙關西南縣駒山麓土名荷葉蟠戌
山辰向兼乾巽分金坐辛向乙兼酉卯子
輔百三孔氏出女適鄞邑轉頭吳鄭氏出
綸七 一 綸宏 經六五子住蘇州生卒闕
綸七 二 知其 經六六子住蘇州生道光十五年乙未九月廿三日卒闕
綸七 三 更壽 經六七子住岱山生道光十九年己亥餘闕
綸七 四 蘇倫 經六八子住新城縣生嘉慶十八年癸酉五月初一日卒闕
綸七 五 綸順 經六九子生道光三十年庚戌十一月廿五日卒光緒十六年庚寅
七月初三日年四十一娶葉氏生咸豐二年壬子十月廿二日卒闕

綸七六 觀壽 經七十子 住台山 生道光十九年己亥 餘闕

綸七七 觀榮 經七十子 住新城縣 生卒闕

綸七八 綸福 經七一子 生道光廿一年辛丑正月廿八日 卒光緒廿一年乙未十月十三日 年五十五 娶沈氏 生道光廿九年己酉七月廿四日 卒光緒二十年甲午六月初九日 年四十六 葬阮家橋前首海眼址 坐北向南 子輔百四 女長適陳□ 次適□邑徐三□樓門 適張五六木字

綸七九 綸傳 經七四子 生咸豐三年癸丑十月初七日 卒光緒十六年庚寅八月初五日 年三十八 娶潘氏 生咸豐三年癸丑九月十二日 卒光緒三年丁丑十月十四日 年二十五 繼娶鄒氏 生咸豐八年戊午十一月廿四日 女適樟橋姚

綸八十 綸銳 經七九子 生乾隆六十年乙卯九月十七日 卒道光五年乙酉六月廿八日 年三十一

綸八一 綸海 經八一子 生嘉慶廿一年丙子十月初五日 卒光緒六年庚辰九月廿九日 壽六十五 娶鄒氏 生道光四年甲申十一月十五日 卒光緒十八年壬辰十月十九日 壽六十九 子輔百五 輔百六 輔百七 女長杭州李 次適許 三適山下沈 □適杭州范

綸八二 禰生 經八一子 生咸豐六年丙辰正月廿八日 卒闕

綸八三 連生 經八一子 生咸豐九年己未三月廿三日 卒十一月初一日

綸八四 綸龍 經八六子 生同治十三年甲戌五月二十日

綸八五　綸珍　經八七子生同治元年壬戌十一月初一日娶洪氏　例贈[illegible]人生咸豐十年庚申十月十四日卒光緒十年甲申十月廿九日年二十五繼娶金氏　誥封宜人　晉封[illegible]人生同治七年戊辰十一月廿三日子輔百八輔百九金氏出女長洪氏出次適楊三金氏出

綸八六　綸瑹　經八七子生同治六年丁卯十一月初四日卒光緒廿八年壬寅六月廿三日娶徐氏　例封宜人生同治四年乙丑六月廿一日子輔百十輔百十一[illegible]輔百十二女一

綸八七　綸璸　經八七子生同治七年戊辰八月初四日卒光緒廿三年丁酉十月十三日年三十娶沈氏生同治□年三月初六日子輔百十四女二

綸八八　綸瓚　經八七子生同治七年戊辰十月廿八日娶姚氏生同治六年[illegible]月[illegible]日

綸八九　綸瑛　經八七子生同治九年庚午正月十[illegible]日娶汪氏生同治八年己巳正月廿九日子輔百十五輔百十六輔百十七

綸九十　綸鯨　經八八子生光緒二年丙子正月初八日娶嚴氏生光緒六年庚辰十一月十五日子輔百十八

綸九一　綸榮　經八九子生道光十六年丙申四月廿二日卒咸豐八年戊午六月初四日年二十三未娶

綸九二　綸浩　經九十子生道光十九年己亥[illegible]月十二日卒同治五年丙寅正月初三日年二十八娶徐氏生道光三十年庚戌九月十五日卒同治七年戊辰六月廿一日年十九

綸九三　綸壽　經九一子生咸豐五年乙卯十月初[illegible]日娶胡氏生咸豐二年壬子十月十四日[illegible]輔百十九

綸九 **綸佑** 經九一子生[illegible]五年[illegible]十一月[illegible]七日娶[illegible]氏生光緒七年辛
[illegible]巳十一月廿[illegible]日子輔百二十

綸九 **綸福** [illegible]三子[illegible]戊[illegible]戌年七月十二[illegible]卒[illegible]十七年辛卯五月
五 十五日年三十四娶[illegible]周氏生同治五年丙寅五月十二日
子[illegible]百
廿一

綸九 **嘉信** 經九[illegible]子生乾隆[illegible]年[illegible]亥二月[illegible]二日卒嘉慶十一年丙寅十月
[illegible] [illegible]三日壽[illegible]十[illegible]娶[illegible]□[illegible]葬[illegible]院[illegible]橋

綸九 **錕** 經九八子生乾[illegible]十七年[illegible]十月[illegible]日卒乾隆五十五年[illegible]戌四
七 月十四日年三十九[illegible]王氏[illegible]乾隆廿四年己卯正月廿九日卒道光
七年[illegible]月廿一日壽六十九葬[illegible]後
大路東[illegible]綸九八子輔百[illegible]一八鑑

綸九 **錦** 經[illegible]九子生乾隆廿二年[illegible]十二月初四日卒道光十年庚寅十月
八 初五日壽七十[illegible]娶邵氏生[illegible]年十月廿八日卒嘉慶十[illegible]年乙
亥四月初九日葬馬[illegible]地子輔百
廿二輔百廿三輔廿[illegible]繼綸九七

綸九 **錯** 經九九子生乾隆廿八年[illegible]七月廿五日卒道光十二年壬辰六月
九 廿七日壽[illegible]娶[illegible]氏生乾隆[illegible]六年辛[illegible]十月廿四日卒道光廿
三年[illegible]十月十六日壽七十三葬化紙閘[illegible]北首子輔百廿四輔百廿
五輔百廿六

綸一 **鋒** 經一[illegible]子生乾隆廿七年[illegible]十一月廿九日卒道光六年丙戌五月
百 廿一日壽六十[illegible]娶[illegible]氏生乾隆四十年乙未正月三十日卒道光二
十年庚子九月初三日壽六十六
葬[illegible]山前子輔百廿七輔百廿八

綸百一
鈺 經百一子生嘉慶三年戊午十二月初四日卒道光廿九年己酉七月十四日年五十二娶余氏生嘉慶□年□巳五月十七日卒同治四年乙丑正月十八日壽六十九葬□山地西首
子輔百廿九輔百三十□百三一

綸百二
鎬 經百三子生乾隆十七年壬申七月十八日卒乾隆五十八年癸丑八月廿四日年四十二娶周氏生乾隆十五年庚午二月初六日卒乾隆五十八年癸丑十二月□十日年
四十四葬童王屋後輔百三二

綸百三
鐘 經百四子生乾隆三十一年丙戌六月廿四日卒嘉慶三年戊午九月十三日年三十三娶余氏生乾隆三十一年丙戌五月二十日卒咸豐三年癸丑十一月初四日壽八十八葬童王屋後子輔百三三輔百三四
輔百三五輔百三六

綸百四
銓 經百六子生卒闕

綸百五
鈁 經百六子生乾隆三十八年癸巳十二月初三日卒道光十二年壬辰二月二十日壽六十□娶嚴氏生乾隆四十七年壬寅十二月廿四日卒咸豐五年乙卯正月初四日壽
七十四葬□園地子輔百三七

綸百六
錡 經百六子生乾隆四十六年辛丑正月廿九日卒道光三年癸未十一月廿五日年四十三娶郭氏生嘉慶二年丁巳九月十八日卒嘉慶廿四年己卯四月初一日年二十三
繼娶胡氏絕子輔百三八郭氏出

綸百七
清潤 經百□子生乾隆三十一年丙戌九月十五日卒嘉慶八年癸亥九月廿□日年三十八葬□□□□□□□口氏絕

綸百八　錁　經百八子生乾隆廿九年甲申十月十三日卒乾隆五十七年壬子正月初二日年二十九葬□□□□

綸百九　鑑　經百八子生乾隆四十年乙未閏十月廿六日卒道光七年丁亥九月廿三日年五十三娶周氏生乾隆四十一年丙申三月初三日卒嘉慶三年戊午十一月初四日年二十三續娶余氏生乾隆五十一年丙午□□□卒道光十三年癸巳四月廿九日年四十八葬假山後子輔百三九輔百四十

綸百十　錦昌　經百九子生乾隆三十七年壬辰八月十三日卒道光十一年辛卯八月廿二日壽六十娶俞氏生乾隆三十八年癸巳二月初三日卒道光十三年癸巳六月廿一日壽六十一子輔百四一輔四二

綸百十一　錦浩　經百九子生乾隆三十九年甲午十二月二十日卒嘉慶十年乙丑正月初八日年三十二葬西園□與清淵合墓

綸百十二　錦茂　經百九子生乾隆四十七年壬寅正月廿二日卒嘉慶廿四年己卯十一月初九日年三十八娶錢氏生乾隆五十九年甲寅十月初四日卒道光十二年壬辰二月十二日年三十九葬□□祖墳右子輔百四三

綸百十三　錦交　經百九子生乾隆五十年乙巳十二月初五日卒嘉慶十九年甲戌正月二十□日年三十葬西園□與清淵合墓未娶

綸百十四　廷佐　經百十子生乾隆十一年丙寅□月十八日卒嘉慶廿一年丙子十月廿二日壽七十一娶□氏生乾隆十五年庚午五月十八日卒道光五年乙酉二月初五日壽七十六葬本宅屋後子輔百四四輔百四五

綸百十五　廷標　經百十子生乾隆十八年癸酉八月初九日卒道光二年壬午十月二十日壽七十娶邵氏生乾隆廿二年丁丑四月初八日卒乾隆六十年乙卯七月十四日年三十九繼娶陳氏生乾隆二十年乙亥正月廿六日卒嘉慶廿一年丙子閏六月廿二日壽六十二葬西園地子輔百四六輔百四七

綸百十六　廷範　經百十子生乾隆廿九年甲申二月十九日卒乾隆五十年乙巳七月廿三日年二十二未娶

綸百十七　廷秀　經百十一子生乾隆十六年辛未九月廿三日卒嘉慶廿五年庚辰二月初二日壽七十娶邵氏生乾隆三十年乙酉十一月初十日卒道光十三年癸巳十月初七日壽六十九葬阮家橋西北首子輔百四八輔百四九輔百四九出繼綸百十八

綸百十八　廷貴　經百十一子生乾隆二十年乙亥三月廿一日卒嘉慶十八年癸酉八月初四日年五十九娶盛氏生乾隆四十一年丙申正月十五日卒咸豐六年丙辰正月十七日壽八十一葬阮家橋西北首綸百十七子輔百四九入繼

綸百十九　廷彩　經百十四子生嘉慶八年癸亥卒於息鎮娶鍾氏生道光三年癸未正月廿七日卒道光廿七年丁未六月十四日年二十五葬西園地子輔百五十

綸百二十　邦顯　經百十六子生乾隆四十六年辛丑十月二十日卒道光廿八年戊申八月廿五日壽六十八娶邵氏生嘉慶二年丁巳十月十二日卒道光廿七年丁未六月十一日年五十一葬[illegible]子輔百五一

綸百廿一　倫益　經□□□子生□□□□十六年辛□十月初七日卒道光十三年癸巳九月□四日年五十三娶□氏生乾隆五十四年己酉正月初四日卒咸豐二年□子七月十八日壽六十□子輔百五二

綸百廿二　綸興　經百十九子生嘉慶二年丁巳十一月初六日卒道光廿三年癸卯八月十一日年四十七娶許氏生嘉慶十四年己巳五月廿八日卒同治十年辛未八月初六日壽六十三子輔百五三

綸百廿三　綸家　經百二十子生卒闕

綸百廿四　孝立　經百二十子生嘉慶四年己未十二月初八日卒咸豐七年丁巳十月廿四日年五十九娶虞氏生嘉慶十八年癸酉十月十六日卒道光十一年辛卯八月十四日年十九綸百廿五子輔百五四兼祧

綸百廿五　明德　經百廿一子生嘉慶八年癸亥十月三十日卒咸豐五年乙卯十二月初三日年五十三娶王氏生嘉慶二十年乙亥十月初六日卒咸豐四年甲寅十一月十四日年四十居屋後地子輔百五四兼祧綸廿四

綸百廿六　鶴山　經百廿八子生乾隆五十年乙巳七月十八日卒闕未娶

綸百廿七　偉生　經百廿八子生嘉慶四年己未十月初四日卒於外娶嚴氏絕

綸百廿八　金善　經百廿八子生嘉慶十六年辛未六月十八日卒同治七年戊辰二月十四日年五十八娶莊氏生道光九年己丑十二月廿八日卒道

光廿九年己酉八月十一日年二十一繼娶鄭氏生道光三年癸未二月
初二日卒闕

綸百廿九 偉川 經百三十子生乾隆五十七年壬子八月十二日卒道光八年戊子正月十八日年三十七娶邵氏生嘉慶二年丁巳九月十八日卒嘉慶廿四年己卯四月初一日年二十三葬
屋後園地墓娶徐氏絕女適陳家[illegible]陳

綸百三十 偉康 經百三十子生嘉慶十年乙丑十月十五日卒道光十六年丙申八月初四日年三十二娶應氏[illegible]旌節孝[illegible]貞節銘生嘉慶十三年戊辰十二月初八日卒同治二年癸亥八月初五日年五十六葬假山田
西首子輔百五五

綸百三一 綸耀 經百三六子生道光廿二年壬寅閏月廿三日卒光緒四年戊寅九月廿九日年三十七娶趙氏生[illegible]十日卒闕子輔百五六

綸百三二 綸苗 經百三七子生道光十七年丁酉五月初六日卒光緒七年辛巳四月初三日年四十五

綸百三三 綸鍈 經百三七子生道光廿一年辛丑十一月初八日娶丁氏生咸豐元年辛亥八月十四日子輔百五七輔百五八

綸百三四 綸福 經百三八子生咸豐二年壬子二月廿四日

綸百三五 綸祥 經百三九子生道光廿四年甲辰十月初四日娶馮氏生道光廿九年己酉八月初六日卒光緒六年庚辰四月十九日年三十二子輔
百五
九

綸百三六 [illegible] 經百三九子生道光廿六年丙午十一月廿八日

綸百三七　生祥　經百三九子生咸豐二年壬子二月廿三日

綸百三八　綸惠　經百四十子生道光十三年癸巳十一月十一日卒同治三年甲子六月廿二日年三十二娶石氏生道光十九年己亥十一月初八日綸百三九子輔百六十繼

綸百三九　綸兆　經百四四子生道光廿四年甲辰六月廿一日卒光緒三年丁丑九月初四日年三十四厝父墳側娶李氏子輔百六十輔百六一輔百六十出繼綸百三八

綸百四十　綸英　經百四四子生道光廿七年丁未十二月初七日卒同治三年甲子六月十二日年十八娶胡氏生道光三十年庚戌十月初一日卒同治二年癸亥六月初八日

綸百四一　綸園　經百四五子生道光廿三年癸卯閏七月廿一日卒光緒十三年丁亥九月十六日年四十五娶陸氏生咸豐四年甲寅十二月廿三日卒光緒廿三年丁酉八月初六日年四十四

綸百四二　綸全　經百四五子生道光廿七年丁未十二月初三日娶宋氏生同治四年乙丑十月初六日子輔百六二輔百六三

綸百四三　綸成　經百四六子生道光三十年庚戌十二月廿八日娶趙氏生同治元年壬戌十月初五日子輔百六四

綸百四四　綸順　經百四七子生咸豐七年丁巳五月十七日

綸百四五　生順　經百四七子生咸豐十年庚申正月廿四日卒闕未娶

綸百四六　綸餘　經百四八子生咸豐八年戊午十二月十四日娶□氏子輔百六五
輔百六六

綸百四七　綸元　經百五十子生嘉慶十九年甲戌閏二月初五日卒道光十五年乙
未七月初五日年二十二除□□

綸百四八　綸魁　經百五十子生嘉慶廿一年丙子七月初四日卒□□三年癸丑八
月十八日年□十八娶杜氏生嘉慶廿四年己卯六月十二日卒□
治十年辛未十二月廿八
日年五十三子輔百六七

綸百四九　綸標　經百五十子生道光三年癸未八月十七日卒同治八年己巳九月
十九日年四十七娶周氏生道光十一年辛卯六月十五日卒道光
三十年庚戌二月
十四日年二十

綸百五十　綸和　經百五十子生道光六年丙戌二月初九日卒道光三十年庚戌四
月十三日年二十五

綸百五一　綸英　經百五十子生道光十一年丁□閏□月初六日卒光緒九年癸未八
月初二日年五十二娶胡氏生道光三十年庚戌十月初一日卒同
治二年癸亥
六月初八日

綸百五二　綸鍔　經百五一子生道光十二年壬辰十一月廿七日卒光緒二十年甲
午年餘□壽六十三娶翁氏生道光廿四年甲辰六月十六日卒光緒
十一年乙□三月十九日年四
十□子輔□□□□百□七

綸百五三　綸鋼　經百五一子生道光[illegible]月初二日卒光緒十七年辛卯
十二月二十日年五十七娶鄔氏生道光廿八年戊申六月初六日
卒同治十三年甲戌十
一月十一日年二十七

綸百五四　綸生　經百五一子生道光廿六年丙午五月初七日娶成氏生咸豐七年
丁巳正月廿三日卒光緒廿一年乙未十一月初一日年三十九子
輔百七十
輔百七一

綸百五五　綸一　經百五二子生道光十六年丙申正月十八日卒咸豐六年丙辰十
一月十三日年二十一未娶

綸百五六　綸慶　經百五二子生道光廿二年壬寅十二月十九日卒光緒廿二年丙
申三月初七日年五十五娶俞氏生咸豐二年壬子五月初八日卒
光緒九年癸未八月
十九日年三十二

綸百五七　綸鉅　經百五二子生道光廿四年甲辰十二月初七日

綸百五八　綸康　經百五三子生道光四年甲申二月廿一日卒同治七年戊辰五月
十一日年四十五娶唐氏生道光六年丙戌八月廿三日子輔百七
二輔百　唐氏卒光緒甲辰十一月十八日壽七十九
七三

綸百五九　綸[illegible]　經百五四子生道光廿四年甲辰九月初六日卒闕

綸百六十　綸[illegible]　經百五四子生道光九年己丑七月初三日卒光緒五年己卯七月
廿七日年五十一娶陸氏生道光十九年己亥二月十九日子輔百

七
四

綸百
六一　綸欽　經百五五子生道光九年己[illegible]七月初八日卒光緒十一年乙酉十
月初四日年五十七娶周氏生道光九年己丑七月廿一日卒光緒
十年甲申二月初三日年五十六
十六葬蟹[illegible]頭子輔百七九

綸百
六二　綸銓　經百五九子生道光十九年己亥六月初四日卒光緒廿八年壬寅
五月十四日壽六十四娶周氏生道光廿二年壬寅三月初六日葬
念[illegible]橋承宣堂之
原子輔百七六

綸百
六三　綸銥　經百五五子生道光廿三年癸[illegible]月廿八日卒光緒十年甲申十
二月十四日年四十二娶龔氏生道光廿六年丙午三月十一日卒
光緒四年戊寅二月廿一
日年三十三子輔百七七

綸百
六四　綸鑪　經百五五子生道光廿四年甲辰十月二十日卒同治八年己巳十
月初四日年二十六

綸百
六五　綸玉　經百五六子生道光十年庚寅十一月十三日卒闕

綸百
六六　綸坤　經百五六子生道光十六年丙申十月廿九日卒同治四年乙丑十
二月十四日年三十

綸百
六七　綸春　經百五六子生道光廿七年[illegible]閏[illegible]月廿八日卒光緒十四年戊子
十一月初[illegible]日年四十二

綸百
六八　綸[illegible]　經百五七子生[illegible]光十[illegible]年[illegible]十月[illegible]六日卒光緒十九年癸巳
十月初[illegible]日壽[illegible]十[illegible]娶[illegible]氏[illegible]五年乙[illegible]月廿六日卒

輔百七八

綸百六九　綸泉　經百五七子生道光二十年庚子正月初九日卒光緒四年戊寅十二月初八日年三十九葬父墳西首娶王氏子輔百七九

綸百七十　綸振　經百五八子生道光十五年乙未十一月廿八日

綸百七一　綸翔　經百五八子生道光十七年丁酉十月十六日

京兆董氏四修宗譜　卷十九　西房玖三登派　存志堂藏

慈東費氏四修宗譜卷十九下

世次傳十

二十三世 敘門公派

綸一 景春 經五子生卒闕

綸二 景品 經五子生卒闕

綸三 景兀 經五子住歸縣

綸四 景泰 經六子生嘉慶十二年丁卯九月十九日卒道光廿五年乙巳餘闕年三十九葬費公廳未娶

綸五 景華 經六子生嘉慶十七年丙申三月廿七日卒闕娶部氏生道光三年癸未二月十七日卒道光廿七年丁未九月初四日年二十五

綸六 聖恩 經八子生乾隆六十年乙卯八月廿五日卒道光二十年庚子九月初九日年四十六娶鄭氏生乾隆六十年乙卯餘闕卒道光六年丙戌十二月廿二日年三十二子輔一

綸七 聖思 經八子生嘉慶七年壬戌十月十八日卒咸豐二年壬子七月三十日年五十一娶趙氏生嘉慶十六年辛未十一月初三日卒咸豐十年庚申二月十四日年五十子輔二輔三輔四輔五輔六

[illegible]四修宗譜　卷十九　西房玖四公派　有志堂藏

綸　聖道　經九子生嘉慶十六年辛未餘闕卒咸豐六年丙辰十月初三日年四
八　十六
綸　聖榮　經九子生卒闕未娶
九
綸　雨炳　經十五子生乾隆五十七年壬子九月初六日卒闕娶口氏生卒闕無
十　嗣
綸十　雨亭　經十六子生乾隆五十三年戊申十二月十八日卒道光二十年庚
一　子餘闕年五十三娶徐氏生乾隆五十一年丙午九月十七日卒道
光二年癸未十二月二十日
年三十八葬夾笆子輔七
綸十　雨祿　經十六子生嘉慶十一年丙寅正月初四日卒道光廿九年己酉八
二　月十四日年四十四娶蘇氏生嘉慶八年癸亥五月廿九日卒同治
十三年甲戌七月十五
日壽七十二子輔八
綸十　雨大　經十六子生嘉慶十八年癸酉四月廿六日卒光緒六年庚辰正月
三　十七日壽六十八娶應氏生嘉慶十八年癸酉七月廿九日卒同治
二年癸亥九月廿八日年五十一側室陳氏溫州人生道光十四年甲午
九月廿三日卒光緒十九年癸巳二月初七日壽六十葬酒店河沜土名
海銀坵子輔九
輔十陳氏出
綸十　雨海　經十六子生嘉慶十八年癸酉四月廿六日卒光緒九年癸未十月
四　初三日壽七十娶鄧氏　誥封恭人生嘉慶廿一年丙子十一月十
一日卒光緒九年癸未八月初八日壽六十八葬牛尾河沜西首妻王陸
家[illegible]地方子輔十一

綸十五 協天 經二十子生乾隆五十[illegible]年[illegible]亥十月初一日卒道光三十年庚戌
八月初十日壽六十娶陶氏生嘉慶元年丙辰十一月十六日卒同
治元年壬戌閏八月廿二
日壽六十七子輔十二
綸十六 堯天 經廿一子生嘉慶四年己未九月初一日卒同治十二年癸酉九月
初八日壽七十五
綸十七 祿成 經廿二子生嘉慶八年癸亥三月廿九日卒咸豐十一年辛酉十一
月十五日年五十九娶袁氏生嘉慶十五年庚午九月初九日卒闕
子輔十三
輔十四
綸十八 綸錦 經廿五子生嘉慶八年癸亥十月十六日卒道光廿一年辛丑九月
初八日年三十九娶嚴氏生卒闕無嗣
綸十九 滄饋 經廿五子生嘉慶十四年己巳六月廿三日卒道光廿六年丙午二
月二十日年三十八葬官田畈
綸二十 滄海 經廿六子生嘉慶八年癸亥九月二十日卒光緒五年己卯十二月
廿四日壽七十七娶王氏生嘉慶十二年丁卯十一月十七日卒咸
豐十一年辛酉十二月廿四日年
五十五綸廿一子輔十五入繼
綸廿一 滄洲 經廿六子生嘉慶十三年戊辰九月初八日卒光緒四年戊寅三月
十五日壽七十一娶余氏生嘉慶十五年庚午六月初五日卒咸豐
十年庚申十月初六日年五十一子
輔十五輔十六輔十五出繼綸二十
綸廿二 學海 經三一子生卒闕葬阮家橋河北西首娶氏絕

綸廿三 聚金 經三一子生卒闕葬阮家橋河北西首未娶

綸廿四 學山 經三一子生卒闕葬阮家橋河北西首娶氏絕

綸廿五 學潮 經三五子生乾隆四十四年己亥十一月初十日卒道光十三年癸巳七月初五日年五十五娶王氏生乾隆五十六年辛亥十月初六日卒闕子輔十七輔十八輔十九

綸廿六 學明 經三五子生乾隆五十六年辛亥七月廿六日卒九月廿七日葬阮家橋河北西首娶口氏絕子輔二十

綸廿七 學聖 經三七子生乾隆廿七年壬午六月初七日卒嘉慶十六年辛未六月十五日年五十娶洪氏生乾隆三十一年丙戌五月十六日卒道光三年癸未九月十三日年五十八葬賽公廳南首子輔廿一

綸廿八 學賢 經三七子生乾隆三十年乙酉四月廿四日卒嘉慶六年辛酉四月廿五日年三十七娶嚴氏生乾隆三十三年戊子十月十七日卒嘉慶十年乙丑十一月初三日年三十八葬賽公廳滑口子輔廿二女長未字卒次適車橋鄭

綸廿九 學成 經三七子生乾隆四十年乙未四月廿九日卒道光三十年庚戌九月初八日壽七十六娶半路庵洪氏生乾隆四十二年丁酉六月初六日卒闕葬高橋根徐家河沜東首南邊弟二穴子輔廿三

綸三十 學謙 經三七子生乾隆四十九年甲辰八月初十日卒道光廿四年甲辰三月廿三日壽六十一娶□□關氏生乾隆五十二年丁未二月□□

五日卒葬高橋根徐家河斗東首第二穴子輔廿四輔廿五輔廿六
輔廿六出繼綸三一女□適□□潘水渦岙

綸三一　學勤　經三七子生乾隆五十三年戊申六月十八日卒嘉慶十九年甲戌
七月初二日年二十七娶費氏生乾隆五十六年辛亥七月十七日
卒嘉慶十三年戊辰三月初五日年十八合葬高橋根徐家河斗西首
南來第四穴綸三十子輔二十六出繼

綸三二　學禮　經三七子生乾隆五十年乙巳十一月廿一日卒道光三十年庚戌
十月初　日壽六十六娶周橋王氏生乾隆五十二年丁未九月
廿六日卒嘉慶二十年乙亥五月廿二日年二十九葬高橋根徐家河斗
東北來第一穴綸三二子輔廿七　女適大河沿林

綸三三　學敏　經三八子生乾隆五十七年壬子十一月十三日卒五月廿八日葬
賽公廳西首

綸三四　學智　經三八子生嘉慶四年己未八月廿七日卒咸豐五年乙卯十二月
廿六日年五十七娶跨塘周周氏生嘉慶十九年甲戌二月初十日
卒光緒十二年丙戌十二月初十日壽七十三葬高橋跟徐家河斗東首
子輔廿七輔廿八輔廿七出繼綸三二　女長適楊橋葛次適邵家漲吳三
適吳
應吳

綸三五　學斆　經三九子生乾隆四十五年庚子九月十四日卒道光十七年丁酉
九月初二日年五十八娶余氏生乾隆四十六年辛丑十月十五日
卒咸豐四年甲寅二月十二日壽七十四厝賽公廳西北角子輔廿九輔
三十輔三一輔三二女長適張次適陳三適王

綸三六　學魁　經三九子生乾隆四十九年甲辰十月初二日卒嘉慶六年辛酉十
月初六日年十八葬賽公廳南首未娶

綸三 元𤇆 經三四子生嘉慶元年丙辰十二月廿七日卒闕娶口氏絕女一未
七 詳所適
綸三 元會 經四四子生嘉慶五年庚申十月廿九日卒闕未娶
八
綸三 鍔 經四七子生乾隆四十年乙未正月廿七日卒道光二年壬午八月初
九 四日年四十八娶上邵邵氏生乾隆三十九年甲午十一月十三日卒嘉
慶廿二年丁丑三月十九日年四十四娶西邵邵氏生嘉慶三年戊午七
月廿六日卒咸豐五年乙卯九月廿四日年五十八葬陸家橋雞籠坵綸
四十子輔
三三入繼
綸四 鍾 經四七子生乾隆四十五年庚子三月初一日卒道光十八年戊戌九
十 月初一日年五十九娶邵氏生乾隆四十九年甲辰四月十六日卒道
光廿一年辛丑九月廿三日年五十八葬陸家橋雞籠坵子輔三三輔三
四輔三三出繼綸三九
綸四 欽 經四七子生乾隆四十七年壬寅十月廿二日卒道光三十年庚戌七
一 月廿七日壽六十九娶沈氏生乾隆四十七年壬寅八月初十日卒咸
豐三年癸丑十一月廿六日壽七十
二子輔三五輔三六女適五都嚴
綸四 銘 經四七子生乾隆五十年乙巳七月十四日卒嘉慶廿三年戊寅三月
二 廿六日年三十四娶鄭呂包氏生乾隆五十一年丙午六月廿五日卒
嗣子輔三七
女適章姚姚
綸四 鈃 經四七子生乾隆五十三年戊申十二月初一日卒於外娶張氏生嘉
三 慶六年辛酉四月廿四日卒光緒五年己卯八月初三日壽七十九

子輔三八輔三九輔四

十輔四十出繼綸四四

綸四四 **錯** 經四七子生嘉慶元年丙辰八月三十日卒道光十六年丙申正月廿五日年四十一娶劉氏生嘉慶五年庚申六月二十日卒道光五年乙酉六月廿七日年二十六繼娶龔氏生嘉慶十五年庚午四月十四日卒光緒十三年丁亥七月二十日壽七十八葬迎塑橋寺樂口顔家地綸四三子輔四

十八繼

綸四五 **學周** 經四八子生乾隆四十六年辛丑三月廿八日卒道光廿六年丙午正月十三日壽六十六娶金氏生乾隆五十六年辛亥九月廿三日卒二月廿六日葬煬樹墳根子輔四一

輔四二輔四四輔四四出繼綸四八

綸四六 **學全** 經四八子生乾隆四十七年壬寅八月廿五日卒道光廿五年乙巳十一月初五日壽六十四娶劉氏生嘉慶八年癸亥十一月十八日卒十月十八日葬徐家河

泭考墳西首子輔四三

綸四七 **公錫** 經四八子生乾隆五十六年辛亥三月十四日卒五月廿四日葬寺樂口顔家地未娶

綸四八 **丹中** 經四八子生嘉慶元年丙辰八月十四日卒五月初三日娶陸氏生嘉慶十一年丙寅正月初七日卒咸豐十一年辛酉二月十九日年五十六綸四五

子輔四四八繼

綸四九 **鎮** 經四九子生乾隆三十年乙酉八月十四日卒嘉慶十九年甲戌十二月十四日年五十娶嚴氏生乾隆三十四年己丑七月十九日卒道光

五年乙酉八月初五日年五十
七子輔四五輔四六輔四七

綸五十
鏊 經五一子生乾隆廿六年辛巳九月十七日卒嘉慶廿五年庚辰四月
廿六日壽六十娶應氏生乾隆廿五年庚辰八月初六日卒嘉慶廿三
年戊寅四月廿二日年五十九葬
拎笆下田中子輔四八輔四九

綸五一
鋐 經五一子生乾隆三十年乙酉九月廿四日卒嘉慶四年己未三月十
五日年三十五娶童氏生乾隆三十年乙酉正月十五日卒乾隆五十
四年己酉十二月廿八日年二十五繼娶吳氏生七月十八日卒七月三
十日子輔五十童氏出輔五一輔五二吳氏出

綸五二
鐙 經五一子生乾隆四十五年庚子十月廿五日卒道光十四年甲午八
月初五日年五十五娶思姑嶴應氏生乾隆四十六年辛丑八月初三
日卒嘉慶十三年戊辰九月初三日年二十七繼娶半港汛汪氏生乾隆
五十四年己酉十二月初十日卒咸豐九年己未十一月十四日壽七十
一子輔五三應氏出輔五四輔五五
汪氏出女長適章次適鄭三適沈

綸五三
鋼 經五二子生乾隆三十二年丁亥九月十七日卒道光十七年丁酉十
二月初九日壽七十一娶鎮邑邵氏生乾隆三十年乙酉十月十九日
卒乾隆五十三年戊申九月廿八日年二十四繼娶鄞邑湯氏生乾隆三
十一年丙戌正月廿一日卒道光二十年庚子十一月初一日壽七十五
子輔五六輔五七俱
湯氏出女四適未詳

綸五四
鈞 經五二子生乾隆四十一年丙申二月初五日卒嘉慶廿五年庚辰二
月十一日年四十五娶顧氏生乾隆四十年乙未十二月二十日卒道

光廿三年癸卯正月十二日壽六十九
子輔五八輔五九輔六十女二適未詳

綸五
五
綸官 經五三子生道光七年丁亥正月初五日卒光緒二年丙戌正月廿一日年五十娶鄭氏生道光十五年乙未十一月廿七日卒光緒廿一年乙未十一月十九日壽六十一子輔六一輔六二輔六三

綸五
六
榮貴 經六十子住杭州

綸五
七
挺揚 經六一子生乾隆四十五年庚子十一月十八日卒道光十九年己亥十二月十四日壽六十娶□氏生卒闕子輔六四

綸五
八
如揚 經六一子生卒闕

綸五
九
榮壽 經六三子生嘉慶五年庚申八月十五日卒同治元年壬戌二月二十日壽六十三娶呂氏生嘉慶十四年己巳餘闕卒道光廿四年甲辰十一月初六日年三十六繼娶朱氏生道光五年乙酉三月十三日卒闕

綸六
十
榮春 經六三子生嘉慶十九年庚午二月初九日卒道光十五年乙未十一月廿六日年二十六娶朱氏絕

綸六
一
小狗 經六四子

綸六
二
開陽 經六五子

綸六
三
麟趾 經六六子住駱駝橋打銅門周吳姓生乾隆三十一年丙戌十一月十四日卒闕

綸六四 **綸剛** 經七二子生道光八年戊子十一月十六日卒光緒十七年辛卯三
月二十日壽六十四娶邵氏生道光廿八年戊申六月初四日卒光
緒元年乙亥十一月十一
日年二十八葬蟹頭頸

綸六五 **綸釗** 經七二子生道光八年戊子十一月十六日卒光緒廿四年戊戌十
二月廿七日壽七十一娶陸氏生道光廿五年乙巳八月廿九日卒
同治六年丁卯七月廿三日
年二十三女一未詳所適

綸六六 **璋** 經七四子生乾隆三十年乙酉二月廿六日卒闕

綸六七 **琰** 經七四子生乾隆四十二年丁酉八月二十日卒道光廿八年戊申四
月初七日壽七十二娶應氏生卒闕昇高橋跟子輔六五輔六六

綸六八 **大剛** 經七五子生乾隆五十一年丙午十二月廿六日卒道光十四年甲
午六月廿八日年四十九葬贊公廳大園娶嚴氏生嘉慶七年壬戌
正月廿八日卒光緒六年庚辰六月
二十日壽七十九子輔六七輔六八

綸六九 **本鐘** 經七六子生雍正十二年甲寅正月十一日卒嘉慶十八年癸酉正
月廿九日壽八十娶陳氏生雍正十一年癸丑七月初九日卒乾隆
五十三年戊申八月初十日年五十六娶嚴氏生乾隆十四年己巳四
月廿五日卒道光九年己丑十月初五日壽八十一葬義房屋後子輔六
九輔七十輔七一輔七
二輔七二俱陳氏出

綸七十 **本釗** 經七六子生乾隆八年癸亥六月初七日卒嘉慶十五年庚午八月
廿五日壽六十八娶錢氏生乾隆十五年庚午九月初七日卒乾隆

五十二年丁未九月十五日卒三十八娶馮氏生乾隆廿六年辛巳正月初八日卒道光廿一年辛丑正月初四日壽八十一葬鵪家橋東首子輔七四輔七五輔七六輔七七輔七八輔七九徐氏出輔八十輔八一輔

啓鎏[illegible]家馮氏出

綸七一 本錩 經七七子生乾隆十三年戊辰八月十三日辛[illegible]娶王氏生乾隆十一年丙寅十一月初二日卒乾隆五十年乙巳三月初三日年四十

葬[illegible]塘

子輔八二

綸七二 本鋭 經七七子生乾隆廿一年丙子正月十四日卒道光五年乙酉二月廿八日壽七十娶韓氏生乾隆三十八年癸巳正月初五日卒道光十九年[illegible]亥十一月廿九日壽六十七葬徐家河圩子輔八三輔八四

綸七三 本鋼 經七七子生乾隆廿四年己卯十二月十三日卒道光十四年甲午九月初八日壽七十六娶鄔氏生乾隆廿九年甲申六月十四日卒道光十一年辛卯十一月廿一日壽六十八葬大墳灘子輔八五輔八六

綸七四 本鋐 經七七子生乾隆三十年乙酉五月初九日卒道光七年丁亥十月初八日壽六十三娶孫氏生乾隆□年九月初三日卒嘉慶□年十月初六日年四十五

子輔八七輔八八

綸七五 德明 經七八子生乾隆五十七年壬子八月十五日卒道光廿八年戊申七月十五日年五十七娶李氏生嘉慶十二年丁卯二月初四日卒光緒四年戊寅五月初十日壽七十二葬大闈地

綸七六 本銓 經七八子生乾隆六十年乙卯十月十一日卒咸豐五年乙卯三月
初九日壽六十一娶張氏生嘉慶十三年戊辰餘闕卒道光八年戊
子八月十四日年二十一繼娶蘇氏生嘉慶廿一年丙子十一月十六日
卒道光廿五年乙巳十一月初二日年三十葬大園地子輔八九蘇氏出

綸七七 一清 經八三子生乾隆三十四年己丑十月廿七日卒道光十四年甲午
正月廿九日壽六十六娶方氏生乾隆四十一年丙申十月十四日
卒道光十二年壬辰五月廿九日年五十七子輔九十輔九一輔九二輔
九三輔九十承祧經八一爲孫

綸七八 一明 經八四子生乾隆四十八年癸卯四月初八日卒嘉慶廿三年戊寅
五月廿三日年三十六娶嚴氏生乾隆五十九年甲寅六月廿九日
卒同治十二年癸酉九月
初九日壽八十無嗣

綸七九 七官 經八五子仕貴州

綸八十 大挺 經八六子任慈城娶氏生卒俱闕子輔九四

綸八一 邦才 經八七子生卒闕

綸八二 朝清 經八八子生乾隆三十二年丁亥七月初六日卒嘉慶十三年戊辰
正月十一日年四十二

綸八三 朝泰 經八八子生乾隆三十四年己丑四月廿九日卒嘉慶十九年甲戌
三月十七日年四十六娶應氏生乾隆四十八年癸卯十月十五日
卒同治元年壬戌七月廿九日壽
八十葬曹家庵[illegible]首子輔九五

綸八四　振揚　經八八子生乾隆[illegible]八月十八日卒道光八年戊子四
月[illegible]十日[illegible]十六[illegible]氏生卒[illegible]葬曹家庵南首

綸八五　增和　經八九子生卒闕娶胡氏生乾隆五十五年庚戌十二月十五日卒
嘉慶十四年己巳七月十八日年二十

綸八六　小牛　經八九子出贅張姓爲子

綸八七　綸銚　經九十子往上海生嘉慶十年乙丑六月廿六日卒闕娶鄭氏生嘉
慶餘闕子輔九六輔九七承繼經九二爲孫

綸八八　嘉亭　經九二子生道光二年壬午十月初六日卒咸豐餘闕娶蘇氏生道
光六年丙戌八月二十日卒道光廿八年戊申二月十八日年二十
三葬餘
家地

綸八九　邦勳　經九九子生乾隆四十五年庚子十一月廿四日卒道光七年丁亥
二月初六日年四十八娶[illegible]氏生乾隆四十五年庚子九月初二日
卒嘉慶四年己未十一月初五日年二十繼娶陳氏生乾隆四十八年癸
卯十二月廿九日卒道光廿六年丙午十月初二日壽六十四側室鄭氏
側室張氏生卒俱闕葬大德庵之北原子輔九八盛氏出輔九九鄭氏出
女長適慈城[illegible]適鎮邑夾河陳

綸九十　傳勳　經一百子生嘉慶五年庚申十二月初四日卒道光六年丙戌八月
廿九日年二十七娶顧氏生嘉慶三年戊午十月二十日卒咸豐九
年己未三月十五日壽六十二葬瓦[illegible]
灘[illegible]塘邊子輔一百女適清水湖張

綸九一　詩勳　經百一子生嘉慶六年辛酉九月二十日卒道光二十年庚子九月
初九日年四十娶王氏生嘉慶六年辛酉十二月初八日卒咸豐元年

辛亥九月十七日年五十一葬
酒店河汼子輔百一輔百二

綸九
二
偉勳　經百二子生嘉慶五年庚申八月初十日卒道光十四年甲午五月
廿二日年三十五娶顧氏生嘉慶五年庚申九月十四日卒光緒三
年丁丑十一月初五日壽七十八
葬廿房東首甘　子輔百三輔百四

綸九
三
汝勳　經百三子生嘉慶四年己未六月十一日卒咸豐十一年辛酉十月
廿一日壽六十三娶徐氏　例贈孺人生嘉慶三年戊午五月初六
日卒道光廿二年壬寅七月初三日年四十五繼娶應氏生嘉慶十八年
癸酉十一月初三日卒光緒七年辛巳四月十三日壽六十九葬嚴家馬
鞍橋台佛亭西首子輔百五輔百六徐氏出輔百七應氏出女長適舉人
張寶珩次適胡望行

綸九
四
克勳　經百三子生嘉慶八年癸亥九月十三日卒咸豐五年乙卯八月廿
四日年五十三娶陳氏生嘉慶十年乙丑十二月十六日卒道光五
年乙酉五月二十日年二十一繼娶張氏生嘉慶十年乙丑九月廿二日
卒同治十二年癸酉十月二十日壽六十九側室盛氏生嘉慶廿一年丙
子四月十五日卒光緒九年癸未十一月廿二日壽六十八葬馬鞍橋石
佛亭後子輔百八輔百九張氏出輔百十盛氏出

綸九
五
奇勳　經百三子生嘉慶十一年丙寅四月廿九日卒同治八年己巳三月
廿七日壽六十四娶王氏生嘉慶十二年丁卯九月初九日卒光緒
十六年庚寅正月十一日壽八十四側室許氏生嘉慶廿四年己卯二月
十五日卒咸豐八年戊午五月廿一日年四十葬老屋西首曠地側室薛
氏生道光十六年丙申九月初六日
子輔百十一輔百十二俱薛氏出

綸九六　綸忠　經百四子住上海生道光元年辛巳十一月廿七日卒咸豐八年戊午六月廿九日年三十八娶顏氏生道光八年戊子十一月初四日
葬邑南[illegible]渡
子輔百十三

綸九七　綸裕　經百六子生嘉慶廿四年己卯九月初二日卒光緒七年辛巳十月十五日壽六十三娶葉氏生道光七年丁亥五月十六日子輔百十四

綸九八　綸傳　經百八子生道光八年戊子二月十二日卒咸豐十一年辛酉四月初八日年三十四娶宋氏生道光十六年丙申十二月廿四日卒咸豐九年己未九月十三日年二十四

綸九九　綸福　經百八子生道光廿八年戊申四月初六日卒光緒十三年丁亥十月廿五日年四十

綸一百　開春　經百十一子

綸百一　三春　經百十一　俱住東縣嶺上嶴

綸百二　綸朝　經百十二子生嘉慶十七年壬申十一月初六日卒道光十二年壬辰十月十七日年二十一

綸百三　綸魁　經百十二子生道光元年辛巳正月初二日卒咸豐九年己未九月初三日年三十九娶姚氏生道光廿一年辛丑十一月初二日子輔百十五

綸百四　綸英　經百十四子生道光十一年辛卯七月初六日卒咸豐二年壬子十
月初十日年二十二葬念牀橋之東首陰□沈氏生道光廿二年壬
寅六月初六日卒咸豐七年
丁巳九月初十日年十六

綸百五　綸豪　經百十四子生咸豐十年庚申二月初六日娶蘇氏生同治九年庚
午十一月十九日子輔百十六輔百十七輔百十八輔百十九

綸百六　綸春　經百二十子生道光二年壬午八月十六日卒闕娶顧氏生道光十
六年丙申六月廿七日卒咸豐九年己未四月廿一日年二十四子
輔百二十

綸百七　綸科　經百廿一子生道光十九年己亥四月十一日卒光緒七年辛巳九
月廿七日年四十三娶成氏生道光十九年己亥二月廿八日卒
年　九月十八
日葬酒店河斗父墳傍

綸百八　綸華　經百廿一子生道光廿六年丙午十二月十九日卒光緒十五年己
丑八月十一日年四十四葬酒店河斗父墳傍娶盛氏

綸百九　綸懷　經百廿二子生道光廿四年甲辰十二月十三日娶馮氏生道光廿
八年戊申四月十二日卒　年　正月二十日葬漲裏頭子
輔百廿一

綸百十　麟書　經百廿五子生道光二年壬午三月初四日卒光緒十三年丁亥九
月廿一日壽六十六娶王氏生道光廿二年壬寅六月十八日卒光
緒廿九年癸卯二月廿五
日壽六十二子輔百廿二

綸百十一 綸元 經百廿六子住上洋生道光十四年甲午十二月廿九日卒闕

綸百十二 綸仁 經百廿七子生道光十五年乙未三月十五日娶陸氏生道光廿三
年癸卯四月十四日子輔百廿三

綸百十三 綸□ 經百廿七子生道光廿三年癸卯六月初八日卒光緒二年丙子五
月初九日年三十四娶趙氏生道光三十年庚戌十月廿一日卒光
緒十二年丙戌七月十四日年三
十七厝後門橋南畹子輔百廿四

綸百十四 綸鎰 經百廿八子生道光十二年壬辰四月廿八日卒光緒十五年己丑
十月初七日年五十八暫厝三板頭大門外娶周氏生道光廿五年
乙巳七月十七日子
輔百廿五輔百廿六

綸百十五 連玉 經百三一子娶王氏生卒俱闕子輔百廿七

綸百十六 連福 經百三一子生卒闕娶沈氏絶

綸百十七 錫金 經百三二子生乾隆五十年乙巳十二月十八日卒道光三十年庚
戌四月十九日壽六十六娶馮氏生乾隆五十四年己酉七月初九
日卒咸豐元年辛亥八月初九日壽六十
三葬陸家橋之東 輔百廿八輔百廿九

綸百十八 寶廷 經百三三子生乾隆五十二年丁未八月十三日卒道光十二年壬
辰四月初四日年四十六娶嚴氏生嘉慶八年癸亥九月十八日卒
道光十七年丁酉五月十
二日年三十五葬宗家園

悉東曹氏四修宗譜　卷十六　西房玖四公派　永思堂

綸百十九　錫珪　經百三三子生乾隆五十六年辛亥七月初三日卒道光二十年□
子三月廿八日年五十娶應氏生乾隆六十年乙卯二月初七日卒
咸豐九年己未十月廿一日壽六十
五葬高橋之西南原子輔百三十

綸百二十　錫璐　經百三三子生乾隆五十八年癸丑八月十二日卒年二十大餘闕

綸百廿一　錫琮　經百三三子生嘉慶元年丙辰九月初六日卒道光三十年庚戌正
月初二日年五十五娶戴氏生嘉慶八年癸亥十一月廿四日卒同
治十一年壬申五月初六日壽七十葬馬鞍橋之東北□坐卯向西兼乙
辛子輔百三一

綸百廿二　錫恩　經百三三子生嘉慶十年乙丑九月初五日卒咸豐九年己未十二
月廿七日年五十五娶邵氏繼娶邵氏生卒俱闕葬宗家園三娶孔
氏絕子輔百三二孔氏出輔
百三三出與□橋姚姓爲子

綸百廿三　錫球　經百三四子生嘉慶十年乙丑三月廿四日卒道光廿九年己酉八
月廿五日年四十五娶姚氏生嘉慶十年乙丑三月十六日卒道光
廿五年乙巳四月廿九日年四十一葬從
周橋□西北□子輔百三四輔百三五

綸百廿四　錫璟　經百三四子生嘉慶十七年壬申十一月初四日卒道光廿五年乙
巳正月十日年三十四葬□周橋娶□氏絕

綸百廿五　□禎　經百二五子生卒闕

綸百廿六　國□　經百三五子生□□四十□年□□□□□卒道光十六年丙申三月
初□日年五十□娶□氏生卒□

綸百廿七 錫珖 經百三六子生嘉慶廿五年庚辰正月初三日卒咸豐十年庚申十
二月十八日年五十一娶陸氏生嘉慶十六年辛未十一月初一日卒
道光十一年辛卯九月十九日年二十一繼娶張氏生嘉慶十九年甲戌
七月初四日卒光緒七年辛巳九月初五日壽六十八葬牛尾河斗女適
鄞邑江
北岸盧

綸百廿八 錫綸 經百三八子生乾隆廿八年癸未六月十三日卒嘉慶八年癸亥九
月初九日年四十一娶本邑姚氏生乾隆廿四年己卯十月十六日
卒乾隆四十二年丁酉二月十四日年十九繼娶姚氏生乾隆廿六年辛
巳十二月十九日卒嘉慶十四年己巳十月初六日年四十九葬高車頭
大尾河斗子輔百三六輔百三七輔
百三八女長適劉次適陳三適鄭

綸百廿九 錫標 經百三九子生乾隆三十五年庚寅十二月廿三日卒道光十三年
壬辰正月十五日壽六十三娶姚氏生乾隆三十四年己丑二月十
八日卒道光十三年癸巳五月廿七日壽六十五厝本宅屋西子輔百三
九輔百四十輔百四一輔百四二輔百四三輔百四六輔百四六出繼綸
百三一女長適張次
適李三適姚四適宋

綸百三十 錫樓 經百三九子生乾隆三十八年癸巳八月初七日卒道光廿六年丙
午十月初六日壽七十四娶本邑盛氏生乾隆三十八年癸巳五月
初七日卒道光七年丁亥七月十三日年五十五葬本宅屋後丁家衕西
首子輔百四四輔百四五女長適張次適盛

綸百三一 錫槐 經百三九子生乾隆四十五年庚子九月初八日卒道光四年甲申
三月廿七日年四十五厝陶姓河滑娶吳氏生乾隆四十四年己亥

惠東曾氏四修宗譜卷十九　西房玖四公派　有志堂藏

八月廿九日卒道光廿一年辛丑五月廿二日壽六十三厝本宅屋前崙
百廿九子輔百四六入繼女適吳

綸百三二　錦瀾　經百四十子生乾隆四十年乙未六月廿三日卒道光廿二年壬寅
五月初二日壽六十八娶錦邑菲氏　誥贈恭人生乾隆四十年乙
未正月十三日卒道光六年丙戌八月十五日年五十二葬佬鐵開南首
附父墳傍子輔百四七輔百四八女適姚

綸百三三　錦書　經百四一子生乾隆三十年乙酉正月初十日卒嘉慶二年丁巳閏
六月廿二日年三十三娶姚氏生乾隆廿七年壬午十二月初九日
卒嘉慶廿二年丁丑四月十三日年五十六厝陶姓河斗東首田子輔百
四九輔百五十輔百五一輔百五二女長適宋次適姚

綸百三四　錦霞　經百四一子生乾隆三十二年丁亥十一月十六日卒嘉慶十六年
辛未五月初九日年四十五娶姚氏生乾隆三十三年戊子十月十
四日卒道光六年丙戌六月廿四日年五十九厝嫦氏河斗子輔百五三
輔百五四女長適余次適陳

綸百三五　錦舜　經百四一子生乾隆三十五年庚寅三月十四日卒嘉慶廿二年丁
丑五月初五日年四十八厝龍舌斗娶胡氏生乾隆三十四年己丑
十二月廿二日卒道光三十年庚戌十月初五日壽八十二厝孫家橋小
河斗西首子輔百五五女長適童次適姚

綸百三六　錦魁　經百四一子生乾隆三十八年癸巳十一月廿六日卒道光十五年
乙未二月十五日壽六十三娶錦邑張氏生乾隆四十年乙未十月
廿一日卒道光十八年戊戌二月初六日壽六十三厝高車頭土名上園
祔子輔百五六輔百五七輔百五八

綸百三七　錦濤　經百四一子生乾隆四十二年丁酉六月十九日卒道光十七年丁
酉正月廿二日壽六十一娶錦邑[illegible]氏乾隆四十四年己亥七月初

初八日卒道光廿五年乙巳五月廿九日壽六十七厝丁家屋後高田子
輔百五七輔百六十輔百六一輔百六二女長適陳次適陳三適張

綸百三八　錦才　經百四一子生乾隆四十六年辛丑正月初九日卒嘉慶十六年辛
未十二月初二日年三十一娶鎮邑胡氏生乾隆四十七年壬寅七
月三十日卒嘉慶十二年丁卯四月廿六日年二十六繼娶王氏生乾隆
五十七年壬子五月廿九日卒嘉慶廿一年丙子六月廿五日年二十五
厝龍舌浒西南首子輔百
六三女長適[illegible]次適楊

綸百三九　錦屏　經百四一子生乾隆四十九年甲辰七月十六日卒咸豐八年戊午
七月廿五日壽七十五娶嚴氏生乾隆四十九年甲辰三月廿一日
卒同治二年癸亥十一月廿一日壽八十葬於宅西子輔百六四輔百六
五輔百六六輔百六七女適嚴

綸百四十　聲金　經百四二子生乾隆三十九年甲午六月初八日卒嘉慶十七年壬
申正月十二日年三十九娶鎮邑張氏生乾隆三十八年癸巳四月
廿六日卒咸豐三年癸丑正月十六日壽八十一葬天德庵之北子輔百
六八輔百六九輔百七十女長適姚次適盛三適周

綸百四一　鳴金　經百四二子生乾隆四十一年丙申十月廿七日卒道光廿九年己
酉八月十二日壽七十四娶太邑顧氏　誥贈宜人生乾隆四十三
年戊戌七月初六日卒道光二十年庚子正月廿一日壽六十三葬里淸
橋西首子輔百七一輔百七二輔百七三輔百七四輔百七五女長適孫
次適
姚

綸百四二　式金　經百四三子生乾隆四十年乙未六月初十日卒咸豐四年甲寅五
月初六日壽八十娶本邑葛氏生乾隆三十九年甲午八月廿四日

卒嘉慶十五年庚午七月廿五日年三十七繼娶葛氏生乾隆五十一年
丙午十一月廿一日卒道光廿八年戊申七月十一日壽六十三葬西蓉
橋子輔百七六輔百七七元配出女長
適劉元□出次適盛三適李繼娶出

綸百四三　品金　經百四三子生乾隆四十九年甲辰七月十三日卒道光六年丙戌
四月三十日年四十三娶鎮邑張氏生乾隆五十一年丙午三月十
三日卒道光六年丙戌二月初六日年四十一葬宗祠北首子輔百七八
女長適盛次適余三適盛

綸百四四　鼎金　經百四四子生乾隆四十一年丙申八月廿四日卒嘉慶廿四年己
卯九月十四日年四十四娶太邑鄭氏生乾隆四十一年丙申十二
月初二日卒道光十八年戊戌十二月初四日壽六十三葬童王訊橋東
北首地名三港口子輔百七九輔百八十輔百八一輔百八五輔百八五
出繼綸百四六女
長適姚次適徐

綸百四五　盤金　經百四四子生乾隆四十六年辛丑十月二十日卒咸豐十年庚申
正月廿三日壽八十娶本邑沈氏生乾隆四十七年壬寅十二月初
六日卒咸豐元年辛亥二月廿七日壽七十葬阮家橋東首子輔百八二
輔百八三輔百八四女適應

綸百四六　巨金　經百四四子生乾隆五十年乙巳三月初六日卒咸豐十一年辛酉
十二月十二日壽七十七娶鎮邑周氏生乾隆五十一年丙午九月
初六日卒咸豐七年丁巳六月初七日壽七十二葬曹家庵南首地名馬
雙抖綸百四四子輔百八五入繼

綸百四七　綸錦　經百四四子生乾隆廿八年癸未八月廿一日卒道光十四年甲午
十月十一日□七十二娶□□氏生乾隆廿七年壬午八月初一

日卒嘉慶十七年壬申五月初六日年五十一葬後畈父墳右子輔百八六輔百八七

綸百四八 **綸銓** 經百四六子生乾隆四十二年丁酉九月初四日卒嘉慶十六年辛未八月十三日年三十五娶鄭氏生乾隆四十五年庚子三月初八日卒嘉慶廿一年丙子七月十八日年三十七葬汶溪老鼠山子輔百八八輔百八九輔百九十

綸百四九 **綸鎔** 經百四六子生乾隆五十一年丙午十一月廿一日卒道光十年庚寅閏四月初三日年四十五娶本邑施氏生乾隆五十五年庚戌十二月十六日卒道光二年壬午七月初一日年三十三葬文溪者鼠山子輔百九一

綸百五十 **綸鍇** 經百四七子生乾隆四十一年丙申十月初三日卒道光十五年乙未十二月初十日壽六十娶鄭氏生乾隆四十四年己亥十二月十九日卒嘉慶七年壬戌正月初二日年二十四繼娶姚氏生乾隆四十九年甲辰五月初十日卒道光十一年辛卯十一月十七日年四十八葬念母橋北子輔百九二鄭氏出輔百九三輔百九四姚氏出

綸百五一 **綸鋒** 經百四七子生乾隆五十二年丁未十一月廿八日卒道光廿三年癸卯五月廿四日年五十七娶梁氏生嘉慶二年丁巳十一月初四日卒光緒元年乙亥十一月十四日壽七十九葬陸家屋後父墳傍子輔百九五

綸百五二 **綸鋼** 經百四八子生乾隆三十八年癸巳四月廿六日卒嘉慶十一年丙寅九月十三日年三十四娶本邑沈氏生乾隆四十一年丙申十月二十日卒嘉慶元年丙辰九月十一日年二十一繼娶張氏生乾隆四十六年辛丑六月廿二日卒嘉慶四年己未七月初九日年十九三娶冰氏

生乾隆四十七年壬寅二月廿五日卒嘉慶十六年辛未正月初八日年
三十葬後畈父墳傍子輔百九六沈氏出

綸百五三　綸鈺　經百四九子生乾隆五十一年丙午九月初九日卒道光廿二年壬
寅八月廿一日年五十七娶本邑董氏生乾隆五十四年己酉九月
初九日卒道光二十年庚子八月廿二日年五十二葬阮家橋南子輔百
九七輔百九八輔百九九輔二百輔二百一出繼綸百五六

綸百五四　綸鋐　經百四九子生乾隆五十七年壬子閏四月初十日卒道光廿一年
辛丑三月十六日年五十娶本邑邵氏生嘉慶四年己未八月十八
日卒咸豐十年庚申十一月初四日壽六十二葬阮家橋之東綸百五三
子輔二百八繼

綸百五五　綸鑾　經百五十子生乾隆五十九年甲寅十月廿一日卒七月十三日

綸百五六　綸鏘　經百五十子生乾隆六十年乙卯十一月十一日卒咸豐十一年辛
酉八月十四日壽六十七娶本邑邵氏　貤封宜人生嘉慶四年己
未十月廿五日卒光緒九年癸未正月十六日壽八十五葬顧家橋雞爪
港子輔二百一輔二百二輔二百三輔二百三出繼綸百五七女長適姚
次適
沈

綸百五七　綸釗　經百五十子生嘉慶十三年戊辰五月初九日卒道光十五年乙未
三月初七日年二十八娶本邑邵氏　欽旌節孝詳貞節錄　誥封
宜人生嘉慶十八年癸酉八月十九日卒光緒四年戊寅十月十四日壽
六十六綸百五六子輔二百三入繼

綸百五八　綸鈁　經百五一子生乾隆四十六年辛丑十一月十一日卒道光七年丁
亥十一月二十日年四十七娶本邑[illegible]橋頭陳氏生乾隆四十六年

辛丑十一月廿六日卒道光廿一年辛丑閏三月廿八日壽六十一葬慶
雲橋南土名金家隴父墳右邊子輔二百四輔二百五輔二百六輔二百
七輔二百八
女適鎮邑陳

綸百五九 **綸鉅** 經百五二子生乾隆四十六年辛丑六月初四日卒道光十年庚寅
六月十七日卒五十娶本邑翁氏　貤封安人生乾隆四十八年癸
卯五月初二日卒咸豐九年己未七月廿五日壽七十七葬童黃屋後河
北子輔二百九輔二百十輔二百十一輔二百十一出繼綸百六一　女長
適張次適本城馮三適本城
馮四適本邑徐五適鎮邑莊

綸百六十 **綸鎮** 經百五三子生乾隆五十八年癸丑二月廿二日卒嘉慶廿一年丙
子三月廿三日年二十四葬宗祠南首

綸百六一 **綸銑** 經百五三子生乾隆五十五年庚戌正月初五日卒道光五年乙酉
八月十四日年三十六娶本邑馮氏生乾隆五十六年辛亥十一月
二十日卒光緒元年乙亥十一月十九日壽八十五葬天德庵之北父墳
側綸百五九子輔二百十八繼

綸百六二 **祥福** 經百五七子生道光三年癸未五月三日卒年三十四餘關柩在杭
州娶門氏絕

綸百六三 **在畦** 經百六二子生道光二年壬午二月十一日卒道光廿一年辛丑十
一月初二日年二十葬田野畈地

綸百六四 **綸鏞** 經百六三子生嘉慶七年壬戌十一月廿八日卒咸豐八年戊午十
月十三日年五十七娶鄭氏生嘉慶十五年庚午五月廿八日卒同
治五年丙寅三月初十日年五十
七葬花嶼湖塘下子輔二百十二

綸百六五 錦玉 經百六六子 生嘉慶五年庚申十一月十二日 卒咸豐五年乙卯三月初一日 年五十六 娶本邑朱氏 生嘉慶十年乙丑八月廿四日 卒道光廿五年乙巳十月廿四日 年四十一 葬出[illegible]父墳旁 子輔二百十[illegible] 輔二百十五 輔二百十六 承繼經百六七為孫

綸百六六 錦魁 經百六八子 生嘉慶元年丙辰十二月十二日 卒道光廿三年癸卯正月十八日 年四十八 娶本邑姚氏 生嘉慶十三年戊辰五月初四日 卒道光十四年甲午九月廿三日 年二十七 繼娶王氏 生嘉慶廿一年丙子十月廿九日 卒同治三年甲子十一月初二日 年四十九 葬鶴家橋周姓地 子輔二百十[illegible]五姚氏出 輔二百十七王氏出

綸百六七 錦繡 經百六九子 生嘉慶七年壬戌五月初五日 卒咸豐六年丙辰十月廿四日 年五十五 娶鄞邑陳氏 生嘉慶十七年壬申九月二十日 卒咸豐九年己未六月廿三日 年四十八 子輔二百十八 輔二百十九

綸百六八 綸音 經百七一子 生道光十六年丙申二月廿五日 卒同治三年甲子六月廿三日 年二十九 娶張氏 絕

綸百六九 綸章 經百七一子 生道光十八年戊戌三月十一日 卒同治十年辛未三月十七日 年三十四 娶應氏 生道光廿九年己酉八月初四日 卒闕

綸百七十 錦封 經百七二子 生乾隆五十六年辛亥二月十六日 卒道光□年九月初一日 葬夾笆父墳西 娶姚氏 絕 綸百七二子輔二百二十八繼

綸百七一 錦城 經百七二子 生乾隆五十七年壬子十一月十一日 卒闕

綸百七二 錦衡 經百七二子 任紹郡錢清鎮 生乾隆五十九年甲寅八月初七日 卒道光廿七年丁未九月十[illegible]日 年五十四 柩在錢清鎮 娶本邑徐氏

生嘉慶二年丁巳正月初一日卒道光十四年甲午九月十四日年三十八厝葬前河北首殯宮孫口氏生卒闕子輔二百十九余氏出輔二百二十輔二百七一繼娶出輔百十九出繼綸百七十一

綸百七三　錫雲　經百七二子住錢湖生嘉慶元年丙辰八月十九日卒闕

綸百七四　金鎔　經百七三子生嘉慶四年己未二月二十日卒咸豐十年庚申正月三十日壽六十二娶本邑周氏　誥贈宜人生嘉慶四年己未十一月十一日卒道光廿三年癸卯正月十四日年四十五繼娶陳氏　誥贈宜人生嘉慶三年戊午二月二十日卒咸豐九年乙卯八月二十日年五十八葬駱駝橋大善寺港東首唐姓地方土名西秋田坐東朝西子輔二百廿一輔二百廿二

綸百七五　初冬　經百七四子生乾隆五十七年壬子九月廿四日歿于外地無查

綸百七六　綸鑽　經百八十子生嘉慶十年乙丑正月初六日卒道光廿一年辛丑八月初十日年三十七娶本邑孔氏　憲旌節孝詳貞節錄　誥贈宜人生嘉慶九年甲子九月廿七日卒同治二年癸亥九月廿六日壽六十側室潘氏　欽旌節孝詳貞節錄　誥封宜人生嘉慶十八年癸酉九月初二日卒光緒十九年癸巳九月十七日壽八十一子輔二百廿三輔二百廿四俱潘氏出

綸百七七　遠　經百八一子生乾隆四十八年癸卯正月廿三日卒嘉慶五年庚申七月廿九日年十八

綸百七八　達　經百八一子生乾隆五十年乙巳十二月十九日卒道光廿五年乙巳二月初八日壽六十一娶鄔氏生乾隆四十八年癸卯十二月初三日

卒咸豐六年丙辰十月初三日壽七十四側室馮氏生卒闕葬夾笆坐西
朝東子輔二百廿五側室出

綸百七九　連　經百八一子生乾隆五十三年戊申四月廿七日卒道光十一年辛卯
六月廿四日年四十四娶朱氏生乾隆六十年乙卯二月初九日卒嘉
慶二十年乙亥八月廿八日年二十一繼娶余氏生嘉慶二年丁巳六月
十一日卒道光廿九年己酉七月廿一日年五十三厝丁家園子輔二百
廿
六

綸百八十　進　經百八一子生嘉慶二年丁巳正月十七日卒咸豐五年乙卯九月十
一日年五十九厝園地娶邵氏生嘉慶七年壬戌八月初二日卒光緒
十五年己丑二月初九日壽八十八子輔二百廿七輔二百廿八輔二百
六四輔二百廿八出家輔二百六四出繼綸二百

綸百八一　通　經百八一子生嘉慶六年辛酉正月十七日卒道光三十年庚戌九月
初一日年五十厝夾笆娶朱氏　誥封宜人生嘉慶十一年丙寅十二
月初九日卒光緒九年癸未八月廿八日壽七十八子輔二百廿九女長
適顧次適沈三適陸

綸百八二　達　經百八二子生乾隆五十年乙巳五月廿八日卒嘉慶十四年己巳弍
月廿六日年二十五娶本邑周氏生[illegible]乾隆五十一年丙午閏七月初二
日卒道光十七年丁酉四月十七日年五十二葬茭溪小牛山腳父墳右
首綸百八三子輔二百三十五繼

綸百八三　遷　經百八二子生嘉慶四年己未正月十五日卒道光十八年戊戌七月
十三日年四十娶本邑洪氏生嘉慶二年丁巳八月十八日卒同治二
年癸亥八月初一日壽六十七葬阮家壙東首祖墳傍子輔二百三十輔
二百三一輔二百三二輔二百三三輔二百三四輔二百三十出繼綸百

八二

綸百八四　遜　經百八二子生嘉慶九年甲子正月十三日卒咸豐七年丁巳閏五月十七日年五十四娶本邑余氏生嘉慶八年癸亥四月初四日卒光緒六年庚辰九月初三日壽七十八葬阮家橋東首子輔二百三五輔二百三輔二百三七

綸百八五　錡　經百八四子生嘉慶六年辛酉九月廿七日卒同治十三年甲戌七月十八日壽七十四娶本邑嚴氏生嘉慶十年乙丑九月十五日卒同治八年己巳十月廿三日壽六十五子輔二百三八輔二百三九輔二百三八承繼經百八四爲孫

綸百八六　鈞　經百八七子生道光四年甲申十一月初三日卒同治八年己巳十一月廿五日年四十六娶本邑王氏生道光八年戊子七月初五日卒光緒十三年丁亥九月十二日壽六十葬後畈子輔二百四十

綸百八七　鑣　經百八八子生乾隆六十年乙卯九月初二日卒嘉慶廿四年己卯十二月十一日年二十五娶本邑盛氏　貤贈宜人　累贈夫人生乾隆五十七年壬子十二月廿四日卒嘉慶十九年甲戌九月廿九日年二十三繼娶鄞邑孫氏　欽旌節孝詳貞節錄　貤贈宜人　累贈夫人生嘉慶元年丙辰九月初二日卒咸豐五年乙卯十一月廿一日壽六十葬本里蘇馮屋後與仲弟合墓綸百八八子輔二百四一入繼

綸百八八　錫　經百八八子生嘉慶四年己未三月十八日卒道光廿三年癸卯十一月初九日年四十五娶本邑盛氏　例封孺人　誥封恭人　累贈夫人生嘉慶五年庚申閏四月十八日卒同治三年甲子正月廿三日壽六十五葬本里蘇馮屋後與伯兄合墓子輔二百四一輔二百四二輔

二百四三輔二百四一出繼綸百八

七女長適盛次適姚三適鄞邑馬

綸百八九　**綸金**　經百八八子生嘉慶十四年己巳十二月十三日卒咸豐五年乙卯十月初四日年四十七娶鎮邑莊氏　例封宜人生嘉慶十一年丙寅二月廿九日卒同治四年乙丑八月廿四日壽六十　側室汪氏　欽旌節孝　誥封宜人生道光十年庚寅十一月十三日卒光緒廿四年戊戌閏三月廿三日壽六十九葬本邑靈山對河改葬東溪鎮武山麓汪宜人葬化紙閘西首之原子輔二百四四莊氏出輔二百四五輔二百四六汪氏出

綸百九十　**綸衡**　經百八九子生道光二年壬午七月廿五日卒咸豐十一年辛酉十月初四日年四十娶本邑盛氏　敕封孺人　貤贈宜人生道光二年壬午三月廿一日卒同治五年丙寅四月十六日年四十五葬高車頭與從弟合墓子輔二百四七女長適本城錢次適鄞邑林

綸百九一　**綸鑑**　經百八九子生道光五年乙酉三月初三日卒咸豐五年乙卯九月初二日年三十一娶鄞邑張氏　欽旌節孝詳貞節錄　例封九品孺人　誥贈宜人生道光七年丁亥四月二十日卒同治元年壬戌十月廿五日年三十六葬高車頭與從兄合墓子輔二百四八女長適應次適董三適鄞邑陳

綸百九二　**綸鐸**　經百九十子生嘉慶十三年戊辰八月初十日卒同治六年丁卯十月廿八日壽六十娶鄞邑盧氏　例封安人　例贈宜人　例贈恭人生嘉慶十三年戊辰八月初六日卒道光十二年壬辰八月廿八日年二十五娶□李氏　例封安人　例封宜人　例贈恭人生嘉慶十八年

酉十二月[illegible]咸豐四年[illegible]十二月初七日年[illegible]十二[illegible]
氏[illegible]贈安人生道光十九年[illegible]亥[illegible]月十三日卒光緒十六年[illegible]寅二
月十六日年五十二子輔二百四九輔二百五十輔二百五一輔二百五
二輔二百五三輔二百五四輔二百五六輔二百五七輔二百五四出繼
綸百九三輔二百五六出繼綸百九四輔二百五七出繼綸百九五女長
適[illegible]俞大成適同邑[illegible]氏出

綸百九三　綸銡　緯百九十[illegible]生道光[illegible]年[illegible]十月十五日卒光緒三年丁丑六月
十[illegible]日[illegible]娶鄞邑陳氏　例贈安人　例贈宜人生道光二
年[illegible]年二[illegible]初一日卒道光廿五年乙巳八月十[illegible]三年二十[illegible]繼娶本邑
胡氏　例封安人　例封宜人生道光[illegible]年壬寅二月廿八日卒光緒四
年甲寅[illegible]年二十[illegible]側室周氏生道光五年[illegible]酉正月廿二日
卒光緒十年甲申九月廿三日壽六十[illegible]室周氏生道光十六年丙申八
月十二日側室王氏生道光十九年己亥九月初四日綸百九二子輔二
百五四入繼

綸百九四　綸鋏　緯百九十子生道光五年乙酉正月十一日卒咸豐六年丙辰四月
初二日年三十二贈[illegible]前[illegible]泥[illegible]傍娶本邑裘氏　例贈孺人　例
贈宜人生道光五年乙酉七月初五日卒道光廿七年丁未五月十四日
年二十三[illegible]本邑[illegible]氏　欽旌節孝詳貞節錄　例封孺人　誥封宜
人生道光十年庚寅八月十七日卒光緒五年己卯七月廿八日年五十
子輔二百五五早世綸百九二子輔二百五六入繼女長適沈裘氏出[illegible]
適[illegible]鄭
氏出

綸百九五　綸[illegible]　緯百九十子生道光六年丙戌五月初七日卒道光廿五年乙巳六
月初五日年二十娶本邑鄭氏　貤贈[illegible]人　誥贈宜人　晉贈恭

人生道光八年戊子十二月初三日卒道光廿四年甲辰十月初七日年
十七葬太平门花夾笆綸百九二子輔二百五七入繼
綸百九六　綸珍　榜[illegible]九十[illegible]生道光八年戊[illegible][illegible]月初二日卒光緒十一年乙酉十
二月十七日年五十八娶太邑姚氏　例贈孺人　例封宜人　累
贈恭人生[illegible][illegible]七年丁亥四月廿九日卒同治七年戊辰九月初三日年
四十二側室柴氏生道光廿[illegible]年丁未七月十五日子輔二百五八姚氏
出輔二百五九柴氏出女長適邵次適張
三適鄧邑陳姚氏出四適鎮邑樂柴氏出
綸百九七　綸鐈　榜百九[illegible][illegible]生嘉慶十九年甲戌七月廿八日卒同治十三年甲戌
[illegible]月廿六日壽六十一娶本邑[illegible]氏　誥封宜人生嘉慶廿一年丙
子正月十[illegible]日卒光緒廿五年己亥七月十三日壽八[illegible]四子輔二百六
十輔二百六一
綸百九八　綸錦　榜百九二子生嘉慶九年甲子九月十二日卒道光二十年庚子十
二月二十[illegible]日年三十七娶本邑韓氏生八月初三日卒九月廿六日
繼娶[illegible]氏生嘉慶十六年辛未六月[illegible][illegible][illegible]卒道光二十年庚子九月初
四日年三十曆來邑[illegible]輔二百六二輔[illegible][illegible][illegible]
綸百九九　綸鑑　榜百九三[illegible]生十[illegible][illegible]月[illegible][illegible][illegible]月廿八日娶本邑邵氏生四月
廿七[illegible][illegible][illegible][illegible]三十[illegible]嗣[illegible]化[illegible][illegible]嗣[illegible]
綸百　綸[illegible]　榜百九四子生嘉慶十[illegible][illegible][illegible]初[illegible][illegible]卒道光十二年壬辰
十二月初十日年[illegible]十六娶[illegible]邑邵氏繼[illegible]生五年庚午十一月
廿六日卒光緒五年己卯十月十六日壽七十葬州野馮大路旁綸百八
十[illegible]輔二百六四入繼
綸二[illegible]　綸[illegible]　榜百九七子生嘉慶十七年壬申十[illegible]月三十日卒同治十一年壬
[illegible]出[illegible]月十[illegible][illegible][illegible]十一[illegible]娶[illegible]余氏生道光六年丙戌五月初[illegible]

日子輔二百六五

綸二百二　綸鏞　經百八九子生嘉慶十九年甲戌十二月十三日卒道光廿三年癸卯十一月十三日年三十娶本邑周氏　欽旌節孝詳貞節錄　生嘉慶廿三年戊寅二月廿五日卒光緒十七年辛卯六月廿四日壽七十四葬余□河　子輔二百六六

綸二百三　緯川　經百九七子生道光元年辛巳六月初五日卒咸豐三年癸丑十二月廿三日年三十三葬夾□

綸二百四　緯辛　經百九九子生道光四年甲申正月初八日卒道光二十年庚子三月初七日年十七聘配本邑姚氏生道光七年丁亥十一月廿四日卒道光十九年己亥十月廿三日葬白石坵邊青龍橋頭

綸二百五　緯凝　經百九九子生道光十八年戊戌十二月初十日卒同治六年丁卯七月廿六日年三十娶本邑姚氏生道光十六年丙申九月十三日　子輔二百六七

綸二百六　緯烈　經二百子生道光七年丁亥九月初十日卒同治四年乙丑六月十四日年三十九娶本邑蘇氏生道光十五年乙未正月十五日卒光緒廿三年丁酉正月廿七日壽六十三葬梓樹下蘇姓　綸二百九子輔二百六八八繼

綸二百七　緯賓　經二百子生道光十一年辛卯六月十五日卒光緒六年庚寅四月廿四日年五十娶應氏生道光十八年戊戌正月二十日子輔二百六九

綸二百八 緯阜 經二百子生道光十三年癸巳十一月初九日卒咸豐十一年辛酉
六月十六日年二十九娶葉氏 欽旌節孝詳 貞節錄生道光二十
年庚子十一月十二日卒光緒廿四年戊戌五月廿四日年五十九葬樟
樹下蘇姓南首綸二百九子輔二百七十八繼

綸二百九 如緈 緯南 經二百子生道光廿六年丙午十月初二日娶馮氏生道光廿八年
戊申十月十六日卒同治八年己巳八月十四日年二十二繼娶陳
氏生咸豐六年丙辰十二月初七日子輔二百六八輔二百七十輔二百
七一輔二百六八出繼三百六輔二百七十出繼綸二百八

綸二百十 鋥 經二百一子生乾隆五十二年丁未八月初一日卒道光二十年庚子
十月廿六日年五十四娶周氏生乾隆五十九年甲寅四月初四日卒
道光十七年丁酉正月初三日年四十四葬阮家橋東原子輔二百七二輔
二百七六輔二百七六出繼綸二百十三

綸二百十一 鈔 經二百一子生乾隆五十六年辛亥正月二十日卒道光十三年癸
巳四月十八日年四十三娶余氏生乾隆六十年乙卯六月十二日
卒嘉慶二十年乙亥正月廿五日年二十一繼娶董氏生嘉慶七年壬戌
七月廿二日卒咸豐五年乙卯三月十八日年五十四葬財神殿後子輔
二百七三輔二百七四
輔二百七五俱董氏出

綸二百十二 鈁 經二百一子生乾隆五十九年甲寅十月廿一日卒道光七年丁亥
二月廿七日年三十四娶嚴氏生嘉慶十年乙丑四月廿九日卒道
光十二年壬辰九月廿六
日年二十八葬阮家橋

綸二百十三 鐵 經二百一子生嘉慶元年丙辰十二月廿四日卒咸豐四年甲寅八
月初一日年五十九娶田氏生嘉慶十三年戊辰八月十三日卒□□

豐七年丁巳九月廿二日卒年五十[illegible]

橋東[illegible]綸二百十子輔二百七十六入繼

綸二百十四　錫　經二百一子生嘉慶五年庚申十月二十日卒光緒四年戊寅十月十八日壽七十九娶王氏生嘉慶廿三年戊寅九月十六日卒道光廿三年癸卯十二月廿九日年二十六繼娶方氏生嘉慶十八年癸酉四月廿四日卒道光廿六年丙午九月廿三日年三十四三娶方氏生道光三年癸未正月初六日卒咸豐四年甲寅七月初一日年三十二子輔二百七十[illegible]娶[illegible]

綸二百十五　[illegible]　經二百二子生嘉慶四年己未三月廿八日卒道光十六年丙申九月十六日年三十[illegible]娶邵氏生嘉慶十一年丙寅十一月十七日卒道光廿八年戊申十一月廿九日年四十三葬財神殿後綸二百十六子輔二百七十八入繼

綸二百十六　觀成　經二百二子生嘉慶十一年丙寅三月初四日卒咸豐十一年辛酉二月初三日年五十六娶王氏生嘉慶廿二年丁丑十一月十七日卒同治八年己巳九月廿六日年五十三子輔二百七十八輔二百七十九輔二百七十八出繼綸二百十五

綸二百十七　鼎泰　經二百三子生乾隆五十三年戊申十月初五日卒咸豐元年辛亥閏八月廿三日壽六十四娶邵氏生嘉慶二年丁巳八月十一日卒嘉慶廿三年戊寅四月初九日年二十二繼娶翁氏生嘉慶四年己未四月初九日卒同治十年辛未十一月初六日壽七十三側室邵氏生道光六年丙戌十一月初五日卒同治十三年甲戌九月十四日年四十九葬賽[illegible]廳大園子輔二百八十邵氏出

綸二百十八　世慶　經二百四子住[illegible]門生嘉慶廿五年庚辰八月初四日卒[illegible]

壺東黃氏四修宗譜卷十九　西房玖四公派　月志堂藏

綸二百十九　世祿　經二百四子住石門生道光元年辛巳八月廿二日卒闕

綸二百二十　世芳　經二百五子生道光二年壬午三月十六日卒闕娶孔氏生道光十四年甲午正月十五日卒闕

綸二百廿一　世懷　經二百六子生道光六年丙戌八月初二日卒光緒八年壬午十月十七日年五十娶李氏生道光十三年癸巳九月十一日卒咸豐七年丁巳十二月初七日年二十五

綸二百廿二　鼎亨　經二百七子生乾隆五十八年癸丑六月廿二日卒道光三十年庚戌四月十三日年五十八娶王氏生嘉慶六年辛酉四月廿六日卒道光廿九年己酉七月初三日年四十九子輔二百八一　輔二百八二　輔二百八三

綸二百廿三　鼎豐　經二百七子生嘉慶元年丙辰六月廿八日卒嘉慶廿三年戊寅二月二十日年二十三

綸二百廿四　鼎衡　經二百九子生嘉慶十八年癸酉十二月廿二日卒同治十三年甲戌十月二十日壽六十二娶洪氏生嘉慶十八年癸酉六月廿六日卒道光廿一年辛丑三月十七日年二十九繼娶盛氏生道光七年丁亥六月廿七日卒□葬東岡野備眠子輔二百八四盛氏出

綸二百廿五　鼎錦　經二百九子生道光三年癸未六月初六日卒道光廿九年己酉九月二十日年二十七娶姚氏生道光三年癸未二月初七日子輔二百八五　輔二百八六

姚氏卒光緒三十年甲辰十一月廿九日壽八十二

綸二百廿六　鼎錩　經二百九子生道光七年丁亥九月十八日卒咸豐三年癸丑九月初七日年二十七葬大帝難

綸二百廿七　鼎鐐　經二百九子生道光十一年辛卯十一月三十日卒咸豐十年庚申二月廿四日年三十

綸二百廿八　鼎錞　經二百十子生乾隆五十四年己酉十一月廿五日卒嘉慶十六年五月十二日年二十三娶方氏生乾隆五十六年辛亥六月十一日卒嘉慶十六年辛未十月初二十日年二十一葬酒店河抖河東坐北向南綸二百廿七子輔二百八七八繼

綸二百廿九　鼎鐸　經二百十子生嘉慶三年戊午正月二十日卒道光廿四年甲辰六月廿九日年四十七娶方氏生嘉慶二年丁巳正月初六日卒光緒九年癸未八月十四日壽八十七葬酒店河抖河東坐北朝南子輔二百八七輔二百八八輔二百八七出繼綸二百廿八

綸二百三十　鼎鉞　經二百十子生嘉慶八年癸亥五月十二日卒道光廿九年己酉三月初一日年四十七娶嚴氏生嘉慶六年辛酉十月初四日卒道光二十年庚子九月廿八日年四十繼娶周氏生嘉慶二十年乙亥五月廿九日卒光緒十六年庚寅二月初九日壽六十六葬瓦窑匯大塡坐西向東子輔二百八九輔二百九十輔二百九一嚴氏出輔二百九二周氏出

綸二百三一　鼎金　經二百十二子生嘉慶二年丁巳十一月廿二日卒咸豐四年甲寅八月廿一日年五十八娶張氏　貤贈宜人生嘉慶二年丁巳十二月廿二日卒同治七年戊辰十月十一日壽七十二葬東邵横河橋之南子輔二百九三輔二百九四輔二百九五輔二百九六輔二百九六出繼綸二百三二女適周

綸二百三二　鼎欽　經二百十二子生嘉慶十一年丙寅三月十七日卒道光五年乙酉八月三十日年二十娶徐氏生嘉慶十八年癸酉六月十五日

卒道光四年甲申正月廿三日葬阮家橋嚴家門前綸二百三一　子輔二
百九六入繼

綸二百三三　鼎銑　經二百十三子生道光十三年癸酉四月初九日卒咸豐十一年
辛酉三月十六日年四十九娶陳氏生嘉慶十八年癸酉九月初
七日卒咸豐八年戊午五月十
六日年四十六子輔二百九七

綸二百三四　鼎鋐　經二百十三子生嘉慶廿一年丙子七月初一日卒咸豐六年丙
辰七月初七日年四十一娶邵氏絕

綸二百三五　鼎鍔　經二百十三子生道光十一年辛卯九月廿二日卒光緒十三年
丁亥七月廿八日年五十七娶李氏生道光十五年乙未九月十
四日卒咸豐五年乙卯九月廿二日年二十一繼娶朱氏生道光十五年
乙未十一月初七日卒同治元年壬戌八月初一日年二十八三娶馮氏
生道光廿八年戊申六月廿五日卒光緒二十年甲午八月廿九日年四
十七子輔二百九八

綸二百三六　應鎬　經二百十四子生乾隆五十七年壬子正月廿八日卒道光二十
年庚子八月廿九日年四十九娶邵氏生嘉慶五年庚申七月十
二日卒闕子
輔二百九九

綸二百三七　兆霞　經二百十六子生嘉慶十四年己巳卒于蘄棲無查娶蘇氏絕
二百三八子輔三百入繼

綸二百三八　應鍾　經二百十七子生嘉慶八年癸亥十月初十日卒道光廿六年丙
午十月十八日年四十四娶余氏生嘉慶七年壬戌十二月十五
日卒嘉慶廿四年己卯三月廿九日年十八繼娶王氏生嘉慶十二年丁
卯十二月初十日卒道光廿五年[illegible]十[illegible]月[illegible]七日年三十九葬市[illegible]

地子輔三百輔三百一輔三百二輔三百□出繼綸二百三七輔三百二出
繼綸二百三九

綸二百三九　應鍚　經二百十七子生嘉慶十三年戊辰四月初九日卒道光廿一年
辛丑五月廿二日年三十四娶周氏生嘉慶十三年戊辰九月廿
一日卒同治十三年甲戌九月廿九日年
六十七綸二百三八子輔三百二□繼

綸二百四十　應鋼　經二百十七子生嘉慶十七年壬申十二月十三日卒道光廿九
年己酉正月初□日年三十八娶盛氏生道光二年壬午八月初
十日卒光緒十七年辛卯八月二十日
壽七十二葬酒店河泮子輔三百三

綸二百四一　鼎鈞　經二百十八子生乾隆四十六年辛丑八月初一日卒道光十三
年癸巳六月十七日年五十三娶沈氏生乾隆四十八年癸卯十
二月初一日卒咸豐五年乙卯九月初六日壽七十三葬江頭園子輔三
百四輔三百五輔三百六

綸二百四二　鼎鏞　經二百十八子生乾隆五十四年己酉七月初二日卒道光廿二
年壬寅五月初八日年五十四娶徐氏生乾隆五十七年壬子十
月廿五日卒道光三十年庚戌十二月廿七日年五十九葬金家滙坐癸
向丁兼子午子輔三百七輔三百八輔三百九輔三百十輔三百十一

綸二百四三　鼎銓　經二百十八子生乾隆五十七年壬子正月初八日卒嘉慶二十
年乙亥五月初四日年二十四葬江頭園河東

綸二百四四　鼎銘　經二百十八子生嘉慶六年辛酉四月初十日卒道光廿五年乙
巳三月十二日年四十五娶孔氏生嘉慶六年辛酉十二月初四
日卒光緒九年癸未八月廿三日壽八十三葬鎮紫橋洪墺子輔三百十
二輔三百十三輔三百十四輔三百十五輔三百十六

綸二百四五　立山　經二百十九子生嘉慶二年戊午十二月十二日卒道光廿四年甲辰六月廿二日年四十七娶洪氏生嘉慶五年庚申八月初六日卒道光廿七年丁未九月十二日年四十八葬夾廟門首對河子輔三百十七

綸二百四六　鼎鉉　經二百二十子生嘉慶十年乙丑十二月十一日卒道光廿一年辛丑十二月初九日年三十七娶翁氏生嘉慶十七年壬申十月初三日卒道光三十年庚戌九月初十日年三十九葬夾廟門首對河子輔三百十八

綸二百四七　鼎玉　經二百廿一子卒年二十餘歲未娶葬考墳邊

綸二百四八　惠玉　經二百廿二子生乾隆六十年乙卯十月十一日卒同治九年庚午九月初九日壽六十七㕑財神殿後東首娶陳氏生嘉慶七年壬戌六月初一日卒咸豐三年癸丑二月初三日年五十二子輔三百十九輔三百二十輔三百廿一

綸二百四九　金玉　經二百廿三子住石浦未娶嘉慶五年庚申十月十九日卒闕娶口氏生卒闕子輔三百廿二輔三百廿三

綸二百五十　福順　經二百廿三子住江北生嘉慶十年乙丑四月廿四日卒闕娶楊氏生卒闕子輔三百廿四

綸二百五一　興祖　經二百廿四子生嘉慶四年己未十一月廿九日卒咸豐九年己未六月十四日壽六十一娶鄒氏生嘉慶十一年丙寅二月十八日卒道光十二年壬辰八月十六日年二十七繼娶徐氏生嘉慶廿五年庚辰七月初二日卒咸豐七年丁巳五月初九日年三十八葬江頭岡子輔三百廿五

綸二百五二　鼎如　經二百[illegible]子生嘉慶[illegible]年[illegible]月初[illegible]日卒道光十六年丙申七月二十[illegible]日年三十三娶王氏生嘉慶十二年丁卯九月初九日卒光緒五年己卯正月十一日壽七十三葬夾廂村河東首

綸二百五三　永久　經二百廿四子生嘉慶十九年甲戌三月初一日卒咸豐三年癸丑七月廿三日年四十娶陳氏生嘉慶廿二年丁丑九月廿八日卒同治元年壬戌八月廿八日年四十六葬江頭園

綸二百五四　鼎恒　經二百廿[illegible]子住湖州歸安縣菱湖鎮生道光二年壬午五月初八日娶吳氏生道光二年壬午九月廿太日子輔三百廿大輔三百廿七

綸二百五五　錫麟　經二百廿五子住海門廳湯家鎮娶氏生卒俱闕無查子輔三百廿八

綸二百五六　錫傅　經二百廿七子生嘉慶廿一年丙子閏八月十九日卒同治三年甲子四月十九日年四十九娉冯氏生嘉慶廿五年庚辰二月廿八日卒道光十一年辛卯九月廿二日娶孔氏生嘉慶廿一年丙子閏六月初四日卒光緒十八年壬辰三月廿六日壽七十七葬天德庵後野貓坂子輔三百廿九輔三百三十

綸二百五七　錫南　經二百廿八子生嘉慶十年乙丑十二月十一日卒同治十三年甲戌九月二十日壽七十娶潘氏生嘉慶十三年戊辰四月十四日卒道光九年己丑六月十二日年二十二繼娶應氏生嘉慶十四年己巳八月初八日卒道光二十年庚子八月十九日年三十二三娶周氏

生道光六年丙戌七月廿五日卒光緒四年戊寅四月初八日年五十三
子輔三百三一　輔三百三二　周氏出

綸二百五八　**錫照**　經二百廿八子生嘉慶廿五年庚辰十二月初八日卒光緒七年
辛巳十一月十六日壽六十二娶羅氏生嘉慶廿五年庚辰十一
月初四日卒四月十九日懷寧蘇氏生嘉慶廿五年庚辰三月廿七日卒
道光廿一年辛丑十一月初七日年二十二子輔三百三三

綸二百五九　**金城**　經二百三一子生嘉慶十年乙丑六月十六日卒同治三年甲子
十月初二日壽六十娶嚴氏生嘉慶八年癸亥六月十九日卒光
緒六年庚辰十二月十二日壽七十八葬
靈山燕窠子輔三百三四　輔三百三五

綸二百六十　**金書**　經二百三一子生嘉慶十二年丁卯七月十八日卒道光三十年
庚戌七月廿七日年四十四娶涂氏生嘉慶十四年己巳十二月
十二日卒光緒二年丙子十二月初八日壽六十八葬大墳𡑞根子輔三
百三六　輔三百三七

綸二百六一　**金桂**　經二百三一子生嘉慶二十年乙亥三月初五日卒道光十四年
甲午七月廿二日年二十

綸二百六二　**峯**　經二百三三子生乾隆四十八年癸卯六月初六日卒道光六年
丙戌四月十一日年四十四娶應氏生乾隆四十六年辛丑五月
初十日卒咸豐五年乙卯八月初七日壽七十五葬邵家滙子輔三百三
八　輔三百三九

綸二百六三　**萬春**　經二百三四子生乾隆四十二年丁酉六月廿二日卒嘉慶九年
甲子十月十五日年二十八娶應氏生乾隆四十四年己亥七月
初六日卒道光廿四年甲辰十
月廿五日壽六十六葬邵家橋

綸二百六四　桂林　經二百三五子生乾隆三十九年甲午十一月初一日卒道光九年己丑二月初一日年五十六娶陳氏生卒闕子輔三百四十

綸二百六五　桂榮　經二百三五子生乾隆四十二年丁酉十一月初七日卒道光十二年壬辰正月十五日年五十六娶洪氏生乾隆五十四年己酉九月十四日卒道光廿七年丁未正月初八日年五十九葬邵家滙方家屋後子輔三百四一

綸二百六六　綸和　經二百三七子生道光二年壬午十二月初九日卒同治十一年壬申八月初三日年五十一娶應氏生道光七年丁亥八月廿四日卒光緒二十年甲午九月廿一日壽六十八子輔三百四二輔三百四三輔三百四四

綸二百六七　綸均　經二百三七子生道光十八年戊戌五月十六日

綸二百六八　綸仁　經二百四十子生道光十七年丁酉十月十一日

綸二百六九　綸元　經二百四一子生道光十六年丙申七月初四日卒同治十一年壬申十二月二十日年三十七

綸二百七十　禮堃　經二百四二子生道光廿五年乙巳七月廿三日

綸二百七一　禮振　經二百四二子生道光廿七年丁未十月廿七日

綸二百七二　禮周　經二百四四子生道光十八年戊戌八月二十日卒光緒十三年丁亥八月初四日年五十娶邵氏生道光十一年辛卯正月廿九日卒光緒廿四年戊戌正月十一日壽六十八子輔三百四五

綸二百七三　安慶　經二百四八子　生嘉慶十三年戊辰六月廿八日

綸二百七四　安泰　經二百四八子　生嘉慶十八年癸酉九月十三日卒同治四年乙丑四月廿二日年五十三　娶宗氏生道光五年乙酉十一月二十日卒光緒廿一年乙未五月廿七日壽七十一　子輔三百四六

綸二百七五　安榮　經二百五十子　生嘉慶廿五年庚辰二月廿二日卒道光二十年庚子十一月廿八日年二十一　葬江頭園

綸二百七六　體仁　經二百五一子　生嘉慶十二年丁卯八月廿七日卒道光十四年甲午四月廿四日年二十八　娶陶塘王氏生嘉慶十三年戊辰三月三十日卒同治十二年癸酉十月廿三日壽六十六　葬念母橋考墳傍　子輔三百四七　女適大洞沿林

綸二百七七　佩鏘　經二百五四子　生道光十九年己亥五月初九日

綸二百七八　綸廣　經二百五五子　生道光廿五年乙巳九月廿九日卒光緒十年甲申十月十一日年四十　娶邵氏□　子輔三百四八　輔三百四九

綸二百七九　綸元　經二百五六子　生光緒廿六年庚子六月廿二日

綸二百八十　長生　經二百五八子　生道光十三年癸巳二月三十日卒咸豐七年丁巳年二十五　未娶

綸二百八一　綸生　經二百五八子　生道光十九年己亥三月廿三日

綸二百八二　綸壽　經二百五八子　生道光廿四年甲辰六月廿三日　娶□氏　子輔三百五十

綸二百八三　綸[illegible]　經二百五[illegible]子生道[illegible]年[illegible]辰十一月廿六日卒光緒十五年[illegible]月[illegible]十[illegible]年四十六

綸二百八四　綸富　經二百五九子生道光廿八年戊申四月初四日娶[illegible]氏生同治元年壬戌三月初三日子輔三百五一　輔三百五二　輔三百五三　輔三百五四

綸二百八五　綸昌　經二百六十子生道光廿七年丁未正月初三日

綸二百八六　耀綸　經二百六四子生道光四年甲申七月十四日卒咸豐十年庚申二月廿四日年三十七娶何氏生道光六年丙戌八月廿四日卒道光廿四年甲辰七月廿五日年十九繼娶李氏生道光十二年壬辰七月廿八日子輔三百五五　輔三百五六李氏出

綸二百八七　綸鋐　經二百六四子生道光十年庚寅閏四月初九日卒同治六年丁卯十一月初九日年三十八娶林氏　欽旌節烈詳貞節錄　生道光十七年丁酉六月初三日卒同治元年壬戌閏八月十七日年二十六子輔三百五七

綸二百八八　綸鈺　經二百六四子生道光十二年壬辰十月初一日卒光緒十一年乙酉十一月初九日年五十四娶俞氏生道光廿三年癸卯正月廿五日卒同治三年甲子二月初二日年二十二

綸二百八九　綸洲　經二百六四子生道光十五年乙未十一月十四日卒光緒十一年乙酉二月初九日年五十一娶施氏生道光廿六年丙午正月十九日卒同治六年丁卯正月十九日年二十二子輔三百五八

綸二百九十　綸祐　經二百六七子生道光廿四年甲辰九月廿七日

綸二百九十一　綸桂　經二百六八子生道光九年己丑八月廿八日卒光緒廿二年丙申十一月三十日壽六十八娶嚴氏生道光廿四年甲辰六月十五日卒咸豐十年庚申三月十八日年十七

綸二百九十二　綸忠　經二百六八子生道光十一年辛卯九月廿九日娶王氏生道光廿五年乙巳三月廿四日卒年　七月廿五日

綸二百九十三　綸孝　經二百六八子生道光十八年戊戌十二月十三日卒光緒六年庚辰十一月十四日年四十三娶阮家橋余氏生道光廿五年乙巳正月初八日卒光緒十一年乙酉正月十四日年四十一

綸二百九十四　綸標　經二百六八子生道光廿一年辛丑八月廿三日卒光緒二十年甲午七月初八日年五十四娶張氏生咸豐三年癸丑九月初九日卒同治十三年甲戌十月初一日年二十二葬阮家廟子轉三百五九

綸二百九十五　綸垚　經二百七五子生咸豐元年辛亥五月二十日

綸二百九十六　得明　經二百七五子生咸豐七年丁巳八月十三日卒光緒十三年丁亥三月廿三日年三十一

綸二百九十七　綸富　經二百八一子生同治十一年壬申四月十二日娶王氏絕

綸二百九十八　綸章　經二百八二子生光緒七年辛巳十一月初二日娶顧氏

綸二百九九　綸麟　經二百八二子生光緒廿一年乙未六月十九日

綸三百　綸榮　經二百八九子生光緒八年壬午十一月初九日娶洪氏生同治四年乙丑三月廿九日子輔三百六十

綸三百一　承木　經二百九二子生光緒廿二年丙申六月廿八日

綸三百二　綸豐　經二百九三子生光緒二年丙子二月十九日娶于氏生光緒八年壬午正月十一日

綸三百三　綸程　經二百九四子生光緒十三年丁亥九月初一日

綸三百四　綸奎　經二百九五子生光緒七年辛巳十一月初二日娶余氏生光緒十年甲申十二月初三日卒光緒廿五年己亥十一月十四日年十六

繼娶孫氏

綸三百五　綸棠　經二百九五子生光緒十九年癸巳十一月初十日

綸三百六　祖坤　經二百九六子生光緒廿三年丁酉十一月初九日

綸三百七　祖德　經二百九六子生光緒廿七年辛丑四月十六日

綸三百八　祖典　經二百九六子生光緒廿九年癸卯十一月初一日

綸三百九　全祖　經二百九七子生光緒廿二年丙申十二月廿五日

綸三百十　全興　經二百九七子生光緒廿五年己亥十月初七日

綸三百十一　綸標　經二百九八子生光緒十四年戊子十一月初六日

綸三百十二　綸裕　經二百九九子生同治十一年壬申二月十一日卒光緒廿四年戊戌五月十九日年二十七娶陳氏生光緒元年乙亥九月十八日

綸三百十三　綸坤　經三百子生光緒十七年辛卯二月十一日

綸三百十四　綸述　經三百子生光緒廿八年壬寅三月十七日

綸三百十五　綸山　經三百子生光緒廿九年癸卯十一月十五日

綸三百十六　綸鉅　經三百一子生光緒元年乙亥正月廿八日娶陳氏生光緒三年丁丑六月二十日

綸三百十七　綸梓　經三百二子生同治[illegible]月廿一日娶陳氏生同治十三年甲戌三月初一日卒光緒二十年甲午六月十一日年二十一　繼娶王氏生光緒二年丙子[illegible]月[illegible]七日子輔三百六一輔三百六二

綸三百十八　綸才　經三百二子生同治五年丙寅十月廿一日卒闕未娶

綸三百十九　綸銡　經三百三子生光緒二年丙子[illegible]二月十五日娶王氏生光緒四年戊寅四月廿四日子輔三百六三

綸三百二十　**綸勳**　經三百六十五子生光緒五年己卯十一月廿二日娶居氏生光緒十三年丁亥三月初八日

綸三百廿一　**昭安**　經三百九子生同治七年戊辰八月初十日

綸三百廿二　**春泉**　經三百十子生光緒十年甲申正月初七日

綸三百廿三　**新進**　經三百十一子生光緒十八年壬辰八月十七日

綸三百廿四　**炳綬**　經三百十一子生光緒二十年甲午八月初六日

綸三百廿五　**炳森**　經三百十一子生光緒廿三年丁酉十一月初九日

綸三百廿六　**炳海**　經三百十一子生光緒廿七年辛丑三月廿五日

綸三百廿七　**源林**　經三百十二子生光緒三年丁丑八月初四日

綸三百廿八　**綸奎**　經三百十六子生道光五年乙酉正月初七日卒咸豐九年己未五月十四日年三十五娶方氏

綸三百廿九　**綸麟**　經三百十八子生咸豐二年壬子正月初七日卒十一月廿四日娶周氏生卒闕

綸三百三十　**綸鯨**　經三百十八子生咸豐五年乙卯七月初五日娶嚴氏生咸豐三年癸丑六月十二日卒光緒二十年甲午八月初四日年四十二子

輔三百六四

輔三百六五

綸三百三一　綸鰲　經三百十八子生咸豐九年己未五月廿八日娶張氏生咸豐八年戊午八月十九日子輔三百六六

綸三百三二　綸才　經三百二十子生咸豐九年己未七月十九日

綸三百三三　綸法　經三百二十子生同治元年壬戌七月十九日娶邵氏生光緒元年乙亥十一月廿七日子輔三百六七

綸三百三四　綸海　經三百二一子生道光廿六年丙午正月初四日卒闕

綸三百三五　綸粵　經三百三二子住杭州生道光廿九年己酉十二月廿三日

綸三百三六　綸通　經三百三二子住杭州生咸豐五年乙卯　月　日

綸三百三七　綸虎　經三百三二子住杭州生咸豐十年庚申正月十八日

綸三百三八　綸寶　經三百三三子住杭州生咸豐八年戊午二月廿三日

綸三百三九　綸富　經三百三四子生咸豐八年戊午二月初一日卒光緒十八年壬辰十一月廿五日年三十五娶張氏生同治九年庚午二月十五日子輔三百六八

綸三百四十　綸筌　經三百三五子生同治四年乙丑三月十七日

綸三百四一　綸圻　綸三百三五子生光緒二年丙子五月十一日

綸三百四二　綸墇　經三百三五子生光緒五年己卯九月廿二日

綸三百四三　綸[illegible]　經三百三六子生光緒五年己卯九月廿八日

綸三百四四　綸[illegible]　經三百三六子生光緒十八年壬辰二月廿三日

綸三百四五　綸[illegible]　經三百三七子生光緒三年丁丑七月十三日

綸三百四六　綸圭　經三百三九子生同治七年戊辰五月初八日卒光緒廿二年酉月初五午廿九歲

綸三百四七　綸玷　經三百三九子生光緒六年庚辰十月初十日

綸三百四八　綸塘　經三百四十子生光緒四年戊寅二月初七日

世家傳十一

二十一世 西房政三公派

輔一 寶和 綸一子生道光二年壬午八月十三日卒道光廿五年乙巳十二月初二日年二十四未娶

輔二 寶成 綸一子生道光六年丙戌三月十二日卒同治三年甲子六月十四日年三十九娶邵氏生道光十九年己亥七月初四日卒同治五年丙寅六月十六日年二十八

輔三 輔均 綸一子生道光九年己丑八月初八日卒光緒九年癸未十一月廿九日年五十五娶嚴氏生道光廿三年癸卯三月初八日卒同治二年癸亥十二月廿七日年二十一繼娶張氏生道光二十九年己酉三月初五日卒同治四年乙丑十一月十五日年十七子福一

輔四 長壽 綸二子生道光廿一年辛丑六月廿四日卒闕娶沈氏生咸豐四年甲寅十月廿七日卒闕

輔五 輔榮 綸五子生道光三十年庚戌十一月三十日娶蘇氏生咸豐八年戊午二月初四日卒[illegible]二女適橋裏王

輔六 輔英 綸六子生咸豐六年丙辰十一月廿六日卒光緒四年戊寅八月十三日年二十三

輔七 輔康 綸七子生道光七年丁亥二月十九日卒光緒十三年丁亥十一月廿九日壽六十一娶馮氏生道光十七年丁酉九月廿四日卒同治九年

庚午十月三十日
年三十四子　三

輔八　輔咸　綸七子生道光廿三年癸卯十一月初七日卒同治八年己巳十月初
四日年二十七葬北四畝娶應氏生咸豐二年壬子九月十九日卒光
緒廿四年戊戌十一月初
九日年四十七葬陶家滙

輔九　輔林　綸八子生道光十九年己亥正月初十日卒光緒廿四年戊戌十二月
初九日壽六十娶姚氏生道光廿三年癸卯五月十五日卒光緒七年
辛巳二月廿八日年三十九繼娶徐氏生道光廿八年戊申五月十九日
卒光緒廿一年乙未七月廿二日年四十八葬陶家滙子　四姚氏出

輔十　輔安　綸十子生嘉慶十九年甲戌四月十九日卒光緒七年辛巳十一月廿
八日壽六十八娶徐氏生嘉慶十九年甲戌八月廿五日卒光緒五年
己卯八月初九日壽
六十六子　五　六

輔十一　輔朝　綸十子生嘉慶廿三年戊寅六月廿九日卒光緒二年丙子十月廿
一日娶應氏生嘉慶廿五年庚辰十二月十三日卒光緒七年辛巳
十月十一日壽六十二葬一家
笆渚漕頭子　七　八　九

輔十二　輔廷　綸十子生道光四年甲申正月廿二日卒道光廿六年丙午五月十
三日年二十三

輔十三　輔勳　綸十一子生嘉慶廿四年己卯六月十一日卒光緒十二年丙戌九
月廿二日壽六十八娶陳氏生嘉慶廿二年丁丑二月十七日卒同
治七年戊辰八月初一日
年五十二子　十　十一

輔十四　**輔英**　綸十一子生道光二年壬午三月初三日卒闕

輔十五　**輔泰**　綸十一子生道光十一年辛卯三月十四日卒咸豐十年庚申十月十三日年三十葬畱公田小河斛娶陳氏絕

輔十六　**輔濤**　綸十一子住上海生道光十二年壬辰十二月廿八日卒光緒十一年乙酉五月廿二日年五十四娶嚴氏生道光廿四年甲辰九月十五日子相十二□十三相十四相十五相十六

輔十七　**輔銓**　綸十一子住蘇州生道光十九年己亥三月十一日卒光緒十八年壬辰正月初六日年五十四娶王氏生道光廿六年丙午十二月廿六日子相十七相十八

輔十八　**輔才**　綸十一子生道光廿二年壬寅九月廿一日卒光緒八年壬午十一月廿八日年四十一娶王氏生咸豐七年丁巳十二月十三日子相十九

輔十九　**兆源**　綸十二子生道光十五年乙未七月廿一日

輔二十　**輔瑞**　綸十二子生道光九年己亥四月十五日卒同治十三年甲戌十二月廿九日年三十六娶口氏絕子相二十隨母在上海

輔廿一　**輔春**　綸十二子生道光十九年己亥四月十五日卒同治九年庚午七月十一日年三十二娶邵氏生道光廿六年丙午閏五月初九日

輔廿二　**輔增**　綸十三子生道光十年庚寅十一月廿三日卒光緒十九年癸巳九月初四日年六十四娶姚氏生道光十四年甲午五月廿二日子相

廿一相廿二相廿三
女長適翁次適沈

輔廿三　輔沅　綸十三子生道光十年庚寅八月十六日卒光緒十三年丁亥正月
廿九日年五十八娶余氏生道光十四年甲午三月廿八日卒咸豐
七年丁巳七月初九日年二十四繼娶王氏生道光廿三年癸卯二月十
五日子相廿四

輔廿四　輔勇　綸十五子生道光十二年壬辰十一月初七日卒咸豐三年癸丑三
月初一日年二十二

輔廿五　輔金　綸十六子生嘉慶十九年甲戌十一月初四日卒闕

輔廿六　輔亨　綸十六子生嘉慶廿四年己卯二月初四日卒同治二年癸亥六月
廿四日年四十五娶應氏生卒闕

輔廿七　靜金　綸十七子生嘉慶廿一年丙子九月二十日卒光緒四年戊寅十月
十四日壽六十三娶韓氏生道光十五年乙未十一月廿六日卒光
緒廿一年乙未七月十九日壽六十一葬
阮家橋南首海眼坵子相廿五相廿六

輔廿八　輔任　綸十八子生道光十一年辛卯十一月初一日卒同治五年丙寅九
月廿七日年三十六葬留□田□山地

輔廿九　輔成　綸十八子生道光十五年乙未九月初五日卒光緒二年丙子正月
初六日年四十二娶邵氏生道光廿五年乙巳三月十六日女長適
葉次適姚
三適王

輔三十　輔英　綸十八子生道光廿二年壬寅十月廿八日娶鄭氏生咸豐三年癸
丑三月廿八日子相廿七女□□邑蔡

輔三一　輔椿　綸二十子生道光十年庚寅八月廿七日卒光緒元年乙亥十月廿二日年四十六娶鐘氏絕子相廿八繼母在杭州

輔三二　輔達　綸二十子生道光廿一年辛丑八月初九日卒光緒廿五年己亥十月廿五日年五十九葬橫路陳東首娶童氏生道光廿四年甲辰十月十八日
女適胡

輔三三　輔森　綸廿一子生道光十九年己亥五月廿一日卒咸豐十一年辛酉四月初四日年二十三陰　朱氏生卒闕

輔三四　輔仁　綸廿一子生道光廿三年癸卯二月十一日卒光緒二十年甲午二月十二日年五十一娶王氏生道光廿三年癸卯三月初五日子相廿九相三十女
長適呂次適蘇

輔三五　輔榮　綸廿一子生道光廿九年己酉八月初九日娶童氏生咸豐八年戊午五月初七日女長陳次宋字

輔三六　輔成　綸廿一子生咸豐四年甲寅五月廿八日娶吳氏生同治五年丙寅十一月初四日卒光緒十年甲申七月廿二日年十九繼娶李氏生同治二年癸亥八月廿四日
子相三十相三一　女適王

輔三七　輔明　綸廿三子生道光廿二年壬寅十月初六日卒光緒十年甲申十月廿八日年四十三娶王氏生道光廿六年丙午二月初十日子相三二相三三女長適新堰頭張
次適汶溪宋三適李夾堺李

輔三八　玉麟　綸廿五子生咸豐四年甲寅九月十五日娶朱氏生同治元年壬戌八月初三日卒光緒廿六年庚子　月　日年三十九子相三四

女長適文
三未字

輔三九　輔貴　綸廿六子生嘉慶八年癸亥三月十六日卒咸豐八年戊午八月廿
一日年五十六娶俞氏生嘉慶十五年庚午十月初一日卒同治十
二年癸酉七月十五日壽六十四葬蘇斑
三閘頭北首子相三五相三六相三七

輔四十　輔慶　綸廿六子生嘉慶十三年戊辰十一月十六日卒同治二年癸亥七
月十九日年五十六娶馮氏生道光元年辛巳二月十五日卒光緒
六年庚辰十二月初九日
壽六十葬留公田假山地

輔四一　輔楝　綸廿八子生乾隆五十六年辛亥八月初五日卒同治四年乙丑九
月十八日壽七十五娶郭氏生乾隆五十六年辛亥六月十四日卒
道光六年丙戌十二月廿六日年三十六繼娶沈氏生嘉慶九年甲子二
月廿九日卒八月十五日葬文昌會田子相三八相靜安沈氏出相四一
郭氏出相靜安山家保園
寺相四一出繼輔四四

輔四二　輔光　綸廿八子生嘉慶五年庚申九月二十日卒闕娶孔氏生嘉慶五年
庚申二月十五日卒道光二十年庚午十月廿五日年四十一子相
三
九

輔四三　輔椿　綸廿八子生嘉慶八年癸亥正月廿六日卒十一月十一日娶葛氏
生嘉慶十二年丁卯四月初十日卒道光九年己丑十二月廿二日
年二十三繼娶□氏生
卒□子□四十　葛氏出

輔四四 輔氏 綸廿八子生嘉慶九年甲子□月□□日卒道光十四年甲午十一月初四日年□十一娶□氏生嘉慶十四年己巳十一月初二日卒
道光八年戊子五月初七日年二十繼娶胡氏生嘉慶十七年壬申正月
初三日卒開葬孔家墳墻三分輔四一子相四一入繼

輔四五 輔亮 綸廿八子生嘉慶十二年丁卯六月十一日卒咸豐□年餘闕娶葛氏生嘉慶十五年庚午餘闕卒咸豐□年餘闕子相四二

輔四六 輔森 綸廿八子生嘉慶十五年庚午三月初四日卒十月十五日娶葛氏
生嘉慶十七年壬申餘闕子相四二相四四相四□出繼輔四七

輔四七 輔忠 綸廿八子生嘉慶十七年壬申十月初一日卒十月十五日娶姚氏
絕輔四六子相四四入繼

輔四八 輔金 綸廿九子生嘉慶二年丁巳六月十七日卒道光廿七年丁未十二月十一日年五十一娶孔氏生嘉慶七年壬戌十二月十八日卒道
光十三年癸巳九月初二日年三十二繼娶王氏生嘉慶十八年癸酉正
月初四日卒闕子相四五相四六相四七

輔四九 輔賢 綸廿九子生嘉慶十三年戊辰八月十七日卒道光十九年己亥八月
十三日年三十二娶胡氏生嘉慶十三年戊辰二月初八日卒道光
廿五年乙巳十一月
廿九日年三十八

輔五十 輔玉 綸廿九子娶應氏生卒俱闕輔五一子相四八入繼

輔五一 輔君 綸廿九子生嘉慶廿五年庚辰九月二十日卒十二月初九日娶姚
氏生嘉慶廿五年庚辰九月初□日卒闕子相四八相四九相四八
出繼輔
五十

輔五二 輔立 綸廿九子生道光六年丙戌餘闕娶董氏生卒闕

輔五三 輔魁 綸三一子生道光廿四年甲辰九月廿八日卒光緒廿五年己亥九月初九日年五十六娶李氏生道光廿四年甲辰十二月初一日子相五十

輔五四 輔榮 綸三一子生咸豐七年丁巳六月初三日卒光緒十三年丁亥三月廿一日年三十一

輔五五 輔學 綸三二子生道光廿六年丙午六月初一日

輔五六 輔周 綸三四子住台州黄巖縣生卒闕

輔五七 輔坤 綸三六子生道光九年己丑十月初一日卒同治二年癸亥五月十七日年三十五娶陶氏生道光十七年丁酉三月初十日卒同治九年庚午九月廿八日年三十六葬蘇家門前祖墳側

輔五八 如崧 綸三七子生道光八年戊子十月初七日卒同治十二年癸酉九月□日年四十六葬杜家漕大地

輔五九 輔瑞 綸三八子生道光十五年乙未十二月初七日卒光緒八年壬午九月廿九日年四十八葬留□田小河汫

輔六十 □仁 綸三八子生道光十九年己亥十月廿六日卒光緒六年庚辰十一月初一日年四十二葬蘇家門前祖墳側娶洪氏生道光廿七年丁未十月初三日

輔六一　輔豪　綸三九子生道光二十年庚子十月十七日娶□氏

輔六二　輔親　綸四十子生道光廿九年己酉八月初一日卒光緒十六年庚寅正月廿二日年四十二葬陶宅匯孫墳北首沿河娶鄭氏生咸豐八年戊午三月初四日女
長適鎮邑次未字

輔六三　輔壯　綸四一子生嘉慶廿一年丙子九月二十日卒光緒五年己卯十一月十二日壽六十四葬蘇家門前祖墳側娶蘇州方氏生道光十五年乙未五月初六日咸豐十
年庚申蘇州殉難年二十六

輔六四　輔君　綸四一子生道光五年乙酉十一月廿四日卒咸豐九年己未正月□日年三十五葬杜家槽□地未娶

輔六五　輔學　綸四二子生道光廿六年丙午七月初五日卒闕

輔六六　輔贊　綸四二子生道光三十年庚戌九月廿二日卒光緒廿三年丁酉二月初五日年四十八

輔六七　輔燽　綸四三子生道光六年丙戌六月初五日卒咸豐元年辛亥六月初五日年二十六娶□氏絕

輔六八　輔康　綸四四子生道光七年丁亥十一月廿四日卒咸豐十一年辛酉十二月二十日年三十五娶鄒氏絕

輔六九　輔仁　綸五四子生嘉慶十九年甲戌三月十三日卒同治四年乙丑四月廿五日年五十二娶穆氏生嘉慶廿二年丁丑二月廿一日卒咸豐八年戊午二月廿三日
年四十二子相五一

惠東蘇氏四修宗譜卷二十上　西房玖三公派　有志堂藏

輔七十　輔義　論丙五子生嘉慶廿三年戊寅八月初二日卒咸豐九年己未六月十五日年四十二娶邢氏生嘉慶廿四年己卯七月初八日卒咸豐二年壬子九月十九日年三十四繼娶童氏生道光九年己丑十二月十五日卒同治九年庚午三月十六日年四十二子相五二相五三

輔七一　輔禮　論四五子生道光四年甲申七月二十日卒光緒十一年乙酉正月廿八日壽六十二娶孔氏生道光六年丙戌八月初二日卒咸豐五年乙卯九月廿一日年三十繼娶洪氏生道光十三年癸巳二月廿一日卒咸豐十一年辛酉三月廿七日年二十九三娶孔氏生道光十九年己亥九月十七日卒光緒十二年丙戌六月初六日年四十八子相五四相五五孔氏出相五六三娶出

輔七二　輔孟　論四六子生道光六年丙戌二月初六日卒同治元年壬戌二月廿七日年三十七娶袁氏生道光十年庚寅八月初二日卒光緒三十年甲辰正月十七日子相五七女長適童次適洪三適袁四適沈

輔七三　輔仲　論四六子生道光十三年癸巳十一月初四日娶嚴氏生道光十一年辛卯五月廿八日卒同治二年癸亥十月十九日年三十三繼娶葛氏生道光廿八年戊申正月廿七日卒光緒廿一年乙未三月十四日年四十八子相五八女長適嚴氏出次適童葛氏出

輔七四　輔季　論四六子生道光十六年丙申十一月初十日卒光緒廿一年乙未七月初八日壽六十娶鄧氏生道光十八年戊戌十月廿六日子相五九女長適張次適陶三適余

輔七五　輔壽　論四六子生道光廿八年戊申十二月初六日卒光緒八年壬午九月初三日年三十五[illegible]

戊[illegible]七月[illegible]卒[illegible]年二十[illegible]娶宋氏
誥贈宜人[illegible]第八[illegible]戊戌[illegible]月十二日卒同治十一年
壬申四月廿三日卒[illegible]三十五歲葬河西[illegible]子[illegible]氏[illegible]咸豐四年
甲寅十月十三日子相六十嚴氏出　相六一宋氏出　女長適孔　次適徐　二
適[illegible]
馮

輔七
六　照膺　綸[illegible]生道光二年壬午七月初七日卒光緒十年甲申七月初
六日[illegible]壽六十三　娶孔氏　[illegible]宜人　[illegible]生道光三年癸未
正月十二日卒同治元年壬戌八月[illegible]九日年四十　[illegible]徐氏生道光廿
六年[illegible]二月廿八日子[illegible]相六二[illegible]相六三[illegible]相六九徐氏出
相[illegible]輔七[illegible]六五出[illegible]輔七[illegible]適上林西
門次[illegible]余杏村三[illegible]周[illegible]三四[illegible]洋野[illegible]孔氏出女
[illegible]西[illegible]
[illegible]

輔七
七　承哉　綸[illegible]生道光五年乙酉七月廿六日卒道光廿一年辛丑十月
十九日年十七歲　[illegible]生道光七年丁亥五月廿七日卒道光廿四
年甲辰六月十五日年十八　葬[illegible]
爸父貫左輔[illegible]

輔七
八　煒平　綸四[illegible]道光七年丁亥五月廿四日卒道光廿五年乙巳十一
月十七日年十九　娶朱氏[illegible]光六年丙戌三月廿四日卒咸豐三
年癸丑六月[illegible]三日年二十八　葬[illegible]
爸父貫右輔[illegible]六四[illegible]

輔七
九　端也　綸[illegible]生道光九年己丑三月廿一日卒光緒五年己卯九月廿
八日年五十一　娶[illegible]氏　敕封安人生道光十一年辛卯十二月十

張氏重修族譜卷之三　西房玖三公派

酉日卒光緒廿九年癸卯十月初九日壽七十三側室李氏生道光廿七
年[illegible]十二月初四日卒光緒廿[illegible]年[illegible]卯十月十六日年五十七葬本
村陶宅灘[illegible]向中兼艮坤輔七六
子輔[illegible]五[illegible]女適鄒邑[illegible]李氏[illegible]

輔八 輔溢 緖四八子生道光廿七年丁未五月十三日卒光緒廿七年辛丑五
十 月廿七[illegible]十[illegible]娶[illegible]生道光廿六年丙午六月十八日卒光
緒二十年甲午[illegible]九日年四十九[illegible]娶王氏生同治七年戊辰正月
廿九日[illegible]南崖氏生同治[illegible]年[illegible]二月[illegible]三十[illegible]卒光緒十八年壬
辰六月十七日年二十八側室山西張氏生同治七年戊辰四月初八日
卒光緒十一年乙酉五月廿三日年[illegible]十五女長適[illegible]沈氏出餘未字詳
氏
出

輔八 一 輔十 緖四九子生道光八年戊子八月十二日卒同治十二年癸酉九月
三十日年四十六娶[illegible]氏生[illegible]十[illegible]三月十二日卒咸豐
十一年[illegible]二月[illegible]日年三十[illegible]生道光廿五年乙巳十月
十六日[illegible]

輔[illegible] 二 輔[illegible] 緖四九[illegible]生道光十七年[illegible]六月廿五日卒光緒二年丙子十一
月廿五日年四十[illegible]周氏[illegible]生道光十七年丁酉十一月
廿九日[illegible]一[illegible]氏[illegible]
生道光廿五年[illegible]十年辛[illegible]三月[illegible]年二十
七[illegible]氏生[illegible]二月[illegible]卒[illegible]十年[illegible]十月
[illegible]五日年二十九[illegible]子[illegible]六相六七[illegible]
[illegible]
[illegible]

龍八三
輔均 綸四[illegible]子生[illegible]亥十二月十一日卒光緒十三年丁亥[illegible]月廿八日年[illegible]十九歲[illegible]誥封宜人生道光十六年戊戌十
一月廿四日卒[illegible]合二十年[illegible]月廿四日年二十六娶洪氏 誥封
宜人生[illegible]三[illegible]十六日[illegible]緒十二年丙戌九月初九日
年五十四[illegible]廿三[illegible]二月[illegible]二日卒咸豐十年庚申
八月初二日[illegible]七[illegible]夏[illegible]十月十四日卒光緒廿
二年丙申正月廿三日年[illegible]十六[illegible]首[illegible]南子相大八女
適孔洪氏出

輔八四
輔能 綸四九子生道光廿三年癸卯七月廿一日卒光緒元年乙亥閏月
十三日年三十三娶邢氏生道光廿四年甲辰正月初二日卒同治
十三年甲戌九月十八日年三十一繼娶朔氏生咸豐三年癸丑十一月
初八日子相六九邵氏出

輔八五
輔良 綸五十子生道光四年甲申十一月初十日卒光緒十八年壬辰七
月廿七日壽六十九娶顧氏生道光三年癸未二月初六日卒光緒
十九年癸巳十二月初一日壽七十一側室王氏生咸豐二年壬子七月
十四日卒光緒廿二年丙申正月十八日年四十五葬橫路陳西北坐申
向寅兼庚甲子相七十顧氏出相七一相七二王氏出女長適葛次適徐
顧氏出三適王四適[illegible]王氏出

輔八六
輔德 綸五一子生道光三年癸未八月十七日卒同治元年壬戌五月廿
五日年四十娶翁氏生道光三年癸未八月十一日卒咸豐五年乙
卯十月十二日年三十三繼娶陳氏生道光十八年戊戌八月二十日卒
同治六年丁卯二月初十日年三十葬跨塘橋西首沿河向南子相七三
女長適邵次適
鎮邑周三適張

輔八　輔道　綸五一子生道光八年戊子十一月十八日卒咸豐十年庚申閏三
七　月廿四日年三十三娶蘇氏生道光十年庚寅九月廿一日卒咸豐
九年己未六月初二日年三十
葬跨塘橋西首兄墓側女適邵

輔八　輔信　綸五一子生道光二十年庚子十一月廿五日卒光緒三年丁丑十
八　二月廿三日年三十八娶姚氏生道光廿五年乙巳二月十五日卒
同治十一年壬申五月廿五日
年二十八繼娶徐氏絶

輔八　輔槐　綸五二子生道光七年丁亥七月初四日卒光緒十一年乙酉閏月
九　十六日年五十九娶宗氏生道光十一年辛卯正月十七日卒光緒
十三年丁亥六月廿六日年五十九
葬八德庵後輔七九二子相七四入繼

輔九　輔楊　綸五二子生道光廿二年壬寅六月初七日卒同治十二年癸酉九
十　月廿一日年三十二娶蘇氏絶輔九二子相七五入繼

輔九　輔椿　綸五二子生道光廿五年乙巳二月初二日卒同治十二年癸酉十
一　月廿六日年二十九娶邵氏生咸豐二年壬子餘闕子相[illegible]

輔九　輔榛　綸五二子生道光十八年戊戌正月初五日卒光緒三年丁丑十月
二　初二日年四十娶顧氏生道光廿六年丙午十二月初二日卒光緒
廿六年庚子七月初二日年五十五子相七四相七五相七七相七八相
七四出繼輔八九相七五出繼輔九十

輔九　輔財　綸五四子生道光廿三年癸卯十一月初一日卒光緒廿五年己亥
三　七月廿八日年五十七娶周氏生道光廿三年癸卯三月初七日卒
光緒十四年戊子四月十六日年四十六子相七九相八十相八一女長
[illegible]字

輔九四　輔標　綸五□□□光緒□九年□□□月十二日

輔九五　輔明　綸五八子生光緒十三年丁亥三月十六日

輔九六　輔瑛　綸一□子生光緒十七年辛卯正月廿二日

輔九七　輔藩　綸六五子生同治十三年甲戌五月初一日

輔九八　輔根　綸六七子生咸豐二年壬子三月初三日卒光緒三十年甲辰正月
十八日年五十三娶馮氏繼子昭八二女適小鐵□局

輔九九　輔元　綸六七子生咸豐五年乙卯八月十九日娶西經堂嵇氏生咸豐五
年乙卯十二月初六日女適五鄉□

輔一百　輔定　綸六七子生同治六年丁卯七月廿一日卒光緒十四年戊子九月
十六日年二十二娶王氏生同治十一年壬申九月初七日卒光緒
十四年戊子六月初八日
年十七葬隱家灘□前首

輔百一　輔宗　綸六八子生同治四年乙丑正月初五日娶下河吳氏生同治三年
甲子十月廿四日卒光緒二十年甲午十月十八日年三十一繼娶
童姚姚氏生同治十二年癸酉正月十九日卒光緒廿二年丙申七月廿
四日年二十四三娶章橋□氏生光緒五年己卯八月二十日子相八三
吳氏出相八四□
氏出女四俱未字

輔百二　輔寶　綸六九子生咸豐五年乙卯九月十六日娶朱郭朱氏　敕封安人
誥封宜人生咸豐四年甲寅十一月初六日子相八五女長適邢家

適白龍

王廟孔

輔百三　輔仁　綸七十子生同治六年丁卯二月十一日娶樟橋洋氏生同治八年
己巳八月初六日子相八六女二未字

輔百四　輔泉　綸七八子生光緒六年庚辰六月廿八日卒光緒廿六年庚子　月
日年二十一聘洋墅徐氏未光緒八年壬午七月十三日

輔百五　輔定　綸八一子生道光廿一年辛丑三月廿四日卒光緒十三年丁亥三
月初八日年四十七娶孫門眠趙氏生道光廿六年丙午正月十五
日子相八
七相八八

輔百六　輔樑　綸八一子生咸豐十年庚申四月初六日卒光緒廿四年戊戌三月
初一日年三十九娶蘇瑪蔣氏生同治四年乙丑四月初十日子相
八九相九十長
適沈未未字

輔百七　輔林　綸八一子住杭州生同治五年丙寅十一月初三日娶　氏生
年　月　日子相九一

輔百八　榮森　綸八五子生光緒廿四年戊戌　月初一日

輔百九　祖蔭　綸八五子生光緒廿二年丙申八月廿六日

輔百十　輔宸　綸八六子生光緒十四年戊子十二月十三日

輔百十一　輔定　綸八六子生光緒十七年辛卯八月廿三日

輔百十二 輔[illegible] 綸八六子生光緒廿五年[illegible]三月廿七日

輔百十三 輔寶 綸八六子生光緒廿八年壬寅十二月廿八日

輔百十四 輔富 綸八七子生光緒十六年庚寅正月十九日

輔百十五 輔寅 綸八九子生光緒十六年庚寅十月初二日

輔百十六 輔官 綸八九子生光緒廿一年乙未三月廿一日

輔百十七 輔宋 綸八九子生光緒廿四年戊戌二月初一日

輔百十八 輔源 綸九十子生光緒廿三年丁酉正月廿七日

輔百十九 輔慶 綸九三子生光緒十三年丁亥五月廿三日

輔百二十 輔章 綸九四子生光緒廿四年戊戌十月初五日

輔百廿一 輔全 綸八九子生光緒十五年己丑九月廿四日

輔百廿二 鶴林 綸九七子住溫州生乾隆五十五年庚戌十一月初四日卒道光七年丁亥八月廿四日年三十八娶蘇氏生嘉慶八年癸亥十二月十一日卒七月十五日繼娶周氏生嘉慶十一年丙寅十二月初五日卒同治元年壬戌十月十九日年五十七葬靈山西首輔百廿三子相 九二

八
繼

輔百廿三　殿休　綸九八子生溫州生嘉慶十年乙丑十月廿六日卒闕娶章氏生嘉
慶九年甲子卒道光廿六年丙午壽闕年四十三繼娶□氏生卒闕
子相九二相九三相九四
相九二出繼輔百廿二

輔百廿四　輔淮　綸九七子生乾隆六十年乙卯九月十五日卒道光廿五年乙巳三
月廿九日年五十一娶鄒氏生嘉慶二年丁巳十二月十三日卒道
光廿二年壬寅八月二十日年四十六繼室徐氏生道光五年乙酉四月
十一日卒咸豐十一年辛酉四月廿八日年三十七葬東石路輔百廿六
子相九
五八繼

輔百廿五　輔達　綸九七子生嘉慶九年甲子十一月十四日卒咸豐六年丙辰八月
十八日年五十三娶朱氏生嘉慶九年甲子六月廿一日卒光緒十
一年乙酉正月三十日壽八十二
葬宅前水[illegible]子相九六

輔百廿六　輔洪　綸九七子生嘉慶十三年戊辰十一月廿八日卒道光三十年庚戌九
月[illegible]一日年四十三娶陳氏生嘉慶十五年庚午正月十五日卒道
光廿三年癸卯閏七月二十四日年三十四繼娶吳氏生道光元年辛巳十
二月廿九日卒光緒五年己卯八月十三日年五十九葬江頭園子相九
五相九七相九八相
九五出繼輔百廿四

輔百廿七　輔[illegible]　綸一[illegible]子生嘉慶元年[illegible]咸豐五年乙卯八月廿
[illegible]日壽六十[illegible]

年壬辰丙月廿二日
年二十七葬□山前
輔百廿八　輔瀚　綸第一子生嘉慶八年癸亥十二月初六日卒咸豐三年癸丑九月
初八日年五十一娶黃氏生闕卒道光十四年甲午十一月初一日
繼娶曹氏生嘉慶六年辛酉正
月廿一日卒□□葬□□□屋後
輔百廿九　輔洪　綸百一子生嘉慶廿四年己卯十一月初一日卒光緒九年癸未十
一月初二日年六十五娶姚氏生道光七年丁亥五月十四日卒咸
豐二年壬子八月□日
年二十六葬屋後包塘
輔百三十　輔洋　綸百一子生道光元年辛巳七月廿四日卒同治二年癸亥七月十
四日年四十三娶蘇州洪氏生闕卒咸豐十一年辛酉十一月初三
日葬屋
後笆塘
輔百三一　輔濟　綸百一子生道光十三年癸巳二月廿五日娶蘇氏生道光二十年
庚子九月廿六日□相□九
輔百三二　輔瀾　綸百二子生乾隆三十九年甲午正月廿三日卒嘉慶廿一年丙子
八月初三日年四十三娶蔣氏生卒闕葬西園地水路頂子相一百
輔百三三　輔濤　綸百三子生乾隆五十五年庚戌九月廿九日卒道光元年辛巳九
月廿六日年三十二娶□氏　旌節孝詳貞節錄生嘉慶二年丁
巳九月廿九日卒同治五年丙寅八
月初三日壽七十葬蔣氏祠堂之東
輔百三四　輔漢　綸百三子生乾隆六十年乙卯正月初六日卒同治九年庚午八月
十日壽七十六娶嚴氏生嘉慶九年甲子七月初四日卒道光十

二年壬辰四月廿
六日年二十九

輔百三五　輔洲　綸百三子生乾隆六十年乙卯正月初六日卒同治二年癸亥十月
十二日壽六十九娶王氏生嘉慶十二年丁卯六月十一日卒同治
二年辛亥十一月十八
日年五十七子相百一

輔百三六　輔沅　綸百三子生嘉慶元年丙辰十一月十七日卒同治元年壬戌十月
初十日壽六十七娶洪氏生嘉慶十一年丙寅十月十九日卒道光
十九年己亥二月
二十日年三十四

輔百三七　輔漢　綸百[illegible]子生嘉慶十四年己巳正月廿六日卒咸豐四年甲寅九月
初[illegible]日年四十[illegible]娶[illegible]氏[illegible]嘉慶[illegible]二年壬午五月初七日卒光緒七
年辛巳[illegible]月[illegible]日壽六十
葬[illegible]後西[illegible]地子[illegible]百二

輔百三八　林任　綸百六子生嘉慶廿四年己卯三月初五日卒道光三十年庚戌十
月廿[illegible]日年三十二未娶

輔百三九　輔潮　綸百九子生卒闕

輔百四十　輔水　綸百九子生卒闕

輔百四一　輔漠　綸百十子生乾隆五十九年甲寅十二月初九日卒道光四年甲申
七月十七日年三十一娶[illegible]氏生嘉慶七年壬戌正月初八日卒同
治十二年[illegible]七月[illegible]六日壽七[illegible]
十[illegible]輔百[illegible]二[illegible]百[illegible]

輔百四二　輔[illegible]　綸百[illegible]生[illegible]俞[illegible]壽九十[illegible]月[illegible]
[illegible]咸豐十年[illegible]七月十八日年五十七葬[illegible]路上子相百三
相百[illegible]相百[illegible]
出繼輔百四一

輔百四三　輔瀚　綸百十二子生[illegible]娶[illegible]嘉慶八年癸亥十二月初十日卒道
光廿一年[illegible]七月十五日年五十九

輔百四四　輔壽　綸百十四子生[illegible]十二月廿二日卒道光十三年癸巳
五月十五日年五十九娶[illegible]四十年乙未二月初六日卒
嘉慶廿三年戊[illegible]
[illegible]葬[illegible]子相百[illegible]六[illegible]

輔百四五　輔勳　綸百十[illegible]生[illegible][illegible]年[illegible]月十二日卒嘉慶十二年丁卯六月廿
三日葬[illegible]娶[illegible]氏絕

輔百四六　輔孝　綸百十五子生乾隆[illegible]正月十三日[illegible]外娶王氏　欽旌節孝
[illegible]貞[illegible]生乾隆四十五年庚子十二月廿七日卒咸豐八年戊午
十二月初三日壽[illegible]葬[illegible]
園[illegible]輔百四七子相百八[illegible]

輔百四七　輔[illegible]　綸百十五子生乾隆四十七年[illegible]月初十日卒道光十三年癸
巳六月[illegible]年五十二娶[illegible]氏生乾隆五十九年甲寅七月初七
日卒咸豐[illegible]年甲寅正月十八日壽六十一葬瀕山子相百八相百九相
百八出繼輔百四六

輔百四八　輔行　綸百十七子生乾隆五十一年丙午十一月初十日卒道光十四年
甲午九月初八日年四十九娶姚氏生嘉慶二年丁巳十一月初三
日卒光緒五年己卯七月十四日壽
八十三輔百四九子相百[illegible]入繼

恙東黃氏四修宗譜卷二十　西房玖三公派

輔百四九　輔信　綸百十八子生乾隆六十年乙卯十月廿五日卒道光廿六年丙午十一月初四日年五十二娶王氏生□月廿六日卒二月廿八日繼娶余氏生嘉慶十二年丁卯三月十一日卒光緒十四年戊子九月廿八日壽八十二子□輔百□□百十一□□□□輔百四八

輔百五十　□暢　綸百十九子生道光廿三年癸卯七月十五日

輔百五一　輔治　綸百二十子生道光廿三年癸卯正月十三日卒光緒十六年庚寅三月十八日年四十八

輔百五二　茂吉　綸百廿一子生道光三年癸未□月十五日娶黃□陳氏生道光十七年丁酉　月　日

輔百五三　輔濂　綸百廿二子生道光廿二年壬寅正月十五日卒光緒九年癸未十一月廿一日年四十二

輔百五四　輔港　綸百廿四子生道光廿七年丁未四月初九日娶戚氏生咸豐九年己未九月十九日卒光緒九年癸未七月廿一日年二十五子相百二十

輔百五五　輔灌　綸百三十子生道光十年庚寅四月十七日卒咸豐十年庚申正月廿五日年三十一娶□氏生道光九年己丑十二月十七日卒光緒十四年戊子九月十二日壽六十□葬□屋□繼子相百十□相百十□

輔百五六　輔溆　綸百三一子生光緒□年□寅六月初十日

輔百五七　□臣　綸百□三子生同治□十□年□□□月初九日

輔百五八　輔泉　綸百三三子生光[illegible]年[illegible]月十九日

輔百五九　仁虎　綸百三五子住江北生光緒十六年庚寅十二月初八日

輔百六十　輔法　綸百三七子生同治元年壬戌十二月廿七日娶蘇氏生同治三年甲子六月初六日子[illegible]

輔百六一　鴻源　綸百三九子生同治五年丙寅八月初五日

輔百六二　輔榮　綸百四一子生光緒七年辛巳八月廿九日

輔百六三　輔疊　綸百四二子生光緒廿七年辛丑八月廿九日

輔百六四　[illegible]瞖　綸百四三子生光緒廿七年辛丑五月十一日

輔百五六　輔[illegible]　綸百四六子生光緒廿四年戊戌七月廿二日

輔百六六　錫章　綸百四六子生光緒廿七年辛丑十月廿八日

輔百六七　輔沐　綸百四八子生咸豐元年辛亥十一月初五日

輔百六八　輔華　綸百五二子生光緒三年丁丑九月十三日

輔百六九　輔祥　綸百五二子生光緒七年辛巳七月初五日

輔百七十　輔臣　綸百五四子生光緒元年乙亥正月初九日

輔百七一　輔興　綸百五六子生光緒十九年癸巳十二月廿四日

輔百七二　輔勤　綸百五八子生咸豐二年壬子七月十三日卒光緒元年乙亥二月廿九日年二十四

輔百七三　輔[illegible]　綸百五[illegible]子生咸豐九年己未五月廿五日卒光緒廿四年戊戌八月廿三日年四十娶吳氏[illegible]十一月初十日

輔百七四　輔[illegible]　綸百六十子生咸豐九年己未十二月[illegible]三日

輔百七五　輔坤　綸百六一子生同治十年辛未二月廿八日

輔百七六　輔章　綸百六二子生光緒七年辛巳七月初二日娶王氏生光緒九年癸未七月十六日

輔百七七　爭光　綸百六三子生同治六年丁卯十一月[illegible]日

輔百七八　輔昌　綸百六八子生光緒十四年戊子十月廿四日

輔百七九　輔燧　綸百六九子生同治十二年癸酉正月廿四日

慈東費氏四修宗譜卷二十下

世次傳十二

二十四世　丙房玖四公派

輔一　帝芳　綸六子生嘉慶廿二年丁丑三月初一日卒咸豐元年辛亥七月初七日年三十五娶于氏

輔二　輔桂　綸七子生道光十八年戊戌十一月廿七日卒闕

輔三　輔寬　綸七子生道光廿一年辛丑十二月廿四日元配裘氏繼娶謝氏三娶華氏四娶沈氏

輔四　輔信　綸七子生道光廿四年甲辰十月十八日卒闕

輔五　輔敏　綸七子生道光廿六年丙午九月初八日卒闕

輔六　輔惠　綸七子住上海生道光廿八年戊申十月初六日娶蔡氏生同治元年壬戌九月十二日卒光緒九年癸未八月初六日年二十二繼娶謝氏生同治六年丁卯四月廿二日子湘一蔡氏出

輔七　傳來　綸十一子生嘉慶十七年壬申十一月廿九日卒闕娶杭州口氏繼娶上海口氏生卒俱闕

輔八　傳貴　綸十二子生道光四年甲申七月廿二日殉于粵匪娶韓氏生道光十四年甲午十月十二日卒光緒四年戊寅四月廿六日年四十五子相

二

輔九　傳樑　綸十三子生咸豐七年丁巳七月初十日卒光緒廿三年丁酉十一月十七日年四十一元配倪氏温州人生咸豐十一年辛酉十一月初三日子相三女適[illegible]縣[illegible]西湖[illegible]清

輔十　傳[illegible]　綸十三子生同治二年癸亥三月十六日卒光緒六年庚辰十月二十日年十八娶黄氏生同治七年戊辰七月十九日卒光緒九年癸未七月廿三日年十[illegible]厝温州府城

輔十一　傳瑞　綸十四子生道光十七年丁酉四月十九日卒光緒十八年壬辰二月初二日年五十六娶洪氏[illegible]封恭人生道光二十年庚子十二月廿一日卒光緒九年癸未十一月二十日年四十四側室[illegible]氏生咸豐八年戊午四月初四日卒光緒十八年壬辰二月初八日年三十五葬酒店河[illegible]土名蔣頭阮子街四洪氏[illegible]

輔十二　傳佑　綸十五子生道光十七年丁酉十二月廿九日卒閩

輔十三　[illegible]耀　綸十七子住清水湖生道光十二年壬辰十一月初五日

輔十四　[illegible]高　綸十七子住[illegible]縣生道光十五年乙未六月廿二日

輔十五　瑞玉　綸二十子生道光十三年癸巳[illegible]月[illegible]日卒于外娶邵氏生道光十一年辛卯[illegible]月廿[illegible]日卒[illegible]地方子[illegible]五

輔十六　順金　綸廿一子往杭州[illegible]生咸豐元年辛亥十二月廿七日娶□氏子[illegible]六[illegible]九

輔十七　輔梧　綸廿五子生嘉慶二十年乙亥十一月初二日卒六月廿三日娶江北邱氏生道光九年己丑二月初九日卒光緒廿一年乙未四月初十日壽六十七葬阮家橋女適北鄉陳

輔十八　輔桐　綸廿五子生嘉慶廿二年丁丑八月初六日卒光緒元年乙亥十月十六日年五十九娶邱氏生道光十七年丁酉十月十三日卒咸豐三年癸丑四月十一日年十七繼娶陳氏生道光十二年壬辰四月十七日卒光緒廿三年丁酉九月二十日壽六十六葬吉祥庵山子相十九

輔十九　輔梓　綸廿五子生嘉慶廿五年庚辰正月初七日卒同治四年乙丑十一月廿九日年四十六娶錢氏生道光十九年己亥七月初七日卒同治二年癸亥五月初四日年二十五葬吉祥庵山

輔二十　成楠　綸廿六子生道光十年庚寅十月十四日卒於外未娶

輔廿一　靜淵　綸廿七子生乾隆五十二年丁未七月廿六日卒道光廿九年己酉三月廿八日壽六十三娶鎮邑徐氏生乾隆五十五年庚戌十一月初二日卒咸豐十年庚申七月初三日壽七十一葬賚公廳西首子相十一相十二

輔廿二　靜水　綸廿八子生乾隆五十五年庚戌十月十九日生嘉慶十九年甲戌二月廿九日年二十五葬賚公廳西首未娶

輔廿三　靜瀾　綸廿九子生嘉慶九年甲子六月十六日卒闕娶本邑半路菴洪氏生嘉慶十二年丁卯九月廿五日卒道光十七年丁酉七月十三日

年三十一　娶鎮邑東八部廟根張氏生嘉慶廿四年己卯三月初十日
卒光緒廿八年壬寅十月廿四日壽八十四　子相十三相十四相十五相
十六相十七相十八俱張氏出　女適
本部西蘇蘇文球洪氏出

輔廿四　靜淮　綸三十子　生嘉慶十八年癸酉四月初十日卒道光十八年戊戌八
月廿八日年二十六　娶本邑杜郭沈氏生嘉慶十八年癸酉十二月
初二日卒道光十八年戊戌九月三十日年二十六　葬賽公廳西北首　女
適長石橋徐

輔廿五　靜海　綸三十子　生道光元年辛巳十月廿七日卒闕

輔廿六　靜淇　綸三一子　生嘉慶廿四年己卯三月廿二日卒闕　娶本邑池頭沈沈
氏生道光廿三年癸卯六月初九日卒闕

輔廿七　靜瀚　綸三二子　生道光十四年甲午二月廿八日卒闕　娶樟橋方楊楊氏
生道光廿二年壬寅四月廿五日卒闕

輔廿八　靜洲　綸三四子　生道光二十年庚子十月初七日卒光緒十三年丁亥十
月二十日年四十八　娶本邑童姚姚氏生道光廿五年乙巳五月廿
五日卒光緒十四年戊子二月十
六日年四十四　子相十八相十九

輔廿九　靜波　綸三五子　生嘉慶十五年庚午四月十二日卒同治六年丁卯十月
十八日年五十八　娶本邑後溪胡氏生嘉慶廿三年戊寅正月初二
日卒光緒十二年丙戌正月廿一日壽
六十九　子相二十　女長適姚次未詳

輔三十　靜濤　綸三九子　生嘉慶十七年壬申七月十八日卒道光廿九年己酉十
月十四日年三十八　葬[illegible]　與弟合穴　未娶

輔三一　靜淵　綸三五子生嘉慶廿二年丁丑正月廿一日卒道光廿九年己酉七月十七日年三十三葬鎮臚亭首與兄合穴未娶

輔三二　靜涵　綸三五子生道光五年乙酉七月初四日卒光緒十二年丙戌十一月廿五日壽六十二娶杭州曹氏生道光十年庚寅餘闕

輔三三　肇沅　綸三九子生嘉慶十二年丁卯八月十四日卒咸豐十一年辛酉四月廿四日年五十五娶劉氏生嘉慶十一年丙寅四月廿五日卒道光廿九年己酉九月廿七日年四十四繼娶周氏生道光五年乙酉十月廿四日卒咸豐九年己未九月廿二日年三十五三娶袁氏生道光元年辛巳十月初十日卒光緒廿九年癸卯[illegible]月[illegible]日壽八十三子相廿一劉氏出女長適胡次適胡劉氏出三未詳周氏出

輔三四　大成　綸四十子生嘉慶十九年甲戌九月十三日卒同治七年戊辰九月初四日年五十五娶王氏生嘉慶廿一年丙子八月十九日卒道光十八年戊戌五月初五日年二十三繼娶胡氏生嘉慶廿一年丙子十月初一日卒光緒四年戊寅正月廿一日壽六十三子相廿二相廿三相廿五胡氏出相廿三出繼輔三六為嗣三七相廿五出繼輔四十

輔三五　開元　綸四一子生嘉慶二十年乙亥十月廿九日出外無查

輔三六　水文　綸四一子生嘉慶廿四年己卯十月十八日卒光緒十二年丙戌三月十五日壽六十八娶徐氏生道光十二年壬辰九月廿一日卒光緒十四年戊子六月廿六日年五十七葬大嶴灘小岙輔三四子相廿三入繼

輔三七　肇瀾　綸四二子生嘉慶廿二年丁丑十月初二日卒闕娶鄞縣楊氏生道光三年癸未正月初七日卒道光廿六年丙午十月初三日年二十

四繼娶王氏生道光廿一年辛丑七月廿五日卒闕子相廿四楊氏出出外無查輔三四子相廿三兼祧

八　輔三　潤芝　綸四三子生道光五年乙酉十二月廿八日卒闕娶成氏生道光十九年己亥十一月初七日卒闕

九　輔三　玉麟　綸四二子生道光十五年乙未九月十六日卒咸豐九年己未六月初三日年二十五未娶

十　輔四　川芝　綸四四子生道光九年己丑十二月廿四日卒光緒三年丁丑十月十六日年四十九娶張氏生道光十九年己亥正月三日卒光緒廿九年癸卯十月十六日壽六十五輔三四子相廿五入繼

一　輔四　瀾　綸四五子生嘉慶十九年甲戌六月十九日卒八月十一日娶王氏絕

二　輔四　濤　綸四五子生嘉慶廿一年丙子十二月廿九日卒九月二十日娶錢氏生道光十年庚寅二月十七日卒道光廿九年己酉十月十七日年二十

三　輔四　鴻　綸四六子生道光九年己丑十二月廿一日卒同治十三年甲戌五月十九日年四十六娶蘇氏生道光二十年庚子十月初二日子相廿六相廿七

四　輔四　波　綸四八子生道光元年辛巳七月初十日卒同治八年己巳十月廿五日年四十九娶趙氏生道光十二年壬辰六月十五日卒同治十一年壬申二月初九日年四十一子相廿八

輔四五　清　綸四九子生乾隆五十三年戊申十月三十日卒道光廿八年戊申二月廿九日壽六十一娶本邑□塘潘氏生乾隆五十五年庚戌九月十四日卒道光二十年庚子八月廿三日年五十一子相廿九相三十相三一

輔四六　潔　綸四九子生嘉慶二年丁巳正月初五日卒嘉慶廿五年庚辰五月廿一日年二十四娶洪氏生嘉慶四年己未七月十八日卒道光十六年丙申二月廿九日年三十八葬賽公廳子相三二

輔四七　澥　綸四九子生嘉慶五年庚申十月初五日卒咸豐十年庚申二月十五日壽六十一娶葉氏生嘉慶十年乙丑正月初一日卒光緒三年丁丑八月十一日壽七十三葬住宅東首

輔四八　潮　綸五十子生乾隆四十四年己亥十一月廿四日卒六月十二日娶姚氏生乾隆四十一年丙申十月初三日卒道光十九年己亥六月廿三日壽六十四厝賽公廳東首輔五十子相三三入繼

輔四九　海　綸五十子生乾隆四十七年壬寅二月廿九日卒正月十三日娶王氏生二月初二日卒六月初一日繼娶鄞縣湯氏生乾隆四十九年甲辰三月初七日卒道光十七年丁酉十月廿一日年五十四厝賽廳東首輔四八子相三三承祀

輔五十　灃　綸五一子生乾隆五十年乙巳八月十八日卒道光十三年癸巳二月廿九日年四十九娶吳氏生乾隆五十年乙巳十二月初十日卒咸豐八年戊午三月十一日壽七十四子相三三相三四相三三出繼輔四八兼祧輔四九

輔五一 涫 綸五一子生乾隆五十七年壬子七月十九日卒道光廿五年乙巳正月十二日年五十四娶姚氏生乾隆五十七年壬子八月十八日卒闕
子相三五相三六相三七相三
八相三九相三九出繼輔五二

輔五二 渭 綸五一子生嘉慶元年丙辰十二月初三日卒道光廿一年辛丑八月廿九日年四十六娶姚氏生乾隆五十六年辛亥正月十五日卒咸豐三年癸丑八月廿三日壽六十三葬寺嶴口小虎山西首顧家地輔五一
子相三九入繼

輔五三 淮 綸五三子生嘉慶八年癸亥十月初二日卒道光廿五年乙巳九月十二日年四十三娶孫氏生嘉慶十五年庚午四月廿九日卒咸豐七年丁巳八月十七日年四十八
厝大墳灘子相四十相四一

輔五四 澂 綸五二子生嘉慶十九年甲戌十二月二十日卒光緒十一年乙酉九月初九日壽七十二娶鄭氏生嘉慶十九年甲戌九月廿七日卒道光十三年癸巳十二月廿七日年二十繼娶周氏生道光九年己丑四月廿六日卒闕子相四周氏出

輔五五 瀾 綸五二子生道光五年乙酉十二月廿一日卒光緒二十年甲午正月廿八日壽八十葬鮑家橋南首娶童氏生道光十二年壬辰三月廿八日女長適周次
適謝三適湯

輔五六 遵淵 綸五三子生乾隆五十九年甲寅九月廿九日卒道光十四年甲午六月初六日年四十一娶應氏生乾隆六十年乙卯五月初七日卒道光十七年丁酉六月廿七日年四十三葬大嶴壽子相四三

輔五七 邍泗 綸五三子生嘉慶三年戊午□月初十日卒道光廿九年己酉七月十四日年□十八娶莊氏生嘉慶五年庚申八月十一日卒同治十年辛未十一月初二日壽七十二子日四日四相四五

輔五八 邍濂 綸五三子生嘉慶元年丙辰十一月十三日卒道光十四年甲午六月廿八日年三十九娶應氏生嘉慶元年丙辰六月廿七日卒道光十七年丁酉七月廿八日年四十二子日四六日四七

輔五九 邍□ 綸五四子生嘉慶八年癸亥十二月二十日卒道光十二年壬辰十一月初七日年三十娶顧氏生嘉慶十一年丙寅十一月十七日卒道光五年乙酉十二月十六日年二十

輔六十 邍瀾 綸五四子生嘉慶廿二年丁丑正月初六日卒道光廿九年己酉八月廿四日年三十三娶□氏生嘉慶廿五年庚辰十月廿九日卒關子相四八 坦四九

輔六一 金利 綸五五子生咸豐四年甲寅十一月十二日卒關未娶

輔六二 金傳 綸五五子生咸豐九年己未十一月初四日娶林氏生咸豐十一年辛酉十月初七日二女

輔六三 輔茂 綸五五子生同治十年辛未十月初五日娶李氏生光緒八年壬午十月初七日

輔六四 封高 綸五七子生道光六年丙戌七月十五日卒光緒六年庚辰六月廿八日年五十五娶口氏子相五十買與別姓爲子

輔六五　**啓嘉**　綸六七子生嘉慶十五年庚午十二月廿五日卒道光廿六年丙午二月二十日年三十七娶王氏絶了　相五一

輔六六　**啓忠**　綸六七子生道光元年辛巳[illegible]闕娶童氏繼娶口氏生卒俱闕

輔六七　**啓福**　綸六八子生嘉慶廿二年丁丑六月廿五日卒咸豐十年庚申七月廿五日年四十四娶貝氏生道光九年己丑十二月廿六日卒闕

輔六八　**啓順**　綸六八子生道光六年丙戌九月二十日卒光緒十九年癸巳正月十三日壽六十八娶林氏生道光二十年庚子四月初四日卒光緒三年丁丑正月十八日年三十八子相五二

輔六九　**啓鯤**　綸六九子生乾隆廿六年辛巳九月十四日卒乾隆四十一年丙申六月十五日

輔七十　**啓鰲**　綸六九子生乾隆廿九年甲申十一月十八日卒道光五年乙酉九月廿四日壽六十二娶王氏生乾隆廿九年甲申十一月十一日卒道光五年乙酉九月十六日壽六十二繼娶邵氏生嘉慶元年丙辰九月廿三日卒同治九年庚午五月廿五日壽七十五葬大路南首子相五三王氏出相五四邵氏出

輔七一　**啓鯨**　綸六九子生乾隆三十二年丁亥十一月十三日卒嘉慶四年己未十月初一日年三十三娶陸氏生乾隆三十一年丙戌十月初五日卒道光二年壬午十二月廿二日年五十七子相五五

輔七二　**啓綸**　綸六九子生乾隆[illegible]十八日卒道光十八年戊戌九月廿九日[illegible]生乾隆[illegible]二年丁亥九月初六日卒

乾隆五十八年癸丑十一月廿□日生年□十□□□娶宋氏生乾隆四十二
年丁酉五月廿八日卒道光十七年丁酉九月初七日壽六十一□□子
氏生乾隆□六年辛□十月二十□日卒同治五年丙寅十二月廿三日壽六
十六葬宋郭樓家□□□五六□三七俱宋氏出□五八于氏出

輔七三　啓鞭　綸六九子生乾隆三十六年辛卯六月廿六日卒道光九年己丑二月初七日年五十九娶彭氏生乾隆三十九年甲午十二月十四日卒乾隆五十六年辛亥八月廿五日年十八繼娶許氏生乾隆五十三年戊申九月十三日卒咸豐元年辛亥□月十二日壽六十四子相五九蘇氏出

輔七四　啓絓　綸七十子生乾隆三十三年戊子十一月初六日卒道光三年癸未十二月初五日年五十六娶嚴氏生乾隆三十二年丁亥九月十七日卒二月十一日葬高橋跟

輔七五　啓鱗　綸七十子生乾隆三十六年辛卯九月十七日卒嘉慶十年乙丑十一月廿二日年三十五葬高橋跟娶□氏生卒闕

輔七六　啓鰱　綸七十子生乾隆四十年乙未五月廿七日卒嘉慶七年壬戌四月十四日年二十八娶張氏生九月廿一日卒十二月廿六日葬高橋跟

輔七七　輸元　綸七十子生八月十二日卒十二月十二日娶王氏生乾隆四十一年丙申七月廿五日卒嘉慶六年辛酉十二月初二日年二十六葬高橋跟

輔七　大元　綸七十一子生十一月十九日卒三月十九日娶傅氏生七月廿五日
八　卒八月廿八日葬□□橋跟
輔七　啓鍘　綸七十子生乾隆四十八年癸卯二月十一日卒嘉慶七年壬戌四
九　月初四日年二十葬高橋跟
輔八　啓鮁　綸七十子生乾隆五十三年戊申十月初八日卒道光三年癸未五
十　月初十日年三十六娶袁氏生正月二十日卒八月初七日
輔八　啓雲　綸七十子生嘉慶六年辛酉五月十二日卒同治八年己巳三月十
一　五日壽六十九娶邵氏生嘉慶十三年戊辰三月十四日卒光緒十
四年戊子十二月初十日壽八十
一　葬費家廳子相六十相六一
輔八　□魁　綸七一子生卒闕
二
輔八　啓泰　綸七二一子生乾隆五十六年辛亥八月廿五日卒道光五年乙酉正
三　月十二日年三十五娶邵氏生乾隆五十四年己酉二月初九日卒
咸豐十年庚申四月初八日壽
七十二葬徐家衕衖□相六二
輔八　啓裕　綸七二二子生乾隆六十年乙卯□□闕娶方氏生卒闕子相六三
四
輔八　啓貴　綸七三子生乾隆五十二年丁未十二月初四日卒道光十四年甲
五　午五月初十日年四十八娶余氏生十二月初七日卒八月初一日
子相
六四
輔八　啓□　綸七三子生嘉慶五年庚申十一月十六日卒道光廿一年辛丑四
六　月十一日年四十二

輔八啓恆　綸七四子生嘉慶十九年甲戌三月十九日卒道光十七年丁酉
七　十月初十日年二十四娶洪氏生嘉慶十五年庚午五月十八日卒
同治六年丁卯十一月十
五日年五十八子相六五

輔八祿滋　綸七四子生卒闕
八

輔八簡壽　綸七六子生道光十八年戊戌十二月廿四日卒闕
九

輔九啓潮　綸七七子生嘉慶六年辛酉二月十四日卒咸豐十一年辛酉七月
十　初四日壽六十一娶陸氏生嘉慶十七年壬申六月廿一日卒十一
月廿八日
子相六六

輔九啓孝　綸七七子生嘉慶十年乙丑二月初六日卒闕娶李氏生道光元年
一　辛巳十月初二日卒闕子相六七

輔九啓廷　綸七七子生嘉慶十五年庚午正月初五日卒道光十三年癸巳五
二　月廿八日年二十四未娶

輔九啓琛　綸七七子生嘉慶十九年甲戌五月初八日卒道光十八年戊戌正
三　月十三日年二十五

輔九陽春　綸八十子住慈城
四

輔九任臯　綸八三子生嘉慶十九年甲戌九月廿三日卒道光十八年戊戌正
五　月十八日年二十五

輔九樹福　綸八七子住上海生道光二十年庚子五月二十日
六

慈東費氏四修宗譜卷二十下　西房玖四公派　有□堂□

輔九七　春福　字八七子住上海生道光廿四年甲辰四月十三日娶□氏子相百八九出嗣禮十不飛下輔二百十三

輔九八　允治　論八九子生嘉慶四年己未五月二十日卒道光十五年乙未七月廿三日年三十七娶邵氏生嘉慶五年庚申十一月廿二日卒同治九年庚午九月初九日壽七十一葬天德庵之北原子相六□

輔九九　允湘　論八九子娶陳氏生卒俱闕葬天德庵之北原

輔一百　允清　論九十子生道光六年丙戌二月十一日卒道光廿九年己酉七月初九日年二十四葬瓦片灘頭墳邊未娶

輔百一　允中　論九一子住上海生道光二年壬午五月十二日卒同治三年甲子三月二十日年四十三娶周氏生道光十七年丁酉七月十四日卒咸豐十一年辛酉十月二十日年二十五繼娶陸氏生道光七年丁亥二月廿二日卒光緒十年甲申十月二十日年五十八葬牛尾河涇子相六九

輔百二　允文　論九一子住上海生道光十五年乙未正月初十日卒咸豐十年庚申十一月十一日年二十六

輔百三　允佐　論九二子生道光十年庚寅九月十三日卒咸豐二年壬子正月廿九日年二十三往蘇家池未娶

輔百四　允佑　論九二子生道光十四年甲午正月初五日卒道光三十年庚戌五月初六日年十七未娶

輔百五　允吉　論九三子生道光三年癸未七月十四日卒光緒十六年庚寅七月十八日壽六十八娶鎮邑陳氏敕封孺人生道光元年辛巳正月初一日卒光緒二年丙子三月十二日年五十六厝家園之西子相七十

女長適長亭曹二適陳

輔白六　允卿　綸九三子生道光十一年辛卯九月初九日卒咸豐八年戊午九月廿八日年二十八娶□氏　餘姚節孝請旌節録生道光十一年辛卯十一月十九日卒光緒十九年癸巳十一月十四日壽六十三

輔百七　允恭　綸九三子生咸豐二年壬子三月廿九日卒光緒十八年壬辰八月廿九日年四十一娶成氏生同治元年壬戌七月二十日女二

輔白八　允芳　綸九四子生道光九年己丑二月十六日卒光緒□年十月十八日娶邱氏生道光七年丁亥六月十八日卒同治十一年壬申七月廿八日年四十六續娶李氏生道光廿九年己酉四月初二日卒光緒十二年丙戌九月初六日年三十八□節孝請旌首女二

輔百九　允升　綸九四子生道光十六年丙申六月十九日卒光緒廿三年丁酉六月初八日壽六十二娶張氏生道光十八年戊戌餘闕卒光緒□年六月十八日子相七一

輔百十　允臧　綸九四子生道光廿九年己酉三月二十日娶余氏生咸豐十年庚申正月二十日卒光緒四年戊寅十一月廿八日年十九續娶趙氏生同治十年辛未十二月二十日

輔百十一　允諧　綸九五子生咸豐九年己未二月初八日娶鄞邑柴氏生同治五年丙寅十一月初八日子相七二相七三女幼

輔百十二　允周　綸九五子生同治五年丙寅閏月三十日娶鎮邑劉氏生光緒七年辛巳二月初二日子相七四

輔百十三　輔臣　綸九六子住上海生咸豐五年乙卯十一月廿九日娶周氏　誥封淑人生咸豐五年乙卯五月初四日卒光緒十七年辛卯三月廿四

日年三十七繼娶周氏　例封淑人生同治七年戊辰九月廿七日側室
馮氏生同治十三年甲戌九月廿五日側室祝生光緒二年丙子八月初
三日側室張氏生光緒二年丙子十月十二日子相七五相七六繼娶出
相七七馮氏出女長適本縣楊次適松江府朱三適鎮邑錢四適蘇州府
王五六
未字

輔百十四　輔潤　綸九七子生道光廿五年乙巳七月廿五日卒同治五年丙寅十二
月初九日年二十二未娶

輔百十五　輔森　綸百三子仕杭州生咸豐六年丙辰九月三十日

輔百十六　慶德　綸百五子生光緒二十年甲午七月十一日

輔百十七　慶豐　綸百五子生光緒廿二年丙申十二月初五日

輔百十八　慶□　綸百五子生光緒廿五年己亥八月廿一日

輔百十九　慶寶　綸百五子生光緒廿九年癸卯十二月十六日

輔百二十　輔盛　綸百六子生咸豐七年丁巳十二月廿六日

輔百廿一　啓棠　綸百九子生同治十一年壬申三月初五日

輔百廿二　□揚　綸百十子生咸豐八年戊午十月十二日娶邵氏生咸豐十年庚申
九月廿七日卒光緒廿□年□□七月廿二日年三十六厝牛□□

孫內原繼娶翁氏生同治十二年癸酉十二月初十日卒光緒三十年甲
辰六月初一日年三十二子相七八相七九相八十

輔百廿三　寶輝　綸百十二子生光緒七年辛巳四月十七日娶葛氏生光緒六年庚
辰十月初七日

輔百廿四　森揚　綸百十三子生同治十三年甲戌三月十三日娶任氏生光緒五年
己卯五月十八日子相八一

輔百廿五　愛生　綸百十四子生同治三年甲子八月十五日卒光緒廿六年庚子二
月十二日年三十七

輔百廿六　輔涇　綸百十四子生同治十年辛未六月初三日

輔百廿七　順境　綸百十五子出外無查

輔百廿八　植增　綸百十七子生嘉慶十八年癸酉十月三十日卒光緒九年癸未十
二月十三日壽七十一厝天德庵東首娶嚴氏生嘉慶十八年癸酉
十月初八日卒咸豐八年戊午二月廿四日年四十六厝三閘頭大門外
繼娶陳氏生道光九年己丑七月初七日子相八二相八三嚴氏出

輔百廿九　植高　綸百十七子生嘉慶廿一年丙子二月廿七日卒同治十二年癸酉
六月二十日年五十八娶姚氏生道光元年辛巳二月初五日卒道
光廿二年壬寅十二月十八日年二十二繼娶孔氏生道光六年丙戌九
月三十日卒光緒廿三年丁酉十二月二十日壽七十二葬東橋頭陸家
西北原子相八四
相八五孔氏出

輔百三十　植剛　綸百十九子生道光十二年壬辰五月初五日卒同治十三年甲戌
二月廿八日年四十三娶邵氏生道光十七年丁酉正月初八日卒

[illegible]董氏四修宗譜卷二十一　西房玢四公派

咸豐七年丁巳十一月廿五日年二十一　葬高橋之西南原繼娶邵氏生
道光廿八年戊申十一月廿五日輔百三二子相八六入繼

輔百三一　**植桂**　綸百廿一子生道光十九年己亥八月初七日生壙在鮑家橋之東
南原坐乾向巽娶胡氏生道光二十年庚子三月初九日卒咸豐七
年丁巳十二月廿六日年十八繼娶盛氏生道光十八年戊戌三月初五
日側室唐氏生咸豐元年辛亥五月初四日卒光緒四年戊寅七月初十
日年二十八側室李氏生同治六年丁卯
十月廿七日輔百三二子相八七入繼

輔百三二　**植槐**　綸百廿二子生道光廿六年丙午正月廿一日卒光緒十七年辛卯
十月十九日年四十六娶陸氏生咸豐五年乙卯六月初五日卒光
緒廿一年乙未十一月廿三日葬海鹽縣東門東觀坐北朝南子相八六
相八七相八八相八六出繼輔百三十相八七出繼輔百三一

輔百三三　**松植**　綸百廿二子出與樟橋姚姓子生咸豐三年癸丑十二月廿五日

輔百三四　**植椒**　綸百廿三子生道光十四年甲午十月初八日卒同治十年辛未正
月十九日年三十八葬牛尾河滸西岸

輔百三五　**植芳**　綸百廿三子生道光十八年戊戌四月十三日娶李氏生道光廿七
年丁未三月廿七日卒光緒十四年戊子四月廿四日年四十二子
相八九

輔百三六　**海嶠**　綸百廿八子生乾隆四十八年癸卯十一月十三日卒嘉慶十一年
丙寅八月初六日年二十四娶本邑顧氏生乾隆四十九年甲辰九
月十五日卒咸豐十年庚申六月十三日壽七十七葬鮑家橋元字圩
輔百三七子相九十入繼女適[illegible]

輔百三七 海晏 綸百廿八子生乾隆五十二年丁未正月初二日卒道光十六年丙申六月廿三日年四十九娶本邑童氏生乾隆五十一年丙午三月十八日卒道光二年壬午八月廿三日年三十七繼娶李氏生嘉慶十二年丁卯正月廿四日卒道光廿一年辛丑五月初十日年三十五厝本宅西首子相九十童氏出相九一相九二李氏出相九十輔百三六相九二出繼輔百三八

輔百三八 海觀 綸百廿八子生乾隆五十六年辛亥八月廿九日卒嘉慶十七年壬申七月廿三日年二十二娶本邑裘氏生乾隆五十八年癸丑正月十五日卒咸豐九年己未正月十二日壽六十七葬錢家橋高車頭石路南首輔百三七子相九二入繼女適慈城陳

輔百三九 海濤 綸百廿九子生乾隆六十年乙卯正月初八日卒嘉慶廿三年戊寅十月初六日年二十四厝留公田

輔百四十 海涵 綸百廿九子生嘉慶八年癸亥二月十一日卒道光廿七年丁未十六廿五日年四十五娶本邑陳氏生嘉慶十年乙丑十一月十四日卒咸豐六年丙辰十月廿八日年五十二厝留公田石路下子相九三女適林

輔百四一 海淸 綸百廿九子生嘉慶十年乙丑八月廿六日卒咸豐五年乙卯十二月廿六日年五十一娶鎮邑葛氏生嘉慶十八年癸酉九月廿九日卒光緒十六年庚寅七月十九日壽七十八葬留公田石路下子相九四女適王

輔百四二 海津 綸百廿九子生嘉慶十三年戊辰八月十六日卒道光三十年庚戌正月三十日年四十四葬厝留公田

輔百四三 海湄 綸廿九子生嘉慶十四年己巳四月十八日卒咸豐四年甲寅二月初五日年四十六葬留公田娶口氏絕

輔百四四 輔仁 綸百三十子生嘉慶四年己未十月廿一日卒咸豐三年癸丑四月
三十日年五十五娶本邑盛氏生嘉慶七年壬戌十一月廿五日卒
道光十年庚寅九月廿七日年二十九繼娶顧氏生嘉慶廿三年戊寅九
月十三日卒光緒二年丙子十一月十九日年五十九子相九五女適方

輔百四五 輔海 綸百三十子生嘉慶十五年庚午十一月廿三日卒道光十七年丁
酉七月初八日年二十八娶慈城韓氏　欽旌節孝詳貞節錄生道
光廿五年庚巳八月廿五日卒光緒廿二年丙申九月初七日壽七十七
葬住宅後高路子相九六

輔百四六 海浤 綸百三一子生嘉慶二十年乙亥八月廿二日卒同治元年壬戌八
月廿七日年四十八娶本邑徐氏生嘉慶廿三年戊寅正月廿二日
卒同治元年壬戌閏八月初
五日年四十五子相九七

輔百四七 海量 綸百三二子生嘉慶四年己未四月廿三日卒咸豐五年乙卯九月
十一日年五十七娶本邑吳氏　誥贈恭人生嘉慶四年己未十月
廿九日卒同治七年戊辰八月十九日壽七十葬花盆山子相九八相九
九相一百相百一相百二相百三

輔百四八 海邦 綸百三二子生嘉慶八年癸亥正月初九日卒同治八年己巳十一
月廿八日壽六十六娶沈氏生嘉慶四年己未三月十八日卒同治
四年乙丑四月初二日壽六十七葬孫
家橋大河北坐北朝南子相百四相百

輔百四九 海澄 綸百三三子生乾隆四十七年壬寅九月初二日卒道光十年庚寅
九月廿一日年四十九娶鎮邑周氏生乾隆四十九年甲辰三月初
十日卒嘉慶十七年壬申三月廿二日年二十九繼娶蔣氏生乾隆五十
九年甲寅十月廿一日卒咸豐三年癸丑十月二十日壽六十葬財神殿

徐萬房地子相百六相百七相百八相百九相百十相百九出繼輔百五
十相百十出繼輔百五一

輔百五十 海鵬 綸百三三子生乾隆四十九年甲辰七月廿七日卒道光廿八年戊
申十月十五日壽六十五娶本邑陳氏生乾隆四十九年甲辰二月
廿九日卒同治七年戊辰八月三十日壽八十五輔百四九子相百九八
繼女適靑林渡邵

輔百五一 海甯 綸百三三子生乾隆五十四年己酉十一月十二日卒道光元年辛
巳五月初二日年三十三娶張氏生乾隆五十九年甲寅十二月初
九日卒同治十三年甲戌八月初八日壽八十一葬丁家園高田輔百四
九子相百十八繼女適姚

輔百五二 海濱 綸百三三子生乾隆六十年乙卯五月初五日卒道光七年丁亥十
二月初三日年三十三娶沐氏生嘉慶五年庚申九月十九日卒咸
豐十一年辛酉四月初七日壽六十
輔百五一子相百十兼祧女適龔

輔百五三 海東 綸百三四子生乾隆五十八年癸丑七月廿七日卒道光十七年丁
酉十二月初六日四年十五娶鎮邑王氏生乾隆五十八年癸丑十
一月廿五日卒道光十一年辛卯正月
廿四日年三十九子相百十一女適邵

輔百五四 海南 綸百三四子生嘉慶十年乙丑九月初一日卒咸豐八年戊午正月
初四日年五十四娶沈氏生嘉慶十三年戊辰閏五月廿六日卒道
光廿九年己酉十一月初五日年四二
十二子相百十女長適鎮邑陳次適洪

輔百五五 海槎 綸百三五子生嘉慶二年丁巳九月十八日卒道光廿八年戊申十
月廿七日年五十二娶徐氏生嘉慶五年庚申十二月廿七日卒同

治三年甲子八月廿六日壽六十五子相百十三相百十四相百十五相
百十六女長適周次適童
五六 輔百 海籌 綸百三六子生嘉慶八年癸亥八月廿一日卒道光十年庚寅十二
月廿三日年二十八娶本邑洪氏生嘉慶七年壬戌三月十五日卒
光緒二年丙子十一月初四
日壽七十七子相百十七
五七 輔百 海瀛 綸百三六子生嘉慶十一年丙寅八月初四日卒咸豐十年庚申五
月初七日年五十五娶郎氏生嘉慶十五年庚午九月廿五日卒咸
豐十年庚申五月十二日
年五十一子相百十八
五八 輔百 海瀾 綸百三六子生嘉慶十四年己巳十月初八日卒咸豐六年丙辰十
一月初一日年四十八娶邢氏生嘉慶十八年癸酉五月初六日卒
道光十九年己亥八月十七日年二十七繼娶孫氏生道光三年癸未十
月初三日卒道光廿三年癸卯六月十八日年二十一厝財神殿後萬房
地女適本城
陳邵氏出
五九 輔百 海鼇 綸百三七子生嘉慶四年己未三月初九日卒道光廿六年丙午十
月十九日年四十八娶本邑應氏生嘉慶五年庚申十月初四日卒
道光十七年丁酉八月十五日年二十六繼娶勞氏生嘉慶十六年辛未
九月初十日卒光緒九年癸未九月十一日壽七十三子相百十九相百
二十相百廿一女
適盛俱應氏出
六十 輔百 海鯨 綸百三七子生嘉慶六年辛酉九月廿一日卒嘉慶廿一年丙子六
月初八日年十六肆財神殿後萬房地未娶

輔百六一 **海綸** 綸百三七子生嘉慶十四年己巳五月廿七日卒道光十一年辛卯正月廿五日年二十三葬財神殿後萬房地未娶

輔百六二 **海香** 綸百三七子生嘉慶廿四年己卯十二月廿三日卒道光三十年庚戌五月初三日年三十二娶陳氏　欽旌節孝詳貞節錄生道光元年辛巳九月初七日卒同治二年癸亥十月十九日年四十三葬陶家河圩子相百廿二相百廿三

輔百六三 **海宗** 綸百三八子生嘉慶十一年丙寅正月十九日卒道光廿九年己酉十月廿七日年四十四娶本邑邵氏生嘉慶十二年丁卯十二月廿六日卒道光十年庚寅正月初五日年二十四繼娶洪氏生嘉慶十九年甲戌正月廿七日卒道光二十年庚子九月十六日年二十八三娶孔氏生嘉慶十二年丁卯正月廿四日卒同治八年己巳十月廿八日壽六十三子相百廿四相百廿五相百廿六洪氏出

輔百六四 **海寬** 綸百三九子生嘉慶十四年己巳九月十二日卒道光廿八年戊申八月初六日年四十娶鄞縣水氏生嘉慶十九年甲戌十一月廿八日卒咸豐三年癸丑四月初九日年四十厝丁家屋東五畝地子相百廿七女長適蔡次適應

輔百六五 **海門** 綸百三九子生嘉慶十八年癸酉三月十五日卒道光十八年戊戌十月初二日年二十六娶盛氏　欽旌節孝詳貞節錄生嘉慶廿一年丙子閏六月初六日卒咸豐八年戊午十月二十日年四十三厝丁姓宅東子相百廿八

輔百六六 **海汶** 綸百三九子生嘉慶二十年乙亥六月初九日卒咸豐十年庚申八月十六日年四十四娶張氏生嘉慶廿二年丁丑七月十八日卒光緒十年甲申十二月初五日壽六十八子相百廿九相百三十相百三十一出繼輔百六七

輔百六七　海樵　綸百三九子生嘉慶廿三年戊寅二月初一日卒同治五年丙寅六
月十四日年四十九娶嚴氏生道光三年癸未七月初九日卒道光
十八年戊戌九月十一日年十
六輔百六六子相百三一入繼

輔百六八　海湘　綸百四十子生嘉慶元年丙辰七月十三日卒道光廿六年丙午十
月初九日年五十一娶本邑姚氏生嘉慶元年丙辰二月初廿日卒
光緒二年丙子十月廿三日壽八十一葬
天德菴後輔百六九子相百三二入繼

輔百六九　輔潤　綸百四十子生嘉慶二年丁巳九月初一日卒道光二十年庚子十
月十二日年四十四娶鎮邑張氏生乾隆六十年乙卯七月□□
卒嘉慶十七年壬申四月廿六日年十八繼娶鎮邑劉氏生嘉慶三年戊
午四月初五日卒道光十年庚寅五月廿二日年三十三三娶徐氏生嘉
慶十四年己巳八月十五日卒光緒六年庚辰二月廿六日壽七十二子
相百三二劉氏出相百三三相百三四徐氏出相百三二出繼輔百六八

輔百七十　輔涫　綸百四十子生嘉慶十年乙丑閏六月二十日卒光緒元年乙亥二
月廿七日壽七十一娶周氏生嘉慶十三年戊辰五月初四日卒道
光九年己丑正月十四日年二十二繼娶周氏生嘉慶十九年甲戌七月
二十日卒光緒六年庚辰四月初四日壽六十七葬天德庵後子相百三
五繼
娶出

輔百七一　輔海　綸百四一子生嘉慶九年甲子五月廿六日卒道光二十年庚子九
月十三日年三十七娶童氏生嘉慶八年癸亥八月初八日卒道光九
二十年庚子九月十七日
年三十八子相百　六

輔百七二　輔溧　綸百四一子生嘉慶十六年辛未八月廿六日卒道光二十年庚子八月十九日年三十娶洪氏生嘉慶十六年辛未八月廿五日卒道光十六年丙申五月十六日年二十六繼娶邵氏　欽旌節孝詳貞節錄　誥封宜人生嘉慶廿三年戊寅十二月十八日卒光緒八年壬午四月十八日壽六十五葬鮑家橋輔百七三子相百三七入繼

輔百七三　輔泩　綸百四一子生嘉慶十八年癸酉十月廿七日卒光緒十年甲申九月十六日壽七十二娶本邑顧氏　誥封宜人生嘉慶廿一年丙子閏六月廿七日卒光緒十二年丙戌十二月初八日壽七十一葬陸家莊小橋東北首坐艮向坤兼寅申三分子相百三七相百三八相百三九相百三七出繼

輔百七二

輔百七四　輔洵　綸百四一子生嘉慶廿一年丙子四月廿九日卒咸豐九年己未正月廿六日年四十四娶本邑嚴氏生嘉慶廿一年丙子十一月十六日卒光緒十一年乙酉八月十五日壽七十葬後坂東首坐北朝南土名海服坂子相百四十相百四一

輔百七五　輔潢　綸百四一子生嘉慶廿二年丁丑六月十九日卒咸豐十一年辛酉九月廿三日年四十五娶沈氏生嘉慶廿三年戊寅八月十八日卒光緒二年丙子十二月廿六日年五十九側室余氏生道光元年辛巳九月十一日卒光緒十二年丙戌正月二十日壽六十六葬官田坂坐西朝東子相百四二沈氏出相百四三相百四四余氏出

輔百七六　輔漢　綸百四二子生嘉慶四年己未正月十八日卒道光十九年己亥九月初九日年四十一娶潘氏生乾隆六十年乙卯十一月廿一日卒

壺東劉氏四修宗譜　卷二十　西房玖四公派　有志堂藏

道光九年己丑四月廿四卒年三十五繼娶曾氏生嘉慶十四年己巳八
月廿二日卒同治十一年壬申八月初五日壽六十四子相百四五譜氏
出相百四六曹氏出相
百四六出繼輔百七七

輔百七七　輔渭　綸百四二子生嘉慶九年甲子十月三十日卒同治二年癸亥十月
二十日壽六十娶李氏生嘉慶十二年丁卯二月初六日卒道光戊
年戊子三月廿六日年二十二繼娶裴氏生嘉慶十四年己巳十一月廿
四日卒同治三年甲子十二月初九日年五十六葬念母橋之北輔百七
六子相百
四六入繼

輔百七八　輔治　綸百四三子生嘉慶九年甲子十二月初二日卒道光廿一年辛丑
八月初五日年三十八娶鎮邑張氏生嘉慶八年癸亥十月廿二日
卒光緒三年丁丑正月初九日壽七十
五葬宗祠北首父墳左子相百四七

輔百七九　輔灝　綸百四四子生嘉慶三年戊午八月廿三日卒咸豐二年壬子正月
十八日年五十五娶應氏生嘉慶五年庚申六月初八日卒咸豐三
年癸丑正月廿八日年五十四子相百
四八相百四九相百五十相百五一

輔百八十　輔潛　綸百四四子生嘉慶九年甲子九月廿一日卒道光六年丙戌八月
十九日年二十三葬父墳邊未娶

輔百八一　輔涖　綸百四四子生嘉慶十一年丙寅十月初四日卒道光廿六年丙午
九月廿二日年四十一娶徐氏生嘉慶十三年戊辰十月廿二日卒
光緒四年戊寅正月十一日壽七十一葬半路庵洪家畈之北原子相百
五二相百五三相百五四

輔百八二 輔泀 綸百四五子生嘉慶十一年丙寅六月初六日卒咸豐二年壬子九
月十三日年四十七娶洪氏生嘉慶十二年丁卯正月初五日卒光
緒元年乙亥十二月廿四日壽
六十九子相百五五女適徐

輔百八三 輔淮 綸百四五子生嘉慶十四年己巳十月十五日卒同治七年戊辰十
二月十八日壽六十娶應氏生嘉慶十四年己巳三月廿九日卒道
光十三年癸巳正月初四日年二十五繼娶邵氏生嘉慶十九年甲戌八
月廿六日卒同治十三年甲戌十月廿八日壽六十一側室潘氏生道光
十五年乙未六月初五日卒咸豐八年戊午三月十三日年二十四厝東
壢之嶴山寨輔百四八四子相百五六兼祧女適鎮邑陳潘氏出

輔百八四 輔源 綸百四五子生嘉慶十八年癸酉八月十六日卒咸豐三年癸丑十
一月廿二日年四十一娶沈氏生嘉慶十八年癸酉九月初九日卒
光緒十六年庚寅二月初四日壽七
十八子相百五六兼祧輔百八三

輔百八五 輔涵 綸百四六子生嘉慶五年庚申十月初二日卒道光廿七年丁未八
月廿一日年四十八娶蔣氏生嘉慶五年庚申閏四月十五日卒光
緒三年丁丑正月十六日壽七十八
子相百五七相百五八相百五九

輔百八六 輔清 綸百四七子生乾隆五十一年丙午五月初八日卒道光二十年庚
子二月初五日年五十五娶鎮邑邱氏生乾隆五十年乙巳十一月
初十日卒嘉慶十八年癸酉十一月初一日年二十九繼娶本邑沈氏生
嘉慶元年丙辰五月十二日卒道光廿六年丙午九月十九日年五十一
子相百六十邱氏出
相百六一沈氏出

輔百八七　**輔澄**　綸百四七子生嘉慶二年丁巳三月十四日卒道光十五年乙未六月初一日年三十九娶本邑馮氏生嘉慶五年庚申九月初六日卒同治八年己巳十月初三日壽七十子相百六二相百六三

輔百八八　**輔洪**　綸百四八子生嘉慶七年壬戌五月十九日卒道光八年戊子四月十四日年二十七娶徐氏生嘉慶十七年壬申七月廿一日卒道光二十年庚子餘闕年二十九葬汶溪老鼠山

輔百八九　**輔洄**　綸百四八子住上海生嘉慶十一年丙寅正月初七日卒咸豐八年戊午十月廿二日年五十三娶應氏生嘉慶廿二年丁丑四月□日卒咸豐三年癸丑十一月十六日年三十七子相百六四相百六五相百六六

輔百九十　**輔洋**　綸百四八子住上海生嘉慶十三年戊辰七月初七日卒闕娶孫氏生道光元年辛巳二月廿八日卒闕子相百六七相百六八

輔百九一　**輔淥**　綸百四九子住上海生嘉慶廿五年庚午十月二十日卒咸豐四年甲寅正月初二日年四十五柩停上洋娶盧氏絕子相百六九

輔百九二　**輔潮**　綸百五十子生嘉慶六年辛酉十月十九日卒道光廿一年辛丑八月十四日年四十一葬念母橋北首娶鎮邑陳氏生嘉慶十三年戊辰五月十四日子相百七十

輔百九三　**輔淞**　綸百五十子生嘉慶十九年甲戌十一月初七日卒闕

輔百九四　**輔洲**　綸百五十子在富陽生嘉慶廿五年庚辰八月初七日卒闕

輔百九五 **輔浩** 綸百五一子生卒闕

輔百九六 **輔濤** 綸百五二子生乾隆六十年乙卯十月廿三日卒咸豐四年甲寅十二月初四日壽六十娶姚氏　貤贈安人生乾隆六十年乙卯十一月初七日卒道光二年壬午七月初五日年二十八繼娶胡氏　貤贈安人生嘉慶十一年丙寅九月初一日卒同治十三年甲戌九月初一日壽六十九葬曹家庵之西南馬雙港坐午向子兼丙壬子由百一姚氏出

輔百九七 **輔江** 綸百五三子生嘉慶十八年癸酉八月十八日卒道光十六年丙申四月廿七日年二十四娶姚氏　欽旌節孝詳貞節錄生嘉慶廿三年戊寅十二月十一日壽域在後畈

輔百九八 **輔瀣** 綸百五三子生嘉慶廿一年丙子八月廿三日卒咸豐三年癸丑九月初一日年三十八柩停北京娶何氏生道光九年己丑六月廿四日卒道光廿九年己酉十月一一日年二十一

輔百九九 **輔濬** 綸百五三子生道光二年壬午二月初十日卒闕娶姚氏生道光十三年癸巳六月廿八日卒咸豐十年庚申正月廿一日年二十八

輔二百 **輔渭** 綸百五四子生道光十二年壬辰十二月初二日卒咸豐八年戊午五月十九日年二十七娶馮氏生道光十九年己亥正月十八日卒光緒廿七年辛丑

餘嗣壽六十三

輔二百一 **輔漁** 綸百五六子生道光七年丁亥閏五月初一日卒光緒二十年甲午九月廿七日壽六十八娶王氏生道光十一年辛卯四月廿九日卒

光緒廿四年戊戌六月十五日壽六十八葬里濟橋西南土名地田坐甲
向庚兼酉界二分子相百七二相百七三相百七四女長適洪次適余三
適徐

輔二百二　輔濟　綸百五六子生道光十六年丙申十月初二日卒光緒廿四年戊戌
七月十五日壽六十三娶余氏生道光二十年庚子三月十七日卒
光緒十九年癸巳十一月十八日年五十四子相百七五相百七六相百
七七相百七八

輔二百三　輔汀　綸百九七子生道光十六年丙申十月初二日娶徐氏　誥贈宜人
生道光二十年庚子二月廿二日卒同治三年甲子三月初七日年
二十五繼娶王氏　誥封宜人生道光廿八年戊申九月十八日葬香江
橋東北土名花斗園坐卯向酉兼乙辛子相百七九相百八十女長適陳
次適陸三適湯四適盛
五適邵六字盧氏出

輔二百四　輔濂　綸百五八子生嘉慶八年癸亥五月廿七日卒咸豐五年乙卯八月
十六日年五十三娶邵氏生嘉慶九年甲子六月初八日卒同治十
二年癸酉六月十八日壽七十子相百
八一相百八二相百八三相百八四卒

輔二百五　輔津　綸百五八子生嘉慶十四年己巳十一月廿二日道光五年乙酉四
月十二日年十七葬宗祠南首未娶

輔二百六　輔漳　綸百五八子生嘉慶十六年辛未十一月廿三日卒道光九年己丑
六月廿六日年十九葬宗祠南首未娶

輔二百七　輔瀏　綸百五八子生嘉慶十八年癸酉十　月廿一日卒同治九年庚午
三月十三日年五十八　誥贈孺[illegible]氏生嘉慶廿三年庚辰八月初

四日卒咸豐九年己未三月廿四日
年四十子相百八七女適□駝橋翁

輔二百八　輔滐　綸百五八子生嘉慶廿三年戊寅十月廿八日卒道光十九年己亥十二月初十日年二十二葬宗祠南首未娶

輔二百九　輔瀾　綸百五九子生嘉慶六年辛酉九月廿五日卒同治九年庚午九月初九日壽七十娶本邑吳氏　勅贈安人生嘉慶五年庚申四月廿三日卒咸豐四年甲寅六月十五日年五十五　繼娶應氏　勅封安人生道光二年壬午正月十五日卒光緒十四年戊子三月廿八日壽六十七葬迎恩橋福善山之陽子一相百八六女長適嚴三卿　欽旌節孝次適沈彙源　欽旌節孝三適坊隅馮允駿吳氏出

輔二百十　輔溶　綸百五九子生道光五年乙酉十一月廿四日卒光緒四年戊寅正月初三日年五十四娶裴氏生道光十二年壬辰九月初二日卒光緒七年辛巳九月初八日年五十葬念母橋之北原坐西向東子附葬計田二分子相百八七

輔二百十一　輔瀛　綸百六一子生道光二年壬午二月十八日卒咸豐二年壬子二月初六日年三十一娶本邑馮氏　欽旌節孝詳貞節錄生道光五年乙酉六月廿三日卒光緒十四年戊子正月初二日壽六十四葬天德庵之北子相百八八女適刁

輔二百十二　輔章　綸百六四子生道光十五年乙未十二月廿四日卒光緒七年辛巳八月初八日年四十七娶曹氏生道光十四年甲午三月十七日卒光緒七年辛巳閏七月廿三日年四十八葬花嶼湖塘下顯墳傍禮十七公派下輔九七子相百八九八繼

輔二百十三　輔浱　綸百六五子生道光十年庚寅十一月廿一日卒光緒二年丙子十月十三日年四十七娶本邑周氏生道光十八年戊戌二月十

五日子相
百九十

輔二百十四　輔滴　綸百六五子生道光十三年癸巳十二月十九日卒光緒十六年
庚寅十二月初七日年四十八娶應氏繼子相百九一相百九二

輔二百十五　輔汶　綸百六六子生道光十年庚寅十一月十五日卒同治三年甲子
六月廿八日年三十五娶王氏生道光十二年壬辰十一月初一
日子相
百九三

輔二百十六　輔滋　綸百六六子生道光廿三年癸卯三月十二日卒闕

輔二百十七　輔澂　綸百六七子生道光十四年甲午十月廿五日卒光緒八年壬午
八月初二日年四十九娶沈氏生道光廿五年乙巳正月初一日
卒同治三年甲子十一月十七日年二十[illegible]
娶王氏子相百九四相百九五相百九六

輔二百十八　輔藻　綸百六七子生道光十八年戊戌三月初十日卒闕

輔二百十九　輔沂　[illegible]　綸百七十子住紹興錢清鎮生道光六年丙戌十二月廿八日卒

輔二百二十　輔渢　綸百七二子住紹興錢清鎮

輔二百廿一　輔[illegible]　綸百七二子住紹興錢清鎮

輔二百廿二　輔泮　綸百七四子生道光七年丁亥十一月十七日卒光緒廿六年庚子
十一月初二日壽七十四娶[illegible]氏　誥贈宜人生道光十一年辛

卯正月初一日卒同治□年□戌□月初十日年三十二繼娶盛氏誥封宜人生道光廿四年甲辰□月十三日卒光緒十八年壬辰十一月初三日年四十九葬鎮邑覺皮詩西首□相百九六相百九七盛氏出女長適徐次適坊隅徐姚氏出三適周盛氏出

輔二百廿三　輔汞　綸百七四子生道光十年庚寅九月廿四日娶嚴氏生道光十五年乙未九月初三日

輔二百廿四　輔衍　綸百七六子生道光十九年己亥五月十五日娶馮氏生道光二十年庚子八月初八日卒光緒十六年庚寅九月廿二日年五十一層夾適西南

首子佃百九八

輔二百廿五　輔彭　綸百七六子生道光廿二年壬寅正月初十日卒光緒廿七年辛丑十一月廿八日壽六十娶鄞邑馬氏　誥封宜人生道光廿三年癸卯十二月廿三日卒光緒二年丙子八月廿一日年三十四側室劉氏生咸豐四年甲寅三月初三日卒光緒十七年辛卯二月初八日年三十八葬河家側室李氏生咸豐十一年辛酉十一月初二日子相百九九馬氏出女長適鎮邑張馬氏出次適鄞邑孟三適邵四適裘

輔二百廿六　輔湗　綸百七八子生道光十四年甲午十一月十五日卒同治十一年壬申七月廿七日年三十九

輔二百廿七　輔汀　綸百七九子生道光七年丁亥二月初五日卒同治二年癸亥三月十五日年三十七娶鎮邑陳氏生道光七年丁亥卒道光廿二年壬寅餘闕年十六繼娶本邑許氏生道光十一年辛卯餘闕

輔二百廿八　輔泉　綸百八十子生道光四年甲申四月十九日卒光緒三年丁丑十二月廿五日年五十四娶楊氏生道光廿四年甲辰四月廿八日

卒光緒十三年丁亥十月十七日
年四十四子相二百相二百一

輔二百廿九 輔滋 綸百八十子出家

輔二百三十 輔江 綸百八十子生道光二十年庚子三月初十日卒光緒廿六年庚子八月二十日壽六十娶顧氏 誥封宜人生道光廿一年辛丑正月初九日子相二百二相二百三相二百四相二百五

輔二百三一 輔湜 綸百八二子生嘉慶廿五年庚辰十二月廿三日卒咸豐九年己未七月十八日年四十娶本邑洪氏生嘉慶廿三年戊寅九月十九日卒咸豐八年戊午八月三十日年四十一葬西蘇白石叩子相二百六

輔二百三二 輔淪 綸百八三子生道光四年甲申十二月初五日卒同治九年庚午五月十一日年四十七娶鄞邑洪氏生道光四年甲申十二月十五日卒道光廿二年壬寅正月十七日年二十繼娶鄞邑洪氏生道光十二年壬辰二月廿九日卒咸豐六年丙辰五月廿二日年二十五葬心明亭東首三娶本邑徐氏繼

輔二百三三 輔濬 綸百八三子生道光七年丁亥十月廿八日卒光緒五年己卯七月十一日年五十三娶本邑姚氏生道光六年丙戌卒道光廿三年癸卯餘闕年十八繼娶張氏生道光十七年丁酉九月廿八日卒光緒廿八年壬寅七月初五日壽六十六子相二百七

輔二百三四 輔濟 綸百八三子生道光九年己丑十二月十八日卒同治二年癸亥正月初一日年三十五

輔二百三五　**輔洪**　綸百八三子生道光十一年辛卯十二月廿一日卒道光三十年庚戌四月初九日年二十聘配邵氏生道光廿八年戊申二月初八日卒同治三年甲子九月十五日年十七

輔二百三六　**輔滌**　綸百八四子生道光十二年壬辰十一月廿五日卒咸豐八年戊午八月十三日年二十七娶本邑余氏生道光十六年丙申七月廿二日卒咸豐十一年辛酉十月廿五日年二十六女適未詳

輔二百三七　**輔澍**　綸百八四子生道光十五年乙未十一月十六日卒光緒九年癸未二月廿二日年四十九娶本邑陸氏生道光十六年丙申四月十八日卒同治四年乙丑十月廿六日年三十子相二百八兼祧輔二百三八

輔二百三八　**輔洋**　綸百八四子生道光廿二年壬寅五月十九日卒咸豐十一年辛酉九月廿七日年二十娶邵氏生道光廿一年辛丑三月廿一日卒光緒廿九年癸卯餘闕壽六十三輔二百三七子相二百八兼祧

輔二百三九　**輔準**　綸百八五子生道光五年乙酉六月初八日卒同治元年壬戌十月初十日年三十八娶邵氏生道光十二年壬辰七月廿九日卒同治五年丙寅十一月廿六日年三十五

輔二百四十　**輔梁**　綸百八五子生道光廿三年癸卯閏七月初十日娶鄞邑施氏生咸豐九年己未十一月三十日子相二百九

輔二百四一　**輔濤**　綸百八六子生道光廿八年戊申五月初四日卒光緒十三年丁亥七月廿八日年四十娶[illegible]氏絶

輔二百四二　**輔滂**　綸百八七子，生道光三年癸未七月十二日，卒同治五年丙寅十二月十五日，年四十四。娶本邑盧氏，誥封宜人，晉封恭人，生道光三年癸未七月二十日，卒光緒二十年甲午三月初九日，壽七十二。側室畢氏，生道光十三年癸巳九月初八日，卒咸豐十年庚申六月廿八日，年二十八。側室翁氏，生道光十九年己亥四月初四日，卒咸豐八年戊午四月初一日，年二十。側室張氏，欽旌節孝詳貞節錄，誥封宜人，晉封恭人，生道光廿三年癸卯三月十三日，卒光緒二十年庚子八月十九日，年五十二。葬西蘇橋與仲弟合葬。子相二百十，張氏出。女字鎮邑大市壩余

輔二百四三　**輔濱**　綸百八八子，生道光五年乙酉二月十九日，卒光緒十六年庚寅正月十七日，壽六十六。娶鄭邑孫氏，誥贈恭人，晉贈夫人。生道光四年甲申十月廿八日，卒咸豐元年辛亥八月初五日，年二十八。繼娶鄭邑王氏，誥諸恭人，晉贈夫人，生道光十三年癸巳十二月十六日，卒咸豐九年乙卯五月廿四日，年二十三。娶鄭邑林氏，例封恭人，生道光五年乙未六月初五日，葬西蘇與伯兄合葬。辛甲辰十月廿七日，壽七十。子相二百十一，王氏出；相二百十二，林氏出；二百十三，林氏出。女長適鳥王氏出，次適盛，三適張，四適張，五適嚴，俱林氏出

輔二百四四　**輔澺**　綸百八八子，生道光二十年庚子十月初三日，卒光緒十三年丁亥正月初八日，年四十八。娶鄭邑呂氏，例封宜人，生道光廿一年辛丑正月十七日，卒光緒三十年甲辰四月廿一日，壽六十四。厝家園。側室鄭氏，生咸豐十年庚申十一月初七日。子相二百十四，相二百十五，□氏出。女長適鄭邑陳，次適鄭邑周，三適陳，俱呂氏出

輔二百四五　輔藩　綸百八九子生道光十年庚寅正月初九日卒光緒十五年己丑正月廿三日壽六十娶本邑盛氏　誥贈宜人生道光十年庚寅三月初五日卒咸豐七年丁巳二月廿二日年二十八繼娶鄞邑張氏　誥封宜人生道光十八年戊戌三月廿九日卒光緒廿四年戊戌正月十六日壽六十一葬合家灑子相二百十六盛氏出女長適馮全墱次適鄞邑吳日亭三適胡啓瑶□適鄞邑董守誠

輔二百四六　輔濠　綸百八九子生道光三十年庚戌十月初六日娶袁氏　誥封宜人生咸豐元年辛亥四月二十日卒同治十三年甲戌四月初三日年二十四繼娶應氏誥封宜人生咸豐元年辛亥十二月初三日卒光緒二年丙子十月初六日年二十六三娶包氏生咸豐十年庚申四月初九日卒光緒廿三年丁酉三月廿六日年三十八側室陳氏生光緒二年丙子十二月初一日葬孫家橋之南與季弟合墓女適莊袁氏出

輔二百四七　輔潤　綸百八九子生咸豐六年丙辰三月初五日卒光緒廿二年丙申八月廿三日年四十一娶盛氏　誥封宜人生咸豐七年丁巳二月廿三日卒光緒廿一年乙未九月初九日年三十九側室湯氏生光緒六年庚辰十一月廿六日葬孫家橋與仲兄合葬

輔二百四八　輔穎　綸百九十子生道光廿二年壬寅正月十三日卒同治十三年甲戌七月初五日年三十三娶本邑王氏生道光廿一年辛丑六月初八日卒同治十三年甲戌六月二十日年三十四側室張氏生咸豐五年乙卯八月初二日卒同治十二年癸酉十二月十一日年十九葬高□車頭附父墓子輔二百四九相二百十七入繼

輔二百四九　輔泰　綸百九一子生道光三十年庚戌正月初四日卒光緒十六年庚寅閏二月十六日年四十一娶本邑楊氏　誥封宜人生道光廿

九年己酉五月二十日卒光緒五年己卯八月廿七日卒年三十一繼娶吳氏　誥封宜人生咸豐九年己未七月十八日子相二百十七相二百十八相二百十七出

繼輔二百四八

輔二百五十　輔浚　綸百九二子生道光十八年戊戌十一月十六日卒咸豐六年丙辰二月十七日年十九聘本邑王氏生道光十三年癸巳五月十一日卒道光三十年庚戌六月十五日年十八娶本邑于氏生道光十九年己亥四月十三日卒同治三年甲子十三月十七日年二十六輔二百五一子相二百十九兼祧

輔二百五一　輔沅　綸百九二子生道光廿九年己酉五月初一日卒光緒十八年壬辰正月初十日年四十四娶邵氏　誥封宜人生道光廿九年己酉十二月廿六日卒同治十二年癸酉三月十七日年二十五繼娶錢氏　誥封宜人生咸豐三年癸丑八月十四日子相二百十九兼祧輔二百五十女長適

次適

輔二百五二　輔津　綸百九二子生咸豐九年己未十月十二日卒光緒五年己卯九月廿七日年二十一厝住屋西漕塘隄娶童氏生咸豐八年戊午九月廿八日

輔二百五三　輔浩　綸百九二子生同治四年乙丑七月初六日娶錢氏生同治三年甲子十一月十四日卒光緒廿一年乙未三月廿五日年三十二繼娶□氏生光緒四年戊寅六月十八日卒光緒廿四年戊戌正月十一日年二十一三娶姚氏生光緒二年丙子三月廿二日子相二百二十元

氏出相二百廿一女娶
出相二百廿二女氏出

輔二百五四 輔瀅 綸百九二子生同治七年戊辰六月十五日卒光緒廿八年壬寅三月廿八日年三十五娶錢氏生同治三年甲子七月初七日卒光緒二十年甲午十月十六日年三十一側室陳氏生同治七年戊辰七月廿四日卒光緒廿九年癸卯五月廿八日年三十六子相二百廿三

輔二百五五 輔沅 綸百九三子生咸豐元年辛亥二月初五日娶吳氏誥封宜人生咸豐元年辛亥八月廿八日卒光緒十八年壬辰三月初六日年四十一側室袁氏生同治四年乙丑十二月初一日子相二百廿四相二百廿五相二百廿六相二百廿七女適盛

輔二百五六 輔誠 綸百九四子生咸豐五年乙卯十一月廿二日卒四月十一日陰配盧氏生咸豐三年癸丑八月初一日卒八月十八日

輔二百五七 輔藻 綸百九四子生咸豐七年丁巳四月初八日娶王氏生咸豐七年丁巳九月十四日子相二百廿八相二百廿九女適鎮邑洪

輔二百五八 輔滙 綸百九五子生道光廿五年乙巳十二月十六日娶方氏 例封宜人 晉封恭人生道光廿三年癸卯六月廿二日側室張氏生同治二年癸亥八月十三日子相二百三十相二百三一相二百三二

輔二百五九 輔愢 綸百九六子生咸豐八年戊午九月初六日卒十月初八日陰配陳氏生十月十五日卒四月初八日

輔二百六十 輔淦 綸百九六子生光緒五年己卯八月廿六日娶林氏生光緒七年辛巳四月十一日

輔二百六一 輔源 綸百九七子生道光廿三年癸卯三月廿六日卒光緒十六年庚寅十二月廿七日年四十八娶朱氏 誥封宜人生道光廿二年

壬寅十二月廿九日卒光緒十五年己丑四月初八日年四十八輔二百
六二子相二百三三八繼

輔二百六二　輔澀　綸百九七子生道光三十年庚戌十二月廿六日卒光緒廿八年
壬寅七月十七日年五十三娶吳氏　例封宜人生咸豐二年壬
子三月初四日側室魏氏生同治七年戊辰正月十二日子相二百三三
相二百三四魏氏出相二百三三出繼輔二百六一　女適石米灣陳

輔二百六三　輔瀚　綸百九八子生卒闕未娶

輔二百六四　輔澣　綸百九八子生道光十四年甲午二月廿七日卒闕未娶

輔二百六五　輔浚　綸二百子生道光二十年庚子四月初七日卒光緒廿四年戊戌
十一月初六日年五十九娶俞氏生道光廿三年癸卯四月初三
日卒同治五年丙寅七月廿九日年二十四繼娶施氏生咸豐元年辛亥
正月廿九日

輔二百六六　輔墉　綸二百一子生咸豐二年壬子五月廿八日娶嚴氏生咸豐元年
辛亥十月十八日卒同治十年辛未正月初三日年二十一繼娶
王氏生同治元年壬戌七月初九日子相二百三五相二百三六相二百
三七相二百三八

輔二百六七　輔綏　綸二百二子生道光廿二年壬寅十一月十六日娶洪氏生道光九
三十年庚戌八月十五日卒同治八年己巳五月初二日年二十
繼娶蔣氏生咸豐九年乙卯九月十九日子相二百三九相二百四十相
二百四一　女長適盛女適方

輔二百六八　輔澧　綸二百[illegible]子生同治六年丁卯正月廿六日卒光緒十七年辛卯
七月初七日年二十五娶[illegible]氏生同治十一年壬申十二月初二

日卒光緒二十年甲午
十月初三日年二十三
輔二百六九　輔賁　綸百六子生光緒四年戊寅三月廿八日
輔二百七十　輔森　綸二百七子
輔二百七一　輔慶　綸二百八子生光緒十二年丙戌九月十一日
輔二百七二　輔華　綸二百九子生光緒七年辛巳十一月十一日
輔二百七三　輔灝　綸二百十子生嘉慶廿五年庚辰十月廿三日卒同治十一年壬
申九月三十日年五十三娶邵氏生道光十年庚寅六月十五日
卒光緒十三年丁亥二月廿四日年五
十八葬鳳嘴祖墳後子相二百四二
輔二百七四　輔治　綸二百十一子生嘉慶廿五年庚辰九月廿八日未娶
輔二百七五　輔源　綸二百十一子生道光三年癸未三月十七日卒咸豐九年己未
九月初四日年三十七娶蘇氏生道光十九年己亥十一月十九
日卒咸豐九年己未九月
初四日年二十一無嗣
輔二百七六　輔淋　綸二百十一子生道光六年丙戌四月十五日
輔二百七七　輔海　綸二百十三子住婁棲生道光五年乙酉十一月十三日娶蘇氏
生道光廿二年壬寅十一月十七日子相二百四四相二百四五

燕東蘇氏四修宗譜　卷二十　西房玖卩公派　光裕堂藏

相二百四六相二百四
六出繼輔二百七八
輔二百七八　士林　綸二百十四子生道光廿六年丙午九月廿三日娶邵氏生道光廿三年癸卯餘闕輔二百七七子相二百四六繼
輔二百七九　輔淮　綸二百十五子生道光二十年庚子八月初三日
輔二百八十　輔泳　綸二百十六子生道光廿五年乙巳四月十四日卒光緒十四年戊申四月廿四日年四十四葬鳳嶼後背娶丁氏生咸豐六年丙辰十月十九日
輔二百八一　起漢　綸二百十七子生道光廿五年乙巳六月十七日卒光緒三年丁丑八月初一日年三十三聘郭氏生道光廿七年丁未正月十五日卒光緒六年庚辰五月初七日年五十四葬賽、聽大園
輔二百八二　起沼　綸二百廿二子生道光三年癸未正月初五日卒咸豐十一年辛酉十月初五日年三十九葬阮家橋東首娶唐氏生道光四年甲申七月十四日卒咸豐元年辛亥二月十七日年二十八繼娶沈氏生道光十三年癸巳九月廿六日卒光緒廿六年庚子閏八月廿七日壽六十八子相二百四七唐氏出
輔二百八三　起子　綸二百廿二子生道光十七年丁酉九月十二日
輔二百八四　起祥　綸二百廿二子生道光廿[illegible]年[illegible]正月初二日

輔二百八四　富春　綸二百廿四子生[illegible]年甲寅十二月初九日卒于外

輔二百八五　象春　綸二百廿五子生道光廿六年丙午三月十九日卒光緒十八年壬辰五月二十日年四十七娶鄭氏生道光十三年癸巳三月初六日卒光緒廿六年庚子七月三十日壽六十八

輔二百八六　回春　綸二百廿五子生道光廿九年己酉九月十六日卒同治十二年癸酉九月初一日年二十五娶邵氏生咸豐四年甲寅十二月廿[illegible]日子相二百四八

輔二百八七　起淮　綸二百廿八子生嘉慶廿四年己卯十月初四日卒道光廿九年己酉八月廿一日年三十一娶介氏生道光二年壬午正月十八日卒嗣子相二百四九

輔二百八八　起瀚　綸二百廿九子生道光五年乙酉九月十七日卒同治元年壬戌九月初十日年三十八娶陳氏生道光四年乙酉正月初九日卒光緒十九年癸巳九月廿五日壽六十九子相二百五十相二百五一

輔二百八九　起源　綸二百三十子生嘉慶廿五年庚辰七月初四日卒八月廿一日娶邵氏生道光四年甲申八月初三日卒八月十三日子相二百五二

輔二百九十　起鴻　綸二百三十子生道光四年甲申九月十八日卒道光三十年庚戌十二月十九日年二十七娶余氏生道光四年甲申六月廿四

日卒同治十二年癸酉
九月十六日年五十
輔二百九一　起涝　綸二百三十子生道光十六年丙申十二月廿四日娶葛氏生道
光廿一年辛丑十月廿六日
輔二百九二　起濂　綸二百三十子生道光廿二年壬寅十一月十四日卒光緒五年
己卯十月初二日年三十八娶周氏生道光廿六年丙午正月廿
八日卒光緒元年乙亥十二月廿六日年三十子相二百五三女長適洪
次適周三適鍾
輔二百九三　起汝　綸二百三一子生道光二年壬午四月十二日卒光緒十年甲申
正月十八日壽六十三娶姚氏　勅贈宜人生嘉慶廿五年庚辰
十月十六日卒光緒九年癸未五月廿七日壽六十四葬章橋前葛史家
河汭子相二百五四女長適馮次適孔
輔二百九四　起濰　綸二百三一子生道光九年己丑十一月初一日卒光緒七年辛
巳四月初八日年五十三娶姚氏　欽旌烈婦詳貞節錄　敕封
孺人生道光九年己丑五月初六日卒咸豐十一年辛酉八月廿六日年
三十四繼娶向氏生道光廿八年戊申十月廿三日子相二百五五姚氏
出女適余
向氏出
輔二百九五　起渭　綸二百三一子生道光十二年壬辰四月廿六日卒光緒十六年
庚寅七月二十日年五十九娶朱氏生道光十二年壬辰十一月
十七日卒咸豐八年戊午正月初七日年二十七繼娶應氏生道光廿二
年壬寅三月廿二日卒同治四年十一月廿五日三娶黃氏生道光廿四
年甲辰五月初二日卒同治六年丁卯九月十九日年二十四四娶王氏
生道光廿九年己酉三月十六日卒同治十年辛未十二月初四日年二

十三五娶王氏生咸豐三年癸丑十月初九日子相二百五六相二百五
七相二百五八相二百五九相二百六十
輔二百九六　起澎　綸二百三二子生道光四年甲申七月十四日卒道光廿二年壬
寅五月廿四日年十九陰聘穆氏生道光六年丙戌四月十五日
卒道光廿八年戊申五月廿六日
年二十三葬阮家橋思安公墓側
輔二百九七　起澄　綸二百三三子生道光十七年丁酉十二月十六日卒咸豐三年
癸丑十二月廿四日年十七葬江頭園未娶
輔二百九八　起湧　綸二百五三子生光緒元年乙亥正月初二日卒光緒廿一年乙
未七月十七日年二十一
輔二百九九　輔林　綸二百三六子生道光十二年壬辰七月廿六日娶邵氏生道光
二十年庚子十一月十二日
輔三百　鳴皋　綸二百三七子生道光八年戊子八月初六日卒咸豐八年戊午八
月廿六日年三十一葬市民河南地未娶
輔三百一　鳴天　綸二百三八子生道光廿三年癸卯九月廿八日卒光緒廿一年乙
未六月廿四日年五十三娶石浦陳氏子名相規現住石浦鹽倉前
輔三百二　鳴岐　綸二百三九子生道光十七年丁酉正月初七日
輔三百三　聲皋　綸二百四十子生道光廿九年己酉二月廿九日娶沈氏生咸豐
八年戊午五月初四日卒光緒五年己卯十一月廿三日年二十二
子相二百六二相二
百六三相二百六四
輔三百四　起濤　綸二百四一子生嘉慶十二年丁卯十一月十三日卒咸豐五年乙
卯正月廿四日年四十九娶洪氏生嘉慶十一年丙寅十二月十一

日卒咸豐二年壬子十月
十六日年四十七無嗣
輔三百五 起瀾 綸二百四一子生嘉慶十四年己巳九月初七日卒道光廿七年丁
未五月初八日年三十九娶朱氏生嘉慶十四年己巳七月十八日
輔三百六 起江 綸二百四一子生嘉慶廿一年丙子四月初四日卒闕娶洪氏生嘉
慶廿一年丙子九月初三日卒闕子相二百六五
輔三百七 起波 綸二百四一子生嘉慶廿二年丁丑九月廿九日卒同治十年辛未
正月十七日年五十五娶余氏生嘉慶廿四年己卯五月廿八日卒
道光廿二年壬寅八月初五日年二十四繼娶葛氏生嘉慶廿五年庚辰
十二月初十日卒光緒十五年己丑十一月十三日壽七十子相二百六
六葛
氏出
輔三百八 起洋 綸二百四二子生嘉慶廿五年庚辰三月十三日卒道光十八年戊
戌五月廿三日年十九陰配楊氏生道光十三年癸巳三月廿七日
卒道光廿九年己酉三月
廿三日年十七葬夾芭
輔三百九 起浩 綸二百四二子生道光二年壬午二月十二日卒同治九年庚午八
月初四日年四十九娶張氏生道光六年丙戌九月初六日卒道光
廿八年戊申十一月廿四日年廿三繼娶嚴氏生道光七年丁亥十月初
四日卒咸豐十一年辛酉正月廿八日年三十五子相二百六七嚴氏出
輔三百十 起溶 綸二百四二子生道光四年甲申十月初八日卒道光廿七年丁未
二月廿二日年二十四未娶
輔三百十一 起洽 綸二百四二子生道光十年庚寅三月初五日卒咸豐五年乙卯
十一月初九日年二十六娶楊氏生道光九年己丑三月廿八日

卒光緒八年壬午[illegible]月初[illegible]日[illegible]年
五十四葬夾[illegible]子[illegible]二百六八

輔三百十二 起潅 綸二百四四子生道光二年壬午十月十六日卒光緒十九年癸巳十一月廿一日壽七十二娶成氏生道光二年壬午十月廿一日卒光緒十六年庚寅二月廿二日壽六十九葬酒店洞斗輔三百十五子相二百六九出繼

輔三百十三 起濆 綸二百四四子生道光八年戊子十二月廿六日卒光緒廿五年己亥七月十四日壽七十二娶葛氏生道光十二年壬辰正月初十日卒光緒十六年庚寅正月廿二日年五十九子相二百七十

輔三百十四 起潢 綸二百四四子生道光十一年辛卯九月初七日卒同治五年丙寅十月初九日年三十七娶孫氏生道光十二年壬辰十月廿八日卒光緒十八年壬辰正月廿二日壽六十一葬念[illegible]橋

輔三百十五 起濬 綸二百四四子生道光十七年丁酉八月初七日卒光緒十六年庚寅九月廿一日年五十三厝天德庵比邱娶姚氏生道光十九年己亥九月廿二日子相二百六九相二百七一相二百七二相二百六九出繼輔三百十二相二百七二出繼輔三百十六

輔三百十六 起溱 綸二百四六子生道光二十年庚子二月廿六日卒同治十三年甲戌七月初八日年三十五娶馮氏生同治四年乙丑十一月廿五日卒光緒□年十月初十日

輔三百十七 履安 綸二百四五子生道光十三年癸巳正月廿六日卒咸豐九年己未七月□日年二十七娶張氏

輔三百 福齡 綸二百四六子生道光十九年己亥十月初三日
十八
輔三百 輔沼 綸二百四八子生道光三年癸未十月十三日卒道光廿八年戊
十九 申五月廿五日年二十六未娶
輔三百 輔鴻 綸二百四八子生道光十三年癸巳十一月十九日卒光緒廿八
二十 年壬寅四月廿九日壽七十娶劉氏生道光十七年丁酉四月十
八日子相二百七
三相二百七四
輔三百 輔澐 綸二百四八子生道光廿一年辛丑五月廿三日卒光緒十三年
廿一 丁亥八月十五日年四十七娶鮑氏生咸豐元年辛亥十一月初
七日子相二百七
五相二百七六
輔三百 輔□ 綸二百四九子住石浦
廿二
輔三百 輔□ 綸二百四九子住石浦生卒娶氏未詳
廿三
輔三百 輔□ 綸二百五十子住江北
廿四
輔三百 起賢 綸二百五一子生道光八年戊子十二月十九日卒咸豐九年己
廿五 未十月廿一日年三十二葬江南園娶陶氏絕
輔三百 阿寶 綸二百五四子住湖州歸安縣菱湖鎮生咸豐六年丙辰八月初
廿六 十日
輔三百 小寶 綸二百五四子住湖州歸安縣菱湖鎮生咸豐九年己未八月初
廿七 六日

輔三百廿八　輔泰　綸二百五五子住海門湯家鎮

輔三百廿九　輔浚　綸二百五六子生道光十七年丁酉三月初四日卒同治二年癸亥六月廿五日年二十七厝天德菴後野貓坂娶蘇氏　欽旌節孝詳貞節錄生道光十六年丙申十月十三日子相二百七七

輔三百三十　輔浩　綸二百五六子生道光廿三年癸卯十二月廿九日卒咸豐八年戊午十二月三十日年十六陰配裘氏生道光十九年己亥十一月廿三日卒咸豐六年丙辰二月廿九日年十八葬天德庵後

輔三百三一　輔澄　綸二百五七子生咸豐二年壬子正月廿九日

輔三百三二　接慶　綸二百五七子生同治四年乙丑四月三十日卒光緒廿八年壬寅七月□日年三十八未娶

輔三百三三　金狗　綸二百五八子生同治十年辛未十月十六日

輔三百三四　懷瑾　綸二百五九子生道光十年庚寅六月廿七日卒同治二年癸亥五月初九日年三十四娶嚴氏生道光十四年甲午十二月初六日卒同治三年甲子二月廿二日年三十一葬靈燕窠山子相二百七八相二百七九

輔三百三五　懷珍　綸二百五九子生道光十七年丁酉六月初八日卒光緒十一年乙酉十二月十一日年四十九娶徐氏生道光廿四年甲辰八月十四日卒同治十一年壬申五月十一日葬靈山燕窠

輔三百三六 懷琮 綸二百六十子生道光廿三年癸卯六月十三日卒同治二年癸亥八月廿四日厝靈山蔡窠娶沈氏生道光廿七年丁未正月初二日

輔三百三七 懷璋 綸二百六十子生道光廿七年丁未三月廿二日娶嚴氏生咸豐六年丙辰二月廿八日子相二百八十

輔三百三八 成 綸二百六二子生嘉慶十二年丁卯九月廿五日卒道光十三年癸巳二月十九日年二十七娶應氏生嘉慶□年三月十七日卒五月十二日繼娶朱氏生嘉慶十六年辛未正月十四日卒關葬酒店河斗子相二百八二

輔三百三九 博 綸二百六二子生嘉慶十五年庚午十二月初十日卒道光二十年庚子四月十一日年三十一娶方氏生嘉慶十三年戊辰二月初八日卒咸豐十年庚申閏三月廿三日年五十三葬邵家滙子相二百八二相二百八三

輔三百四十 暄 綸二百六四子生嘉慶十二年丁卯四月十一日卒道光十七年丁酉十一月十九日年三十一娶邵氏生嘉慶十五年庚午十月廿六日卒道光八年戊子五月二十卜年十九繼娶陳氏生嘉慶十年乙丑三月十七日卒道光十年庚寅五月十二日年二十六三娶孫氏生嘉慶廿一年丁丑正月廿七日卒咸豐二年壬子八月廿六日年三十六葬阮家橋

輔三百四一子相二百八四入繼

輔三百四一 晧 綸二百六五子生嘉慶十七年壬申四月初十日卒咸豐八年戊午十二月廿五日年四十七娶嚴氏生嘉慶十九年甲戌三月十六日卒同治三年甲子□月廿□日年五十一葬邵家滙子相二百八四相二百八五相二百八陞出繼輔三百四十

輔三百四一　輔[illegible]　侖二百六六子生道光[illegible]未十二月初七日娶[illegible]氏住蘇州未詳　相二百八六

輔三百四二　輔元　綸二百六十子生咸豐五年乙卯八月初八日娶　氏

輔三百四三　輔堯　侖二百六六子生咸豐十年庚申十月初六日娶　氏住蘇州未詳　相二百八七

輔三百四四　輔才　綸二百六七子住蘇州[illegible]光緒十[illegible]年乙酉十一月十七日此係[illegible]與上輔堯[illegible]行因下[illegible]排[illegible]便更動

輔三百四五　輔則　綸二百七二子生同治十年辛未二月廿五日娶劉氏生光緒六年庚辰十一月初一日[illegible]相二百八八[illegible]二百八九

輔三百四六　輔閏　綸二百七[illegible]子生咸豐七年丁巳八月十四日卒光緒廿九年癸卯三月十七日年四十七娶朱氏生同治十年辛未三月初二日卒光緒廿一年乙未八月廿八日年二十五

輔三百四七　輔揩　綸二百七六子生道光十三年癸巳十一月初八日卒同治四年乙丑二月初[illegible]日年三十三娶上[illegible]沈氏生道光十三年癸巳十一月廿五日卒光緒十六年庚寅九月初四日年五十八葬西丈河[illegible]子　相二百九十

輔三百四八　鴻生　綸二百七八子生同治十三年甲戌十月廿五日

輔三百四九　聯生　綸二百七八子生光緒二年丙子三月十三日

輔三百五十　阿卿　綸二百八二子生光緒二年丙子六月十八日

輔三百五一　輔清　綸二百八四子生光緒[illegible]年辛[illegible]六月廿七日娶裴氏生光緒十
年甲申八月初六日子相二百九一
輔三百五二　輔[illegible]　綸二百四[illegible]子生光緒[illegible]三年[illegible]亥十二月十四日
輔三百五三　[illegible]仁　綸二百八四子生光緒二[illegible]年甲午十一月廿五日
輔三百五四　順[illegible]　綸二百八四子生光緒廿八年壬寅十一月廿五日
輔三百五五　春林　綸二百八六子生咸豐六年丙辰六月廿八日娶邵氏生同治七
年戊辰十[illegible]月十六日子相二百九二、二百九三
輔三百五六　春法　綸二百八六子生咸豐[illegible]年己未正月初十日卒光緒四年戊寅
十二月廿二日年二十
輔三百五七　春山　綸二百八六子生咸豐十[illegible]年[illegible]三月廿一日卒光緒十三年丁
亥[illegible]月二十日年二十[illegible]娶陰[illegible]趙氏生同治九年庚午二月廿四
日卒十月十二
日葬寶曹頭
輔三百五八　輔淮　綸二百八九子生同治[illegible]年乙丑[illegible]月廿二日娶胡氏子相二百
九四、二百九五
輔三百五九　輔祥　綸二百九四子生[illegible]十一年[illegible]申八月十七日娶趙氏生光緒
十年甲申十二月廿八日
輔三百六十　銘甫　綸[illegible]子生光緒二十年甲午九月初二日
輔三百六一　輔椿　綸二百十七[illegible]廿[illegible]十[illegible]日

輔三百六二　輔臣　綸三百十七子生光緒廿八年壬寅正月廿一日

輔三百六三　輔明　綸三百十九子生光緒廿六年庚子十一月十七日

輔三百六四　輔良　綸三百三十子生同治十年辛未十二月廿三日娶邵氏生光緒五年己卯三月廿五日

輔三百六五　輔珍　綸三百三十子生光緒十一年乙酉二月廿四日

輔三百六六　輔梨　綸三百三一子生光緒九年癸未十一月初三日

輔三百六七　輔根　綸三百三三子生光緒十九年癸巳八月廿四日

輔三百六八　蓮卿　綸三百三九子生光緒十三年丁亥十一月初四日

燕東蔡氏四修宗譜卷二十下　西房玖四公派　有志堂藏

世次傳十三

二十五世 西房玫三公派

相一 **相仁** 輔三子生同治二年癸亥十月初三日卒闕

相二 **相順生** 輔五子生光緒十四年戊子二月初五日

相三 **相壽** 輔七子生同治三年甲子七月廿一日

相四 **相衡** 輔九子生同治七年戊辰正月十五日娶上沈沈氏生同治十二年癸酉正月十五日

相五 **相堯** 輔十子生道光十六年丙申八月初九日卒光緒六年庚辰七月初十日年四十五娶童氏生道光廿五年乙巳十月廿五日卒光緒十三年丁亥二月十三日年四十三

相六 **相富** 輔十子生道光廿七年丁未六月二十日娶姚氏生咸豐咸豐元年辛亥十一月十二日卒光緒四年戊寅二月二十日年二十八

相七 **相瑞** 輔十一子生道光廿七年丁未十二月十一日卒光緒三年丁丑四月廿五日年三十一娶陳氏生咸豐四年甲寅正月初二日

相八 **相琪** 輔十一子生道光三十年庚戌九月十二日卒光緒六年庚辰六月二十日年三十一

相十九 相禮 輔十一子生同治元年壬戌九月初六日卒光緒十三年丁亥九月初六日年二十六

相十 相權 輔十三子生道光十九年己亥十一月初四日娶謝氏生道光廿四年甲辰四月十二日卒同治十三年甲戌三月初四日年三十一

相十一 相根 輔十三子生咸豐元年辛亥四月十四日

相十二 相遜 輔十六子住上海生同治六年丁卯正月十五日娶定海李氏生光緒二年丙子三月十三日子發一

相十三 相濟 輔十六子住上海生同治九年庚午正月初六日娶長石橋羅氏生光緒七年辛巳正月十九日

相十四 相遠 輔十六子住上海生同治十二年癸酉十一月十二日娶蘇州李氏生光緒元年乙亥正月初二日

相十五 相淨 輔十六子住上海生光緒元年乙亥十月初四日娶無錫吳氏生光緒八年壬午正月廿六日卒光緒廿四年戊戌八月初二日年十七

相十六 相南 輔十六子住上海生光緒八年壬午正月初二日

相十七 相炳 輔十七子住蘇州生同治十二年癸酉正月廿二日娶丹陽馬氏生同治十二年癸酉正月廿二日子發二

相十八 相遴 輔十七子生光緒六年庚辰十月十八日娶嚴氏生光緒二年丙子十一月初十日

相十九 相楚 輔十八子生同治十二年癸酉七月廿二日卒光緒廿三年丁酉十月廿四日年二十五

相二十 相來 輔二十子生同治六年丁卯七月廿二日隨母在上海

相廿一　相三　輔廿二子生[illegible]年[illegible]月[illegible]四日娶[illegible]氏生咸豐十一年辛酉十一月初七日[illegible]子聲三聲四

相廿二　相[illegible]　輔廿二子生同治元年壬戌正月廿七日卒光緒廿二年丙申三月十六日年三十五娶本城金氏生同治四年乙丑四月廿四日子聲五

相廿三　相桓　輔廿二子生同治七年戊辰四月初七日娶姚氏生同治十二年癸酉閏六月十五日卒光緒廿三年丁酉三月十二日年二十五繼娶□氏

相廿四　相志　輔廿三子生同治八年己巳五月廿六日

相廿五　相清　輔廿七子生咸豐十一年辛酉十一月閏初一日娶蘇氏生光緒元年乙亥二月二十日卒光緒十七年辛卯正月初三日年十七繼娶方氏生同治七年戊辰正月十二日子名六聲七

相廿六　相盈　輔廿七子生同治四年乙丑五月十五日娶胡氏生同治十二年癸酉閏六月初八日子聲八

相廿七　相舜　輔三十子生光緒元年乙亥十二月初九日娶鄒氏生光緒九年癸未五月廿五日子聲九

相廿八　相鑫　輔三一子隨母住柿[illegible]

相廿九　相楚　輔三四子生同治四年乙丑八月十八日娶蘇氏生光緒元年乙亥十一月廿七日子聲十

慈東費氏四修宗譜　卷十二　世次傳十三　二　[illegible]

相三十　運福　輔三六子生光緒十四年戊子九月初三日

相三十一　運庚　輔三六子生光緒十七年辛卯七月初六日

相三二　相森　輔三七子生同治六年丁卯九月廿三日娶馮氏生同治十一年壬申六月廿八日子聲十一聲十二聲十三聲十四

相三三　逢生　輔三七子生光緒十年甲申四月初五日

相三四　相海　輔三八子生光緒廿一年乙未九月十九日

相三五　相榮　輔三九子生道光十三年癸巳九月廿九日卒光緒十八年壬辰正月十一日壽六十娶蔡氏生道光廿四年甲辰十月廿九日卒光緒九年癸未八月初十日年四十子聲十五

相三六　相華　輔三九子生道光二十年庚子正月初十日卒光緒十七年辛卯二月廿四日年五十二娶胡氏生道光廿八年戊申十一月十七日卒同治三年甲子十二月十七日年十七繼娶蘇氏生道光廿七年丁未十二月十六日卒光緒十九年癸巳五月廿六日年四十七葬水渠畈陳胡田子聲十六聲十七蘇氏出

相三七　相全　輔三九子生道光廿三年癸卯十一月初四日卒光緒廿三年丁酉八月初七日年五十五葬水渠畈胡姓屋後娶施氏生咸豐四年甲寅正月十三日

相三八　**相傳**　輔四一子生道光十一年辛卯十二月十二日卒光緒五年己卯十月十二日年五十娶沈氏生道光廿四年甲辰十月初十日卒六月初二日繼娶王氏生卒闕

相三九　**相康**　輔四二子生道光二十年庚子餘闕

相四十　**相賓**　輔四三子住江北生道光八年戊子十月廿九日卒闕娶盛氏生道光十一年辛卯三月廿七日卒闕子聲十八

相四十一　**相剛**　輔四四子生嘉慶廿五年庚辰二月廿七日卒闕娶徐氏生道光十三年癸巳三月十八日卒光緒三十年甲辰五月初九日壽七十二子聲十九聲二十聲廿一

相四二　**相權**　輔四五子生道光十年庚寅八月初四日生咸豐八年戊午餘闕年二十九未娶

相四三　**相恒**　輔四六子生道光廿三年癸卯十一月初十日

相四四　**相標**　輔四七子生道光廿七年丁未正月十五日

相四五　**相照**　輔四八子生道光元年辛巳十二月初七日卒道光二十年庚子五月廿四日年二十娶徐氏生三月廿六日卒十一月廿四日

相四六　**相臨**　輔四八子生道光十四年甲午十一月廿一日卒咸豐五年乙卯四月廿八日年二十二未娶

相四七　**相宏**　輔四八子生道光廿五年乙巳二月初十日

相四八　**相恒**　輔五十子生　年　月　日

相四九　**相容**　輔五一子生咸豐四年甲寅正月初二日

相五十　**相源**　輔五三子生同治八年己巳十月初五日

相五一　**相君**　輔六九子生道光十八年戊戌四月二十日卒同治十年辛未七月廿一日年三十四娶洪氏生道光十九年己亥七月初一日卒光緒廿一年乙未九月初八日年五十七子聲廿二

相五二　**相親**　輔七十子生道光廿三年癸卯八月初二日卒咸豐九年己未三月廿六日年十七葬杜家漕公地

相五三　**相朝**　輔七十子生咸豐七年丁巳十月廿三日娶葛氏生咸豐五年乙卯六月廿九日子聲廿三聲廿四聲廿五聲廿六聲廿七聲廿八女長適吳亥適姚三未字

相五四　**相賢**　輔七一子生道光廿四年甲辰六月十一日卒光緒十三年丁亥五月初四日年四十四娶蔡氏生道光廿六年丙午　月　日卒光緒十一年乙酉三月十九日年四十

相五五　**相才**　輔七一子生道光廿五年乙巳八月廿七日卒光緒十七年辛巳十二月十二日年四十七娶徐氏生道光廿六年丙午十一月廿七日卒同治八年己巳九月廿六日年二十四

相五六 **相承** 輔七一子生同治元年壬戌八月十四日娶鄭氏生同治六年丁卯九月十三日

相五七 **相國** 輔七二子生道光廿八年戊申十月初六日卒光緒廿九年癸卯十一月廿二日年五十六娶沈氏生咸豐二年壬子七月二十日子聲廿九聲三十聲三一女長適陳次適鄞邑趙三適嚴

相五八 **相顏** 輔七三子生同治四年乙丑四月廿九日卒光緒廿九年癸卯正月初七日年三十九娶徐氏生同治七年戊辰三月廿八日卒光緒十三年丁亥九月廿四日年二十繼娶徐氏生同治十年辛未正月初八日卒光緒十九年癸巳十一月廿三日年二十三三娶蘇州黃氏生光緒六年庚辰十一月初七日子聲三二黃氏出

相五九 **相時** 輔七四子生同治元年壬戌五月三十日娶應氏生同治六年丁卯十二月十二日卒光緒九年癸未十一月十二日年十七

相六十 **相卿** 輔七五子生道光廿八年丙午三月初三日卒光緒廿八年壬寅五月十三日年五十五娶陳氏　敕封安人　誥贈宜人　晉贈恭人生道光廿八年戊申七月廿八日卒光緒九年癸未四月廿六日年三十六繼娶馮氏　敕封安人　誥封宜人　晉封恭人生同治三年甲子九月廿四日卒光緒三十年甲辰六月初十日年四十一子聲三三馮氏出女長適姚次適胡三適顏

相六一 **相珪** 輔七五子生同治四年乙丑十月十二日娶翁氏生同治四年乙丑正月廿八日卒光緒十二年丙戌六月廿一日年二十二繼娶童氏生同治八年己巳五月初四日卒光緒廿八年壬寅十一月十三日年三十四三娶王氏生光緒元年乙亥四月廿五日子聲三四童氏出女未字

相六二 **相迎** 輔七六子生道光廿七年丁未十二月十九日娶嚴氏 敕贈安人
誥贈宜人生道光廿九年己酉十二月初十日卒同治五年丙寅二
月十六日年十八繼娶陳氏 敕封安人 誥封宜人生道光廿五年乙
巳正月廿八日卒光緒十八年壬辰十二月廿九日年四十八三娶張氏
生同治十年辛未二月初十
日子聲四五陳氏出女適關

相六三 **相達** 輔七六子生光緒六年庚辰七月廿九日

相六四 **相逵** 輔七八子生同治十年辛未十一月初七日娶方氏生光緒十二年
丙戌十月初五日子聲三六

相六五 **相迪** 輔七九子生同治八年己巳二月三十日娶本縣顏家橋朱氏生同
治六年丁卯十二月廿三日卒光緒廿五年己亥十一月十一日年
三十三厝住宅屋後繼娶劉氏生光
緒六年庚辰五月廿七日子聲三七

相六六 **相松** 輔八一子生同治元年壬戌十月十九日娶錢氏生同治元年壬戌
正月廿二日子聲三八

相六七 **相楠** 輔八二子生同治四年乙丑四月十六日娶邵氏生同治三年甲子
十一月十四日子聲三九女四未字

相六八 **相祚** 輔八三子生光緒三年丁丑五月初四日娶舒氏 敕封安人生光
緒二年丙子三月初五日

相六九 **相槐** 輔八四子生同治十年辛未四月廿九日娶陸氏生同治十二年癸
酉七月十五日子聲四十聲四一女二未字

相七十 **相坤** 輔八五子陰[illegible]本城[illegible]氏生卒俱闕

相七一　相均　輔八三子生[illegible]七月十七日娶馮氏生同治十一年壬申正月十一日[illegible]

相七二　相雄　輔八四子生光緒十二年丙戌九月廿九日

相七三　相選　輔七六子生[illegible]年[illegible]七月初七日卒同治九年庚午四月十四日年二十九歲[illegible]沈氏[illegible]

相七四　相棟　輔八[illegible]生[illegible]治六年丁卯[illegible]卒光緒十八年壬辰七月十四日年二十六歲[illegible]氏生[illegible]十年辛未三月十三日[illegible]二

相七五　相櫟　輔九[illegible]子生同治八年己巳十月初六日娶朱氏生光緒五年己卯三月十七日子[illegible]

卒光緒三十年甲辰六月廿三日年三十六

相七六　相梳　輔九一子生同治十三年甲戌八月十六日

相七七　相杜　輔九二子生同治十年辛未十一月初五日

相七八　相桂　輔九二子生光緒二年丙子八月初十日

相七九　相林　輔九三子生同治八年己巳十一月十三日卒光緒十六年庚寅五月二十[illegible]年二十二[illegible]氏生[illegible]十一年壬申八月十八日

相八十　相森　輔九三[illegible]生同治十二年癸酉正月初八日娶盧氏生同治十一年壬申六月廿二日子[illegible]四四

相八一　相彬　輔九三子生光緒三年丁丑十二月廿九日

相八二　相棠　輔九八子生光緒元年乙亥八月廿九日娶盧山下蘇氏生光緒三年丁丑十月初十日子豐四五

相八三 **相崧** 輔百一子生光緒十一年乙酉三月初二日娶畈駝橋盛氏生光緒十一年乙酉三月初九日

相八四 **相岡** 輔百一子生光緒廿四年戊戌二月廿三日

相八五 **相頴** 輔百二子生光緒七年辛巳十月廿八日娶濮頭吳氏生光緒九年癸未十一月廿五日卒光緒廿七年辛丑十一月十二日年十九繼娶陳氏生光緒七年辛巳四月初三日

相八六 **相燮** 輔百三子生光緒廿六年庚子七月廿一日

相八七 **相榮** 輔百五子住杭州生同治七年戊辰八月十五日娶　氏生同治　年　月　日

相八八 **相鑒** 輔百五子住杭州生同治十三年甲戌十二月十三日

相八九 **相朝** 輔百六子

相九十 **[illegible]** 輔百六子俱住杭州

相九一 **瑞[illegible]** 輔百七子生光緒十九年癸巳七月十七日

相九二 **[illegible]慶** 輔廿二子住湖州

相九三 **長[illegible]** 輔百廿三子住湖州

相九四 **長根** 輔百廿三子住湖州

相九五 **相楨** 輔百廿四子生道光十八年戊戌正月初十日卒光緒八年壬午三月十四日年四十五娶口氏生卒闕葬假山地

相九六 **相桂** 輔百廿五子生道光五年乙酉十月十一日卒同治十三年甲戌八月十一日年五十娶陳氏生道光五年乙酉十月廿八日卒光緒十四年戊子三月十六日壽六十四葬廿四房屋後子聲四六

相九七 **相橋** 輔百廿六子生道光十九年己亥十月廿四日卒闕

相九八 **相梓** 輔百廿六子生道光廿四年甲辰十一月十四日元聘嚴氏生道光廿九年己酉二月廿一日卒同治口年五月廿六日娶周氏生咸豐二年壬子十一月十九日

相九九 **相卿** 輔百三一子生咸豐十年庚申十一月初六日卒光緒八年壬午七月初六日年二十三葬本村屋後假山地娶袁氏

相百 **相楠** 輔百三二子生嘉慶十一年丙寅卒闕葬西園地水路頂

相百一 **相校** 輔百三五子生道光十五年乙未六月十五日卒同治四年乙丑八月廿五日年三十一娶余氏絕

相百二 **相椿** 輔百三七子生道光廿五年乙巳二月廿九日娶王氏生咸豐七年丁巳五月初六日子聲四七聲四八

相百三 **國棟** 輔百四一子生咸豐十年庚申七月廿八日卒光緒廿四年戊戌九月初十日年三十九娶口氏子聲四九

相百四　**國傑**　輔百四二子娶口氏

相百五　**配模**　輔百四四子生嘉慶五年庚申八月廿六日卒道光廿八年壬寅正月十八日年四十三娶王氏生嘉慶三年戊午正月初十日卒道光十年庚寅正月廿七日年三十三葬屋後

相百六　**配仁**　輔百四四子生嘉慶十二年丁卯十一月初二日卒光緒廿三年癸卯三月廿四日年三十七未娶

相百七　**配岳**　輔百四四子生嘉慶十六年辛未十二月初七日卒同治元年壬戌四月廿四日年五十二娶鄞縣湯氏生十二月初六日卒十一月十二日繼娶鄞縣□氏生嘉慶廿四年己卯正月初八日卒咸豐八年戊午十一月廿五日年四十子聲五十

相百八　**相濱**　輔百四六子住上海生嘉慶廿四年己卯

相百九　**相源**　輔百四六子住江北生道光六年丙戌

相百十　**相樸**　輔百四八子生道光二十年庚子十二月廿七日卒十二月十五日娶汪氏生道光十九年己亥三月十四日卒光緒廿三年丁酉六月十四日年五十九繼娶蔡氏生同治五年丙寅三月□日卒光緒十年甲申五月廿二日年十九子譯九一

相百十一　**相楨**　輔百四九子生道光廿四年甲辰正月初一日卒光緒十四年戊子九月初九日年四十五娶劉氏生□□卒十月十四日

相百十二　**貴財**　輔百五四子生光緒六年庚辰九月初十日娶王氏生光緒十年甲申十二月初五日

相百十三 相佑 輔百五五子生咸豐元年[illegible]三月十四日卒同治十二年癸酉十二月十三日年十九娶王氏生同治七年戊辰八月廿九日卒六月初二日葬上箔塘

相百十四 [illegible] 輔百五五子生咸豐七年丁巳十一月初十日卒光緒廿一年乙未十二月廿四日年三十九娶[illegible]氏生同治四年乙丑九月廿七日子聲五二聲五三聲五四

相百十五 相申 輔百六十子生光緒十一年乙酉七月十八日

世次傳十四

二十五世　两房贰四公派

相寶 相一　輔六子　生光緒七年辛巳三月初五日　娶袁氏　生光緒十六年庚寅十二月廿二日

相嘉 相二　輔八子　生咸豐七年丁巳三月廿六日　卒光緒三年丁丑六月十四日　年二十一

相堅 相三　輔九子　生光緒十三年丁亥七月初九日

相福 相四　輔十一子　生光緒元年乙亥十二月廿二日　娶姚氏　生光緒元年乙亥正月初六日　卒光緒十八年壬辰八月初一日　年十八　娶童氏　生光緒二年丙子八月十三日　卒光緒廿九年癸卯八月十七日　年二十八　三娶邵氏　生光緒九年癸未十一月十一日　子聲一　聲二　童氏出

相祥 相五　輔十五子　生咸豐六年丙辰三月二十日　卒光緒五年己卯七月十六日　年二十四　娶趙氏　生同治六年丁卯十一月初三日　卒光緒六年庚辰七月初四日

相振 相六　輔十六子　生光緒四年戊寅八月廿二日

鑫木 相七　輔十六子　生光緒六年庚辰十二月二十日

相八　友[illegible]　輔十六子生光緒八年壬午十二月廿三日

相九　寶生　輔十六子生[illegible]緒十年甲申十一月廿八日兄弟俱住杭州

相十　[illegible]妵　輔十八子[illegible]咸豐[illegible]年丁[illegible]十月初[illegible]日娶吳氏生同治十年辛未十[illegible]月[illegible]十六[illegible]三女一

相十一　相佼　輔廿[illegible]子生嘉慶十四年己巳正月十五日卒闕

相十二　相榆　輔廿一子出嘉慶十六年辛未三月初三日卒闕

相十三　相棠　輔廿三子生道光十九年己亥九月廿七日卒闕未娶

相十四　相棣　輔廿三子生道光廿二年壬寅四月廿七日卒闕未娶

相十五　相欋　輔廿三子生道光廿六年丙午十月廿[illegible]日卒闕未娶

相十六　相樟　輔廿三子[illegible]元年辛亥十[illegible]月初五日卒光緒十年甲申八月十[illegible]三[illegible]

相十七　相橋　輔廿三子生咸豐[illegible]年[illegible]日

相十八　[illegible]　輔廿[illegible]三日

相十九　相榮　[illegible]日

相二十　寶森　輔四九子生[illegible]月廿三日卒光緒二十四年戊戌三月十七日年五十五娶王氏生道光廿九年己酉四月二十日子聲四聲五聲六聲七聲八

相廿一　相杰　輔三二子生道光廿二年壬寅八月十六日卒光緒二十年甲午十一月三十日年五十三娶鎮邑朱氏生道光廿二年壬寅九月廿七日卒光緒廿三年丁酉正月廿九日年五十六子聲九聲十聲十一

相廿二　相榮　輔三四子生道光廿六年丙午十一月初四日卒闕娶徐氏生咸豐七年丁巳三月廿二日卒光緒六年庚辰九月廿五日年二十四繼娶黃氏生同治十年辛未十一月廿一日子聲十二

相廿三　相穄　輔三六子生咸豐元年辛亥八月廿七日卒闕娶盧氏生同治五年丙寅二月廿三日子聲十三聲十四聲十五女一

相廿四　相棪　輔三七子生道光廿四年甲辰十月廿七日出外無查

相廿五　相卿　輔四十子生咸豐七年丁巳七月廿六日娶李氏生同治五年丙寅八月二十日子聲十六女適應

相廿六　相鎮　輔四三子生同治元年壬戌閏八月十七日卒光緒七年辛巳十二月廿二日年二十娶劉氏生同治二年癸亥十二月初三日卒光緒九年癸未七月廿五日年二十一非齊公廳

相廿七　瑞慶　輔四三子生同治十三年甲戌七月廿七日卒光緒十七年辛卯二月十八日年十八

相廿八 瑞寶 輔四四子生咸豐七年丁巳七月十五日卒光緒三年丁丑五月十八日年二十一

相廿九 孟棠 輔四五子生嘉慶十九年甲戌九月三十日卒光緒十二年丙戌十一月廿三日壽七十三娶鄭氏生嘉慶廿四年己卯九月廿二日卒光緒二十年甲午十一月初四日壽七十六

相三十 孟楷 輔四五子生嘉慶廿一年丙子九月初三日卒咸豐三年癸丑九月初七日年三十八娶朱氏　欽旌節孝詳貞節錄生道光七年丁亥十二月廿八日卒光緒九年癸未九月廿四日年五十七葬水渠畈西南首

相三一 孟棣 輔四五子生道光四年甲申十一月十六日卒同治二年癸亥六月廿一日年四十娶錢氏生道光十八年戊戌十二月廿七日卒咸豐五年乙卯十二月十一日年十八葬賽公廟

相三二 仲楷 輔四六子生道光元年辛巳七月初八日卒咸豐十年庚申一月初四日年四十娶上洋口氏生卒闕

相三三 相樞 輔四八子生嘉慶廿二年丁丑九月十一日卒光緒四年戊寅五月十一日壽六十二娶姚氏生嘉慶廿三年戊寅三月十一日卒咸豐五年乙卯八月廿三日年三十八葬賽公廟子聲十七

相三四 相楠 輔九十子生嘉慶廿五年庚辰八月十四日卒道光廿九年己酉九月初五日年三十娶童氏生道光五年乙酉六月廿三日卒同治三年甲子十月十五日年四十子[illegible]十八[illegible]十九

相三五 相梓 輔五一子生道光二年□□□□八日卒同治四年乙丑五月初五日年四十四娶金氏生道光十七年丁酉十月二十日子聲二十 聲廿一

相三六 相李 輔五一子住江北生道光八年戊子四月廿二日

相三七 相榮 輔五一子生道光十三年癸巳十一月初五日卒光緒七年辛巳閏月廿八日年四十娶□氏子聲廿二聲廿三聲廿四

相三八 相桂 輔五一子生道光十六年丙申九月初九日卒光緒二年丙子四月十八日年四十一娶盛氏生道光廿三年癸卯三月初九日子聲廿五住 手謝

相三九 相植 輔五二子生道光十年庚寅十月初八日娶口氏子聲廿六

相四十 相樹 輔五三子生道光十二年壬辰閏九月初三日卒光緒五年己卯九月十七日年四十八娶鄞邑陳氏生道光十七年丁酉七月初六日卒光緒十九年癸巳九月廿九日年五十七

相四一 相樫 輔五三子生道光十九年己亥十月十二日卒光緒七年辛巳七月十六日年四十六娶王氏生未詳子聲廿七聲廿八

相四二 相棖 輔五四子生咸豐八年戊午十二月廿九日娶嚴氏生同治五年丙寅七月初十日女二

相四三 相模 輔五六子生嘉慶廿二年丁丑六月十二日卒闕未娶

相三四　相材　輔五七子生道光六年丙戌四月初六日卒道光廿五年乙巳七月初二日年二十

相四五　相棋　輔五七子生道光十六年丙申十月初二日娶李氏生道光十七年丁酉十二月二十日卒光緒廿四年戊戌五月初三日壽六十二子醫廿九

相四六　相楣　輔五八子生道光二年壬午八月十六日卒闕

相四七　相楨　輔五八子生道光八年戊子五月廿五日卒咸豐二年壬子正月廿九日年二十五未娶

相四八　相林　輔六十子生道光十九年己亥[illegible]十五日卒闕

相四九　相慶　輔六十子生道光廿五年乙巳[illegible]月初一日卒闕

相五十　依心　輔六四子生同治九年庚午十一月十八日出與別姓爲子

相五一　相榮　輔六五子生道光十九年己亥餘闕

相五二　相[illegible]　輔六八子生同治九年庚午十一月初七日娶邵氏生光緒十年甲申正月十五日

相五三　正呆　輔七十子生乾隆五十七年壬子六月廿五日卒嘉慶十六年辛未二月初一日年二十娶王氏　欽旌[illegible]詳貞節錄生乾隆五十七壬戌九月十[illegible]日卒同治[illegible]年[illegible]七日壽七十四葬大路南父墳西首相五五子晉三十[illegible]

相五四　正銓　輔七[illegible]三年[illegible]月[illegible]九日卒[illegible]緒[illegible]年丙戌九月初二日年五十八娶門氏生道光二年壬午七月初一日卒光緒十一年乙酉正月廿四日壽六十四葬水渠坂　首子聲三一聲三二

相五五　正模　輔七一子生乾隆五十五年庚戌七月十五日卒咸豐九年己未十二月十二日壽七十娶趙氏生乾隆五十三年戊申十月二十日卒咸豐四年甲寅二月廿五日壽六十七子聲三一聲三二聲三三聲三四聲三五聲三五聲三十出繼　五三

相五六　正學　輔七二子生嘉慶九年甲申十月十五日卒嘉慶二十年乙亥七月廿一日年十六葬[illegible]大[illegible]

相五七　正德　輔七二子生嘉慶十年乙丑十二月二十日卒道光廿七年丁酉四月十三日年四十三娶朱氏生嘉慶七年壬戌十二月十八日卒嘉慶廿五年庚辰八月廿六日年十九繼娶沈氏生嘉慶十二年丁卯三月廿五日卒十月廿一日三娶張氏生嘉慶廿五年庚辰十一月十四日卒咸豐七年丁巳四月初五日年三十八葬鮑家橋子聲三七聲三八沈氏出聲三九張氏出

相五八　正祿　輔七二子生道光六年丙戌二月初五日卒八月廿九日娶王氏生道光七年丁亥六月十七日卒道光廿八年戊申七月十七日年二十二

相五九　正泉　輔七三子生嘉慶十四年己巳四月初五日卒咸豐二年壬子九月十二日年四十四娶王氏生嘉慶十七年壬申四月廿七日卒同治二年癸亥五月十七日年五十二子聲四十

[illegible]　世次傳十四　四　永思堂藏

相六十　正明　輔八一子生道光九年己丑十一月十八日卒光緒十九年癸巳正月廿九日壽六十五娶馮氏　誥封宜人生道光五年乙酉八月十九日卒光緒廿六年庚子六月初一日壽七十六葬跨塘周祠堂東首子聲四一聲四二

相六一　正和　輔八一子生道光十四年甲午四月初三日卒光緒七年辛巳正月十五日年四十八娶錢氏生道光十八年戊戌十二月十七日

相六二　明椿　輔八三子生嘉慶廿二年丁丑十一月初六日殁於西匪娶裘氏生道光廿四年甲辰四月初六日子聲四三聲四四

相六三　明奇　輔八四子住富陽生道光十六年丙申五月廿二日卒闕

相六四　明培　輔八五子生嘉慶二十年乙亥七月廿七日卒闕

相六五　齡福　輔八七子生卒闕

相六六　乾保　輔九十子生道光十年庚寅八月廿四日卒光緒三年丁丑十一月廿七日年四十八娶嚴氏生道光十八年戊戌十一月廿二日子聲四五聲四六聲四七

相六七　寄麟　輔九一子生咸豐二年壬子七月十八日娶劉氏生同治元年壬戌五月初四日卒八月初二日繼娶胡氏生同治七年戊辰正月廿四日子聲四八聲四九

相六八　成之　輔九八子生嘉慶廿四年己卯十一月初六日卒咸豐十一年辛酉八月十七日年四十三娶[illegible]氏生嘉慶廿一年丙子六月十三日卒

聞子聲五十聲五
一聲五二聲五三
月六　相槐　輔百一　子生咸豐九年己未正月十九日娶□氏子聲五四
九
相七　相誠　輔百五六　生道光廿三年癸卯十月初三日卒同治十二年癸酉五
十
月十一日年三十一　娶鎮邑陳氏　欽旌節孝詳貞節錄生道光廿
七年丁未八月初
三日子聲五五
相七　相寶　輔百九子生同治十一年壬申正月二十日
一
相七　相業　輔百十一　子生光緒十五年己丑十一月廿三日
二
相七　相廷　輔百十一　子生光緒廿三年丁酉五月初三日
三
相七　相華　輔百十二子生光緒廿七年辛丑二月初八日
四
相七　相善　輔百十三子生光緒十五年己丑五月十四日
五
相七　相德　輔百十三子生光緒十六年庚寅五月廿一日
六
相七　相潤　輔百十三子生光緒廿四年戊戌二月廿六日
七
相七　相霈　輔百廿二子生光緒十年甲申十二月初九日娶張氏生光緒十年
八　甲申七月初三日

相七九　相雲　輔百廿二子生光緒十九年癸巳正月廿八日

相八十　相霆　輔百廿二子生光緒廿九年癸卯八月初八日

相八一　相煜　輔百廿四子生光緒廿八年壬寅八月初四日

相八二　相源　輔百廿八子生道光十七年丁酉十二月初九日卒咸豐十年庚申六月廿六日年二十四娶潘氏生道光十七年丁酉六月廿七日

相八三　相溶　輔百廿八子生道光廿七年丁未十二日初六日卒同治十二年癸酉六月初十日年二十七娶張氏　欽旌節孝詳貞節錄生道光廿八年戊申四月初二日卒光緒廿七年辛丑七月十四日年五十四葬天德菴後

相八四　相澔　輔百廿九子生道光廿六年丙午十一月廿九日娶徐氏生道光廿六年丙午五月十五日

相八五　相灃　輔百廿九子生咸豐十一年辛酉五月初四日卒光緒廿二年丙申五月十二日年三十二娶葛氏生同治七年戊辰二月廿五日卒光緒十八年壬辰九月廿六日年二十五葬天德菴東首

相八六　彤蘭　輔百三十子生光緒十三年戊子十二月初二日

相八七　九蘭　輔百三一子生光緒四年戊寅九月廿八日娶邵氏生光緒三年丁丑正月初十日

相八八　逸蘭　輔百三二子生光緒九年癸未十一月十二日

相八九　汝蘭　輔百三五子生光緒二年丙子六月二十日娶陳氏生光緒三年丁丑十二月廿二日

相九十　相才　輔百三六子生嘉慶十三年戊辰十一月廿九日卒同治七年戊辰七月廿八日壽六十一娶鄞邑范氏生嘉慶十二年丁卯十二月廿四日卒道光二十年庚子六月廿三日年三十四側室方氏生嘉慶二十年乙亥十月廿一日卒道光三十年庚子三月初五日年二十六厝本宅西首子聲五六聲五七

相九一　相宸　輔百三七子生道光七年丁亥六月十四日卒光緒九年癸未九月廿四日年五十七娶周氏生道光四年甲申七月十九日卒同治六年丁卯五月初三日年四十四繼娶余氏生道光十六年丙申十二月初四日卒光緒廿三年丁酉四月十七日壽六十二子聲五八聲五九周氏出

相九二　相豪　輔百三八子生道光十二年壬辰正月廿四日卒道光廿九年己酉二月初七日年十八厝丁姓宅東未娶

相九三　相榮　輔百四十子生道光十年庚寅閏四月廿一日卒闕

相九四　連生　輔百四一子生道光廿三年癸卯十月廿五日卒光緒六年庚辰十一月廿三日年三十八

相九五　相祿　輔百四四子生道光四年甲申十一月廿六日卒同治三年甲子九月十二日年四十一娶鄞邑徐氏生道光八年戊子四月十二日卒同治十二年癸酉二月初九日年四十六子殤女一

相九六 **相[illegible]** 輔百四五子生道光十七年丁酉六月廿八日卒同治十一年壬申四月初八日年三十六娶余氏生道光二十年庚子五月廿七日卒光緒十年甲申正月十八日年四十五葬任宅後高路相九老子聲六十一
兼祧女長適邵次適王三適朱

相九七 **相鶴** 輔百四六子生道光二十年庚子正月初四日卒同治十年辛未三月初一日年三十二娶周氏絕子聲六十一

相九八 **相權** 輔百四七子生道光三年癸未七月初九日卒咸豐元年辛亥九月十二日年二十九娶陳氏生道光十年庚寅三月初六日卒咸豐元年辛亥十一月廿二日年二十二葬孫家橲蕪家沿大河高車頭之高田子聲六二

相九九 **相覲** 輔百四七子生道光五年乙酉八月廿七日卒咸豐十年庚申七月十八日年三十六娶應氏生道光十六年丙申三月廿五日卒光緒十六年庚寅四月初十日年五十五

相一百 **相廉** 輔百四七子生道光七年丁亥九月廿八日卒咸豐辛酉殉難省城

相百一 **相夫** 輔百四七子生道光十一年辛卯二月廿八日卒光緒十三年丁亥三月初八日年五十七娶[illegible]氏生道光廿四年甲辰二月初二日卒同治三年甲子六月十一日年二十一繼娶盛氏生道光廿四年甲辰十二月初七日卒光緒八年壬午九月十四日年三十九

相百二 **相英** 輔百四七子生道光十五年乙未六月廿四日卒光緒十六年庚寅十二月初十日年五十六娶陳氏 誥贈恭人生道光十七年丁酉三月十一日卒同治九年庚午閏八月初五日年二十二繼娶沈氏 誥封恭人生道光廿九年己酉五月十五日卒光緒十三年丁亥十月初一

日年三十九葬[illegible]生[illegible]七年戊辰十月十六日子聲六
三沈氏出聲六[illegible]徐氏出

相百三
相𦈢 輔百五七子生道光廿二年壬寅十一月初七日卒光緒十六年庚
寅正月初三日年四十九娶[illegible]氏生道光三十年庚戌十二月十八
日卒光緒五年己卯八月廿
六日年三十繼娶馮氏絶

相百四
相品 輔百四八子生道光八年戊子七月初五日咸豐辛酉殉難省城

相百五
相庭 輔百四八子生道光十六年丙申八月初九日卒於外

相百六
慶相 輔百四九子生嘉慶八年丙亥九月初二日卒道光五年乙酉九月
二十日年二十三厝市後未娶

相百七
楚相 輔百四九子生嘉慶十四年己巳八月初三日卒道光九年己丑餘
嗣厝市後未娶

相百八
相桂 輔百四九子生嘉慶二十年乙亥三月十三日卒同治十二年癸酉
一月十五日年五十九娶宗氏生道光三年癸未正月初六日卒道
光廿二年壬寅六月初七日年二十繼娶葛氏生道光八年戊子三月廿
三日卒同治十一年壬申八月廿五日年四十五葬丁外屋前西首高田
聲大五聲六七葛氏出聲六五兼
祧相百九聲六七出繼相百十

相百九
相楓 輔百五十子生道光四年甲申五月十一日卒同治七年戊辰四月
十五日年四十五娶姚氏生道光十三年癸巳四月十一日卒同治
十三年甲戌八月初一日年四十二葬丁姓東首土名夾笆子聲大六早
世相百八子聲六五兼祧

相百十　相棣　輔百五一子生道光七年丁亥十一月十一日卒咸豐八年戊午九月十三日年三十二娶方氏生道光廿三年癸卯十二月初十日卒咸豐九年己未七月十四日年十七

葬財神殿後相百八子聲六七入繼

相百十一　相梧　輔百五三子生嘉慶廿五年庚辰六月廿九日卒光緒八年壬午九月廿四日壽六十三娶沈氏生道光十三年癸巳九月廿三日卒光緒十九年癸巳二月初五日壽六十一相百九子聲六八入繼

相百十二　相雍　輔百五四子生道光十五年乙未八月十九日卒同治元年壬戌十月廿五日年二十八

相百十三　相金　輔百五五子生道光元年辛巳五月廿五日卒光緒九年癸未九月十三日壽六十三娶徐氏生道光九年辛巳七月廿二日卒同治十三年甲戌十一月廿八日年五十四繼娶孔氏生道光二十年庚子七月廿七日卒光緒十二年丙戌八月廿四日年四十七相百十四子聲六九入繼

相百十四　相玉　輔百五五子生道光八年戊子七月初七日卒光緒廿三年丁酉八月十五日壽七十娶翁氏生道光十八年戊戌二月廿三日卒光緒十三年丁亥八月廿五日年五十子聲六九聲七十聲六九出繼相百十三女適方

相百十五　相琪　輔百五五子生道光十年庚寅五月廿五日卒道光三十年庚戌正月廿二日年二十一附本宅西　周氏生道光廿四年甲辰八月初一日卒七月十六日

相百十六 **相珍** 輔百五五子生道光十一年辛卯七月廿三日卒同治三年甲子九月廿六日年三十四娶魚氏生道光十九年己亥四月廿六日卒咸豐十一年辛酉七月十六日年二十三

相百十七 **相郎** 輔百五六子生道光九年己丑六月十二日卒咸豐四年甲寅九月初一日年二十六厝丁姓宅東未娶

相百十八 **相玫** 輔百五七子生道光十二年壬辰閏九月廿二日卒光緒十九年癸巳九月初三日壽六十二娶沈氏生道光二十年庚子十月十七日

子聲七三承

七五一

相百十九 **相萱** 輔百五九子生道光三年癸未六月初六日卒道光三十年庚戌九月十三日年二十八葬丁姓宅東未娶

相百二十 **相梅** 輔百五九子生道光七年丁亥十月十五日卒咸豐二年壬子餘闕年二十六未娶

相百廿一 **相標** 輔百五九子生道光十二年壬辰閏九月初一日卒光緒廿九年癸卯九月初一日壽七十二娶陸氏生道光十九年己亥九月十七日卒同治二年癸亥五月初十日年二十五繼娶謝氏生道光廿五年乙巳四月廿三日

相百廿二 **相廩** 輔百六二子生道光廿五年乙巳十一月初八日卒光緒十三年丁亥十月初二日年四十三娶余氏生道光廿六年丙午五月初十日

子聲

七二虔三

相百廿三 **相唐** 輔百六二子生道光廿九年己酉十二月十二日卒光緒十六年庚寅二月初四日年四十二娶鄭氏生咸豐七年丁巳十月十六日卒

光緒三年丁丑九月十七日年二十一

相百廿四　相育　輔百六三子生道光十一年辛卯七月廿九日卒闘厝龍舌汫兮墳邊未娶

相百廿五　相楣　輔百六三子生道光十七年丁酉正月初八日卒光緒十一年乙酉七月初三日年四十九娶張氏生道光廿四年甲辰七月十五日卒光緒八年壬午正月廿七日年三十九子聲七四聲七五

相百廿六　相仁　輔百六三子生道光十八年戊戌十月初八日卒同治十二年癸酉十一月十五日年三十六

相百廿七　相貴　輔百六四子生道光廿五年乙巳八月十四日卒光緒十五年己丑六月廿三日年四十五娶□氏絶嗣相百三十子聲七五入繼

相百廿八　相君　輔百六五子生道光十八年戊戌五月十八日卒光緒十四年戊子十月十三日年五十一娶鎮邑鄭氏生道光廿二年壬寅四月十三日卒同治六年丁卯三月廿一日年二十六相百三十子聲七七入繼

相百廿九　相賢　輔百六六子生道光廿二年壬寅十月初七日卒同治六年丁卯大月廿九日年二十六配陳氏生咸豐八年戊午正月廿三日卒同治九年庚午四月十八日

相百三十　相臣　輔百六六子生道光廿六年丙午四月廿二日卒光緒十九年癸巳十月廿八日年四十八娶沈氏生咸豐七年丁巳五月初八日子聲七六聲七七聲七八聲七六出繼相百廿七聲七七出繼相百廿八

相百三一 相和 輔百六七子生咸豐四年甲寅六月二十日娶翁氏生同治十年辛未六月廿九日

相百三二 相其 輔百六八子生道光元年辛巳五月十三日卒咸豐元年辛亥三月初六日年三十一娶王氏　欽旌節孝詳貞節錄生道光二年壬午十月廿五日卒光緒廿三年丁酉八月十二日壽七十六葬後畈相百三四子聲七九入繼

相百三三 相協 輔百六九子生道光二年壬午十二月二十日卒道光十九年己亥九月十三日年十八未娶

相百三四 相槐 輔百六九子生道光十九年己亥六月廿八日卒光緒十九年癸巳七月廿四日年五十五娶盛氏生道光廿三年癸卯十一月廿七日子聲七九聲八十聲八一

聲七九出繼相百三二

相百三五 相賢 輔百七十子生道光十九年己亥六月十二日卒光緒十六年庚寅八月初十日年五十二娶陳氏生道光十九年己亥四月初一日卒咸豐八年戊午八月十一日年二十繼娶王氏生道光十九年己亥正月廿九日子聲八二王氏出

相百三六 相椿 輔百七一子生道光十一年辛卯六月廿四日卒光緒十九年癸巳八月初十日壽六十三娶盛氏生道光十一年辛卯十二月十八日卒光緒八年壬午四月初八日年五十二葬後畈子聲八三聲八四

相百三七 相棟 輔百七二子生道光十六年丙申十一月廿九日卒光緒元年乙亥十月十九日年四十娶沐氏　誥封宜人生道光十六年丙申六月初四日卒同治十三年甲戌十一月廿六日年三十九繼娶徐氏　誥封宜人生咸豐七年丁巳三月十三日卒光緒十八年壬辰八月廿四日年

三十六葬鮑家橋子聲八
五聲八六女一俱沐氏出
相百三八　相梓　輔百七三子生咸豐元年辛亥三月初八日娶張氏　誥封宜人生
咸豐元年辛亥十月廿六日卒光緒廿一年乙未五月初五日年四
十五側室胡氏生咸豐十年庚申正月初一日卒光緒十一年乙酉三月
初三日年二十六厝廿四房屋後測室鄒氏生同治十三年甲戌八月十
七日卒光緒二十年甲午七月二十日年二十一厝丁家屋後側室吳氏
生光緒九年癸未九月初三日子聲八七鄒氏出
相百三九　相棠　輔百七三子生咸豐三年癸丑正月十七日娶顧氏　誥封宜人生
咸豐元年辛亥八月初三日子聲八八聲八九女適張
相百四十　相楣　輔百七四子生道光廿二年壬寅四月廿二日卒咸豐十年庚申六
月十三日年十九未娶
相百四一　相豪　輔百七四子生道光廿六年丙午七月初一日卒同治十二年癸酉
二月十六日年二十八娶嚴氏絕繼娶徐氏生同治二年癸亥六月
十五日卒光緒七年辛巳閏七
月十九日年十九葬後畈
相百四二　相樑　輔百七五子生道光廿二年壬寅十一月初二日卒同治四年乙丑
十月十六日年二十四娶馮氏　欽旌節孝詳貞節錄生道光廿二
年壬寅七月二十日卒光緒十年甲申十二月廿一日年四十三葬慈城
北門外向日亭後
相百四三　相檩　輔百七五子生咸豐三年癸丑八月十四日卒光緒廿四年戊戌六
月十二日年四十二娶馬氏生咸豐三年癸丑正月初五日子聲九十
聲九一

相百四四 **相機** 輔百七五子生咸豐九年[illegible]月十六日卒光緒十三年丁亥八
月初六日年二十八配沈氏葬高橋

相百四五 **相維** 輔百七六子生嘉慶廿五年庚辰三月廿九日卒光緒十三年丁亥
八月廿八日壽六十八娶鎮邑劉氏 誥贈宜人生嘉慶廿三年戊
寅八月初五日卒同治元年壬戌十二月初十日年四十五繼娶盛氏
誥贈宜人生道光廿二年壬寅九月初一日卒光緒廿三年丁酉二月初
五日年五十六子聲九二聲九三聲九四盛氏出女長適李次適劉劉氏
出三適徐四適裘盛氏出

相百四六 **相綜** 輔百七七子生道光十七年丁酉十一月廿四日卒光緒六年庚辰
三月初七日年四十四聘裘氏生道光廿二年壬寅十一月初六
日卒咸豐六年丙辰十月初三日葬念四橋東北原娶顧氏生道光二十
年庚子十二月十四日子聲九五聲九六

相百四七 **相纁** 輔百七八子生道光三年癸未九月廿六日卒道光二十年庚子九
月廿三日年十八葬宗祠北首祖墳傍娶張氏 欽旌節孝詳貞節
錄生道光四年甲
申四月廿一日

相百四八 **相佐** 輔百七九子生道光五年乙酉三月三十日卒道光廿三年癸卯七
月廿二日年十九未娶

相百四九 **相佑** 輔百七九子生道光八年戊子正月廿五日卒道光廿八年戊申十
月十四日年二十一未娶

相百五十 **相倫** 輔百七九子生道光十五年乙未三月初九日卒光緒廿六年庚子
正月十六日壽六十六娶王氏生道光十九年己亥三月十三日子
聲九七聲九八聲九
九女長適葉次適邵

相百五一　相佳　輔百七九子生道光二十年庚子十二月初五日卒光緒廿四年戊
戌六月初六日年五十九娶鄭氏生道光廿八年戊申七月廿九日
卒同治十一年壬申五月廿八日年二十五葬横路陳壠娶鄭氏生咸豐
二年壬子七月廿八日子聲一百女長適翁□適

相百五二　相備　輔百八一子生道光十五年乙未正月廿九日卒光緒四年戊寅正
月初一日年四十四娶盛氏生道光二十年庚子九月十五日卒光
緒廿二年丙申三月初一日年五十七葬
半路庵洪家坂相百五四子聲百一兼祧

相百五三　相側　輔百八一子生道光廿二年壬寅十二月初一日卒同治六年丁卯
正月十四日年二十六娶余氏生咸豐元年辛亥十二月十二日卒
同治十一年壬申四月十
三日年二十二葬洪家坂

相百五四　相仁　輔百八一子生道光廿六年丙午五月廿八日卒光緒十四年戊子
四月初三日年四十三娶姚氏生道光廿五年乙巳七月廿一日子
聲百一聲百二聲百
一兼祧相百五三

相百五五　相儔　輔百八二子生道光廿五年乙巳正月廿一日卒光緒十七年辛卯
十二月廿四日年四十七娶陳氏生道光廿四年甲辰七月初九日
卒同治元年壬戌五月十七日年十九繼娶孔氏生道光廿八年戊申五
月初五日卒同治十一年壬申九月初八日年二十五三娶沐氏生咸豐
七年丁巳十一月十八日卒光緒二年丙子十一月十六日年二十四娶
丞氏生咸豐八年戊午十二月初二日子聲百三聲百四

相百五六　相佾　輔百八四子輔百八三兼祧子生道光十六年丙申六月初一日娶
洪氏生道光十八年戊戌八月初九日卒咸豐八年戊午五月初三

日年二十一聲亥顔氏生道光二十一年辛丑九月初九日卒光緒四年戊
寅三月廿五日年三十八三娶姜氏生咸豐十一年辛酉七月十二日卒
光緒十三年丁亥八月十四日年二十七四娶林氏生咸豐十年庚申閏
三月初二日子聲百五顔氏出聲百六姜氏出聲百五承繼輔百八三爲
孫女長適周次適徐顔
氏出三四俱幼林氏出

相百五七　**相俊**　輔百八五子生道光五年乙酉十一月十八日卒同治四年乙丑七
月十二日年四十一娶孔氏生道光六年丙戌十一月十二日卒光
緒三年丁丑正月廿六日年
五十二子聲百七女適翁

相百五八　**相仕**　輔百五八子生道光七年丁亥十一月二十日卒咸豐六年丙辰十
二月十七日年三十厝樟樹下蘇姓河南首娶邵氏生道光七年丁
亥五月十二日卒道光廿二年壬寅七月
廿四日年十六相百五九子聲百八兼祧

相百五九　**相任**　輔百八五子生道光九年己丑十二月初三日卒同治四年乙丑五
月廿二日年三十七娶徐氏生道光十三年癸巳十一月初六日卒
光緒廿四年戊戌三月十八日壽六十六
子聲百八兼祧相百五八女長適應次適洪

相百六十　**顯相**　輔百八六子生嘉慶十三年戊辰六月十五日卒道光十三年癸巳
三月初五日年二十六娶邵氏絕女適未詳

相百六一　**賢相**　輔百八六子生嘉慶廿三年戊寅二月初九日卒闕未娶

相百六二　**振相**　輔百八七子生道光十三年癸巳二月十五日卒闕

相百六三 **金相** 輔百八七子生道光十五年乙未十月十九日娶徐氏生道光廿六
年丙午閏五月初七日子聲百九

相百六四 **相桂** 輔百八九子住上海生道光廿一年辛丑六月十六日

相百六五 **寶生** 輔百八九子住上海生道光廿五年乙巳三月十二日

相百六六 **相明** 輔百八九子住上海生道光廿九年己酉餘闕

相百六七 **相南** 輔百九十子住上海生道光二十年庚子九月十二日

相百六八 **相久** 輔百九十子住上海生咸豐五年乙卯餘闕

相百六九 **齋羣** 輔百九一子住上海生道光廿六年丙午三月十四日相行兄弟數
人同治年間上海陣人相遇云已式微今俱無考

相百七十 **智相** 輔百九二子生道光十四年甲午三月廿二日殤于粵匪葬八丈河
泮父墳旁娶鎮邑張氏　欽旌節孝詳貞節錄生道光十七年丁酉
四月廿九日卒光緒十七年
庚寅二月十六日年五十四

相百七一 **家相** 輔百九六子生嘉慶廿五年庚辰二月十七日卒光緒十九年癸巳
十月十八日壽七十四娶鎮邑邱氏　敕贈安人生嘉慶廿三年戊
寅九月十六日卒道光廿二年壬寅五月廿九日年二十五繼娶吳氏
敕贈安人生道光九年己丑正月初二日卒道光廿九年己酉十月初六
日年二十一三娶姚氏　貤贈安人生道光九年己丑正月十八日卒光
緒三年丁丑九月初十日年四十九葬[illegible]馬鞍潘父墳旁坐午向子

氣□□子聲百十聲一
聲百十二俱錢氏出

相百七二　相安　輔二百一子生咸豐九年己未十一月十二日娶徐氏生同治六年丁卯十月十八日子聲百十三聲百十四

相百七三　相定　輔二百一子生同治四年乙丑九月廿一日娶陳氏生同治十二年癸酉六月初六日

相百七四　相容　輔二百一子生同治十二年癸酉十月十九日娶周氏生光緒三年丁丑五月廿一日子聲百十五聲百十六

相百七五　相宇　輔二百二子生同治元年壬戌十二月初五日娶姚氏出

相百七六　相宸　輔二百二子生同治九年庚午閏十月初二日娶周氏生同治九年庚午十月初十日卒

相百七七　相家　輔二百二子生同治十三年甲戌正月初五日娶朱氏生光緒元年乙亥十月初二日子聲百十七

相百七八　相寶　輔二百二子生光緒六年庚辰十一月初四日卒光緒廿六年庚子八月十九日年二十一聘王氏未娶

相百七九　相寅　輔二百三子生光緒四年戊寅三月十八日娶朱氏生光緒二年丙子九月廿二日

相百八十　相宋　輔二百三子生光緒十七年辛卯八月十六日

相百八一　相慶　輔二百四子生道光四年甲申二月廿九日卒道光廿六年丙午六月初一日年二十三葬宗祠南首未娶

相百八二　相近　輔二百四子生道光九年己丑七月初六日卒咸豐七年丁巳七月二十日年二十九葬宗祠南首未娶

卷十二　西房玖四公派

相百八三　**相均**　輔二百四子生道光十五年乙未九月初六日卒闕

相百八四　**相遠**　輔二百四子生道光廿二年壬寅十二月廿八日卒光緒四年戊寅八月廿三日年三十七娶陳氏絕

相百八五　**相廷**　輔二百七子生咸豐五年乙卯七月初四日卒光緒廿三年丁酉四月初六日年三十四曆[illegible]家播祖塡寄娶翁氏二女

相百八六　**相彬**　輔二百九子生道光六年丙戌十月廿五日卒同治七年戊辰閏四月十八日年四十三娶劉氏　例封安人　敕贈孺人生道光七年丁亥十一月初七日卒同治九年庚午三月十一日年四十四側室孫氏生道光二十年庚子十月初八日卒光緒二年丙子正月初九日年三十七子聲百十八女適鎮[illegible]邑任葆豐俱劉氏出

相百八七　**相森**　輔二百十子生咸豐二年壬子六月廿一日卒光緒十四年戊子餘年三十七娶黄氏子聲[illegible]十[illegible]

相百八八　**相松**　輔二百十一子生咸豐元年辛亥十二月十四日卒光緒十三年丁亥八月廿七日年三十七娶徐氏生咸豐二年壬子十一月十二日子聲百[illegible]聲百廿二

相百八九　**相芹**　輔二百十三子任上海生同治十三年甲戌十一月初二日[illegible]月[illegible]八日壽七十四

相百九十　**相琅**　輔二百十四子生同治十一年壬申八月十五日娶周氏生光緒元年乙亥五月十二日卒光緒廿一年乙未九月十五日年二十一繼娶徐氏生光緒五年己卯十一月廿九日子聲百廿三

相百九一 相玨 輔二百十五子生同治十年辛未十一月廿四日

相百九二 相珩 輔二百十五子生光緒元年乙亥二月十五日

相百九三 相基 輔二百十六子生咸豐七年丁巳正月廿四日卒光緒廿八年壬寅二月初十日年四十六娶徐氏生同治四年乙丑十月初二日子聲百廿四

相百九四 相槑 輔二百十八子生同治九年庚午十二月初二日卒光緒□年餘闕 娶胡氏生光緒四年戊寅十一月十五日

相百九五 相元 輔二百十八子生光緒三年丁丑十一月廿九日

相百九六 相燊 輔二百十八子生光緒六年庚辰二月廿三日

相百九六 相珽 輔二百廿二子生同治九年庚午十二月十七日卒光緒十六年庚寅六月初四日年二十一娶邵氏生同治十年辛未十一月初七日 相百九七子聲百廿五入繼

相百九七 相璜 輔二百廿二子生同治十一年壬申十二月廿八日元聘陳氏生同治十年辛未九月廿三日卒光緒十六年庚寅九月十二日年二十娶童氏生同治十一年壬申十二月十六日子聲百廿五聲百廿六聲百廿七聲百廿五出繼相百九六

相百九八 相璿 輔二百廿四子生咸豐十一年辛酉十一月初六日娶李氏 例贈宜人生同治四年乙丑九月廿七日卒光緒八年壬午十月初八日

年十八繼娶胡氏　例封宜人生同治
七年戊辰十一月初六日女一胡氏出

相百九九 **相琨** 輔二百廿五子生同治十年辛未正月廿六日娶蘇氏生同治十二
年癸酉十一月十三日子聲百廿八

相二百 **相金** 輔二百廿八子生同治七年戊辰閏四月十八日

相二百一 **相琪** 輔二百廿八子生同治九年庚午十月廿七日

相二百二 **相棶** 輔二百三十子生同治五年丙寅九月十一日娶邵氏生光緒二年
丙子十月初十日子聲百廿九

相二百三 **相樾** 輔二百三十子生同治六年丁卯十一月廿八日卒光緒十八年壬辰
八月初九日年二十六娶陳氏生同治八年己巳七月十七日

相二百四 **相標** 輔二百三十子生同治九年庚午十一月廿六日娶李氏生同治十
一年壬申三月十一日子聲百三十

相二百五 **相業** 輔二百三十子生同治十三年甲戌三月廿九日娶徐氏生光緒二
年丙子十一月二十日

相二百六 **相棉** 輔二百三一子生道光廿一年辛丑十月十一日卒同治三年甲子
六月十一日年二十四娶顧氏　欽旌節孝詳貞節錄生道光廿三
年癸卯九月廿九日卒同治十三年
甲戌十二月十[illegible]八日年三十二

相二百七 **相杞** 輔二百三三子生同治六年丁卯四月十八日娶姚氏生同治四年
乙丑十二月廿三日子聲百三一聲百三二聲百三三

相二百八 **相桐** 輔二百三七子生同治三年甲子正月十八日娶邵氏生同治十一
年壬申五月廿二日子聲百三四聲百三五聲百三九出繼輔二百

三六

秀孫

相二百九 相高 輔二百四十子生光緒十四年戊子九月十六日

相二百十 相球 輔二百四二子生同治四年乙丑三月廿六日卒光緒十四年戊子九月十七日年二十四娶錢氏 誥封宜人 晉封恭人生同治三年甲子六月廿四日卒光緒八年壬午十月十五日年十九繼娶鎮邑鄭氏 欽旌節孝詳貞節錄 誥封宜人 晉封恭人生同治元年壬戌七月廿一日卒光緒十九年癸巳三月十一日年三十二葬橫路降子聲百三六女一字鄞縣余俱鄭氏出

相二百十一 相璥 輔二百四三子生咸豐三年癸丑七月初六日卒光緒十一年乙酉十月十二日年三十三娶盛氏生咸豐二年壬子二月廿五日卒光緒七年辛巳十月初五日年三十繼娶徐氏生咸豐十一年辛酉七月十一日相二百十二子聲百三七入繼

相二百十二 相璥 輔二百四三子生咸豐九年己未六月廿五日娶楊氏 誥封宜人生咸豐七年丁巳一月十五日卒光緒廿五年己亥六月初七日年四十三子聲百三七聲百三八聲百三七出繼相二百十一

相二百十三 相璬 輔二百四三子生光緒元年乙亥九月十四日娶錢氏生同治十二年癸酉九月初八日卒光緒廿一年乙未八月初一日年二十三繼娶葛氏生光緒三年丁丑二月初一日子聲百三九葛氏出

相二百十四 相璥 輔二百四四子生光緒九年癸未正月初五日娶胡氏生光緒六年庚辰八月廿七日子聲百四十

上陽

相二百十五　相璥　輔二百四四子生光緒十二年丙戌九月十八日娶曹氏生光緒十年甲申十一月廿七日

相二百十六　相琳　輔二百四五子生咸豐五年乙卯十月十二日娶鄞縣洪氏　誥封宜人生咸豐五年乙卯十一月初三日卒同治十二年癸酉六月廿五日年十九繼娶葛氏　誥封宜人生咸豐七年丁巳三月初三日
子聲百四一　聲百四二葛氏出

相二百十七　相琅　輔二百四八子生光緒七年辛巳七月十一日卒光緒廿八年壬寅四月廿六日年二十二娶邵氏生光緒六年庚辰八月初七日
子聲百四三

相二百十八　相玕　輔二百四九子生光緒十年甲申正月廿七日娶董氏生光緒九年癸未三月初二日

相二百十九　相騄　輔二百五十子輔二百五一兼祧子生光緒二年丙子十月廿七日娶王氏生光緒二年丙子十一月十八日

相二百二十　相騤　輔二百五三子生光緒十八年壬辰二月廿三日卒光緒三十二年丙午閏四月十一日年十五歲

相二百廿一　相騂　輔二百五三子生光緒廿三年丁酉正月十七日

相二百廿二　相驥　輔二百五三子生光緒廿五年己亥二月十六日

相二百廿三　相駟　輔二百五四子生光緒十五年己丑二月初二日

相二百廿四　相駉　輔二百五五子生同治十二年癸酉三月十九日娶陳氏　敕封安人生同治十一年壬申十二月　日生女一

相二百廿五 相駿 輔二百五五子生光緒四年戊寅十一月初二日娶童氏生光緒五年己卯七月十三日

相二百廿六 相駉 輔二百五五子生光緒七年辛巳十一月十七日娶洪氏生光緒八年壬午八月十四日

相二百廿七 相駕 輔二百五五子生光緒十二年丙戌正月初十日

相二百廿八 相騵 輔二百五七子生光緒七年辛巳七月十一日娶王氏生光緒七年辛巳三月十二日子聲百四四

相二百廿九 相驄 輔二百五七子生光緒十三年丁亥七月初八日

相二百三十 相騏 輔二百五八子生同治十三年甲戌九月十九日娶鎮邑胡氏生光緒元年乙亥六月初九日子聲百四五

相二百三一 相騮 輔二百五八子生光緒六年庚辰九月廿六日娶葉氏生光緒二年丙子七月廿四日

相二百三二 相駢 輔二百五八子生光緒八年壬午十月初七日

相二百三三 相廉 輔二百六一子生光緒十八年壬辰閏六月廿一日

相二百三四 相爟 輔二百六二子生光緒廿八年壬寅十二月廿一日

相二百三五 相杓 輔二百六六子生光緒七年辛巳十月十五日

相二百三六 相鋭 輔二百六六子生光緒十四年戊子十一月初一日

相二百三七　相章　輔二百六六子生光緒十六年庚寅十二月初十日

相二百三八　相珪　輔二百六六子生光緒十九年癸巳七月初十日

相二百三九　相賢　輔二百六七子生光緒八年壬午正月初六日

相二百四十　相贊　輔二百六七子生光緒十一年乙酉二月初三日

相二百四一　相贊　輔二百六七子生光緒十五年己丑九月廿七日

相二百四二　松鶴　輔二百七三子生咸豐七年丁巳九月初三日娶胡氏生同治四年乙丑六月初五日子聲百四六

相二百四四　松齡　輔二百七七子生同治四年乙丑二月廿九日

相二百四五　松寶　輔二百七七子生同治七年戊辰六月初八日

相二百四六　松高　輔二百七七子生同治十一年壬申三月廿八日兄弟俱住塘棲娶氏未詳子聲百四七

相二百四七　一品　輔二百八二子生道光廿九年己酉閏四月廿七日娶陳氏生咸豐九年己未四月十一日卒同治十三年甲戌正月二十[illegible]六曆王家橋北首河沿繼娶邵氏生同治五年丙寅六月初六日

相二百四八　相愛　輔二百八六子生同治十二年癸酉七月初一日娶徐氏生光緒三年丁丑六月廿四日卒光緒二十年甲午三月廿四日年十八

相二百四九　榮梓　輔二百廿七子生道光廿五年乙巳五月初八日卒光緒九年癸未餘閒年三十九

相二百五十　榮楝　輔二百八八子生道光廿八年戊申四月十七日

相二百五一　榮棵　輔二百八八子生咸豐五年乙卯正月初十日

相二百五二　相梧　輔二百八九子生咸豐五年乙卯正月初十日卒斷

相二百五三　榮粱　輔二百九二子生同治十二年癸酉九月廿三日

相二百五四　榮棠　輔二百九三子生道光廿七年丁未十一月初五日娶孔氏生道光廿六年丙午十二月初四日卒同治七年戊辰十月三十日年二十三繼娶孔氏生咸豐元年辛亥三月初三日卒光緒廿二年丙申九月初四日年四十六側室王氏生同治三年甲子四月廿一日子聲百四八聲百四九聲百五十王氏出

相二百五五　榮棣　輔二百九四子生道光三十年庚戌十二月初三日娶陳氏生咸豐元年辛亥十二月廿四日卒光緒十六年庚寅十二月廿五日年四十子聲百五一聲百五二

相二百五六　榮渠　輔二百九五子生同治四年乙丑八月廿二日生光緒七年辛巳八月初三日暦後王門前

相二百五七　榮樑　輔二百九五子生同治十三年甲戌三月十四日娶余氏生同治十三年甲戌十二月廿四日

相二百五八　榮杲　輔二百九五子　生光緒二年丙子九月廿四日

相二百五九　榮棨　輔二百九五子　生光緒八年壬午五月十五日

相二百六十　榮集　輔二百六十子　生光緒十一年乙酉五月十一日

相二百六一　相規　輔三百一子　生同治十三年甲戌正月初十日卒光緒廿二年丙申七月二十日年二十三　遷居石浦鹽倉前與象邑黃氏居石浦鹽倉前宋王宮前

相二百六二　仁生　輔三百三子　生光緒廿一年乙未十月十四日

相二百六三　文麟　輔三百三子　生光緒廿三年丁酉十二月十六日

相二百六四　瑞麟　輔三百三子　生光緒廿六年庚子正月廿六日

相二百六五　榮槐　輔三百六子　生咸豐二年壬子七月廿五日

相二百六六　森林　輔三百七子　生咸豐六年丙辰十二月十八日

相二百六七　榮桄　輔三百九子　生咸豐元年辛亥十一月十七日卒光緒廿二年丙申八月十六日年四十六　娶余氏生咸豐九年己未十二月十六日　子聲百五三　聲百五五　聲百五五　聲百五六

相二百六八　裕豐　輔三百七一子生咸豐六年丙辰三月十六日卒光緒十一年乙酉三月初三日年三十娶蔡氏生同治四年乙丑七月初一日葬夾笆

相二百六九　榮標　輔三百十二子生同治元年壬戌十二月初二日卒光緒廿四年戊戌五月十七日年三十七娶童氏生同治四年乙丑四月初三日子聲百五七

相二百七十　裕慶　輔三百十三子生咸豐二年壬子十一月廿八日娶王氏生光緒六年庚辰正月二十日子聲百五八

相二百七一　菊卿　輔三百十五子生光緒九年癸未正月十四日

相二百七二　榮柟　輔三百十六子生同治十一年壬申三月初二日娶周氏生同治十三年甲戌六月廿三日子聲百五九聲百六十聲百六一

相二百七三　廣才　輔三百二十子生同治三年甲子八月十八日卒光緒十三年丁亥八月初五日年二十四娶朱氏生同治七年戊辰十一月十四日相二百七四子聲百六二入繼

相二百七四　廣茂　輔三百二十子生同治八年己巳四月廿一日娶嚴氏生同治十二年癸酉二月十七日子聲百六二聲百六三聲百六四聲百六二出繼相二百七三

相二百七五　廣有　輔三百廿一子生光緒元年乙亥五月十九日

慈東費氏四修宗譜卷廿一下　世系傳十四　十七

相二百七六 廣仁 輔三百廿一子生光緒七年辛巳十二月廿八日

相二百七七 相增 輔三百廿九子生同治二年癸亥九月廿一日卒光緒廿七年辛丑六月廿四日年三十九娶邵氏生同治五年丙寅正月初四日卒光緒廿五年己亥十一月十三日年三十四

相二百七八 信仁 輔三百三四子生咸豐八年戊午九月初二日娶張氏生同治五年丙寅四月初七日卒光緒廿八年壬寅七月初八日年三十七子聲百六五

相二百七九 信發 輔三百三四子生同治元年壬戌正月初一日娶王氏生同治十年辛未二月廿二日卒光緒十七年辛卯十一月十八日年二十一繼娶馮氏生光緒元年乙亥十二月十一日子聲百六六

相二百八十 運財 輔三百三七子生光緒十六年庚寅正月十三日

相二百八一 相杜 輔三百三八子生道光十三年癸巳三月廿六日卒咸豐八年戊午正月初三日年二十六於酒店河汫娶李氏絕

相二百八二 相禮 輔三百三九子生道光十六年丙申五月初十日卒光緒十四年戊子八月廿六日年五十三

相二百八三 相義 輔三百三九子生道光十九年己亥十二月廿二日

相二百八四 祥麟 輔三百四十子生道光廿八年戊申五月十二日娶應氏生咸豐八年戊午三月初八日子聲百六七聲百六八聲百六九聲百七

十聲百七一

相二百八五　玉麟　輔三百四一子生咸豐三年癸丑六月二十日娶邵氏生同治三年甲子十月十八日子聲百七二聲百七三聲百七四

相二百八六　茂生　輔三百四二子生光緒九年己卯正月廿九日

相二百八七　相來　輔三百四四子任蘇州生光緒十三年丁亥二月十九日

相二百八八　相鈺　輔三百四五子生光緒廿五年己亥二月廿七日

相二百八九　相耀　輔三百四五子生光緒廿八年壬寅四月廿四日

相二百八九　相門　輔三百四七子生咸豐七年丁巳五月十九日娶林氏生同治四年乙丑十二月廿二日側室錢氏生光緒八年壬午三月廿三日

相二百九十一　蓮來　輔三百五一子生光緒廿七年辛丑十月十八日

相二百九二　雲寶　輔三百五五子生光緒十二年丙戌十一月二十日

相二百九三　寶豐　輔三百五五子生光緒廿一年乙未九月初八日

相二百九四　象寶　輔三百五八子生光緒廿四年戊戌十二月初四日

相二百九五　金寶　輔三百五八子生光緒廿九年癸卯正月廿二日

慈東費氏四修宗譜　卷廿二下　世次傳十四　十八　[illegible]

世次傳十四之

二十二世 西房三房派

聲一 聲洲 相十二子住上海生光緒二十年甲午七月初五日

聲二 鴻祥 相十七子住蘇州生光緒二十年甲午十二月廿九日

聲三 聲根 相廿一子生光緒十九年癸巳五月廿五日

聲四 聲國 相廿一子生光緒廿一年乙未十一月廿七日

聲五 聲[illegible] 相廿二子生光緒十四年戊子十月十二日

聲六 聲富 相廿五子生光緒十八年壬辰九月廿八日

聲七 聲臣 相廿五子生光緒廿三年丁酉三月廿五日

聲八 聲榮 相廿六子生光緒十八年壬辰九月十四日

聲九 祖安 相廿七子生光緒廿六年庚子五月廿六日

慈東棠口四修宗譜　卷十二　西房玖三公派　[illegible]

聲十　祖福　相廿九子生光緒廿五年己亥正月廿二日
娶沈氏生光緒廿六年庚子三月初七日

聲十一　聲貴　相三二子生光緒十八年壬辰十一月十六日

聲十二　聲樹　相三二子生光緒廿一年乙未閏五月廿一日

聲十三　聲福　相三二子生光緒廿五年己亥七月廿八日

聲十四　聲友　相三二子生光緒廿七年辛丑七月三十日

聲十五　□揚　相三五子生同治七年戊辰正月十五日

聲十六　聲達　相三六子生光緒七年辛巳六月初七日

聲十七　聲樹　相三六子生光緒十一年乙酉五月十八日

聲十八　聲□　相四十子住北江

聲十九　聲揚　相四一子住杭州生道光廿五年乙巳三月廿六日

聲二十　聲電　相四一子住杭州生咸豐八年戊午九月初六日

聲廿一　聲榮　相四一子住杭州生同治元年壬戌九月初六日

聲廿二 聲達 相五一子生同治十二年癸酉三月十七日娶卢氏生同治十二年癸酉二月廿一日子名一

聲廿三 聲裕 相五三子生光緒三年丁丑四月十二日

聲廿四 聲[illegible] 相五三子生光緒八年壬午二月初五日

聲廿五 聲寔 相五三子生光緒十三年丁亥八月廿六日

聲廿六 聲[illegible] 相五三子生光緒十六年庚寅九月十六日

聲廿七 聲[illegible] 相五三子生光緒十九年癸巳七月十六日

聲廿八 聲德 相五三子生光緒廿四年戊戌十月廿六日

聲廿九 聲利 相五七子生同治十一年壬申十月十一日卒光緒十九年癸巳三月初八日年二十二

聲三十 聲律 相五七子生光緒十四年戊子正月十八日

聲三一 聲振 相五七子生光緒十七年辛卯八月初八日

聲三二 潤甫 相五八子生光緒廿一年乙未十一月廿九日

聲三三 星奎 相六十子生光緒十九年癸巳八月十一日

聲三四　星煥　相六一子生光緒十七年辛卯六月初九日

聲三五　聲一　相六二子生光緒元年乙亥二月十七日辛光緒廿三年丁酉二月初一日年二十三

聲三六　聲有　相六四子生光緒廿九年癸卯六月廿四日

聲三七　聲揚　相六五子生光緒廿九年癸卯正月初九日

聲三八　聲烈　相六六子生光緒十四年戊子正月初九日

聲三九　聲楚　相六七子生光緒十三年丁亥十月初三日

聲四十　聲振　相六九子生光緒二十年甲午八月十七日

聲四一　聲寶　相六九子生光緒廿九年辛丑八月初七日

聲四二　聲堂　相七四子生光緒十八年壬辰九月初二日

聲四三　聲喬　相七五子生光緒廿一年乙未七月廿七日

聲四四　聲科　相八十子生光緒廿九年癸卯七月廿二日

聲四五　聲康　相八二子生光緒廿九年癸卯十月十一日

聲四　聲燿　相七六子生咸豐二年壬子七月廿七日娶蔡氏生咸豐三年癸丑
六　二月十二日卒光緒廿二年丙申十二月十六日年四十四
聲四　聲福　相百二子生光緒七年辛巳十月十六日
七
聲四　聲全　相百二子生光緒十三年丁亥七月廿一日卒光緒三十二年丙午閏
八　四月廿四日年二十歲
聲四　錫麟　相百三子住上海南匯大頭鎮生光緒廿四年戊戌四月初二日
九
聲五　聲泰　相百七子江北三陽鎮生道光廿七年丁未三月廿一日娶　氏子
十　名二名三名四
聲五　聲榮　相百十子生同治四年乙丑正月十五日卒光緒九年癸未四月初
一　三日年十九娶陶氏生同治三年甲子四月十四日卒光緒七年辛
巳八月初八日年十八繼娶陶氏
生同治五年丙寅十二月初六日
聲五　錫根　相百十四子生光緒十四年戊子九月初十日
二
聲五　欽根　相百十四子生光緒十七年辛卯十月初五日
三
聲五　欽[illegible]　相百十四子生光緒廿一年乙未二月廿四日
四

世次傳十六

二十一世 西房敦四公派

聲一 聲墖 相四子生光緒廿二年丙申七月十五日

聲二 聲賤 相四子生光緒廿五年己亥十月初五日

聲三 聲聯 相十七子生光緒廿二年丙申七月廿四日

聲四 祖臾 相二十子生同治十年辛未四月十八日娶張氏

聲五 祖發 相二十子生同治十一年壬申十二月初七日

聲六 祖茂 相二十子生光緒三年丁丑正月十一日

聲七 祖蔭 相二十子生光緒五年己卯五月廿八日

聲八 祖榮 相二十子生光緒十五年庚寅六月廿八日

聲九 聲振 相廿一子生同治元年壬戌八月初二日卒光緒廿八年壬寅四月二十日娶鄭邑陸氏生同治元年壬戌二月十六日

聲十　聲揚　相廿一子生光緒二年丙子十二月初三日娶張氏生光緒四年戊寅八月廿二日

聲十一　聲掌　相廿一子生光緒五年己卯十月初二日

聲十二　聲富　相廿二子生光緒二十年甲午十二月十二日

聲十三　聲允　相廿三子生光緒十六年庚寅四月十七日

聲十四　聲貴　相廿三子生光緒十八年壬辰十月廿三日

聲十五　聲福　相廿三子生光緒廿三年丁酉六月十九日

聲十六　聲源　相廿五子生光緒十九年癸巳四月初十日

聲十七　聲燦　相三三子卒道光廿七年丁未九月初三日娶張氏生咸豐二年壬子二月廿六日女適孔

聲十八　聲煊　相三四子生道光廿二年壬寅十一月初七日卒光緒四年戊寅四月十五日年三十七歲賽□聽

聲十九　聲烱　相三四子生道光廿九年己酉四月十一日娶葛氏生咸豐　年十二月初五日子名五

聲二十　聲才　相三五子生咸豐七年丁巳七月初五日卒光緒四年戊寅四月廿五日年二十二歲大宗灘

聲廿一　聲學　相三五子生咸豐十一年辛酉九月初七日

聲廿二　廷琛　相三七子生同治二年癸亥十月初五日娶王氏生同治六年丁卯正月初二日卒光緒十一年乙酉十一月十一日年十九

聲廿三　廷標　相三七子生同治六年丁卯七月十一日卒于外

聲廿四　[illegible]寶　相三七子生光緒二年丙子五月初二日

聲廿五　[illegible]　相三八子住平湖生同治二年癸亥五月初五日

聲廿六　富寶　相三九子住江北生同治八年己巳正月廿六日

聲廿七　[illegible]元　相四一子生同治七年戊辰六月廿二日

聲廿八　沅才　相四一子生同治十二年癸酉三月初八日卒光緒三十年甲辰三月廿二日年三十二

聲廿九　聲耀　相四五子生咸豐七年丁巳九月廿六日娶王氏生同治九年庚午二月十九日子名亞六女爾林

聲三十　其炫　相五三子生嘉慶十四年己巳十二月廿六日卒闕未娶

聲三一　承祖　相五四子生道光廿二年壬寅十月二十日娶馮氏生道光廿四年甲辰九月十七日卒室楊氏生道光廿九年己酉五月初九日卒光緒十八年壬辰閏六月初五日年四十四子名七楊氏出女適張馮氏出葬水渠畈

聲三二　聲霈　相五四子生咸豐十一年辛酉三月廿五日娶邵氏生同治四年乙丑七月廿六日生光緒九年癸未五月十三日年十九繼娶葛氏生

同治六年乙丑四月十一日卒光緒廿九年癸卯九月二十日年三十九
三娶應氏

聲三三　其炳　相五五子生嘉慶十三年戊辰八月廿九日卒同治二年癸亥二月廿二日年五十六娶嚴氏生嘉慶十七年壬申四月初二日卒同治七年戊辰十月初七日年五十七葬酒店洞洲子名八

聲三四　其榮　相五五子住溫州生嘉慶十七年壬申正月初一日卒闕娶氏未詳子名九名十

聲三五　其熉　相五五子生嘉慶十九年甲戌七月初三日卒八月廿八日娶應氏生道光三年癸未九月初七日卒光緒六年庚辰十月廿八日年五十五　周

聲三六　其燗　相五五子生嘉慶廿三年戊寅十月初四日卒同治九年庚午九月廿二日年五十三娶周氏生道光十四年甲午餘闕

聲三七　懷育　相五七子生道光七年丁亥三月十四日卒光緒七年辛巳十月初六日年五十五娶周氏生道光二十年庚子三月廿九日子名十一

聲三八　傳音　相五七子生道光十八年戊戌二月廿六日

聲三九　年麟　相五七子住江北生道光廿三年癸卯八月十八日

聲四十　其茂　相五九子生道光二十年庚子九月廿六日卒光緒七年辛巳四月十一日年四十二娶余氏生九月初七日卒八月廿九日子名十二

聲四一　聲金　相六十子生咸豐四年甲寅十一月初三日卒光緒十九年癸巳二月十七日年四十娶嚴氏生咸豐六年丙辰二月廿七日側室孫氏

生同治九年庚午五月廿三日名十三名十四嚴氏出名十五孫氏出

聲四二　聲水　相六十子生咸豐七年丁巳十一月初五日娶應氏生咸豐七年丁巳七月廿二日卒光緒十二年丙戌二月初五日年三十繼娶姚氏生同治五年丙寅四月十四日卒光緒廿五年己亥八月廿二日年三十四

聲四三　聲[illegible]　相六二子生道光廿三年癸卯五月廿七日卒同治十三年甲戌八月十五日年三十二娶王氏生道光二十年庚子七月廿九日

聲四四　聲泉　相六二子生咸豐七年丁巳十月初七日娶阮氏生咸豐十年庚申三月廿八日女二

聲四五　聲才　相六六子生咸豐七年丁巳八月十九日卒光緒廿一年乙未二月初九日年三十九娶姚氏生同治七年戊辰十月初七日子名十六

聲四六　聲憲　相六六子生咸豐十一年辛酉九月初八日卒光緒十八年壬辰八月廿五日年三十二娶蔡氏絕

聲四七　聲茂　相六六子生同治四年乙丑正月十二日娶洪氏生同治十一年壬申十月初六日卒　年　月　日繼娶趙氏生光緒二年丙子正月初五日子名十七名十八名十九

聲四八　茂聲　相六七子生光緒十二年丙戌十二月十三日

聲四九　裕生　相六七子

聲五十　聲宏　相六八子生道光十八年戊戌八月十一日卒咸豐六年丙辰九月初一日年十九厝大德庵後祠墳邊娶邵氏絕

聲五一 聲振 相六八子生道光二十年庚子十月十八日卒闕

聲五二 聲樹 相六八子生道光廿三年癸卯九月廿二日卒闕

聲五三 長慶 相六八子生咸豐八年戊午十二月十二日卒闕

聲五四 聲振 相六九子住上海 [illegible]

聲五五 聲頌 相七十子生同治六年丁卯八月初十日卒光緒三十年甲辰三月廿八日年三十八娶鎮邑陳氏生同治十三年甲戌七月初八日子名二十 名廿一

聲五六 聲燽 相九十子生道光十四年甲午四月十七日卒咸豐七年戊午十二月廿九日年二十五娶許氏 欽旌節貞詳貞節錄生道光十六年丙申六月初四日卒光緒二年丙子八月初十日年四十一葬梁家橋米祀田

聲五七 聲燿 相九十子生道光十五年乙未十二月廿五日卒咸豐九年己未二月初六日年二十有五曆丁姓宅東首娶

聲五八 聲賢 相九一子生咸豐七年丁巳正月廿八日娶徐氏生同治五年丙寅正月廿八日子名廿二 名廿三 名廿四 名廿五

聲五九 聲鍾 相九一子生同治元年壬戌正月十五日娶姚氏生同治十一年壬申九月廿四日

聲六十 聲福 相九五子生道光廿九年己酉十一月廿二日卒同治十年辛未十二月二十二日年二十三

聲六一　聲仁　相九六子生同治元年壬戌九月廿九日卒光緒廿五年己亥五月十八日年三十八娶洪氏生同治八年己巳十月十九日子名廿六名廿七名廿七承祧相九七爲孫

聲六二　聲寶　相九八子生咸豐元年辛亥十一月二十日娶嚴氏生咸豐十一年辛酉十二月十六日側室裘氏生光緒四年戊寅九月廿二日子名廿八裘氏出

聲六三　聲堂　相百二子生同治十一年壬申四月十一日娶嚴氏生同治十一年壬申五月初四日子名廿九

聲六四　聲雲　相百二子生光緒十八年壬辰八月十九日

聲六五　聲律　相百八子生咸豐二年壬子五月廿五日元聘周氏生咸豐六年丙辰七月初一日卒同治九年庚午七月十二日娶周氏生咸豐四年甲寅二月十七日卒光緒十一年乙酉十二月初七日年三十二繼娶邵氏生同治七年戊辰十月初九日子名三十邵氏出

聲六六　聲芳　相百九子生咸豐十年庚申十一月初四日卒光緒八年壬午三月廿九日年二十三

聲六七　聲猷　相百十子生咸豐十一年辛酉二月初十日娶朱氏生同治四年乙丑三月初九日子名三一

聲六八　聲雷　相百十一子生同治六年丁卯十一月廿四日娶嚴氏生光緒四年戊寅正月二十日

聲六九　聲煒　相百十三子生咸豐七年丁巳八月十八日娶勞氏生咸豐七年丁巳七月十四日子名三二

聲七十　聲泰　相百十四子生咸豐十一年辛酉九月二十日娶應氏生同治四年乙丑八月十五日子名三三

聲七一　聲瑞　相百十八子生同治九年庚午十月初五日卒光緒廿四年戊戌八月廿六日年二十九娶林氏生光緒七年辛巳二月廿七日

聲七二　聲然　相百廿二子生同治六年丁卯十月十八日娶朱氏生同治十一年壬申四月初七日卒光緒十八年壬辰六月廿八日年二十五繼娶王氏生同治十年辛未三月初五日

聲七三　聲燕　相百廿二子生光緒五年己卯八月十一日娶童氏生光緒九年癸未正月初四日

聲七四　聲傳　相百廿五子生同治九年庚午十月初六日娶嚴氏生光緒七年辛巳二月初六日卒光緒廿六年庚子四月十五日年二十子名三四

聲七五　聲岳　相百廿五子生光緒二年丙子九月廿一日卒光緒廿七年辛丑七月初四日年二十六

聲七六　聲熛　相百廿七子生光緒四年戊寅四月廿三日娶沈氏生光緒十二年丙戌九月初十日

聲七七　聲田　相百廿八子生光緒九年癸未六月廿七日

聲七八　聲法　相百廿八子生光緒十八年壬辰九月初八日

聲七九　琨卿　相百三二子生同治四年乙丑五月廿七日娶邵氏生同治十一年壬申十二月十六日卒光緒廿八年壬寅三月初八日年三十一子名三五

聲入十　雲卿　相百三四子生□□年己卯九月十五日娶顧氏生光緒十四年戊子八月十六日

聲入一　順卿　相百四(三)子生光緒六年庚辰十一月初一日

聲入二　戌卿　相百三五子生同治十三年甲戌十二月二十日娶周氏生光緒八年壬午九月初一日

聲入三　聲音　相百三六子生咸豐五年乙卯三月十一日卒光緒十四年戊子十月初六日年三十四

聲入四　聲諧　相百三六子生同治二年癸亥十二月十八日卒光緒三十年甲辰三月廿四日年四十二厝恭房屋前娶定海麝孫氏生同治十三年甲戌二月初七日子名三六

聲入五　聲誥　相百三七子生咸豐十年庚申八月廿六日（卒宣統二年十二月二十一日巳時）娶鄞縣城內後營房周氏　例封宜人生同治元年壬戌七月初八日（卒民國十五年丙寅二月初五日亥時）子名三七名三八名三九名四十女長睿顏適三都二啚下河吳孝錫次英顏字[redacted]三全顏一名肖梅[redacted]俱待字

聲入六　聲謙　相百三七子生同治四年乙丑二月初八日卒光緒二十年甲午六月十四日年三十厝酒店衕斗娶鎮邑董氏　例封安人生同治三年甲子四月初八日女長玉顏適跨塘周周麟祥次和顏待字

聲入七　聲謦　相百三八子生光緒二十年甲午正月廿六日

聲入八　聲誠　相百三九子生同治十年辛未九月十二日元聘翁氏生同治十年辛未十月初六日卒九月廿七日（卒光緒三十三年丁未三月十八日午時三十七歲）娶黃梅堰姚氏生同治九年庚午

五月初十日子
名四一名四二
聲八　聲閶　相百三九子生同治十二年癸酉六月廿八日娶洋墩徐氏　例封　卒光緒三十二年丙午三月廿日
九　安人生同治十一年壬申正月初一日
聲九　聲讓　相百四三子生光緒四年戊寅五月初四日娶莊橋葛氏生光緒五
十　年己卯七月十五日子名四三名四四
聲九　聲詠　相百四三子生光緒十年甲申十二月廿七日卒光緒廿七年辛丑
一　十二月十五日年十八未娶冥配胡氏
聲九　聲和　相百四五子生同治五年丙寅二月初九日娶馮氏　例封宜人生
二　同治九年庚午十二月初十日子名四五
聲九　聲程　相百四五子生光緒四年戊寅十二月初一日娶朱氏生光緒八年
三　壬午五月十五日
聲九　聲穗　相百四五子生光緒七年辛巳十二月廿二日娶翁氏生光緒十二年
四　丙戌十二月十三日
聲九　聲傳　相百四六子生同治四年乙丑八月初二日卒光緒十二年丙戌七
五　月初四日年二十二聘蘇氏未娶
聲九　聲俊　相百四六子生同治十三年甲戌五月廿一日卒光緒廿二年丙申
六　六月初七日年二十二
聲九　聲琨　相百五十子生同治三年甲子十一月廿八日娶劉氏生同治七年
七　戊辰六月十七日子名四六名四七
聲九　聲琅　相百五十子生同治九年庚午九月十三日娶姚氏生同治十一年
八　壬申三月十二日卒光緒廿七年辛丑　月　日年三十繼娶鄭
　　邑壬中光緒元年乙亥十
　　月初四日子名四八王氏出

聲九九　**聲琮**　相百九十子生同治十三年甲戌五月初六日卒光緒廿六年庚子八月十九日年二十七娶施氏生同治十三年甲戌八月初六日

聲一百　**聲祿**　相百五一子生光緒八年壬午七月十四日娶鎮邑董氏生光緒六年庚辰六月二十日子名四九名五十

聲百一　**聲璠**　相百五四子生同治九年庚午十一月廿六日卒光緒廿九年癸卯六月十二日年三十四娶盛氏生光緒四年戊寅十二月廿八日絕

聲百二　**聲珽**　相百五四子生光緒元年乙亥十月廿一日卒光緒廿一年乙未七月十三日年二十一

聲百三　**聲庚**　相百五五子生光緒十二年丙戌七月初一日

聲百四　**聲庾**　相百五五子生光緒十六年庚寅五月廿二日

聲百五　**聲璋**　相百五六子生同治元年壬戌六月十八日娶鄞縣呂氏生同治五年丙寅三月廿五日卒光緒廿八年壬寅正月　日年三十七

聲百六　**聲圭**　相百五六子生光緒十三年丁亥三月初五日

聲百七　**聲煊**　相百五七子生道光廿八年戊申九月初一日卒光緒十五年己丑四月廿三日年四十二娶孔氏生五月十七日卒正月廿五日

聲百八　**聲輝**　相百五九子相百五八兼祧子生咸豐十年庚申七月初一日卒光緒廿五年己亥十月廿九日年四十娶盛氏生同治三年甲子十二月十六日卒光緒十九年癸巳十月十二日年三十子名五一

聲百九　**聲發**　相百六三子生光緒三年丁丑二月十五日

聲百十　聲耿　相百七一子生咸豐五年乙卯十月廿二日娶徐氏　敕封安人生咸豐七年丁巳十月十一日側室周氏生光緒三年丁丑四月廿五日女四長字孫徐氏出餘俱周氏出

聲百十一　聲焜　相百七一子生咸豐七年丁巳十二月廿七日娶徐氏生咸豐十一年辛酉五月廿二日子名五二名五三名五四

聲百十二　聲烱　相百七一子生咸豐十年庚申二月十四日娶穆氏生同治七年戊辰九月廿九日子名五五名五六名五七名五八名五九名六十

聲百十三　聲愷　相百七二子生光緒十二年丙戌十二月初一日

聲百十四　聲悌　相百七二子生光緒二十年甲午十月十一日

聲百十五　聲怡　相百七四子生光緒廿八年壬寅四月初三日

聲百十六　聲悅　相百七四子生光緒三十年甲辰七月廿一日

聲百十七　聲恂　相百七七子生光緒廿八年壬寅七月十七日

聲百十八　聲烈　相百八六子生咸豐五年乙卯九月十六日卒光緒三十年甲辰十一月初四日年五十歲娶三都二啚下河吳氏　敕封孺人生咸豐二年壬子閏月十八日子名六一名六二女長適鎮邑夏輔堯次適下河吳孝貽三適西邏堂潘曰坊四適黃梅嶼姚克鉅五適坊隅姚衵書

聲百十九　聲照　相百八六子生咸豐十一年辛酉五月廿三日卒光緒二十年甲午十二月十三日年三十四娶□氏生同治四年乙丑十月十六日卒

長適五[illegible]號
嚴[illegible]澄潭頭陳

聲百二十　聲鏕　相百八七子生同治十一年壬申五月十一日卒光緒廿一年乙未閏五月初三日年二十四

聲百廿一　聲熊　相百八八子生光緒三年丁丑十二月廿二日娶金氏生光緒十三年丁亥六月十一日

聲百廿二　聲[illegible]　相百八八子生光緒七年辛巳閏七月十六日

聲百廿三　聲章　相百九十子生光緒廿一年乙未閏五月十七日

聲百廿四　聲霞　相百九三子生光緒十八年壬辰七月廿四日

聲百廿五　聲雩　相百九六子生光緒廿一年乙未三月初八日

聲百廿六　聲雯　相百九七子生光緒廿六年庚子一月十八日

聲百廿七　聲霆　相百九七子生光緒廿八年壬寅三月廿八日

聲百廿八　乾齡　相百九九子生光緒三十年甲辰七月初六日

聲百廿九　聲恒　相二百二子生光緒廿一年乙未十一月廿九日

聲百三十　聲哦　相二百四子生光緒廿七年辛丑六月初六日

聲百三一　聲根　相二百七子生光緒十一年乙酉九月廿三日

聲百三二　聲源　相二百七子生光緒二十年甲午四月十九日

聲百三三　聲利　相二百七子生光緒廿五年己亥二月初四日

聲百三四　聲珍　相二百八子生光緒十七年辛卯九月十九日

聲百三五　聲貴　相二百八子生光緒二十年甲午六月初一日

聲百三六　聲宏　相二百十子生光緒十二年丙戌六月廿四日娶鎮邑方氏　誥封
三八生光緒十二年丙戌十月初十日

聲百三七　聲初　相二百十一子生光緒四年戊寅五月十六日娶鎮邑方氏生光緒
[illegible]年[illegible]寅八月廿七日子名六三名六四

聲百三八　聲真　相二百十二子生光緒十年甲申四月初六日娶葛氏生光緒九年
癸未十一月廿四日

聲百三九　聲龔　相二百十三子生光緒三十年甲辰正月初三日

聲百四十　聲袞　相二百十四子生光緒廿九年癸卯五月初五日

聲百四一　聲大　相二百十六子生光緒十二年丙戌正月十五日聘鎮邑楊氏

聲百四二　聲太　相二百十六子生光緒十五年己丑七月十三日聘鄞邑[illegible]氏

聲百四三　聲玉　相二百十七子生光緒二十七年辛丑八月二十日

聲百四四　聲炟　相二百廿八子生光緒廿七年辛丑八月廿五日

聲百四五　聲煩　相二百三十子生光緒廿二年丙申八月廿一日

聲百四六　聲銷　相二百四一子生光緒廿八年壬寅九月十七日

聲百四七　聲鐘　相二百四四子生光緒廿六年庚子八月廿二日

聲百四八　聲[illegible]　相二百五四子生光緒十六年庚寅二月廿一日

聲百四九　聲能　相二百五四子生光緒二十年甲午十一月初一日

聲百五十　聲燕　相二百五四子生光緒廿三年丁酉十二月十二日

聲百五一　聲[illegible]　相二百五五子生同治十二年癸酉三月十八日娶張氏生光緒三年丁丑七月廿三日

聲百五二　聲嘉　相二百五五子生光緒元年乙亥十月廿四日娶姚氏生光緒八年壬午十月廿二日

聲百五三　聲永　相二百六七子生光緒六年庚辰十二月廿二日

聲百五四　聲均　相二百六七子生光緒十年甲申六月廿四日

聲百五五　聲消　相二百六七子生光緒十四年戊子六月初一日

聲百五六　聲發　相二百六七子生光緒二十年甲午十二月初一日

聲百五七　祖興　相二百六九子生光緒十六年庚寅十二月十八日

聲百五八　連生　相二百七十子生光緒廿六年庚子九月十八日

聲百五九　鴻芝　相二百七二子生光緒廿二年丙申九月初九日

聲百六十　鴻香　相二百七二子生光緒廿三年丁酉十一月初四日

聲百六一　鴻來　相二百七二子生光緒廿八年壬寅五月十二日

聲百六二　聲豪　相二百七三子生光緒廿一年乙未十月廿二日

聲百六三　聲榮　相二百七四子生光緒廿四年戊戌十一月二十日

聲百六四　聲華　相二百七四子生光緒廿六年庚子九月廿四日

聲百六五　雲貴　相二百七八子生光緒廿一年乙未十二月廿九日

聲百六六　榮春　相二百七九子生光緒廿九年癸卯十月二十日

聲百六七 聲豫 相二百八四子生光緒十二年丙戌十一月廿五日娶馮氏生光緒十二年丙戌十二月十六日

聲百六八 芝榮 相二百八四子生光緒九年癸未九月廿七日

聲百六九 元慶 相二百八四子生光緒十一年乙酉九月廿五日

聲百七十 瑞豐 相二百八四子生光緒十六年庚寅正月十四日

聲百七一 雲慶 相二百八四子生光緒十八年壬辰八月廿七日

聲百七二 聲標 相二百八五子生光緒八年壬午四月十五日

聲百七三 聲章 相二百八五子生光緒十六年庚寅三月廿三日

聲百七四 聲尉 相二百八五子生光緒廿九年癸卯閏五月廿一日

補遺 聲靖 相百九十胡琅次子生光緒三十年甲辰七月廿三日

世次傳十七

二十七世　西房

名一　名華　聲廿二子生光緒廿四年戊戌十一月初二日

名二　順親　聲五十子住江北三限鎮生同治十年辛未五月十四日

名三　順貴　聲五十子生同治十二年癸酉十二月十九日

名四　松齡　聲五十子生光緒十四年戊子三月初八日○以上玖三公派

名五　名儒　聲十九子生光緒四年戊寅三月初五日卒光緒廿三年丁酉二月初八日年二十

名六　名亮　聲廿九子生光緒廿六年庚子五月廿七日

名七　錫長　聲三一子生光緒七年辛巳十一月初一日娶應氏生光緒七年辛巳十月初七日

名八　錫慶　聲三三子生道光十[illegible]年[illegible]十二月廿六日卒光緒廿[illegible]年[illegible]十[illegible]月初十日年五[illegible]娶余氏生咸豐五年乙卯七月廿七日卒光緒廿[illegible]年辛丑八月廿五日年四十七子振一振二

九名剡卿聲三四子生道光廿八年戊申九月初三日
十名長卿聲三四子生咸豐五年乙卯十一月十四日兄弟俱任溫州娶氏未群
一名十錫章聲三七子生光緒四年戊寅六月初六日
二名十錫雲聲四十子生光緒六年庚辰四月十七日
三名十錫寶聲四一子生光緒三年丁丑十二月廿一日元聘張氏生同治十二年癸酉十二月廿七日卒光緒十六年庚寅八月初三日年十八娶
應氏生光緒五年己卯閏三月廿三日
四名十錫榮聲四一子生光緒十三年丁亥六月廿八日
五名十錫順聲四一子生光緒十五年己丑二月初六日
六名十安舟聲四五子生光緒十八年壬辰十二月十七日
七名十邦德聲四七子生光緒二十年甲午九月十一日
八名十邦富聲四七子生光緒廿六年庚子十一月初九日
九名十名高聲四七子生光緒廿九年癸卯六月初五日

名二十 名[illegible] 聲五九子生光緒二十年甲午十二月廿六日

名廿一 名鎬 聲五五子生光緒廿九年癸卯正月初五日

名廿二 名嵩 聲五八子生光緒十七年辛卯十一月十六日

名廿三 名全 聲五八子生光緒二十年甲午八月廿三日

名廿四 名富 聲五八子生光緒廿二年丙申十一月廿八日

名廿五 名永 聲五八子生光緒廿六年庚子十二月廿四日

名廿六 名魯 聲六一子生光緒十六年庚寅六月初二日

名廿七 名發 聲六一子生光緒廿三年丁酉九月初十日

名廿八 名德 聲六二子生光緒廿九年癸卯六月廿四日

名廿九 名鶴 聲六三子生光緒廿六年庚子十一月初二日

名三十 名煊 聲六五子生光緒廿五年己亥十月十六日

名三一 名祥 聲六七子生光緒廿四年戊戌十月十一日

二　名三　名鏞　聲六九子生光緒七年辛巳十月初二日娶盛氏生光緒八年壬午八月十六日

三　名三　名杲　聲七十子生光緒十三年丁亥九月十一日

四　名三　名崗　聲七四子生光緒廿二年丙申十二月十八日

五　名三　名基　聲七九子生光緒廿二年丙申十一月初三日

六　名三　名墉　聲八四子生光緒廿九年癸卯三月初二日

七　名三　名衡　聲八五子生光緒十四年戊子三月廿九日聘鄞縣盧氏生光緒十五年己丑九月十五日卒宣統元年己酉二月十九日　繼室盧氏生光緒十七年辛卯九月初四日女長停雲次倩雲三筱雲子振德　字聿雄[illegible]綱孫皆繼室出

八　名三　名衛　聲八五子生光緒十九年癸巳六月廿七日元配李氏生光緒廿三年七月十五日

九　名三　名衍　聲八五子生光緒廿一年乙未十二月廿八日聘沈氏生光緒廿二年丙申十二月廿七日未娶　元配聶氏生光緒廿五年己亥九月初四日卒民國十六年丁卯二月十五日

十　名四　名衙　聲八五子生光緒廿四年戊戌閏三月十一日卒民國八年己未五月初十未時　元配鄒氏生光緒廿四年戊戌九月廿九日午時無出

一　名四　名衢　聲八八子生光緒廿二年丙申三月廿七日

二　名四　名侃　聲八八子生光緒廿八年壬寅二月十三日

三　名四　名術　聲九十子生光緒廿五年己亥閏四月廿八日

名四四 名瑎 聲九十子生光緒廿八年壬寅五月十五日

名四五 名鎰 聲九二子生光緒廿六年庚子三月初九日

名四六 名樣 聲九七子生光緒十九年癸巳五月十九日

名四七 名壵 聲九七子生光緒廿二年丙申□月廿八日

名四八 名鑑 聲九八子生光緒廿九年癸卯正月十六日

名四九 名筌 聲一百子生光緒廿六年庚子八月十二日

名五十 名慶 聲一百子生光緒廿七年辛丑十一月初三日

名五一 名鴻 聲百八子生光緒十五年己丑九月廿四日

名五二 名原 聲百十一子生光緒十年甲申十二月初三日娶胡氏生光緒九年癸未十月十五日

名五三 名□ 聲百十一子生光緒十七年辛卯八月廿一日

名五四 名文 聲百十一子生光緒廿四年戊戌二月廿八日

名五五 名賢 聲百十二子生光緒十五年己丑六月初六日

六　名五　名貴　聲百十二子生光緒十八年壬辰五月十六日

七　名五　名寶　聲百十二子生光緒二十年甲午十一月十七日

八　名五　名賚　聲百十二子生光緒廿二年丙申十一月廿五日

九　名五　名贊　聲百十二子生光緒廿五年己亥十月廿九日

十　名六　名[illegible]　聲百十二子生光緒廿七年辛丑十一月初二日

一　名六　名達　聲百十八子生光緒十一年乙酉十一月二十日娶盛氏生光緒九年癸未十二月廿四日卒光緒廿九年癸卯十月十九日年二十一

厝宗祠樹橋下

北首坐北朝南

二　名六　名遜　聲百十八子生光緒十三年丁亥七月廿三日

三　名六　名嘉　聲百三七子生光緒廿四年戊戌十二月初十日

四　名七　名揚　聲百三七子生光緒廿七年辛丑二月廿四日

世次傳十八

二十八世 西房敦門分派

振
一 振富 名八子生光緒二年丙子八月初七日娶鄒邑袁氏生光緒二年丙子三月初三日

振
二 振麟 名八子生光緒九年癸未八月初十日娶胡氏生光緒十三年丁亥月 日

慈東費氏四修宗譜卷廿四

世次傳十九

十世 東房

東一 **居德** 玖一子生至正廿四年甲辰十一月廿二日卒洪武廿七年甲戌三月十七日年三十一娶坊隅童氏生卒闕葬陶家橋下子厚一厚二厚七
厚七出繼東四

東二 **居吉** 玖一子生洪武二年己酉四月二十六日卒洪武三十一年戊寅正月初六日年三十娶十一都汪氏生卒闕葬馬鞍山父墳邊子厚三女適鳳浦錢滕宗

東三 **居易** 玖一子生洪武十三年庚申九月二十九日卒永樂十七年己亥五月十六日年四十娶本都翁氏生卒闕葬浴河高田子厚四厚五厚六

東四 **居學** 玖五子生洪武五年壬子正月三十日卒洪武二十四年辛未十一月二十二日年二十娶□氏生卒闕葬蛤蟰山父墳邊東一子厚七入繼

十一世

厚一 **存善** 東一子生洪武十八年乙丑五月初七日卒景泰六年乙亥十一月十七日壽七十一娶本縣徐氏側室嚴氏生卒俱闕葬父墳邊子端一徐氏出端二端三女適孔縣徐高俱嚴氏出

厚二 **存道** 東一子生洪武廿五年壬申四月十八日卒成化八年壬辰九月初五日壽八十一娶坊隅周氏生卒闕葬高田子端四女適鳴鶴場王敏九

厚三 **存恕** 東二子生洪武二十六年癸酉七月十七日卒永樂十七年己亥十一月初六日年二十七娶定海碶橋貝氏生卒闕葬大墓側子端五

厚四 **子琛** 東三子生永樂二年甲申七月十一日卒天順七年癸未二月初六日壽六十娶本邑蘇氏生卒闕葬西岸父塋邊子端六

厚五 **子琭** 東三子生永樂四年丙戌二月初七日卒江西任所娶宋氏生卒闕子端七女長適城中李浩次適廿九都阮杲

厚六 **子璘** 東三子生永樂五年丁亥十二月二十五日卒成化二年丙戌八月初九日壽六十娶鄞縣江東潘氏生卒闕葬父墳邊子端八端九端十女長適坊隅董闓次適王悌

厚七 **存志** 東四子生洪武二十二年己巳八月初十日卒天順三年己卯正月初三日壽七十一娶定海唐氏生卒闕葬保國寺山祖墳前子端十一端十二端十三

十二世

端一 **程** 厚一子生永樂廿一年癸卯五月初五日卒成化廿一年乙巳十一月廿七日壽六十三娶本都董氏生卒闕葬祖墳邊子愷十四愷十五愷十六

端二 **端十□** 厚一子生卒葬娶俱闕

端三 **端十四** 厚一子生卒葬娶俱闕

端四 **貞** 厚二子生永樂十年壬辰九月廿七日卒成化八年壬辰七月十八日壽六十一娶五都應氏生卒闕葬高田子愷四愷五愷六愷七愷八女適鳳浦錢欽

端五 **康** 厚三子生永樂九年辛卯十一月廿九日卒宏治十五年壬戌十月十七日壽九十二娶三都吳氏生卒闕葬陶家橋南

端六 **懷** 厚四子生正統七年壬戌九月初五日卒宏治六年癸丑八月廿六日年五十二娶本邑蘇氏生卒闕葬牛山子愷九愷十

端七 **靜** 厚五子生正統十年乙丑正月廿八日隨父任江西娶王氏生卒闕

端八 **城** 厚六子生宣德七年壬子五月廿一日卒宏治十六年癸亥三月壽七十二娶鄞縣湖田顧氏生卒闕子愷十一愷十二愷十三愷十四

端九 **性** 厚六子生正統九年甲子二月十一日卒宏治十一年戊午七月廿八日年五十五娶本縣徐氏生卒闕葬祖墳邊子愷十五愷十六

端十 **端** 厚六子生景泰三年壬申八月初九日卒闕娶定海王氏生卒闕

端十一 **以甯** 厚七子生永樂六年戊子十二月廿三日卒景泰四年癸酉七月初十日年四十六娶定海周氏生卒闕葬邱家嶴子愷十七愷十八女適二都邱常

端十二 **庸** 厚七子生永樂九年辛卯十一月十二日卒成化十五年己亥五月十四日壽六十九娶定海虹橋朱氏生卒闕葬保國寺山父墳邊子愷十九愷二十女長適跳頭黃次適坊隅馮

瑞十三 瓛 厚七子生永樂廿二年甲辰十一月十一日卒成化十七年辛丑二月十六日年五十八娶定海虞氏生卒闕葬保國寺山子愷廿一愷廿二

十三世

愷一 宗興 瑞一子生正統十一年丙寅三月十六日卒正德七年壬申三月十六日壽六十七娶余家門頭余氏繼娶鄞縣姜氏生卒俱闕葬靈山之陽子阜一阜二阜三阜四阜五俱姜氏出

愷二 隆 瑞一子生正統十三年戊辰三月初九日卒正德十六年辛巳九月初二日壽七十四娶定海鄔氏生卒闕葬靈山祖墳傍子阜六

愷三 愷二十 瑞一子生卒葬娶俱闕

愷四 宗楷 瑞四子生宣德九年甲寅正月廿四日卒成化十七年辛丑七月廿六日年四十八娶定海靈緒三都鄭氏生卒闕葬高田子阜七阜八阜十六阜十六出繼愷八

愷五 宗範 瑞四子生宣德十年乙卯七月初六日卒闕娶定海朱氏繼娶本都戴氏生卒俱闕子阜九阜十阜十 俱朱氏出

愷六 宗生 瑞四子生正統八年癸亥正月廿八日卒闕娶四都范氏繼娶唐氏生卒俱闕子阜十二范氏出阜十三阜十四唐氏出

愷七 宗彥 瑞四子生正統十年乙丑正月初八日卒闕娶四都姚氏生卒闕子阜十五女適本都下管邵氏

愷八 宗瑞 瑞四子生景泰元年庚午五月十六日卒闕娶定海王氏生卒闕葬丁家東邑 愷四之子阜十六入繼女長適坊碼鴻次適五都應

愷九愷□端六子生卒葬娶俱闕

愷十信端六子生成化廿二年丙午十一月十一日卒嘉靖十九年庚子二月十二日年五十五娶湯氏生卒闕葬董家西河沿子阜十七阜十八

愷十一愷□端八子生卒葬娶俱闕

愷十二俊端八子生天順八年甲申十二月廿七日卒闕娶南京曹氏生卒闕葬金川門外子阜十九

愷十三傑端八子生成化三年丁亥七月廿七日卒嘉靖十七年戊戌九月十四日壽七十二娶本縣香山劉氏生卒闕葬金川門外子阜二十

愷十四愷廿六端八子生成化十四年戊戌正月十一日卒闕

愷十五佐端九子生成化十六年庚子九月十九日卒闕

愷十六倫端九子生成化廿二年丙午八月廿六日卒闕

愷十七宗模端十一子生正統三年戊午二月初五日卒成化十四年戊戌三月廿一日年四十一娶定海金家嶴金氏生卒闕葬保國寺山子阜廿一女適坊隅茅

愷十八愷十五端十一子生卒葬娶俱闕

愷十九譜端十二子生正統九年甲子九月初三日卒正德□年十一月廿九日娶李氏生卒闕葬保國寺山父墳邊愷二十子阜廿二入繼

[illegible]氏[illegible]宗譜卷之十四　東房　[illegible]

愷二十 **宗和** 號[illegible]十二子生景泰七年丙子五月初六日卒正德十一年丙子五月十一日壽六十一娶坊隅姜氏[illegible]娶錢氏生卒俱闕葬保國寺[illegible]子

皋廿二皋廿三皋廿四皋廿二出繼

愷十九女適十三都裴俱姜氏出

愷廿一 **宗協** 號[illegible]十三子生景泰元年庚午十月十七日卒正德十六年辛巳七月初七日壽七十二娶邱洋邱氏生卒闕葬保國寺[illegible]子皋廿五皋廿六皋廿七

皋廿八

愷廿二 **宗祥** 號[illegible]十三子生景泰四年癸酉八月十二日卒正德九年甲戌十二月十八日壽六十二娶八都王氏生卒闕葬靈山子皋廿九

十四世 致一公派

皋一 **皋三十** 愷一子生成化廿二年丙午十二月十三日卒闕娶鄞縣包氏生卒闕子安一

皋二 **皋三三** 愷一子生卒葬娶俱闕

皋三 **江** 愷一子生宏治六年癸丑八月廿二日卒闕娶定海湯氏生卒闕子安二

女適本都三圖余

皋四 **汪** 愷一子生宏治九年丙辰九月十三日餘闕

皋五 **皋四二** 愷一子生宏治十四年辛酉五月初八日餘闕

皋六 **倫** 愷二子生宏治二年己酉正月十八日卒闕娶定海貝氏生卒闕子安三

女適坊隅張

皋七 **皋一** 愷四子生景泰三年壬申十二月廿二日卒宏治十二年己未九月十八日年四十八娶定海張氏生卒闕葬高田子安四安五安六

皋八 **皋三** 愷四子生天順四年庚辰閏十一月十三日卒闕娶蔡氏生卒闕葬新墳子安七安八

皋九 **皋二** 愷五子生天順元年丁丑正月廿五日卒闕娶定海黃氏生卒闕子安九安十安十一女適本縣陳

皋十 **皋四** 愷五子生天順五年辛巳六月初四日卒闕娶孔氏生卒闕子安十二安十三安十四

皋十一 **靖** 愷五子生成化元年乙酉七月初一日卒闕娶三都林氏生卒闕葬陶家橋南子安十五安十六安十七女適二都杜

皋十二 **皋九** 愷六子生成化二年丙戌正月初八日卒闕娶本縣徐氏生卒闕子安十八安十九安二十

皋十三 **皋十一** 愷六子生成化六年庚寅二月十一日[redacted]卒闕娶應氏生卒闕子安廿一安廿二安廿三

皋十四 **皋十七** 愷六子生成化十一年乙未六月廿七日卒闕娶定海黃氏生卒闕子安廿四女適本縣成

皋十五 **皋八** 愷七子生成化元年乙酉十月初三日卒嘉靖九年庚寅三月初一日壽六十六娶定海唐氏生卒闕葬錢家橋下子安廿五安廿六女適定海陳

皋十六 **皋六** 愷八子生天順八年甲申七月十五日卒闕娶鄭氏生卒闕子安廿七

皋十七 **皋四三** 愷十子生嘉靖二年癸未正月十三日卒闕葬沿河

[illegible]卷十四　東房玖一公派　有[illegible]堂[illegible]

阜十八　阜四六　愷十子生卒葬娶俱闕

阜十九　龍　愷十二子生宏治九年丙辰十月初十日卒闕娶南京吳氏生卒闕子安廿八安廿九

阜二十　流　愷十三子生宏治十二年己未十月十四日卒闕娶曹氏生卒闕子安三十安三一

十四世　玖五公派

阜廿一　阜五　愷十七子生天順八年甲申五月二十日卒闕娶鄭氏生卒闕子安三二安三三女適金家縣金

阜廿二　滙　愷十九子生宏治六年癸丑閏五月二十日卒嘉靖三十六年丁巳八月初九日壽六十五娶定海周氏生卒闕葬保國寺縣阜廿三子安三四承繼女長適十三都裘次適本圖蘇

阜廿三　鎮　愷二十子生宏治二年己酉十二月十五日卒萬歷八年庚辰二月十九日壽九十二娶四都姚氏繼娶耿氏生卒俱闕葬保國寺縣祖墳邊子安三四安三五姚氏出安三六安三七女適金耿氏出安三四出繼阜廿二

阜廿四　瀚　愷二十子生宏治十四年辛酉二月二十四日卒萬歷十二年甲申正月初九日壽八十四娶一都余氏生宏治十七年甲子十二月十九日卒萬歷十年□月□□日葬二都二圖方家平黃泥凸山地子安三八安三九安四十女長適坊隅馮次適本都余

阜廿五　伏　愷廿一子生成化十三年丁酉十一月廿六日餘闕

皁廿六 **皁廿四** 愷廿一子生成化十七年辛丑八月十八日卒嘉靖廿七年戊申三月廿八日壽六十八娶張氏生卒闕葬保國寺山祖墳側子安四一安四二安四三

皁廿七 **皁廿八** 愷廿一子生成化廿一年乙巳六月初六日卒闕娶孫氏生卒闕子安四四

皁廿八 **湆** 愷廿一子生宏治六年癸丑五月二十日卒嘉靖三十年正月十五日年五十九娶邵氏生卒闕葬祖墳邊子安四五

皁廿九 **渭** 愷廿二子生成化十八年壬寅四月初九日遊學歸卒於丈亭娶馮氏生宏治七年甲寅十月三十日卒嘉靖十三年甲午七月十四日年四十一繼娶應氏生宏治四年辛亥五月初四日卒嘉靖三十四年乙卯正月十七日壽六十五葬保國寺山祖墳邊子安四六安四七女適坊隅趙庠生俱馮氏出

十五世 玖一公派

安一 **安六八** 皁一子生卒闕娶口氏生卒闕子靜一

安二 **安六六** 皁三子生嘉靖三年甲申三月廿三日卒闕娶鄞縣王氏生卒闕子靜二靜三

安三 **安五八** 皁六子生卒葬娶俱闕

安四 **禱** 皁七子生成化十三年丁酉十二月十八日卒嘉靖九年庚寅餘闕年五十四娶張氏生卒闕葬高田子靜四靜五女長適定海吳次適鄞

東夏劉氏四修宗譜卷之十四　東房次一分派　一月元堂房

安五　諒　阜七子生成化二十年甲辰九月初六日卒闕娶定海劉氏生卒闕

安六　安三三　阜七子生卒闕娶鄞縣五十都方氏生卒闕葬新塡子靜六靜七
女適十三都洪

安七　誠　阜八子生成化十七年辛丑十月廿二日卒闕娶本縣藪氏生卒闕葬新
塡子靜八靜九靜十

安八　安三一　阜八子生卒葬娶俱闕

安九　椹　阜九子生宏治三年庚戌七月十八日卒闕娶俞氏生卒闕葬馬鞍橋子
靜十一靜十二女適八都應

安十　安三四　阜九子娶葛氏生卒俱闕

安十一　安三八　阜九子生宏治十五年壬戌正月初四日餘闕

安十二　詳　阜十子生成化廿一年乙巳十二月十二日卒闕娶定海李氏生卒闕
葬新塡子靜十三

安十三　檢　阜十子生宏治三年庚戌二月廿五日卒闕娶定海唐氏生卒闕子靜
十四靜十五

安十四　安廿三　阜十子生卒葬娶俱闕

安十五　棣　阜十一子生宏治二年己酉十二月廿一日卒闕娶定海雁湖華氏生
卒闕子靜十六靜十七靜十八　十九出繼安十六

安十六　校　阜十一子生宏治十四年辛酉九月初一日卒嘉靖四十年辛酉二月
初四日壽六十一娶桂氏生卒闕葬王（？）孔安十五子靜十九入繼

安十七 **棟** 皋十一子生正德元年丙寅正月初七日卒闕娶鄞縣張氏生卒闕子
静二十静廿一静廿一出四都葛家岙子

安十八 **安十三** 皋十二子生成化廿三年丁未十月廿四日卒闕娶本縣顧氏
生卒闕女適本邑蘇

安十九 **舊行同** 皋十二子生卒葬娶俱闕

安二十 **安廿七** 皋十二子生宏治八年乙卯十一月廿七日卒嘉靖四十年辛
酉八月廿四日壽六十七娶本縣許氏生卒闕葬阮家橋上東
河滙官田
子静廿一

安廿一 **安廿九** 皋十三子生卒葬娶俱闕

安廿二 **安四十** 皋十三子生宏治十六年癸亥八月二十日卒嘉靖四十年辛
酉三月廿七日年五十九娶定海盧氏生卒闕子静廿一静廿
二静廿四静廿五女
適坊隅十一邑孫

安廿三 **安四二** 皋十三子生正德三年戊辰九月二十日卒萬曆五年丁丑二
月初三日壽七十娶陳氏生卒闕

安廿四 **安五一** 皋十四子生卒葬娶俱闕

安廿五 **采** 皋十五子生宏治七年甲寅九月初二日卒嘉靖廿一年壬寅三月二
十日年四十九娶本縣三都戴氏生宏治四年辛亥五月十九日卒闕
葬新塡子静廿六静
廿七静廿八静廿九

安廿六 埜 阜十五子生宏治十一年戊午二月廿九日卒闕娶本縣□氏生卒闕 子靜三十

安廿七 安廿八 阜十六子生宏治九年丙辰九月廿八日卒闕娶本縣鄧氏生卒闕葬丁家嶴東 子靜三一 靜三二 靜三三

安廿八 隱 阜十九子生正德十五年庚辰九月二十日卒闕娶南京周氏生卒闕 子靜三四

安廿九 階 阜十九子生嘉靖十四年乙未正月初三日卒闕娶南京徐氏生卒闕

安三十 陽 阜二十子生嘉靖廿一年辛丑六月十三日娶南京梁氏生卒闕

安三一 陳 阜二十子生嘉靖廿六年丁未六月初八日餘闕

十五世 玖五公派

安三二 桓 阜廿一子生宏治九年丙辰十月十二日卒正德十三年戊寅二月廿四日年二十三葬保國寺山祖墳邊娶口氏生卒闕子靜三五

安三三 安四四 阜廿一子生卒葬娶俱闕

安三四 耒 阜廿二子生正德十五年庚辰正月初八日卒萬曆十三年乙酉八月廿四日壽六十六娶定海俞氏生嘉靖十年辛卯十二月十四日卒萬曆三十八年庚戌六月初二日壽八十葬保國寺嶴子靜三六靜三七女適坊隅鴻進士炡

安三五 宷 阜廿二子生正德十年乙亥七月廿八日卒闕娶一都一啚朱氏生正德十六年辛巳六月十二日卒萬曆七年己卯十月十七日年五十九

繼娶定海三都吳氏生嘉靖五年丙戌九月十二日卒萬歷三十五年丁未十一月初七日壽八十三子靜三八女適長石橋王孝史諡王

安三六 東 阜廿三子生嘉靖十年辛卯八月廿一日卒闕娶本縣一都二啚沈氏生卒闕女適坊隅泰

安三七 科 阜廿三子生嘉靖十年甲午十二月廿七日卒闕娶本縣六都三啚余氏繼娶定海張氏生卒俱闕子靜三九

安三八 松 阜廿四子生嘉靖十年辛卯十一月初九日卒萬歷廿六年戊戌八月廿六日壽六十八娶定海西管四都吳氏生嘉靖十二年癸巳九日十五日卒萬歷十三年乙酉四月初一日年五十三繼娶吳氏生八月廿六日卒闕子靜四十吳氏出

安三九 秉 阜廿四子生嘉靖十二年癸巳十二月廿六日卒萬歷三十七年己酉八月十五日壽七十七娶本都三啚方氏生嘉靖十四年乙未十一月廿二日卒萬歷三十八年庚戌五月廿七日壽七十六葬方家坪黃泥凸山考墳右子靜四一靜四二靜四三靜四四靜四五女適定海靈緒三都王

安四十 朱 阜廿四子生嘉靖廿四年乙巳二月初二日卒萬歷十一年癸丑二月廿二日壽六十九娶定海桂氏生闕卒正月十四日繼娶馬氏生闕卒十二月二十日葬

小童與子靜四六

安四一 槃 阜廿八子生正德八年癸酉九月初七日卒嘉靖四十四年乙丑十一月初六日年五十三娶鄞縣顧氏生卒闕葬保國寺路下祖墳山子靜四八女適本縣廿八都張

安四二 **安五三** 阜廿六子生正德十四年己卯七月十八日餘闕

安四三 **安六四** 阜廿六子生嘉靖三年甲申正月十三日卒萬歷七年己卯九月十六日年五十六娶本縣王氏生卒闕葬新墳

安四四 **安五四** 阜廿七子生卒葬娶俱闕

安四五 **安七九** 阜廿八子娶口氏生卒俱闕子靜四九

安四六 **槃** 阜廿九子生正德十二年丁丑六月十八日卒闕娶本縣四都三啚童氏生卒闕子靜五十女長適坊隅十三啚向次適廿五都八啚朱

安四七 **棐** 阜廿九子生嘉靖七年戊子十月三十日卒闕

安四八 **安六十** 口口子娶本縣胡氏生卒俱闕

十六世 玖一公派

靜一一 **靜八三** 安一子生隆慶元年丁卯月日餘闕卒闕娶口氏生卒闕子常一

靜二二 **靜七十** 安二子生嘉靖三十六年丁巳九月十八日餘闕

靜三三 **靜七三** 安二子生嘉靖三十九年庚申四月二十日餘闕

靜四 **靜一** 安四子生正德元年丙寅月日餘闕卒闕娶定海周氏生卒闕葬高山
女適本縣六都下管邵

靜五　靜廿五　安四子生嘉靖元年壬午餘闕娶定海嚴氏生卒闕子甯二女適定海羅

靜六　燈　安六子生嘉靖八年己丑十月廿八日卒闕娶□氏生卒闕

靜七　文漢　安六子生嘉靖十七年戊戌十二月十七日卒闕娶本縣三都陳氏生卒闕子甯三女適坊隅北門內王

靜八　靜三　安七子生卒葬娶俱闕

靜九　靜十二　安七子生卒葬娶俱闕

靜十　靜三四　安七子生嘉靖五年丙戌十月初二日卒萬曆十五年丁亥五月二十日壽六十二娶定海東管三都曾氏生卒闕子甯四甯五甯六

靜十一　靜九　安九子生正德十年乙亥正月廿三日卒萬曆□□年九月初二日娶鄞縣錢氏生卒闕子甯七

靜十二　靜十四　安九子娶□氏生卒俱闕子甯八

靜十三　靜五　安十二子娶□氏生卒俱闕子甯九

靜十四　靜四二　安十三子生卒葬娶俱闕

靜十五　靜四四　安十三子生嘉靖十五年丙申二月十四日卒闕娶定海西管四都曹氏生卒闕

靜十六　靜七　安十五子　生正德餘闕　娶定海周氏　生卒闕　葬餘姚王氏地　子甯十一

靜十七　靜十三　安十五子　生卒葬娶俱闕

靜十八　靜二十　安十五子　生卒葬娶俱闕

靜十九　靜廿九　安十六子　生嘉靖□□年餘闕　娶定海縣浦錢氏　生卒闕　葬陶家橋南　子甯十二　女適定海林

靜二十　靜五一　安十七子　生卒葬娶俱闕

靜廿一　煬　安二十子　生嘉靖十五年丙申十一月十七日　卒闕　娶本縣六都七三嵩趙氏　生卒闕　子甯十三　甯十四　女長適本縣趙　次適鄞[illegible]

靜廿二　靜五五　安廿二子　生嘉靖二十三年甲辰三月初十日　餘闕

靜廿三　靜五九　安廿二子　生嘉靖廿六年丁未八月二十日　卒闕　娶本縣陳氏　生卒闕

靜廿四　靜六十　安廿二子　生卒葬娶俱闕

靜廿五　靜六三　安廿二子　生嘉靖三十三年甲寅二月廿二日　餘闕

靜廿六　靜四　安廿五子　生正德七年壬申九月初九日　卒萬曆九年辛巳十月初八日　壽七十　娶定海西管四都莊氏　生卒闕　葬新塡　子甯十五　女長適本縣四都舊[illegible]　次適定海張

靜廿七 **靜十六** 安廿五子生正德十三年戊寅正月十二日卒闕娶本縣徐氏生卒闕子甯十六女長適本都蘇次適八都應三適定海靈緒戴氏

靜廿八 **爔** 安廿五子生正德十六年辛巳十一月十五日卒闕娶鄞縣朱氏生卒闕子甯十七甯十八女適鄞縣石橋頭王

靜廿九 **煬** 安廿五子生嘉靖四年乙酉三月二十日卒萬歷十七年己丑十二月十二日壽六十五娶本縣三都五啚李氏生卒闕子甯十九甯二十二女未詳所適

靜三十 **爆** 安廿六子生嘉靖五年丙戌七月初一日卒萬歷十七年己丑十二月廿二日壽六十四娶本縣四都二啚童氏生卒闕

靜三一 **靜廿六** 安廿七子生卒葬娶俱闕

靜三二 **靜三三** 安廿七子生卒葬娶俱闕

靜三三 **焚** 安廿七子生嘉靖十五年丙申十月二十日卒闕娶定海鄔氏生卒闕子甯廿一甯廿二甯廿二出與甯波東大門內陶家爲子

靜三四 **烱** 安廿八子生卒葬娶俱闕

十六世 玖五公派

靜三五 **靜八** 安三二子娶鄞縣陳氏生卒俱闕

□□□□□宗譜卷十四　東房玖五公派　有志堂

靜三 浀然 安三四子生嘉靖三十五年丙辰十二月廿四日卒闕娶謝氏生嘉
六 靖三十年辛亥九月十六日卒萬歷十七年己丑十二月十六日年
三十九繼娶本縣蘇氏生卒闕葬文
溪市後山靜四十子甯廿三入編
靜三 沛然 安三四子生嘉靖三十九年庚申八月廿三日卒崇禎十四年辛巳
七 十月十三日壽八十二娶定海東晉三都周氏生卒闕葬大嶺市後
龍頭上靜四三
子甯廿四入繼
三 儼然 安三五子生嘉靖三十四年乙卯十二月廿五日卒闕娶定海東
八 管三都陳氏生卒闕子甯廿四女適坊隅為
三 固然 安三七子生嘉靖四十年辛酉正月初七日卒闕娶本縣四都林氏
九 繼娶□氏生卒俱闕子甯廿五甯廿六遷居鎮邑青林廟前今呼沈
孔橋另詳遷徙
譜女適坊隅秦
四 㸅 安三八子生嘉靖三十六年丁巳十月初十日卒天啓元年辛酉二月
十 初七日壽六十五娶本縣二都宋氏生卒闕葬小童嶴子甯廿八甯廿
三出繼
靜三六
四 燃 安三九子生嘉靖三十七年戊午正月二十日卒崇禎四年辛未十一
一 月二十日壽七十娶定海施氏生卒闕葬小童嶴蹈墳邊子甯廿九甯
三十甯
三一
靜四 熜 安三九子生嘉靖四十五年丙寅九月初十日卒崇禎九年丙子九月
二 十一日壽七十一娶本縣二都二畐邵氏繼娶宋氏續娶姜氏生卒俱

闕葬阮家橋西北首

子甯三二甯三三

靜四三　煏　安三九子生隆慶二年戊辰十月十九日卒闕娶口氏生卒闕子甯三四甯廿四出繼靜三七甯三五

靜四四　煙　安三九子生隆慶六年壬申閏二月十三日卒順治四年丁亥十月初一日壽七十六娶邵氏生卒闕子甯三六甯三七

靜四五　煐　安三九子生萬歷四年丙子九月初六日卒順治七年庚寅三月十八日壽七十五娶胡氏生卒闕葬小童嶴子甯三八甯三九

靜四六　靜九五　安四十子生萬歷八年庚辰五月十三日卒萬歷四十二年甲寅二月十六日年三十五娶何氏生萬歷九年辛巳三月三十日卒崇禎九年丙子十月廿五日年五十六葬小童嶴子甯四十甯四一

靜四七　[illegible]　安四一子生嘉靖三十五年丙辰七月初九日餘闕

靜四八　靜八四　安四五子生隆慶元年丁卯口月廿六日卒闕娶本縣五都一啚鮑氏生卒闕

靜四九　光祖　安四六子生嘉靖三十三年甲寅九月廿六日卒闕娶北京口氏生卒闕

十七世　致一公派

甯一　甯六五　靜一子生卒葬娶俱闕

甯二　甯廿八　靜五子生隆慶二年戊辰二月十二卒闕娶口氏生卒闕

東粵劉氏四修宗譜卷十四　東房玖一房系　承志堂藏

甯三 甯三九 靜七子生卒葬娶俱闕

甯闕 墉 靜十子生嘉靖三十六年丁巳正月十二日卒萬歷十一年癸未二月十六日年二十七未娶

甯五 甯廿五 靜十子生嘉靖四十三年甲子八月十五日卒闕娶定海童氏生卒闕子裕一裕二

甯六 甯三二 靜十子生隆慶六年壬申十一月廿三日餘闕

甯七 坦 靜十一子生嘉靖三十四年乙卯九月十一日卒闕娶本縣四都三圖姚氏生卒闕子裕三

甯八 廷圭 靜十二子生萬歷廿九年辛丑十二月廿九日卒康熙廿三年甲子九月二十日壽八十四娶周氏生萬歷廿九年辛丑九月初十卒順治十年癸巳餘闕年五十三繼娶任氏生萬歷四十年壬子六月十四日卒康熙三十二年癸酉七月廿八日壽八十二子裕四裕六出繼甯十三裕六

甯九 甯八 靜十三子生嘉靖廿五年丙午十二月初三日餘闕

甯十 甯四 靜十六子生嘉靖廿二年癸卯十月廿六日卒闕娶羅氏繼娶本縣五都二圖王氏生卒俱闕

甯十一 甯十二 靜十六子生嘉靖三十年辛亥五月初七日卒闕娶龍山所趙氏生卒闕子裕五

甯十二 呈 靜十九子生嘉靖三十九年庚申七月初三日卒闕娶定海方氏生卒闕

甯十三 甯三六 靜廿一子生萬歷三年乙亥十二月廿四日卒闕娶□氏生卒闕甯八子裕六入繼

甯十四 **甯四一** 靜廿一子生萬歷七年己卯六月十一日餘闕

甯十五 **培** 靜廿六子生嘉靖口年十二月十九日餘闕

甯十六 **甯三四** 靜廿七子生萬歷二年甲戌正月初十日餘闕

甯十七 **甯廿九** 靜廿八子生卒葬娶俱闕

甯十八 **甯三三** 靜廿八子生萬歷元年癸酉五月初口日餘闕

甯十九 **甯二十** 靜廿九子生嘉靖三十九年庚申十一月廿六日餘闕

甯二十 **甯廿二** 靜廿九子生嘉靖四十二年癸亥十月初三日餘闕

甯廿一 **甯廿三** 靜三三子生嘉靖四十二年癸亥十月初九日餘闕

甯廿二 **甯三十** 靜三三子生隆慶三年己巳四月十三日出與甯波東大門內陶家為子

十七世 玖五公派

甯廿三 **志誠** 靜三六子生萬歷三十五年丁未七月十四日卒康熙十五年丙辰十二月十五日壽七十娶陳氏生萬歷三十八年庚戌十月初一日卒康熙三十六年丁丑六月廿四日壽八十八葬迎聖橋姜胡椒山子裕七裕八裕九裕十裕十一裕十二

□東劉氏宗譜卷十四　東房玖五公派　有志堂

甯廿四　英望　靜三七子生萬歷□年九月初六日卒順治□年六月初三日葬河
滙塊田娶陳氏絕子裕十三
甯廿五　元周　靜三八子生萬歷廿四年丙戌十二月初六日卒崇禎十一年戊寅
九月初四日年五十三娶呂氏生萬歷十八年庚寅四月廿五日卒
順治十年癸巳十一月初五日壽六十
四子裕十四裕十五裕十六裕十七
甯廿六　甯聰　靜三九子住鎮邑沈孔橋另詳遷徙譜
甯廿七　甯明　靜三九子住鎮邑沈孔橋另詳遷徙譜
甯廿八　士珍　四十子生萬歷廿六年戊戌十一月廿四日卒順治十五年戊戌
七月廿六日壽六十一娶徐氏生卒闕葬河邊朝南子裕十八裕十
九
甯廿九　士望　四一子生萬歷十四年丙戌餘闕卒順治七年庚寅十一月十九
日壽六十五娶趙氏生卒闕葬邱衣山甯三十子裕二十入繼
甯三十　仁望　四一子生萬歷十四年丙戌十二月廿二日卒康熙十年辛亥正
月十九日壽八十六娶林氏葬江頭園子裕二十裕二十一出繼甯廿
九裕廿二
裕廿三
甯三一　甯五一　靜四一子生萬歷廿二年甲午三月十七日卒崇禎九年丙子
二月十三日年四十三娶陳氏生萬歷廿四年丙申餘闕卒崇
禎十四年辛巳二月廿六日年四
十六葬江頭園東邕下子裕廿三

甯三二 **道望** 靜四二子生萬曆四十五年丁巳二月初七日卒順治十六年己亥七月初五日年四十三娶孔氏生崇禎九年丙子八月十六日卒康熙五十五年丙申十一月十一日壽八十一葬江頭園子裕廿四兼承甯三三祀

甯三三 **奎望** 靜四二子生天啓六年丙寅正月十七日卒康熙四十九年庚寅正月十一日壽八十五娶王氏生崇禎口年五月廿一日卒康熙三十年辛未十二月初十日葬江頭園甯三二子裕廿四承祀

甯三四 **國望** 靜三四子生萬曆廿四年甲午三月十八日卒順治八年辛卯九月十九日年五十八娶馬氏生卒闕葬河滙地田子裕廿五裕廿六

甯三五 **名望** 靜四三子生卒闕未娶葬邸家山

甯三六 **世望** 靜四四子娶口氏生卒俱闕子裕廿七

甯三七 **德望** 靜四四子生卒葬娶俱闕

甯三八 **愷望** 靜四五子生萬曆四十七年己未三月初六日卒康熙三十四年乙亥二月十九日壽七十七娶王氏生萬曆四十七年己未八月廿六日卒崇禎口年三月初一日繼娶朱氏生卒闕葬江頭園子裕廿八裕廿九

甯三九 **悌望** 靜四五子生天啓五年乙丑五月廿一日卒康熙四十二年癸未六月廿八日壽七十九娶胡氏生天啓七年丁卯十一月十九日卒康熙五十三年甲午七月廿七日壽八十八葬竹鐘坪新墳子裕三十裕三一

東□劉氏四修宗譜卷之十四　東房致五公派

甯四十　瑤　静園六子生萬歷三十一年癸卯十一月十九日卒順治十三年丙申十一月十九日年五十四娶趙氏生萬歷三十一年癸卯十一月十一日卒康熙三十一年壬申九月初六日壽九十葬里誦藩兜大水潭子裕三二裕三三裕三四裕三五裕三六

甯四一　甯六六　静四六子娶□氏生卒俱闕

十八世　致一公派

裕一　裕三　甯五子生卒葬娶俱闕

裕二　裕八　甯五子生卒葬娶俱闕

裕三　裕二　甯七子生卒葬娶俱闕

裕四　之楨　甯八子生崇禎元年戊辰五月廿一日卒康熙四十年辛巳十一月廿四日壽七十四娶孔氏生天啓七年丁卯十二月廿七日卒康熙三十八年己卯七月廿二日壽七十三一樂一

裕五　裕一　甯十一子生卒葬娶俱闕

裕六　之欽　甯十三子生崇禎十三年庚辰七月初五日卒康熙五十六年丁亥正月十六日壽[illegible]十八娶王氏生崇禎六年癸酉十月廿九日卒康熙五十九年庚子五月初一日壽八十[illegible]葬[illegible]樂三[illegible]四

十八世 玖五公派

裕七 **裕四七** 甯廿三子 生崇禎三年庚午十二月廿七日卒康熙三十年丙子八月廿五日壽六十七 娶翁氏生崇禎十四年辛巳四月初九日卒康熙四十六年丁亥三月初九日壽六十七 子樂八 樂九 樂十

裕八 **裕五三** 甯廿三子 生崇禎六年癸酉九月廿四日卒康熙四十二年癸未十月廿三日壽七十一 娶陳氏生順治二年乙酉八月廿九日卒康熙十三年甲寅正月二十日年三十 葬卯家山 子樂十一

裕九 **一鉉** 甯廿三子 生崇禎九年丙子九月廿七日卒康熙五十六年丁酉十一月廿二日壽八十二 娶羅氏生順治二年乙酉五月初五日卒雍正五年丁未六月十六日壽八十 三子 樂十二 樂十三 樂十四

裕十 **一鍾** 甯廿三子 生崇禎十二年己卯九月廿八日卒康熙四十九年庚寅二月二十日壽七十二 娶鎮邑孫氏生順治十年癸巳四月初八日卒康熙四十九年庚寅七月十七日年五十八 子樂十五 樂十六 樂十七

裕十一 **邦彥** 甯廿五子 生順治三年丙戌二月十九日卒康熙五十年辛卯十月初一日壽六十六 娶王氏生順治十六年己亥四月初五日卒乾隆四年己未十月廿五日壽八十一 子樂十八

裕十二 **邦直** 甯廿五子 生順治八年辛卯四月初一日卒康熙五十年辛卯六月初七日壽六十一 娶韓氏生卒闕 子樂十九

裕十三　長　甯廿四子生順治三年丙戌二月廿五日卒康熙十九年庚申閏八月
十三日年三十五娶陳氏　欽旌節孝生順治十一年甲午閏月廿四
日卒雍正四年丙午四月初七日壽七
十三葬酒店河𣳁子樂二十樂廿一

裕十四　裕廿六　甯廿五子生卒葬娶俱闕

裕十五　裕三十　甯廿五子生卒葬娶俱闕

裕十六　裕四八　甯廿五子生卒葬娶俱闕

裕十七　裕五七　甯廿五子生卒葬娶俱闕

裕十八　邦達　甯廿八子生崇禎六年癸酉正月初八日卒康熙三十三年甲戌三
月十九日壽六十二娶王氏生卒闕葬邱家山子樂廿二繼祧裕十
九

裕十九　裕六二　甯廿八子生崇禎九年丙子五月初七日卒康熙三年甲辰閏六
月十一日年二十九娶張氏生卒闕葬河滙父墳西首裕十八子
樂廿二兼祧

裕二十　應奎　甯廿九子生天啓六年丙寅七月初八日卒康熙三十九年庚辰三
月初五日壽七十五娶周氏生崇禎七年甲戌五月初九日卒康熙
五十九年庚子六月廿五日壽
八十七葬邱家山子樂廿三

裕廿一 **應元** 甯三十子生天啓二年壬戌十二月廿二日卒康熙三十五年丙子二月十六日壽七十五娶王氏生天啓二年壬戌十一月初三日卒康熙十三年甲寅五月廿四日年五十三葬邱家山朝東子樂廿四樂廿五

裕廿二 **應彪** 甯三十子生崇禎九年丙子三月十五日卒康熙廿八年己巳十二月十二日年五十九娶顧氏生卒闕葬邱家山子樂廿六樂廿七

裕廿三 **應光** 甯三一子生崇禎六年癸酉十月初八日卒康熙三十六年丁丑九月初二日壽六十五娶邵氏生卒闕葬江頭園子樂廿八

裕廿四 **友德** 甯三二子生順治十年癸巳十二月初九日卒乾隆四年己未九月廿七日壽八十七娶汪氏生康熙十年辛亥四月初六日卒乾隆五年庚申八月十五日壽七十葬薛家橋東陳地方子樂廿九樂三十樂三一

裕廿五 **一生** 甯三四子生崇禎七年甲戌二月廿四日卒闕娶徐氏生卒闕子樂三二樂三三樂三四樂三四出繼裕廿六

裕廿六 **元亮** 繼 甯三四子生崇禎十三年庚辰二月十四日卒康熙廿三年甲子五月初四日年四十五娶□氏生卒闕葬邱家山裕廿五子樂三四入

裕廿七 **有芳** 甯三六子生順治十五年乙未三月十七日餘闕

裕廿八 **光復** 甯三八子生順治六年己丑三月初四日卒康熙三十四年乙亥正月廿六日年四十七娶毛氏生順治十二年丙申十月廿四日卒雍正十年壬子十二月初五日壽七十八葬瓦窑滙子樂三五樂三六樂三七樂三八

裕廿九　應虬　甯三八子生康熙六十一年壬寅偹闕娶虞氏生卒闕

裕三十　應龍　甯三九子生順治十三年丙申閏五月十八日卒雍正九年辛亥十
二月廿七日壽七十六娶余氏生康熙十二年癸丑九月初七日卒
康熙四十六年丁亥正月初二日年三十五繼娶鄒氏生康熙元年壬寅
五月二十日卒雍正六年戊申五月廿七日壽六十七葬東河沿朝南子
樂三九樂四十樂
四一俱余氏出

裕三一　應鳳　甯三九子生順治十五年戊戌九月十九日卒康熙五十三年甲午
三月初二日年五十七娶吳氏生康熙十七年戊午十一月初五日
卒康熙五十四年乙未十一月
廿五日年三十八子樂四二

裕三二　一勝　甯四十子生天啓四年甲子二月十一日卒康熙四十三年甲申十
二月初八日壽八十一娶李氏生□□□正月初四日卒□□十二
月廿五日繼娶婁氏生崇禎六年癸酉九月初三日卒康熙五十二年癸
巳十二月廿五日壽八十一葬小章樂石洲廟後山子樂四三樂四四樂
四五樂四
六樂四七

裕三三　一志　甯四十子生天啓六年丙寅十月十四日卒康熙十八年庚辰七月
十三日壽七十五娶陳氏生天啓三年癸亥十二月初三日卒康熙
十八年己未八月廿八日年五十七葬高橋[illegible]南向
子樂四八　四九　五十　五一

裕三四　一宏　甯四十子生崇禎五年壬申四月廿四日卒康熙廿二年癸亥七月
初八日年五十二娶王氏生崇禎十五年壬午四月初八日卒康熙

五十八年己亥五月初四日壽七十六葬江頭園南向子樂五二樂五三樂五四

裕三一能五 甯四十子生崇禎六年癸酉十月十六日卒康熙四十八年己丑四月初九日壽七十七娶臧氏生順治九年甲申正月廿七日卒康熙六十一年壬寅九月初六日壽七十九子樂五五樂五六樂五七樂五八樂五九樂六十樂六一

裕三一毅六 甯四十子生崇禎十二年己卯十月十五日卒康熙四十九年庚寅十二月初八日壽七十二娶徐氏生順治五年戊子閏四月初五日卒康熙五十八年己亥二月初十日壽七十二葬西礜山子樂六二樂六三樂六四

十九世 玖一公派

樂一樂志 裕四子娶李氏生卒俱闕子昇一昇二

樂二寶興 裕六子生康熙三年甲辰九月初十日卒雍正四年丙午正月十二日壽六十三娶徐氏生康熙十八年己未十月初三日卒乾隆十一年丙寅七月十八日壽六十八子昇三昇四昇四出繼樂三

樂三元寶 裕六子生康熙十年辛亥六月十九日卒雍正十三年乙卯十月十七日壽六十五娶應氏生康熙廿三年甲子八月廿一日卒乾隆二年丁巳七月初七日年五十四樂二子昇四入繼

樂四源澄 裕六子生康熙十四年乙卯十月廿六日卒乾隆十四年己巳三月十七日壽七十五娶嚴氏生卒闕側室趙氏生康熙三十年辛未閏七月

十七日卒乾隆二年丁巳閏七月
二十日年四十七子昇五趙氏出

樂五 **上佐** 先世未詳生康熙三年甲辰四月初九日卒雍正三年甲辰偕闕壽六
十一娶方氏絕子昇六

樂六 **樂壽** 先世未詳娶王氏生卒俱闕子昇七昇八

樂七 **樂燮** 先世未詳娶□氏生卒俱闕子昇九

十九世 玖五公派

樂八 **起祥** 裕七子生順治十七年庚子二月初八日卒康熙三十年辛未三月
十五日年三十二娶□氏生卒闕

樂九 **官陞** 裕七子生康熙五年丙午四月廿八日卒康熙四十一年壬午八月廿
七日年三十七娶沈氏生卒闕

樂十 **元卿** 裕七子生康熙九年庚戌十一月廿一日卒康熙六十年辛丑六月廿
九日年五十二娶徐氏生康熙廿五年丙寅五月初五日卒闕繼娶洋
豐吳氏生康熙廿六年丁卯八月十四日卒乾隆十六年辛未九月十九
日壽六十五子昇十昇十一

樂十一 **元文** 裕八子生康熙六年丁未五月初二日卒康熙五十五年丙申正月
十四日年五十娶王氏生康熙二十年辛酉九月初九日卒乾隆三
十一年丙戌七月十一日壽
八十六子昇十二昇十三

樂十二 **元亮** 裕九子生康熙二年癸卯十月十八日卒乾隆五年庚申十一月十
一日壽七十八娶姚氏生康熙廿二年癸亥八月廿一日卒乾隆廿

六年辛巳十一月十一日壽七十九
子昇十四昇十五昇十六昇十七

樂十三　元慧　裕九子生康熙十年辛亥十月初二日卒康熙六十年辛丑七月十九日年五十一娶李氏生康熙三十一年壬申十一月廿六日卒乾隆五年庚申四月初一日年四十九子昇十八

樂十四　元愷　裕九子生康熙十七年戊午八月十三日卒乾隆元年丙辰正月初十日年五十九娶邵氏生卒闕子昇十九

樂十五　元寶　裕十子生康熙十二年癸丑十月初五日卒雍正三年乙巳三月十四日年五十三娶蘇氏生康熙廿八年己巳十二月初五日卒乾隆廿二年丁丑十月廿四日壽六十九葬牛尾河㳗朝南子昇二十昇廿一

樂十六　元佑　裕十子生康熙十五年丙辰七月廿八卒乾隆十七年壬申六月廿二日壽七十七娶嚴氏生康熙廿九年庚午十二月廿一日卒乾隆二十年乙亥十二月初八日壽六十六子昇廿二

樂十七　元秀　裕十子生康熙廿二年癸亥閏六月十二日卒乾隆十二年丁卯十月廿五日壽六十五娶孫氏生康熙三十三年甲戌正月十七日卒乾隆三十八年癸巳餘闕壽八十子昇廿三

樂十八　大元　裕十一子生康熙三十三年甲戌九月廿九日卒乾隆廿五年庚辰四月廿一日壽六十七娶王氏生康熙三十二年癸酉十一月廿六日卒闕葬江頭園東向子昇廿四昇廿五昇廿六

樂十九　**萬壽**　裕十二子生康熙四十七年戊子餘闕

樂二十　**元忠**　裕十三子生康熙十二年癸丑十月廿五日卒乾隆八年癸亥四月廿六日壽七十一娶董氏生卒闕樂廿一子昇廿七入繼

樂廿一　**樂六二**　裕十三子生康熙十九年庚申七月廿六日卒雍正元年癸卯十月十一日年四十四娶鄧氏生康熙廿一年壬戌正月十七日卒康熙四十年辛巳二月初四日年二十繼娶邵氏生康熙三十年辛未六月廿八日卒乾隆廿三年戊寅五月初五日壽六十八葬酒店河垱地田子昇廿七　廿八俱繼娶出　廿七出繼樂會○二十

樂廿二　**元會**　裕十八子生順治餘闕卒康熙四十九年庚寅六月餘闕娶孫氏生卒闕葬淮河南向子　廿九　三十

樂廿三　**元英**　裕二十子生順治十六年己亥九月初七日卒雍正元年癸卯七月初二日壽六十五娶杜氏生康熙十八年己未十一月十一日卒雍正十三年乙卯六月初四日年五十七子　三一　三二　三三

樂廿四　**元卿**　裕廿一子生順治四年丁亥九月初十日卒康熙五十九年庚子六月初四日壽七十四娶王氏生順治九年壬辰七月初六日卒康熙五十五年丙申四月廿三日壽六十五葬鮑約橋子昇三四　四一出繼樂廿六　三五　三六　三七　昇四一出繼樂廿六

樂廿五　**元芳**　裕廿一子生順治十六年己亥八月十八日卒闕娶羅氏生卒闕子　三八　三九　四十

樂廿六　**元福**　裕廿二子生順治十六年己亥九月十四日卒康熙五十五年丙申九月初一日年五十八娶□氏生卒闕樂廿四子昇四一入繼

樂廿七　元祿　裕廿二子生卒闕未娶

樂廿八　能安　裕廿三子生順治十四年丁酉八月初九日卒康熙五十五年丙申六月廿八日壽六十娶□氏生卒闕

樂廿九　元挺　裕廿四子生康熙廿五年丙寅十二月初六日卒乾隆三年戊午三月十八年五十三娶周氏生康熙三十六年丁丑閏三月廿五日卒乾隆廿八年癸未八月廿三日壽六十七側室王氏生康熙五十七年戊戌八月十三日卒乾隆二年丁巳九月初三日年二十葬更樓西北錢姓屋前子昇四二周氏出

樂三十　元鼎　裕廿四子生康熙三十一年壬申七月十四日卒乾隆十年乙丑正月初九日年五十四娶鄭氏生康熙四十七年戊子七月廿八日卒乾隆十一年丙寅閏三月廿七日年三十九子昇四三昇四四昇四五

樂三一　元耀　裕廿四子生康熙四十四年乙酉二月三十日卒乾隆四十四年己亥八月廿七日壽七十五娶邵氏生康熙五十一年壬辰十月二十日卒乾隆四十一年丙申九月廿五日壽六十五子昇四六昇四七

樂三二　元士　裕廿五子生康熙九年庚戌十一月廿九日卒闕娶徐氏生卒闕

樂三三　元偉　裕廿五子生康熙廿四年乙丑十月十二日卒闕娶應氏生卒闕

樂三四　元禮　裕廿六子生康熙十二年癸丑七月十一日卒康熙五十七年戊戌五月廿八日年四十六

樂三五　**元仁**　裕廿八子生康熙十三甲寅十月十三日卒康熙四十六年丁亥正月廿五日年三十四娶唐氏生養闕

樂三六　**元義**　裕廿八子生康熙二十年辛酉六月餘闕未娶

樂三七　**元善**　裕廿八子生康熙三十年辛未十一月初八日卒闕未娶

樂三八　**元忠**　裕廿八子生康熙三十二年癸酉十月十二日卒乾隆廿一年丙子十二月十二日壽六十四娶董氏生康熙四十九年庚寅七月廿一日卒闕葬瓦窑

樂三九　**元兼**　裕三十子生康熙三十年辛未九月初六日卒康熙五十三年甲午九月初三日年二十四未娶

滙子昇四八

樂四十　**元賢**　裕三十子生康熙三十六年丁丑六月十二日卒乾隆廿一年丙子七月十九日壽六十娶應氏生康熙四十四年乙酉九月廿四日卒乾隆四十五年庚子五月十三日壽七十六子昇四九昇五十

樂四一　**元占**　裕三十子生康熙三十九年庚辰八月初六日卒乾隆廿九年甲申三月初七日壽六十五娶李氏生康熙四十四年乙酉五月十三日卒乾隆十一年丙寅二月初三日年四十二繼娶洪氏生康熙四十三年甲申九月廿六日卒闕子昇五一昇五二李氏出昇五三洪氏出

樂四二　**允貴**　裕三一子生康熙五十三年甲午二月十八日卒乾隆五十二年丁未餘闕壽七十四娶陸氏生雍正二年甲辰十月初九日卒乾隆五十八年癸丑九月十一日壽七十子昇五四昇五五昇五六

樂四三　元[illegible]　裕三二子生順治十四年丁酉七月十七日卒雍正五年丁未五月初十日壽七十一　娶呂氏生順治十四年丁酉七月十八日卒康熙三十七年戊寅八月十二日年四十二　繼娶傅氏生康熙二年癸卯四月十六日卒康熙三十八年己卯二月十七日　續娶馮氏生康熙十四年乙卯八月初十日卒乾隆十二年丁卯二月廿九日壽七十　三葬更樓三弟元愷墳側[illegible]子昇五七昇五八昇五九

樂四四　元宰　裕三二子生順治十六年己亥九月十八日卒康熙五十五年丙申十一月初十日年五十八　娶陳氏生康熙四年乙巳十月廿一日卒乾隆七年壬戌十一月廿五日壽七十八　側室杜氏生康熙二十年辛酉十二月初四日卒乾隆十八年癸酉六月初一日壽七十三　葬更樓西錢姓東首　子昇六十杜氏出

樂四五　元愷　裕三二子生康熙三年甲辰十月廿八日卒乾隆五年庚申三月十三日壽七十七　娶貝氏生康熙八年己酉二月十八日卒康熙廿七年戊辰二月三十日年二十　繼娶應氏生康熙十年辛亥七月十八日卒康熙廿九年庚午十月十四日年二十　續娶羅氏生康熙十六年丁巳十月十六日卒乾隆廿四年己卯九月十二日壽八十　三葬更樓　子昇六一應氏出　昇六二昇六三羅氏出

樂四六　元學　裕三二子生康熙九年庚戌餘關卒康熙廿九年庚午十二月初五日年二十一　未娶

樂四七　元圭　裕三二子生康熙十六年丁巳九月廿二日卒雍正十二年甲寅十月廿一日年五十八　娶張氏生康熙十七年戊午六月十九日卒雍正二年甲辰七月初一日年四十七　葬酒店河𡎺矮笆　子昇六四昇大五昇六大

慈東費氏四修宗譜　卷十四　世次傳十九　十八　承宗堂藏

樂四八 **元美** 裕三三子生順治六年己丑八月十四日卒康熙四十一年壬午正月初二日年五十四娶李氏生順治九年壬辰三月廿七日卒康熙廿三年甲子九月廿七日年三十三繼娶任氏生順治二年乙酉十一月初三日卒康熙五十七年戊戌六月廿八日壽七十四葬雞籠山子子昇六七李氏出

樂四九 **元季** 裕三三子生順治十六年己亥十一月十三日卒乾隆十二年丁卯六月十二日壽八十九娶余氏生康熙五年丙午五月初八日卒雍正十年壬子閏五月廿二日壽六十七子昇六八

樂五十 **元發** 裕三三子生康熙元年壬寅十月廿六日卒康熙五十四年乙未十二月初八日年五十四娶陳氏生康熙十一年壬子七月廿四日卒乾隆廿八年癸未七月廿八日壽九十二葬雞籠山子昇六九

樂五一 **元卯** 裕三三子生康熙四年乙巳十月初四日卒雍正十年壬子四月十二日壽六十八娶周氏生康熙十九年庚申十月初七日卒康熙三十五年丙子二月十五日年十七繼娶徐氏生康熙廿三年甲子二月廿四日卒乾隆三十一年丙戌六月十九日壽八十三葬雞籠山子昇七十昇七一昇七二昇七三俱徐氏出

樂五二 **元弼** 裕三四子生順治十八年辛丑四月廿七日卒康熙五十七年戊戌六月初三日年五十八娶洪氏生康熙八年己酉正月廿八日卒乾隆二年丁巳二月十三日壽六十九子七四七五

樂五三　元臣　裕三四子生康熙六年丁未六月初四日卒闕娶秦氏生康熙十二年癸丑七月十一日卒康熙三十九年庚辰十二月十六日年二十八繼娶沈氏生卒闕
子昇七六沈氏出

樂五四　元度　裕三四子生康熙十三年甲寅十二月十九日卒康熙四十九年庚寅八月初八日年三十七娶黄氏生卒闕合葬火燒橋田子昇七七

樂五五　元嘉　裕三五子生康熙三年甲辰餘闕娶邵氏生卒闕

樂五六　元翼　裕三五子生康熙十年辛亥十月初一日卒雍正十三年乙卯十一月十二日壽六十五娶潘氏生卒闕

樂五七　元麟　裕三五子生康熙十二年癸丑十一月廿一日卒闕娶徐氏生卒闕

樂五八　元道　裕三五子生康熙十五年丙辰八月十一日卒雍正十一年癸丑六月十三日年五十八娶□氏生卒闕

樂五九殤　元德　裕三五生康熙十九年庚申十月初八日餘闕

樂六十　元相　裕三五子生康熙廿三年甲子十一月廿一日卒雍正十一年癸丑六月初三日年五十娶□氏生卒闕

樂六一　元文　裕三五子生康熙二十八年己巳九月十六日卒正月十四日娶□氏生八月初十日卒二月廿九日子昇七八昇七九

樂六二　元章　裕三六子生康熙六年丁未十一月十二日卒雍正十一年癸丑十月初三日壽六十七娶周氏生康熙十年辛亥三月十九日卒乾隆十七年壬申四月廿五壽八十二葬徐家河斗南向子昇八十昇八一昇八二昇八三

樂六三 元榮 諱三大子生康熙八年庚戌閏六月十四日卒乾隆九年甲子四月
廿八日壽七十五娶鄔氏生康熙十八年己未十月二十日卒乾隆
廿九年甲申十二月十七日壽八十六側室王氏生康熙二十年辛酉九
月初九日卒乾隆三十一年丙戌七月餘闕壽八十六葬酒店舸圳子昇
八國鄔氏出昇
八五子氏出

樂六四 元周 諱三六子生康熙廿四年乙丑七月三十日卒乾隆三十五年庚寅
八月廿七壽八十六娶朱氏生康熙廿七年戊辰三月十八日卒乾
隆廿三年戊寅十一月廿五日壽七十一側室洪氏生康熙三十六年戊
寅六月廿八日卒乾隆廿九年甲申八月廿三日壽六十七子昇八六昇
八
七

二十世 玖一公派

昇一 祖官 樂一子生卒葬娶俱闕

昇二 治 樂一子生康熙四十四年乙酉十二月廿二日卒闕娶何氏生康熙六十
年辛丑餘闕卒乾隆十七年壬申餘闕年三十二

昇三 鳳樓 樂二子生康熙三十八年己卯正月廿二日卒乾隆十八年癸酉五月
廿五日年五十五娶余氏生康熙三十八年己卯餘闕卒乾隆十七年
壬申五月廿九
日年五十四

昇四 耀文 樂三子生康熙五十七年戊戌十月二十日卒乾隆五十八年癸丑四
月初六日壽七十六娶陶氏生雍正十年壬子四月十五日卒闕子平

一

昇五 廷梁 樂四子生雍正六年戊申四月十四日卒乾隆四十三年戊戌三月初五日年五十一娶鄔氏生乾隆十一年丙寅七月初五日卒闕

昇六 廣良 樂五子生康熙五十七年戊戌卒乾隆三十九年甲午四月十七日年五十七娶朱氏生雍正九年辛亥餘闕

昇七 聖惠 樂六子生闕卒二月初二日娶邵氏生九月初七日卒正月十五日子平二平三平四

昇八 昇寶 樂六子生卒闕娶蔡氏生九月初六日卒闕

昇九 魁元 樂七子娶應氏生卒俱闕子平五

二十世 玖五公派

昇十 大典 樂十子生康熙五十一年壬辰正月十三日卒乾隆三十四年己丑正月初一日年五十八

昇十一 爾貴 樂十子生康熙五十五年丙申九月初七日卒乾隆三十五年庚寅四月二十日年五十五娶蘇氏生雍正六年戊申四月初九日卒乾隆五十一年丙午十二月三十日年五十九子平六平七平八平九

昇十二 大本 樂十一子生康熙三十九年庚辰八月十七日卒乾隆廿五年庚辰八月初八日壽六十一娶姚氏生康熙四十六年丁亥九月初五日卒乾隆三十五年庚寅正月廿六日壽六十四葬滙底子平十平十一

昇十三　**大有**　樂十一子生康熙五十年辛卯七月廿一日卒乾隆四十三年戊戌十一月初十日壽六十八娶顧氏生康熙五十八年己亥閏月十五日卒乾隆五十一年丙午正月十七日壽六十八子平十二平十三

昇十四　**大倫**　樂十二子生康熙四十八年己丑三月十二日卒乾隆四十一年丙申二月廿七日壽六十八娶洪氏生康熙五十一年壬辰十二月初九日卒乾隆五十二年丁未正月十一日壽七十六子平十四

昇十五　**大英**　樂十二子生康熙五十一年壬辰十月初二日卒乾隆三十二年丁亥二月十五日年五十六娶余氏生雍正十一年癸丑十二月十六日卒嘉慶六年辛酉八月廿一日壽六□十九子平十五

昇十六　**大文**　樂十二子生康熙五十四年乙未七月初六日卒乾隆廿四年己卯七月廿四日年四十五娶□氏生卒闕子平十六

昇十七　**大章**　樂十二子生康熙六十一年壬寅七月十五日卒乾隆五十八年癸丑正月十五日壽七十二娶□氏生卒闕昇二十子平十七入繼

昇十八　**博文**　樂十三子生康熙五十一年壬辰十一月初三日卒乾隆五十一年丙午十二月十四日壽七十五娶貝氏生康熙五十八年己亥三月十七日卒乾隆廿七年壬午十月十八日年四十子平十八平十九平二十

昇十九　**兆龍**　樂十四子生康熙五十五年丙申十一月十六日卒乾隆三十一年丙戌四月廿三日年五十一娶朱氏絕子平廿一隨母至秤鈎邵

昇二十　**大松**　樂十五子生康熙五十年辛卯正月初三日卒乾隆廿七年壬午八月廿七年五十二娶余氏生康熙四十九年庚寅九月初八日卒乾

乾隆五十二年丁未二月初十日壽七十八子平廿二平廿三平廿四平
十七平廿五平十七出繼昇十七
昇廿一　大楷　樂十五子生雍正二年甲辰十一月十八日卒嘉慶元年丙辰三月
十八日壽七十三娶余氏生雍正十二年甲寅卒嘉慶六年辛酉十
一月初三日壽六十
八子平廿六平廿七
昇廿二　大林　樂十六子生雍正六年戊申正月廿八日卒乾隆五十年乙巳二月
十二日年五十八娶嚴氏生雍正七年己酉七月初四日卒嘉慶四
年己未九月十三日壽七
十一子平廿八平廿九
昇廿三　大棟　樂十七子生康熙五十八年己亥二月十九日卒乾隆三十八年癸
巳六月初十日年五十五娶鄭氏生康熙六十年辛丑十月初十日
卒乾隆十三年戊辰二月初七日年二十八繼娶徐氏生雍正八年庚戌
十月初一日卒乾隆五十二年丁未八月廿二日年五十八子平三十平
三
一
昇廿四　思文　樂十八子生康熙六十年辛丑十一月初五日卒乾隆三十三年戊
子正月廿九日年四十八有痼疾不娶
昇廿五　思誠　樂十八子生雍正三年乙巳八月廿八日卒乾隆十六年辛未二月
廿一日年二十七娶張氏　欽旌節孝祥節貞錄生雍正二年甲辰
正月十一日卒乾隆五十四年己酉八月
初五日壽六十六昇廿六子平三二入繼
昇廿六　思章　樂十八子生雍正八年庚戌八月初八日卒乾隆四十年乙未七月
初七日年四十六娶洪氏生雍正七年己酉十一月初四日卒嘉慶

十六年辛未五月初三日壽八十
三子平三二平三三平三二出繼昇廿多

昇廿七　**承宗**　樂二十子生康熙四十七年戊子十月初九日卒乾隆四十四年己
亥正月廿五日壽七十二娶馮氏生康熙四十七年戊子六月廿五
日卒乾隆十一年丙寅闕三月初一日年三十有九繼娶嚴氏生康熙五十
二年癸巳九月十八日卒闕子平三四平三五俱馮氏出

昇廿八　**世榮**　樂廿一子生康熙五十二年癸巳十一月十五日卒闕娶鄭氏生卒
闕子平三六平三七

昇廿九　**大仁**　樂廿二子生康熙十五年丙辰十一月廿五日卒乾隆十年乙丑二
月初三日壽七十娶顏氏生康熙廿七年戊辰正月廿九日卒乾隆
十一年丙寅四月廿九日年五十九側室董氏生康熙三十年辛未六月
十四日卒乾隆九年甲子三月初三日年五十四子　三八　三九平四
十平四一平四
三出繼　三十

昇三十　**大惠**　樂廿二子娶□氏生卒俱闕昇廿九子平四一入繼

昇三一　**天生**　樂廿三子生康熙三十八年己卯五月十六日卒乾隆三十二年丁
亥十一月廿一日壽六十九娶沈氏生康熙五十二年癸巳五月初
六日卒乾隆三十六年辛卯十二月初四日年五十九子平四二平四三
四四

昇三二　**天發**　樂廿三子生康熙四十二年癸未七月廿三日餘闕

昇三三　**天龍**　樂廿三子生康熙四十六年丁亥八月十八日餘闕

昇三 大化 樂廿四子生康熙十一年壬子七月十三日卒乾隆二年丁巳四月
四 初五日壽六十六娶嚴氏生康熙十年辛亥十二月十四日卒乾隆
三年戊午七月十八日
平四五平四六平四七

昇三 大典 樂廿四子生康熙十九年庚申十月廿九日卒乾隆廿四年己卯十
五 月初十日壽八十娶應氏生康熙廿九年庚午八月十九日卒乾隆
三年戊午八月廿二日年四十
九子平四八平四九平五十

昇三 大道 樂廿四子生康熙廿一年壬戌四月初六日卒乾隆十四年己巳七月
六 初四日壽六十八娶陳氏生康熙廿三年甲子十月十五日卒雍正
四年丙午五月廿二日年四十三繼娶毛氏生康熙三十五年丙子六月
廿八日卒乾隆四十六年辛丑正月十六日壽八十七葬里濟橋邱家山
坐西向東子平五一
平五二俱陳氏出

昇三 大全 樂廿四子生康熙廿四年乙丑十月二十日卒乾隆八年癸亥五月
七 初六日年五十九娶龔氏生康熙三十一年壬申十一月十九日卒
乾隆十八年癸酉二月三十日
壽六十二子平五三平五四

昇三 大成 樂廿五子生康熙廿八年己巳餘闕娶徐氏生卒闕
八

昇三 五德 樂廿五子生康熙四十二年癸未十一月餘闕
九

昇四 舊行同 樂廿五子生康熙四十九年庚寅餘闕未娶
十

昇四一 大本 樂廿六子生康熙十六年戊午五月廿七日卒乾隆十五年庚午十
一月初六日壽七十三娶王氏生康熙廿一年壬戌十月初六日卒
乾隆元年丙辰九月初一日年五
十五葬紅頭園子平五五平五六

昇四二 大信 樂廿九子生雍正十一年癸丑四月十三日卒乾隆四十年乙未三
月廿四日年四十三娶王氏生雍正十年壬子九月初十日卒嘉慶
二年丁巳四月十五日壽六十大葬
江頭園前丈四畝子平五七平五八

昇四三 鄭英 樂三十子生雍正元年癸卯八月初七日卒五月廿二娶洪氏生雍
正十二年甲寅十二月廿三日卒乾隆十九年甲戌閏四月廿七日
年廿一繼娶
夏氏生卒闕

昇四四 大仁 樂三十子生雍正六年戊申八月初七日卒嘉慶十八年癸酉三月
十四日壽八十六娶邵氏生乾隆元年丙辰三月十三卒八月初十
日子平五
九平六十

昇四五 大奇 樂三十子生雍正八年庚戌八月廿六日卒乾隆廿四年己卯十月
十六日年三十未娶葬江頭園

昇四六 衆宗 樂三一子生雍正十一年癸丑十二月廿三日卒乾隆五十七年壬
子十月二十日壽六十娶陶氏生乾隆二年丁巳七月二十日卒嘉
慶廿三年戊寅十一月二十日壽八十
二葬橫路陳子平六一平六二平六三

昇四七 朝宗 樂三一子生乾隆六年辛酉九月廿六日卒乾隆廿六辛巳十月十
二日年二十一未娶

昇四八 廷合 樂三八子生乾隆十四年己巳六月十五日餘闕

昇四九 子光 樂四十子生康熙五十九年庚子十一月十三日卒乾隆四十七年壬寅七月廿三日壽六十三娶周氏生康熙五十八年己亥十月廿六日卒乾隆廿九年甲申三月十三日年四十六繼娶張氏生康熙五十七年戊戌十一月十一日卒嘉慶六年辛酉七月十五日壽八十四子平大四周氏出

昇五十 子秀 樂四十子生乾隆十年乙丑十二月廿九日卒闕娶余氏生乾隆十八年癸酉八月初九日卒乾隆三十八年癸巳九月初十日年二十一繼娶舒氏生卒闕

昇五一 子章 樂四一子生乾隆二年丁巳八月十八日卒乾隆五十二年丁未五月初四日年五十一娶裘氏生乾隆三年戊午十月二十日卒乾隆五十八年癸丑十月廿三日年五十六子平六五平六六

昇五二 子華 樂四一子生乾隆九年甲子七月初八日卒乾隆五十五年庚戌十二月廿六日年四十七娶嚴氏生乾隆七年壬戌六月初十日卒闕子平六七

昇五三 汝南 樂四一子生卒葬娶俱闕

昇五四 子興 樂四二子生乾隆十一年丙寅十一月十九日卒乾隆四十八年癸卯十二月十三日年三十八娶□氏生卒闕子平六八平六九

梁氏重修族譜卷之十　東房路五公派

五　昇五　子隆　樂四二子生乾隆十五年庚午十二月十六日卒嘉慶十一年丙寅正月廿七日年五十七娶陳氏生十月初二日餘闕年五十六子平七十

六　昇五　子盛　樂四二子生乾隆十九年甲戌閏四月初九日卒乾隆五十一年丙午十月廿五日年三十二

七　昇五　大學　樂四三子生康熙三十五年丙子十月十五日卒乾隆三十九年甲午二月廿二日壽七十九娶周氏生康熙三十七年戊寅十月初十日卒乾隆三十一年丙戌五月廿四日壽六十九葬姜黄門前子平七一　平七五出繼　平七二　平七三　平六五

八　昇五　大德　樂四三子生康熙四十六年丁亥十一月初三日卒乾隆三十六年辛卯三月初七日壽六十五娶王氏生康熙五十年辛卯十一月十九日卒乾隆三十八年癸巳七月十三日壽六十三子平七四

九　昇五　大本　樂四三子生康熙五十年辛卯三月初一日卒乾隆三十九年甲午六月初四日壽六十四娶□氏生卒闕葬姜黄門前昇五七子平七五入繼

十　昇六　大經　樂四四子生康熙四十年辛巳十二月廿五日卒乾隆三十一年丙戌六月初十日壽六十六娶徐氏生卒闕子平七六

一　昇六　覺所　樂四五子生康熙廿九年庚午九月三十日卒乾隆十三年戊辰九月廿八日壽五十九娶徐氏生康熙廿九年庚午七月十七日卒乾隆四年己未九月十七日年五十子平七七

昇六二 浩然 樂四五子生康熙四十七年戊子六月十七日卒乾隆四十五年庚子七月廿一日壽七十三娶鄭氏生康熙四十七年戊子六月十九日卒闕子平七八平七九平八十

昇六三 篤宗 樂四五子生康熙四十九年庚寅十二月廿五日卒乾隆四十二年丁酉十一月初七日壽六十八娶鄭氏生康熙五十年辛卯十一月廿四日卒乾隆十二年丁卯九月十七日年三十七繼娶姚氏生康熙五十六年丁酉五月十四日卒乾隆六十年乙卯正月廿七日壽七十九子平八一平八二俱姚氏出

昇六四 學山 樂四七子生康熙四十年辛巳十二月十八日卒雍正六年戊申五月十三日年二十八娶林氏生康熙四十二年癸未十二月二十日卒雍正三年乙巳十月廿九日年二十三繼娶鄭氏生康熙四十六年丁亥八月十一日卒闕葬矮笆

昇六五 聿求 樂四七子生康熙四十三年甲申四月廿三日卒乾隆十二年丁卯七月初八日年四十四娶方氏生康熙四十三年甲申三月廿九日卒闕葬矮笆子平八三

昇六六 兆昌 樂四七子生康熙四十六年丁亥十一月初七日卒乾隆十六年辛未餘闕年四十五娶嚴氏生卒闕

昇六七 城 樂四八子生康熙十四年乙卯四月十五日卒康熙五十九年庚子九月十二日年四十六娶孔氏生康熙廿二年癸亥閏六月初一日卒雍正十年壬子閏五月初一日年五十葬灑裏瓦片灘裏子平八四平八五平八六平八七

昇六八 **汝玉** 樂四九子生康熙四十四年乙酉正月初七日卒乾隆廿三年戊寅五月廿九日年五十四娶嚴氏生卒闕繼娶黃氏生康熙四十六年丁亥十二月十八日卒雍正十三年乙卯九月十二日年二十九續娶馮氏生康熙四十八年己丑六月廿四日卒乾隆十一年丙寅八月廿二日年三十八子平八八平八九俱黃氏出

昇六九 **光榮** 樂五十子生康熙三十八年己卯九月廿三日卒乾隆四十九年甲辰六月初二日壽八十六娶陶氏生康熙四十五年丙戌九月十三日卒乾隆三十四年己丑八月初十日壽七十四葬徐家河泮子平九十

昇七十 **夢雲** 樂五一子生康熙四十三年甲申九月廿二日卒乾隆四十六年辛丑十月十三日壽七十八[illegible]娶蘇氏生康熙四十四年乙酉閏四月初四日卒乾隆五年庚申十月十三日年三十六繼娶李氏生康熙四十四年乙酉十一月十四日卒乾隆四十八年癸卯正月廿三日壽七十九葬官田畈子平九一蘇氏出平九二李氏出

昇七一 **夢涱** 樂五一子生康熙四十六年丁亥正月廿八日卒乾隆廿三年戊寅正月初九日年五十二娶周氏生康熙四十九年庚寅五月十九日卒乾隆三十七年壬辰二月廿八日壽六十三葬鷄龍坵東向子平九三平九四平九五

昇七二 **夢鵂** 樂五一子生康熙五十九年庚子十二月初二日卒乾隆五十年乙巳八月十九日壽六十六娶周氏生雍正六年戊申十一月廿九日卒乾隆五十五年庚戌九月初六日壽六十三子平九六

昇七三 夢雷 樂五一子生雍正元年癸卯十月初八日卒乾隆四十五年庚子八月廿八日年五十八娶陸氏生雍正十年壬子三月十八日卒乾隆六十年乙卯正月十八日壽六十四子平九七平九八

昇七四 允鑑 樂五二子生康熙四十三年甲申十二月初六日卒乾隆四十三年戊戌八月廿九日壽七十五娶姚氏生四月二十日卒七月初三日壽六十一昇七六子平九九兼祧

昇七五 允文 樂五二子生康熙五十年辛卯六月十五日卒乾隆廿八年癸未四月廿七日年五十三娶周氏生雍正四年丙午十一月初三日卒乾隆十七年壬申十二月初一日年二十七葬邱家山

昇七六 允卿 樂五三子生康熙五十二年癸巳六月初四日卒乾隆廿二年丁丑八月十七日年四十五娶鄔氏生雍正八年庚戌三月十九日卒乾隆三十八年癸巳十二月十九日年四十四子平九九兼祧昇七四

昇七七 榮宗 樂五四子生康熙四十四年乙酉十二月十八日餘闕

昇七八 大本 樂六一子娶□氏生卒俱闕子平一百平百一

昇七九 富榮 樂六一子娶□氏生卒俱闕子平百二平百三

昇八十 大文 樂六二子生康熙廿九年庚午九月十八日卒乾隆十年乙丑七月廿四日年五十六娶周氏生康熙三十三年甲戌八月廿八日卒雍

正五年丁未四月十九日年三十四繼娶馮氏生康熙廿八年己巳正月廿四日卒乾隆二十年乙亥八月十五日壽六十七子平百四平百五平百六平百七

俱周氏出

昇八一 **大全** 樂六二子生康熙四十四年乙酉七月廿三日卒乾隆四十年乙未八月廿七日壽七十一娶鄧氏生康熙四十四年乙酉十月餘闕卒乾隆五年庚申四月初□日年三十六繼娶周氏生康熙五十二年癸巳閏五月餘闕子平百八

昇八二 **大秉** 樂六二子生卒葬娶俱闕

昇八三 **大伸** 樂六二子生卒葬娶俱闕

昇八四 **大才** 樂六三子生康熙四十四年乙酉九月初五日卒乾隆五十三年戊申二月廿六日壽八十四娶嚴氏生康熙四十三年甲申五月廿四日卒乾隆三十二年丁亥閏七月初九日壽六十四側室唐氏生康熙五十九年庚子九月十四日卒乾隆十二年丁卯十一月十二日年二十八葬牛尾河沭子

平百九唐氏出

昇八五 **大振** 樂六三子生康熙四十九年庚寅十一月初六日餘闕

昇八六 **大道** 樂六四子生雍正三年乙巳十月初九日卒乾隆五十二年丁未十月十一日壽六十三娶王氏生雍正二年甲辰正月二十日卒乾隆四十六年辛丑七月初八日年五十八側室夏氏絕子平百十

昇八七 **大成** 樂六四子生雍正十年壬子閏五月三十日卒嘉慶七年壬戌二月廿一日壽七十一娶佘氏生雍正十一年癸丑十二月十二日卒嘉慶六年辛酉八月廿一日壽六十九子平百十一平百十二平百十三平百十四

二十世 玖一公派

平一 **安樂** 昇四子生卒葬娶俱闕

平二 **祖益** 昇七子生康熙三十六年丁丑九月十一日卒乾隆廿三年戊寅九月初八日壽六十二娶鄭氏生康熙四十八年己丑十月十二日卒乾隆二十年乙亥八月廿七日年四十七子綱一綱二綱三

平三 **子如** 昇七子生康熙四十五年丙戌十一月廿六日卒闕娶邵氏生雍正七年己酉二月廿九日卒闕子綱四

平四 **平邵** 昇七子生雍正二年甲辰二月廿一日卒乾隆四十九年甲辰六月廿九日壽六十一娶口氏生卒闕平二子綱二承祀

平五 **雙德** 昇九子娶口氏生卒俱闕子綱五

二十一世 玖五公派

平六 **世昌** 昇十一子生乾隆十二年丁卯正月十九日卒嘉慶五年庚申九月廿四日年五十四娶口氏生卒闕

平七 **昌孝** 昇十一子生乾隆十六年辛未八月廿一日卒乾隆五十八年癸丑八月初九日年四十二

平八　世宗　昇十一子生乾隆廿二年丁丑四月十七日卒闕
平九　世孝　昇十一子生乾隆廿七年壬午九月十一日卒道光十六年丙申二月
十六日壽七十五娶孔氏生乾隆四十年乙未五月二十日卒嘉慶廿
五年庚辰十月十
二日年四十六
平十　萬學　昇十二子生乾隆五年庚申正月初二日卒乾隆四十六年辛丑八月
初一日年四十二娶鄭氏生乾隆十二年丁卯十一月廿三日卒闕子
綱六
平十　萬壽　昇十二子生乾隆十三年戊辰四月十四日卒嘉慶廿五年庚辰八
月初二日壽七十三娶口氏生卒闕子綱七綱八
平十二　萬順　昇十三子生乾隆八年癸亥六月十三日卒嘉慶十七年辛未十二
月初五日壽七十
平十三　萬芸　昇十三子生乾隆二十年乙亥十一月三十日卒闕
平十四　文燦　昇十四子生乾隆十五年庚午正月廿八日卒乾隆三十三年戊子
五月十二日年十九未娶
平十五　登高　昇十五子生乾隆三十年乙酉九月十六日卒道光十年庚寅七月
十四日壽六十六娶劉氏生乾隆四十一年丙申十月初一日卒道
光廿五年乙巳九月廿九日壽七十
葬涯底子綱九綱十綱十一綱十二
平十六　方傑　昇十六子生卒葬娶俱闕

平十七 **文華** 昇十七子生乾隆十年乙丑十月初一日卒道光十年庚寅十一月廿三日壽八十六娶鄔氏生乾隆十五年庚午八月初八日卒乾隆五十四年己酉六月三十日年四十繼娶朱氏生乾隆十九年甲戌七月初八日卒道光四年甲申閏七月十二日壽七十一子綱十三

平十八 **光耀** 昇十八子生乾隆四年己未十一月十三日卒乾隆四十年乙未閏十月初九日年三十七

平十九 **光全** 昇十八子生乾隆七年壬戌十二月廿五日卒闕未娶

平二十 **光大** 昇十八子生乾隆廿四年己卯六月二十日卒闕

平廿一 **朱發** 昇十九子生乾隆廿三年戊寅十二月廿七日卒闕

平廿二 **文廣** 昇二十子生雍正九年辛亥五月初二日卒乾隆四十九年甲辰三月十五日年五十四娶應氏生乾隆八年癸亥十二月廿八日卒乾隆廿九年甲申正月十七日年廿二繼娶邵氏生雍正十二年甲寅十二月十三日卒嘉慶十一年丙寅八月廿九日年七十三子綱十四綱十五

平廿三 **文錦** 昇二十子生雍正十三年乙卯八月初十日卒六月十一日娶姚氏生乾隆十三年戊辰正月十一日卒嘉慶十五年庚午四月十七日壽六十三葬江頭園子綱十六

平廿四 **文定** 昇二十子生乾隆五年庚申正月初六日卒嘉慶十九年甲戌二月二十日壽七十五娶應氏生乾隆三十七年壬辰十二月初一日卒咸豐元年辛亥二月初五日壽八十子綱十七

平廿五 **文配** 昇二十子生乾隆十六年辛未十二月廿一日卒闕娶口氏生卒闕子綱十八

平廿六 **文山** 昇廿一子生乾隆廿二年丁丑十月餘闕娶口氏生卒闕子綱十九

平廿七 **瑞興** 昇廿一子生卒葬娶俱闕

平廿八 **文祥** 昇廿二子生乾隆十六年辛未十一月十九日卒嘉慶廿一年丙子七月初九日壽六十六娶陸氏生乾隆廿五年庚辰七月十四日卒嘉慶五年庚申閏四月十二日年四十一繼娶邵氏生乾隆三十六年辛卯正月十八日卒道光十三年癸巳五月十一日壽六十三葬酒店河圳子綱二十陸氏出綱廿一邵氏出

平廿九 **文和** 昇廿二子生乾隆十八年癸酉十二月初五日卒闕娶口氏生卒闕子綱廿二

平三十 **文炳** 昇廿三子生乾隆十四年己巳六月十七日卒闕娶口氏生卒闕子綱廿三

平三一 **文乾** 昇廿三子生乾隆三十三年戊子九月廿六日卒道光九年己丑十二月廿六日壽六十二娶王氏生乾隆四十九年甲辰八月初七日卒道光廿六年丙午七月初三日壽六十三葬牛尾河圳子綱廿四

平三二 **三畏** 昇廿五子生乾隆廿二年丁丑十月初一日卒闕

平三三 **捧橵** 昇廿六子生乾隆三十二年丁亥九月十二日卒闕

平三四　退齡　昇廿七子生卒闕聘上虞王氏未娶

平三五　鶴齡　昇廿七子生雍正八年庚戌十二月初八日卒闕娶胡氏生乾隆八年癸亥五月廿七日卒闕

平三六　招齡　昇廿八子生卒闕

平三七　雙齡　昇廿八子生卒闕

平三八　文生　昇廿九子生康熙四十九年庚寅四月十九日卒乾隆三十四年己丑四月初二日壽六十娶邵氏生康熙六十年辛丑六月十六日卒乾隆三十四年己丑五月初三日年四十九子綱廿五緝廿六

平三九　文甫　昇廿九子生康熙五十六年丁酉四月十三日卒乾隆三十五年庚寅三月十三日年五十四娶徐氏生雍正十二年丁卯三月初九日卒十一月廿四日子綱廿七

平四十　文學　昇廿九子生雍正四年丙午十月初六日卒乾隆四十五年庚子八月十七日年五十五娶張氏生乾隆八年癸亥五月初三日卒闕子綱廿八

平四一　文秀　昇三十子生康熙五十二年癸巳十一月初二日卒乾隆五十七年壬子正月初五日壽八十娶姚氏生康熙五十七年戊戌四月十五日卒乾隆五十七年壬子十一月十五日壽七十五側室徐氏生雍正十一年癸丑三月初九日卒嘉慶五年庚申十一月廿四日壽六十八葬靈

山邱家山子綱廿九綱
三十綱三一綱三二

平四二 彭齡 昇三一子生乾隆四年己未五月十一日卒乾隆五十七年壬子九月廿八日年五十四

平四三 延齡 昇三一子生乾隆十二年丁卯十二月初九日卒闕

平四四 如□ 昇三一子生乾隆廿一年丙子六月十八日卒闕

平四五 之嵩 昇三四子生康熙三十七年戊寅十一月廿一日卒乾隆七年壬戌正月二十日年四十五娶姜氏生康熙四十五年丙戌三月十九日卒雍正三年乙巳八月廿九日年二十繼娶曹氏生康熙四十九年庚寅六月初四日卒乾隆三十二年丁亥十一月廿一日年五十八昇□口綱三
三八繼

平四六 之華 昇三四子生康熙四十五年丙戌十二月初五日卒乾隆十九年甲戌閏四月十五日年四十九娶劉氏生康熙四十六年丁亥七月廿五日卒乾隆四十二年丁酉四月初九日壽七十一葬河滙東向子綱三四

平四七 承禮 昇三四子生康熙四十九年庚寅十二月廿三日卒乾隆十四年己巳九月初六日年四十娶張氏生康熙五十一年壬辰四月廿五日卒乾隆廿二年丁丑二月初三日年四十六子綱三五

平四八 承謨 昇三五子生康熙四十九年庚寅閏七月十八日卒乾隆十二年丁卯八月初十日年三十八娶懋氏生康熙五十一年壬辰十二月初

一日卒闕子綱
三六綱三七

平四九 **承業** 昇三五子生康熙六十一年壬寅二月初七日卒乾隆三十五年庚寅七月廿七日年四十九娶余氏生卒闕繼娶廉氏生乾隆廿七年壬午餘闕卒道光四年甲申十一月十五日壽六十三子綱三八綱三九

平五十 **承發** 昇三五子生雍正四年丙午三月初七日卒乾隆四十四年己亥八月十三日年五十四娶廉氏生雍正十三年乙卯十一月初五日卒乾隆十五年庚午四月十六日年十六

平五一 **承宗** 昇三六子生康熙四十五年丙戌十二月三十日卒闕娶胡氏生康熙四十六年丁亥十一月初三日卒雍正七年己酉正月十九日年二十三繼娶嚴氏生康熙五十一年壬辰六月初十日卒闕子綱四十綱四一綱四二綱四三俱嚴氏出

平五二 **承耀** 昇三六子生康熙六十年辛丑十月廿九日卒乾隆四十四年己亥正月初一日年五十九娶黄氏生康熙六十一年壬寅十一月十五日卒乾隆十五年庚午七月廿五日年二十九繼娶刁氏生雍正七年己酉三月十五日卒乾隆五十七年壬子六月十六日壽六十四子綱四四綱四五俱刁氏出

平五三 **承恩** 昇三七子生雍正三年乙巳正月廿六日卒乾隆廿九年甲申四月十一日年四十娶邵氏生雍正四年丙午六月十七日卒乾隆廿九年甲申七月廿五日年三十九子綱四六綱四七出與上邻端若爲子

平五四　承翻　昇三七子生卒葬娶俱闕

平五五　承烈　昇四一子生康熙五十二年癸巳五月初七日卒乾隆廿四年己卯十月十八日年四十七娶蘇氏生雍正七年己酉四月初五日卒嘉慶十四年己巳四月初六日壽八十一葬江頭園子綱四八

平五六　承勳　昇四一子生雍正十年壬子二月初一日卒乾隆三十四己丑十一月初五日年三十八娶口氏生卒闕平五五子綱四八承祧

平五七　起蛟　昇四二子生乾隆廿四年己卯十月初三日卒嘉慶廿一年丙子三月初二日年五十九娶方氏生卒闕子綱四九綱五十綱五一綱五二

平五八　起疆　昇四二子生乾隆三十年乙酉七月十三日卒嘉慶廿二年丁丑十一月初七日年五十三娶朱氏生乾隆廿九年甲申九月十六日卒道光十四年甲午四月廿九日壽七十一子綱五三

平五九　平榜　昇四四子生卒闕娶口氏生卒闕子綱五四綱五五綱五六

平六十　平章　昇四四子生卒葬娶俱闕

平六一　學文　昇四六子生乾隆廿三年戊寅六月初六日卒闕

平六二　學秀　昇四六子生乾隆廿六年辛巳三月初一日卒道光十八年戊戌九月十六日娶錢氏生乾隆廿五年庚辰十一月十九日卒道光廿五

道光廿五年乙巳九月廿六日壽七
十六葬雞籠岴子綱五七綱五八

平六三　**學正**　昇四六子生乾隆廿九年甲申十二月十八日卒道光九年己丑四
月初四日壽六十六娶徐氏生乾隆五十年乙巳十二月三十日卒
道光八年戊子九月初二日年
四十四葬江頭園子綱五九

平六四　**興傑**　昇四九子生乾隆四年己未十一月廿一日卒闕娶陸氏生乾隆六
年辛酉三月十九日卒闕子綱六十綱六一

平六五　**興豪**　昇五一子生卒葬娶俱闕

平六六　**興禮**　昇五一子生卒葬娶俱闕

平六七　**永盛**　昇五二子生乾隆廿八年癸未三月十四日卒闕

平六八　**殿懷**　昇五四子出外無查

平六九　**如堂**　昇五四子出外無查

平七十　**紹堂**　昇五五子生乾隆四十四年己亥三月廿九日卒道光廿二年壬寅
九月十九日壽六十四娶馮氏生乾隆六十年乙卯十二月初六日
卒同治元年壬戌十一月廿二
日壽六十八子綱六三綱六四

平七一　**孝思**　昇五七子生康熙五十六年丁酉四月廿九日卒乾隆五十年乙巳
正月初三日壽六十九娶嚴氏生雍正九年辛亥正月十二日卒闕

平七二 廷增 昇五七子生雍正三年乙巳三月廿五日卒乾隆廿九年甲申四月初五日年四十娶胡氏生雍正七年己酉二月初九日卒乾隆九年甲子九月十三日年十六葬卯家山繼娶胡氏絶
子綱六五綱六六綱六七

平七三 廷謙 昇五七子生雍正十年壬子二月初一日卒闕娶蘇州□氏生卒闕

平七四 廷祥 昇五八子生卒葬娶俱闕

平七五 廷柱 昇五九子生康熙五十八年己亥八月十八日卒乾隆四十四年己亥正月初九日壽六十一娶應氏生雍正十二年甲寅正月十一日卒乾隆四十二年丁酉五月初十日年四十四葬姜黃門前子綱六八綱六九

平七六 廷棟 昇六十子生康熙六十一年壬寅十一月廿五日卒乾隆五十二年丁未閏七月初十日壽六十六娶應氏生雍正五年丁未十月初十日卒嘉慶十三年戊辰正月初八日壽八十子綱七十綱七一綱七二綱七三綱七四

平七七 廷棋 昇六一子生康熙六十年辛丑四月初一日卒乾隆五十七年壬子五月十三日年七十二娶嚴氏生雍正十三年乙卯十一月廿六日卒嘉慶二年丁巳十一月十八日壽六十三子綱七五綱七六

平七八 廷賢 昇六二子生雍正十年壬子六月廿五日卒嘉慶十一年丙寅正月初三日壽七十五娶周氏生乾隆七年壬戌十二月廿五日卒闕子

綱七七
綱七八
平七 **廷智** 昇六二子生乾隆五年庚申十二月十二日卒乾隆五卄四年乙酉
九 十月初四日年五十
平八 **廷慧** 昇六二子生乾隆九年甲子三月十八日卒乾隆四十九年甲辰五
十 月十三日年四十一娶□氏生卒闕子綱七九
平八 **思公** 昇六三子生乾隆十五年庚午十二月十五日卒闕
一
平八 **思忠** 昇六三子生乾隆廿一年丙子正月初十日卒嘉慶十年乙丑七月
二 初五日年五十娶徐氏生乾隆廿九年甲申十月初九日卒嘉慶廿
二年丁丑正月十七日年五十
四子綱八十綱八一綱八二
平八 **廷勳** 昇六五子生雍正十年壬子十一月初三日卒闕娶王氏生乾隆八
三 年癸亥餘闕
平八 **身** 昇六七子生康熙四十二年癸未九月十一日卒乾隆五十年乙巳五
四 月初八日壽八十三娶邵氏生康熙四十一年壬午八月廿一日卒乾
隆四十六年辛丑五月十六日壽八十繼娶周氏生雍正二年甲辰八月
十九日卒乾隆五十四年己酉十一月廿九日壽六十六葬滙裏瓦爿灘
子綱八三綱八八綱八八出
繼平八六[illegible]
平八 **恕** 昇六七子生康熙四十六年丁亥十二月十二日卒乾隆廿三年戊寅
五 十二月初五日年五十二娶孔氏生康熙四十八年己丑六月初二日
卒乾隆三十八年癸巳十二月十
五日壽六十五子綱八六綱八七

平八 六 輝 昇六七子生康熙四十八年己亥五月十一日卒乾隆三十年乙酉三月十一日年四十七娶周氏生雍正二年甲辰八月十九日卒乾隆三十年乙酉十一月十九日年四十二葬
葬滙裏瓦爿灘平八四子綱八八繼

平八 七 性 昇六七子生康熙五十五年丙申六月初三日卒乾隆十七年壬申十月廿九日年三十七娶李氏生康熙五十六年丁酉八月廿一日卒乾隆四十九年甲辰十一月十二日壽六十八
葬滙裏瓦爿灘子綱八九綱九十綱九一

平八 八 紹基 昇六八子生雍正十二年甲寅餘闕娶口氏生卒闕葬鷄龍坵

平八 九 紹周 昇六八子生乾隆六年辛酉餘闕葬雞龍坵

平九 十 永瑞 昇六九子生雍正十三年乙卯正月初一日卒嘉慶九年甲子十一月初十日壽七十娶朱氏生雍正十一年癸丑七月初四日卒嘉慶十五庚午十月廿五日壽七十八葬徐家河沭子綱九二綱九三綱九四綱九五

平九 一 國華 昇七十子生雍正十二年甲寅九月十一日卒乾隆四十九年甲辰八月十三日年五十一娶周氏生乾隆十一年丙寅五月十五日卒乾隆四十年乙未十一月二十日年三十葬官田畈子綱九六

平九 二 國鎮 昇七十子生乾隆七年壬戌六月廿二日卒乾隆四十三年戊戌十月初四日年三十七葬官田畈娶口氏生卒闕葬餘姚

平九 三 國才 昇七一子生乾隆元年丙辰正月初二日卒乾隆六十年乙卯十一月十八日壽六十娶李氏生乾隆十一年丙寅十月初六日卒闕子

綱九又七
綱九八

平九四 **國卿** 昇七一子生乾隆十一年丙寅十月廿七日卒乾隆四十六年辛丑十月二十日年三十六

平九五 **國定** 昇七一子生乾隆十五年庚午七月初五日卒嘉慶十六年辛未八月廿九日壽六十二

平九六 **國治** 昇七二子生乾隆三十七年壬辰十月初十日卒嘉慶二十年乙亥四月廿七日年四十四娶馮氏生乾隆五十三年戊申九月初九日卒道光元年辛巳八月十七日年三十四子綱九九

平九七 **國英** 昇七三子生乾隆廿四年己卯三月初六日卒乾隆五十五年庚戌九月初十日年三十二

平九八 **國泰** 昇七三子生乾隆廿七年壬午六月初九日卒道光二年壬午八月初五日壽六十一娶王氏生乾隆四十年乙未十二月初三日卒乾隆五十七年壬子十二月十二日年十八繼娶□氏生卒闕子綱一百

平九九 **東來** 昇七六子生乾隆四十四年己巳九月廿六日卒嘉慶十五年庚午八月十八日壽六十二娶王氏生乾隆廿四年己卯十月初十日卒道光九年己丑九月初七日壽七十一子綱百一

平一百 **萬學** 昇七八子生卒葬娶俱闕

平百一 **萬壽** 昇七八子生卒葬娶俱闕

平百二 萬順 昇七九子生卒葬娶俱闕

平百三 萬裕 昇七九子生卒葬娶俱闕

以上四名係甯四十子裕三六派下至平行後一無可查

平百四 承美 昇八十子生康熙五十一年壬辰十月廿四日卒乾隆廿九年甲申九月十四日年五十三娶祝氏生雍正二年甲辰七月廿七日卒乾隆六十年乙卯十月廿二日壽七十二葬任家橋子綱百二綱百三

平百五 承熙 昇八十子生康熙五十三年甲午十一月十七日卒乾隆十三年戊辰四月十六日年三十五

平百六 承德 昇八十子生乾隆三年戊午四月十四日卒乾隆四十五年庚子二月初五日年四十三娶洪氏生乾隆十三年戊辰正月初八日卒乾隆四十六年辛丑正月廿七日年三十四葬江頭園子綱百四綱百五

平百七 承智 昇八十子生康熙六十年辛丑三月十四日卒乾隆四十八年癸卯十月十九日壽六十三娶應氏生乾隆五年庚申十月十一日卒道光元年辛巳八月廿八日壽八十二葬大德尾東陸家屋後向東第二穴子綱百六綱百七

平百八 芳林 昇八一子生卒葬娶俱闕

平百九 維森 昇八四子生乾隆九年甲子三月廿二日卒道光七年丁亥二月廿三日壽八十四娶王氏生五月廿五日卒四月初八日葬娶徐氏生

乾隆廿一年丙子十　月初九日卒[illegible]二年丁丑十月初四日壽六
十二葬牛尾河洋與考合墓子綱百八毛氏出綱百九徐氏出

平百十　燮麟　昇八六子生卒葬娶俱闕

平百十一　在湖　昇八七子生乾隆廿三年戊寅七月廿八日卒乾隆六十年乙卯三
月十五日年三十　葬矮笆跟娶丁氏絕

平百十二　[illegible]定　昇八七子生卒葬娶俱闕

平百十三　姿[illegible]　昇八七子生乾隆三十年乙酉十一月廿九日卒乾隆五十九年甲
寅九月廿九日年三十

平百十四　在珹　昇八七子生乾隆三十六年辛卯正月十二日卒嘉慶十五年庚午
二月廿六日年四十娶邵氏生卒闕葬矮笆跟子綱百九

宗譜　卷十四　東房玖五系派　有志堂藏

慈東費氏四修宗譜卷廿五

世次傳二十

二十二世 東房玖一公派

綱一 仲興 平二子生雍正二年壬子餘闕娶張氏生卒闕子常一

綱二 仲友 平二子生乾隆二年丁巳閏九月二十日卒闕娶何氏生乾隆十三年戊辰正月十六日卒乾隆十一年丙午十月廿六日年三十九子常二

綱三 仲發 平二子生乾隆五年庚申餘闕娶□氏生卒卒

綱四 可順 平三子生卒葬娶俱闕

綱五 阿毛 平五子初居夾笆迄今屋宇化爲墳地已無可查

二十二世 玖五公派

綱六 啓雲 平十子生乾隆四十六年辛丑七月十九日卒嘉慶十九年甲戌閏二月二十日年三十四娶□氏生卒闕子常三

綱七 亞茂 平十一子生卒葬娶俱闕

綱八 亞高 平十一子生卒葬娶俱闕娶□氏絕

綱九 **亞毛** 平十五子生卒闕未娶

綱十 **桂春** 平十五子生嘉慶五年庚申二月十三日餘闕

綱十一 **錫金** 平十五子生嘉慶十三年戊辰四月廿四日卒同治元年壬戌閏八月初三日年五十五娶孔氏生嘉慶廿五年庚辰十月初二日卒同治十一年壬申九月廿七日年五十三葬長房磯子東首朝東子常四常五

綱十二 **小三** 平十五子生嘉慶十九年甲戌三月十九日卒道光二十年庚子三月初九日年二十七葬酒店河圳未娶

綱十三 **允芳** 平十七子生乾隆五十八年癸丑餘闕卒道光十三年癸巳五月十七日年四十一娶嚴氏生嘉慶二年丁巳九月十八日卒嘉慶廿四年己卯五月初三日年二十三葬周家嶴繼娶文溪童氏生卒闕與公合葬邱家山

綱十四 **嘉樂** 平廿二子生卒闕未娶

綱十五 **嘉行** 平廿二子生乾隆三十七年壬辰十二月十六日卒道光廿二年壬寅二月廿七日壽七十一未娶

綱十六 **允豐** 平廿三子生乾隆三十二年丁亥十月初七日卒嘉慶廿五年庚辰九月廿六日年五十四娶邵氏生乾隆四十五年庚子三月廿五日卒道光廿六年丙午十一月三十壽六十七葬江頭園子常六常七常八

綱十七 **允武** 平廿四子生嘉慶七年壬戌十二月廿九日卒咸豐四年甲寅三月初七日年五十三娶陳氏絕

綱十八　允溥　平廿五子生卒闕未娶

綱十九　天安　平廿六子生嘉慶十五年庚午五月廿三日卒同治七年戊辰閏四月初四日年五十九娶高田頭高氏生嘉慶十九年甲戌八月初八日卒闕子常九常十

綱二十　嘉尚　平廿八子生乾隆四十八年癸卯十月廿五日卒嘉慶十八年癸酉二月初五日年三十一娶孫氏生乾隆五十五年庚戌九月廿六日卒道光廿五年乙巳十月初一日年五十六葬酒店河汫子常十一

綱廿一　德懷　平廿八子生嘉慶九年甲子十二月三十日卒道光二十年庚子九月初五日年三十七娶邵氏生嘉慶十九年甲戌十二月十七日卒咸豐九年己未十一月廿二日年四十六葬酒店河汫子常十二

綱廿二　維坤　平廿九子娶□氏生卒俱闕子常十三

綱廿三　成義　平三十子生卒葬娶俱闕

綱廿四　孝永　平三一子生嘉慶八年癸亥十月初四日卒咸豐六年丙辰七月廿一日年五十四娶沈氏生道光六年丙戌十月十四日卒光緒十三年丁亥七月十九日壽六十二葬長房碾子東首朝東子常十四

綱廿五　國華　平三八子生乾隆九年甲子正月十八日卒闕

綱廿六　**國猷**　平三八子生乾隆三十年乙酉九月初六日卒闕

綱廿七　**國安**　平三九子生乾隆三十一年丙戌七月初五日卒嘉慶十二年丁卯七月十六日年四十二

綱廿八　**國柱**　平四十子生乾隆三十一年丙戌十一月初三日卒闕

綱廿九　**國英**　平四一子生雍正十二年甲寅八月初一日卒嘉慶元年丙辰八月初一日壽六十三娶童氏生十一月廿六日卒十月廿五日葬靈山邱家山與父母合墓　子常十五常十六

綱三十　**福星**　平四一子生乾隆八年癸亥正月十九日卒闕

綱三一　**福祥**　平四一子生乾隆十七年壬申八月廿一日卒闕

綱三二　**國才**　平四一子生乾隆廿四年己卯七月初五日卒七月十六日娶方氏生乾隆三十三年戊子二月初四日卒乾隆五十五年庚戌六月初八日年二十三

綱三三　**汝擎**　平四五子生卒葬娶俱闕

綱三四　**允文**　平四六子生雍正五年丁未二月初六日卒乾隆七年壬午七月廿六日年三十六娶呂氏生雍正九年辛亥四月十一日卒嘉慶十四年己巳十一月十八日壽七十九葬河[illegible]子常十七

綱三五 允佳 平四七子生乾隆二年丁巳九月廿九日卒乾隆三十一年丙戌正月三十日年三十娶口氏生卒闕子常十八

綱三六 允章 平四八子生雍正十三年乙卯十二月十一日卒乾隆五十四年己酉五月初十日年五五十

綱三七 允輔 平四八子生乾隆八年癸亥十二月廿九日卒

綱三八 允高 平四九子生乾隆十九年甲戌正月廿四日卒乾隆三十八年癸巳六月十九日年二十

綱三九 雙鳳 平丶　子生乾隆廿七年壬午正月初二日卒闕

綱四十 允中 平五一子生雍正十二年甲寅十月廿二日卒闕娶王氏生乾隆十二年丁卯八月廿一日卒闕

綱四一 茂才 平五一子生乾隆五年庚申十月初十日卒闕

綱四二 茂雲 平五一子生乾隆十七年壬申餘闕

綱四三 茂岳 平五一子出於文溪童子奇爲孫生乾隆十七年壬申餘闕

綱四四 允謙 平五二子生乾隆廿一年丙子十一月廿二日卒嘉慶十四年己巳三月廿二日年五十四娶陳氏生乾隆廿三年戊寅三月初十月卒乾隆四十二年丁酉七月廿四日年二十子常十九

綱四五 邦盛 平五二子生乾隆廿九年甲申九月廿九日卒闕

綱四六　方來　平五三子生乾隆十三年戊辰三月二十日卒乾隆三十六年辛卯
三月初三日年二十四

綱四七　方卿　平五三子出於上部端若爲子

綱四八　尤才　平五五子生乾隆十八年癸酉八月十八日卒道光六年丙戌十一
月十一日壽七十四娶汪氏生乾隆三十年乙酉十月十六日卒道
光廿六年丙午正月初五日壽八十二葬
東河治子常二十常廿二承繼派常廿

綱四九　東明　平五七子生卒葬娶俱闕

綱五十　東陽　平五七子生乾隆四十七年壬寅六月廿三日卒道光十二年壬辰
二月初二日年五十一娶朱氏生乾隆五十八年癸丑二月初八日
卒嘉慶十九年甲戌十二月初五日年二十二繼娶胡氏生乾隆五十七
年壬子五月初六日卒同治六年丁卯八月十七日壽七十六葬酒店河
斗子常廿三朱氏出常
廿四常廿五胡氏出

綱五一　春陽　平五七子生乾隆四十九年甲辰十二月廿四日卒道光元年辛巳
六月初七日年三十八娶汪氏生乾隆五十七年壬子餘闕卒道光
十四年甲午二月廿七
日年四十三子常廿六

綱五二　開陽　平五七子娶汪氏生卒俱闕子常廿七

綱五三　[illegible]陽　平五八子生乾隆五十三年戊申十二月二十日卒嘉慶十五年庚
十八月初[illegible]日年二十三

綱五四 **綱通** 平五九子生卒葬娶俱闕

綱五五 **綱義** 平五九子生卒葬娶俱闕

綱五六 **綱富** 平五九子生卒葬娶俱闕

綱五七 **順昌** 平大二子生嘉慶元年丙辰七月二十日卒道光十二年壬辰二月廿九日年三十七娶張氏生嘉慶二年丁巳十一月初六日卒同治七年戊辰正月十四日壽七十二葬雞龍山子常廿八

綱五八 **廷陞** 平六二子生嘉慶十四年己巳九月初十日卒咸豐三年癸丑十月二十日年四十五娶顧氏生嘉慶十七年壬申正月十一日卒同治六年丁卯八月十九日年五十六女二

綱五九 **茂堂** 平六三子生嘉慶十七年壬申三月初五日卒道光廿七年丁未七月廿五日年三十六娶朱氏生嘉慶十八年癸酉正月初四日卒咸豐十一年辛酉四月十三日年四十九葬江頭園子常廿九

綱六十 **奎奇** 平六四子生乾隆廿五年庚辰三月廿三日卒乾隆四十四年己亥九月十二日年二十未娶

綱六一 **奎文** 平六四子生乾隆三十三年戊子五月十六日卒嘉慶二十年乙亥七月初五日年四十八娶王氏生乾隆四十一年丙申八月廿九日卒嘉慶十八年癸酉十一月初八日年三十八繼娶徐氏生乾隆五十五年庚戌八月十七日卒咸豐五年乙卯九月廿九日壽六十六子常三十

[illegible]宗譜卷十五　東房欽五公派　[illegible]

常三
一
綱六　宏艮　平六四子生乾隆四十五年壬寅十一月十四日卒嘉慶十七年辛
二　未正月十五日年三十
綱六　禹昌　平七十子生嘉慶十九年甲戌二月十一日卒闕柩在上洋未歸娶
三　周氏生道光八年戊子五月十二日
綱六　禹鈞　平七十子生道光三年癸酉三月廿二日卒光緒四年戊寅九月廿
四　六日年五十六娶邵氏生道光十六年丙申九月十九日子常三二
綱六　世興　平七一子生卒闕葬蘇州
五　娶□氏生卒闕葬矮笆浪
綱六　經興　平七一子生乾隆廿七年壬午四月初三日卒道光十八年戊戌二
六　月十九日壽七十七娶劉氏生乾隆三十九年甲午八月初三日卒
道光廿六年丙午四月十七日
壽七十三子常三三常三四
綱六　隆興　平七一子生卒葬娶俱闕
七
綱六　運興　平七五子生乾隆廿五年庚辰四月廿五日卒道光廿八年戊申八
八　月廿三日壽八十九娶胡氏生乾隆四十年乙未十日十七日卒咸
豐五年乙卯十一月初九日壽八十一葬酒店河沜新橋西南首子常三
五常三六常三七
綱六　運財　平七五子生乾隆三十一年丙戌三月廿一日卒嘉慶廿二年丁丑
九　八月初五日年五十二娶葉氏生乾隆二十三年戊子三月二十日
卒咸豐四年甲寅七月初四日壽八十七葬酒店河沜矮笆子常三八常
三九常四十常四一

綱七十　應有　平六七子

綱七一　二寶　平七六子

綱七二　三寶　平七六子娶口氏子常四二

綱七三　四寶　平七六子娶口氏絕

綱七四　五寶　平七六子兄弟五人俱往蘇州生卒未詳

綱七五　克均　平七七子生乾隆廿三年戊寅八月廿二日

綱七六　克孝　闕　平七七子生乾隆廿六年辛巳十月初二日兄弟二人俱往杭州卒

綱七七　克勤　平七八子生乾隆三十年乙酉十二月廿五日

綱七八　克儉　平七八子兄弟二人俱往溫州生卒闕

綱七九　克甯　平八十子生卒闕

綱八十　聖照　平八二子娶口氏生卒俱闕子常四三常四四常四五

綱八一　聖傳　平八二子生乾隆五十八年癸未丑九月十五日卒道光四年甲申九月十四日年三十二

綱八二　聖鰲　平八二子生嘉慶五年庚申十月廿六日卒同治元年壬戌八月廿二日壽六十三娶蔣氏生嘉慶十六年辛未四月十八日卒光緒八年壬午十月初七日壽七十
二子常四六常四七常四八

綱八三　象德　平八四子生雍正二年甲辰二月三十日卒乾隆四十五年庚子四月十六日年五十七娶邵氏生雍正十年壬子三月十八日卒乾隆五十八年癸丑十月十九日壽六十二葬瓦爿灘子常四九常五十

綱八四　美德　平八四子生乾隆三年戊午十二月十七日卒闕娶張氏生乾隆六年辛酉十二月初七日卒闕葬瓦爿灘子常五一

綱八五　聖德　平八四子生乾隆六年辛酉八月廿五日卒闕娶顧氏生乾隆十四年己巳十月初四日卒道光十四年甲午三月初三日壽八十六葬瓦爿灘子常五二

綱八六　世禎　平八五子生雍正十三年乙卯十二月初四日卒嘉慶二年丁巳九月廿六日壽六十三娶陸氏生乾隆九年甲子正月初四日卒闕葬濉底田瓦爿灘子常五三

綱八七　世祥　平八五子生乾隆五年庚申六月十一日卒杭州月日闕

綱八八　顯德　平八六子生雍正十一年癸丑六月初三日卒嘉慶十二月廿九日娶周氏生乾隆三年戊午六月初八日卒嘉慶元年丙辰二月十六日年五十九葬瓦爿灘坐北向南子常五四常五五

綱八九 世華 平八七子生乾隆四年己未三月十三日卒乾隆五十一年丙午五
月廿七日年四十八娶程氏生乾隆十四年己巳正月十七日卒乾
隆三十年乙酉九月初七日年十七繼娶蘇氏生乾隆八年癸亥十二月
十三日卒嘉慶五年庚申正月十八日年五十八子常五六

綱九十 世顯 平八七子生乾隆五年庚申十月廿三日卒闕葬滙底田

綱九一 世貴 平八七子生乾隆八年癸亥七月廿四日卒乾隆五十八年癸丑五
月廿九日年五十一娶周氏生乾隆十九年甲戌三月十九日卒嘉
慶六年辛酉九月十四日年四十
八葬滙底田子常五七常五八

綱九二 世美 平九十子生乾隆十八年癸酉十二月二十日卒乾隆五十年乙巳
四月廿五日年三十三娶濮州口氏生卒闕葬徐家河泬

綱九三 世尙 平九十子生乾隆二十年乙亥九月廿四日卒乾隆五十一年丙午
九月初九日年三十二娶劉氏生乾隆廿一年丙子四月十九日卒
道光六年丙戌十一月初五日壽七
十一葬徐家河泬子常五九常六十

綱九四 世鶴 平九十子生乾隆廿二年丁丑十二月十一日卒闕娶胡氏生闕卒
嘉慶十九年甲戌六月十二日葬徐家河泬

綱九五 世足 平九十子生乾隆廿四年己卯九月十三日卒嘉慶十一年丙寅八
月初八日年四十八娶應氏絶子常六一常六二

綱九六 世祿 平九一子生乾隆三十三年戊子六月十九日卒道光七年丁亥十
一月廿四日壽六十娶張氏生乾隆四十六年辛丑二月廿六日卒
道光廿九年己酉八月十
三日壽六十九子常六三

綱九七 **增發** 平九三子生乾隆廿六年辛巳十一月十三日卒闕

綱九八 **新發** 平九三子生乾隆三十年乙酉二月十一日卒闕

綱九九 **世恩** 平九四子生嘉慶十五年庚午正月廿四日卒闕

綱一百 **世年** 平九五子生嘉慶七年壬戌正月初九日卒道光三年癸未九月初七日年二十六葬卯家山娶□氏絕

綱百一 **錦雲** 平九九子生嘉慶五年庚申九月廿二日卒闕娶朱氏生卒闕繼娶姚氏生嘉慶廿一年丙子八月二十日卒道光廿四年甲辰十月二十日年二十九娶沈氏生嘉慶十年甲戌餘闕子常六四沈氏出

綱百二 **常貴** 平百四子生乾隆十三年戊辰十一月十七日卒嘉慶七年壬戌五月十五日年五十五葬天德菴跟娶李氏絕子常六五隨母去

綱百三 **常安** 平百四子生乾隆廿七年壬午六月二十日卒嘉慶四年己未十一月廿三日年三十八葬天德菴跟娶□氏絕

綱百四 **士義** 平百六子生卒闕

綱百五 **士貴** 平百六子生乾隆三十八年癸巳三月廿九日卒道光五年乙酉七月廿一日年五十三娶洪氏生乾隆四十九年甲辰十月初五日卒道光十八年戊戌三月廿四日年五十五葬江頭園女二

綱百六 **啓隆** 平百七子生乾隆廿四年己卯十一月十九日卒嘉慶七年壬戌九月初二日年四十四娶盛氏生乾隆四十二年丁酉正月初八日卒

嘉慶十一年丙寅八月廿八日年三十，葬天德庵跟綱百七　子常六六兼祧

綱百七　**啓興**　平百七子生乾隆三十年乙酉十二月十九日卒道光五年乙酉七月初三日壽六十一娶周氏生乾隆四十四年己亥七月廿二日卒道光十五年乙未六月初一日年五十七葬天德庵陸家邑外子常六六兼祧綱百六常六七常六八

綱百八　**亞牛**　平百九子生乾隆四十六年辛丑七月二十日卒道光十六年丙申二月二十日年五十六娶鄭氏生乾隆四十四年己亥十月初五日卒道光十五年乙未正月廿一日年五十七綱百九子常六九入繼

綱百九　**丹桂**　平百九子生嘉慶元年丙辰十二月廿四日卒道光廿九年己酉十一月初四日年五十四娶董氏生嘉慶六年辛酉十一月十六日卒咸豐十年庚申九月十四日壽六十葬牛屋河𣳾子常六九出繼綱百八常七寸

綱百十　**厚發**　平百十四子生嘉慶十年乙丑月日餘闕出外娶孫氏生嘉慶十九年甲戌十一月十二日卒道光廿二年壬寅六月廿九日年二十九葬矮邑

女

二十三世　玖一公派

常一　**錦標**　綱一子生乾隆五十七年壬子六月廿一日卒咸豐五年乙卯四月初一日壽六十四娶吳氏生嘉慶元年丙辰八月十八日卒咸豐七年丁巳四月初一日壽六十二葬矮邑常二子忠一兼祧

常二 宇華 綱二子生乾隆三十七年壬辰五月十五日卒道光十一年辛卯六月廿四日壽六十娶口氏生卒闕子忠一兼祧常一

二十三世 玖五公派

常三 奇三 綱六子生卒葬娶俱闕

常四 常明 綱十一子生道光廿三年癸卯九月十六日娶韓氏生咸豐八年庚午四月初五日子忠二忠三

常五 常榮 綱十一子生咸豐九年己未三月十八日

常六 邵元 綱十六子生嘉慶三年戊午正月十四日卒咸豐三年癸丑七月廿二日年五十六娶甯氏生嘉慶十六年辛未六月廿六日卒光緒五年己卯七月初八日壽六十九子忠四忠五出繼常七

常七 邵久 綱十六子生嘉慶十六年辛未十二月十六日卒道光廿九年己酉六月初二日年三十九娶周氏生道光四年甲申四月十四日卒咸豐八年戊午八月廿三日年三十五葬周家厨常六子忠五入繼

八 邵泮 綱十六子生嘉慶十九年甲戌十一月十九日卒闕未娶

九 常英 綱十九子生道光十八年戊戌九月二十日卒同治三年甲子六月十三日年二十七娶陸氏生道光廿九年己酉五月初八日常十子忠六兼祧

常十 常德 綱十九子生道光廿一年辛丑十月初十日卒光緒十九年癸巳十一月初一日年四十五娶邵氏生道光廿九年己酉五月二十日子忠六
忠六兼祧常九

常十一 常寶 綱二十子生嘉慶十六年辛未五月廿九日卒同治元年壬戌八月廿七日年五十二娶柴氏絶葬天德庵後北首子忠七忠八

常十二 雙寶 綱廿一子生道光十五年乙未十月廿四日卒同治八年己巳十月廿三日年三十五娶應氏絶

常十三 亞傺 綱廿二子娶□氏生卒俱闕子忠九

常十四 財寶 綱廿四子生道光廿五年乙巳正月二十日娶嚴氏生道光三十年庚戌六月廿四日子忠十

常十五 奇山 綱廿九子生卒闕娶□氏絶

常十六 偉三 綱廿九子生乾隆四十八年癸卯十一月廿五日卒道光廿一年辛丑九月初一日年五十九娶陳氏生乾隆五十八年癸丑十二月十一日卒闕子忠十一忠十二忠十三

常十七 常玉 綱三四子生乾隆廿一年丙子八月廿二日卒嘉慶廿一年丙子九月十九日壽六十一娶李氏生乾隆三十一年丙戌正月廿九日卒道光十四年甲午七月初四日壽六十九常二十子忠十四入繼

常十八 奎豐 綱三五子生卒葬娶俱闕

常十九 張立 綱四四子生卒葬娶俱闕

常二十 仁美 綱四八子生乾隆五十七年壬子十二月十五日卒道光十二年壬辰四月初一日年四十一娶陳氏生乾隆五十六年辛亥十一月廿一日卒同治五年丙寅十二月三十日壽七十六子忠十四忠十五忠十六出繼常十七

常廿一 仁貴 綱四八子生嘉慶十年乙丑十二月初十日卒同治十年辛未十二月廿四日壽六十七娶金氏生嘉慶十五年庚午二月十七日卒咸豐元年辛亥八月初二日年四十二繼娶王氏絕

常廿二 仁元 綱四八子生嘉慶三年戊午二月三十日卒咸豐六年丙辰五月廿三日年五十九娶沈氏生嘉慶六年辛酉十一月廿八日卒嘉慶廿二年丁丑十月十四日年十七繼娶邵氏生嘉慶八年癸亥十一月廿一日卒同治六年丁卯七月初十日壽六十五側室金氏生道光元年辛巳九月十四日卒闕子忠十六忠十七忠十八

常廿三 海如 綱五十子生嘉慶十七年壬申正月十九日卒闕未娶

常廿四 海蚤 綱五十子生嘉慶廿三年戊寅十二月十九日卒闕未娶

常廿五 海甯 綱五十子生道光六年丙戌正月十六日卒光緒七年辛巳二月廿六日年五十六娶嚴氏生道光十四年甲午十一月廿五日卒光緒三十年甲辰二月廿七日壽七十一葬徐家河汫子忠十九

常廿海寶綱五一子生嘉慶廿一年丙子十月廿一日卒於外
六
常廿海順綱五二子生道光二年壬午八月十二日卒於外
七
常廿全壽綱五七子生道光十年庚寅閏五月廿六日卒光緒十一年乙酉正
八月三十日年五十六
常廿常隆綱五九子生道光十二年壬辰正月十九日卒光緒六年庚辰正月
九初六日年四十九娶蘇氏生道光廿一年辛丑九月初八日卒光緒
十年甲申閏五月廿一
日年四十四子忠二十
常三煥綱六一子娶口氏生卒俱闕子忠廿一
十
常三煒綱六一子生卒闕娶周氏生道光二年壬午十一月初二日卒同治十
一三年甲戌五月十六日年五十三
常三常殿綱六四子生同治十年辛未七月初六日卒闕未娶
二
常三源淸綱六六子生嘉慶五年庚申十一月廿六日卒道光廿五年乙巳十
三一月廿六日年四十六娶鄭氏生嘉慶六年辛酉正月十六日卒道
光三十年庚戌六月廿
二日年五十子忠廿二
常三源水綱六六子生嘉慶十五年庚午正月初四日卒闕娶周氏生嘉慶二
四十年乙亥六月十五日卒闕子忠廿三忠廿四
常三錦璿綱六八子生嘉慶九年甲子正月廿三日卒咸豐元年辛亥八月十
五二日年四十八娶胡氏生嘉慶九年甲子八月初三日卒道光三年

[illegible]氏四修宗譜卷之十三　東房玖五公派　用志堂[illegible]

癸未十一月初九日年二十繼娶淇氏生嘉慶十一年丙寅八月二十日
卒同治十二年癸酉三月十六日壽大十八子忠廿五忠廿六俱淇氏出

常三六 **錦瑞** 綱六八子生嘉慶十四年己巳四月十一日卒咸豐元年壬子二月
初十日年四十四娶鄧氏生嘉慶十五年庚午十一月廿三日卒正
月初八日葬高橋東北首
子忠廿七忠廿八忠廿九

常三七 **錦環** 綱六八子生嘉慶十六年辛未十一月初九日卒道光十四年甲午
八月廿五日年二十四娶沈氏生嘉慶十八年癸酉十二月廿五日
卒光緒六年庚辰十二月初
四日壽六十八子忠三十

常三八 **錦章** 綱六九子生乾隆六十年乙卯閏二月初七日卒道光元年辛巳八
月初六日年二十七娶淇氏絶

常三九 **錦堂** 綱六九子生嘉慶四年己未十月初六日卒咸豐四年甲寅大月十
八日年五十六娶呂氏生嘉慶十一年丙寅十二月初三日卒光緒
三年丁丑九月初二日壽
七十二子忠三一忠三二

常四十 **源三** 綱六九子生嘉慶十年乙丑六月初五日卒闕娶應氏生卒闕

常四一 **源利** 綱六九子生嘉慶十二年丁卯十一月廿一日卒闕年五十外有瘋
病不娶

常四二 **嗷臍** 三三 綱七二子生嘉慶九年甲子十二月廿四日卒闕娶口氏生卒闕忠

常四三 **春泰** 綱八十子生道光十年庚寅四月

常四四 **春華** 綱八十子生道光十七年丁酉□月初七日餘闕

常四五 **□□** 綱八十子生道光□年餘闕兄弟三人俱住溫州

常四六 **城蓮** 綱八二子生道光廿三年癸卯□月□□日娶□氏子忠三四

常四七 **城珠** 綱八二子生道光廿四年甲辰□月□□日娶□氏[illegible]

常四八 **城三** 綱八二子娶□氏兄弟三人俱住蘇州娶□氏生卒均未詳子忠二五

常四九 **常洪** 綱八三子生乾隆三十年乙酉二月初四日卒嘉慶三年戊午八月廿九日年三十四娶劉氏生乾隆四十一年丙申四月廿三日卒闕葬瓦爿灘

常五十 **常春** 綱八三子生乾隆四十一年丙申二月初四日卒道光十年庚寅缺闕年五十五葬瓦爿灘娶□氏絕

常五一 **常慶** 綱八四子生乾隆廿七年壬午十一月十三日卒道光二年壬午十月初二日壽六十一娶錢氏生乾隆四十七年壬寅二月廿五日卒咸豐五年乙卯五月十四日壽七十四葬過橋子忠三六

常五二 **常山** 綱八五子生乾隆四十三年戊戌十月二十日卒道光十四年甲午二月十七日年五十七娶王氏生乾隆五十三年戊申七月廿三日卒咸豐六年丙辰八月二十日壽六十九葬瓦爿灘子忠三七忠三八

常五三 **大富** 綱八六子生乾隆三十年乙酉二月初四日卒嘉慶十五年庚午九月十四日年四十六

常五四 **常順** 綱八八子生乾隆廿八年癸未七月十九日卒道光二年壬午六月十二日壽六十娶洪氏生乾隆三十一年丙戌九月廿七日卒嘉慶十年乙丑四月十九日年四十繼娶胡氏生乾隆廿九年甲申十一月初五日卒嘉慶十七年壬申七月廿一日年四十九葬瓦爿灘子忠三九忠四十忠四一

常五五 **常泰** 綱八八子生乾隆三十八年癸巳九月廿五日卒道光廿九年己酉十一月十二日壽七十七娶嚴氏生乾隆四十三年戊戌八月廿五日卒嘉慶十一年丙寅十一月十九日年二十九繼娶張氏生乾隆四十三年戊戌十一月十七日卒道光十六年丙申六月十七日年五十九葬瓦爿灘子忠四二忠四三忠四四

常五六 **常壽** 綱八九子生正月十二日卒正月初十日壽七十三葬滙底田未娶

常五七 **常福** 綱九一子生卒闕娶連氏生乾隆四十一年丙申正月初六日卒嘉慶廿三年戊寅十二月廿一日年四十三子忠四五

常五八 **常玉** 綱九一子生乾隆五十六年辛亥七月三十日卒道光十四年甲午餘闕年四十四娶馮氏生嘉慶七年壬戌三月廿三日卒道光七年丁亥六月廿七日年二十六葬滙底田

常五九 **常瀾** 綱九三子生乾隆四十六年辛丑十月初二日卒道光廿四年甲辰八月十四日壽六十四娶許氏生嘉慶五年庚申四月初九日卒同

治八年己巳正月初三日壽七十葬金家滙子忠四六

常六十 **常恆** 綱九三子生乾隆四十八年癸卯十月初十日卒道光十九年己亥九月十三日年五十七娶洪氏生嘉慶七年壬戌十月初十日卒道光廿九年己酉十一月十三日年四十八子忠四七

常六一 **士春** 綱九五子

常六二 **士法** 綱九五子兄弟俱未娶而卒

常六三 **常明** 綱九六子生嘉慶十七年壬申九月十七日卒咸豐十年庚申十月初七日年四十九娶莊氏生道光二年壬午正月十七日卒光緒九年癸未二月初四日壽六十二子忠四八

常六四 **寶順** 綱百一子生咸豐三年癸丑十一月十九日卒光緒六年庚辰八月十七日年二十八

常六五 **亞狗** 綱百二子隨母去無查

常六六 **繼盛** 綱百六子生嘉慶八年癸亥五月廿九日卒咸豐九年己未十一月初九日年五十七娶周氏生嘉慶十九年甲戌正月十七日卒同治十一年壬申十二月初三日年五十九子忠四九

常六七 **靜三** 綱百七子生嘉慶十四年己巳四月初一日卒十一月□日聘朱氏生卒闕葬天德菴跟

常六八 **繼榮** 綱百七子生嘉慶廿一年丙子十一月初四日卒闕未娶

常六九 **盛功** 綱百八子生嘉慶廿四年己卯七月廿五日卒咸豐十年庚申正月十九日年四十二葬官田坂娶孔氏絕

常七十 **盛豐** 綱百九子生道光四年甲申五月十二日卒咸豐四年甲寅九月十二日年三十一娶應氏生道光九年己丑三月初七日卒咸豐十年庚申三月初八日年三十二葬應家北首

二十四世 玖一公派

忠一 **炳榮** 常一子生嘉慶三年戊午三月廿二日卒咸豐八年戊午十二月廿一日壽六十一娶胡氏生嘉慶八年癸亥五月十七日卒道光十四年甲午正月十四日年三十二葬若墳邊子恕一

二十四世 玖五公派

忠二 **忠輔** 常四子生光緒十四年戊子七月初三日

忠三 **忠德** 常四子生光緒廿四年戊戌十月廿四日

忠四 **忠朝** 常六子生道光十四年甲午四月廿八日卒同治九年庚午閏十月初五日年三十七娶沈氏生卒闕子恕二

忠五 **忠相** 常七子生道光十七年丁酉十月十六日卒同治十三年甲戌二月初三日年三十八娶□氏子恕三

忠六　忠祥　常九子生光緒元年乙亥七月二十日娶□氏子恕四

忠七　忠良　常十一子生道光三十年庚戌四月廿二日娶洪氏生同治四年乙丑十月十二日卒光緒十一年乙酉六月初五日年二十一繼娶應氏生同治五年丙寅六月十六日

忠八　忠杓　常十一子生咸豐十年庚申正月廿三日卒光緒廿七年辛丑五月十七日年四十娶胡氏生同治八年己巳八月初二日側室勞氏出子恕五勞氏出

忠九　忠仁　常十三子住嵊縣生卒闕娶□氏子恕六恕七

忠十　桂生　常十四子生光緒七年辛巳十二月廿八日

忠十一　忠孚　常十六子生道光四年甲申三月十六日娶姜氏生道光十五年乙未餘闕子如八

忠十二　忠軒　常十六子生道光六年丙戌六月十四日娶周氏生道光廿三年癸卯餘闕子恕九

忠十三　忠基　常十六子生道光十五年乙未七月初九日娶□氏兄弟三人俱住青林渡未詳

忠十四　忠恆　常十七子生嘉慶十七年壬申六月十四日娶南通州金沙場金餘鎮沙氏生道光六年丙戌八月十六日住江北卒俱未詳子恕十

忠十五　忠禮　常二十子生道光二年壬午八月初三日娶南通州東鄉金餘鎮衛氏住江北生卒俱闕子恕十一恕十二恕十三

慈東費氏四修宗譜卷廿五　豐文傳二十　十二　氏宗堂藏

□□□□□□譜□□□　東房玖□公派　□□□□

忠十六　忠惠　常廿二子生道光廿四年甲辰十二月初六日卒光緒廿一年乙未八月初九日年五十二娶洪氏生道光廿五年乙巳十二月廿九日
子恕十四　十五恕

忠十七　忠賢　常廿二子生道光廿七年丁未十二月十一日娶趙氏生咸豐七年丁巳九月十五日子恕十六

忠十八　忠芳　常廿二子生道光三十年庚戌六月初九日

忠十九　忠言　常廿五子生同治六年丁卯六月廿四日娶王氏生光緒元年乙亥正月初十日子恕十七

忠二十　松齡　常廿九子生同治六年丁卯十一月廿五日卒光緒三十年甲辰十月廿二日年三十八歲

忠廿一　春生　常三十子生道光二年壬午九月初十日卒闕

忠廿二　忠珩　常三三子生道光十二年壬辰十月廿八日

忠廿三　忠玢　常三四子生道光十二年壬辰七月十一日娶張氏生道光二十年庚子正月廿三日子恕十八

忠廿四　忠琳　常二四子生道光廿七年丁未十月廿一日娶□氏兄弟三人俱往沙河頭生卒闕子恕十九恕二十恕廿一

忠廿五　忠銜　常三五子生道光七年丁亥二月初四日卒咸豐五年乙卯正月初九日年二十九娶翁氏生道光七年丁亥十一月餘闕子恕廿二

忠廿六　鴻□　常三五子生道光廿三年癸卯三月廿一日卒同治九年庚午八月初九日年二十八

忠廿七　**忠達**　常三六子生道光十四年甲午十二月初七日娶徐氏生道光廿二年壬寅十月二十日卒同治十年辛未二月初七日繼娶邱氏生道光廿八年戊申餘闕側室謝氏生同治四年乙丑十月十三日子恕廿三

忠廿八　**忠渭**　常三六子生道光十八年戊戌十月三十日娶施氏生道光廿六年丙午十月廿三日卒光緒五年己卯五月十八日年三十四繼娶□氏子恕廿四恕廿五恕廿六

忠廿九　**鴻佑**　常三六子生道光廿二年壬寅十二月十三日卒同治七年戊辰三月初六日年二十七

忠三十　**忠衛**　常三七子生道光十四年甲午九月十二日卒光緒元年乙亥十月十二日年四十二娶江北柳氏生道光十八年戊戌九月初六日卒同治四年乙丑三月十一日年二十八繼娶□氏生年闕子恕廿七

忠三一　**忠魁**　常三九子生道光七年丁亥十一月初四日卒咸豐九年己未十月廿九日年三十三娶張氏生道光八年戊子四月廿七日卒咸豐五年乙卯九月初二日年二十八繼娶孫氏生道光廿二年壬寅十二月初六日

忠三二　**鴻才**　忠孝　常三九子娶□氏住江北生年俱闕子恕廿八恕廿九

忠三三　**忠□**　常四二子住蘇州未詳

忠三四　**忠水**　常四六子生同治十三年甲戌六月十八日

忠三五　忠朝　常圖八子生光緒四年戊寅十二月十二日

忠三六　忠良　常五一子生嘉慶九年甲子七月十二日卒咸豐六年丙辰四月廿三日年五十三

忠三七　忠信　常五二子生嘉慶十三年戊辰四月廿一日卒道光廿六年丙午四月初十日年三十九繼娶陳氏絕

忠三八　忠法　常五二子生嘉慶廿五年庚辰七月廿四日卒闕

忠三九　雲龍　常五四子生乾隆五十年乙巳十二月廿二日卒道光十五年乙未八月廿一日年五十一葬剌棚墳礅

忠四十　忠清　常五四子生乾隆五十六年辛亥十月十八日卒道光十三年癸巳五月廿七日年四十三葬剌棚墳礅娶邵氏絕女一

忠四一　忠棣　常五四子生嘉慶八年癸亥正月十六日卒道光十五年乙未五月初八日年三十三葬剌棚墳礅娶姚氏絕

忠四二　忠高　常五五子生嘉慶三年戊午十月十四日卒同治六年丁卯九月十三日壽七十娶劉氏生嘉慶六年辛酉八月廿二日卒光緒十四年戊子十一月十八日壽八十八子恕三十

忠四三　忠貞　常五五子生嘉慶七年壬戌正月十八日卒道光十四年甲午十一月初三日年三十三娶洪氏生卒闕忠四四子恕三一入繼

忠四四　忠奎　常五五子生嘉慶九年甲子九月初五日卒咸豐九年己未五月十五日年五十六娶蕭氏生嘉慶二十年乙亥十月十五日卒光緒廿一年乙未十月初十日子恕三一

恕三二　恕三三　恕三一出繼忠四三

忠四五 **忠賢** 常五七子生嘉慶十二年丁卯十一月十二日卒道光廿八年戊申四月廿九日年四十一

忠四六 **忠芳** 常五九子生道光八年戊子十二月初九日卒光緒元年乙亥二月初六日年四十八娶屯氏生道光廿一年辛丑二月初七日卒光緒十五年己丑十二月初三日年四十九葬金家滙父墳側子恕三四恕三五恕三六

忠四七 **忠才** 常六十子生道光十八年戊戌十二月廿七日

忠四八 **忠佑** 常六三子生咸豐六年丙辰四月廿四日

忠四九 **忠銘** 常六六子生道光廿三年癸卯正月十九日卒光緒十三年丁亥八月初一日年四十五娶[illegible]氏生道光廿七年丁未九月十九日卒同治五年丙寅十一月廿七日年二十繼娶徐氏子恕三七恕三八

二十五世 玖一公派

恕一 **雙有** 忠一子生道光十年庚寅十月初七日娶朱氏生道光十九年己亥九月初八日

二十五世 玖五公派

恕二 **荇楚** 忠四子生同治九年庚午六月初二日娶□氏子元一

恕三 **葆楚** 忠五子生同治十一年癸酉十月初三日卒光緒廿四年戊戌餘闕娶□氏絕

恕四　泉聲　忠六子生光緒廿七年辛丑十二月十七日

恕五　恕麟　忠八子生光緒廿一年乙未五月初二日

恕六　恕□　忠九子

恕七　恕□　忠九子兄弟俱住嵊縣

恕八　恕和　忠十一子生咸豐八年戊午十一月十九日住奇林渡娶□氏絕未詳　子元二元三

恕九　嘉順　忠十二子生光緒二年丙子三月十四日住青林渡

恕十　恕彬　忠十四子生道光三十年庚戌十一月初五日住江北餘未詳

恕十一　恕昌　忠十五子生道光三十年庚戌七月初七日住江北餘未詳

恕十二　恕桂　忠十五子生咸豐四年甲寅餘闕住江北餘未詳

恕十三　恕林　忠十五子生咸豐六年丙辰餘闕住江北餘未詳

恕十四　恕興　忠十六子生同治五年丙寅二月十四日卒光緒十三年丁亥七月十六日年二十二

恕十五　恕德　忠十六子生光緒八年壬午十月十七日

恕十六 **恕發** 忠十七子生光緒五年己卯九月廿六日

恕十七 **恕震** 忠十九子生光緒廿三年丁酉十一月初一日

恕十八 **恕華** 忠廿三子生同治十三年甲戌四月十七日住沙河頭未詳

恕十九 **恕榮** 忠廿四子生同治十二年癸酉八月初八日住沙河頭未詳

恕二十 **小娘** 忠廿四子生光緒十年甲申二月廿五日住沙河頭

恕廿一 **恕恩** 忠廿四子生光緒十七年辛卯七月十五日住沙河頭

恕廿二 **東海** 忠廿五子生道光廿九年己酉十二月初五日娶錢氏住江北于角
鎮子元四元五

恕廿三 **恕連** 忠廿七子生光緒十九年癸巳二月廿三日

恕廿四 **增林** 忠廿八子生同治八年己巳十一月廿八日住江北

恕廿五 **恕恩** 忠廿八子生同治十三年甲戌九月廿九日住江北

恕廿六 **根興** 忠廿八子生光緒十六年庚寅十月三十日住江北

恕廿七 **阿六** 忠三十子生同治十一年壬申三月二十日娶口氏改適繼娶口氏
住江北未詳

恕廿 恕□揆 忠三二子生光緒四年戊寅六月廿九日娶張氏生光緒六年庚辰十月廿
八 九日卒光緒廿七年辛丑十一月廿七日並廿二繼娶李氏生光緒十年甲申五月十八日
恕廿 恕□ 忠三二子兄弟俱住江北未詳
九
恕三 鳳鳴 忠四二子生道光六年丙戌十一月三十日卒咸豐十一年辛酉八
十 月初六日年三十六娶徐氏生道光九年己丑五月十七日卒光緒
廿三年丁酉十二月廿三日
壽六十七子元六元七元八
恕三 鶴鳴 忠四三子生道光十四年甲午六月初九日卒光緒十一年乙酉二
一 月二十日年五十二娶蘇州吳縣陸氏生道光二十年庚子八月十
三日子元九
元十元十一
恕三 鹿鳴 忠四四子生道光廿二年壬寅正月十三日
二
恕三 在鳴 忠四四子生道光廿六年丙午八月十三日兄弟俱住蘇州娶氏未
三 詳
恕三 恕堂 忠四六子生咸豐八年戊午十月二十日娶蘇氏生同治六年丁卯
四 十一月廿五日子元十二
恕三 恕順 忠四六子生同治二年癸亥十月十五日卒光緒廿二年丙申十一
五 月廿五日年三十四娶龔氏生同治十三年甲戌餘嗣子元十三
恕三 恕慶 忠四六子生同治十年辛未十月廿六日
六
恕才、五 恕德 忠四九子生同治十二年壬申十月初一日住江北

恕三八 麟德 忠四九子生光緒二年丙子十月十八日住江北

二十六世

元一 榮貴 恕二子生光緒十九年癸巳九月十一日

元二 有發 恕八子生光緒十五年己丑二月十二日

元三 永林 恕八子生光緒十八年壬辰七月十八日

元四 雨清 恕廿二子生光緒元年乙亥十月初一日娶□氏住江北未詳

元五 雨林 恕廿二子生光緒四年戊寅五月十六日娶鄞縣柴氏生光緒十三年丁亥五月廿九日

元六 寶生 恕三十子生咸豐三年癸丑二月二十日卒光緒廿□年餘闕娶蔡氏生同治七年戊辰十二月十二日側室□氏生年餘闕子貞一貞二

元七 寶源 恕三十子生咸豐五年乙卯正月十五日娶王氏生同治十一年壬申三月餘闕子貞四貞五

元八 寶珍 恕三十子生咸豐七年丁巳閏五月初四日娶□氏生年闕子貞六貞七

元九 來順 恕三一子生同治元年壬戌八月廿三日卒光緒十一年乙酉八月初五日年二十四

元十 富順 恕三一子生同治七年戊辰八月十二日娶陸氏生光緒六年庚辰十二月初十日子貞八

元十一　貴顯　懋三一子生同治十年辛未正月初七日娶徐氏生光緒七年辛巳五月初十日

元十二　元富　懋三四子生光緒十九年癸巳八月廿二日

元十三　元榮　懋三五子生光緒十九年癸巳十一月廿六日

二十七世

貞一　貞豪　元六子生光緒廿三年丁酉三月廿四日

貞二　瑞章　元六子生光緒廿五年己亥三月初六日

貞三　貞裕　元七子生光緒十三年丁亥九月初二日

貞四　裕章　元七子生光緒廿五年己亥九月十五日

貞五　裕水　元七子生光緒三十年甲辰正月初二日

貞六　春生　元八子生光緒十七年辛卯正月初四日

貞七　春生　元八子生光緒二十年甲午正月初三日

貞八　春發　元十子生光緒廿六年庚子[illegible]月初六日

慈東費氏四修宗譜卷廿六

世次傳廿一

十世 中房

中一 居正 玖二子娶本都蘇氏生卒俱闕葬靈山謝家嶴竹篺坤今呼蛤蟆山益三壇邊子岳一岳二女適府城張節

中二 居寬 玖二子生洪武八年乙卯四月初九日卒永樂十七年己亥三月初六日年四十五娶三都徐氏生卒闕葬保國寺山子岳三岳四女長適十三都裘□次適鳳浦錢宗四

中三 居廣 玖二子生洪武十年丁巳八月十五日卒宣德二年丁未十一月初一日年五十一娶鄞邑陳氏生卒闕葬靈山祖墳邊子岳五岳六岳七女長適本縣張暄次適鄞錫才

中四 中□ 玖二子生武洪二十年丁卯五月十六日卒永樂十七年己亥二月十八日年三十三娶邵氏生卒闕葬蛤蟆山祖墳邊子岳八

十一世

岳一 伯昂 中一子生洪武廿一年戊辰九月廿七日卒景泰四年癸酉二月廿四日壽六十六娶府城馮氏 敕封孺人側室□氏生卒俱闕葬北京安定門外土城下子仍一仍二仍三女適松浦柴側室出

岳二 勗 中一子生洪武三十一年戊寅九月廿七日卒成化七年辛卯八月廿七日壽七十四娶奉化唐嶴江氏生卒闕

岳三 昇 中二子生永樂七年己丑二月初十日卒成化十七年辛丑六月三十日壽七十三娶定海邱洋邱氏生卒闕葬西岸子仍四仍五仍六女適慈浦方志

岳四 晟 中二子生永樂十一年癸巳十二月初三日卒成化十九年癸卯餘闕壽七十一娶定海□氏繼娶本都余氏生卒俱闕葬錢家橋下土名□□子仍七陳氏出仍八余氏出

女適定海跳頭黃陳氏出

岳五 昱 中三子生洪武三十一年戊寅五月十四日卒成化二年丙戌八月十七日壽六十九娶定海邱洋王氏生卒闕葬□家汫南子仍九仍十女適蘇

六 昊 中三子生建文元年己卯三月十二日卒景泰六年乙亥十二月餘闕年五十七娶□氏生卒闕葬祖□灣

七 昌 三子生永樂七年己丑十月十四日卒成化十五年己亥四月初五日壽七十一娶定海陳氏生卒闕葬□□地子仍十一 十二 十三仍十五 十四

八 曷 中四子生永樂十年壬辰九月初八日卒成化十三年丁酉六月廿四日壽六十六娶□林□氏生卒闕葬□塡灣子 十六 十七

十二世

仍一 璨 岳一子生永樂十八年庚子三月廿六日卒弘治三年甲寅十一月廿七日壽七十一娶□□□縣羅□公女□封安人□□宜人生卒闕

葬北京土城［illegible］子涓一［illegible］涓三［illegible］進士十禾次封御史王衍三適監生倬巽

仍二 珏 岳一子娶門氏生卒俱闕子涓四

仍三 玭 岳一子生宣德八年癸丑十二月十三日卒闕娶張氏生卒闕子涓五涓六涓七涓八女適北京唐

仍四 斗 岳三子生正統三年戊午四月餘闕卒正德三年戊辰餘闕壽七十一娶本縣戚氏生卒闕葬靈山祖墳邊子涓九涓十涓十一涓九出家永明寺

仍五 定華 岳三子生正統六年辛酉閏十一月餘闕卒嘉靖八年己丑八月廿五日壽八十九娶定海錢氏葬於西岸子涓十二涓十三涓十四涓十五

仍六 璋 岳三子生正統十二年丁卯十二月廿九日卒正德五年庚午二月二十日壽六十四娶八都童氏繼娶本高張氏生卒俱闕葬錢家三畝子涓十六涓十七童氏出涓十八女適定海金家嶴金張氏出

仍七 瑞 岳四子生正統十一年丙寅正月廿一日卒正德十年乙亥八月廿九日壽七十娶鄞縣張氏生卒闕葬錢家三畝子涓十九涓二十

仍八 珂 岳四子生天順六年壬午十一月廿三日卒嘉靖十年辛卯六月初八日壽七十娶本縣鄭氏側室傅氏生卒俱闕葬錢家三畝子涓廿一女長適四都孔常七次適蘇三［illegible］董

仍九 琳 岳五子生宣德五年庚戌十月廿二日卒正德二年丁卯閏正月初一日壽七十八娶本都邵氏側室張氏生卒俱闕葬陶家橋下子涓廿二涓廿

三涓廿四俱邵氏出涓廿五涓

廿六張氏出女適裘邵氏出

仍十十 瑆 岳五子生正統二年丁巳正月初九日卒宏治十七年甲子十月廿九日

壽六十八娶西管六都施氏側室沈氏生卒俱闕葬靈山祖塋[illegible]子涓廿

七涓廿八俱沈氏出

女適本都蘇施氏出

仍十一 行同 岳七子生卒葬娶俱闕

仍十二 行同 岳七子生卒葬娶俱闕

仍十三 仍十四 岳七子生卒葬娶俱闕

仍十四 山 岳七子生景泰二年辛未十一月初一日卒嘉靖八年己丑七月廿一

日壽七十九娶寧海裘氏、卒[illegible]葬[illegible]塋子涓廿九涓三十涓三一

仍十五 仍二十 岳七子生卒葬娶俱闕

仍十六 瑄 岳八子生正統十四年己巳七月廿[illegible]日卒宏治十八年乙丑七月廿

七日年五十七娶[illegible]縣林氏[illegible]寧海[illegible]氏生卒俱闕葬靈山祖塋邊

子涓三二[illegible]氏出女

適杜家橋方[illegible]氏出

仍十七 仍十六 岳八子生卒[illegible]娶俱闕

十三世

涓一 鎧 仍一子生景泰六年乙亥三月十八日卒正德三年戊辰二月初四日年五十四娶本縣□□□氏生卒闕葬安定鄉外土墩下子順一順二順三

涓二 鐀 仍一子娶常氏生卒俱闕子順四

涓三 欽 仍一子娶李氏生卒俱闕子順五

涓四 京十 仍二子生卒葬娶俱闕

涓五 鉽 仍三子娶□氏生卒俱闕

涓六 鐸 仍三子娶常氏生卒俱闕

涓七 鉞 仍三子娶孫氏生卒俱闕子順六

涓八 銓 仍三子娶□氏生卒俱闕子順七順八

涓九 鏈 仍四子生天順八年甲申六月初七日卒嘉靖七年戊子八月十九日壽六十五娶定海章氏生卒闕葬□墳子順□女適本縣蘇

涓十 鏐 生成化四年戊子十月廿四日卒嘉靖七年戊子六月初三日壽六十一娶陳氏生卒闕葬□□子順十

涓十一 鎔 仍四子生成化十二年丙申五月初五日卒闕娶定海金家嶴金氏生卒闕子順十一

消十二　鐩　仍五子生成化八年壬辰六月廿五日卒嘉靖二年癸未十月十二日娶三都徐氏生□卒嘉靖八年己丑八月十九日葬新墳子順十二

消十三　鐳　仍五子生成化八年壬辰六月廿[illegible]日卒正德十二年丁丑十月廿九日年四十六娶五都鮑氏繼娶馬氏生卒俱闕葬新墳子順十三女適定海鄭

消十四　鏜　仍五子生成化十五年己亥[illegible]月廿一日卒嘉靖十年辛卯五月廿五日年五十三娶本縣張氏[illegible]卒[illegible]橋新[illegible]子順十四順十五

消十五　鏓　仍五子生宏治二年己酉二月廿一日卒嘉靖[illegible]年丙戌四月十三日年三十八娶定海[illegible]橋貝氏[illegible]氏生卒俱闕葬新墳子順十六蘇氏出

消十六　鎖　仍六子生成化十二年丙申七月十五日卒嘉靖六年丁亥六月廿二日年五十二娶龜家團施氏生卒[illegible]錢家橋下三畝子順十七女適七都曹

消十七　鍾　仍六子生成化十三年丁酉十[illegible]初九日卒正德五年庚午十月十九日年三十四娶本縣[illegible]氏生卒[illegible]錢家[illegible]下三畝子順十八

消十八　錫　仍六子生宏治十五年壬[illegible]正月廿[illegible]日卒嘉靖三十六年丁巳[illegible]月廿[illegible]日年五十六娶孔氏[illegible]家[illegible]下三畝子順十九順二十順廿一

消十[illegible]　[illegible]　仍七子生宏治三年庚戌二月三十日卒闕

涓二十　**涓三一**　仍七子生弘治六年癸丑二月十五日卒闕娶莊氏生卒闕子順廿一順廿二女適二都周

鉳　仍八子生正德十一年丙子八月初八日卒闕娶邵氏生卒闕子順廿三女適九都朱

劍　仍九子生景泰元年庚午正月十五卒正德十六年辛巳七月初六日壽七十二娶定海陸氏生卒闕葬□□嶺子順廿四女適一都周

鑌　仍九子生景泰三年壬申九月十五日卒弘治八年乙卯六月廿七日年四十四娶鄞縣袁氏生卒闕葬新興茶園子順廿五順廿六

鎭　仍九子生天順八年甲申正月初一日卒嘉靖十一年壬辰十二月三十壽六十九娶定海靈緒一都湖氏繼娶劉氏生卒俱闕葬定海靈緒斗門山子順廿七順廿八順廿九順三十女長適獅公山華次適杜家橋方俱潘氏出

鏞　仍九子生弘治九年丙辰九月三十日卒嘉靖廿七年戊申六月十二日年五十三娶本園蘇氏生闕卒嘉靖廿七年戊申六月餘闕葬龍舌山子順三一順三二女適毛家橋朱

鐔　仍九子生弘治十一年戊午六月廿二日卒闕葬新墳娶四都童氏生卒闕葬新墳子順三三

金　仍十子生成化廿三年丁未十月廿二日卒闕

涓三二　仍十子生卒闕

鐗　仍十四子生成化十七年辛丑七月十八日卒嘉靖廿三年甲辰八月初九日壽六十四娶本縣洪氏生卒闕葬□家前地祖墳傍子順三四

仍三寸 涓廿九 仍十四子生卒闕

渭三一 鉼 仍十四子生宏治十七年甲子□月十九日卒嘉靖十五年丙申九月十二日年三十三娶周氏生卒闕葬新墳子順三五順三六

渭三二 鐏七 仍十六子生宏治元年戊申六月十二日卒闕娶□氏生卒闕子順三

十四世

順一 淵 鉼一子生成化十四年戊戌十一月廿九日卒嘉靖廿三年甲辰七月廿四日壽六十六娶北京李氏繼娶句氏生卒俱闕葬北京土城下順二子富一入繼女適田

尚書條庠句出氏

順二 沐 鉼二子生宏治四年辛亥七月十六日卒闕娶固安劉氏繼娶王氏生卒俱闕子富一富二富一出繼順一

順三 泗 鉼二子生宏治八年乙卯十二月廿六日卒闕娶北京河東趙氏生卒闕子富三富四女適北京唐

順四 澄 鉼二子娶沈氏生卒俱闕子富五富六富七富八

順五 漢 鉼三子生正德元年丙寅十一月廿一日卒嘉靖廿二年癸卯六月十九日年三十八娶□氏生卒闕葬安定門外土城下子□九

順六 順十二 □九子生宏治六年癸丑十二月二十日卒闕

順七 □廿九 □十子娶鄭□□氏生卒俱闕葬□□□子富十一富十二富十三富十四富十五富十六富十七富十八

順八　順十九　涓十一子生正德元年丙寅二月十四日卒闕娶口氏生卒闕順十七子富十五入繼

順九　沼　涓十二子生正德元年丙寅二月十九日卒闕

順十　沛　涓十三子生正德二年丁卯四月初五日卒嘉靖廿三年甲辰八月初十日年四十七娶鄒氏生卒闕子富十六

順十一　澤　涓十四子生正德二年丁卯五月初三日卒闕娶應氏生卒闕子富十七富十八富十九富十九出繼順十三

順十二　順廿八　涓十四子生卒闕

順十三　順三五　涓十五子娶山氏生卒俱闕順十一子富十九入繼

順十四　順十七　涓十六子生卒闕

順十五　汾　涓十七子生宏治九年丙辰十月十八日卒闕娶魯氏生卒闕子富二十富廿一富廿二富廿三女適十三都洪

順十六　順四二　涓十八子娶口氏生卒俱闕子富廿四

順十七　順四九　涓十八子生卒闕

順十八　順五一　涓十八子娶口氏生卒俱闕子富廿五富廿六富廿七

順十九　順四一　涓二十子生卒闕

[illegible]　中房玖二公派

順二十　順五四　涓廿一子生嘉靖三十年辛亥十月十三日卒闕娶口氏生卒闕子富廿八富廿九

順廿一　順九　涓廿二子生宏治元年戊申十月廿四日卒闕娶定海張氏生卒闕子富三十富三一富三二女適本都二啚余

順廿二　麒　涓廿三子生成化十八年壬寅七月初一日卒嘉靖三十三年甲寅正月十七日壽七十二娶汪氏繼娶謝氏生卒俱闕葬祖墳邊子富三三富三四女長適都庠生次適應俱謝氏出

順廿三　濡　涓廿三子生宏治三年庚戌九月初四日卒闕娶張氏繼娶定海曹氏生卒俱闕子富三五富三六女長適廿七都陳次適五都邵

順廿四　順七　涓廿四子生成化廿三年丁未十一月三十日卒闕娶定海鄭氏生卒闕子富三八富三九女長適[illegible]王次適本縣陳三濟定海張

順廿五　深　涓廿四子生宏治二年己酉二月十三日卒嘉靖三十五年丙辰八月廿八日壽六十七娶湯氏生卒闕葬新墳子富四十富四一女長適蘇次適王季適張

順廿六　淞　涓廿四子生宏治九年丙辰八月十三日卒闕娶定海戴氏生卒闕子富四二富四三女長適本都五啚分淵、未詳

順廿七　譜　涓廿四子生宏治十三年庚申九月初八日卒嘉靖十七年戊戌八月初九日年三十九娶曹氏生卒闕葬[illegible]子富四四富四五

順廿八　順三七　涓廿五子生嘉靖二年癸未正月十一日卒萬曆五年丁丑九月十二日年五十五娶力氏生卒闕葬新墳子富四六女適九都李

順廿九　順四十　涓廿五子生卒闕

順三十 順三八 涓廿六子生嘉靖三年甲申[illegible]月十八日卒闕

順三一 文榮 涓廿九子生正德六年辛未八月初六日卒闕娶陳氏生卒闕

順三二 順四四 涓三一子娶□氏生卒俱闕子富四七

順三三 順四八 涓三一子生卒闕

順三四 順□ 涓三二子生卒闕

十五世

富一 標 順一子生嘉靖元年壬午八月初四日卒萬曆十一年癸未三月十六日壽六十二娶武清縣張氏 誥封宜人繼娶大興縣許氏 誥封宜人三娶永甯縣馮氏四娶李氏生卒俱闕葬安定門外祖墳邊有墓表子貴一貴二貴三許氏出

富二 桂 順二子生嘉靖六年丁亥九月初九日卒闕娶大興縣沈氏 敕封孺人生嘉靖七年戊子二月廿六日卒闕子貴四貴五貴六貴七貴八貴九貴十女二適未詳

富三 桐 順三子生嘉靖元年壬午十一月十二日卒闕娶山東張氏生卒闕葬土城下祖墳邊子貴十一貴十二貴十三

富四 棟 順三子生嘉靖廿六年丁未十一月十六日卒闕娶□氏生卒闕子貴十四

富五　樸　順四子娶劉氏生卒俱闕子貴十五貴十六

富六　柯　順四子娶口氏生卒俱闕子貴十七

富七　相　順四子娶北京馬氏生卒俱闕子貴十八

富八　楫　順四子娶北京倪氏生卒俱闕子貴十九

富九　格　順五子生嘉靖八年己丑二月十七日卒闕娶張氏生卒闕

富十　樹　先世未詳生嘉靖三十一年壬子七月初四日卒闕娶北京劉氏生卒闕

富十一　樟　先世未詳生嘉靖三十一年壬子七月初四日卒闕

富十二　富三七　順七子生卒闕

富十三　富四五　順七子生嘉靖四十三年甲子餘闕

富十四　富四八　順七子生卒闕

富十五　富四一　順八子生嘉靖三十九年庚申四月初五日卒闕

富十六　槐　順十子生嘉靖十七年戊戌八月十四日卒闕娶本縣十三都一舒裘氏生卒闕子貴二十女適坊隅

富十七 富三一 順十七子生嘉靖十七年戊戌餘闕娶□氏生卒闕子貴廿一

富十八 富三五 順十一子生嘉靖餘闕

富十九 富三四 順十三子生嘉靖廿五年丙午八月初八日卒闕娶定海曹氏生卒闕子貴廿二貴廿三貴廿四貴廿五

富二十 檜 順十五子生正德十五年庚辰十二月初十日卒闕娶錢氏生卒闕

富廿一 標 順十五子生嘉靖七年戊子十二月初八日卒闕娶本縣沈氏生卒闕葬龍舌山子貴廿六貴廿七

富廿二 杞 順十五子生嘉靖十年辛卯閏六月初七日卒闕娶本都二啚邵氏生卒闕子貴廿八貴廿九貴三十

富廿三 桯 順十五子生嘉靖十九年庚子十二月廿三日卒闕娶□氏生卒闕子貴三一

富廿四 林 順十六子生嘉靖三十八年己未六月初五日卒闕娶本都上一啚潘氏生卒闕

富廿五 富四九 順十八子生萬歷三年乙亥七月十七日卒闕

富廿六 富五三 順十八子生萬歷九年辛巳二月十二日卒闕

富廿七 富五四 順十八子生萬歷十一年癸未九月十七日卒闕

富廿八 富五十 順二十子生萬歷四年丙子十月初九日卒闕

富廿九　富五五　順二十子生卒闕

富三十　梧　順廿一子生宏治十八年乙丑十一月初九日卒闕娶定海曹氏生卒
闕子貴三二貴三四貴三四出繼富三四女適杜家橋方

富三一　樽　順廿一子生正德四年己巳八月十二日卒闕娶本縣鄖氏繼娶余氏
生卒俱闕子貴三三女適一都一啚呂余氏出

富三二　松　順廿一子生正德十五年庚辰六月廿九日卒萬歷□年餘闕娶張氏
生卒闕富三二子貴三四入繼女適本都蘇

富三三　相　順廿二子生宏治十五年壬戌閏四月廿五日卒隆慶六年壬申十月
十六日壽七十一娶三都翁氏生卒闕葬龍舌山子貴三五貴三六貴
三七貴三八貴三九貴四十女長
適坊隅沈子龍次適廿二都孫

富三四　杯　順廿二子生正德十六年辛巳正月廿六日卒闕娶定海曹氏生卒闕
子貴四一貴四二貴四三出與長石[illegible]廿一房爲子

富三五　極　順廿三子生正德八年癸酉五月廿八日卒闕娶定海王氏繼娶唐氏
生卒俱闕葬龍舌山子貴四四貴四五

富三六　棒　順廿三子生正德十三年戊寅七月初三日卒闕娶四都任氏生卒闕
子貴四六女長適三都三啚徐次適六都三啚趙

富三七　小一　先世未詳生萬歷□年餘闕卒順治二年乙酉餘闕娶□氏生萬歷
廿四年丙申餘闕卒順治十一年甲午餘闕年五十九子貴四七貴
四八貴
四九

富三八　來　順廿四子生正德十四年己卯八月十七日卒闕娶六都二啚邵氏生
卒闕子貴五十貴五一貴五二貴五三女適本區廿五都朱

富三九　楨　順廿四子生嘉靖八年己丑□月廿六日卒闕娶定海□氏繼娶□氏生卒俱闕子貴五□貴五□貴六六貴五七貴五八女適本都三啚介俱胡氏出

富四十　欄　順廿五子生正德十三年戊寅九月十九日卒萬歷十八年庚寅四月初六日壽七十三娶定海靈緒一啚婁氏生卒闕葬新塡子貴五九女長適坊隅陳□適坊隅□三適坊隅辛

富四一　富廿五　順廿五子生嘉靖八年己丑七月十一日卒萬歷十六年戊子七月餘闕壽六十娶本都張氏生卒闕子貴大十貴六一貴六二女長適定海陳□適戴

富四二　林　順廿六子生正德十二年丁丑八月初三日卒闕娶定海余氏生卒闕子貴六三女長適坊隅劉□□都三啚鄭

富四三　桓　順廿六子生正德十六年辛巳十二月初九日卒萬歷八年庚辰十一月廿四日壽六十娶鄞縣項氏生卒闕葬陶家橋下祖墳邊子貴六四貴六五

富四四　富廿二　順廿七子住定海馬墺街生卒闕

富四五　富廿九　順廿七子生嘉靖十三年甲午正月廿六日卒闕

富四六　啓　順廿八子生嘉靖四十二年癸亥十二月初九日卒闕娶□氏生卒闕子貴六六貴六七

富四七 富五一 順三二子生萬曆四年丙子十二月廿七日卒闕

十六世

貴一 恪然 富一子生嘉靖三十八年己未三月初三日卒闕娶北京黃氏繼娶李氏生卒俱闕

貴二 恂然 富　子生嘉靖四十三年甲子正月十六日卒闕娶北京劉氏生卒闕

貴三 慊然 富一子生卒闕

貴四 廊然 富二子生卒闕

貴五 泰然 富二子生嘉靖四十四年乙丑四月十五日卒闕

貴六 雍然 富二子生嘉靖四十四年乙丑十一月初六日卒闕娶大興縣李氏生卒闕

貴七 充然 富二子生隆慶元年丁卯十二月初八日卒闕娶北京[illegible]氏生卒闕

貴八 文然 富二子生萬曆二年甲戌五月十四日卒闕娶北京邵氏生卒闕

貴九 彥然 富二子生萬曆四年丙子十二月初一日卒闕

貴十 廉 富二子生卒闕

貴十一　時然　富三子生嘉靖三十八年己未　餘闕

貴十二　照然　富三子生卒闕

貴十三　曄然　富三子生卒闕

貴十四　貴四六　富四子生卒闕

貴十五　煬　富五子生卒闕

貴十六　嶶　富五子生卒闕

貴十七　烶　富六子生卒闕

貴十八　炳　富七子生卒闕

貴十九　焯　富八子生卒闕

貴二十　貴八四　富十六子生卒闕

貴廿一　貴六一　富十七子生卒闕

貴廿二　貴五一　富十九子生萬歷　年餘闕

貴廿三　貴五三　富十九子生萬歷四年丙子七月初六日卒闕

貴廿四　貴五七　富十九子生卒闕

貴廿五　貴六十　富十九子生卒闕

貴廿六　貴三三　富廿一子生嘉靖四十四年乙丑四月十五日卒闕

貴廿七　貴四二　富廿一子生隆慶四年庚午四月廿九日卒闕

貴廿八　孟煌　富廿二子生隆慶三年乙巳十一月廿五日卒闕

貴廿九　貴五五　富廿二子生萬曆五年丁丑十月十一日卒闕

貴三十　貴五八　富廿二子生卒闕

貴三一　貴四四　富廿三子生隆慶四年庚午十一月廿五日卒闕

貴三二　貴四　富三十子生嘉靖十五年丙申八月十三日卒闕

貴三三　貴十五　富三一子生嘉靖三十一年壬子十月初五日卒闕娶本縣余氏生卒闕子恒一

貴三四　貴六　富三二子生卒闕

貴三五　文秀　富三三子生嘉靖九年庚寅三月初一日卒闕娶本縣十九都李氏生卒闕葬北京

貴三六　貴三　富三三子生嘉靖十二年癸巳閏月十三日卒闕娶本縣二都沈氏生卒闕子恆二女長適本縣十二都[illegible]次未詳

貴三七　貴五　富三三子生嘉靖十六年丁酉三月初四日卒闕娶定海王氏生卒闕

貴三八　貴七　富三三子生嘉靖十八年己亥九月廿六日卒闕娶定海白沙陳氏生卒闕

貴三九　焯　富三三子生嘉靖二十年辛丑十一月十九日卒闕娶本縣四都四畨姚氏側室□氏生卒俱闕子恆三姚氏出恆四側室出

貴四十　貴十三　富三三子生嘉靖三十一年壬子五月二十日卒闕

貴四一　貴十二　富三四子生卒闕

貴四二　貴十四　富三四子生卒闕

貴四三　貴廿五　富三四子出與長石橋王廿一房爲子生嘉靖四十年辛酉餘闕娶本縣陳氏生卒闕子恆五

貴四四　熙　富三五子生嘉靖廿四年乙巳八月十八日卒闕

貴四五　貴廿三　富三五子生嘉靖三十七年戊午二月十五日卒闕

貴四六　貴廿二　富三六子生嘉靖三十六年丁巳二月廿九日卒闕娶鄞縣楊氏生卒闕

貴四七 **恭貴** 富三七子生卒闕娶張氏生天啓七年丁卯七月初五日卒康熙三十年辛未四月初八日壽六十五子恆六恆七恆八

貴四八 **艮宗** 富三七子生卒闕

貴四九 **艮茂** 富三七子生卒闕

貴五十 **熺** 富三八子生嘉靖三十八年己未正月廿一日卒闕

貴五一 **熄** 富三八子生嘉靖四十一年壬戌二月初二日卒闕

貴五二 **貴三八** 富三八子生嘉靖四十五年丙寅三月初六日卒闕兄弟三人俱居蟹浦另詳遷徙譜

貴五三 **貴四九** 富三八子生萬曆二年甲戌九月廿六日卒闕居岱山另詳遷徙譜

貴五四 **貴三五** 富三九子生嘉靖四十三年甲子四月十五日卒四月初七日娶沈氏生嘉靖四十四年乙丑二月廿二日卒萬曆四十四年丙辰四月初七日年五十二子九十十一

貴五五 **孟英** 富三九子生嘉靖四十四年乙丑十一月廿二日卒闕娶定海縣緒三都金氏生嘉靖四十四年乙丑十月十三日卒萬曆四十年壬子十月初三日年四十八子恆十三

貴五六 **孟熹** 富三九子生隆慶五年辛未八月初七日卒闕

貴五七 貴五十 富三九子生卒闕

貴五八 貴五九 富三九子生卒闕

貴五九 灼 富四十子生嘉靖廿六年丁未三月初四日卒闕娶本縣五都邵氏生卒闕

貴六十 燧 富四一子生嘉靖三十五年丙辰二月廿二日卒闕娶定海張氏生卒闕

貴六一 貴三十 富四一子生嘉靖四十二年癸亥十月十二日卒闕

貴六二 貴五二 富四一子生萬歷四年丙子五月初七日卒闕

貴六三 貴四十 富四二子生隆慶元年丁卯十二月三十日卒闕

貴六四 貴四八 富四二子生萬歷二年甲戌七月十七日卒闕

貴六五 貴五六 富四二子生卒闕

貴六六 貴□ 富四六子娶□氏生卒俱闕子恒十四

貴六七 貴□ 富四六子娶□氏生卒俱闕子恒十五

十七世

恒一　怡六　貴三三子生卒闕

恒二　恒一　貴三六子生隆慶二年戊辰十二月二十日卒闕

恒三　恒十七　貴三九子生卒闕

恒四　恒□　貴三九子生卒闕

恒五　行同　貴四三子居長石橋王廿一房生卒闕

恒六　國相　貴四七子生順治十五年戊戌三月廿八日卒乾隆九年庚申七月初二日壽八十三娶邵氏生康熙十□年辛亥二月廿七日卒乾隆九年甲子五月十四日壽七十四子能一能二

恒七　國宰　貴四七子生順治十八年辛丑十一月十三日卒康熙五十一年壬辰五月十三日年五十二娶陳氏生康熙十三年甲寅餘闕卒乾隆九年甲子二月廿七日壽七十一子能三能四

恒八　國佐　貴四七子生康熙三年甲辰十□月廿八日卒乾隆元年丙辰七月廿五日壽七十三娶陶氏生康熙十七年戊午二月十九日卒乾隆元年丙辰三月初二日年五十九葬犀洲朝南子能五六□七能八□□

恒九　□圭　貴五四子生卒闕

恆十 之璋 貴五四子生卒闕

恆十一 完 貴五四子生萬曆三十七年己酉二月二十日卒順治十一年甲午十一月十二日年四十六娶胡氏生七月初六日卒丁月廿七日子能十能十一能十二能十三

恆十二 之瓊 貴五四子生卒闕

恆十三 恆十一 貴五五子生卒闕

恆十四 恆□ 貴六六子娶□氏生卒俱闕子能十四

恆十五 恆□ 貴六六子娶□氏生卒俱闕子能十五

十八世

能一 能文 恆大子生康熙三十六年丁丑十月廿五日卒乾隆三十五年庚寅正月初一日壽七十四娶黃氏生康熙三十二年癸酉十一月廿二日卒乾隆廿六年辛巳九月初二日壽六十九葬滙裏子清一清二清三清四

能二 能元 恆六子生康熙四十一年壬午四月十九日卒乾隆三十年乙酉八月廿二日壽六十四娶嚴氏生康熙四十一年壬午十一月廿九日卒乾隆四十年乙未四月十七日壽七十四葬滙裏子清五清六清七

能三 **能武** 恒七子生康熙四十年辛巳正月初九日卒雍正六年戊申五月十五日年二十八娶陸氏生康熙四十一年壬午九月十八日卒乾隆三十四年戊子正月初八日壽六十七葬清節庵後子清八

能四 **能禮** 恒七子生康熙四十九年庚寅正月初二日卒乾隆四十四年己亥九月初一日壽七十娶陳氏生康熙五十六年丁酉二月初九日卒乾隆六年辛酉八月十二日年二十五繼娶吳氏生雍正元年癸卯九月初一日卒嘉慶十年乙丑十二月初六日壽八十三葬滙裏子清九清十俱吳氏出

能五 **能愷** 恒八子生康熙四十一年壬午八月初七日卒乾隆三十六年辛卯五月十四日壽七十娶陳氏生康熙四十三年甲申九月十三日卒乾隆廿九年甲申十一月十六日壽六十一子清十一清十二

能六 **能埠** 恒八子生康熙四十四年乙酉十月初三日卒乾隆四十四年己亥十二月廿七日壽七十五娶嚴氏生康熙四十七年戊子八月初五日卒乾隆四十八年癸卯十一月廿九日壽七十六子清十三清十四

能七 **能臣** 恒八子生卒闕娶穆氏生十一月初三日卒八月初六日

能八 **能讓** 恒八子生康熙四十七年戊子正月初四日卒乾隆五十八年癸丑十月初五日壽八十六娶嵇氏生康熙四十八年己丑十一月十四日卒乾隆五十一年丙午八月廿六日壽七十八葬橫河朝西南子清十五清十六清十七

能九 **能貴**　恒八子生康熙五十四年乙未十一月初七日卒乾隆四十九年甲辰九月初六日壽七十娶邵氏生康熙六十一年壬寅正月初二日卒乾隆五十年乙巳九月廿七日壽六十四子清十八清十九清二十

能十 **一本**　恒十一子住天德橋跟生崇禎十二年己卯六月十九日卒康熙廿四年乙丑十一月初六日年四十七娶曹氏生順治三年丙戌八月廿二日卒康熙四年乙巳十一月十四日年二十繼娶屠氏生四月十七日卒八月十八日三娶潘氏生順治六年己丑二月廿二日卒雍正五年丁未七月廿四日壽七十九葬斗摃灘子清廿一

能十一 **一添**　恒十一子生崇禎十六年癸未七月十八日卒康熙三十五年丁丑七月廿九日年五十五娶呂氏生順治十八年辛丑九月廿七日卒乾隆二年丁巳十二月初九日壽七十七子清廿二清廿三清廿四清廿五

能十二 **一新**　恒十一子娶□氏生卒俱闕子清廿六

能十三 **一道**　恒十一子生七月十九日卒六月初六日娶陳氏生康熙三年甲辰四月初五日卒乾隆五年庚申九月初八日壽七十七葬瓦缸匯子清廿七清廿八清廿九

能十四 **能□**　恒十四子娶□氏生卒俱闕子清三十

能十五 **能□**　恒十五子娶□氏生卒俱闕子清三一

十九世

一 清臣（濟） 能一子生康熙五十三年甲午十二月十一日卒乾隆卌二年丁亥七月初二日年五十四娶朱氏生雍正二年甲辰十月十七日卒乾隆四十九年甲辰五月廿四日壽六十一子愼一愼二

二 清一 能一子生康熙五十八年己亥七月初七日卒乾隆五十七年壬子五月初五日壽七十四娶潘氏生雍正十[illegible]年壬子五月初二日卒嘉慶四年己未十月初三日壽六十八子愼三愼四

三 清揚 能一子生雍正七年己酉五月廿三日卒乾隆五十六年辛亥八月廿一日壽六十三娶□氏生卒闕子愼五

四 清遠 能一子生雍正九年辛亥九月廿九日卒乾隆廿三年戊寅五月初六日年二十八娶□氏生卒闕子愼六

五 清賢 能二子生雍正五年丁未十一月初一日卒乾隆五十年乙巳五月廿九日年五十九娶王氏生乾隆二年丁巳十一月十三日卒嘉慶廿四年己卯三月廿一日壽八十三葬匯裏子愼七愼八

六 清彪 能二子生雍正九年辛亥十二月初一日卒嘉慶元年丙辰八月廿一日壽六十六娶□氏生卒闕葬黃樹橋清七子□九兼祧

七 清雲 能二子生乾隆六年辛酉正月初四日卒乾隆四十三年戊戌二月廿四日年三十八娶夏氏生乾隆十六年辛未九月廿九日卒嘉慶十二年丁卯二月十二日年五十七葬黃樹橋子愼九愼九兼祧清六

清八 **清塈** 能三子生雍正七年戊申八月廿七日卒乾隆九年甲子十月初四日年十七娶陸氏 欽旌節孝詳貞節表生雍正六年丁未十一月廿七日卒乾隆五十八年癸丑十二月廿七日葬清節庵傍清九子慎十清十子慎十一入繼

清九 **清儒** 能四子生乾隆十二年丁卯三月初五日卒道光四年甲申十一月二十日壽七十八娶周氏生乾隆十四年己巳二月初二日卒嘉慶十六年辛未八月十二日壽六十三葬河東岸花園橋頭四宮子慎九慎九出繼清塈慎十二女長適跨塘周公甫□□張

清十 **清聖** 能四子生乾隆十五年庚午十月初六日卒嘉慶十二年丁卯二月十二日年五十九娶陳氏生乾隆二十年乙亥四月初八日卒嘉慶十八年癸酉十二月廿二日年五十九葬周家田子慎十三慎十三慎十四慎十五慎十一出繼清塈

清十一 **清直** 能五子生雍正二年甲辰二月廿一日卒乾隆四十二年丁酉九月初五日年五十四娶劉氏生乾隆六年辛酉十月初四日卒乾隆五十七年壬子三月初七日年五十二葬靈山後子慎十六慎十七

清十二 **清學** 能五子生雍正五年丁未三月廿八日卒乾隆四十一年丙申七月十八日年五十娶□氏生卒闕葬念母橋子慎十八

清十三 **清倫** 能六子生乾隆八年癸亥三月廿九日卒嘉慶廿五年庚辰八月初六日壽七十八娶顧氏生乾隆廿四年己卯閏六月初一日卒嘉慶廿一年丙子二月廿一日年五十七葬蘇家山父墳邊子慎十九慎二十

清十四 **清乾** 能六子生乾隆□年十月十一日卒九月廿八日娶□氏生卒闕葬滙裏子慎廿一慎廿二

清十五　**清仁**　能八子生雍正八年庚戌十月二十日卒乾隆五十一年丙午二月初五日年五十七娶應氏生乾隆五年庚申十一月廿六日卒乾隆五十二年丁未二月廿五日年四十八葬花園橋頭六富子慎廿三慎廿四慎廿五慎廿六

清十六　**清孝**　能八子生乾隆四年己未六月十八日卒乾隆五十四年己酉五月初六日年五十一娶嵇氏生乾隆十三年戊辰七月十四日卒嘉慶十八年癸酉四月十七日壽六十六葬花園橋頭四富子慎廿七慎廿八慎廿九

清十七　**清常**　能八子生乾隆八年癸亥三月初七日卒嘉慶十年乙丑九月初六日壽六十三娶貝氏生乾隆十九年甲戌八月十四日卒道光十九年己亥十一月初七日壽八十六葬橋頭六富子慎三十慎三一慎三二

清十八　**清如**　能九子生乾隆四年己未八月十九日卒嘉慶三年戊午九月十六日壽六十娶王氏生乾隆十六年辛未三月十六日卒道光五年乙酉十一月初六日壽七十五葬滙裏父墳邊子慎三三慎三四

清十九　**清寶**　能九子生乾隆六年辛酉六月初六日卒嘉慶十一年丙寅十一月二十日壽六十六娶徐氏生乾隆六年辛酉二月十九日卒乾隆四十六年辛丑二月十三日年四十一葬蔡家山子慎三五

清二十　**清和**　能九子生乾隆廿四年己卯七月初六日卒道光六年丙戌五月廿六日壽六十八葬翁墒山

清廿一　**元龍**　能十子生康熙十七年戊午六月廿九日卒乾隆二十年戊午二月十五日壽六十一娶□氏生卒闕葬瓦窑滙子慎三六

清廿二　元彪　能十一子生康熙廿一年壬戌十二月廿三日卒乾隆三年戊午三月初二日年五十七娶劉氏生康熙廿三年甲子五月廿六日卒乾隆三年戊午二月十六日年五十五子慎三七慎三八慎三九

清廿三　元敏　能十一子生卒闕

清廿四　元法　能十一子生康熙三十年辛未五月初十日卒乾隆五年庚申五月廿四日年五十娶□氏生卒闕子慎四十

清廿五　元佑　能十一子生卒闕

清廿六　清□　能十二子娶氏生卒俱闕子慎四一

清廿七　元富　能十三子生康熙廿一年壬戌二月十七日卒康熙四十六年丁亥十一月初十日年二十六娶□氏生卒闕葬花嶼湖子慎四二

清廿八　元榮　能十三子生康熙三十四年乙亥正月十一日卒乾隆廿一年丙子二月初三日壽六十二娶張氏生康熙四十二年癸未十一月十五日卒乾隆五十一年丙午九月初一日壽八十四子慎四三慎四四慎四五

清廿九　子華　能十三子生康熙三十八年己卯正月二十日卒乾隆十七年壬申五月廿五日壽六十四娶徐氏生康熙四十四年乙酉十二月廿五日卒乾隆四十二年丁酉九月廿二日壽七十三子慎四六慎四七慎四八

清三十　啟瑞　能十四子生九月初一日卒十一月□日娶邵氏生八月十六日卒闕子慎四九

清三一 **爾廷** 龍十五子娶氏生卒俱闕子慎五十

清三二 **元煌** 先世未詳生康熙廿九庚午十一月十九日卒乾隆廿九年甲申四月初九日壽七十五娶嚴氏生康熙三十四年乙亥八月十九日卒乾隆四十一年丙申三月廿八日壽八十二葬姜房灘裏向子慎五一慎五二

二十世

慎一 **慎義** 清一子生乾隆九年甲子七月十一日卒嘉慶十一年丙寅四月廿三日壽六十三娶曹氏生乾隆廿七年壬午十一月十一日卒嘉慶十一年丙寅十月十二日年四十五子勤一出承

慎二 **慎傑** 清一子生乾隆廿五年庚辰九月十八日卒嘉慶五年庚申七月廿二日年四十一不娶

慎三 **慎禮** 清二子生乾隆十九年甲戌四月十四日卒嘉慶廿五年庚辰九月廿三日壽六十七娶徐氏生乾隆三十三年戊子十月十七日卒道光廿四年甲辰二月廿八日壽七十七葬蛉蜞山子勤二勤三

慎四 **慎恩** 清二子生乾隆廿二年丁丑九月十四日卒道光十二年壬辰十月廿五日壽七十六

慎五 **慎賓** 清三子生乾隆三十九年甲午三月廿四日卒嘉慶十四年己巳八月初六日年三十六娶口氏生卒闕子勤四

慎六 **慎和** 清四子生乾隆二十年乙亥二月十八日卒嘉慶十一年丙寅十月廿八日年五十二娶朱氏生乾隆三十四年己丑五月廿三日卒道光十

年庚寅五月廿六日壽六十二子□五勳六

慎七　**慎厚**　清五子生乾隆廿五年庚辰十二月十七日卒嘉慶十二年丁卯十二月廿三日年四十八

慎八　**慎緗**　清五子生乾隆廿七年壬午六月十六日卒嘉慶十九年甲戌十二月廿三日年五十三娶□氏生卒闕慎九子勳七入繼

慎九　**慎紀**　清七子兼祧清六生乾隆三十六年辛卯六月廿六日卒嘉慶十一年丙寅十一月十五日年三十六娶徐氏生乾隆四十三年戊戌五月廿五日卒咸豐十年庚申十二月十一日壽八十三子勳七勳八勳九勳十勳七出繼慎八勳八承繼能二爲孫

慎十　**慎修**　清八子生乾隆四十三年戊戌十月十二日卒道光廿九年己酉正月初十日壽七十二娶居氏生乾隆四十七年壬寅五月廿七日卒道光十二年壬辰二月初九日年五十一葬花園橋西四富子勳十一勳十二勳十三勳十五勳十五出繼慎十二女長適跨塘周次適漢塘廟徐三適斗水陳部

慎十一　**本**　清八子生乾隆四十五年庚子九月廿三日卒道光元年辛巳十二月初一日年四十二娶陳氏生四月十九日卒三月廿四日葬河東子勳十四

慎十二　**懷**　清九子生乾隆五十五年庚戌十月廿四日卒嘉慶十八年癸酉八月十五日年二十四娶□氏生卒闕葬父墳邊慎十子勳十五入繼

慎十三　**則**　清十子生乾隆三十九年甲午十月初三日卒道光十三年癸巳十二月十一日壽六十娶周氏生乾隆四十一年丙申十月十一日卒

同治五年丙寅八月廿九
日壽九十一葬周家山
慎十四　初　清十子生乾隆四十七年壬寅七月廿七日卒道光四年甲申四月
十一日年四十三娶鄧氏生乾隆五十七年壬子九月二十日卒同
治十三年壬申六月十四日
壽八十一子勤十六勤十七
慎十五　定　清十子生乾隆五十七年壬子五月廿五日卒道光十八年戊戌八
月十三日年四十七娶蘇氏生嘉慶五年庚申正月初四日卒道光
十八年戊戌七月廿二
日年三十九葬蛤蟵山
慎十六　政　清十一子生乾隆廿八年癸未六月初六日卒嘉慶廿五年庚辰十
一月廿四日年五十八娶鄭氏生乾隆四十二年丁酉十二月十七
日卒咸豐二年壬子正月初十日壽七
十六葬呂家橋頭子勤十八勤十九
慎十七　安有　清十一子生卒闕葬寶山後娶顏氏絕子勤二十
慎十八　安心　清十二子生卒闕葬念均橋娶□氏絕
慎十九　來　清十三生乾隆四十五年庚子十二月十六日卒道光十二年壬辰
二月十五日年五十三娶黃氏生乾隆四十九年甲辰餘闕卒道光
十二年壬辰十二月廿四
日年四十九葬蘇家山
慎二十　盛　清十三子生嘉慶四年己未四月初一日卒道光四年甲申十月廿
九日年二十六葬蘇家山

慎廿一 **紹基** 清十四子生卒闕未娶

慎廿二 **燕基** 清十四子生卒闕未娶

慎廿三 **慎昌** 清十五子娶口氏生卒俱闕停柩杭州

慎廿四 **慎有** 清十五子生乾隆三十一年丙戌十月三十日卒道光元年辛巳八月廿七日年五十六娶邵氏生乾隆五十四年己酉四月口日卒嘉慶十四年己巳十一月廿五日年二十一葬蛤蟖山

慎廿五 **慎才** 清十五子生乾隆三十七年壬辰九月初八日卒道光二十年庚子十一月廿三日壽六十九娶韓氏生乾隆四十三年戊戌九月初八日卒道光十二年壬辰六月十七日年五十五葬跨塘周河塘子勤廿一

慎廿六 **慎智** 清十五子生卒闕

慎廿七 **慎行** 清十六子生乾隆三十四年己丑正月十一日卒道光十九年己亥四月初十日壽七十一娶陸氏生乾隆四十二年丁酉正月初八日卒道光十九年己亥六月初七日壽六十三葬橋頭四富子勤廿二

慎廿八 **慎衛** 清十六子生乾隆三十七年壬辰八月十三日卒道光四年甲申閏七月初十日年五十三娶孔氏生乾隆五十四年己酉十月十九日卒嘉慶廿五年庚辰六月十五日年三十二葬花園僑頭子勤廿三

慎廿九　[illegible]瑞　清十六子生乾隆四十四年己亥八月初八日卒道光三十年庚戌十月初七日壽七十二娶徐氏生乾隆五十七年壬子正月廿六日卒咸豐十一年辛酉四月十一日葬[illegible]念[illegible]橋北首子勤廿四

慎三十　慎千　清十七子生乾隆三十八年癸巳正月廿五日卒道光十年庚寅十一月初十日年五十八娶貝氏生乾隆四十二年丁酉十一月初六日卒同治四年乙丑二月十六日壽八十九葬花園橋頭六富子勤廿五勤廿六勤廿六出繼慎三一

慎三一　慎永　清十七子生乾隆四十一年丙申[illegible]月廿六日卒道光二十年庚子正月廿三日壽六十五娶吳氏生乾隆五十五年庚戌三月十七日卒嘉慶十九年甲戌十二月十七日年二十五繼娶范氏生嘉慶元年丙辰九月三十日卒咸豐二年壬子八月初二日年五十七葬花園橋頭四富慎三十子勤廿六入繼兼祧慎三二

慎三二　慎科　清十七子生乾隆四十六年辛丑二月十二日卒道光十六年丙申十月十三日年五十六娶貝氏生乾隆六十年乙卯八月十八日卒道光元年辛巳七月廿九日年二十七葬花園橋頭四富慎三一子勤廿六兼祧

慎三三　慎言　清十八子生乾隆三十六年辛卯十二月十五日卒道光十二年壬辰二月十九日壽六十二葬村郭娶□氏絕

慎三四　慎遠　清十八子生乾隆四十六年辛丑四月二十日卒道光八年戊子十二月初八日年四十八葬[illegible]娶[illegible]氏絕

慎三五　慎芳　清十九子生乾隆四十八年[illegible]六日卒道光廿五年乙巳五月廿五日壽六十三娶[illegible]氏生嘉慶六年辛酉二月十九日卒道

光廿一年辛丑二月二三日
年四十一□葬宅山文漁居

慎三六 廷佐 清廿一子生卒闕娶錢氏生康熙五十三年甲午七月廿三日卒
乾隆五十一年丙午九月初三日壽七十三葬于德庵後子勤廿七
勤廿八勤廿
九勤三十

慎三七 允先 清廿二子生卒闕

慎三八 允成 清廿二子生卒闕

慎三九 國華 清廿二子生康熙五十八年己亥八月初十日卒乾隆三十四年己
丑八月初六日年五十一娶□氏生卒闕子勤三一勤三二

慎四十 國才 清廿四子生卒闕

慎四一 慎□ 清廿六子娶□氏生卒俱闕子勤三三

慎四二 繼先 清廿七子生康熙四十六年丁亥六月十二日卒乾隆三十四年己
丑九月廿二日壽六十三娶楊氏生康熙五十年辛卯十月十一日
卒嘉慶三年戊午正月廿三日壽八十八側室胡氏生雍正三年乙巳七
月廿五日卒乾隆六十年乙卯八月廿二日壽七十一子勤三四勤三五
勤三
六

慎四三 永裕 清廿八子生雍正九年辛亥餘闕卒乾隆五十一年丙午十一月初
一日年五十六娶嚴氏生乾隆元年丙辰餘闕卒乾隆五十九年甲

東興劉氏四修宗譜卷廿六　中房瑛十二公派　承志堂藏

寅二月廿五日年五十九
子勤三七勤三八勤三九

慎四
四　永清　清廿八子生卒闕娶嚴氏生乾隆十四年己巳十月初七日卒道光
七年丁亥正月初九日壽七十九子勤四十

慎四
五　永興　清廿八子生卒闕

慎四
六　茂先　清廿九子生雍正五年丁未十一月十二日卒嘉慶三年戊午三月
廿二日壽七十二娶馮氏生乾隆八年癸亥正月初一日卒乾隆五
十五年庚戌四月二十日年
四十八子勤四一勤四二

慎四
七　永佩　清廿九子生雍正十一年癸丑十一月二十日卒乾隆四十八年癸
卯九月十四日年五十一娶□氏生卒闕子勤四三

慎四
八　聚財　清廿九子生七月初四日卒四月二十日娶李氏生卒闕繼娶裘氏
生乾隆十三年戊辰五月初七日卒道光三年癸未七月廿三日壽
七十六勤四四勤四
五勤四六勤四七

慎四
九　季卿　清三十子生四月初一日卒二月初二日娶嚴氏生卒闕子勤四八
勤四九勤五十

慎五
十　祖才　清三一子娶□氏生卒俱闕子勤五一勤五二勤五三勤[illegible]

慎五
一　大桂　清三二子娶□氏生卒俱闕子勤五四

慎五
二　大才　清三二子生雍正十一年癸丑九月廿三日卒乾隆五十五年庚戌
三月十九日年五十八娶徐氏生卒闕葬□房□亥向子勤五五勤

勤五
七

二十一世

勤一 勤嘉 慎一子生乾隆四十七年壬寅正月二十日卒道光十三年癸巳正月廿四日年五十二娶□氏生卒闕

勤二 勤豐 慎三子生乾隆五十九年甲寅八月十一日卒道光七年丁亥六月初十日年三十四娶葉氏生嘉慶十一年丙寅正月初一日卒道光七年丁亥三月初九日年二十二葬蛤蟆山

勤三 勤[illegible] 慎三子杜郭生嘉慶餘□娶周氏生嘉慶廿二年丁丑七月初七日卒道光廿八年丙午十二月十六日年二十九子榮一榮二

勤四 勤[illegible] 慎五子生卒闕

勤五 勤邦 慎六子生乾隆五十九年甲寅十一月初六日卒道光十五年乙未十一月初七日年四十二娶胡氏生乾隆六十年乙卯正月廿八日卒道光十二年壬辰正月廿四日年三十八葬獅裏勤六子榮三入繼

勤六 勤學 慎六子生嘉慶二年丁巳十月初二日卒咸豐十一年辛酉七月廿一日壽六十七娶陸氏生嘉慶五年庚申正月廿七日卒咸豐八年戊午八月初八日年五十九子榮三榮四榮三出繼勤五

勤七 勤盛 慎八子生嘉慶九年甲子五月初九日卒咸豐二年壬子七月廿三日年四十九娶胡氏生嘉慶十五年庚辰四月十九日卒同治五年丙寅

十一月十九日年四十七葬
横田余家勤八子榮五入繼

勤八　勤訓　慎九子生嘉慶元年丙辰三月廿八日卒同治十一年壬申九月初九
日壽七十七娶[illegible]氏生嘉慶十四年己巳七月初八日卒光緒二年丙
子二月廿三日壽六十八
葬呂家嶠子榮五榮六[illegible]

勤九　勤誥　慎九子生嘉慶五年庚申四月初二日卒道光廿九年己酉五月廿五
日年五十娶居氏生嘉慶廿一年丙子六月初五日卒道光二十年庚
子七月初六日年二
十五葬蘇家山大壽

勤十　勤意　慎九子生嘉慶十二年丁卯二月廿二日卒咸豐二年壬子八月初一
日年四十六娶邵氏生道光元年辛巳五月二十日卒　　年
月　　日壽
葬蘇家山女一

勤十一　勤俊　慎十子任蘇州生嘉慶六年辛酉十二月廿七日卒道光三十年庚
戌四月初八日年五十娶盛氏生嘉慶十年乙丑五月初六日卒道
光十四年甲午九月十三日年三十繼娶孫氏生嘉慶十九年甲戌十一
月廿七日卒光緒六年庚辰九月三十日壽六十七葬官塘子榮七榮八
榮九

勤十二　勤英　慎十子生嘉慶十三年戊辰十二月廿二日卒道光十六年丙申四
月廿三日年二十九葬花厂嶠[illegible]四富娶周氏絕子榮十

勤十三　勤嗣　慎十子生道光二年壬午五月廿六日卒光緒十年甲申十二月十
二日壽六十三娶鄭氏生[illegible]十二年壬辰四月初四日卒光緒廿

四年乙丑十二月十九日卒壽[illegible]
葬念□橋□宜□子癸十一

勤十四　勤中　慎十一子生嘉慶十二年丁卯九月廿六日卒咸豐九年己未九月
初八日壽五十三娶陸氏生嘉慶十七年壬申正月十三日卒同治
三年甲子八月初十日年五十三
葬花□橋□子癸十二榮十三

勤十五　勤豪　慎十二子生嘉慶廿四年己卯正月初四日卒道光三十年庚戌四
月初八日年三十二娶周氏生道光七年丁亥十二月十四日卒道
光廿五年乙巳九月初九日年十九繼娶
應氏生卒闕子榮十四周氏出榮十五

勤十六　勤天　慎十四子生嘉慶七年壬申正月廿五日卒同治四年乙丑正月
廿一日年五十四娶陸氏生道光六年丙戌十一月十八日卒光緒
十六年庚寅十二月
廿七日壽六十七

勤十七　勤岳　慎十四子生卒闕未娶

勤十八　勤瑞　慎十六子生嘉慶六年辛酉五月廿九日卒咸豐十年庚申十二月
十八日壽六十娶蘇氏生嘉慶十五年庚午正月十一日卒道光五
年乙酉正月廿一日年十
六勤十九子榮十六兼祧

勤十九　勤寶　慎十六子生嘉慶廿二年丁丑五月十六日卒光緒九年癸未十二
月十二日壽六十七娶沈氏生道光九年己丑十月廿三日卒咸豐
七年丁巳八月十九日年二十九
葬呂家橋子榮十六兼祧勤十八

慈東費氏四修宗譜卷廿七　世次傳廿一　十九　[illegible]

勤二十　**亞牛**　慎十七子生卒闕娶□氏絕生一女贈母

勤廿一　**勤□**　慎廿五子生嘉慶廿一年丙子十一月□日卒咸豐七年丁巳正月十九日年四十二娶周氏生嘉慶廿四年己卯五月十四日卒光緒十四年戊子十月初三日壽七十子榮十七

勤廿二　**勤炎**　慎廿七子生嘉慶十年乙丑八月初一日卒道光十五年乙未正月初二日年三十一葬橋頭四富娶周氏絕

勤廿三　**安**　慎廿八子生嘉慶餘闕出杭州

勤廿四　**彪**　慎廿九子生嘉慶二十年乙亥三月二十日卒道光廿七年丁未十月初六日年三十三葬念□橋北首父墳邊娶沈氏絕

勤廿五　**春**　慎三十子生嘉慶十一年丙寅十一月十九日卒咸豐五年乙卯十一月初五日年五十娶孔氏生嘉慶廿四年己卯四月初四日卒同治四年乙丑四月十二日年四十七子榮十八

勤廿六　**茂**　慎廿一子生道光二年壬午五月十六日卒光緒元年乙亥九月初四日年五十六娶王氏生道光十六年丙申七月廿九日卒咸豐八年戊午十二月廿六日年二十三子榮十九

勤廿七　**士貴**　慎三六子生雍正十三年乙卯正月初七日卒乾隆五十五年庚戌七月初五日年五十六娶盛氏生乾隆十二年丁卯十一月廿五日卒嘉慶六年辛酉十二月初八日年五十□□□庵根東首子榮二十榮廿一

勤廿八　士元　愼三六子生乾隆五年庚申三月廿六日卒嘉慶十五年庚午三月
十四日壽七十一娶胡氏生乾隆十五年庚午九月十八日卒道光
九年己丑十一月十一日壽八十
葬天德庵跟子榮廿二榮廿三

勤廿九　士炟　愼三六子生乾隆十年乙丑三月十九日卒乾隆五十五年庚戌正
月初九日年四十六娶童氏生乾隆廿四年己卯八月初六日卒乾
隆四十一年丙申七月初十日年十八繼娶錢氏生乾隆廿一年丙子閏
九月十二日卒乾隆四十七壬寅正月初六日年二十七葬天德庵跟子
榮廿四
榮廿五

勤三十　士侁　愼三六子住岱山娶氏生卒俱闕

勤三一　德昌　愼三九子生卒闕

勤三二　開昌　愼三九子生卒闕

勤三三　方來　愼四一子生卒闕

勤三四　大賓　愼四二子生乾隆六年辛酉八月十二日卒闕娶邵氏生乾隆二年
丁巳九月初九日卒嘉慶三年戊午十二月十五日壽六十二葬沙
嶴子榮廿六榮廿七榮
廿八榮廿九榮三十

勤三五　偉賓　愼四二子生乾隆十二年丁卯正月十四日卒乾隆五十六年辛亥
六月初八日年四十五娶周氏生乾隆七年壬戌十一月初三日卒

嘉慶九年甲子四月廿一日
壽六十三子榮二一　榮二二
勣三　紹賓　慎四二子生乾隆十六年辛未十月十八日卒乾隆五十八年癸丑
六　九月初四日年四十三娶周氏生乾隆十五年庚午八月二十日卒
乾隆五十八年癸丑十月十
二日年四十四子榮三三
勣三　尚彬　慎四三子任蘇州娶胡氏生卒俱闕
七
勣三　尚行　慎四三子任西興娶氏生卒俱闕
八
勣三　尚賢　慎四三子住駱駝橋生乾隆三十九年甲午十月初四日卒道光十
九　三年癸巳五月十一日壽六十娶蘇氏生乾隆五十九年甲寅十二
月廿四日卒
闕子榮三四
勣四　尚貴　慎四四子生乾隆四十年乙未正月十八日卒道光廿四年甲辰三
十　月初三日壽七十娶□氏生卒闕子榮三五
勣四　尚[illegible]　慎四六子生乾隆廿七年壬午六月初三日卒嘉慶九年甲子八月
初五日年四十三娶胡氏生卒闕子榮三六
勣四　佐賓　慎四六子生卒闕
二
勣四　利貴　慎四七子生卒闕
三
勣　尚[illegible]　慎四六子住蘇州生乾隆五十三年戊申五月初十日卒道光八年
四　戊子十一月十五日年四十一娶□氏生卒闕子榮三七

勤□五 炳陽 □四六子生乾□五十七年□□□月初五日卒道光三十年庚戌
八月十八日年五十九娶邵氏生卒闕

勤□□ 嗷嗷 慎四八子仕福建生卒闕

勤四七 □官 慎四八子仕福建生卒闕

勤四八 文□ □四九子生正月初八日卒十月□日娶□氏生卒闕勤四九子榮
三子榮禋

勤四九 文□ □四九子生雍正十三年乙卯九月初一日卒乾隆四十年乙未十
二月十九日年四十一娶嚴氏生乾隆十年乙丑八月廿九日卒道
光十一年□□□□□一日廿一日壽八十
六□年□□子榮三□□□□四

勤五十 文光 □□□子生三月十五日卒□

勤五一 文□ 慎五十子□□□娶邵氏生卒俱闕生四女

勤五二 文降 慎五十子娶□氏繼娶□氏生卒俱闕葬剌村墳□

勤五三 文學 慎五十子娶應氏生卒俱闕葬東邑門大道地子榮三九

勤五四 文茂 慎五十子生七月初七日卒八月廿二日娶周氏生七月十一日卒
二月十九日葬東□□子榮四十榮四一

勤五五 士師 先世未詳生二月初六日卒十月廿六日娶張氏生正月初八日卒
五月初一日葬念母橋子榮四二榮四三

勳五六　鎰定　慎五一子生乾隆三十九年甲午五月十一日卒道光十二年壬辰六月初九日年五十九娶邵氏生乾隆五十一年丙午十一月初三日卒闕子

榮四

勳五七　楫山　慎五二子娶方氏生卒俱闕子榮四五榮四六

勳五八　耀奎　慎五三子生卒闕娶[illegible]氏絕

世次傳廿二

二十二世　中房

榮一　榮貴　勤二子住杜郭生道光十五年乙未十一月廿一日卒同治九年庚午十一月十三日年三十六

榮二　山蔚　勤三子住杜郭生道光廿五年乙巳七月十二日

榮三　榮潮　勤五子主道光十七年丁酉六月初八日卒光緒二年丙子五月十六日年四十娶沈氏生道光廿四年甲辰十一月十八日卒光緒九年癸未十二月十七日

榮四　榮壽　勤六子生道光廿二年壬寅二月十二日年四十子華一

榮五　周來　勤七子生道光十七年丁酉十二月十六日卒光緒八年壬午二月十九日年四十六娶潘氏絕子華二

榮六　周林　勤八子生道光廿一年辛丑九月初二日卒光緒九年癸未十月廿六日年四十三娶王氏生咸豐六年丙辰二月廿一日卒光緒四年戊寅二月十七日年二十三

榮七　榮佩　勤十一子住蘇州生道光廿六年丙午餘闕

榮八　榮穗　勤十一子生咸豐四年甲寅五月十五日

榮九　榮蘭　勤十一子生咸豐六年丙辰十月廿五日

榮十　榮祚　勤十二子生道光十五年乙未卒闕

榮十一　榮坤　勤十三生咸豐八年戊午四月十六日娶王氏生同治十二年癸酉十月廿九日

榮十二　榮元　勤十四子生道光十四年甲午五月初五日卒咸豐八年戊午正月十二日年二十五葬周家山娶[illegible]氏絕

榮十三　榮紹　勤十四子生道光廿七年丁未正月初五日卒光緒廿八年壬寅七月十九日年五十六娶[illegible]氏生咸豐元年辛亥八月廿九日卒光緒十四年戊子正月三十日年三十八繼娶任氏絕子華三任氏出

榮十四　周榮　勤十五子住蘇州生咸豐四年甲寅五月十五日

榮十五　榮□　勤十五子住蘇州生咸豐六年丙辰十月廿五日

榮十六　東生　勤十八子生咸豐四年甲寅十月初九日卒光緒廿四年戊戌六月二十日年四十五娶呂氏生咸豐三年癸丑正月初九日子華西

榮十七　長生　勤廿一子生咸豐六年丙辰十一月廿一日卒光緒廿二年丙申十月廿四日年四十一

榮十八　榮生　勤廿五子生道光廿四年甲辰十一月初七日卒光緒十六年庚寅正月初十日年四十七娶蘇氏生咸豐七年丁巳十一月初四日卒

光緒四年戊寅九月廿
八日卒年四十二子壽五
榮十九　榮壽　勤廿六子生同治九年庚午三月初七日娶翁氏生光緒四年戊寅
十一月　日子華六
榮二十　名標　勤廿七子生乾隆四十三年戊戌二月初九日卒道光廿三年癸卯
十二月廿□日壽六十六葬于德庵東首娶謝氏生嘉慶三年戊午
十月初六日卒子榮
廿四子華十二承祧
榮廿一　名□　勤廿七子生乾隆四十八年癸卯六月二十日卒嘉慶十三年戊辰
□□十八日年二十六葬阮家橋未娶
榮廿二　名揚　勤廿八子生乾隆三十三年戊子九月十九日卒道光十四年甲午
六月十三日壽六十七娶周氏生卒闕葬官田坂子華七華八
榮廿三　名芒　勤廿八子生乾隆三十七年壬辰九月初四日卒道光十四年甲午
十一月十一日壽六十三娶應氏生乾隆五十三年戊申十一月十
七日卒咸豐六年丙辰八月初二日壽六十九葬于德庵根東首朝東南
子華九華十
榮廿四　孝恩　勤廿九子生乾隆五十年乙巳五月廿六日卒道光十二年壬辰五
月十九日年四十八娶邵氏生嘉慶五年庚申十二月十五日卒咸
豐六年丙辰二月初一日年五十七葬
官田坂子華十一華十二承祧榮二十
榮廿五　名秀　勤廿九子生乾隆五十五年庚戌八月廿三日卒道光三十年庚戌
四月十九日壽六十一不娶榮廿四子華十二承祀
榮廿六　榮鴨　勤三四子生乾隆廿四年己卯七月廿八日卒嘉慶廿五年庚辰六
月廿八日壽六十二娶邵氏生乾隆廿三年戊寅九月十二日卒道

□□□□四修宗譜卷十七　中房瑛二公派

光十七年丁酉正月廿八日
壽八十 葬沙□頂 子華十二
榮廿七 榮鴻 勤三四子生乾隆廿八年癸未七月十四日卒闕
榮廿八 榮□ 勤三四子生乾隆三十二年丁亥二月廿八日卒闕
榮廿九 榮鸞 勤三四子生乾隆三十五年庚寅七月十五日卒闕
榮三十 榮鵬 勤三四子生乾隆四十年乙未八月初三日卒闕
榮三一 榮鶚 勤三五子生乾隆三十五年庚寅二月初八日卒乾隆五十六年辛
亥六月廿四日年二十四娶徐氏生乾隆三十二年丁亥十月初一
日卒闕 女適
駱駝河傅
榮三二 榮□ 勤三五子生乾隆三十八年癸巳十一月十一日卒道光十九年己
亥十□月初十日壽六十七娶王氏生乾隆三十八年癸巳□□一
□日卒嘉慶□年丙辰□月廿四日年二十四繼娶鄭氏三娶孔氏生
卒俱闕 子華十四 十五華十六
榮三三 高金 勤三□子生乾隆五十四年己酉卒□ 上洋娶林氏生嘉慶二年戊
午六月十八日卒道光五年乙□□闕年五十八 子華十七
榮三四 邦福 勤三九子娶駱駝林生道光五年乙酉十二月廿四日娶□氏子華十
八
榮三五 邦利 勤四十子居上海

榮三六 邦辰 勤四一子居蘇州

榮三七 全福 勤四四子住蘇州生道光四年甲申二月十三日

榮三八 序倫 勤四九子生乾隆三十八年癸巳八月初五日卒嘉慶廿一年丙子
□月廿四日年四十四娶王氏生乾隆四十二年丁酉三月初八日
卒道光十五年乙未九月初二日年五十九葬牛尾河沜子華十九華二十

榮三九 序照 勤五三子生卒闕娶周氏生乾隆四十三年戊戌餘闕卒嘉慶廿四
年己卯十一月　日年四十二葬牛尾河沜子華廿一華廿二

榮四十 序英 勤五四子生乾隆□年五月廿八日卒道光八年戊子柩停杭州娶
馮氏生乾隆五十六年辛亥餘闕卒九月十八日葬東河沿翁姑墳
側榮四一子
華廿三入繼

榮四一 序能 勤五四子生乾隆四十三年戊戌九月廿六日卒道光二十年庚子
九月十一日壽六十三娶邱氏生嘉慶元年丙辰四月初六日卒闕
子華廿三華廿四華廿五華
廿六華廿三出繼榮四十

榮四二 春林 勤五五子生嘉慶四年己未五月初十日卒六月十三日娶舒氏生
嘉慶五年庚申三月初八日卒咸豐四年甲寅十二月十五日年五
十五子
華廿七

榮四三 曉山 勤五五子生嘉慶□年二月十七日卒三月廿三日葬父墳邊娶盛
氏絕

榮四 **倫春** 勤五六子生道光二年壬午五月十五日卒闕娶邵氏生道光二十年庚子七月十四日卒闕

榮四五 **倫賢** 勤五七子生嘉慶六年辛酉八月初八日卒咸豐元年辛亥十二月十四日年五十一娶方氏生卒闕葬矮笆跟子華廿八

榮四六 **倫富** 勤五七子生卒闕

二十三世

華一 **順林** 榮三子生同治十一年壬申十一月十五日

華二 **運福** 榮五子生同治九年庚午九月初三日娶陳氏

華三 **華信** 榮十三子生光緒二十年甲午十一月十一日

華四 **春和** 榮十六子生光緒元年乙亥十月二十日

華五 **蘇合** 榮十八子生光緒九年癸未八月十六日

華六 **春發** 榮十九子生光緒廿六年庚子二月十八日

華七 **維性** 榮廿二子生嘉慶二年丁巳餘潤卒道光二十年庚子十月初六日年四十四娶毛氏生卒闕葬宮田坂子[illegible]

華八 **悅豐** 榮廿二子生嘉慶九年甲子[illegible]一月[illegible]五日卒同治五年丙寅十一月十一日壽六十三葬化梁坂

華十九 清芷 榮廿三子生嘉慶廿一年丙子十二月初八日卒光緒三年丁丑十一月初三日壽六十二娶嚴氏生道光六年丙戌三月初三日卒光緒九年癸未二月廿八日年五十八
葬天德廟前首子亨二亨三

華十 清恭 榮廿三子生道光三年癸未五月廿五日卒咸豐六年丙辰八月初五日年三十四娶陸氏生道光十二年壬辰十月廿一日卒光緒十三年丁亥正月初四日年五十六葬化斗畈

華十一 華元 榮廿四子生道光五年乙酉六月廿五日卒道光廿七年丁未十月初五日年二十三未娶

華十二 華顯 榮廿四子生道光七年丁亥六月十五日卒闕娶王氏生道光十二年壬辰八月十二日卒闕子亨四亨五

華十三 安義 榮廿六子生乾隆五十六年辛亥九月初四日卒道光十二年壬辰十二月二十日年四十二厝沙頭娶朱氏生乾隆六十年乙卯十一月三十日卒同治七年戊辰八月初八日壽七十四子亨六

華十四 學香 榮三二子生嘉慶二年丁巳十月廿三日卒闕

華十五 華山 榮三二子生嘉慶四年己未十月廿二日卒闕

華十六 玉衡 榮三二子生嘉慶十一年丙寅六月廿六日卒道光廿七年丁未十二月十八日年四十二

華十七 維林 榮三三子生道光七年丁亥二月十九日卒咸豐四年甲寅餘闕年二十八未娶

華十八　長庚　榮三四子生同治五年丙寅六月十一日

華十九　華章　榮三八子生嘉慶九年甲子七月廿四日卒同治五年丙寅四月十八日壽六十三娶邵氏生嘉慶十年乙丑十二月十一日卒光緒八年壬午八月初四日壽七十八子亨七亨[illegible]亨九

華二十　華封　榮三八子生嘉慶十四年己巳十二月廿六日卒光緒元年乙亥十一月初八日壽六十八娶葉氏生嘉慶廿二年丁丑九月初三日卒同治七年戊辰十一月初四日年五十二子亨十亨十一亨十二亨十三

華廿一　家[illegible]　榮三九子生嘉慶四年己未餘闕卒道光三十年庚子年五十二娶邱氏生卒闕子亨十四

華廿二　家清　榮三九子生卒闕

華廿三　成雲　榮四十子生道光五年乙酉二月初六日卒光緒廿四年戊戌六月廿一日壽七十四娶盛氏生道光二十年辛丑九月十五日卒闕葬天德庵後徐家河洲子亨十五

華廿四　成孝　榮四一子生道光九年己丑五月廿三日娶翁氏生道光廿七年丁未五月廿九日

華廿五　成模　榮四一子生道光十六年丙申五月十四日卒闕

華廿六　成山　榮四一子生道光十八年戊戌七月初九日卒闕

華廿□四二子生嘉慶廿四年己卯□月廿二日娶姚氏生道光二十年
上□陽庚子五月十七日子亨十六亨十七
華廿潤元□四五子生道光十八年戊戌閏四月三十日
八

二十四世

亨一 天賚 華廿子生道光九年己酉八月廿三日娶紹興五字門口氏

亨二 生一 華九子生道光廿五年乙巳十二月十一日娶陸氏生同治二年癸亥□□子泰一泰二泰三泰四泰五

亨三 生寶 華九子生咸豐三年癸丑九月十五日娶陸氏生同治五年丙寅十一月十一日

亨四 蘭生 華十二子生咸豐元年辛亥三月初六日娶□氏

亨五 蘭枝 華十二子生同治七年戊辰九月初一日娶□氏子泰六泰七

亨六 照南 華十三生嘉慶廿一年丙子九月初二日卒光緒十一年乙酉十月十五日壽七十娶陳氏生道光十六年丙申二月初九日卒咸豐四年甲寅十一月初二日年十九子泰八

亨七 亨椿 華十九子生道光三年癸未十二月初二日卒同治元年壬戌九月二十日年四十二娶李氏生道光七年丁亥三月十四日卒咸豐二年壬子六月初六日年二十六葬甲門西北首子泰九

亨十八　亨壽　華十九子生道光二十年庚子六月十二日卒光緒十年甲申五月十
二日年四十五娶嵇氏生道光廿三年癸卯七月十六日卒同治七年
庚午閏十月十三日年二十八繼娶江氏生咸豐元年辛亥七月廿二日
卒光緒八年壬午九月初八日年三十二子桼十江氏出

亨十九　亨泰　華十九子生道光廿三年癸卯十月初八日娶王氏生咸豐四年甲寅
七月廿八日卒光緒十七年辛卯八月十六日年三十八

亨二十　亨茂　華二十子生道光十六年丙申十一月廿□日卒同治十三年甲戌十二
月十六日年三十九娶周氏生道光廿六年丙午三月廿七日卒同治
元年壬戌十一月十七日年十七繼娶穆氏生道光廿五年乙巳八月廿
五日卒光緒四年戊寅九月二十□日年三十四子桼十一穆氏出

亨十一　亨盛　華二十□子生道光廿二年壬寅九月廿九日卒光緒元年乙亥十一
月初十日年四十四娶朱氏絕

亨十二　亨□　華二十□子生道光廿五年乙巳十一月十二日卒光緒四年戊寅十
一月初五日年三十四

亨十三　亨祿　華二十子生道光廿八年戊申七月初十日卒光緒廿四年戊戌六
月廿二日年五十一娶應氏生咸豐八年戊午七月十九日子桼十
二桼十三
桼十四

亨十四　亨松齡　華廿一子住川山石家□□□□生道光十八年戊戌餘闕娶許
氏

亨十五　亨瑞訓　華廿三子生同治五年丙寅□月□□日卒闕

亨十六　亨炳南　華廿七子生同治六年丁卯二月廿六日卒闕

亨十七　坤元　華廿七子生光緒二年丙子三月初四日

二十五世

泰一　禧林　亨二子生光緒十二年丙戌正月初一日

泰二　永林　亨二子生光緒十三年丁亥十一月初四日

泰三　德林　亨二子生光緒十七年辛卯正月十六日

泰四　鶴林　亨二子生光緒十九年癸巳十二月廿八日

泰五　延齡　亨二子生光緒廿七年辛丑十二月初一日兄弟俱住上海

泰六　永水　亨五子生光緒十六年庚寅七月初六日

泰七　永發　亨五子生光緒十九年癸巳十月初三日

泰八　智水　亨六子生咸豐二年壬子九月廿一日卒光緒廿一年乙未七月初七日年四十四娶林氏生同治三年甲子十二月十七日

泰九　泰康　亨七子生道光廿七年丁未三月廿八日卒光緒十年甲申十月初七日年三十八娶朱氏生咸豐五年乙卯五月初一日卒光緒十五年己丑十二月十五日年三十五

泰十　祖根　亨八子生光緒四年戊寅六月初六日

泰十一　寅芳　亨十子生同治十二年癸酉正月十二日

泰十二　泰坤　亨十三子生光緒七年辛巳十一月十一日

泰十三　泰桂　亨十三子生光緒十一年乙酉九月廿九日

泰十四　泰臣　亨十三子生光緒十六年庚寅五月十五日

慈東費氏四修宗譜卷廿八

世次傳廿三

十世 右房派

右一 𤵸 惠五子生洪武二十年丁卯十一月廿二日卒成化七年辛卯九月十六日壽八十五娶定海路林吳氏生卒闕葬𦵔湖應家嶴山上檟子尚一尚二尚三

十一世

尚一 士悅 右一𤵸子生永樂廿一年癸卯二月初十日卒成化十六年庚子二月廿日年五十八娶五都上晉邵氏生卒闕葬園下田子和一和二和三

尚二 恭 右一子生宣德二年戊申十二月廿四日卒宏治十七年甲子四月廿七日壽七十七娶定海邱家洋邱氏生卒闕葬園下田子和四和五和六

尚三 愓 右一子生宣德七年壬子十月十四日卒闕娶坊隅周氏生卒闕葬蘇家河斗子和七和八

十二世

和一 廷玉 尚一子生正統十年乙丑十二月廿六日卒正德八年癸酉七月十三日壽六十九娶定海戴氏繼娶坊隅沈氏生卒俱闕葬西岸子本一戴氏出

潁東劉氏四修宗譜卷十六　右房系　存志堂

和二　廷贊　尙一子生景泰元年庚午八月初十日卒正德十六年辛巳六月廿三日壽七十二娶本都沈氏繼娶十七都張氏生卒俱闕葬邱家溝園下田子本二沈氏出　本三本四張氏出

和三　廷圭　尙一子生天順四年庚辰九月十六日卒嘉靖五年丙戌正月十六日壽六十七娶本縣徐氏生卒闕葬邱家溝園下田子本五

和四　廷啓　尙二子生天順二年戊寅正月初二日卒嘉靖十三年甲午九月初三日壽七十七娶五都鄒氏生卒闕壽七十七葬馬鞍橋子本六本七本八

和五　和十四　尙二子生天順四年庚辰九月十八日卒宏治十七年甲子四月初四日年四十五娶杜家橋方氏生卒闕葬園下田考貞傍子本九本十

和六　環　尙二子生成化元年乙酉四月初十日卒正德餘闕娶定海路林吳氏生卒闕子本十一本十二女適廿三都林

和七　和八　尙三子生景泰六年乙亥八月廿七日卒闕娶文溪范氏生卒闕本十三本十四

和八　璐　尙三子生天順四年庚辰正月初十日卒嘉靖二年癸未三月廿二日壽六十四娶二都邵氏繼娶□洋王氏生卒俱闕葬定林寺山子本十五本十六俱邵氏出

一　□志　十三　和一子生成化七年辛卯六月十五日卒闕娶三都吳氏生卒闕子德一

本一　志　和一子生成化七年辛卯六月十五日卒闕娶三都吳氏生卒闕子德一

本二　鋼　和二子生成化十二年丙申八月初一日卒闕娶五都上晉郤氏生卒闕子德二德三德四

本三　本廿一　和二子諱闕生宏治元年戊申正月初四日卒嘉靖廿四年乙巳十二月廿九日年五十八娶本縣王氏生卒闕子德五德六女適三都吳

本四　本三一　和二子諱闕生宏治五年壬子八月初二日卒闕娶周氏生卒闕葬孫湖磨子德七德八德九

本五　價　和三子生宏治七年甲寅十月初七日卒嘉靖餘闕十一月初七日娶邵氏繼娶徐氏生卒俱闕葬馬鞍橋子德十〇女長適五都邵次適二都邵
俱氏
出繼

本六　鉦　和四子生成化十三年丁酉八月十五日卒嘉靖三十四年乙卯十月十二日壽七十九娶定海靈緒一都朱氏生卒闕葬馬鞍橋父墳邊子德十一

本七　銖　和四子生成化二十年甲辰四月廿四日卒嘉靖三十五年丙辰正月二十日壽七十三娶鄞縣張氏生卒闕葬馬鞍橋考墳邊

本八　錠　和四子生宏治元年戊申四月初二日卒嘉靖廿六年丁未正月初三日壽六十娶本縣陳氏繼娶劉氏生卒俱闕葬孫湖磨山子德十二劉氏出
女長適本邑桂行一
次適坊隅毛鄉裏

本九　鏞　和五子生宏治六年癸丑三月十六日卒嘉靖三十四年乙卯八月初三日壽六十三娶十三都洪氏繼娶孫氏生卒俱闕葬山下子德十三洪氏出德十四孫氏出女長適杜家橋方次適坊隅潘

本十　錄　和五子生宏治十年丁巳十一月廿六日卒萬歷十一年癸未餘闕壽八十七娶本縣潘氏生卒闕葬蘆湖底子德十五德十六德十七德十八女適坊隅張松

本十一　本廿五　和六子諱闕生宏治二年己酉正月初三日卒闕娶定海何氏生卒闕

本十二　鈍　和六子生宏治十四年辛酉七月初一日卒嘉靖廿二年癸卯三月初九日年四十三娶陳氏生卒闕葬阮家橋下子德十九

本十三　鍊　和七子生成化十九年癸卯五月廿六日卒闕娶三都邵氏繼娶胡氏續娶周氏生卒俱闕子德二十邵氏出女適九都朱

本十四　鉉　和七子生宏治五年壬子八月初三日卒嘉靖十五年丙申餘闕年四十五娶定海陳氏生卒闕子德廿一

本十五　鑰　和八子生成化十五年己亥八月初三日卒嘉靖十八年己亥四月初五日壽六十一娶定海王氏繼娶嘉善縣丁氏葬定城寺西考墳邊子德廿二德廿三德廿四德廿五俱王氏出女長適汶溪顏御史鯨次適二都邵俱丁氏出

本十六　鎔　和八子生成化廿二年丙午三月三十日卒闕娶曲匯塘劉氏生卒闕葬袁家河汭子德廿六德廿七德廿八德廿九女適本邑余

本十七　本五八　先[illegible]未詳[illegible]闕娶[illegible]氏生卒俱闕[illegible]三十

十四世

德一 津 本十四子生宏治八年乙卯三月二十日卒闕娶三都翁氏生卒闕子湋一湋二湋三湋四女適五都應

德二 滸 本十五子生宏治十三年庚申正月廿四日卒萬歷十七年己丑十二月十二日壽九十娶四都姚氏生卒闕葬園下田子湋五湋六

德三 德七 本十五子生正德元年丙寅四月三十日卒嘉靖廿七年戊申餘闕年四十三娶五都周氏生卒闕葬園下田子湋七

德四 溉 本十五子生正德七年壬申四月初八日卒闕娶三都吳氏生卒闕子湋湋九女適四都方四廉

德五 德四二 本十六子生嘉靖五年丙戌六月初一日卒闕娶定海朱氏生卒闕子湋十

德六 德六一 本十六子生嘉靖十年辛卯十二月初七日卒闕娶口氏生卒闕子湋十一湋十二

德七 德三五 本十七子生嘉靖元年壬午九月十八日卒隆慶六年壬申三月十三日年五十一娶應氏生卒闕葬前畈田子湋十三湋十四

德八 德四七 本十七子生嘉靖六年丁亥六月初一日卒闕

德九 德七一 本十七子生嘉靖十八年己亥十一月廿四日卒闕娶口氏生卒闕子湋十五

德十 德六七 本十八子生嘉靖十五年丙申閏十二月十二日卒闕娶三都王氏生卒闕葬錢家橋月下田子湋十六

德十一 汭 本十九子生宏治十三年庚申七月廿八日卒闕娶朱氏生卒闕葬馬鞍山子湋十七湋十八湋十九

德十二　澄　本廿一子生正德十三年戊寅正月初三日卒闕娶定海傅氏繼娶龍
山所鄭氏續娶北京楊氏四□娶生卒俱闕子　滔二十　女長適本都趙
鄭氏出次適坊隅
余生員綸偶氏出

德十三　淙　本廿二子生嘉靖十九年庚子十二月初八日卒闕娶定海周氏生卒
闕

德十四　德八二　本廿二子生嘉靖三十年辛亥九月廿八日卒闕娶□氏生卒
闕子滔廿一滔廿二

德十五　德五九　本廿三子生嘉靖十年辛卯正月廿二日卒闕娶施氏生卒闕
子滔廿四滔廿五滔廿六

德十六　濟　本廿三子生嘉靖十四年乙未四月初十日卒闕娶□氏生卒闕子滔
廿六滔廿七滔廿八

德十七　濤　本廿三子生嘉靖二十年辛丑六月初六日卒闕

德十八　德七六　本廿三子生嘉靖廿四年乙巳五月初五日卒闕

德十九　淂　本廿三子生嘉靖十一年壬辰十月十四日卒闕娶定海傅氏生卒闕

德二十　德六　本廿六子生正德元年丙寅四月初二日卒隆慶五年辛未十一
月廿六日壽六十六娶楊氏生卒闕葬霏山東德廿三子滔廿九入
繼

德廿一　派　本廿七子生正德十二年丁丑閏十二月廿九日卒嘉靖三十九年庚
申九月初五日年四十四娶邵氏生卒闕葬馬鞍山子滔三十滔三一

湝三[illegible]遷本居蘇

德廿二 沆 本廿八子生宏治十六年癸亥四月初五日卒闕

德廿三 潤 本廿八子生正德元年丙寅九月廿四日卒萬歷四年丙子六月十九日壽七十一娶四都姚氏生闕卒四月廿五日繼娶定海趙氏生卒闕葬小靈山子湝三三湝三四湝三五湝廿九出繼德二十

德廿四 德九 本廿八子諱闕生卒闕

德廿五 德四四 本廿八子諱闕生卒闕

德廿六 德十二 本廿九子諱闕生正德七年壬申九月廿四日卒闕

德廿七 應秀 本廿九子生卒闕

德廿八 德五六 本廿九子諱闕生卒闕

德廿九 德六四 本廿九子諱闕生卒闕

德三十 浾 本三十子生嘉靖十七年戊戌六月初八日卒闕娶本邑徐氏生卒闕子湝三六湝三七湝三八湝三九

十五世

滄一　舊行同　德一子諱闕生正德十五年庚辰八月廿四日卒闕娶胡氏生卒闕子麗一

滄二　滄三　德一子諱闕生卒闕

滄三　滄五　德一子諱闕生嘉靖八年己丑十二月十四日卒闕

滄四　滄十　德一子諱闕生嘉靖十四年乙未十月初七日卒闕

滄五　和　德二子生嘉靖十三年甲午十月十二日卒闕娶本縣坊隅鄭氏生卒闕

滄六　滄十三　德二子諱闕生嘉靖十八年己亥八月廿二日卒闕娶坊隅三圖趙氏生卒闕葬馬鞍橋紗帽田後子麗三麗四麗五

滄七　滄十五　德三子諱闕生嘉靖十八年己亥十一月初七日卒闕娶本縣五都邵氏生卒闕子麗六麗七麗八

滄八　滄三六　德四子諱闕生嘉靖三十一年壬子六月十八日卒闕

滄九　六十　德四子諱闕生嘉靖四十年辛酉三月初十日卒闕

滄十　九五　德五子諱闕生萬歷四年丙子六月初三日卒闕

滄十一　六八　德六子諱闕生嘉靖四十一年壬戌十一月二十日卒闕

滄十二　八二一　德六子諱闕生隆慶三年己巳七月廿四日卒闕

濬十三　濬六七　德七子諱闕生嘉靖四十一年壬戌十一月初二日卒崇禎十年丁丑六月十六日壽七十六娶陳氏生十月初八日卒九月十九日子麗九麗十

濬十四　濬七八　德七子諱闕生嘉靖四十五年丙寅十月廿四日卒闕

濬十五　濬九七　德九子諱闕生萬歷六年戊寅十月十五日卒闕

濬十六　濬五五　德十子諱闕生嘉靖三十八年己未七月初七日卒闕娶鄞縣鮑氏生卒闕葬馬鞍橋子麗十一麗十二麗十三

濬十七　濬十二　德十一子諱闕生嘉靖十七年戊戌六月十三日卒十一月初四日娶定海王氏生卒闕子麗十四女適本縣九都一啚毛潔

德十八　應科　德十一子生嘉靖二十年辛卯正月廿三日卒闕娶鄞縣王氏生卒闕

德十九　應奎　德十一子生嘉靖廿四年乙巳六月十二日卒闕娶定海余氏繼娶北京□氏生卒俱闕

濬二十　濬百七　德十二子諱闕生萬歷十七年己丑十月初三日卒闕

濬廿一　應暘　德十四子生萬歷十一年癸未八月十三日卒闕

濬廿二　濬百六　德十四子諱闕生萬歷十五年丁亥十一月廿七日卒闕

濬廿三　濬六一　德十五子諱闕生嘉靖四十年辛丑五月初四日卒闕

滣廿四　滣七十　德十五子諱闕生嘉靖四十二年癸卯八月初八日卒闕

滣廿五　滣八十　德十五子諱闕生隆慶元年丁卯十月二十日卒闕

滣廿六　滣八一　德十六子諱闕生隆慶二年戊辰十一月初九日卒闕

滣廿七　滣八七　德十六子諱闕生隆慶六年壬申正月廿四日卒闕

滣廿八　滣九八　德十六子生萬歷七年己卯七月初六日卒闕

滣廿九　時用　德三十子生嘉靖廿八年己酉十一月初七日卒崇禎三年庚午十二月廿八日壽八十二娶本鄉上二啚蘇氏生卒闕子麗十五麗十六麗十七女適坊隅馮生員新翰

滣三十　應秀　德廿一子生嘉靖廿二年癸卯十二月十五日卒闕娶定海陳氏生卒闕子麗十八麗十九

滣三一　樓　德廿一子生嘉靖廿七年戊申七月十三日卒闕

滣三二　仁　德廿一子生嘉靖三十一年壬子八月二十日卒闕

滣三三　應華　德廿三子生嘉靖十五年丙申十月廿三日卒四月廿八日娶定海陳氏生二月廿二日卒七月廿八日葬定林寺南祖墳邊子麗二十麗廿一廿二女長適□樓朱六適五都福建巡按御史應喜臣

湻三四　湻十六　德廿三子諱闕生卒闕

湻三五　應期　德廿三子生嘉靖廿二年癸卯十二月二十日卒闕娶定海東管二都夏氏　敕贈孺人生卒闕子麗廿三麗廿四

湻三六　湻七五　德三十子諱闕生嘉靖四十四年乙丑十月十一日卒闕

湻三七　湻八八　德三十子諱闕生隆慶六年壬申閏二月初一日卒闕

湻三八　湻九六　德三十子諱闕生萬歷五年丁丑三月初六日卒闕

湻三九　湻百五　德三十子諱闕生萬歷十三年乙酉九月十六日卒闕

十六世

麗一　麗七　湻一子生隆慶二年戊辰五月廿一日卒闕娶口氏生卒闕子福一

麗二　兎　湻六子生隆慶元年丁卯五月十一日卒闕娶口氏生卒闕子福二福三

麗三　麗十五　湻六子諱闕生隆慶六年壬申七月十六日卒闕

麗四　麗廿五　湻六子諱闕生萬歷四年丙子九月初六日卒闕娶口氏生卒闕子福四

麗五　增　湻六子諱闕娶口氏生卒俱闕子福五

龐六　龐十六　澮七子諱闕生萬歷元年癸酉二月初九日卒闕娶□氏生卒闕子福六

龐七　龐三十　澮七子諱闕娶□氏生卒俱闕子福七福八

龐八　龐五六　澮七子諱熙生□卒闕

龐九　士和　澮十三子生萬歷廿六年戊戌餘闕卒崇禎四年辛未餘闕年三十四

龐十　士順　澮十三子生萬歷三十六年戊申二月十三日卒康熙十九年庚申九月十三日壽七十三娶□氏生卒俱闕子福九福十

龐十一　龐百四　澮十六子諱闕娶□氏生卒俱闕子福十一福十二

龐十二　龐百六　澮十六子諱闕生萬歷十六年戊午七月初一日卒五月十八日壽八十五娶李氏生萬歷四十七年己未八月廿七日卒康熙四十一年壬午九月初九日壽八十四子福十三福十四福十五

龐十三　龐百九　澮十六子諱闕娶□氏生卒俱闕子福十六福十七

龐十四　士榮　澮十七子生嘉靖四十一年壬戌十月初二日卒十月十四日娶本縣十二都洪氏生卒闕子福十八

龐十五　士灼　澮廿九子生萬歷二年甲戌三月初七日卒闕

龐十六　龐廿九　澮廿九子諱闕生卒闕

麗十七　麗五四　澔廿九子諱闕生卒

麗十八　麗十九　澔三十子生萬歷三年乙亥正月初一日卒闕娶門氏生卒闕子福廿五

麗十九　麗三八　澔三十子諱闕生卒闕

麗二十　仕美　澔三三子生嘉靖四十五年丙寅五月廿五日卒康熙二年癸卯正月初十日壽九十八娶本縣十三都四啚劉氏生隆慶元年丁卯四月闕卒崇禎元年戊辰四月闕壽六十二葬小靈山郡埔右子福廿六

麗廿一　仕燡　澔三三子生隆慶四年庚午十二月初四日卒順治四年丁亥九月廿七日壽七十八娶王氏生卒闕葬小靈山腳下繼娶劉氏生萬歷三年乙亥四月十七日卒順治十一年甲午十二月初五日壽八十[illegible]與丕合葬定林寺長岸地子福廿七劉氏出

麗廿二　仕煉　澔三三子生萬歷元年癸酉十一月初一日卒崇禎十年丁丑十一月廿五日壽六十五娶定海西管胡氏生隆慶六年壬申五月廿三日卒順治九年壬辰十二月廿七日壽八十一葬小靈山祖墳右子福廿八福廿九福三十

麗廿三　士彥　澔三五子生萬歷三年乙亥七月十二日卒順治七年庚寅四月十三日壽七十六娶定海羅氏敕封孺人生萬歷二年甲戌十二月十二日卒崇禎七年甲戌四月十二日壽六十一子福三一福三二福三三福三四女適袁復天啓甲子經元

麗廿四　麗三三　澔三五子諱闕生卒闕

麗廿五　明秀　五　先世未詳生歿卒八月十三日娶逵氏生闕卒八月廿三日子福三五

十七世

福一　有則　麗一子生卒闕

福二　有朋　麗二子生卒闕

福三　[illegible]□　麗二子諱闕生卒闕

福四　[illegible]□　麗四子諱闕生卒闕

福五　福□　麗[illegible]子諱闕生卒闕

福六　有才　麗六子生卒闕

福七　福□　麗七子諱闕生卒闕

福八　福□　麗七子諱闕生卒闕

福九　有餘　麗十子生□□年戊申二月十三日卒□□年庚申九月十二日壽七十三娶□氏生卒闕子[illegible]一[illegible]二

福十　[illegible]餘　麗十子生[illegible]十一年[illegible]十[illegible]月[illegible]日[illegible]康熙三十年辛卯正月十一日年五十六娶□氏生卒闕

福十一 有順 配十一子娶□氏生卒俱闕子祿三

福十二 有福 配十一子娶□氏生卒俱闕子祿五祿六

福十三 有祥 配十二子生順治四年丁亥七月十四日卒康熙四十一年壬午十月初九日年五十六

福十四 有成 配十二子娶□氏生卒俱闕子祿七

福十五 有倫 配十二子生康熙元年壬寅正月初九日卒康熙四十三年甲申七月三十日年四十三娶□氏生卒闕子祿八

福十六 有偕 配十三子生卒闕

福十七 有侶 配十三子娶□氏生卒俱闕子祿九祿十

福十八 有裕 配十四子生萬曆廿七年己亥十月十七日卒崇禎十六年癸未十一月十七日年四十五娶曹氏生四月十五日卒十一月初九日繼娶夏氏生萬曆三十二年庚[illegible]七月廿七日卒康熙二十年辛酉五月十二日壽七十八子祿十一祿十二祿十三

福十九 間餘 先世未詳生萬曆三十八年庚戌十月二十日卒康熙廿六年丁卯四月十七日壽七十八娶應氏生卒闕子祿十四祿十五

福二十 有榮 先世未詳生萬曆四十七年己未八月十九日卒康熙廿七年戊辰六月初十日壽七十娶陳氏生萬曆四十五年丁巳九月十二日卒康熙三十九年庚辰二月初三日壽八十四子 十六 十七 十八

福廿一　有斐　先世未詳生天啓五年乙丑十二月廿七日卒康熙廿八年己巳六月十四日壽六十五娶周氏生崇禎二年己巳九月十八日卒康熙四十一年壬午十一月廿六日壽七十四子　十九

福廿二　光餘　先世未詳生崇禎十年丁丑十月初五日卒康熙五十年辛卯十一月初九日壽七十五娶口氏生卒闕子　二十　廿一　繼廿二

福廿三　有皆　先世未詳生順治二年乙酉九月十七日卒康熙四十一年壬午四月廿八日年五十八娶口氏生卒闕子　廿三　廿四

福廿四　有恆　先世未詳娶吳氏生卒俱闕子　廿五　廿六　廿七

福廿五　嗷臍　龐十八子生崇禎十四年辛巳八月十九日卒康熙五十六年丁酉十二月初七日壽七十七娶韓氏生順治十八年辛丑五月十二日卒雍正十年壬子十二月廿四日壽七十七子祿三十　三一

福廿六　先象　龐二十子生萬歷十五年丁亥十月十一日卒康熙十八年己未十月廿九日壽九十三娶口氏生卒闕子　三二　三三　三四　三五

福廿七　學禮　龐廿一子生萬歷廿二年甲午十一月十一日卒康熙七年戊申三月十三日壽七十五娶鄔氏生萬歷廿四年丙申十一月十一日卒崇禎十一年戊寅十二月廿一日年四十三繼娶蘇氏生萬歷三十六年戊申七月廿九日卒康熙廿七年戊辰二月初五日壽八十一葬定林寺

長子入考嶼仔祿三六鄔氏出

祿三七祿三八祿三九蘇氏出

福廿八 泰餘 麗廿二子生萬曆廿八年庚子十二月初九日卒康熙廿三年甲子
正月十七日壽八十五娶八都應宓衕應氏生萬曆三十二年甲辰
十一月廿三日卒崇禎十四年辛巳六月十七日年三十八繼宓陳氏生
萬曆三十五年丁未八月十六日卒順治八年辛卯九月初十日年四十
五葬河頭市東南徐家汫金
魚山穎姆面前子祿四十

福廿九 晉餘 麗廿二子生萬曆三十一年癸卯八月初十日卒康熙十一年壬子
八月廿三日壽七十娶童氏生萬曆三十五年丁未十二月十五日
卒康熙十四年乙卯九月廿五
日壽六十九子祿四一祿四二

福三十 酉佑 麗廿二子生萬曆三十六年戊申正月廿五日卒康熙廿九年庚午
二月初三日壽八十三娶口氏生卒闕子祿四三祿四四祿四五

福三一 有哲 麗廿三子生萬曆廿六年戊戌八月廿八日卒順治九年壬辰十二
月初九日年五十五

福三二 有年 麗廿三子生卒闕

福三三 有慶 麗廿三子生卒闕

福三四 定 麗廿三子生卒闕

福三五 應瑞 麗廿五子生順治四年丁亥十一月十三日卒康熙六十年辛丑七
月廿二日壽七十五娶口氏生順治二年乙酉十二月十二日卒康
熙廿三年甲子七月十五日年
四十子祿四六祿四七祿四八

十八世

祿一 **啓鳳** 福九子生康熙二年癸卯餘闕卒乾隆五年庚申三月廿三日壽七十八娶□氏生卒闕

祿二 **啓龍** 福九子生卒闕

祿三 **啓鰲** 福十一子娶□氏生卒俱闕子廣一

祿四 **祿□** 福十二子諱闕生卒闕娶洪氏生康熙廿二年癸亥十一月廿三日卒乾隆廿一年丙子六月初一日壽七十四

祿五 **祿行** 福十二子生卒闕娶蘇氏生康熙廿七年戊辰九月廿一日卒乾隆廿五年庚辰十二月廿八日壽七十三

祿六 **啓蛟** 福十二子生卒闕娶趙氏生康熙廿九年庚午十一月廿七日卒乾隆三十二年丁亥十月初五日壽七十八子廣二

祿七 **備侯** 福十四子生康熙元年壬寅正月廿五日卒雍正十二年甲寅正月十九日壽七十三娶沈氏生康熙十八年己未正月十一日卒乾隆三十一年丙戌八月初十日壽八十八葬馬幹橋河西子廣三廣四廣五廣六廣七

祿八 **招林** 福十五子生卒闕

祿九 **連昇** 福十七子生順治十三年餘闕卒雍正五年丁未閏三月十八日壽七十二娶□氏生卒闕葬錢家橋栖樹頭田

祿十 **載昇** 福十七子生卒闕娶章氏生康熙四十四年乙酉九月廿二日卒乾隆十七年壬申九月十四日年四十八子廣八廣九

禄十一 允培 福十八子生卒闕娶鄭氏生萬曆四十年壬子□月廿五日卒康熙
二十年辛酉正月初六日壽七十 廣十廣十一廣十二廣十三

禄十二 允增 福十八子生五月十五日卒八月廿二日娶沈氏生萬曆四十四年
丙辰三月二十日卒康熙十三年甲寅七月初八日年五十九子廣
十四

禄十三 允埒 福十八子生崇禎二年己巳閏四月廿四日卒康熙二十年辛酉六月
十四日年五十三娶毛氏生五月廿五日卒三月初六日廣十五廣
十六廣十
七廣十八

禄十四 允顯 福十九子生崇禎十三年庚辰正月廿三日卒康熙五十四年乙未
二月初五日壽七十六娶胡氏生崇禎八年乙亥四月十六日卒康
熙五十一年壬辰二月初六日
壽七十八子廣十九廣二十

禄十五 允禎 福十九子生卒闕

禄十六 允望 福二十子生卒闕

禄十七 允斗 福二十子生卒闕

禄十八 允安 福二十子生康熙九年庚戌八月十九日卒乾隆六年辛酉十二月
廿二日壽七十二娶□氏生卒闕

禄十九 允彪 福廿一子生順治九年壬辰五月初四日卒康熙六十年辛丑八月
初九日壽七十娶陳氏生順治十六年己亥餘闕卒雍正六年丁未

惠東龔氏四修宗譜卷廿六　右房　承志堂藏

四月十三日壽六十九子
廣廿一廣廿二廣廿三
禄二　允祥　福廿二子生卒闕
十
禄廿　允相　福廿二子生卒闕
一
禄廿　允元　福廿二子生康熙十一年壬子餘閏卒康熙五十七年戊戌四月十
二　七日年四十七娶口氏生卒闕子廣廿四廣廿五
禄廿　允文　福廿三子生卒闕
三
禄廿　允武　福廿三子生卒闕
四
禄廿　允道　福廿四子生康熙六年丁未閏四月廿二日卒康熙四十七年戊子
五　十二月初一日年四十二娶口氏生卒闕
禄廿　允吉　福廿四子生卒闕
六
禄廿　允明　福廿五子生生闕
七
禄廿　允中　先世未詳生卒闕娶張氏生康熙廿八年己巳二月十八日卒乾隆
八　廿七年壬午十二月廿九日壽七十四子廣廿六廣廿七
禄廿　允貴　先世未詳生康熙廿一年壬戌六月十八日卒雍正十年壬子二月
九　十一日年五十一娶口氏生卒闕子廣廿八
禄三　允文　福廿五子生康熙十九年庚申閏八月初七日卒乾隆三年戊午二
十　月十二日年五十九娶嚴氏生康熙三十一年壬申九月初四日卒

乾隆廿六年辛巳八月廿九日[illegible]七
十葬馬嶴橋西首子廣廿九廣三十

祿三一 允斌 福廿五子生卒闕

祿三二 允孝 福廿六子生萬曆三十四年丙午二月十六日卒順治五年戊子十
月十二日年四十三娶徐氏生萬曆三十七年己酉十月十六日卒
順治元年甲申餘闕年三十六葬小嶴山子廣三一廣三二廣三三廣三
四

祿三三 允濟 福廿六子生萬曆四十三年乙卯二月初十日卒順治十二年乙未
九月十一日年四十一娶口氏生卒闕子廣三五廣三六

祿三四 允若 福廿六子娶口氏生卒俱闕子廣三七

祿三五 允言 福廿六子娶口氏生卒俱闕廣三八廣三九廣四十廣四一

祿三六 允儀 福廿七子生萬曆口年十二月十八日卒康熙十一年壬子十二月
廿五日娶曹氏繼娶朱氏生卒俱闕葬定林寺長爿地祖墳邊子廣
四二廣四三
俱曹氏出

祿三七 允藏 福廿七子生萬曆四十四年丙辰八月廿五日卒康熙十二年癸丑
九月十九日年五十八娶葛氏生二月廿九日卒康熙三十八年己
卯三月廿八日葬定林寺長爿
地祖墳右子廣四四廣四五

祿三八 允懋 福廿七子生三月十三日卒九月初八日娶王氏生九月初八日卒
順治十七年庚子十二月初二日葬小靈山脚子廣四六廣四七

禄三九 允師 福廿七子生崇禎六年癸酉七月初一日卒康熙三十八年己卯四月廿九日壽六十七娶蘇氏生崇禎六年癸酉正月十四日卒康熙三十年辛未八月十五日年五十九葬小塢山脚子廣四八

禄四十 允位 福廿六子生天啓三年癸亥十月十五日卒康熙三年甲辰十二月初十日年四十二娶余氏生天啓七年丁卯九月初八日卒康熙廿四年乙丑七月初一日年五十九葬鎮海縣蟹浦三七房金竹對面覆船山東北向又名牛月山子廣四九廣五十廣五一廣五二

禄四一 允千 福廿九子生崇禎五年壬申十月初三日卒康熙廿八年己巳九月初八日年五十八娶陳氏生崇禎七年甲戌五月初三日卒康熙四十四年乙酉八月廿六日壽七十二子廣五三廣五四廣五五

禄四二 允萬 福廿九子生崇禎八年乙亥七月十九日卒康熙四十九年庚寅二月廿七日壽七十六娶趙氏生崇禎十三年庚辰十二月初五日卒康熙廿一年壬戌六月初六日年四十三繼娶嚴氏生崇禎元年戊辰九月初九日卒康熙四十年辛巳十一月十八日壽七十四葬過橋子廣五六廣五七

禄四三 允熙 福三十子娶□氏生卒俱闕子廣五八廣五九

禄四四 允烈 福三十子娶□氏生卒俱闕子廣六十

禄四五 允新 福三十子娶□氏生卒俱闕子廣六一

祿四六 **景鶴** 福三五子生卒闕娶楊氏生康熙十四年乙卯正月初四日卒乾隆十七年壬申二月初十日壽七十八子廣六二廣六三廣六四廣六五

祿四七 **景鳳** 福三五子生康熙十二年癸丑十一月初八日卒雍正十三年乙卯十月廿三日壽六十三娶周氏生卒闕子廣六六廣六七廣六八

祿四八 **景宏** 福三五子生康熙二十年辛酉十一月十五日卒乾隆廿五年庚辰十一月初十日壽八十娶周氏生康熙四十一年壬午五月二十日卒乾隆三十九年甲午五月廿七日壽七十三

十九世

廣一 **國英** 祿三子生康熙五十年辛卯十二月廿九日卒乾隆廿六年辛巳九月十三日年五十一娶邵氏生康熙五十四年乙未二月廿三日卒乾隆四十八年癸卯二月十三日壽六十九葬馬鞍橋西北首廠□子完一完二

廣二 **克孝** 祿六子生卒闕娶沈氏生康熙五十九年庚子六月初七日卒乾隆三十九年甲午十二月十四日年五十五葬曹家斗子完三

廣三 **國端** 祿七子生康熙三十九年庚辰九月初六日卒雍正十二年甲寅九月廿一日年三十五娶□氏生卒闕子完四完五

廣四 **國禎** 祿七子生康熙四十二年癸未十月初八日卒乾隆四十七年壬寅正月十三日壽八十娶韓氏生康熙五十年辛卯八月初八日卒乾隆十六年辛未十二月廿八日年四十一繼娶呂氏生七月初八日卒十月初五日葬海眼坵北首子完六完七

泉郡劉氏四修宗譜卷十六　右房　用志堂藏

廣五　國鼎　祿七子生卒闕

廣六　國顯　祿七子生康熙五十七年戊戌四月十六日卒乾隆廿四年己卯閏六月十六日年四十二娶翁氏生四月十二日卒七月三十日葬馬鞍橋
子完八

廣七　天瑞　祿七子生卒闕未娶

廣八　德春　祿十子生乾隆六年辛酉正月初七日卒嘉慶五年庚申閏四月廿九日壽六十娶蘇氏生乾隆廿六年辛巳十月初十日卒道光十三年癸巳五月廿五日壽七十三
葬馬鞍橋北首子完九

廣九　德運　祿十子生卒闕

廣十　爾元　祿十一子生卒闕

廣十一　雲清　祿十一子生順治三年丙戌七月廿四日卒康熙五十九年庚子十二月初十日壽七十五娶陳氏生康熙十三年甲寅十月初一日卒乾隆十一年丙寅十月廿二日壽七十三子完十完十一

廣十　雲俊　祿十一子生卒闕

廣十　雲[illegible]　祿十一子生卒[illegible]　[illegible]二子十十月廿二日卒三月十四日娶[illegible]氏生卒闕[illegible]劉氏生正月初七日卒十一月十九日葬[illegible]橋[illegible]河[illegible]子完十二完十三完

廣十四 聖木 祿十二子生十月廿二日［illegible］三月［illegible］十日娶［illegible］氏生卒闕繼娶劉氏生［illegible］月初七日卒十一月十九日［illegible］倘［illegible］河［illegible］子完十二完十三完十四

廣十五 ［illegible］佳 祿十三子娶口氏生卒俱闕子完十五

廣十六 ［illegible］桂 祿十三子生順治九年壬辰五月廿五日卒康熙十七年戊午八月廿三日年二十七未娶

廣十七 ［illegible］標 祿十三子生順治十五年戊戌十二月十七日卒康熙五十一年壬辰正月十七日年五十五

廣十八 廣十一 祿十三子譜闕生十月廿二日卒三月初十日壽六十九娶口氏生卒闕子完十六完十七完十八

廣十九 克［illegible］ 祿十四子生康熙十一年壬子六月廿一日卒乾隆十二年丁卯七月二十日壽七十六娶馬氏生康熙十六年丁巳餘闕卒康熙四十五年丙戌十月廿［illegible］日年三十［illegible］繼娶陳氏生康熙廿三年甲子三月初八日卒乾隆十二年丁卯四月初六日壽六十四子完十九

廣二十 克傑 祿十四子娶口氏生卒俱闕子完二十

廣廿一 克明 祿十九子生康熙廿一年壬戌九月十二日卒闕娶蘇氏生康熙三十三年甲戌四月三十日卒雍正五年丁未四月廿四日年三十四子完廿一完廿二

廣廿二 振［illegible］ 祿十九子生卒闕

廣廿三 秀祥 祿十九子生卒闕

廣廿四 大德 祿廿二子生卒闕

廣廿五 龍壽 祿廿二子生卒闕

廣廿六 克仁 祿廿八子生康熙三十三年甲戌餘闕卒乾隆二十年乙亥正月十五日壽六十二娶口氏生卒闕子 廿四 廿五

廣廿七 克臣 祿廿八子生康熙四十九年庚寅餘闕卒乾隆三十四年己丑餘闕壽六十

廣廿八 克昌 祿廿九子生卒闕

廣廿九 大有 祿三十子生康熙五十一年壬辰五月初四日卒乾隆四十年乙未十一月初二日壽六十四娶[illegible]二年[illegible]二月十七日卒乾隆五十九年甲寅十一月初一[illegible]年[illegible]十八葬馬鞍[illegible]子 八完 廿九 [illegible] 三十

廣三十 九如 祿三十子 [illegible] 生卒闕

廣三一 三九 祿三二子娶[illegible]生卒俱[illegible]子 [illegible]十 三一

廣三二 亭 祿三二子娶口氏生卒俱闕子 三二 三三 三四 三五

廣三三 利 祿三二子生卒闕

廣三[illegible]祿三二一子娶□氏生卒俱闕子完三[illegible]
四
廣三咸祿三三子娶□氏生卒俱闕子完三七完三八
五
廣三日祿三三子娶□氏生卒俱闕子完三九
六、
廣三稚祿三四子娶□氏生卒俱闕子完四十
七
廣三純祿三五子生崇禎十六年癸未十一月十七日卒康熙四十八年己丑
八
五月十二日壽六十娶邵氏生順治五年戊子四月廿六日卒康熙四
十七年戊子八月廿一日壽
六十一子完四一完四二
廣三亦祿三五子生順治四年丁亥三月十五日卒康熙三十六年丁丑十二
九
月初七日年五十一娶□氏生卒闕子完四三完四四
廣四壬祿三五子生順治八年辛卯十二月初二日卒康熙四十九年庚寅五
十
月十七日壽六十娶周氏生順治十二年乙未六月初六日卒乾隆元
年丙辰十二月十四日
壽八十二子完四五
廣四全祿三五子生康熙六年丁未十二月廿八日卒雍正四年丙午三月十
一
四日壽六十娶□氏生卒闕
廣四雲從祿三六子生崇禎四年辛未正月廿四日卒康熙十一年壬子六月
二
廿四日年四十二娶劉氏生崇禎十年丁丑六月初二日卒康熙三
十年辛未正月初一日年五
十五葬定林寺長汁地南首

廣四三　雲會　祿三六子生崇禎八年乙亥六月十三日卒康熙五十一年壬辰七
月廿八日壽七十八娶胡氏生崇禎十六年癸未餘闕卒康熙五十
一年壬辰九月廿二日壽七十
葬小靈山子完四六完四七

廣四四　雲鰲　祿三七子生順治七年庚寅九月十四日卒康熙四十七年戊子八
月十五日年五十九娶戴氏生順治四年丁亥二月十三日卒康熙
三十八年己卯六月初四日
年五十三子完四八完四九

廣四五　雲鯤　祿三七子生順治十五年戊戌九月十六日卒乾隆十六年辛未二
月廿三日壽九十四娶嚴氏生康熙六年丁未十二月廿八日卒康
熙三十四年乙亥五月十七日年二十九[illegible]娶唐氏生順治十六年己亥
十月廿九日卒康熙四十年辛巳九月廿二日年四十三葬馬鞍橋港子
完五
十

廣四六　雲來　祿三八子生順治□年四月十五日卒康熙□年十二月初七日娶
胡氏生十二月十五日卒二月廿一日葬小靈山子完五一完五二

廣四七　雲蛟　祿三八子生順治十年癸巳二月十六日卒康熙三十九年庚辰六
月初七日年四十八娶呂氏生康熙十年辛亥十一月初四日卒雍
正六年戊申九月三十
日年五十八子完五三

廣四八　雲鯨　祿三八子生順治九年壬辰十一月十六日卒雍正六年戊申七月
初二日壽七十八娶戴氏生康熙七年戊申五月十九日卒雍正三
年[illegible]六月廿[illegible]日年[illegible]八葬[illegible]
地上子完五四完五五完五六完五七

廣四九、 雲芝 祿四十子生順治二年乙酉正月初四日卒康熙六十一年壬寅九月初六日壽七十八娶邵氏生順治三年丙戌八月廿二日卒雍正十年壬子十一月廿三日壽八十七葬車橋烏家弄大墳子完五八完五九完六十完六一

廣五十 雲蘭 祿四十子堂生順治六年己丑八月十七日卒康熙三十五年丙子五月初一日年四十八娶吳氏生順治十年癸巳二月廿二日卒雍正五年丁未十二月十一日壽七十五葬小童嶴底裏坵屋後山子完六二

廣五一 雲蓰 祿四十子生順治六年己丑八月十七日卒康熙三十五年丙子五月初一日年四十八娶姚氏生康熙元年壬寅八月十三日卒雍正十三年乙卯八月十九日壽七十四嗣室王氏生康熙八年己酉十一月十一日卒雍正八年辛卯四月廿八日壽六十三葬小童嶴三官堂後山土名燕窠子完六二三

廣五二 雲藻 祿四十子生順治十七年庚子正月十五日卒康熙四十四年乙酉正月十四日年四十六娶應氏生康熙二年癸卯十二月廿五日卒康熙四十六年丁亥十一月十九日年四十五葬小童嶴三官堂後山土名燕窠子完六四女適東郃

廣五三 雲心 祿四一子娶□氏生卒俱闕子完六五

廣五四 雲如 祿四一子生康熙三年甲辰七月初四日卒康熙五十六年丁酉九月十二日年五十四娶舒氏生卒闕子完六六完六七

廣五五 雲裔 祿四一子生康熙六年丁未三月初十日卒雍正十一年癸丑八月三十日壽六十七娶陳氏生康熙□年四月廿四日卒乾隆廿五年

庚辰九月初五日子完
六八完六九完七十
廣五六　**雲清**　祿四二子生康熙五年丙午正月初四日卒乾隆九年甲子十一月
廿四日壽七十九娶王氏生康熙十七年戊午十一月十一日卒乾
隆十七年壬申十一月十九日
壽七十五子完七一完七二

廣五七　**雲生**　祿四二子生康熙十　年壬子六月廿九日卒乾隆八年癸亥閏四
月初五日壽七十二娶王氏繼娶黃氏生卒俱闕子完七三完七四
完七五
完七六

廣五八　**廣□**　祿四三子諱闕生卒闕

廣五九　**士良**　祿四三子生康熙廿二年癸酉十月十五日卒乾隆廿六年辛巳九
月十七日壽六十九娶周氏生康熙廿九年庚午五月廿九日卒乾
隆三十五年庚寅四月十六日壽八十一子完七七完七八完七九完七
八十出繼廣六十

廣六十　**士忠**　祿四四子生卒闕娶張氏生康熙四十二年癸未十一月廿七日卒
十月廿四日廣五九子完七九八

廣六一　**士賢**　祿四五子娶□氏生卒俱闕子完八丁

廣六二　**廣學**　祿四六子生康熙十九年庚申十一月廿五日卒雍正六年戊申八
月十八日年四十九娶□氏生康熙三十九年庚辰十一月十三日
卒乾隆三十六年辛卯五月廿九日
壽七十二子完八一完八二完八三

廣三六 **廣文** 祿四六子生康熙三十六年丁丑正月初六日卒乾隆廿七年壬午八月初八日壽六十六娶李氏生康熙廿六年丁卯九月十三日卒雍正十三年乙卯五月二十日年四十子完八四

廣六四 **廣宗** 祿四六子生康熙三十八年己卯十月十一日卒乾隆廿五年庚辰正月十九日壽六十二娶□氏生卒闕

廣六五 **廣世** 祿四六子生雍正五年丁未四月廿六日卒乾隆二十七年壬辰八月初四日年四十六娶陳氏生乾隆元年丙辰七月初七日卒嘉慶十九年甲戌十一月初一日壽七十九子完八五完八六

廣六六 **廣大** 祿四七子生康熙四十七年戊子十一月初八日卒雍正十二年甲寅二月初三日年二十七娶陳氏生康熙十八年己丑十月初八日卒闕

廣六七 **廣裕** 祿四七子生康熙四十九年庚寅七月廿四日卒乾隆四十年乙未十月十七日壽六十六娶唐氏生康熙五十七年戊戌九月初八日卒乾隆五十二年丁未五月十四日壽七十子完八七完八八

廣六八 **廣佑** 祿四七子生康熙五十一年壬辰九月廿五日卒乾隆四十二年丁酉九月廿五日壽六十六娶陳氏生康熙五十九年庚子六月廿八日卒乾隆五十六年辛亥十二月初八日壽七十二子完八九完九十完九一完九二

二十世

完一 章財 廣一子生卒闕未娶葬廠前

完二 發財 廣一子生乾隆十九年甲戌六月初九日卒嘉慶十八年癸酉正月十四日壽六十娶周氏生乾隆廿九年甲申十二月初九日卒嘉慶九年甲子八月十一日年四十一葬廠前馬鞍橋西北首子全一

完三 大本 廣二子生乾隆十三年戊辰四月初六日卒嘉慶元年丙辰三月初八日年四十九娶蘇氏生乾隆十三年戊辰閏七月十九日卒乾隆三十年乙酉十二月十三日年十八繼娶李氏生卒闕葬錢家橋子全二全三

完四 述先 廣三子生雍正四年丙午九月十四日卒乾隆廿二年丁丑五月廿五日年三十二

完五 永興 廣三子生卒闕

完六 明先 廣四子生乾隆十年乙丑七月十三日卒嘉慶十四年己巳十一月十六日壽六十五娶蘇氏生乾隆廿一年丙子四月十八日卒乾隆四十四年己亥六月初六日年二十四繼娶徐氏生乾隆廿五年庚辰九月十三日卒嘉慶廿二年丁丑五月初七日年五十八葬小商嶴安家山子全四徐氏出

完七 承先 廣四子生乾隆十六年辛未二月廿六日卒嘉慶十三年戊辰十月十四日年五十八娶應氏生乾隆廿九年甲申十一月初五日卒道光十八年戊戌九月廿一日壽七十五葬石沸亭子全五全六全七全八

完殿臣 廣八子生雍正九年辛亥九月廿二日卒乾隆四十五年庚子四月初
八 五日年五十娶蔡氏生乾隆十四年己巳九月廿五日卒嘉慶廿五年
庚辰十一月十三日壽七十
二葬馬數嶺東首子全九

完明龍 廣八子生嘉慶元年丙辰九月廿五日卒咸豐三年癸丑十一月廿三
九 日年五十八娶徐氏生嘉慶十三年戊辰正月初四日卒道光十七年
丁酉三月十九日年
四十子全十全十一

完文述 廣十一子生卒闕
十

完十 文達 廣十一子生康熙四十七年戊子八月二十日卒乾隆十一年丙寅
一 七月廿二日年三十九娶鄭氏生康熙四十八年己丑三月二十日
卒乾隆十三年戊辰七月
初八日子全十二全十三

完十 子明 廣十四子生康熙十四年乙卯八月十九日卒乾隆七年壬戌四月
二 廿八日壽六十八娶劉氏生康熙廿二年癸亥正月初七日卒康熙
五十六年丁酉九月十一日年
三十五葬惰民洞汫子全十四

完十 子亮 廣十四子娶□氏生卒俱闕子全十五
三

完十 子韜 生闕卒六月十七日贅杭州潘氏生卒闕厝惰民洞汫
四

完十 殿相 廣十五子生康熙三十八年己卯三月初十日卒乾隆八年癸亥六
五 月初四日年四十五娶□氏生卒闕子全十六

完十六　文光　廣十八子生卒闕

完十七　文燦　廣十八子生卒闕

完十八　文耀　廣十八子生卒闕

完十九　良球　廣十九子娶□氏生卒俱闕子仝十七

完二十　良珠　廣二十子生康熙四十二年癸未十月初九日卒乾隆廿一年丙子二月十八日年五十四娶□氏生卒闕子仝十八仝十九

完廿一　承武　廣廿一子生卒闕

完廿二　承文　廣廿一子生卒闕娶趙氏生乾隆元年丙辰二月十九日卒乾隆五十九年甲寅十二月初三日年五十九子仝二十

完廿三　承德　廣廿一子生卒闕

完廿四　開宗　廣廿六子生卒闕

完廿五　開成　廣廿六子生卒闕

完廿六　良[illegible]　先世未詳娶□氏生卒俱闕子仝廿一仝廿二

完廿七　良貴　先世未詳娶□氏生卒俱闕[illegible]子仝廿三仝廿四

完廿　成瑞　廣廿九子生乾隆卅一年丙子正月三十日卒道光四年甲申十二
八　月初七日壽六十九娶洪氏生乾隆四十五年庚子五月廿二日卒
道光廿一年辛丑十一月初三日壽
六十二葬西園子全廿五邦來出家
完廿　成魁　廣廿九子生乾隆廿六年辛巳二月十二日卒闕未娶
九
完三　成□　廣廿九子生九月初十日卒六月初二日壽六十六娶李氏生乾隆
十　五十四年己酉二月初七日卒咸豐四年甲寅四月初二日壽六十
六葬夾□子全
廿六全廿七
完三　連　廣三一子生卒闕娶符氏生康熙元年壬寅七月廿八日卒乾隆元年
一　丙辰六月初九日壽七十五子全廿八全廿九
完三　嘉　廣三一子生順治二年乙酉八月初五日卒康熙四十七年戊子七月
二　廿五日壽六十四娶□氏生卒闕子全二十
完三　傑　廣三一子生卒闕
三
完三　子午　廣三二子生順治十四年丁酉二月廿四日卒雍正十一年癸丑十
四　一月廿三日壽七十七娶朱氏生康熙七年戊申二月初九日卒康
熙三十八年己卯五月廿
六日年三十二子全三一
完三　喜壽　廣三二子娶洪氏生卒俱闕子全三二
五
完三　酉　廣三四子娶□氏生卒俱闕子全三三
六

完三 七 玉書 廣三五子生卒闕

完三 八 玉儒 廣三五子生康熙廿五年丙寅十一月廿六日卒康熙五十八年己亥二月二十日年三十四娶沈氏生卒闕子全三四

完三 九 等子 廣二六子生卒闕

完四 十 杏 廣三七子娶□氏生卒俱闕子全三五

完四 一 漢臣 廣三八子生康熙十二年癸丑正月廿九日卒雍正十三年乙卯八月初六日壽六十三娶徐氏生康熙三十年辛未正月廿八日卒康熙五十三年甲午十三月十二日年二十四子全六

完四 二 沛臣 廣三八子娶□氏生卒俱闕子全三七全三八

完四 三 之桂 廣三九子生康熙六年丁未十月二十日卒康熙五十八年己亥正月二十日年五十三娶戴氏生康熙廿六年丁卯十二月十一日卒乾隆四十一年丙申十二月十二日壽九十

完四 四 之梅 廣三九子生康熙十一年壬子十二月十一日卒康熙五十一年壬辰十一月廿八日年四十一

完四 五 之機 廣四十子生康熙三十二年癸酉四月初九日卒乾隆十二年丁卯十月廿八日年五十五娶方氏生卒闕子全三九全四十

完四 六 景宏 廣四三子生康熙十六年己亥十一月廿三日卒康熙五十二年甲午□月十八日年五十六娶□氏生康熙九年庚戌二月廿二日卒乾

隆十三年戊辰二月初六日壽七
十九[illegible]葬定林寺東首子全四一

完四七　景宸　廣四三子娶童氏繼娶應氏生卒俱闕子全四二童氏出

完四八　景行　廣四四子生闕卒雍正七年己酉十一月十四日娶□氏生卒闕葬
顏家地子全四三全四四

完四九　景仁　廣四四子生康熙十三年甲寅三月初十日卒雍正四年丙午七月
十五日年五十三娶□氏生卒闕葬顏家地

完五十　景福　廣四五子生康熙廿七年戊辰十二月廿三日卒乾隆三十一年丙
戌三月十四日壽七十九娶嚴氏生康熙廿八年己巳九月初三
日卒乾隆廿四年己卯八月初一日
壽七十一葬錢家橋下子全四五

完五一　景茂　廣四六子生康熙廿七年戊辰十一月初二日卒乾隆九年甲子二
月十七日年五十七娶嚴氏生康熙四十年辛巳二月初四日卒乾
隆四十三年戊戌八月十六日壽七十八葬田野溈屋後石路西首子全
四六全四七全四八全四九

完五二　景明　廣四六子生康熙三十三年甲戌二月廿七日卒乾隆廿八年癸未
八月十五日壽七十娶周氏生康熙三十六年丁丑九月初八日卒
乾隆廿五年辛巳六
月十七日壽六十七

完五三　景文　廣四七子生七月十七日卒九月初二日娶成氏生嘉慶五年庚申
十月廿二日卒嘉慶廿二年丁丑正月廿六日年十八

完五四　汝賢　廣四八子生康熙廿八年己巳六月十八日卒乾隆廿四年己卯正
月十九日壽七十一

完五
五
汝方　廣四八子生卒闕未娶

完五
六
汝正　廣四八子生康熙四十二年癸未十一月廿八日卒乾隆五十一年丙午十一月初四日壽八十四娶徐氏生康熙五十四年乙未八月十四日卒乾隆五年庚申二月十五日年二十六繼娶徐氏生康熙五十六年丁酉十月初四日卒乾隆十年乙丑二月初六日年二十九葬馬鞍橋港南首
子全五十

完五
七
汝本　廣四八子生闕卒正月初二日

完五
八
之權　廣四九子生康熙六年丁未四月廿六日卒雍正八年庚戌五月初四日壽六十四娶王氏生康熙四年乙巳正月十六日卒康熙三十九年庚辰正月十五日年三十六葬錢家橋下土名底田朝東向石碑墳
子全五一

完五
九
之標　廣四九子生卒闕娶沈氏生康熙十二年癸丑十一月十八日卒雍正五年丁未二月十八日年五十五子全五二

完六
十
之柱　廣四九子生康熙十七年戊午八月十三日卒乾隆五年庚申正月初六日壽六十三娶徐氏生康熙廿二年癸亥五月十一日卒乾隆四年己未二月初八日年五十七葬金家溇卯酉兼庚甲向子全五三

完六
一
之松　廣四九子生康熙二十年辛酉十二月十一日卒乾隆廿七年壬午五月初十日壽八十二娶徐氏生康熙廿六年丁卯三月十六日卒乾隆廿九年甲申十月廿九日壽七十八葬小溇口饅頭山坐東朝西
子全五四全五五全五六

完六二 **之橋** 廣五十子生康熙十四年乙卯□月十二日卒康熙六十年辛丑閏六月二十日年四十七娶應氏生康熙十五年丙辰五月十二日卒乾隆廿三年戊寅八月廿一日壽八十三子全五七全五八

完六三 **之岐** 廣五一子生康熙四十六年丁亥五月廿六日卒乾隆三十八年癸巳九月廿七日壽六十七娶袁氏生康熙四十三年甲申十一月初三日卒乾隆五十三年戊申七月初二日壽八十五葬東莊橋頭陸姓屋前陳向石碑墳子全五九全六十全六一全六二全六三

完六四 **之桓** 廣五二子生康熙廿四年乙丑六月二十日卒乾隆三十四年己丑十月二十日壽八十五娶邵氏生康熙廿八年己巳八月初三日卒乾隆廿三年戊寅四月廿四日壽七十側室顧氏生康熙四十八年己丑八月十四日卒乾隆五十五年庚戌五月初一日壽八十二葬姜房陸姓屋後子全六四全六五全六六全六七

完六五 **文輝** 廣五三子娶□氏生卒俱闕子全六八

完六六 **之桐** 廣五四子生卒闕

完六七 **文儀** 廣五四子生康熙五十二年癸巳五月廿五日卒乾隆三十三年戊子□月廿二日年五十六娶舒氏生雍正四年丙午二月□□日卒乾隆四十五年庚子六月十一日年五十五子全六九全七十全七一

完六八 **之拱** 廣五五子生康熙四十年辛巳九月十三日卒乾隆四十九年甲辰九月十三日壽八十四娶□氏生卒闕子全七[illegible]

完六九　之棟　廣五五子生康熙五十九年庚子十一月廿五日卒乾隆四十一年丙申八月初十日年五十七娶□氏生卒子全七三

完七十　之彬　廣五五子生卒闕

完七一　之賢　廣五六子生康熙五十四年乙未四月十一日卒乾隆四十四年己亥十月十七日壽六十五娶童氏生卒闕子全七四　全七五　全七六

完七二　之良　廣五六子生正月初四日卒六月十二日娶朱氏生康熙六十年辛丑九月初四日卒乾隆年五十二年丁未九月廿七日壽六十七子全七七　全七八

完七三　之仁　廣五七子生康熙四十九年庚寅七月初三日卒乾隆三十一年丙戌八月初二日年五十七娶周氏生康熙五十年辛卯四月廿八日卒乾隆十一年丙寅十一月十六日年三十六子全七九　全八十

完七四　之義　廣七子生康熙五十二年癸巳五月廿九日卒乾隆六年辛酉十一月十一日年二十九

完七五　之禮　廣五七子生康熙五十八年己亥九月十六日卒乾隆五十一年丙午十二月初十日壽六十八娶姚氏生雍正九年辛亥二月初三日卒嘉慶十丙寅正月初五日壽七十六子全八一　全八二

完七六　之智　廣五七子生正月初二日卒十月初八年五十四

完七七　德成　廣五七子生雍正五年丁未□月十八日卒嘉慶二年丁巳四月十五日壽七十一娶邵氏生乾隆二年丁巳八月十一日卒乾隆五

十二年丁未八月初六日年六十一
子全八三全八四全八五全八六

完七八 金光 廣五九子生卒㒺

完七九 金成 廣六十子生卒闕娶蔡氏生雍正九年辛亥四月初三日卒乾隆五十四年己酉十月廿一日年五十九子全八七全八八

完八十 金才 廣六一子生卒闕娶謝氏生雍正十一年癸丑正月廿五日卒乾隆五十一年丙午七月廿四日年五十四子全八九

完八一 興祥 廣六二子生康熙五十五年丙申十月廿八日卒乾隆四十五年庚子正月廿四日壽六十五

完八二 有祥 廣六二子生雍正五年丁未四月十八日卒乾隆五十二年丁未十一月十八日壽六十一娶□氏生卒闕子全九十

完八三 完祖 廣六二子生乾隆□年八月初六日卒乾隆四十一年丙申餘闕娶□氏生卒闕子全九一

完八四 完成 廣六三子生雍正六年戊申二月十四日卒乾隆四十二年丁酉十月十七日年五十娶□氏生卒闕子全九二全九三

完八五 恆順 廣六五子生乾隆廿二年丁丑十一月十一日卒道光二年壬午二月初七日壽六十六娶王氏生乾隆三十年乙酉九月廿三日卒道光廿九年己酉十月十三日壽八十五
葬念坊橋子全九四全九五全九六

完八六 恆泰 廣六五子生乾隆廿八年癸未十一月十二日卒乾隆五十一年丙午閏七月初二日年二十四

完八七 恆昌 廣六七子生乾隆十四年己巳四月廿五日卒嘉慶十年乙丑十二月十八日年五十七娶王氏生乾隆廿四年己卯閏六月十五日卒

嘉慶八年癸亥四月廿五日年四十
五子全九七全九八全九九全一百

完八
八
恒元 廣六七子生乾隆廿三年戊寅十二月廿七日卒嘉慶十七年壬申
三月初二日年五十五娶蘇氏生乾隆三十六年辛卯六月初六日
卒道光三十年庚戌九月十五日壽八
十子　百一全百二全百三全百四

完八
九
恒茂 廣六八子生乾隆五年庚申九月十一日卒乾隆五十六年辛亥二
月初九日年五十二娶蘇氏生乾隆十八年癸酉正月廿六日卒嘉
慶廿四年己卯九月廿二
日壽六十七子全百五

完九
十
恒盛 廣六八子生乾隆七年壬戌十一月十八日卒嘉慶十三年戊辰
五月十八日壽六十七娶劉氏生乾隆廿七年壬午八月初四日卒
道光十四年甲午六月初三日壽七十三
子全百六全百七全百八

完九
一
恒發 廣六八子生乾隆十四年己巳八月初六日卒乾隆四十五年庚子
二月十四日□三十二

完九
五
恒豐 廣六八子生乾隆廿七年壬午十二月三十日卒嘉慶八年癸亥十
一月廿八日年四十二

二十一世

全
一
齊來 完二子生嘉慶三年戊午十二月十三日卒道光十二年壬辰六月廿
六日年三十五葬曹花四坵娶馬氏絕子昌一昌二昌三

全
二
棟堂 完三子生乾隆三十七年壬辰十月廿八日卒嘉慶十三年戊辰二月
十三日年三十七娶□氏絕

仝三 [illegible]卿 完三子生乾隆四十九年甲辰五月廿三日卒道光四年甲申七月初八日年四十一娶[illegible]氏生嘉慶元年丙辰九月十五日卒嘉慶十九年甲戌正月十二日年十九繼娶徐氏生嘉慶元年丙辰三月二十日卒同治二年癸亥七月廿三日壽六十八

仝四 秉[illegible] 完六子生乾隆五十五年庚戌二月初十日卒同治九年庚午九月十九日壽八十一娶王氏生嘉慶九年甲子十二月初七日卒道光廿三年癸卯七月初四日年四十續娶[illegible]氏生嘉慶二年丁巳十一月十一日卒光緒八年壬午十二月十九日壽八十六葬牛屠河斗西河塘子昌四

昌五

昌六

仝五 楚芳 完七子生乾隆五十一年丙午餘闕卒於外娶嚴氏絕

仝六 楚玉 完七子生乾隆五十八年癸丑九月十九日卒咸豐元年辛亥餘闕年五十九娶口氏生卒闕

仝七 楚興 完七子生乾隆五十九年甲寅九月十九日卒道光廿八年戊申四月廿二日年五十五娶洪氏生嘉慶九年甲子八月廿四日卒光緒二年丙子九月廿六日壽七十三葬河滙內西房在十九派下興子昌七八繼

仝八 楚宗 完七子生卒闕未娶

仝九 楚珩 完八子生乾隆三十二年丁亥九月初八日卒道光八年戊子九月廿五日壽六十二娶邵氏生乾隆四十五年庚子九月廿六日卒道光十四年甲午六月廿四日年五十五側室王氏生乾隆五十五年庚戌九月初八日卒同治八年己巳六月廿八日壽八十葬孫家橋南首子昌八

意東劉氏四修宗譜卷之十六　右房　育志堂藏

十　仝十　玉林　完九子生道光十五年乙未四月初四日卒闕
一　仝丁　如林　完九子生道光十八年戊戌十二月十六日卒闕未娶
二　仝十　松齡　完十一子生卒闕
三　仝十　鶴齡　完十一子生卒闕
四　仝十　士漸　完十二子生康熙四十二年甲申六月十二日卒乾隆三十七年壬
辰五月十六日壽六十九娶吳氏生康熙四十九年庚寅四月廿七
日卒乾隆三十七年壬辰六月廿八
日壽六十三葬倚氏可圻子昌九
五　仝十　士恩　完十三子生乾隆十年乙丑十二月廿五日卒嘉慶十六年辛未十二
月初四日壽六十七娶李氏生乾隆三十七年壬辰七月廿三日卒
嘉慶廿二年丁丑正月初三日
年四十六葬倚氏河圻子昌十
六　仝十　玉京　完十四子生卒闕
七　仝十　份有　完十九子生卒闕
八　仝廿　仿　完二十子生雍正九年辛亥四月初四日卒嘉慶元年丙辰二月廿四
日壽六十六娶余氏生乾隆十二年丁卯二月初五日卒嘉慶四年己
未六月初九
日年五十三

仝十九 廷[illegible] 完二十子生卒闕

仝二十 錫華 完廿二子生卒闕

仝廿一 大毛 完廿六子生卒闕娶[illegible]氏絕

仝廿二 小[illegible] 完廿六子生卒闕未娶

仝廿三 鶴高 完廿七子生卒闕娶[illegible]氏絕

仝廿四 鶴[illegible] 完廿七子生嘉慶十一年丙寅十一月二十日卒咸豐六年丙辰二月十三日年五十一娶林氏生嘉慶十六年辛未正月二十日卒同治六年丁卯十月初八日年五十七子昌十一

仝廿五 福來 完廿八子生嘉慶四年己未五月十八日卒同治二年癸亥三月廿七日壽六十五娶姜氏[illegible]

仝廿六 新來 完三十子生嘉慶十年乙丑十月十四日卒咸豐四年甲寅三月初十日年五十[illegible]娶沈氏生嘉慶廿一年丙子九月初五日卒同治四年乙丑八月廿六日葬夾笆子昌十二昌十三

仝廿七 東來 完三十子生道光四年甲申五月初七日卒咸豐四年甲寅二月二十日年三十一葬夾笆未娶

仝廿八 文惠 完三一子生卒闕

全廿九 文岳 完三一子生卒闕

全三十 文超 完三二一子生卒闕

全三一 文學 完三四子生康熙廿七年戊辰十月初一日卒乾隆廿五年庚辰十一月初二日壽七十三與王氏葬牛屎河沙娶邵氏繼娶戎氏生卒俱闕與邵氏葬定林寺續娶王氏生康熙四十二年癸未三月初二日卒乾隆四十年乙未十月廿九日壽七十三子昌十四戎氏出昌十五昌十六昌十七昌十八俱王氏出

全三二 秀三 完三五子生卒闕

全三三 殿臣 完三六子生卒闕

全三四 培齡 完三八子生卒闕

全三五 足 完四十生卒闕

全三六 邦義 完四一子生卒闕

全三七 瑞三 完四二子生卒闕

全三八 [illegible] 完四三子生卒闕

全三九　文元　完四五子生雍正十二年甲寅四月十三日卒乾隆五十年乙巳正月十五日年五十二娶戎氏生卒闕繼娶孔氏生雍正四年丙午六月十一日卒乾隆廿六年辛巳九月初九日年三十六

全四十　文魁　完四五子生卒闕

全四一　文達　完四六子壹生康熙三十四年乙亥四月十八日卒乾隆廿四年己卯正月十一日壽六十五娶李氏生康熙四十四年乙酉十一月十一日卒乾隆四十一年丙申五月十七日壽七十二葬馬鞍橋港子昌十九昌二十昌廿一

全四二　董典　完四七子娶胡氏生卒俱闕

全四三　發祥　完四八子出外生卒闕

全四四　正發　完四八子出與福建省爲子

全四五　文翰　完五十子生康熙四十九年庚寅五月廿三日卒乾隆四年己未九月初四日年三十娶嚴氏生康熙四十七年戊子正月廿六日卒乾隆六十年乙卯二月初八日壽八十八葬錢家橋下子昌廿二昌廿三

全四六　文旭　完五一子生雍正四年丙午八月十七日卒乾隆廿四年己卯七月廿三日年三十四娶張氏　欽旌節孝詳貞節錄生雍正十二年甲寅十二月廿五日卒嘉慶三年戊午十一月廿七日壽六十五葬高車頭西首

全四七 **文直** 完五一子生雍正九年辛亥四月初六日卒乾隆三十五年庚寅九月廿一日年四十娶胡氏生乾隆三年戊午十月初二日卒乾隆六十年乙卯正月十一日年五十八葬高車頭西首子昌廿四

全四八 **文亮** 完五一子生雍正十二年甲寅十二月十七日卒嘉慶七年壬戌正月十五日壽六十九娶陳氏生乾隆九年甲子十月十二日卒嘉慶十八年癸酉五月初八日壽七十葬高車頭東河田朝南子昌廿五昌廿六

全四九 **文益** 完五子生九月初九日卒二月廿一日葬田野馮屋後石路南首未娶

全五十 **文烜** 完五六子生乾隆十六年辛未八月十二日卒乾隆四十四年己亥九月廿七日年二十九娶蘇氏生乾隆十三年戊辰六月十一日卒嘉慶十九年甲戌九月初三日壽六十七葬河南地子昌廿七昌廿八昌廿九

全五一 **文燦** 完五八子生康熙廿三年甲子五月廿六日卒乾隆廿一年丙子九月初九日壽七十三娶李氏生康熙三十二年癸酉十月十八日卒乾隆十七年壬申九月廿二日壽六十葬錢家橋下土名繞路朝南子昌三十昌三一

全五二 **文煥** 完五九子生康熙四十七年戊子八月廿九日卒乾隆四十二年丁酉五月二十日壽七十娶□氏生卒闕子昌三二

全五三 **文焊** 完六十子生康熙四十四乙酉六月廿二日卒乾隆三十八年癸巳四月初十日壽六十九娶李氏生康熙五十一年壬辰十二月十八日卒乾隆五年庚申二月十八日年二十九葬倚長河汫子昌三三昌三

四

全五四 **文燕** 完六一子生康熙四十九年庚寅七月廿五日卒乾隆三十六年辛卯九月十八日壽六十二娶俞氏生康熙四十九年庚寅七月廿三日卒乾隆五十年乙巳十二月初二日壽七十六葬馬鞍橋西子昌三五昌三六

全五五 **文灼** 完六一子生康熙五十二年癸巳八月初四日卒乾隆十九年甲戌三月初七日年四十二娶徐氏生康熙五十四年乙未四月十四日卒乾隆四十二年丁酉九月十七日壽六十三葬錢家橋下底山嘴子昌三七昌三八昌三九

全五六 **文焞** 完六一子生康熙五十七年戊戌二月十九日卒乾隆三十六年辛卯八月廿三日年五十四娶徐氏生康熙五十九年庚子二月十四日卒乾隆十二年丁卯十一月十七日年二十八繼娶李氏生雍正十一年癸丑十月廿七日卒乾隆五十八年癸丑三月初十日壽六十一葬金家灘祀田內子昌四十昌四一昌四二

全五七 **文熊** 完六二子生康熙四十八年己丑十二月初二日卒乾隆廿三年戊寅二月十四日年五十娶朱氏生康熙四十六年丁亥四月初六日卒乾隆三十七年壬辰三月廿二日壽六十六子昌四三昌四四

全五八 **文烽** 完六二子生卒闕娶張氏生康熙五十八年己亥正月廿五日卒乾隆六十年乙卯正月十九日壽七十七

全五九 **文顯** 完六三子生雍正五年丁未八月廿七日卒乾隆五十年乙巳三月廿九日年五十九娶鄭氏生雍正五年丁未正月初七日卒乾隆十一年丙寅九月十八日年二十繼娶孔氏生雍正四年丙午六月十一日卒乾隆廿六年辛巳九月初八日年三十六續娶張氏生乾隆九年甲子

三月初五日卒嘉慶□一年丙子閏六月廿八日壽七十三葬樟樹下蘇
姓土名穿心港子昌四五昌四六孔氏出昌四七昌四八昌四九昌五十
俱張
氏出

全六十　**文芳**　完六三子生雍正七年己酉閏七月十四日卒乾隆三十七年壬辰
十一月廿四日年四十四娶吳氏生雍正六年戊申二月十六日卒
嘉慶十年乙丑七月初六日壽七十八葬吳家𡋿蛇頭山子昌五一昌
五二

全六一　**文齊**　完六三子生雍正九年辛亥五月廿一日卒乾隆四十一年丙申七
月十九日年四十六娶姚氏生雍正九年辛亥九月十八日卒乾隆
四十九年甲辰十二月初七日年四
十五葬錢家橋金家灘子昌五三

全六二　**文德**　完六三子生乾隆二年丁巳九月廿五日卒嘉慶二十年乙亥十二
月十八日壽七十九娶徐氏生乾隆四年己未三月十二日卒嘉慶
十一年丙寅十月初十日壽六十八葬新橋頭橫河灘子昌五四昌五五
昌五六昌五七昌五八

全六三　**文訓**　完六三子生乾隆四年己未十二月廿八日卒嘉慶十九年甲戌正
月初四日壽七十六娶邵氏生乾隆七年壬戌十月十四日卒嘉慶
六年辛酉十月廿三日壽六十葬
新橋頭南首半河朝西子昌五九

全六四　**文祖**　完六四子生雍正四年丙午六月初一日卒乾隆廿九年甲申十二
月十一日年三十九娶沈氏生雍正二年甲辰六月初一日卒乾隆
廿八年癸未二月廿八日年四十葬東橋頭隆祥屋後土名長三畝子昌
六十女長適邵大道處

全六五　文奎　完六四子　生雍正九年辛亥十一月初九日卒嘉慶三年戊午九月二十日壽六十八娶應氏生雍正十年壬子閏五月廿三日卒乾隆五十九年甲寅十月初三日壽六十三葬牛尾河汫土名五畝子昌六一昌六二昌六三昌六四昌六五

全六六　文休　完六四子　生雍正十二年甲寅十月初九日卒乾隆三十八年癸巳五月初九日年四十娶邵氏生乾隆二年丁巳二月初八日卒嘉慶元年丙辰八月十四日壽六十葬缶家澳子昌六六昌六七昌六八昌六九

全六七　文熙　完六四子　生乾隆七年壬戌九月廿三日卒嘉慶四年己未四月十二日年五十八娶周氏生乾隆八年癸亥十二月十三日卒乾隆五十八年癸丑九月初七日年五十一子昌七十昌七一昌七二

全六八　在素　完六五子　生卒闕

全六九　登雲　完六七子　生乾隆十三年戊辰餘闕

全七十　聖功　完六七子　生乾隆廿四年己卯十二月廿二日卒闕

全七一　聖元　完六七子　生乾隆三十一年丙戌二月廿六日卒道光十四年甲午六月初二日壽六十九娶葉氏生乾隆五十年乙巳五月廿五日卒道光四年甲申六月初十日年四十子昌七三昌七四

全七二　文燃　完六八子　生乾隆九年甲子十月廿八日卒乾隆五十八年癸丑十月初三日年五十娶口氏生卒闕

全七三 **兆陞** 完六九子生□□年丙戌二月二十日卒闕

全七四 **文明** 完七一子生乾隆四年己未二月廿一日卒乾隆廿九年甲申九月初九日年二十六

全七五 **文孝** 完七一子生卒闕

全七六 **文典** 完七一子生乾隆十九年甲戌三月十三日卒闕

全七七 **文秀** 完七二子生卒闕未娶

全七八 **文魁** 完七二子生乾隆二十年乙亥二月初八日卒嘉慶元年丙辰九月廿四日年四十二娶本城陳氏生乾隆廿二年丁丑十二月初七日卒乾隆四十四年己亥八月初九日年二十三繼娶本城陳氏生乾隆廿九年甲申六月廿九日卒道光十二年壬辰十月二十日壽六十九葬姜房陸家屋西

子昌七五

全七九 **永盛** 完七三子生卒闕

全八十 **文隆** 完七三子住更樓生乾隆九年甲子七月十六日卒道光五年乙酉十二月初三日壽八十二娶朱氏生乾隆廿三年戊寅五月二十日卒嘉慶十五年庚午六月初八日年五十三葬樓文西河

子昌七六 昌七七 昌七八 昌七九

全八一 **文恆** 完七□子生乾隆廿七年壬午八月廿一日卒闕娶王氏生乾隆□年九月十四日卒道光六年丙戌二月十八日

子昌八十 昌八一 昌

八二昌
八三

全八二　文照　完七五子　生乾隆三十三年戊子二月廿四日卒道光十二年壬辰十一月廿九日壽六十五　娶曹氏生乾隆四十七年壬寅七月十六日卒道光十六年丙申八月初六日年五十五　子昌八四　昌八五

全八三　家棟　完七七子　生卒闕

全八四　家佾　完七七子　生卒闕

全八五　家彥　完七七子　生卒闕

全八六　家宰　完七七子　生乾隆三十九年甲午十二月十二日卒道光十四年甲午十二月初十日壽六十一　娶錢氏生乾隆六十年乙卯八月十六日卒道光十六年丙申十一月十九日　葬橫河匯底西首河東岸坐北朝南　子昌八六　昌八七　昌八八　昌八九　昌九十　昌九十出繼全八九

全八七　家盛　完七九子　生卒闕

全八八　國甫　完七九子　生卒闕

全八九　擎天　完八十子　住蘇州　生乾隆廿九年甲申四月廿三日卒嘉慶二十年乙亥三月十九日年五十二　娶蘇氏生乾隆四十三年戊戌餘闕卒嘉慶十八年癸酉十一月二十日　繼娶陳氏生乾隆五十七年壬子十二月二十日卒道光二十年庚子正月初九日年四十九　葬倩氏河斗全八

六子昌九
十八繼

全九
十
全慶　完八二子生卒闕

全九
十一
全長　完八三子生乾隆四十四年己亥十月二十日卒嘉慶十二年丁卯
九月初九日年二十九娶蘇氏生乾隆四十九年甲辰五月廿五日
卒嘉慶十七年壬申十月十
三日年二十九子昌九一

全九
十二
和尚　完八四子生卒闕

全九
十三
鶴鳴　完八四子生卒闕

全九
十四
全章　完八五子生乾隆四十八年癸卯十二月二十日卒道光十六年丙
申七月廿二日年五十四娶葉氏生乾隆五十六年辛亥三月十六
日卒嘉慶廿四年己卯閏四月廿二日年二十九繼娶徐氏生嘉慶七年
[illegible]壬戌五月初九日卒道光十年庚寅十月十二日年二十九

全九
十五
全才　完八五子生乾隆五十八年癸丑七月廿九日卒咸豐元年辛亥[illegible]
八月十八日年五十九娶陳氏生嘉慶二年丁巳餘闕卒道光五年
乙酉十一月廿七日年二十九繼娶王氏生嘉慶四年己未十二月廿九
日卒同治十三年甲戌十月十三日壽七十六子昌九二昌九三降氏出

全九
十六
全信　完八五子住富陽生嘉慶八年癸亥十一月廿六日卒咸豐十年庚
申十二月十五日年五十八娶□氏□卒闕子昌九四昌九五

全九
十七
全孝　完八七子生乾隆三十一年丙□七月□七日卒乾隆五十一年丙
午八月初二日年二十一娶□氏生卒闕子昌九六

全九八　全金　完八七子生乾隆五十二年丁未□月十六日卒道光七年丁亥九月初七日年四十一

全九九　全英　完八七子生乾隆五十四年□□十一月十一日卒嘉慶二十年乙亥四月十八日年二十七未娶

全一百　全宗　完八七子生嘉慶元年丙辰□月初四日卒道光廿四年甲辰九月初八日年四十九娶朱氏生嘉慶九年甲子二月初五日卒道光十九年己亥十月初六日年三十六子昌九七

全百一　全[illegible]　完八八子生嘉慶二年丁巳十二月十一日卒咸豐四年甲寅三月初一日年五十八娶盛氏生嘉慶十四年己巳十一月十七日卒道光廿三年癸卯十月廿七日年三十五有蛤蟆仔小仁不列世次傳

全百二　全發　完八八子生嘉慶五年庚申七月三十日卒同治三年甲子二月初五日壽六十五娶蘇氏生嘉慶十七年壬申二月十四日卒道光十四年甲午八月十五日年二十三繼娶陳氏生嘉慶廿一年丙子四月初六日卒同治四年乙丑七月廿四日年五十

全百三　全貴　完八八子生嘉慶八年癸亥五月十四日卒道光廿一年辛丑十一月初一日年三十九娶朱氏生嘉慶十八年癸酉七月廿八日卒光緒十五年己丑十二月廿九日壽七十七葬陳官塘□

全百四　全永　完八八子生嘉慶十一年丙寅二月十五日卒同治九年庚午四月初五日壽六十五娶胡氏生嘉慶十六年庚辰二月十三日卒同治四年乙丑四月廿一日年四十六子昌九八昌九九

全百五　振鶴　完八八子生卒闕

全百六　全岳　完九十子生乾隆十八年癸酉十二月初八日卒嘉慶十三年戊辰八月初五日年五十六娶顧氏生乾隆五十五年庚戌八月十八日卒道光廿七年丁未八月初五日年五十八子昌一百

全百七　全培　完九十七子生乾隆五十七年壬子四月初六日卒咸豐九年己未九月初一日壽六十八娶周氏生嘉慶十年乙丑十一月十三日卒道光十四年甲午八月初三日年三十續娶洪氏生嘉慶六年辛酉六月初二日卒咸豐八年戊午正月廿一日卒年五十八

全百八　全興　完九十子生乾隆五十三年戊申十二月二十日卒嘉慶十九年甲戌五月十八日年二十七

世次傳廿四

二十二世 右房

昌一 萬金 全一 子生嘉慶廿四年己卯八月廿四日卒同治五年丙寅六月初五日年四十八娶朱氏生道光十一年辛卯五月初七日卒道光廿九年己酉正月二十日年十九葬廠西而□繼娶王氏生道光八年戊子正月初九日子盛一盛二盛三盛四

昌二 萬芳 全一 子生道光三年癸未十一月十一日卒同治三年甲子十一月廿五日年四十二

昌三 阿四 全一 子生道光六年丙戌五月廿七日卒同治六年丁卯八月十六日年四十二

昌四 煒鍔 全四 子生道光十二年壬辰二月十五日娶周氏生道光十六年丙申七月十四日女適十書域在本宅東首費公廳

昌五 煒鉅 全四 子生道光十四年甲午八月十三日娶應氏生道光十五年乙未七月十一日子盛五盛六盛七

昌六 煒鏡 全四 子生道光十八年戊戌六月初六日娶周氏生道光十九年己亥正月十一日側室李氏生同治九年庚午仰嗣子盛八周氏出

昌七 □春 全七 子住江北十二匡鎮生道光七年丁亥二月初一日娶江北口氏子盛九盛十

昌八 清芝 全九 子生道光四年甲申三月初一日卒咸豐五年乙卯十月廿三日年三十二娶童氏生道光四年甲申正月廿九日卒光緒十年甲申十

二月初二日壽六十一葬坵
家橋前金家園子盛十一
昌九　**應龍**　全十五子生乾隆八年癸亥七月三十日卒嘉慶廿二年丁丑八月十
一日壽七十五娶于氏生乾隆廿八年癸未十二月廿六日卒道光十
五年乙未十二月十三日壽七十三
葬馬鞍橋港盛十二盛十三盛十四
昌十　**鼎豪**　全十六子生乾隆五十四年己酉二月初二日卒嘉慶廿四年己卯八
月廿六日年三十一娶盛氏生嘉慶三年戊午四月十七日卒嘉慶十
八年癸酉四月十一
日年十六葬渙笆
昌十一　**林福**　全廿五子生道光廿六年丙午五月初一日卒光緒九年癸未五月
初六日年三十八
昌十二　**昌懷**　全廿七子生道光廿一年辛丑九月初八日卒光緒十三年丁亥三
月初六日年四十七娶沈氏絶子盛十五盛十六
昌十三　**小牛**　全廿七子生道光廿八年戊申二月初六日
昌十四　**承祚**　全三二子生康熙五十九年庚子二月廿七日卒乾隆五十七年壬
子九月初八日壽七十三娶陳氏生乾隆二年丁巳三月三十日卒
乾隆五十年乙巳九月初一日年四十九葬
定林寺祖墳下拋子盛十七盛十八盛十九
昌十五　**承裕**　全三二子生卒闕
昌十六　**承祥**　全三二子生卒闕

昌十七 謹臣 全三二子生乾隆五年庚申六月十六日卒乾隆五十八年癸丑四
月初六日年五十四娶戴氏生乾隆廿二年丁丑十月十三日卒道
光六年丙戌十一月廿三日壽
七十子盛二十盛廿一盛廿二

昌十八 承宗 全三二子生乾隆八年癸亥閏四月初三日卒嘉慶二年丁巳二月
初八日年五十五娶蘇氏生乾隆廿五年庚辰九月初八日卒道光
二年壬午八月廿九日壽六十
三葬牛尾河沿子盛廿三盛廿四

昌十九 昌林 全四二子生卒闕

昌二十 昌等 全四二子生乾隆四年己未十一月廿六日卒嘉慶十七年壬申七
月初十日壽七十四娶應氏生乾隆廿二年丁丑餘闕卒道光五年
乙酉十二月二十日
壽六十九子盛廿五

昌廿一 昌盛 全四二子生乾隆十一年丙寅五月十二日卒嘉慶七年壬戌正月
十四日年五十七娶馮氏生乾隆□年二月十二日卒闕繼娶黃氏
生乾隆三十二年丁亥六月初二日卒
十一月初十日葬河南地子盛廿六

昌廿二 靜懷 全四五子生雍正十一年癸丑正月十八日卒乾隆四十一年丙申
七月廿二日年四十四娶孫氏生雍正十一年癸丑六月初十日卒
嘉慶十一年丙寅十月二十日壽七
十四葬江頭園子盛廿七盛廿八

昌廿三 方水 全四五子生乾隆三年戊午五月十一日卒乾隆五十八年癸丑八
月初六日年五十六娶周氏生乾隆□年四月初四日卒嘉慶八年

癸亥十一月十一日葬馬嶺

橋北首子盛廿九盛三十

昌廿四 昌業 全四七子生乾隆廿八年癸未七月廿一日卒嘉慶十五年庚午九月初十日年四十八娶應氏生乾隆廿五年庚辰十一月初一日卒道光六年丙戌二月十二日壽六十七葬河南地子盛三一

昌廿五 昌基 全四八子生乾隆四十二年丁酉十月廿三日卒嘉慶十年乙丑九月初八日年二十九娶邵氏生乾隆三十九年甲午三月初十日卒道光廿一年辛丑九月初十日壽六十八子盛三二

昌廿六 昌制 全四八子生乾隆四十七年壬寅正月十一日卒咸豐七年丁巳二月十三日壽七十六娶姚氏生乾隆五十一年丙午十月二十日卒道光六年丙戌四月十一日年四十一繼娶林氏生乾隆五十七年壬子七月十一日卒咸豐三年癸丑十二月初九日壽六十二葬什宅對河東首河塘子盛三三盛三四盛三五

昌廿七 昌榮 全五十子生乾隆三十四年己丑九月廿六日卒道光十五年乙未九月廿三日壽六十七娶嚴氏生乾隆四十六年辛丑九月十四日卒道光廿五年乙巳六月十四日壽六十五葬黃羅山郷子盛三六盛三七

昌廿八 昌茂 全五十子生乾隆三十六年辛卯十月初七日卒嘉慶十年乙丑四月初三日年三十五葬黃羅山郷

昌廿九 昌[illegible] 全五十子生乾隆四十一年丙申正月十六日卒嘉慶十四年己巳二月廿三日年三十四葬黃羅山郷

昌三十　懏七　全五一子生雍正二年甲辰十一月廿四日卒乾隆三十八年癸巳五月初四日年五十娶王氏生雍正三年乙巳十一月廿一日卒乾隆四十四年己亥八月廿八日年五十五葬錢家橋下土名繞路子盛三八盛三九

昌三一　和義　全五一子生卒闕

昌三二　仲高　全五二子生康熙五十年辛亥九月廿二日卒乾隆元年丙辰十二月廿七日壽六十六娶沈氏生十月十八日卒二月十八日葬丁家園子盛四十

昌三三　學場　全五三子生雍正十年壬子五月十一日卒嘉慶九年甲子八月二十日壽七十三娶翁氏生乾隆五年庚申九月廿六日卒乾隆五十六年辛亥二月廿七日年五十二葬市街河旁地子盛四一盛四二

昌三四　學坤　全五三子生雍正十二年甲寅十一月十六日卒乾隆五十九年甲寅八月廿八日壽六十一娶陸氏生乾隆十年乙丑四月初一日卒乾隆廿九年甲申八月十六日年二十繼娶邵氏生乾隆十一年丙寅十二月廿五日卒乾隆三十四年己丑七月初四日年二十四續娶邵氏生乾隆廿一年丙子閏九月廿二日卒乾隆六十年乙卯六月十六日年四十葬高東頭子盛四三盛四四俱邵氏出

昌三五　肯堂　全四五子生乾隆二年丁巳七月初一日卒嘉慶二十年乙亥九月十三日壽七十九娶王氏生乾隆六年辛酉四月十二日卒嘉慶十七年壬申正月十一日壽七十二葬馬鞍橋河西之墳子盛四五盛四六

[illegible]黃氏四修宗譜卷十九　右房　[illegible]

昌三　肯播　全五四子生乾隆九年甲子[illegible]月廿二日卒道光元年辛巳正月初
六　九日壽七十八娶周氏生乾隆十二年戊辰十二月十六日卒道光
十三年癸巳八月初六日壽八十六葬馬鞍
橋河西父墳側子盛[illegible]七盛四八盛四九

昌三　學時　全五五子生乾隆五年庚申十一月廿三日卒嘉慶三年戊午十月
七　初四日年五十九娶洪氏生乾隆十二年丁卯十一月廿六日卒道
光七年丁亥二月初二日壽八十
一葬假山後子盛五十盛五一

昌三　學增　全五五子生乾隆八年癸亥九月廿一日卒乾隆三十四年己丑八
八　月十二日年二十七娶徐氏生卒闕葬小靈山之東

昌三　學慢　全五五子生乾隆十六年辛未十二月廿八日卒道光八年戊子二
九　月二十日壽七十八娶余氏生乾隆廿一年丙子二月十七日卒道
光十六年丙申八月初三日壽
八十一葬善嘉壽福社屋前

昌四　克昌　全五六子生乾隆二十年乙亥九月十六日卒乾隆四十七年壬寅
十　九月廿六日年二十八未娶

昌四　克豐　全五六子生乾隆廿六年辛巳十月廿六日卒乾隆五十六年辛亥
一　七月廿八日年三十一未娶

昌四　克成　全五六子生乾隆三十三年戊子十一月初一日卒乾隆五十五年
二　庚戌十一月初十日年二十三未娶

昌四　學堅　全五七子生乾隆二年丁巳十月十二日卒[illegible]五十八年癸丑十
三　一月廿八日年五十七娶應氏生[illegible]十年乙丑二月初四日卒嘉
慶十五年庚午十二月初
三日壽六十六子盛五二

昌四四　承堤　全五七子生乾隆四年己未正月初七日卒乾隆四十四年己亥十一月十二日年四十一

昌四五　承裕　全五九子生乾隆十四年己巳十一月初五日卒嘉慶六年辛酉十一月十四日年五十三娶崔氏生乾隆十四年己巳六月初八日卒嘉慶八年癸亥二月初十日年五十五葬假山□　子盛五三　盛五四　盛五五

昌四六　承祥　全五九子生乾隆十八年癸酉八月十五日卒道光二年壬午七月廿日壽七十　娶孔氏生乾隆廿九年甲申二月初一日卒道光十三年癸巳六月廿九日壽七十□　葬樟樹下□□□右穿心湖　子盛五六

昌四七　承禧　全五九子生乾隆三十年乙酉十一月初五日卒嘉慶十年乙丑十一月十四日年四十一　娶鄭氏生乾隆三十七年壬辰正月十八日卒道光二十年庚子十月廿二日壽六十九　葬東和頭南首　子盛五七

昌四八　承祿　全五九子生乾隆三十三年戊子八月十七日卒道光九年己丑七月十六日壽六十二　娶□氏生乾隆四十四年己亥三月初四日卒道光廿三年癸卯三月十四日壽六十五　葬假山後□□南首　子盛五八　盛五九

昌四九　承福　全五九子生乾隆四十五年庚子四月廿一日卒嘉慶二十年乙亥正月廿九日年三十六　娶沈氏生乾隆四十九年甲辰八月十三日卒道光廿九年己酉九月十三日壽六十六　葬丁家園坐北朝南　子盛六十　盛六一

昌五十　承祺　全五九子生乾隆四十八年癸卯七月廿二日卒道光五年乙酉□月十八日年四十三　娶沈氏生乾隆五十二年丁未七月廿一日卒

道光廿四年甲辰十二月初一日年五
十八葬東橋南首子盛六二盛六三

昌五
一
承禮　全六十子生乾隆二十年乙亥六月廿八日卒嘉慶十一年丙寅九
月廿七日年五十二娶邵氏生乾隆廿五年庚辰八月初二日卒嘉
慶元年丙辰正月十三日年三十
七葬吳家壽乾頭山嘴子盛六四

昌九
二
承詩　全六十子生乾隆廿二年丁丑十二月初三日卒道光十四年甲午
九月十四日壽六十八娶鄭氏生乾隆三十一年丙戌八月二十日
卒道光十三年癸巳五月初八日
家譜[illegible]父墳西首子盛六五

昌五
三
承業　全六一子生乾隆廿一年丙子二月十三日出京中娶余氏生乾隆
廿四年己卯正月廿二日卒乾隆五十六年辛亥正月二十日年三
十三葬橋[illegible]蘇
姓土[illegible]心港

昌五
四
承玗　全六一子任蘇州生乾隆廿五年庚辰十月十七日卒嘉慶十年乙
丑[illegible]十六娶盛氏生乾隆[illegible]年十月初七日卒嘉慶二十年
乙亥[illegible]子盛
六六　盛六七

昌五
五
承珠　全六二子生乾隆三十年乙酉七月初十日卒嘉慶十七年壬申八
月初十日年四十八娶蘇氏生乾隆四十一年丙申七月三十日卒
咸豐六年丙辰三月廿二日壽八十一葬牛尾河斗門首沿河子盛六八
盛六九　盛七十

昌五
六
承瑞　全六二子生乾隆三十二年[illegible]月廿一日卒嘉慶十七年壬
申五月初二日年四十六娶嚴氏生乾隆四十七年壬寅六月廿五

日卒咸豐五年乙卯十一月廿八日壽七十四葬新橋西横河滙頭附父
墓子盛七一

昌五七　承璋　全六二子生乾隆三十六年辛卯六月初六日卒道光廿三年癸卯
三月十四日壽七十三娶[illegible]氏生乾隆五十年乙巳四月十四日卒
同治元年壬戌九月二十日壽七十八葬新橋西横河滙頭附父墓子盛
七二

昌五八　承玠　全六二子生乾隆四十四年己亥二月初十日卒道光十八年戊戌
九月初五日壽六十娶葛氏生乾隆六十年乙卯十二月初四日卒
道光九年己丑八月廿二日年
三十五葬金家滙子盛七三

昌五九　承緒　全六三子生乾隆三十五年庚寅七月十五日卒嘉慶五年庚申九
月初九日年三十一娶[illegible]氏生乾隆三十四年己丑正月初九日卒
道光廿七年丁未八月廿一日壽七
十九葬刺欄塘跟[illegible]河子盛七四

昌六十　璐　全六四子生乾隆廿一年丙子十一月十八日卒乾隆五十二年丁未
十二月初二日年三十二娶應氏生乾隆廿二年丁丑三月廿一日卒
道光六年丙戌五月廿一日壽七十葬
東橋頭塒[illegible]屋西首子盛七五盛七六

昌六一　璇　全六五子生乾隆十八年癸酉五月十五日卒道光四年甲申十二月
初二日壽七十二娶顧氏生乾隆十七年壬申十一月廿七日卒乾隆
四十六年庚子十月初七日年二十九繼娶李氏生乾隆廿六年辛巳三
月初二日卒道光廿三年癸巳二月初九日壽七十三葬善嘉橋河北西
首子盛
七七

昌六二　琳　仝六五子生乾隆廿七年壬午七月初五日卒嘉慶十年乙丑正月初十日年四十四娶盛氏生乾隆三十年乙酉十一月初六日卒道光三十年庚戌八月十三日壽八十六副室張氏生乾隆三十七年壬辰三月廿五日卒道光廿四年甲辰九月廿八日壽七十三葬姜房陸姓屋前南向

昌六三　璜　仝六五子生乾隆廿九年甲申十月初六日卒嘉慶十五年庚午五月廿四日年四十七娶毛氏生乾隆三十六年辛卯五月初二日卒道光廿四年甲辰九月初三日壽七十四葬金家灑子盛七八

昌六四　瑗　仝六五子生乾隆三十四年己丑十月廿四日卒闕娶徐氏生乾隆三十九年甲午正月廿三日卒道光十四年甲午六月廿八日壽六十一葬牛尾河泮向南子盛七九盛八十

昌六五　珐　仝六五子生乾隆三十九年甲午九月廿二日卒乾隆六十年乙卯閏二月初九日年二十二未娶葬酒店河泮西首

昌六六　珍　仝六六子生乾隆廿四年己卯正月十五日卒嘉慶十三年戊辰四月十三日年五十娶邵氏生乾隆廿六年辛巳七月三十日卒道光十七年丁酉十一月初十日壽七十七葬□宗灑子盛八一盛八四盛八四出繼昌六九

昌六七　玠　仝六六子生乾隆廿六年辛巳八月廿三日卒嘉慶十六年辛未八月十四日年五十一娶孔氏生乾隆三十一年丙戌十一月十六日卒嘉慶十八年癸酉三月廿九日年四十八子盛八二

昌六八　璋　全六六子生乾隆三十二年丁亥七月初八日卒道光十年庚寅十一月初八日壽六十四娶邵氏生乾隆四十二年丁酉六月初六日卒闕
子盛八三

昌六九　增裕　繼　全六六子生乾隆三十五年庚寅十一月初九日卒嘉慶七年壬戌十一月十四日年三十三葬佘家匯娶呂氏絶昌六六子盛八四入

昌七十　瑾　全六七子生乾隆廿九年甲申十月廿一日卒嘉慶廿五年庚辰十月初一日年五十七娶姜氏生乾隆三十一年丙戌八月十五日卒道光十八年戊戌十月廿三日壽七十三葬善嘉橋河北西首子盛八五盛八六盛八七

昌七一　瑜　全六七子生乾隆四十六年辛丑正月十五日卒嘉慶二十年乙亥五月初四日年三十五葬丁家園娶郁氏生卒闕柩停蘇州

昌七二　珩　全七二子生乾隆四十八年癸卯九月初一日卒嘉慶九年甲子六月廿八日年二十二葬丁家園未娶

昌七三　顯華　全七一子生卒闕未娶

昌七四　顯榮　全七一子任鄞邑貫橋頭生嘉慶十八年癸酉五月十二日卒闕娶孫氏生嘉慶十七年壬申二月初三日卒闕子盛八八盛八九盛九十盛九一盛九二

昌七五　世榮　全七八子生乾隆五十三年戊申七月初六日卒道光八年戊子六月初二日年四十一娶何氏生嘉慶二年丁巳七月十七日卒嘉慶

廿四年己卯二月初八日年二十
三葬新橋墘娶成氏絕子盛九三

昌七六　永泰　全八十子仕更樓生乾隆四十四年己亥九月十六日卒道光廿五
年乙巳四月十四日壽六十七娶朱氏生乾隆五十一年丙午正月
廿六日卒嘉慶十五年庚午八
月廿五日年二十五葬西河

昌七七　元章　全八十子仕更樓生乾隆四十八年癸卯九月廿九日卒道光十二
年壬辰三月初四日年五十娶姚氏生正月初六日卒二月廿六日
繼娶王氏生乾隆五十六年
辛亥十二月初四日卒闕

昌七八　元亨　全八十子仕更樓生乾隆五十二年丁未四月初二日卒道光十五
年乙未六月十五日年四十九葬西河娶蘇氏絕子盛九四

昌七九　永順　全八十子仕更樓生嘉慶三年戊午六月十一日卒嘉慶廿五年庚
辰五月廿八日年二十三未娶

昌八十　型　全八一子生乾隆四十四年己亥七月十六日卒嘉慶十年乙丑三月
十一日年二十七娶口氏生卒闕葬丁家園

昌八一　宏順　全八一子住江北生乾隆四十六年辛丑十一月十九日卒道光十
四年甲午八月廿六日年五十四娶呂氏子盛九五盛九六

昌八二　宏裕　全八一子生乾隆五十一年丙午八月廿八日卒闕

昌八三　宏茂　全八一子生乾隆五十九年甲寅三月二十日卒道光元年辛巳八月
廿六日年二十八

昌八四　萬榮　全八二子生嘉慶十一年丙寅十二月廿七日卒咸豐六年丙辰十
一月十五日年五十一娶七氏生嘉慶十四年己巳六月廿二日卒

同治元年壬戌九月廿六
日年五十四子盛九七

昌八五 昌成 全八二子生嘉慶廿一年丙子五月初八日卒同治七年戊辰九月
十五日年五十三

昌八六 昌照 全八六子生卒闕娶周氏生嘉慶十九年甲戌餘闕卒咸豐二年壬
子三月十一日年三十九子盛九八

昌八七 昌熊 全八六子生卒闕

昌八八 昌烈 全八六子生卒闕

昌八九 昌言 全八六子生卒闕娶嚴氏生七月初四日卒四月廿六日

昌九十 昌勳 全八九子生五月十六日卒十月廿九日娶姚氏生道光元年辛巳
六月初九日卒光緒十九年癸巳九月十四日壽七十三子盛九九

昌九一 德安 全九一子生嘉慶十二年丁卯三月初七日卒道光三十年庚戌四
月初九日年四十四娶嚴氏絕

昌九二 昌琪 全九五子生道光十二年壬辰二月廿二日卒光緒十年甲申二月
初一日年五十三娶顏氏生道光十六年丙申五月十七日卒同治
十三年甲戌六月初十日年
三十九葬念母橋子盛一百

昌九三 昌璘 全九五子生道光十五年乙未七月初八日卒光緒十三年丁亥十
一月初二日年五十三娶胡氏生道光廿五年乙巳十月廿三日卒
同治九年庚午十月十五日年二十六繼娶胡氏生咸豐元年辛亥七月
十七日卒同治十二年癸酉九月十四日年二十三

昌九四 **昌富** 仝九六子住寶陽生道光十五年乙未五月廿二日

昌九五 **昌海** 仝九六子住寶陽生道光廿二年壬寅九八月初十日

昌九六 **昌□** 仝九七子

昌九七 **阿常** 仝一百子

昌九八 **昌齡** 仝百四子生道光廿五年乙巳正月廿三日娶□氏生卒闕子盛一百

昌九九 **昌豪** 仝百四子生道光三十年庚戌九月初八日卒光緒十一年乙酉二月二十日年三十六娶陳氏生同治三年甲子九月初八日

昌一百 **昌森** 仝百六子生道光六年丙戌十月廿三日卒闕

二十三世

盛一 **東裕** 昌一子生道光三十年庚戌七月廿一日卒光緒十一年乙酉正月廿三日年三十六

盛二 **東生** 昌一子生咸豐二年壬子十月初五日

盛三 **東全** 昌一子生咸豐七年丁巳七月初七日娶應氏生同治九年庚午十二月□日卒光緒二十年甲午三月初八日年二十五子昭一

盛四 **存生** 昌一子生咸豐十年庚申正月初二日卒光緒十一年乙酉三月初四日年二十六未娶

盛五 元鑅 昌五子生同治元年壬戌十二月廿三日卒光緒十一年乙酉五月初四日年二十四

盛六 元銀 昌五子生同治六年丁卯五月十一日娶蘇氏生光緒五年己卯正月初四日

盛七 元盛 昌五子生同治十年辛未五月廿八日

昌八 華盛 昌六子生同治二年癸亥八月十七日卒光緒二十年甲午六月初九日年三十二娶嚴氏生咸豐十一年辛酉十二月初三日卒光緒十六年庚寅二月十一日年三十繼娶顏氏生同治十二年癸酉三月初四日

盛九 綸豐 昌七子住江北十二匡鎮生道光廿九年己酉二月十八日

盛十 盛才 二 昌七子住江北十二匡鎮生咸豐七年丁巳六月初八日娶□氏子昭

盛十一 東鰲 昌八子生道光廿三年癸卯十一月初六日卒同治二年癸亥八月初五日年二十一娶蔣氏生正月廿八日卒九月十八日葬金家園

盛十二 履中 昌九子生乾隆四十七年壬寅十一月廿三日卒道光廿七年丁未十月廿四日壽六十六娶邵氏生乾隆五十九年甲寅八月初十日卒道光元年辛巳七月初三日年二十八繼娶陸氏生乾隆四十七年壬寅二月十八日卒道光十九年己亥正月初二日年五十八子昭三

盛十三 履祥 昌九子生嘉慶二年丁巳十月初九日卒同治五年丙寅六月十六日壽七十娶嚴氏生嘉慶十五年庚午三月十一日卒光緒十三年丁亥九月十五日壽七十八子昭四昭五昭六昭七昭八

慈東費氏四修宗譜卷十九　右房　用志堂藏

盛十四　庠高　昌九子生嘉慶八年癸亥五月十六日卒嘉慶廿三年戊寅二月初六年十六未娶

盛十五　貴順　昌十二子生光緒二年丙子十一月二十日

盛十六　順慶　昌十二子生光緒十年甲申閏五月初八日

盛十七　岳東　昌十四子生乾隆三十年乙酉正月十八日卒道光十八年戊戌二月初四日壽七十四娶應氏生乾隆四十四年己亥正月十六日卒道光廿一年辛丑八月二十日壽六十三葬新[illegible]橫河岸子昭九昭十昭十一

盛十八　岳泰　昌十四子生乾隆三十二年丁亥正月初八日卒咸豐元年辛亥閏八月初五日壽八十五娶邵氏生乾隆四十八年癸卯五月二十日卒道光三十年庚戌九月二十日壽六十八葬阮家橋西首嚴姓屋後高墩子昭十二

盛十九　岳山　昌十四子生乾隆四十年乙未十月初十日卒道光十三年癸巳三月十四日年五十九娶徐氏生乾隆五十三年戊申二月廿八日卒同治六年丁卯十月廿九日壽八十子昭十三昭十四昭十五

盛二十　泰昌　昌十七子生乾隆廿九年甲申八月十九日卒道光十年庚寅七月初十日壽六十七娶華氏生卒闕子昭十六

盛廿一　泰亨　昌十七子生乾隆四十五年庚子五月廿二日卒咸豐二年壬子八月初二日壽七十三娶湯氏生乾隆五十九年甲寅五月初四日卒道光十二年壬辰十二月十五日年三十九[illegible]娶李氏生嘉慶五年庚申十月廿五日卒咸豐九年己未九月二十二日壽六十厝財神殿後子昭十

七

盛廿二　朋三　昌十七子生卒闕

盛廿三　元春　昌十八子生乾隆五十三年戊申十一月二十日卒道光廿二年壬寅六月廿八日年五十五娶丁氏生嘉慶五年庚申六月十一日卒咸豐十一年辛酉八月十六日壽六十二葬小靈西首山子昭十八昭十九

盛廿四　元茂　昌十八子生乾隆五十八年癸丑七月十四日卒道光十三年癸巳五月初六日年四十一葬新橋匯內娶邵氏絕

盛廿五　能三　昌二十子生嘉慶七年壬戌十二月十二日卒闕娶嚴氏生嘉慶四年己未餘闕卒咸豐三年癸丑六月初一日年五十五

盛廿六　守身　昌廿一子生乾隆五十六年辛亥三月初六日卒同治二年癸亥二月十四日壽七十三娶嚴氏生乾隆五十九年甲寅三月十二日卒咸豐三年癸丑十月初四日壽六十子昭二十昭廿一昭廿二

盛廿七　日升　昌廿二子生乾隆廿九年甲申餘闕娶□氏生卒闕子昭廿三昭廿四

盛廿八　日生　昌廿二子生乾隆三十三年戊子七月十八日卒道光九年己丑九月初一日壽六十二娶邵氏生乾隆四十九年甲辰九月十八日卒咸豐十年庚申九月初七日壽七十七葬阮家橋南西首子昭廿五昭廿六

盛廿九　忠廷　昌廿三子生乾隆三十五年庚寅六月廿二日卒道光十八年戊戌八月十三日壽六十九娶洪氏生乾隆四十六年辛丑六月廿五日

卒道光三十年庚戌八月廿五日壽七十葬馬鞍橋北首子昭廿七昭廿
八昭廿九昭三十昭三一

盛三十 **忠恕** 昌廿三子住蘇州娶周氏生卒俱闕子昭三二

盛三一 **守成** 昌廿四子生乾隆五十一年丙午正月初二日卒嘉慶廿二年丁丑
十一月初十日年三十二娶葛氏欽旌節孝生乾隆六十年乙卯五月十四日
卒光緒元年乙亥十月初五日
壽八十一葬河南地子昭三三

盛三二 **守仁** 昌廿五子生嘉慶七年壬戌十二月十四日卒同治十一年壬申九
月初三日壽六十一娶胡氏生嘉慶五年庚申十一月十九日卒道
光廿五年乙巳十一月初八日年四十六側室孫氏生道光二年壬午二
月廿二日卒光緒十六年庚寅十月初三日壽六十九葬龍舌河泮坐西
朝東子昭三四昭三五

昭三六昭三七昭三八

盛三三 **守培** 昌廿六子生嘉慶十五年庚午八月初八日卒道光十五年乙未十
一月廿三日年二十六娶沈氏生嘉慶十五年庚午二月初八日卒
道光十四年甲午九月初
四日年二十五葬河南地

、

盛三四 **守謙** 昌廿六子生嘉慶十九年甲戌九月初八日卒道光廿二年壬寅三
月十六日年二十九娶王氏　欽旌節孝群貞節錄生嘉慶廿一年
丙子四月初七日卒光緒廿五
年己亥二月初二日壽八十三

盛三五 **守珍** 昌廿六子生道光三年癸未八月十二日卒咸豐十年庚申十月初
三日年三十八

盛三六　守經　昌廿七子生嘉慶十年乙丑十一月初一日卒同治十年辛未八月廿五日壽六十七娶丁氏生嘉慶十九年甲戌十二月初六日卒光緒八年壬午九月廿五日壽六十九葬河南地

盛三七　守綸　昌廿七子生嘉慶十四年己巳六月廿八日卒咸豐五年乙卯四月廿二日年四十七未娶葬黃蔣山

盛三八　皎　昌三十子生乾隆廿四年己卯閏六月十七日卒嘉慶十六年辛未閏三月十六日年五十三娶陸氏貤贈安人生乾隆廿五年庚辰九月初八日卒道光廿九年己酉七月廿一日壽九十葬滾溪莊界橫山子昭三九昭四十昭四一昭四二昭四三昭四四

盛三九　瞻　昌三十子生乾隆廿七年壬午十月十五日卒道光廿八年戊申十一月十六日壽八十七娶余氏生乾隆三十七年壬辰十二月十五日卒道光廿三年癸卯二月廿三日壽七十二葬錢家橋新宅屋後朝南大墓子昭四五昭四六

盛四十　斗章　昌三二子娶沈氏生卒俱闕繼娶王氏生康熙五十八年己亥正月十六日卒年五十三葬牛脚跡河涨子昭四七

盛四一　英才　昌三三子住蘇州生乾隆廿七年壬午十二月十八日卒闕娶孔氏生乾隆三十二年丁亥十一月二十日卒乾隆五十六年辛亥八月廿八日年二十五子昭四八

盛四二　才良　昌三三子住蘇州娶蘇州□氏生卒俱闕子昭四九

盛四三　靜銘　昌三四子生乾隆三十七年壬辰九月初九日卒道光六年丙戌二月十九日年五十五娶洪氏生乾隆三十八年癸巳九月二十日卒

道光十八年戊戌八月十四日壽六十六葬高車頭子昭五十昭五一圖
五昭五三昭五四

四　盛四　靜銑　昌三四子住吳江縣生乾隆四十一年丙申餘闕卒咸豐三年癸丑
十月十五日壽七十八娶吳江縣□氏生卒闕葬丁家圂子昭五五
昭五
六

五　盛四　士鍘　昌三五子生乾隆三十年乙酉九月初一日卒道光廿八年戊申七
月三十日壽八十四娶蘇氏生乾隆三十二年丁亥十一月十五日
卒道光三十年庚戌二月初二日壽八十四葬阮家橋坐河朝南子昭五
七昭五八昭五九昭六十

六　盛四　士銈　昌三五子生乾隆四十六年辛丑五月初七日卒咸豐二年壬子四
月初九日壽七十二娶童氏　誥封宜人生乾隆四十六年辛丑九
月廿六日卒咸豐八年戊午八月十八日壽七十八葬阮家橋南首子昭
六一昭六二昭大三昭六四

七　盛四　士鑑　昌三六子生乾隆三十六年辛卯九月初十日卒道光十五年乙未
九月十三日壽六十五與吳氏合葬河南兜娶王氏生乾隆三十八
年癸巳十一月初三日卒嘉慶十二年丁卯正月初四日年三十五與邵
氏合葬阮家橋繼娶邵氏生乾隆四十二年丁酉二月初九日卒嘉慶廿
三年戊寅十一月十六日年四十二三娶吳氏生乾隆三十九年甲午十
二月十二日卒道光十八年戊戌八月廿八日壽六十五子昭大五王氏
出昭六六
邵氏出

八　盛四　士鉢　昌三六子生乾隆四十二年丁酉六月廿五日卒道光十七年丁酉
十二月十四日壽六十一娶邵氏生乾隆四十二年丁酉十一月[illegible]

盛四八 士鉢 昌三六子生乾隆四十二年丁酉六月廿五日卒道光十七年丁酉十二月十四日壽六十一娶邵氏生乾隆四十二年丁酉十一月廿二日卒道光十四年甲午九月二十日年五十八葬黄楊橋長井山子昭六七昭六八

盛四九 士鈍 昌三六子生乾隆五十四年己酉十二月初十日卒咸豐五年乙卯正月初三日壽六十七娶呂氏生乾隆五十四年己酉九月廿二日卒咸豐七年丁巳三月初四日壽六十九葬市後河南地子昭六九

盛五十 士鏡 昌三七子生乾隆三十二年丁亥七月十八日卒道光七年丁亥正月十九日壽六十一娶陳氏生乾隆三十九年甲午十一月十五日卒道光十五年乙未四月初六日壽六十二葬假山後子昭七十昭七一

盛五一 士鐸 昌三七子生乾隆三十七年壬辰正月初七日卒道光十四年甲午三月二十日壽六十三娶陸氏生乾隆四十五年庚子十二月十六日卒嘉慶十年乙丑九月初二日年二十六繼娶吳氏生嘉慶三年戊午七月初一日卒咸豐十一年辛酉八月十一日壽六十四葬酒店河斗子昭七二

陸氏出

盛五二 玉順 昌四三子生乾隆四十九年甲辰十一月初八日卒道光八年戊子六月初四日年四十五娶嚴氏生乾隆五十八年癸丑十二月廿二日卒道光元年辛巳八月廿六日年二十九葬樟樹下蘇家河斗子昭七三昭七四昭七五

盛五三 士英 昌四五子生乾隆三十五年庚寅十二月初三日卒嘉慶九年甲子四月初八日年三十五娶嚴氏生乾隆四十五年庚子四月初六日

卒道光十年庚寅八月廿七日年五十一葬假山後父墳邊

盛五四　士豪　昌四五子生乾隆四十年乙未八月初三日卒嘉慶十二年丁卯四月廿一日年三十三未娶葬金家匯南首

盛五五　士賢　昌四五子生乾隆四十二年丁酉五月十三日卒嘉慶十七年壬申五月廿九日年三十六葬金家滙北首娶嚴氏絕

盛五六　士能　昌四六子生嘉慶元年丙辰三月十八日卒咸豐三年癸丑四月十九日年五十八娶嚴氏生嘉慶十年乙丑六月十一日卒道光二十年庚子二月廿五日年三十六繼娶于氏生嘉慶十九年甲戌二月廿五日卒闕葬樟樹下土名穿心港父墳西首子昭七六昭七七俱于氏出

盛五七　欽福　昌四七子生嘉慶八年癸亥十二月初一日卒道光四年甲申十月初八日年二十二娶翁氏絕陰配沈氏生嘉慶十六年辛未三月十三日卒道光口年七月廿六日葬東橋頭父墳邊

盛五八　士洪　昌四八子生嘉慶四年己未十月十二日卒道光十三年癸巳九月廿八日年三十五葬假山後父墳西首朝北向娶胡氏絕

盛五九　永芳　昌四八子生嘉慶十二年丁卯四月廿五日卒道光十九年己亥九月初九日年三十三葬假山後父墳東首朝北向娶童氏絕

盛六十　士朝　昌四九子生嘉慶十四年己巳十月初四日卒咸豐五年乙卯五月初七日年四十七娶李氏生道光三年癸未六月初十日卒咸豐四年甲寅八月廿四日年三十二

盛六一　士道　昌四九子生嘉慶十九年甲戌二月廿二日卒闕娶王氏生道光九年己丑四月初一日卒闕

盛六二 士昂 昌五十子生嘉慶十五年庚午正月廿二日卒道光十一年辛卯三月廿三日年二十二未娶葬東橋頭父墳邊

盛六三 士選 昌五十子生嘉慶十九年甲戌八月初二日卒道光廿六年丙午二月二十日年三十三未娶葬東橋頭父墳邊

盛六四 士俊 昌五一子生乾隆五十年乙巳十一月初九日卒嘉慶十三年戊辰二月十六日年二十四娶陸氏生乾隆五十二年丁未九月廿五日卒嘉慶十年乙丑六月廿三日年十九葬丁家衖池上岸

盛六五 士壯 昌五二子生嘉慶元年丙辰八月廿四日卒咸豐十一年辛酉八月十一日壽六十六娶鄭氏生嘉慶九年甲子五月初六日卒道光三十年庚戌五月十七日年四十七繼娶李氏生道光八年戊子九月十二日卒咸豐三年癸丑正月十七日年二十六三娶桂氏生道光八年戊子十一月十一日卒光緒十三年丁亥十一月十七日壽六十葬西園地子昭七八桂氏出

盛六六 士鏜 昌五四子住蘇州生嘉慶三年戊午十二月十七日卒闕娶湯氏生卒闕

盛六七 士龍 昌五四子住蘇州生嘉慶六年辛酉十二月初七日卒闕娶□氏生卒闕

盛六八 士林 昌五五子生嘉慶二年丁巳十一月初四日卒光緒九年癸未十月廿八日壽八十七娶謝氏生嘉慶十四年己巳二月廿九日卒道光二十年庚子十一月十五日年三十二繼娶江氏生道光二年壬午二月廿二日卒光緒十年甲申正月初四日壽六十三葬東河沿子昭七九謝氏出

盛六九 **士秀** 昌五五子生嘉慶六年辛酉十二月初八日出蘇州無查

盛七十 **士森** 昌五五子生嘉慶十二年丁卯八月初八日卒光緒二年丙子三月初六日壽七十娶徐氏生道光四年甲申正月十二日卒同治十二年癸酉九月初四日年五十葬阮家橋西首坐北朝南子昭八十

盛七一 **士高** 昌五六子生嘉慶十一年丙寅十月初一日卒道光十一年辛卯十月廿九日年二十六未娶葬新橋横河父墳側

盛七二 **士鎮** 昌五七子生道光二年壬午三月二十日卒咸豐十一年辛酉九月初七日年四十娶嚴氏　欽旌節孝訓貞節録生道光十五年乙未十月十二日子昭八二

盛七三 **士鯨** 昌五八子生道光四年甲申十一月初一日卒光緒十年甲申十月廿六日壽六十一娶應氏生道光二年壬午三月廿五日卒咸豐二年壬子十二月廿三日年三十一葬蟹頭頸東河汫坐西朝東

盛七四 **士艮** 昌五九子生嘉慶五十九甲寅八月初四日卒咸豐三年癸丑八月初八日壽六十娶陶氏生乾隆五十七年壬子十一月廿七日卒道光十四年甲午八月十七日年四十三葬牛尾河汫刺棚墳跟坐北朝南子昭八二昭八三昭八四

盛七五 **象賢** 昌六十子生乾隆四十二年丁酉十月廿八日卒道光十四年甲午四月十七日年五十八娶胡氏生乾隆五十年乙巳十月廿二日卒道光廿六年丙午九月十五壽六十二子昭八五昭八六昭八七

盛七六　希賢　昌六十子生乾隆四十六年辛丑八月初七日卒道光十七年丁酉正月廿二日年五十七娶葛氏生乾隆五十四年己酉十一月廿七日卒道光廿三年癸卯正月初九日年五十五葬金家灘子昭八八

盛七七　鎔　昌六一子生嘉慶元年丙辰四月十八日卒道光廿六年丙午九月十一日年五十一娶朱氏生嘉慶六年辛酉二月十五日卒光緒元年乙亥六月初四日壽七十五葬阮家山河北面首子昭八九

盛七八　錩　昌六三子生乾隆五十七年壬子六月二十日出外卒闕

盛七九　金　昌六四子生嘉慶十年乙丑九月廿七日卒咸豐二年壬子三月十一日年四十八娶傅氏生嘉慶廿二年丁丑十二月十八日卒同治十三年甲戌正月廿六日年五十八葬牛尾河抖[illegible]南面子昭九十昭九一

盛八十　銓　昌六四子生嘉慶十八年癸酉十一月廿八日卒道光廿六年丙午六月廿六日年三十四葬本市財神殿後娶邵氏絕

盛八一　旭　昌六六子生乾隆五十七年壬子二月十五日卒道光十七年丁酉[illegible]八月廿九日年四十六娶洪氏生嘉慶十三年戊辰四月初二日卒咸豐七年丁巳十月十五日年五十子昭九二

盛八二　安瀾　昌六七子生乾隆五十八年癸丑三月廿七日卒闕未娶

盛八三　永泰　昌六八子生嘉慶五年庚申十二月廿五日卒闕葬金家灘娶鄧氏絕

盛八 東泉 昌六九子生嘉慶四年己未十一月廿五日卒咸豐元年辛亥十一
四 月餘闕年五 二娶徐氏生嘉慶十七年壬申十二月十一日卒道
光十五年乙未正月廿八
日年二十四娶林氏絕
盛八 鈞 昌七十子生乾隆五十七年壬子四月廿二日卒咸豐十年庚申十一
五 月廿五日壽六十九娶顏氏生嘉慶二年丁巳十月廿一日卒同治二
年癸亥八月三
十日壽六十七
盛八 鎮 昌七十子生嘉慶七年壬戌十一月初一日卒闕娶顏氏絕
六
盛八 錄 昌七十子生嘉慶十年乙丑九月二十日卒光緒七年辛巳三月十一
七 日壽七十七娶嚴氏生道光三年癸未十月初十日卒光緒十一年乙
酉九月十七日壽
六十三子嗣九二
盛八 倫炎 昌七四子生道光十年庚寅八月十五日卒咸豐九年己未六月初
八 二日年三十未娶
盛八 倫才 昌七四子生道光十六年丙申三月二十日
九
盛九 倫章 昌七四子生道光廿一年辛丑十月初五日
十
盛九 倫裕 昌十四子生 年 月 日
一
盛九 倫[illegible] 昌七四子生 年 月 日
二

盛九三　**泰全**　昌七五子生道光八年戊子十二月廿九日娶馮氏生道光二十年庚子　月　日

盛九四　**全生**　昌七八子生道光十二年壬辰十一月十五日娶洪氏生道光二十年庚子九月初三日子昭九四

盛九五　**大毛**　昌八一子

盛九六　**小毛**　昌八一子俱住江北

盛九七　**繼泰**　昌八四子生道光十九年己亥十月十六日卒光緒十五年己丑十一月初二日年五十一

盛七九　**生有**　昌八六子生道光十九年己亥正月初八日

盛九九　**生財**　昌八十子生道光十九年己亥十一月初八日卒光緒八年壬午四月初七日年四十四葬酒店河抖

盛一百　**盛發**　昌九二子生同治二年癸亥七月十九日卒光緒十六年庚寅八月廿二日年二十八娶邵氏生同治六年丁卯十一月廿九日卒光緒十六年庚寅八月廿四日年二十四

盛百一　**振初**　昌九八子生光緒十五年己丑八月初二日

二十四世

昭一　**才高**　盛三子生光緒十四年戊子八月廿八日

昭二　**昭林**　盛十子任江北十二匡鎮生光緒廿二年丙申十二月十六日

昭三　**錫南**　盛十二子生道光六年丙戌九月十五日卒光緒元年乙亥九月廿七日年五十娶邵氏生道光二十年庚子四月十七日子宣一宣二宣三

昭四　**錫欽**　盛十三子生道光六年丙戌十月廿九日卒光緒元年乙亥五月十三日年五十娶胡氏生道光廿一年辛丑正月初七日卒咸豐九年己未九月初一日年十九繼娶蘇氏生道光十一年辛卯十月十七日卒同治十三年甲戌十月十一日年四十四子宣四

昭五　**錫純**　盛十三子生道光十年庚寅十一月十五日卒光緒廿四年戊戌十二月廿四日壽六十九娶徐氏生道光廿三年癸卯十二月二十日卒光緒十五年己丑正月十一日年四十七子宣五宣十宣六宣七宣十出繼昭八

昭六　**錫琪**　盛十三子生道光十四年甲午七月十三日卒光緒廿一年乙未九月初十日壽六十二娶徐氏生道光十二年壬辰八月廿四日卒光緒十六年庚寅八月廿五日年五十九子宣八宣九

昭七　**錫炎**　盛十三子生道光十八年戊戌二月初七日卒咸豐六年丙辰四月初八日年十九未娶

昭八　**錫全**　盛十三子生道光廿六年丙午三月二十日卒同治十三年甲戌九月廿九日年二十九昭五子宣十入繼

昭九　**英鵬**　盛十七子生嘉慶七年壬戌四月十一日卒咸豐五年乙卯十月廿八日年五十四娶陳氏生嘉慶八年癸亥七月初九日卒嘉慶廿五年庚辰五月初八日年十八繼娶沈氏生嘉慶十七年壬申八月初一日年五十八宣十一宣十二

昭十　雲鵬　盛十七子生嘉慶九年甲子十月初□日卒同治二年癸亥三月廿八日壽六十娶葉氏生嘉慶十九年甲戌二月初九日卒光緒十一年乙酉十一月廿二日壽七十二子宜十三宜十四

昭十一　翼鵬　盛十七子生嘉慶廿一年丙子十月初一日卒闕

昭十二　南鵬　盛十八子生嘉慶十五年庚午正月初十日卒同治十三年甲戌十月廿九日壽六十九娶陳氏生嘉慶十七年壬申四月十五日卒同治七年戊辰八月廿四日年五十七葬阮家橋之北坐西朝東

昭十三　程鵬　盛十九子生嘉慶十年乙丑十月二十日卒道光八年戊子六月廿四日年二十四未娶葬瓦爿灘

昭十四　飛鵬　盛十九子生嘉慶十九年甲戌八月二十日卒咸豐二年壬子六月廿六日年三十九娶[illegible]河南[illegible]裘氏絶

昭十五　翔鵬　盛十九子生嘉慶廿五年庚辰四月十一日卒道光廿九年己酉九月十九日年三十葬瓦爿灘娶黃氏絶

昭十六　恒升　盛二十子生嘉慶十七年壬申五月初一日卒闕

昭十七　昭文　盛廿一子住於潛生道光十九年己亥三月廿八日娶嚴氏生道光廿四年甲辰十二月二十日子宜十五

昭十八　慶雲　盛廿三子生嘉慶廿四年己卯二月初四日卒同治十二年癸酉三月廿三日年五十五娶李氏生道光二年壬午九月十六日卒咸豐三年癸丑二月十一日年三十二繼娶俞氏生道光八年戊子十二月初五日卒同治十三年甲戌十二月十六日年四十七子宜十大李氏出宜

卷十六　右房

十七宣十
又俞氏出
昭十九　慶鳳　盛廿三子生道光二年壬午五月十八日卒咸豐十一年辛酉正月
初七日年四十娶湯氏生道光十三年癸巳十一月二十日卒同治
五年丙寅六月十二日年三
十四葬蟹頭頸子宣十九
昭二十　昭明　盛廿三子生嘉慶廿三年戊寅七月初八日卒光緒四年戊寅十二
月初十日壽六十一娶陳氏生道光七年丁亥七月月初二日卒同
治元年壬戌八月初二日年三
十六子宣二十宣廿一宣廿二
昭廿一　昭甯　盛廿六子生道光元年辛巳五月初七日卒闕
昭廿二　昭大　盛廿六子生道光九年己丑十月初十日卒闕娶陳氏生道光十七
年丁酉四月廿六日卒闕
昭廿三　雙全　盛廿七子
昭廿四　雙福　盛廿七子兄弟俱住太倉州北門外雙鳳鎮上江橋
昭廿五　炎　盛廿八子生嘉慶九年甲子十月廿九日卒道光十五年乙未五月初
十日年三十二娶陳氏生嘉慶十三年戊辰五月廿九日卒道光八年
戊子正月十五日年三十
一昭廿六子宣廿三入繼
昭廿六　燮　盛廿八子生嘉慶十七年壬申三月初七日卒同治十二年癸酉二月
廿四日壽六十二娶孫氏生道光二年壬午五月十一日卒光緒十六

年庚寅九月初一日壽六十九葬官田［illegible］坐東朝西子宣廿三宣廿四宣廿五　廿六［illegible］廿三出繼昭廿五

昭廿七　安慶　盛廿九子生嘉慶三年戊午六月初二日卒咸豐二年壬子五月廿四日年五十五娶馮氏生嘉慶十四年己巳十一月十七日卒道光十五年乙未六月十八日年二十七子廿七

昭廿八　安順　盛廿九子生卒闕

昭廿九　安興　盛廿九子生嘉慶十六年辛未正月初七日卒咸豐四年甲寅十一月廿四日年四十四未娶

昭三十　安泰　盛廿九子生嘉慶二十年乙亥正月初九日卒道光十六年丙申六月十五日年二十二未娶

昭三一　安祥　盛廿九子生嘉慶廿三年戊寅八月廿四日卒闕未娶

昭三二　初龍　盛三十子住蘇州

昭三三　時長　盛三一子生嘉慶廿一年丙子九月初二日卒咸豐元年辛亥十月初七日年三十六娶姚氏絕

昭三四　時榛　盛三二子生道光廿一年辛丑正月廿六日卒光緒六年庚辰餘闕年四十

昭三五　時來　盛三二子生道光廿四年甲辰五月廿六日娶茅氏生咸豐十一年辛酉十月初十日

昭三六　時均　盛三二子生道光廿八年戊申十一月廿二日卒闕

京兆堂王氏宗譜卷十九　右房

昭三七　育麒　盛三二子生道光三十年庚戌二月廿五日卒光緒十年甲申三月
廿三日年三十五
昭三八　育麟　盛三二子生咸豐三年癸丑十一月十五日娶應氏生同治四年乙
丑八月十六日子宣廿八
昭三九　洽　盛三八子生乾隆四十三年戊戌正月十九日卒道光元年辛巳十二
月初七日年四十四娶陸氏生乾隆四十七年壬寅四月廿九日卒嘉
慶十四年己巳六月十四日年二十八繼娶顏氏生乾隆五十六年辛亥
五月十八日卒同治四年乙丑九月初六日壽七十五葬東頭南向子宣
廿九陸
氏出
昭四十　淶　盛三二子生乾隆四十五年庚子八月十二日卒咸豐五年乙卯二月
廿八日壽七十六娶應氏生乾隆五十年乙巳八月十六日卒嘉慶二
十年乙亥七月廿一日年三十一繼娶金氏生嘉慶二年戊午五月廿二
日卒咸豐三年癸丑三月廿四日年五十六葬刺棚墳邊子宣三十宣三
一宣
三二
昭四一　沾　盛三八子生乾隆五十二年丁未十月初五日卒嘉慶十四年己巳十
二月十五日年二十三娶嚴氏生乾隆五十四年己酉五月廿七日卒
道光十四年甲午七月廿一日年四十六葬野貓噉昭四二子宣三三八
繼
昭四二　濡　盛三八子生乾隆五十四年己酉十月十四日卒咸豐二年壬子八月
初一日壽六十四娶馮氏　敕封孺人生乾隆五十六年辛亥十一月
十七日卒同治十年辛未三月廿五日壽八十一子宣三三宣三四宣
三三出繼昭四一

昭四三　涵　盛三八子生乾隆五十七年壬子九月廿一日卒嘉慶廿二年丁丑七月十六日年二十六娶姚氏　貤封安人　欽旌節孝詳見節錄生乾隆五十七年壬子十二月初十日卒咸豐九年己未四月廿八日壽六十八葬夾岱東首子宣三五未娶以胞弟沐四子宣三六入繼

昭四四　沐　盛三八子生嘉慶七年壬戌十月初十日卒同治元年壬戌八月廿七日壽六十一娶馮氏　敕封安人生嘉慶七年壬戌九月廿八日卒光緒九年癸未六月初一日壽八十二葬附家橋子宣三六宣三七宣三八宣三六出繼昭四三

昭四五　溶　盛三八子生嘉慶九年甲子八月十八日卒同治元年壬戌八月廿七日年五十九娶馮氏生嘉慶十年乙丑三月十八日卒光緒元年乙亥九月廿九日壽七十一葬牛尾河　溶坐北朝南子宣三九宣四十

昭四六　洪　盛三八子生嘉慶十二年丁卯十二月十二日卒道光十七年丁酉六月初六日年三十一娶余氏生嘉慶十七年壬申十一月廿二日卒道光九年己丑八月初八日年十八繼娶應氏生嘉慶十四年己巳正月廿一日卒道光十二年壬辰正月十二日年二十四三娶鄭氏生嘉慶十九年甲戌二月初三日卒咸豐元年辛亥八月初二日年三十八葬酒店河　洪子宣四一鄭氏出

昭四七　學禧　盛四十子生卒闕

昭四八　慶元　盛四一子生卒闕

昭四九　□□　盛四二子俱住蘇州

昭五十　涓　盛四三子生乾隆五十八年癸丑十一月初一日卒咸豐六年丙辰五月二十日壽六十四娶余氏生嘉慶十二年丁卯五月初八日卒咸豐七年丁巳正月廿九日年五十一葬丁家圍子宣四二宣四八宣四三宣四四宣四八出繼昭五二

昭五一　澄　盛四三子住吳江縣蒲芝堂生嘉慶元年丙辰十二月廿四日卒斷娶吳江縣[illegible]氏生嘉慶十八年癸酉四月十四日卒同治七年戊辰九月十五日年五十六
子宣四五宣四六

昭五二　湜　盛四三子生嘉慶五年庚申四月初九日卒同治二年癸亥九月十二日壽六十四娶嚴氏生嘉慶十五年庚午十二月十六日卒道光十八年戊戌三月初六日年二十九繼娶陳氏生嘉慶十九年甲戌十一月初八日卒光緒七年辛巳七月初一日壽六十八葬高車頭子宣四七未娶
[illegible]昭五十子
宣四八入繼

昭五三　滋　盛四三子生嘉慶九年甲子十月二十日卒道光十年庚寅十月初三日年二十七未娶

昭五四　慶隆　盛四三子生嘉慶十一年丙寅十二月十一日卒闕未娶

昭五五　□□　盛四四子

昭五六　□□　盛四四子俱住吳江縣

昭五七　步[illegible]　盛四五子乾隆五十七年壬子六月十四日卒咸豐五年乙卯九月廿二日壽六十四娶[illegible]氏生乾隆六十年乙卯六月十八日卒嘉慶

慶廿一年丙子十一月廿一日年二十二繼娶陳氏生乾隆五十六年辛
亥四月初九日卒道光廿三年癸卯十月二十日年五十三葬酒店河斗
子宣四九宣五
十俱邵氏出

昭五八　步瀛　盛四五子生乾隆五十九年甲寅十月廿四日卒咸豐元年辛亥十
月廿二日年五十八娶周氏生嘉慶元年丙辰六月十四日卒咸豐
十年庚申二月廿六日壽六十五
葬酒店河斗子宣五一宣五二

昭五九　步瀛　盛四五子生嘉慶元年丙辰十二月十九日卒咸豐七年丁巳十二
月十六日壽六十二娶杜氏生嘉慶元年丙辰六月初九日卒道光
廿二年壬寅八月二十日年
四十七子宣五三宣五四

昭六十　步洲　盛五四子生嘉慶四年己未五月廿五日卒咸豐四年甲寅十月廿
二日年五十六娶嚴氏生嘉慶七年壬戌十月十二日卒道光七年
丁亥十一月初七日年二十六繼娶林氏生嘉慶十二年丁卯九月初九
日卒道光十七年丁酉三月廿八日年三十一三娶[illegible]氏生道光元年辛
巳三月十七日卒同治九年庚午閏十月十七日年五十葬假山後中檔
子宣五五張氏出

昭六一　鳳源　盛四六子生嘉慶十年乙丑七月廿五日卒咸豐二年壬子四月十
八日年四十八娶童氏生嘉慶十年乙丑十一月初六日卒道光
廿六年丙午五月廿九日年四十
二厝貼水橋高墩南首子宣五六

昭六二　鳳清　盛四六子生嘉慶十五年庚午十月初九日卒同治十三年甲戌九
月廿七日壽六十五娶余氏生嘉慶十九年甲戌六月十五日卒同

治四年乙丑八月初五日年
五十二子宜五七宜五八
昭六三　鳳渭　盛四六子生嘉慶二十年乙亥三月初四日卒光緒十一年乙酉十
月初十日壽七十一娶姚氏　誥封宜人生嘉慶廿四年己卯九月
初十日卒光緒十三年乙亥八月廿二日壽六十九葬陳官塘側室朱氏
生道光七年丁亥十二月十二日子宜五九宜六十俱姚氏出
昭六四　鳳潮　盛四六子生嘉慶廿二年丁丑二月十五日卒同治七年戊辰八月
初十日年五十二娶于氏生道光七年丁亥七月初九日卒道光廿
九年己酉二月廿
八日年二十三
昭六五　步濂　盛四七子生嘉慶四年己未十一月初七日卒道光十七年丁酉九
月十五日年三十九娶陳氏生嘉慶六年辛酉十月廿三日卒嘉慶
廿四年己卯五月三十日年十九
葬海服垅父墳側繼娶姚氏絕
昭六六　湜　盛四七子往上洋生嘉慶十九年甲戌四月初八日卒闕
昭六七　渠　盛四八子生嘉慶八年癸亥十一月廿一日娶朱氏子宜六一
昭六八　潛　盛四八子生嘉慶十二年丁卯三月十九日卒同治三年甲子五月
初一日年五十八娶孔氏生嘉慶廿三年戊寅正月十二日卒咸豐
四年甲寅二月初七日年三十七
子宜六二宜六三宜六四宜六五
昭六九　灝　盛四九子生道光九年己丑九月十一日卒同治元年壬戌七月初
十日年三十四娶林氏生道光二十年庚子十月初十日子宜六六

昭七十　步溟　盛五十子住上洋生卒闕娶余氏生嘉慶八年癸亥餘闕卒道光二十年庚子六月初五日年三十八葬停上洋子宣六七宣六八宣六九

昭七十一　步瀚　盛五十子生卒闕娶潘氏絕

昭七十二　步泮　盛五一子生嘉慶八年癸亥六月初一日卒道光四年甲申正月廿九日年二十二娶嚴氏生嘉慶九年甲子四月廿六日卒道光九年己丑三月十七日年二十六葬假山後

昭七十三　炳盛　盛五二子生嘉慶十四年己巳十一月十四日卒闕

昭七十四　炳潮　盛五二子生嘉慶廿四年己卯十一月十六日卒闕

昭七十五　炳相　盛五二子生嘉慶廿五年庚辰十二月十五日卒闕娶柴氏生道光十九年己亥三月二十日卒同治元年癸亥二月十五日年二十五
繼娶湯氏生道光十九年己亥八月初六日卒四月十四口子宣七十宣七一宣七二

昭七十六　愛金　盛五六子生道光廿四年甲辰二月初六日

昭七十七　愛源　盛五六子住長石橋生道光廿七年丁未八月初四日娶邵氏生咸豐九年己未十一月十八日卒光緒廿一年乙未四月初七日年三十七子宣七三宣七四

昭七八 彩星 盛六五子生咸豐四年甲寅十月初六日卒闕

昭七九 允和 盛六八子生道光十八年戊戌十月廿九日娶葛氏生道光十八年戊戌二月初一日卒同治四年乙丑閏五月廿三日年二十八繼娶方氏生道光廿三年癸卯二月十七日卒光緒十八年壬辰五月廿三日年五十子宣七五宣七六

昭八十 允桂 盛七十子生咸豐六年丙辰七月十七日卒光緒十二年丙戌六月廿二日年三十一娶周氏生同治五年丙寅八月十六日卒光緒九年癸未十一月初九日年十八葬財神殿後東首坐北朝南

昭八一 昭坤 盛七二子生咸豐六年丙辰十一月初十日娶殷氏生同治二年癸亥八月十九日子宣七七

昭八二 鼐輝 盛七四子生嘉慶十七年壬申十二月廿三日卒同治元年壬戌閏八月初四日年五十一娶蘇氏生嘉慶十五年庚午十二月初八日卒光緒六年庚辰二月廿二日壽七十一葬後歐塊塘跟子宣七八宣七九

昭八三 鼎輝 盛七四子生道光五年乙酉十一月廿九日卒同治十一年壬申八月初六日年四十八娶沈氏生道光七年丁亥正月二十日卒同治四年乙丑閏五月廿六日年三十九葬後歐長岗繼娶陳氏生道光二十年庚子九月廿三日子宣八十

昭八四 昱輝 盛七四子生道光八年戊子九月初六日卒道光三十年庚戌二月十四日年二十三未娶葬牛尾河斗刺棚墳跟父墳內首

昭八五 杰 盛七五子生嘉慶七年壬戌十二月十一日卒咸豐十一年辛酉五月十二日壽六十娶胡氏生嘉慶十五年庚午五月初二日卒道光十六

年丙申八月廿四日年二十七娶[illegible]氏生嘉慶廿四年己卯十一月十八日卒光緒十二年丙戌十二月初七日壽六十八子宣八一宣八二宣八三俱應氏出

昭八六　**炳仁**　盛七五子生嘉慶十六年辛未二月初九日卒道光三十年庚戌十一月廿五日年四十葬對岱嶺[illegible]娶邵氏絕

昭八七　**炳賚**　盛七五子生道光七年丁亥五月十四日卒光緒十九年癸巳十月廿四日壽六十七娶盧氏生道光十年庚寅十二月十六日

昭八八　**炳榮**　盛七六子生道光五年乙酉三月十六日卒咸豐十　年辛酉九月初三日年三十七娶邵氏生道光十九年己亥九月廿九日卒闕子宣八四

昭八九　**沅**　盛七七子生嘉慶廿四年己卯九月初十日卒同治十三年甲戌十月初三日年五十六娶王氏生道光十二年壬辰十月初十日子宣八五

昭九十　**錢寶**　盛七九子生道光十八年戊戌七月廿三日卒闕

昭九一　**雙寶**　盛七九子生咸豐二年壬子五月廿四日卒光緒十六年庚寅八月廿五日年三十九娶陳氏生同治七年戊辰三月廿八日卒光緒十五年己丑正月廿七日年二十二

昭九二　**泰森**　盛八一子生道光八年戊子十一月三十日出外卒闕未娶

昭九三　**全生**　盛八三子生道光廿二年壬寅十月十六日卒闕未娶

昭九四　**齡寶**　盛八七子生咸豐五年乙卯十一月廿六日卒闕

昭九五　**安福**　盛九四子生咸豐八年戊午十月十三日

二十五世

宣一　**森林**　昭三子生咸豐九年己未五月十二日卒光緒十八年壬辰正月廿九日年三十四

宣二　**森和**　昭三子生同治元年壬戌五月十六日卒光緒二十年甲午三月十二日年三十三娶宋氏生生同治十年辛未四月十三日卒光緒十七年辛卯六月十二日年二十一

宣三　**森明**　昭三子生同治七年戊辰十一月廿一日卒光緒十六年庚寅七月廿九日年二十三

宣四　**森熙**　昭四子生同治九年庚午十月廿一日

宣五　**森陽**　昭五子生同治元年壬戌七月廿七日娶顏氏生同治九年庚午十月十一日子定一定二

宣六　**森彩**　昭五子生光緒二年丙子二月十九日娶蘇氏生光緒十年甲申　月　日

宣七　**森村**　昭五子生光緒十年甲申九月十五日

宣八　**[illegible]**　昭六子生同治三年甲子七月十六日娶蘇氏生光緒二年丙子九月廿五日子定三

宣[illegible] 昭六子生[illegible]年乙巳九月初一日娶方氏[illegible]七年辛巳十二
九 月十五日子定四
宣十森炎 昭八子生同治四年乙丑八月初二日娶許氏生光緒二年丙子 月
十 日子定五
宣十世[illegible] 昭九子生道光廿[illegible]年 [illegible]三日
一
宣十世[illegible] 昭九子生道光廿六年丙午[illegible]月初六日
二
宣十世方 昭十子生道光十四年甲午正月十八日卒同治二年癸亥五月初
三 四日年三十娶[illegible]氏生道光廿三年[illegible]卯九月十三日卒闕
宣十世桂 昭十[illegible]子生道光廿三年癸卯四月十八日卒光緒五年己卯十月初
四 六日年三十七娶翁氏生咸豐三年癸丑 月 日卒光緒廿一
年乙未五月十九日年四
十三子定[illegible]定七定八
宣十福慶 昭十七子[illegible]潛生光緒六年庚辰九月 日
五
宣十世金 昭十八子生道光廿五年乙巳六月五日卒光緒七年辛巳六月
六 十五日年三十七娶[illegible]氏生道光廿九年己酉 月 日卒闕
宣十世[illegible] 昭十八子生咸豐五年乙卯七月二十日
七
宣十世[illegible] 昭十八子生同治元年壬戌八月十三日
八
宣十庚榮 昭十九子生咸豐九年己未十一月廿五日
九

二二　高林　昭二十子生道光廿八年丙午五月十一日娶汪氏生咸豐三年癸
十　丑十月初四日子定九十定十一定十四定十四出繼宣廿二
宣廿一　高元　昭二十子生咸豐元年辛亥十二月初十日娶朱氏生同治二年癸
一　亥十一月初十日卒光緒十一年乙酉八月十七日年二十三繼娶
□氏子定十
二定十三
宣廿二　高敏　昭二十子生咸豐八年戊午十二月廿三日卒光緒廿四年戊戌三
二　月二十□年四十一宣二十子定十四入繼
宣廿三　宣佑　昭廿五子生道光二十年庚子七月初一日卒同治六年丁卯二月
三　初九日年二十八娶沈氏生道光廿三年癸卯八月十九日子定十
五
宣廿四　宣珍　昭廿六子生道光廿五年乙巳正月二十日娶王氏生咸豐三年癸
四　丑三月十一日卒光緒八年壬午九月廿三日年三十□娶王氏生
咸豐九年己未　月
日子定十六定十七
宣廿五　宣深　昭廿六子生道光廿七年丁未十二月廿三日娶蘇氏生同治元年壬
五　戌□月初七日子定十八
宣廿六　宣廷　昭廿六子生咸豐七年丁巳正月初三日娶何氏絕子定十九
六
宣廿七　宣福　昭廿七子生道光十四年甲午三月初一日娶王氏生道光十七年
七　丁酉十二月十九日子定二十
宣廿八　宣才　昭三八子生光緒十一年乙酉十月十四日娶　氏子定廿
八

宣廿九　宣威　昭三九子生嘉慶十年乙丑九月初八日卒同治七年戊辰七月十六日壽六十四娶嚴氏生嘉慶十二年丁卯正月初六日卒道光十四年甲午三月十四日年二十八繼娶繆氏生嘉慶廿五年庚辰六月初五日卒光緒十二年丙戌四月廿四日壽六十七葬酒店河汫朝西子定廿二定廿三

宣三十　宣恩　昭四十子生道光元年辛巳四月十三日卒光緒十四年戊子十二月十四日壽六十八娶沐氏生道光二年壬午十一月十三日卒同治九年庚午閏十月初九日年四十九厝河南田

宣三一　宣金　昭四十子生道光五年乙酉十二月初三日卒光緒十六年庚寅十月十六日壽六十六娶徐氏生道光九年己丑二月十九日卒咸豐二年壬子十一月初六日年二十四葬剌棚墳跟

宣三二　宣章　昭四十子生道光十二年壬辰十月十六日卒咸豐十年庚申八月十七日年二十九厝丁家園

宣三三　宣揚　昭四一子生嘉慶廿一年丙子四月三十日卒光緒五年己卯十一月初四日壽六十四娶張氏生嘉慶廿三年戊寅三月廿三日卒道光廿一年辛丑八月初六日年二十四

宣三四　宣詔　昭四二子生嘉慶廿四年己卯十月廿四日卒咸豐五年乙卯正月初四日年三十七娶杜氏生道光十年庚寅十一月十五日卒光緒廿二年丙申八月廿八日壽六十七子定廿四

宣三五　宣邦　昭四三子生嘉慶二十年乙亥八月初八日卒道光廿一年辛丑正月二十日年二十七未娶

宣三六　宣琛　昭四三子生道光六年丙戌十月廿六日卒光緒十年甲申十二月十一日年五十九娶童氏　敕封安人生道光七年丁亥十月十一日卒同治五年丙寅九月十九日年四十葬阮家壩瓦爿灘子定廿五定廿六

宣三七　宣璵　昭四四子生道光九年己丑十月廿九日卒光緒二十年甲午十二月十四日壽六十六娶童氏生道光十二年壬辰閏九月十五日子定廿七　定廿八

宣三八　宣珪　昭四四子生道光廿一年辛丑十一月二十日出外卒關娶盛氏生道光廿二年壬寅十月廿六日子定廿九

宣三九　宣珩　昭四五子生道光十年庚寅九月初十日卒光緒十六年庚寅十月初二日壽六十一娶王氏生道光十年庚寅二月初二日子定三十　定三一　定三二

宣四十　宣林　昭四五子生道光十八年戊戌十一月廿九日卒同治九年庚午三月廿一日年三十三娶方氏生道光十八年戊戌十月廿七日

宣四一　宣杲　昭四六子生道光十七年丁酉九月二十日卒同治四年乙丑四月十三日年二十九娶應氏生道光廿　年辛丑三月十四日卒同治元年壬戌六月初九日年二十二繼娶鮑氏　欽旌節孝詳貞節錄生道光廿五年乙巳八月廿八日

宣四二　宣貫　昭五十子生道光十年庚寅正月十四日卒同治三年甲子十月廿九日年三十五娶鎮海馬氏生道光廿　年辛丑九月初六日子定

三三

宣四三 小汞 昭五十子生道光廿六年丙午二月廿二日卒光緒三十年甲辰十一月二十日 因素行不端已回割出族

宣四四 生汞 昭五十子生道光廿八年戊申十二月初五日卒同治三年甲子八月廿七日年十七

宣四五 宣□ 昭五一子

宣四六 宣□ 昭五一子俱往吳江縣

宣四七 寶生 昭五二子生道光十四年甲午五月十六日卒咸豐七年丁巳三月廿九日年四十三陸[illegible]氏生道光十七年丁酉正月十六日卒咸豐三年癸丑九月十六日年十七

宣四八 阿汞 昭五二子生道光廿一年辛丑十月十九日娶張氏生道光十七年丁酉正月十六日卒同治三年甲子九月十六日年二十八[illegible]娶沈氏生道光廿一年辛丑十月十六日子定三洲定三五定三六

宣四九 芳桂 昭五七子生嘉慶二十年乙亥九月十三日卒光緒十三年丁亥九月十五日壽七十三娶應氏生嘉慶廿四年己卯五月廿七日卒光緒五年己卯六月二十日壽六十一葬酒店洞斗子定三七定三八定三九

宣五十 芳樹 昭五七子生道光十一年辛卯八月廿六日卒光緒十三年丁亥四月廿四日年五十七娶邵氏生道光十三年癸巳七月初九日卒光

緒十六年庚寅十二月初十日年
五十八子定四十定四一定四二

宣五一　芳楊　昭五八子生道光七年丁亥九月初六日卒咸豐三年癸丑六月初
六日年二十七娶朱氏生道光十一年辛卯　月　日

宣五二　芳村　昭五八子生道光十五年乙未九月廿三日卒光緒十四年戊子十
一月初十日年五十三

宣五三　芳椿　昭五九子生嘉慶廿四年己卯二月初六日卒光緒三年丁丑十二
月廿六日年五十九娶周氏生道光二年壬午七月廿七日卒咸豐
二年壬子七月廿
七日年三十一

宣五四　芳權　昭五九子生道光八年戊子三月初八日卒光緒八年壬午八月廿
四日年五十五娶葉氏生道光十年庚寅四月初十日卒光緒二年
丙子四月廿八日年四
十七子定四三定四四

宣五五　芳楠　昭六十子生咸豐元年辛亥三月初二日娶朱氏生咸豐九年己未
十二月廿一日卒光緒五年己卯四月初二日年二十一繼娶方氏
生同治七年戊辰三
月初八日子定四五

宣五六　芳槐　昭六一子生道光七年丁亥十一月十九日卒光緒十五年己丑十
月十九日壽六十三娶徐氏生道光十年庚寅六月廿一日葬酒店
河泮瓦
爿灘

宣五七　芳榆　昭六二子生道光十九年己亥五月廿九日卒同治元年壬戌四月
廿八日年二十四[illegible]葛氏[illegible]卒闕[illegible]河[illegible]地

宣五八　芳[illegible]　昭六二子生道光廿三年癸卯四月初八日卒光緒元年乙亥八月廿七日年三十三厝河南地娶嚴氏生咸豐元年辛亥二月十六日

宣五九　芳梓　昭六三子生道光廿六年丙午四月十四日卒光緒廿九年癸卯八月初五日年五十八娶邵氏誥封宜人生道光廿八年戊申正月廿六日卒光緒廿八年壬寅十月十一日年五十五子定四六定四七定四八定四九

宣六十　芳棪　昭六三子生道光廿九年己酉七月十五日卒十二月十一日配馬氏生咸豐六年丙辰十月初八日卒九月十三日

宣六一　芳櫟　昭八七子生道光廿五年乙巳二月廿八日

宣六二　芳齡　昭六八子生道光十九年己亥四月十五日

宣六三　芳岳　昭六八子生道光廿一年辛丑十一月廿九日

宣六四　芳榮　昭六八子生道光廿四年甲辰十二月初九日

宣六五　芳橋　昭六八子兄弟俱任蘇州生道光廿七年丁未九月十四日

宣六六　芳葵　昭六九子生咸豐八年戊午八月初五日娶方氏生同治七年戊辰四月初三日卒光緒十七年辛卯十二月初三日年二十四

宣六七　恆山　昭七十子生道光四年甲申四月廿九日

宣六八　二恆　昭七十子

慈東費氏四修宗譜卷十九　右房　存□堂

宣六九　三恒　昭七十子兄弟俱住上洋生卒娶氏未詳

宣七十　宣明　昭七五子生咸豐五年乙卯九月初八日娶周氏

宣七一　宣榮　昭七五子生咸豐十年庚申七月廿四日娶王氏生同治八年己巳十月十四日子定五十

宣七二　宣貴　昭七五子兄弟俱住漢塘寺徐姓生光緒六年庚辰正月初六日

宣七三　宣訓　昭七七子生光緒七年辛巳九月廿九日

宣七四　宣謨　昭七七子生光緒十五年己丑五月廿八日

宣七五　宣溶　昭七九子生同治十三年甲戌七月初一日娶朱氏生光緒十二年丙戌正月十五日

宣七六　炳泉　昭七九子生光緒十年甲申正月廿八日

宣七七　宣誥　昭八一子生光緒十八年壬辰二月十六日

宣七八　宣卿　昭八二子生道光十七年丁酉七月廿八日卒光緒元年乙亥正月初二日年三十九娶鄭氏生□光廿一年辛丑三月十一日卒同治六年丁卯八月廿二日年二十七葬後畈地塘跟

宣七九　宣才　昭八二子生道光廿七年丁未八月初九日娶陶氏生咸豐元年辛亥十一月初五日卒光緒六年庚□□月廿二日年三十子定五一

宣八十 杏生 昭八三子生同治九年庚午閏十月十二日娶陳氏生光緒六年庚辰七月初二日子定五二

宣八十一 德湧 昭八五子生道光廿四年甲辰十二月廿六日卒同治八年己巳三月廿六日年二十六

宣八十二 德建 昭八五子生道光廿七年丁未十二月廿九日卒同治十二年癸酉閏六月初三日年二十七

宣八十三 德明 昭八五子生咸豐四年甲寅六月十一日娶蔡氏生同治年四乙丑六月十四日子定五三定五四定五五定五六定五七

宣八十四 生有 昭八八子生咸豐八年戊午二月十六日

宣八十五 紀耕 昭八九子生同治五年丙寅十二月廿四日

二十六世

定一 廷槐 宣五子生光緒十四年戊子九月廿二日

定二 廷甫 宣五子生光緒廿二年丙申九月廿三日

定三 廷忠 宣八子生光緒二十年甲午九月初五日

定四 定全 宣九子生光緒廿八年壬寅五月三十日

定五 定察 宣十子生光緒廿九年癸卯七月十一日

[illegible]卷十六　右房

定六　定美　宣十四子生同治十年辛未十二月十一日娶嚴氏生光緒五年己卯七月十五日子迪一

定七　定榮　宣十四子生光緒三年丁丑正月廿六日娶徐氏生光緒九年癸未二月十六日

定八　連榮　宣十四子生光緒五年己卯三月初二日

定九　定森　宣二十子生光緒二年丙子八月二十日

定十　荷生　宣二十子生光緒十年甲申八月廿九日

定十一　金生　宣二十子生光緒廿三年丁酉三月初四日

定十二　定福　宣廿一子生光緒十三年丁亥四月十三日

定十三　火利　宣廿一子生光緒十六年庚寅十二月三十日

定十四　連生　宣廿二子生光緒五年己卯九月廿八日

定十九　定華　宣廿三子生同治四年乙丑正月十六日娶周氏生光緒三年丁丑八月十一日子迪二迪三

定十六　廣源　宣廿四子生光緒三年丁丑九月初六日娶　氏子迪四

定十七　武源　宣廿[illegible]子

定十八　廣垚　宣廿五子生光緒十六年庚寅十月十一日

定十九　寶吉　宣廿六子生光緒十一年乙酉九月廿二日

定二十　燦榮　宣廿七子生咸豐六年丙辰五月十八日

定廿一　定炎　宣廿八子生光緒廿九年癸卯九月三十日

定廿二　定乾　宣廿九子生道光廿五年乙巳五月廿四日卒光緒十六年庚寅十
二月初一日年四十六娶洪氏生道光廿六年丙午十一月十三日

定廿三　定坤　宣廿九子生道光廿七年丁未十月初七日卒光緒七年辛巳五月
初一日年三十五娶葉氏生道光廿六年丙午閏五月十六日卒光
緒十九年癸巳十月廿五
日年四十八子廸熙廸[illegible]

定廿四　定杏　宣三四子生道光廿九年己酉八月廿七日卒同治八年己巳十月
廿九日年二十一

定廿五　定梓　宣三六子生道光廿八年戊申十二月廿三日卒光緒廿九年癸卯
八月廿四日年五十六娶沈氏生道光廿八年戊申十一月廿三日
卒光緒五年己卯八月十三日年三十二繼娶
朱氏生咸豐九年己未正月廿九日子廸七

定廿六　定烇　宣三六子生咸豐四年甲寅八月十八日娶宋氏生咸豐六年丙辰
正月初九日卒光緒元年乙亥九月廿九日年二十繼娶漂氏子廸
八廸
九

右房

定廿 定鉎 宣三才子生咸豐四年甲寅三月初八日卒光緒廿三年丁酉七月
七 十六日年四十四娶曹氏生咸豐二年壬子二月十八日
定廿 宗沂 宣三七子生同治九年庚午九月廿七日娶鄭氏生同治十年辛未
八 十月十七日子適十
定廿 定播 宣三八子生咸豐十一年辛酉正月初九日卒光緒四年戊寅十一
九 月十四日年十八娶陳氏生同治六年丁卯正月十六日卒光緒十
六年丙戌十月初
十日年二十二
定三 定熔 宣三九子生咸豐四年甲寅九月廿七日娶胡氏生同治七年戊辰
十 八月廿八日子適十一 適十二 適十三 適十四 適十五
定三 定燦 宣三九子生同治元年壬戌十二月廿三日娶李氏生同治九年庚
一 午十一月十一日子
定三 來 宣二九子生同治五年丙寅正月初三日娶姚氏生光緒四年戊寅
二 五月初八日子適十六
定三 正發 宣四一子生咸豐十年庚申八月廿八日娶毛氏生同治十一年壬
三 申月 日卒光緒十三年丁亥正月十六日年十六
定三 邦 宣四 子生咸豐十一年辛酉十 月十三日娶盛氏生光緒六年
四 庚辰四月初六日
定二 富 宣四 子生光緒二年丙子閏五月十五日娶蘇氏生光緒六年庚辰
五 十三日卒適十七
定三 勳 宣四八 生光緒五年己卯九月初八日娶鍾氏生光緒十四年戊
六 子九月十七日
定二 炳 宣四 子生道光廿五年 九日娶余氏生道光廿三
七 年癸卯 十日子適十九

定三八　生煜　宣四九子生咸豐元年辛亥十月廿六日卒光緒十六年庚寅八月初十日年四十娶錢氏生咸豐六年丙辰九月二十日子迪二十迪廿一

定三九　生炘　宣四九子生咸豐五年乙卯九月廿一日娶陸氏生同治二年癸亥十一月廿五日

定四十　生炳　宣五十子生咸豐五年乙卯八月十六日娶王氏生同治九年庚午二月初三日子迪廿二迪廿三迪廿四

定四一　生烈　宣五十子生咸豐十年辛酉八月初二日

定四二　生勳　音　宣五十子生同治十年辛未八月初四日娶邵氏生光緒十六年庚寅七月初

定四三　生灯　宣五四子生咸豐七年丁巳三月十一日

定四四　生烜　宣五四子生同治七年戊辰三月十三日娶　氏

定四五　生菴　宣五五子生光緒廿八年壬寅十二月十三日

定四六　賡年　宣五九子生同治七年戊辰二月十八日娶徐氏生同治七年戊辰十一月初六日子迪廿五迪廿六

定四七　賡華　宣五九子生同治十一年壬申四月初四日娶嚴氏生同治十三年甲戌七月廿一日

定四八　賡培　宣五九子生光緒元年乙亥正月初二日娶姚氏生光緒五年己卯九月廿七日子迪廿七

袁東劉氏四修宗譜卷十九　右房　存志堂

定四九　賡揚忠　宣五九子生光緒三年丁丑四月初二日娶王氏生光緒六年庚辰六月十三日

定五十　榮來　宣七一子生光緒十三年丁亥二月十八日

定五一　定祥　宣七九子生同治十二年癸酉六月初七日娶唐氏卒光緒九年癸未十一月初二日

定五二　雲甫　宣八十子生光緒廿五年己亥十月初九日

定五三　雲發　宣八三子生光緒七年辛巳十一月初七日

定五四　定發　宣八三子生光緒十一年乙酉正月[illegible]三日

定五五　定才　宣八三子生光緒二十年甲午十一月初六日

定五六　定富　宣八三子生光緒廿三年丁酉九月廿三日

定五七　定華　宣八三子生光緒廿六年庚子十一月十四日

二十七世

迪一　[illegible]　定六子生光緒廿四年戊戌十一月十三日

迪二　[illegible]　定十五子生光緒廿一年乙未[illegible]九日

迪三　來興　定丁五子生光緒廿四年戊戌正月初八日

迪　德村　定十六子生光緒廿四年戊戌五月廿七日

迪王　迪均　定廿三子生同治五年丁卯十月廿四日娶王氏生同治十三年甲戌
月　日卜吉一吉二

迪六　迪勳　定廿三子生同治九年庚午十月十七日

迪七　迪[illegible]　定廿五子生光緒廿二年丙申三月廿八日

迪八　[illegible]　定廿六子生光緒元年乙亥九月十七日娶馮氏出

迪九　鑑　定廿六子生光緒十六年庚寅十一月二十日

迪十　[illegible]元　定廿八子生光緒二十年甲午正月初二日

迪十一　忠　定三十子生光緒廿四年戊戌十二月初四日

迪十二　生　定三一子生光緒十六年庚寅十二月廿七日

迪十三　[illegible]　定三一子生光緒十九年癸巳十一月初十日

迪十四　根　定三一子生光緒廿一年乙未十二月十五日

右房

迪十五 [illegible] 定三一子生光緒廿四年戊戌二月廿六日

迪十六 林 定三二子生光緒廿三年丁酉十一月初五日

迪十七 承[illegible] 定三五子生光緒廿八年壬寅四月廿四日

迪十八 坤 定三七子生同治四年乙丑十月初十日娶陳氏生同治四年乙丑十月十八日吉三吉四

迪十九 壯 定三七子生光緒二年丙子正月初二日娶周氏生光緒三年丁丑十二月廿一日子吉五吉六

迪二十 埣 定三八子生光緒十二年丙戌正月十一日

迪廿一 壽長 定三八子生光緒十六年庚寅四月廿六日

迪廿二 本 定四十子生光緒十七年辛卯十一月廿二日

迪廿三 義 定四十子生光緒廿一年乙未十月十五日

迪廿四 鑾 定四十子生光緒廿四年戊戌六月初[illegible]日

迪廿五 榮生 定四六子生光緒十三年丁亥八月廿四日

迪廿六 又生 定四六子生光緒十五年己丑十一月廿一日

廸廿七 安生 定四八子生光緒廿三年丁酉十一月二十日

二十八世

吉一 品生 廸五子生光緒二十年甲午六月二十日

吉二 品奎 廸五子生光緒廿二年丙申十二月十六日

吉三 雙喜 廸十八子生光緒十三年丁亥正月十九日卒光緒三十年甲辰六月十五日年十八

吉四 信德 廸十八子生光緒十六年庚寅十二月十二日

吉五 信發 廸十九子生光緒廿四年戊戌十月廿四日

吉六 星樓 廸十九子生光緒廿七年辛丑十一月十三日

存疑

福四二 生萬歷三十九年辛亥十一月初十日卒崇禎十六年癸未七月廿六日年三十三子祿廷懋

福行諱爺 生天啓六年丙寅九月初一日卒康熙廿二年癸亥三月十一日年五十八娶姚氏生崇禎十四年辛巳十一月初八日卒康熙四十五年丙戌十一月初三日壽六十六子祿廷升祿廷豐祿廷恆

祿二諱夷仲 生萬歷十三年乙酉　月　日卒順治九年壬辰　月　日年五十八子廣云鵬廣云雎

廣行諱云鵬 生崇禎二年己巳十一月初三日卒順治十三年　午五月十二日年二十八子完亂昌完亂輿

完行諱亂昌 生康熙元年壬寅十一月初三日卒闕娶王氏生康熙六年丁未十二月初八日卒康熙三十七年戊寅十一月初八日年三十二姪

全文岳

祿行諱來 生天啓五年乙丑十二月初九日卒康熙廿九年庚午八月十八日壽六十六子廣廿二

廣廿二諱國梓 生卒闕娶王氏生順治十五年戊戌十一月初三日卒雍正十三年乙卯　月　日壽七十八子完文煒完文綜

祿行諱開 生崇禎三年庚午十月初四日卒康熙廿六年丁卯十一月初四日年五十八子廣國棟

廣行諱國棟字承士 生順治十八年辛丑三月廿一日卒康熙三十三年甲戌十二月十七日年三十四姪文煒

祿行諱人初　生天啓七年丁卯四月廿九日卒康熙十九年庚申五月初六日年五十四娶朱氏生天啓六年丙寅九月三十日卒康熙十九年庚申二月廿八日年五十五子廣三聘廣三巽廣三俊廣三異廣三才

祿行諱璋字君玉　生崇禎十三年庚辰正月初三日卒康熙五十七年戊戌十二月廿五日壽七十九娶余氏生卒闕子廣宮壽

廣宮梅

廣學聖

廣行諱學聖　生康熙七年戊申四月廿一日卒雍正十一年癸丑十月廿四日年五十六子完秉君完秉惠完秉昌

完行諱秉君　生卒闕娶蘇氏生康熙三十九年庚辰十一月二十日卒康熙五十九年庚子十一月初五日年二十一

祿行諱姚　生崇禎九年丙子三月初六日卒康熙二十年辛酉　月　日年四十六子廣福官

祿行諱少婿　生順治七年庚寅三月初六日卒康熙五十八年己亥九月十八日壽七十

祿行諱盛　生順治十五年戊戌八月廿二日卒康熙三十一年壬申六月十四日年三十五

祿行諱吉　生順治十七年庚子正月二十日卒康熙廿五年丙寅十二月十六日年二十七兄繼文淦祿廷全

廣行諱云騰字悅安　生崇禎十五年壬午二月十九日卒康熙三十一年壬申十二月廿二日娶林氏生順治三年丙戌六月十八日卒康熙三十五年丙子十二月初五日年五十一子完一龍完一鳳完一彪

完行諱一鳳字鳴崗生康熙十一年壬子六月初二日卒康熙四十九年庚寅七月初八日年三十九子全超宗

完行諱一彪字子三生康熙十四年乙卯二月廿八日卒康熙四十三年甲申正月初六日年三十

廣三五諱鳳樓生康熙三十六年丁丑八月十二日卒雍正十二年甲寅四月初四日年三十八子完遐令完秉義完宗令

完行諱秉義生雍正二年甲辰四月初四日卒乾隆廿五年庚辰三月初十日年三十七子全行奇全[illegible]坤

廣行諱宮椿生康熙廿一年壬戌四月初八日卒乾隆元年丙辰四月初十日年五十五子完玉成完邦明完秉增

廣行諱云亨字天巨生天啓五年乙丑七月十五日卒康熙廿一年壬戌五月廿八日年五十八子完肖發完似發

廣十八諱云熙字望菴生順治二年乙酉正月初四日卒康熙四十一年壬午五月初十日年五十八子完一麒完一麟

完行諱一麒字玉符生康熙廿三年甲子六月初七日卒康熙五十六年丁酉六月初七日年三十四

廣行諱六生卒闕子完世顯

完行諱世顯生順治十年癸巳正月十八日卒康熙四十八年己丑九月廿四日年五十七娶舒氏生康熙元年壬寅七月廿八日卒乾隆元年丙辰七月初九日壽七十五子全文豹全文虎

全行諱文豹生康熙廿七年戊辰二月十四日卒雍正七年己酉九月廿一日年四十二娶孫氏生康熙四十三年乙亥二月廿六日卒乾

隆廿七年壬午五月初七
日壽六十八子昌承爵

廣行諱自洪 生順治五年戊子三月十九日卒康熙四十年辛巳三月初四
日年五十四娶胡氏生康熙三年甲辰二月廿二日卒康熙六
十一年壬寅七月初二日卒
年五十九子完金一 完金二

廣行諱云綸 生康熙六年丁未九月二十日卒雍正十二年甲寅十二月廿
七日壽六十六子完廷錫

廣四十諱君嵩 生康熙八年己酉二月十二日卒康熙五十九年庚子二月
十五日年五十二子完之[illegible]完榮宗完耀宗

完行諱之模 生康熙四十五年丙戌六月廿八日卒乾隆十三年戊辰閏七
月十八日年四十三子全才瑞

廣四一諱寶可 生康熙九年庚戌十月初一日卒乾隆元年丙辰十二月廿
二日壽六十七娶方氏生康熙廿七年戊辰二月廿五日卒
乾隆十七年壬申五月廿
二日壽六十五子完之枰

完行諱日增 生康熙四十六年丁亥十二月初一日卒乾隆十四年己巳正
月十四日年五十五子全椿官

廣行諱字闕 生卒闕娶余氏生康熙三十九年庚辰十二月初三日卒乾隆
三十年乙酉九月初三日壽六十六子完秉禮

完行諱之式 生康熙二十八年己卯十一月初五日卒乾隆十二年丁卯七
月初八日年五十一娶張氏生康熙五十三年甲午六月十九
日卒雍正十三年乙卯九月
初二日年二十二子卜請

全行諱文彩 生康熙四十二年癸未七月十三日卒乾隆四十年乙未八月廿一日壽七十三子昌正臣昌正義

全行諱文魁 生康熙三十四年乙亥十月初十日卒乾隆廿六年辛巳六月廿四日壽六十七娶陳氏生康熙三十六年丁卯十二月初七日卒康熙五十八年己亥八月初九日年二十三子昌成模昌成樟

完行諱文榮 生康熙三十二年癸酉正月初七日卒乾隆十七年壬申十二月初六日壽六十娶胡氏生康熙三十六年丁丑正月十九日卒乾隆六年辛卯八月廿九日壽七十五子全振明

全行諱振明 生康熙五十六年丁酉九月初九日卒乾隆三十八年癸巳六月初四日年五十七娶徐氏生雍正六年戊申十月十八日卒乾隆廿三年戊寅十二月十四日年三十一繼娶陸氏生雍正十二年甲寅八月初五日卒乾隆三十三年戊子九月十七日年三十五住餘姚子昌承烈昌承動

昌行諱承烈字廷玉 生乾隆十四年己巳十月十八日卒闕

昌行諱承動成周 生乾隆十九年甲戌餘闕

全行諱振興 住餘姚生乾隆三年戊午九月十八日卒嘉慶廿一年丙子閏六月十一日壽七十九娶陸氏生乾隆十二年丁卯十二月二十日卒乾隆五十四年己酉三月廿八日年四十二子昌尚玉

昌行諱尚玉 生乾隆三十八年癸巳三月廿六日卒嘉慶廿三年戊寅正月初三日年四十六子盛正盛春祥

廣行諱良輔 生雍正十三年乙卯九月初十日卒乾隆六十年乙卯九月初九日壽六十一娶應氏生乾隆十四年己巳四月十五日卒嘉慶廿一年丙子六月廿七日壽六十八子完殿魁

麻行諱子昌 生康熙十年辛亥二月二十日卒乾隆十二年丁卯六月初五日壽七十七娶唐氏生康熙廿八年己巳八月廿六日卒雍正十一年癸丑八月初九日年四十五子廣卯閏

祿行諱德明 生康熙元年壬寅七月三十日卒雍正十一年癸丑十月廿五日壽七十二娶盧氏生康熙二十年辛酉六月廿七日卒雍正二年甲辰四月初三日年四十四子廣五祥廣齋壽廣星揮廣福壽廣五元

廣行諱雍臣 生康熙三十五年丙子十月初二日卒乾隆四年己未八月二十日年四十四子完行尚完福

完行諱國昌 生康熙五十六年丁酉三月十三日卒乾隆五十四年己酉八月十三日壽七十三娶邵氏生雍正六年戊申六月十四日卒乾隆五十八年癸丑九月初三日壽六十六子全林

廣行諱宇闕 生卒闕娶許氏生天啓三年癸亥二月十七日卒康熙三十九年庚辰八月初五日壽七十八子完[illegible]完宏仁完秉彥完福昌

[illegible]諱[illegible]
禎十[illegible]年[illegible]月[illegible]日卒康熙八年己酉十月十九
日壽六十七

一行諱秉仁
生康熙五年丙午六月十一日卒康[illegible]四十三年甲申三月廿
一日年三十九

[illegible]行諱殿賓
生乾隆[illegible]年丙辰十月二十日卒乾隆[illegible]十七年壬[illegible]十二月
初四日年[illegible]十[illegible]娶全洪[illegible]

昌行諱崇
生雍正十[illegible]年乙[illegible]廿三日卒乾隆五[illegible]年[illegible]己八月廿
三日年五十一[illegible]

国家出版基金项目
NATIONAL PUBLICATION FOUNDATION

海上絲綢之路文獻集成

總主編 陳支平 陳春聲

民間譜牒編 20

主編 林楓

海峽出版發行集團
THE STRAITS PUBLISHING & DISTRIBUTING GROUP
福建人民出版社

本册目次

〔浙江慈溪〕慈東費氏四修宗譜四十四卷（卷四二至卷四四）〔清〕費承甫纂修……一
〔福建晋江〕安海倪氏汝泰房族譜不分卷　佚名纂修……四九一

［浙江慈溪］慈東費氏四修宗譜四十四卷

（卷四二至卷四四）

［清］費承甫纂修

慈東費氏宗譜

第九本

壹字

靈陽集內編目

祥芝老先生九十壽序 東房英百八
平侯老先生六旬壽敘 西房俊[illegible]百三一
智[illegible]老先生五十壽序 東房葉二百七七
雄彪族兄六旬壽序 東房[illegible]三百十三
漁舫[illegible]先生七十壽序 西房[illegible]三百二六
魯[illegible]門商浦先生七十壽序 西房興三百九四
挹巖族兄六十壽序 西房經[illegible]三
聽泉老兄七十壽序 西房[illegible]百八九
錦川老先生六十壽序 西房裕百七四
誥授奉政大夫岳南費君五十壽序 西房輔[illegible]五
誥授奉政大夫蓉卿老先生六十壽序 西房輔[illegible]三
水薌費君六十壽序 西房輔二百廿二

奉直大夫籛如費先生六十壽序 西房輔二百廿五

杏圃公六旬暨林恭人[illegible]旬雙壽序 西房輔二百四五

奉政大夫馥堂費君[illegible]秩壽序 右房[illegible]三六

[illegible]太孺人[illegible]七旬壽敘 西[illegible]後二百廿八

蘇太安人[illegible]七旬壽序 西房興百[illegible]三

姚太孺人六[illegible]十壽序 西[illegible]興三百三

徐太宜人八[illegible]十壽序 西房興三百[illegible]

歸江夏郡從[illegible]一旬壽序 [illegible]百四一

盧太宜人八[illegible]十壽序 [illegible]百七[illegible]

盧太宜人[illegible]一壽序 [illegible]上

盧太宜人[illegible]十壽序 [illegible]上

[illegible]太宜人八[illegible]十壽序 [illegible]上

孫宜人六十壽序 [illegible]百八七

[illegible]恭人六十壽序 西房[illegible]百八八

盛太恭人六十暨費太恭人四十雙壽序 西房輔二百四二
盛太恭人七十壽序 同上
節孝曹太孺人七豑壽序 右房四三七
峨松公家傳 西房綸百八十
乃愚公家傳 西房綸百八八
奉政大夫覺君家傳 西房綸九三
賞戴藍翎加五品銜候選訓導竹君公家傳 西房綸百九四
費公家傳 西房譜二百四五
費仲臺孺人陳氏傳 西房徵七
元配王氏傳 西房諫二百八二
節孝蘇孺人家傳 西房三公派緒百五三
節孝費母邵孺人家傳 西房經百五三
笠舟公元配孔孺人孺人傳略 西房綸百七六
方恭人家傳 西房輔二百五八

孟臺費公墓誌銘 [illegible]西[illegible]六
明故高士[illegible]山[illegible]墓誌銘 西房[illegible]廿一
田培公墓莊記 西房[illegible]二百六九
宗李公[illegible] 西房[illegible]二百[illegible]
漁[illegible]公墓表 [illegible]房[illegible]三百三六
[illegible]如公[illegible]誌銘 西房[illegible]百[illegible]
[illegible]林[illegible]祭文 同上
候選州同知[illegible]二級[illegible]泉[illegible]葛僑 西房[illegible]百[illegible]
鶴林公生壙記 [illegible]房[illegible]百[illegible]一
[illegible]愚乃愚[illegible]元弟[illegible]葛僑 [illegible]百[illegible]七
例封[illegible]直[illegible]隨[illegible]愚[illegible]墓表 [illegible]房[illegible]
費[illegible]愚[illegible]壙記 [illegible]
[illegible]記 同上
[illegible]節[illegible]庶祖妣[illegible]太宜人分[illegible]記 同上

荷碧[illegible]奉政公墓碑陰 右房盛三九
贈修職郎葆溪公暨弟晉風公合葬墓表 右房盛四十
費君履甫墓誌 西房輔九七
蓮橋費君墓暨弟杏圃君生壙合誌并銘 西房輔二百四二
慈谿費君墓誌銘 西房相二百十
先大父南[illegible]先生行實 西房在二
顯考東谿府君行實 西房在十二
子和府君七十三歲自述 西房俊二百廿七
顯考新橋府君行略 西房經十一
潘太夫人行述 西房興百七
貤封宜人盧太宜人行述 西房經百九十
吳宜人行述 西房輔二百五五
補遺
哦松公遷葬記 西房經百九十

木君公家傳　西房綸百九二

木君公卜葬始末記　仝上

玉君公家傳　西房綸百九六

承甫公權厝銘　西房聲百十八

百□公十七世西房

秋芝先生九十壽序

今歲寅之月爲費君祥翁九袠其二十三日乃懸弧吉旦其諸□戚□感思侑觴□因徵余言爲壽余曰翁之立德在一身其垂裕在後昆行誼在鄉評奚復藉余言爲郎余晉□第□閱□縣尋□未能縷悉之也雖然聞道家之譚木公余女叩元化而襲氣毋將所謂天不神漢者果能飲且食□□天地並壽乎否□歌黃耇而兒齒爲厄言而無當乎毋亦約縣□生平行事與耳目所長見者而述之可乎翁之先耕讀□□世□也□翁亦勿替厥紹年值舞象即志慨先□於累世之緒一身肩之日夕遑佚前人光也故雖貧窶姿□不獲□□術起家而兢兢惟治生是務其擘畫所周內外巨細皆條理井如未嘗役志於紛華綺麗之習即遇□漠然無所動於中也然性實精勤不懈操作之暇或

[illegible]纂正四[illegible]宗譜卷四十二　[illegible]　有志堂藏

留心古籍期識其大指以斷今事意恢恢自適己又閒涉
岐黃素問郭賴穿山透地諸家言以發其穎思并旁及於
刀劍敦彝[illegible]盤周鼎之屬以精其鑒賞蓋不敢晏媮其歲
月云則[illegible]謂立德於一身者吾乃因委以知其源焉而制
行端慤居心淵塞足無軼步口無溢言外若淳樸無奇而
中實深沉饒大畧以故里人莫不重之且稱道之更有事
則[illegible]詢己[illegible]溫克自砥雅量容人一切強梗橫鷙之[illegible]怡
然[illegible]形於色[illegible]坦懷[illegible]白或慰諭而遣嗣宗之未[illegible]臧否
[illegible]好恭[illegible]甚以發[illegible]洵[illegible]曉[illegible]彼其人之[illegible]者[illegible]
雅[illegible]返飲醇自醉矣[illegible]謂行誼在[illegible]評[illegible]吾乃因[illegible]知
其[illegible]吾今夫騰貴之家鮮麗其衣而後飾其室氣焰所加
[illegible]夏[illegible]烈權威[illegible]一發而毒彼[illegible]其才智[illegible]雄世亦
雄[illegible]而[illegible]懸諸[illegible]夫[illegible]懸[illegible]天[illegible]樸遜[illegible]
[illegible]素[illegible]安一無炫於外[illegible]能[illegible]

於門榮喬梓去遠近又何如耶今翁有丈夫子者四皆彬彬有國士風其克纘世無疑而長君于岡更蘊藉不羣挾濟世經天之志贊亂化之用業已蜚聲黌序矣行見冠冕登壇射策金門吾烏能測之哉而諸孫枝振振復嶄然見頭角夫[illegible]翁之積厚而可券[illegible]歟則所謂垂裕在後昆者乎乃因近而知其遠爲抑語有之行百里者半九十蓋陟太華者每歎躋于培坏游武夷者或迴軔于五曲藉令翁意稍滿假志有倦勤則身都豐厚而天下事無足慮矣亦人情乎而翁以修途在前觀成在後所以勅綱維戒讒鼎若箴九十年如一日也雖自其性得之哉而亦閱歷多年事熟前有典型後有炯戒故得效如此之全且備也由是而自天降康中命無已進而期顧吾將拭目以觀翁之航弱水履神僊而侶羨門[illegible]爰[illegible]手而爲之序鎮海謝兆昌撰咸豐八年歲次戊午應鍾月七世孫金銘敬錄

□東費氏四修宗譜　卷四十二

天元堂藏

三十一　二百　志涵公　十九世四房

平侯先生六旬壽敘

世之鍊精絫算以求遐舉者不爲向禽五嶽之遊則爲偓佺講服食之法不爲葛門搜丹臺石室之藏則爲河上老人令尹蓮花丹夫必如是而仙則屏棄一切遁跡於窮髮絕域得芝之术燒汞鼎枯槁淡泊亦復奚樂彼夫白太傅之栽酒名園文潞公之圖形妙覺寺不脫市朝而坐享大年亦獨何哉我兄平侯先生同七世祖伯仲也其爲人也最靜靜者必壽理有固然兄生長素封家性恬退寡營醉禮恭武孝友天成與人交坦白不設城府古風道貌如玉之在璞珠之在淵不露光芒而山輝澤媚莫窺其底蘊鄉黨州里咸稱爲郭有道云我伯祖祥芝公種德孔長大開舊基壽登九十有三我伯父豐城公丕承先緒篤生五桂兄居幼而昆季俱犀鑠不類尋常壽皆相傳以爽久矣今年

十一月初七日爲兄花甲弧辰髮加黑顏益丹步履安詳而目視不眊登其堂子孫繞膝玉樹琪花郁郁青青也行其庭杖几巾舄有位而塵埃罕至也遊其圃卉木蔬植之植有列而發榮滋長也入其室男女有班長幼有序肅若朝典也兄方弄孫階下或酌酒花前或岸幘而巡郊野或高臥而夢羲皇守玄袪辱執素掃瑩徬徨於塵垢之外逍遙於無事之業人淡如菊也視世之蝸名蠅利蠻觸鬭爭垂老而不知止者其品之高下爲何如哉余於是 然而寤曰是所謂純其意而不廢乎物神摯而形不勞事起而械[illegible]作漠然獨保[illegible]有以固存者乎然則所謂神仙者何必索之窮髮絕域杳渺不可至之鄉哉蓋即兄所居之位吾所值之人而方丈蓬萊閬風已宛然而在履成乎[illegible]無勞爾形無搖爾精無使爾思慮營營乃可以長生東方生云靜以待之神仙可致兄固靜[illegible]也[illegible]壽[illegible]豈[illegible]

門絳帳□□老人所得而數□甲子哉丁巳科□□廷試南宮
擢明一第旅寓武林爲沉痾所絆不克殿試伏臘與吾宗
尙與昆仲豈能敘親誼讀長公族譜而嘗□爲之掩卷三
歎兹遂□□只榮□□鄰□□行以代南山之祝不敢以諛詞
進□□者有富於五□無文之□□備兄□□然否是爲
序　族弟士□□□撰

[illegible]氏[illegible]譜卷四十二

[illegible]

七七　百　宗椒公　西房琅四公派

劍譜先生五十壽序

大丈夫負經綸幹濟之具而時宜有爲必思展厥謀猷以致堯舜君民爲已任幸而生逢盛世民物阜康則亦與安居樂業之儔共享恬熙或巖栖而野處或服賈而牽車夫何嫌于獨善其身也哉我國朝雍熙累洽百餘年來四海平一六合乂安誠伊古所未有矣人材之濯磨奮起亦於是乎號稱極盛其在策名觀光者不過上爲鼓吹休明下焉循分以供職初無事別有所表見而山林川澤之間隱淪又復不少我知小有才之徒方憾靡所用其長而碩德鉅器正以無慚獨善爲深幸耳余友　蕃費君少穎異長篤學其所成就推爲太學中奇傑不羈之士當此運際昇平甘心韜晦徒托跡于治生籌會計以自娛殆所謂順時樂天之君子非歟然而爲政于家庭力行孝友施恩哥

族黨志切解推譽望之隆著聞遐邇其器宇不凡望之昂然即之溫溫久而愈可愛慕一時賢俊莫不爭相結納皆得其懽心余與君同邑而里居之寫隔幾百里颯慕芳型客歲始獲締交遂成莫逆茲值其五秩懸弧之辰諸同人咸稱觴盡歡屬序于余余余曰君之伉儷齊眉桂蘭繞膝席厚履豐恢前裕後方且豐碩其軀恬怡其性遐齡厚祉正未有艾此篤純修齊膺天眷理有固然奚事贅襲華祝爰適特闡其順時樂天之志意以質之諸同人其以余爲知言否

乾隆三十三年歲在戊子季冬望後三日

年家眷同學弟蘇[illegible]頓首拜撰

雄彪族兄六旬壽序

今四月淳由山西冀甯巡道蒙　聖恩陞山西臬司甫下車族姪恩專使致書到署以其世父雄翁大兄六十壽序請吾恤刑煩劇不暇吮墨然族誼厚且世好不容辭於譜系翁淳十世昆弟也又厥祖子厚公厥父因培公與先大父衢府教授贈公莫逆前者翁祖母盛太君七十吾祖作序今淳復爲翁序亦以見累世氣誼不衰淳祖籍慈谿曾王父始遷武林及大父成進士司鐸衢府解組遂家于衢而淳仍繫杭籍雖家經再遷爲離祖籍者僅四世爾故大父功名起自甯庠又近在同省宗族音問常通壬午癸未淳叨荷祖德連得中式承祖父命兩番歸家祭祖因得與翁周旋因飽聞其素行矣翁天性孝友父母具慶色養兒弟怡怡宗族稱之吾告別後嗣聞其椿萱並謝翁葬祭以

禮服闋以食指繁析荊才一月旋遭畢方之過翁念祖宗堂構獨力難成各自杵石或有參差遂復合之與二弟慶廣同心協力先後建造有年至往歲落成截然整齊其友愛不愧漢田眞矣此翁之大端也又先是辛未歲大侵邑主陳公勸分翁家以雙南麻兩助之沾丐者不少雖主之者尊公然是時尊公已退事要亦翁順親之命以贊成之翁初業學以祖父並業槐市家素饒乏人料理及成童遂掌家政善經營以廢舉起家性又不懈弛不侈靡故積貲日充又聞翁到今健飯健步不減壯夫壽毋借老康甯躬及三賢郎並循例入庠序中且各授之職諸孫蘭芽並茁伏念我費氏祖宗來甲弟舊族行見諸孫繼高曾之業以詩書大其門也吉付通籍後以官爲家初守毘陵於祖籍漸遠然隣省也繼此丁艱起復歷守及分巡至今職並屬山西遙途險曠祖族息耗稀到故於翁之細事未詳竊維古

者大夫七十致仕倘[illegible]興車歸老再謁
祖祠因而瞻頌[illegible]宗[illegible]族[illegible]翁年臾九十矣於焉話
濶別之情視無期[illegible]其樂更當何如也[illegible]字允齊因培
公系登之從子邑門其庠中佳士今以是序命其商之係
菊酒延齡之會[illegible]屆[illegible]七之辰付伶人歌之或者可以
侑翁之觴乎先則遙觀[illegible]送使者詩不云乎雖不能至然
心嚮往之

賜進士出身　誥授通議大夫山西等處提刑按察使司
按察使總轄全省驛傳[illegible]前任山西冀甯道轄太汾潞澤
遼沁平等處山西太原府知府蒲州府知府江蘇常州府
知府刑部主事員外郎兼軍機處行走加三級愚弟淳頓
首拜譔

乾隆辛丑歲無射月中澣穀旦

壺亭盧氏四修宗譜　卷四十二　　存志堂藏

四三丙　三六　文燦公　廿一世西房玖臣公派

漁陽費君五十壽序

緬知非之詣蘧賢純德彌昭驚入妙之詩高適新篇最富初度叶懸弧之慶大年屢介壽之章則我陽翁費老表弟先生有足述焉先生系出鍂山望隆江夏葛陂化杖三清貽縮地之方單父著書一畫闡統天之奧家承簪紱代有名流業守詩書人推俊彥方常毀齒輒愛鋤經比及整冠早工種字譽起雕龍之目每事丹鉛才徵吐鳳之奇定勝青紫乃澹居積雪惟知臥不干人而壯歲乘風正復饑來驅我間關故里邈在天涯轉徙通都言登日觀不侵然諾直聲遠過於江淮特重交游雅尚不殊乎管鮑連鑣端木依然泗水門人遷地陶朱自是稽山國士綜天時之贏絀每善居奇驗物力之盈虛常能億中豈非乘時之俊而亦捌業之英哉迺者僕以潘陽之莊世聯鍾李之姻常時嬉

戲既呼弟而稱兄壯歲交游訂乘車兮戴笠誼切葭莩之好雅託素心人懷桑梓之恭宜揚全德乃更僕未能悉數而濡毫聊舉大凡蓋以孝友性成謙和素定進芽生之饌敢曰分甘遺顥叔之羹不因賜味滈河入院日聞鳴鼓之音參佐三閒時有吹壎之樂於五千言內知足常懷在百六爻中有終是凜以至田前認履笑更不言畦畔鋤金揮之弗顧收遺孤於草際則世傳買父之稱起餓瘠於桑閒則人感趙侯之德攘雞不怒翻成飲酒之歡失馬無憂自領任天之趣壘洛陽之甓不待乘輿布舍衛之金無煩衆造凡斯種德豈惟行比一鄉由此享齡自足祥徵三壽者也於是求其自得無須巢父買山遐於所欣輒類蔣生開徑陶淵明之里即號柴桑孔稚圭之家獨稱洞柳波涵九曲愛便流觴月有二分爽宜入室晝為棊局閑中則伉儷齊眉競試舞衣庭下則芝蘭繞膝是其凝庥者伊始而饗

用者靡涯矣兹者月作孟陬籌符大衍相看半百甯無崑
酒之歡共羨八千可少引年之祝爰集同人之三爵屬陳
賤子之一言宜歌青鳥望南極而星輝試擘丹麟近東瀛
之日暖從此進觥山之壽底須搗盡元霜若令擲勾漏之
砂應復擕來白粲云爾謹序

慶嘉四年歲在屠維協洽孟春之月中澣穀旦
欽賜翰林院檢討加一級愚表兄盛廷謨頓首拜譔
乾隆甲寅科舉人年家眷教弟馮璟頓首拜書

卷四　百詣公　廿一世　西泉玹四公派

相國費筠浦先生七十壽序

皇上御極之十有三載歲在戊辰覃行萬壽恩科是年冬
天相國費筠浦先生七十壽誕等居同梓彤幸侍槐班爰以
攬揆之辰爲躋堂之慶禮也伏念八千歲有春秋聖主有
軒轅之紀五百年徵名世熙朝先人瑞之徵賢佇效於嵩
呼神己歇夫嶽降地分兩浙叨爲列隊簪纓是重三台共
仰一州冠冕公幼騰鳳彩長譽龍文黃甲題名白雲授職
定吳書而案無留牘斷疑獄而治有循聲由是上考書屏
雄才與郡初一麾而出守纖刈介以樹藩屛水形蟾民歌
再至吳閶旌節花紀重開江山控左右雄圖保障資東南
半壁公之才豈不其偉與懷公之旬宣滇省也違南陔之
侍養叩北闕而陳情雖士盛孝劉民思借寇而公則輕裝
就道溫語留詩報答三齊促駕君雲山之駕起居八座台

六橋花柳之鄉公之孝思不其篤與及總制兩江也戶不
驚龐對無佩犢而乃邦溝巨漲蟻社旁穿謝公之隸雖存
召伯之功待補公則風櫛雨沐露宿星餐積薪以爲防下
竹以爲楗堰若鐵甕堤若金墉千艘之秸秷均通萬戶之
農桑又賴公之功業不其盛與于是嘉乃殊勳酬之異典
繡服則仙禽織采峩冠則孔雀彩纓榮披一品之衣貴□
貳公之號牙璋節制藻鑑衡銓開黃閣以登賢簡曹品望
援彩毫而作史燕許文章公之名位不其隆與然而雅量
寬宏淵懷恬淡謙而受益貴極忘驕戒魏相之沾沾守武
公之抑抑入則討謨辰告出則寮寀寅恭□藹菲于原田
不遺其美貯參苓于藥籠不市其恩是以閭里者人思展
驥望采者士願登龍而且車不鳴騶庭容旅馬謝傅之園
林不設彭宣之絲竹無閙蕭肅焉雝雝焉雖赤舄之容繡
裳之度蔑以加矣夫華岳之峯望而彌峻者基之厚也歸

月也歸墟之谷測之難窮含蓋之廣也既岳峙而淵渟自
靈長而仁壽時維仲冬歲屆古稀　天子錫讌于公之第
凡公卿以下舉觴稱祝而吾鄉在朝搢紳之士咸與焉賡
樂奏鈞天之曲兵廚列御府之珍聽曲水之潮聲仙駕神
蓉莅止壯湖山之景色佛隨天鷲飛來所願壽越巖揚詩
歌虎嘯青霄之卿雲久駐長近星辰黼座之光紫極之湛
露頻承徧爲霖雨蒼生之福

荊巖族兄六十壽序

吾宗自蕭丞授纔漢廷之仙掾有高節帥圖恭蜀國之耆英望重迺有克融芸喆遞暢家風肆述祖之一篇握養生之訓印人以爲採孝儀之懿德當出孝威祝僧虔之修齡必先僧祐則譜壽人之曲者其惟羣從之親乎丙章僑籍武林本貫慈谿段家橋畔四世寓公董母溪邊千年宗碣憶自蓬山乍到梓里遄歸曾問渡於錢塘爰停舟於甬上以享以祀式瞻黝堊之廬某水某山歷訪釣遊之地得與荊枝棣萼齒序肩隨豈特阮宗巷分南北抑猶裴氏眷合東西而有敦行若陳仲弓雅量如黃叔度一門興讓七族型仁者則我家荊巖二兄先生尤卓卓焉先生珠輝卅歲玉映髫辰幼即知名豈常兒可比弱不好弄謂此子非凡而乃作客丁年通商亥市出門而西笑竟負米以南遊楓

亭荔館之鄉象胥通譯蜒雨蠻煙之地螺女徵奇離家千
里而遥寄跡卅年之久能使欺無桃艄信及榕郵續武夷
君之歌聲情激越舞歐冶子之劍氣概沉雄惟其義高故
其誠格㷃而春暉二老陟岵興歌秋雨三更對牀銜戚去
馬踏黎關之月歸帆飛彭島之潮出而行李忘艱入則陔
蘭盡志往往望雲目極夢草魂牽至若對挽鹿車相莊鴻
案尚存遺挂頻傷潘岳之神琴斷幺絃終守管甯之義此
又孝弟根于天性愛敬篤于人倫者也且夫操潔行虔由
積之者厚磯翔祐集自應之也神先生雖猗頓術精陶朱
貲臣律身則霜倫劾義則風趨邇者嘯傲林泉徜游杖屨
栽花候㬙洗竹迎涼哲嗣式金品金長者嶽嶽於前幼也
龥龥於後何東競秀驥子龍文江左齊名玉昆金友但看
兒輩定知旌節花繁傳到孫枝益佮科名草長貞貞後福
罘　考祥所謂美意延年修德獲福者耶歟茲因辛亥春

正月十有二日爲先生六十覽揆之辰是日也摘柏葉之觴試椒花之頌佇旛綵勝纈綸□辰鐵馬香車又鄰元夕葭附之姻舉佳盟之契偕來如逢絳縣老人能書亥字若降青城使者合佐辛盤潤以丙章詞屬宗人職忝史氏肯期授簡通八袠於都下驛路傳書徵擬章於下走此日花開上市待染彩毫來年春滿越江玉開棖酒既啓函之拜曾敢郤隨之壽辭寸念遙馳一言恭介雖另抑尤難弟元方標族望之賢亢身而兼亢宗柏翳企言臣之壽

賜進士出身　敕授儒林郎例　奉直大夫翰林院編修辦理院　國史館纂修武英殿纂修功臣館總校加三級紀錄二次從弟丙章頓首拜譔

[illegible]元驪公　廿二世西房玖四公派

[illegible]泉先生五十壽序

謝上蔡初見明道喜論史事程子以爲玩物及後每見程子閱史一字不遺乃知程子前者之言特因上蔡之以此自喜而發所謂有爲言之也至蘇子瞻氏謂君子可寓意於物而不可留意於物此則近於釋氏莊列之旨昔者聖人之教人也曰游於藝夫藝文之事其於世俗之塵埃相去甚遠即樂之終身不厭猶當爲君子之所與而曰留意焉奚不可之有抑果士有見於道德性命之奧則雖勳業聲名焜耀赫奕曾不足以動其中之湛然而況於其他乎然品類萬殊取舍不同而其間雅俗之分則有辨矣今且萃古人之名蹟眞之罏香茗椀之間日與之相晤對其性情之所寄以視世之逐逐於紛華靡麗之場者豈可同日而語哉費氏爲慈東舊族其由慈徙杭州者至相國文恪

丞而益大其在慈東諸長老率以勤慎爲家法而聽泉君尤以雅飭著稱好收藏名人尺牘取其尤精妙者刻之其寄興清遠如此若其他樂善好施於里中諸善舉必首爲倡捐猶於君爲不足詳述也昔有子二人已就塾讀書聰慧必能繼君志者歲之二月七日君五十初度諸戚友謀所以爲君壽者君固却之以爲非古而諸戚友之情不能遂已也謂古者因燕飲而奉觴爲壽固不必於生辰生辰爲壽蓋起唐宋之間宋賢集中始有壽詩明賢則有壽序矣行之已數百年當亦無背於古者因俗制禮之遺意乃屬予爲文以壽君予家與費氏居相近君承先世業殖財於甬上予寓居於此者數年嗣因薄宦遠去而予子在木相依又十餘年矣君於戚誼爲尊行小日過從甚密且予亦喜收藏前人名翰又與君有同好昨歲之秋告假歸里居甬上旬日與君縱談往事因各出近時所得零縑片紙

相與鑒別今別去數月適有以壽序請者予爲敘君生平并述予兩人交誼及嗜好之相同以爲侑觴之辭君其陳列佳肴浮大白以賞之可乎昔在道光十有二年歲次元黓執徐如月上澣穀旦敕授修職郎嚴州府遂安縣學訓導前任紹興府會稽縣學訓導歷署衢州府學紹興府上虞縣學訓導加三級紀錄四次又記大功一次姻愚姪盛炳章頓首拜譔并書

廿七世金鎔公　廿三世西房玖四公派

錦蓉先生六十壽序

余與谿上費氏若木君補縣及蓮橋昆季夙有通家之誼其族人醉石君余年二十餘始識之於江北盧氏時君方銳意舉子業下帷攻苦余以杜門養痾未獲晨夕過從比與喆嗣輔泮相習君來游甬上一歲之中輒數數見尊酒論文相得歡甚而君之生平余亦知之益深今年春爲君六十攬揆之辰輔泮適襄理海運客游申浦茲將鞠脆稱觴補詠循陔屬余一言紀其實雖不文曷敢辭今夫永年之道非必得天獨厚也亦由人事之脩耳人惟以較短易長之事擾其心使不得靜而後骨月血氣之軀漸被其消磨而易敝智者反是又遯而作游仙之想不知壽者售也篤孝友者壽擴知見者壽寡營求者壽其理有歷歷不爽者君性淳樸讀書求實學尤以敦本力行爲先方尊甫覺

非先生之在堂也君於問安視膳外日舉舊聞故實談述於杖履之前以博老人歡暇則手一編咿唔不輟每至雞聲叫旦一燈猶熒熒然歲丁亥補邑諸生上鄉書十屢邀鶚薦終不得志於有司人以才豐而遇嗇惜之家食貧中年以後日事課徒爲業其立教也凡古人嘉言懿行及敦倫誘世諸書取其平易近人者悉心講貫之以爲後生小子晨鐘之警一時游其門者雖佻達少年聞先生語剴切咸惕然畏退而改其非胸不立城府與人言无欺并無欺人心人或以非禮干處之夷然不沾沾焉與之校鄉黨翕然稱長者焉費氏系出江右在昔有唐中葉來宅於茲子姓繁衍代有聞人遂爲邑東巨族其家乘久未修輯族人謀增益而釐訂之屬君任其事君盡三年之力續成一編信者徵之疑者闕之秩秩并并綱舉目張尊祖敬宗之意垂裕於無窮可不謂賢子孫與夫□修繕譜身而人共愛

之懿從之尸好出善行孚於鄉而人共視之洽比之至誼
也又况根之固者其葉自繁源之遠者其流自長以君之
篤於孝友而又擴其知見寡所營求去是是何非却老之
良方亦年之左券哉輔泮少年醇謹一如君之生平而又
善養親志君今者閉關息影日享田園之樂出則布 青
鞵偕伴自適入則篝燈擁書德此不疲遇親友過訪里隣
歡聚則終日清談娓娓不倦余知好中求如君之桑榆晚
景與君為隣者曾幾人哉其作詩曰君子有穀詒孫子余
固於君信之矣聖人贊易曰子克家吾余更于君見之矣
爰書此以質諸君並質諸木君補愚諸君當不以余言為
謬也

咸豐戊午歲仲冬月宜壽之辰

敕授脩職郎 欽加五品銜前嚴州府桐盧縣教諭鎮海
愚弟弟王引孫頓首拜撰并書

[illegible]黃氏四修族譜　卷十二

[illegible]堂藏

五　七　輔書公　廿卜世　四房玖二公出　誥授奉直大夫

岳南費君五十壽序

太史公傳游俠稱其言必信行必果已諾必誠赴士之阨困而取予然諾千里傳義今觀岳南費君儻所謂賢豪間者非耶君少有通才善談論宗族鄉黨有不相下者得君一言而解性慷慨好義勇於爲人與君處者咸以爲有俠者風君宗族中有猶子某者賈人也無嗣而逝世一家賴以餬口者十餘人君爲之募捐矜恤集腋成裘迄今數口之家可以無飢蓋往來四明滬瀆間凡二二易寒暑云九族於是[illegible]皆稱君之[illegible]也君舅氏盛商乍浦盡室而行其子甫四歲而父母見背遂瘞焉粵匪寇越州又寇明州同人攜其子歸及寇退君慮其旅瘞久而忘其地也仍攜其子往乍浦問於鄉之故老乃得之遂舉以歸故鄉舟行數程而其子得暴疾竟殤乃並舉而歸合葬焉三郮於是乎皆

嗣君之[illegible]也君妹嬪於嚴無嗣而逝世浙之俗螟蛉不得爲似續於是嚴之九族中有覬覦者皆自以爲幸分我杯羹也君爲之鳴於官蒙邑侯賀公直之事始寢藉非君三年之焦心勞思嚴氏之鬼不其餒而一鄉於是乎皆稱君之[illegible]也同治戊辰君遊京師會是歲大比書升舍[illegible]姚某與君爲瓜葛親方計偕北上而旅邸疾作君爲之延岐黃家罔攸效乃禱於諸佛冀灑楊枝滴水歟爾同生而疾卒不起當是時姚某無餘十金之財而君千里遠行所囊亦羞澀也乃能謀諸其友衣裳冠履盡如禮轉運而南其聲滿都下矣今夫平居天地父母某月某日甲與乙爲友善上下四旁莫不共見一旦有事遂寒盟若不相識蓋不待宿草而所謂乘車戴笠擔簦跨馬他日相逢下車揖而爲君下者付之子虛烏有而已其視君之厚道爲何如邪此其大畧[illegible]若夫行誼卓卓有難以更僕數[illegible]總總不勝書

伋志近是皆不肯述云人與故子峻齋居子子中爲莫逆
交郎因二子以交君今年秋余告假歸里知臘之六日爲
君五十攬辰擬撰一言以祝壽而哲嗣相卿又因二子丐
余爲文余不獲以讓陋辭以君之俠他日且壽諸家傳壽
諸邑乘乎不朽茲之侑觴特其嚆矢焉耳爲述其大畧如
此且祝之曰覽揆初度錫君嘉名名君曰壽竊比老彭字
君曰岳南山不崩命元方卿累世簪纓命季方珪比德瓊
英俾壽而昌來鼻雲仍同郡張嘉祿撰

劉氏四修族譜卷四十二

誥授奉政大夫蓉卿先生六十壽序

天下無不可爲之事而有不能爲之人不能爲而諉諸時與勢是事之隔閡於時勢者或亦間有而誠能慷慨激發運之以深思貞之以毅力如昔國僑之在鄭諸葛忠武之在蜀陶士行之在晉曷嘗不身際艱危而勤苦刻厲力自振拔克遂其志而成厥功則非事之不可爲而任事之難其人亦由任事無其人而實心以任之難其人也若吾友蓉卿費君其實心任事人乎費爲吾邑著姓甬江自弛海禁以來富室競製海艘駛往北省販運所關於民食甚巨費氏擅其利數世矣君少讀書見題下筆滔滔數百言顧以圖養二親輒舍去斯時主是業者多君齊屬咸器君而挈之甬上又之滬上旋反甬而畀之以重任君受事屆今精心擘畫算無遺策當髮逆披猖時番舶乘機擄奪海

口大[illegible]華商寄居而北販之傳率畏縮不敢前日益耗蠹君獨補苴匡救力與撐拄俾全其舟以固其業并克供比年承運浙漕之用甚[illegible]其難也其任事之實心爲何如耶君[illegible]嚴慈能[illegible][illegible]志歿能[illegible]禮於喪葬且以海運奬賞得五品銜　誥贈[illegible]代可謂能榮其親矣與二昆二季處能和協既早世[illegible][illegible]視諸猶子如子高曾祖墓之在車廐輿者地爲他姓所侵佔搆訟積年君議出公資增置餘山以遷其界而訟始息其丙舍曰留蔭山莊尸治壬戌燬於兵燹[illegible]出己貲[illegible]之俾以奉其墓[illegible]重新之此[illegible]承先追遠之大者[illegible]貲也[illegible]敦本有如[illegible][illegible]儷齊眉[illegible]婦德與丈夫子三[illegible]孟仲世[illegible]業而督季子習儒術以繼其志二孫亦幼讀延[illegible][illegible]於家必忠必敬且置學田二十畝以爲子姓膏火之[illegible][illegible]其實心於啓後有如此[illegible]與[illegible]當代友往[illegible]而[illegible]懇[illegible][illegible][illegible][illegible]力間[illegible][illegible][illegible][illegible][illegible][illegible][illegible][illegible]折　[illegible][illegible][illegible]

老應改考

其意不止王君少竹與君爲莫逆交清介絕俗身後遺諸幼孫不能自存君悉心籌策爲之經紀其家甚周且厚交遊莫不嘖嘖稱之則其於待人接物有如此夫遇事闊疏用情簡略恒人之所不免闊疏則不足致其情簡略則不克善其事使盡若君之實用其心豈尚有功之不成而志之不遂哉或者謂如君者使得用於　朝廷而授以理財裕國之任當必大有設施以仰企越之計然唐之劉晏而卓卓有聞於時然君固不願以才自炫也或又謂君之生平思深慮遠勞心毋乃過當而不知思之深正其氣之充也慮之遠正其神之全也君年屆周甲而鬢髮黝黑容貌英爽洋洋如四五十時豈非其氣充神全而得於天者厚哉奚必謂冥情戢志始可謂引年之助耶小春下澣爲君攬揆之辰其從弟杏圃水薌暨諸同人製章以贈而乞余一言余交君久且知之深爰不以昏耄荒落辭而爲之序

同治十有一年孟冬月

誥授中憲大夫加道銜福建建甯縣知縣丁酉甲辰二科

福建鄉試同考官戊子舉人乙酉拔貢司邑愚弟張廣埏

撰

水鄉費君六十壽序

吾四明向多醇心舊德之士謝山全氏所稱如汪泡園林西明邵雲客郭芥子諸先生皆以耆年碩望著於一郡後生小子咸望而矜式之此士林標準也然君子之觀人不於其業於其行不於其表於其裏以余所知都邑闤闠中蓋亦有一心舊德之士無愧於古人者而如吾友費君水鄉其一也君爲醉石贈公之長子承詩書業敦勉於學年十七以能文稱曾遭失恃家境貧乏贈公因省試亦侘傺岸序思博升斗爲養親計乃出而習賈族父也愚舉挈之北行遂客於滬上時通海警甫息　朝廷懷柔遠人允五口通商之請蠻陬賨布奇巧之器充牣於東南豪商巨賈類皆乘堅策肥徵歌選色以侈縱相尙而君泊如也既而南旋就市列於甬東剸之值城工潰決河運梗塞之際

國家資江浙之賦仿元人成法借商舟以利海運沙船無船踴躍効命而以甯波船爲大宗經營往返無慮三百艘緡符穀册歲有增羨　天子嘉其勞勩榮賜品秩於是選事者流盛飾冠蓋從豪奴傔僕出入衙署與當道貴人交接以誇耀於鄉鄙而君亦泊如也君生平治事舒緩不疾言不遽色和藹之氣溢於眉宇人皆樂就之好飲解吟嘗與父友王小竹徵君同客杭之西湖鄞之天童山途中倡和得詩成什至今猶背誦不忘有弟一人少君三歲怡怡白頭同室而爨絲毫無間言此尤人所難能者東西京人物往往以內行傳如君者蓋亦庶幾焉矣夫敦心舊德之士在鄉爲祭酒在國爲老成人雖不必見用于　朝而以其躬行表率鄉里俾夫後生小子聆其言論接其丰采足使桀驁暴戾之習潛消默化於不自知此有裨風俗之一端也自虞夏以來所以重養老之典者職是之故也何庸以

以歲貢膺仕相埒矣所其族父玉君司馬履吝甬東土商
運公私之事吾儕交也每逖門材恆道君不置矣由是知
君前年冬司馬逝世君與諸朋好咐□之歸延繼其席始
得與君握手論交益心重其內行今歲丙戌君壽六十十
月十七日其生辰也諸朋好製幛以慶而屬余一言爲稱
觴之助君資稟完粹得於天者厚矣天之所以福君豈有
艾耶異時重圭叠組蒙被　天章以昇平人瑞徵　聖世
旌門之典固將爲吾四明添一盛事而非徒交游之光寵
也已是爲序
光緒十二年歲在游兆遏茂應鍾月中澣
賜進士出身
誥授奉直大夫
欽加知州銜江西建昌縣知縣署上饒東鄉清江縣事護
臨江府事加二級同郡世愚弟董沛頓首拜譔

嘉東劉氏四修宗譜　卷四十二

[illegible]

廿五　廿二〇輔彭公　廿四世酉房玖四公

誥授奉直大夫籛如費先生六十壽序

自五月初旬北方匪亂而中外之釁始開於是津沽一帶首爲百戰之場無定河邊血流波道爾時吾郡人士旅居於是地者實繁有徒籛如先生其一也顧輪船既阻電信又絶雖欲問訊平安無由得達家之人徬徨莫釋即余亦代爲危之幸賊禍雖酷而旅居諸公咸以計得脫於厄先後歸里先生之歸實惟六月二十一日雖艱苦備嘗要不可謂非吉人之天相已於是先生哲嗣崇岡詣余而言曰明年正月初十日爲吾父六十壽辰南陔言養詩人之志擬將洗腆稱慶以博堂上一日之歡敢請爲文以張之余知先生久雖不文其何敢辭費氏邑中巨族也自昔人才輩出或習舉業或爲商賈率皆有聲於時先生生而失怙賴賢母之教得以辛苦成立方其早歲出就外傅聰儁耽

讀便異常童嗣以家政無人主持棄儒而賈託迹甬上凡十餘年名聲漸起遂爲諸富室所信任甬江爲濱海著名之區夙以殷富稱實則人浮於食常有入不敷出之患習俗豪侈又有外强中乾之勢所賴風氣夙開善於經商能以羨餘補不足故利之所在輒不避險遠而赴之凡貨之在北方者爲埠不一而尤以營口爲大宗富商大賈造堅巨之艦駛以出海預度貨物之貴賤而購置之滿載而歸出售於人獲利常不貲每一艦中必擇才能任事而又操守不苟者任典守之職先生實與其選近世以來商船奉國家之命運漕糧於津門甯船往來絡繹不絶貿易之貨遂多則又棄而聘先生常駐津沽司其出內其事千緒萬端筆難罄述先生措置裕如人人適愜其意無訾議者則信乎才之大過人也昔者太史公作貨殖於廢著鬻財之道言之綦詳後人疑之以爲非史家體裁所宜有不知重

士而輕商此特一偏之見耳天地生才本以養人而常有此盈彼絀之虞得商家善爲營運遂以彌缺陷而資利用上有益於國下有益於世其利至溥而其學至精是不得不亟爲講求者也士人懷鉛握槧憑雕蟲之技以弋獲科名所謂文章報國者果安在哉夫亦無庸强分軒輕矣先生久客於外雅善經營顧命其子習經生家言意者先生之意猶有歉然不自足者耶抑以二者不可偏廢故欲以詩書爲起家之具耶崇岡天姿英敏弱冠游庠旋食廩餼後此所詣殆未可量果能勉學不懈仰副先生期望之心則所謂善養親志者莫大於是矣抑吾又有說焉津沽者京畿之門戶亦百貨叢集之所也此宜若何愼重而周防者乃無故而發難端以致不可收拾國事既壞而東南財產喪失於是中者亦實不可以計數誰實爲之貽誤至於此極耶無者時途事栽外人久踞商旅依然襄足所望

和局大定汶陽來婦轉瞬東風能凍仍有商船重集之一日先生槃槃大才起而經理之舊業重振亦意中事因書先生所言及之當亦先生所聞深屬望者歟

光緒二十六年春王月　同邑楊敏曾拜撰

三 百 輔濱公壽序

杏圃公六旬暨林恭人五旬雙壽序

嘗讀洪範五福一曰壽二曰富三曰康甯四曰攸好德吾謂壽富康甯均由好德致之蓋源之遠者流必長根之固者枝必茂德之厚者澤必延惟其積德深厚斯其福澤之蛇蜒勃發而莫可窮極自古迄今報施豈或爽者今觀於杏圃費君叙信君爲乃愚封翁仲子世居慈東自少以厚重稱弱冠失怙事太夫人盡孝事叔父如父咸豐辛酉髮匪擾甯郡蹂躪鄉村每多離散君奉太夫人避難滬上辛苦備嘗定省罔間一日不敢離左右親心安焉先後當大事哀毀逾恆葬祭盡禮宗族鄉黨嘖嘖稱道弗衰援例入太學加都司銜晉加三級祖父二代均以君貴榮封二代龍章疊錫顯揚之志遂矣兄弟三人相友愛長兄蓮橋出爲伯考後猶子尚幼教養成立悉以賴之舊居規模潤大

燬於兵燹君出資建造仍復舊觀與幼弟團聚一室怡怡如也先是封翁與君伯友于綦篤合葬一方君自營生壙亦與蓮橋連塋余前作墓表並爲題一聯云二老連塋東港千秋聯雁序兩雄同穴西橋一樣集鴒原蓋紀實也其孝友之懷有如此者至若性情溫厚心氣和平動止一承父兄家法惇宗睦族人無間言親友告急解囊佽助無吝色遇有危難罔不力爲排解甬上自弛海禁富家競製海艘駛往北省販運君家世守其業客甬四十年主持商務一以寬和間有拂逆情遣理恕從無疾言遽色凡與交遊皆目爲仁人君子至方之婁師德云浙漕改海運雇用甯艘君以承運正供告誡舟人加意慎重歷年藏事由大吏保請獎勵君悉推讓而不居功其秉持己接物之德有如此者配孫恭人王恭人早世繼配林恭人有婦德克勤克儉內助稱賢子三相璥出璥用璥[illegible]孫一聲[illegible]一門賢

□世許其矣君之仁也君之德也夫君有異德凡境遇之豐□門閥之昌大固操券而得卽今年六十矣鬚髮黝黑精神强固百歲期頤不難馴致豈非有大德必有大壽也哉仲春中浣七日爲君周甲壽辰林恭人亦五十初度哲嗣君將奉觴爲二親壽暱交戚友先期製幛以屬余請假安居爽公一言□雖不交而自維二十年來相交極厚相知極深誼何可辭爰應同人之請不敢以靦覥浮詞進但述其生平如此若輩聞之而滿引一觴以□爲序

光緒十年歲次甲申如月宜壽之辰

賜進士出身

欽加二品頂戴鹽運司銜江蘇候補用道候補知府加三級前翰林院庶吉士兵部主事　武選司行走年世愚弟

楊鴻元頓首拜撰并書

棨公　廿四世台房東二公[illegible]

奉政大夫馥堂費君六秩壽序

嘗讀太史公貨殖傳專重朱郭爲人蓋有激之言非篤論也余謂貨殖而任俠者信難貨殖而儒雅者尤屬罕覯何哉富商大賈至今日而益盛其賢者固樂施與建莊設塾次則求田問舍貽厥孫謀下則驕奢淫佚各逞所欲而求其身居闤闠志在詩書者戛戛乎其難之余於慈溪得一人焉曰費君馥堂君系出漢大將軍錄尙書事禕之後贈奉政大夫澄懷公喆嗣也幼家貧事親能服其勞兄弟四人君居季與伯仲輩亦極相友愛焉慈邑地瀕海族多以海舶經商君亦棄儒業而從與之遊境漸裕然性耽典籍手不釋卷兵燹後人皆搜蓄珠玉錦繡之屬而君獨汲汲於是所得萬餘卷多乾嘉中諸名宿校讐善本朝夕披覽自適其樂生平雖少著述而與諸文士閒居坐論源源本

本能曲盡其詳他若字畫碑帖搜藏亦富且能鑒別真贋
同人有所購每請一言以爲定費氏世居蒸湖湖之濱有
小嶼曰蛤蚧上多竹石王文學蒸野詩云人家住在石坪
上水有三分竹二分是也君於其南築涵碧山房藏書其
中屏障彝鼎陳設幽雅庭除之間雜植花木入其室者一
望而知爲雅人深致也久客甬上而於虎林姑蘇利津歷
下諸勝亦均遊覽故閱歷與稽古俱深胸襟清曠吐屬愈
風雅性閒靜不嗜酒與物無忤所交多知名士如張雪君
大令王小竹明府厲慕韓太守與族叔玉君司馬則尤傳
莫逆漕運既改海道甯商各船承運我浙諸糧君赴滬經
理其事大吏以勞績奏請由布政司理問　欽加五品銜
晉同知銜　誥贈二代如職龍章寵錫鄉里榮之君一門
六節先後爲請於朝奉　旨旌表君又勤於義舉族有浮
厝者葬之無後者祀之親友急難解囊以助人勝積德九

張应以張

配沈宜人少君一歲奉姑下子遂不復置姬妾子一宣卌
國學生女二孫一宗鏞幼讀從其從兄學問淵博食餼上
庠屢薦鶚薦文宗按臨試輒冠軍余嘗謂曰此君家千里
駒也然非君藏書之力何以至此余弟菊齋先與君相契
嘖嘖稱道其義迨余與君同寓甬館晨夕盤桓益悉君生
平今年二月十有七日爲六旬懸弧令旦同人先期擬製
錦幛以贈適余請假家居屬爲祝嘏之文余不敢以浮詞
進第述其身居闤闠志在詩書者如此君亦聞之而欣舉
一觴乎是爲序

光緒七年辛巳如月中澣穀旦

賜進士出身誥授朝議大夫江西升用道候補知府加
三級前翰林院庶吉士兵部主事武選司行走癸酉
科舉人辛酉甲子科優貢愚弟楊鴻元頓首拜撰并
書

盛太恭人七十壽序

自來以閨閣著聲者曰令妻而已曰順婦而已曰賢母而已豈不以丈夫弧矢志在四方民物事業所生責於身者綦重婦人則無儀無非類皆家庭之恆境即不然而以奇節特行表表於他人之耳目則必所遭大有不幸者而後乃致此然則稱述婦德亦惟是安常處順相為章闡而斷不願以奇節特行為身受者榮也若我費姻母盛太夫人者緊可述矣太夫人產自名族習保姆之教嫻於女訓既及笄來歸費氏為蓮橋理問之德儷理問耽讀書道光癸卯受知羅侍郎名隸庠序家事無大小惟季父也愚先生主之籌燈諷誦恆至午夜太夫人勤女紅奉侍不怠理問艱於嗣為購三簉室和藹無間簉張氏遂舉一子撫如所生於乎此其所以為令妻也理問以乃愚府君之子出為

人後方太夫人之歸也逮事君姑孫太夫人而乃愚府君
暨其配盛太夫人均在堂兩家雖別籍歡若同居太夫人
兼承色笑咸稱意怡歲辛酉郡遭寇難費氏舊有肆在甬
東理問以父叔之歿躬主其事日維舟於岸以防不測而
命太夫人侍盛太夫人寓居滬上太夫人問安視膳有加
於常不以迍邅之故而或缺也時則孫太夫人之卒且六
年矣理問具其事上之於　朝旌表如例理問儲千金將
以建坊寇難中輟寇平不數年理問遽卒太夫人慨然出
所儲購腴田五十畝入於宗祠曰此亦足表先姑之節而
慰亡夫之志矣於乎此其所以爲順婦也有子廷相當理
問之卒僅三歲耳太夫人節哀順變教養兼任凡祭祀之
儲備賓客之往來租稅之出入躬自綜核而指示之至於
海防賑務以佐軍國之需除道成梁以濟鄉里之用亦無
不審量其力而一一輸之未嘗有吝色也無何廷相亦卒

遺孤聲宏方僅三歲太夫人雖洊遭逆境而視聽不衰舉凡以教子者將以教孫焉於乎此其所以爲賢母也今歲壬辰爲太夫人八十壽七月二十日其生辰也諸姻戚先期製幛乞言於余余謂壽母二字首見於詩而古之稱婦德者亦惟詩綦備思齊之孝樛木之和采蘋之潔在桑之均平棘薪之劬勞揄揚諷詠垂範來茲初不待柏舟之義而始著也太夫人身爲命婦年屆古稀始則爲令妻繼則爲順婦後則爲賢母迹其生平今豈異於古之所云耶聲宏甫童丱已嶄然露頭角他日掇拾青紫光大門戶用俾太夫人雍容祿養而耄而耋馴致於百年貞壽徵天子之光寵以表其閭則所以效詩人頌禱者當大書不一書豈不腆歟文符斯爲之券乎爾謹序

光緒十八年歲橫艾執徐相月首旦

賜進士出身

誥授奉直大夫知州銜江西建昌縣知縣姻侍生華 沛撰

廿三世文炎公　廿四世惠玖配公

蘇太安人七旬壽序

考古介壽之有序始於元潛溪劉源程雪樓諸人然尚未有專頌閨閫者至前明而多有之震川每識其濫顧震川集中亦為壽母而作者凡二十有七篇不特其文之工亦其所述者或姻戚之情話或其人闇德確有可紀迥非他人應酬塗澤者比故所存如是其多也予自通籍後役官處視之文概謝不為而獨於家嫂蘇孺人七袠帨辰其子元堂寄書徵予一言則有不敢辭者孺人歸吾宗兄煥如相莊如賓友事翁姑尤敬且勤既而翁仙逝夫以積學攻苦得瘵疾孺人旦夕扶持傾奩具以供藥餌終不起時元堂甫在提抱夫垂沒撫牀曰此藐孤孱弱難保其成立吾不諱將奈何孺人大慟為截髮鬟一支以擔造屬纊亟持刀自刺姑抱幼兒泣示之瞿然而止自是與姑聯床寢姑

老病孺人代供子職起居飲膳侍奉惟謹歷十五年如一
日姑殁哀毀如喪夫時蓋其節孝也如此一門自曾祖以
下未嘗析箸迄今同居六世內外五十餘人孺人接娣姒
以和待羣從諸子婦以慈屑家政數十年凡祭祀燕享以
及嫁娶酬豐儉如畫一故閨室藹藹無間有浦江鄭氏之
風蓋其敦睦也又如此元堂幼多病孺人鞠育甚至然不
以姑息之愛既長動以禮法相勗其教諸孫亦然故元堂
家頗饒絕無裘馬豪舉之態孫七人曾孫五人長幼皆循
循□矩矱惟孺人顏色是視諸猶子亦稟其訓各守厥業
無外慕蓋其端嚴也又如此孺人之妹適□□者早寡其
弟婦余氏亦矜惜孺人每與言柏舟之義□婦卒以完節
稱其治家極□□□宗黨以匱乏告應之不少吝其成人
之美周人之急又如此歲丁酉孺人□經□邀□□□有
司馬上聞者猶止其節耳余自癸未登□嘗歸四明屢□

慕其時孺人已稱未亡心服其貞操並□宗人尺書頻通
箴誡悉懿範學讀□史列女傳所載不過一二事而孺人
又無乎不備夫德足以兼乎人者其福亦必倍乎人今元
堂方衍例捐州同馬國孫曾挺秀蘭玉森然將來門庭鵲
起紫泥攀錦孺人復歆食步履不少衰昔之凜然冰霜者
從此胥愛日慈雲承占績顧是眞足爲士女宗師不借吾
宗之慶也惟于無窮□文以□揚之而內行可遡如斯
則亦可慮此壽母之頌也已是爲序
賜進士出身　誥授通奉大夫雲南等處承布政使司布
政使前任山西等處提刑按察使司按察使統轄全省驛
傳事務分守冀甯道轄汾潞澤遼沁平等處山西太原
府知府蒲州府知府江蘇常州府知府刑部主事員外郎
加四級宗夫弟漳頓首拜撰
年家眷生李琲頓首拜書

昔時

乾隆五十九年歲次甲寅大呂月上浣穀旦

姚太孺人七十壽序

自近世尚祝嘏之詞凡值生辰賓朋稱慶率製屏爲壽即閨閣中亦多有之然頌美過侈浮夸失實如鍾郝之禮法歐柳之畫荻丸熊遠邁累牘同然一詞余生平不妄譽人一切應酬之作槩謝勿爲獨於從叔母姚太君淑德懿行知之稔詳有不能已於言者焉太君系出名門百歲翁適吾公之女歲貢生守白公太學生且亭公之妹也生而婉娩淑慎年甫及笄歸吾從叔揆庭公時從叔祖逸籬公從叔祖母張太孺人暨繼配邵太孺人偕老在堂太君孝養終身咸得其歡心相夫子敬戒無違勤修婦道揆庭公工習帖括數試有司不利太君躬任家政米鹽凌雜一不以介其懷遂得耑志於學未幾錄取補博士弟子員應鄉試屢踏省門浮沉場屋不無青衫依舊之感太君則慰藉備

至勉以卒業蛟川陳築巖先生最持標格慎許可庭公嘗
執經其門文章品行於同學中特加器重無何壯猶未强
遽捐館舍遺孤從弟晉軒僅八齡從姊二亦尚幼太君以
一身撑拄門戶艱難辛苦備嘗之矣至眼前姊弟漸以長
大當謀婚嫁爲晉軒娶室即且亭公之女也爲從　長字
顧氏次適莊氏願雖畢而力已盡左支右絀處之晏如晉
軒少穎悟善讀書念家中僅給饔飧爲治生計不得已棄
舉子業挾計然之策往來閩粵間歷十餘年資産浸饒遂
援例入國學太君嘗語晉軒曰汝父辛勤力學思以功名
自奮竟賫志以歿汝父以家累故廢書不克成先人未遂
之志此吾終身恨事也今幸無終窶之憂宜慎守故居勿
復遠遊增吾門閭之望晉軒恪遵母教因在甬江貿易每
歸家定省不待朝發而夕已至甘旨之供潔白之養罔有
所缺而太君春秋遂七十矣憶嘉慶癸酉歲余乞假歸省

省[illegible]上墳墓因得與族人相見敘次長幼余長晉軒一歲覩其言語雍容舉止嫻雅雖混迹市廛恂恂有儒者氣象心竊異之既而登堂拜謁門庭整肅內外秩如而後知其得於慈訓者有素也太君現歲偶患足疾步履維艱孫男麟書能曲體[illegible]志侍奉不少倦孝子順孫並萃一堂異日將[illegible]膺聯翩鵲起太君益受恩綸福祉正未有艾奚必列名[illegible]歐柳[illegible]足傳也哉茲年登古稀余方歷館命任廣西臬司[illegible]從[illegible]後捧觴上壽意殊闕然謹綴蕪詞鄙[illegible]明[illegible]聊伸猶子之誼言雖不文而語皆紀實太君閫範之當必覼縷進一觴矣是爲序

賜進士出身　誥授通議大夫廣西等處提刑按察使司按察司兼轄全省驛傳事務前任廣東雷瓊兵備道分巡江蘇淮揚河務兵備道兼理漕務鹽法河防等處江南道監察御史翰林院編修加三級從姪丙章頓首拜譔

道光癸未歲孟夏月宜壽之辰

徐太宜人六十壽序

余生世[illegible]德門鄉之[illegible]市[illegible]乾隆戊午年先大父挈家[illegible]我姑蓬[illegible]仁[illegible]邑[illegible]列時[illegible]侍先君子[illegible]每歲[illegible]明[illegible]至[illegible]渡[illegible]墓[illegible]侍[illegible]識從伯母徐太[illegible]太君最[illegible]余恒呼[illegible]膝前詢[illegible]幾何從何師讀何書諄諄以力學成[illegible]余[illegible]述先世自高曾以來孝友諸[illegible]蹟則[illegible]以正身[illegible]於纖前志而振家[illegible]於[illegible]親外[illegible]視[illegible]此[illegible]猶子[illegible]食[illegible]有加無已甚可感也歲[illegible]子余登[illegible]隨計史就試春官冊南車北常無甯歲消[illegible]南[illegible]蒙　恩入燕常館給假省親又渡江拜謁嗣[illegible]入都散館[illegible]改官編修供職木天而不獲親承太君之色笑蓋二載於茲矣今年春從兄耀生以書來告曰冬之十月五日爲我母七十初度將謀所以爲壽者願得子一

言自惟譾陋烏足以形容太君之閫德於萬一雖然余于
太君子行也知太君之深莫余若且太君遇余厚余德之
不敢忘一言俯賜乃分之宜而可以不文辭乎太君從伯
父　例授儒林郎候選州司馬漁陽公之淑配也幼嫻姆
教授以內則女誡諸篇畧能上口及笄歸漁陽公婉娩淑
慎克盡婦道時漁陽公常客山左家居之日少祖姑韓太
安人在堂太君代夫子侍養甚恭謹尤能先意承志得其
歡心以故漁陽公得一心力於計然之術無內顧憂無何
韓太安人歿慎終之禮必誠必信弗之有悔也陽公久於
賈銖積寸累家道隆隆日起太君猶拄內外租雜市券手
籌筆疏皆有條理　陽公既掛名仕版可上膺　龍章鳳
誥之錫矣而太君之勤儉如故也壬戌歲　陽公捐館舍
則課督諸子以義方之訓從兄弟三人並蜚聲黌序爲鄉
黨所稱道然則　陽公之占籍廣居[illegible][illegible]門强固之力曰

陞二品元封公配盛氏　廿二世西房玖四公派

歸江夏郡後姊六旬壽序

吾鄉費氏爲谿上著姓其先世名才輩出起家科第迄今未有艾也自余姑適懸山公稱賢內助余姊又適姑之嗣子清如蓋余家與費氏世篤姻盟矣顧獨憶余髫時偕諸昆季與諸女兄弟讓棗推梨嬉戲宗黨唯姊生而性簡重寡言笑舉止語默有古賢媛風姑從費氏歸甯見輒愛之曰是子吾家後起之秀遂告於余叔父請爲兒婦以歸時姊丈以遠到才少壯冀舉子業客嘉禾其返里門或歲一至或間歲一至至亦無多留日姊則柔順恪謹克盡婦道於是費之宗黨咸嘖嘖羨姊之事尊嫜孝也相夫子順也教子姓愛而嚴御中外和而有禮而尤稱姑之能知人能擇婦也蓋歷時無間言十數年來余久滯迹京華近又一行作吏簿書期會轉從入閩閒當朔風初起引領故鄉追

念少年歡聚渺不可得第訊姊一歌黃鵠撫其二子成立奮然露頭角又命其孫媛爲余從姪藜青子婦含飴戲綵之暇香爐茗椀繡幢經卷晚境之甘爲健羨者久之今歲孟冬屆姊六旬帨旦甥等請製錦爲壽輒拒不許固請則曰詩歌女子之祥無非無儀何以大人君子之文爲汝等第求吾從弟倫先一言足矣是吾同氣之親是績學之士而又有轉移風化之任者也斯言也余則何敢夫以姊之懿行淑德宗黨皆能道之而子孫將有繼其先世才名科第而起者亦積善餘慶之理余又奚言余惟白頭老姊相睽千里不獲躬晉一觴祇述余家人依依眷戀之情郵寄數言且藉以報兩甥請序之書惟姊以爲然否

惟盛本撰

九十元墀公配盧氏　廿二世西□房玖臣公

盧太宜人五十壽序

粤以歲次旃蒙支逢協洽恭值　皇太后六旬萬壽瑞凝長樂暉滿恆遙車光炳於雲霄協氣彌於宙合九垓篤萬祜萬姓臚愉維時咀華吮滋遡原泳洙者慶承莫上仰欽聖節之齊天福衍無疆私幸女宗之得歲祝延者黎收而拜介祉者稱娖而來貢媚眉棸亦固其所恭惟費太君盧太安人上應昌期同登壽域正值嘉平之月恰符大衍之年於是跨鳳仙才乘龍快壻隨萊綵以希韝傍蘭陔而鞠脍其長壻吳儒珍茂才余中表也遙須綺札預索徽言余與令嗣廷君綸鐸誼托邢譚情聯蕭陸使第撚張洪算捃摭秘儀少溢緗縹過形曼羨非所以章闈聖善輔益賢明也試即太親翁行義之高以徵太親母相助之順可乎昔太親翁哦松先生叔駿清流元龍雅望屈壯懷於賈服招

先業於遼陽珠河繡嶺之屆盤鮫室鼉磯之阻險蜒雨蠻風之順逆貍沙鹿藿之縮盈心計脊彈肩承非易而又□有大命事在正供輓河失轉運之常帆海建權宜之策先生即撥□而効力焉 以輸誠楚糯吳杭五萬石穩裝子粒桃花竹箭三十艘直抵丁沽來往艱辛公私旁午無事不勞其身任斯時更何以家爲惟太安人挽鹿婀儀鳴雞警旦□蘇韭芼調劑得宜女布男錢出入咸理家人占其無遂季女詠其有齋緊太親翁□嘉賴之然或伯鸞內助箭勸賃舂濬沖夫人徒工算榷籌占吝嗇韻少琁璜我聞先生動成善棟行稟患詮凡拯餓者於翳桑蔭暍人於清樾固已竦翔仁氣曲暢義風至於堯水湯旱之年草跋蓬流之日瞻烏安止□雁齊嗷宏開續命之田廣潤通腸之米綿區無不感誦當局爲之褒咨則太安人之陰□克襄惠心夙著非僅陶熙九族散贍六姻已也今□□先生別

鶴案復丸熊覃元馭肯推家學以庭訓止範遶宿邀賢友以成名曲愜萱心悁勤菽並可慰靈椿之一樹華成丹桂之玉枝兔園之宜早街諸君子鸞封之錫佇卜於佳兒美意延年又何慝乎藥也睽違梓里奔走縢驪緬惟姒帨之絳帳慈雲普蔭想到全堂之集祉寶婺騰光壽世之祥亦德門之慶此固甥館諸賢之所樂爲播光者也爰修舞鶴之書敬獻介麋之觴賜進士出身勅授承德郎吏部稽勳司主事兼考功司行走加二級紀錄五次壻愚姪宋紹棻頓首拜譔并書

道光十五年歲次乙未仲冬之月下澣穀旦

[illegible]氏四修宗譜　卷四十二

承志堂藏

盧太宜人六十有一壽序

余向者嘗游葉舫姚先生之門與費君木君同筆硯者三載費爲邑東著姓世居靈湯村與余家相去不數里稔知其母盧太宜人之賢余偶一過訪必登堂展謁今忽忽十有餘年矣余自庚子釋褐繫官京師與鄉里戚黨踪跡稍疎承二三知好嘗以書問往來具悉近狀每當風晨月夕未嘗不時時繫念也太宜人爲蘧仙刺史之姑贈奉直大夫二樂公季女年二十歸國子生贈奉直大夫哦松先生逮事君姑徐太宜人能先意承志得其歡心先生嘗客膠西有年太宜人侍奉益謹歸里後與兩兄謀新堂構築室於舊居之陽鳩工庀材不辭勞瘁越五載落成太宜人主持中饋始終勤事繼執徐太宜人之喪極哀盡禮遠近以孝聞道光六年運道阻塞奉 上諭雇募商船海運明

州向有往北貿易之船君家素習其業得巨艘以數十計先生遂急公報効運米至數十萬石蒙　恩優敘得加大品銜晚年膺瘵疾漸致不起方余與木君同學時先生已歸道山正太宜人稱未亡人之日也嗣後主持家政一切米鹽凌雜事無不留心經理絕不使諸子與聞俾得專心誦讀所延皆名師忠敬備至凡家塾會文勝友雲集欵待有加歷道光癸卯歲科試羅蘿村先生視學吾浙木君與從子涝後先入學甲辰歲試吳姓舫先生又來浙按試木君弟鐵君相繼而起越二年丙午太宜人猶子補愚又以國子生得中副車人謂費氏世傳恭謹其子弟皆積學不勧天所以報之洵不爽也初費氏有大宗祠在定林寺側其地卑隘不能展拓人非縉紳其主即不得入距所居之靈陽村十里許每遇歲時子姓不克展拜其下君同濂陽府君在日即思另構基址以新棟宇族之新橋支竹[illegible]府

君作傳諄切□□蓋其心力焉不□進進□□果先生與兩
兄各出己□預爲存貯銖積寸累與成□事不幸先後即
逝世又越數年始得一萬餘金太宜人遂命從子乃懸補
愚及木君兄弟擇地建之逾年得竣工太宜人又積資數
千金權子母設義塾以其息爲每年延師之費課其族人
子弟之無力者生平自奉儉嗇凡有義舉必首爲之倡不
少吝其他平道路修橋梁其細□也乙巳十一月二十一
日爲太宜人六十設帨之辰木君擬乞余文爲壽以其弟
鐵君病歿太宜人鬱鬱不樂不許今適營新祠告成廊廡
畢具君家不自以爲私許各房子姪奉主入祠因皆欣然
將事頌母德不衰且以猶子禮愚適邀鄉薦而也愚又議
敘鹽課司提舉恭遇覃恩先生得誥贈奉直大夫太宜人
亦並誥封宜人鄉里榮之木君又乘間以請母曰余無他
志惟願汝輩讀書有成俾余得□安心奉佛以自頤養固

無事浮文夸飾徒示虛美爲也木君敬謹承命遂致書及余余又何辭古之爲壽者不必有其時也曰眉壽曰壽考爲詞以致祝已今世俗以十年爲率而江西儕都則以逾一年始爲壽故魏叔子集中類多五十一及六十七十又一壽序蓋必一年始爲足歲亦其俗然也今太宜人以六十一年爲六十壽又誰曰不可余因木君之請述其梗概質言之以塞其意俾誦諸太宜人之側不識以爲有當否也是爲序

道光二十六年歲次柔兆敦牂仲冬月全澣穀旦

賜進士出身敕授文林郎內閣中書協辦侍讀國史館覆校官方畧館分校官加三級紀錄四次世愚姪同里孫編頓首拜撰

錫九十九元塀公配盧氏　廿二世西房玖門丕派

盧太宜人七十壽序

余自奉命典試蜀中旣竣事而回同郡慈谿費君聲木數千里走使函書候於道爲其母太宜人七十生辰丐余一言并傳其季弟玉君獲登賢書旨世情觀之鮮不以爲太宜人榮益之聲木欽加五品銜烈傳六品銜竹君循例報捐卽選訓導一庭昆季命服皇皇率婦若子希韝鞠脆奉觴於壽母之前洵哉其榮也雖然此猶其外至者耳客歲余信宿其家盧君英甫於太宜人爲姑姪介余登堂謁見退而語余以性行甚悉蓋太宜人固自有足榮其壽在也書曰愼乃儉德惟懷永圖又曰惟克果斷乃罔後艱此不獨士君子讀書有身世責者所宜勉循卽自來爲賢婦賢母之人亦莫不貴以儉德爲基而嚴斷之性堅忍之操又夾持而成之乃能享有令名以壽其身而垂諸後裔世

或以儉近嗇而諱言之亦豈知嗇養之爲用固遠且大乎今夫天必秋冬而歛肅夫道之嗇養也而後萬物得固其根抵以發舒於陽和之日今夫人必向晦而入息人道之嗇養也而後夜氣漸有以滋長克振奮於旦晝之所爲故老子之寶儉也曰儉故能廣如舍儉而徒言廣是先自塞其源猶望有溥博時出流澤遠濟此必不獲之勢也已太宜人自余邑江北盧氏來嬪於哦松公其時內外家皆鼎盛宗族姻戚亦皆以富豪照耀於閭里而太宜人獨躬操勤勞事事歸歛約無人世侈靡習卽其所愛之女祇敝衣菲食不令有饑寒而已不知者多誤謂是寒素家兒哦松公客膠西旣歸病瘵寒居者有年亦相安於太宜人節儉之風洎如也且歡如也且太宜人居恒寡言笑及臨事確有裁制間一語出毅然在必行人亦以其當於義相與聽從之莫能違余嘗歎婦人女子之性習於柔順往往濡

濡忍不決依違變選而蓋背其初志太宜人蓋無是矣比年家業日起食指亦日繁凡女布男錢米鹽淩雜猶必手自料量其一身飲食被服所以表率家人者至既老不改其素蓋其本嚴斷之性而堅以持之也又如是夫古今皆稱道柳母之名矣以太宜人視之其家世貴盛幾與之同儉約嚴肅久而可垂爲家範亦與之相似惜史第載柳母和丸一事未知其率子以設施者何若其年壽所至又何如也然觀其性行得坤之貞能正而固則含宏廣大未有不擴其施積而臻高年者而又何疑于太宜人乎太宜人慶五旬周甲余見其歷有壽言稱太宜人嘗命聲木與從子緯九補愚承祖父志建宗祠於所居之北又獨出巨貲立義塾以教族之子弟其他平道路治橋梁與匡困振乏爲人所不及知者蓋不勝縷舉今且以海氛未靖運道有阻命烈傳出與同人謀特置水輪船以護衛於以充天庾

而紓聖衷具有功效雖古所稱巴婦輸財始皇爲築懷清臺者無以過焉然果何以得此者其發之也大必其積之也厚其達之也遠必其息之也深是可爲太宜人推原言之以見壽之無量而足以爲榮者矣不然謭陋如余遠辱委諉其文亦奚足爲太宜人榮或者藉太宜人之能榮其壽而得與有榮也遂不辭而謹爲之序

咸豐五年歲次乙卯仲冬之月中浣

賜進士及第　敕授儒林郎翰林院修撰乙卯科四川正考官加一級姻愚姪鄞縣章鋆頓首拜撰

緒九十五元埰公配盧氏　廿二世西房玖四公派

盧太宜人七十壽序

費子玉君余闈中所取士也展師生之誼屢接晤言締文字之緣兼詢家世乃知耀翎威鳳種原産自丹山汗血名駒才實生於渥水循流溯脈湘夫人之蘭渚淵深得地蟠根西王母之桃林實大則有尊慈盧太宜人擅漢書禮宗之望符魯頌壽母之歌允足靑史留光彤徽誌美華實相副無溢詞焉徒觀其幼產名門長歸望族炊金饌玉家風並顧陸之華佩紫鳴珂戚屬盡邢譚之貴此猶狃於蟲睫未足窺乎豹斑爾其度協莊姝氣標肅穆任風誇巧笑而嚬笑不輕非戒凜多言而語言自寡綢直如君子女之髮嚴斷似君王后之環慈不替威饒有風霜之氣正而能固長抱金石之心則太宜人之情性可述也若夫逮事君姑潔馨爾膳無違夫子靜好其音染里睦而有著弟昆宗鄰

欽而顧資禮法蘋蘩蘊藻季蘭之誠敬克伸棗栗榛脩親
串之餽遺不絕則太宜人之行誼可述也今夫老子之書
以儉爲寶肴座之器以滿爲戀道一弛而一張運有舒而
有斂故非戒窮奢之習安能免不節之嗟乃若防匱於豐
處潤能約孟光非小家之女每椎髻而來前柳母本相國
之孫郄羅衣而不御既親肄乎酒漿絲枲亦勤課夫織紝
耕耘則太宜人之持家可述也然使據有豐盈之境壹以
坤吝爲懷道昧奉先萃聚不崇其廟貌恩虧贍族蒙稱未
衎以聖功未免坐擁黃標徒同白屋矣今則新宮特搆家
塾宏開慰爾祖之靈陋不安王家薦寢育後來之秀義直
追范氏置田固不獨慈蔭所垂大庇窮鳥波餘所及能活
涸魚則太宜人之敦本可述也且夫出丹穴而輸財巴清
所以大義舉也坐錦車而持節馮嫽所以廣旬宣也當茲
廟謨方重積儲海運以資利濟險經波浪誰平向若之驕

滄弄潢池或遇孫恩之暴西委輸邈若鳧鷖往穩於壘
梁防衛森嚴壁營慘淡妙轉法輪於地水六鷁輕飛猛駕
下瀨之樓船一葦已足含沙射影鬼蜮旋消歷井跳梁怒
蛙皆息遂令飛芻挽粟度支裕軍國之需行見紀績書勞
椽斛表夫人之號則太宜人之急義可述也蓋惟子舍式
其諄命慈幃盡其義方厚培玉樹之材曲悴金萱之意縫
衣察緣屢費鍼心助讀和丸不辭龜手歐陽公之得力早
由畫荻而來延年母之訓兒無俟免冠而謝則太宜人之
教誨可述也由是養就鳳毛展來驥足伯氏則仰承恩命
崇躋大夫之階次公則望重儒林上應郎官之宿叔重亦
氷銜並署司鐸黌堂幼與叉雲路方登折枝蟾窟一庭積
慶慈顏博垂暮之歡萬石播名象服增流輝之耀則太宜
人之寵榮可述也今歲仲冬爲七十生辰韋宣文身名俱
泰郗夫人耄耋不衰厥有由來夫豈倖獲余以通家之誼

合申祝嘏之情壽考筵開未獲躬斟康爵孝廉船去願藉
曲獻長生定知慈水長流即是南陽之甘谷靈山遙望莫
非玉女之華峯云爾謹序

賜進士出身　誥授中議大夫光祿寺正卿乙卯科浙江
鄉試正考官加三級通家侍生長沙周玉麒頓首拜撰
賜進士出身　勅授文林郎翰林院編修　國史館協修
乙卯科浙江鄉試副考官加一級通家侍生輿義景其濬
頓首拜書

咸豐五年歲次乙卯仲冬之月中旬穀旦

孫宜人六十壽序

往歲秋余客谿上費氏一舟剡曲十日平原治雞黍之朋情飽蓴鱸之鄉味月明華屋東西陸住分兩頭風邁竹林大小阮軌同一轍庭階挺秀並爲玉樹之枝風雨盟心宜入金蘭之簿蓮橋司馬其一也於焉停雲館啓待月窗虛論文開太白之尊讀史翦半紅之燭促談之頃互誦先芬述德之餘詳稽壼範然後知蓮橋持行如發矢爲善若采薪具模山範水之才負聳壑凌霄之志皆出自尊慈孫太宜人之教也今年秋蓮橋仰憑飛翼俯託游鱗以九月二日爲太宜人六旬帨旦乞一言以侑爵時余方奉　命典試蜀中星軺已馳雲棧在望刻無停晷衣有征塵然不太宜人六十載林下清風足留光於竹簡卅七年房中高節允埒美於柏舟使不爲之借語申情傳音鳴節友誼斯歉

史職亦乖用是倚馬裁篇□車染翰舉所知者引而伸之焉太宜人系出章谿家居甬水大父逸雲公事十對九拔萃科登尊甫醉月君問一得三趨庭學富經傳伏氏賴有女孫絮詠謝庭何如男子慧早通乎機錦柔自協乎聲絲口誦德象之篇無文章事面却縷魚之飾薄時世粧不字十年夙兼四德既而鵲塡仙館鸞集女床望若雲霞華衣百摺鄣來星月寶扇半規珉梁深而海燕交棲玉臺啓則山雞對舞等齊眉于梁孟爲比肩之陸朱歸我亦愚先生太宜人年甫二十也肅養堂之奉孟筍香腴將祀事之誠季蘭體潔禮逮乎舅姑娣婦節而能和恩周乎竈婢廚賤亦知感既女布男錢之悉理亦梅蘇韭芼之必親中饋秩如內政肅若占大人之受福卜新婦之宜男而乃蘭夢未徵藁砧遽逝別鵠腸斷嚦鵑血枯山望夫而渺渺亭思子兮空空蓋幾欲刎頸辭代詩狩還陰契維時君舅臞生

裂櫬厄占凶方棄養于四月姑余太君榆陰垂暮復遭
乎兩喪太宜人强留化石之身暫輟鶉金之字爰思并日
憂可忘護慈蔭瞻雲安頻報竹於以紀姑恩之曲垂女史
之箴焉遂撫夫弟之子爲嗣郎蓮橋也義則兼師身還代
父甫當毁齒嚬笑惟嚴纔及齊肩步趨必飭斷孟機而勗
學畫歐荻而傳書管鑰之司勿分其遠志門閭之倚時嚮
其行蹤凡此訓迪之殷恩勤之渥伊古賢母庸有加乎今
者太宜人老矣蓮橋蘭羞養志萊舞承歡闢館辟寒疏軒
就煥婦姑春日同聽睍睆之鶯子婦更闌對話團欒之竹
雖復願違偕老念切未亡而苦耐蓮心甘回蔗境夕陽紅
好暮景長留寸草青多春暉不去宜乎掌金箱籙有南嶽
夫人鐫玉琯書爲西池少女也又況　丹陛推恩之典榮
邱嫂以翟衣　彤庭厲俗之方表貞姬于綽楔鳳銜　詔
至鸞奏環來而蓮橋黌序聲蜚蕃輿衘署行見藉文章以

報國本學道以愛人所以榮親壽親者正未可量哉鑒皇華出使莫伸拜母之誠綵服登堂曾荷西賓之雅會飛觴以介福合端牘而練貞自慙氣乏凌雲賦筆徒摘於西蜀遙憶堂開愛日箋詩迭奏乎南陔

咸豐五年歲在乙卯夷則月上澣穀旦

賜進士及第　敕授儒林郎翰林院脩撰本科四川鄉試正考官鄞愚姪章鋆頓首拜撰幷書

紵百八八綸錫公配盛氏 廿三世西房玖四公派

盛恭人六十壽序

嘗讀班范之書立列女一傳悉皆庸行論者謂婦人無外事孝事舅姑相夫教子則其職已盡而其事足傳然求之今日卒難其人者豈古今人果不相及耶抑亦庸行之未易盡也茲於費母盛太恭人得之矣費氏爲谿上望族臞生先生承祖父遺業而光大之家日隆起其仲子乃愚君少顧敏愛憐特甚聞太恭人賢聘之年十九來歸時臞生先生尚在堂問安視膳曲盡婦道其後孜并日之愛於姑氏余太君尤能得其歡心乃愚君客甬上家居之日少而性篤友于事寡嫂孫宜人敬禮有加太恭人善體乃愚君之心遇事每獨任其勞故凡宴祭豐儉所宜與夫米鹽瑣屑所需悉賴太恭人擘畫井井秩秩壼政肅然性和順自于歸以後逮稱未亡人垂三十載與乃愚君無少忤食指

繁多調適咸宜雖下至臧獲亦善遇之族黨中嘖嘖稱內治之賢無如太恭人者太恭人爲靜川先生長女嘗來歸日兩家食舊德服先疇門戶鼎盛素封相埒無何外家中落所以賙卹之者倍至其他姻婭間者急無不周而尤以敦宗睦族爲重費氏舊有宗祠在峯山棟宇未充且道里阻長子姓輩不能時將祀事而族譜歲久未修世次間或失考族人謀於里中別葺一祠置腴田百畝並補訂譜系謀新修壓需費甚鉅太恭人命諸子出資相助并襄理其事今已聿觀厥成矣子三人長君蓮橋邑庠生以海運功欽加五品銜出爲伯氏後太恭人以次子貴封如其秩國恩家慶爲一時宗族交遊光寵太恭人康强逢吉宜若可以含飴弄孝享太平無事之福無假操勞爲也而乃日事女紅不自暇逸人皆以爲敬姜目之今年夏爲太恭人六十設帨之辰令子屬一言以爲壽余先君子與靜生先生

稱莫逆交爲紀羣者三世比余又與雅橋昆季晨夕過從悉太恭人行事爲最詳爰舉事舅姑及相夫教子數大端書之於篇以爲侑觴之助猗歟休哉若太恭人孝雖古列女無以過也敕授脩職郎五品銜前嚴州府桐廬縣教諭鎮海侍生王引孫頓首拜譔并書時在咸豐己未孟夏月宜壽之辰

亮東彭氏四修宗譜　卷十二　有志堂藏

盛太恭人六十暨張太恭人四十雙壽序

去年冬十一月余嘗爲蓮橋費先生書墓誌竊歎費氏兄弟之友于也先生仲弟杏圃君爲其兄營葬而郎自營生壙與兄合域君子謂杏圃君友雖然兄弟誠友矣而或因築里不和致兄弟不睦聽婦言乖骨肉世豈少其人哉今觀於費氏兄弟之友益歎其築里之和也蓮橋先生元配盛恭人軒儒公之愛女德田先生之賢姊也杏圃君之與兄合域也蓋由恭人和於築里使其夫兄弟無間言故生既同處歿亦願同歸也恭人幼習姆教寡言笑年十八歸於費姑孫太夫人在堂朝夕奉侍曲盡婦道歷十餘年無少懈太夫人年邁思抱孫恭人無丈夫子勸令納副室畢氏翁氏皆無出嗣娶張氏生一子曰相球恭人深以太夫人未及見爲憾相球以海運議敘加五品銜爲先人請四

品封典張氏以子貴封恭人今年夏六月相球踵門來言曰余生僅三歲先大夫見背賴大母盛恭人暨吾母張恭人撫養成立得有今日教育深恩未酬萬一計惟有表揚闔德以志不忘耳來月中旬爲盛恭人六十壽辰張恭人亦年四十矣吾子知我家詳敢請一言以光屏幛余以規串往來耳熟恭人賢德其何敢以不文辭今夫以女子而明大義雖以女子既喪所天子又幼稺而明大義更[illegible]盛恭人者其庶幾乎自蓮橋先生歸道山十餘年來一切外事皆任諸叔氏而料理內政井井有條張太恭人亦奉命惟謹絕不聞詬誶聲所尤難者坤爲吝嗇而擁厚貲每不肯出私蓄以爲所當爲恭人獨不然孫太夫人遺有節坊資錢千餘貫遺命以宗祠產薄擬置田崇祀而未果恭人克體先志助腴田五十餘畝自奉甚儉親族以急告解囊助之凡義舉無吝色至甯北[illegible]往來遇佂興道[illegible]居者

矣晏[illegible]子毋無所賴族人募設[illegible]濟會周卹之恭人慨然
樂助共襄厥成生平不佞佛而性仁慈有舟山女子流離
失所恭人憐之贖以歸爲擇良配至於修橋梁平道路猶
事之小焉者也凡此皆恭人克明大義所致亦張恭人有
以贊成之也恭人之福壽其可量乎抑世之爲壽言者往
往盛譽西母豔稱麻姑騁浮詞以侈遐紀而於壽母實行
有當與否概置不問是言之者雖無罪而受之者轉有媿
矣今余與恭人以質直之語記貞靜之德皆實錄也無浮
詞也則卽以余言爲耄耋期頤之券可也恭人其亦見而
笑晉一觴乎是爲序　敕授文林郎　誥授奉直大夫兵
部七品小京官武選司行走兼車駕司行走加三級
姻愚姪郭慶恆拜撰

盛太孺人七旬壽敘

余大兄子厚先生有道君子也淳謹恭默守口如瓶生而穎悟好讀書一自壓冗不與闈子夜篝燈惟舉業爲攻苦講道河洨立雪者門且滿矣踰強仕年始見知於學憲汪公公以國士目之奈奇於數僅以諸生老識者憾焉然兄郎既於文運而督理家猷井井若燭照篤孝友敦誠慤崇儉黜華其接物也謙光和雅然諾不欺人咸稱我伯祖祥芝公伯父豐斌公貽謀之致要也我嫂盛孺人內助功也孺人性淑慎夙嫻母儀雖出自華胄而朴素自安封鮓郄錦隱隱有陶母風動止以禮自持內則肅清課女紅理中饋潔旨以奉姑嫜戒且以相夫子一庭內穆然雍然與五奴娣居食指日蕃畧無形骸隔讓鑰籍資鍾夫人禮郝夫人法孺人亦兼而有之誕生吾姪因培標格不讓衛玠玉

人碧梧翠竹鸞鶴停峙能讀父書所謂一不爲少也孺人教以義方不尚燕僻淫朋伍昔張密學母佘夫人嚴於督子諸朋好過敘每於窻外聽客與談論及文學政事即虔設盛饌如聞語浪謔則不設也孺人洵得其遺範歟由是因苗而茂行益敦早擬芹香累試萳葶余每嘆其命蹇如珊瑚木難文彩燭地飛黃騰踏何患驥足之不展而且孫曾繞膝或採蠟爲鳳或翻墨塗鴉森森者盡蘭茁其芽孺人顧而樂之怡然忘老行見後先輝映驤首天衢孺人以耄耋之年膺寵錫而沐榮恩如賈黃中張齊賢天子念其母詔肩輿入陛孺人不已食報於靡窮予今年二月十五日爲孺人七旬初度髮如漆輔如丹目如春星其算甯有涯涘余秉鐸衢郡三鱣卡兆苜蓿盤中愧乏一芹致獻特念子厚大令與令尊啓□府君世昆季而孺人懿德令聞實與□□□□□□□□□常□山之祝他日

昔余解組歸里延孺人堂下賓筵中有對答酬酢處未審孺人肯設青綾步幛爲小郎解圍否孺人聞余言應爲滿浮一大白也是爲序夫弟宗桂撰

□□蔡氏四修宗譜卷四十二

有志堂□□

埏三超公繼室曹氏　廿四世右房惠二公派

節孝曹太孺人七豑壽序

我門在昔敦友誼者有升堂拜母之禮蓋朋友者昆弟之所推雖或齒德不聞於外猶將比於達尊致吾敬而思有以將之乃若令子之賢而成立寔由於母教之義方而苦節之貞達於　天聽孝慈之範傳爲女宗斯又劉中壘之倫所樂於載筆而不泯其爲人故者也歟惟　敕封太孺人節孝曹太孺人固儒林所同慕而尤爲德祖所不能無述者矣太孺人系出古董先公有隱德而居瀕海以耕獻爲世業其殁也當道光甲午之祲有男子一未成立也有女子子二太孺人其仲也生十有一季爾無所依而因育於郡胡氏其在室之丁厄蓋如此越八年而歸我　誥贈奉政大夫雨池費公費則慈谿之望贈公年四十而其冢室沈宜人未有子也太孺人來歸而舉吾友可尊君沈宜

人亦旋以其年育純䄇司馬方是時贈公所後及所生二母猶在堂惟太孺人能善養而於沈宜人相得如手足一門雍睦戚黨胥歎羨焉其在邉之備德有如此乃無何而贈公捐館舍矣可尊君兄弟才曰齡太孺人年二十有四爾家既中落其代斷以事二尸奉養之滫瀡侍疾之靡飲愼終之附身附棺無弱如禮以至長育可尊君兄弟太孺人以十指左沈宜人而可尊君之績學成名迄於宦達皆母教焉其間嘗遭𢾭難流連辛苦之備嘗沈宜人齒高多疾而克優游以終天年賴有太孺人獨任其勞也太孺人之節之孝之義之慈而全之以賢且能也又如此此則宜爲古今傳淑德者所引之而播竹素之芬者也其在

皇帝龍飛之初載德祖嘗以與脩慈谿縣志友可尊君同事也久故聞母德也詳以其鄉居之遠於所館而未能敬

慈闈慰傾嚮也大幸得及可尊君以夙好爲同官謂之就

養而來則晨久之趨居有三方太孺人特以撫司馬猶已出而司馬之中年不祿也其孀妻方且女畜之而不忍離也可尊君官此吏五稔行年五十不改其孺子慕而猶未遂迎養之志也雖然可尊君則既以能文逆歲發聞於鄉國且其秉鐸而來也用再世苦節之故甫受事而即以闡斆節孝爲已任其才而有守雖以德祖之無似尚資勵翼以告無罪於上下而此邦賢士大夫亦莫不賢可尊君而歸美於其親天之所以酬太孺人者不可謂不厚而況嗣是之康娛晚景雖躋期頤而未有艾耶今茲仲冬之吉爲太孺人七十設帨之辰德祖羈於所職曾不獲希韝鞠脃佐可尊君以晉介壽之觴亦惟抒其平時之欽矚者書之以屬可尊君奉是以歸而稱慶焉太孺人其必有領之而色怡者不甯惟是異日者登之著作之林据其所綴燁我彤史藉曰不文所以徵信方來者或將有取於斯言若其

竭誠以致敬者則固宜爲太孺人所能鑒也光緒十九年
歲次癸巳冬十有一月
誥授奉政大夫五品銜升用知縣長興縣學教諭愚姪孫
德祖頓首拜譔并書

先母七秩時孫君彥清爲作壽序其時寄龕文存刻集已
刊故編在二集中編時尚有删削今孫君移官嚴陵而宗
又以夏歸道遠不相聞問姑仍舊稿錄之俟他日再質正
[illegible]甲辰中秋識

[illegible]

哦松公家傳

松公姓費氏諱元墀字陛丹世爲慈谿人祖贈儒林郎季門公考贈奉直大夫漁陽公以服賈起家生子三公其季也　無二昆相愛敬伯氏臞生公以精强著仲氏聽泉公以賈門□□則年長素封之家能以謹約聞於時自少體□弱及年長每究心世務嘗佐其伯兄治生理客於膠州□州太□父兄□嘗寄跡□公嗣武來此凡海舶駕駛之法風潮之信礁島之所在皆一一周知雖老於操舟者無□□以故其事罔不舉兄弟纘承前烈益以光大□中年攖瘵疾居□家最久端坐講求攝養之理性嗜瓜果餅餌日以盞盤分列小几左右□意取啖之然亦不多食家之事悉付德配盧宜人治之不以紛其念會與人在甬江□南北懋遷之業積久浩繁公策其折閱立至心輒耿

耿病革時遺命必抽減本貲己所言皆驗其先幾果斷蓋如此公生平於居室服御崇尚樸儉至義舉則慨出巨貲有所不惜道光壬辰癸巳倡捐賑饑里中全活甚衆此其所較著者而尤喜子弟能讀書勵實學不徒以獵取才名爲事公五子長啓華次綸鋕次[illegible]豪次銳次仲綸嘗謂啓華稍長卽爲之聘名師若郭邑廣蘭谷孝廉寶雪門學博鎭海陳霞裳明經皆嘗課讀於其家公以厚禮事師而卽以嚴程督子啓華具端木氏姿稟[illegible]讀書在領觀大畧不知其然也督之益嚴有稍不如課程必重撻之旣昏娶亦不少恕時銳尚幼公[illegible]其聰穎而靜謂是他日吾家讀書種子日攜之過兄塾俾有所觀效逮[illegible][illegible]華與[illegible]豪銳[illegible]經爲學官弟子員仲綸登咸豐乙卯賢書啓華兼與綸鋕習廢著以振起祖父之業人咸謂[illegible]教誨[illegible]就[illegible]效而[illegible][illegible]公年[illegible]十[illegible]九[illegible][illegible][illegible][illegible]見見[illegible][illegible]立[illegible][illegible]早[illegible][illegible]得

竟其努力也先是道光丙戌茂公率先起義領海運以充
國儲由國學生　欽加六品銜既歿以猶子綸金報捐鹽
提舉貤贈公奉直大夫公之一門篤隆恩誼亦悠然可以
想見矣鎮海程桐年日余嘗館於費氏有述哦公松遺事
謂少舍北板橋畔林木陰翳石欄橫斜公家居暇日必與
族子探甫坐石上霽談移晷過其前者亦不測所談何事
要二人若甚樂之積寒暑無所間然則公之爲人識量深
而神理簡穆豈不遠乎俗之膠膠擾擾者耶其號曰　松爲
不虛矣

乃愚碩綸錫公廿三世酉房玖四公長

乃愚公家傳

君諱綸錫字緯九又字乃愚漁陽贈公之孫臞生贈公之仲子由國學生捐授國子監典籍銜後以次子澄報捐請封典　誥贈君昭武都尉年未五十而歿既歿之十有八載長子澇介其弟盛穗用來丐余傳君余曰余嘗從君遊余君儀狀脩偉豪於飲每與客作竟夕歡好士輕財有義膽力能急人患難其後君有事亦輒得知交之力以濟又嘗聞人之稱君焉謂自少客而江遊冠父兄相繼卒即紹述先業以幹才著中歲事勢多艱懼墜遺緒竭百計圖之心力瘁而卒使剝者以復詘者以豐蓋自漁陽公有三子得臞生公而業以光大臞生公亦三子得君而業爲之再振[illegible]田曰是皆然矣然余以姻屬夙往來其家見公不特工心計蓋尤篤於內行者誠昔[illegible]生公敦孝友及公事叔

父聽泉公與哦松公一如事父嘗先意謹視聽閒或事與
心違亦委曲從之弗使有忤其神明其待愛弟也愚公且
恩意周至也愚公素孱弱寒暖饑飽之節皆代爲顧慮復
令時餌參苓有弗餌則蹙促之躬爲　咀以進遇有外事
公自酬應料量俾也愚公得壹意攝養逮公歿也愚公念
及之猶時時流涕焉公之兄亦愚公早世寡嫂孫宜人無
出公以子淵爲之子並以一女爲之女時淵才三歲女亦
幼令日依依於寡嫂膝下以慰悅其心歲時自甬江歸必
先過孫宜人所問安否并撫視其子女而後乃反其室
家人有干其怒得孫宜人一言即立解又自外寄食用之
物亦必盡致之孫宜人處使主派分雖以此愚公在家不
欲其有所干越也史稱漢第五倫唐王珪善事兹以公視
之當不甚相遠性喜子弟讀書閑品行每嚴督之否即數
咨之常擇師資之尊嚴者延主其塾加意敬禮非是者弗

聘今君三子皆恂恂雅飭其效也公嘗推恩三黨承先志營度宗祠皆世人所有不足爲公難公之行如是余竊揣量公生平振起家業誠由才力使然或者以篤厚倫常彼蒼蒼者陰相之而得食其報是亦未可知也余曰若然則余少壯時之知君淺矣即人世之羣相稱道亦安得爲盡悉君諱穗田余友也其言信余乃從而詮次子以爲君家傳鎮海陳桐鈞撰

熬東劉氏四修宗譜卷四　一二　元亮堂梓

奉政大夫費君家傳

君諱綸鋕字烈傳一字桐君浙之慈谿人也少失怙事母盡孝人以孝聞兄弟五人友愛無間費氏故巨家有廛肆在甬東而伯兄聲木君自主之君佐其業益以隆起歲捐所餘周恤宗黨守鄉鄰為遠祖彥京府君曰章府君並葬定林寺側年久失其墓君告於宗老以長至日祀之又出己貲祭歷代之冢凡十三世子孫以為例定林寺者日章府君所創也其始曰峰山道院府君以田園六百畝施焉宋初始改寺額而於東廡祀府君曰峰山祠明代重建顏襄毅公為之碑及是有欲占其地者君偕諸昆季直之於官祠宇無恙承先人志重纂家譜昭穆世次秩然有條此內行之大略也君負才諝料事多奇中持論嶽嶽無唯阿之態義所當為必勇赴之咸豐初赭寇亂江淮戕工潰決

疆臣踵陶文毅成法募商船以復海運衆囁嚅不前君慨然曰此　國家大事吾儕食毛踐土何可以畏難阻也請諸伯兄率賈船聿出應命歲轉粟百萬石航之天津京倉恃以有備粵盜竄海洋肆掠商船要贖金以千計君與其友鎮海李成九同里盛鳳儀倡言於衆購泰西輪船出洋勦之數月之中沈盜艇六十八艘殺溺死者二十餘人盜囮粵無敢以一帆一楫入浙洋者商人捐船貨之入以充經費歷歲不懈費氏一門無慮二十萬金以功敘五品銜
賞戴孔雀翎辛酉冬賊渠黃呈忠等分道犯甯波郡人惴惴西洋流氓乘閒焚江東掠奪財貨君急募夷勇列槍械拒之慶安會館及旦近諸肆賴得安堵無何郡城附賊設鄉官斂財以貢奉次及於君君不可賊怒將火其廬君避地江北岸與鄞縣陳魚門徵[illegible]慨復明年賊西竄君與[illegible][illegible][illegible]嘗曰甬邑褊小人浮於田留商賈者散之四方

欲改其習□務本不可湖州蠶□甲於天下其事可仿行也親至南潯講求樹藝飼養繅洗諸法作蠶桑輯要一書分送諸鄉首種桑數千株以爲之倡貧戶育蠶有不能購葉者量給之於是鄰近諸縣聞風興起至今享其利君卒於光緒三年六月二十三日年五十有七娶陳氏胡氏先君卒側室周氏□氏王氏均無出以聲木君四子鴻來爲嗣贊曰君弟玉君司馬與吾族兄湖嶼中書同舉乙卯鄉試故余與玉君　叙譜誼而未嘗識君乙酉自江西歸交其群從始知君才略開敏爲鄉團所倚賴而未克博升斗之祿一試於朝猶憐君齎志以歿也抑聞君行孚於衆雖西人聘計友亦就君商可否忠信篤敬蠻貊行皆如君者洵不愧斯語矣

光緒十三年八月　賜進士出身誥授奉直大夫知州銜江西建昌縣知縣加二級年愚弟同邑董沛孟如頓首拜

撰

令百九四綸鎮英公廿三世西房玖四丞長

賞戴藍翎加五品銜郎選訓導竹君公家傳

嗚呼人世之不獲延景駐顏而夭閼於壯歲者必其氣禀之衰苶也否則以其衛生之無術又不然則性與行之流爲鍥薄也非是宜無不得其年者今覩君生平無人世諸患而亦罹天閼之痛倘即韓子所謂天者誠難測而壽者不可知耶不然何君之宜得其年而竟不克永年耶君季弟玉君孝廉以余深悉君乞爲文欲永其傳嗚呼余亦何忍以謭陋辭按君爲哦松贈公之三子自少精敏果毅隱然具虎豹姿赫赫有所設施成童後服賈武林既念贈公在昔喜子弟讀書即歸里偕兄弟業儒勵精攻文字入邑庠第一逾年試高等時籌餉例附學生高等得捐學官君遂報捐郎選訓導後佐仲兄烈傳護海運功賞戴藍翎弁加五品銜當君行年之未及壯也能摧剛爲柔變養精氣

人爲之觭異君又倩畫師繪伏虎圖示意暇則與昆季輩一燈照座聚譚懽然毋盧宜人令其助理家政亦不專以嗃嗃爲尚而家人自相與畏服之其家自祖父來皆立義聲君承先人志廣施捨尤篤宗族有族孫某僑居病亟欲返其先世寢室其弟以己所居堅不許衆譁然君同從兄補愚爲多方威勸之弟乃允越數日君并經理其喪紀恤其煢嫠適嫠有遺孕君默祝曰使某孫之婦生男庶一綫延而吾志得始終焉及產果男而嫠又隨沒君歲出貲屬人撫育之今其男已十餘歲矣居恆絕戲游之事謂可獲此貲以濟數家貧乏何浪費爲歲壬子乘肩輿晨渡錢江抵寓與夫謂君曰公必有陰德及人吾見途中影幢幢相隨鬼神若隱爲呵護者然其時君無子不數年亦生一男越一歲而君旋卒年三十有二□冥漠報施之□□□足憑以君觀之蓋信豈非黃魯直所云與貧人共年穀而有

光明月生蚌胎[illegible]君之臥疾也以血下暴注而卒豈其比年攝養之功猶未至耶抑君本血性男子未盡發舒中故有鬱而不自得耶然而君之可傳者自在矣君於中表親最善盧号英甫其字也英甫寄輓章極哀感詞多不備錄君諱[illegible]家譜諱綸鍈字鳴和竹君其號

績溪[illegible]桐年

□□劉氏四修宗譜卷四　十二

□志堂藏

輔潘公家傳

公諱邦翰原名輔潘字屏周號曼青又號蓮溪慈谿費氏晉□州同銜貤資政大夫文煜祖州同銜贈武功將軍元封父鹽課司提舉銜贈朝議大夫綸金光緒十五年以悌弟旌　詔入忠義孝弟祠邑志有傳曾祖妣徐祖妣余均贈夫人妣莊封宜人贈恭人庶妣汪封宜人　欽旌節孝先世有隱德以北洋商舶起家公獨攻舉業秋試兩薦不售援例爲主事以母春秋高不謁選既服闋或勸之出泣然曰吾母在而不出今出矣是利母之歿而若懷其不早也惡乎可況先塋未奠是吾責也先是提舉公營生壙於邑鹽山之陽既葬及莊恭人卒將祔啓視水滿槨抱棺大慟遷而殯之求吉壤者有年最後得地東澄山之麓而合葬焉　公天性眞摯父喪哀毀得心疾逾小祥始痊與羣從

處怡怡然大功同財未嘗別異待兩庶弟有恩愛子癯疾曲肱待枕昕幾廢比長教以讀書識大義無幾微溺愛之意粵賊冠東南陷明郡公挈家避滬上杭垣失守同邑馮公本棠以郎中捧檄濟餉不得達迺購輪代運監視行駛公獨以外洋求售之船必增爆力以速行程戒勿輕試詰朝果輪壞受重創人服其先見英國總兵於甬江北岸繫新淦公以水利攸關議塞之不果元和顧公備兵浙東如公議復之兵燹後故居灰燼家中落公一不以介於懷取陸放翁句顏所居曰小醉微吟之室既而得阮文達公書中圃二隸書曰種菜曰圃菜根可嚙吾有味乎汪信民之言況半者謂凡事不求全也遂以此額其楣倩吳君圖之而自爲記名流題詠殆徧而余亦得以不才厠卷末焉公尤工繪事受法於錢塘戴文節公而大某山人極賞之詩法劍南有曼陀羅館稿若干卷存於家□使□游浮□□

□入下浙輪船續錄者也公由主事加級授奉直大夫後以海運勞加五品銜光緒十五年己丑年六十以微疾卒正月二十三日忠葬金家匯之原娶盛宜人同邑布政司理問銜□學季女生一子一女卒於咸豐七年丁巳二月二十二日年二十八繼娶□宜人鄞縣嘉興府學教授慶瓚女卒於光緒二十四年戊戌正月十六日年六十一子□高藍翎五品銜保舉訓導選缺後在任遇缺即選州判前署滃安□學教諭議叙加一級女四長適五品銜同邑□全墻次適寧波府學增貢生鄞縣□曰李三適附學生同邑□啓瑁□適兩淮鹽課司大使鄞縣葉守誠孫二聲

大聲　太

論曰昔張魯生太守客公家夸西洋格致之精公爲舉甫虞數千年來中土格致之學以折之其言率膂疊可聽固知公非學圃者徒也始有託而逃者與於虖公死矣使公

不死及見今天下多故撫膺扼腕而見之於詩者當何如也

光緒二十六年庚子夏五邑子楊鶴曾撰於蔴垣可園

費仲臺孺人陳氏傳

仲臺費公諱藩字汝价南陵先生之仲子也少通文學屢試不就遂從掾事嘉靖壬寅歲考績赴京與翰林龍田王公交同舍覩玉堂之英而心竊慕之皤然改曰吾伯祖伯父若爔若鎧伯兄若淵若沭世襲冠裳以經術用先君亦明經術爲學校最余獨以吏事卒業能無愧乎予縱不能吐奇摛藻與玉堂之友相揖讓世績家猷可弗垂訓以淑我後人乎迺輸粟省祭以歸禮聘名師分經授子志何偉也而以隆冬錄麟旨受癘歸數載疾作竟以是殂惜哉冢子棠亦早死仲子宋長於詩季子案長於春秋經術賴以傳矣臺之爲人也立心眞實制行端方邊幅不脩而自弗與流俗伍負勢者遠之倚尊者讓之所與交游者皆彬彬然經術士也南陵先生家訓甚嚴婉愉承順能不拂其意

且好施予多積陰德咸樂成之又從而繼述之事繼母恭而有禮母性頗執亦自敬憚伯父嘗與伯兄爭田不和愉色婉辭以導之卒至以田相讓與伯叔氏處情聯義屬無一間言後雖異居嘗聚首談笑事無巨細必合議而後處閨門子姪諭之以孝弟率之以禮讓肅然齊一莫敢犯者宗族親黨情甚欵曲雖至疎遠罔弗竭誠與朋友交肝膽相照無一毫猜忌之私遇事則靜以須之不欲擾人以多事先人所遺兢兢以守雖富而不及奢一遇知已雅歌投壺盡歡而後止不幸天不永其年用不竟其施然於經□何負哉徐刺史曰古之君子律身行己多近於道今之君子則不然純乎道者十無一焉幾乎道者間或值之而博求於掾史之中蓋益寡矣仲臺端方謹厚而不戾於俗孝弟雍睦□交游不苟言必忠信動遵矩法今之君子亦鮮儔矣矧掾史乎哉有峯王先生縉紳□□望□嘗過訪終

紛曰歡娛談論不已命二子拱侍爲式法吾子賢好禮類如此今伯兄曉岡君英豪邁俗四明高士也仲臺見而奇之曰道在是矣率子師事之終身莫逆及仲臺卒伯兄臨其喪繪其像而哭之其類聚又可知矣經術淵源之學日與賢士大夫相砥礪行同古人固宜

孺人陳氏鄞邑大方伯震公之女孫也配仲臺費君謙恭謹愼婦道冠于九族事舅姑以孝開甘脃溫軟必先奉舅姑又善察其所欲而就養之故咸得其懽心及疾躬進湯藥時起臥侍寢食尤善勗子朝夕勸勉率之以義尊禮師傅精膳羞推友愛侍從餽遺踵相屬焉一鄉之人皆稱之曰賢哉母待尊長有禮雖貧愚之甚者亦必斂衽致敬處娣姒如昆弟往來交際間盎然和厚無一不與相洽子姪孫輩罔不撫摩鞠育之又諭其父母教而養之少有驚疾即奔走醫藥之從子母病乳養朞月無異已子嫺親睦

族周悉備至凡屬舅姑一脉知不知皆厚禮之鄉鄰有不足者每令人廉察貽而給之不計其家之有與無也自奉至薄待賓甚厚故夫君樂與嘉賓相接諸文士得無愆焉至御羣小曲加惠愛雖役使弗稱亦無疾言怒色夫君仲臺歿總攝內外幾三十年家政井井然寢以脩舉年七十餘猶理絲枲無暫閑出其所積以治道梁給喪而濟貧乏之士所稱仁以爲任死而後已者孺人之謂也得壽七十九謚曰孝慈

萬歷二十年歲次壬辰孟夏穀旦賜進士出身中憲大夫知湖廣漢陽事前刑部貴州司郎中奉勅陝西恤刑眷生徐一忠頓首撰

元配王氏傳

賢哉王氏秉性幽貞傲翁姑和妯娌一切女紅特其餘緒耳奈何偶於乾隆十一年丙寅五月予自晉齋患嘔血旋歸醫者皆謂張任臣先生最良遣人邀請診視據云陰分大虧病深而藥淺按內經不治挽回者于焉赤心以侍左右奉湯藥耗精疲神晨久勤輒致內傷七情而不之省既抱病然且勉强支持兢兢奉侍勿稍懈予素信醫不信禱是以服藥無算地黃一味百廿六觔餘藥稱是從可知矣而氏累日奉侍之辛勤更可知矣由是而予病少痊氏病已就由是而予病每日減輕氏病逐日沉重誠所謂以身代之也明年丁卯十月四日臨終呼予就牀左叮嚀囑咐未語先泪曰已矣無復能侍左右奉湯　矣願夫君珍重强健如常妾死不足惜顧大病初愈正須倩人服

事加意保養儻逾年摒慨調絃錫亂一綫歲逢清明忌辰焚一炷香供一瓢羹一碗飯黄泉下欣欣來享倘縱慾放蕩不如吾言定作餒鬼前※莫驚恠言訖嗚咽良久一聲長歎氣喘痰壅瞑目而逝氏一十八歲于歸陽年二十六僅生一女乳絕不育嗚呼痛哉嗚呼痛哉予豈木偶遺言在耳敢弗佩服令年活八十有二僅續娶莊氏不祿重續邵氏舉兩子弄雙孫年俾給頂皇恩養老一而再庶幾不負五十三載以前懇懇切切含泪而耳所　囑　者夫症患不治恐少延旦夕難已不圖倖生苟免而且長生八旬有餘齡兩目依舊闗飲健飯事非偶然斯固神明庇佑祖宗陰隲所由致也抑又全賴委身替死之賢媛德與才兼寸心感格冥冥中有能上孚彼蒼默契先靈俾予殘生留貽於今歔噫然則奪造化以之延還生扶綱常于欲絕復續爲何如者斯人也殊足令人悲傷令人欣羨尤宜矜

經五經瑞廿二世西房玖三公派
五三瑞

節孝蘇孺人家傳

余屢往來費玉君孝廉家見其司會計者為族兄綸康有信直行余與之習聞乞余傳其節母并出自書事實二通余矜其情不能辭也為删其所書事實之冗煩歸諸簡以授之琴友陳桐年識

節母姓蘇氏為費公善章之室道光甲中歲善章公以隱憂臥疾而卒時母年三十痛之不欲生既念子綸康方七月此呱呱者為吾夫一綫所延吾不得不力為鞠育以冀其成立也先是母之來歸也翁青山公姑氏洪太翁文明公太姑氏嚴皆無恙在堂會是年太姑卒太翁以七十歲老人苦無依而性喜飲酒每至五更復有欬逆患母雖初來孫婦能曲體其心奉事之無不至入夜聞欬聲即起而煖酒以進其患乃止如是者五載即嚴寒之夕母亦不自

惜其苦辛而事之彌勤太翁有弟安明公常欣慕之謂人曰吾哥得孫婦無異得一小女服侍也而母之父學乾公聞而悅之謂使吾有女皆如適貴者之能養親吾心慰矣其後青山翁臥疾母調藥視膳飲不敢頃刻離于側如是者復九月其殁也佐善章公治喪葬皆盡禮乃閱二載而即罹善章公之痛其家薄有遺貲母自撫幼孤并撫一女逮女笄而嫁貲漸耗日形艱窘族有峨松公者舊與青山翁最相善故峨松公偕其配盧宜人嘗極意憐恤母之苦而并視母之子如己子然而孤子既長母之茹糵含荼心力爲交瘁焉年五十有八而殁咸豐戊午歲綸康爲循例請旌節孝嗚呼若母者節與孝其洵可無愧矣乎

筆舟公元配孔太孺人傳略

家庭之間慈孝而已得親順親流傳往籍未始無人若親之慈其子唯母爲尤甚然於前室側室之子則漠不關心有如秦越人之視肥瘠者於虖吾族孔太孺人有足述焉孺人世居章橋父昭錮其先在南宋初隨扈來此遂家焉幼貞靜不苟言笑深習孔氏家灋及歸我族祖國子監生筆舟公唱隨合德閨門之内肅雍和睦戚鄰族譁然偁其賢當是時翁姑皆在堂孺人事之二十餘年問安視膳能嫻内則之禮或有拂意禮愈恭故能深得翁姑之歡心有疾則衣不解帶調饘嘗藥莫不躬親翁卒時病三月姑卒時病二年孺人始終無懈如一日而孺人有病則不使翁姑知之故其後奉事祭祀亦如事生焉筆舟公年三十餘尚無後孺人乃爲稟雙親勸納簉室潘氏舉二子撫之

如已出而親愛潘孺人亦不啻如娣姒及二子少長就外傅孺人課之如嚴師督以忠孝故事相激勵故二子皆能樹立焉性勤儉針術紡織不敢自逸衣服華飾非所好屏不御持家清靜內外整潔待人接物惠愛慈和即貧販小民莫不感厚遇之故人多樂與孺人親性好施與道光壬辰歲大饑乃罄其所蓄以為賑濟癸卯族人新建宗祠又出貲助之癸丑夏癘疫大作孺人市醫藥巾篚諸物以施人不盡乃更施櫬以足之慨然無悋然平日未嘗佞佛一接僧尼也其知禮如此同治癸亥孺人卒年六十其子輔衍余族父也以事狀命余傳余不文而多族父之自克盡孝其亦得親順親而愈知孺人之賢矣爰舉其大略如右

余家世居靈陽鄉右二府君始徙蔡湖相距十里許嘗歲時過從族見有紫藤一樹白花蒨[illegible]枝幹蟠曲如虬龍蓋百年物也喟然曰非所謂故家喬木乎詢之族人乃孺人

百年物也喟然曰非所謂故家喬木乎詢之族人乃孺人
居也夫吾宗多賢婦人光於家乘指難枚舉若孺人者亦
庶幾焉方笙舟公歿孺人年尚艾事二親撫二孤家事僅
及中人而一身經理之敬上慈下能使毫髮無遺憾人以
是重之而不知孺人之大節在納潘孺人而使其人之有
後也潘孺人矢志守節光緒三年請於朝蒙　旨旌表今
尚存己卯重九族孫德宗謹識

案太孺人後以仲子輔彭貴贈太宜人光緒二十五年
浙江學政兵部右侍郎長白文治採風問俗而知宜人
賢以冰霜勵節兩字扁其廬則太宜人守節撫孫盡慈
愛之道更可想已甲辰八月又識

瑞仁百輔滙公配方氏廿四世西房長西公派

方恭人家傳

恭人方氏鎮海仰喬公之第三女也自幼淵默嫻習女紅其父以委曲[illegible]盡恒得歡心年八齡生母林夫人歿哀痛哭泣如成人事繼母莊夫人敬禮備至兄弟和睦無閒言年十八歸費君聚川聚川父鐵君封翁母鄭夫人本生嫡母盧夫人母李夫人皆棄養恭人嘗以不及奉事為憾君舅馨木封翁尚健在先意承旨十餘年如一日子相騏庶子相驪相駻教養兼施不分畛域既成立即為授室使各謀生不至游惰失業聚川始官江蘇後官河南納妾張氏查氏恭人留治家務未嘗一至任所節衣縮食經理內外備嘗艱苦歷三十年之久蓋恭人處境彌苦而植心彌純矣卒于光緒三十年七月日年六十有二

贊曰門庭之內以聚處為足樂而仕官之途婦人類鮮從

夫之官所爲榮鄉里齷齪不足自適一旦華轂翟茀稱爲命婦侍女羅列珍錯雜陳此常情之所稱願者無可怪也恭人生長大家豪華侈奢之風皆所習見而乃甘事勤勞經理家政茹苦含辛無幾微怨恨之色此其識量誠有過人者卒能支持門戶教養諸子使鄉里鄉黨皆式毋儀以爲如是乃無愧于婦職易曰地道無成而代有終其斯之謂歟嗚呼可以風矣孫聲煩相騏之子生已八齡方岐嶷見頭角天之所以報恭人者或在此歟

鄞縣陳兆[illegible]撰

六潜公十四世曾孫執三房出

孟臺費公墓誌銘

孟臺山爲吾慈石柱峯東至山嘉靖己亥春正月日費南陵先生與其沈孺人葬焉孟臺公以先生長子奉其二弟營葬畢反而思之因自號孟臺云山中墓同兆爲若干壙丁未附葬其元室何氏己酉後先葬其弟仲臺季臺丙辰又葬其繼母俞氏皆公親治攻固今歲丙寅夏五月二十日庚戌公將就木葢沈孺人之側而左與何合於是公卒既亡日矣公同母女弟予元室也予故當銘其墓公名澹字汝沖虛極簡直與人夷諒厭斥浮瑣儀文胸臆無不吐露盡者聽者察其由衷弗爲遜逆父母蚤夜勤勤之緒公尤多所幹承若燠寒痾癢細故未必介介於懷而卒謂用力忘勞眞能無愧瞑含未慮導揚之終其身聯屬二弟之遺孤俾各有表樹今諸孤則皆潸然出涕者歲惟需　田

之所人以三十年之通家益積不必利子母急責券而歸
人譬之有司門戶亟賈其胥甲率不欲談公姓名者如公
安見其富能府怨哉日不廢飲飲亦累觥卒未見其亂一
弟並注銓天曹仲臺謂公蹈韋持玉官檄進之重違仲裳
克恭念漫一冠服而已榮名勢燄悉從浮雲然尤不肯迍
億初若不聞世間有機詐狀而巧人顧不忍中公故論蓋
棺則其生平鮮有可指摘者或曰士學文從周進身取高
弟易尋顯難成爲君子則人竊嗤之以公庶幾君子而未
嘗好讀書今學斯言殆不足異矣費本漢尚書令褘之裔
自姑蘇徙居驃騎山之陽若干世而爲公曾祖弼弼生得
甯得甯生恕家業諸生即南陵先生配沈孺人杜郭著姓
實生公公配何氏繼室方氏子懋今爲諸生女適方何美
適金思鑾者何門也繼室子琳側室之楚出孫□□□□
公生□□治十有一年二月十□日□七月今□□六十而卒□

銘曰

孟臺之山嶙且峋而水粼　爰安厥親暨及二昆而後厝

諸其身登斯封者則曰古之人古之人

萬歷壬辰歲孟夏朔日明南京太僕寺寺丞王交撰

致廿瀛公 十四世 西房考三子試

明故高士豐山費君墓誌銘

君諱瀛字汝登號豐山按家乘費氏系出江夏漢尚書令禕之後以亂離徙姑蘇再徙慈谿馬鞍山之陽自世廿四府君始十傳而生弼弼生得甯得甯生鈅是爲君父字存威號東溪起家青苑縣簿㕑配陳太君文定公從孫女也實生君君少負異資讀書過目成誦髫年從父之大荊大荊當東南孔道使車輻輳應接旁午時按院東塘毛公素厲威嚴號鐵面行部至驛適東溪它委不及迎君率吏卒挺身往謁之毛公作色曰巡按到大荊無禮驛丞先走避君從容對曰烏臺臨蹕義負　小子代來迎毛公大奇之因試以聲偶云騶馬行行百里沙隄剛半日隨應曰袞龍煡煡九重金闕壯千年毛公擊節嘆賞每見當道諸公必嘖嘖延譽聲溢湖湘貽詩贈翰墨者無算東溪乃爲構書

屋于驛舍西羅致英儁俾相切劘辛巳武宗賓天國子生
鈞州黃瑁訃楚府還過大[illegible]十里暴卒君閔然請於父曰
慈獨非吾胞與邪蓋具棺殮東溪曰兒亦念及是乎遂出
槖中裝市美木敦匠治而手殮之稟給符傳以歸其櫬東
溪歷官三紀兩任劇邑所在旌賢則以君重君少負氣抗
厲不肯下始以儒試督學汪公好峻法繩士君忿然曰是
尚可干進耶友人強之入試諸從吏檢閱過嚴君厲聲呵
斥之坐甫定吏誣以犯規君斂卷賦詩投筆而出汪怒欲
寘之理郡守鳳峯沈公憐其才力爲申請得釋既遊黌序
每試高等累舉不第又天性豪拓厭薄繩尺語乃棄去舉
子業大肆其力于古文詞子史百家秦漢以來人物傳志
及郡國輿地雜記皆淹貫爲文雄快簡古盡洗鉛華旁通
字學尤精署書慷慨激烈之致時灑于毫端故其書雄偉
勁拔類其爲人豐考功[illegible][illegible][illegible][illegible]少許可[illegible][illegible][illegible][illegible]

謂當與文衡山小楷祝芝山草書並稱三絕然非得意不
書非賞鑒不書士大夫爭延致其家則窗燦几雅歌嘯論
咏至索楮書之投筆立就縱橫跌宕有壁立萬仞之勢乃
拔六書之精蘊掇百氏之英華作大書長語其持論以正
心爲本以格物爲執數以凝神定慮爲標的蓋有維世淑
人之意□豈在區區翰墨中爭雄長哉予與諫史同齋王
公昔爲文序之君雖濩落不偶乃其才名藉甚公卿間如
制府新都胡公學憲方山薛公方伯麓池郭公郡邑師師
及齊魏公雲麓宋公咸向其名詈去等威遇以殊禮君亦
以揖客自任與分庭不爲屈稍不當意輒拂衣去郭公素
長者尤雅敬君敦布衣交嘗館之西湖藕莊屢屏千騶躬
造之公餘即引至衙齋對榻劇談訪問理道移日忘倦君
愈守高不以芻米僕賃干也士論兩難之天性至孝東溪
捐館日侍陳太君飲食必嘗而後進有餘殘即啜之毋尉

則曰兒不及事父有母在得常爲母喜剩餘幸矣執二親之喪葬祭一稟于古法東溪雖久宦無多藏君怡然不以介意或有勸其營產業爲子孫計者則拒之曰吾家素廉吾命素蹇唯是遵祖訓樹不朽以貽後人不亦可乎顏其廬曰惇善以爲誠教育子孫獎掖後進動引先哲格言諄諄提命居恆語人曰財實穢物嘗親讖人要一分不直一分何利之有客至則譚風玩月討籍論文倦則對弈蒔蔬同飯性好施予交游因乏每分產以賑有以顛連告者傾貲助之無難色一日爲嫁女貸十金而回途遇一從弟稱急遂解囊授之後竟償以己產此尤人所難與人交坦夷磊落不設城府然其別□惡甚嚴一善當心□畦隸下走稱美弗置否者即貴顯亦面折不顧以是得簡亢聲顧何損□君□歲病□拖病力疾日綏遺編以自娛臨終不二呼家眾一一與訣謂仲叔子曰兩侍兩極縱不交力耕亦

足□食毋怠謂予子□延棐而謹習吾文墨紹吾志以毋
忘家風平生不喜佛老遺命勿治浮屠累我時有定林寺
址費氏宗祀在焉歲遠僧竊幾爲勢家所奪君與族之好
義者爭復之更葺而新之俎豆如故屬予記之王太史季
彝書之書成而疾革不及視亟命取閱目且瞑矣猶張目
視之稱善而逝於乎以君之英敏符達而位不博一命以
君之積行嗜仁而壽不躋百年高士數奇蓋自古記之矣
君生於正德元年丙寅三月廿三日申時卒於萬曆七年
二月十二日未時得年七十有四其配劉孺人朴茂儉勤
偕老無間子男五長延槐娶內鄉丞華傑女槐客遊京師
倦而歸病不起旅遇姑蘇王南園調湯藥治衾殮扶柩以
歸君慼其誼爲作王義士傳彙諸名流讚詠以識不忘蓋
昔東溪殮黃生于旅今王義士殮其孫于途孰謂天道果
無知哉次梓娶曲塘戴氏禾娶余氏早卒桓不娶延棐最

賢娶劉氏女一適應司理之孫期生俶名士男孫七槐生成煌娶周氏次成燿娶　氏梓生成熊娶周氏次守仁娶傅氏禾生瑩棐生燝女孫一適嚴曾孫三幼未名季子[illegible]棐卜兆於靈山之原將以是月十八日奉君厝而藏焉是宜有銘

銘曰南山之竹不揉而直比其德歟冶出匣萬夫辟易象其豪蒼松勁柏矯如虬龍歲寒不改並其操後之君過廬欲式展墓興哀手遺編而覩鴻筆庶幾其如見先生之高標

萬歷七年歲在己卯仲春既望賜進士第中憲大夫贊治尹兩奉勅提督北畿湖廣學政前巡按直隸河南等處監察御史姻弟顏鯨謹撰

九如二召吹塤公　二十世西房致西公派

因培公墓莊記　額題留蔭山莊

莊名留蔭惟遵也是莊建於乾隆乙未燬於同治壬戌兵燹之變越四年乙丑復廓其地而重新焉莊之堂中奉費君因培公主旁祔長駢愚山公長孫清如公主莊南八里名合鼻有因培公墓三里名黃泥嶺有愚山公墓里許名冠椽山有清如公墓費氏世居慈東相距七十里西三世阡墓於此所以善承先志而欲其世祀不忒也是莊之復搆也實元孫輔瀾主其議輔泩董其後羣從子弟各有背助而輔泩又屬愚山公之曾孫清如公之嫡孫於此尤惓惓焉詩曰孝子不匱永錫爾類其斯之謂歟

同治五年鎮海楊鴻鼎跋甬上七十六老人陳掌文書

附錄耀宿公識父墓　乾隆廿五年正月府君與劉王言先生擇地到車廐山坑裏合鼻土名裴家灣壽穴在半山坐戌向辰兼乾巽三分內盤戌山辰向兼乾巽庚戌庚辰分金外盤辰向兼乙中盤癸峯出脈至辛方入

首是右旋龍也查天玉經四十八局辛龍右關氣屬丁火配庚金同墓於丑爲陰火局盡辛納於巽用外盈以天定卯對宮起貪狼辰向有弓案案外又有文筆峰特顯合得三[illegible]絕星貪狼武曲巨門之吉星又有武峰午峯亦合貪巨武之吉星內傳云二十四山起八宮貪巨武星爲是也右水倒左過堂出甲方而去向依水立亦合己酉丑局之養向收右邊生丑旺[illegible]祿等水過堂從甲位胎方出口經云旺[illegible]生富貴之期[illegible]至論其龍氣却有迂蓮曲折之勢案外有立[illegible]堂之妙[illegible]山往朝上下兩砂亦[illegible]周密[illegible]其下砂山脚欠[illegible]登穴見其去水[illegible]有外山攔住亦可稱其吉也墓界北至水[illegible]南至朱姓基東至山脚西至平[illegible]舊[illegible]後[illegible]墻起至上平崗止量計曾[illegible]尺[illegible]十[illegible]豐年[illegible]買五丈四

曰光緒三十年[illegible]月[illegible]世孫[illegible]謹[illegible]

七九仁二百宗李公　二十世西房孜西丞誌

宗李公墓表

余家自唐永泰間東鑑公令慈谿遂家焉故世爲慈谿縣霞陽村人先大父贈通議公徙杭州今三世矣故鄉宗鄰蹤跡稍疏歲戊辰余定庶常乞假歸渡江謁先祠歡聚累日有族兄魁如華從尤契厚知其爲季白公義聲遠著至今鄉里猶稱道之無何魁如歸道山余出爲監司旋奉命陳臬粵西魁如諸弟省三介石輩時以書問往來今寄示公行狀屬爲墓銘余何能辭公諱宗李字季白自邑令公十八傳至豐城公是爲公之祖豐城生平侯公平侯生子五人公其仲也幼沈默寡言笑孝友雍睦門庭翕然中年操計然術客乍川家日以饒有稱貸無弗與者教子以義方咸秉其教公生於康熙五十一年八月十三日卒於乾隆三十年十一月二十日年五十有四　例贈儒林郎妣

韓安人有淑德生於康熙五十三年六月十二日後公二十一年卒年七十有三　例贈安人子三長文煌國學生次文焜國學生次文燈候選州同　誥贈奉直大夫孫七人曾孫八人元孫二人今以道光四年葬於文溪西麂後山之陽余觀省三介石諸昆皆醇謹不失矩度即其狀公之行亦質實無讆詞益信公貽謀式穀其垂示後人者久而弗替也粵西距浙遠不及爲銘幽之文乃書其大畧以列外碑族孫仁和丙章表世再姪鎮海王日升書

漁陽公墓表

公姓費氏諱文煜字陽照號漁陽浙江慈谿縣人公爲贈儒林郎季丙公季子儒林公久客於外幼秉母教循循不失矩度事兩兄敬而且和兩兄亦愛憐之後客膠西膠西爲海道衝四方之人雜處其間公遇物以誠而才識又足以斷事以是至其地者皆樂就公時先大夫亦從事於膠與公尤厚公北行往返嘗至余家余出見恆以績學砥行相勖勉晚歲不復遠出家居蒔花木以自娛性好客劇談縱飲雖夜分不勧嘗曰人苟欲爲善當自一家始建宗祠脩譜牒最所宜先者次則莫若設義學以教里中子弟余老矣它日積貲若干緡當與兒輩共圖之無何公歸不數年捐館舍長君魁如相繼歿諸子介石陛丹皆樂於爲善者也今將葬公於儒林公墓側屬余爲表墓之文因次公

行畧弁述公言著於篇冀介石昆季次第爲之以成公未竟之緒也公生於乾隆十五年正月二十九日卒於嘉慶七年十月二十七日年五十有三　例授儒林郎候選州同　誥贈奉直大夫配徐宜人生於乾隆十七年十月初五日卒於嘉慶二十三年八月二十九日年六十有七例封安人　誥贈宜人子三元域候選州同元疆候選州同加二級　誥授奉直大夫元墀國學生孫六人曾孫七人道光四年六月世愚姪山陰高鳳臺表愚姪鎮海王日升書

清如公墓誌銘

余家由慈谿徙杭而慈之聚族而居者世多賢哲若清如
公尤卓卓焉公于余爲昆季行長身玉立氣軒軒若霞舉
予幼時嘗及見之逮予通籍後乞假省墓而公亡十餘年
矣族之人述其嘉言懿行及生平種種好義之舉甚悉蓋
其爲善不近名雅近淵公懿德錄中諸人惜乎天不假之
年齎志以歿爲可悼也謹按公諱元封字舜山號清如配
盛孺人生子二女三以嘉慶十六年十一月初九日卜吉
於車廄冠椓山之麓祔先塋而窆焉子聲鳴金銓等先期請銘
于余余宗人也又忝見職不敢以不文辭銘曰
古之秀民重立身兮吾宗有人得其眞兮慈之山兮嶙峋
慈之水兮清淪奠幽宮兮宅而神示雲礽兮壽貞珉

新橋丙章撰

延四二百元封公廿二世西房玖四公延

鶴林公識父墓文

嘗思人子之於親也生事之以禮死葬之以禮祭之以禮
伏念先考於乾隆五年九年逝世鳴金與兄聲金俱弱冠
謀所以卜宅兆者未能遽獲吉地暫厝於中亭于是鳴金
留心堪輿之書近數十年術雖未工頗知大畧自後與兄
分爨而食立孝公兩房至丙寅年母氏六十誕辰諸親友
稱慶製錦爲壽竊謂養生不足以當大事惟送死可以當
大事先考之阡未卜心常憂焉因念曾祖與祖考之墓俱
在車廄遂與兄同往車廄展先人之墓兼尋葬地既而至
冠様山見其藏風納氣又聞土人語曰上有臺盤托下有
七字形有人葬得着世代出公卿余閱其地果爲佳城因
購焉擇日起工鐫刻墓誌係族叔翰林院丙章所題嘉慶
十六年十一月初九日辰時先考進穴係亥山巳向兼乾

巽于是心稍安矣不幸次年先兄卒至己卯年母氏卽世
謹擇是年十月十一日丑時合葬又念車　向有曾祖墓
祠年月既久傾頹將及。鳴金捐資重修祖考妣與先考妣之主
皆附於祠中古所謂葬以禮祭以禮者未知有合與否聊
書顛末以示子孫云
道光八年歲次戊子季春之月　巽記

元鼎公　廿二世　酉房玖四承氏

候選州同知加二級費君墓碣

君姓費氏諱元鼎字介石號鼎泉其號谿慈谿縣靈陽村人曾祖志翔國學生祖宗李國學生　敕贈儒林郎父文燈國學生候選州同　例授儒林郎　誥贈奉直大夫妣徐氏例封安人　誥贈宜人君兄弟三人長元域季元墀君其仲也國學生候選州同知加二級　例授奉直大夫自奉直下世後兄弟相繼歸道山君以一人主持內外井井有條邑有善舉必首爲倡捐戚友中有緩急與之言無弗應尤篤於族誼每屆歲暮量其人口多寡助以錢米有互相爭執事得君一言帖然心服以故遠近稱其賢性好書見明季及　國朝人楹帖輒購之不下百餘家甬上范蕘亭先生嘗收藏名人尺牘身後散佚殆盡君百計搜採幾得其半又訪諸浙東西鑒賞家續得數十通謹爲藏弆嘗造

余商確擇其尤精妙者鈎摹上石刻既竣時時披閱寢食幾爲之廢人有見窯者欣然予之其風致如此君體氣外充內實虛弱素多寒疾丁酉正月自知病甚至三月十二日溘然而逝彌留之日嘗謂諸子曰爲人當居心忠厚毋刻毋吝伺隣族困乏者以時周恤吾一日能爲則爲之若輩能如是吾無憂矣是蓋以生平行諸己者詔之也君生乾隆四十八年癸卯二月初七日卒道光十七年丁酉三月十二日年五十五元配邵宜人先君十八年卒繼娶李宜人側室高孺人生子二皆李出女五人邵出者三高出者二今於十九年十月十六日葬邑東鄉吏樓橋之原與邵宜人合窆而李宜人及高孺人生壙祔焉孫綸衡綸鑑求爲埏道之文因撮其辜較書諸碣云鎮邑愚弟王曰升譔

附一百鳴金公 廿三世西房玖閏公子

鶴林公生壙自記文

余習堪輿家言久矣術雖未工粗知大畧昔年葬先府君於東廐冠樣山之麓頗自愜意每思自營葬地求之數年不可得近在里清橋西之原得一所見其脉自坤申來開帳出峽特起高田水土金星穴結飛邊砂則下關收鎖水則乙字迴環所謂水邊化發水中紅是也今而後余其可以無憾矣爰定向巳亥乾巽作生壙於此庶與先府君葬地皆適我願云余費姓名鳴金字遠聞號鶴林今年六十有八娶顧氏少余二年殁已三載矣生子五女二事既竣因自爲之記而丐鎮海王廣文日升書之而以刻諸石 時在道光二十三年癸卯歲二月穀旦

乃七百綸鑣廿三世西房玖四公房行第八十九

亦愚乃愚二君兄弟合葬墓碣

余與谿上費氏交數世矣而於聽泉乃愚大小阮相習久相知尤深聽泉兄弟三人其伯兄臞生君亦三子長曰震乙號亦愚次曰緯九郎乃愚也余年三四十時客遊杭婺諸郡往來甬上及見其尊甫漁陽先生並交臞生君昆季家風雍穆人極醇謹君少余數歲時亦愚年甫弱冠亦復雅飭不數年夭亡而先生與君相繼旋歿年皆未及周甲殊可惜也歲壬午自杭返里假館郡垣得與聽泉乃愚時相過從無何聽泉又卽世相接者惟乃愚而已庚子辛丑間吾郡遭夷人之擾紛紛遷避乃愚與近村有力者各率私錢募團練以防奸宄儲米穀以備賑䘏村人賴之以安費氏向有宗祠在定林寺側其先人欲于本族中復建一祠遲遲未果乃與羣從謀出資構造以承先志其兄歿十

餘年卜葬地于杜家橋之西而以已生壙祔焉次第興工將告成矣因擇於癸卯十一月廿二日下窆乃患病甚不能將事行將易期乃不意先二十日下世遂於是日同葬焉可悲也已亦患諱綸鑣生乾隆乙卯九月初二日卒嘉慶己卯十二月十一日以弟綸金貴贈奉直大夫娶盛宜人生乾隆壬子十二月廿四日卒嘉慶甲戌九月廿九日繼室孫宜人生嘉慶丙辰九月初二日乃患諱綸錫生嘉慶己未三月十八日卒道光癸卯十一月初九日國學生議敘國子監典籍配盛孺人生嘉慶庚申四月十八日子三輔滂邑庠生出爲伯兄後次輔濱次輔濾女子三今墓工告竣其弟以今知兩昆生平行事爲詳率諸子乞一言表諸碣余嘗爲聽泉作傳兩丁乃患昆季亦不可以無述遂書此以志余悲道光乙巳春二月鎮洋王[illegible]升撰

錄百　二十三世西男玫臣公撰
八九絢金公

例封奉直大夫鹽提舉銜也愚公墓表

君諱綸金字品南又字也愚姓費氏按費氏譜先世在唐開元後由蘇州楊柳巷徙居慈谿東鄉靈陽村閱五世有日章公者讀書深山築精舍石晉天福二年改爲峯山道院捨田園於其中地距所居十里許今其宗奉爲峯山祠堂是也閱十七世入 國朝有祥芝公以德望著於時生豐城公食貧業儒豐城公孫諱宗李字季白服賈積有貲賜儒林郎是爲君之曾祖考祖贈奉直大夫諱文燮號漁陽復起其家配祖妣氏徐考贈奉政大夫諱元域號耀生承父業益以光大配妣氏余君昆季三人長亦愚贈公早世次乃愚贈公其季乃君也君習賈業嗣武先人以氣體弱恆家居久之而體轉肥澤得攝養之效在舞勺年每臨家人晦息能持燈火點檢門戶乃安逮其長不變君一生

謹慎類如此其接物一出以和平慈惠有甯失過厚之意自宗黨鄉里戚友下及厮養莫不以長者稱之無間言然人之所以稱君者尤在善事其兄嘉慶己巳歲父與伯兄相繼歿君時方幼家之內外事悉仲兄主之其後兄憐君孱雅不欲勞以煩劇君輒承順之無所違比壯人有干以事則曰有仲兄在吾不知也暇時或涉戲遊卽瞿然曰得毋貽仲兄憂乎吾不可爲也有寡嫂孫宜人兄率家人嚴事之君亦卽與敬禮聽從無弗至嘗自以爲吾少而吾父歿自歿吾父吾又僅存一仲兄吾恨不克分仲兄之勞其何敢復稍拂之乎道光癸卯歲兄疾病視膳和藥臥起扶持身不解衣者旬餘既歿哀感涕泣爲人所不忍聞當是時君不能不出任外事謂兄子澇才每事與之謀仍若不欲自主然而家系視兄時較裕論者謂能守其退讓之風孚晝諾坐肆之利贊其君推愛敬其兄之心而并及其猶子

亦自幸其至誠可也居恒務崇儉無恃富意訥於言類溫
溫無所試及義有所爲則侃然立論見膽決輒不吝費重
貲性之果毅蓋與二昆同其宗之有峯山祠堂也幾歷千
載祠旁有定林寺址舊爲費氏香火院邇年山下居人隱
餂邑之有力者所使欲竊易爲占君憤然曰是吾宗祖遺
業吾子孫何可棄之且前明 正德初我祖邈庵公以祠事
叩帝闕 萬歷間族南江公等暨我 朝嘉慶間雲飛公等
皆以寺僧侵占力爲奪復今傳付在 金 輩怠棄不與爭他
日何以見吾宗祖乃與從昆弟啓華傳綸合之族之衆控
諸官竭心力以爲計畫其事旋平人於是又莫不偉之君
又謂邈庵公南江公曾修宗譜迄今歷年久宜重纂之惜
譜成君不及見矣生平愛重儒士族兄金鎔茂才君與契
密有等於骨肉及君卒茂才每爲出涕則君之誠意感人
亦概見於此君由國子監生報捐鹽提舉銜請封贈考妣

兼眺之叔父哦松公伯兄亦愚生嘉慶己巳十二月十三日卒咸豐乙卯十月四日年四十有七葬靈山前化紙閘之西原君所自營生壙也君中歲有子一日者推其年命謂有三子已而娶妾果符其數元配莊宜人簉室氏汪子邦翰譜名輔藩莊宜人出以國學生捐授同知銜娶盛氏繼娶張氏子輔濠腹輔子輔漏女一皆汪氏出孫相琳孫女四人邦翰出鎮海王學博引孫嘗撰君生壙記今邦翰復乞余表墓余以君多厚德事爲特表其大者俾其後之人有所覽焉

鎮海陳桐年

紹八百九綸金公　二十三世　西房玖四公派

費君也愚生壙記

慈谿費君也愚築生壙於靈山之陽余既與諸同人作詩詠其事而也愚復屬余爲之記余維古之作生壙者莫著於司空表聖顧表聖當唐之季世不樂仕進烏知非藉此以寄遯世之思若也愚年未五十具有爲之才方將承祖父之業而張大之胡亦效司空氏之所爲耶不知也愚性恬淡家饒於貲而不爲聲色溺居恒應務之餘坐臥一室翛然自得蓋久已齊彭殤一幽顯慕達人之大觀而非世之爲形役者比則其營是生壙也又奚容爲也愚異抑余聞靈山之勝甲於一鄉而未嘗一至其地他日與二三同志探幽於黃葉聲中過也愚之生壙重與賦詩飲酒於其中或亦也愚所甚樂而願爲之前導者乎□□穴窆□□人箎汪氏擬同葬於此經始於春二月訖工於秋九月相

地者奉化鄔君樵谷也鎮邑王引孫記
按也[illegible]公生[illegible]前在靈山之陽後因壙中有水故葬東
澄山已詳族叔輔藩公家傳公于先大夫爲猶子行而
視先大夫如子故得聞公之行事甚詳光緒己丑公以
悌弟　旌于朝而公之大節已載邑志固不籍私家記
傳再行墳述也爲此第述其遷葬始末以示後者已族
孫德宗識

凡九字百綸八公二十三世西房玖四丞試

遷葬記

予婿慈谿費曼書邦翰改葬其考提舉公於東澄山之麓而先事謁余曰先君舊葬靈山之陽生壙時鎮海陳先生桐年爲文以表諸墓碣今碣石既易而表文猶刊在譜牒是滋後之人之惑也敢請舅爲邦翰記之邦翰之初葬先君也壙啓而濕於時邦翰以壙諦視誤認爲滲入客水且以是壙爲先君所自營昔嘗徵所知作詩詠其事又屬記於鎮海王先生引孫鑑心予愛之舊矣遂不敢輕議改卜及先宜人卒將祔先期穿壙則溼而燥矣不得已并扶先君柩櫬層而沉綿淺土惑於形家言者及今之葬蓋十有三載傳曰必誠必信勿之有悔邦翰貽茲後悔其罔不韙固奚似也予曰改葬信非禮然不可謂非禮之變者也喪服有改葬緦鄭注引王季葬渦山之尾欒水齧其墓文王

出而爲□更葬仁人孝子苟不幸而遭此非變禮其何以處之古之葬也筮宅其辭曰度茲幽宅兆基無有後艱若葬本爲安體魄也周官於遷葬者有禁殆若後世惑兇陰之說無故而遷者歟而豈是之謂哉墓坤穴艮向兼未丑墓門未丑兼坤艮其地俗呼爲月亮灣云

碑陰

予作遷葬記訖曼書以陳明經所撰墓表既廢而復請記石之陰石小不足盡書公行誼且表文已刊入家乘故事實從略而但記之□提舉公姓費氏綸金諱也品南字也也愚□別號也先世居蘇州楊柳巷其徙慈之東鄉靈陽村自唐開元後始也贈儒林郎諱宗李者曾祖也贈奉直大夫諱文燈者祖也贈奉直大夫諱元域者考也妣曰余宜人生子三公其季也由國子監生加鹽課司提□□授爲奉直大夫而奉政大夫則贈也卒年四十有七嘉慶十四

年十二月十三日咸豐五年十月四日公生卒之年月若日也配曰莊宜人鎮邑庠生諱同俞女也年六十嘉慶十一年二月二十有九日同治四年八月二十有四日宜人之生卒年月日也側室氏汪今年四十有八其生則道光十年十一月十三日也子三長郎邦翰譜名輔藩國子監生候選主事加五品銜莊宜人出也次輔濠國子監生加州同銜三輔潙國子監生皆汪出而潙則遺腹子也孫一相琳邦翰出也其葬在光緒三年九月也鄞張慶璜書

附伯綸金公簉室汪氏廿三世西房九四公記

欽旌節孝庶祖妣汪太宜人分葬記

昔先王父悌勇公營生壙於靈山之陽有水不克葬於是先王考曼書府君改葬於東澄山之麓先王母莊太恭人合葬焉而庶祖毋汪太宜人擬祔也歲戊戌春太宜人病對家人曰東澄之葬於今已二十二年矣異日勿啓祔以驚神靈未幾遂卒實光緒二十四年閏三月二十三日也年六十九其時先府君奉養於是仲叔樂莊卜宅兆於化紙閘外横田之原虛右穴爲王父之行塋禮檀弓稱合葬非古乃孔子合葬其母於防而朱子不合葬其母於西塔山蓋既有合葬之禮則不合葬似爲禮之變然朱子之不合葬或自有其不得已之故於虖太宜人素明大義遺命不祔殆有暗合於朱子不得已之故者歟墓向艮坤兼丑未下窆則庚子十月五日也嗣息洋家秉行謹載邑志墩從

署爲

光緒二十六年閏八月癸卯嫡孫崇高謹記

荷碧池奉政公墓碑陰

公諱江清字澄清姓世居慈谿之蔡湖村考諱志名姚氏徐公生六月而孤先長孫太孺人能致并臼之愛終其身不違離性醇謹未嘗與人忤鄉里稱爲長者生乾隆戊戌八月三日卒咸豐辛亥三月十六日年七十有四　覃恩賜九品頂戴配徐氏生乾隆癸卯十一月九日子同峻淶俱職員源早卒　棻五品銜孫男九人德宣德安德容德家德富德官國枋國潤國[illegible]曾孫慶瀾葬蔡湖嶺東南馬鞍山之西坪祖地首百虞足岳瀆時庚申秋七月也世愚姪鎮海王引孫記并書

謹案澄清府君以子棻貢光緒初棻以海運議敘大吏上聞授職府同知故府君得晉贈奉政大夫其先葬時棻猶布政司理問　欽加五品銜也又按國枋後名德

宰國潤國富及慶瀾俱早殤未娶徐太宜人卒咸豐十年庚申八月二十八日壽七十有八餘詳家譜不備載

壽光緒六年十月朔姪孫德[illegible]識

費君履甫墓誌

君諱端字智之號履甫世居慈谿之戍溪里姓費氏曾祖
諱文聖祖諱沛忠父諱綸章君為人和厚好施鄉里稱長
者嘗業賈擇術貿易中遇事急難戕應皆奔就君君為晝
策出橐中金全之臨事則明敏先人亦負膽識咸豐庚
申粵匪擾浙江君挈家之維揚仙女鎮會江蘇海防同知
金公詳請新例准浙省海船進吳淞采辦兵米時賊勢洶
洶延海匪徒遂起道多梗塞商賈皆束手無敢應者君獨
慷然赴轅領批轉運當事義之奏予六品頂戴尋以納粟
例加授同知其遇事敢為有成算多類此已應友人之聘
東西客遊凡二十年時千金可立致而君不甚惜最後則
至蘭溪蘭故沃饒地吾郡人販運貨物歲中往來不絕其
間或客死貧不能歸葬者亦所在多有君心憫焉為置義

壙地一區又捐貲創建浙甯公所及育嬰堂其立法簡易後可遵行皆君所手定今郡人之商於蘭者合議祀君浙甯公所歲時則相率持肴酒跪奠於其位下嗚呼利惠之感人固如是哉余又以惜夫君之託業微而所施於事者小也君故輕財歸里後產不過中人而喜施與益甚里中孤寡多賴君以存貧不能舉火爲周給之將無算內外親以稱貸來者無不如其願以去以故客遊中生卒無蓄儲嗟乎余見今世稱素封擁貲雄於其鄉者皆厚自封殖視其鄉人饑饉凍餒漠然不相關而較量其身之利害如毫毛遇親知有急則斂手縮足避之惟恐[illegible]速者比比也以視我君何如抑又聞君家居尤惓惓於譜乘欲纂續修之議而族姓繁衍力不[illegible][illegible]僅葺本支一卷字畫整齊皆手自鈔錄又率其族中子姓於每歲元日集祖先影堂序行參拜而制膏腴田若干畝以奉其事嗚呼不賢者能若是

歲君生以道光己丑三月卒以光緒己卯九月年五十有
一配應氏封宜人太宜人胞姪女生一子蚤殤側室李氏
朱氏女一李氏出字鄞邑楊君竺泉第三子名鄰寅墓在
宅西之陶家滙以壬午十月二十六日窆余從兄占瀛與
君爲友婿既窆以狀來囑余文其墓石余不獲辭乃論次
其大者表之其他事行宜詳誌狀中者皆不書同里姚祥
慶頓首撰

武□劉氏四修宗譜卷四十二

有志堂藏

□二百軒□大□志銘[illegible]

朝議大夫蓮橋費君暨昭武都尉晉武功將軍杏圃費

君生壙合誌幷銘

蓮橋名□譜名輔□字□水蓮橋其號也先世自蘇州楊

柳巷徙甯波慈谿靈陽村遂世爲慈谿人曾祖文煜贈資

政大夫曾祖妣徐氏贈夫人祖元域考綸鑣均贈武功將

軍祖妣余氏妣盛氏孫氏均贈夫人孫夫人以節孝

旌於朝綸鑣公無□□弟倫□公長子爲嗣即蓮橋也世

有隱德君生而祇慎行之異常幼失怙恃事繼母極孝昆

季友愛遇事能斷□性和厚有非禮相待者不與校鄉黨

稱□家乘久未修爲先人未竟之志告從叔偕昆季共八

之讀書穎悟二十歲遊庠選試屢薦不售援例由附貢生

加布政司理問銜海運議敘加五品銜授奉政大夫贈朝

議大夫君卒於同治五年十二月十五日年四十四配盛

氏封恭人妾畢氏劉氏早世繼室張氏封恭人子一相球
張出四品封典一級
賞四品封典杏圃府君樞本生弟名澄譜名輔濱字濱水
號杏圃府君同胞兄陽村綸公仲子也綸錫公贈武功將軍
母盛氏贈夫人祖父暨伯父均以君貴贈二品封典生平
性情渾厚心氣和平動止一承父兄家法自少以孝友稱
歲辛酉髮匪入境奉母避難滬上辛苦備嘗祖遺居屋燬
於兵燹君出己資建造復舊觀與昆季聚處怡怡如也親
族間急難告者解囊佽助無吝色今年已五十七矣客而
江三十餘年持己接物一以寬和人咸服之援例由監生
加都司銜嗣加三級授武功將軍配孫氏卒咸豐元年八
月初五日年二十八繼配王氏卒咸豐五年五月二十四
日年二十二均贈夫人又配林氏封夫人子三相璣王出
相瑛相璥林出女五長王出餘林出孫曾初次出慈脩陳

孔氏雲[illegible]地本邑西蘇橋之原並于穴午兼丁之塋右穴兄居東弟居西其第三穴爲蓮橋墓第二第一爲益恭人張恭人生壙畢氏翁氏另葬東旁以侍之其第四第七穴爲杏圃與林夫人生壙其王六兩穴則孫王兩夫人墓也銘曰秀氣鍾毓寶維龗陽伯仲濟美克柔克剛履仁蹈義行表言坊香芬芹藻惠被梓桑謀承燕翼麓沐龍光存旣友愛沒豈參商二難同穴千古鍾芳佳城鬱葱世世熾昌

頤海[illegible]弟鴻亦撰

先大父南陵先生行實

先大父南陵先生諱恕字存理歷世府君十三葉矣曾大父得甯娶王氏韓氏少室侯氏生三子長曰忠次曰鈅大父迺其季子韓氏所出也公神采英發意氣豁然十歲喪父朝夕泣而思之殷勤事母甚得其懽心尤敏於學十四歲即通經史遊鄉校有聲稍長通達世務遇事倜儻定林宗祠爲豪右所奪公毅然諍之公府不能屈繫於獄母死始得歸時大伯父侍御公蒞京畿欲聞之於朝伍刺史悔而復之其勇於義如此猶憶公府之羈弗克與母氏永訣終身痛悼不已朔望肅拜於祠出入必揖以告追思戀戀孝愛何切也敬事伯仲靡有懈怠待猶子甚厚少有間隙公以而誠感動之彝自愧服家人父子以恩義相維肅如也宗族親黨以婣睦相與雍如也與人交披襟吐肺久而

不甚爲人謀熟思審處鮮有敗事鄉鄰有不和者諭之以義理曉之以禍福平心率物而人自不擾隱然有陳太邱之風持身謹嚴動如矩度凜凜有節氣人不敢干以私題其堂扁曰易居蓋謂本分之外不敢加耳故油然槐蔭之下自與父老相懽洽閒下碁一局以適趣而勢利芬華不少動于中且嗜學不倦研窮道理得其精要處尤善獎訓士類後學寖寖興起一時賢士大夫咸樂與遊爭洒論文怡然自得又尚論古人取溫公之訓以自銘不務積金而積陰德除道濕津幾數十里給喪助葬幾百餘家或傾囊以濟貧乏或煎粥以紓凍餒至有假貸不計所償其樂於施予如此初其施者奚忍負之故不積金而家自饒其處家綜理周密品式具備晚年欲謝世事各立簿書授子諸父獨留祭田一項以供歲事其垂休亦洪遠矣卽公所爲磊磊然無一不可與天知對人言者眞無愧於溫公先

也萬歷己卯歲升祔於宗祠外甥丁萱題其牌曰南陵先生娶沈氏生子三伯父濬父藩叔父渟女一適太僕寺丞王交繼娶俞氏公卒于嘉靖十七年六月十六日距其生則成化十二年八月十五日酉時得歲六十三祖母沈氏先公一年而卒得壽六十二越嘉靖己亥合葬于孟菜臺之山後二十年繼祖母俞氏卒亦附葬于其右

萬歷壬辰歲孟夏朔日　孫宗頓首百拜謹述

二在十銒公十三世西房玖三公派

顯考東谿府君行實

先君姓費氏諱鈏字存威一字存武號東谿生成化九年七月十三日亥時嘉靖二十七年八月十二日辰時啓手足於正寢享年七十有六先君少日遊仙遊冊齡秋於九仙仙錫之夢秩倪鄭主簿齡二蘇甫一翁翁登八袠先君禱冊齡爲九仙之靈聞天下先君秩驗齡乃不然凡皆瀛不能孝養奉起居無狀有疾不能謹侍醫藥用速禍於先君釁戻邱淵身百莫贖復何言哉越卒之七日庚申遵治命奉厝於舍南祖塋之次瀛述襄事弗克請銘瀛不肖少小不學長勵交承念生平學愛最深無先先生乃言文而可信於後世亦無先先生謹述事狀稽顙乞言伏惟垂仁采擇而論著之俾後世知有先君瀛即死且無憾按家乘系出漢尚書郎褘後由江夏徙姑蘇再徙江浙慈谿馬鞍

山前之有黃氏則自世念四府君始至先君十有三傳矣
高祖父諱經曾祖父諱弼祖父諱得甯世篤忠厚俱有善
行稱於鄉祖母王氏繼韓氏先君少祖母侯出也昆季三
人先君行居次孝友植天十三歲祖父即世服喪洽祀皆
能成禮韓祖母性嗜魚先君躬治罟漁魚時畜以進備極
孝養韓祖母愛踰己出焉幼跌宕有奇氣從祖宗器公數
加稱許謂長當有就或不謂然語涉譏誹先君聞之歆泣
發憤習舉業弗利署為都帥承事以自見時諸承事多紈
綺以侈靡相、先君獨與今陳大恭時卿父朴菴翁相友善
循循雅飭諸閫帥目為兩書生正德辛未甫竣之京承事
閤下鵝湖翁與先大理存仁世父通譜系弟視先君先君
事彌謹終三年如一日翁待亦如之丙子授承楚之大荆
驛驛介在岳州長沙之交人避洞庭之險咸取道焉役使
卒以籃輿舁至中途而逝□又有事於香爐寨剿檄星馳

馳使軺絡繹先君至則已貲雇馬募夫條議井井頓改前狀遇容延與咸畧等威待以殊禮巡按東塘毛公遇嚴冷時號鐵面每見先君必改容焉而嚴山鄭公東塘毛公獎與尤至岳州黃公啟亨委赴轅門憲副東麓惲公發齋顧不交薦於中丞鳳山蔡公公曰大荊東南孔道何可一日無此官不果委用先君遂力陳大荊劇狀丐增馬若夫公已俞又請撥長樂隙地歲輸粟於大荊建馬廠於湘陰設吏夫司夜漏等數事公厲聲曰大荊信爾家耶先君對曰大荊雖非家顧所以處之者當如家耳公乃憮然悉允所請大荊至今猶利賴之驛廳事止三間傳車輻輳無所於容展兩翼及耳房若干楹門廡廚傳未備郎修常如新創上不告帑下不知勞瀛惷愚先君不族其不合特搆書屋於驛舍西歲聘名師以教巴湘英友羅致其中與相劘切後多為名士書屋今仍為義學云大荊北距平江百三

十里山路多蹊圮橋危道修葺不可數計有回斜嶺尤高峻險巇捐俸伐石甃之羊腸屈曲而階級井然邑人黃僉憲仲昭大書費公義路勒石道左辛巳武宗毅皇帝賓天國子生鈞州黃瑂訃楚府還過大冶十里暴卒瀛請具棺殮之先君撫[illegible]首曰兒亦及此耶吾已具木直矣出袖中金以覵遂買美木敕匠治木而手殮之送之百里外請給傳符以歸其櫬後數年先君給由過鈞州其子遇於途叩首泣留先君策馬徑去嘉靖初驛傳行雇募法凡給馬暨芻料銀例始於正月一日憲副劉公以所司給馬不能依期令自領馬之日始得動支料銀違者恐以冒支罪之及按大刑各夫領馬有先後其支芻料銀恐自正月始公怒曰未領官馬輒用料銀何等[illegible]承[illegible]違吾令先君對曰驛不可一日無馬馬不可一日無料官馬未給各夫一一貸募膺直復斬其料何以堪之公悟撫几曰吾[illegible]矣吾過矣

郎日移文讞驛前罹罪者附驛居民七人薪於野拾盜所遺失主遂誣爲盜獄已具先君爲理於監司悉得貰死方侍御移顏家居日之嘆曰不意抱關擊柝間乃有若人殺人媚人甯憫死矣九載考績老稚泣留擁馬首至不可行戊子轉吉安府上□倉大使郡例金出納惟允當道委以他務無不辦集嘗部運之九江吉稅分兌岳州軍岳軍素橫及見先君無敢撓者覺多贏餘運戶喜出望外以其半饋先君秋毫無取庚寅游將仕佐郎司兵新會之大雅故多□弓帶劍之民莫敢誰何所司惟坐觀以須代不則剽於途以恐來代者先君喟曰縮手養寇不武貽患於人不仁擒厥渠魁痛鋤治之境內晏然兵憲吳公曰屬官皆若費巡檢海寇不足平也亟加獎勞繼吳者爲莫某氏黷法黷貨屬多賂以求容稍不滿意輒加掊撫先君守正不阿時或亢論聞者縮頸竟亦無他有湖田若干頃濱湖氓庶

佃種有年太宰西樵方公屬先君履其畝不報趣再四以義諷止之佃者裒金為先君壽先君曰吾奉人以廉而貪以自黷耶却不納前司訓彭前溪先生新會人也壯先君之耿介數譚及此數事云歲乙未秩滿赴部適當考察太宰汪公按籍以先君年所多歷註老字少宰甬川張公颺言曰昔為學湖州稔此官練達年尚壯今奏績當遷汪公乃抹前註字詰朝堂考中丞王公復爾張公復申前說乃得晉秩將仕郎主祁門簿祁巖邑也其俗尚氣好勝訟者日盈庭僉云宜嚴威以糾之先君第以義理禍福從容開諭衆皆退聽有泣下者署篆期月俗化漸洽撫臺剡上曰才堪剸劇丙申調保定之清苑縣故事簿專馬政令丞不與焉時令李某者假備賑罰趦馬戶先君艴然不悅曰剜瘡痍之肉以飼人吾不忍跼矮屋之下以苟祿吾所不能遂拂袖歸士民咨嗟歎息攀轅擁轝盈路來餞一無所

受[illegible]滌扳輿〻忍去作遂之慈境不[illegible]別者既[illegible]家只與耆舊笑傲徜徉登覽山水步履仙姍郎精力少年弗逮時或焚香鼓琴臨流而漁自謂天壤間陶陶人也惟痛祖父早背少祖母侯不及終養每譚及輒泫然出涕遇忌辰齋沐哭奠朔望出入展告惟謹至老不少廢少不減於世母郎別搆以居自肩家務比入仕舊業悉付叔父而不槩所入且捐地以拓其址叔父請倍地以償先君受所捐而止或諷使皆受且曰爾昔易址畝恆三之倍於何有先君正色曰汝欲吾蹈世俗之薄耶諷者慚愧爾逕世父之宦所時其饑飽寒燠而嚴事之歸則傾囊以贈伯父臨終猶自訟曰吾負吾弟吾負吾弟在清苑日聞前令之女流落民間多方購求命嫂妾畜之如已生稍長厚貲以遣之家奴邱六嘗竊金以逃既而困還不加責且恤其人終身逋租夙負度不能償輒折劵不取有不自安願拆所居以償者

止之或以爲迂先君愀然曰吾廬猶蔽風日忍奪貧寒之所庇耶聞者咸稱爲長者鄰人鄭安仁嘗患疫京邸倡狂譫語姻戚不敢覘戶限先君至輒怗然躬視湯藥者月餘疾賴以瘳已亦無染時以方之庾衮顛連無告者經目怵惕隨力給施靡停須臾將市藥成劑以受貧病者踵求無厭倦意醫卜星命陰陽家書亦皆通曉而於導養之術尤深入底裏秘方要訣聞必求求弗售即厚給其人必手錄乃已已即傳播人人謂施藥不如施方云逍遙林下十有餘年婣客過從屨日滿戶外圍棋命觴不問有無隱世俗勵勵勤勤者財貨一不以驚心或以告二疏者孫言則頫而不答惟日勉勅不肖力學自樹後溪周先生署教樂平聚糧斥裝令往卒業灤以親老依違重去舉歐陽詹事及山谷送秦少章詩語以勵居鍇湫隘跼請闢之則曰孰與闢廣居以居天下之無居者瀛實不肖不能勉承[illegible]然

先君識量心期爲何如也族屬□千指先君主宗盟聯以
恩義咸歸心焉見後進片善孜孜誘掖以玉成之有習非
而恬汚者必嚴切訓飭之與人語悃然無面背人與共爭
相□無疑間或□欺亦不校從多不忍欺隣俗有競委曲
排解左右□使蠻觸蝸場俱議伸理以復巳雖多費不卹
定林寺址高祖所施也宗祠在焉鬱攸不戒燬而復建遺
先君籌量經營之又增置祀田若干頃歲收所入冬至祭
始祖於祠講少長禮燕會不及亂嘗慨喪紀不修咸服法
弛欲遵國朝喪服制酌親疏之殺立畫一之規俾世守焉
又欲守家乘申明宗子法及倣古義庄之制以贍族人之
貧者而皆阻於今之不逮矣嗚呼惜哉先君平生無恙晚
年猶矍鑠咸謂頤養之術有力焉乃以末疾藥弗效左右
請祈禳撫牀怒罵呼瀛蟜曰眞有鬼神當殃吾行止殁後
毋效世俗信二氏作因果苟違吾訓是以薄待我也舍南

祖塋之次可埋吾骨毋停柩惑風水有卽堪輿家當先擯之矣亦毋厚殮以累我所不朽者不在是言已索衣浴罷更衣就寢適表舅邵覺通姊夫沈仁卿來問疾一一與訣別候息漸微家衆環哭聲漸揚張目熟視曰死生常事無足憾握兩手與胸齊翛然而逝於乎痛哉先君娶吾母陳氏文定公從孫楓亭驛宰一潔翁女也子男一卽不肖瀛女一適貢士沈仁卿澤孫男五長廷槐娶內鄉縣丞華晴峯女次梓娶曲塘戴信川女次禾皆及見先君者次植及廷棐則先君卒後所育也女孫一宛姐適東川應節推之孫朝生邑庠生曾孫男六幼未名於乎先君入仕垂三十年歷南北五任所在有名績而絕不掛口是以略述焉姑以平日耳所目睹記追憶而謹書如上不敢謬言以貽誤大方名筆亦體先君之實蹟耳臨狀哽咽不知所云

嘉靖二十八年仲春朔日不肖孤瀛泣血稽顙謹述

賢七 二百 志洽公十九世西房玖十丞言

子和府君七十三歲自述序

今乾隆五年歲在庚申余年七十有三歲閒暇無事歷憶生平始末作爲苦樂聯述一番用示後人言之淺俚有所不嫌也我家承祖考英百六九府君分授田地二十二畝零棧屋一間平屋一間廳正間半截我父嘗設帳在外母親勤儉謹守業無增減生余弟兄五人余居長九歲從師入小學家業雖微料理須人余年十二三卽照管家務康熙甲子歲余年十七乃棄書習經紀初次行商苦湊本銀拾餘兩祖亦借與銀十兩共二十餘兩同盛瑞照母舅往蘇州販參連二次適值大開海禁卽又同岐山叔祖往淞州販買木板其時自己貲本只十餘兩盛君佐舅公欲修理歸宗附帶買板銀二十兩此一回賺得利息六兩卽買花廳福壽房河條船一隻隨時出貰以佐家用廿六年丁

卯吾費氏本鎮興三八市苦湊銀抬餘兩又將車將軍廟
後田三畝到蘇州賣與[illegible]君名則公得價十五兩共本二
十餘兩在本鎮開張雜貨店次年將店推與三弟平源掌
管余仍合本往甌此時甌地不比近今出貨之艱一到[illegible]
買往返不過匝月[illegible]矣奈因無多本利賣買下僅[illegible]應用
後數年來稍有餘蓄乃買俊發房樓屋基陸續營造西田
地自式金房買來亦陸續增置[illegible]康熙甲子至甲申二
十年來原無數十兩大本不過如世俗所云[illegible]鳥雲補漏
天而已嘗借存元兄本銀三十兩岸先兄本銀三十兩三
叔本銀二三十　仲季本銀八兩馬涇張親翁本銀五十
兩王維如本銀五十兩有短借者不能枚舉以上本利一
一還清而所建造者爲堂正間樓屋過路樓屋及諸弟完
姻父親逝世參藥殯殮買吉壤做墳安葬復培植二孫子
學讀書請沈先生[illegible]陸擇一先生[illegible]年[illegible]俗[illegible]過[illegible]

一年往商籍考試其費亦難細數幸得入泮不負我一番心事也大此二十年開呑饑受餓觸風冒雨登山涉水起五更落半夜身伴狼虎心駭波濤苦楚不可言狀吾今亦只舉其大畧焉又憶康熙三十七年往溫州同馮玉林錦如妹丈合裝孔莊林船至小門擱壞十二月廿八日信到此時我家開雜貨店不能離身再三倩錦如於廿九日往理其事我約定在閏正初六日起身替他歸家適初五日添生殿榮官不得已欲踐初六日之約只得抛妻丟子含淚而去料理至四月方歸世人所不欲去者而我去之總因財命相連恨不能一步即到此時我年三十二歲矣及康熙四十四年乙酉歲與盛雨圭弟錦如妹丈興五成興字號始有趣色積候弟於庚辰歲先在木行理事至四十八年己丑歲置買大千兄基地田其年宗仁甫合本進號興四成興我另出本銀六十兩至五十二年分帳所獲之

利可謂如意先此二載我己發心闢地起屋閱兩年豎柱上梁連年裝接亦復頻年置買田地至於康熙六十一年壬寅歲與諸弟分析新屋三座各分田地壹伯畝外留公家田地壹伯五六十畝自分之後至今一十八年幸各房俱得平順增置田產又西邊買田起造私心竊慰默謝天地在遠近之人方嘖嘖稱我能連次積財分與同氣以我自思不過盡我名分之所當爲何敢自矜自滿總之無祖父之遺澤焉有今日無母親之持家焉有今日無諸弟之同心協力焉有今日我今耳聾力衰朝不保暮萬望我子姪輩爲人勤儉諸事小心切不可妄作妄費但看古今勤儉者昌懈怠者亡我眼見慈谿東鄉有田地千餘畝者幾家不數十年歸之烏有皆係妄作妄費懈怠所致又世間儘多一本之內分析之後致自高低上下者皆判於勤儉懈怠妄作妄費與不□作妄費故也故書之以使後鑒

咸豐譜云按予和公在吾族傳人自少小即有作爲大起厥家庇及本根其他義舉尚多迄今人猶德道之其生平無壽文誌表留傳觀其自述篇正足抵昔賢行狀也爰刊之譜內俾後世得以考覈益深其景仰之意云

花翁小傳

花翁者余族祖也好蒔花人故以花翁呼之先世商於京家頗饒富至翁之父而中落翁生則貧矣弱冠時客申江又客遊左右闤闠中目紅塵擾擾不屑與市儈伍乘間歸歸則奉母以居終歲不娶性狷潔凡堂室庖湢朝夕灑埽無纖塵門庭闃寂鎮日清閒居之南有小圃半畝雜植花木四時空香藤蘿掩映綠蔭森然蜂蝶紛來小鳥嚶嚶翁日灌溉其中相顧而樂之凡人有佳種必過其家代為培植乞得一本以去歸而藉諸圃無不活故畦町之間幾無隙地花時則以其花分餉諸閨閣及好事者亦無所恡翁以花故文人學士往往款其廬翁無不與之晉接言論風雅娓娓動人人故樂與之親蓀墅王先生嘗贈以楹帖曰一榻有情邀月共三春無事為花忙蓋紀實也其後翁卒

翁更脩[illegible]世外祗以[illegible]不爲性命晚得咯血症而死年五
十有二翁名志壯字崑玉
族祭德宗曰以佛氏因果之說論之翁前世殆女流而轉
生者[illegible]翁容貌外[illegible]母[illegible]娶童養[illegible]終[illegible]姑[illegible]爲不
潔遂返[illegible]獨處一室肆[illegible]以後[illegible]與諸女伴週旋不喁
喁小語終日[illegible]倦[illegible]寶[illegible]嘗[illegible]私[illegible]其愛[illegible]也
其猶[illegible]婦人之性耶

二十四世丙章公　廿二世西房五三公派遷居杭州

皇清賜進士出身　誥授通奉大夫河南布政使司布政使顯考新橋府君行畧　府君諱丙章字會宜號新橋先世隸浙東之寧波府慈谿縣先曾大父太學生簡在公諱銓始家於杭先大父仁邑庠生濤江公諱觀皆以府君貴贈如其官先大父生子三長先伯父太學生諱金申先卒次伯父邑庠生候選州同知名位壬三郎府君也先大父甚[illegible]豐厚所著典到吟草外曾祖湖南糧儲道潘諱經馭[illegible]月而決爲偉器遂以先大父母女[illegible]顧以貧故出佐幕府先大母奉姑家居每以甘旨餘暇親授府君讀府君生而穎悟孝友性成髫齡已若成人有勸以棄儒就賈者府君輒愀然曰是非所以慰親志也與伯父讀益刻苦乾隆甲寅年十四受知於學使閣部李雲門先生補博士弟子員每試輒列優等書院課期必搆數藝深爲王蘭泉馮實

庵陳恭甫諸先生咸器賞先大父依先伯祖文恪公江南節署後數年館江浙間歲一旋里見府君所屬文與伯父等孝敬雍睦輒喜謂先大母曰有子如此愼毋以目前之境遇爲戚戚也嘉慶甲子府君舉於鄉座師爲今總憲潘芝軒先生協揆盧南石先生房師則前譜游明府謝先生明年禮闈被放丁卯吾母汪夫人來歸戊辰成進士總裁爲相國董文恭公協揆鄒曉屏先生侍郎秀楚翹顧雲巖兩先生房師則今中丞鄉鮮鋳先生觀察謝蕉石先生殿試二甲　朝考前列引　見改庶吉士文恪公入直
上問汝家有中式者否公以府君對即叩頭謝　恩是年恭遇　仁宗睿皇帝五旬萬壽覃恩先大父　敕封儒林郎先大母　敕封大安人六月乞假歸省依依膝下不忍遽別以派習　國書散館則迫始微裝北上己巳授職編修充　武英殿協修　文淵閣協修　國史館纂修六衙

國史館纂修　太僕寺撰文辦理院事講求實用之學不徒
以詞華摘長擬迎養先大父母至京先大父往慈谿辭祖
塋忽中痰疾遂至不起訃聞府君痛不欲生星夜南奔途
次又得大伯父凶耗抵家後號痛不已以先大母在堂未
敢毀瘠癸酉秋偕二伯父奉曾祖考妣合葬於西湖雞籠
山之麓附厝先大父暨先大伯父於旁遵先大母命也甲
戌春服闋由水程奉先大母北行既至都奉職如初丙子
京察一等　記名以道府用是年　不孝茂林　生奉先大母
命出嗣先大伯父後丁丑五月保送御史奉　旨記名戊
寅二月　大考二等　恩賞緞疋　記名遇缺題奏六月
轉江南道監察御史八月巡視東城府君甫任言官方勉
圖報稱十月部蒙　恩外擢廣東雷瓊道十一月侍先大
母出都己卯正月順道武林省墓三月抵粵東以瓊隔湖
外駭浪驚濤未克迎養先大母留寓省垣有二伯父隨侍

府君心稍安單身至任瓊地向籍洋米兵役橫索商艘多
不集價日翔貴府君立法懲創出示招徠糧價悉平瓊民
扶老携幼持綵匾爆竹赴轅跪謝七月晉省奉大府委鞫
諸要案兼充文武闈監試官懋選　仁宗六旬萬壽覃恩
先大父　誥贈中憲大夫先大母　誥封太恭人庚辰二
月回瓊七月攝臬篆晉省謁覿盈庭皆衣中道府君以民
命爲重必一一詳覈情節期得當而後已道光辛巳三月
卸臬篆奉中丞康公檄委往　潮郡械　案二伯父將回
籍鄉試府君以侍養無人欲辭不往先大母促之行不獲
已赴潮訊明逃兇三百餘名細心推鞫始得頂　情實如
例詳結迄無枉縱由是械鬥之風稍戢八月充鄉試提調
官九月調肇羅道府君欣然曰前以重洋爲遠未遂迎養
今量移內地得奉安輿何快如之往新任又奉委署臬事
盡職一如前時此治粵東之大略也十月特命調江南淮

遇　恩詔先大父　誥贈資政大夫先大母　誥封夫人壬午二月自粵啓程紳士以詩畫攀留集送行府君留別粵東詩有句云官從去後定聲名過浙省墓并賃屋小住旬日與親故話舊三月抵淮揚道任府君以河務未諳事事稟商黎襄勤公實力講求觸暑巡工備著勞瘁六月蒙　恩陞授廣西按察使大府以是秋水勢甚大險工林立奏留府君督率巡防晝夜不遺餘力及安瀾入　告奉旨交部從優議敘此治河務之大略也九月卸任進京蒙召見兩次奏對頗久　命赴新任遂於是日出都取道淮揚奉先大母由大江而西十二月抵漢陽登陸先行二十一日抵粵西郎攝藩篆癸未正月始任臬司事方入全州境禮帷所駐卻供帳杜饋遺夫馬皆自備無纖毫騷擾下車之始籌緝捕經費定賞罰章程獲逃盜數百人地方以靖讞獄多所平反時時恐有冤濫他如柳城廖英臨桂葛

連清兩案經久未定府君廉得其情各治以應得之罪此治粤西之大畧也十月署藩篆甲申三月中丞毓公調任江西奏以府君護理撫篆閏七月蒙　恩陞任山東布政使嶺西紳士各以詩送行裒輯成集名曰五管心珉去之日士庶以酒榼餞別者動以千計八月奉先大母起程九月抵湖北守風江口復奏　命調任楚藩先大母留寓鄂城府君迎擕北上奉　硃批毋庸前來即赴新任欽此十一月十六日回楚接印迎先大母進署府君以公正存心以清勤處事愛民課吏剴切推誠吏治烝烝日上楚北向多水患思欲疏濬支河而經費無所出府君首先捐廉備用制府李公中丞楊公嘉其議遂倡率捐輸集[illegible]民受其利此治楚北之大畧也是時先大母七十有九神明不衰方謂頤養優游得常侍膝下爲幸詎意丙戌春初先大母因患痰疾遽爾棄養府君悲痛欲絕凡附身附棺之事

[illegible]所得[illegible]廟下[illegible]至[illegible]楓[illegible]民熟籬香手[illegible]鋤郊送者數千人是又府君仁孝動人之所致一杭地售屋久易他姓至是始別購數椽治喪畢於裏樹塢卜得吉壤丁亥冬合塟先大父母於斯併大伯父亦祔塟焉府君居憂三載[illegible]不孝等言及已卯壬午隨侍先大母過杭時事輒汍然淚下謂自此無復親承色笑之日也間與三五故交相[illegible]從夫[illegible]于[illegible]時事有請托者必正色拒之紫陽爲省會書院府君主講一年制藝外多課以詩古文詞一時獲益者甚眾戊子四月服闋九月抵都　召對不旬日即拜豫藩之　命謝　恩後　名見數次　天語褒嘉七月十五日兼程抵任連辦文武闈事冬初不孝等侍吾母亦至任所府君始而喜既而歎曰一家歡聚不異前時然毛義奉檄之情則今昔迥殊矣前此逆回滋事承辦兵差過境之十六州縣府君分別調劑詳請核辦以示鼓勵至豫省

舊班分發佐貳各員需次頗多府君爲分勞績與貧員二等遇尋常差委輪流籤掣以體恤豫省素少蓋藏府君飭屬勸令紳耆富戶首倡義倉議定條約計捐輸之多寡酌與奬賞民多德之又查省垣宋門內有廢倉故址府君捐銀以一千兩修倉二千兩買穀以後照三千兩數採買收貯十餘年後可濟常平所不及立碑記之此治豫之大畧也府君於客夏由京長途感受濕熱項間結成瘰癧延醫診視多時無效六月十三日自院署公退重熱不解岐黃家云著濕風痰漸入心絡急進以宣通之劑與有轉機十四日府君猶扶病起坐披閱案牘判諾如常時至晚進粥少許不孝等侍側竊以爲不日當得霍然乃十五日丑刻痰湧氣逆竟以午刻溘然長逝嗚呼痛哉不孝等童幼皆昧侍奉無狀孽積罪深致令昊天不弔降此鞠凶搶地呼天肝腸寸裂自今以後不孝等常爲無父之人矣嗚呼

嘗謂忍言曰府君幼時先大父每晨起讀書府君與伯父等旁立敬聽夏日侍側搖扇待誦畢乃已先大母耆年畏寒府君臥足後俟熟睡乃就寢遇疾必親侍湯藥未嘗廢離通籍後孺慕愈篤出告反面燈下絮絮舉日間所看何書所作何事為先大母詳述之曰以為常敬事大二伯母事無大小必商之二伯父甘苦與共二伯父去冬抱恙府君公餘必親往問視無虛日下逮諸姊氏戚鍾愛之其孝友有如此者府君性樂施遇親族世好貧乏不振者必手緘白金持贈之不少靳故宦況清貧易簀之日惟殘書千卷而已府君前此里居於江干天仙橋側創一義學紳士爭勸成其事復自撰門聯云莫謂孤寒都是讀書真種子欲求富貴還從伏案下工夫在甬復捐廉倡修環臺書院籌添生童膏火湖北貢院素狹小捐廉拓地改建履任中州尤以振興文教為務凡在院肄業生各給場費列優等

者分别加獎復於常例外捐助膏火其樂育人材有如此者至於收養孤貧掩埋胔骼以及楚省拏獲川省拐敗婦女八十餘人各給以布扇銀米其用心仁愛大率類此府君宦轍所至前後凡歷五省各大府無不深相倚重以遠大期之在豫捐館時中丞揚公哭失聲如失左右手並親製輓聯云第一等人品第一分才情心細於髮膽力大於身經濟胥從學問流出心無餘憾而身則已殁直欲痛哭叩蒼天作羣吏嚴師作羣黎慈母執法如山實持衡如水精明皆以渾厚爲原水雖長逝而山不可移尚有典型貽我輩在中丞慮懷若谷自寫中心之好而見者以爲府君生平實能無愧斯語府君接人每於和藹中寓嚴正之氣居恒以讀書明理訓不孝等而絕無呵斥聲延師訓課暇必稽核課程書義有未明處立爲講論待臧獲輩無疾言遽色亦不假以事權著有問心齋詩鈔時文各若干首六

付剞劂嘗欲仿大學衍義纂前哲語證史一書草創未就嗚呼
痛哉府君嘉慶甲子科舉人戊辰科進士河南布政使前
山東湖北布政使廣西按察使護理巡撫事江南淮揚道
護蘇松糧道雷瓊道巡視東城江南道監察御史翰林院
編修　誥授通奉大夫娶吾母汪夫人嘉慶辛未科進士
湖南臨湘縣知縣諱理朝公女繼室孫氏無出子二長不
孝茂林候選通判出嗣大伯父太學生諱金中公後聘嘉
慶己巳科進士詹事府司經局洗馬前貴州學政戚名人
鏡公女次不孝繼林幼聘傅女一適乾隆庚戌科進士前
倉場侍郎張名師誠公四子邑庠生光祿寺署正候選郎
中錫應娶府君生於乾隆四十六年九月二十七日辰時
終於道光九年六月十五日午時年四十有九不孝等苫
塊荒迷語無倫次兼以稚弱無知於府君生平立身行已
服官爲政諸端不能悉述萬一謹和血濡毫粗陳崖畧伏

乞當代大人先生錫之碑銘俾垂久遠則不孝等感且不朽

不孝孤子降服子費繼茂林泣血稽顙謹啓

誥授資政大夫兵部侍郎兼都察院右副都御史巡撫河南等處兼提督銜節制軍務並駐防滿營官兵兼理河道加三級年愚弟楊國楨頓首拜撰

七世紹觀公配潘氏　廿一世西原與三公譜遷杭州

潘太夫人行述

嗚呼痛哉吾母竟棄不孝等而長逝耶自嘉慶辛未先大夫棄養後幸吾母尊年康健得遂祿養之私本年壽臻八秩神明不衰素患嗽疾時發時愈方冀隨時調護克享期頤詎料舊疾復攖竟至不起旻天不弔降此鞠凶此皆不孝等祜薄罪深驟罹厥罰終天之恨百身莫贖矣不孝等兄弟三人長兄金中先卒不孝位壬不孝丙章尚何忍視息偷生靦顏人世哉顧念吾母生平困苦勤勞懿行淑德事事動合於古人有足以備彤管之表揚者用敢和淚濡墨粗陳厓畧仰冀當代大人先生垂覽焉太夫人姓潘氏爲武林望族外大父諱經馭號古三乾隆己卯舉人庚辰進士出宰江西新建縣洊陞湖南長沙府知府護理糧道生子二舅氏亞江公諱世鼎歲貢生候選訓導鈞也公諱

震仁和庠生女五長即吾母太夫人也幼隨外大父任鳳
稟女誡言動有則鍼黹之外性就文義外大父公餘每撮
舉史事辨論太夫人多有啓悟孝敬溫順於弟妹間得推
梨讓棗之義一門賢之乾隆壬辰歸府君府君諱覲
字賡旦號濤江先世隸浙東之甯波府慈谿縣先大父簡
在公諱銓國學生以貿遷至杭州遂家焉先大夫生而穎
異齠齔時已如成人九齡失怙哀毀備至稍長矢志下
帷年十九補仁和邑弟子員品誼文章鄉黨推重外大父
見而決爲偉器遂以吾母字焉追吾母來歸也事大母汪
太夫人盡孝盡禮先意承志能得歡心躬紡織以佐讀府
君文名益噪而家計日落主持中饋拮据維艱癸巳長兄
金申生是年所居燬於鄰火凡服物器具蕩焉無存家徒
壁立府君惟藉修脯以養大母甘旨所用不給吾母傾簪
珥以佐之蓋不欲煩堂上憂且不肯以米鹽凌雜累其大

大兆志也乙未不孝作壬生二歲□吾汪太夫人病傷寒
顯危遺矢吾母以手掬之以拭必□若忘其為穢也府君
與吾母禱於神願以身代侍奉湯藥晝夜不離衣不解帶
者半年迨汪太夫人病愈而吾母衣帶間蟣蝨叢生蠕蠕
者如蟻聚焉竟不自知也辛丑不孝丙章生時府君文名
籍甚從遊者日益眾家政悉賴吾母綜理外則生徒數十
人日須授餐內則仰事太母俯畜不孝等雖窮蹶典質必
給小鮮以供家少僕婢躬親烹飪炊爨之事暇即手敝衣
浣濯補綴雖十指皸瘃操作不少息至吾母自奉每日惟
芝麻雜鹽精以下飯而已門下士多擢巍科取青紫以去
而府君屢躓秋闈每□罷歸吾母必婉言慰之曰吾家世
積陰德必有達人或及身而應或待子孫而應如樹木然
發之遲者其貫必茂毋以目前得失介意也壬子太母汪
太夫人棄養府君與吾母擗踊號泣幾至滅性家窘甚於

哀毀中苦心籌畫凡附身附棺之事悉敬謹如禮自大母棄養後府君遂絕意仕進癸丑始幕遊旁郡吾母支持家務操勞尤甚境雖貧乏而旋投報歲時祭祀必求周備嘗不孝等應試時吾母親治考具待更漏終夜不寐平時督課寒暑無間一燈熒然刀尺聲與誦讀聲常相間答故不孝丙章自幼至長無授業師凡所誦經書皆吾母口授句讀而執筆爲舉子業又皆得自先大夫庭訓也不孝等三人皆業儒無以爲生有勸以就賈者吾母謝曰昔朱子家訓有云子孫雖愚經書不可不讀青氊舊業勿遽棄也甲寅不孝丙章入仁和學吾母訓曰髫齡倖獲微名當潛心力學毋急圖躁進是科不孝丙章來赴鄉試乙卯府君館慈谿嘉慶丁巳遊上海嗣依先伯父文恪公江南節署癸亥文恪公內遷大司馬府君就館於台州郡署數年以來幣聘四至時往來於江浙間歲時每一旋里[illegible]庭[illegible]之間

闈[illegible]秋績輟[illegible]謂吾[illegible]精家[illegible]而[illegible]法也甲子不孝
丙章舉於鄉吾[illegible]　動顏色曰稍慰爾父十五試未第之
志其勉之時方伯[illegible]公開府君名[illegible]致幕中府君自此館
於省[illegible]遂不復還甲乙丑不孝丙章　春闈被放歸里值不
孝侄王入仁和學長兄金申援例入國學吾母諭曰吾家
書香克紹須努力以圖上進不孝等　謹誌之不敢忘丙寅
府君暨吾母六旬雙壽丐里中能詩者稱觴戚友濟濟一
堂意平家之貧也是年爲長兄金申娶婦丁卯又爲不孝
侄王暨不孝丙章　娶婦向以貧不能婚爲慮至是吾母之
心願稍慰而心力亦甚瘁矣戊辰不孝丙章　成進士　欽
點翰林院庶吉士太夫人貽書訓曰爾父積學窮經未博
一第爾器得緒餘已邀館選是何異力田者前人播種而
後人收穫也此後益當以勤學立品爲先六月不孝丙章
乞假旋里因派習國書散館在邇八月假裝北上己巳散

館授職編修庚午充翰林院辦事官太夫人復貽書訓曰翰林辦事爲外任之階宜講求有體有用之學愼毋徒以詞章畢乃事也不孝丙章宦京數載依伯父文恪公第辛未文恪公捐館不孝丙章移寓繩匠衚衕擬迎養府君暨吾母至京府君恐就養後不卽歸來先赴慈谿展拜祖塋甫抵甯波郡城忽於四月二十九日中痰無疾而逝吾母及不孝等驟聞凶耗痛不欲生吾母令長兄金甲星奔扶柩回杭令不孝位王設位成服長兄金甲以哀毀過甚兼觸暑熱又於六月初二日疾卒數旬之中疊遭慘痛吾母銜哀將事料理一切不孝丙章在京聞訃星夜南奔抵家號慟而大事已備矣吾母訓曰爾祖父母未葬此爾父未了心事宜急圖之初西湖鷄籠山之麓有祖遺地大父母權厝幾六十年堪輿家皆以土色未佳致稽卜葬不孝等屢入山覓他所鮮當意者吾母曰何不用祖塋舊地[illegible]

父母櫬厝數十年[illegible]家無恙此可信[illegible]於是也癸酉八月遂奉先大父簡莊公先大母李太夫人汪太夫人合葬於雞籠山并奉府君暨胞兄金申櫬厝於旁甲戌正月吾母哀勞過甚嗽疾復發投以補劑始愈時不孝丙章服闋二月奉吾母由水程北上一路篷窗攬勝慈顔怡和至六月二十日抵京寓前門城外賈家衚衕嗚呼此不孝丙章進京迎養之始如往日前所云今豈可再得耶不孝丙章仍充翰林院辦事官并纂修館書早出暮歸恒少暇晷每當出告反而吾母必問以所作何事所讀何書蓋深恐染時尚紛華之習也長安居不易不孝丙章薄俸無多薪水恒慮不給吾母料量日用之需惟以刻苦節儉自處曰作京官如作諸生作外官如作京官何患不可久處耶丙子不孝丙章京察一等記名以道府用吾母訓曰人知京官清苦而不知外官責任綦重稱職爲難予竊憂之八月爲吾母七

秩壽辰都下年前世好製錦稱祝不孝等捧觴上壽吾母
命毋涉靡費是年移寓虎坊橋不孝承重孫茂林生丁丑
移寓兵馬司中街時蘇魯山沈煙山兩侍御熊聲谷戚蓉
臺兩太史皆奉母太夫人在京均係吾家戚好吾母時相
過從而孤沈太夫人爲官族姊妹相得尤歡故之寓數載
不甚岑寂戊寅六月不孝丙章轉江南道監察御史八月
署理巡視東城事務吾母益以言官凡難稱職諄切勗之
十月不孝丙章蒙恩外擢廣東雷瓊道十一月出都吾母
肩輿由陸路行不孝等朝夕隨侍吾母向有嗽疾遇冬輒
發至是衝寒遠道舊疾不作心竊喜之己卯正月道經杭
州家無一椽借屋小住半月凡親族來問訊者吾母必殷
勤問舊有告貧乏者必饋遺之率不孝等展拜祖塋謂不
孝等曰順道省墓亦宦途難得之遇也自杭啓程道經江
西舟泊滕王閣謂不孝等曰此予六十年前隨任處也凡

凡地名古跡居民指之甚詳嗚呼此不孝丙章外任迎養之始如在目前而今其可再得乎二月抵粵瓊州孤懸海外未能迎養吾母留寓省垣不孝丙章侍奉左右不孝丙章隻身赴任吾母訓曰清慎勤三字人人知之未必人人能之全在樸實做去不求名而名至民間利弊宜諮訪之不孝丙章四月兼攝瓊郡向藉洋米因兵差需索米商不前糧價已昂不孝丙章立拘需索者懲以法一面出示招徠價驟平民間扶老攜幼持彩扁爆竹赴轅跪謝事聞於省吾母喜曰此舉差合吾意耳嗣充文武闈監試官七月晉省又奉大府委鞫要案暫留省垣不孝丙章以為藉此得遂定省之私吾母訓曰爾毋因我留省恐本任公事廢弛即促之行庚辰二月仍回瓊七月因署臬司篆晉省粵東獄訟繁多案牘山積不孝丙章清理積案每黎明起至四鼓始就寢日間竟不克間視吾母訓曰爾毋念我專心

辦公刑名有關民命明則恐干處分暗則有傷陰德倘其慎之道光辛巳三月卸臬篆時中丞康公檄辦械關逃兇已報獲二百餘名中丞委不孝丙章往鞫適不孝位王同里鄉試不孝丙章以吾母侍奉無人欲不往吾母曰此三百餘名難保一無頂兇爾宜細心研鞫據實平反毋以私廢公也不孝丙章赴潮訊明頂□二百餘案分別□實論如例吾母聞之色喜八月不孝丙章充鄉試提調官九月調肇羅道向以一官海外未能迎奉板輿茲得量移內地君恩高厚感激涕零不孝丙章甫接肇羅道印又奉委署□司事吾母訓誡一如前十月不孝丙　奉　命調江南淮揚道壬午二月卸□篆由粵啓程道經杭州賃屋住數日凡祭掃墳塋接見親故一如卯春□里時吾母兄弟姊妹共七人存者惟從姊王太孺人吾母以三年之中兩經故里老年姊妹得以連宵話舊差足樂也四月奉吾母抵

淮揚道署不孝丙章不諳河務時以不克稱職爲懼吾母訓曰河工本非素習然能不染一塵則諸事可期振作是以不孝丙章到任凡有餽遺常規恐却之深恐違母訓也六月不孝丙章蒙　恩陞授廣西按察使時大汛經臨大府奏明暫留工次九月卸淮揚道事進京　陛見吾母留寓淸江不孝丙章出京仍取道淮揚奉吾母由大江溯流而上十二月初旬抵漢口不孝丙章以程限孔迫登陸先行於二十一日抵粤西接篆不孝丙壬在舟隨侍由水路緩程北入全州境登陸一路早供帳郤殺饌自雇夫馬恐擾及地方屬吏也癸未二月二十四日奉安輿進署粤西城內多山臬署對獨秀峯吾母晨起時對靜坐并於叠綵山榜樹樓諸勝景偶一眺覽焉不孝丙章每當讞獄時吾母必於屏後靜聽曰恐不得其情致有枉縱一夕謂不孝丙章曰予連日加餐汝知之乎蓋因不孝丙章渒平反柳

城廖英案臨桂葛連清案故也粵多盜案不孝丙章籌緝捕緝費定賞罰章程飭拏舊案逸盜數百人而新案漸少讞囚無虛日吾母曰此赭衣鋃鐺者即苟未負鋤之赤子也不教而陷於法憫焉傷之十月不孝丙章署藩篆甲申三月中丞毓公調任江西奏以不孝丙章護理撫篆吾母聞之曰封疆重任雖暫亦不易居如可辭力辭可也閏七月蒙恩陞任山東布政使吾母以不孝丙章離刑官爲可喜而藩司職任重大又恐難稱爲難八月奉吾母起程去粵之日凡紳士居民環送郊外吾母顧而樂之九月行抵湖北復奉命調任湖北布政使吾母留寓鄂城不孝丙章迎摺北上途中復奉即赴新任之命於十一月十六日回楚接印即迎入藩署不孝丙章初蒞任恐人地生疎吾母訓曰寻待屬僚輩無不體恤下情居官與居家無二理果能存心公正而又善體人情何患不能集事不孝

恐難守之乙酉不孝佳壬欲回籍鄉試吾母訓曰爾屢薦不售功名有命眼前之別實難爲懷不孝佳壬遂止湖北向多水患制府李公中丞楊公思欲疏通支河時與不孝丙章議籌經費不孝丙章以經費無出心竊憂之一夕吾母訓不孝丙章曰觀爾近日似有心事不孝丙章以實對吾母曰此無難捐廉倡之下必有以應也不孝丙章遂分則議捐稟商大府乃集事八月五日爲吾母七秩開九之辰同官上下皆製屏幛祝吾母命不孝丙章固辭以既署欵不敢不受餘則概謝之王葭九侍御夫人爲從母錢太孺人之女而吾母之女甥也寓京邸時王夫人恆來問視吾母愛之如己出是秋侍御典試楚北卽留視學眷屬亦至吾母以至親眷愛待於宦途中萍聚良深喜慰十月爲長孫女贅張壻吾母猶手治奩具十一月初旬長孫女偕壻歸吾母臨別謂長孫女曰恐我老不復再見嗚呼豈料

此言竟成永訣之讖耶吾母舊患痰疾每遇冬寒咳嗽時發去冬寢食安恬竟不作嗽本年元旦晨起焚香禮神與子婦孫女輩言笑歡然不孝等方以爲頤養得宜氣體益臻康健詎料初五日偶感風寒咳嗽頓發先服表散之劑繼即照常投以人參熟地無效十四日不孝丙章欲請假吾母曰明日係上元佳節應詣廟拈香毋以我病不出也不孝丙章不敢違十五日精神益形委頓夢寐時作譫語醫家皆言痰熱入心包絡進以宣通之劑亦無轉機十八日勢益沉重醫家謂高年氣血虧甚不敢進藥然數日以來早晚皆進粥一二盃中年進飯一盃連日學使王夫人來問疾猶應答如常十九日吾母以服藥無效命止藥惟備參麥飲代茶至晚不孝等皆環侍吾母詢曰爾等俱在目前耶惟長孫女尚未歸耳四更猶進粥一盃起坐盥面神氣尚清至五更命扶掖就溺器復登床臥痰氣上湧竟

於二十日卯時溘然長逝嗚呼痛哉嗚呼痛哉此皆不孝
等侍奉無狀孽重罪深吾母以八旬康健之躬臥病旬日
遽焉棄養何天降厥罰如是之酷耶謹於二十一日午時
大斂呼天搶地肝腸欲裂嗚呼不孝等此後竟無父無母
之人矣痛哉痛哉吾母自奉極儉每膳不孝等必添殺一
二味吾母皆分與諸孫曰吾不能一人獨享也並諄戒毋
特殺平居不喜御新衣就養官署依然寒素曰此正所以
惜福亦示後人以儉也官署向有鋪陳每見飭令去之門
簾有用緞及呢羽者命易以布謂不孝丙章曰爾獨忘爲
諸生時乎何用華縟爲性尤樂施當里居時雖自處貧乏
有親族告急者必典質以應其請堂兄雲翥早世孀嫂無
所依吾母撫恤倍至自不孝丙章外任後凡親族世好窮
乏者必手緘白金以寄歲以爲常孤寡者增之婚喪者倍
之吾母曰毋致怨期毋致坐困故不孝丙章雖宦況竭蹶

必分廉以應逋欠或可緩而周急不可緩也　不孝丙章任臬時每值吾母壽辰令以錢米散給獄囚任藩時凡養濟院孤貧遇冬遍給棉衣上年楚省拏獲川省拐販案有婦女八十餘人吾母聞而憫之命各給布一塊扇一柄并散給銀米嗚

吾母之用心真仁人之用心矣性不佞佛亦不誦經惟朔望茹齋曰眼前功德祇憑心地何用瀆神以邀福也初外大父依周氏龍山公甥館吾母暨諸從母皆周氏撫育吾母感周氏恩每偕諸從母詣龍山公墓前祭掃歲時無廢其他受人之惠終身不忘時與　不孝等言之御下寬而有法僕婢輩無不敬服雖遣之亦痛哭不忍去即今官署多人每有賞賚必手自均之他事精細多類此吾母料事多中　不孝等里居時凡同社往來者必於屏後識之曰某可交某不可交某也窮某也達後皆驗之吾母善覽史鑑於歷代興亡及品之賢奸事之得失尤究心焉

見古人嘉言善行必舉以爲不孝等最愛誦唐人詩而不喜吟詠曰巾幗中能詩者恐少福澤故不爲也晚年目力不減燈下能閱細書每暇日輒與子婦孫女輩對奕至夜分不孝等旁侍見吾母無倦容方謂循陔之日正未有艾豈料孽難自遺延及于親痛哉痛哉吾母備嘗艱苦數十年心力耗損性能忍耐不多言故肝氣易鬱加以舊患痰嗽肺氣亦虧晚年以參苓補劑隨時調護竟不能保衛以躋期頤昊天罔極痛忍言哉吾母生於乾隆十二年丁卯八月初五日寅時痛於道光六年丙戌正月二十日卯時考終湖北藩署享壽八十歲嘉慶十四年恭遇　萬壽覃恩　敕封太安人嘉慶二十四年恭遇　萬壽覃恩　誥封太恭人道光二年恭遇　恩詔　誥封太淑人累封太夫人爲　敕封儒林郎翰林院編修　誥贈中憲大夫廣東雷瓊道　誥贈通議大夫廣西按察使累贈通奉大夫

湖北布政使藩江府君配子三長金申國學生早卒娶王氏乾隆甲午科舉人寧波府學訓導諱鼎公女次不孝侃王仁和邑庠生娶汪氏乾隆甲辰科進士福建寧德縣知縣湖州府學教授名世儁公次女次不孝丙章嘉慶甲子科舉人戊辰科二甲進士現任湖北布政使歷官翰林院編修江南道監察御史廣東雷瓊道肇羅道署按察使江南淮揚道廣西按察使署政使護理廣西巡撫山東布政使娶汪氏嘉慶辛未科進士湖南臨湘縣知縣諱理朝公女孫二長茂林不孝丙章出出嗣長兄金申後聘己巳科進士詹事府左贊善前貴州學政戚名人鏡公女次福林均幼孫女四長適乾隆庚戌科進士安徽巡撫湖州張名師誠公四子邑庠生二品廕生候補光祿寺署正名應泰不孝丙章出次字候選道戶部廣西司員外郎蘇州汪名士鍾公長子名大鐙次字嘉慶丁丑科進士翰林院編修

修廣東學政嘉興朱諱附吉公四子名璟次未字皆不孝
位壬出 不孝承重孫茂林 年幼無知謹就不孝位壬丙章
平日所見所聞者泣血敬述苦塊餘生語無倫次伏冀當
代大人先生賜之銘誄俾勒貞珉以光泉壤不孝等世世
子孫感且不朽不孝孤哀子費位壬丙章泣血稽顙謹述不孝
承重孫茂林泣血稽顙
賜進士出身　誥授資政大夫兵部侍郎兼都察院右副
都御史巡撫安徽等處地方兼提督軍門節制各鎮加三
級姻愚姪張師誠頓首拜填諱

傳四
九十元墀公配盧氏　西房玖四公派

貤封宜人盧太宜人行述

嗚呼痛哉不孝等在今日得以繼述先緒撫有室家非太宜人數十年來儉勤篤厚力持門戶何以獲此比年太宜人氣血驟衰展轉臥疾家事無巨細猶必口授手畫犁然非然客歲上天降罰迫以哀痛益困頓綿惙延至歲終溘然棄養而逝此皆不孝等奉侍無狀罪積孽深萬死莫贖復奚言哉惟是太宜人一生行事實有以造我家而垂示後嗣顧聽其湮沒不彰則獲戾滋重用敢揮淚泚毫畧陳內行冀當代立言大君子採擇焉　太宜人姓盧氏鄞人世居縣之江北岸考諱驥國學生　誥封奉直大夫妣葛氏　誥贈宜人繼妣張氏　誥封宜人　太宜人為葛宜人所出自少容止莊凝年二十歸我先府君　例授儒林郎　貤贈奉直大夫　例晉奉政大夫慈谿費諱元墀字

陛丹號峨松爲元配是時大母徐太宜人在堂太宜人偕二姒氏克盡孝養逮卒哀喪皆如禮性明敏而斷事至前能立剖洞中窾會姒氏及從子婦輩恒就之與謀焉及既老而娣以雍睦無間言先府君嘗繼先業客於膠西太宜人撫育子女理內事曲悴心力不以貽客中憂已而自膠西歸居於家嬰疾者十年性行簡穆太宜人夙興之同心至是侍養益謹凡所以求治其疾罔弗至病篤誓欲以身殉顧念撫孤任大非可以一死塞責也乃遂髽而當戶閒嘗慨然謂人曰余家雖有先世遺貲然非他人比予男多今又早孤不及今勉力節制恐奢敗立至後無挽回術矣先是不孝家與人在甬江痡貨往來南北轉運其規模既廓用度日浩繁先府君策其非經久計太宜人立命不孝啓華遵遺訓抽減本貲既復命啓華析其業自主持之敬謹約守俟他日相其時而動也其他生理皆不踰此意內

作息眠若□□有□勤時坐庭廚監□炊爨膳飲無少間
凡米鹽一切雜男錢女布衣出入與戚黨歲時饋遺非手
自料理則不安秋穫既登日指揮傭雇量度斗數計之必
謹人謂太宜人半勞有田以健婦所以能及時即督家人
各事紡績時時呵責之居恒務簡樸屋宇器用不多
更造安之仍其舊身所被服積多年不換既敝躬自補
綴弗棄時並浣濯并不輕假手下人每食惟一二品不
餘必命進其兩舅果時輒分甘與子婦撫不孝等恭勤備
至貌自羸貲嘔血愛護之尤有然絕不使蹈人世嬉戲
婾食美衣之習嘗以爲小兒輩不宜過於飽煖致患疾且
起侈心故不孝等幼時凡兒其衣履或至綻裂又兒太宜
人練裳椎髻疑是鄉人家母子其後男女次第畢婚嫁復
時時以省嗇習勤爲訓不使特稍長流於縱逸且使新婦
入吾門者知所法也蓋太宜人自少壯克襄外庭事逮後

稱未亡人以一身綜理之以至於今而吾家之業視舊有加將進不孝啓華而語之曰余之節縮銖累匯欲自有餘也亦冀得以其力及人耳宗族人之根本所在宜先加意厚之盧氏余父母家昔亦稱富厚今替矣汝輩不可忘其所自出余老年人亦欲於此稍伸孝思此外多有需於汝輩歲宜量給之從其厚毋吝若欲屢施不竭尊如自一己節其用以儲其源蓋太宜人之用意又如此昔壬辰癸巳歲比不登太宜人佐先府君倡捐賑濟全活者數百家大父漁暘公嘗志於建宗祠修譜牒并設義塾教族之子弟積貲若干以命後人先府君昆季三人皆中年棄世事未及舉歲癸卯太宜人命不孝啓華與從兄綸錫從弟傳綸定謀構祠於居室之北而落成焉義塾之設則太宜人自出己貲數千緡盡舉行之今且命不孝啓華纂修宗譜且曰如財力有餘宜更謀立義莊生平待族姻甚有恩意[illegible]人[illegible]

失業事尤惻以己急思扶持之有貧者周卹無力婚娶殯葬者或贈以糧佽以錢必命不孝等代爲經營善其事而始安其有煢獨無告匱周之存無倦遇孤寡借爲矜恤保全有賣子者贖以還或饑不能保有其家必爲百計區畫甘旨刻減服御雜以與之己力不給與從子輩合西門之宗眾下逮竈婢乳媼其人能樸勤皆始終養之無令失所至於有喪施棺椁寒施棉衣夏施茶扇翁笠夜照行路施燈渡設舟航歲以爲常他若修治橋梁下道路崇飾神祠佛寺枚不勝舉疾革時猶諄命益外祖祭田不孝等今已具貲謀竟其志人世[illegible]舉所在太宜人蓋欲不孝等黽力行之邇歲浙漕奉

旨海運太宜人念先府君以此業

恩議敘六品銜訓不孝啓華綸鍇踵先人跡奉行毋怠又令不孝綸[illegible]與廷豪糾合同人籌辦火輪船護運道俾無他虞太宜人尤體先府君之志嚴課不孝等讀書以不

孝啓華年長命出外就傅攻文藝既客再亦不令此事遂廢家中别除館延師授諸子業每夕必問所授書能熟誦否始令就寢黎明趣之入塾開學立身處世諸大端相爲提命逢慶弔事必教以禮節而往往則速返毋許曠其讀廷豪早年曾輟讀服賈太宜人心弗善也旋卽令歸與諸弟治儒業歷歲就試稍有獲則爲霽顏否則嚴斥其不努力近人有擢大魁入館選者太宜人聞之謂不孝等曰汝輩能若是庶余心慰可見汝父於地下不孝等自恨駑劣不克騰達得仰報罔極於萬一也太宜人體素健強週甲後亦不露衰荼形不孝等恒勸進蔘藥卻弗飲以夙昔作勞驟於甲寅歲患足不仁艱於步右脅復隱然痛楚坐臥一室時病時稍痊不孝等爲太宜人七秩稱觴尚強起受之但追念貌早世不在子婦屢喪亡齎常忽忽不樂往歲不孝啓華長子曾孫殤折繼又廷豪卒太宜人以哀病之

出□□嫡沉□未聘俱不孝啓華　出五輔詠　未聘廷豪　出六
輔蘅不孝啓華　曾孫女七長適□邑俞氏邑廩生諱□義
子邑庠生名斯瑞次適同邑余氏邑學生名兆宗長子捐
授從九品銜次良十俱不孝啓華　出三字同邑沈八邑庠
生名翊佑長子名綸言廷豪　出四未字五字鄞縣陳氏乙酉
科拔貢生名政鈴長子名守廉俱不孝仲綸　出六未字廷
豪　出七未字不孝仲綸　出□道光乙未歲不孝等卜葬先
府君於鼓□嶺後之方家山太宜人生壙在其右逾三歲
啓壙視其壙不吉遷先府君柩厝於舍旁今歲二月廿又
五日匍匐扶太宜人柩以殯距先府君殯宮數武焉擬明
年合葬於邑西將山之南原不孝等斬焉在哀□中心神
瞀亂詮次無倫伏乞大人先生錫之誄銘賁及泉壤光流
家乘則不孝等世世子孫感且不朽不孝男費綸鋕啓華
仲綸泣血謹述

賜進士出身　誥授資政大夫內閣學士兼禮部侍郎浙江學政前光祿寺卿鴻臚寺卿翰林院編修國史館協修乙卯科浙江鄉試正考官加五級通家侍生王[illegible]麟頓首拜填諱并書

卅二下鴻來公元配吳宜人廿四世西房玖下公派
卅五

吳宜人行述

嗚呼吾母竟棄不孝等而長逝耶吾母素體康健實務躬親家以內事無大小秩然井然有條不紊是亦吾父無內顧之憂得專心盡力於外事焉惟舊患齒痛旋發旋愈越十有餘年矣壬辰春舊病復作竊以為無慮也詎醫藥罔效竟至不起不孝等搶地呼天痛不欲生顧使吾母生平懿行湮沒而不彰則皐戾滋甚用敢濡淚和墨追述大略勒之家乘俾存梗概於萬一焉吾母姓吳氏世居邑東下河村自高曾以來闢田於滃州之洞嶴遂占籍定海築室而居焉考諱兆麒字耕堂廳武生守禦所千總銜例授武德佐騎尉妣胡氏例贈宜人生女二長即吾母也繼妣童氏例封宜人生子一諱文山字仁壽國子監生胡宜人早歿吾母事童宜人以孝聞外大父捐館舅氏年尚幼體貧

又弱吾母常恐其不克永壽無以守先人之業惓惓莫釋於懷蓋篤於手足之情然也同治庚午歸吾父（姓費名鴻來號芷孫譜名輔沅）爲元配惟時我費氏家道中落而吾母生長素封之家竟能克儉克勤朝夕紡績飲食服御之屬如寒素家氣象（不孝等）衣服襪履躬自縫紉未嘗假手於人時俗見其省嗇習勤若此笑以爲多事而吾母弗恤也嘗曰人惟惜福則後此之福且無窮由是家事皆吾母主持吾父不過問焉性素嚴重待臧獲輩寬而有法以故人皆敬服不特偷惰者寡而門內肅然尤不聞有嘻嘻之聲相吾父二十餘年終日孜孜身爲家人先遇祭祀賓親司烹飪必豐必潔己丑（不孝）壽祺已授室宜若可以佐理家內諸務而勞勞者如故嗚呼終吾母身不獲享一日清閒之福不亦悲乎吾母儉德爲族黨所宗而性頗好施鄰里以困乏告者往往量給之無吝色族人某（其[illegible]名[illegible]）客杭州

落魄不能歸其母以年老無倚恆來我家泣訴吾母心惻然乘閒言於吾父晉由吾父竭助回里且令其成家納婦焉則豈非吾母有以玉成之乎吾母素明大義孝思誠篤辛卯之孟冬卜葬外大父有日矣涕泣告吾父曰葬親大事理當渡海往送吾父不忍奪其意趣赴之是時甯波至舟山未行輪船一葦而杭之風濤險惡固已色然驚矣刻以舅氏無嗣多有覬覦資產以圖生事者吾母悲感交集於是出死力爭之繼事以定而形神自此憊矣外大父墓在海濱葬之日風大作寒冷異常哭泣既不勝哀又飽受風寒之感其能無致疾也耶特不料歸無數日即病病而遽焉棄養也嗚呼痛哉吾母之病也正月初五日齒乍痛漸覺昏沈既而病日以增其痛楚幾不可以形狀徧聘名醫家咸束手而無策延至三月初六日溘然而逝不孝等侍奉無狀百身莫贖復何言哉復何言哉而今而後永爲

無母之人矣不孝等欲再來吾母之愛護其尚可得耶嗚呼痛哉吾母嘗誡不孝等曰或士或商但執一業便是克家之子而不孝等以駑下之質無所成就則又何以慰吾母於泉壤耶嗚呼痛哉吾母生咸豐元年辛亥八月二十八日寅時卒於光緒十八年壬辰二月初六日丑時年四十有二子四長不孝壽祺譜名相鵬布政使理問銜娶陸氏五品銜鼓兆瀾公女次不孝崑祺譜名相駿邑附生娶童氏光緒甲午科舉人揀選知縣諱文崇公女次不孝清祺譜名相駟監生娶洪氏名延齡公女次不孝松祺譜名相騫服賓女一適盛花翎員外郎銜光緒己卯科舉人名鏞彤公四子名沛棻吾父以生壙未營命厝吾母柩於家園不孝等念吾母勤勞困苦淑慎持躬爰就平日所見所聞者　血謹述

不孝男壽祺　崑祺　清祺　松祺　泣血稽顙謹述

經吾九十元堺公　第二十二世西房玖岡公派

哦松公遷葬記

嗟乎葬親之難也以吾父仲父之審慎周詳不免爲堪輿家所誤然則愚昧如余其欲改葬先大父復將何道之從曰行乎其心之所安而已昔先府君卜先大父宅兆於方家山將下窆視壙中有水盈尺因而移於原地之高處越三年水猶昔也乃改卜於邑西祝家渡之右距知穴田低溼水之聚於塋內者較前尤甚 年 等愀然不安不得已改葬先大父於姚邑東南鄉姜家渡之原光緒丙申三月朔謹扶柩入穴墓坐甲向庚其形勢之秀美爲近來罕見無以名之名之曰城門一結形家者流謂是必盛之吉地也而子孫多清貴之人顧吾以爲積善有餘慶可憑者在乎理而不在乎術數也子弟輩苟能脩德立行勉爲亹亹之君子則天爵之尊榮爲更可貴何高官厚祿之足羨哉吾

於此有厚望焉

孫鴻年謹誌

木君公家傳

公諱啓華譜諱綸鐸字聲木又字木君古愚其別署也祖以下竝贈資政大夫妣皆夫人公生有至性孝於親友於弟年二十六其父哦松公棄養哀毀骨傷喪祭盡禮嗣後事皆奉母命行粥粥若無能此公之篤於內行也顧姿稟兼人讀書明大義道光癸卯南海羅侍郎視學兩浙所拔多知名士公遂補博士弟子員其後屢試棘闈三膺鶚薦均不得志咸豐乙卯季弟玉君登賢書喟然曰今而知功名固有命也遂不復試客甬上繼先業咸謂有端木氏之風焉先時其祖漁陽公以懋遷起家與人合貲設肆於甬東至哦松公臨歿策其必敗屬公收貲本相時而動公遵治命守約若干年而後恢張之故家業尤盛焉公以祖若父嘗有志捌宗祠修譜牒乃與諸羣從繼述先志次第告

成縻財任勞亦所勿恤又作畫像記以謂畫像久則散佚故自十一世下隸昆季各敘其言行梗概系以贊都爲一卷使後子孫可世守人以是俱重公赭寇擾浙公避滬瀆郡城陷賊設僞官斂鄉里財公義不與賊所居被燬亦不顧而芻茭扉屨之供輸將恐後故自經兵燹而家亦中落公仍無介意人以是益服公之雅量焉公因捐輸由附貢生議叙布政司理問加鹽課司提舉銜誥授奉直大夫以子鴻年貴貤贈朝議大夫同治丁卯年六十忽感微疾而終時十月二十有八日也葬餘姚劉艮橋之原公娶盧氏生女二適俞適徐繼娶李氏生子輔浚議敘從九品先公卒鴻年花翎知府銜江蘇震澤縣知縣調河南柘城縣歷署泌陽宜陽縣事出爲四弟鐵君後沆附貢生鴻來國子監生俱由海運奏獎加五品銜鴻來出爲二弟桐君後側室倪氏生子輔藻國子監生出爲三弟竹君後輔津國子

監生鶴年附貢生六品銜轉澄州同銜孫十餘人則後之
繼起將未艾也

贊曰國將興必有明良之佐生其際家將昌必有象賢之
子繼其成若公者非所謂克家者乎公類魁梧幼時習領
其言論仰其丰采而繼配李太恭人端謹淑慎敬戒無違
逮事君姑克盡婦職撫前室女無異其所生娣姒間亦無
閒言此公刑于所致皆昔所目擊而知也然公與弟籌海
運捐餉糈不惜巨資不遺餘力則公雖不得志於有司其
報國亦云至矣夫豈僅有造於吾家者耶宗不文姑舉其
大較以爲傳已詳家乘者今不書光緒甲辰十有一月既
望族孫德宗譔

緒下九二綸錕公卜葬始末記 第二十三世西房玖四公派

光緒元年歲次乙亥正值元上一白正運葬先生父木君公大墓於餘姚之南鄉東河劉艮橋邊動中一田穴地局形勢得地定穴始末記

痛哉先生父木君公增附生鄉試三薦未獲賢書遺產北業興家至西匪擾後家繳日大捐輸叠叠歷年入不敷出之慮不料至同治六年丁卯十月下旬無疾壽終頓棄不肖等而長逝爲罔極深恩終身無忘急想擇地葬親苦家道中落聘師擇地是屬心有餘而力未逮故年愿自學地理日覆富貴家古今名墓夜看名家地理諸書非獨節經費免人試生殺至十年辛未秋年自愧續書未成家助海塘捐輸遵二伯父命捐獎縣丞雙月選用冬月奉浙糧道札委海運滬津局紳董襄理運務充當至光緒十一年乙酉止届計十又五次每届春去秋回人以爲榮自愧爲辱

歷保知縣歸江蘇儘先補用以同知直隸州仍留原省補
用加四品銜是年春正因法人海氛不靖初夏和局成仍
辦海運又奉浙大憲　札委襄辦海運紳董差赴津料理
運務完竣晉京赴部以分發江蘇儘先知縣投到蒙奏請
欽派王大臣驗放奉　旨照例發往欽此遵即領照出
京九月抵省稟到蒙大憲歷委讞局海運查案各差癸巳
春請補蘇州府震澤縣缺八月奉　旨核准接准部覆十
月奉　憲飭到任任事乙未九月奉　憲示調省零有差
委遵於是月十一日交卸任事回省任此兩載極累之缺
代人受累一身如負重戟論政事侍上無能自問臨下無
愧故四鄉紳民皆來頌送者甚多兩載公私交迫鬢髮蒼
蒼查考妻妾無歡童僕不飽清夜靜坐焚香養心畧將半
生出山事實及得折先　生父大慕動中一靜穴地始末葬
事並追念先二伯父桐君於丙子秋病至丁丑秋舊病復

發當年由天津差回病已沈重望年歸甚切當年回見之欣欣然有喜色而諭曰汝回來我心安我念息矣汝父有此大吉之地葬成不愁子孫不富貴須先從積德爲人我願足焉惜我年衰老未必見吉汝倘可見初盛時也不料二伯延至旬日頓棄不肖子姪輩而長逝焉爲之揮淚而和墨畧書數言嗚呼痛哉憶自二十年前閱歷山川古今各墓訪搜先輩地學精義黃白蓮令山川土壤巒理諸書非有宿根明眼者何能辨書中埋法巒頭眞僞雖蹈徧山川讀破萬卷仍未必參明玄微形氣嗟乎看書易辨書眞僞不易得地難購地極難立穴難避煞迎生皆難前辛未仲冬時隨張魯生表叔同游餘姚東南鄉隱鶴橋是夜舟泊橋邊睡夢中見有白髮老人言曰白雲莊有吉地可尋至次日早起即遇鄉老探問白雲在何處言指在西有十餘里許問到白雲莊見門匾董氏墳莊前半里有董棣林

先生之墓其扞處係水口贊流關門羅星凡內有大地結作外必有贊流桿門羅星體格私擬以上必結有大富貴垣局之地穴隨沿河步彝至劉艮橋邊動中一靜現扞先

生父大墓之田左右前後步閱至再認明數十里結作正結平原一局來去水城之玄屈曲上下羅星大小相稱羅星砂頭前朝拱後回顧午丁向水六白城門天人白氣清純二四黃氣旺秀地脈高低分明穴田高肥二畝南方明堂開口低田六畝低寬方正明堂前田另步步見高四彔土氣寬厚三碧受氣秀嫩倚極動天人幹河南來十餘里山源屈曲到堂交會江潮六白三叉繞坐北方順逆擁衛而去數百畝東來田源下溝溝源放到枝河坐極靜枝河作枕緯界人元清純是天地間生成精華喜屬動中一靜必是大富貴亦壽考之垣局也似與前明鄞郡江北岸發屠天官祖墳形勢仿彿至動中一靜穴田係癸酉冬向姚

水洸天官宗祠允兌入高肥穴田一二畝排算元運大盛正
運須遲至上中四彔之運令富貴人盛佚年壽百齡應效
均見方䌷年地學之道心眼不苟也當壬申春正先二伯
父桐君公命年隨往劉艮橋邊細覆穴田左右前後地脈
田源砂水羅城贊曰有此形勢全局結作留至於今世所
奇遇萬分欣喜命年極力購之至癸酉冬一月餘心計穴
田兌成乙亥八月十八日隨先二伯父又同到穴田立極
定向避迎黃白細格羅盤三日陰晴大風穴未定準至二
十二早天氣晴朗重格羅針各擬南北上下四尺穴心東
西竟見相同正在辨論坐后枝河乙辛行氣東向水溝雖
是庚甲流行不致直冲總宜趨避冲破穴心時將正午忽
來一黃犬盤眠於定穴處南北上下四尺適中之間二伯
見之命年曰吉凶早有天定穴卽定於犬眠之處勿再疑
議格合東向水溝亦無冲煞言後黃犬聳容而起緩步往

東而去俗稱牛眠吉地想犬眠亦主吉兆也果皇天不負至誠心力有神明指引尋到劉艮橋邊穴田凫歸後至立穴定向之日亦賴神明指使有犬眼穴心吉兆立極可無疑議差悞

夫千古來仁人孝子理學明師未有指破河洛三元先後向山黃白二氣卦爻干支吉秀輪排運令衰旺生死諸理法以及山洋顛倒理數顛倒顛顛顛倒各煞非不知之若言之則時立曉不以爲貴恐犯天禁漏息之秘故傳刋眞僞數學五化八門以訛傳訛勢將失之眞傳嗚呼爲人子者葬親聘師擇地天心人人所必有若非就正有心得到眞傳精義難免一家生殺憑諸枵腹與師一試首能誠心聘到賢師得眞地可遇而不可求可一而不可再論天理葬地之眞僞吉凶全在葬者有無福德俗云福人乃葬福地按之數成事在天然而購地扞壙不能不爲事在人欣

喜尋到姚水劉艮橋邊言舒頭水法之玄屈曲羅城擁衛砂栱水朝重叠羅星鎖門黃白分明秀旺取其動中一靜收蓋源頭吉秀脈絡廻龍逆結穴田二畝高肥明堂開口低田六畝水聚論理數先天乾坤立極後天乾六城門離九吉秀向水到堂合六理生成一六共宗之法上元正運黃白可謂乘時坐向正零催照黃白俱合惜一白坐後被枝河界斷是先天合而後天不合故上元一運是矣中不足未能大盛致倦鳥不能高飛如紫白重一到向立極向山城門來水俱屬天人一氣清純得扦吉壤賴先人之福澤消平生之積念重排運令遲至碧彔繁衍中元時富貴大盛願世世子孫問天不若問心求人不如求己愛讀經書博古通今勤儉清廉公正和平以忠孝禮義爲本積德以俗後庶無負先輩之所深望也歟

男　鴻年謹記

綸百九六綸鈔公第二十三世西房玖四公派

費玉君太守家傳

光緒己酉余自江西歸獲交慈谿費氏昆仲旣爲桐君作傳矣無何玉君太守歸道山其家人屬余傳之余雖不文焉敢辭按君諱仲綸譜名綸鈔字景虞一字玉君六歲而孤事母盧太夫人順孝無違兄弟五人怡怡如也君生稟異性束髮受書終日兀兀不少懈稍長學爲時文歎曰此干祿之階非壽世之業也顧以太夫人望成名綦切强習焉小試輒不利乃攻舉子業咸豐乙卯舉於鄉太夫人顧而樂之旋以輸餉奬內閣中書旣念太夫人春秋高京華道遠且氣候異於南方非老人所宜爰改外官以同知分發江蘇以便迎養不意太夫人竟於是年十二月作古君哀毀骨立喪葬如禮由是遂絕意仕進時丁髮逆之亂江海戒嚴當道知君才敦君辦海運事君慨然承之與仲兄

桐君昕夕籌畫歲率商船連檣航海京倉賴之又創議購西洋輪船巡洋以備不虞於是南北重洋商船絡繹晏然無驚各商因而獲利益擴充商務灌輸土貨與洋商相角戰甯波一埠遂成巨鎭公家經費恃貨捐爲挹注費氏每歲所輸不下二十萬金以功奬升知府君視之欿然也十一年法人入寇福建一戰我水軍熸焉敵遂乘勝鼓輪直搗甯波當道先事預防謀於君擬購帆船實以泥石沉堵鎭海口君曰若是則商船先受其厄甯郡民食恃鎭蕪轉運塞口以後民能爲無米之爨乎不如以帆船載石堵塞兩傍中停輪船無事出口巡察遇警鑿沉斯爲兩全當道韙之然購輪艱於費君迺與北商酌議即將前購巡洋輪船報效備用法兵船至因不能直入我軍與戰敗之說者謂此一舉也不特爲一郡之保障實爲我國增聲威洵不誣也余稔知其家世故樂爲傳之而猶惜君以親老不仕

未得展其才於朝廷以造福斯民然余更因是而重君矣君卒於光緒十一年十二月十七日年五十有八配姚氏封恭人先君卒生子衍慶殤女三長適同知銜邵篤次適馮誠意三適鄞縣同知銜陳守濋遂室柴生子名鴻祥國子監生女適鎮海府學生樂俊鴻癸巳恩科舉人內閣中書加四級柴以壻貴貤封宜人

鄞縣董沛撰

聲酉十八聲烈公第二十六世西房玖四公派

族姪承甫權厝銘

余家距售族靈陽封十里歲時過往隨諸伯叔後故與君不相識也歲壬申君補府學生與吳子祥孝廉來謁始悉家世一見如故遂成莫逆然余與君又可放漢之二疏焉君司鐸長城余實繼其後余攝浙江輿圖君又朝夕共事則在家之先後盤桓可知也君幼卽頴異善讀書精天算能知人與鄉里相交一無所忤臨事則又侃侃然百折不回此則君之素性也屢試優等貢成均爲訓導丁承重憂而歸已違君意矧自祖父來家已中落人藉藉稱君者謂能刻苦不知君之苦已極矣其後境日迫累日深又繩於有司屢試不售鬱鬱不得志遂病猶自恃不以爲病也今年春與余同修宗譜視其貌瘦弱歡笑依然急公就事余意從此其疾可愈矣逮譜牒成十月十四日余過其家病

如故不料別後二旬卽去世於虖痛哉子名達名遜名達縣學生女五各適世族今將權厝於家園不勝傷悼故爲銘曰

君來也有自君去也何因中年殤逝學不成名覩此一坏土行路共愴神

族叔德宗撰

慈東費氏宗譜

第十本

查字

慈東費氏四修宗譜卷四十三

靈陽集 外編

費氏家禮

一元日歲首禮尤當重輪年者須夙戒器具精戒物品五更初即起陳設會族長房長及學中子弟薦饗祖先各宜蚤赴毋得遲緩待候及天明則於後堂設席仍在前廳設祖宗香案通族大小齊赴先長者詣香案前行拜賀禮即進後堂登坐以後少者十人作一班先香案前拜賀祖宗又進後堂拜賀長上即依次就坐班班照此毋得擾亂坐畢即擊鼓三聲將祖訓誦一通然後寫酒舉杯二十盞爲則燕畢亦鳴鼓三聲以次起行隨長而出午時會眷屬悉遵男人拜賀等禮坐畢令人讀女訓以戒諭之

祖訓

奉事祖宗　孝順父母　敬重尊長

教訓子孫　毋恃强悍　毋欺寡弱
毋流下流　毋作非爲

女訓

孝順公姑　敬重叔伯　奉事夫主
和睦妯娌　要識廉恥　要勤紡織
毋走東竄西　毋撥是翻非　毋造言生事
毋起釁作孽　不知遵守者通族攻之

一冬至祭祖先王報本反始之大典子族每歲輪四人供辦先日往定林祖祠掃除室宇夙戒殺核誥日族中齊赴禮服祼將罔敢或怠祭畢就于祠側燕飲所以饗神惠展親睦深得萃涣之道切須敘坐肅然齊一毋得諠譁失禮

一曲禮曰娶妻者齋戒以告神酒食以召鄉黨僚友以厚別也後世可不遵行之但酒食不宜太過子族先邀男賓次日燕眷屬俱用禮服酒席似過於厚五果五菜三湯五菜

案餕首糕粽足矣又何必蹄頭大肉及鵝割哉且名色又不雅誠當省之若謂後人得利則孰無後乎

一或爲子定配或爲女相攸俱要稟知宗長房長不選良家子女毋得苟且遣聘受聘日亦須邀宗房長接待掌判所以重其禮遇亦故家之門面也

一喪禮最重亦須稱家有無予宗舊規先須送麻巾服內每人與之服外每房送之至三日男女俱服麻衣會聚靈堂自子孫婦兄弟姊妹姪等以及族衆次第柩前哀哭拜跪進香奠酒實送死一大節不可不舉近有力怯者畏分麻置酒之費多假析例名色遂不會衆成服此則失禮之甚今後俱要行成服之禮但怯者既在折例不宜復置酒止一茶而退其折銀之數亦宜量情分作三等上者壹兩中者捌錢下者五錢不許拖賴即當付出公用如此既得盡情于死者又免受責于族中庶幾兩盡

作污

一族中或無之子者須取親房子姪承繼或命立族中之賢者若血胤懷抱潛養異姓之兒則非祖父氣脉陽若有繼而陰實絕之故春秋曰莒人滅鄫非莒人滅之也以異姓主祭祀鬼神不享滅亡之道也又賈充以外孫韓謐爲後當時博士議其昏亂無紀度蓋氣類雖近而姓氏實異故朱子謂其斷不可行二者皆所當戒譜中亦不得載之以紊雜其宗派也

一或有以妾爲妻者汙辱祖宗不可以承蘋蘩之托或婦人出嫁不能爲夫守節者則與祖廟絕二者雖有子在俱不可入譜秉筆者愼之

費氏家訓 原作家規

十四世孫瀛汝登甫著

男訓 訓原作戒

一家也者風化之所出也天倫聚焉制字從宀音綿頭立類其下（从宀）从豕家政統于所尊也父父子子在茲兄兄弟弟在茲夫夫婦婦茲在故作家訓邇言俾族人易曉易行入乎目熟乎耳存乎心庶有所儆省云

凡治家順早起雞初鳴先梳洗掃塵埃抹桌椅整衣冠告天地孝父母和兄弟諧夫妻睦妯娌恒隱忍省淘氣敬長上惇族誼教兒孫守規矩先詩書後文藝戒賭博勿遊嬉男力田壅禾稻浚溝渠防旱澇女紡績習窈窕時烹調要諳曉戒多言遵婦道依本分常溫飽敗家子錢似草成家子糞如寶先納糧租頻討欠債負速完了免上門鬧抄抄語溫柔終禍少不爭訟無煩惱喂雞豚休養鳥籠為媒莫做保做買賣毋趄撟使心機終弗好學本事務精巧耐心

情戒潦草濫結交費盤繳富不節窘時懊潸淡交長情好病將息勿憔悴慎口腹忌煎炒服良藥勝祈禱縱嗜慾自戕到濟艱危扶傾倒行方便修道橋積陰功不凶暴直日神常照曜口頭言有奧妙仔細靜尋思勤儉無價寶

邑大夫霍父母諭俗詞

慈溪人聽我囑自到任訪民俗地方窄出產薄女績麻男種穀儉些用積些穀當喫飯只啜粥甯吃菜莫吃肉精器皿布衣服日積升月積斛多置田少起屋養魚苗喂猪畜有工夫書儘讀孝父母敬伯叔教子孫惜奴僕和隣里睦宗族早辦官免勾捉莫作債省羞辱好爲非坐牢獄宜守分要知足地方安稻禾熟吏不貪官不酷堂此時而量福慈谿人聽我囑

有民社之責者當各置一通于座右使之家諭戶曉也

一族之有□長猶衣之有領袖也衆人當共尊之凡族中事

及吉凶賓嘉等禮皆要稟命而行祇承約束毋得擅自尊大抗拒違犯犯者輕則令其謝過重則示衆責罰然爲尊長者亦要正己率人不得輕自褻狎以至損威傷重近來族人專尙阿佞隱情惜已是以狥私偏曲公道不伸是非不明此風最可惡濂溪先生所謂柔惡者此也宗房長當明詔衆人痛懲此風毋得效尤又甚者不孝不弟匪仁匪義及酗酒逞兇挑唆健訟皆聖世之儌民良家之檮杌濂溪先生所謂剛惡者此也宗房長當會衆鳴鼓攻之令其改過如仍怙惡不悛則通族呈官重治以法切不可輕放過倘爲尊長者貪人酒食利其私賄反在中阻撓即是黨惡小人難居尊位四大房鳴官公同推舉一人年高分尊公直□□者僉替俾公道賴之以主張門風賴之以整頓家法賴之以振作煥然一新庶幾有光于溪左

一吾族之人得以安居靈山之陽荷我皇上覆幬洪恩各當

効忠宣力勉圖報稱國課如期輸納田糧毋得詭寄趨事供役畢力盡分毋作非爲以干紀法出仕者務要靖共爾位恪守官箴儻或貪婪殘酷蠹國殃民不遵家教玷辱祖宗生弗齒于族歿弗祔于祠

一父母天性至親不可解于心者也常人數見不鮮唯父母至親日日相見情意彌覺親密古人特制文字象手執丈使知其高年一家所當奉事也俗書从八从乂非古字母字从女加兩乳象哺子形母者子身所從出一體而分少處其夭札長望其成才冠矣昏矣且也克家矣而後喜可知也嗟我族人誰無父母宜各反思以報罔極之恩夙夜就養無方雖蔬食菜羹務盡其歡粗衣布被亦獻其誠安寢處以養其體娛耳目以養其神順欲惡以承其志事毋自專有過則幾諫有疾則審醫藥慎扶持以盡其天年敬父如天事母如地爾之子孫亦復如是

一子者親之枝也十月而娩身古文子字上象胎髮下象在襁褓并足形三年而後免於懷保抱提携顧復教誨不知費父母幾許心力可忘鞠育之恩乎文文山先生有詩云第一勸爾須孝弟敬重爺娘比天地前人樣子後人看滴滴相承簷溜水於乎盡之矣

一兄弟譬如手足然相須而生不可也兄字从口儿凡事用教導引掖友愛其弟爲之弟者必須謙卑遜順恭敬其兄式相好而毋相猶古人制字通有意義方其爲兒時生父母膝下喜則攜手相嬉怒或不相得而啼少頃歡愛如初矣天性于幼時體之彌覺親切比長而各私其妻子乃有忿爭因制鬩字从兒俾人反思爲兒時伎倆可一笑而解矣嫌隙不生情義浹洽其樂豈有涯哉古詩云同氣連枝各自榮些須言語莫傷情一回相見一回老能得幾時爲弟兄有味其言田地易求兄弟難得儻聽妻子之言爭刀錐

之利逞血氣之勇傷手足之和許稟宗長及各房伯叔呼出庭訓之怙終不悛從重責罰

一夫婦者人之大倫也必須訪求故家子息及時聘娶夫字从大加一明無二天也妻以夫爲天要婉娩聽從曲盡婦道如夫要孝順父母敬事叔伯愛䘏幼小凡勤儉治家之類一一從之毋得挾恩恃愛以致抗逆古樂府云三日入厨房洗手作羹湯未諳姑食性先遣小姑嘗此雖舉事姑之畧而其餘可知矣夫爲妻之綱要剛正自持動必以道不可阿邪苟且伈伈俔俔受制于妻須眉婦人哉昏禮丈夫之娶父命之曰往迎爾相承我宗事勉率以敬先妣之嗣若則有常觀此而夫道之盡可知矣夫婦各盡其道則是然和氣浹洽而家道興隆故風云黽勉同心不宜有怒正以此爾

一長幼之序乃天秩也不可淆亂齒高位尊曰長古者仕焉

而已老歸教于鄉閭朝夕坐于門側之室謂之家塾坐而論道言則古昔稱先王道前言往行是故有傳共之學人生十年日幼正父母愛憐時也何遽使之出就外傳邪乃所以深愛之也將以勞之明尊卑之分習恭敬之儀養成德性使習慣如自然不覺異物而遷焉

一朋友乃五倫之一德業藉之以相勸過失賴之以相規爽非其人則耳不聞善言目不見善行欲不流于邪僻難矣族中子弟各擇善類而與之交游毋友柔佞以損德業毋郎滔濫以染惡類齷齪者尤宜疎遠勿與褻狎啓不遜之端古語云一薰一蕕十年尚有臭言香氣易消惡習難脫切記切記

一耕種田地乃庶民本業男以力田爲職古者一夫受田百畝無不耕之人貴爲天子猶耕籍田況吾民乎當念一歲之計在于春一日之計在于寅雞鳴而起日入乃息具工

本修田器浚溝渠防旱澇視土高卑播植黎稷耕耘以時刈獲打拂簸颺凡幾涉手纔入倉廩安可輕農事而貴末業哉食爲民天三十不粒則父子不能相存文文山先生勸農詩曰第一勸爾勤種作耕種及時休落魄惟有鋤頭不負人飽食暖衣眞快樂欲人知稼穡艱難斯天地自然之利何等安穩何等快活吾見游惰之民飽食婾閑廢時失事東作不勤西成無望郄乃棄損農業分外營求求利未得窮困隨之嗟何及矣故曰積金不如積德殖貨莫若力田吾族子弟念之哉念之哉

一讀書乃天下第一等好事亦天下第一等難事族中子弟各要作養讀書禮義由此而生風俗由此而厚家門由此而大厥係匪輕文文山先生勉學詩曰第一勸爾勤讀書讀得書多家道起若還飽暖不知書百萬田庄不禁使讀書之法務擇名師以教之良朋以輔之尊其所聞行其所

知尋向上去大之爲聖賢次之亦不失爲一鄉之善士世俗讀書唯攻舉業取青紫不顧德行之何如世勸善人職由于此同具彝性人之欲善誰不如我但貧窘子弟多因財力不足甘於自棄族中富室各宜量情資助以玉成之分作上中下三等上戶輪流供師半月爲率中戶旬日下戶免其供億量幫修儀則個個向學人人識字家詩書而戶禮樂名之曰義聚家塾不亦稱情也哉讀至出幼作養不成聽其別尋生理古詩云力學修身要及時競辰須念隙駒馳年登弱冠非童子學不成名豈丈夫幸有明窗并靜几何勞鑿壁與編蒲龍豬欲自殊頭角訊取城南訓阿符李西涯閣老云好讀不好讀好讀不好讀一應戶役人事親房伯叔兄弟當代之支持用志不分學乃專精學成名立以亢吾宗不亦美乎

一鄉黨隣里朝夕厮見田土相連俱要惇篤和睦至於親眷

則又情殷義縟休戚相關者也世降俗偷人心不古有以小忿末利衅結不解甚至於終身不相往來或呑占田產或用低銀輕價勒措抵致人抱怨刻薄甚矣猝有急難誰爲我恤反乘其危殆輒肆侮弄不終無也吾族之人愼勿傚之視人猶己視我惟人各宜德業相勸過失相規喜慶相賀疾病相扶持昏姻喪葬相資助有無相假貸盜賊水火相救護毋以少侮長毋以强凌弱毋以衆暴寡毋以富呑貧毋以貴虐賤不肯恬然居其下彼此相讓情意交孚居其可安出亦無慮家門可以保全風俗歸于淳厚不其懿與

一詞訟之興多起于忿而成于激昔江西雷孝友家十一世未嘗訟人于官至今譜者尙之吾族人今後務相涵容隱忍衛介云人有不及可以情恕非意相干當以理遣小有言親戚朋友平心易氣好言勸解切勿挑唆慫恿小不能

忍甚至破家亡身追悔無及諺云一字入公門九牛拔不出非不得已勿勞擾官府事情輕小輒便告訐抵毀甚非長厚之道族衆爲阻抑姑徐徐以處之愼勿遽怒古文兇字从兩凶于心上自謂則是謂人則非觸者凶吾弗能容在我亦凶以此反躬如沃以清冷之水忽不自知其消忘矣

一冠禮以正儀容以詔成人之道古昔甚重近世尠克舉之無怪乎鄙野之多也吾族男子勝冠女子及笄各報宗長名家譜依倣古禮酌而行之仍令禮生宣諭家規一通使知保族宜家之道元旦暨大宴會各服禮衣觀禮習儀庶不失故家氣味力可成禮故違而冠于私室者罰

一昏嫁人生之大端家門興替榮辱於茲攸係不可苟也古謂嫁勝吾家娶不已若此以貧富言非謂其族類也吾族許女定昏必先與衆議僉擇秉禮故家處子德性安詳名

分無碍關白宗長主盟展禮仍錄其姓名爵里注于世系簿中苟非其人毋汙吾譜如有貪圖財賄匿親非類玷辱門楣與衆攻之永擯不敘

一父母有疾爲子者悉屏他事專擇良醫扶侍湯藥但良醫難得最須精愼不可妄投湯劑反誤大事莫聽流俗兒女子禱神設醮死生有命豈醮禱所能免乎病劇則書遺言亟封鎖圖籍衣物以防荒亂內外安靜以候氣絕治喪以棺槨衣衾爲重棺不必沙板沙板多假且乘機索價木未必美家先毀矣死者亦不安只用建杉根頭厚枋重漆之反得堅厚此亦難拘力薄止用杉板稍厚可矣大小殮照依家禮所載絞結紞用細布貧則用家常布慈中殮如生人不用大小殮禮之儆也初喪舉家食素晨夕哭泣訃告親戚知己約定弔日遠者留款止用素筵酌酒數行加飯近客不用止受紙一分香燭返璧開　靈日門設司鼓一人

廳前設坐板慼中喪家輒陳鼓樂宰牲盛饌以娛賓而莫矯其非眞蠻夷之風鄙夫顛倒之見所當痛革親友俱辭奠有必不可辭者止受軸及紙燭其折奠不受喪禮士三月而葬庶人踰月原而定期倘人事靡齊即一年舉殯無不者惟宅兆壙域須極誠信精詳又晚年作壽藏更爲達矣有等小人拘泥時日禁忌親肉未寒荒迷發引謂之凶葬尤爲悖禮逆天古凡筵三年後除或者同室雜居有許多不便則立筵别室亦須週年方撤毋信惑短見邪說作佛事俗孝乃不孝也志有之三年之喪疏衰之服哭泣之哀自天子至於庶人禮之本也三年之內不得賀赴燕會有不可已遣人致禮可也仁孝誠切人亦相感誰無良心惟出吊則不禁

一祭禮所以報本追遠也吾族子姓蕃衍皆賴祖宗積德所致敢忘乎元旦本宗會集聚新堂小大拜序終至祭始祖

期準於定林寺本族大宗祠內展拜行禮時祭及薦新慣忌各于祖禰之室貧則稱家有無老疾量筋力行之不具禮服徑情餕餘及酗酒爭鬧者禮生糾舉叱出遺祭田及續置山場若干畝一一籍計另頓一戶明開黄氏祼田照依黄册丈量字號納糧當差庶免遺漏亦不許别房論寄影射東中西右四柱輪流值年供具祭品儀物

一禮生所以贊儀節而糾愆違須遴選各房賢能子弟二人爲之冠昏喪祭元旦終至特設一席以處禮生未飲之先宣讀家規一遍衆皆肅儀竦聽喧譁不遵者有罰讀畢方許行酒酒行有算毋用巨觥遽飲以致愆度失儀酒以成禮諺云不喫不成事儀濟何事有事誤了事無事生出事此語雖俚眞確論也違者舉宗長罰之

一族中例折昏娶成服及罰贖銀穀數目宗長暨各房長俱要眼同收放登記簿籍以備公用毋得徇情擅便借人致

者抗賴不還代或託故延挨不出及私侵入己各房長至會家處之否則呈官理治宗長亦不得徇情偏向畏避不究使例不行

一衆有祭器文籍之類各貯匱匣四柱輪管匙鑰交付宗長執掌如過公用須各房長眼同啓閉查照封識缺損即時責令賠補其公堂銀穀出入數目亦須各房知會登記簿籍不許擅便增損注消違者追罰

一戒着棋今人不務經術圖修事功好習博奕專以變詐爲務刼殺爲名所志不過一枰之上沉溺於方罫之間賓旅闕而不接人事曠而弗修夜以繼朝忘寢與食故人曰棋枰爲木野狐言能媚惑人也陶弘景少工琴棋晚年覺無益遂輟不爲葉濤好奕王介甫作詩戒之曰莫將戲事擾眞情且可隨緣道我羸戰罷兩奩收黑白更於何處定虧成冬不肯已大參陳海洲翁自覺光陰前途有限不自從

容[illegible]豫以消受之乃以無益之戲勞費心力而忽不知夕陽之在山矣豈非愚人乎故作罷奕詩云罷奕緣怡目臨枰悵已昏自憐機事少猶愧獵心存黑白知誰是輸贏漫爾論何如對心侶一笑共芳尊愚於棋品最下平日亦頗有此好頃於海洲母舅座間叨預末筵承示此詩朗誦數過便覺塵襟灑然以淸宿好都忘戒之自今始故作家規復補此戒一則并以垂子孫云

如訓

一女子有四德以備爲成一德或虧他美莫贖爲父母必須早少教訓訓之以飲食有節訓之以言動安詳訓之蚤起遲眠訓之勤儉孝敬訓之貞靜專一訓之婉娩聽從訓之三從之義訓之七出之條　之中饋蘋蘩之儀　之女孝經列女傳內則諸書之旨使知爲人妻爲人婦爲人母之道至於紡績織紝廚爨井臼籩豆脯醢之屬歷歷　之親

[illegible]勞今日雖爲吾女他日將爲人婦若不預先訓誨必致性成驕[illegible]淩傲公姑欺侮妯娌掀唇弄舌爲夫家禍貽父母羞可不誡哉

一閨門乃風化之始最宜嚴肅弗許他人出入往來卽有凶喪等事男女行動各宜迴避聖人制禮七歲之男王母不抱七歲之女王父不抱親非父母不與同車親非兄弟不與同席男女不雜坐嫂叔不通問別嫌明微禮當如是季康子[illegible]見公父文伯之母敬姜叔祖母也闔門而與之言孔子稱其有禮近世中人之婦往往不論親疏輒與男客接談甚至輕赴親隣宴飲又甚而聽巫覡誑惑至寺觀廟遊爲他人訾議醜矣吾族婦人各要遵守家規非禮弗行違者責罰夫男

一婦者主舅姑而言也立文从女持帚指其所執以有事也每日當早起淨掃室廬偕夫同造舅姑之所省問寒煖起

居狀飲食按時進奉命令一一遵行不得當面支吾退有後言不得逆志違顏高聲抗對不得自矜富貴驕傲怠惰不得私造飲食欺瞞公姑有一於此便非孝順之婦閨房必議之親戚咸非笑之可不深省而速改乎

一妯娌本異相聚嫌隙易生然同在一門都是天緣比之姊妹相處之日尤更久長為姒者當思彼為冢婦有母道焉吾何敢異之抗衡為娣者曰若要好大做小吾何與之較計相敬相愛猜間不生情意自然浹洽各勉其夫分任勞苦己復黽勉佐助之不分爾我同心幹濟家道何患不成公姑豈得不喜其間倘有庶輩之婦爭長競短亦宜以柔涵容使之自化昔張公藝一味能忍九世同居衣無常主兒無常母和氣蒸蒸乎及異類曾謂人而不可感化乎族中有營聽僻惡婦不可教誨其好營私啓釁傷和者責其出戒[illegible]之

一人情接見稀則話言少是非無由以生族中女眷歲時慶弔之外不許輒往鄰房閒坐撥道是非或因妯娌不和或遺物件高聲叫罵又有長舌婦女因長者正言訓誨記恨成讎假名托字行咒咀動輒號啼哭泣是誠下賤潑婦設若有此且責罰其夫再犯不悛會集親房宗長呼出本婦嚴加戒飭猶不悔改則當裁之以義出之可也古者賢達多曾出妻只要有以慴服其心奚損于高今人作爲惡行隱忍縱恣積釁釀禍當斯時也鑄錯無銕噬臍甯有口乎

一母之于子多有溺愛不明小時姑息弗能訓導反用戲言引誘乖覺養成驕惰之性長便難改恣意爲非莫可禁制故曰慈母多敗之伊川先生幼嘗絮羹夫人斥之曰少小如此長當何如蒙養以正自幼亦以毋誑有犯則嚴聲厲色以訶止之稍長出就師模不可縱其學讀得書鄙資質

庸常亦識道理守法度不作非爲保得家計上者做秀才做官人榮顯父母後頭有無限好處若溺愛不明姑息護短蒙養弗端長益浮靡飄蕩賭博酗酒逞兇先業被其蕩空親鄰房族被其連累有無限不好處可不深思而猛省乎

一嫡母于庶出之子後母于前室所生之子不無人已之別多懷妒忌愛弗均一恩愆日漸　離不祥莫大焉當思繼母猶母或若能慈其子愈加孝敬夫置側室以廣似續子若貴顯先貤封嫡母乃及所生茲惟聖朝覃恩以勸慈德于天下也可不念哉吾族庶出及前室所遺子女爲嫡母者俱用撫養愛恤一如所生之母弗分彼此均衣合食教誨成才以崇螽斯百葉之祉或有非禮殘虐致凍餒者族長稟加懲治因而致殞非命以故殺論

一庶人四十無子律許置妾妾以立女爲文以正名分而隨

侍之義亦存乎其間乃有妒婦遏之俾弗獲見或有因而絕嗣者古人是以立七出之條也爲夫者必須處之得宜不可偏愛嬖妾致祿衣之怨正室當以逮下爲德毋懷嫉妒非法窘辱其爲妾者當思己爲侍女時獲進御于君子亦既幸矣命實不猶何敢匹嫡引分自安各止其所則家和而胤嗣昌矣正妻或不幸而先亡侍妾亦不許偃然僭據正嫡之位而行禮其子即貴止可隆養于私室毋紊亂名分歿則祔葬女君塚傍稍退二尺其無子之妾依倣王浚川家藏集中葬法不同封域祔于主君塚後其首南向以寓親附之意焉

一世間最可憫恤者無如孤兒寡婦古人制字从宀从首从分以同室分首爲意哀其生也永訣死而後同穴也爲妯娌爲伯叔母者宜曲加慰諭親房伯叔當優卹管顧會集至親籍記其家產什物俾之謹守弗失不許奸豪占奪倖

其子稍長而教誨成就之是在族內賢達長者當任其責儻或不幸一無所出乃能矢志立節之死靡它是則一門風化之所係族中尤宜出格資給終養其餘年選立應繼賢嗣承其宗祀里老仍為具奏建立綽楔表揚其芳聲不但己也

一世人以生女為無益多弗舉之蓋以裝奩難備自殘骨肉甚矣其悖理傷教也女氏不受多儀壻家亦無厚望吾族人生女雖多一一俱用收養但能教誨成人相攸擇壻郎荆布遣之誰曰不可顏氏家訓云天生烝民先人遺體奈何世人多養女豈有賊其骨肉而望福於天乎今後如有溺女鄰房覺察而罰之

一立繼所以承宗嗣也故挈家貲而畀之所繼之父母生則賴之以養餘年歿則賴以血食乃有不明倫敘不篤恩義之徒名為繼嗣寔圖繼產一遂所圖輙懷異心攜產歸宗

廢後缺祀此仁人之所深惡王法之所不容親房呈革追產另擇賢能承繼以敦厚風俗

一子婦不蓄私財不蓄私貨毋得明瞞暗騙規圖樂意田園天傾西北地不滿東南天地且不能自滿而況于人乎天道禍盈而福謙人道惡盈而益謙我太祖高皇帝之訓有曰惟儉養德惟侈蕩心至哉言乎天地所生財貨百物止有此數須要自知撙節愛惜由儉入奢易由奢入儉難輟耕錄載洪武中有都司費公闓積善好施其斗斛銘云出以是入以是惟願子孫永如是可以槩其爲人矣宋張文定詠知成都夢謁紫府眞君坐未定報西門黃從事至肅入揖張公居己之右及覺詰旦遣人詢訪果有所謂黃從事者一如夢中所見叩其平生勾當自敘食用之外贏餘五百金每新穀熟糴貯于倉待人乏食照原價與之所贏恐賑貧者原本不虧恆年如是張公嘆曰所以當居吾上

命兩吏掖而拜之國初鎮江葛繁來守明州與一幕官相善問其日用幾許荅曰早肉晚菜羹數口日用銀一錢許曰我作太守居常喫菜汝貪口腹必非廉士自此疎之又一聽選官在京師每早起坐皮肆中認得是伊父臨終所着之靴工云適纔一官人付我縫綻言未既官人着了徑上馬不與其子交談追隨里許泣曰雖幽明異路父子情豈無片言分付父曰兒但學葛太守做人便了選後特訪葛公問何以見重于冥司如此答曰吾別無他長一味與人方便不用本錢不消費力起初每日行一兩件行之既久無非此心遇人渴與盃茶水饑時與他些飯喫石路高低便與平之遺踏子碍脚就移至穩處年逾七旬日常不廢其子拱立面謝曰此既昔賢投豆之法拜教而去噫此數種者非甚高難行之事只怕無長久心陰隲如耳鳴人不及知已獨知之愚嘗為之說曰流光苒苒　過一分便少

一一[illegible]隨身寶分[illegible]一件師太一件既無[illegible]尤須珍惜以
補前行之愆
一[illegible]家最所當遠如三姑六婆之類是也所謂三姑尼姑道
姑卦姑也何謂六婆牙婆媒婆虔婆藥婆穩婆師婆有一
於[illegible]不致姦盜者幾希尤宜謹而遠之如避蛇蠍庶乎淨
宅之法

皇明萬曆二十年壬辰仲夏　十五世孫[illegible]謹錄

[illegible][illegible]蘇氏四修宗譜　卷四十三　有志堂[illegible]

費氏祠堂碑記

費氏峯山祠堂碑記

吾公忍耐嘿智洞闢蔽冥溥應乎淨[illegible]之域深躋乎致虛之鄉所謂無明爲明無愛爲愛悉致其本根而咸復乎性眞斯不亦聖矣乎然循六度而修滿三祇而登殫慮瘁躬溪潛谷息若空自治而後靈有得可謂難也已安可以企常曰予不敏不克策駑礪鈍以趄宗緒雖僅自持而求無纍然于物無少利益非古先賢推己利物之道故樂事信施不欲踵區區楊氏爲我風若莘野之利澤傅巖之霖雨不能爲其遠者大者而姑自近小始也即制其已業而捨諸寺焉稽田貳百畝有奇而饗殖給代山三百畝有奇而材木具地九十畝有奇而疏菜足可矣方當從容以娛老方當依附以終身豈非隱逸之皜[illegible]者乎但曰必專崇乎佛子背忘乎天親捐置桑梓逸心松檜至於絶人逃世放浪形骸而不恤過矣然修世德

而散貲財爲子孫萬世福田不亦善乎覩彼乾沒遠矣其性寛大夷曠其人物若漢世商老徐孺子與陳太邱之流人皆稱其爲佛師其姿蓋有所禀歟公字日章號峯山享年九十有三考終與傅氏皆爲位院內歲享蒸嘗其子游龍求予記予不能辭因述而言之

費氏重修峯山祠堂碑記

有欝然而林者或剪焉有窿然而堂者或□焉無論滄桑浩刼之變卽百年之間能保其全盛者有幾若夫深山荒□杯土畝宮時遷代更猶得保其首邱藏主之所春秋香火饗祀不替此其爰始貽謀必有經遠之思隆施之德所以托庇者深長而無量也文溪南山深谷中有定林寺考諸邑里圖經其初則隱君費日章號峯山者以貲甲于里閈愛茲山邃雅築精舍讀書晚歲捐園田山林之饒凡六百畝有奇闢於峯山道院沒而葬此山事在晉天福二年至宋大聖四年僧徒

日繁產宏規廣逈請名額于朝賜名定林豎碑以記始末仍祀日章於東廡不忘本也後裔增修罔懈國朝弘治二年寺遷稍北時里中豪有規寺爲己利者奏告屢年始復改正正德十年寺燬又興復之扶危起廢艮亦艱止皆昔大理丞費公鎧太僕少卿費公淵廬州通判費公沐暨諸名士費君璉恕鑰輩捐貲扶義後先殫力焉是定林雖朝廷香火非仰存于費氏則僧臘己埋雲菩提寧有樹耶嘉靖十二年以藏主東廡不便尸祝復卜遷寺左闢堂三楹顏祀烈祖移置舊碑于上方傍廬亦給僧舍每歲長至日子孫咸集饗用牢醴萬歷二年因僧靜安竊產歸宗潛毀碑文嗣孫費鐈等鳴官以正厥辜垂戒永遠噫嘻圖霸爭王松楸一掬或莽爲狐兎縱橫之墟而荒城野水多昔佳麗大都之所費氏祠堂經今七百餘年幾更隆替而子若孫猶能世世奉其俎豆何哉維昔日章公所爲不愛高貲美利以豐殖道院必以歸之朝廷而

不私其有延及後賢用能體先公善念之所自起施功而不德懷情而無二旹日章始謀傳恭之有道也余是以益信心源一派惟至公可垂于不朽而孝子慈孫之所瞻依者亦依此心之天而已肅書此以告來者

皇明萬歷六年歲在戊寅冬十月上澣之吉賜進士第中憲大夫太僕寺少卿前南京吏兵兩部司銓郎中兩奉勅提督北畿南楚學政巡按直隸河南山西道監察御史門壻顏鯨謹撰

費氏戍里陽新祠堂記

我費氏自唐天寶間東甌府君居慈谿東鄉之戍里陽五傳至峯山府君性閒靜愛汶溪山水之勝嘗于其地建峯山道院即今定林寺歿葬於是山而設主于寺之東廡子孫歲脩其祀越數百年罔攸替其後有以藏主于寺爲不便于薦享者乃卜築于寺之左遷其主焉而追祀峯山府君之所自出

上至東甌府君御史顏公鯨記其事事在明嘉靖十二年峯山之有我費氏祠堂也蓋始于是顧其地逼甚屋甫三楹歷年久遠子姓繁衍棲幽之所殊苦未足時議惟通籍之人及身列膠庠者得藏主於其中而祠與里居相距復較遠歲時展拜子姓未能畢集族之人病焉二十一年世孫文燈每欲別建一祠以妥先靈疾革時呼其子元域元疆元墀而謂之曰吾老矣死無足憾所憾者宗祠之未增建其善繼吾志惟汝曹是望元域昆季謹識之不敢忘然屢謀與築而卜未得吉不幸先後相繼卒臨卒戒其子者一如文燈之言歲癸卯元域之子論錫始得吉於里之西南原乃與其從弟啓華傳倫輩捐資一萬緡集族人而遍告之族之人皆色喜因各出己資以相助又得一千餘百緡鳩工庀材眾力具舉基宇既宏而祠亦近在咫尺間矣竊維我費氏自唐迄今歷世二十七歷年千二百有奇繼繼承承亦可謂源遠流長矣而文燈

獨拳拳焉本敬宗收族之心力以建祠爲己任雖未及躬親其事而卒使爲後嗣者父詔其子兄勉其弟竟未竟之志以迄用有成何非我費氏之賢子孫也哉是役也經始于道光甲辰十月落成于乙巳十月屋五楹中爲堂奉東靈府君爲始祖羣昭羣穆以次序歷代祖妣之主設於堂之左右室前有門旁爲兩室繚以周垣其左室專祀文耀而以元域兄弟附不沒其功也南有屋兩楹庖湢咸具其前數楹則守祠人之所居者工竣族之人謂不可記不其巔末也於是乎書

道光二十有五年冬十月

二十一世孫啟秀敬書

靈陽費氏節孝祠碑

山川靈秀所鍾各視乎地而居其地者又各視先世之德澤以蕃衍其子姓故其秀出者則為忠於國孝於家光大其門閭女則為節為烈為貞亦不隳其家聲費氏自華國公在唐元泰間遷居慈谿靈陽鄉為今德門鄉戊溪里世所稱費家市也其時配姓李太君以德允彰相夫肇業有桓孟之風焉肆後子孫繼繼繩繩遂成巨族故只不幸有早世者其妻妾亦必以節烈著前明有文楚女名靜姐字錢氏未嫁而傷所天親守志邑令汪偉以大貞獎之始啓其緒　聖清受命湛恩汪濊凡鄉黨之間貞孝節烈之婦例得旌表垂諸功令而又令自建其祠故閨閣之中無不以操守自勵者而吾族為尤盛道光乙巳新建家廟其南有節孝祠向以祭費未充不克舉行祀事今年冬綸金公暨室汪宜人始出己貲而又得諸族人助之百廢具舉祀乃備爰仿春秋仲上戊之例歲

展其禮凡嗣子姓衣冠濟濟咸來與祭於虖生姑洗彙之吉
死受俎豆之馨芬德幽光昭垂萬禩詎非不幸中之幸邪深
望後人克纘前烈無使有替於先人用是書其顛末勒諸貞
珉而系以迎神送神之曲俾諸伶歌以侑焉
靈之來兮雲軿凌博山兮煙縈蘭椒槃兮有斟醑冠裳兮無
聲以妥侑兮罔不敬
靈之去兮霞旆翼星旒兮瑩耀鐵錚兮冰鹼威顏淸酌兮一
衍於萬斯年兮今式肇
光緒十有一年歲□在旃蒙作噩日南至廿五世孫德□謹記

像贊

啓十二鎰公十一世西房玖四公派

此余費氏西房十一世啓十二府君之畫像也先世本唐江南道蘇州楊柳巷人自始遷祖世廿四府君生唐開元年間來卜居于慈谿遂世爲邑東靈陽村人或謂府君之來家也由于筮仕茲土然余族之譜纂自明代顧何以缺而未載耶按譜府君後一傳爲千四府君再傳爲萬三府君生子三長爲秀才添十一府君子二長爲再七府君今所傳峯山道院即府君捐田園闢之府君生明二府君明二府君生朝奉爺六府君府君無子以仲兄爺三公次子莊二府君爲後生子二玖四府君其仲子也是時吾宗分爲東中西右四房而玖四公以下爰名西房公三子其季西六府君是爲啓十二府君之父以上十世各諱生卒時代及其葬處具詳宗譜而繪像無傳爲西房先世之有遺

像蓋自府君始乃謹爲之贊曰

發源吳門奠居慈水以衍以蕃蟬聯鵲起譜系堪追音容莫擬我祖篤生幸爾濟美皦々眉肅々容止影堂之瞻鼻祖之似留茲儀型詒我孫子鄭芴呂刀珍豈逾此

乃禮十棟公十一世西房攸四丞派附祖妣陳孺人

此十二世義宰禮十七府君之畫像也按宗譜齒錄謂府君英敏有膽畧嘗從吏事人欽服之後因親喪不復就以義宰終其身生平雅好經書尤精吏鑑至于喪祭冠婚莫不井井有紀宏治八年與誠齋古菴二兄協造廳堂及兩夾廂即今所謂夾廂是也德行錄謂府君與古菴公親愛至老不衰古菴公樂易而府君則抗節有爲解紛爭扞外侮隱然有虎豹在山氣像其爲人所受庇也大矣□啓華考之府君大節尤在憫怨峯山道院一事當是時叩帝閽而動天聽俾祖宗數百年之功德俎豆不侵奪于土豪以

是年六□卓□恩賜七品冠帶門選袁郎承大理丞存仁公
議設創修宗譜此其有功於宗族者何如宜吾子孫景仰
興起之靡旣也歟　國朝乾隆二十四年九月府君與陳
孺人遺像同燬于火今之像蓋追憶而重摹之也先是南
陵公嘗稱美府君而爲之贊不敢復贅爰謹錄其詞于右
曰
公之孝友出自性衷嚴恭好禮內外肅雍宗祀斬然莫不
萃從鄉邑遠邇聞者斂容峯院我祠爰其敢訟疏動朝端
有凜其鋒自大降旨並玉豆登顯祖抗宗功孰如公雖從
吏事經史盈胸孰云刀筆蕭曹其朋若同遭際允矣元勛
德配陳孺人
此禮十七府君原配陳孺人之畫像也九世孫傑材公嘗
誌其像謂祖妣乃係鎮海門方橋名族于歸我祖多輔助
功父謂與府君繪像歷二百四十餘載遭燬追摹以冀雲

爽之式憑云

在廿六
鍔公十三世西房玖四公派

此十三世茂才在廿六府君之畫像也府君年二十三補博士弟子□□試冠軍葬始殯定林寺後歷二十餘年改葬及啓塋棺環竹根穿其右匪論者謂敬四一府君之有目眚職由於此贊曰

錦囊之說不可拘祿葬之達何可師卜其宅兆安厝之經有明文蓋如斯則夫一本氣機維臂既有折目奚疑嗚呼覩公遺　及遺事惕然令人廑孝思勿使附和悔莫追

敬四一
濂公十四世西房玖四公

此十四世茂才敬四一府君之畫像也府君右目盲年二十十六爲博士弟子員按先世識遺像者在廿六公試高等者三府君試高等□蓋父子皆□下士也贊曰

明之制襲□於正嘉體嚴且備嗣□□□戰□□□□□□

才華夙冠其偶爰世其家左厂張籍雖百奚嗟留示後嗣
繩武揚葩

三文五榮公　十五世西房玖四公派

此十五世文七[illegible]府君之畫像也家世足衣食傳至府君
貧甚承祖父業攻詩書連不得志於有司贊曰
其境雖窮其名藉天所付亦何嫌展遺像形神恬睟于面美
盎背

一武八榮公　十六世西房玖四公討德配顧孺人

此十六世武八一府君之畫像也府君務耕種菊蔬與顧
孺人同心今清明墓祭猶供蔬食也贊曰
古人致齋不廢酒肉後人苦空乃尚[illegible]蔌然而饜甘膿者
腐腸節食飲者尋隶故我祖之清臞願守此田家之儉也
得中饋之同心不聞有太常之犯也迄于今薦享蘋蘩率
循素風非真效粱武之食止菜菓而祭廢牲牢亦使感焄

蕭悽愴者用戒夫口腹之貪饕

傑桓公記在敬文武四世遺像謂每歲元夕孝悌忠信四房懸掛在廿六公以來四世總像嘉慶三年十二月廿三夕爽廟火而　被燬幸元堂家有縮臨本支列宗繪　存爰倩畫師重摹并載年壽卒葬於其端云云其所云孝悌忠信四房以英百八公生四子故於西房下復分其房爲四也

英百八瑞公十七世西房玖四公派

此十七世郡賓英百八府君之畫　也元均公記府君遺云生平懿行難以枚數其大畧尤以孝友德誼著稱性淳樸溫和與世無忤與物無競又時喜弄翰舉古今聞見之有裨益者悉書之以備參考其間操作類如此年既耄耋矍鑠無恙曾元林立搖孫分於前長者四載時巡道以天錫純嘏美之爰爲之贊曰

府君亦祇以庠行聞而人競相稱異論者變革天開者多

而府君獨康强逢吉壽於世此匪天幸亦匪術致其渾然

葆我元氣者自如歲寒松柏之不瘁

才七二百鎮公十八世西房玖四公派

此十八世才行豐城府君之畫像也性儉慤業儒授徒於

近里更歷有年所配祖妣氏盛生五子長俊行子和公

善殖財次子厚公庠生三十源公四積侯公五平侯公咸

振振稱克家子贊曰

素志讀書未通顯也積歲課蒙無施展也意必有渾厚其

性陰行其善不然胡爲若於公之大其門而子孫蕃以衍

也

俊二百三一志涵公十九世西房玖四公派

此十九世俊行平侯府君之畫像也席父兄業治家政既

平且慎終其身得優游田園之樂焉像曰

靈陽村裏馬鞍橋西墓門松栢鬱鬱萋萋僉曰吉地利我後嗣寔有吉人永錫其類試展遺容德粹體充太和之氣老成之風

傑二百七九　宗李公　二十世　西房　玖四　丞派

此二十世傑行季白府君之畫像也按墓表稱府君幼沈毅寡言笑孝友雍睦門庭翕然中年操計然術客乍浦家日以饒有稱貸無弗與者教子以義方或咸式其訓乃謹爲之贊曰

孝乎惟孝友於兄弟踐君陳言生人根柢及壯而遊也不過出其緒餘追踪范蠡至退而家居也乃復市義同於孟嘗乖模等於元禮嗚呼此府君之所以佑啓而凡我後人可不兢兢乎永思繼體

興三百三六　文燈公　廿一世　西房　玖四　丞派

此二十一世興行漁陽府君之畫像也府君自少秉義方

循循不失矩□微幸兩兄所待物□□□才識又足以斷事□世自菘百六九公客外久歲業稍起厥後平侯公季白公相繼擴充及府君往來於膠西經營於甬江舉前人之業益以光大嘗曰爲善自一家□推□□修譜牒最所宜先者次則□如□□塾以教族中子弟他日積貲若千□□與兄□共□之其□行事詳壽文墓誌中　啓華謹

茲其□端於此贊曰

奮椎擊環操刀割絲當斷而斷不敗於疑然非才也孰□指揮□非識也孰與主持然非誠且敬也又孰免鍥薄與浮靡□哉我祖衆美兼之是以有猷有守有爲況復切切於嗜欲近以篤基而欲爲敬宗收族之舉俟諸後以踐厥辭固不獨擁厚貲膺寵命徒取誇耀於一時也

經百入八元域公　廿二世西房玖四公派

此二十二世經行我伯考臞生府君之畫像也生平儀表

偉人稟親訓與兩弟友愛初客遼東壯歲以漁陽公謝世返居甬東繼述志事而貲日以饒蓋府君具幹濟才并有知人之識經營藏否後皆去其害而得其力不少爽也嘗身自經營搆新居今遠近所呼廠裏者是惜乎室將落成

府君已歸山邱矣贊曰

人貴識別賢否人貴力兼創守猗歟府君識精力厚業善繼承守成富有蓋家國無二理正如得周氏攤文而光前啓後今披圖而鶴立長身猶覺精神之抖擻益令後世之瞻慕者難忘堂構之功之不朽

經百入九元魁公廿二世酉房玖四公派

此二十二世經行我伯考温泉府君之遺像也昆季早逝世府君以一人主家政井井有條嘗購書置國朝名人尺牘百餘家擇其尤者勒諸石今不朽施濟邑有善舉必首倡捐尤敦族誼緩急無弗周每届臘盡察之無以卒歲

者恐矜憐周恤之義稍闕須德□哉今爲道不衰□年體弱多寒疾病□時艱他書惟以賙濟隣族詔其子其殁也遐邇莫不嘆焉贊曰

土厚則安德厚則峻維彼薄夫招尤啓釁維公好施族黨河潤救困扶危不驕不吝觀公慈容知公誠藹宜乎後人世世日振□□善者□於斯益信

經百九十元墀公　廿二世西房玖四公派

嗚呼此二十二世經行我先考哦松府君之畫像也府君性沈毅敢爲幼敦孝友既長嗣先業服賈膠西推誠與物人咸不欺有海船至必懇懇慰問具知駕駛法道光丙戌募商舶海運府君慨然願領運米萬餘石具三十艘赴天津以充國儲遂由國學生議敘六品銜後以兄子綸金輸捐鹽提舉銜貤贈府君奉直大夫府君素行樸儉不妄費而課啓華讀甚嚴每加禮延師又義舉所在身任不辭如

壬辰癸巳歲比不登倡勸捐賑全活者數百家贊曰
嗟我府君急公好義毅足有爲儉復有制宜其得年永茲
後裔天胡降劉嬰疾積歲未登下壽遽棄塵世遺容尚存
報德奠逮思慕瞻望曷勝流涕

綸入百七綸鏶公廿三世西房玖四公派

此二十三世綸行從兄亦愚公之畫像也昔臞生公承我
祖漁陽府君遺業精強擴充家以益起而教子務在儉勤
不使兒輩生長素封有媮靡習染兒稟其訓自少服賈甬
江閩或還家必徒步往返未嘗買棹也親族削而賦性英
毅年逾冠以臞生公事業多端自顧家督才爲分憂惜不
獲享年居　生公之喪哀毀經半載而卒其時移華未及
成立今識其崖略而爲之贊曰
懲紈袴習企浣濯風矯裙屐輩奮箕裘功得竟志力濟其
終嶽嶽當爲萬夫雄即今展像英氣在天所不佑人所崇

綸百八八　綸錫公　廿三世西房玖四公派

此二十三世綸衍從兄乃鼎公之畫像也儀表脩偉與臞生府君同素性豪於飲好客尤加禮師儒長兄早世事寡嫂甚敬體恤之必周而教督子弟則嚴毅不少貸承繼父業客甬江以才幹著能絕去闤闠浮囂習待知交一以眞意故遇時會多艱卒得其用俾先緒弗墜焉然兄之心力已爲之交悴矣昔漁陽府君嘗有志欲於近里別建宗祠道光廿三年癸卯兄與啓華及從弟傳綸定謀度地於居室之北而營建之兄卽於是年十一月初九日逝世贊曰

閒之搦業難守成亦難豈虛言哉不然以兄之英偉席先人之基緒亦可與磐石等安乃綢繆牖戶拮据蓄租僅而得以聚完兄今往矣其惕厲奮勉之意藹猶彷彿見之於容顏

綸百八九　綸金公　廿三世西房玖四公派

此二十三世綸行從弟也愚之畫像也性和厚謹慎有僕時長者之風遐邇咸稱之自少時父與伯兄並歿外事悉聽命於仲兄乃愚身則督理家事然亦不敢自專必咨詢寡嫂而後行至於義所當爲輒慷慨論斷若議復峯山祠堂之舉其較著者事詳墓表中體素孱弱以衛養功中歲轉豐漳人方卜其永年而弟旋棄塵世矣贊曰

敬事兄嫂家以穆爲敬念宗祀祠以歸然當其義形于色若薄雲天若决巨川視平昔　謹厚乃知人之不可限量者難執一節以盡其賢

綸百九四綸鏌公　廿三世西房玖四公派

此二十三世綸行吾三弟竹君之之畫像也弟嘗客於杭州習賈業既歸里與兄弟讀書奮勵治文藝入邑庠第一旋試高等報捐即用復設訓導後以護海功奉旨賞戴藍翎并加五品銜命下而弟已卒年三十有二弟生不務

惠施尤篤宗黨以爲是本根所在年未壯能絕戲游事不欲妄費財力謂吾可移此貲以濟數家貧乏其待友類能愛人以德與表兄盧君英甫更相契自少氣象強毅有欲請纓請劍之風其卒也以腹血暴下故蓋其鋭意功名未盡如願中或有鬱而不自釋焉當易簀時諄諄囑吾兄弟儉以治家厚以濟物而尤在於急定墓地葬親嗚呼哀哉爰爲之贊曰

其生也慕高義其亡也折利器今展其遺容也猶凜凜乎覺有英氣

綸百九一綸鑑公　廿三世西房玖四公派

此二十三世綸行從弟秋史之畫像也性恬淡寡言笑與人無爭與物無忤交游稱其賢年十四得痰厥症或謂金燥或謂土衰或謂水泛旋愈旋發忽忽十餘年茶鐺藥罏幾無虛日竟以此殞其生弟自得疾後常兀坐一室習靜

功以視紈袴子弟問柳葬花酒食相徵逐者不可同日語矣使天假之年其造就殆未可量也嗚呼何遽赴玉樓之約乎贊曰

其人靜以默其貌清而臞惟兩顴之鶴瘐以二豎之難驅縱天年之不永而考其遺行猶覺朗朗乎如明珠

綸九　綸銳公　廿三世西房玖四公派

嗚呼此二十三世綸行吾四弟鐵耕之畫像也吾兄弟五人惟四弟貌清臞而性最穎悟舉止閑靜昔先大夫自幼鍾愛之謂是吾家讀書種子年十九爲邑庠弟子員嘗試期之方邇也聞時世尚蘇黃楊陸四家詩即刻苦記覽不數日皆成誦在心居恒以和厚接物雖明知其欺亦不愛焉吾母盧太宜人以其能承歡且能了事而又久病咯血愛護之尤至乃年僅二十而卒痛哉贊曰

楊家童烏預太元兮唐時李賀賦高軒兮彼幼慧之鋒穎

太露宜不登於大年今何吾弟之聰明渾厚亦遽從於九原兮灑一腔之熱血不得酬二親之深恩兮倘文人之有靈兮化鳴鳥而訴冤兮嗚呼已矣畫像徒展莫招魂兮抒哀悰翰題數言兮

自十一世啓九公以下迄於先大夫行及吾昆季輩皆各有畫像歲時展懸慮其歷久而散逸也因倩畫師繪爲像譜一册各系以贊屬表姪盧君稚仙書諸左方藏庋於家蓋不特遺容如在并其生平言行咸瞭然於目庶使後之人得以油然動仁人孝子之思焉咸豐庚申春日啓華謹識

按木菴公撰像贊一卷自十一世啓行以至綸行其職銜事實生卒葬娶均各備錄無遺茲因職銜已見世系生卒葬娶已見世次卷頁浩繁無取複述祇摘事實贊語以歸簡要非敢于先人筆墨妄有僭動也廿六世孫

丕揚謹識

輔二百 輔澇公 二十四世西房玖四公長
圖二二

此二十四世輔行吾兄蓮橋府君之畫像也府君爲先考綸錫公長子繼伯父綸鑣公後諱澇譜名輔　字芳永蓮橋其號也府君生而祗慎行止異常幼失怙事繼母極孝昆季友愛遇事能斷而性和厚有非禮相待者不與校鄉黨稱爲家乘久未修爲先人未竟之志告從叔偕昆季共成之讀書穎悟二十歲遊庠鄉試屢荐未售授例由附貢生加布政使司理問銜海運議叙加五品銜以子相球貴晉贈朝議大夫孫聲宏捐授兵部員外郎覃恩加六級贈爲資政大夫葬於西蘇橋之原配盛夫人妾畢氏翁氏早卒繼室張氏封夫人子一相球張出贊曰

惟勤惟儉克柔克剛履仁蹈義行表言坊香分芹藻惠被梓桑謀承燕翼寵沐　龍光　弟□撰

鍾二百四五　樾藩公配　二十四世西房玖四公派

從姪曼書元配盛宜人爲盛君勉齋季女性貞靜公愛之
鍼黹之餘以列代女史親爲指授頗能領會年十七于歸
敬事舅姑無失禮相夫以柔順生一男名相琳女四率以勤
儉不背於禮者教之歲丁巳二月病卒時年二十八人皆
以不壽惜之生道光十年三月初五日子時卒咸豐七年
二月二十二日子時余爲之贊曰
不華而實不舒而歛撙節措施是謂能儉　啓華撰

典三百九四　澹公　廿一世西房玖四公派

公姓費諱澹字筠浦浙江錢塘人乾隆二十八年進士由
刑部歷官郎中爲出常州府屢擢至安徽巡撫調江蘇巡
撫抵任後首嚴米石出洋之禁沿海布列卡房數十處緝
拏私販民食賴以不匱蘇城河道淤塞穢濁之氣蒸爲疾
沴公督守令勸諭士民一律疏濬深通舟行無阻晉兩江

總督加太子少保會蘇郡有諸生因債被訟者官吏徇私巡撫學政偏聽諸生牽引被革者二十一人御史沈琨以其事上聞　上命公覆審公至持平定案將無辜悉行開復所復諸生後有躋顯達者至今猶頌德不衰旋被名人爲兵部尚書調吏部拜體仁閣大學士左遷兵部侍郎陞工部尚書卒於官謚文恪專祠在府學西贊曰

緝拏私販疏濬淤河培植多士沒世不磨顧沅吳郡名賢圖傳贊

按譜以行次爲先後興三百九四應次與三百九六前因自啓行以下均係木君公手撰未便參入以嫌杂雜故并列于后丕揚敬識

德行錄

萬歷譜云德行者得諸心而措諸行固有不容匿直一節可稱又非迹是而心非者是故不可以輕許必鑒鑒乎有可舉之實而爲輿論之所歸者方可不然起家講矣

咸豐譜云按舊譜齒錄自一世至十七世所錄生卒娶葬後間有附以詩贊語者雖其文字工拙不一然皆人手筆所遺片玉零珠皆足寶愛故悉仍其舊不敢有所去取也今彙爲一編以便檢閱

始祖 士賢公

公創玆鉅業基以仁固以禮俾子孫世守而至于峰山公之樂施普濟澹軒公之茂修恢緒其所以繼志追孝而格天昌後者爲何如真千萬世無疆之慶也 萬歷譜 公肇基靈陽因號東靈與李氏協謀來闢玆土肇子孫千百世無疆之業功德實與天地相爲始終 又齒錄

千四 彥京公 二世

公恭乃兄友乃弟同心協力規恢宏業誠所謂幹功用譽者尚矣哉 萬歷譜 [illegible]錄

萬三元芳公 三世

公恤窮振乏樂施無吝仁厚之心得於家庭之漸染者有素所謂世濟其美者非歟 仝上

添十一艮佐公 四世

公文學顯著衆皆宗之故儕爲秀才當時推舉于朝以養新闈辭不就則其進退可知矣 仝上

再七日章公 五世

公暮年創峯山院棲息其間捨田地山若干畝於院既卒闢爲峯山祠堂事實具前後碑記 咸豐譜

費日章字顯之世稱峰山先生祖元芳以貲甲於里卹窮振乏樂施無吝父艮佐文學顯著衆薦於朝因黄巢之亂遂以養親辭不就日章生逢五季能承父志邑東文溪南山深谷中唐天寶間高僧惟實開址掛錫之地也日章愛其邃雅築精舍讀書晚歲捐田園山林之饒凡六百畝有

奇岡乃峰山道上殁而葬此事在晉天福二年後人祀於東廡不忘本也慈谿縣志

存道公厚三十一世東房

公於成化初家貧匪阜遷居於西另造大厦世稱新屋按郎今之花廳萬曆譜齒錄

十棲公禮八十二世西房

公與古庵公同胞也心相親愛聲相應和至老不衰但古庵公慈柔和易日用飲食有葛天無懷之風而遯庵公則抗節有爲秉公立事凡所以正家紀而扞外侮解紛爭而安鄉邑靡有不心服者雖官府人亦不敢來生事里都有隱然虎豹在山之勢其爲人庇也大矣哉萬曆譜

公英敏特達膽畧過人嘗從吏庭上下欽服後因親喪不就竟以義窣終身平生雅好經書尤精鑑史至於喪祭冠婚莫不井井有紀定林祖祠非公卓有把持孰克恢復之

鄉族重望眞豪傑之士也南陵公贊云公之孝友出自性
衷嚴恭好禮內外肅雍宗紀斬如莫不率從鄉邑遠邇閭
者欽容峯院我祠奚其敢訟疏動朝端有凜其鋒自天降
旨光生豆登顯祖亢宗功孰如公雖從吏事經史盈胸訖
云刀筆蕭曹其朋若同遭際允矣元勛 又齒錄

九履 十瑗公 十二世西房

公和平樸實無思無爲居宗長幾二十年有司贈冠帶以
榮之月川公贈以贊云大樸既散巧僞日滋頹風靡然莫
覺其非緊維我公融其性姿如圭如璋德器粹如抱璞守
一知雄守雌行開金石言符龜蓍歸仁譽德萬口一辭望
嵬太臺夫豈偶爾彰以官服樹我表儀 仝上

一仍 璨公 十二世中房

公筮仕潛尹廉平愷弟之政寵章褒美嗣以竹窩公益推
廣德意除奸剔蠹而興以利大爲斯民造福族人或劾其

靖八年進士太僕寺少卿汝三德十一年順天舉人盧州通判孫標隆慶五年進士太原同知佳嘉靖四年順天舉人平陸知縣以科甲世其家邑令爲建濟美坊於縣署西 慈谿縣志

消廿四 鎮公 十三世中房

公資性剛方度量寬宏見人有過旣面斥之又誨諭之故鄉人畏威而懷德卽慨復定林祖祠與諸父昆弟協謀不避艱險盡力匡扶厥功懋哉 萬歷譜

本十五 鑰公 十三世右房

公生而穎悟五歲卽善屬對人皆異焉從遊方伯楊柳塘公門下公嘆賞不置趙宗師按試首選冠場稱兩浙一人時方十四歲數奇累舉不第然情懷洒落雖處困中常自得與人交無間貴賤小大皆謙和以下之 仝上

敦十六 濬公 十四世西房

公眞誠公直鄉無閒言輕貸重施聞者心仰有司欲點大戶里胥率不欲談公名其厚義服人如此仝上

敬七　潘公 十四世西房

公端方好禮樂善崇儒夯經授子而名通學校配陳氏孝恭嫻睦義方勗子而愛周于下 上

敬廿一　瀛公 十四世西房　附子文廿四文廿八

公少負異資而酷嗜學宏覽博識意不可一世爲文匠心獨造雄古有先秦風旁通字學尤精於習書迺其天性慷慨剛直好義喜施不治生產意氣豁如也蓋所以取重者不獨以文翰矣 上

費瀛字汝登號豐山父鈅起家淸范縣簿瀛少負異資讀書過目成誦隨父任大荆巡按行部至驛適父出瀛率吏卒迎謁以應對敏捷見賞爲之延譽聲溢湖湘閒武宗崩國子監生鈞州黃珇訃楚府還過大荊十里驛卒[illegible]請於

父爲具棺殮歸其櫬銷歷官三紀兩佐劇邑所在以瀛重
□負氣抗厲始試督學學使汪某好峻法繩士欽卷賦詩
投筆而出後成諸生每試高等累舉不第乃棄去肆力於
古文詞子史百家秦漢以來人物傳志及郡國輿地雜記
皆淹貫旁通字學尤精署書考功豐坊評瀛書謂當與文
衡山小楷祝芝山草書稱三絕非得意不書非遇賞鑒家
不書士大爭延致其家明窗淨几雅歌高論輿至索楮書
之縱橫跌宕援筆立就制府以下皆禮遇之瀛亦以揖客
自居分庭不屈稍不當意輒拂衣去布政使郭朝賓館之
西湖藕莊屢屏騎從造之常引至衙齋訪埋道移日忘倦
瀛亦絕無所干士論兩難之萬歷七年年七十有四卒瀛
天性至孝銷歿事毋陳飲食必嘗而後進性好施予嘗爲
嫁女貸得十金途遇從弟某稱急遂解囊授之後竟償以
已產子廷槐客遊京師歸旅病遇太倉王士芳爲調湯藥竟

不起復治棺殮歸其骸瀛感其誼爲作王義士傳人以爲大荆殮黃生之報云季子廷棐字秉忠亦善書法能世其家學　慈谿縣志

王芳蘇之太倉人嘉靖癸亥嘗訪舊於小値沽適慈谿費生廷槐病滯旅舍與語歎曰奇士奇士困頓摩士耶移至寓所共寢處將護惟謹明年春攜生同舟南旋病良已已而復病便溺狠籍市甃缶躬爲滌除無厭倦意至潤州舁易輕舠欲就姑蘇就醫調理次呂城生病革索筆作家書恨不及終養二親涕咽謂芳曰生平心事百不一申天乎已矣倘埋道傍乞書慈谿費廷槐不瞑目之柩語脫口而逝其眸洞然芳曰古今旦暮孰爲彭殤仲津達人而怛化耶摩其眶者久之猶不瞑乃舉其首枕之股拊膺而慰曰四海一家誰非兄弟骨肉弗面命也何恫況有四弟兩兒親養有託毋戚戚爾生喉間[illegible]然有聲目漸瞑歷尸三日

抵虎邱倂貸營棺衾手浴含殮櫬厝半塘僧舍告乃父汝登踰月而至舉其柩弗前遲明芳絜酒來哭送乃舉環寺而觀者嘖嘖嘆曰不意今人中得見古人也若王君之於費生萍逢莧逆遂爲死友千里維持半塘挽別其艱辛戢猷有戚屬所難者謂之義士非歟　張楊集園

王芳字仲義太倉人嘗訪友小直沽適慈谿費廷槐字仲津病臥邸舍芳與語歎曰奇士胡自困移至寓具藥餌將護倍之明春與同舟還夜夢費墮橋下拯不得晨起焚香祝天病良已已又病便溺狼籍市瓷缶親爲滌除費泣曰吾何以報公至潤洲易輕舸欲抵蘇州就醫次呂城病革泣謂芳曰生平心事百不一申天乎已矣倘埋道傍乞書慈谿費廷槐不瞑之柩言脫而逝芳呼仲津達士胡爲怛化摩其眶不瞑乃枕尸于股曰四海一家誰非兄弟骨肉弗面命也君有四弟兩兒親養有託毋更戚戚喉間砉然

有聲目漸瞑匿尸三日舟人不覺抵虎邱營棺衾手浴含殮厝半塘僧舍訃其家逾月父至時環寺門觀者嘖嘖嘆有隕涕者蘇州府志

敬五一　滴公十四世西房

公二九入泮至七十四年老猶學觀場五六無一遇深知遊學妨功柰困不能免苦苦作家爲諸弟完姻不得終焉常痛心待人一以勿欺爲主歷修舊譜齒錄

皐廿三　鎮公十四世東房

公幼習詩長入郡庠二赴浙闈嘗游學三吳士人信從甚衆上仝

皐廿四　瀚公十四世東房

公養冲守素樂其天年孝繼母友難兄而不有其德睦鄰里成好事而不施其功蓋古之醕德君子也仝上

皐廿九　渭公十四世東房

公形體魁梧心地坦爽率眞而行尤善楷書少入郡房扈朗驚馳來歸孔墻鋭志毛詩三冬足用卒成大儒蟾宮三躍有光厥閭雖終舌耕清貴奚如仝上

德廿六 潑公 十四世右房

公由吏員考中正八品告降雜職除河南沈邱縣典史處心公直斷事明敏眾咸服之深得士大夫歡心去時皆欲借冦而不可得何武去後之思可知矣仝上

武九一 孟肅公 十六世西房

公敦樸古懋胸無城郭舉業不就歷游三吳幾三十載訓子及孫皆有成立咸豐譜

英十九 墉公 十七世西房

費墉浙江慈谿人舉人天性樸茂學有淵源天啓年除長葛縣教諭時葛邑自丙午而後科第乏人公甫任即立興元社日課不倦舉典行之實回靡波之陋道義相長人爭

磨礪三年遷廣東雷州司李士子懷之立有去思碑後丁卯趙佳鳳孟良屏癸酉黄朝薦邢國璽乙亥拔貢韓發已等或魁省或聯捷皆墉訓迪功也長葛縣志

費墉萬歷三十七年舉人天性樸茂學有淵源天啓中授長葛縣教諭邑自萬歷丙午而後無舉於鄉者墉甫任即立興元社日課不倦舉興行之實以道義相長邑人士爭自磨礪其後丁卯則趙佳鳳孟良屏癸酉則黄朝薦邢國璽乙亥則拔貢韓發已等相繼登薦有聯捷者皆墉訓迪功也在任三年遷廣東雷州府推官士子懷之爲樹去思碑慈谿縣志

俊二百七一　士桂公十九世西房

費士桂字宮栽號丹林乾隆二年　恩科進士授衢州教授正身倡導歷十餘年爲諸生所悦服以老乞休諸生攀留不得乃請爲青[illegible]書院山長遂留衢州初其父永悰[illegible]

於杭士桂閣侍讀吳陳太僕光崙桂九普兆崙稱其能文張相國廷玉聞其名延爲塾師教弟子訓迪有方所作詩文具有規矱爲時所重同年生德保序其集謂卓然成家年七十有九卒以孫渟官體仁閣大學士贈光祿大夫慈谿縣志

典三百九四　渟廿一世西房

費渟浙江錢塘人乾隆二十八年進士以主事用分刑部三十二年補官三十四年升員外郎旋升郎中充軍機章京八月充順天鄉試同考官三十六年四月　京察一等記名以道府用七月授江蘇常州府知府三十八年丁父憂四十一年服闋補山西太原府知府旋經巡撫巴延三以費渟人地生疎奏調蒲州府四十三年復調太原府四十四年擢冀甯道四十六年升按察使四十七年遷雲南布政使四十九年以母老陳請歸養五十二年丁母憂五十

四年服闋仍補雲南布政使六十年四月升安徽巡撫五月調江蘇巡撫嘉慶二年二月奏淮徐揚三府屬之州縣窪地現居漫口合龍之後水勢已定應委員逐一履勘如實係極窪爲水所占即責成該管州縣勸諭農民改種蘆葦以收地利其應納錢糧照蘆課改則徵輸下部議行七月調福建巡撫偕總督魁倫奏閩省爲濱海巖疆民俗素稱剽悍所設地方文武巡緝防守必須控制得宜聲勢聯絡方足以資整飭至水師營務亦宜隨時籌辦請以建甯府同知改駐福州府屬福淸縣之平潭裁撤平潭縣丞移駐南日澳漳州府南勝同知移駐漳浦縣之雲霄盤陀巡檢一員改爲同知衙門照磨兼司獄事將海澄縣丞改爲平和縣丞分駐南勝雲霄縣丞移駐車田之象牙莊延平協右營都司移駐泉州府屬南安之洪瀨鄉酌撥邵武左營千總一員陸路提標後營外委一員汀州鎭標右營外

外委一員並於陸路提標各營內抽撥兵丁三百名統歸都司管轄再閩省水師提鎮各營戰船舵水僅在各營所管汛地洋面往來巡哨若至隔轄洋汎即不能熟悉港道沙線近時巡捕出洋均須另雇商船緣該船舵工水手熟悉洋面管駕得法今各營戰船既照商船改造所配舵工自應令募商船熟悉各洋之人以利巡緝而商船所用舵工雇價較厚應請每船舵工除前定本身名糧炊糧外再加給守兵糧餉二分如果追捕有功並即量予超拔用昭鼓勵均得　旨下部議行九月仍調江蘇巡撫三年因奏請暫留丁憂之知府李逢春幫辦淮徐等屬放賑減則諸務下部議處降二級留任四年二月升兩江總督以兩淮鹽政徵瑞係兒女姻親奏明請　旨　諭曰總督雖有監察鹽務之責但費淳居官公正朕所深信徵瑞著不必迴避六月　上聞江蘇有訐告常州府知府胡觀瀾一事

諭令查奏尋奏胡觀瀾與江陰縣知縣楊世綬勒派縣民出資脩寺擾累閭閻請　旨革職永不敘用　諭曰費淳於胡觀瀾派累之事豈無聞見乃直待朕指出情節詢問始行補參本有應得之咎姑念其平日操守廉潔聲名尚好此事一經傳詢即行徹底查明參奏並不徇隱尚屬可寬費淳著免其交部議處七月奏參江甯鹽巡道彭翼蒙奢侈靡費　上命革翼蒙職尋以審訊令甄輔廷擅責生員一案不將案內緊要情節及同知李焜肆意濫刑巡撫宜興學政平恕辦理失當之處據實參奏　上以其瞻徇同官情面交部議處尋議降二級調用得　旨從寬改爲降三級留任十一月奏徐州府屬食城河一道坐落銅山豐沛三縣境內上承豐境各路之水歸入微山等湖係宣洩要津河道淤墊應請借項疏挑以利農田得　旨允行五年月正偕漕督鐵保奏就漕糧項下量爲調劑以濟疲

疲丁查原徵隨漕項下應給州縣耗米錢文尚有款項可以撥出在有漕州縣分支無幾亦無大損而聚小成多頗於運丁有裨又有旗丁應領本色行月米石一項擬令州縣照定價改給折色並旗丁應領運費責令糧道親身放給以免層層剋削丁力庶臻寬裕命如所請行七月偕江南河道總督吳璥奏請將蕭南通判一缺改設同知邳北同知一缺改為通判　從之九月因秋汛安瀾　賞戴花翎下部優敘十一月因邵工合龍河歸故道　賞太子少保銜並猞猁猻馬掛大小荷包六年三月因跌傷左足奏懇回籍醫治得　旨無庸開缺旋覆奏左足現已消腫步履漸可照常若因奉有　恩旨即解任回籍轉似涉於欺朦現已咨明岳起不復交卸以免展轉遞署之繁　諭曰費湻不拘泥遵旨解任回籍能以地方公事為重深得大臣之體仍賞給內府丹丸俾資調治五月奏請將徐州府

屬簡缺之碭山縣改爲繁缺在外揀選調補下部議行七年五月因上年江蘇徵收漕糧辦理不善及旗丁藉端需索　上以費淳係統轄大員漫無覺察下部議處降一級留任十月偕吳璥奏報秋汛安瀾得　旨交部議敘旋因碭汛唐家灣民堰漫塲奉　諭申飭並將前次議敘撤回尋奏引河堵閉報　聞十二月偕吳璥奏請將淮徐道所管之桃南桃北二廳淮安府屬之桃源縣海州暨所屬之沭陽贛榆二縣改歸淮揚道管轄淮揚道所管之江防揚糧兩廳改歸常鎮通道管轄宿虹南岸應添設通判一員其宿虹同知改爲宿北同知另設豁南通判一員豐碭南北兩岸應添設縣丞千總各一員蕭南廳屬之天然閘應改歸銅沛廳就近管理均得　旨允部議行八年二月吏部將文職三品以上大員從前所得降革處分摘敘案由開單具奏得　旨總督費淳降級留任六案著加恩開復

復六月奏請於宿州之南平集地方設立撫民同知將事務較簡之甯國府總捕同知裁汰移設南平集將鳳陽府司獄改爲撫民同知照磨兼管獄務其府獄事務歸於府經歷兼管並應酌立營汛移撥弁兵以資巡緝擬於徽州守城營內酌撥千總一員馬步守兵一百四十名歸壽春左營都司管轄以四十名添駐宿州以一百名隨撥調千總駐劄新設南平集地方得　旨允行是月授兵部尚書時河南衞家樓地方黃水漫溢山東張秋迤南黃水橫穿大淸直達鹽河入海有妨漕運　上命費淳赴山東查勘河道並督辦要工尋奏張秋西岸舊有裹頭應幫鑲寬大東岸舊有長隄應加高培厚以防溜勢北掣南口則趁汶水北注之勢引歸河身北口則自大溜迤北分導餘流以資挽運其淤沙淺阻之處應仿南河刷沙之法製混江龍鐵篦船及一切挑淤等具至張秋迤北隄岸經水汕刷於

緯道有礙者議水退後分段培築報　聞九年二月偕巡
撫鐵保奏南糧首幫於正月二十四日俱已挽過張秋驗
行極爲妥速　上嘉之　賞給琺瑯帶扣黃辮大小荷包
仍下部議敘六月調吏部尚書九月　賜紫禁城騎馬十
年四月充　殿試讀卷官六月授協辦大學士十一年五
月充國史館總裁八月　命偕尚書長麟審辦直隸藩司
書吏王麗南等私雕假印侵冒錢糧案研鞫得實懲治如
律十月　命稽查欽奉　上諭事件處十二月充　經筵
講官十二年正月授　體仁閣大學士管理工部事務二
月　京察屆期　諭曰大學士費淳平日辦理部務均屬
勤慎著交部議敘八月兼署管理國子監事務十三年管
理戶部三庫事務十四年二月因失察三庫兵丁偷竊銀
兩下部嚴議尋議降三級調用　上以費淳究係兼管改
革職留任三月充會試正考官五月命不必管理戶部三

庫事務十二月因失察工部書吏王書常等私雕假印捏
款冒領戶部三庫銀兩物料事覺下部嚴議尋　諭曰費
淳前因管理三庫時係兼管工部有失察冒領銀兩之案
業交部嚴議茲又於本部書吏冒領三庫銀兩失察至五
次之多咎無可辭著先拔去花翎不必管理三庫事務再
行交部嚴加議處部議革任奉　旨革去宮銜降爲侍郎
郎命署兵部右侍郎仍兼署管理國子監事務改充　國
史館副總裁十五年正月補兵部右侍郎五月授工部尚
書十六年卒　諭曰工部尚書費淳持躬端謹辦事老成
中外宣猷勤勞匪懈前經擢任大學士贊理綸扉嗣因管
理三庫內有失察書吏王書常等舞弊之案降爲侍郎費
淳感激朕恩倍殷報效復經歷任尚書方資倚畀茲聞染
患病症遽爾溘逝深爲軫惜著加恩賞還大學士銜尚書
例給予卹典任內一切降革處分悉予開復又　諭曰本

日披覽原任大學士費淳遺摺知伊子費履升現係戶部主事費淳宣力有年殊堪軫念伊子費履升俟服闋著加恩以員外郎補用尋　賜祭葬　予謚文恪二十四年奉旨入祀雲南名宦祠子履升舉人二品廕生刑部員外郎

費淳字樸安號筠浦錢塘人乾隆癸未進士由主事陞郎中入　軍機處　京察一等擢外補常州府知府丁父憂服闋特放山西太原府知府有爭水利者親爲履勘令復舊制水得分溉邨民建橋於渠上名曰費公橋陞冀甯道擢山西按察使洊擢雲南布政使乞養母服闋仍補原缺旋護撫篆實心經理所奏輒奉　溫旨調陞江蘇巡撫首嚴米石出洋之禁丸沿海口數十百處增設卡房糧價平是冬兼署江督河督二篆嘉慶元年七月豐工漫口淳履勘獨力丁巳調撫福建未幾復回蘇以水患故奏請將徐屬徵存漕米四萬七千餘石就近搭放賑糧公私交〻旋

奉　旨補授兩江總督淯肅清江南糟弊遂具摺直陳實
在情形條舉四欵一加惠疲丁一嚴禁浮收一停止巡糟
一嚴懲紳棍奉　旨交戶部議庚申三月入覲回任與河
督吳璥協力督辦河務是歲秋汛安瀾洪湖石工鞏固而
邵工亦合龍河歸故道　賞給太子少保銜旋補兵部尚
書到　京供職未幾黃水漫溢有妨漕運　上命往山東
查勘河道駐張秋經理工竣　諭曰所辦甚好旋調補吏
部尚書　紫禁城騎馬乙丑充　殿試讀卷官六月以吏
部尚書協辦大學士明年充　國史館總裁丁卯正月補
大學士管理工部事務尋授　體仁閣大學士敬謁　萬
年吉地查驗續辦工程九月管理戶部三庫事務先是正
月閒　上詢及淯年淯以年七十對　上曰何時生日對
曰十二月十六日生　上曰十二月已近歲暮可改於十
一月稱觴汝自擇日屆期先行陳奏朕將爲汝作生日及

期　特命內務府大臣恭捧　御書贊綸錫祉扁額并佛像如意冠服朝珠文綺各珍品　賜之己巳充　恩科會試正總裁以失察三庫事降署兵部侍郎旋授工部尚書壽七十三歲卒　予全祭葬謚文恪初嘉慶戊辰之會試也上問湻曰汝家有中式否湻以費丙章對　上命改庶吉士丙章號新橋官至河南布政使屢捐廉脩貢院試院掩骼埋胔善事匪一比卒囊橐蕭然唯殘書數卷存（施朝屏武林人物新志）

全廿二　大彪公（廿一世右房○附族孫昭四六）

費大彪字毓林早孤家貧力農以奉母每出傭必爲母具餐以時至執爨融融洩洩藹得歡心爲人謹愿常以辱親爲戒生平未嘗與人忤母病篤天乞代母病輒瘳母年七十七無疾而終光緒七年卒年七十有一次年以孝子旌族茂椿字萬榮亦以刲股愈母疾人稱孝焉（慈谿縣志）

[illegible]三式[illegible]公 廿一世右房

公少[illegible]農業頗知大義粵匪擾後主持宗政十餘年規畫井然又好爲人排難解紛[illegible]畢以身儕之同治三年更爲大族公長[illegible]蔣湖支[illegible][illegible]宗長者嘉道以來自公始公[illegible][illegible]圖族之人尤繫思焉 蔣湖支譜

[illegible][illegible]豐公 廿二世西房

費元疆字介石父文煜以勤儉起家好施與元疆尤篤於[illegible]誼每歲[illegible]量其人之緩急而給以錢米甬上范永祺收藏[illegible][illegible]民[illegible]贖身後散佚殆盡元疆百計搜采得其半又訪浙東西鑒賞家足成之爲鈎摹上石與湖海閣帖並行於世卒年五十五臨殁語諸子曰人宜居心忠厚毋刻毋吝寒畯必時周恤之[illegible]目[illegible]象 慈谿縣志

昌七 志雲公 廿二世右房 附從兄昌七三從弟昌七四
二

費志[illegible]字西亭自號蓮峰散人幼穎悟博學工文以親老

不求進取隱居蒸湖蓮華峰築蓮山草堂蒔花鋤藥以養
親竭力服事上皆遨遊親沒哀毀骨立人稱其孝素友愛
弟志名蚤卒遺一子幼好嬉戲弟婦守志教子嚴日譴其
子志雲醫生志多方護持撫如己出抵於成立又精醫嘗
設太和堂藥肆於里中見貧者輒予之不受值家本中資
由是日落怡情晚年放浪湖山詩酒自娛與從兄志剛
從弟志常倡湖上三社卒年五十有二著有諸脈類參十
卷地理正宗秘闡七卷地象精義四卷蓮山草堂遺集三
卷石閣草五卷蓮峰雜記一卷子江城江杰亦以孝友聞
一世孫某睦人謂克肖其父邑志節錄
志剛字月儒號桂林早有文譽既於有司遂不就試以詩
酒自娛築別墅於蒸湖之南山色湖光資其嘯詠著有涵碧
樓詩草繼室徐故閨秀工詩有書蘭稿其咏牡丹云同乜
[illegible]

時紀此僕門迎　想於閒自[illegible]情[illegible]間今時誰
世[illegible]門之丙爲雍如也惜兵燹後二稿俱佚
僅存數章云　費氏先德錄

克常字惜古友士公之伯子先世耕讀傳家無大顯者公
[illegible]守[illegible]中仕進以布衣終所居曰靜齋因自號焉
嘗[illegible]所[illegible]有水有山門第半耕半讀人家紀實也時
[illegible]一[illegible]闡與從兄月仙涵碧[illegible]亭蓮山草堂相
[illegible]游水石之間以孝友相劘切人目爲湖
上[illegible]門亭與月仙纔踰中年而公得長壽晚歲自
課其子弟築[illegible]步咸畏敬之[illegible]與俗亦無忤也嘗作古
文[illegible]而不屑録存[illegible]集子挺又客於外[illegible]遺文多
散佚僅存靜齋遺稿一卷不足窺見一斑矣仝上

昌三　志浩公廿[illegible]房〇附族弟昌三大

貲志洪[illegible]弟志海[illegible]業農素行爲鄉里所重治同元年四

月二十一日遇賊于花嶼湖城索金以刃脅之二人罵賊死

十年奉　旨賜䘏入祀忠義祠　縣志忠義錄

諱[illegible]綸金公　廿三世西房

贊綸金生而[illegible]南[illegible]有至性年十一喪父及伯兄哭泣之哀逾於成人稍長事其仲兄綸[illegible]備極愛敬情表齊仲兄不欲勞以事而綸金事事先之每晦息伺仲兄既寢必持燈燭傾點門戶或[illegible]游戲要之嘿然曰此得毋貽吾兄憂[illegible]不為也仲兄病扶持抑搔躬侍湯藥衣不解帶[illegible]畢[illegible]既殁哀慟驚里黨咸稱悌弟遠近[illegible]開[illegible]仲[illegible]盡禮撫諸孤姪如[illegible]債[illegible]言[illegible]産無錙毫私[illegible]道光庚子大疫[illegible]餘變族子弟[illegible]多傳染[illegible]戒無往來者綸金於喪家必親[illegible]病者[illegible]代謀醫藥[illegible]從[illegible]難[illegible]請父老捐錢募勇守禦村社須備[illegible]備[illegible]一鄉[illegible]

[illegible]

慈東費氏四修宗譜卷四十三　德行錄　十六　[illegible]

卷四十三

貞節錄

咸豐譜云婦人自處所天境無論貧富身後無論有子無子而□□日月□守孀閨真有海枯天崩之慕象戕□茹荼之□吁嗟無□吁嗟無可告訴者故昔人以家有節婦比諸國有貞臣洵不誣矣　國朝特表之典視前明立格較寬□請亦□易以褒闡深而欲襃揚之必及也吾族自明代迄今共搜有若干人别爲著錄於譜以示崇厲志節之意其旌典在近時有實可考者即爲註明

按咸豐譜始著貞節錄例宜表彰但婦德不專重節故有賢母淑女亦一併附入焉

乃妻一羅氏　十二世中房

璨公元配

費璨妻羅氏名貞淑山陰人洛川知縣端女也永樂間從富人實京師羅費皆爲大興人璨初發解家已窶羅與處約無慽容璨知潛山縣遷大同通判移蘇州先後二十餘年所至民安所去民思而家無厚蓄蓋內助能安儉素節以守己保民之道相勸戒也子鎧舉泰和女壻玉衍宰嘉定並以勸其夫者勵之其言曰自吾從先君子洛川暨事

君子於潛山熟聞作縣之道守己當如女之守身保民當如母之保子我爲女婦知所以守身者清慎外無餘法所以保子者誠愛外無餘法守己保民之道亦猶是爾鐙術自有傳慈谿縣志

文六十女靜姐十五世酉房

楚公長女志作文楚字坊隅錢文敏萬歷間旌

文百廿二公女許錢姓未于歸而錢姓子亡貞女立志不再嫁在家依父母以終焉壽七十歲咸豐譜

錢貞婦費氏名靜姐文楚女字錢氏未婚而夫亡聞訃奔喪願守志翁姑堅不受送還家泣告父母誓不再嫁依母家守貞五十餘年嘉靖間年七十餘而終慈谿縣志

按此傳與下錢文敏聘妻原屬一人重出可删特語有詳略姑仍縣志存之惟文楚二字則費仑筆誤耳

錢文敏聘妻費氏未婚而文敏死訃聞氏引被覆面涕泗交流哭歸錢門誓不反顧預搆木爲棺以自矢□貲且老

奉養惟謹旦夕問起居畢獨處一室治女紅以易菽水撫從子爲嗣邑令汪偉旌曰大貞雍正府志新脩縣志同

費氏錢文敏妻文敏甫冠未婚而亡訃聞氏引被覆面而涕泗交湧哭歸錢門誓不反顧預搆木爲棺以自矢舅貧且老氏奉養惟謹旦晚問起居獨處一室治女工易菽水撫姪爲嗣孤苦終身凜然不移邑令汪偉旌曰大貞雍正縣志

費貞女錢文敏聘妻未婚而敏死女聞女哭歸錢誓不反顧舅貧且老奉養惟謹獨處一室治女紅以易菽水撫從子爲嗣邑令汪偉題曰大貞浙江通志

節女費氏爲錢文敏聘妻年十六歲是年十月廿二日婚嫁有期不意文敏先于十月二日病故費即奔喪矢志守節于萬歷廿一年十一月廩增附生員王朝英等及耆民坊長茅浦等具呈於公舉隨蒙　本學教諭呂訓導龔批

此女天植雅操閒氣所鍾本職謬司風教理合表揚即申
縣施行　本縣知縣黃批守節固難季女爲尤難是誠于
民風世教大有裨益況立志之始乃他日完節之基先行
申報獎勉俟後照例表揚先給柏舟矢志匾額　甯紹台
道丁批據申費氏未字失天矢心無二其志節甚足嘉尚
仰縣先將無碍官銀貳兩獎勸　萬歷二十五年軍門劉
批費氏以女守制甚奇仰縣給帛兩端銀一兩以示本院
激勸之意　慈谿縣知縣顧批查照費氏以室女守制操節
冰霜但今居孀之始止宜優恤以勵將來嘗行査事理擬
合申報　察院唐批費氏未字即爲夫守節誠女中之錚
錚者仰縣給粟帛以示獎勸　提學道伍批費氏未字守
節尤爲孱孱覈入竄綱候例題請嗣後每年三院按臨必
給銀帛或給匾額不及細記文敏公萬歷壬辰氏年十六
守節至　國朝順治六年乃終　錢氏譜

十□三妻陸氏十八世西房

才鈴公元配光緒八年旌

才百四三妻邱氏十八世西房

陳錫公元配光緒八年旌

二十妻陳氏十八世東房

長□公元配光緒八年旌

能三妻陸氏十八世中房

能武公元配道光廿五年旌縣志見媳陸氏傳下詳

俊五十妻徐氏十九世西房

予恆公元配縣志作之恆課光緒八年旌

俊二百十八妻孔氏十九世西房

廷元公元配光緒朝旌三十二歲守節宦作憲獎

俊二百三九妻沈氏十九世西房

兆旂公元配光緒八年旌

清八妻 陸氏 十九世中房

清望公元配道光廿五年旌

清節庵題額曰志堅金石去本祠北二里許今尚存一名會龍菴郎氏與寡姑陸氏守節處也 咸豐譜

費清望妻陸氏清望父能武卒母陸氏年二十七清望卒陸亦二十七 按夫卒時年實十八 且無子孤苦相依能承顏順志以養其姑去費氏宗祠二里許故有會龍庵姑嘗奉佛清修其中氏既寡就以奉姑乾隆三十年姑卒氏終老焉因以清節名其庵宗人承勳爲題額錢池爲之記道光二十五年學使吳鍾駿旌其門曰志堅金石庵詳寺觀 慈谿縣志

賓三妻 周氏 十九世左房孫湖支 住岱山

之昱公元配光緒朝旌 三十三歲守節宜名寡婦

廣七妻 沈氏 十九世右房莘湖支

之賢公元配光緒六年旌

□二百三十七繼妻孔氏二十世西房

汝緝公繼室縣志作汝楫誤光緒朝旌三十二歲守節宜年憲獎

漭二百七十繼妻徐氏二十世西房

宗梧公繼室光緒八年旌

漭三百五西妻隴氏二十世西房

啓英公元配光緒八年旌

綠三百七十二妻應氏二十世西房

啓範公元配光緒八年旌

綠三百七二妻胡氏二十世西房

啓占公元配光緒八年旌

昇廿五妻張氏二十世東房

思誠公元配光緒八年旌

完九六妻周氏二十世右房蔯湖支

友溶公元聘道光二十年旌貞孝

費氏六節曰友溶聘妻周氏康熙四十六年友溶卒時周年十五欲殉之父母歸之費乃守志茹素年八十四而卒曰志名妻徐氏志名周繼孫也子江濤生六月而志名卒徐守節撫孤者三十年以孫棻貴贈宜人並道光三十年旌曰江杰妻樓氏志名從子婦也年二十一而夫卒撫夫兄江城子棠如已出道光二十一年旌曰超妾曹氏超亦江杰從子曹氏鄞民家子道光壬辰歲大饑父卒貧不能自存母以媵於費舉一子纔四歲而超卒誓志撫孤備嘗艱苦粵寇之難避地而南若有神道之使東者而免同治十三年旌曰源妻徐氏及女順姑源亦志名孫也客死通州徐日以紡績自給聞寇難泣曰家貧不能遠避如賊至誓不辱蒸湖水清吾其死此乎同治元年八月慈谿再陷徐率女適歸其母家遇賊青林渡母女俱赴水死順姑性貞烈幼字宋寶慶將婚而亂作故年二十二猶處子也並

同治十年旌光緒六年知府宗源瀚旌一門六節題其門慈谿縣志

楊鴻元傳略周氏費友溶聘妻也費氏世居慈湖湖上諸山名青照者草木暢茂費舊業也康熙四十六年正月友溶以事至山有虎踞巖上眈眈大驚墜澗中歸即病家人謀爲娶氏而友溶遽卒氏時年方十有五聞之欲殉其夫父母勸止遂歸費守貞自誓茹素終身卒年八十四氏嘗勞居時鬨鬨小兒病必延氏視之無不立愈其見重鬼神如此道光三十年　欽旌貞孝蔡胡支譜

完大九歲氏二十四世右房蔡墺支

友文公元配光緒八年旌按縣志又誤出之顯妻官聯

興貴十妻余氏廿一世西房

文郁公元配光緒八年旌

典八十妻郁氏廿一世西房

大綬公元配光緒十四年憲獎節孝縣志作[illegible]

與二百十七妻祝氏廿一世西房

鍔公元配縣志作與璩光緒朝旌三十一歲守節宜作憲獎

與二百五十桂氏廿一世西房

美章公元配光緒八年旌

與二百十二蘇氏廿一世西房

文炎公元配陸乾隆四十二年旌四十六年建坊有專序見內編

賛文炎妻蘇氏文炎以苦讀得瘵疾氏日久扶持傾奩具以湯藥餌終不起時氏年三十子元堂甫在抱夫垂歿撫牀曰藐孤孱弱難保其成立吾死將奈何氏大慟截髮以誓迨屬纊持刀自刺姑抱兒泣示之瞿然而止自是與姑共寢處姑病侍奉惟謹姑歿哀毀如喪夫時其家六世同居食指五十餘氏肩家政數十年凡祭祀燕饗咸斟豐儉如畫一元堂幼多病氏鞠育周至然不痊姑息既長動以

禮法有節敎之諸孫六歲以從依七八　孫五八長幼皆循循有矩矱有姑適陳早寡弟婦余亦孀居氏每與言柏舟之義二婦皆得完節稱其自奉淡泊而宗鄰以匱乏告應之不少吝慈谿縣志

興三百邵氏廿一世西房 廿一［illegible］

文炳公元配［illegible］緒八年旌

興三百［illegible］氏廿一世西房 四［illegible］

文［illegible］公元配光緒八年

興三百四［illegible］周氏廿一世西房 下［illegible］緒［illegible］

文［illegible］公繼室光緒八年旌

興三百徐氏廿一世西房 九八妻

芳卿公元配光緒八年旌

平五蘇氏廿一世東房 五妻

承烈公元配光緒朝旌三十一歲守節宜作寔獎

全四六妻張氏廿一世右房

文旭公元配光緒八年旌

全八九妻鄭氏廿一世右房蔡炯支

大任公元配光緒五年旌

全三九妻方氏廿一世右房蔡胡支

大賚公元配光緒二年旌

經百五三十蘇氏廿二世西房孫三公派

經瑞公元配志作籌章其號也咸豐八年旌有家傳見內編

經百十三妻部氏廿二世西房孫四公派

經照公元配光緒八年旌

經百四八妻徐氏廿二世西房孫四公派

元境公元配光緒八年旌

經百五二繼妻徐氏廿二世西房孫五公派

元坪公繼室縣志名本譜光緒八年旌有家傳見內編

縣學廪生費小繼妻鄒氏乾隆六十四年二十四歸費越四月夫故前室幾子方在襁褓撫之不異所生逮長不辨菽麥至二十四歲卒乃嗣夫兄子綸銑綸銑妻馮氏亦無所出而寡嗣孫輔瀛娶馮氏有一子又卒三世孀居紡績以給朝夕祁寒盛暑無少閒輔瀛妻馮氏夫故年僅二十九性靜寡言笑善事其姑以同治十二年旌邵卒年七十有五以光緒二年旌綸銑妻馮氏夫故年逾三十矣慈谿縣志

經百八六妻周氏廿二世西房玖四公派

元堈公元配光緒十七年旌

經二百五五妻呂氏廿二世西房玖四公派

嘉豐公元配光緒二年旌

經二百九九妻陳氏廿二世西房玖四公派

經芳公元配光緒廿六年黨奬節孝

經三百三八妻洪氏廿二世西房玖四公派

經煊公元配光緒廿六年旌

經五妻張氏廿二世西房珍四公派遷舟山城內

懋信公元配由定海廳請旌年闕

一昌六妻蘇氏廿二世右房蔡胡支

志昌公元配光緒五年旌節烈

費志昌妻蘇氏聞警自盡光緒五年旌慈谿縣志

一昌七妻徐氏廿二世右房蔡爾支

志名公元配道光三十年旌縣志一門六節傳見上卷九六妻下

楊鴻元傳畧徐氏友溶孫志名妻也友溶無子繼其姪而姪又無子乃繼姪孫爲孫卽志名志名生一子卒時僅六月氏遂以守節撫孤自任性嚴毅不苟言笑冰霜之操凜如也爲諸戚黨所敬憚子有少愆必痛懲之不假姑息其後遂得成立蓋清守三十年煢煢孤苦老而彌厲嘉慶戊辰七月卒以孫棻貴贈宜人道光三十年旌與其祖姑同

見侑學節孝碑慈谿支譜

廿九九妻沈氏廿二世右房孫胡支

志金公元配光緒二年旌

一百一妻孫氏廿二世右房慈湖支

志乾公元配光緒十一年旌

冃百二妻陳氏廿二世右房慈湖支

志國公元配光緒十一年旌

冃一妻紹氏廿二世右房孫嶼支遷江浦

志崇公元配鄔舊譜作邵峯舊譜作一鄔其字也咸豐元年由鎮海縣請旌

綸十三妻姚氏廿三世西房玖三公派

綸魁公元配光緒八年旌

綸四又妻徐氏廿三世西房玖三公派

綸章公簉室縣志作鄔妻譜光緒十七年旌

綸五三十妻應氏廿三世西房玖二公派

偉康公元配光緒三十年旌
綸百三八妻任氏廿三世西房玖三公派
綸惠公元配光緒廿六年旌
綸七八妻嚴氏廿三世西房玖四公派
一明公元配光緒八年旌
綸九十妻顧氏廿三世西房玖四公派
傳勳公元配光緒八年旌
綸百五七妻邵氏廿三世西房玖四公派
綸釗公元配同治十二年旌
綸百七六妻孔氏廿三世西房玖四公派
綸鑽公元配光緒廿五年憲獎節孝[illegible]有
傳略見內編
綸百七六妾潘氏廿三世西房玖四公派
綸[illegible]公遴宰光緒二年旌

德子人周氏二妻　廿三世西房玖四公派

達公元配道光廿七年旌

綸鏻公繼室道光廿四年旌有壽序見內編

綸百人七繼妻孫氏　廿三世西房玖四公派

費綸鏻繼室孫氏鄞邑拔貢候選訓導蔚女綸□服賈遠出孫事其姑惟謹綸□遭父喪哀毀成瘵兼患喉證而殁無子撫姪滂爲嗣教養□篤後入庠課之益力守節二十七年道光二十五年旌舊慈谿縣志

綸百人九妾汪氏　廿三世西房玖四公派

綸金公妾室光緒五年旌有分葬□見內編

費綸金妾汪氏年二十歸費事嫡莊恭謹有禮相得甚懽越六年綸金卒汪生二子長者六歲次者猶在腹也銜哀茹苦佐莊營理喪葬必誠必敬又十年莊亦殁攝其家政門無閒言時外事嫡子邦翰主之汪謂二子稟承家督無

絲毫失色又四年兄弟始析產肥瘠多寡一惟宗戚諸老之命汪不過問也費氏舊有節孝祠而歲時無特祭汪爲二子曰祠而不祭猶無祠也乃出己貲告於族祭酒有諸諸公歲以元二月脩祀事爲宗人咸德之光緒五年旌其後十五年綸金以嗣弟旌自有傳（巷谿縣志）

綸一百九妻張氏　廿三世西房玖四公派

綸[illegible]公元配光緒二年旌

綸四百九妻鄭氏　廿三世西房玖四公派

綸鉷公繼室（縣志脫繼字作廷豪妻廷豪乃其後改名也）光緒八年旌

綸二百妻鄧氏　廿三世西房玖四公派

綸鈞公元配光緒十七年旌

綸二百二妻周氏　廿三世右房玖四公派

綸[illegible]公元配（縣志作綸榮誤）同治十二年旌

綸[illegible]二百[illegible]妻葉氏　廿三世西房玖四公派

緒學公元配縣志作彙嘉誤光緒廿三年旌

緒二百卅五妻姚氏廿三世西房玖四公派

鼎錦公元配光緒八年旌

緒二百四十妻盛氏廿三世西房玖四公派

應綱公元配縣志作應立誤其字乃中立也光緒二年旌志乃同治朝

緒二百五十二妻王氏廿三世西房玖四公派

鼎如公元配縣志作元昌其字也光緒八年旌

綸一百八十妻林氏廿三世西房玖四公派

綸銑公元配光緒八年旌節烈按綸銑與元坪公繼子同名見上經行五三繼妻傳

費綸銑妻林氏與小姑五姐遇賊高橋五姐時年十七先罵賊死賊又逼林亦大罵被重傷夫聞昇歸越二十日卒以創死五姐先字胡[illegible]未行其死也胡迎其柩葬之並以光緒八年旌慈谿縣志

盛三一妻葛氏廿三世右房

守成公元配光緒八年旌（縣志失載宜查雲華案底册）

盛三四妻王氏廿三世右房

守謙公元配（縣志作秀謙誤）光緒二年旌

盛七二妻嚴氏廿三世右房

士鎮公元配光緒廿六年旌

盛四一妻樓氏廿三世右房蔡湖支

江杰公元配道光廿四年旌縣志一門六節傳（見上卷九六葉下）

楊淵元傳略樓氏志名娃江杰妻也父宏義母洪氏自幼閒靜卽得父母懽心嘉慶丁卯年二十適江杰爲室江杰客會城娶月餘卽束裝就道明年病歸氏侍湯藥者又月餘而江杰遂卒氏痛不欲生鄉族皆[illegible]撫姪存後冀延宗祀乃以兄公江城次子棠爲子一如己出及長聘王氏未婚而棠之夫婦又俱卒故氏之所處有令人莫可言狀者里鄰哀之道光二十四年旌見府學節孝祠碑 [illegible]

慈谿縣學看語看得節婦費樓氏幼本端莊長而淑慎承
歡膝下能體父母之心迨適所歸未識翁姑之面愛敬以
處妯娌娣姒惟和豐潔以奉烝嘗鄉黨稱孝琴調一載鏡
破崇朝何忍偷生只爲良人無嗣續竟甘獨活爰撫猶子
以傳宗奈何生命不辰孤兒又殞云胡是天不弔佳婦偕
亡痛徹肺心驚喪魂膽哭夫了猶哭子誰謂蔗境彌甘嗣
子將復嗣孫盡遭蓮心獨苦煢保阨窮堪憫洵稱孝義兼
全輿論僉同旌揚宜及

寧波府學看語看得節婦費樓氏幼而閑靜長復幽貞事
親既得歡心作婦更能承志養未翁姑之逮有薦必馨居
惟妯娌之和虛懷若谷藁砧善賈一去經年羈旅沈痾遄
歸累月魂已飛於碧落見猶龔於黃泉奈窮無可寃憾難
塡海血蝶尚待負力任補天哀哀鬻子之勤勉勉成人之
誚豈料新婚一載又　孤兒何圖薄命三生並喪佳婦立

孫猶侯諸異日絶少㕣飴入廟無愧於所天偏多茹蘖撫今追昔相依皆垢尾之辰啓後承先無處非傷心之境洵克全夫苦節宜逮及於旌揚

盛四五繼妻　馮氏　廿三世右房蓀溯支

江洲公繼室同治六年旌　三十五歲守節宜作憲奬

盛五七妻　鄭氏　廿三世右房蓀溯支

南臺公元配同治十二年旌

盛六三繼妻　陳氏　廿三世右房蓀溯支

錦芳公繼室　縣志脫繼字　同治十二年旌

經二百五六六女　五姐　廿三世西房玖四公派

闕科公小女光緒八年旌縣志附嫂林氏傳　見編二百八七卷下

藹百三三妻　蘇氏　廿四世西房玖三公派

蒯濤公元配　縣志脫配字　咸豐二年旌

藹百四六妻　王氏　廿四世西房玖三公派

輔孝公元配光緒八年旌
輔百六妻莊氏廿四世西房玖四公派
允卿公元配縣志作晉貝字也光緒廿三年旌
輔百四五妻韓氏廿四世西房玖四公派
輔海公元配光緒五年旌
輔百五一妻張氏廿四世西房玖□公派
海甯公元配光緒八年旌
輔百五六妻洪氏廿四世房西玖四公派
海籌公元配光緒十七年旌
輔百六五妻盛氏廿四世西房玖四公派
海門公元配光緒五年旌
輔百七二繼妻邵氏廿四世西房玖四公派
輔澐公繼室同治十二年旌
輔百九七妻姚氏廿四世西房玖四公派

黼江公元配光緒五年旌

費黼江妻姚氏年十九夫客死都城姚奉侍祖姑及翁姑惟謹不數年相繼殁身舉其喪夫弟三人又皆早卒無嗣姚日則傭於族人夜歸紡績積數十年得錢百餘辦葬兩世及諸叔孀光緒五年旌慈谿縣志

黼二百妻　馮氏　廿四世西房玖四公派

黼渭公元配光緒十七年旌

黼二百十一妻　馮氏　廿四世西房玖四公派

黼瀛公元配同治十二年旌縣志附祖姑邵氏傳光緒五三年

黼二百四妻　張氏　廿四世西房玖四公派

黼滂公繼室縣志有黼字光緒廿三年旌

黼二百五十妻　王氏　廿四世西房玖四公派

黼浚公繼室光緒二年旌

黼二百九四妻　姚氏　廿四世西房玖四公派

起諱公元配□氏同治六年方烈婦

貴起　妻姚氏爲世耀妻袁氏並罵賊投水死同治六年

旌節婦縣志

瀚三十九甫錢氏廿四世西房玖四公派

輔浚公元配縣志作韓氏光緒十五年旌

昭十三妻姚氏廿四世右房

涵公元配縣志作蘭溪其字也光緒廿三年旌

昭十九妻鄭氏廿四世右房蓀湖支住半浦

泰華公元配縣志作椒鄭亦字也同治十一年旌

招三五妻徐氏廿四世右房蓀湖支

源公元配同治三年旌縣志一門六節傳見上完九六妻周氏下

楊鴻元傳略徐氏志名孫源之妻也源客通州落魄江淮間十年不歸遂死於外氏家居日以紡績自給有二子一女女即順姑也粵逆冠浙東氏泣曰吾家貧不克遠避賊

至誓不辱蒸湖水清吾其死此乎同治紀元八月賊復陷慈谿氏與女適歸洋墅母家與衆避至青林渡爲賊所迫遂赴水死其女順姑從之蓋氏蓄志於殉節者久矣而卒踐其言傷哉母女俱載兩浙忠義錄

路三七妾曹氏廿四世右房蒸湖支

超公簉室同治十二年旌縣志一門六節傳見上完九六妻周氏下光緒十七年學政潘衍桐給匾母遺型匾額有壽序見內編

楊鴻元傳略曹氏江杰姪超之簉室也曹氏居鄞邑陶公山父宗憲母忻氏家世耕讀道光壬辰歲大祲宗憲卒遺一子二女無以爲生故氏育于胡而媵於費當是時姑潘氏姑之姒節孝樓氏及大婦沈氏均在堂氏事之各盡其禮明年舉一子及超卒子纔周齡耳氏遂誓志撫孤卒至成立家屋勤謹井臼親操仰事俛畜備嘗艱苦辛壬之間慈邑罹遭兵燹顛沛流離卒免於難若神亦默祐之者耳

人爲請於　朝同治十二年旌

相三十妻朱氏廿五世西房玖四公派

楷岳公元配光緒五年旌

相五三妻王氏廿五世西房玖四公派

正杲公元配光緒八年旌

相七十妻陳氏廿五世西房玖四公派

誠相公元配光緒廿三年旌

相八三妻張氏廿五世西房玖四公派

相溶公元配光緒三十年旌

相百三二妻王氏廿五世西房玖四公派

相其公元配光緒八年旌

相百四二妻馮氏廿五世西房玖四公派

相樑公元配光緒十五年旌

相百四七妻張氏廿五世西房三四公派

相纁公元配縣志作相纁誤同治十一年旌

相廿七十妻張氏廿五世西房三四公派

智相公元配光緒十七年旌

相二百六妻顏氏廿五世西房一四公派

相梯公元配光緒八年旌

相二百十繼妻鄭氏廿五世西房一四公派

相球公繼室光緒廿三年旌

宜廿三妻沈氏廿五世右房

宜佑公元配光緒廿六年旌

宜三四妻杜氏廿五世右房

宜詔公元配縣志作耀宗具字也光緒五年旌

宜三八盛氏廿五世右房

宜韙公元配光緒廿二年旌

宜四一繼妻鮑氏廿五世右房

宜杲公繼配□光緒廿六年旌

宜三三妻鄭氏廿五世右房孫嶴支

宜珩公元配光緒三十年旌

翊三五女順姑廿五世右房孫嶴支

瀾公長女同治三年旌縣志一門六節傳見上完九六妻周氏下

桂鴻元傳略順姑源之女也源早卒母徐氏只事紡績而姑怡以女紅佐之毋女辛勤刻無暇晷篝火熒然夜深不輟同治紀元姑隨母殉節青林渡時八月廿六日也事詳其母傳中順姑賦性貞靜足不踰閫幼字文溪宋寶慶將娶遭亂作故年二十二猶處於閨費氏多淑女其祖姑志雲女適邵庚者以節孝著縣志有傳若順姑實能繼其家聲焉

同治三年旌

聲五六妻時氏廿六世西房玖四公派

聲燽公元配光緒五年旌

補遺 經百五三紹瑞公元配因譜名與志不同故脫漏

費善章妻蘇氏及笄歸費副翁年七十性善飲苦五更欬嗽得酒則止蘇每聞[illegible]聲雖嚴寒深夜必起煖酒以進越五年以他疾病臥至九月侍湯藥不須刻離以至於歿年三十而寡含辛撫七月孤子以延夫祀年五十八而卒咸豐八年旌表舊鄞縣志

按縣志有美章妻葛氏本族美章妻是桂氏成榮妻錢氏舊譜無查想係別族右房守成妻葛氏縣志失載又志堯妻王氏志清妻鄭氏俱蒸湖支常洪妻劉氏東[illegible]支[illegible]三歲守節以上三口縣志列入未旌今俱附錄於此在金妻汪氏名守節在鐵懿志作[illegible]妻潘氏名貞節舊譜誤入宜刪

又按縣志卷三十七載費美章妻[illegible]氏年十七而寡紡織撫孫光緒九年卒年八十有三年[illegible]訪冊[illegible]費[illegible]章[illegible]桂氏雍正守節乾隆當同名另一人別錄附志存[illegible]查[illegible]譜[illegible]成妻葛氏生乾隆六十年卒光緒元年[illegible]八十一[illegible]符[illegible]美章[illegible]守[illegible]守[illegible]之誤[illegible]守節年分[illegible]有不合[illegible]係抄青[illegible]誤[illegible]無[illegible]田後

後缺[illegible]

[illegible]

誥命錄

明誥勅安慶府潛山縣知縣費璨勅贈父伯昂公文林郎
并勅封母張氏太孺人一道

奉
天承運
皇帝勅曰國家推恩臣下必及其親孝所以重本而勸孝
也豈以存沒而有間焉爾費伯昂乃直隸安慶府潛山
縣知縣費璨之父敦德積善稱于鄉邦訓子成名祿養
不逮推原所自宜有顯褒茲特贈爲文林郎直隸安慶
府潛山縣知縣尙克歆承丕顯寵渙
勅曰朕惟任職之臣必榮其父母孝所以勸忠於孝也
爾張氏乃直隸安慶府潛山縣知縣費璨之母母儀婦
道著于閨門女工能宜皆繇善訓所致茲特封爲太孺
人服此隆恩丕綏祿養
成化十四年月四十二日

[illegible]費氏宗譜卷之十三　[illegible]堂

直隸安慶府潛山縣知縣費璨本身勅封文林郎并封妻羅氏孺人一道

奉

天承運

皇帝勅曰民牧之責莫切於縣令匪得公廉豈弟之士曷克稱爲爾直隸安慶府潛山縣知縣費璨發身鄉闈擢任斯職歷年滋久政績著聞宜錫寵章用旌勞勩茲特授爾階文林郎錫之勅命以爲爾勞其益盡心毋怠厥職稱朕養民之意欽哉

勅曰朕嘉任職之臣而恩典必及其配者蓋以夫婦人倫之始而婦有從夫之義也爾直隸安慶府潛山縣知縣費璨妻羅氏恪敦婦道善相其夫[illegible]顯榮爾宜偕貴茲特封爲孺人服此榮恩永光閨閫

成化十四年四月十二日

大理寺右寺[illegible]　贈父　[illegible]公奉政大[illegible]

奉

天承運

皇帝制曰旌奬賢勞乃朝廷之著典表章先德亦人子之
至情矧式世臣茂揚偉績揆傳承之有自宜恩寵之渙
頒爾故直隸蘇州府通判費琛乃大理寺右寺丞鎧之
父明達有爲謙恭無競京闈膺薦邑宰夯符比奏最于
銓曹職超陞于郡倅正輸糧逋負之罰宿弊耗除却減
稅饋謝之私廉聲大著方偉賢勞之績遽懷恬退之心
顧豈經素切乎義方致令子遂成乎國器峻登門第累
陟華階平刑丕展乎茂庸錫類適逢乎慶賚爰舉追崇
之典用申報德之情茲特贈爲奉政大夫大理寺右寺
丞疏恩未已丕增門祚之輝流澤無窮益衍雲仍之胄

弘治十八年十一月二十四日

大理寺右丞費鎧誥贈母羅氏宜人一道

奉
天承運
皇帝制曰予勤務母褒封式體其情妻本從夫品秩亦以
其類典章具在固風教之所關存沒攸同實彝倫之當
厚爾封孺人羅氏乃大理寺右寺承豐鎧之母性本慈
良行惟恭儉出自衣冠之胄來歸詩禮之家事姑極孝
養之誠式全婦道相夫播清勤之譽茂著民庸顧惟冢
嗣之賢克舉法官之任茲逢三載不勝風木之悲光賁
九原宜示絲綸之寵用酬教育兼勵賢能茲特贈爲宜
人懿範具存庶流輝於有永懿靈不昧尚歆茲於錫

弘治十八年十一月二十四日

山東道監察御史豐鎧本身勑封文林郎一道

奉
天承運

皇帝勅曰國家置風憲之職以監察爲名內肅百僚外巡郡服有扶正抑邪之力有揚清激濁之功於言無所不得陳於事未始不得預此其任爲甚重故其選爲極難爾山東道監察御史費鎧家學傳芳甲科擢第分符壯邑茂著猷爲列職內臺恪司風紀藩省嚴按行之令闕廷輸獻納之忱矧弗懈於操修宜預加乎褒寵茲特進爾階文林郎錫之勅命於戲天下之曲直皆繫臺評庶政之弛張必先憲體尚懋己成之績益揚終譽之麻欽哉

初任江西吉安府廬陵縣知縣

二任湖廣道試監察御史

三任本道監察御史

四任今職

弘治十二年三月二十七日

山東道監察御史費鎧勅贈妻任氏孺人勅封繼妻李氏孺人一道

奉
天承運
皇帝制曰臣有事君之功妻有從夫之義故錄賢勞於國
必推寵命於家此今昔之所同豈存歿而有異山東道
監察御史費鎧妻任氏生自名閥嬪于儒門禮義相成
蚤著宜家之美瑟琴中斷遽乖偕老之心宜有渥恩用
昭往懿茲特贈爾孺人冥漠有知歆承無斁
勅曰妻必有繼式隆饋祀之儀恩貴有均肆及褒封之命
茲惟典禮實體恒情山東道監察御史費鎧繼室李氏
夙遵姆訓繼配儒流雖未躬荊布之勞亦克效蘋蘩之
職爰因夫貴用示國恩茲特封爲孺人服此嘉名益敦
祇慎
弘治十二年三月二十七日

大理寺右寺丞費鍠本身誥封奉政大夫一道

奉
天承運
皇帝制曰國家節求法從圖懋治功剏惟棘寺之丞佐我
邦刑之任苟[illegible]廉明公恕之士甯無出入輕重之愆既
聲績之有聞豈褒嘉之可後爾大理寺右寺丞費鍠英
資天賦經術家傳早拔儁於甲科首符分於劇縣愛民
守己賢勞每奏於旌書激濁揚清顯職旋登於臺憲風
聲丕振輿論攸歸比超擢于今官實專司于邦禁平反
有道聽讞無偏顧其隨事效勞每務奉公而盡職檢身
修行未嘗屈己以徇人歲屢閱而志弗渝官累加而績
益著屬當大慶肇舉彝章預申褒錫之榮奚俟階明之
考茲特授爾階奉政大夫錫之誥命於戲官仕明揚登
進尚需於來效恩當渥報[illegible]忠勿替於初心勉副訓詞

嗣階顯擢欽哉

初任江西吉安府廬陵縣知縣

二任湖廣道試監察御史

三任本道監察御史

四任山東道監察御史

五任今職

弘治十八年十一月二十四日

大理寺右寺丞費鎧誥贈妻任氏宜人誥封繼妻李氏
宜人一道

奉

天承運

皇帝制曰賢能樹立每資內助之賢典禮褒封乃有旁推之命顧閨閫有關於風化斯國恩無間於存亡大理寺右寺丞費鎧妻贈孺人任氏婉娩有儀柔嘉維則秀鍾大族德媲英流蚤歲勤勞久共儆牛之苦中年淪謝竟

膺祿仕之榮憲臺之被褒崇卿寺再申予追卹顧婦
道之克盡肆國典之舊章茲特加贈爾宜人匪徒慰柔
靈於九原亦以示懿範於奕世

制曰婦職專於饋祀名不可虛其寵重於褒封禮無容廢
此國家之定制實閨闈之至榮大理寺右寺丞費鎧繼
室封孺人李氏質本端莊性惟柔婉名門嫺範良士好
逑夙奉姆儀克守閫箴之訓既從夫貴猶存荊布之風
眷闈範之既隆宜褒章之載昇式彰內助用耀中閨茲
特加封爲宜人尚敦懋慎于將來用副嘉名于不替
弘治十八年十一月二十四日

刑部陝西清吏司員外郎費瀚本身誥封奉直大夫并
誥贈妻李氏宜人誥封繼妻何氏宜人一道

奉
天承運
皇帝制曰朕□元□誕祥需澤宇內凡爾百辟咸被寵褒

所以廣忠藎均休慶也爾刑部陜西清吏司員外郎費
淵乃故大理寺左寺丞　之子名繼甲科官居法署歷
年滋久令譽日[illegible]頃者進遷今任而勤慎弗渝厥績益
懋器識才猷士望允屬朕甚嘉之茲特進爾階奉直大
夫錫之誥命爾其益勵操修增光世業國有[illegible]階[illegible]示
爾斯[illegible]哉

初任刑部湖廣清吏司主事

二任本部陜西清吏司署員外郎事主事

三任今職

制曰國家因夫以貴其妻存歿罔間重齊體之義也爾刑
部陜西清吏司員外郎費淵妻贈安人李氏秀毓名門
德惟端淑服勤履順相夫于成乃茲顯榮而命弗待載
[illegible]卹典用旌往勞茲特贈爾宜人尚歆殊渥永慰幽靈
制[illegible]恩于臣[illegible]而[illegible]貴于夫敦大倫嘉內治也[illegible]刑

部陝西清吏司員外郎費淵繼室封安人何氏出自高
門繼歸名士恪修婦道允宜厥家夫秩既隆爾宜並貴
玆特封爲宜人茂膺寵光益敦儆戒
嘉靖十二年九月十八日
太僕寺少卿費淵本身誥封中憲大夫一道○其妻一道已失

奉
天承運
皇帝制曰書稱僕臣正厥后克正卽今太僕是也矧職領
羣牧政貲本兵匪得通才不與玆選爾太僕寺少卿費
淵蔚以世臣之裔紹美甲科朕見爾詳愼老成簡厲司
寇明刑審克民鮮稱寃既以廟制大工嗣宜乃更置冬
曹往敦厥事爾能悉心經度夙夜匪懈朕用爾嘉頃者
事竣論功乃擢卿僚領寺牧事尤能持廉秉正率屬奉
公廄圉日閑駃牝蕃庶其克艱厥臣者哉玆以大慶覃

恩特進爾階中憲大夫錫之誥命於乎思馬斯臧魯頌
美僖公之立心也爾其秉無邪之訓堅令終之節以副
朕經國除戎之意欽哉
初任刑部湖廣清吏司主事
二任本部陝西清吏司署員外郎事主事
三任本司員外郎
四任本部江西清吏司署郎中事員外郎
五任工部營繕清吏司署郎中事員外郎
六任本司郎中
七任今職
嘉靖十六年十一月初十日
直隸廬州府通判費沐本年勑封承德郎并勑贈妻[illegible]
氏安人勑封繼妻王氏安人道一
奉
天道

□□□門郡之政雖總於守而庶務贊□匡□佐者之
賢爾□□有濟爾直隸廬州府通判費沐□□荷負俊才克承
家訓名登鄉薦官列郡僚守己惠民政聲昭著歷年既
久屢被□揚宜有深恩以爲賢能者勸茲特進爾階承
德郎錫之勅命爾其祗服明訓益展才猷需有茂遷光
爾世閥欽哉

勅曰國家推恩羣臣必及其配重大倫也爾直隸廬州府
通判費沐妻劉氏乃閥德名門弗克偕老可無卹典以
旌往勞茲特贈爾爲安人靈爽者存歆茲寵渥

勅曰古者禮重嫡室必有繼所以承先祀理內治也爾
廬州府通判費沐繼室王氏恪承中饋允嗣前徽爰修
寵章用偕夫貴茲特封爲安人服此懋恩式光閨闈

嘉慶十二年十一月二十二日

山西太原府同知費標誥贈父沐丞奉政大夫并誥贈
□王氏宜人一道

奉

天承運

皇帝制曰人有言仕不滿德者有後蓋天之報施徵而意
也國家褒叙臣工推本世德而顯揚之豈不宜哉爾原
任直隸廬州府通判費沐乃山西太原府同知費標之
父學承世美名繼賢書佐大邦恪共濟內[illegible]休聲
林鑒益著譽于鄉評式訓爾昭台郡歷最爾之緒業其
永昌已是用贈爾爲奉政大夫山西太原府同知欽茲
褒嘉之恩慰爾燕詒之志

制曰母氏劬勞人子欲報至殷也況又有賢德淑行足爲
閨式者匪藉國榮曷以彰之爾封安人王氏乃山西太
原府同知費標之母毓自緇執甘從荊布奉姑老敬謹
子勤勞式敷樛木之仁克盡[illegible]勤之祜宜有嘉錫以彰
幽光是用贈爾爲宜人於戲賁玄扃徽聲彤管

萬曆六年十二月初一日

山西太原府同知費標本身誥封奉政大夫并誥贈妻張氏宜人誥封繼妻許氏宜人一道

奉

天承運

皇帝制曰環千里之地爲郡郡之責實獨二千石重哉所與共圖化理者倅貳均也爾山西太原府同知費標器資端亮才識敏明兼公車績符民社乃循良之聲譽遂參佐乎名邦而爾益厲操修茂著廉恪朕甚嘉之茲以考績授爾階奉政大夫錫之誥命夫三晉首郡地重務殷表率吏民奏績匪易爾尚勿替初獻永終令譽以需優異之擢懋哉

初任山東兗州府曹州曹縣知縣二任今職

制曰國家課功疏寵爰及厥配不以既歿遺焉蓋嘉其能助而憫其弗終也爾山西太原府同知費標妻張氏毓

貞世閥來嬪儒英躬操井臼之勞力佐詩書之業年卽弗永名有遺徽是用贈爾爲宜人承綸綍之新榮慰糟糠之永恨

制曰伉儷之倫無先後一也刻德能媲美有裨官常尤宜褒揚者乎爾山西太原府同知費標繼室許氏夙嫺婣誠允紹前徽宗祀肅勤內政修舉爾夫學無墜業官無違箴爾之良規有足徵已是用封爾爲宜人象服孔輝雞鳴益厲

萬歷六年十二月初一日

靈陽集 別編

費氏氏族考

費氏之居城中者以費家橋著名居鄉間者以費家市著名而文溪之費爲尤先顏襄毅峰山祠堂記云文溪南山深谷中有定林寺其初爲隱君費日章號峰山者以貲甲于里閈愛茲山雅邃築精舍讀書晚歲捐園田山林之饒凡六百畝有奇闢爲峰山道院沒而葬此山事在晉天福二年至宋天聖朝賜名定林仍祀日章于東廡不忘本也後裔增修罔懈逮弘治二年寺遷稍北里中豪右規爲己利奏告屢年始復改正正德十年寺燬又興復之皆昔大理丞費公鎧太僕少卿費公淵廬州通判費公沐暨諸名士費公槤恕輩捐貲扶義後先殫力焉萬歷二年因僧靜安竊產歸宗潛毀碑文祠孫費鐈滴宋等鳴官以正厥辜費氏祠堂經今七百餘年幾

更隆替而子若孫猶能世世奉其俎豆則文溪之費其始遷在五代前至有明之世而其盛如故不較費市世進士弟焉更著哉總其科第計之明之登會榜者三成化時費鎧嘉靖時費淵隆慶時費標是也登鄉榜者七景泰時費燦正德時費沐嘉靖時費桂萬歷時費鏄仕至推官費應宿仕至兵部指揮費[illegible]而費[illegible]太什與費禎時費緯社是也而近時順治三年費坡雍正七年費應魁以仁和籍中則費氏遷居杭者不特費慶持大學士費濬泉[illegible]丙章也而費士彥則天啟時歲貢費允增則崇禎時副貢費士佳則順治時副貢費允濟一鑒則順治時選貢是皆　氏之著者考略詳與蘭谿上世家著

費氏

費出自姒姓之　史記夏本紀言姒姓所分有費氏費氏是也費出自嬴姓之費路史伯翳能馴鳥獸始食于嬴爲費三帝則[illegible]姚姓[illegible]封之費故曰大費大費生大廉後有仲[illegible]

王之孫[illegible]序二年[illegible]伯[illegible]帝[illegible]二[illegible]
十[illegible]仲昌[illegible]大[illegible]三十一年命費侯仲衍[illegible]車正[illegible]
[illegible]費[illegible]子[illegible]孫大[illegible]大[illegible]生子二人一曰
大[illegible]二[illegible]木[illegible]費氏其元孫曰費昌當夏桀之
[illegible]夏[illegible]姓之[illegible]原大費[illegible]子[illegible]之[illegible]姓
[illegible]音[illegible]系[illegible]伯益治水封于[illegible]裔[illegible]仕
商[illegible]氏[illegible]姓[illegible]者[illegible]出紂幸臣[illegible]仲之後焉有[illegible]
[illegible]費[illegible]氏隱公元年城[illegible]傰費伯勝極
傰費庈父者是也費伯之邑在今兗州府魚臺縣境與季[illegible]
之費在[illegible]縣[illegible]則[illegible]遂司馬貞[illegible]縣[illegible]懿公
子費伯食[illegible]恐[illegible]知魯之費氏原系公族春秋之後
魯又一[illegible]氏孟子[illegible]惠公[illegible]季氏所別之[illegible]是姬姓之[illegible]
應分二派[illegible]庈父[illegible]出[illegible]懿費惠公之[illegible]出自桓也無[illegible]
箴[illegible]費氏楚大夫[illegible]無極之後費無極一傰費無忌[illegible]楚

國之費也北史宇文泰言費也頭控弦之騎不下一萬此代
北之費也東華錄言天聰時有薩哈勒察頭目費揚古此常
古之費也又追封功臣費英東直義公此旗籍之費也又
有改自費連氏之費魏書官氏志神元皇帝時餘部諸姓內
入者費連氏後改爲費氏是也據列傳費于代人酣峻仕魏
連昌泰常末率衆歸降除龍驤將軍賜爵犍爲公改封下邳
公父穆賜爵五等男于除平南將軍賜爵松陽男子兼領將軍
孫穆以功遷衛將軍進封□平郡開國公此費連氏所改之
費也論□氏之族□□著□□而□□萊□□□□謂直字
長翁東萊人治易□□□單父令長于卦筮亡章句徒以
象彖繫辭文言解說上下經□□□汝南費氏方技傳費長
房汝南人曾爲市掾市中有老翁賣藥懸一壺于肆頭輒跳入壺
中從翁求道遂能□□□療衆□□笞百鬼□□□有犍爲□□安費氏
華陽國志□載費正□□費□字建□□□合□□入□□

[illegible]宗時故諫議大夫費詳字叔興[illegible]國內史費[illegible]之文

不[illegible]至如蜀先主時尚書令費禕[illegible]憲宗時祭酒費[illegible]

宗時大夫費[illegible]卿又聲[illegible]卓然著矣

按吾族遷自姑蘇楊湖卷首譜不詳所出近時時叙甫氏

簪纓上世家著吳姓氏考原二書所引費氏或是或非本

不足據稽典籍費氏自唐虞賜姓以後復有別姓分爲

費氏吾人所不可不錄于別編所不解者[illegible]氏隸釋費鳳

三碑後跋及明鵝湖公費[illegible][illegible]供人引及則疏漏何多深

願後之有[illegible]者明更有增補耳

條例舉要總目　鳳[illegible]譔

行稱字樣　世代相遞族衆相稱不容混雜故東中西右四房各有字樣四何既可以統一行之名又可以別各行之稱弟亦當世之通例歟

直下圖議　譜法莫如老泉蘇氏廬陵歐陽氏後皆宗之然老泉立華[illegible]三世一提頭歐陽列世次五世一提頭今則兼取眉川之則直下而觀可以見相生之自橫列而觀可以見相遞之等此譜之第一義也

嫡庶義　支派之分若散殊不一然統之有宗而寔無害於本之一晁氏先以嫡裔者大宗之義也次之以支庶者小宗之義也宗法世所當遵者故於此寓之其亦譜之大旨歟

通族齒錄　錄其始終之年月日時及行第字號嫁娶以至遷徙安葬之地靡不備載而畢記之者所以核其實也是

故錄之不容以不詳猶史之實錄歟

通族歡會錄　伊川云族人雖無事亦當每月一會深取花樹韋家法予族四房每正旦冬至祭飲各房婪親會宴又有慶事喜飲每歲約有七八次不至於疏遠亦庶幾韋氏之遺意歟

登幼錄　人生十六則爲出幼出幼始冠而尊其字責以人道先王之禮也故未冠之前字未[illegible]加而人道之大難以進責則幼者宜緩登譜內俟十六而漸以升可也故另立一錄以記之且以稽螽斯之蟄蟄也

家禮錄　錄東中西右所行之禮也婚娶喪祭之類不可無禮以行之務參之[illegible]古通之以今而立其可常之[illegible]傳後人有所遵守庶無愧於人道乎

德行錄　錄族之有德行者也祭統曰祖先無美而稱之是誣也有善而弗知不明也知而不傳不仁也此三[illegible]

□□□□□禮之□祖宗之□□□不表□□□□孝子□□□□於慈□□□□慕而□起是亦激勸人心之一大□括也

□錄　錄族之出仕者也朝廷懸爵祿以待天下之士未□不厚一有廉幹賢能則獎勸而超陞且□之以誥勅榮之以封贈士子得此允足以顯祖考而光門閭人之所願莫大於此誠宜備載於譜以勵後人

饗祀田數　記曰士有田則祭豆粢盛物品皆出於此然必□共之而後可久予族分爲四房東中西右合而享之則有大宗公共之田輪流以祭而合族分而享之則有小宗公共之田輪流供祭而各燕田係公共則非一人可專而易祭必輪流則□一家可專而上得以報祖禰下得以聯族誼萃渙之□莫大于此□亦永久之道也

墳墓圖　塋祖父安魄之所子孫蔭庇之地恒有去家頗遠

[illegible]數年而失于祭埽遂爲蒿棘所沒而迷失之者誠可悼

也必詳記其都圖穴處俾後人知所顧恤而行祭埽之禮

庶幾愈遠而無失尤仁人孝子之所當用心也

掌修譜議　天之生物也使一本故立譜所以明一本之親

篤敦倫之道豈可使他不肖雜之[illegible]更有不肖[illegible]躍[illegible]弊

貪賞[illegible]賄者[illegible]混容[illegible]將[illegible]私與人譜者[illegible]大罪

不可輕恕

三修宗譜條列總目 咸豐譜

一[illegible]字樣[illegible]代別名也宜首列之舊譜於門房

各列二十八字今新增二十八字四房一律俾族衆緊晤

其行稱歸于簡明易知

一世系[illegible]所以[illegible]收族[illegible]實房[illegible]譜之[illegible]

行[illegible]死[illegible]葬[illegible]有下[illegible]并議

一[illegible]次[illegible]録列世系宜[illegible]世[illegible]停

舊譜名通族齒錄今改之

一遷徙世系圖遷徙世次傳　本宗之世系圖世次傳業經登列其自本宗而遷徙他居者仍宜並錄之蓋亦收合族屬之義也是圖與傳爲舊譜所無今新增

一墳塋圖　世次傳既詳葬處則墓圖亦宜並詳舊譜僅載七代蓋以祖宗之墓惟年遠者易迷失也族有欲志其先塋者儘悉續增

一家禮錄　譜以系合族屬而其本在正家人之禮舊譜載家禮數則此亦古今所可通行者也故仍之而不別增庶使簡則易從舊譜嫡庶義並附嫡庶義件

一家規錄　舊譜附有豐山公諱瀛所著家規三十則酌理準情辭詳義正間以俗語婦孺可知舊譜載其規而未列於目今急爲登之以次諸家禮之後是固吾宗保家之要道也

一德行錄　族之人宜各正其家卽宜各修其德然畧采之則懼其漏廣采之又懼其濫故並仍舊譜所錄而不復增或庶幾引而不發能者從之之意乎況懿行嘉言後列有壽文行述等以參稽無虞湮沒

一歷代誥勑　尊德尊爵達于天下故德行錄後以歷代誥勑次之近世不乏循例請封者其誥命尚俟酌增今之所錄亦概仍其舊

一藝文錄　邑誌家乘其後皆載以藝文舊譜載有墓誌等而未發於日今代積文多續增成帙概以藝文名之而其次爲壽文爲行述家傳爲墓誌墓表爲像讚首以新宗祠碑記冠之

一案卷附　五世祖峯山祠堂遙歷千載自明迄今因外人謀奪其地幸有控案吾宗歷世諸公心力萃於此焉故譜載正德初案卷今以附之用列諸藝文錄之後[illegible]畧

[illegible]碑記

一[illegible]碑傳[illegible]族獻[illegible]錄[illegible]祀田數掌[illegible]
譜[illegible]所[illegible]錄[illegible]世俗所謂上座簿[illegible]今[illegible]著[illegible]
條[illegible]譜[illegible]額者而[illegible]獻[illegible]錄附之家譜後以[illegible]祀田
文[illegible]文[illegible]祀[illegible]以爲
[illegible]掌[illegible]譜[illegible]則譜[illegible]職司之[illegible]也宜列於
長[illegible]世[illegible]五[illegible]上座簿以[illegible]附[illegible]
譜[illegible]

一貞[illegible]錄　男[illegible]傳譜[illegible]別[illegible]今
[illegible]議[illegible]目附[illegible]傳譜[illegible]行錄後

新增掌修譜議 咸豐譜

此譜于草譜尤爲遲日衍續之作張本所以必書某官系某行及其父某行某名某郎直下五世圖之準則也又必書生於某年某月某日某時長幼有序某郎齒録横推先後之次第包盡前賢設是譜具有深心焉豈僅僅爲嘗辦序拜云爾今向來只有世譜一本存族長處乾隆三十六年相立四本東中西右四房長各執一本推斯意也將以防閑弊端由今觀之終屬徒然耳何則歷年正月初二日上座書名從無專司之人致使苟且塞責頻多舛訛夫某年某某嘗辦自有起止今何得不書淸折錢免嘗原屬常例今爲某年某事折用自有着落今又何得不標出將所謂防閑之意安在不惟此也甚且行稱紊亂名數錯落即求其年月日時書記明白者不過什之一二現有倡義修譜而同志多樂從其事乃溯祖宗良亦艱止搜羅三十六年以前上座草譜苦無遺帙

而[illegible]則謂雖有存焉亦何足取徵嗟夫後之視今亦猶今之視昔上[illegible]書名斷乎不[illegible]再爲因循一時錯筆千載貽誤攸關不可慎歟爲此今等稟請宗房長合同公議新進生員承辦又恐獨力難支並舉諸生一人管賬二人併力協辦再增立世譜一本庶幾專任者毋致忽略新文舊代珍藏而替傳示後之賢達輩藉[illegible]以爲修輯譜系之[illegible]少補云

乾隆五十三年歲次戊申春王之月[illegible]僕行[illegible]謹識

先世墓祭議

丁未春清明節届司事者告曰六世祖明三府君桂氏孺人明日墓前一奠因屬余爲文余曰文以表其行也行未悉何以文爲爰查檢世譜所載明三祖既乏嫡又無行述何今之禮隆若斯夫無故者必有其故也茲則信手直書不敢以粉飾而亦不嫌于唐突嗟彼同儕非我伯仲即伯仲于我之展謁之下聊作祭文讀之可耳竊惟野祭焚錢所以重報本而禮從節文處之尤貴合乎宜也我本宗自一世至九世合族同祭十世以下分支東中西右四房各祭　始祖者尊無二上祭之日儀物兼隆禮也若夫歷代祖塋或祔祭或遣祭用申誠意所謂親親之殺亦禮也惟是七世祖益三府君各房皆有祭血食最盛蓋以祖蔭之受庇深而流澤遠此不可以一例論六世明三祖卜葬鮑約橋路徑頗遙從遺祭例竊疑于禮若踰焉或曰前人作事斷非無因且又曰立祀必有祀

田時遞代更故無徵今皆擬議之祠也審若是世世子姓恪
守舊章不亦善乎乃不謂乾隆四十七年宗房創議新規輪
值聚拜十二柱派費千二百文宰鵝肩豚宗房長親詣拜奠
祭畢飲胙給餕餘以言乎禮數至矣蔑以加矣迨檢閱宗譜
明三係再六府君長子娶桂氏無嗣屬右房支派生卒塟無
所稽葬一都師姑嶺口山即今所謂鮑約橋者是又名白藥橋或呼白石皆誤也昔有張藝者改名鮑約隱于此因以其名名橋曰鮑約橋後世訛呼鮑約爲白藥橋
華表見存而行述無聞
焉如以功德言之再七日章公號峯山者明三嫡叔也肇基
宗祠有大勳焉到于今荊棘叢生孰其剪埽之定林寺側有峯山公墓
此後晉天禧年間事也明弘治迄正德列祖諱鎧淵沐槤恕
鑰暨萬歷年祖諱鐈滿宋鏳均負扶危起廢之力樹旋乾轉
坤之績問嘗纂修家乘特其餘緒耳族之長者曷弗酹巵酒
于其杯土也耶噫嘻不明乎權衡者隆殺失宜悉由于挾私
者之率意忘輿也夫在今日知所以祀帝支冊三祖[illegible]不

知將何以祀嫡派明六祖乎不甯惟是六世以上若千四萬三添十一再九六世以下若盆三莊二玖四爲之追溯一脉相衍洋洋如在吾不知又將何以祀之乎甚矣譜系如綫之不可紊也小宗且不得視大宗而况乎倒置顧是舉也遵行不替亦閱六載于兹矣族中某某分尊某某賢達然且嘿無一言余則何庸置喙祗以寒食薦馨大典也焉敢以不中禮之事爲尊親諱特書此以告來者

續補一段

查歷年清明日宰牲祭埽竹篺坪盆三公之墓爲推其所自出日明六祖保國寺山花墳相隔僅里許烏得以弗祭是日祭儀兩副先追祀于其考妣而後及之者職是故也置有祀田六畝零東中西三房輪值到今此外如千萬添再莊玖一派祖塋未聞有者斯特祭容或一羹一飯勿克享者有之若乃始祖世廿四府君墓前具牲醴以告虔甫徹席而更設蓋

此日之拜奠不且後先接踵乎雖然亦只所謂各房下小清明而宗房長不與焉爲今之計酌立章程急切不容稍緩者是在齒長輩身先倡義凡我子姓果能踊躍從事庶幾廢者舉之缺者補之以妥厥窀穸云爾

按公玉公爲祭明三公之墓撰文抒議正續兩篇有慨乎其言之矣今吾後人不敢復因循忘本廢祀已舉缺典而補行之如公玉公所云祭始祖廿四府君墓宗房長不與今已與焉所云六世以上千四萬三添十一再九六世以下益三莊二玖四皆若歎其無祀者然考之上下文云云則益三公已明有祭掃無容增置其餘若再七明二益六西六向皆無祀而公玉公又未經議及何也今特設追遠會定期冬至日合祀千四再七明二益六四世于定林寺旁因其墓同在是處也又從宗祠貼費於清明祭始祖墓日並特祭萬三公又添十一公舊祔祭于明六公今從哦

松公祀貼費特祭再九公舊附祭于禮十七公今從漁陽公祀貼費特祭玖四西六兩世別房俱有私祭今悌房亦特設一祭以上祭埽之典補公玉公之所議者并補其所未及議者庶其可永永遵行乎歷世祖墓舊無碑碣今並建石碑以爲識惜千四再七明二葬在定林寺側而墓皆無從尋求至益六則并葬處未明在吾後人之心深爲闕然此則所傳七世墳墓圖爲彌足珍重矣故于墳墓圖後附以公玉公議后並附以今之所按云咸豐譜

今案咸豐譜並無七世墳墓圖按譜所云不知何指查舊譜惟存九世別祖墳墓之圖未知即此否然舊圖實係表式不得謂圖也

書伯昂公遷居事

萬歷譜云成祖文皇帝建都北臺選天下殷富充實畿內岳一府君崇縣選遂立籍大興今僅六世而科弟則自仍一府判始及竹窗大理丞躍所太僕卿警所府判準寰二府鷗僊縣尹一體相承四世後未可量也成祖文皇帝御書門聯一對賜富戶

朝京萬里榮華客

積粟千箱富貴家

永樂元年詔遷天下右閭實北　吾邑費伯昂亦充是選伯昂子璨景泰庚午舉人官蘇州通判璨子鎧成化甲辰進士官大理寺右丞鎧子淵嘉靖己丑進士官太僕寺少卿其弟沐正德丙子舉人官盧州通判淵子標隆慶辛未進士官太原同知沐子桂嘉靖乙卯舉人官平陸縣知縣皆以富戶籍中式邑令為建濟美坊坊在縣署西南天啓志列於衣冠盛事者也

（天啓志三世進士費鐩費濎費璟王睿王交王茳交爲費婿蓋乃費出也）當成祖時嘗賜以門聯曰朝京萬里榮華客積業千箱富貴家人皆榮之父圻山王氏在宋時亦四世進士王發登元祐三年榜（逢道與王氏譜同宣慶以後志）（皆顯）王庭秀登政和二年榜（乾道費慶□□皆注發子照用說與杰也）玉璧登宣和六年榜又魁紹興五年博學鴻詞科（本皆注庭秀子）王鎬登淳熙五年榜（皆璧姪）延祐志未列衣冠盛事因□啓□亦遺之是宜補入也（蕭縣□志）

公與鄉賓議

儒學減增廣生員馮渠餞用姚應鵬等具

呈之東有耆儒費滿者少歷艱辛天性孝友力學苦脩

造次不違于禮法讀書好古屋漏[illegible]畏於鬼神其事父

母也老之至篤撫孺子之慕其處家也窮嫠之困特厪

收恤之如是今年踰八十視履無瑕舉爲鄉賓有光俎豆

萬曆十六年正月　日

寧波府慈谿縣爲鄉飲事

國有崇儒之典鄉飲[illegible]酬之儀

貴在得人光係有位恭惟

處江先生

少諳經術志在用時

晚篤躬行德成淑士

敬陳東豆

用備西筵
少澂驪斗域快壽月以流波
紫氣繞丹墀想青雲之覆幰
右啓
眷■南江表老先生有道門下
皇明萬曆十七年□□月十五日慈谿縣知縣署事黃吉勳
縣丞惲　根
主簿□　賢
典史葉文祥
儒學教諭□□大
訓導潘一中
訓　吳　□仝具

祭祀祀產

一則民田一坵　土名湖西田　計二畝　三釐二毫

一則民田一坵　土名湖西田　計一畝　八絲

一則民田一坵　土名湖西田　計九分四釐二毫二絲一

忽

一則民田一坵　土名徐家衕　計八分七釐二毫八絲

一則民田一坵　土名徐家衕　計六分五釐六毫

一則民田一坵　土名林濟田　計二分九釐五毫七絲

一則民田一坵　土名盤眼坵　計七分七釐七絲

一則民田一坵　土名徐家衕　計一畝

以上八則共計田八畝三分七釐　八絲一忽進出水

路及車頭與西悌恭房俊行子和公元恭祀祀田內公

行公用無阻每年序拜日尊元恭祀雙壽饅六個

一則民田一坵　土名阮家橋　計九分一釐

一則民田一坵　土名同上　計一畝　二釐
一則民田一坵　土名田野馮　計一畝四分八釐
一則民田一坵　土名阮家橋　計一畝　四釐七毫八
絲
一則民田一坵　土名同上　計二畝　九毫二絲
一則民田一坵　土名同上　計二畝一分三釐
一則民田一坵　土名野貓吠　計一畝九分七釐八毫
一則民田一坵　土名薩家門前　計九分三釐一毫
一則民田一坵　土名同上　計七分　二毫四絲
一則民田一坵　土名雞頭漕　計八分　八　五忽
一則民田一　土名同上　計二畝五分
以上雞頭漕兩則共田三畝三分　八　五忽其田
均在蒸湖自道光丁未年爲始蒸湖房長與宗長公議
折價田價若干的於冬至前三日歸本年十二柱管[illegible]

冬至應用不得少欠

一則民田一坵　土名野猫畈　計八分二釐

一則民田一坵　土名汪家畈　計一畝五分三釐

一則民田一坵　土名徐家泭　計一畝一分

一則民田一坵　土名坑後　計一畝六分四釐

一則民田一坵　土名坑後大路東計二畝一分

一則民田一坵　土名同上　計八分

一則民田一坵　土名錢家笆後計五分

一則民田一坵　土名八丈河泭計一畝三分

一則民田一坵　土名錢家堰　計一畝一分　八毫

一則民田一坵　土名錢家泭　計二畝六分八釐

一則民田一坵　土名笆後田　計一畝

一則民田一坵　土名大四畝　計二畝二分五釐

一則民田一坵　土名牛欄田　計二畝

一則民田一坵　土名坑後　計三畝五分零叉漕基
叄分
一則民田一坵　土名潭六畝　計一畝六分
一則民田一坵　土名田洋馮　計七分
一則民田一坵　土名陳家斗　計一畝一分
以上舊嘗祀田四拾九畝計七分一釐五毫　六忽
一則經行誠松公祀助民田七坵　土名龍膽河斗共計十三畝
一則　叉　助民田兩坵土名同上　計一畝五分一畝二分
一則經行耀生公祀助民田一坵　土名阮家橋石路下計一畝
五分七釐
一則　叉　助民田三坵　土名阮家橋瓦沙滙合計五
畝　四釐
一則　叉　助民田二坵坐落橫路陂地方　土名八丈
河斗計一畝二分一畝一分

一則[illegible]生公祀助民田一坵　土名[illegible]家下計三畝二分三釐

一則[illegible]行文瀾公妻[illegible]氏助民田一坵　土名陸家地計一畝八分零

一則又助民田一坵　土名瓦沙滙[illegible]河計一畝九分四釐

一則經行[illegible]秀公祀助民田一坵　土名四港閘王家邊計二畝

一則輸行采[illegible]公祀助民田一坵　土名長弄　計五畝四分

一則[illegible]置民田二坵　土名[illegible]長弄[illegible]路　計一畝八分五釐一分五釐

一則綸行巨[illegible]公祀助民田一坵　土名跨塘周東外[illegible]六畝九分六釐

一則又助民田一坵　土名同上　計二畝五分

一則又助民田一坵　土名同上　計一畝一分四釐

一則又　助民田一坵　土名跨塘周陳家門　計一
畝五分
一則又　助民田一坵　土名同上　計三畝三分
一則　又　助民田一坵　土名同上　計四畝五分二
釐
一則經行南華公祀叚民田一坵　土名牛尾河圳　計六畝量見五畝半
以上叚田暨添置田六拾五畝九分零
一則民田一坵　宗祠屋後錢家橋下沿河　計六分
一則民田一方　宗祠旁北首橋下　一分五釐
一則給行汝買公祀民田一坵　土名錢家橋東首石路下與承
志堂宗祠基連并　九分三釐
一則請行智之又祀　民田一坵　土名陶家滙　一畝六分
一則又　民田一坵　土名樟樹下蘇家　一畝四分

綸行亦愚公祖子蓮橋公助修理新置祀民田五拾畝

暨修理老宗祠市房樓屋一所　計開

一則民田一畝二分　土名西河夾河外檔

一則民田四畝　三釐　土名下西河外檔

一則民田四分　土名東橋外檔

一則民田二畝　土名沿河（合後五則總名橫塘江水路引）

一則民田一畝七分　土名車頭引

一則民田一畝三分　土名沿下

一則民田三塊計六畝　土名車頭引

一則民田六分　土名同上

一則民田一畝七分　土名同上

一則民田二畝一分五釐　土名橫塘江大尖墳前

一則民田三分四釐　土名橋頭外檔

一則民田六分四釐　土名同上

一則民田一畝　五釐　土名阮家間

一則民田二畝一分　土名竹笆塘後

一則民田一畝七分　土名同上

一則民田六分　土名車頭爿

一則民田六分　土名泥路下

一則民田一畝八分　土名橫二畝

一則民田八分　土名肚棚上

一則民田四畝　土名同上

一則民田九分　土名同上

一則民田三分　土名同上

一則民田三分　名同上

一則民田九分　名竹笆塘後

一則民田二畝二分　名同上

一則民田二畝四分　名錢家門前裏

一則民田四畝一分　土名八丈河汼

一則民田兩畝　土名錢家衕汼大四畝

一則民田九分　土名貞岒大路外裏檔止　共五拾畝零七分一釐

一則市房樓屋一所　土名甬東濠河江沿計塗地壹分

綸行信之公祀光緒廿八年助宗祠民田五畝八分五釐今於光緒三十一年起撥入修譜　計開

一則民田二畝　三釐　土名樸木廟西南角

一則民田一畝八分二釐　土名同上

一則民田七分　土名同上

一則民田一畝三分　土名同上　有牛車基一座水路一條

以上新助及舊置田六十二畝四分[illegible]釐加鳳嘴萬三公墳後輔行蘭汼房來民地六釐合前舊置舊助總共計田一百七十八畝三分二釐八毫六忽又山四畝　以上田產其報

均由本邑六都上四費公輪戶及新公輪戶完納惟市屋一所由鄞縣一啚老宗祠戶完糧并試

附載老宗祠定林寺山田

一則山田拾畝零　土名蒸碧山

一則民田十八畝零六分七釐九毛　土名新堰頭大嚴

一則竹院一方德八房助

以上山田均歸定林寺住祠承管收花并承值老常住

嚴文岳當辦定林寺戶三都圖錢糧亦歸住祠投納

案卷

咸豐譜云吾宗之有峯山祠堂係五世祖日章公所建峯山道院遺址旁闢定林寺屢修屢燬總爲吾費氏之香火院也事跡詳載祠堂前後碑記自明中葉迄於今每有邑人與寺僧希冀侵占賴正德初有遯菴公等萬歷間南江公等 國朝嘉慶初雲飛公等咸豐五年文杰等力爲訟爭恢復祖業永存舊譜載有遯菴公控奏全案殆以示保守先業之艱而後來子孫之不容忽忘焉萬歷時無案卷留傳尚有祠堂後碑記并公玉公跋前碑記之辭可以考證今重爲纂譜將前後碑文及前明迄今之成案錄其要者咸次附於後蓋亦仍舊譜意爾

宏治朝

此明弘治年間至正德元年歷久案也時汶溪童姓富貴雄一邑聽堪輿家言覬覦定林寺基必得之而後安故再三爲占據計細觀舊遺按卷若非遯菴公不惜心力不顧死生至於上叩九重焉能保守日章公積德貽

謀故址哉爰刊正德元年結狀總卷於後按卷內無遜菴公名諱攷之舊譜則皆遜菴公所爲焉

寗波府爲十豪謀僭山塲打死人命事抄蒙浙江等處提刑按察司分巡浙東道僉事林　案驗該奉都察院子字一千八百二十一號勘合劄付浙江道承准大理寺勘合該本道發審犯人費涓一犯該越關減等杖罪招年七十以上依律收贖送順天府給引照回浙江按察司轉發分巡官處聽理審允回報到道按照近該浙江寗波府慈谿縣見監費涓五兄費洼一抱奏前事　臣始祖費日章創建祠堂名爲峯山道院宋天聖四年招僧惟實開基奏蒙賜名定林寺世奉香火經今五百餘年費氏祠堂石碑見存弘治七年九月十一日忽被近院二都四啚土豪童鐄童錞等粧塑伊故父童俊形像輒自刊立碑記號爲童定菴神祠擡僣本院將　臣祖遺祠堂碑記藏匿爐瓶供器泯滅悉空本年十一月六月十日　臣兄費鎬知覺具告本府知府姜　并分巡僉事陰　但批行

照行拘童鏌等供稱本院原係費氏祠堂後蒙勅賜院額是
實追出臣祖遺碑記仍存本院童鏌新立碑石塑像責令遷
毀斷結明白案卷可查弘治十三年二月初十日始祖忌日
臣等往院祭拜不期童鏌等懷恨聚衆截路捉打剝奪衣靴
祭物告縣提問彼自知理虧浼伊親鄭仍一徐帋魯八置酒
賠償求歇弘治十四年十月十三日童鏌又違法私搠庵堂
招道人方阿扁住晉將原遷出石碑復立在內因嫌菴基挾
小要得謀買本院前園以成廣大郎與住僧福泉摟買不遂
挾恨於弘治十六年八月初八日帶領光棍陳閏方小二等
强割前園芝麻僧人福泉思係自來晉種前園約一十六畝
內一畝三分起科餘係糜弛僧屋基地古井存証作地種熟
年久今被各惡强割不甘次日赴縣陳告又被童鏌攔鎖回
家搜奪冤詞逼寫賣契本僧不從童鏌喝令惡僕呂和尚等
扯倒跪地就將門關亂打童鏌親自起稿童小三謄寫逼打

晝字方得開鎖放回本僧累赴府告未蒙准理本豪得計又將方丈等處松木大小共一百十八株柿樹十五株樟樹一株竹林一片并黃荳等物砍割一空勝如抄劄不容居寺本僧無奈只得潛赴按察司具告蒙准批府提人問斷本豪無計掩飾私將伊家牧牛潘四無對故父潘行季曾賣別坵南山地段冒易影射及添捏本僧洪武年間遠祖買到鄰縣張友常除墳柴山一片賄托表兄陳本清作爲賣主虛詞妄訴憲司行府并問童[illegible]自料眞情難昧躲閃月久延至弘治十七年六月內謀行本縣轉行都啚體勘童鉠等廣用機謀用財買囑一路關親并佃戶里老杜炳李煓等狗私害公不思山地田隣徐揖周十六等要見自古至今原係何人管業布種刼將無干賃住伊屋方五等爲隣出供不令原告禰泉知會改置流水文簿妄証潛粧供結陳本清潘〜四等亦同惡相濟圖財詐証反捏遊僧供詞投遞本縣蒙鄒知縣灼知奸

當判原被未付對証審理緣何一邊先來私遞保結將杜炳等責打趕出童鉠等奸計不遂窺伺本官朝覲輒便賄通該吏沈禮欺見陳縣丞新任未知民隱仍用前謀裝案解府本豪姊夫羅閑府吏沈粟并男沈四六慣曉彩畫在府出入打點致使枉直不分反將寺僧福泉加刑酷打并將　臣與弟生員費愬一同監禁月久本年十月十七日費小六上府供送飯米行至鄞縣地名南江塘上偶遇童鉠兄弟童鎬童千二童楷童二五童仁三伊親杜炳邵明九邵小九等二十餘人恃衆爭鬧强奪飯米丟棄在江將叔費六亂打損傷扯去海青巾帽童鎬見打傷重計令杜炳先行赴府具告捲餙有兄費涓一亦將歐打情由告府行提閒叔費六回家調理不痊至本月二十九日因傷身死當告本縣帖委吏莊鶴件作徐相等拘集里老隣佑人等眼同番覆相驗看得叔費六身屍脊背兩肋兩脇俱有赤黑傷痕是的取具件作里老隣佑親

筆供結至縣又被童鉷童錦懼怕償命費用金銀買求積年
光棍老人蘇恒捏稱 臣 家與銀壹錢妄首在縣思得人命大
事彼時蘇恒同吏仵再三相驗傷痕明白蘇恒親筆寫結投
遞委吏𬭚佑眾見可証豈彼圖財妄呈遮飾 臣 家不甘又逕
具告巡按東御史蒙准批縣檢問仍被章鉷等展轉捏故不
肯到官惟圖賄囑上下買脫罪名以致生讐未伸死冤未雪
伏望聖恩憐念下情乞勑都察院轉行巡按浙江監察御史
提問明白庶免豪强吞佔而 臣 家生死之冤亦得伸雪矣爲
此具本等情備仰都察院郎將費洎五所奏事情從公逐一
查勘果有虧枉郎與辨理有罪人犯問罪發落若奏有一實
追究寫本人問罪回報等因到府行拘該縣提解干人犯前
來立案推鞫據犯人童干二稱本縣三都一啚有寺一所唐
太和年間邑人費日章捨田貳百畝地玖拾畝山叁百畝以
供香火後本人病故葬于寺南山內寺僧將伊妻傅氏同爲

神位于東廡歲時祭祀立碑爲記後晉天福二年本寺廢弛□闕惟留靈殘名存□山道院宋天聖五年賜額定林寺立碑并記歷元及國朝以來費氏神位石碑無存田地不知的確下落止有賜額石碑見在弘治元年千二故父童俊看得寺西白□山内堪以作墳意圖在寺寄祀香火將寺宇重加修葺偶於頹牆內掘出費氏前碑文字殘缺止有前項捨過田地山塲數目并爲位東廡緣由童俊恐費氏子孫爭阻備盤□□盒同僧佛通前去費涓五家混要同立神位不從童俊將□碑收回晉弘治四年父童俊病故兄童鉄與千二就于寺西山內安葬不令費涓五家得知私自立碑一道塑像一位寄于寺內西廡隨有伊兄費鎬得知具告本府并分巡僉□陰　判縣問斷童鉄隨亦訴蒙并斷本縣審得費氏原係香火在前責令童鉄將父塑像并石碑移出去訖費氏祠堂碑文仍立在寺弘治十三年二月初十日費涓五齎來寺

內祭拜[illegible]鉠出外不在千二不合到寺前攔阻因而各相採
打千二不合卽將費涓五衣服一件紵絲帽一頂皂靴一雙
剝奪直鈔一百二十貫之上費涓五要告當得親人鄭仍一
徐弟曾八置酒勸千二將銀三兩賠償了訖宏治十四年十
月內千二自于墳前起蓋小屋一間招道人方阿扁看守墳
塋原舊碑像置立在內與寺無干弘治十六年八月內千二
因嫌菴屋狹小見得寺前空地一片堪以改造却將祖手買
到本寺潘行季并自己買得陳本清地名桃樹灣地段影作
前項寺地帶領雇工人陳門等前去將僧福泉所種芝麻用
強收割約有麻子一石次日本僧赴縣告理又不合捏回私
家逼寫賣契不從令弟[illegible]小三等各不合依聽拷打僧重方
纔疎放次日千二又思父修[illegible]寺過工本數多不合將寺松
木一百餘株栗樹二十株柿樹十五株竹林一片砍代修理
墳塋以償父手資本[illegible]泉不甘將情告蒙按察司批府問斷

千二不合隱情訴蒙亦判本府通行本縣帖發杜炳等并遞年里長李端杜隣等幇手潘源袁三拘集隣佑方五等審勘間　炳等門并誌書不曾載有日章前項掊田等緣由不及供自費涓五就疑炳等偏供不肯輸服以致不得歸結延至弘治十七年十月本府行催緊急彼時鄒知縣公出不在縣丞陳佑取具不一供詞於本年本月十六日將一干人犯解府覆審蒙府將原被童鉄童千二費涓五費恕福泉監候責令杜炳等回家體勘本月十七日杜炳等回至郡邑厲壇邊撞遇費涓一來府鉄送講論前事言語不投各不合互相採打杜炳等奔赴本府呈告費涓五要得抵飾思有族人費六郎費仍六久病在床不合捏稱童鉄兄弟及杜炳等打傷虛詞亦告本府拘理間本月二十九日費仍六病故費涓五就告本縣差吏仵莊鶴等據集里老審勘費涓五不合將銀一錢送與老人蘇恒要將費仍六故作打死蘇恒不從將情連

蜓首縣未結□□五就將千二前項奪僧□地剝脫衣□強割芝麻砍伐竹木實情因要排陷童鍈生員前呈俱作童鍈名下及不合捏稱杜炳等徇私保結該□沈禮欺見縣丞新任裝案解府罷吏沈粟及男沈四六在府打點及□六上府供□被章鎬□亂打因傷身死等虛詞具本令費涓一抱赴通政司奏送都察院備行浙江等處提刑按察司轉行分巡浙東道僉事林行仰本府查提杜炳等前來審得費氏立碑在年代已遠童俊石碑塑像已經官判擡移別無爭論但童千二父童俊修寺費用工本數多不得在寺安插香火以此子孫不甘福泉執稱情愿將本寺買到張友常民山二片議作價銀五兩當官立契轉賣與千二□爲業起蓋故父墳屋庶得安妥及千二執稱情愿不取修寺資本其所爭寺前空地當齋潘行季男潘四等原係本寺習業潘陳二家□賣地股委在桃樹灣見是千二習業與寺隔遠窎無用千□佔□

一[illegible]作高一等甲老[illegible]潘[illegible]等稱騐得亡
[illegible]係[illegible]他[illegible]賣長女常山場[illegible]
[illegible]界[illegible]十二管業取[illegible]領解
[illegible]照薛恒[illegible]消[illegible]銀一錢送縣[illegible]貯
[illegible]衣服等件招稱已賠償銀[illegible]訖
童　備價買[illegible]福泉[illegible]買長女常民山二畝并桃樹灣地[illegible]
[illegible]伊仝[illegible]二管[illegible]爭山前空地仍令福泉管業各[illegible]
[illegible]定[illegible]原[illegible]石碑子孫照舊供奉香火等[illegible]
具　連[illegible]等[illegible]提刑按察司分巡浙東道[illegible]
[illegible]二[illegible]查照原擬發落外[illegible]據[illegible]
[illegible]今將問過各犯情由[illegible]
備[illegible]附照[illegible]違錯[illegible]帖　案此帖久已[illegible]萬[illegible]留備
[illegible]謝[illegible]無從校正恐後人聞之[illegible]
右帖[illegible]准[illegible]

[illegible]劉氏四修宗譜卷四十四　[illegible]三房

全

正德元年十二月三十日

[illegible]

帖[illegible]諜[illegible]山場打死人命事　司典吏鄭華鋭

贊曰

[illegible]萬[illegible]一年甲戌[illegible]也[illegible]觀古今風氣之[illegible]

不[illegible]占[illegible]多落其[illegible]案則[illegible]

以[illegible]中[illegible]二十世[illegible]在[illegible]王

丞[illegible]號尾[illegible]蹟[illegible]多[illegible]記無當[illegible]

[illegible]靜安[illegible]公[illegible]鳴官[illegible]

不[illegible]章丞[illegible]四[illegible]道[illegible]

風水[illegible]老則[illegible]

[illegible]志[illegible]慈山[illegible]

[illegible]後[illegible]訊[illegible]特刑丞王丞跋語

[illegible]云

[illegible]同[illegible]石[illegible]於宋[illegible]萬[illegible]二年

[illegible]歸[illegible]靜安[illegible]毀[illegible]立碑[illegible]

[illegible]時[illegible]賴有先公鑄[illegible]等鳴官[illegible]六年[illegible]月[illegible]今

[illegible]縣誌[illegible]鐫[illegible]此[illegible]碑[illegible]查[illegible]兩[illegible]

顧評宜秘藏未便輕易展閱用是木版刊勒以示廊右庶
予更年湮雖百世下猶欽仰公之德行抑又懸擬公之道貌
云

嘉慶朝

此嘉慶九年十二月案也緣土豪周濟等串同定林寺
住僧黃超凡叔侄能仁改造寺屏沖礙宗祠希圖吞併
移送土豪等得以據占費氏宗房大英公具控撫後
縣以孫玉公雲飛等匿縣府暨憲控名署等勢未明
由批示縣尊雖三難復等王士壽既土豪等竭力不
至於爾案故案未守仍照前址焉撫批縣斷土豪等
與僧黃超凡甘結沒主嵩等　列后

撫院批　據呈今之定林寺係爾等世祖費曰章初建名峯
山道院捐產六百畝招僧開址至宋時賜額定林年久寺已
傾圮費門章後裔費璉等奏請重建旁建爾等祖祠查核縣
誌碑記相符嗣後薙髮僧黃超凡叩募興修罔顧費氏宗祠
竟肆轉向沖害經爾等簽誌碑控縣該縣諭勘照誌斷令定
林仍照舊址照造不得任意轉向嫉妬並令爾等捐錢四百

千文給該僧遷復舊址需費該縣係照縣誌勘斷甚屬平允
並無袒徇何周啓明等胆敢抗斷唆使黃超凡潛避反敢公
然在寺督工裝葺并毀費氏宗祠并敢營謀紹興大善寺住
僧德淵上瀆均干不法已極仰甯紹道府親詣該處督拆仍照舊
址起造毋許轉向冲害嚴提毀祠之周啓明等究辦仍檄縣
出示名募戒僧住持具報

縣堂斷　查定林寺本是費氏家菴並非十方寺院可比
僧黃超凡及周啓明　敢抗違改造佔地蓋屋均屬不法本
應究處姑念既據具結拆讓從寬免究但□寺屬　氏祠遺
家院且宗祠毗連　雲飛等酌捐錢四百千以爲修理之資
俟　拆讓改造後給領可也

具甘結鍚邑萬善寺　能仁本縣三都三圖人周啓明
周濟楊文在顏世道黃廷秀黃存黃一鳳今結到太爺
臺下切存　廷玉等控黃超凡故　寺屋並　身等扛

一哄今蒙訊斷超凡將廊屋限至戊午年正月內拆讓大
殿天王殿擇日照舊建造如黃超凡抗延不遵伊等願
甘并行治罪並不敢扛幫滋事所具甘結是實
嘉慶二年十二月　　日具甘結　周能仁　周讀
　　　　　　　　　　　　　　周啟明　楊文有
顧世道　黃廷秀　黃一淵　結
具甘結三都一圖僧人黃超凡今蒙到　太爺臺下切有
費廷玉等控僧改造寺屋違碍等情一案今蒙訊斷情愿
拆讓照舊建造又費姓祖墳行路併讓行走不敢抗違所
具遵甘是實
嘉慶二年十二月　　日具甘結僧人黃超凡　結
具限狀三都一圖僧人黃超凡等今限到　太爺臺下切
有費廷玉等控僧改造寺屋違碍伊等宗祠一案今蒙訊
斷情愿將廊屋限至戊午年正月內拆讓基地大殿天王
殿擇日拆移照舊建造如再抗違願甘倍究所具限狀

實

嘉慶二十年十二月　日具稟狀[illegible]黃超凡　限

縣批　查定林寺本係[illegible]姓[illegible]等祖業後捨爲寺邑誌可憑

茲寺宇傾頹該僧黃超凡應仍按照舊址興修不應將[illegible]姓

祠旁餘地改向估造前經本縣諭勸屬實緣因該[illegible]起[illegible]後

又行拆讓[illegible]費不貲[illegible]以勸諭[illegible]姓[illegible]等[illegible]念[illegible]上捨寺之

意出錢[illegible]百千[illegible]該[illegible]建造之費酌理準情秉公斷結在案

爾等不得混行出頭砌詞姿瀆[illegible]蹈[illegible]滋訟之咎也　武

并飭

咸豐朝

[illegible]豐[illegible]年八[illegible]間[illegible]部[illegible]寺[illegible]

[illegible]續[illegible]後[illegible]作[illegible]寺[illegible]餘[illegible]借

[illegible]工人[illegible]屬[illegible]男[illegible]所[illegible]

[illegible]中[illegible]買[illegible]起[illegible]理[illegible]辭

等多[illegible]人[illegible]費[illegible]十方

[illegible]寺[illegible]宗[illegible]

[illegible]南[illegible]出資[illegible]千[illegible]井[illegible]

[illegible]

文移一　縣斷一　黄公祥等甘結一　僧人九蘭甘結一

勘得東鄉距城二十里土名汶溪南山己燬定林寺之北有費氏宗祠內有載詳刊碑一座祠旁有平屋數間內供寺遺與供佛像砍木在祠後笆內勘畢即飭繪圖訊據宗長費文杰房長費秉善監生費綸盛副貢費傳綸等同供職監們上祖日章公號峯山在汶溪南山捐園田山林六百畝有奇闢爲峯山道院至宋天聖五年請額賜名定林寺仍祀日章公于東廡明宏治年間寺遷稍北以藏主東廡不便尸祝于寺左搆建費氏宗祠祠旁有舍爲守祠僧居住後來定林寺屢修屢燬暫移佛像供奉祠旁僧舍僧人歷由費氏延請住守數十年相安無異近緣寺僧九蘭欲置器皿將祠後笆內雜木砍砟職監們許其砍代不想有該處懞棍黃公祥們磁冒十方糾同多人將樹拉去反誣僧人盜變赶逐僧人又敢赴案混控今蒙鴛勘求追復究辦據僧九蘭供定林寺燬後僅

存費祠是以費姓上祖延請前僧智甯住持看守傳至僧人已經五代了歷來無異昨緣僧人要直器血擬詐笆內雜木告知費姓准許砍伐不想突出就近億徒黃宏言黃阿寶黃阿齊黃盛冒十九謂僧人不通知他們糾同多人將樹木並去并把僧人一出反赴案混控今蒙駕臨求雪冤是恩了據黃公祥供小的是黃姓宗長這定林寺係費姓上祖所創小的們素所曉得現在僧人九蘭所砍之樹實係費姓祠後笆內已物與小的們毫無干涉近因小的年邁昏憒族內宏言聽了葉姓人唆惑説是十方先將拚樹並落要赶出僧人另請住持并捏小的之名赴案具控小的先前實不知情今蒙查勘小的失于約束這宏言們冒昧混控畏罪不到求恩免究所拉之樹令他赶緊交還是了據黃兆欽供宏言們去拉費姓守祠僧人所砍之樹要把僧人九蘭赶出小的當時臥病在床並不在場後來赴案具控把小的名也列在案內

[illegible]情今[illegible]了地保許[illegible]
十二月二十二日費姓守祠僧人九旺將祠內雜木砍作黃宏
說他不過與十方僧人盜變寺產拉交小的收管小的
時經查覆費姓祠已木與他們無所干涉向其嚮導執意
聯役大不知又如何辦案的今蒙查勘宏言　已經躲避
長黃公祥與黃兆鈞拉樹之時却未在塲求察訊是實諭
查宗林寺從前係費姓章創建焚後亦費姓承修所砍之
樹係祠內祠箆內已物住僧亦費姓延請守祠與黃公祥等
悉無干涉黃宏言等輒聽唆惑捏名混控驅逐寺僧實屬不
法黃宏言等所拉樹木飭令地保許家金赶緊押令交還其
黃宏言等畏避不到候備文移請飭提訊明跟究此諭

咸豐五年七月二十日　諭

慈谿縣糧廳為勘明移覆事案准　堂臺移據二都四啚紳
民黃公祥等呈控定林寺住僧九蘭等不守清規輒將寺山

樹木私行盜砍伊等驚知向理不服現將所砍樹木交保收
晉呈叩禁逐並據宗長職監費文杰等呈稱定林寺係伊等
上祖日章公創建并建有費氏宗祠向招僧人看守所有寺
山樹木均係伊等祠內之物茲僧九蘭等欲置器皿將祠後
笆內樹木出賣應用經伊等眼同砍伐詎被戇徒黃公祥等
胆敢越冒十方誑稱該僧人盜變竟將拚樹恃衆兇拉簽送
縣誌公叩詣勘訊究各等情移請前詣該處傳齊兩造將該
僧人九蘭等所砍木樹是否確係費文杰等祠內之物其定
林寺從前是否實係費日章創建歷來均歸費氏子姓修復
并寺內有無費姓宗祠該住僧是否因守祠而設與黃公祥
是否實屬干涉分別查勘明確出具覆函以便核辦等因
准此敝廳隨詣東鄉距城二十里土名汶溪南山已勘定林
寺之北首費氏宗祠內有載誌刊碑一座祠旁有平屋數間
內□寺□□佛像□本住僧□□一內樹畢□飭繪圖訊據

宗房費文杰等稱伊等上祖□章公創建定林寺及費氏宗祠因後寺燬僅存宗祠并祠旁復建平屋延僧看管已歷數十年茲緣寺僧九蘭欲置器血告知將祠後管內雜木砍砟當由該處□徒黃公祥等戳冒十方糾衆將樹拉去復敢赴縣混控驅逐並將僧九蘭當塲具稟并呈送費姓請帖叩請訊究各等語即飭傳質黃宏模等均皆避匿僅止宗長黃公祥及黃兆欽到塲詢據供稱定林寺實係費姓上祖創建燬後向未建復僧人九蘭所砍之樹木係費祠管內已物族內宏言等糾衆拉樹並控告寺僧九蘭盜拚驅逐伊因年邁將遣兆欽□身病未痊□係宏言等聽信葉姓人之惑干此不法所拉樹木囑令交還求請免究等供敝廳查定林從前係費日章創建屢遭焚燬歷係費姓修復均載縣誌所砍之樹實因費祠管內己物住僧亦費姓延請守祠與黃公祥等悉無干涉黃宏言等輒聽唆惑捏名混控□逐寺僧實屬不法

黃宏言等所砍樹木飭令地保許家金赶緊押令交還其黃宏言等畏避不到應請飭提訊明跟究以示懲儆緣准移費合將勘過情形繪圖貼說暨稟詞供單備文移送仰祈堂臺察核再僧人九蘭塲送請書當即給還收執合併移明施行須移

計移　送原稟詞兩扣　供單一帋　繪圖一幅　七月二十三日移本縣

堂諭　訊得費文杰等與黃宏言等互訟移准糧廳勘覆各等情一案查是案費文杰等上祖日章在東鄉汶溪南山翔建定林寺旁立費氏宗祠嗣經廢復均係費姓承辦今寺廢祠存費姓族內一時未能將寺建豎即於寺旁添造平屋暫供寺遺佛像招僧管住並令看照管所有基址暨晉天福年間日章始捐置買峯山道院基址歷年已久且核費姓所呈誌碑及前卷各據均相符合該寺之為費氏家庵並非十方叢院已無疑義質諸現住僧九蘭　稱置備器用是以將該

寺僧內樹木拚砍得價抵用核與費文杰等衆供一律前黃
宏言黃公祥等並不確查該寺係屬費姓之寺竟有確據輒
敢聽從旁言糾衆截樹藉情妄拉致啓訟端實屬藐法本應
分別究懲既據對質願求懺悔自新似與始終固執者有間
從寬免　深究諭令黃宏言等即將所拉之木數交還僧九
蘭收回黃宏言等嗣後不許再蹈前轍於費姓定林寺及費
家祠滋生事端如違嚴究決不姑寬着將黃宏言等取保省
釋仍取遵依甘結保狀附卷此諭

咸豐三年十月　　日　以上縣斷

具甘結黃公祥等今于　大爺臺下切等與費文杰互控
定林寺等情一案今蒙訊明定林寺委係費姓家菴並非
十方寺院出拚之木亦係費姓已木黃宏言等實因誤聽
旁言截拉願將原木照數交還費姓守祠僧九蘭等收去
嗣後斷不敢再至費姓定林寺與住僧九蘭等尋釁滋事

所具甘結是實

且息結管九蘭今於　太爺臺下切黃宏詳等藉端冒瀆

十方妄控僧盜賣定林寺木等情一案茲據寺主費文木

等以寺與十方木房祠產檢呈誌碑請核提究今黃公祥

等自知情虧不應截其誣控屬實畏罪悔悟願將所賣之

木照數點交收管具結領歸並據寺主費文杰等允其求

請銷案備具甘結懇恩銷具息　是實

咸豐五年八月　日具息僧費祠住僧九蘭　結

〔福建晋江〕安海倪氏汝泰房族譜不分卷

佚名纂修

［福建晉江］《安海倪氏汝泰房族譜》不分卷，佚名纂修。封面署「清光緒」，末葉有「生於中華民國甲子」之語，蓋初編於清光緒間，民國間有所補充。安海屬福建泉州晉江。是譜載倪氏世系、行實、生卒年月、葬地等，條目甚少，内容頗爲簡略，且非自始祖起，而始於六世祖。又闕七世至十一世之信息，自天啓間十二世至民國甲子年廿一世則較詳。譜中記十五世三官「卒於咖啰吧」，十七世謙官其讓「身故在安南」，十九世品官尔游「仙逝在外洋吉隴坡」。據抄本影印。

安海倪氏汝泰房

清光緒

六世祖思蔡公

原葬晋江廿肆都塘頭鄉

嘉靖拾捌年正月吉日葬記

萬曆肆拾年十二月十五日皇記

乾隆拾年叁月初肆日拾骸重安葬

其墓原葬塘邊山潛石塔先人於傳其拾

葬不知公墓所有先伯抃舉從遠地來

交而行離石塔壹貳里遙

也　燈輝追竹遺
隨滅因取壹石誌其地詰朝視之乃
知為公之塋域諸先伯叔遂為撿骸
重瘞時乾隆乙丑年叁月初肆吉時無
如穴後被巨族築傷開剝明堂深若
沼沚諸伯叔目擊心傷延請堪輿別
營壹穴至嘉慶戊辰年秋遊靈源乃
獲佳壤於山寺之東南至嘉慶辛未

年弍月廿捌重拾骸而遷葬焉其地土
名石狗崙穴坐未向丑兼艮坤是役
也費銀佰餘兩皆往歲所鳩丁錢
夫自有明嘉靖迄今世代湮遠支
派雖微衆議未必悉符而一時同心
協力如響應聲不可謂非我公之
靈有以默於于冥冥之中者也夫
護其寢昌子〻龍驤鳳躍克紹名
乎
宦鄉賢家風是今之所厚者

我族自光州固始入閩　安祖籍福州右城，

先生公　从榕垣游学泉郡至南安外陈江乡

先生公實開其陈江之始祖

汝腐公于康熙年间率留祖贵昌公父子

贵昌公父子偕来建宅于西河境与族親比閭聚处

八世伯就　公自老塘分支来即为安平之始祖，

尚其以爾仰承偉績用顯嘉謨心存宏乃念篤友于

萬年繼盛維懷永昌

冠字

子孫杰（玉）振奕世永昌

十二世

明玉公諱清沛字禮泉公長子生天啟
癸亥年十二月十五日亥時
卒康熙戊午年四月初五日辰時
享年五十六歲
妣周氏号順惠生崇禎己巳年六月二十日
寅時
卒康熙丁卯年正月十三日辰時
享年五十九歲
合葬唐邊山壹粒珠坐巽向乾分金庚辰
庚戌

義　完　達

十三世

義官号士宜字　明玉公次子生順治癸巳
年九月初八日辰時
卒康熙庚寅年五月初四日辰時
享年五十八歲
妣周氏号慈儉生康熙戊申年六月廿三日
卯時
卒乾隆己卯年十一月二十一日
享年八十二歲
合坟南安卅五都芸溪鄉土名九哥崙坐巳
向亥兼巽乾

子三　脱　今　保出継求官

十三世

達官 号士膺

明玉四子也

生康熙壬子三月廿一日亥時

卒康熙壬辰年四月廿日酉時

享年四十一

十四日辰時卒于康熙巳未年正月二十日
丑時

十四世

吟官号汝泰字　士宜公次子生康熙乙
亥年八月廿二日辰時
卒乾隆丁丑年正月廿七日申時
享年六十三歲
妣黄氏号柔順生康熙戊寅年五月初九日
未時卒辛丑年三月初一日酉時
合厝鳳穴庫脚崙乾巽亥巳
繼妣曾氏号順儉生康熙壬辰年四月十四
辰時
卒乾隆甲寅年八月初四辰時
享年八十三

悉代

墓在晋三乡才土名瓦窑埔坑〃

子午向

子三　勝　三　壽

十五世
勝官号萬軒字文煌　汝太公長子生乾隆己
未年四月十一巳時
卒嘉慶丁丑年八月初二子時享年柒拾九
与継妣合厝后溪鄉土名楊仔墓甲庚寅
申向
妣王氏号　生乾隆庚申六月初一亥時
卒戊戌年十月十五亥時享年叁拾九歲
墓晋江曺店土名赤塗坡巳亥巽乾向
継妣顏氏号　諱金娘生乾隆丙辰年正月
廿一辰時享年柒十三歲
卒嘉慶戊辰四月初八酉時

子三 長慶礼

十五世

三官字文耀号安貞　汝太公次子生乾隆丙寅年九月初五丑時

卒嘉慶癸亥年五月初四未時

享年五十八卒于咖囉吧

妣蔡氏諱銀娘号　生乾隆丁丑年正月初五日辰時

卒乾隆己酉年十一月初六亥時

葬七都陳安坑巳亥向

子一　楨 係弟壽官次男入嗣

十五世

壽官字文煖号修軒　汝太公三子生乾隆辛未年十弍月念弍日戌時

卒嘉慶庚午年四月十五寅時

享年六十八

葬在古田鄉土名炣墩山艮坤寅申向

妣許氏号至戇生乾隆壬午年十一月初八日卯時

卒道光己亥年十月廿一日未時

享年七十八

墓在陳安坑土名陳湖頂巽乾巳亥

繼妣呂氏号以順生乾隆壬辰年[illegible]

日巳時

卒咸豐癸丑年五月二十巳時

享年八十二

墓未詳

子五　倫許出　植出嗣安貞公　填殤　寧　艮殤

十六世
長官克和字尚悠号應時生乾隆庚辰年五月
十九酉時係篤軒公長子
卒嘉慶乙亥年六月十四寅時
享年五十六
妣許氏号淑寬生乾隆戊子年二月廿四日
午時
卒嘉慶乙亥七月廿四日亥時
合厝晋江西埕杏坑坡艮坤寅申向
子二 鼎 默
拾磌合葬曾店赤塗坡壬丙亥巳

十六世

慶官字尚雲号恕亭太學生　篤軒公次子生

乾隆庚寅年十二月初三日戌時

卒道光癸巳六月初十日午時正

享年六十四

妣林氏号善助生乾隆壬辰年五月十三日

丑時

卒道光戊戌年閏四月廿三日未時

享年六十七

合厝曹店下塘亥巳向

子四　煜　嶽　集　熊

十六世

禮官字尚陶又字秉周印肇元号純亭晋江邑
庠生　篤軒公三子生乾隆甲午年正月
二十弌日辰時
卒道光壬辰年七月初七日亥時
享年五十九
光緒十六年進主陳江大宗祠内

妣顏氏号善忍名拔娘生乾隆壬辰年九月
初五日午時
卒道光壬辰年六月初弌日午時
享年六十弌
合厝晋江后溪土名許厝墓坐北

庚卯酉

子七

琳殤

萼

概殤

樹

然

珪

岱

十六世
俻官号克瑶字尚顯　修軒公長子生乾隆辛
丑年八月初五日子時
卒嘉慶癸酉年八月初七日巳時
享年
妣黄氏号恬肅生乾隆甲辰年四月廿日未
時
卒嘉慶乙丑年五月十五日申時
合厝鳳頭亥巳向
繼妣施氏改適
子二　鵬黄出　塔施出殤

十六世

填官　修軒公三子　殤

十六世

植官号應培　安貞公之子係　修軒公次子

入嗣生乾隆癸丑年十月初六日戌時

卒嘉慶丁卯年三月初十日申時

仝弟應輔厝鳳頭坐亥向巳

承繼子　寰乃念祖長子入嗣

十六世

寧官應康字尚莊号念祖　脩軒公四子生嘉

慶己未年十月十五日寅時

辛咸豐三年癸丑四月十五日卯時

享年五十五歲

葬风穴风身

妣許氏号善約生嘉慶辛酉年三月初八日

辰時

辛道光丁酉年五月十四日辰時

合穴寨埔関帝庙邊石墓亭壬丙向

子四　爽出承植官　省　御　謙

女臻娘祔穴

配安海城皇宫張潜官

十六世

艮官字應輔　修軒公五子生嘉慶甲子年十月初九日午時

卒甲戌年八月十八日戌時

与次兄公穴

卅一 拨乡欣宾

十七世

鼎官其鍾号質樸字子調　克和公長子生乾隆壬子年十乙月初九丑時

卒咸豐丙辰年九月初七丑時

享年六十五

妣陳氏号慎嶶生乾隆壬子年四月卅日午時

卒同治辛未年十月初四日戌時

享年七十九

子六　銓　花　琴　冬　兜　占

光緒庚寅年進主陳江大宗

墓同在侯厝门内山萬金墓丑面

子三 銓 花 冬 均殤

贊樸公仝妣陳氏光緒庚子年九月廿三日巳時重拾礦安

原安候眉卿門內山穴坐甲向庚兼寅申 往開築明堂砌

並安后土碑

十七世

默官其絡字子繹　克和次子生乾隆乙卯年

七月十八酉時

道光甲辰年六月十四午時卒于鹿港

妣李氏号端徽生嘉慶丁己年三月十三子時

卒道光庚寅年三月十一亥時

葬鳳穴青草張前　光緒庚子年十二月廿一日辰時拾骸安厝

原處穴坐坤向艮兼申寅與侄孫

子二　庚　堆　祉齋前後穴

十七世

煜官其瑩字子瓊号恒忱　恕亭公長男生乾

隆辛亥年十月十七日酉時

卒道光癸未年五月廿九日申時

妣張氏号　　生乾隆庚戌年七月廿九日

寅時

卒

考墓后蕭土名下墓丁癸向

妣墓

子三　柳　增　渠

十七世

嶽官其崧字子喬号垚逸　恕亭公次子生嘉
慶丙辰年七月廿八辰時
卒
墓
妣林氏号緘德生嘉慶丙辰年八月初一日
巳時
卒道光乙未年九月初二日未時
墓
子五　鋪　觥　檜　際　九
又娶黄氏号　　生嘉慶丙子年
卒

墓陳垵坑

子二　長國

次殤

十七世

集官其典字子宁号　恕亭公三子生嘉

慶丙寅年十二月初九日戌時

卒　二月初十日　正

墓

妣陳氏号淡德生嘉慶丁卯年十月十四日

卯時

卒道光丙午年三月三十日丑時

墓關帝庙邊岸頂辛乙向

子三　杰殤　旦殤　權

十七世

能官其榮守子才号世樸　恕亭公四子生嘉慶辛未年七月十七日辰時

卒道光甲辰年六月廿八日丑時

妣顏氏号靜德生嘉慶壬申年二月廿七日午時

卒道光癸卯年七月廿八日未時

合厝鴻磐坊頂右畔申寅向

子二　埸殤　璽

十七世

蕚官其廉字子涵号遜衷例贈登仕郎　純亭

公長子生乾隆甲寅年四月二十日巳時

卒光緒己卯年正月初六日辰時

享年八十六

墓在新地烏鴨頭坤艮申寅壬丙亥巳次孫尔材祔穴

妣吴氏号儉慈生乾隆甲寅年二月十七日

辰時

卒咸豐辛酉年六月十七酉時

坟在鳳山北㘿

享年六十八

子三　楚殤　勲　壤

十七世

樹官其焯字子敏号秉忠業儒　純亭次子生

嘉慶己未年七月十六日戌時

卒

享年

同以錫合厝鳳頭

妣高氏号貞順生嘉慶壬戌年九月二十九

日辰時

卒光緒辛卯年正月初八日辰時

墓在寨埔大松岸頂

子二　浦　秩

十七世

珪官其琮字子瓚号秉直　純亭公三男生嘉慶乙丑年十弍月初弍日亥時

卒道光壬辰年六月十二日午時

坟在鳳穴頭艮坤寅申

娶李氏別適生女名緣娘隨嫁

岱官其峯字子崇号　純亭公四男生嘉慶壬申年十月廿日寅時

卒于鹿港

妣黃氏号勤素生嘉慶戊寅年十二月十八日辰時

卒道光壬寅年六月廿壹日辰午

葬安平伍厝公山

子一　華

十七世

燮官其理　　應培嗣子乃念祖長子入繼

生道光辛巳年十弍月初八日未時

卒　　七月廿七日　吉時

墓塋上安鄉仔下先生身故

子一　錬

鵬官其搏号　　克瑶公長子生嘉慶己巳

年五月初七日巳時

卒道光癸卯年五月十二日辰時

墓鳳穴北冀乾巽戌辰

塔官　克瑶次子殤

十七世

省官其察号　念祖次子生道光甲申年十乙

十三日午時

卒　三月十九日吉時

坟塟寨埔頂城基脚

十七世

御官其廪号恭寅　念祖三子生道光[illegible]

七月初二日未時

卒光緒十九年癸巳七月十四日巳時

墓新地頭

配黃氏

子二　錸城

女三　乖末不

十七世

讓官其讓　念祖四子生道光辛卯年十二月初一日亥時

卒　九月十五日吉時身故在安南

坆

十八世

琴官以雅字孫瑟号善直　質朴公長子生嘉

慶己卯年四月初四二日辰時

卒咸豐甲寅年九月初九日巳時

坟墓在凤穴庫脚崙坐　向

妣黃氏号儉質生嘉慶庚辰年十月初八日

吉時

卒咸丰　年正月十九日

坟合厝北凤翼

子一　火　嗣子天定

例授軍功九品銜

十八世

兜官以鍪字孫緒号善繼　質朴公次五子生道

光己丑年六月十六日午時

卒光緒戊寅年正月十七日亥時

享年五十

葬七都門內鄉甲庚卯酉

光緒己亥年拾貳月廿一日卯時拾骸

安葬本鄉風身穴坐丁向癸兼未

配柯氏号儉順忍生道光壬辰年弍月廿十日丑

寅時卒於光緒乙巳年叁月念三日寅時

享年柒拾四歲

子四　定　尚　固　禧

十八世

占官以魁號善述質朴公六子生道光乙未年六月十九申時

辛七月初十日

坆风頭粟埕与相官合穴

嗣子　定尚善繼次子入承

庚官以經　黙官長子

生道光壬午年二月十六日吉時往臺灣

十八世

銓官字

花官字

冬官字

鼎官長子殤

鼎官次子殤

鼎官四子殤

十八世

榔官以楊字孫條号怛垂昆　坦忱公長男生

嘉慶庚午年十二月初七日巳時

卒道光乙巳年三月初二日酉時

坟閔帝廟河溝岸頂园內亥巳向

配黃氏　生嘉慶庚午年十月十七日

吉時

卒

坟

子二　汀　鈺

十八世

增官以琳字孫新 坦忱次子生嘉慶癸酉年八

月廿九日亥時

卒

坟

妣黄氏号 生嘉慶丙子年五月廿日辰

時

卒

坟

子二 赭 謨 俱下殤 嗣 右孫 錐

十八世

渠官以滄字孫溝号　坦忱三子生嘉慶庚

辰年正月十四日申時

卒癸卯年十一月廿五日子時

坟风頭丁癸向

妣俞氏号孝節生道光壬午年十二月三十

日亥時

卒乙巳年十一月廿二日午時

坟東寨角河溝墘壬丙亥巳向

子

十八世

鋪官以張　世逸長子生加慶己卯年三月廿

日辰時

卒道光乙未年五月初二日

坟陳安坑

嗣子　湧泉

躭官以簽　世逸次子生道光乙酉年二月初

九辰時

卒

坟

配邱氏　生道光乙酉年九月十

時

卒

故

子一時官

桧官 世逸三子殤

際官 世逸四子殤

九官 世逸五子殤

十八世

國官字以家䮚善質　世逸六子生道光己亥年六月廿三日戌亥時卒光緒丙申年十月初十辰時墓新地頭

娶王氏号生咸丰戊午年正七月初五酉時

子三　湧泉承鋪官　時承軌官

于官　世逸七子殤

杰官　集官長子殤

旦官　集官次子殤

權官　集官三子生道光甲申年十二月十二日寅時

場官　能官長子殤

璽官　能官次子殤

楚官　蕚官長子殤

十八世

勳官光焘字孫建号静園登仕郎 遜衷公次

子生嘉慶庚辰年十乙月二十日申時

卒光緒三年五月廿九日酉時

享年五十八

墓

妣顏氏号順德生道光甲申年三月初二日

寅時

卒光緒丁丑己卯年九月初二日酉時

享年五十六

墓在星塔鄉

子四 品官 梓官 炭

壤官以錫　蕚官三子生
十八日辰時
卒咸丰癸丑年四月初五日巳時
墓寨坡馬路頂移在鳳頭

浦官　樹官長子殤

秩官以晉　樹官次子生道光辛丑年九月十
五日午時外出

華官　純亭之子殤

十八世

錸官字以礪　　燮官嗣子乃恭寅長子入

承生同治丑年正月十八寅時

十八世

城官字以方号善猷　恭寅官次子生同治辛癸

酉年二月十一日子時

卒光緒廿四年戊戌閏三月初五日未時

墓塟寨埔閏帝廟東畔石亭頂穴坐

十九世

爾火官 字爾純 善直公長子

坟安葬七都陳垵坑穴坐辛向乙兼戌辰

先室高氏

坟安葬七都陳垵坑

繼室周氏

坟安在本都風穴南翼股穴坐

子一嘉錐 乃親弟丶丶丨

十九世

爾定官字邦号　善維長子為

咸丰辛亥年十二月廿七日

卒同治庚午年三月廿五日

墓寮坡中路改葬鳳頭占相官仝穴（葬风门粟埕西脆弟尔客仝穴）

子年祥乃三弟固官長男入承

天相字尔吉号　善維公次子為善述嗣子

生咸丰乙卯年五（六）月廿三日

卒光緒辛巳年五月廿八日

坟鳳頭土名粟埕仝[illegible]（脆兄尔邦）合穴

娶王氏　别適

子金錶乃四弟禧官長男入承

女一[illegible]娘適下尾五房[illegible]之三郎

十九世

天固尔茂字亦翚号磐齋　善継公三子生咸丰

己未年十乙月十六日辰時卒於光绪壬寅

四月十陆日戌時

坟考安葬墨塔鳥鴨相对而坐

考妣　拾猷葬在西门鄉六里壬丙兼巳亥

娶陳氏

號温淑

生同治丙寅年正月廿日亥時

卒民國廿五年丙子五月廿八日巳時

妣墓暫厝曹店三墙墓後

考妣于民國十五年十一月廿日進主䕫江宗祠

子

年祥　為胞兄定官嗣

嘉鎚　為親叔尔炎官嗣

請波

十九世

天禧尔凝字亦成号社齋　善継ㄙ四子生同

治乙丑年二月廿七日丑時

卒光緒乙未年閏五月初九午時

墓在风穴北翼尾坐未向丑兼坤艮

光緒庚子年十二月拾六日辰時拾礩安葬在风身后

孀婆妣謝氏仝處穴坐坤向艮兼申寅

娶曾氏閨名桂娘別号采淑

生同治己巳年拾弍月念署

卒光緒辛丑年四月廿陸日巳

墓在寨埔古廟前土名新塚地穴坐

十九世

汀官尒波字　号澄齋垂昆公長子生道光

己丑年九月廿四日巳時

娶黄氏号和淑　生道光丙午年九月廿六日

酉時卒光緒乙未年十二月初十日

墓在崎岭穴岂

子三　鋤　鉸出承牛舅

十九世

湧泉官字　國官長子為　鋪官嗣生光

緒乙亥年七月十三日亥時

十九世

時官字　國官次子生光緒庚辰年五月初

二日子時

十九世

淵泉官字　國官三子生光緒戊子年十月

廿一日卯時

十九世

品官尔游字奕端号潔齋太學生　静园公長

子生道光丙午年三月廿七日丑時

卒光緒弍拾九年五月初七日

仙逝在外洋吉隴坡

享年五拾八歲

閨名抱娘

娶伍氏号勤惜生咸丰辛亥年六月初三日

酉時

卒光緒戊戌年四月廿日

子二　漢水

十九世

梓官尔材字　号誠齋静冈次子生咸丰壬

子年七月十八子時 出承壞官

卒光緒庚辰年正月十五未時

墓

妻黄氏 二十守節至今十餘年事公姑以孝待妯娌以和奉夫子以敬俟他日序傳以光家乘今特紀其守節之大概云尔

生咸豐甲寅年六月十三日子時

卒光緒弍拾六年八月廿六日亥時

[illegible]四拾七歲

葬在寨埔石亭頂

子二　天助

十九世

炭官尔　字奕焯号洝齊　靜園公三子　生咸丰

乙卯年二月十五丑時

卒光緒丙申年叁月十二亥時

墓崎岑

娶陳氏[illegible]　生咸丰庚申年正月廿九日

卯時

卒光緒丙申年二月十三巳時

墓崎岑

女一選娘　聘後庫陳鈞官長子未字

生光緒辛巳十月初三未時

卒光緒丙申三月十二酉時　[illegible]

子一

[illegible]清

十九世

玉堂字尓升號允齊　靜園公四子生同治壬

戌年四月十八日未時

享年

配黃氏号純淑　係金墩廩生祺昌公三女乙酉科舉人祺焯公親侄女年生炳文君侄女庠生淑胞妹業儒崑萬君胞姊

治癸酉年九月初五日子時卒

癸巳年七月初七日巳侍氏

葬

子二 啟承 為兄后

[redacted] 瓊花適樓仔後王園官

在王姓再改名 珠治

二十世
年祥字世禎 仰斌 章惟德　固官長子出承　尔邦公爲子
生光緒辛卯年四月十八日卯時

妻陳氏閨名笑娘　生光緒己丑年端月念陸日
辛民國九年庚申八月念三日寅時
坟葬星塔鄉虱江崎下

繼室陳氏閨名鳥片　生光緒辛丑年三月十三日巳時

子　長曰伯銘　次伯賢 夭殤

繼室生

男長紹基承繼世遜聰弟 次璇璣出 三澳募

女長磺瑛 次蕙瑛為親弟清波做女

二十世

嘉錐字世遂　固官次子生光緒甲午年四月初九日承宗次官

巳時　嗣卒光緒戊申年四月叁拾日酉时

坟考葬在凤山頭左邊

子　曰魯夭没

清波字世揚

國官三子生光緒丁酉年五月初六日時

卒民國壬戌年五月初貳未時

葬在星塔鄉外鯉與山尾　坐白

妻王氏

生光緒乙未年六月初七日

子長伯垣　次伯淘

二十世

禧官長子入承尔吉公為嗣生光緒壬辰年六月廿日巳時卒光緒戊戌年正月廿一日辰時墓在寨埔馬路邊

年銕字

二十世

金鉗字世欽　禧官次子生光緒乙未年六月初四日辰時

妻施氏娶三公境施元官長女　生光绪乙未年二月廿一日

子長伯顯　次伯敏（二伯買）

二十世

鋤官字世經　汀官長子為　增官嗣孫　生同治

丙寅年九月廿六日午時

卒光緒壬寅年八月卅日未時

娶龍氏閨名橖娘　号

生光緒壬甲午年二月習日　時

卒光緒戊戌年閏三月十二日戌時

[redacted]金盞

生光緒

二十世

鈎官字世金 汀官三子生光緒辛巳年又七月十二日巳時

[redacted]閨名紅哖 生光緒

二十世

漢水字品官長子中殤生同治壬申年七月十二日巳時

卒光緒乙亥年八月十一日亥時

墓在濕厝脚

二十世

清官字　奕輝長子兼爲次兄梓官嗣生光緒己卯年正月廿九亥時

二十世

天助官字　梓官長子生光緒庚辰年六月初四日寅時

聘黃氏

二十世

嘉錐字世遂 固官次子生光緒甲午年四月初九日承宗山
巳時 嗣卒光绪戊申年四月叁拾日酉时

坟考塋在凤山韵左边

子 曰魯 夭没

二十世

啟承字　　　　尔升長子爲長兄奕端嗣　生光

緒戊子年五月十乙日子時

二十世

福田字尔升次子生光绪壬辰年九月初六日戌時

伯銘 諱承盥 字永新

年祥長子

伯賢夭殤

伯儀殤

均

年祥第三次子也

念重世

紹基

年祥官四子

生於中華民國癸亥年

念壹世

璇璣

年祥官五子

生於中華民國甲子

圖書在版編目（CIP）數據

海上絲綢之路文獻集成．民間譜牒編．第三輯 / 林楓主編．-- 福州： 福建人民出版社，2024.7.
ISBN 978-7-211-09483-7

Ⅰ. K203

中國國家版本館CIP數據核字第2024LE2437號

海上絲綢之路文獻集成·民間譜牒編（第三輯）

主　　編　林　楓
責任編輯　劉挺立
美術編輯　白　玫
出版發行　福建人民出版社
電　　話　0591-87533169（發行部）
電子郵箱　fjpph7221@126.com
地　　址　福建省福州市東水路 76 號
經　　銷　福建新華發行（集團）有限責任公司
印刷裝訂　上海中華印刷有限公司
地　　址　上海市青浦區匯金路 889 號
電　　話　021-69213456
開　　本　787 毫米 ×1092 毫米　1/16
印　　張　208
版　　次　2024 年 7 月第 1 版第 1 次印刷
書　　號　ISBN 978-7-211-09483-7
定　　價　2400.00 元（共 6 冊）